U0887711

新曲綫 New Curves | 用心雕刻每一本......

http://site.douban.com/110283/
http://weibo.com/nccpub

用心字里行间　雕刻名著经典

## 美国独立战争以来的政府债务

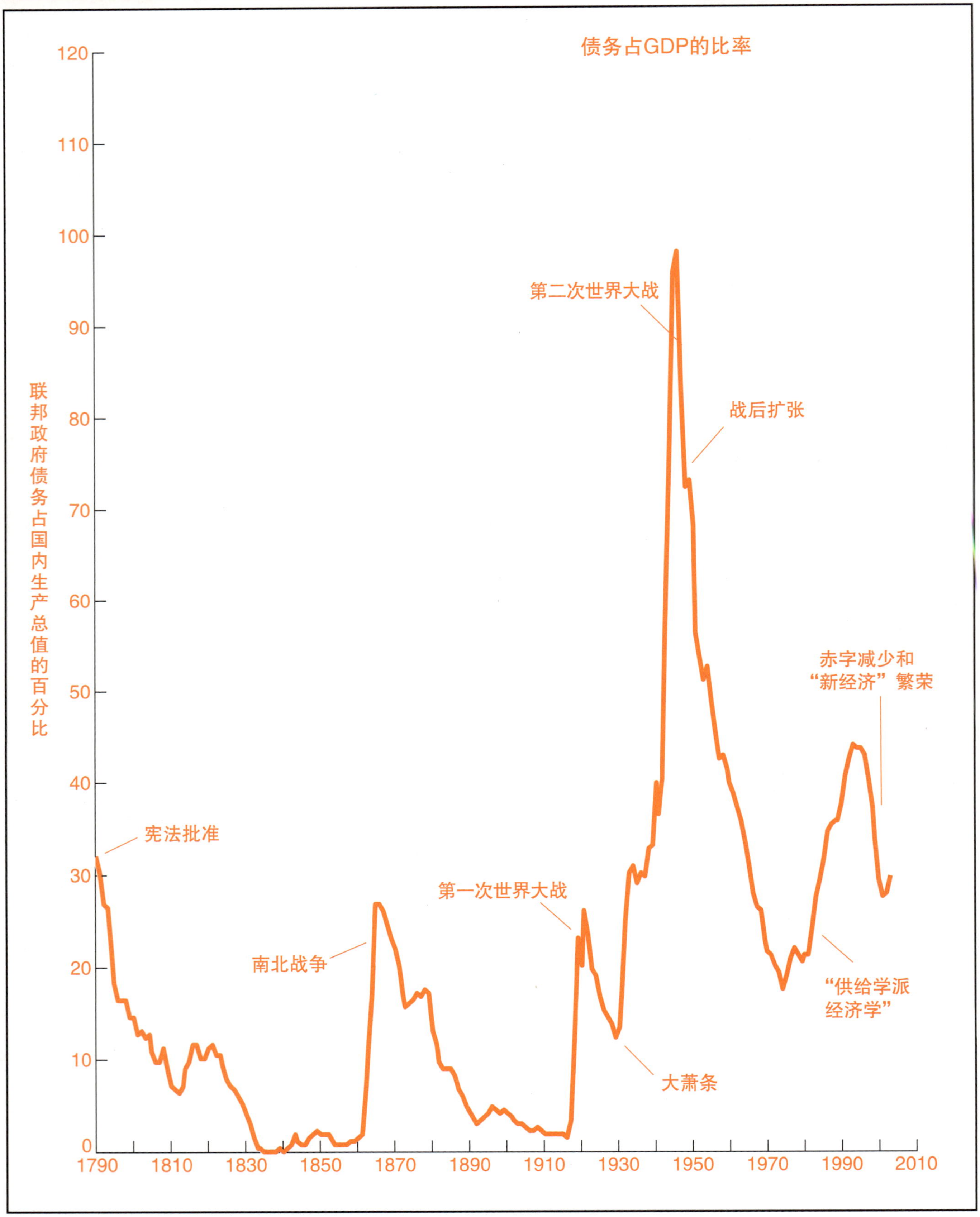

## 自从20世纪以来的国民产出和价格水平

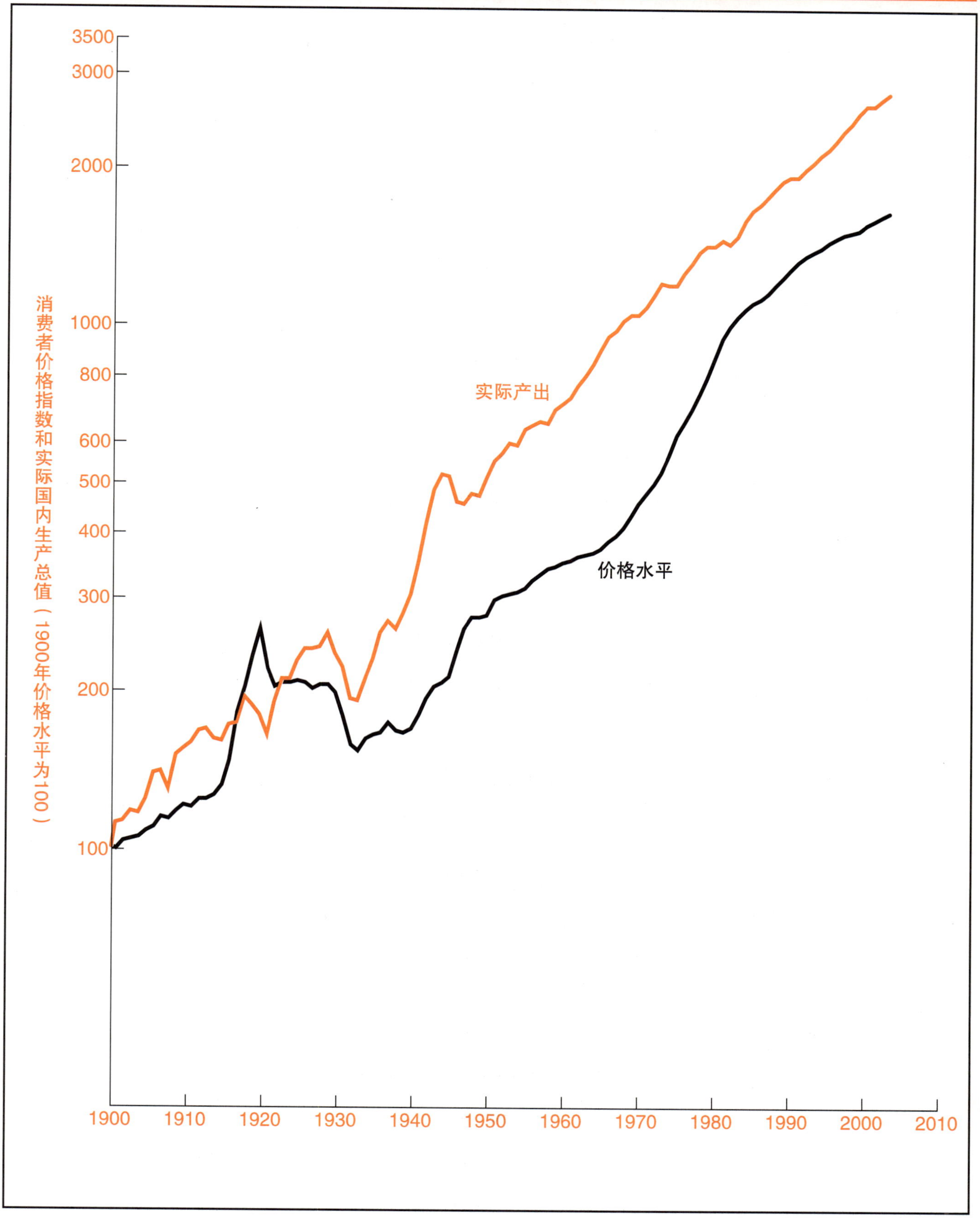

# ECONOMICS

Eighteenth Edition

Authors

PAUL A. SAMUELSON

Institute Professor Emeritus

Massachusetts Institute of Technology

WILLIAM D. NORDHAUS

Sterling Professor of Economics

Yale University

Translator

CHEN XIAO

Professor of Economics

Peking University

POSTS & TELECOM PRESS

Beijing

# 经济学

第 18 版

[美] 保罗·萨缪尔森　威廉·诺德豪斯　著

萧　琛　主译

人民邮电出版社

北　京

**图书在版编目（CIP）数据**

经济学（第18版）/（美）萨缪尔森（Samuelson，P. A.），诺德豪斯（Nordhaus，W. D.）著；萧琛 主译. -北京：人民邮电出版社，2008. 1（2022. 10 重印）

ISBN 978-7-115-17343-0

Ⅰ. 经… Ⅱ. ①萨… ②诺… ③萧… Ⅲ. 经济学 Ⅳ. F0

中国版本图书馆CIP数据核字（2007）第194023号

Paul A. Samuelson, William D. Nordhaus

**Economics**, 18th Edition

ISBN 0-07-287205-5



**经济学（第18版）**

◆ 著　　［美］保罗·萨缪尔森　威廉·诺德豪斯

译　　萧　琛　主译

策　　划　刘　力　陆　瑜

责任编辑　高　雁　周敏芳

装帧设计　陶建胜

◆ 人民邮电出版社出版发行　北京市丰台区成寿寺路11号

邮编　100164　　电子邮件　315@ptpress. com. cn

网址　http://www. ptpress. com. cn

电话　（编辑部）010-84931398　　（市场部）010-84937152

三河市少明印务有限公司印刷

新华书店经销

◆ 开本：850×1092　1/16

印张：44.75　　插页14

字数：1280千字　　2008年1月第1版　　2022年10月第39次印刷

著作权合同登记号　图字：01-2005-4866

定价：88.00元

**本书如有印装质量问题，请与本社联系　电话：（010）84937152**

# 作者简介

保罗·萨缪尔森和威廉·诺德豪斯

**保罗·萨缪尔森（Paul A. Samuelson）**，毕业于芝加哥大学和哈佛大学，是麻省理工学院经济学研究生部的创始人。他的许多著作使得他在年轻时就赢得了世界性的声誉。他是美国第一个诺贝尔经济学奖得主（1970年）。萨缪尔森教授曾长期为美国《新闻周刊》的经济学栏目撰稿，曾担任美国总统约翰·肯尼迪的经济顾问，属于那种能够同普通民众进行交流和沟通的为数极少的科学家之一。萨缪尔森常出席国会听证，并担任联邦储备、财政部、许多私人机构和非营利机构的咨询顾问。除了在麻省理工学院做研究工作和经常打网球之外，萨缪尔森教授还是纽约大学的客座教授。他的6个孩子（包括三胞胎）为萨缪尔森家族衍续了15个子孙。

**威廉·诺德豪斯（William D. Nordhaus）**，美国杰出的经济学家之一，出生于新墨西哥州的爱伯克奇。本科就读于耶鲁大学，经济学博士学位是在麻省理工学院获得的。现为耶鲁大学惠特尼·格里斯伍尔德经济学教授和考尔斯经济学研究基金会理事。诺德豪斯的经济学研究范围很广，包括环境、价格、能源、技术变革、经济增长、利润和生产率的增长趋势。此外，诺德豪斯还对经济政策很有兴趣。他在1977~1979年间是卡特总统经济顾问班子成员，曾在美国政府各种顾问理事会和委员会中任职，不时给《纽约时报》和其他报刊撰文，在耶鲁大学主讲经济学原理课程。诺德豪斯教授与他的妻子芭芭拉居住在康涅狄格州的纽黑文市，他们有一条长着金黄色毛的爱犬潘多拉。夫妇俩有共同的爱好：音乐、远足、旅游和滑雪。

# 本书翻译团队与主译人简介

《经济学》第16版的主译人萧琛和其他译者在学术顾问胡代光教授家中庆贺先生的八十寿辰。从左到右，依次为曾刚、冯娟、蔚兴华、金曦、胡代光、萧琛、胡冰、卢莹。

《经济学》第17版的译者：前排从左到右：谢辉、孙嘉弥、萧琛、王琳、任小琛、杨丽花；后排从左到右：杜兵、蔡玮菁、多拉、钱艳琼、方晋。

《经济学》第18版译注者：从右到左（不分排）依次为张宁、乔乐、张娴、胡翠、黄丽真、张薇、萧琛、韩京艳、黄宏兴、崔婧、萧剑犁、潘醒东、李淑萍、陈志杰、杨丽花、陈敏杰、阿伯特、蒋景媛、朱至瑜和蒙得利。

**第18版主译人萧琛教授简介**

北京大学经济学院教授、博士生导师。1978~1985年在北京大学经济学系获学士和硕士学位；1987~1989年获世界银行奖学金，在美国马里兰大学经济学系攻读博士课程，曾应聘任世界银行顾问；1991年回母校任教，1992~2004年初担任国际经济系主任；现任北京大学社会科学学部学术秘书、北京泛亚太经济研究交流中心主任、联合国教科文组织转轨经济教育顾问。讲授《公共部门经济学》和《市场企业和产业组织》等课程。曾参译《国外经济学论文选》和《帕尔格雷夫经济学大辞典》，曾主译《美国总统经济报告》。出版《全球网络经济》、《美国微观经济运行机制》、《论中国经济改革》、《效率、公平与深化改革开放》等多部专著。主要论文包括《论东亚金融风暴：关于新型经济周期理论的思考》、《论WTO的"成熟效应"与"升级效应"》等。曾主持国家、北京和教委的科研基金项目，获得UNESCO、国家、北京和教委等嘉奖。

*To Franco Modigliani and James Tobin,*
*colleagues and dear friends,*
*economic pioneers,*
*champions of equity*

# 内容提要

本书是当代经济学泰斗、1970 年诺贝尔经济学奖得主萨缪尔森的不朽经济学著作，自 1948 年问世以来就广受赞誉，先后被翻译成 40 多种文字出版，是有史以来发行量最大、至今在全球范围内仍然被广泛采用的经济学教科书。第 18 版为 2005 年修订的最新版，在经历了前 17 版的积累和沉淀之后，无论在内容还是在形式上都已经近乎完美，而且在融入了时代变革的元素和新的案例和数据之后，《经济学》（第 18 版）可谓是更上一层楼。

全书共 7 编 34 章：包括基本概念，供给、需求和产品市场，要素市场，应用国际贸易、政府和环境，经济增长与商业周期，经济发展、经济增长与全球经济以及失业、通货膨胀与经济政策等内容。囊括了微观经济学和宏观经济学领域的大部分知识。在保持“把注意力始终放在经济学的基本概念和核心理论”这一风格的前提下，本书对金融经济学、网络经济学、环境经济学，以及全球化背景下的国际经济与贸易做了重点论述或重写，对前沿的实践及理论成果，对国际化外包、股息税改革、品牌价值以及行为经济学等也给出了最新的介绍。

本书适合于高等院校经济学专业、财经类专业本科生及教师，MPA、MBA、iMBA 、EMBA 学员及教师，理论研究者，政府工作人员，企事业管理者及一般读者学习和研究之用。

# 简要目录


译者序

前　言

经济学与互联网

**第一编　基本概念　1**

第 1 章　经济学基础知识　3

第 1 章附录　如何看图　16

第 2 章　现代经济中的市场与政府　22

第 3 章　供给与需求的基本原理　39

**第二编　微观经济学：供给、需求和产品市场　55**

第 4 章　供给和需求的应用　57

第 5 章　需求和消费者行为　73

第 5 章附录　消费均衡的几何分析　88

第 6 章　生产和企业组织　94

第 7 章　成本分析　109

第 7 章附录　生产、成本理论和企业决策　124

第 8 章　完全竞争市场分析　128

第 9 章　不完全竞争及其极端形式——垄断　145

第 10 章　寡头和垄断竞争　161

第 11 章　不确定性和博弈论　178

**第三编　要素市场：劳动、土地和资本　195**

第 12 章　市场如何决定收入　197

第 13 章　劳动市场　212

第 14 章　土地和资本　230

第 14 章附录　市场和经济效率　246

**第四编　应用微观经济学：国际贸易、政府和环境　253**

第 15 章　比较优势和贸易保护主义　255

第 16 章　政府税收和支出　276

第 17 章　促进市场更富效率　296

第 18 章　环境保护　313

第 19 章　效率与公平：重大权衡　331

**第五编　宏观经济学：经济增长与商业周期　349**

第 20 章　宏观经济学概述　351

第 20 章附录　宏观经济数据　366

第 21 章　经济活动的衡量　367

第 22 章　消费与投资　386

第 23 章　商业周期波动和总需求理论　405

第 24 章　乘数模型　418

第 25 章　金融市场和货币的特殊形态　436

第 26 章　中央银行与货币政策　461

**第六编　经济发展、经济增长与全球经济　481**

第 27 章　经济增长的进程　483

第 28 章　经济发展的挑战　501

第 29 章　汇率与国际金融体系　519

第 30 章　开放经济的宏观经济学　537

**第七编　失业、通货膨胀与经济政策　557**

第 31 章　失业与总供给的基础　559

第 32 章　保持价格稳定　578

第 33 章　宏观经济学流派及其论战　599

第 34 章　经济增长与经济稳定的政策　616

专业术语表　635

索　引　660

# 目 录


译者序
前 言
经济学与互联网

**第一编 基本概念** 1

第1章 经济学基础知识 3
A. 导 言 3
撞钟为谁 3
稀缺与效率：经济学的双重主题 3
微观经济学与宏观经济学 4
经济学的逻辑 5
热切的心情，冷静的头脑 6
B. 经济组织的三个经济问题 6
市场经济、指令经济和混合经济 7
C. 社会的技术可能性 7
投入和产出 8
生产可能性边界 8
生产可能性边界的应用 9
机会成本 12
效 率 12
总结提要 13
概念复习 14
补充读物和互联网站 14
问题讨论 14

第1章附录 如何看图 16
生产可能性边界 16
生产可能性的图和表 16
一条平滑的曲线 17
斜率和线段 17
曲线的斜率 18
曲线的移动和沿着曲线的移动 19
某些特殊的图 19
总结提要 20
概念复习 21
问题讨论 21

第2章 现代经济中的市场与政府 22
混合经济 22
A. 市场是什么 23
不是混乱而是经济秩序 23
市场如何解决三大经济问题 24
市场君主 24
价格和市场的图示 25
"看不见的手" 25
B. 贸易、货币和资本 27
贸易、专业化和劳动分工 27
货币：交换的润滑剂 28
资 本 29
资本和私有财产 29
C. 政府的经济职能 30
效 率 30
不完全竞争 31
外部性 31
公共品 32
公 平 33
宏观经济的增长与稳定 34
福利国家的曙光？ 34
当今的混合经济 35
总结提要 36
概念复习 37
补充读物和互联网站 37
问题讨论 38

第3章 供给与需求的基本原理 39
A. 需求表 39
需求曲线 40
市场需求 41
需求曲线背后的因素 42
需求的移动 43
B. 供给表 44
供给曲线 44
供给曲线背后的因素 45

供给的移动 45
C. 供给和需求的均衡 46
供给曲线与需求曲线的均衡 47
供给或需求的移动对均衡的影响 47
解释价格和数量的变动 48
供给、需求和移民 50
通过价格进行分配 51
总结提要 52
概念复习 52
补充读物和互联网站 53
问题讨论 53

第二编 微观经济学：供给、需求和产品市场 55

第 4 章 供给和需求的应用 57
A. 需求弹性和供给弹性 57
需求的价格弹性 58
弹性的计算 58
价格弹性图示 59
弹性和收益 61
丰收悖论 62
供给的价格弹性 63
B. 弹性在主要经济政策问题中的应用 64
农业经济学 64
农业长期相对衰落 64
税收对价格和数量的影响 66
最低下限与最高上限 67
关于最低工资的争论 67
能源价格管制 69
总结提要 70
概念复习 71
补充读物和互联网站 71
问题讨论 71

第 5 章 需求和消费者行为 73
选择和效用理论 73
边际效用和边际效用递减规律 73
效用的数字图表说明 74
等边际法则：每种物品每 1 美元的边际效用相等 76
为什么需求曲线向下倾斜 77
闲暇与时间的最优配置 77
另一种分析方法：替代效应和收入效应 78
替代效应 78
收入效应 78
从个人需求到市场需求 78
需求曲线的移动 79
替代品和互补品 80
价格弹性和收入弹性的经验估算 80
上瘾物品的经济学 81
价值悖论 83
消费者剩余 83
消费者剩余的应用 84
总结提要 85
概念复习 86
补充读物和互联网站 86
问题讨论 86

第 5 章附录 消费均衡的几何分析 88
无差异曲线 88
替代规律 88
无差异曲线图 88
预算线或预算约束 89
切点的均衡位置 90
收入和价格的变化 91
收入变化 91
一种物品价格的变化 91
推导需求曲线 91
总结提要 92
概念复习 93
问题讨论 93

第 6 章 生产和企业组织 94
A. 生产理论和边际产量 94
基本概念 94
生产函数 94
总产量、平均产量和边际产量 95
边际收益递减规律 95
规模报酬 97
短期和长期 98
技术变革 99
生产率和总生产函数 102
生产率 102

由规模经济引起的生产率的增长 102
总生产函数的经验估算 102
B. 企业组织 103
企业的性质 103
大企业、小企业和微型企业 103
个人业主制 103
合伙制 104
公　司 104
总结提要 106
概念复习 106
补充读物和互联网站 107
问题讨论 107

第7章　成本分析 109
A. 成本的经济分析 109
总成本：固定成本和可变成本 109
固定成本 109
可变成本 110
边际成本的定义 110
平均成本 111
平均成本或单位成本 111
平均固定成本和平均可变成本 113
最低平均成本 113
生产和成本之间的关系 114
收益递减和U形成本曲线 115
企业的投入选择 116
边际产量和最小成本法则 116
B. 经济成本和企业会计 117
收益表或损益表 117
资产负债表 118
会计准则 119
财务欺诈 119
C. 机会成本 120
机会成本和市场 121
总结提要 122
概念复习 122
补充读物和互联网站 123
问题讨论 123

第7章附录　生产、成本理论和企业决策 124
数值化的生产函数 124
边际产量递减规律 124
既定产量的最低成本的要素组合 125
等产量曲线 125
等成本线 125
最低成本：等产量曲线和等成本曲线的切点 126
最低成本的条件 126
总结提要 127
概念复习 127
问题讨论 127

第8章　完全竞争市场分析 128
A. 竞争企业的供给行为 128
竞争企业的行为 128
利润最大化 128
完全竞争 128
边际成本等于价格时的竞争供给 129
总成本与停业条件 131
B. 竞争行业的供给行为 132
加总所有企业的供给曲线可得到市场供给曲线 132
短期均衡和长期均衡 132
一个竞争性产业的长期行为 134
C. 竞争市场的各种特殊情况 135
一般原则 135
成本不变 136
成本递增和收益递减 136
固定的供给与经济租金 136
向后弯曲的供给曲线 137
供给的变动 137
D. 竞争市场的效率和公平 137
市场机制的评价 137
效率的概念 138
竞争性均衡的效率 138
众多消费者和市场的均衡 139
边际成本定价的主要作用 140
限　制 141
市场不灵 141
政府干预的作用 141
总结提要 142
概念复习 143
补充读物和互联网站 143
问题讨论 143

第 9 章 不完全竞争及其极端形式——垄断 145
A. 不完全竞争模式 145
不完全竞争的定义 146
形形色色的不完全竞争者 146
垄 断 146
寡 头 147
垄断竞争 147
市场不完全竞争的根源 148
成本和市场的不完全性 148
进入壁垒 149
B. 边际收益和垄断 151
边际收益的概念 151
价格、数量和总收益 151
边际收益和价格 152
弹性和边际收益 153
利润最大化的条件 154
垄断均衡的图示 154
完全竞争作为不完全竞争的一个极端情况 155
边际原则：让过去成为过去 156
总结提要 158
概念复习 158
补充读物和互联网站 159
问题讨论 159

第 10 章 寡头和垄断竞争 161
A. 不完全竞争者的行为 161
市场力量的衡量 161
不完全竞争的实质 162
不完全竞争理论 163
勾结寡头 163
垄断竞争 164
寡头之间的抗争 166
博弈论 166
价格歧视 166
B. 创新与信息 168
大公司的行为 168
所有权与控制权的分离 168
信息、创新与熊彼特经济学 169
信息经济学 169
知识产权 170
互联网的两难境地 170
熊彼特假说 171
C. 不完全竞争的利弊权衡 172
不完全竞争的经济成本 172
提高价格和产出不足的代价 172
对不完全竞争所造成的浪费的衡量 172
干预的策略 173
总结提要 174
概念复习 175
补充读物和互联网站 176
问题讨论 176

第 11 章 不确定性和博弈论 178
A. 风险和不确定性经济学 179
投机：资产与商品的跨时空调配 179
套利和价格地理格局 179
不同时间的投机与价格行为 179
通过套期保值分摊风险 180
投机的经济影响 180
风险和不确定性 182
保险与风险分摊 183
资本市场与风险分担 183
信息经济中的市场不灵 184
道德风险和逆向选择 184
社会保险 185
B. 博弈论 185
定价策略 185
基本概念 186
策略选择 186
博弈论的一些重要例子 188
合谋还是不合谋 188
囚徒困境 189
污染博弈 189
致命的军备竞赛 190
博弈，博弈，无处不在…… 191
总结提要 192
概念复习 193
补充读物和互联网站 193
问题讨论 194

第三编 要素市场：劳动、土地和资本 195
第12章 市场如何决定收入 197
A. 收入与财富 197
收 入 198
要素收入和个人收入 198
政府的作用 198
财 富 199
B. 边际生产率决定投入的价格 199
要素需求的性质 199
要素需求是派生需求 199
要素需求相互依赖 201
分配理论和边际收益产品 202
边际收益产品 202
生产要素的需求 203
追求利润最大化的厂商的要素需求 203
边际收益产品和要素需求 204
生产要素的供给 204
供给和需求决定要素价格 205
国民收入的分配 207
多种投入的边际生产率理论 208
收入分配中是否也存在看不见的手 208
总结提要 209
概念复习 210
补充读物和互联网站 210
问题讨论 210
第13章 劳动市场 212
A. 工资决定的基本理论 212
一般工资水平 212
对劳动的需求 213
边际生产率差异 213
国际比较 214
劳动的供给 215
供给的决定因素 215
实证发现 216
工资差异 216
工种之间的差别：补偿性工资差异 217
劳工之间的差异：劳动质量 218
人们的差异：独特个人的“租金” 219
分割的市场和非竞争性群体 220
B. 劳工市场的问题与政策 220
美国工会的历史和实践 221
政府和集体协议 221
工会如何提高工资 221
集体协议在理论上的含糊之处 222
对工资和就业的影响 222
工会化提高了工资吗 222
对就业的影响 223
歧 视 223
歧视的经济学解释 224
歧视的定义 224
排斥性歧视 224
歧视的偏好 224
统计性歧视 224
对妇女的经济歧视 225
经验证据 226
减少劳工市场歧视 226
不平坦的进步 226
总结提要 226
概念复习 227
补充读物和互联网站 228
问题讨论 228
第14章 土地和资本 230
A. 土地和租金 230
作为固定要素收入的租金 230
对土地征税 231
B. 资本和利息 232
基本概念 232
资本品的价格和租费 232
资本品的收益率 233
金融资产和有形资产 233
金融资产和利率 234
实际利率和名义利率 234
资产的现值 235
永久性资产的现值 235
折现的一般公式 235
使现值最大化 236
利 润 236
申报利润统计 236

利润的决定因素 236
复 习 237
资本和利息的理论 237
迂回性 237
收益递减和对资本的需求 238
利息决定和资本收益 239
资本收益图表分析 239
古典资本理论的应用 240
税收和通货膨胀 240
技术推动 241
不确定性和预期 241
实证发现 241
劳动和资本的收益 241
关于要素价格、效率和分配问题的结束语 241
**总结提要** 243
**概念复习** 244
**补充读物和互联网站** 244
**问题讨论** 244

**第 14 章附录 市场和经济效率 246**
完全竞争的效率 246
所有市场的一般均衡 246
一般均衡中各个市场之间的相互作用 246
竞争性一般均衡的性质 247
1.一般均衡的基本原理 247
2.一般均衡的基本结果 247
3.一般均衡的具体分析 249
4.竞争市场的效率 250
图 示 250
**总结提要** 251
**概念复习** 251
**问题讨论** 252

**第四编 应用微观经济学：国际贸易、政府和环境 253**

**第 15 章 比较优势和贸易保护主义 255**
A. 国际贸易的实质 255
国际贸易与国内贸易 255
美国国际贸易发展趋势 256
商品和服务的国际贸易原因 256
自然资源多样性 256
偏好不同 256
成本差异 256
**B. 国家间的比较优势 257**
比较优势原则 257
似乎有悖常识 257
李嘉图的比较优势说 257
贸易的经济利益 258
比较优势图解 259
没有国际贸易时的美国 259
开放市场进行贸易 259
扩展到多种商品和多个国家 261
多种商品 261
多个国家 262
三角贸易和多边贸易 262
限制条件和结论 262
**C. 贸易保护主义 263**
贸易和关税的供求分析 263
自由贸易和无贸易 263
贸易壁垒 264
关税的经济成本 265
保护主义经济学 268
非经济目标 268
站不住脚的关税观 268
有潜在正确性的贸易保护主义 270
其他贸易壁垒 271
多边贸易谈判 271
自由贸易谈判 272
评 价 273
**总结提要** 273
**概念复习** 274
**补充读物和互联网站** 274
**问题讨论** 275

**第 16 章 政府税收和支出 276**
A. 政府对经济的控制 276
政府的政策工具 276
政府规模的变动趋势 277
政府管制的发展 278

政府的职能 279
提高经济效率 279
减少经济不公平 279
通过宏观经济政策稳定经济 280
执行国际经济政策 280
公共选择理论 280
**B. 政府支出 281**
财政联邦制 281
联邦支出 283
州政府和地方政府的开支 283
文化和技术影响 283
**C. 税收的经济学问题 284**
税收原则 284
受益原则和支付能力原则 284
横向公平和纵向公平 284
税收中的实用主义折中 285
联邦税 285
个人所得税 286
社会保险税 288
公司税 288
消费税 288
州和地方政府的税收 289
财产税 289
其他税收 289
税收和效率 289
效率和公平 290
棘手的税收归宿问题 291
联邦税收和转移支付的归宿 291
最后的话 292
**总结提要 292**
**概念复习 293**
**补充读物和互联网站 294**
**问题讨论 294**
**第 17 章 促进市场更富效率 296**
**A. 企业管制：理论与实践 296**
两类管制 297
为什么要管制产业 297
抑制市场力量 297
矫正信息不完全 298
处理外部性问题 298
管制的利益集团理论 298
对自然垄断性公用事业的管制 299
管制的成本 301
经济管制的弱化趋势 302
航空业率先解除管制 302
放松管制：尚未完结的故事 303
**B. 反托拉斯政策 304**
不完全竞争回顾 304
法规的框架 304
谢尔曼法（1890 年） 304
克莱顿法（1914 年） 305
联邦贸易委员会 305
反托拉斯的基本问题：行为和结构 305
非法行为 305
结构：大的就是坏吗 306
近期的结构性案例 307
兼并：法律与实践 309
反托拉斯法和效率 309
**总结提要 310**
**概念复习 311**
**补充读物和互联网站 311**
**问题讨论 311**
**第 18 章 环境保护 313**
**A. 人口与资源限制 314**
马尔萨斯及沉闷的科学 314
越富越健康 315
**B. 自然资源经济学 316**
资源种类 316
可分拨资源和不可分拨资源 316
可再生资源和不可再生资源 317
可分拨自然资源的分配 317
资源价格趋势 318
**C. 环境经济学 320**
外部性 320
公共品和私人品 321
外部性造成的市场无效率 321
对无效率的分析 321
对危害的估价 322

污染的图形分析 323
矫正外部性问题的政策 324
政府计划 324
私人方式 326
气候变化：减缓抑或不减缓 326
“争吵和污染”，还是“推理和计算” 327
**总结提要** 328
**概念复习** 328
**补充读物和互联网站** 329
**问题讨论** 329
**第19章 效率与公平：重大权衡** 331
**A. 不公平的根源** 331
收入和财富的分布 332
如何衡量各收入阶层之间的不公平 332
财富的分布 333
国家间的不公平 334
劳动收入中的不公平 334
能力和技能 334
工作强度 335
职 业 335
其他因素 336
财产收入的不公平 336
生命周期储蓄 336
企业家精神 336
继 承 337
美国的贫困问题 337
谁是穷人 337
不公平趋势 338
**B. 反贫困政策** 339
福利国家的兴起 339
再分配的代价 339
再分配成本的图解 340
漏洞有多大 341
漏泄的加总 341
反贫困政策：计划和批评 341
收入保障计划 342
穷人的激励问题 342
福利改革之战 342
两种贫困观 343
美国现行的收入补偿计划 343
劳动所得税抵免 343
1996年美国福利改革 343
新世纪初期的经济政策 345
**总结提要** 345
**概念复习** 346
**补充读物和互联网站** 346
**问题讨论** 347
**第五编 宏观经济学：经济增长与商业周期** 349
**第20章 宏观经济学概述** 351
**A. 宏观经济学的基本概念** 352
宏观经济学的产生 352
宏观经济学的目标和工具 353
经济成就统计 353
宏观经济政策工具 356
国际联系 358
**B. 总供给和总需求** 359
宏观经济中的总供给和总需求 359
总供给与总需求的定义 359
总供给曲线和总需求曲线 360
宏观经济史：1900~2003年 361
经济政策的作用 363
**总结提要** 363
**概念复习** 364
**补充读物和互联网站** 364
**问题讨论** 365
**第20章附录 宏观经济数据** 366
**第21章 经济活动的衡量** 367
国内生产总值：经济绩效的尺度 367
两种国民产值衡量方法：产品流量法和收入流量法 368
源于企业账户的国民账户 369
“重复计算”问题 369
国民账户统计细节 370
实际GDP与名义GDP：用物价指数“紧缩”GDP 371
消 费 373
投资与资本形成 374
政 府 375

净出口 375
国内生产总值、国内生产净值和国民生产总值 376
GDP 和 NDP：数据观察 376
从 GDP 到可支配收入 378
储蓄和投资 379
国民账户之外的问题 379
价格指数和通货膨胀 380
价格指数 381
国民账户简评 382
**总结提要** 383
**概念复习** 383
**补充读物和互联网站** 384
**问题讨论** 384

第 22 章 消费与投资 386
A. 消费和储蓄 386
预算支出模式 386
消费、收入和储蓄 388
消费函数 390
储蓄函数 391
边际消费倾向 391
边际储蓄倾向 393
定义简要复习 393
国民消费行为 394
消费的决定因素 394
国民消费函数 395
储蓄的另一种衡量 397
B. 投 资 397
投资的决定因素 397
收 入 398
成 本 398
预 期 399
投资需求曲线 399
投资需求曲线的移动 400
走向总需求理论 401
**总结提要** 402
**概念复习** 402
**补充读物和互联网站** 403
**问题讨论** 403

第 23 章 商业周期波动和总需求理论 405
A. 商业周期波动 405
商业周期的特点 406
商业周期理论 407
商业周期的预测 410
经济计量模型与预测 410
B. 总需求理论的基础 411
向下倾斜的总需求曲线 411
总需求的移动 413
影响需求各因素的相对重要性 414
商业周期可否避免 414
**总结提要** 415
**概念复习** 416
**补充读物和互联网站** 416
**问题讨论** 416

第 24 章 乘数模型 418
A. 基本乘数模型 418
储蓄与投资对产出的决定作用 419
总支出对产出的决定 420
调节机制 421
数据分析 421
乘 数 422
乘数的图形 423
展望乘数模型 424
乘数模型与 *AS–AD* 模型的比较 424
B. 乘数模型中的财政政策 425
财政政策怎样影响产出 425
征税对总需求的影响 426
数值例子 427
财政政策乘数 428
税收的影响 429
实践中的财政政策 430
稳定政策的另一手段 431
现实中的乘数 431
乘数模型的背后 432
**总结提要** 433
**概念复习** 434
**补充读物和互联网站** 434
**问题讨论** 434

第 25 章 金融市场和货币的特殊形态 436
A. 现代金融系统 436
金融系统的作用 436
金融系统的功能 437
资金的流动 437
金融资产的类别 437
利率和金融资产的回报率 438
利率类别 439
实际利率与名义利率 441
B. 货币的各种特殊形态 442
货币的演变 442
货币的历史 442
货币供给的构成 444
货币需求 445
货币的职能 445
持有货币的成本 446
货币需求的两个原因 446
C. 银行和货币供应 446
金匠铺如何发展成银行 447
现代部分准备金银行 447
存款的创造过程 448
存款是怎样创造出来的：第一级银行 448
其他银行的连锁反应 449
整个银行系统的最终均衡 449
存款创造的两个条件 451
D. 股票市场 452
各种资产的风险和收益 452
泡沫和崩盘 452
有效市场和随机游走 455
个人金融策略 456
总结提要 457
概念复习 458
补充读物和互联网站 458
问题讨论 459
第 26 章 中央银行与货币政策 461
A. 中央银行和联邦储备系统 461
联邦储备系统 461
联邦储备系统的组织结构 461
联邦储备业务概览 464
联邦储备银行的资产负债表 464
货币政策的基本要点 465
公开市场业务 465
操作程序 466
贴现率政策：第二种工具 466
法定准备金的作用 467
开放经济中的货币政策 469
B. 货币对产出和价格的影响 470
货币传导机制 470
货币市场 471
货币的供给与需求 471
货币传导机制 473
货币政策图解 473
开放经济中的货币政策 474
*AD–AS* 框架中的货币政策 474
货币的长期影响 475
从总需求到总供给 477
总结提要 477
概念复习 478
补充读物和互联网站 478
问题讨论 479
第六编 经济发展、经济增长与全球经济 481
第 27 章 经济增长的进程 483
经济增长的长期意义 483
A. 经济增长理论 484
经济增长的四个轮子 485
人力资源 485
自然资源 485
资本形成 486
技术变革和创新 486
经济增长理论 487
斯密和马尔萨斯的古典动态模型 487
存在资本积累的经济增长：新古典增长模型 489
新古典模型的几何分析 491
技术变革的重要性 492
技术变革作为一种经济产出 492
B. 美国经济增长的模式 493
经济增长的事实 493

经济增长理论的七个趋势之间的联系 495
经济增长的源泉 495
当前生产率变动趋势 496
生产率的复苏反弹 497
**总结提要** 498
**概念复习** 499
**补充读物和互联网站** 499
**问题讨论** 500

**第 28 章 经济发展的挑战** 501

**A. 贫穷国家的经济增长** 501
发展中国家的一般状况 501
人力资源开发 502
经济发展的四大要素 503
人力资源 503
自然资源 504
资本形成 504
技术变革与创新 505
从恶性循环到良性循环 506
经济发展战略 507
落后假说 507
工业化和农业 507
国家和市场 508
增长和开放 508
总结评价 508

**B. 经济发展模式选择** 509
各种“主义”的盛宴 509
两难困境的核心：市场还是指令 510
亚洲模式 510
“龙”与“虫” 510
中国巨人：市场列宁主义 511
社会主义 511
苏联模式的失败 512
马克思的预言 512
从书本到行动：苏式指令经济 513
从马克思到市场 514
结束警语 515
**总结提要** 516
**概念复习** 517
**补充读物和互联网站** 517
**问题讨论** 518

**第 29 章 汇率与国际金融体系** 519
国际联系 519
对外贸易的趋势 520

**A. 国际收支平衡表** 520
国际收支账户 520
借方和贷方 521
国际收支平衡表的项目 522

**B. 汇率的决定** 524
外汇汇率 524
外汇市场 524
贸易行情变动对汇率的影响 526
汇率和国际收支账户 526
购买力平价和汇率 527

**C. 国际货币制度** 528
固定汇率制：古典金本位制 529
休谟的调整机制 529
二战后的国际货币体系 531
国际货币基金组织 531
世界银行 531
布雷顿森林体系 531
政府干预 532
浮动汇率制 533
管理汇率制 533
当今的混合体系 533
**总结提要** 534
**概念复习** 535
**补充读物和互联网站** 535
**问题讨论** 535

**第 30 章 开放经济的宏观经济学** 537

**A. 对外贸易与经济活动** 537
开放经济中的净出口和产出 537
贸易和净出口的决定因素 538
贸易对 GDP 的短期影响 538
边际进口倾向与支出线 540
开放经济的乘数 541
宏观经济政策和汇率制度 541
1980~2003 年间的贸易与经济活动 542

**B. 全球经济中的相互依存** 544

开放经济中的经济增长 544
开放经济的储蓄和投资 544
充分就业条件下储蓄和投资的决定 545
促进开放经济的增长 548
**C. 世纪之初的国际经济问题 550**
竞争力和劳动生产率 550
“美国的去工业化” 550
生产率的发展趋势 550
欧洲货币体系的演进 551
欧洲货币体系：欧洲布雷顿森林体系 551
迈向统一货币：欧元 552
货币联盟的代价和收益 552
最后评价 553
**总结提要 553**
**概念复习 555**
**补充读物和互联网站 555**
**问题讨论 555**

**第七编 失业、通货膨胀与经济政策 557**

**第 31 章 失业与总供给的基础 559**
**A. 总供给的基础 559**
总供给的决定因素 560
潜在产出 560
投入成本 560
短期总供给和长期总供给 560
为什么短期 *AS* 曲线和长期 *AS* 曲线不同 563
**B. 失 业 563**
失业统计 564
失业的影响 564
经济影响 564
社会影响 564
奥肯法则 566
失业在经济学上的解释 567
失业的三种类型 567
微观经济的基础 567
自愿失业与非自愿失业 567
工资缺乏弹性的根源 569
劳动市场问题 570
失业的是哪些人 570
失业持续时间 570
没有工作的根源 571
由年龄造成的失业 571
**总结提要 575**
**概念复习 576**
**补充读物和互联网站 576**
**问题讨论 576**

**第 32 章 保持价格稳定 578**
**A. 通货膨胀的定义及影响 578**
什么是通货膨胀 578
通货膨胀的历史 578
通货膨胀的三种类型 579
可预期的通货膨胀和不可预期的通货膨胀 582
通货膨胀的经济影响 583
对收入与财富分配的影响 583
对经济效率的影响 584
宏观经济影响 584
理想的通货膨胀率是多少 585
**B. 现代通货膨胀理论 585**
*AS–AD* 框架中的价格 586
惯性通货膨胀 586
需求拉动型通货膨胀 586
成本推动型通货膨胀 587
预期和惯性通货膨胀 587
价格水平与通货膨胀 587
菲利普斯曲线 588
短期的菲利普斯曲线 588
非加速通货膨胀的失业率 589
从短期菲利普斯曲线到长期菲利普斯曲线 590
垂直的长期菲利普斯曲线 591
数量估计 591
对非加速通货膨胀的失业率的质疑 592
复 习 593
**C. 反通货膨胀政策的两难困境 593**
长期究竟有多长 594
降低通货膨胀率的代价有多大 594
信用和通货膨胀 594
我们如何降低非加速通货膨胀的失业率 595
**总结提要 596**

概念复习 597
补充读物和互联网站 597
问题讨论 597

第 33 章 宏观经济学流派及其论战 599
A. 古典学派兴起与凯恩斯革命 599
古典学派的传统 599
萨伊的市场定律 600
政策结论 600
凯恩斯革命 601
惊人的后果 601
理论与政策 602
B. 货币主义 602
货币主义的根源 603
交易方程式和货币周转率 603
价格数量论 603
现代货币主义 604
货币主义的精髓 605
货币主义与凯恩斯主义的比较 605
货币主义者的政策纲领：固定的货币增长 606
货币主义者的实验 607
货币主义的衰落 607
C. 新古典宏观经济学 607
新古典宏观经济学的基础 608
理性预期 608
新古典宏观经济学的含义 609
错觉商业周期 609
真实商业周期 609
财政政策的李嘉图法则 609
效率工资 610
供给学派经济学 610
政策含义 610
政策无效性 610
固定规则的可取性 611
货币主义规则和卢卡斯批评 611
争议的现状 611
一种新的综合? 611
且作评价 612
总结提要 613
概念复习 614
补充读物和互联网站 614
问题讨论 614

第 34 章 经济增长与经济稳定的政策 616
A. 政府债务的经济后果 616
财政史 617
政府预算政策 617
实际预算、结构性预算和周期性预算 618
债务与赤字的经济学 619
政府赤字的短期影响 619
短期与长期 619
财政政策和乘数模型 620
政府债务和经济增长 620
历史趋势 620
外债与内债 621
税收造成的效率损失 621
资本的替代 621
债务和增长 622
B. 稳定经济 623
货币政策与财政政策的相互作用 624
需求管理 624
财政政策与货币政策的组合 626
固定规则与相机抉择 627
立法机构的预算约束? 627
货币规则为的是联邦? 628
C. 新世纪经济前景 629
高度不确定的经济增长 629
企业的精神 629
促进技术进步 630
经济发展与政治自由 631
总结提要 632
概念复习 633
补充读物和互联网站 633
问题讨论 634

专业术语表 635
索 引 660

# 译者序

萨缪尔森《经济学》教科书第18版于2005年在美国麦格劳—希尔出版公司出版。该书首版发行是在1948年，之后大约每三年更新一次，迄今已经有了18个版本。半个多世纪以来，这部西方世界的“经济学圣经”，早已被译成了法文、德文、意大利文、瑞典文、西班牙文、葡萄牙文、日文、中文、阿拉伯文、俄文、匈牙利文、捷克文、罗马尼亚文、塞尔维亚文、越南文等40余种文字，销售总量也已超过1 000万册。[1]

## 一、为什么萨缪尔森在普及经济学的事业中能够取得如此成就

萨缪尔森《经济学》教科书长期广泛流行，是一件值得思索和回味的事情。萨缪尔森早在而立之年就在西方经济学界赢得了盛誉。他30岁时出版的一项高级研究成果《经济分析基础》，在25年之后为他带来了诺贝尔经济学奖，并使他成了美国经济学家中第一个享此殊荣的人。

一个顶尖的学者为什么要投身于普及性教育事业并取得了如此成就？

首先，萨缪尔森有一种经世济民的心胸和博学睿智的头脑。在二战后百废待兴、憧憬无限的氛围中，作为一名教师，他所看到的是年轻学生们失望于传统教科书的茫然的眼神，他所感到的是“探讨普及经济学的革命性方法的时机业已成熟。”[2]“为了影响一代人的思想”，[3]萨缪尔森长期竭尽心血、甘之如饴。在诺贝尔颁奖致辞中，瑞典斯德哥尔摩经济学院教授阿沙·林贝克曾经这样评价：“萨缪尔森在提高经济学分析水平方面的贡献，已超过当代其他任何一位经济学家。他事实上是重写了经济学理论的许多领域。”[4]

其次，萨缪尔森博采众长、善于折衷，是一位海纳百川的高手。萨缪尔森认定现代资本主义经济是一种“混合经济”，由私人经济和公共经济两部分

1“胡代光序”第1页，萨缪尔森和诺德豪斯：《经济学》第16版中译本，华夏出版社，1999年。

2“金色的诞辰”，第2页，萧琛译，萨缪尔森和诺德豪斯：《经济学》第16版中译本，华夏出版社，1999年。

3 萨缪尔森：《保罗·萨缪尔森科学论文集》第4卷，MIT出版社，1977年出版，第870页。

4“胡代光序”第2页，萨缪尔森和诺德豪斯：《经济学》第16版中译本，华夏出版社，1999年。

构成，前者可以用微观经济学加以分析，后者则可用宏观经济学进行论证。“萨缪尔森的开拓性的教科书的功绩在于：它第一次成功地把（当时）新的凯恩斯主义经济学和传统的微观经济学结合在一起。萨缪尔森使用了新古典综合派的概念，即一旦经济被恢复到充分就业状态，原有的古典学派的原理便能够适用。”萨缪尔森意欲为宏观经济学提供一个同微观经济学相一致的分析框架。[5] 一个基本的事实是：“宏观经济学”一词，在萨缪尔森的教科书问世之前，甚至还不曾出现在西方经济学的词典中。[6] 在微观经济学领域，萨缪尔森所采用的一整套市场分析方法，如供给曲线、需求曲线和成本曲线等，迄今仍是经济学界的共识和典范。[7]

再次，萨缪尔森具有博爱的师长情怀和非凡的沟通才能。萨缪尔森的第16版和 第17版的书前有一句看似平常却意境迥远的题词：“献给我们的孩子和学生。”萨缪尔森不仅桃李满天下、读者千百万，而且还是6个孩子（含“三胞胎”）的慈父和15个子孙的家长。萨缪尔森深感“若要让‘沉闷的经济学’变成激动人心的学科，以恢复它的本来面目，那么，即使是很一般的经济学图表，也都需要重新设计。” 萨缪尔森还专门附加了“如何看图”一章。为了更恰如其分，他甚至“踏破铁鞋”地采撷了一句很有点鲜见的“中国谚语”，来作为该附录的题头格言。在讨论国际贸易的时候，他又独具匠心地绘制了一幅特别的“世界地图”。在图中，各国的位置性状仍赫然可辨，但版图大小却不再取决于疆土面积，而是贸易份额！这样的图读起来，怎能不让年轻的学生为之心动和浮想联翩？

最后，萨缪尔森既是语言巨匠，又是幽默大师。[8] 在缜密漫长的理论思辨和沉闷枯燥的逻辑推理中，本书的读者总是有幸能不时地为作者的语言艺术所感染，不时地为一种自然幽默的风格所触动。例如，在讨论“边际价值决定价格”的时候，萨缪尔森会提醒您应当切记，是“狗尾巴在摇动狗身子。”又如，在讲解国际贸易政策时，他将“关税”比作“撒在轮船发动机里的沙子”；而在讨论投资乘数效应的时候，他又用“拨动小提琴弦”加以类比。此外，在介绍马克思的“专栏”中，他引用了马克思的名言，让旧世界在共产

---

5 “Play it again, Samuelson”, *The Economist*, August 23rd, 1997, p.58.

6 “金色的诞辰”，第 2 页，萧琛译，萨缪尔森和诺德豪斯：《经济学》第 16 版中译本，华夏出版社，1999 年。

7 “Play it again, Samuelson”, *The Economist*, August 23rd, 1997, p.58.

8 “Play it again, Samuelson”, *The Economist*, August 23rd, 1997, p.58.

主义革命面前颤抖吧，而后又加以呼应：统治阶级确实在这位伟人的影响下颤抖了一个多世纪！

## 二、萨缪尔森《经济学》教科书面临哪些批评和挑战

萨缪尔森经济学教科书“的确开创了一个崭新而持久的典范。”[9] 研究经济学的历史学家，像那些研究地球上骨骼与化石的古生物学家一样，通过考证《经济学》的第1版如何修订成第2版，并最终成为今天这个版本的，来确定各种经济学观点的盛衰年代。

尽管如此，随着岁月的流逝，“凯恩斯革命”的局限性逐渐暴露，萨缪尔森的教科书也遭致了许多的批评。在20世纪60年代，曾有一本评论性专著《批萨缪尔森》[10] 指责他过于为自由放任的市场制度辩护，其篇幅竟然等同于萨缪尔森的教科书。而到1997年第16版推出之前，美国评论界又有人认为萨缪尔森过于追随凯恩斯，其15个版本的教科书基调“体现了一种对政府干预功能的信任和对市场运作后果的担忧”。该文还指出，“由于总是着眼于短期总需求，《经济学》低估了探讨长期经济增长的源泉的重要性。又由于凯恩斯所担心的问题，即‘人们往往会储蓄过多，从而导致经济紧缩’，《经济学》的许多版本都隐含着一种‘反储蓄’的基调。直到1989年发行的第13版，萨缪尔森和诺德豪斯才深感美国的储蓄率已经过低，开始提请人们关注储蓄水平和经济增长之间存有密切的关系。”[11]

近年釜底抽薪式的挑战应该说来自于斯坦福大学的教授斯蒂格利茨。他写道：“在实质上，这（指新古典综合体系）就是把经济学分为两个不同的部分。在一个部分中，当社会的经济资源没有达到充分就业时，宏观理论便能够适用；在另一个部分，当社会的资源达到充分就业时，微观理论就发生作用。这种二者相互独立而很少关联的理论体系在教科书的写作和课程的教学上得以反映出来；先讲微观，后讲宏观，或者把次序颠倒过来都是无所谓的事情。在过去的数十年中，经济学者们已经对微观经济学和宏观经济学的

---

9 “金色的诞辰”，萧琛译，萨缪尔森和诺德豪斯：《经济学》第16版中译本，华夏出版社，2003年第7次印刷，第3页。

10 林特：《批萨缪尔森》，1974年德文版，1977年英文版。

11 “Play it again，Samuelson”，*The Economist*，August 23rd，1997，p.58.

分割提出了疑问。整个经济学界已经相信：宏观的变化必须以微观经济学的原理为基础；经济学只有一套，而非两套。然而，这一观点却没有在现有的任何教科书中被反映出来。"[12]

不满是向上的车轮，竞争是创新的动力。早在20世纪70年代，当"滞胀"这个经济学难题出现之后，经济学界已深感"新古典综合派"的解释力已经达到极限，并呼吁要"寻找一个新的凯恩斯，他的突如其来的洞察力将会发展出一个理论来解释今天所发生的事情"。[13] 到了90年代，当"不停滞又不膨胀"的"新经济"展现之后，西方经济学家则更是大声疾呼："需要超过马歇尔和萨缪尔森的原理"。萨缪尔森第15版《经济学》发行之后，一些评论家已经委婉地挑明"其流行势头似成强弩之末"。[14] 同期，斯蒂格利茨和曼昆的教科书都已经开始在国内外引起轰动；William Baumol 的教科书的呼声也很高，截至1997年已经出了7版；更早的 Richard G. Lipsey 的教科书，在1981年就出到了第6版。

令人困惑的是，1998年萨缪尔森教科书的第16版也即50周年金版诞生后，其人气指数则似又如日中天。加里·伯克（Gary Burk）曾评论道："凯恩斯曾不无自嘲地说过：'长期看，我们都属于死亡。'在经济学第16版问世的今天，我对此似乎不再敢苟同。看来，我们的脉搏依然相当强劲。"而萨缪尔森本人甚至不无自豪地宣称"已经站到了时代的潮头和经济学的锋刃之上"。[15]

## 三、为什么说当今的《经济学》教科书正处在一场革命的前夕

主流经济学代表作，或者说公认的"集大成"之教科书，一般说来不应该不惟一，尽管现在还不能排除"多元化"有可能会成为一个很长时期内的趋势。由此，上述"里程碑"候选作品的数量本身，似乎也折射出一个问题，

---

12 斯蒂格利茨：《经济学》中译本上册，姚开建等译，高鸿业等校，中国人民大学出版社，1998年，第17页。

13 [美]《商业周刊》1974年6月29日第50页。

14 "Play it again, Samuelson", *The Economist*, August 23rd, 1997, p.58.

15 "萨缪尔森致中国读者" 第1页，萨缪尔森和诺德豪斯：《经济学》第16版中译本，华夏出版社，1999年。

即它们在“均质化”或“殊途同归”的道路上恐怕还需要进一步磨合。或者，它们的读者群和风格特色还需要进一步细分和定位。能否真的成为“第四块里程碑”，目前许多专家都一致认为：“恐怕还需要时间的检验。”[16] “绿油油的麦苗”不等于“金灿灿的谷穗”。“曼昆的书，即使能够畅销，也不可能像萨缪尔森所做过的那样变更经济学的教学模式。”[17]

从历史角度看，里程碑式的经济学教科书在几十年内长盛不衰的情况并不鲜见。1776年经济学之父亚当·斯密的《国富论》问世以来，西方经济学界已经产生了三部公认的里程碑之作。第一部是1848年首版问世约翰·穆勒的《政治经济学原理》。该书多次再版，成为19世纪后半叶英语世界中必读的经济学教科书。第二部是1890年首版的阿尔弗里德·马歇尔的《经济学原理》。该书一直被奉为西方经济学界的“圣经”。直到1948年，才出现第三部“集大成”之作，即保罗·萨缪尔森的《经济学》。

从学术创新角度看，教科书是“长城”，革命性成果是“基石”，其他突破性成果则是“砖”。在第一次大综合中，穆勒等所要论证和阐扬的是著名的“看不见的手”的原理，然后再综合其他成果并派生出改善市场经济制度的方案。在第二次大综合中，融合了微积分和心理学的“边际革命”，显然是不可或缺的“基石”。马歇尔将“供求论”“节欲论”“生产费用论”同“边际效用理论”整合在一起，才形成了一个新的折衷体系。而在第三次综合中，凯恩斯的《通论》显然是石破天惊的革命性成果。毋庸置疑，近半个多世纪以来，货币学派、合理预期学派等都已经取得了显赫的成就，都构成了对凯恩斯经济学的严峻挑战。但是，恐怕还不能说它们已经超脱了凯恩斯的理论体系，并已经推出了可以同《通论》相媲美的“基石”性成果。

从新型世界经济现实的角度看，当今的经济学可谓正处在一场大革命的前夜。半个世纪以来，西方经济经历了一场慢性的波动，20世纪30和40年代是“停滞”，50和60年代是“膨胀”，70和80年代是“停滞膨胀”，而90年代以来则是“既不停滞又不膨胀”。[18] 与此相应，凯恩斯经济学似乎也经历了一轮慢性波动，30和40年代是“开创”和“拓展”，50和60年代是“成

---

16“胡代光序” 第2页，萨缪尔森和诺德豪斯：《经济学》第16版中译本，华夏出版社，1999年。

17“Play it again，Samuelson”，*The Economist*，August 23rd，1997，p.58.

18 萧琛：“新经济周期与经济学新边疆”，《经济学动态》，2000年第三期，第53页。

熟”，70 和 80 年代是“扬弃”，90 年代以来则是“回归”，[19] 商业周期的“涟漪论”乃至“永远消失论”，应该说是一种强烈的信号。“真实经济周期”理论能否取代凯恩斯主义的经典周期理论？“虚拟经济周期”在新的经济学教科书中究竟应该有什么样的位置？

如何解释上述半个多世纪以来的世界经济“长波”，而新的“长波”又是什么？汽车主导产业群为微电子主导产业群替代之后，“实物资本”经济周期是否会让位于“人力资本”的经济周期？“金融风暴”是一种什么样的新型危机？贸易逆差、汇率走弱乃至油价畸高为什么能够同强势增长的经济并行不悖？在微观经济学方面，“(软件）版本”“锁定”“捆绑”“网络效应”“企业新边界”“需求方规模经济”等，都有待锐意开拓、形成共识并创建新的体系。而在发展经济学和转轨经济学领域，值得关注的经济学命题可谓更多并更有价值。例如，计划经济转向市场经济的逻辑步骤，新兴经济体与成熟经济体接轨中的红利分享模式，从模拟市场切换到成熟市场的临界条件和成功关键，等等。随着中国经济和中国资本市场的迅速崛起，新的现实命题正在向现有经济学教科书提出更严峻的挑战。

## 四、在“新经济”现实和“多元化”竞争面前萨缪尔森怎样继续如履薄冰

“新经济”的挑战与“多元化”的竞争，不仅意味着经济学正在成为一个空前引人入胜的领域，而且也意味着萨缪尔森“古老的”的教科书需要进一步焕发青春。尽管本书不无先机优势，但毕竟已经历 50 多年的风雨。若不能继续“如履薄冰”，则本书的领先优势也未尝不能易手。让译者吃惊的一点是，在第 16 版、17 版进行了那么大的改动之后，本版竟然还有许多新陈代谢甚至伤筋动骨之处。

第一，经过更加精心和严格的筛选，本版内容更加切合初学者在新世纪的需要。在浓缩了的篇幅中，不仅继续包含了诸如稀缺、效率、贸易利得和比较优势原则等微观经济学概念，总供给和总需求、货币政策传导机制等宏观经济学范畴，以及经济增长理论和经济周期模型；而且还进一步扩大了

---

19 萧琛：“现代西方经济周期理论的成熟扬弃与回归”，《北京大学学报》，1993 年第四期，第 69~77 页。

“信息经济学”“环境经济学”和“真实经济周期理论”等内容。环境生态经济学、医疗保健经济学等前沿问题，国际宏观经济学的新视角，强调技术、发明和人力资本的新的经济增长理论，信息经济学的新流派、信息定价的困境和网络效应，投资经济学中的不确定性与博弈论，污染许可证交易的经济学分析和案例分析，等等，都得到了进一步的强调。

第二，本书不仅增强了上一版重视“信息网络经济”的色调，而且推进了“市场机制再度崛起”的时代旋律。前苏联、东欧，特别是中国改革的经验，得到了更多的重视。寻租问题、腐败问题、委托代理问题，也都有更多的新内容。“转轨经济学”是萨缪尔森多年来一直在呼唤的新学科。萨缪尔森在其传来的视频讲话中这样说道：转轨经济学，特别是中国道路的研究，应该说是未来诺贝尔奖得主的新难命题。有阅历的读者可能知道，20 世纪 70 年代中后期，萨缪尔森曾经用“停滞膨胀”这个命题激励和（用诺奖）“悬赏”锐意进取的经济学后生。至于信息网络经济，或者说“新经济”，本来就是诺德豪斯近年精力投入比较多的领域。在本书中，污染许可证、无线电频道、网址域名等新型“商品”交易范式，都进一步得到了系统深入的讨论。

第三，“国际宏观经济学”等较前沿问题的篇幅有所增加。国际金融方面的内容有了较多刷新和较大调整。这是对于近年国际金融、国际贸易和国际投资等领域中所发生的一系列令人耳目一新的战略发展的及时呼应。世界经济的首要火车头美国经济多年来一直高速走强，但是其贸易逆差却不断扩大，美元汇率也是不断走低。这种“强经济”与“弱贸易”、“弱美元”的并行不悖和相辅相成，应该说是对已有（国际）宏观经济学基本命题的正面而尖锐的挑战。至于全世界的“廉价货币”，以及随之而来的世界性的房地产泡沫和畸形高企的国际原油价格，显然也都需要当代经济学者正视和回应。

第四，本书新意难以尽述，不妨借用两位作者的话作一归纳。在本书前言中他们这样写道：经济学是一门动态的科学。它所揭示的是经济现象、环境变化、世界经济和整个社会的变动趋势。随着经济学和它所置身的现实世界的发展，本书也在发展。本版《经济学》在以下七个方面不同于先前各版，依次是：1. 经济学核心理论；2. 经济学的创新；3. 强调小的即美的；4. 新世纪的政策问题；5. 关于全球化问题的争论；6. 宏观经济学的论战；7. 力求更加简明和清晰。对于本书这七点新意，两位作者在其前言中都有详细的交代。在全文翻译的过程中，译者也不时感触良多地发现：本版大量辅助材料，如资料、人物、案例等“专栏”，作者都进行了新一轮的斟酌、增删、调整和润色。

## 五、新世纪初期中国读者应该如何借鉴国外《经济学》教科书

经济学是一门帮助人们增强洞察力和保障选择效率的学问。经济学有许多定义，就新世纪中国读者而言，我感到其中两个特别值得注意。其一是马歇尔的定义：“经济学是一门研究人类一般生活事物的学问，它研究个人和社会活动中与获取和使用物质福利必需品最密切相关的那一部分。”其二是罗宾斯的定义：“经济学是研究人类行为的一个侧面，即目的和具有多种用途的稀缺的手段之间的关系的科学。”[20]

坚持不懈地将“最优化行为”、“市场均衡”和“稳定性偏好假设”结合起来，[21]经济学提供了各种范式，可以帮助我们在确定目标、选择手段和保证效率之间获得一种均衡。高考复习时间应该如何分配才能保证各科成绩最能相辅相成？金融风暴导致经济萧条之后应否多做些“时间密集型”的事情，如生孩子或读MBA？经济适用房的装修应否追求豪华？是否应该用当“负人”的办法去购买第二套住房？科学家应否长期担任行政领导？股票价格指数（沪指）6 000点之后能否继续大量持有一线蓝筹股？面对CPI和资产价格的节节上涨，我们应否从“强调节流”走向“强调开源”、从“间接投资”走向“直接投资”？显然，这些问题的答案都会因时因地因人而异。

正因为如此，我们才需要寻找一种一般性的参照“解”。日常生活中，你看到的是情怀各异的芸芸众生，是特殊；而在经济学中，你遇到的将是具有“自利”目标和“理性”手段的“经济人”，是一般。找到了一般，显然有助于比照出特殊。认真系统地学习经济学之后，你将会用一种同以往迥异的目光去审视整个世界。

你所关注的可能不再仅仅是价格如何上涨，而是会这样问：价格上涨的主要原因是“需求拉上”还是“成本推进”？你所看到的“房地产调控”，

---

20 [美] 杰克·赫什利弗：“经济学帝国的扩张”，萧琛译，朱天校，《现代国外经济学论文选》第十四辑，商务印书馆，1992 年出版，第 179 页。

21 加里·贝克尔：《人类行为的经济学方法》，1976 年英文版，第 4 页。

可能不再仅仅是呼吁“降价”和声讨“暴利”，而是能否“扩大供给”和“缩小需求”？你所困惑的“大牛市”，可能不再是机关单位如何三令五申“不准上班炒股”，而是会反思：现阶段大牛市所激励的是“生产性努力”还是“分配性努力”？是“实体经济”还是“虚拟经济”？你甚至有可能不再窘迫于同仁、同学或邻居的“赚钱效应”，而可能会变得更加宁静致远：探索和把握新兴的“自动稳定器”的性质及其变迁，既不恐惧于“绞肉机效应”，也不贪婪于“提款机效应”。而你所重视的“新农村”建设，则很可能不再仅仅是“剪刀差”、“财政拨款”和“税收减免”，而是“丰收悖论”、“蛛网理论”和“边际消费倾向”。总之，你会发现世界从来未曾变得如此地生机勃勃和趣意盎然！

哈佛大学的曼昆教授说得好，“在我当学生的20年中，最令我兴奋的课程是我在上大学一年级时所选的连续两个学期的经济学原理。可以毫不夸张地说，这门课改变了我的一生。”[22] 无怪乎萨缪尔森敢有一句豪言：“如果我能为一个国家编写经济学教科书，我就不会在乎是谁在为它制定法律，又是谁在为它起草条约。”[23] 萨缪尔森的教科书不仅能够让初学者迅速地概览主流经济学的全貌，而且还能不断地刷新财政学、金融学、统计学、会计学、制度经济学、国际经济学、发展经济学和环境经济学的知识。在西方它堪称一部“小型的经济学百科全书”。

改革开放，特别是中国加入WTO以来，东西方经济学的交流和碰撞，对于中国新一代人才的素质乃至整个民族的思维习惯，应该说都已经产生了积极的影响。许多经济学工具，如“需求管理”和“比较优势”等，都已经为我们的政策制定者所驾轻就熟。在应对“人民币升值”压力和贸易摩擦的进程中，中国政府所提出的“先改变汇率形成机制”的大政方针，中国学者关于“独享接轨红利”的经济学思路，中国企业挣脱“头脑肢体”国际分工困境的战略意识以及从“中国制造”走向“中国创造”的坚实脚步，都已经让整个的世界刮目相看和瞠目结舌。

需要提请注意的一点是：尽管萨缪尔森造诣深厚影响巨大，但其书中某些观点并非不存在需要质疑和反思的地方。外国的经济学所植根的土壤毕竟与我国的不同，美国经济学家的基本立场也的确与我们有别。微观地说，对

---

22 曼昆：《经济学原理》中译本，梁小民译，三联书店和北京大学出版社，1999年，第6页。

23 张维迎：致读者（代序），经济学英文版第16版影印本，机械工业出版社，1998年7月，第8页。

于中国股市屡屡“唱空而做多”的行径，就可谓一个夸张式的典型而现实的类比。宏观地说，美方要求我们转变经济增长方式这一看似轻松的建议，也并非不含有敦促我们改革税收制度和收入分配体制的战略意图，而这个意图在当今中国社会政治领域中并非不是足够地沉重与微妙！总之，中国学生及其他读者在大胆地借鉴、参考、择取和利用的同时，绝不可以轻视应有的分辨能力，也绝不可以忽视中国特色社会主义的基本国情和经济发展的特定阶段。

萧　琛

2007年10月14日于北京大学

# 前 言

逝去的20世纪，曾见证了世界上大多数人们生活水平令人惊叹的提升，尤其是北美、西欧、东亚等地区的富裕国家。21世纪，人们不禁要问：她能否续写上一世纪的辉煌？少数国家的丰裕能否惠及到多数贫困的国家？换言之，圣经《启示录》中骑马人所警示的那些饥荒、战争和疾病等顽症，是否会继续在非洲大陆肆虐，乃至进一步蔓延？这些问题的答案在很大程度上都取决于上述国家的经济发展，包括教育、投资、对外贸易和公共医疗等。

## 市场日益重要

在过去的25年里，无论是我们的信仰还是经济制度都发生了急剧的变化。许多国家纷纷摒弃了传统的集体主义经济模式，而代之以市场经济制度。如爱尔兰、博茨瓦纳、菲律宾等不同类型的国家，都经历了强劲有力的经济发展。有史以来，我们从未看见这样多国家的经济像20世纪下半叶那样经历了持续的增长。

你也许会以为长期繁荣所导致的人们对于经济事务的兴趣已经有所淡化。事实上，令人费解的一点是，各国人民在生活中对于经济学不朽真理的追求变得比以前更加活跃与虔诚。多年来，美国一直致力于解决其生活水平增长缓慢等问题；然而在世纪之交，美国的劳动生产率已经不断提高，产出在不断增加，失业率也在下降。

放眼世界，计算机和通信技术的进步已经创造出一个竞争更加激烈的全球市场，世界也因此变得更加密不可分。中国、印度、俄罗斯是发展中的大国，它们若想达到当今富国的生活水平，恐怕很有必要进一步理解市场经济制度的精髓。同时，越来越多的有识之士已开始对全球性的环境问题忧心忡忡。他们认为，很有必要尽快签订更多的旨在保护人类珍贵的自然遗产的国际协定。所有这些令人目不暇接的发展和变化，都是我们所谓的“经济”的现代歌剧中的一幕。

## 经济复苏

半个世纪以来，在美国乃至全世界的课堂上，我们这本教科书都已经成了经济学入门教学的范例。每一新的版本，都要从最杰出的经济学家那里汲取有关市场如何运行、社会如何提高人民生活水平等课题的思想精华。然而，自1948年本书第1版问世以来，经济学的确已经发生了深刻的变化。并且因为经济学原本就是一个活生生的不断丰富和发展的有机整体，这本书的每一次再版都是一次新生。而每经历一次新生，作者都能借此令人兴奋的契机，来展示现代经济学家最前沿的思想，并阐释经济学如何促进世界更加繁荣。

由此，本书的任务是：对现代经济学原理和美国乃至整个世界的经济制度体系做一番明晰、精确和生动的介绍。我们的宗旨是全面评述现代经济学。为此，我们强调基本的经济原理，它们比每天报纸的头条更能经得起时间的考验。

## 《经济学》第18版

经济学是一门动态的科学。它所揭示的是经济现象、环境、世界经济和整个社会的变动趋势。随着经济学和它所置身的现实世界的发展，本书也在发展。《经济学》第18版在以下七个方面不同于先前各版：

***1. 经济学的核心理论*** 通常情况下经济学都似乎是在没完没了地应对新的困惑、谜团和其他两难问题。然而，有经验的教师都明白，支撑整个经济学的不过是一些最基本的概念。只要掌握了这些基础知识，整个学习进程就会事半功倍并变得意趣盎然。为此，本书的注意力始终放在经济学的核心理论，即那些颠扑不破的真理上面。这些理论在21世纪的重要性将丝毫不会逊色于它们在20世纪的情况。微观经济学的概念，如稀缺、效率、贸易收益和比较优势原理等，永远不会丧失它们在经济学中的核心地位，只要稀缺性本身还继续存在。学习宏观经济学的学生，无论是在掌握总供给和总需求的概念方面，还是在理解国内外货币的作用等方面，都必须打下扎实的基础。学生们不仅应当学到有关经济增长的已经被普遍认可的理论，而且也应当了解关于商业周期的各种有争议的学说。

***2. 经济学的创新*** 现代经济最显著的特征之一是几乎在

每一个领域创新都非常迅速。计算机产业中令人眩晕的发明速度也许已经让我们习以为常。在该产业，几乎每个月都有新的产品和新的软件出现。互联网正在掀起一场信息革命，现代商业正在接受一场洗礼。

此外，我们还强调经济学本身的创新。经济学家都在以自己的方式变成一群修补匠、改革者和发明人。历史表明，经济思想一旦用于解决现实世界的问题，便会酝酿和掀起社会变迁的浪潮。本书讨论的重要创新包括通过"排污（许可证）交易"计划，将经济学应用到环境保护领域。其他重要的经济创新包括改善后的管理机制，诸如欧洲货币一体化这类激进的思潮。最近几年中最有影响的经济创新之一，是关于消费者价格（指数）的统计权衡问题。我们将界定一个最重要的经济学概念"网络经济学"，并讨论它怎样影响经济效率和市场力量，进而如何带来"应否解散微软"等问题的争论。此外，事关人类未来的最重要的创新之一，是如何处理诸如气候变化等属于"全球公共品"之类的问题。我们将探讨处理全球环境问题的新的方式，诸如《京都议定书》这种模式。

***3. 小的即美的*** 在过去的半个世纪中，经济学大大拓展了其研究领域。经济学的大旗不仅飘扬在传统的市场领域之内，而且还覆盖了环境、法律研究、统计和历史方法、艺术、性别和种族歧视，甚至家庭生活等方面。然而，从本质上讲，经济学仍是一门关于在现实中如何选择的科学。总之，这有点像点菜进餐，小的往往是美好的，因为它便于消化。

为本书确定命题曾遇到很多的两难问题。为挑选这些课题，我们调查了许多授课教师和有影响的学者，以判定哪些课题对于教育良好的公民，或者新一代的经济学人是至关重要的。我们拟出一份涵盖主要课题的目录清单，然后又忍痛将其中许多的章节和附录都陆续地删去。我们不时地发问，这些内容是否像我们所预期的那样完好，对于学生理解21世纪的经济学是否真的不可或缺。每一课题只有过了这一关之后，才有可能被收编入书。如此严格筛选的结果是，本书的篇幅比前几版减少了四分之一。农业经济学、工会、马克思主义经济学和卫生经济学等都被删掉，而用更多篇幅讲述环境经济学、网络经济学和真实商业周期理论以及金融经济学。

***4. 新世纪的政策问题*** 对于许多学生来说，经济学吸引他们的地方在于经济学和公共政策的关系。而第18版所强调的，正是微观经济学和宏观经济学方面的政策制定问题。随着人类社会的发展，人们开始破坏自然环境和生态系统。第18章所讨论的环境经济学，可以帮助学生理解经济活动的外部性问题，并进一步探寻能让人类经济发展和自然环境相适应的途径。一系列新的范式和案例，诸如股息税改革、最低工资、国际化外包、品牌价值、财务诈骗等，都在讨论微观经济学的核心命题并联系现实生活的过程中得到广泛地应用。

第二大重点在于金融经济学和货币经济学。通过引入新的一章"金融市场和货币的特殊形态"，我们相当彻底地重新编写了金融经济学部分的内容。在该章我们将货币经济学置于一个更为广阔的金融舞台之上，并使之与中央银行一章相辅相成，进而探讨货币在商业周期中所发挥的重大作用。

回顾历史、经济的变迁，并结合作者亲身的经历，第18版继续强调运用案例分析和援引经验论据来阐释经济理论。只有当我们理解了1996年美国福利制度改革和当前医疗保障体系所存在的问题时，有关"反贫困"命题的两难困境才能够变得真实可见。只有阐释清楚全球变暖的两难困境，需要动用经济手段才能解决好环境问题这一点才能不言自明。而只有当我们了解了财政赤字如何压低国民储蓄之时，我们才有可能入木三分地理解宏观经济学。

***5. 关于全球化问题的争论*** 过去10年中，曾出现许多关于国际贸易在经济生活中的作用等问题的激烈舌战。一些人认为美国制造业就业率的下降原因在于工作机会都被出口到了墨西哥和中国，尽管有一份关于就业趋势的调查曾对此提出质疑。无论原因何在，美国在21世纪初都实实在在地面临着一种困惑：产出高速增长和就业显著下降二者并行不悖。

有关全球化的讨论是近些年来重大的论战之一，其症结在于国家之间日益增进的经济一体化。美国人都明白，现在还没有哪一个国家能成为孤岛。移民潮和国际贸易对交易品种、成交价格和我们的薪酬都有着深刻的影响。恐怖主义可以对本土的经济产生摧毁性的影响，而非洲的战争则可以导致饥荒进而降低人民的生活水平。如果我们不仔细地研究比较优势理论，则恐怕没有人能够透彻地理解贸易增长和资本流动所带来的影响。为此，第18版进一步增加了有关国际经济学、国际经济贸易及其同国内经济变动之间如何相互影响的内容。

***6. 宏观经济学的论战*** 理解现代经济学的主要障碍之一是宏观经济学流派众多且数量激增。教师们通常都想知道，在宏观经济学家的意见如此分歧的情况下，学生们究竟应当怎样理解问题。尽管在处理这类众多的分歧时我们

仍然感到苦恼，但我们还是认为这是经济学健康发展的一种表现。我们宁肯看到生气勃勃的争论，也不愿意看到那种你好我好的一团和气。

在总供给和总需求的清晰的分析框架中，第 18 版讨论了现代宏观经济学的所有主要流派。我们一方面告诉学生应当如何理解凯恩斯主义、古典主义和新古典主义、真实商业周期及货币学派的宏观经济学，另一方面也强调“预期”、“市场出清”和“总需求”的其他新特征。本书对每一个经济学流派都进行了清楚的介绍和一种公正的反思及比较。就每个学派的讨论而言，我们都会援引经验数据进行客观的评价。所有重要学派都包括在“宏观经济学流派及其论战”这一章中，此外我们还强调了不同的思路及其政策含义的重要性。

经济学家已经日益重视长期经济增长的决定因素、近期的生产率增长反弹的原因、创新与新科技知识的作用。如果学生想要理解关于政府债务和赤字作用的讨论，那么将经济增长置于前沿和核心地位是完全有必要的。通过将增长理论及其新成果引入宏观经济学的中心地带，第 18 版较好地反映了当代经济学的这种复兴态势。

***7. 简明清晰*** 尽管第 18 版有许多新的特点，但整个准备过程中贯穿始终的“朝圣的北斗”，还是力图创造出一种清晰和易于让学生接受的方式。学生们是来自不同的背景、带着对现实世界运作方式不同的先入之见走进我们的课堂的。我们的作用并不是要改变他们的价值观。相反，我们只是希望学生们能首先理解经济学的不朽真理，然后积极地付诸实践，从而让整个世界变得更加适合于他们及他们的家庭去从事工作和进行生活。为达到此目的，也许没有什么办法能够比简明清晰的陈述更有效了。我们在全书的每一页上都煞费苦心，以增进对基础经济理论的全面把握。我们曾收到各地学生和教师的数以千计的评论和建议，并已经将他们的建议融入第 18 版中。

## 本书内容选用事宜

经济学课程有各种安排，可以用一个季度泛读，也可以用一年精读。本书可以说是为满足各种需要而精心编排的。较高深的内容在附录或特别标明的小节里单独安排。这样既可以满足那些求知欲特别强的学生，也可以满足那些主修该课程要求彻底探讨经济学的学生。我们还附加了供讨论用的高难问题，以试探那些学习上特别投入的学生们的勇气。

即使课程节奏比较快，你也有机会欣赏书中精心编排的高深内容。时间特别紧促的学生，可以跳过较难的部分，但这并不会影响你对经济学核心内容的把握，也不会偏离经济推理的主线。此外，本书还向那些最优秀的青年学者提出了挑战。事实上，当今许多杰出的经济学家都曾写信告诉过我们：在获取博士学位的奋斗过程中，他们一直依靠着这本《经济学》。

## 版 式

第 18 版选用了一套标记及相应材料来突出某些内容。你会发现有三种标记：对初出茅庐者的警告，研究中的经济学案例，古往今来伟大的经济学家的传记等资料。但这些标记下的内容本身并非集中在一起。相反，它们被安插在相关的章节之中，以便读者可以在不打断思路的情况下进行浏览。阅读本书时，请你务必用心记住这些标记：

表示警告，学生应该暂停一下，以确保他们理解难点或微妙的问题。

表示有趣的例子或应用性分析，它通常属于现代经济学的基本创新。

表示经济学重要人物的生平。有时是著名的经济学家，如亚当·斯密，有时是将经济学引入公共政策的重要人物。

本版新特点还包括在章末强调该章的重要内容，并以一种特别的口吻提出问题，以帮助读者加深对该章所讨论的主要概念的理解。

书中的**黑体字**部分，表示第一次出现的术语，或说明这是组成经济学语言的最重要的概念。

尽管如此，这些较多的变化仍然没有改变自第 1 版以来一直主导着《经济学》的风格：简洁的文句、清晰的解释和精练的图表。

## 致喜欢先教宏观部分的教师

同前一版一样，新版本首先讲微观经济学，但许多教师仍然愿意从宏观经济学开始讲授。他们也许认为，初学者更容易理解宏观经济学，先接触宏观部分，能较快地激发学生强烈的兴趣。我们曾分别用这两种安排授课，发现这两种办法的效果都很好。

无论你的授课哲学如何，本书均为你做了精心的安排。从微观经济学开始的教师可以直接按照各章节的顺序进行下去；希望先讲宏观经济学的教师则应跳过前半部书的四编，而直接从第五编开始。本书已经根据需要特别安排了说明和相互参照的注释。

除此之外，对于那些课时有限无法涉及所有内容的教师和学生，第 18 版还为大家准备了两个单行本，《微观经济学》（本书的第 1~19 章）和《宏观经济学》（本书的第 1~3 章和第 20~34 章）。

## 教学参考书和其他教辅材料

本版的学生将会从《学习指南》中得到帮助。这本精心设计的参考书由 Depauw University 的Gary Lemon 教授准备，他在本版的修订工作中与我们保持了紧密的合作。该书无论是用于课堂讨论，还是用于个人自学，都已经被证明是非常成功的。既有针对《经济学》全书的《学习指南》，也有针对微观和宏观部分的《学习指南》。你可以通过网上订购也可以使用书号随主教材一起邮递购买。

另外，教师们还会发现有一本《教师参考手册和题库》。该书对指定教学计划和准备测验非常实用。另外，麦格劳—希尔/欧文出版公司还设计了一套双色的投影仪胶片，可用在教室里演示图表等资料。本版的图表和数字还可借助幻灯片演示。幻灯片可从我们的网站（http：//www.mhhe.com/economics/samuelson18）上下载。该网站不仅提供交互式图表供访问人自我评分、练习测试和索取关键图表，而且还为每章后面所提出的供进一步深入研究的“问题讨论”指明了探索路径。所有需要这方面资料的（美国）读者，都可以同所在地的麦格劳—希尔/欧文公司的代表处联系。

## 计算机时代的经济学

电子时代使学者和学生获取信息的方式发生了革命性变化。在经济学领域，信息革命使我们能更加便捷地接触到各种经济数据和学术潮流。第 18 版的一个新特点是在第 1 章之前增写了“经济学与互联网”一文，可以为经济学快车驶向信息高速公路提供路标和指南。

此外，每一章后面都新增了一项内容，为更广泛深入的研读提供参考，并提供一组帮助学生加深理解的案例和搜索数据的网址。

学生们还可以买到两个软件包：宏观经济学（*The Power of Macroeconomics*）和微观经济学（*The Power of Microeconomics*）。它们收编了与本书直接相关的内容。这两个软件包都是多媒体课件，可以借助音像方便和深化学生对经济学理论的理解。这些课件允许学生以适合自己的速度播放，并使得学生能够带着问题参与到讲演之中。软件包由加州大学欧文分校管理学院研究生院的 Peter Navarro 编制。这方面更详细的说明可以在网站 www.powerofeconomics.com 中查获。

## 致 谢

本书虽然只有两位作者，但是合作者却很多很多。我们衷心感谢我们的同行、评论家、学生和麦格劳—希尔出版公司的工作人员，是他们保证了《经济学》第 18 版能够及时完成。麻省理工学院、耶鲁大学及其他院校的同行也热情地提出过宝贵的意见。他们是：William C. Brainard，E. Cary Brown，John Geanakoplos，Robert J. Gordon，Lyle Gramely，Paul Joskow，Alfred Kahn，Richard Levin，Robert Litan，Barry Nalebuff，Merton J. Peck，Gustav Ranis，Herbert Scarf，Robert M. Solow，James Tobin，Janet Yellen 和 Gary Yohe。

此外，我们还从许多基础经济学教学人士们不倦的工作中获益匪浅，他们为教科书所做的努力已充分体现在本版之中。我们还要特别感谢第 18 版的审稿人。他们是：

Mohammad Akacem, *University of Colorado, Denver*
Mohua Das, *Centre College*
George Euskirchen, *Thomas More College*
Adam Forest, *Seattle University*
Satyajit Ghosh, *University of Scranton*
Aroop Mahanty, *University of Maryland*
Donald Milley, *Youngstown State University*
Ibrahim Oweiss, *Georgetown University*
Dennis Petruska, *Youngstown State University*
Edward Scahill, *University of Scranton*

麻省理工学院、耶鲁大学和其他许多院校的学生们也发挥了一种“看不见的大学”的作用。他们不断地提问与诘难，使得我们的教科书每一版都比前一版要少一点遗憾。尽管他们人数众多、无法枚举，但书中每一章都渗透着他们的思考和影响。Nancy King 在纽黑文市（耶鲁大学所在地）为本书后期运作的后勤保障方面提供了很多的帮助。

若没有麦格劳—希尔出版公司熟练而精干的团队在每一阶段的辛勤工作，本书是无法完成的。我们想要特别感谢（按出现先后顺序排序）的是：执行编辑 Lucille Sutton、开发编辑 Karen Minnich、编务助理 Becca Hicks、项目经理 Susanne Riedell、制作经理 Becky Szara 和营销经理 Marty Quinn。正是这个技术娴熟的专家小组，用一大垛的软盘和小山似的文稿塑成了眼前这样一件完美的艺术品。

## 致我行我素的学生

在历史书上你们已经见过那些涤荡文明根基的革命浪潮，如宗教冲突、争取政治自由的斗争、打倒殖民主义和帝国主义的战争。而在过去的 10 年中，席卷东欧、前苏联、中国和其他每一个地区的经济改革浪潮也已经在扭转整个世界。青年人因为不满意他们的中央集权政府而推倒了柏林墙，推翻了强权，并向民主政治和市场经济靠拢。

> 亲爱的同学、像你一样的众多的同学们，正憧憬着自由民主市场经济体制所能带来的繁荣，他们在奋发前行，并期望获得探讨从本书中获取新知识、新能力的权利。

### 思想的市场

我们的学生们到底在追求一种什么样的市场呢？从本书中，你将学到股市和债市、墨西哥比索和欧元、不熟练劳工和训练有素的医生。你可能在报纸上看到国内生产总值、消费者价格指数、股市和失业率等名词。在你系统地学完本书各章之后，你就能把握这些词的准确含义。更重要的是，你还会了解到影响和决定它们的经济力量。

尽管如此，思想的市场还同样存在。经济学不同流派正是在此建树他们各自的理论，并努力向其同行们推销自己的理论。在随后各章中，你会发现各种关于经济学的思想成果的公正的评论：从早期的经济学家，如亚当·斯密、大卫·李嘉图、卡尔·马克思到现代的思想巨匠，如约翰·梅纳德·凯恩斯、米尔顿·弗里德曼和詹姆斯·托宾。

### 祝 愿！

驶往“市场”这块大陆时，你也许难免有点担忧，这完全可以理解。不过由衷地说，我们事实上是在羡慕甚至是在嫉妒你——我们的新学生！因为你刚刚起锚扬帆，开始你人生的远航，前方魅人的经济学世界正在等待着你去遨游！这是个多么令人激动的时刻，一辈子，只有这么一次！值此，我们衷心地祝愿你一帆风顺！

**保罗·萨缪尔森**

**威廉·诺德豪斯**

# 经济学与互联网（供学生参考）

信息时代改变了我们的生活。对于学者和学生来说，这种影响尤为深远，因为它提供了一种廉价而又迅捷地获取大量信息的途径。互联网，一个由无数的计算机和信息所链接成的巨大的不断扩展的国际公共网络，正在日益改变我们的学习、购物、娱乐以及与亲朋好友进行交流的方式。

就经济学而言，信息革命也向我们提供了通向数据资料和成果文献的捷径。只需轻点几下鼠标，我们就能下载最新的失业率、贫困率和收入变动等信息，就能深入了解银行体系内部的错综复杂的机制。几年前，一个经济学研究课题的完成，从收集资料到分析论证，恐怕至少需要几个星期；而今天，只要有一台电脑上网操作，同样的任务在几分钟之内便可完成。

本书并非一本关于信息高速公路的驾驶员手册。那种技能在相应的课堂上就可以学到，当然也可以在课堂以外学到。我们所要提供的是一幅标出了经济数据源和研究成果方位的电子线路图。借助该图和航行技巧，你就可以浏览各个网站，找到你所需要的数据、信息、研究资料，还可以进入聊天室聊天。此外，在本书每章的结尾，我们还提供了有关该章研究内容的读物和网站。

不妨提请大家注意一点，我们介绍的网站中有些可能是免费的，但有些可能需要你注册或要经由你所在的学校的代理服务才可能获得，还有一些网站可能需要你缴费。鉴于收费情况经常变动，我们只能尽力侧重介绍免费的网站。尽管如此，若干高质量但却收费的网站我们也绝对不会从略。

## 信息数据和相应机构

互联网是查找信息数据必不可少的渠道。由于大部分统计数据都由政府提供，因而第一个需要访问的网站当然是政府机构和国际组织的网站。获取美国政府统计数据不妨从联邦统计委员会（www.fedstats.gov）起步，它链接着70多个发布统计信息的政府机构，原始数据按主题或机构编排，全部内容均可搜索。另外一个有关政府统计数据的好网站是经济统计摘要编委会（www.whitehouse.gov/fsbr/esbr.html）。此外，美国商务部也设有一个巨大的数据库，网址是 www.stat-usa.gov。但使用该数据库需要预先得到认可（你所在的学院或大学很有可能已经注册）。

美国最好的独立的统计数据源是《美国统计摘要》（www.census.gov/statab/www）。如果你还想直接概览美国经济，则可以阅读《总统经济报告》（www.gpoaccess.gov/eop/index.html）。

大部分主要的经济数据都由专门的机构整理制作，一个查找一般数据的去处是美国商务部，它下设经济分析局（www.bea.gov）和人口普查局（www.census.gov）。经济分析局网站收录所有发表在《当前商业概览》上的资料和文章，包括国民收入账户、国际贸易与投资流动、工业产出、经济增长、个人收入和劳工统计以及区域性资料。

人口普查局网站还涉及非人口问题的统计。它包括各种统计调查：住房、收入、贫困指数、政府财政、农业、外贸、建筑、制造、运输、零售与批发交易等。人口普查局网站除了可获取人口统计方面的出版物，还允许用户摘录通用的微观数据来源，如收入项目调查、消费支出调查、当前人口调查、美国住房调查等，最近的人口普查当然也包括在内。

劳工统计局（www.bls.gov）的网站能很方便地提供常用劳工数据，具体内容包括就业与失业、价格与生活条件、工资补偿，还有生产率和技术等。劳工资料还可以从《当前人口调查》中获取，而工资统计数据则可以从《当前就业统计调查》中获得。

一个非常有用的金融信息源是美国联邦储备银行的经济数据库（www.federalreserve.gov），该网站提供美国的经济与金融的历史数据，包括每天的利率、通货与商情的指标、汇率、国际收支数据和价格指数等。此外，管理与预算办公室（www.gpo.gov/usbudget/index.html）还提供联邦预算信息和其他有关的文件。

国际统计资料通常比较难找。世界银行（www.worldbank.org）网站提供其项目和出版物的信息，国际货币基金组织（IMF）（www.imf.org）也一样。联合国（www.unsystem.org）网站速度很慢，而且很麻烦，但是该网站已经同大部分的国际机构及其数据库进行了链接。另一个很好的获取高收入国家信息资料的来源是经济合作与发展组织（OECD）（www.oecd.org），该网站提供大量的有关经济、教育、健康、科学技术、农业、能源、公共管理和其他领域的数据资料。

## 经济研究和文献查阅

互联网正在迅速地变成世界性的图书馆。报纸、杂志、学术刊物正越来越多地将其文章以电子版本发表，其中大部分是在传统媒体上已经出版或发表过了的。一些有趣的资料可以在《经济学家》（www.economist.com）和《金融时报》（www.ft.com）上找到。《华尔街日报》（www.wsj.com） 现在价格比较贵，还不是（普通学生的）有效资源。当前政策问题在 www.policy.com 网站上讨论，在线杂志《批评家》（www.slate.com）不时会有一些非常优秀的经济学论文。

至于学术著述，许多期刊都已经将其内容放在网上。网络经济 WedEc（www.helskinki.fi/WebEc）提供一个综合性的目录，链接各大经济学期刊。许多期刊文档都可以在 www.jstor.org 上找到。

现在有不少门户网站将许多资源集中到一起。第一个好地方是《互联网经济学家数据资料源》（www.rfe.org），由美国经济学会发起，并由比尔·高夫编辑。这方面的材料在《经济学万维资源》（netec.wustl.edu/WebEc/WebEc.html）上也可以查阅，该网站同各种经济学网站相链接。就工作论文而言，国家经济分析局（NBER）（www.nber.org）致力于评介当前经济动态。NBER 网站通常还提供论文数据等的信息源，包括同有关网站（如美国官方的商业周期数据库）进行链接等。

一个存放工作论文的非常优秀的网站是 econwpa.wustl.edu/wpawelcome.html，该网站在搜索研究论文的材料背景时特别有用。

过去，可曾有人告诉过你说经济学是沉闷的科学？今天，你已经完全有可能在网上（www.netec.mcc.ac.uk/JokEc.html）为经济学家的各种小笑话而捧腹大笑（往往都是贬损经济学家的）。

## 提醒一句

由于技术进步很快，上述信息源可能很快就会更新。拥有宝贵信息和数据资源的新网页每天都在涌现，而其他的一些则几乎是在以同样的速度消亡。

在你启航驶向网络这个神奇的世界之前，我们想借用一句哲人的警语。为此，你不妨也回想一句老话：几分耕耘，几分收获。

> 警语：小心判断你所查用的数据和来源是否可靠。网络和其他电子媒介在今天可谓声名不佳，因为它既容易被利用，也容易被滥用。

网络类似于我们所熟悉的经济学的老生常谈“免费午餐”问题，所以，在“点菜”时我们还是应当慎重地进行挑选，以确保自己的午餐既美味可口又便于消化。

# 第一编

# 基本概念

第 *1* 章

# 经济学基础知识

骑士时代已经过去；
随之而来的是智者、
经济学家和
计算机天才的世界。

——埃德蒙·伯克

## A. 导　言

开卷之际你也许会问：为什么要学习经济学？事实上，人们往往会有各种各样的理由。

一些人学经济学是为了赚钱。

另一些人则出于某种担心：如果不懂供求规律，则势将成为现代的文盲。

还有一些人是出于对某些问题有着强烈的兴趣，如计算机和信息革命如何改变我们的社会，或者美国近年的收入分配为何变得如此悬殊等。

### 撞钟为谁

所有这些还有其他更多的理由当然都很好。然而，我们已经开始认识到，一条最重要的理由应该是：在人的一生（从摇篮到坟墓）中，你永远都无法回避无情的经济学真理。作为一个选民，如果你不懂一点经济学，那么你的意见和建议就很有可能不得要领和令人费解。不学经济学，你也很难充分地理解和领悟当今国际贸易的进展以及互联网对世界经济的冲击，也很难权衡通货膨胀和失业之间的替代关系。

选择终身职业，也许是你一生中要做的一项最重大的决策。你的前途不仅取决于你的能力，而且还要取决于你所不能控制的经济力量对你的工资的影响。此外，经济学也许还可以帮助你将自己从收入中节省出来的储蓄转化为投资。诚然，学习经济学并不一定能让你变成一个天才；但不学经济学，命运却很可能会与你格格不入。

毋庸赘言，我们希望你能够发现，除了有用之外，经济学本身还是一个很有魅力的领域。一届接一届的年轻学生们常常惊讶地发现，经济学竟然能够如此意趣盎然。

## 稀缺与效率：经济学的双重主题

那么，经济学是什么？半个多世纪以来，经济学已经涵盖了形形色色的论题。如何定义这个成长中的学科？[1] 若干重要的定义如下，经济学：

- 研究金融市场行为，包括利率和股价。
- 探究一些国家或人群保持富裕而另一些国家或人群却持续贫穷的根源，寻求各种提高穷国和穷人的收入的解决办法，而前提条件则是不损害经济本身的成长。

---

[1] 下列定义中包含了不少经济学术语。要进入这个学科，你必须弄懂它们。如果你对个别术语或专业词组还不太熟悉的话，不妨参阅书后面所附的专业术语表。该表列出了本书所用的绝大多数术语。本书用黑体字印刷的术语在该表中都有简明定义。

- 研究商业周期（也可译为“经济周期”——译者注），即失业和通货膨胀的上下波动，探讨如何利用货币政策来加以调节。
- 考查国际贸易、国际金融和全球化的经济影响。
- 关注发展中国家的发展，并就资源有效利用的激励方式提出建议。
- 提出并回答政府采用何种政策才能达到既定的重大目标，如加快经济增长、有效利用资源、实现充分就业、稳定价格水平和公平地分配收入等。

显然这是一份不错的清单，也许你还可以将它扩展好多倍。但是，如果将所有这些定义加以提炼的话，我们就会发现其中存在着一个共同的主题：

> **经济学**（economics）研究的是一个社会如何利用稀缺的资源生产有价值的商品，并将它们在不同的人中间进行分配。

这个定义的背后隐含着经济学的两大核心思想，即物品和资源是稀缺的及社会必须有效地加以利用。事实上，正是由于存在着稀缺性和人们追求效益的愿望，才使得经济学成了一个重要的学科。

不妨考虑一个不存在稀缺的社会。如果能无限量地生产出各种物品，或者如果人类的欲望能够完全得到满足，那么会产生什么样的后果呢？既然人们拥有了自己想要拥有的一切东西，当然也就不必再担心花光其目前有限的收入。而企业也不必为劳动成本和医疗保健问题犯愁；政府则不用再为税收、支出和环境污染等问题而大伤脑筋，因为谁都不再会在乎这些问题。此外，既然我们所有的人都能够随心所欲地得到自己所想要的东西，那么，也就没有任何人会去关心不同的人或不同阶层之间的收入分配（是否公平的）问题。

在这个丰裕而理想的伊甸园里，所有的物品都实行免费，仿佛沙漠中的沙子和海滩边的海水。所有的价格也都因此变成了“零”，市场也因此而变得可有可无。如果是，则经济学当然也就不再是一个有用的学科。

然而，任何现实社会都决不是那种拥有无限可能性的“乌托邦”，而是一个到处都充满着**经济品**（economic goods）的稀缺的世界。**稀缺**（scarcity）是指这样一种状态：相对于需求，物品总是有限的。实事求是的观察家都不会否认，尽管经历了两个世纪的经济快速增长，美国的生产能力还是不能完全满足每个人的欲望。如果将所有的需要加总起来的话，你立刻就会发现，现有的物品和劳务甚至根本无法满足每个人的消费欲望中很小的一部分！我们的国民产出须得扩大很多很多倍，才有可能使得普通的美国人都能达到医生或联赛棒球手那样高的生活水准。更何况在美国以外的国家，特别是非洲和亚洲地区。在那里，成千上万的人甚至还处于饥寒交迫之中。

鉴于人的欲望的无限性，就一项经济活动而言，最重要的事情当然就是最好地利用其有限的资源。这使我们不得不面对效率这个关键性的概念。**效率**（efficiency）是指最有效地使用社会资源以满足人类的愿望和需要。相反，如若一个经济中充斥着恶性竞争、严重污染和政府腐败，它当然只能生产出少于“无上述问题”时该经济原本可以生产的物品，或者还会生产出一大堆不对路的物品。这些都会使消费者的境遇比本该出现的情况要差。这些问题都是资源未能有效配置的后果。

> 在经济学中我们这样讲：在不会使其他人境况变坏的前提下，如果一项经济活动不再有可能增进任何人的经济福利，则该项经济活动就被认为是有效率的。

经济学的精髓之一在于承认稀缺性是一种现实存在，并探究一个社会如何进行组织才能最有效地利用其资源。这一点，可以说是经济学伟大而独特的贡献。

## 微观经济学与宏观经济学

亚当·斯密通常被认为是**微观经济学**（microeconomics）的创始人，今天，经济学的这一分支主要是研究作为单个实体的市场、企业、家庭的行为。亚当·斯密曾在《国富论》（1776年）中考查了物品价格的形成，以及土地、劳动和资本的价格如何确定等问题，并揭示了市场机制的长处和弊端。更为重要的一点是，斯密指明了市场的效率特征，并看到了社会经济效益事实上是出自于个人的自利行为。所有这一切，在今天无疑仍然具有重要的意义。尽管自亚当·斯密时代以来，微观经济学已经有了长足的进展，但斯密的观点仍然被今天的政治家和经济学家们频繁地加以援引。

经济学的另一个重要分支是**宏观经济学**（macroeconomics）。它研究经济的总体运行。在约翰·梅纳德·凯恩斯1935年发表革命性巨著《就业、利息与货币通论》之前，现代意义上的宏观经济学还根本不存在。当时，英美经济尚未走出20世纪30年代的大萧条，超过1/4的美国劳动人口处于失业状态。凯恩斯的新理论展现了一个探讨高通胀和高失业交替攀升的商业周期的根源的分析范示。

如今，宏观经济学已经拓展到很多领域，如投资与消费的决定、中央银行对货币和利率的管理、导致国际金融危机的原因，还有，为什么一些国家经济繁荣而另一些国家却停滞不前等问题。尽管宏观经济学已经进步并远远超越了凯恩斯当初的创见，但凯恩斯所提出的一系列命题仍然不失为现代宏观经济学的基本范畴。

微观经济学与宏观经济学两大分支共同构成现代经济学的核心。

## 经济学的逻辑

经济生活是由一系列活动所组成的复杂的集合，包括购买、销售、讨价还价、投资、劝说等。经济科学的最终目的就是要理解这些复杂的活动。这也正是本书的宗旨之所在。那么，经济学家们又是如何完成他们的任务的呢？

经济学家运用科学方法（scientific approach）来理解经济生活，包括观察经济事件、利用统计分析和历史记录。对于预算赤字的影响或通货膨胀的原因等复杂现象来说，历史可以提供丰富的前车之鉴。

经济学家经常依赖于分析和理论。理论研究方法使得经济学家能够进行一般化的抽象，诸如讨论国际贸易与专业化分工的好处、税收与配额的弊端等等。

此外，经济学家们创建了一门被称为经济计量学 (econometrics) 的专业分析技术，即将统计学工具应用到经济问题的分析之中。借助经济计量学，经济学家可以从堆积如山的经验数据中抽象出简单明了的事物之间的联系机制。

不妨提请初出茅庐的经济学人注意一下：必须警惕经济推理中各种常见的思维谬误。由于经济关系通常十分复杂，涉及到许多不同的变量，因此很容易混淆事件背后的真正原因和政府政策对经济的影响。以下是经济推理中一些常见的谬误：

- 后此谬误 (the post hoc fallacy)。第一个错误出自于因果推理。如果我们仅仅因为一件事发生在另一件事之前，就想当然地认为前者是后者的原因，那么，我们就犯下了这里所说的后此谬误。[2]一个实例发生在 20 世纪 30 年代大萧条时期的美国。一些人观察到，在商业周期扩张之前或扩张期之中，会出现或伴随物价上涨的现象。由此，他们便得出结论说，治疗大萧条的良方是提高工资和价格。这种对策建议会导致一系列的以增加工资和提高价格为目的的非效率 (也可译作无效率或低效率——译者注) 的立法和规定。然而这些举措真的能够推动经济复苏吗？几乎可以肯定地说：“不能。”尽管它们可能会有利于复苏早日起步，但事实情况却是，只有在政府为准备第二次世界大战而扩大军事开支从而导致总支出迅速回升的时候，经济才得到了真正的复苏。
- 不能保持其他条件不变 (failure to hold other things constant)。第二个陷阱是在考虑某一问题时没能保持其他相关条件不变。例如，我们或许想知道提高税率究竟会增加还是会减少税收收入。一些人提出了这样一种诱人的观点，即我们既可以将财政蛋糕分而食之，而同时又可以拥有它。他们争辩说，降低税率会在增加政府收入的同时减少预算赤字。他们指出，1964 年肯尼迪·约翰逊的“减税”大大降低了税率之后，1965 年政府收入马上就有所上升。据此，他们认为降低税率便可以提高政府的收入。

  这一推理有什么错呢？错误就在于它忽视了 1964~1965 年期间的经济增长。由于人们的收入在这一时期有所上升，因此，尽管税率降低了，政府收入依然有所增加。进一步的研究表明，如果 1964 年没有降低税率，则 1965 年政府的收入会达到更高的水平。可见，这一分析没有坚持“保持其他条件 (即总收入) 不变”的原则。

  切记：当你分析一个变量对于经济体系的影响时，一定要保持其他条件不变。
- 合成谬误 (the fallacy of composition)。有时我们会假定，对局部来说是正确的东西，对总体来说也一定正确。然而，在经济学中，我们经常发现总体并不等于局部之和。如果你认为对局部来说成立的东西，对总体也必然成立，那你就犯了“合成谬误”。

  如果你真的忽略了合成谬误的原理，那么你就会对以下这些正确的命题吃惊不已：（1）如果某一农场主获得丰收，他的收入会增加；但如果所有农场主的收成都破丰收记录的话，则他 (以及所有) 的农场收入却（都）会下降。（2）如果一个人获得了更多的货币，那么他的境况会变好；但如果每个人都获得了更多的货币，那么整个社会反而可能变糟。

[2] 后此（post hoc）是“后此，所以因此”（post hoc，ergo propter hoc）的缩写。它是从拉丁文翻译而来的，整个短语的意思是：“在此之后，因而必然由此造成。”

(3) 如果对某一特殊行业的产品征收高额关税，则该行业的生产者（由于得到保护而）可能会因此发财；但如果对所有的行业都征收高额关税，则绝大多数生产者和消费者的境况都会变坏。

这些例子没有任何诡异或神奇之处，它们不过是整个体系中的个体互动的结果。个体相互作用时，整体行为往往能与个体行为的结果大相径庭。

导言中我们姑且简略地提及这些谬误。以后，当引入了经济学工具之后，我们还将重新就这些问题展开讨论，并举例说明不注意经济学逻辑会使你犯什么样的错误。这些错误有时会使你付出昂贵的代价。当你学完这本书之后，不妨再回过头来看看，为什么上述那些看似矛盾的结论实际上却是完全正确的。

## 热切的心情，冷静的头脑

从 20 世纪以来，经济学已经从一粒小橡树果子长成了一棵高大繁茂的橡树。在它的各个分支中，我们可以找到关于一系列重大问题的解释：国际贸易的好处，降低失业和抑制通货膨胀的建议，退休基金的投资方式，甚至出售污染许可的提案等。世界各地的经济学家都在努力地收集经验数据，以增进我们对经济发展趋势的理解。

你或许会问，经济学家进行权衡、分析和计算的目的是什么？*经济科学的最终目的是改善人们的日常生活条件。*提高国内生产总值绝不是一场数字游戏。较高的收入水平所意味的是可口的食品、温暖的房屋、24 小时热水，还有安全的饮用水以及长期预防疾病的接种疫苗。

较高的收入还意味着更多的东西。它可以使政府更多地开办学校，从而使年轻人更多地学习文化，掌握现代化设备和计算机操作技能。随着收入的进一步提高，国家还可以提供财力支持科研，确定适应本国气候和土壤的农业技术，或研制出针对当地疾病的疫苗。经济增长使得更多的资源可以被自由地应用，人们会有更多的时间从事诗歌和音乐等艺术事业，也会有更多的闲暇时间读书、听音乐和亲自演奏。经济发展并没有固定的模式，世界各地的文化也千差万别，尽管如此，免受饥饿、疾病和自然灾难之苦，却是全人类共同的心愿。

然而，人类几千年的历史告诉我们，仅仅依靠热情是不能解决饥饿和治愈疾病的。一个自由和有效的市场并不能必然地使收入分配得到全社会的认可。决定经济进程的最佳路径，或实现社会产出的公平分配，所需要的都是冷静的头脑。它可以客观地评估各种手段的成本和收益，尽最大的可能保持分析的独立性，而不受各种一厢情愿的空想的干扰。有时，经济进程还要求一些过时的工厂倒闭；有时，情况先是恶化，尔后才会好转，正如某些前社会主义国家采用市场原则后所经历的那样。医疗保健领域的选择更难权衡，因为有限的资源所直接涉及的是人的生死存亡。

你也许听说过一句口号，叫做“各尽所能，按需分配”。但那些政府已经逐渐明白，还没有哪一个社会能仅靠这一理想化的原则长期地运转下去。为了维持经济的健康运行，政府必须让人们保持工作和储蓄的动力。社会应当为失业者提供一定时期的支持，但如果 (失业等) 社会保险覆盖面过大或时间过长的话，则人们就会依赖政府。他们会逐渐认为政府应该为他们生活的各个方面负责。这当然会使人类的进取之剑日益锈钝。源于崇高目标的政府计划的崇高动机，并不意味着无需动力和效率就能够自动实现。

> 社会必须寻找无情的“市场规则”与慷慨的“国家福利”二者之间的平衡点。只有在充满热情的同时保持冷静的头脑，经济科学才能够发挥作用，社会的繁荣和公正也才有可能得到保证。

# B. 经济组织的三个经济问题

人类社会，无论它是一个发达的工业化国家，也无论它是一个中央计划型的经济体，或者只是一个孤立的部落社会，都必须面对和解决三个最基本的经济问题：*生产什么、如何生产和为谁生产。*

事实上，经济组织的这三个基本问题，在今天与在人类文明之初是同样重要和关键。下面我们就进一步仔细地观察这三个问题：

- *生产什么和生产多少？*一个社会必须决定，在诸多可能的物品和劳务之中，每一种应该生产多少以及何时生产。今天，我们应当生产比萨饼还是衬衫？生产少量的优质衬衫还是普通衬衫？我们应当利用有限的资源生产更多的消费品 (如比萨饼)，还是应当生产较少的消费品和较多的投资品 (如生产比萨饼的机器)，从而让明天有更多的产出和消费？
- *如何生产？*一个社会必须决定谁来生产，使用何种资源，以及采用何种生产技术。谁来种田，谁来教书？

用石油发电，还是用煤炭发电，或是用太阳能发电？设备是由人还是由机器人来操作？

- 为谁生产？谁来享用经济活动的成果呢？收入和财富的分配是公平合理的吗？社会产品如何在不同的居民之间进行分配呢？我们的社会是否会成为一个富人很少而穷人很多的社会？教师、运动员、汽车工人、互联网企业家，谁应当得到高的收入？社会应该给穷人提供最低消费，还是严酷地遵循不劳动者不得食的原则？

### 实证经济学与规范经济学

在考虑经济问题时，我们必须区分事实本身和它是否公平这两个方面的问题。实证经济学讨论的是经济社会的事实，而规范经济学则涉及价值判断。

**实证经济学**（positive economics）回答如下的问题：为什么医生比门房赚的钱要多？自由贸易是提高了还是降低了大多数美国人的工资？计算机对生产力的影响是什么？尽管这些问题很难回答，但只要利用分析和经验例证就可以找到答案。因此将这类问题归于实证经济学的范畴。

**规范经济学**（normative economics）涉及伦理信条和价值判断。穷人必须工作才能得到政府帮助吗？应该提高失业率以确保通货膨胀不会迅速上升吗？美国应否因为微软违反了反托拉斯法而将其拆分？由于这类问题涉及到伦理、价值而非事实本身，因此其答案也就无所谓正确或错误。它们只能靠政治辩论和决策来解决，而不能仅仅依靠经济分析。

## 市场经济、指令经济和混合经济

解决生产什么、如何生产以及为谁生产的问题，有哪些不同的方式呢？不同的社会选取和借助各种不同的经济体制进行组织，而经济学则研究这些可供社会采用的配置稀缺资源的制度和机制。

通常我们区分两种本质不同的经济组织方式。一个极端是，政府制定大部分经济政策，处于统治集团最高层的那些人逐层向下发布经济指令。另一个极端是，决策由市场来做出，个人或企业通过货币支付自愿地交换物品和劳务。让我们简要地考查一下经济组织的这两种形式。

在美国和越来越多的国家中，多数经济问题都是由市场来解决的。因此，它们的经济制度称为市场经济。**市场经济**（market economy）是一种主要由个人和私人企业决定生产和消费的经济制度。价格、市场、盈亏、刺激与奖励的一整套机制解决了生产什么、如何生产和为谁生产的问题。企业采用成本最低的生产技术（如何生产），生产那些利润最高的商品（生产什么）。消费则取决于个人如何决策去花费他们的收入（为谁生产），这些收入包括来自劳动的工资收入和来自财产所有权的财产收入。市场经济的极端情况被称为**自由放任**（laissez-faire）经济，即政府不对经济决策施加任何影响。

与市场经济不同，**指令经济**（command economy）是由政府做出有关生产和分配的所有重大决策。在指令经济中，如 20 世纪大部分时期前苏联所采取的经济制度，政府不仅占有大部分生产资料（土地和资本），而且拥有并指导大多数行业中的企业经营，并成为大多数工人的雇主，指挥他们如何工作。此外，政府还决定社会产出在不同的物品与劳务之间如何分布。简言之，政府通过它的资源所有权和实施经济政策的权力解答基本的经济问题。

当今世界上没有任何一个经济完全属于上述两种极端之一。相反，所有的社会都是既带有市场经济的成分也带有指令经济的成分的**混合经济**（mixed economy）。从来没有一个百分之百的纯粹的市场经济（尽管 19 世纪的英国也许很接近）。

> 今天，美国的大多数决策都是在市场中进行的。但政府在监督市场运行方面仍然扮演着重要的角色：政府制定法律来监管经济生活，提供教育和治安等服务，并管制污染等。当今世界各国大部分实行的都是混合经济制度。

## C. 社会的技术可能性

> 造出的每一支枪，下水的每一艘军舰，发射的每一枚火箭，归根结底，都意味着对那些忍饥挨饿的人们的一种偷盗。
>
> ——德怀特·艾森豪威尔总统

每个经济体的资源存量都是有限的——无论是劳动、技术知识、工厂和工具，还是土地和能源。在决定生产什么和如何进行生产时，该经济体实际上是在决定如何配置资源，以生产千百万种商品和劳务。多少土地应该用于种植小麦，或用于建筑房屋？多少工厂应该用于生产计算机？多少工厂制作比萨饼？多少儿童按职业运动员培养？多少儿童按职业经济学家培养？抑或，按计算机软件人员培养？

相对于需要来讲，物品总是稀缺的，面对这一无可否认的事实，一个经济体系必须决定如何利用其有限的资源。它必须在物品的各种有可能的组合之间进行选择（生产什么），在不同的生产技术之间进行选择（如何生产），最后还必须决定谁消费这些物品（为谁生产）。

## 投入和产出

要回答这三个问题，每个社会必须就经济的投入和产出做出选择。**投入**（inputs）指的是生产物品和劳务的过程中所使用的物品或劳务。一个经济体使用其现有的技术将投入转换为产出。**产出**（outputs）是指生产过程中创造的各种有用的物品或劳务，它们可以用于消费或用于进一步生产。我们来看看一块比萨饼的“生产”。我们说，鸡蛋、面粉、热能、比萨饼烤炉和厨师的熟练劳动等是投入，而可口的比萨饼则是产出。在教育中，老师的时间、教室和实验室、课本等是投入，而有知识的、能干的、高收入的公民则是产出。

投入的另一个名称叫**生产要素**(factors of production)。它们可以被划分成三大基本范畴:土地、劳动和资本。

- 土地或更为流行的说法，自然资源，指的是生产过程中大自然赋予人们的礼物。它包括：农业、住房、工厂和道路等所使用的土地；给汽车加油或给房间供暖的能源，还有诸如铜、铁矿石和沙等非能源资源。在今天这个拥挤的世界上，我们必须拓宽自然资源的范畴，将环境资源，诸如清新的空气和适合饮用的水，也视为一种自然资源。
- 劳动指人们花费在生产过程中的时间和精力（在汽车制造厂上班，在土地上耕作，在学校里教学，或制作比萨饼等）。在各种技术水平上，千百万种工作和任务都是由劳动完成的。对于一个发达的工业化国家来说，劳动曾一直是最熟悉和最重要的生产要素。
- 资本是一个经济体为了生产其他的物品而生产出来的耐用品。资本品包括机器、道路、计算机、铁锤、卡车、钢铁厂、汽车、洗衣机和建筑物等。在后文我们还将看到，专业化的资本品积累是经济发展必不可少的要素。

如果需要用“投入”和“产出”这两个术语来表述以上三大基本经济问题，那么，我们应该这样说，一个社会必须决定：（1）产出什么、产出多少；（2）如何产出——也即用何种技术组合来进行投入，以便让产出更能令人满意；（3）为谁生产和分配这些产出。

## 生产可能性边界

一个国家无法没有限制地拥有它想要的一切物品，因为这要受到资源和可供利用的技术的制约。在有限的机会中进行选择，其迫切性在战争时期表现得最为突出。在讨论美国是否应当对伊拉克开战时人们想要弄清的问题是：这场战争的代价究竟会有多大，需要从民用经济中转移出多少资源用于最初占领和日后重建中的伊拉克，是500亿美元还是1 000亿美元，或者更多？而随着伊拉克战争开销的攀升，人们自然进一步想知道，为什么要向巴格达城而不是纽约市派驻更多的警力？或者，为什么要在中东而不是在美国的中西部对电力系统进行维修？正如上文引用过的艾森豪威尔总统的话所说的那样，军事上所占用的资源越多，可供民用消费和投资的资源就会越少。

为了使讨论生动起见，我们不妨考查一个只生产大炮和黄油这两种经济品的经济体。大炮代表的是军费开支，而黄油则代表民用开支。现在假定我们的经济体将所有的资源都投入到民用物品，即黄油的生产上。于是，每年所能生产的黄油便会有一个最大的数量。黄油的最大数量取决于该经济体所拥有的资源的数量与质量，以及利用资源进行生产的效率。现假设，利用现有的技术和资源，每年能够生产出来的黄油的最大数量为500万磅。

从另一极端讨论，假设所有的资源都用于生产大炮。同样地，由于资源的有限性，该经济体只能生产出有限数量的大炮。在本例中，我们假设，如果不生产任何黄油的话，该经济体每年能够生产15 000门某种类型的大炮。

全生产大炮和全生产黄油显然是两个极端的选择。而在这两个极端之间，存在着许多种其他组合的可能性。只要愿意放弃一些黄油，我们就可以拥有更多一些大炮；相反，若愿意放弃一些大炮，则可以得到更多的黄油。

表1–1给出了大炮和黄油的一系列的可能性组合。组合F是一个极端，表示只生产黄油而不生产大炮；组合A是另一个极端，即全部资源都用于生产大炮。在它们之间的组合E、D、C和B，则表明了为了生产更多的大炮，该经济体必须相应放弃更多的黄油。

你或许会问，一个国家如何将黄油转换为大炮？黄油

各种生产可能性

| 可能性 | 黄油（百万磅） | 大炮（千门） |
|---|---|---|
| A | 0 | 15 |
| B | 1 | 14 |
| C | 2 | 12 |
| D | 3 | 9 |
| E | 4 | 5 |
| F | 5 | 0 |

**表 1–1　稀缺资源的约束意味着需要在大炮与黄油之间进行权衡**
稀缺的投入和技术限制了大炮与黄油的生产。当我们从 A移到 B ……最后移到 F 时，我们就将劳动、机器和土地由大炮行业转到黄油行业，从而增加了黄油的生产。

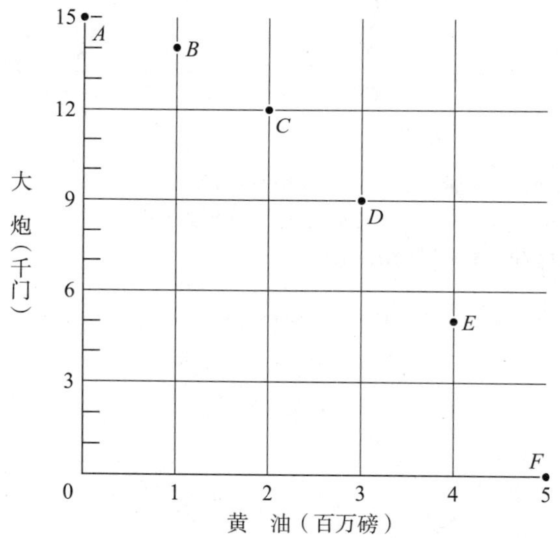


**图 1–1　生产可能性的图形表述**
本图描绘了表 1–1 中所示的各种选择的产量。

转换成大炮，并非指这两种实物的直接挪动，而是要经由将生产它们的经济资源从一种用途转换成另一种用途的渠道和手段。

我们可以用图 1–1 形象地描述该经济体的生产可能性。图中横坐标表示黄油，纵坐标表示大炮（如果你不熟悉图形，或者对于如何将图表变成图形感到不甚了了，请参阅本章附录）。根据表 1–1 中的数据，在图 1–1 的横轴上向右量取 5 个单位的黄油，在纵轴上向上量取 0 个单位的大炮，便可得到 *F* 点；同理，向右量取 4 单位黄油，向上量取 5 单位大炮，就可以得到 *E* 点；最后，向右量取 0 单位黄油，向上量取 15 单位大炮，可得 *A* 点。

如果用所有的代表黄油与大炮的不同的产量组合的新点填满上述几点之间的空隙，则我们就能得到如图 1–2 所示的称为生产可能性边界，或简称 *PPF* 的连续平滑的曲线。

> **生产可能性边界**（production-possibility frontier, *PPF*），表示在技术知识和可投入品数量既定的条件下，一个经济体所能得到的最大产量。*PPF* 代表可供社会利用的物品和劳务的不同组合。

## 生产可能性边界的应用

图 1–2 描绘的是大炮和黄油的生产可能性边界，但同样适用于对任何其他物品的选择。由此，政府用于生产公共品（如高速公路）的资源越多，剩下的用于生产私人品（如住房）的资源就越少；我们用来消费的食品越多，则用来消费的衣服就越少；社会决定今天消费的东西越多，则用于生产未来消费物品的资本品的产量就越少。

图 1–3 到图 1–5 给出了生产可能性边界的一些重要应用。图 1–3 表明经济增长对一国生产可能性的影响。增加

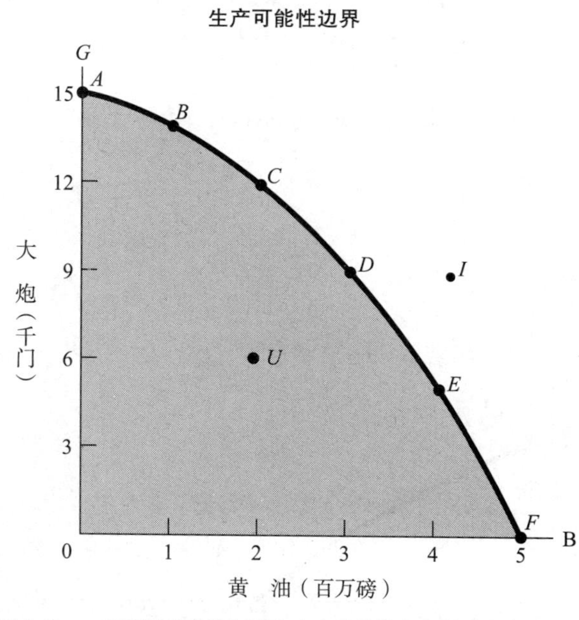


**图 1–2　一条平滑的曲线把代表生产可能性数值的各点连接起来**
这一边界表示可供选择的清单，沿着这条边界，社会可以选择用大炮去替代黄油。它假设技术状况和投入数量是既定的。边界之外的点（如 *I* 点）是不可行的，或者是达不到的。而边界内的任何一点（如 *U* 点）表明经济尚未达到有效率的生产，如商业周期中失业率较高时的情形。

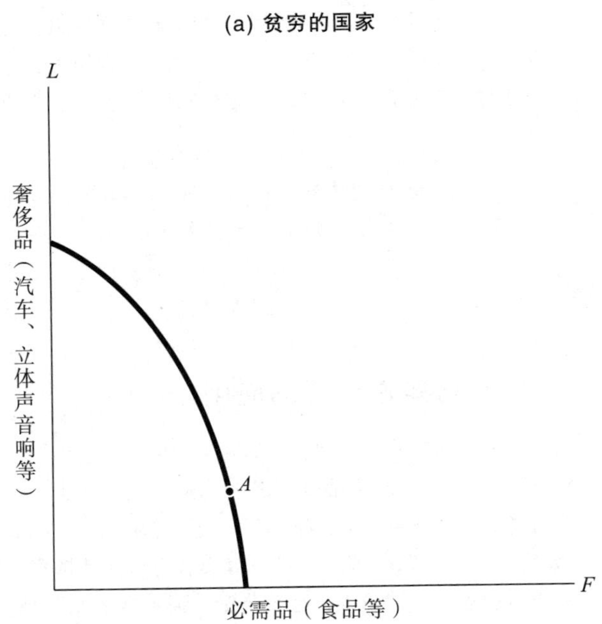


**图 1–3 经济增长使生产可能性边界向外移动**

(a) 尚未发展的国家很贫穷。它必须将几乎所有的资源都用于生产食品，而只能享用很少的奢侈品。(b) 投入品的增加和技术变革使 *PPF* 向外移动。随着经济的增长，一国从 *A* 移动到 *B*，与增加的奢侈品消费相比，食品消费增加较少。如果愿意的话，它也可以同时增加两种物品的消费。

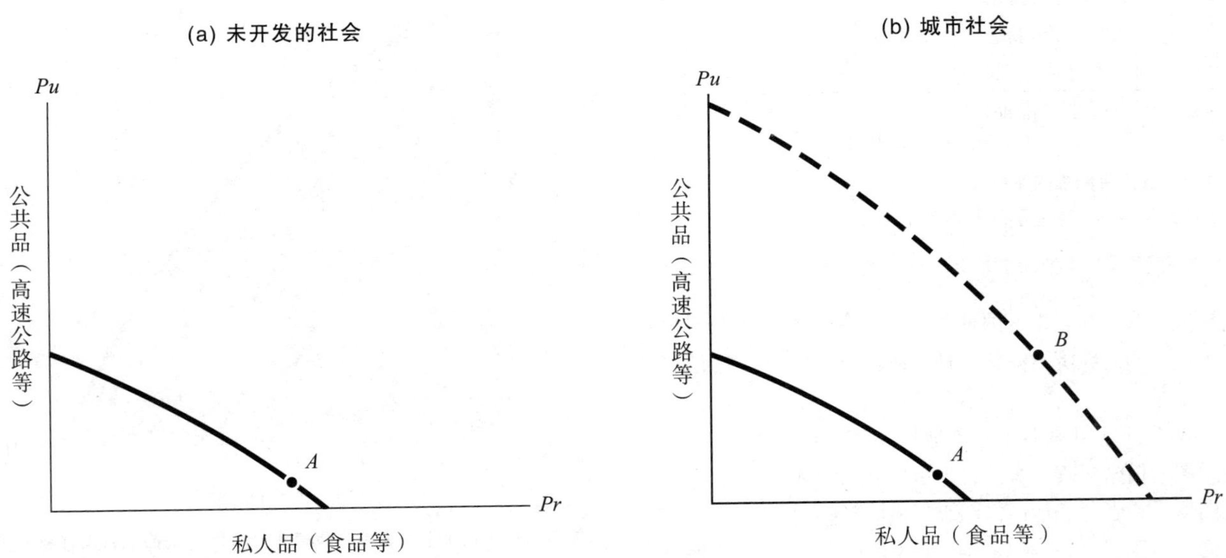


**图 1–4 经济学必须在公共品和私人品之间选择**

(a) 贫穷的未开发的社会，产出仅能糊口，很少有剩余来提供高速公路或公众保健等公共品。(b) 现代化的繁荣的经济，将较高收入中的更多部分用于公共品和政府服务（道路、环保和教育）。

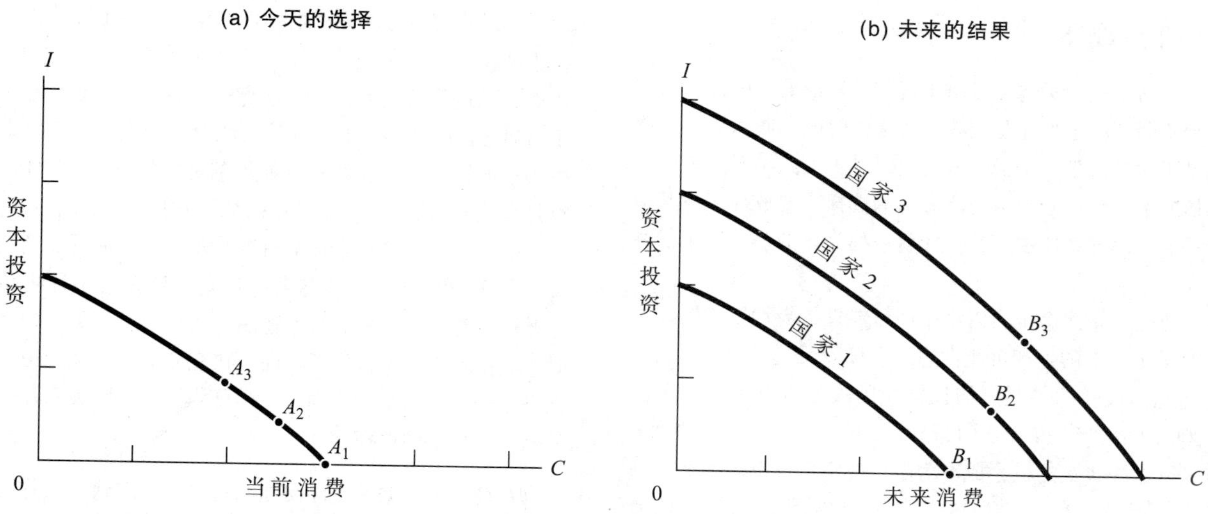


**图 1–5　为增加对未来消费的投资，需要牺牲当前的消费**

一个国家可以选择生产当前消费品（比萨饼和音乐会），或生产投资品（如比萨烤箱和音乐大厅）。(a) 三个国家初始条件相同。它们具有相同的生产可能性边界，如左图所示，但它们的投资比率不同。国家 1 没有对未来投资，位于 $A_1$（不打算生产新机器）。国家 2 适度地抑制当前的消费，并对未来进行投资，位于 $A_2$。国家 3 则牺牲了大量的当前消费，对未来进行了大力投资。(b) 若干年后，投资多的国家经济处于领先地位。因此，节俭的国家 3 将其生产可能性边界远远地向外推移，而国家 1 的生产可能性边界却根本没有移动。这说明对未来投资较多的国家将拥有更多的投资品和更多的消费品。

投入，或改进生产技术，能使国家产出更多的商品和劳务，其结果是生产可能性边界向外移动。该图还表明，一个贫穷的国家必须将其大部分资源用于生产食品，而富裕的国家随着其生产潜能的增长，则能够生产出更多的奢侈品。

图 1–4 表明了必须在私人品（按价格购买）和公共品（用税收支付）之间进行选择。贫穷的国家仅仅能承担很少的公共品，如公众健康和高等教育等。但是，随着经济的增长，更多的产出份额将被用于公共品生产和提高环境质量。

图 1–5 表明，一个经济如何在 (a) 当前消费品和 (b) 投资或资本品（机器、厂房等）之间进行选择。通过牺牲当前消费和生产更多的资本品，一国的经济能够更快速地增长，从而使未来有可能生产出更多的两种物品（消费品和资本品）。

**时间的替代**

生产可能性边界也可用于说明我们日常生活中遇到的非市场的权衡 (nonmarket tradeoffs)。人们最常面对的一个重要决策就是如何利用时间。人们可用于从事不同活动的时间是有限的。例如，作为一名学生，你可能有 10 小时的时间用于准备即将来临的经济学和历史的考试。如果你仅仅复习历史，那么，你会在历史考试中得到高分，而在经济学考试中取得低分，反之亦然。把两门考试的分数看做你学习的“产出”，在时间资源既定的条件下，可以画出分数的生产可能性边界。又如，如果两种商品是“分数”和“娱乐”，你又如何画出这一生产可能性边界呢？你自己处于这条边界的何处？你的那些懒惰的朋友们又在何处呢？

## 机会成本

生活中充满了选择。由于资源是稀缺的，因此，我们必须不断地决定如何利用我们有限的时间和收入。当你决定是否学经济学，是否买汽车，或是否上大学时，在每一种情况下，你都必须考虑所做出的选择需要放弃多少其他的机会。而那些所放弃的选择就被称为你的该项决策的机会成本。

机会成本概念也可以用生产可能性边界加以说明。不妨看图 1–2 中的生产可能性边界。该图反映了大炮与黄油之间此消彼长的关系。假设，该国决定将大炮购买量从 9 000 门增加到 12 000 门，即从边界上的 *D* 点移动到 *C* 点，则这一决策的机会成本为多少呢？你可以用美元来计算它。但是，在经济学中，我们经常需要穿透货币的面纱，而直接考查各种选择的实际影响。说到底，从 *D* 到 *C* 的机会成本，是为生产较多大炮而必须放弃的黄油。在本例中，增加 3 000 门大炮的机会成本是 100 万磅黄油。

举个现实世界中的例子：在国立黄石公园附近开采金矿的成本。开采者声称，由于黄石公园的门票收入几乎不受影响，因此金矿开采的成本很低。但经济学家却回答说，用货币收入来衡量成本未免太狭隘了。试问，伴随金矿开采而来的噪音、水和空气的污染、环境的恶化等，是否真的不会影响黄石公园的独特而宝贵的风景的价值？尽管货币成本可能很小，但是，考虑到野生动物和自然生态价值会丧失，因此机会成本事实上可能很大。

> 在存在稀缺的世界上，选择一种东西意味着需要放弃其他一些东西。一项选择的**机会成本**（opportunity cost），是相应的所放弃的物品或劳务的价值。

## 效　率

到目前为止，我们的讨论一直隐含着这样一个假定，经济体总是在有效率地进行生产，即始终处在生产可能性边界上，而不是在这个边界之内。注意，效率是指尽可能有效地利用该经济体的资源以满足人们的需要和愿望。总体经济效率的一个非常重要的方面就是生产的效率。

> 当经济体无法在不减少一种产品产量的前提下生产出更多的另一种产品时，即当选择点处在生产可能性边界上的时候，我们就说该经济体的生产是有效率的。

让我们看一看为什么**有效率的生产**（productive efficiency）必然位于生产可能性边界上。我们从图 1–2 中的 *D* 点所示的位置开始分析。假设市场需要增加 100 万磅黄油，如果我们不考虑 *PPF* 所示的约束，我们也许就会认为在不减少大炮产量的情况下，有可能生产出更多的黄油，比如，通过移动到 *I* 点，即 *D* 点的正右方。但是，点 *I* 处于边界之外的“不可能”区域。从 *D* 点出发，在不放弃一些大炮的情况下，我们不可能得到更多的黄油。因此，*D* 点是有效率的生产点，而 *I* 点则是不可能达到的点。

运用 *PPF*，我们能够说明生产效率的一种更深刻的意义：位于 *PPF* 之上，意味着生产更多数量的某种物品必然要求放弃一定数量的其他物品。当我们生产更多的大炮时，我们就用大炮替代了黄油。在充分就业的经济中，替代是一种基本的生活法则，生产可能性边界则表示社会为人们提供的各种选择。

***未利用资源和非效率*** 即便随意观察一下现代生活你也会发现，社会显然拥有未利用的资源。这些资源常常以失业的劳动者、闲置的工厂和废弃的土地等形式出现。当经济中存在着未利用的资源时，该经济体决不可能位于其生产可能性边界之上，而是处于其边界之内的某个位置。在图 1–2 中，*U* 点代表 *PPF* 之内的某一点；在 *U* 点，社会仅仅生产了 2 单位的黄油和 6 单位的大炮，一些资源没有得到利用。而若将这些资源投入使用，则我们就能得到更多的黄油和更多的大炮。于是整个经济可以从 *U* 点移至 *D* 点，从而生产出更多的黄油和更多的大炮，并提高该经济体的效率。我们能够在保持大炮产量的同时，得到更多的黄油。

经济危机是产生非效率的根源之一。1929~1933 年大萧条期间，美国的总产出几乎下降了 25%。这种情况不是因为生产可能性曲线向内移动，而是因为各种不利因素压低了总支出的水平，从而使经济下移到其 *PPF* 之内。在那以后，为二战所进行的备战活动开始刺激需求，产出得以迅速增加，于是经济又回到 *PPF* 上。在经济周期的复苏阶段，也会出现同样的情形。在 1982 年或 1991 年美国总产出下降的年份，或者日本经济在 20 世纪 90 年代的停滞期间，整个经济体的基本生产能力并不是突然下降了，而是经济摩擦和支出下降暂时将经济推向了生产可能性边界的内侧。

周期性经济危机并不是经济体为什么处于其 *PPF* 之内的惟一原因。由于经济体制和生产模式的变革，当企业努力适应变化后的市场和新的资本主义规律时，产量便会下降，失业率也随之上升。不过在和平时期，历史上还未曾出现过像“后社会主义经济”所经历的“真实经济周期”那样，出现过产量多年持续下降的情况。

对于大多数后社会主义经济来说，不管市场因转型而遭受的冲击和痛苦如何巨大，其经济的滑坡都不过是一种暂时的挫折。改革起步比较早而且改革也比较彻底的国家，如波兰和斯洛维尼亚，经济滑坡得以扭转的时机也最早，实际产量已经超越了实行改革和经济转型之前的水平。这些国家的生产可能性曲线已经再一次外推。而那些不愿改革的经济体，如乌克兰，那些遭受战乱的国家，如塞尔维亚，无论是其实际产量，还是其生活水平，都在持续地下降。

在结束本章之前，不妨让我们简要地回顾一下开篇时的那个问题，为什么要学习经济学？对此，最好的回答也许是凯恩斯所提供的一个最有名的论断。他在自己的著作《就业、利息与货币通论》的最后几行曾这样写道：

> 经济学家和政治学家的思想，无论正确与否，都会比常人所了解的要更有份量。的确，统治世界的人可以说非他们莫属。实干家自以为他们不受理论的羁绊，可他们却常常是某位已故经济学家的奴隶；目空一切的暴君，其狂妄荒诞的念头，也往往系从学术界数年前的涂鸦之作中剽窃而来。我确信，同思想的潜移默化的功能相比，既得利益的作用是被夸大了的。诚然，这绝非是指眼前，而是指经历了一段岁月之后。因为，在经济学界和政治学界，25岁或30岁以后还能继续为新理论思潮所裹挟的人往往为数不多。因而，文官、政治家乃至鼓动家们用以左右时事的高论不大可能是最新的。尽管如此，思想，而不是利益，或迟或早终归是危险的，无论是伸张正义，还是放纵邪恶。

旨在理解怎样才能将经济学强有力的思想用于人类社会核心问题的分析，这就是我们学习经济学最根本的理由。

## 总结提要

### A. 导言

1. 什么是经济学？经济学是研究社会如何进行选择，以利用具有多种用途的、稀缺的生产资源来生产各种商品和服务，并将它们在不同的人群中间进行分配的学科。我们学习经济学不仅旨在理解我们生活于其间的现实世界，而且旨在理解那些改革者们不断倡导的拥有许多种可能性的世界。
2. 由于人们需要的数量远远高于社会所能提供的数量，因此物品总是稀缺的。经济品是稀缺品，而不是免费品，社会必须在运用其可利用资源所生产出来的有限的物品之间做出选择。
3. 微观经济学研究市场、企业和居民户等单个实体的行为。宏观经济学研究作为一个整体的经济的运行。学习经济学一定要警惕合成谬误和后此谬误，并切记保持其他条件不变。

### B. 经济组织的三个经济问题

4. 每个社会都必须解决三个基本问题，即生产什么、如何生产和为谁生产。在一切可能的物品与劳务中，应该生产什么和生产多少？在生产这些物品时应该如何使用资源？为谁生产这些物品（即如何在不同的个人或阶层之间分配收入和消费品）？
5. 不同的社会以不同方式解决这些问题。今天，经济组织最重要的形式是指令经济和市场经济。指令经济由中央政府直接进行集中控制；市场经济则由价格和利润等非正式体制指导，其大多数决策都由个人或私有企业做出。所有的社会都是指令经济与市场经济的不同比例的组合，因此也可以说所有的社会都是混合经济。

### C. 社会的技术可能性

6. 在资源和技术既定的条件下，两种物品，如大炮和黄油之间的生产选择可以用生产可能性边界（*PPF*）来概括。生产可能性边界表明，一种物品（如大炮）的生产如何替代另一种物品（如黄油）的生产。在一个稀缺的世界里，选择一样东西意味着需要放弃其他的东西。其机会成本就是所放弃的物品或劳务的价值。
7. 当一种物品的产量只有靠减少另一种物品的产量才能增加时，生产就是有效率的。生产可能性边界说明了这一点。当一个经济体处于其生产可能性边界上时，它仅仅能够通过减少一种物品的产量来增加另一种物品的产量。
8. 生产可能性边界说明了许多基本的经济过程：经济增长如何将边界向外推移；随着经济的发展，一个国家如何选择相对较少的食品和其他必需品；一个国家如何在私人品和公共品之间进行选择；社会如何在消费品与增加未来消费的资本品之间进行选择。
9. 社会有时处于其生产可能性边界之内。当失业率较高，或者由于革命、政府低效率管制等因素阻碍了经济活动时，该经济就是低效率的，是在其生产可能性边界之内运行。

## 概念复习

**基本概念**
稀缺和效率
免费品和经济品
宏观经济学和微观经济学
规范经济学和实证经济学
合成谬误，后此谬误
“保持其他条件不变”
热切的心情，冷静的头脑

**经济组织的关键问题**
生产什么、如何生产和为谁生产
可供选择的经济制度：
  指令经济与市场经济
自由放任
混合经济

**在生产可能性之间进行选择**
投入和产出
生产可能性边界（*PPF*）
有效率与无效率的生产
机会成本

## 补充读物和互联网站

**补充读物**

Robert Heilbroner, *The Worldly Philosophers,* 7th ed., (Touchstone Books, 1999) , provides a lively biography of the great economists along with their ideas and impact. The authoritative work on the history of economic analysis is Joseph Schumpeter, *History of Economic Analysis* ( McGraw-Hill, New York, 1954).

**互联网站**

One of the greatest books of all economics is Adam Smith, *The Wealth of Nations* (many publishers, 1776) . Every economics student should read a few pages to get the flavor of his writing. *The Wealth of Nations* can be found at www.bibliomania.com/NonFiction/Smith/Wealth/index.html.

Log onto one of the Internet reference sites for economics such as *Resources for Economists on the Internet* (www.rfe.org or rfe.wustl.edu/EconFAQ.html) . Browse through some of the sections to familiarize yourself with the site. You might want to look up your college or university, look at recent news in a newspaper or magazine, or check some economic data.

Two sites for excellent analyses of public policy issues in economics are those of the Brookings Institution (www.brook.edu) and of the American Enterprise Institute (www.aei.org). Each of these publishes books and has policy briefs on line.

## 问题讨论

1. 伟大的英国经济学家阿尔弗雷德·马歇尔（Alfred Marshall，1842~1924）发明了许多现代经济学工具，但他最关心的是这些工具在社会问题上的应用。马歇尔在他的就职演说中写道：

   我最大的抱负就是帮助剑桥大学为世界各地培养更多冷静而热情的人才，他们愿意把自己最充沛的精力贡献给社会，设法解决身边的社会困苦；直到了解高雅而高尚的生活的全部实质内容，他们才会满足。（庇古编著，*Memorials of Alfred Marshall*，MacMillan and Co.，伦敦，1925 年，第 174 页，有删节。）

   试解释如何以冷静的头脑进行实证分析，进而将热情的心所进行的规范的价值判断付诸实施，你同意马歇尔关于教师职能的观点吗？你愿意接受他的挑战吗？

2. 著名的芝加哥保守经济学家乔治·斯蒂格勒（George Stigler）写道：

   没有哪个彻底平均主义的社会能够构造或维持一个有效而富有进取性的经济体系。应用奖励级别刺激劳工已经成为各国普遍的经验。(《价格理论》第 3 版，*The Theory of Price*，Macmillan，New York，1966，p.19.)

这一论述是属于实证经济学，还是属于规范经济学？参考第 1 题中马歇尔的话，讨论斯蒂格勒的这个观点，二者是否存在矛盾？

3. 仔细给下列术语下定义，并给出例子：*PPF*、稀缺性、有效率的生产、投入、产出。
4. 随着人们变得更为富有，时间变成了他们主要的稀缺资源。现假设你非常富有但每周只有几小时空闲，请举出几个你最经济地利用时间的例子和步骤；此外，请比较富人和穷人在利用时间上的不同。
5. 假设某国将劳动投入理发和衬衫两种生产。该国有 1 000 小时的可利用劳动。一次理发需要半个小时的劳动，而生产一件衬衫需要 5 个小时的劳动。请绘出该国的生产可能性边界。
6. 科技发明使黄油生产中利用资源的生产率提高了 1 倍，而大炮制造商的生产率却没有变化。在这种条件下，请重新绘制图 1–2 中的生产可能性边界，并说明新的替代关系。
7. 有些科学家认为，我们正在加速耗尽我们的自然资源。现假定，社会一直没有任何技术进步，只有两种投入（劳动和自然资源），生产两种物品（音乐会和汽油）。随着自然资源日益枯竭，该社会的生产可能性边界会发生何种变化？发明和技术进步将会怎样改变你的答案？进而，请解释为什么说“经济增长是资源耗费与技术进步之间的一场竞赛”。
8. 假设某学生有 10 小时的时间用于准备即将到来的经济学与历史的考试。在给定该学生时间资源的条件下，试画出其分数的生产可能性边界。如果该学生去听摇滚乐和与朋友聊天，学习缺乏效率，那么，相对于他的生产可能性边界而言，他的分数“产量”在何处？如果该学生将学习时间从 10 小时增加到 15 小时，那么，他的分数的生产可能性边界会发生何种变化？

# 第 1 章附录

# 如何看图

一图胜千言。

——中国俗语

你必须具备足够的图形知识才能掌握经济学。图形之于经济学家，犹如锤子之于木工一样必不可少。因此，如果你不熟悉用图，那就应该下功夫学习如何读图。花这种时间是非常值得的。

什么是图？图说明的是两组或两组以上的数据或变量如何相互联系。图在经济学中非常有用，一个原因是它能使我们非常直观地分析概念，并讨论它的变动趋势。

在本书中你会遇到各种各样的图。一些图说明变量如何在不断地发生变化（例如本书的第一张图）；另一些图说明不同变量之间的相互关系（如下面的例子）。本书中每一张图都将有助于你理解重要的经济规律或发展趋势。

## 生产可能性边界

你在本书中所遇到的第一个图就是生产可能性边界。正如我们在本章正文中所讲，在一个经济体资源给定并假设所有资源都已经得到充分利用的条件下，生产可能性边界，即 *PPF*，代表的是该经济体能够生产出来的一对物品或劳务的最大数量。

让我们看看一个如何在食品和机器之间进行选择的重要例子。表 1A–1 列出了 *PPF* 的基本数据，这与表 1–1 的例子很相似。回忆一下，每一个可能的点都给出了食品和机器的可能产量。随着食品产量的增加，机器的产量会下降。因此，如果该经济体生产 10 单位的食品，那么，它最多能生产出 140 单位的机器。但是，当食品产量为 20 单位时，它只能产出 120 单位机器。

### 生产可能性的图和表

表 1A–1 所示的数据也可以用图表示。为了构造该图，我们用平面上的各点来表示表 1A–1 中的每一对数据。图 1A–1 用图显示表 1A–1 所示的食品和机器产量之间的关系。每一对数据都用图中的一个点表示。将表 1A–1 的 A 行描绘在图 1A–1 中，即为 *A* 点，同样的方法得到了 *B* 点、*C* 点等。

在图 1A–1 中，左边的垂直线和底部的水平线对应于两个变量：机器和食品。**变量**（variable）是我们所关心的一种量，我们能够给出它的定义，并进行衡量。在不同的时间或空间，变量可以取不同数值。经济学研究的重要变量有价格、产量、工作时间、土地亩数、美元收入等。

图上的水平线指横轴，有时称 *X* 轴。在图 1A–1 中，横轴衡量的是食品的产量。左边的垂直线是纵轴，或叫 *Y*

| 各种生产可能性 | | |
|---|---|---|
| 可能性 | 食　品 | 机　器 |
| A | 0 | 150 |
| B | 10 | 140 |
| C | 20 | 120 |
| D | 30 | 90 |
| E | 40 | 50 |
| F | 50 | 0 |

**表 1A–1　食品和机器的产量组合**

表中列出了运用一国既定资源所能生产出来的 6 种潜在的产量组合。该国可从这 6 种可能的组合中任选一种。

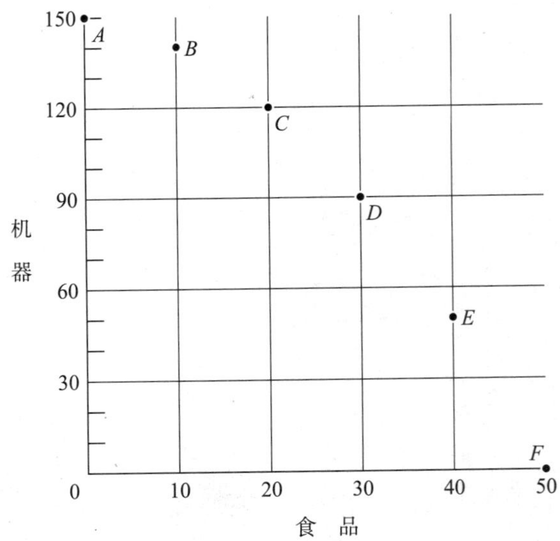


**图 1A–1　食品—机器产量的 6 种可能的组合**

这里用图形表示表 1A–1 中的数据，数据完全相同，但视觉形象更加生动。

轴。在图 1A–1 中，它衡量的是机器的产量。纵轴上的 *A* 点表示 150 单位的机器。两轴相交的左下角被称为*原点*。在图 1A–1 中，它代表食品和机器的产量均为 0。

## 一条平滑的曲线

在大多数经济关系中，变量可以发生小量变化，也可以像图 1A–1 所示的那样大幅度增加。因此，我们通常把经济关系描绘成一条连续的曲线。图 1A–2 把 *PPF* 描绘成一条平滑曲线，其中从 *A* 到 *F* 各点都连接起来了。

通过比较表 1A–1 和图 1A–2，我们可以看出为什么经济学中经常使用图。平滑的 *PPF* 曲线反映了该经济体的各种选择。这是用来说明可以以何种数量生产何种物品的形象化的工具。你一眼便可看出机器和食品产量之间的对应关系。

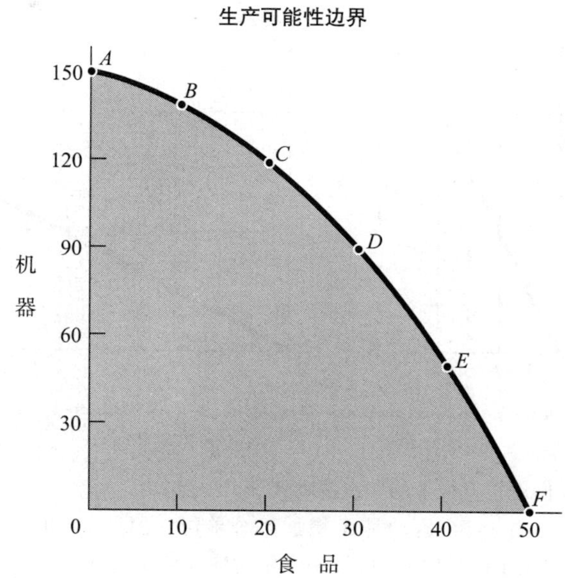


**图 1A–2 生产可能性曲线**

平滑的曲线把所列各点连接起来，形成了一条生产可能性边界。

## 斜率和线段

在图 1A–2 中，我们看到了一条代表食品和机器最大产量之间关系的曲线。描述两个变量之间关系的一个重要方式是确定曲线的斜率。

曲线的**斜率**（slope）表示当一个变量发生变化时另一变量所发生的变化。更准确地说，斜率就是横轴上变量 *X* 的每单位变化所引起的纵轴上变量 *Y* 的变化。例如，在图 1A–2 中，假设食品产量从 25 单位增加到 26 单位。图 1A–2 中曲线的斜率告诉我们机器产量所发生的精确变化。*斜率是对 X 的变化和 Y 的变化之间的关系的数字度量。*

我们可以运用图 1A–3 来说明如何衡量一条直线的斜率，譬如说直线在 *B* 点和 *D* 点之间的斜率。我们把从 *B* 到 *D* 的运动分解成两个阶段。第一阶段是从 *B* 到 *C* 的水平运动，表示 *X* 的数值增加 1 个单位（*Y* 的值不变）。第二阶段相应地做垂直上移或下移，如图 1A–3 中的 *s* 所示。（为方便起见，我们做了 1 个单位的水平移动。对于任何单位的移动，这一方法都可行。）经过两个阶段的移动，

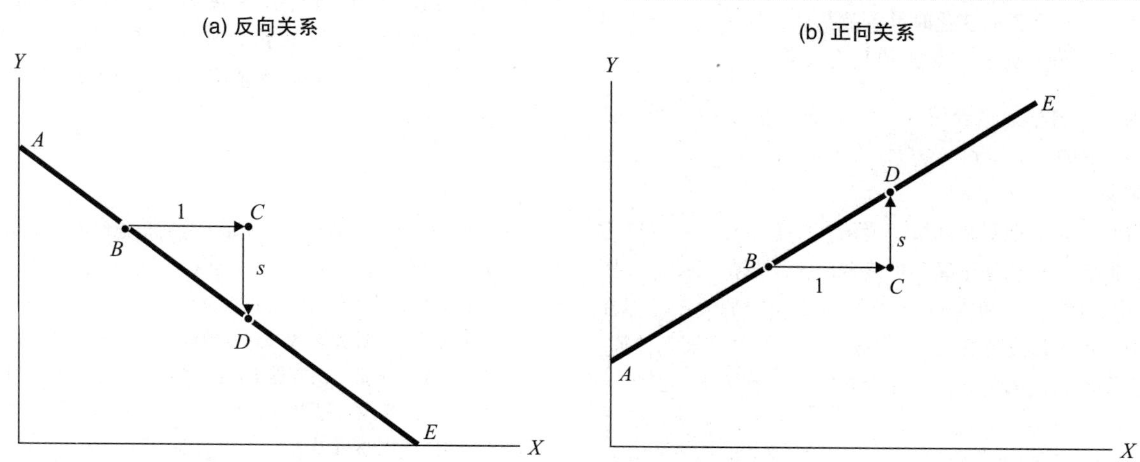


**图 1A–3 计算直线的斜率**

用“高度比长度”，很容易算出直线的斜率。因此在(a) 和 (b) 中，斜率的数值为高度/长度=*CD*/*BC*=*s*/1=*s*。请注意，在 (a) 中，*CD* 是负数，表示斜率为负，或者说表示 *X* 和 *Y* 之间存在反向关系。

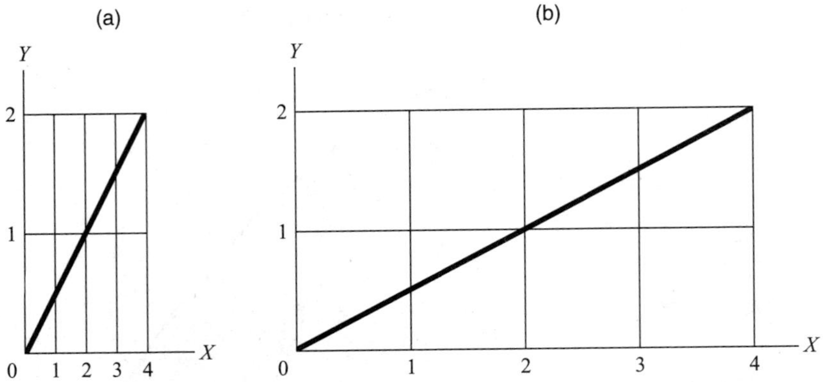


**图 1A–4 坡度不等于斜率**

请注意：即使（a）看起来比（b）更陡峭，但它们之间的关系却是相同的。两者的斜率都是 1/2，只是（b）的 $X$ 轴被拉长了。

我们就将直线上的一点挪动到了另一点。

由于 $BC$ 运动是 $X$ 增加 1 个单位，因此 $CD$ 的长度（如图 1A–3 中的 $s$ 所示）表示对应于每单位 $X$ 的变化 $Y$ 的变化率。图中，这种变化率，叫做直线 $ABDE$ 的斜率。

通常，斜率被定义为“高度比长度”。高度是指垂直距离，在图 1A–3 中，高度就是从 $C$ 到 $D$ 的距离。长度是指水平距离，在图 1A–3 中，它就是 $BC$。在这一例子中，高度比长度就是 $CD$ 比 $BC$。因此，$BD$ 的斜率为 $CD/BC$。

以下各项是探讨斜率时应注意的要点：

1. 斜率可以用一个数字来表示。它衡量 $X$ 每变化一单位时 $Y$ 的变化，或“高度比长度”。
2. 如果线段为直线，那么，它的斜率肯定是一个常数。
3. 线段的斜率还能说明 $X$ 和 $Y$ 之间所具有正向的或反向的关系。当变量沿相同方向变化时（也就是说，它们同时增加或同时减少），就称为*正向关系*；当两个变量沿相反方向变化时（也就是说，一个变量减少时另一个变量增加），就形成*反向关系*。

因此，斜率为负表明 $X$ 与 $Y$ 之间具有反向关系，如图 1A–3 中的（a）所示。为什么？因为 $X$ 的增加会引起 $Y$ 的减少。

有时，人们把斜率和坡度混淆在一起。这一结论通常不错，但却并不总是正确。坡度取决于图形的尺度。在图 1A–4 中，图（a）和（b）描绘了完全相同的关系。但在（b）中，水平尺度比在（a）中放大了。如果你细心计算，则你会发现它们的斜率仍是完全相同的（都等于 1/2）。

## 曲线的斜率

曲线或非线性线段是指斜率发生变化的线段。有时，我们想知道在某一点的斜率，如图 1A–5 中 $B$ 点的斜率。我们看到，在 $B$ 点斜率是正的，但是如何准确地计算，却并非一目了然。

为了找到平滑曲线在某一点的斜率，我们计算与曲线在该点刚好相接触而非相交的一条直线的斜率。这条直线被称为该曲线在该点的*切线*。换句话说，曲线在某一点的斜率是由与曲线在该点相切的直线的斜率所给定的。一旦画出了这条切线，我们就能用前面已经讨论过的直线的斜率的度量方法来度量这条切线的斜率。

在图 1A–5 中，为了计算在 $B$ 点的斜率，我们简单地画出一条直线 $FBJ$，使之在 $B$ 点与曲线相切。然后，我们计算切线的斜率，它等于 $NJ/MN$。同理，切线 $GH$ 给出的是曲线在 $D$ 点的斜率。

图 1A–6 所给出的是非线性线段斜率的另一个例子。该图显示的是典型的微观经济学曲线，曲线呈弧形，且在 $C$ 点达到最大值。使用我们的切线斜率法，我们可以看出，在曲线的上升区域，其斜率为正；在下降区域，其斜率为负；在曲线的顶点或最大值点，其斜率正好为零。斜率为零说明，$X$ 变量在最大值附近的微小变动对 $Y$ 变量的数值没有影响。[1]

[1] 对于喜欢代数的同学，建议按如下方式记忆线段的斜率：一条直线（或线性关系）表示为 $Y=a+bX$。这条直线的斜率为 $b$，它衡量了 $X$ 每变动一单位时 $Y$ 的变动率。

曲线或非线性关系涉及到常数和 $X$ 以外的其他项。非线性关系的一个例子是二次方程 $Y=(X-2)^2$。你很容易就可以证明，当 $X<2$ 时，这一方程的斜率为负；当 $X>2$ 时，斜率为正。而当 $X=2$ 时，斜率是多少？

对学过微积分的同学，斜率为零意味着平滑曲线在该点的导数为零。例如，请画出函数 $Y=(X-2)^2$ 的曲线，计算并标出其零斜率点。

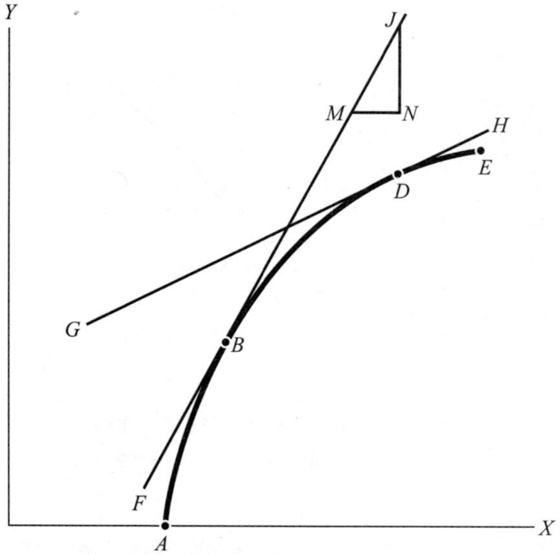


**图 1A–5 体现曲线斜率的切线**

画出一条切线，我们就能计算出曲线在该点的斜率。直线 *FBMJ* 是平滑的 *ABDE* 曲线在 *B* 点的切线。*B* 点的斜率可由切线的斜率表示，即 *NJ/MN*。

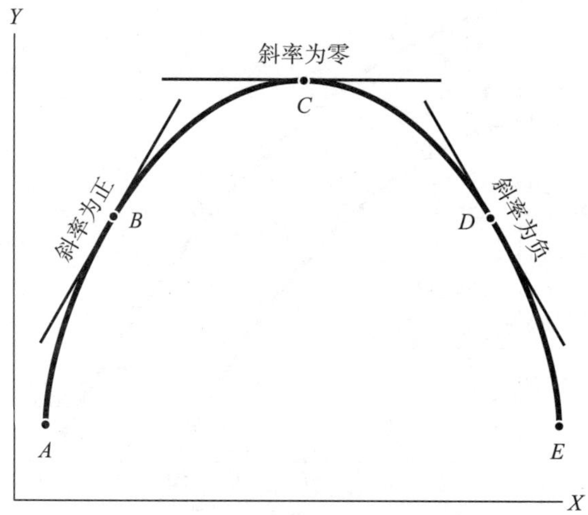


**图 1A–6 非线性曲线的不同斜率**

经济学中许多曲线都是开始上升，达到最大值之后又出现下降。在从 *A* 到 *C* 的上升区域，斜率为正（如 *B* 点）。在从 *C* 到 *E* 的下降区域，斜率为负（如 *D* 点）。在曲线的最大值点 *C*，斜率为零。（相反，U 形曲线的斜率如何？在其最小值点，斜率是多少？）

## 曲线的移动和沿着曲线的移动

在经济学中，区分曲线的移动和沿着曲线的移动很重要。在图 1A–7 中，我们可以检验这一区分。里面的生产可能性曲线是图 1A–2 中 *PPF* 的拷贝。在 *D* 点，社会选择生产 30 单位的食品和 90 单位的机器。如果在 *PPF* 给定的条件下，社会决定消费更多的食品，那么，它能够沿着 *PPF* 移动到 *E* 点。这种沿着曲线的移动，表示选择更多的食品和更少的机器。

假设，里面的 *PPF* 所代表的是社会在 1990 年的生产可能性，不过现在已经是 2000 年。如果重返该国，我们就会发现：*PPF* 从里面的 1990 年曲线已经移动到外面的 2000 年曲线（这种变化是由于技术进步，或由于可利用的劳动或资本的增加）。在 2000 年，社会可能选择 *G* 点，生产出比 *D* 或 *E* 更多的食品和更多的机器。

这个例子的要点在于，在第一种情况下（从 *D* 到 *E* 的移动），我们看到的是沿着曲线的移动，而在第二种情况下（从 *D* 到 *G* 的移动），我们看到的却是曲线本身的移动。

## 某些特殊的图

生产可能性曲线是经济学中最重要的图之一，表明了两个经济变量（如食品和机器，或大炮和黄油）之间的关系。在以后各章节中，你还会遇到其他形式的图。

***时间序列图*** 这些图表示某一特定变量如何随时间的变化而变动。例如，观察本书的第一张图。该图表明的是自美国革命以来的某重要宏观经济变量的时间序列图，即联邦政府债务与国内生产总值（GDP）的比率——这一比率就是债务—GDP 比率。时间序列图把时间标在横轴上，把有关的变量（本例中是债务—GDP 比率）标在纵轴上。该图表明，在每一大的战争时期，债务与 GDP 的比率都有大幅度的上升。

***散点图*** 有时要描绘出若干单个的点，就像图 1A–1 中的点一样；更经常的是描绘出变量在不同年份的组合。宏观经济学中，散点图的一个重要例子是图 1A–8 所示的消费函数。这一散点图把国民可支配收入总额标在横轴上，把消费总额（家庭花费在物品，如食品、衣着和住房上的支

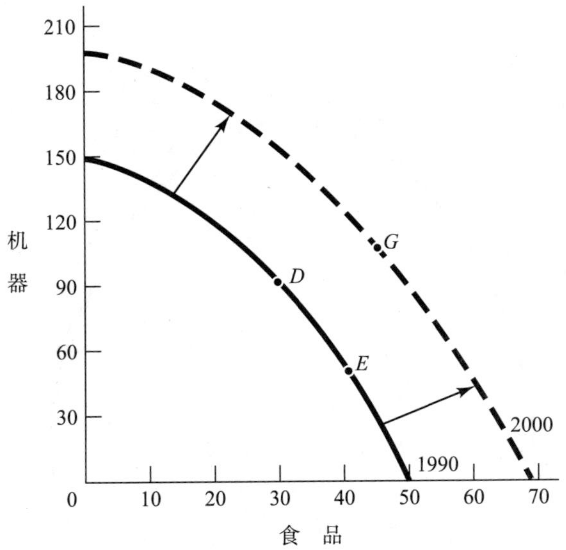


**图 1A–7 曲线的移动与沿着曲线的移动**

在运用图形的过程中，有必要区分*沿着曲线的移动*（如从高投资的 $D$ 点到低投资的 $E$ 点）与*曲线的移动*（如从若干年前的 $D$ 点到现今的 $G$ 点）。

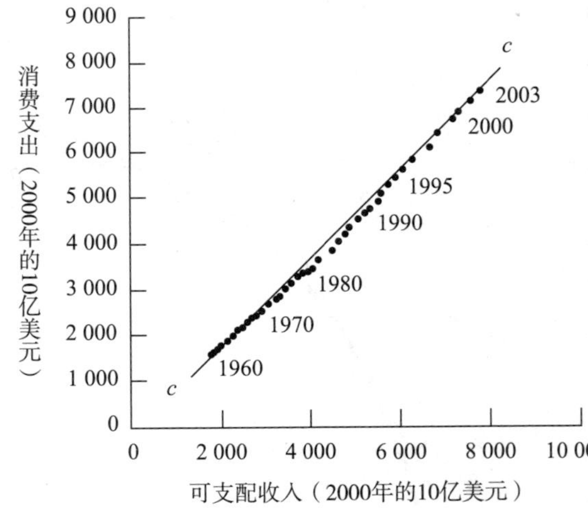


**图 1A–8 消费函数的散点图可以表明重要的宏观经济规律**

消费支出的观察点落在表示平均消费水平 $CC$ 线的附近，比如，2003 年的点非常接近于 $CC$ 线，以至于可以在 2003 年结束之前相当准确地从该直线上预测到这一点。这个散点图使我们看到了两个变量之间的关系是多么的紧密。

出）标在纵轴上。请注意：消费与收入紧密相关。这可以为了解国民收入和产量的变动提供一条重要的线索。

***多曲线图*** 在同一图中作出两条曲线，从而得到一个“多曲线图”，这通常是非常有用的。最重要的例子是第 3 章中出现的供给和需求图。这些图可以同时说明两种不同的关系，比如消费者的购买量如何对价格做出反应（需求）和企业的产量如何对价格做出反应（供给）。通过把两种关系描绘在一起，我们就能够决定市场上的价格和产量。

至此，我们将结束对图形问题的简要的探讨。一旦你掌握了这些基本原则，本书以及其他领域中的图就会变得既有趣味又富有启发。

## 总结提要

1. 图是现代经济学的基本工具。它直观地提供并表达了数据或两个变量之间的关系。
2. 理解图的关键点在于：两轴（横轴和纵轴）分别代表什么？每个轴上的单位是多少？图中所示的曲线描述的是何种关系？
3. 曲线上两个变量之间的关系取决于斜率。斜率被定义为“高度比长度”，即 $X$ 每增加一单位时 $Y$ 的变动量。如果曲线向上（或斜率为正值）倾斜，那么，两个变量具有正相关关系，可以同时向上或向下变动。而如果曲线向下（或斜率为负值）倾斜，那么，两个变量具有负相关关系。
4. 我们有时还会看到一些特殊形状的图：时间序列图，表示某一特定变量如何随时间的变化而变化；散点图，表示对一对变量的观察结果；多曲线图，在一幅图中表示两组或更多组变量的关系。

## 概念复习

**图的要素**

横轴，或 $X$ 轴

纵轴，或 $Y$ 轴

作为"高度比长度"的斜率

斜率（负、正、零）

体现曲线斜率的切线

**几种图形**

时间序列图

散点图

多曲线图

## 问题讨论

1. 考虑以下问题：8 小时睡眠后，你一天还有 16 小时可以在闲暇和学习之间进行分配。设闲暇为变量 $X$，学习时间为变量 $Y$。在一张空白图画纸上作出 $X$ 和 $Y$ 所有组合之间的直线关系。注意标出 $X$ 轴、$Y$ 轴和原点。
2. 在问题 1 中，表示学习和闲暇时间之间关系的线段的斜率为多少？该线段是笔直的吗？
3. 我们假定，你每天不多不少恰好需要 6 小时的闲暇时间。在图上标出与 6 小时闲暇相对应的点。现在，考虑点沿着曲线移动：假设你决定每天只需要 4 小时闲暇，请标出新的点。
4. 接下来考虑曲线的移动：你发现自己需要较少的睡眠时间，这样，你每天就有 18 小时用于闲暇和学习。画出新的（移动后的）曲线。
5. 记录你自己一周的闲暇和学习时间。画出每天闲暇和学习时间的时间序列图。然后画出闲暇时间和学习时间的散点图。你是否看出这两个变量之间存在着某种关系？
6. 登录"经济分析局"网站（www.bea.gov），点击"国内生产总值"。在下一页，点击"Interactive NIPA data"。再点击"Frequently Requested NIPA Tables"。选定"Table 1.2（Real Gross Domestic Product）"，也即国民经济的总产量，一般都是季度数据。
   a. 用最近 6 个季度的数据建立一条国内生产总值的时间序列图。看看国内生产总值曲线趋于上升还是趋于下降？（在宏观经济学中，如果该曲线的斜率一直趋于下降，则我们说出现了衰退。）
   b. 以"进口"为纵轴，"国内生产总值"为横轴，建立一个散点图。说明各点数据之间的关系。（在宏观经济学中，这将是一般进口倾向。）
7. 学过微积分的同学请注意：平滑的直线或曲线的斜率实际上就是其导数。下列两个方程描述的是两条互为反函数的需求曲线（其中价格是产量的函数）。对这两条曲线，假定方程成立的前提条件是 $P \geqslant 0$，$X \geqslant 0$。
   a. $P=100-5X$
   b. $P=100-20X+1X^2$

   针对每一需求曲线，当 $X=0$ 和 $X=1$ 时，请分别给出需求曲线的斜率。对于线形需求曲线如 a，在什么条件下，曲线的斜率将会趋于下降？曲线 b 是向上凸起（像房子）还是向下凹进（像杯子）？

# 第 2 章

# 现代经济中的市场与政府

每个人都力图用好他的资本，使其产出能实现最大的价值。一般说来，他既不企图增进公共福利，也不知道他能够增进多少。他所追求的仅仅是一己的安全或私利。但是，在他这样做的时候，有一只看不见的手在引导着他去帮助实现另外一种目标，尽管该目标并非是他的本意。追逐个人利益的结果，是他经常地增进社会的利益，其效果要比他真的想要增进社会的利益时更好。

——亚当·斯密《国富论》（1776 年）

## 混合经济

本书主要讨论现代的工业化国家的市场经济。不妨先让我们回到市场经济还未形成以前的中世纪，那时欧洲和亚洲的多数经济活动是由贵族阶层和城镇行会所把持的。然而到了大约两个世纪以前，贵族政府对价格和生产方法的控制力便开始减弱。封建的枷锁逐渐地让位于我们现在所称的“市场机制”或“竞争资本主义制度”。

对于欧洲和北美的大多数国家来说，19 世纪是一个自由放任的时代。这种被译成“别管我们”的学说认为，政府应当尽可能少地干预经济，尽可能多地将经济决策留给市场供求机制去完成。19 世纪中叶许多政府就都曾经是这样地笃信着这一经济信条。

然而，19 世纪末，由于未加管束的资本主义的过度发展——包括腐败、危险品和贫困，美国及西欧工业国家纷纷放弃了完全自由放任的思想。政府逐步被赋予越来越多的经济职能：反垄断，征所得税，向老人、失业者、贫困人群提供社会保障，等等。

这种新的制度被称为福利国家，即由市场调节日常经济生活中的具体活动，而由政府维持社会秩序，管理退休金和医疗保险，以及为贫困家庭提供救济等。

1980 年前后，潮流再次逆转。保守主义在许多国家抬头，各国政府开始减税并放松经济管制。许多国有企业被“私有化”，所得税率被降低，很多慷慨的福利项目被削减，因此政府开始有能力控制公共支出的快速增长。

最富戏剧性的一点是，俄罗斯和东欧的社会主义国家都开始向市场经济转轨。推崇中央计划和政府指令的经济模式长达数十年之后，1990 年前后，这些国家终于艰难地开始转向分权化的市场经济。而共产党领导下的中国，在 20 世纪的最后 30 年里，允许私人企业和外国公司在其境内经营，逐步走向了经济繁荣。先前贫困的新加坡和智利等发展中国家和地区，也都实现了经济的飞速发展。这些国家和地区信奉市场资本主义制度，致力于减少政府在国民经济中的干预。

简要地回顾了政府与市场的功能的分界线的历史变动之后，我们很容易提出许多进一步的问题。市场经济究竟是什么，其影响力何以如此之大？“资本主义制度”中的“资本”一词指的是什么？政府需要对市场进行什么样的调控？以下我们将首先讨论市场机制背后的经济原理，接着考查政府在经济生活中的作用。

## A. 市场是什么

在美国这样的国家，大多数经济决策都经由市场机制，我们不妨从这里开始分析。是谁在回答三大基本经济问题——生产什么、如何生产和为谁生产？当你听到在美国并没有某一个人、机构或政府在对三大问题进行负责时，你一定会感到很吃惊。事实上，数以百万计的企业和消费者每天都在自发地进行着各种交易，每个人都试图不断地改善他们的经济状况；这些活动都通过价格和其他的市场机制而得到了协调。

为了进一步讨论，我们可以看一下纽约市。如果没有物品不断地流入和流出这个城市，纽约人只要不出一个星期便会濒临饥荒的边缘。为了纽约人的生存，周边世界必须提供许多物品和劳务。从邻近的市县，到美国的 50 个州，再到世界上若干个遥远的角落，物品都在日日夜夜、源源不断地流进纽约这个城市。

为什么纽约 1 000 万市民能够如此长期地高枕无忧，而不必担心他们所依赖的复杂而精良的市场经济机器会突然停转？答案是令人吃惊的：这些经济活动完全可以通过市场机制得到协调和保障，并不需要也没有任何人为之进行统一的指导或强制它如何运行。

身在美国的人们会注意到政府会做很多事情来调控经济活动：它征收过桥费，维护街区治安，管制药品，征集税收，把军队派往世界各地，等等。但是我们恐怕很少去思考，如果没有政府的介入，我们日常的经济生活将如何运行？成千上万的商品每天由数以百万计的人们生产，他们纯粹出于自愿，并没有任何集中的指挥系统和强制计划。

### 不是混乱而是经济秩序

市场看上去只是一群杂乱无章的卖者和买者；但却总是有适量的食品被生产出来，被运送到合适的地点，并最终以美味可口的形式出现在人们的餐桌上。这似乎应该说是一个奇迹。然而，若仔细观察一下纽约或其他的经济体，我们就可以令人信服地证明：市场体系既不是混乱也不是奇迹。它是一个自身具有内在逻辑的体系。这个逻辑体系在发挥着作用。

市场经济是一部复杂而精良的机器，它通过价格和市场体系来协调个人和企业的各种经济活动。它也是一部传递信息的机器，能将数十亿各不相同的个人的知识和活动汇集在一起。在没有集中的智慧或计算的情况下，它能解决涉及到亿万个未知变量或相关关系的生产和分配的问题，对此连当今最快的超级计算机也都望尘莫及。并没有人去刻意地加以管理，但市场却一直相当成功地运行着。在市场经济中，没有一个单独的个人或组织专门负责生产、消费、分配和定价等问题。

市场如何决定价格、工资和产出？最初，市场是买者与卖者面对面地进行交易的实实在在的场所。农民将他们的产品拿到集市上或城镇里出售，在那里，满目都是黄油、乳酪、活鱼、蔬菜等大家十分熟悉的东西。今天的美国仍然存有许多的交易者人头攒动的重要的市场。例如，小麦和玉米在芝加哥期货交易所交易，石油和白金在纽约商品交易所交易，而宝石则在纽约市的“钻石街区”进行交易。

更通俗地讲，市场应被理解成一种买者和卖者决定价格并交换物品或劳务的机制。几乎每一样东西都存在相应的市场。你可以在纽约的拍卖厅里买到大师们的艺术品，你可以在芝加哥交易所里买到污染许可证，你还可以在许多大城市中购得各种各样的非法药品。市场可以是集中的，如股票市场；也可以是分散的，如劳动市场。市场甚至可以是电子化的，随着互联网的发展，电子商务将日益流行。

> **市场**（market）是买者和卖者相互作用并共同决定商品和劳务的价格以及交易数量的机制。

在市场体系中，每一样东西都有**价格**（price），即物品的货币价值（货币的职能将在本章的 B 部分讨论）。价格代表了消费者与厂商愿意交换各自商品的条件。如果我同意以 8 050 美元的价格购买一辆经销商的“二手”福特轿车，这就表明该汽车对于我的价值高于 8 050 美元。另一方面，这一价格也必须高于交易商眼中该汽车的价值。二手汽车市场就这样决定二手福特车价格，并经由自愿交易将汽车分配给那些估价较高的买者。

除此之外，对于生产者和消费者来说，价格还是一种信号。如果消费者需要更多数量的某种物品，该物品的价格就会上升，从而向生产者传递出供给不足的信号。当一场可怕的疾病减少了牛肉的产量时，牛肉的供给就会减少，从而汉堡包的价格也将会提高。更高的价格鼓励农民生产更多的牛肉，同时也促使消费者用其他产品替代对汉堡包和牛肉的消费。

这个适用于消费市场的道理，同样也适用于生产要素市场，如土地市场和劳动市场等。如果市场需要更多的计算机编程人员，计算机编程人员的价格（小时工资）就会趋于上升。这种相对工资的变化就会鼓励劳工流向那些蓬勃成长的行业。

> 在市场中，是价格在协调生产者和消费者的决策。较高的价格趋于抑制消费者购买，同时会刺激生产；而较低的价格则鼓励消费，同时抑制生产。价格在市场机制中起着平衡的作用。

***市场均衡*** 在每一时点，市场上都有一些人正在购买，而另一些人正在出售；一些企业正在投资于新产品，而政府正在制定管制传统产品的法规；一些外国企业正在美国开设工厂，而美国的企业也正在将它们的产品销往海外。在所有这些喧嚣混杂的经济活动之中，市场正在不断地解决生产什么、如何生产和为谁生产的问题。当市场平衡了所有影响经济的力量时，市场就达到了**供给和需求的市场均衡**（market equilibrium of supply and demand）。

市场均衡代表了所有不同的买者和卖者之间的一种平衡。消费者和企业愿意购买或出售的数量取决于价格。市场找到了正好平衡买者和卖者的愿望的均衡价格。过高的价格意味着产量太多从而产品过剩，而太低的价格则会引起排队和导致短缺。在某一价格水平上，买者所愿意购买的数量正好等于卖者所愿意出售的数量，这一价格就达成了供给和需求的均衡。

## 市场如何解决三大经济问题

以上我们讨论的是在单个市场上价格如何帮助平衡消费和生产（或需求和供给）的问题。当我们将所有不同的市场——牛肉、汽车、土地、劳动、资本和其他任何物品的市场放在一起来考虑时，会发生什么样的情况呢？这些市场将会同时运作、共同决定价格和产量的一般均衡。

在让每一市场上的卖者和买者（供给和需求）相匹配的过程中，市场经济同时解决了生产什么、如何生产和为谁生产这三个问题。以下是市场均衡的概况：

1. 生产什么商品和劳务取决于消费者的货币选票——并不是每2年或每4年到选举场所去投票，而是每天都在做购买决策。他们支付给企业收款机的货币最终构成了工资、租金和红利，这些款项再由消费者以劳工的身份收回作为其收入。

   从厂商方面看，企业会受利润最大化愿望的驱使。**利润**（profit），即净收益，等于总销售额和总成本之间的差额。企业会因为利润低而离开亏损的行业，同样也会受高利润的吸引转而生产需求较多的物品。当今一些利润最高的活动是生产和销售药品——抗抑郁药、抗躁狂药、抗虚弱药和抗其他脆弱症状的药品。受高利润引诱，企业会在其研究开发方面投入数以十亿的资金，以赶上药品发展所需的速度。

2. 如何生产取决于不同生产者之间的竞争。为了应对价格竞争和取得最大利润，生产者的最佳方法便是采用效率最高的生产技术，以便将成本降到最低点。有些时候，技术改进只是渐进的，往往是改善机器性能或调整投入组合以获得较大的成本优势，这在竞争中当然非常重要。而在另一些时候，技术可能会发生巨大的变革。例如，蒸汽机由于获得每单位有用功的成本更低，因而能够取代马匹；又如，飞机取代火车成了效率最高的长途运输工具。今天我们正处于一个科学技术日新月异的转型时期，无论是在收银台上还是在教室里，计算机革命都随处可见。

3. 为谁生产主要取决于生产要素市场上的供给与需求。要素市场（即生产要素市场）决定了工资、地租、利息和利润的水平。这些价格被称为*要素价格*。一个人可能分别从工作、股票、存款、财产上获得工资、红利、利息和租金。把要素取得的所有收益加总在一起，我们可以计算出他的市场收入。因此，收入在消费者之间的分配取决于他们所拥有的要素的数量（人、小时、英亩等）和价格（工资率、地租等）。

   但要注意，收入不仅体现辛苦劳动和节俭积蓄的报酬，高收入也可能来源于遗产继承、好运气、市场看重的技术。人们通常将低收入者描绘为懒虫，而在事实上，低收入通常是由于教育水平低、种族歧视或者生活在就业机会少或工资低的地区而引起的。当我们看到某个人失业的时候，我们也许会这样自言自语："感谢供给和需求的恩惠，否则我很可能也会失业。"

## 市场君主

谁统治市场经济？是诸如微软和通用汽车公司这样的大企业在发号施令，还是国会和总统，抑或是麦迪逊大道上的广告大亨？所有这些机构都会影响我们，然而经济的核心控制者却是*偏好和技术*，它们才是市场的两大君主。

一个基本的决定性因素是消费者偏好。消费者根据自己先天或后天的偏好（并以其货币选票加以表达）解决社会资源的最终用途，也即在生产可能性边界上的各个点之间进行选择。

另一个决定因素是社会可利用的资源与技术。经济不能超越它的生产可能性边界。你能够乘飞机前往中国香港，但却没有通往火星的航班。因此，经济资源限制了消费者花钱选择消费对象的范围。消费者的需求必须同厂商所能提供的商品和服务紧密匹配，厂商根据消费者需求解决生产什么的问题。

当你对为什么一些技术未能投入市场产生疑惑时，回想一下“双重君主”概念是很有用的。从以蒸汽为动力的斯坦利蒸汽汽车（Stanley Steamer），到无烟无味的普莱米尔（Premiere）香烟，历史上充斥过许多没有市场的产品。无用的产品如何消亡？是否存在一个政府机构专门宣布新产品的价值？答案是：不存在这种不必要的机构。实际上，它们的消亡是因为按那样的市场价格无法唤起消费者的需求。其产品的成本大于效益。这告诉我们，是利润在奖励或惩罚企业并引导市场机制。

正如农夫用胡萝卜加大棒来驱使驴前行一样，市场体系用利润和亏损来引导企业有效率地生产出符合人们需要的产品。

## 价格和市场的图示

图 2-1 是我们绘制的经济活动的流程图。关于消费者和生产者如何相互作用并共同决定投入和产出的价格与数量，借助该图可以一目了然。请注意观察流程图中两种不同的市场。图的上部是产品市场，如比萨饼和鞋等；图的下部是诸如土地和劳动等投入品，或曰生产要素市场。进一步观察还可以发现消费者和企业这两个不同的经济主体如何在进行决策。

消费者购买物品，出售生产要素；企业出售物品，购买生产要素。消费者通过出售劳动和其他投入品而获得收入，进而去购买企业的物品；企业按所投入的劳动和财产的成本确定物品的价格。产品市场上价格的确定是为了平衡消费者的需求和企业的供给，要素市场上价格的确定是为了平衡消费者的供给和企业的需求。

所有这一切听起来很复杂，但是，整个流程又很简单。相互依存的供给和需求所形成的错综复杂的网络，借助市场机制编织在一起，以解决生产什么、如何生产和为谁生产的问题。请仔细研究一下图 2-1，花上几分钟时间，一定会有助于你理解市场经济的运行。

## “看不见的手”

市场经济的有序性最早为亚当·斯密所揭示。斯密以其最著名的论断，即在本章开篇时所引的《国富论》中的一段话，指明了公众利益和私人利益之间的和谐一致性。他强调即使个人“所追求的仅仅是自己的安全或私利。但是，在他这样做的时候，有一只看不见的手在引导着他去帮助实现另外一种目标，尽管该目标并非是他的本意。追逐个人利益的结果，是他经常地增进社会的利益，其效果要比他真的想要增进社会的利益时更好。”

不妨搁笔反思一下这些写于 1776 年的充满思辨和深奥难解的文字。那一年《美国独立宣言》也刚好问世。这两大思想成果的同时出现，也许并不是一种巧合。当美利坚共和国的开创人在不列颠帝国的苛政之下大声呼唤自由之时，大英帝国的亚当·斯密也在倡导一种伟大的革命信条，呼吁将贸易和工业从封建桎梏中解放出来。斯密认为在所有可能出现的结果中，这种方式是最好的；政府对市场竞争的任何干预都几乎是有害的。

斯密关于市场机制运行的见解启发了当代经济学家——包括资本主义制度的歌颂者和批判者。经济学的理论家们已经证明，在一定的条件下，完全竞争经济是有效率的（请记住，经济效率指的是：在不损害其他经济福利的前提下，已无法再增进某个人的经济福利）。

尽管如此，在经历了两个多世纪的实践和思考之后，我们逐渐认识到这一学说的适用范围和现实的局限性。我们发现存在着“市场不灵”，并且市场也并不总是产生最有效率的结果。市场不灵的一种情况是垄断以及其他形式的不完全竞争。“看不见的手”的第二种不灵表现为市场的外溢效果或外部性：正面的外部性包括科学发现等，而负面的外溢效果应包括环境污染。

对市场的最后一种指责是：其收入分配的后果在政治上或道义上是无法接受的。若这些情况中出现任何一种的话，亚当·斯密的“看不见的手”的原理就会崩溃，政府就会试图干预，以弥补“看不见的手”的不足。

小结：

亚当·斯密发现了竞争性市场经济的一个重要特征。在完全竞争和不存在市场不灵的情况下，市场会用其资源尽可能多地生产出有用的物品与劳务。但在存在着垄断、污染或其他市场不灵的情况下，看不见的手的效率特征就可能会遭到破坏。

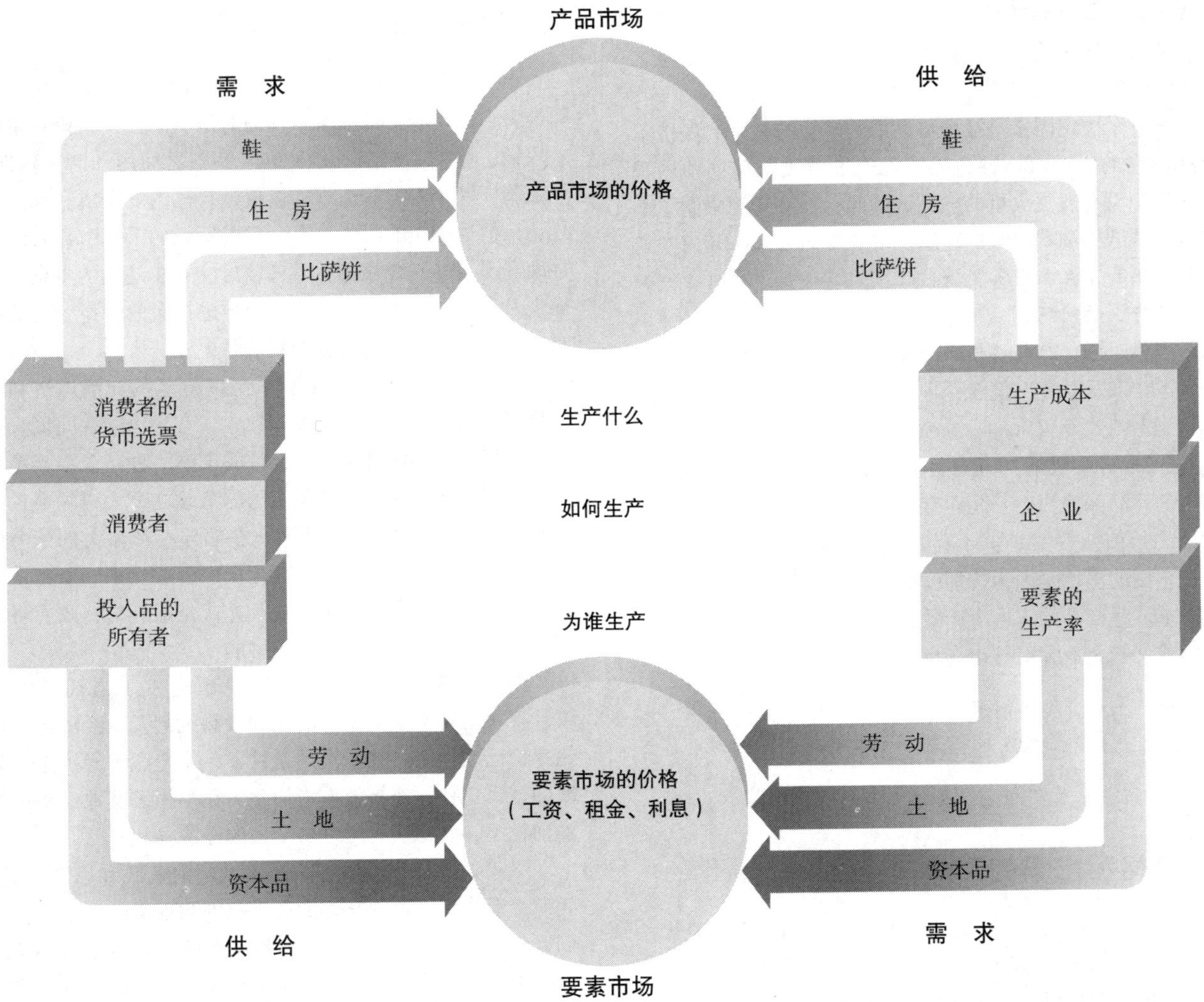


**图 2–1 市场体系依赖于供给和需求以解决三位一体的经济学问题**

这里我们可以看到市场经济的循环。在图上部的产品市场，消费者（家庭、政府和外国人士）的货币选票和企业的供给决策相互作用，共同决定生产什么。在图下部的要素市场，企业对投入品的需求与公众对劳动及其他投入品的供给相结合，帮助决定工资、租金和利息的支付；收入进而影响物品配送给谁。企业为购买要素投入品和以最低价格出售产品而展开的竞争，解决如何生产的问题。

---

### 经济学之父亚当·斯密

“人们为什么如此辛苦劳碌？贪婪、野心和对财富、权力及名望的追求的最终目的是什么？”正如艾萨克·牛顿对宇宙的物质世界有所洞察一样，苏格兰人亚当·斯密(1723~1790) 窥见了经济学人文世界的真谛。斯密在《国富论》（1776 年）中回答了他所提出的上述问题，解释了自利的动机如何以一种神奇般的方式润滑了经济机器，从而形成了自我调整的自然秩序。斯密坚信人类的辛苦劳碌可以改善普通民众的生活。“消费是所有生产的惟一的终点和目的。”

斯密是第一个倡导经济增长的人。工业革命之初，他指出专业化和劳动分工导致劳动生产率显著提高。在一个著名的例子中，他描述了一家大头针工厂的专业化生产：“一个人抽出钢丝，另一个人把它拉直，第三个人再把它切断，”依此类推。这种程序使得 10 个人一天内可以制造 48 000 枚大头针，而如果“所有人都单独工作，则每个人一天都无法生产出 20 枚，甚至可能连一枚大头针也生产不出来”。斯密认为这种劳动分工的结果是“普遍的丰裕，连最底层的人们都能享受到它的恩惠”。今天，假如斯密能够重新回到我们身边，那么他会对两个多世纪以来的经济增长成就有何感想呢？

斯密用几百页的篇幅抨击了政府数不胜数的干预蠢举。不妨回顾一下 17 世纪那些试图改进其产业的纺织业行会的会长。当时城镇行会规定：“如果纺织者想要按照自己发明的方法织布，则应该首先取得行会中四位最年长的商人和四位最年长的纺织者的同意；其次还要经过城镇法官的准许，才可以使用一定数量和一定长度的纱线。”斯密辩驳说，这类约束——无论是由政府规定还是由垄断者提出，也无论是关于生产还是关于对外贸易——都会限制市场体系的正常运行，并最终损害工人和消费者的利益。

以上这些观点并非意味着斯密是上述组织的辩护者。他对于任何固有的权力都持不信任态度，无论是私人垄断，还是公众独裁。他所关心的是普通大众的福利。但是，正像许多伟大的经济学家一样，他从自己的研究中认识到，通向浪费的路往往都是由善良的动机铺设而成的。

总而言之，亚当·斯密关于具有自律性的“看不见的手”的学说，是他对于现代经济学的千古不朽的贡献。

## B. 贸易、货币和资本

自亚当·斯密时代以来，市场经济已经有了巨大的发展。发达资本主义的经济，例如美国、西欧和日本，均具有三个显著的特征：贸易与专业化、货币和资本。

- 发达经济以细密的贸易网络为特征。在个人之间和国家之间，都存在着错综复杂的贸易网，这个网络又基于大量的专业化和精细的劳动分工。
- 当今的经济都大量使用货币，也可以说是支付手段。货币流通是我们经济制度的生命线。货币提供了衡量事物的价值尺度，并能为贸易提供融资手段。
- 现代工业技术依赖于大规模的资本运用：精密的机器、大型的工厂和库存。资本品使人的劳动能力成为更加富有效率的生产要素，并促使劳动生产率的增长速度高出前些年的许多倍。

### 贸易、专业化和劳动分工

与 18 世纪的经济相比，今天的经济所依靠的主要是个人和企业的专业化分工，并通过广泛的贸易网进行协作。专业化程度的不断加深使得特定职业工人的劳动生产率获得提高，并利用其产出交换到所需商品，这使西方经济获得了迅速的增长。

*专业化*是指让个人或国家各自集中精力去完成某一种（或一系列）任务——这就使得每个人和每个国家都能够发挥其特殊技能和资源优势。经济生活的事实之一是，并不是让每个人都以平庸的水平去做每一件事，更有利的办法是进行*劳动分工*，将生产划分成许多细小的专业步骤或作业任务。劳动分工让高个子去打篮球，让有头脑的人去当老师，而让能说会道的人去推销汽车。胜任某一职业所需要接受的专业训练通常需要很多年——培养一名合格的神经外科医生就需要 14 年之久。

资本和土地也可以高度的专用化。拿土地来说，在人口稠密的城市和温润的海洋之间，会出现令人惬意的滨海沙滩。这些沙地有的被专门用做葡萄园，像美国加利福尼亚州和法国所做的那样；而那些靠近深水的岸边土地，则往往被用于修建深水港口，以扮演世界贸易中心的角色。

资本也是可以高度专用化的。用来撰写本教科书的计算机程序也许花了十年多时间才开发出来，但它在管理炼油厂或面对其他大量的数据问题时却束手无策。专用化中给人印象最深的一个例子是用来管理汽车并提高其效率的计算机芯片，它甚至可以作为“黑匣子”来记录交通事故发生的那一刹那的影像。

专用化带来的高效率催生了人们之间和国家之间的复杂的贸易网，正如我们今天所看到的那样。我们中间很少有人能够独立生产一件最终产品，而仅仅能够制作我们的消费品中极小的一部分。我们或许讲授了大学课程中的一小部分；或许只是专门取出停车计时器中的硬币；或许只是分离出果蝇的遗传基因，等等。作为这些专业化劳动的报酬，我们却能获得足以购买世界各地的物品的收入。

*贸易生财*的思想是经济学的核心见解之一。不同的人或国家专门从事于某些领域的生产，然后，自愿地用他们所生产的物品去交换他们所需要的物品。日本通过专业化制造汽车和家用电器等物品而大大提高了生产率，它出口大部分的工业制成品，以支付原材料的进口。相反，那些执行自给自足战略、试图生产绝大部分消费品的国家，却发现自己的经济走上了停滞之路。贸易能够使所有的国家都富裕起来，并提高每个人的生活水平。

小结：

发达经济致力于专业化和劳动分工，因而能提高其资源的生产率。个人和国家用自己专业化生产的物品自愿地交换其他人的产品，能够极大地增加消费品的种类和数量，并提高每个人的生活水平。

### 全球化

翻开今天的报纸，你可能很难避开“全球化”这类话题。这个术语到底意味着什么？经济学如何使人们更好地理解这类事件？

**全球化**是个广泛流行的术语，它表示不同国家之间**经济一体化程度**的加深。当今，从跨国界的物品流、服务流和资本流的显著增加中，我们不难感受到全球一体化程度的提高。

全球化的主要表现之一，是进口和出口在国家总产出中的份额更加引人注目。随着运输和通信费用的不断降低，加上关税和其他贸易壁垒的消除，贸易在美国总产出中的份额，在过去的半个世纪里已经翻了一番还要多。无论是在价格还是在设计方面，美国的生产商如今都必须同世界各地的同行们进行竞争。

贸易份额的增加已经在加强生产本身的专业化，因为生产的各个环节往往外包给不同的国家和地区。一个典型的例子是芭比娃娃的生产：

> 生产芭比娃娃的塑料和头发来自中国台湾地区和日本。装配原来也在这些国家和地区进行，但是现在已经转移到成本更低的国家，如印度尼西亚、马来西亚和中国内地。模具和装饰用的涂料来自美国。中国则提供劳动和制造娃娃衣服用的棉布。芭比娃娃售价10美元，其中35美分是中国劳工成本，65美分是进口原材料成本，1美元是中国香港的利润和运费，余下的是美国的曼特尔公司（Mattel）的运费、营销费和利润。[1]

经验数据表明，上述模式也适用于美国和其他高收入国家的国际生产活动。

全球化的另一大内容是金融市场一体化的加强。这可以由国际借贷规模日益增大和各国利率趋同的情况得到说明。金融市场一体化的主要原因是：关于国际资本流动的各种管制已经逐渐解除、融资成本降低、金融市场创新，尤其是新型金融工具的采用。

毫无疑问，国际金融市场一体化会导致贸易收益增加。因为那些需要资本用于生产的国家可以向有资本剩余的国家借钱。在过去20年中，日本是全球最大的债权国。令人吃惊的一点是，美国却是最大的债务国。原因一方面是美国的储蓄率低，另一方面则是因为美国的计算机、电信和生物等产业的全球化分布的格局。

商品和金融市场的一体化创造了惊人的贸易收益，其表现是不断走低的价格、加快的革新和更高的经济增长率。当然，这些业绩也会伴随着许多痛苦的负面问题。

经济一体化的第一个问题是：国外低成本的生产商对国内生产商的取代，会带来失业和损失利润。失业的纺织工、破产的豆农，几乎都无法从其他消费者的“低价食品衣物获益”中得到慰藉。于是，这些在国际贸易发展中受损的人，便开始不断地呼吁“加强保护主义”，主张对国际贸易设置关税和配额等限制举措。

第二个问题是伴随金融一体化而来的国际金融危机。在过去的10年里，俄罗斯、巴西和阿根廷的经济危机已经影响了全球的股市和债市。局部经济失衡的传染效应也是金融市场一体化的直接后果。美国的投资人为寻求高回报率而将其资本投到泰国。但正是这类投资人，只要一有风吹草动就会大规模地撤出资金，面对投机的攻击，相关国家力图维持汇率和国内金融机构的稳定，从而引发金融危机。

全球化向政策制定者提出了新的问题。国际贸易的收益能否弥补国内社会解体与断层的成本？国家是否应该阻止投资者过于迅速地转移资金？如何才能使国内市场不至于受到太大的威胁？一体化是否会导致更大的不公平？国际经济组织是否应该成为那些陷入危机的国家的最后一个救援者？这些问题都正在日益困扰着世界各国试图解决这些问题的决策者。

## 货币：交换的润滑剂

如果说专业化允许人们集中优势完成特定的工作，那么，货币则允许人们用其专业化生产的产品交换其他人生产的大量物品和劳务。

**货币**（money）是一种支付手段或交换媒介，即我们购物时所支付的现金和支票。货币还是一种能够便利交换的润滑剂。当人们信任并接受货币作为物品和债务的支付

[1] 参见本章结尾处“补充读物”。

手段时，交换才能顺利进行。设想一下，若任何时候想买块比萨饼或去听音乐会，你都不得不用物品去交换，那么，经济生活将会是何等的复杂和麻烦。为得到那块比萨饼，你能提供什么劳务？教育产品又如何，你用什么物品作为学费才恰好是你们学校所需要的呢？可见，正是由于每个人都认可货币作为一种交换媒介，供给与需求之间的协调工作才得以极大的简化。

政府通过中央银行控制货币的供给。但是，就好像是其他的润滑剂一样，货币也会导致经济机体过热，从而损害经济增长的发动机。它可能会失去控制，导致恶性的通货膨胀，即价格急剧上升。当这种情况发生时，人们便急于在货币贬值之前将它花费出去，而不是去为未来进行投资。正如 20 世纪 80 年代部分拉美国家和 90 年代许多前社会主义国家所发生的情况那样，这些国家的年通货膨胀率竟然超过了 1 000%，甚至 10 000%！不难设想其恶性到了什么样的程度：本周所领的工资，到周末就会贬值 20%！

> 货币是交换媒介。货币供应适度是各国宏观经济政策的主要任务之一。

## 资　本

美国等发达工业经济大量使用建筑物、机器和计算机等，这些生产要素称为**资本**（capital），即一种被生产出来的要素，一种本身就是由经济过程产出的耐用的投入品。

绝大多数人并没有意识到我们的日常活动在多大程度上依赖于资本，包括我们居住的房屋、驱车行驶的高速公路，以及给我们输送电力和有线电视的缆线。美国经济中资本品净额几乎高达 30 万亿美元——包括政府、企业和居民户所拥有的资本。每个美国人的平均资本已经超过 11 万美元。

我们已经知道，资本是三大生产要素之一。另外两种是土地和劳动，通常被称为基本生产要素。这意味着它们的供给主要取决于非经济要素，诸如土地的肥沃程度、地理条件等。资本与这两种要素不同，它在使用之前必须首先被生产出来。例如，一些公司制造纺织机械，这些机械又用来生产衬衫；另一些公司生产农用拖拉机，这些拖拉机又被用来帮助生产玉米。

资本的利用涉及到时间消费和迂回的生产手段。人们在很早以前就已经认识到那些间接的或者说是迂回生产手段，通常比直接的生产手段更加富有效率。例如，最直接的捕鱼方法是下河用手抓鱼，但这样恐怕只会很容易让你感到沮丧，却不会帮你抓到很多的鱼。通过使用钓鱼竿（属资本设备），相同时间内的捕鱼效率可能会有所提高。若使用更多的资本品，如渔网和渔船，则捕鱼的效率就会大幅度提高，足可以满足许多人的需要，还可以使专业化生产渔网和捕鱼设备的人也过上富裕的生活。

***靠牺牲当前消费而获得的增长***　如果人们愿意储蓄——节制眼前消费以备未来消费，那么，社会就能够将资源用于新的资本形成。较多的资本存量会将生产可能性边界向外推移，有助于经济的快速增长。重新观察一下图 1-5，看一看为了投资而放弃现在的消费是如何扩展了未来的生产可能性边界。高储蓄率和高投资率可以帮助我们解释中国内地和亚洲其他国家和地区经济在过去 30 年的快速增长。相比之下，很多贫穷国家的储蓄和投资都比较少——它们在经济赛跑中一开始就落在了后头，并且越来越被抛在后面。原因就在于它们没有积累可供生产的资本。

小结：

> 许多经济活动都涉及到放弃现时消费以增加资本。我们每次进行投资——新建一座工厂或修筑一条道路，增加受教育年限或提高教育质量，增加知识技术积累——都在提高经济的未来的生产率，进而增加我们未来的消费。

### 资本和私有财产

在市场经济中，资本主要归私人拥有，从投资中得到的收益也归个人所有。每块土地都有一份契据或所有权凭证；几乎每一台机器和每一幢房屋都属于某一个人或某一家公司。产权赋予资本所有者使用、交换、装修、挖掘、钻探等利用其资本品的权利。这些资本品也有市场价值，人们能够以任何价格购买和出售资本品。个人占有资本并能从中获取利润，是资本主义的实质之所在。

然而，尽管我们的社会是以私有财产为基础，但产权还是有限的。社会决定“你的”财产中多大部分可以传给你的后代，多大部分必须以遗产税和房地产税的形式缴纳给政府。社会决定你的工厂能够排放多少污染物，以及你的车应该停放在哪里，等等。即使是你的房子，但也不是你的城堡：你必须遵守城市规划当局的法规；如果需要的话，你还必须为了修建道路而拆迁自己的房屋。

非常有趣的一点是，最有价值的经济资源，即劳动，不能像私人财产那样成为可以买卖的商品。自废除奴隶制以来，将人的赚钱能力视为一种“其他的资本品”是违法的。你不能自由地卖出你自己；你只能在某个工资价位上将自己租借出去。

**资本和污染的产权**

产权指的是个人或企业所有、购买、出售和使用资本品和市场经济中其他财产的权利。这些权利由法律制度来保证，法律制度使得经济能够在一定的范围内顺利运行。对一个市场经济而言，有效而理想的法律制度应当包括：产权的界定、合同法和仲裁制度。

正如前共产主义国家所认识到的那样，如果没有法律来强制执行合同或保障公司保有其利润，就很难建立市场经济。当法律制度崩溃时，像在前南斯拉夫，或者是像哥伦比亚那样的毒品生产国，人们就会开始为其生命的安危而担忧，就很少会有时间或意愿去为未来进行长期的投资。于是产出会因此下降，生活质量也会因此而有所恶化。事实上，令人恐惧的非洲饥荒中，很多是由内战和法律秩序的瘫痪所造成的，而不是由于恶劣的气候条件。

环境问题是由于产权不健全而损害经济的又一个例子。水和空气一般来说是公共财产，即没有任何人拥有或控制它们。俗话说“三个和尚没水吃”，人们并不会考虑到其行动的所有成本。一些人或许会将垃圾倒入水中，或将烟雾排放到空气中，因为这些成本(肮脏的水和污浊的空气）主要是由其他人来承担的。相反，人们很少会将垃圾堆放在自家门前的草坪上，或在自家的起居室内燃烧煤炭，因为这些成本需由他们自己承担。

近年来，经济学家提议通过出售或拍卖污染许可证，并允许在市场上交换，从而将产权问题扩展到了“环境品”之上。已经有初步迹象显示，产权的这种延伸显然有助于激励人们更加有效地减少污染。

要获得高水平的生产率，现代经济需要依赖若干前提条件。劳动分工与专用化资本品能够使得人们在某个行业内获得高水平的技术和能力。但是，专业化的经济体（specialized entities）之所以能够存在，却仅仅是因为货币化的贸易能够使得不同的民族或国家很容易卖出他们的产品，并买进其日常生活所需要的产品。专业化分工导致高效率；不断增加的产出使得贸易成为可能；货币使得贸易能够更快、更有效地进行；在将一部分人的储蓄转化为另一部分人的资本的过程中，复杂的金融系统势必发挥着重要的作用。

## C. 政府的经济职能

理想的市场经济是指所有物品和劳务都按照市场价格自愿地以货币形式进行交换。这种制度无需政府的干预，就能够从社会上可供利用的资源中获取最大的利益。然而，在现实世界中，还不曾有一种经济能够完全依照“看不见的手”的原则而顺利地运行。相反，每个市场经济几乎都会遭受其制度不完善之苦，结果是过度的污染、失业、贫富两极分化等症状。

为此，世界上任何一个政府，无论多么的保守，都不会对经济袖手旁观。现代经济中，政府针对市场机制的缺陷肩负起许多责任。军队、警察、国家气象服务以及高速公路建设等，都是常见的政府活动的领域。诸如宇宙空间探索和科学研究等公益事业，也都得到了政府的大力资助。政府或许还会对一些行业（如银行业及药业）加以监管，而对另一些（如教育和医疗）则予以补贴。此外，政府还对其公民征税，并将税收中的一部分再分配给老年人和贫穷者。

政府如何行使它们的职能呢？要求公民纳税，遵守规定和消费一定数量的公共品和服务，是运行一个政府的基本活动。因为具有强制权力，政府能够行使一些在自愿交换条件下无法实现的职能。强制减少纳税人或被管制企业的收入和机会的同时，政府能够增进其他人或企业的自由与消费。

在包罗万象的政府职能中，政府对于市场经济所行使的职能主要有三项：提高效率、增进公平以及促进宏观经济的稳定与增长。

1. 政府通过促进竞争、控制诸如污染这类外部性问题，以及提供公共品等活动来提高经济效率。
2. 政府通过财政税收和预算支出等手段，有倾斜地向某些团体进行收入再分配，从而增进公平。
3. 政府通过财政政策和货币政策促进宏观经济的稳定和增长，在鼓励经济增长的同时减少失业和降低通货膨胀。

以下我们简要考查政府的每一项职能。

### 效 率

亚当·斯密认识到：只有在完全竞争成立时，市场机制的优点才能充分体现出来。**完全竞争**（perfect competition）指的是什么？它指的是，没有一家企业或一位消费者足以影响整个市场的价格。例如，小麦市场是完全竞争性市场，因为即使最大的小麦农场也只能生产世界小麦产量的微不足道的一部分，从而无法对小麦的价格产生举足轻重的影响。

"看不见的手"所适用的都是完全竞争的市场经济。在这种环境下，市场能够有效地配置资源，从而经济恰好位于其生产可能性边界上面。如果所有行业都处于完全竞争均衡时，正如本书后面所要看到的那样，市场将会采用最有效的技术和最少量的投入来生产消费者最偏好的产出组合。

然而，在很多情况下市场的竞争却都不完全。其中最重要的三种情况是：不完全竞争（如存在垄断）、外部性（如污染）和公共品（如国防及灯塔）。在每一种情况下，市场不灵都会导致生产或消费的低效率，而政府在医治这些疾病中往往能够扮演一个很有用的角色。

## 不完全竞争

偏离有效市场的重要原因之一是存在不完全竞争或垄断。在完全竞争条件下，任何企业或个人都无法影响价格，而当买者或卖者能够左右一种商品的价格时，我们就认为出现了**不完全竞争**（imperfect competition）。例如，若电话公司能影响电话服务的收费水平，或者，某个工会能够左右劳动的价格时，则一定程度的不完全竞争就已经出现。当出现不完全竞争时，社会的产出将会从生产可能性边界上移至边界之内。例如，当只有一家卖者（垄断者）并且漫天要价以获取超额利润时，就会出现上述情况。该物品的产出就会低于有效率的水平，从而经济的有效性就会受到损害。在这种情况下，市场的"看不见的手"就会不灵。

不完全竞争的后果是什么？不完全竞争导致价格高于成本，消费者购买量低于效率水平。过高的价格和过低的产出，是伴随不完全竞争而来的非效率的标志。

在现实中，几乎所有的行业都存在一定程度的不完全竞争。例如，航空公司在某些航线上可能没有竞争，但在其他航线却有许多对手。不完全竞争的极端情况便是垄断——惟一的卖者独自决定某种物品或劳务的价格水平。例如，微软就垄断着 Windows 操作系统的生产。

自 20 世纪以来，绝大多数国家的政府都采取了若干措施来反对垄断这种不完全竞争的极端形式。政府有时还对地区性的供水、电话和电力等垄断行业的价格和利润加以管制。此外，政府的反托拉斯法还禁止各种固定价格或瓜分市场的行为。最重要的对不完全竞争的制约是将市场对竞争者开放，无论竞争者来自国内还是国外。除非政府通过关税和管制对它们进行保护，否则很少有垄断者能够长时间地抵挡住竞争者的攻击。

## 外部性

非效率的第二种类型是溢出效应或曰外部性，它所指的是强加于他人的成本或效益。市场交易一般是指人们自愿地以货币来交换物品或劳务的活动。一个企业用鸡肉制作冷藏鸡腿时，它从鸡肉市场上向所有者购买鸡肉，卖鸡者得到了鸡的全部价值。你去理发时，理发师得到了相应的时间、理发技能和理发店租金的全部价值。

但是，许多相互作用却发生在市场以外。一种情况是，航空公司制造了大量的噪音，它们一般不会因为干扰了机场附近的居民而向他们进行补偿。另一种情况是，一些公司大量投资于研究和开发，这也会对社会的其他成员产生正面的溢出效应。例如，美国电报电话公司的研究员发明了交换机从而触发了一场电子革命，但是该公司的利润增长却仅为全球社会获利中的很小的一个部分。这些事例说明，一个行动可能在市场交易之外有助于或有损于其他人的利益，也即存在着根本不发生经济支付的经济交易。

> **外部性**（externalities，或溢出效应）指的是企业或个人向市场之外的其他人所强加的成本或效益。

当今，政府对负外部性通常要比对正外部性更为关注。随着社会人口日益稠密，随着能源、化学和其他原料产量不断提高，负外部性或负的溢出效应已逐渐由微小的麻烦变成了巨大的威胁。这正是需要政府进行干预的地方。政府干预的目的是控制住外部性，如空气和水的污染，矿区的裸露、危险的排废行为、不安全的药品和食品，还有放射性物质，等等。

政府在许多方面很像一个家长那样常说"不"字：不让工人暴露在危险的工作条件下；不让工厂的烟囱排放出有毒的烟尘；不得出售危险的药品；不得不系安全带驾车，等等。在自由市场和政府管制之间寻求恰当的平衡，这是一项艰巨的工作。它要求我们对双方都进行成本效益分析。尽管如此，今天还很少有人赞成重新回到经济不受管制、企业可以随意倾倒废料（如钚）的那个混乱无序的年代。

## 公共品

尽管像污染或全球变暖等负外部性问题常常成为新闻热点，但从经济角度讲，正外部性的问题也许更为重要。正外部性的重要实例包括：高速公路网的投资建设、国家气象服务、基础科学资助以及提高公众健康水平等。它们并不是可以在市场上进行买卖的物品。私人生产公共品势必导致供应不足，因为生产这些物品的收益非常分散，单个企业或消费者不会有经济动力去提供这些服务并试图从中获利。

正外部性的极端情况是公共品。**公共品**（public goods）是指这样一类商品：将该商品的效用扩展于他人的成本为零；无法排除他人参与共享。公共品最好的例子是国防。一国对外作战（发现和追踪恐怖分子，寻找大规模杀伤性武器，争夺土地控制石油，或是为了激发国民的爱国主义热情），无论愿意与否，该国都需要为其行动付出代价并承担战争的成本。

由于私人提供公共品普遍不足，政府必须介入以鼓励公共品生产。在购买公共品，如国防或灯塔时，政府的行为与其他任何大笔开销的个人行为并无二致。政府通过向某些领域投入足够的货币选票，使资源向那里流动。一旦投入货币选票之后，市场机制就接手过去，引导资源流入企业，从而生产出灯塔或坦克。

### 灯塔是公共品吗

很多年来，灯塔都被列为典型的公共品。它们可以拯救生命和船只。但是灯塔的值班人却不能向过往船只一一收取费用；就算可以收费，也不能说明这种社会服务符合了效率的要求。灯塔服务只有在完全免费提供时才可能达到效用最大化。因为，为100艘船提供服务的成本并不比对一艘船提供服务时更多。

诺贝尔经济学奖得主罗纳德·科斯（Ronald Coase）曾回顾英格兰和威尔士的灯塔史，并认为它们是由私人经营的。出现这个结论之后，“灯塔是公共品”这个观点就变得有争议起来。科斯发现，在购买了王室许可证，得到了政府的授权，并因提供“灯光服务”而向附近船只收费之后，英格兰的灯塔是能够盈利的。从这段历史中，科斯所得出的结论是：和很多经济学家所认为的相反，灯塔的服务是可以通过私人企业来提供的。一些人甚至因此认为，灯塔根本就不是公共品。

但是，不妨让我们仔细地想一想。公共品的两个关键性特征是：增加一个人消费服务所追加的成本为零（非相克性），不排除他人享用（非相斥性）。这两个特征灯塔都具备。

“公共”品并非是必然由公共提供的。常见的情况是没有人提供。而且，仅仅因为它是私人提供这一点，并不意味着这样提供就一定是最有效率的，或者只要经由市场机制就能够为灯塔完全地收回成本。英国的例子可以说明这样一个有趣的问题：如果公共品的提供能够同另一个物品或服务相连接（在这个例子中是船只的吨位），并且如果政府给私人权利让他们收取必要的费用，那么就会产生一个资助公共品的替代机制。这个办法在收费无法同吨位联系起来时收效甚微（比如在国际海域）。如果政府坚决将收取费用的权利私人化，则这个办法就会完全不起作用。

美国则是一种完全不同的情况。从早年开始，美国就相信航海救援应该由政府提供。确实，第一届国会的第一批法案之一，还有美国的第一个公共工程法，就都曾这样地写明：“所有的灯塔、信号灯和浮标等相应设施，其维护和维修都应该由美国的财政部进行支付。”

然而，不同于许多公共品，灯塔所需要的资金比较有限，回顾历史上没有航海服务时所发生的故事可能意味深长。一个引人入胜的案例曾经发生在美国佛罗里达东海岸。这是一条很不太平的航道，水表下几英尺处有蜿蜒200多英里长的暗礁，又处于大西洋飓风最活跃的地带。因而，这条海上通道很自然地成了风暴、海难和海盗的多发海域。

直到1825年，这里才出现了灯塔，在那以前甚至连私人的灯塔也不曾有过。当然，市场也并非没有对这里的“风险”做出过积极的反应。从私人经济中兴盛起来的是“营救产业”。营救者主要是若干隐泊在暗礁附近的船只，日夜等待着不幸船只的出现。然后他们便“挺身而出”，为营救生命和打捞货物提供帮助，包括将船只拖到合适的港湾，然后要求按货物价值的一个相当大比例进行收费。营救业是19世纪中期南佛罗里达地区的主要产业之一。它使得基威斯特（Key West）一度成了那一带最富裕的小镇。

尽管营救者们无疑有正向的价值创造，但是他们并不具备灯塔所有的公共品特征。因为很多被抢救的货物都是被保险了的，而在航海（保险）中显然存在着很大的道德风险。营救者和遇难船长之间的默契和交易通常都以货主或保险公司的损失为前提。而只有在美国政府出资在佛罗里达海峡沿岸建设了灯塔之后，船只失事的数量才开始下降，营救者们也才逐步地淡出了商界。

灯塔今天已经不再是公共品的争议焦点，而主要的只是旅游者们的好奇之物。灯塔在很大程度上已经被以卫星为基础的全球定位系统（GPS）所取代。GPS 也是一个由政府免费提供的公共品。灯塔的历史提醒我们，那些由于公共品未能被有效地提供而产生的问题，并非已经完全地消失。

***税　收*** 政府必须寻找收入来源，以提供公共品和实施收入再分配计划。这些收入来自于税收，即对个人和公司的收入、工资、消费品销售额和其他项目所征收的税款。各级政府（市政府、州政府和联邦政府）都征集税收以维持它们自身的开支。

税收听起来好像是另一种“价格”。在此，它是我们为公共品所支付的价格。但税收与价格之间存在着重大的差异：税收并不是自愿支付的。美国的每一个公民都必须服从税法，都有义务支付公共品的一部分成本。当然，作为公民，通过民主过程，我们当然是既选择了公共品，又选择了为它而负担的税收成本。但是，私人品的支出与消费之间的密切联系并不适用于税收和公共品之间的联系。我购买汉堡包，仅仅是因为我当时需要它；但我却必须支付我应当缴纳的所有的税金，以支持国防和公共教育，即使我对这些东西一点也不关心。

## 公　平

以上关于垄断和外部性等市场不灵问题的讨论，主要集中在市场配置资源功能的缺陷（不完全竞争）方面，这种缺陷可以通过明智的干预办法来加以矫正。为此不妨先假定，经济运行完全符合效率原则，也即始终位于生产可能性边界之上，而从不移至界内，总是能够选定适量的公共品和私人品，等等。但即使在这种市场体系完美运行的条件下，市场仍然有可能导致一种缺憾。

> 市场并不必然能够带来公平的收入分配。市场经济可能会产生令人难以接受的收入水平和消费水平的巨大差异。

为什么对于为谁生产的问题，市场机制有可能提供一种不可接受的结果呢？其中一个原因在于：收入取决于一系列因素，包括努力程度、教育、继承权、要素价格和运气。由此导致的收入分配可能会同公平的结果相悖。另一个原因，不妨回头想一下，物品追随的是货币选票而不是最大满足。富人的猫所喝的牛奶，也许正是穷人孩子维持健康所必需的东西。之所以发生这种情况，是因为市场不灵吗？不，根本不是。因为市场机制正在做它应做的工作，即把物品交给那些有货币选票的人。即使是最有效率的市场体系，也可能产生极大的不公平。

市场体系中的收入分配，往往由家庭出身的偶然性所造成。《福布斯》杂志每年都会列出美国财富排名前 400 位的富豪。令人印象深刻的是，他们当中有多少人的财富系继承而来，又有多少人以所继承的财富作为跳板进而攫取了更多的财富？人们是否认为这些都天经地义？一个人仅仅因为继承了 5 000 平方英里的土地，或因其家庭所拥有的油井，就应该成为亿万富翁吗？在自由放任时代的资本主义制度下，事情就曾经是这样。

美国历史上的大部分时期，经济增长都如同涨潮一般，浮载起所有的船只，无论是穷人的还是富人的收入都会有所提高。但是近 20 年来，家庭结构的变化及低技能、低教育水平劳工工资下降的现实，已经逆转了传统的潮流。伴随对市场的重新强调而来的，是更多的无家可归者、更多的贫困儿童以及许多城市中心地带的贫困化。

收入不公平在政治上或道德上也许不能为人们接受。一个国家没有必要将竞争市场的结果作为既定的和不可改变的事实接受下来；人们可以考查收入分配并判断它是否公平。如果一个民主社会不喜欢自由放任市场体系下的货币选票的分配，它可以采取一些措施来改变收入的分配。

不妨假设，选民决定要减少收入分配的不公平。在这种情况下，政府可以用哪几种方法呢？首先，它可以采用*累进税*，相对于低收入者而言，对富人按更高的税率征税。它可以对财富和巨额遗产课以重税，以砸碎世袭特权的链条。联邦所得税和遗产税就是这种带有收入再分配性质的累进税制的实例。

其次，由于低税率并不能帮助那些根本没有收入的人，因此政府可以进行*转移支付*，即向私人支付货币等。今天，转移支付的对象包括老人、残疾人和拖儿带女的人，还有为失业者提供的失业保险。这套转移支付制度编织了一张“安全网”，保护不幸者免受困苦。最后，政府有时对低收入阶层的消费也给予补贴，向他们提供食品券、医疗补贴和低价住房。尽管在美国，这类支出在总支出中所占比例还是比较小。

不过最近 20 年来这种计划已经越来越不受欢迎。由于中产阶级的实际工资停滞不前，人们自然会问：为什么要支持那些无家可归者或身体健全却不工作的人？经济学家对于公平问题的争论有何高见呢？作为一门科学，经济学并不能答好这类伦理的和规范性的问题：我们的市场收入中（如果可以这样说的话）应该有多少份额转移给贫困家庭，这是一个只能由投票箱去回答的政治问题。

经济学能够分析不同收入再分配方案的成本与收益。经济学家们花费了大量的时间分析不同的收入再分配方案（如税收和食品券）是否会导致社会浪费（如人们的劳动时间减少，或购买毒品而不是食品）。他们还研究了究竟是发放现金还是发放食品能够更有效地减少贫困。经济学不能回答多少贫困是可接受的或多少才是公平的，但它能有助于设计增加穷人收入的更有效率的方案。

## 宏观经济的增长与稳定

自从资本主义产生以来，它就不时地受到通货膨胀（价格上升）和经济衰退（高失业率）的周期性困扰。例如，二战后美国已经发生了 9 次衰退，其中有几次衰退曾经造成上百万人失业。这些波动被称为**商业周期**。

今天，由于凯恩斯和他的追随者的思想贡献，我们知道了如何控制商业周期的剧烈波动。通过审慎地运用财政和货币政策，政府就能够影响产出、就业和通货膨胀的水平。政府的**财政政策**就是税收权力和预算支出权力。**货币政策**涉及到货币供应量和利率水平，进而影响到资本品的投资和其他利率敏感性的支出。通过这两种基本的宏观经济政策工具，政府能够影响总支出水平、增长率与产出水平、就业率与失业率、物价水平和通货膨胀率。

最近半个世纪以来，发达工业化国家的政府成功地运用了凯恩斯革命的遗产。第二次世界大战以后的 30 年内，在扩张性的货币政策和财政政策的刺激下，市场经济经历了前所未有的增长。

20 世纪 80 年代，政府开始制定宏观经济政策，以促进经济增长与生产率提高等长期目标的实现。（**经济增长**表示国民总产出的增长，而**生产率**代表每单位投入的产出或资源的利用效率。）例如，大多数工业化国家都降低了税率以刺激储蓄和生产。许多经济学家强调公众通过缩小预算赤字来增加公共储蓄的重要性，认为这是增加国民储蓄或投资的一种有用的办法。

促进经济稳定与增长的宏观经济政策包括财政政策（税收政策和预算支出政策）和货币政策（影响利率和信贷条件）。自从 20 世纪 30 年代现代宏观经济学产生和发展以来，政府已经成功地抑制了通货膨胀和失业的大幅度波动。

表 2-1 概括了当今政府所起的经济作用。该表说明了政府在提高效率、促进更公平的收入分配和追求经济的增长与稳定的宏观经济目标方面的重要职能。在所有发达的工业化社会中，我们都看到了一种混合经济，即市场决定大多数私人部门产品的价格与产量，而政府运用税收、支出和货币管理计划来调控总体经济的运行。

## 福利国家的曙光？

1942 年，约瑟夫·熊彼特，一位出生于奥地利的哈佛

| 市场经济不灵 | 政府干预 | 政府重要的政策应对 |
|---|---|---|
| **非效率** | | |
| 垄断 | 鼓励竞争 | 反托拉斯法，放松管制 |
| 外部性 | 干预市场 | 反污染法，反烟尘法 |
| 公共品 | 鼓励有益的活动 | 建造灯塔，提供公共教育 |
| **不公平** | | |
| 难以接受的收入与财富的不平等 | 收入再分配 | 收入和财富的累进税 |
| | | 收入支持或转移支付计划（如食品券等） |
| **宏观经济问题** | | |
| 商业周期（高通货膨胀和高失业） | 通过宏观政策稳定经济 | 货币政策（如调整货币供给和利率等） |
| | | 财政政策（如税收和支出计划等） |
| 低经济增长 | 刺激经济增长 | 提高税收制度的效率 |
| | | 通过减少预算赤字或增加预算盈余来提高国民储蓄率 |

**表 2-1 政府能够弥补市场的缺陷**

大学的经济学家，声称美国是“生活在氧气帐下的资本主义”，并正在走向社会主义。资本主义的成功产生了异化和自我怀疑，削弱了自身的效率和创新精神。但是他错了。接踵而来的半个世纪中，北美和西欧各国政府干预经济日益深入，同期经济运行也空前顺利。

快速的经济增长导致人们怀疑政府干预职能的思潮有所抬头。政府的批评者们指出，政府管得过多过严，干预和侵扰个人的生活；政府创造了垄断；政府不灵和市场不灵同样普遍；高税收扭曲了资源配置；社会保障制度在过去的几十年中让劳工活得太累；环境管制挫伤了企业的进取精神；政府稳定经济的企图要么失败，要么会加剧通货膨胀，而通货膨胀已经抑制了投资。总之，在一些人看来，政府不仅没有解决问题，反而成了问题本身。

### 经济自由的守护者：弗里德里希·哈耶克与米尔顿·弗里德曼

经济学家是人，难免也会受舆论和潮流的左右。由于美英政府在组织“二战时经济”方面看上去政策对路业绩显著，至少，最终是战胜了德国和日本。又由于在战胜“大萧条”时期政府积极的宏观经济政策也发挥了较大的作用，因而在自由世界的专业经济学家中，经济自由主义（也称保守主义）长期以来一直处于非主流的地位。

但是有两位杰出的经济学家，他们在质疑政府过度干预的优势方面从来未曾有过动摇。弗里德里希·哈耶克（1899~1992）来自维也纳、伦敦和芝加哥；米尔顿·弗里德曼（1912~2006）则来自芝加哥大学和斯坦福大学的胡佛图书馆。他们都因为自己的经济学创新而荣获了诺贝尔经济学奖。今天他们的成就已经被保守主义和自由主义的经济学者们顶礼膜拜。

哈耶克最有名的论著检验了不同类型的经济组织的有效性。20 世纪 20 年代和 30 年代，曾出现过一场关于在社会主义条件下资源能否被有效组织的大辩论。奥斯卡·兰格和艾比·勒纳认为：社会主义企业也可以利用资本主义的定价模式，从而可以赶超市场经济而有没有资本垄断的趋势。哈耶克对此给予了有力的反驳。他指出成本和生产可能性都是未知的。只有存在私人自由企业制度的激励，分散在千百万经济人中的信息才有可能被有效地收集和利用。如果没有“胡萝卜利润”和“破产的大棒”，那就不会出现任何制度创新。现代经济学之所以能够将重点放在分散且不对称的信息上面，主要应当归功于哈耶克的远见卓识。

哈耶克最畅销的著作，也是他最吸引广大公众的著作，是《通向奴役的道路》。在这部著作里，他警告说，通向极权残暴和经济无效的道路，是由于对自由市场和私人企业制度进行温和干预的种种善意所铺设而成的。

弗里德曼的统计分析研究涉及面很广。在对短期收入的升降做出了调整以后，他验证了富人的和穷人的长期储蓄率的差别很小。这项研究导致了消费的永久性收入理论（本书宏观经济学部分将介绍）。弗里德曼还同安娜·施瓦茨（Anna Schwartz）合写了《美利坚货币史：1876~1960》（1963 年）。该书发动了一场货币主义的革命，激发了宏观经济学家对货币供给如何影响总支出、价格和产出问题的探索热情。弗里德曼还让经济学家们相信：货币政策对于整体经济活动肯定是非常的重要。

在 20 世纪后半期，美国、西欧、亚洲，前苏联和中国，到处都涌现出从中央指令这个极端走向市场竞争另一极端的重大制度回归潮。无论是作为这场回归的设计师还是作为一个发言人，没有任何一个经济学家比弗里德曼更具影响力。他的经典著作《资本主义与自由》（1962 年）提出：为什么理性思考者会对最小化的工资、外科医生执照和诸如海洛因、可卡因之类的毒品限制感到遗憾，尽管潮流正在倡导自由的国际贸易和尽可能多地解除政府管制。所有热爱探索的经济学家都应该认真地领悟和研究他的学术论断。

## 当今的混合经济

在权衡政府和市场的相对优点时，公众讨论常常会疏于理解社会所面临的选择的复杂性。市场机制的确在一些国家产生了奇迹。但是，在没有健全的政治法律制度时，在社会没有足够的资本实力以支持贸易和私人投资的条件下，市场还可能导致“腐败资本主义”的问题，与之相伴随的将是极端的分配不公平、普遍的贫困和下降的生活水平。

在经济实践中，成功往往有很多的原因，而失败的原因往往只有一个。市场经济的成功可能会让我们忽略 20 世纪集体行动的一系列成就。政府计划帮助减少了贫困和营养不良，降低了肺结核和天花等疾病的发病率。公共支出也提高了国民的识字率和预期寿命。而军事和外交活动则推翻了不少暴君的统治。宏观经济方面的成就也应当包括减缓通货膨胀和降低失业，政府所资助的科学研究已经穿透了原子，发现了脱氧核糖核酸（DNA）分子，并探测了广袤的宇宙空间。

当然，这些成就不完全属于政府。政府只是利用了个人的创造力，并借助市场机制实现了上述社会目标。但在有些情况下，政府却宛若滔滔不绝的演说家，浑然不知自己早就应当适可而止。

关于政府成就和政府不灵的争论再一次提醒我们，合理划分市场和政府的界限是一个长期而持久的课题。在刻画自由放任市场机制和民主政府规制干预之间的黄金分割线的问题上，经济学是能够帮助社会的必不可缺的基本工具。一个好的混合经济应当是、且必须是有限制的混合经济。那些希望将政府缩减为警察加灯塔的人只能生活在梦幻的世界中。每个有效率并且讲人道的社会都会要求混合经济的两面——市场和政府都同时存在。如果没有市场或者没有政府，现代经济运作就都会孤掌难鸣。

## 总结提要

### A. 市场是什么

1. 在像美国这样的经济社会中，大多数经济决策都是在市场上做出的。此时市场是一种使买者和卖者聚在一起进行相互交易并决定商品和劳务的价格和产量的机制。亚当·斯密认为，当个人在追求自己的私利时，市场这只“看不见的手”会导致最佳的经济成果。尽管市场远非完美无缺，但是它的确非常有效地解决了生产什么、如何生产和为谁生产的问题。
2. 市场机制按如下方式运行以决定生产什么和如何生产：人们的货币选票影响物品的价格；价格在决定各种物品的生产数量方面起主导作用。当人们需要更多的某物品时，该产品的价格就会上升，企业便能通过扩大这种物品的生产来获得利润。在完全竞争条件下，一个企业必须找出成本最低的生产方法，有效率地使用劳动、土地和其他要素；否则，它就会陷于亏损，从而被市场淘汰。
3. 在价格解决生产什么和如何生产等问题时，为谁生产的问题也同时得到解决。收入分配取决于生产要素（土地、劳动和资本）的所有权和要素价格。拥有肥沃的土地或具有“本垒打”（to hit home runs）这种难得的竞技能力的人，势必得到较多的购买消费品的货币选票。而那些没有财产且其技能、肤色或性别又不受市场重视和欢迎的人，只能获得低微的收入。

### B. 贸易、货币和资本

4. 随着经济的发展，经济日益变得专业化。劳动分工将作业任务分解成许多细微环节，以便单个劳工更容易熟练地加以完成。专业化导致生产方法日益复杂。复杂的生产方法要求许多专业技能。随着个人和国家也变得越来越专业化，它们也趋向于专门生产特定的商品，并用其剩余产品去交换更多的其他国生产的物品。以专业化为基础的自愿贸易使所有的人都能够从中受益。
5. 今天，专业化物品和劳务的交换依赖于货币，货币是贸易车轮的润滑剂。货币是能够被普遍接受的交换媒介，它包括现金和支票。货币可用于支付从苹果馅饼到斑马皮的任何物品。借助货币，个人和国家可以专门生产少数的物品，并用它们去交换其他物品；若没有货币，我们就会在以物易物的交换过程中浪费宝贵的时间。
6. 资本品（生产出来的投入品，如机器、房屋和半成品存货）使得间接生产成为可能，它大幅度地增加了一个国家的产出。这些间接的生产方法需要花费时间和资源才能启动。因此，需要暂时牺牲眼前的消费以增加未来的消费。产权制度是指用于界定资本和其他资产如何购买、出售和使用的一系列规则。没有任何一种经济制度下的私人产权是不受限制的。

### C. 政府的经济职能

7. 虽然市场机制是令人赞叹的组织生产和配置资源的方式，但是，市场不灵有时会导致不良的经济后果。政府可能会介入市场以弥补这些缺陷。现代经济中政府的职能在于保障效率、纠正不公平的收入分配和促进经济的稳定与增长。
8. 当存在不完全竞争或外部性问题时，市场便不能有效率地配置资源。不完全竞争，如垄断，会导致较高的价格和较低的产量。为消除这些情况，政府管制企业，或实施反托拉斯法 以限制企业的行为。当企业的活动使市场以外的其他人付出代价或得到利益而并不能得到相应的补偿时，就会出现外部性问题。政府可决定介入并管制这些“溢出效应”问题（诸如对空气污染进行管制那样），政府也可以直接提供公共品（如公众健康）。

9. 市场并不一定能产生公平的收入分配，它很可能导致不可接受的极大的收入与消费的不公平。因此，政府通常选择改变由市场决定的工资、租金、利息和红利所造成的收入结构（为谁生产）。现代政府使用税收增加收入，以支持旨在保障穷人经济安全的转移支付或收入支持计划。
10. 自从 20 世纪 30 年代现代宏观经济学创建以来，政府便有了第三种职能：运用财政政策（税收和支出政策）和货币政策（影响利率和信贷条件）促进长期的经济增长和劳动生产率的提高，熨平通货膨胀与失业的周期性波动。自 20 世纪 80 年代以来，在划分政府和市场的界限的持久战中，被称为福利国家的混合经济一直处于守势。

## 概念复习

**市场机制**

市场、市场机制
产品市场和生产要素市场
价格信号
市场均衡
完全竞争与不完全竞争
亚当·斯密的“看不见的手”

**现代经济的特征**

专业化和劳动分工
货币
生产要素（土地、劳动、资本）
资本、私人财产与产权

**政府的经济职能**

效率、公平、稳定
非效率：垄断和外部性
市场机制下的收入不平等
宏观经济政策：财政政策与货币政策
　稳定和增长

## 补充读物和互联网站

### 补充读物

A useful discussion of globalization is contained in “Symposium on Globalization in Perspective,” *Journal of Economic Perspectives*, Fall 1998.

For examples of the writings of libertarian economists, see Milton Friedman, *Capitalism and Freedom* (University of Chicago Press, 1963), and Friedrish Hayek, *The Road to Serfdom* (University of Chicago Press, 1994) .

A strong defense of government interventions is found in a history of the 1990s by Nobel Prize winner and Clinton adviser Joseph E. Stiglitz, *The Roaring Nineties: A New History of the World's Most Prosperous Decade* (Norton, New York, 2003). Paul Krugman's columns in *The new York Times* are a guide to current economic issues from the perspective of one of America's most distinguished economists; his most recent book, *The Great Unraveling: Losing Our Way in the New Century* (Norton, New York, 2003), collects his columns from the early 2000s.

A fascinating example of how a small economy is organized without money is found in R. A. Radford, “The Economic Organization of a P.O.W. Camp,” *Economica*, vol. 12, November 1945, pp. 189–201.

### 互联网站

You can explore recent analyses of the economy along with a discussion of major economic policy issues in the *Economic Report of the President* at w3.access.gpo.gov/eop/.See www.whitehouse.gov for federal budget information and as an entry point into the useful Economic Statistics Briefing Room.

Major issues are presented from a conservative or libertarian economic perspective at the website of the Cato Institute, www.cato.org/.

## 问题讨论

1. 国民产出构成的决定因素是什么？在有些场合下，我们说存在“消费者主权”，即消费者根据个人偏好和市场价格决定如何花费自己的收入。在另一些场合下，由立法机构的政治选择对上述问题进行决策。考虑以下几个例子：运输、教育、警察、能源使用效率、医疗保健范围和电视广告。对每一种情况，说明其配置是取决于消费者主权还是政治决策。你是否希望改变其中任何一种情况下的配置方法呢？
2. 当一种物品十分有限时，必须采取某种办法配给该稀缺品。例如，拍卖、发票证、“先来先得”等。试说明每一种办法的利弊？详细解释市场机制在何种意义上“配给”了稀缺的物品和劳务。
3. 本章讨论了许多“市场不灵”的情况。在这些场合，“看不见的手”根本不灵。我们还说明了政府的职能。是否也可能存在“政府不灵”，即政府矫正市场不灵的努力甚至会导致比市场不灵更糟的后果？考虑几个政府不灵的例子。你能设想一种政府不灵非常严重，以至于生活在市场不灵中要比“政府出面去加以纠正”更好的情况吗？
4. 分析下列政府干预经济的情况：空气污染管制，穷人收入补偿，对电话垄断进行价格管制。就每一种情况回答：(a) 解释市场不灵；(b) 讨论政府对该问题的干预；(c) 解释为什么政府不灵（见问题 3 中的定义）可能是因政府干预而起。
5. 由图 2-1 可见：消费品与投资品的循环流动，伴有相应的货币的收入与支出。画出经济中货币流动的循环流动图，并将它与产出品和投入品的循环流动图做比较。货币在货币流程中的职能是什么？
6. 举出 3 个关于专业化与劳动分工的例子。在哪些领域你和你的朋友们会考虑采用专业化？过度的专业化会有什么弊端？
7. “林肯解放了农奴。他大笔一挥就毁灭了南方多年积累起来的大部分资本。”试评论这段话。
8. 下表列出了联邦政府主要预算支出中的一些项目。试解释每一项如何与政府的经济职能相对应。
9. 为什么说“没有代表权就不纳税”这个口号对于公共品很有意义，而对私人品却没有意义？用它来解释人们为什么反对下列情形：(a) 税收被过多地用于国防支出；(b) 过桥费收得过高；(c) 纽约飞迈阿密的机票价格据说过高。

**联邦政府主要预算支出中的一些项目**

| 预算项目 | 联邦支出，2005 年（10 亿美元） |
|---|---|
| 卫生保健和医疗保障 | 547 |
| 社会保障 | 515 |
| 国　防 | 451 |
| 收入保障 | 348 |
| 国债利息 | 178 |
| 自然资源与环境 | 31 |
| 国际事务 | 38 |

资料来源：Office of Management and Budget, *Budget of the United States Government*, Fiscal Year 2005.

# 第 3 章

# 供给与需求的基本原理

什么是“精明”人？
他通晓世间万物的价码，
但对其价值却一无所知。

——奥斯卡·王尔德

市场类似于天气，总是变化莫测，风暴不时起伏，错综复杂而又富于魅力。正像研究气象一样，仔细研究市场之后我们也会发现：各种随机运动的背后，似乎也隐藏着某些确定的因素和机理。而探讨单个市场的价格和产出机理和规律的基本工具，就是供给需求分析。

以汽油价格为例，如图 3–1 所示。该图描述的是“实际汽油价格”，或经过总价格水平调整后的价格。二战后，由于人们爱上了汽车，并逐步迁居到郊区，对汽油和其他石油产品的需求急剧上升。接着，到 20 世纪 70 年代，由于石油供给限量、石油国战争以及革命运动等原因，石油生产受到限制，从而在 1973 年和 1979 年以后国际油价陡然上升。此后，节能运动、汽车小型化、信息经济的发展和世界生产扩大等因素，又共同导致了汽油价格的下跌。2003 年的伊拉克战争使石油市场更加动荡。如表 3–1 所示，汽油的价格（以 2003 年不变价格计算）从 1980 年每加仑约 2.80 美元跌至 2004 年年初的 1.60 美元左右。油价的波动很大程度上与战争期间石油供给的中断有关。

油价剧烈波动背后的机理是什么？经济学拥有非常有力的工具来解释经济中的这类问题。这个工具被称为供给和需求的理论。该理论说明消费者的偏好如何决定商品的消费需求，同时企业成本又如何成为商品供给的基础。汽油价格的上涨，或是由于人们对汽油的需求上升，或是由于石油供给量的下降。从网络股票到钻石，再到土地，几乎每个市场的情况都是如此：供给和需求的变动势必导致产出和价格的变动。如果你能理解供给和需求是如何变动的，那么，你就已经朝着理解市场经济机理的方向迈出了一大步。

本章介绍供给和需求的概念，说明它们在单个商品竞争市场上是如何发挥作用的。我们将首先讨论需求曲线，然后再讨论供给曲线。利用这些基本的分析工具，我们将能够看到市场上商品的价格如何取决于两条曲线的交点——需求和供给的力量在此处恰好平衡。正是价格的变动，即价格机制的作用，才使得供给和需求达到了这种平衡或均衡。最后在本章结束时，我们还将给出一些运用供给和需求的原理进行分析的实例。

## A. 需 求 表

常识和细致的科学观察表明，人们购买一种商品的数量取决于它的价格。在相同的条件下[1]，一种物品的价格越

[1] 在本章的后面我们将讨论影响需求的其他因素，包括收入和偏好。“保持其他条件不变”简单的理解就是我们只改变价格而不改变需求的其他决定因素。

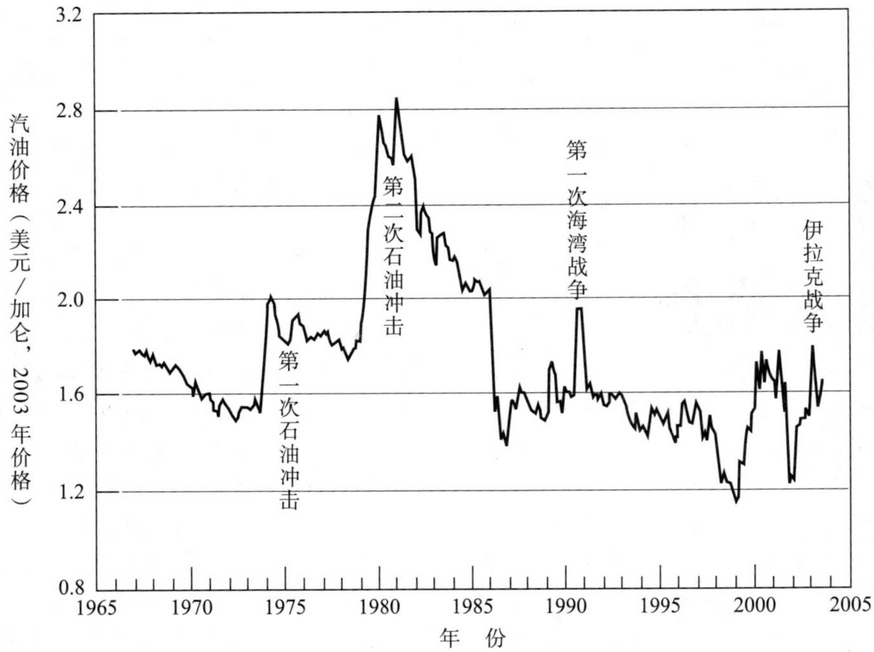


**图 3–1 汽油价格随供给和需求的变化而变动**

近 40 年来，汽油价格大幅度波动。20 世纪 70 年代石油供给减少，产生了两次戏剧性的“石油冲击”，造成社会动荡，随之加强管理的呼声高涨。新的节能技术带来的需求减少，导致 1980 年以后油价长期下降。1999 年后期，当石油卡特尔减少了石油供给，油价又再度急剧上升 （与伊拉克的两次战争使油价在 1990~2003 年间急剧上升）。供给和需求的分析工具对于我们理解这些趋势是至关重要的。

资料来源：U. S. Departments of Energy and Labor. The price of gasoline has been converted into 2003 prices using the consumer price index.

高，人们愿意购买的数量就越少；而市场价格越低，人们购买的数量就越多。

> 在其他条件相同时，一种物品的市场价格与该物品的需求数量之间存在着一定的关系。这种价格与需求之间的关系可以用一张**需求表**（demand schedule）或一条**需求曲线**（demand curve）来表示。

让我们来看一个简单的例子。表 3–1 提供了一个假想的对玉米片的需求表。在每一价格水平，我们都能够确定消费者所购买玉米片的数量。例如，在每盒价格是 5 美元时，消费者每年会购买 900 万盒玉米片。

在较低的价格水平上，购买玉米片的数量较多。这样，在玉米片价格为 4 美元时，购买量为 1 000 万盒；而在价格（$P$）更低即 3 美元时，需求量（$Q$）就还要多，为 1 200 万盒。依此类推，在该表所列明的每一价格水平上，我们都能找到相应的需求量。

## 需求曲线

用图形表示的需求表就是*需求曲线*。我们将需求曲线描绘在图 3–2 中，其中，横轴代表玉米片的需求量 $Q$，纵轴代表玉米片的价格 $P$。注意：数量和价格呈反比关系，即是，当 $P$ 下降时，$Q$ 上升。需求曲线从西北方向东南方倾斜。这一重要性质被称为*需求向下倾斜规律*。该规律建立在常识和经济理论的基础之上，并经过了经验数据的检验和证明，几乎适用于一切商品，包括玉米片、汽油、大学教育和非法毒品等。

> **需求向下倾斜规律**（law of downward-sloping demand）：当一种商品的价格上升时（同时保持其他条件不变），购买者便会趋向于购买更少的数量。同理，当价格下降、其他条件不变时，需求量会增加。

价格上升时，需求量为什么会趋于下降呢？原因有两

| 玉米片的需求表 | | |
|---|---|---|
| | (1) | (2) |
| | 价格（美元/盒） | 需求量（百万盒/年） |
| | ***P*** | ***Q*** |
| A | 5 | 9 |
| B | 4 | 10 |
| C | 3 | 12 |
| D | 2 | 15 |
| E | 1 | 20 |

**表 3–1　将需求量和价格结合起来的需求表**

在每一市场价格上，消费者都愿意购买一定数量的玉米片；随着玉米片价格的下降，玉米片的需求量会上升。

个。第一个是**替代效应**（substitution effect）。当一种物品的价格上升时，我会用其他类似的物品来替代它（当牛肉价格上升时，我们可以多吃鸡肉）。价格上升抑制购买量的第二个原因是存在着一种**收入效应**（income effect）。因为，当价格上升时，我们会发现自己比以前穷了一些。汽油价格上涨 1 倍之后，我们的实际收入只会明显降低，削减汽油和其他物品的消费开支是很自然的。

## 市场需求

到目前为止，我们讨论需求都还是限于“上述那条”需求曲线。那么，它是谁的需求呢？我的，你的，还是每个人的？答案并不明确。决定需求的基本因素是“个人的”偏好。但在本章，我们拟集中讨论*市场需求*，它所代表的是所有个人需求的总和。现实世界中，我们所能直接观察得到的往往是市场需求。

> *市场需求曲线是将在每一价格水平下所有个人的需求量加总而得到的。*

市场需求曲线符合需求向下倾斜规律吗？ 当然。例如，当价格下降时，较低的价格将通过替代效应吸引新的顾客。此外，若既经过替代效应又经过收入效应，则价格的下降就会刺激原有的顾客购买更多的数量。相反，一种物品价格的上升，势必影响我们中间的一些人减少购买。

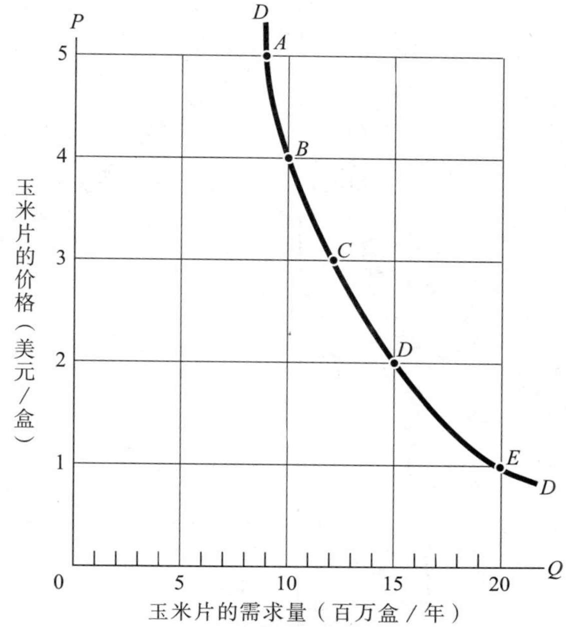


**图 3–2　向下倾斜的需求曲线将需求量和价格联系起来**

在玉米片的需求曲线中，纵轴衡量价格（*P*），横轴衡量需求量（*Q*）。表 3–1 中的每一对价格和需求量（*P*，*Q*）的数值都被描绘为一个点，连接各个点的平滑的曲线就是我们所要的需求曲线 *DD*。需求曲线斜率显然为负，体现的是需求向下倾斜规律。

### 计算机需求的爆炸性增长

我们可以用个人电脑为例来说明需求向下倾斜规律。第一台计算机的价格极高，运算能力很有限，只有个别企业和家庭才能支付得起这笔费用。而如今我们已经很难设想，短短 20 年前，普通人竟然都还是用打字机和钢笔写作，竟然是用手工在草稿纸上计算！

近 20 年来，计算机的价格大幅度下降。低价格吸引了新的买主。越来越多的人有能力购买计算机，计算机被广泛地应用于工作、学习和娱乐。20 世纪 90 年代后期，随着互联网的发展，计算机的作用越来越大，于是有更多的人努力地追赶潮流。到 2002 年，全球个人计算机销售总数竟然超过了 1 亿台！

图 3–3 所表述的是：美国官方统计的计算机及其外设的价格和需求量。价格表示的是购买同等质量计算机的成本，也就是说，计算机质量的快速提高已经被考虑进去。你可以看出，随着软件的发展，互联网、E-mail 和其他技术的普遍应用，计算机价格明显地在不断下降，而产量却在以惊人的速度提高。

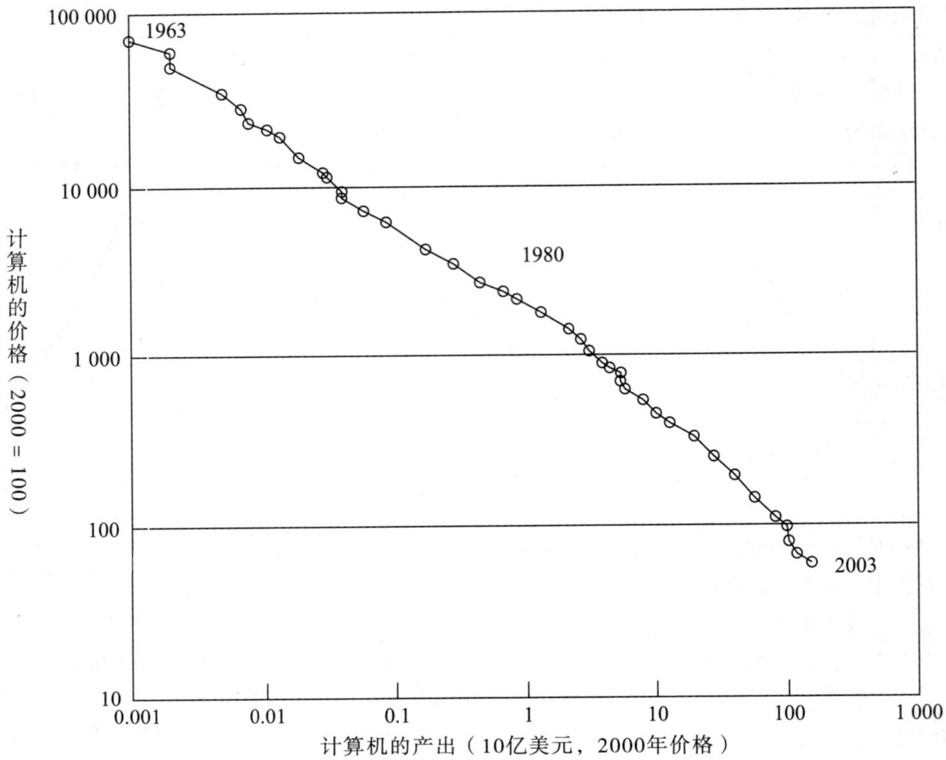


**图 3–3 计算机价格下降刺激计算机产量惊人地增长**

计算机和打印机等外设的价格，按考虑了质量指标（如内存或计算速度）的购置成本进行统计。计算机价格从 1963 年以来下降了 1 000 多倍。伴随价格下降的是：收入增长，用途日益广泛，导致计算机产量增长 15 万倍多。

资料来源：Department of Commerce estimates of real output and prices. Note that the data are plotted on ratio scales.

## 需求曲线背后的因素

玉米片、汽车或计算机的市场需求曲线是由什么决定的呢？给定某一价格，一系列因素均会影响需求量：平均收入水平、人口规模、相关物品的价格及其可获得性、个人和社会的偏好，还有其他特殊因素等。

- 消费者的平均收入是需求的重要决定因素。当人们的收入上升时，即使价格不变，个人也会倾向于购买更多数量的几乎任何物品。较高的收入会使汽车的购买量急剧上升。
- 市场规模（用人口衡量）显然影响着市场需求曲线。加州 3 500 万人口购买的苹果和汽车，可能是罗得岛州 100 万人口购买数量的 35 倍。
- 相关物品的价格及其可获得性会影响对该物品的需求，尤其是替代品之间存在着重要的联系。替代品是指具有相同功能的物品，如玉米片和麦片、钢笔和铅笔、小型汽车和大型汽车、石油和天然气。如果替代品 B 的价格下降，则物品 A 的需求会趋于下降。(不妨试问，如果计算机的价格下降，那么，人们对打字机的需求是升高还是降低呢?)
- 除了这些客观因素之外，我们还必须加上一系列被称为爱好或偏好的主观因素。爱好代表众多的文化和历史因素。它们可以反映出真正的心理或生理需要（对饮料、爱情或激情的需要），也可以包括人为造成的需要（香烟、毒品或迷人的赛车），还可以具有很大一部分传统或宗教的因素（美国崇尚牛肉，但食用牛肉在印度却犯禁忌，海蜇在日本是鲜美菜肴，但在美国却令人作呕）。

| 影响需求曲线的因素 | 以汽车为例 |
|---|---|
| 1. 平均收入 | 当收入增加时，人们增加汽车购买量。 |
| 2. 人　口 | 人口的增长使汽车购买量增加。 |
| 3. 相关物品的价格 | 汽油价格的下降提高了汽车需求。 |
| 4. 偏　好 | 拥有一辆新汽车成为社会地位的象征。 |
| 5. 特殊因素 | 特殊因素包括其他运输方式的可利用性，汽车的安全性，未来价格上涨的预期，等等。 |

**表 3–2　许多因素影响需求曲线**

- 最后，在某一物品需求的背后，通常还存在着一些特殊因素。雨伞的需求量在多雨的西雅图较高，但在阳光明媚的菲尼克斯却较低；空调的需求在炎热的天气会上升；纽约市的汽车需求量较低，那里公共交通很方便，但是停车却是许多车主的噩梦。另外，对于未来的经济条件，尤其是对价格的预期，也会对需求产生重要的影响。

需求的变动在表 3–2 中用汽车作为例子进行了总结。

## 需求的移动

随着经济生活的变革，需求在不断发生变化。只是在教科书中需求曲线才静止不动。

需求曲线为什么会移动呢？因为除物品价格以外的其他因素发生了变化。不妨考虑一个非价格变量的变化如何使需求曲线移动的例子。众所周知，在 20 世纪 90 年代经济繁荣时期，美国人的平均收入急剧增长。对汽车需求而言这是一个巨大的收入效应，于是在任何价格下汽车的需求数量都有提高。例如，如果平均收入增长 10%，在价格为 1 万美元时汽车需求数量会从 1 000 万辆增加到 1 200 万辆。这就会导致需求曲线发生移动，因为该需求数量的提高所体现的是商品价格变化以外的因素的作用。

上述这些幕后因素变化的净效应，我们称之为*需求增加*。在图 3–4 中，汽车的需求增加表现为需求曲线向右移动。必须注意：需求曲线的这种移动意味着在每一价格水平人们都会购买更多的汽车。

你可以通过回答下列问题来检验你的学习情况：温暖的冬季引起供暖石油的需求曲线是向左还是向右移动？为什么？如果年轻人对棒球失去了兴趣，转而喜欢篮球，则对于棒球比赛的门票的需求会产生何种影响？个人计算机价格的急剧下降对于打字机的需求会产生何种影响？如果蓝领工人的工资下降，而受过高等教育的投资银行家和计算机专家的薪水快速上升，则对大学教育的需求会产生何种影响？

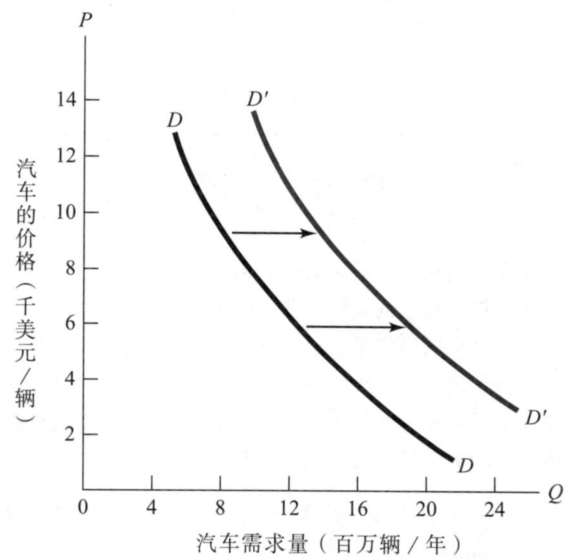


**图 3–4　汽车需求的增加**

影响需求的因素发生变化时，汽车需求就会受到影响。这里我们看到平均收入上升、人口规模扩大和汽油价格的降低对汽车需求的影响。我们将需求曲线的这种移动称为需求增加。

> 当商品价格之外的因素变化引起购买数量发生变化时，我们称这种变化为需求变动。当所要购买的数量在每一价格水平增加（或减少）时，我们说需求增加（或需求减少）。

**沿着曲线的移动和曲线的移动**

切勿混淆沿着曲线的移动和曲线的移动。必须注意，不要把需求的变化（表现为需求曲线的移动）与需求量的变化（表现在价格变化之后，需求量在同一条需求曲线上移动到不同的点）相混淆。

当影响需求曲线的一种因素发生变化时，需求会发生变化。以比萨饼为例。如果收入增加，即使价格不变，消费者想要购买的比萨饼数量也会增加。也就是说，较高的收入增加了需求，使比萨饼的需求曲线向右移动。这就是比萨饼需求的移动。

与之不同的是需求量的变化，当消费者面临比萨饼价格下降时，在其他条件保持不变的情况下，消费者倾向于购买更多的比萨饼。但是，购买量的增加并不是来自于需求的增加，而是来源于价格的下降。这一变化体现为沿着需求曲线的移动，而不是需求曲线本身的移动。沿着需求曲线移动意味着价格变动时其他条件保持不变。

| 玉米片的供给表 | | |
|---|---|---|
| | (1) 价格（美元/盒） *P* | (2) 供给量（百万盒/年） *Q* |
| A | 5 | 18 |
| B | 4 | 16 |
| C | 3 | 12 |
| D | 2 | 7 |
| E | 1 | 0 |

**表 3–3　供给表将供给量与价格联系起来**

该表说明，在每一价格水平上，玉米片生产商愿意生产和出售的数量。请注意，价格与供给量之间存在着正相关的关系。

## B. 供 给 表

现在我们从需求转到供给。市场的供给涉及企业愿意生产和销售某物品的条件。西红柿的供给告诉我们在每一价位上西红柿的销售量。更准确地说，供给表反映的是在其他条件相同时，一种物品的供给量和它的市场价格之间的相互关系。在考查供给时，应当保持不变的条件包括生产成本、相关物品的价格和政府政策。

> 一种商品的**供给表**（supply schedule）或**供给曲线**（supply curve）体现的是：在其他条件不变的条件下，该商品的市场价格与生产者愿意生产和出售的数量之间的关系。

### 供给曲线

表 3–3 是一张假定的玉米片的供给表，图 3–5 用供给曲线描绘了该表的数据。这些数据表明，在玉米片价格为每盒 1 美元时，生产者将不生产任何玉米片。在如此低的价格水平上，玉米片早餐供应商可能会将其设备用于生产其他的谷类食品，如麦麸片，以获取更多的利润。而在玉米片价格上升时，玉米片便会更多地被生产出来。（这是因为）当玉米片价格进一步上升时，厂商就会发现，雇佣更多的工人，购买更多的自动化机器，以及开设更多的玉米片工厂将是有利可图的。所有这些显然都会在较高的市场价格上提高玉米片的产量。

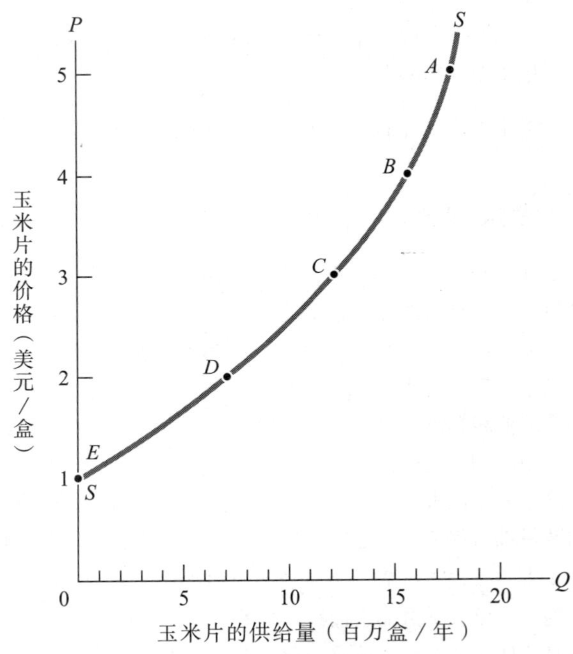


**图 3–5　供给曲线将供给量与价格联系起来**

供给曲线画出了表 3–3 中价格和数量的各种组合。连接这些点的平滑曲线，便是向上倾斜的供给曲线 *SS*。

图 3–5 显示的是单个商品的供给曲线向上倾斜的一般情况。供给曲线向上倾斜的重要原因之一是“边际收益递减规律”（后面会详细讨论这一概念）。我们不妨以葡萄酒为例来介绍一下这个重要的规律。如果社会需要更多的葡萄酒，那么，就会有更多的劳动追加到适于种植酿酒葡萄的有限的土地上，但每一个新增加的劳动所增加的产品数量则是递减的。因此，刺激产出增加所必需的价格水平就要上升。通过提高葡萄酒的价格，社会能够诱导葡萄酒的生产者生产和出售更多的葡萄酒，葡萄酒的供给曲线因此便是向上倾斜的。同样的道理也适用于其他许多物品。

## 供给曲线背后的因素

考查供给决定因素的基本点在于：生产者提供商品为的是利润，而不是乐趣或博爱。因此，决定供给的一个关键因素便是*生产成本*。相对于市场价格而言，当某物品的生产成本比较低的时候，生产者大量供给该物品就会有利可图。当生产成本相对于价格而言比较高的时候，生产者就会提供比较少的数量，而转向其他产品的生产，甚或退出该产业。

生产成本主要取决于*投入品价格*和*技术进步*。劳动、能源或机器等投入品的价格显然会对既定产出水平的生产成本产生重大的影响。例如，20 世纪 70 年代石油价格急剧上升，提高了制造商的能源开销，从而提高了其生产成本，制造商便降低了供给。相反，最近 30 年来，计算机价格的下跌使得企业越来越多地用计算机取代人工，正如在工资支付和会计工作中所发生的那样。这就会导致计算机供给的增加。

另一个同样重要的决定因素是*技术进步*，即降低生产同一数量产出所需要的投入品数量的变化。这种进步包括从应用科学突破到现有技术的更新与挖潜，或者仅是生产流程的重新组织。例如，大约近 10 年以来，制造商越来越富有效率。今天生产一辆汽车所需花费的劳动时间远远低于 10 年前的情况。这种技术进步使得汽车制造商可以在相同成本下生产更多的汽车。另外举个例子来说明。如果电子商务可以让购买者更方便地比较必要投入品的价格，那么，这种进步同样也会降低相应的生产成本。

然而，生产成本并非供给曲线的惟一决定因素。供给也受*相关物品价格*的影响，特别是那些在生产过程中能够轻易地进行替代的相关物品的价格。如果一种替代品的价格上升，那么另一种替代品的供给就会下降。例如，汽车公司通常在同一家工厂内制造类型不同的汽车。如果一种类型的汽车需求增加，从而价格上升的话，它们就会将更多的生产线转向生产该种车型，这样其他类型的汽车供给就会下降。或者说，如果卡车的需求和价格上升时，整个工厂就会转向生产卡车，从而轿车的供给就会下降。

*政府政策*也会对供给曲线产生重大影响。环境和健康方面的考虑会决定采用何种技术，而税收和最低工资法会大大提高投入品的价格。在地方电力市场上，政府管制对于竞争企业的数目和它们的产品定价都会产生影响。政府外贸政策会对供给产生重要的影响。例如，美国按自由贸易协定向墨西哥鞋类开放市场后，美国的鞋类供给就会上升。

最后，*特殊因素*也会影响供给曲线。气候条件对农业和滑雪产业有着重要的影响。计算机行业以富于创新精神著称，这导致计算机产品日新月异。市场结构会影响供给，而对于未来价格的预期通常会对供给决策产生重大的影响。

表 3–4 以汽车为例，列举了决定供给的重要因素。

## 供给的移动

企业不断地改变其产品和劳务的组合。引起供给发生变动的背后的原因是哪些呢？

> *当物品价格之外的其他因素发生变动从而引起供给数量发生变动时，我们称这种变动为供给的变动。从供给曲线看：在市场的每一价格水平，当供给的数量增加（或减少）时，我们就说供给增加（或减少）。*

当汽车的价格发生变动时，生产者当然也改变汽车生产的供给量，但这时供给和供给曲线却并没有发生变动。相反，只有在影响供给的其他因素发生变化时，供给才会发生变动，供给曲线也会因此移动。

我们不妨以汽车市场为例来说明供给曲线如何移动。如果引进了节约成本的计算机化的设计和生产方法，则会降低生产汽车的劳动需求量；如果削减汽车工人工资，如果日本汽车制造商的生产成本降低，或者如果政府放松了

| 供给曲线的影响 | 以汽车为例 |
|---|---|
| 1. 技　术 | 计算机化的制造工艺降低了生产成本，并增加了供给。 |
| 2. 投入品价格 | 汽车工人工资的削减降低了生产成本，并增加了供给。 |
| 3. 相关物品的价格 | 如果卡车的价格下降，轿车的供给会增加。 |
| 4. 政府政策 | 取消对进口汽车的配额和关税会增加汽车的供给。 |
| 5. 特殊因素 | 网上购物能让消费者更加容易地比较各商家的价格，还能将成本高的商家淘汰出局。 |

**表 3–4 供给受生产成本和其他因素影响**

对汽车行业的某些管制规定，那么汽车的供给就会增加。这些因素中的每一个都会提高在每一价格水平上的美国的汽车供给。图 3–6 说明了汽车供给的增加。

为了检验你是否理解了供给变动，请思考下列问题：如果沙特阿拉伯的革命战争导致了石油产量的下降，世界的石油供给曲线会受到什么样的影响？如果中国对美国的服装出口关税下降，服装的供给曲线将会发生怎样的变化？如果英特尔公司研究出一种可以大幅度提高计算速度的芯片，则计算机的供给曲线又会受到何种影响？

**重申曲线的移动与沿着曲线的移动之间的区别**

当回答上述问题时，你要切记沿着曲线的移动与曲线本身的移动之间的区别。回顾一下图 3–1 所示的汽油价格曲线。当石油价格上升，同时，由于 20 世纪 70 年代政治动荡而导致石油生产下降时，这些变动导致了供给曲线向内移动。当更高的价格导致石油销售量下降时，就会产生沿着需求曲线的移动。

由图 3–3 可见计算机的价格和数量的变动的历史，更像供给的变动，还是更像需求的变动？（本章最后的习题 8 将进一步要求讨论这个问题。）

你如何描述鸡肉价格上升导致的鸡肉生产增加的情况？又如何解释鸡饲料价格下降而引起鸡肉生产上升的情况？

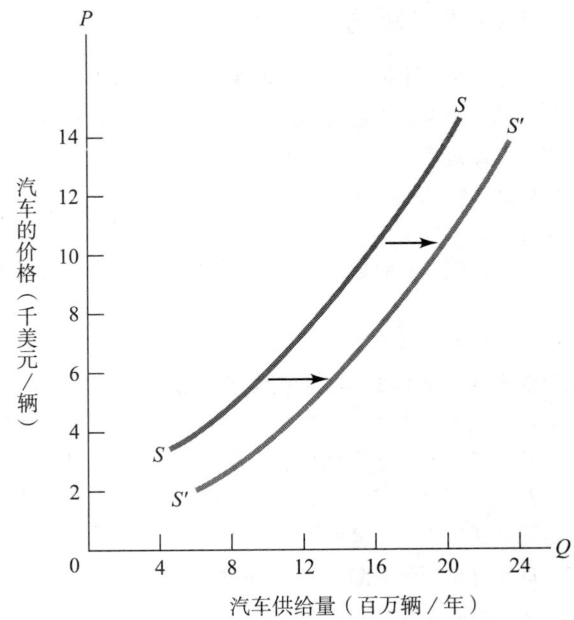


**图 3–6 汽车供给的增加**

生产成本下降时，汽车供给会增加。在每一价格水平，生产者都会提供更多的汽车，供给曲线由此右移。（如果国会对汽车进口设立配额，则供给曲线会发生何种变化？）

## C. 供给和需求的均衡

到目前为止，我们一直孤立地分析供给和需求。我们知道在每一价格下人们愿意购买和销售的数量。我们已经看到，消费者对于玉米片、汽车和计算机的需求量是这些物品价格的函数。同样，生产者愿意供给这些物品和那些物品的数量也取决于它们的价格。而当我们把市场的这两个方面放在一起时，又会发生何种情况呢？

答案是：供给和需求的力量会相互作用，产生均衡的价格和均衡的数量，即市场均衡。**市场均衡**（market equilibrium）发生在供给和需求力量达到平衡的价格与数量的点上。在该点，买者所愿意购买的数量正好等于卖者所愿意出售的数量。之所以称这一点为均衡是因为：当供求力量平衡时，只要其他条件保持不变，价格就没有理由继续波动。

让我们分析表 3–5 中的玉米片的例子，看看供给和需求是如何决定市场均衡的；该表中的数据来自表 3–1 和表 3–3。为了找到市场价格和数量，我们发现，在某一价格上（我们需要找到一个价格，在这一价格水平上）愿意购买和愿意出售的数量正好相等。如果我们假定每盒的价格为 5 美元，那么这个价格水平能长期维持下去吗？显然不能。正如表 3–5 中 A 行所示，在 5 美元的价格水平，生产者每年愿意出售的数量是 1 800 万盒，而需求者仅仅愿意购买 900 万盒。在价格为 5 美元的条件下供给量超过了需求量，玉米片存货会堆积在超市里；由于购买得太少，而玉米片太多，所以玉米片的价格会趋于下降，正如表 3–5 中第（5）栏所示。

现在，我们假定每盒的价格为 2 美元。这一价格能够出清市场吗？看看表中的 D 行便可以发现，在 2 美元的价格下消费超过了生产。在这一价格水平，玉米片存货卖空。由于人们争相寻找他们愿意购买的玉米片，从而价格被抬高，如表 3–5 中的第（5）栏所示。

我们还可以继续考虑其他的价格水平，但是，我们还是很容易发现均衡价格为 3 美元，即表 3–5 中的 C 行。在价格为 3 美元时，消费者所愿意购买的数量正好等于生

| 玉米片的需求和供给 | | | | | |
|---|---|---|---|---|---|
| | (1)<br>可能的价格<br>(美元/盒) | (2)<br>需求量<br>(百万盒/年) | (3)<br>供给量<br>(百万盒/年) | (4)<br>市场状态 | (5)<br>对价格的压力 |
| A | 5 | 9 | 18 | 过剩 | ↓向下 |
| B | 4 | 10 | 16 | 过剩 | ↓向下 |
| C | 3 | 12 | 12 | 均衡 | 中立 |
| D | 2 | 15 | 7 | 短缺 | ↑向上 |
| E | 1 | 20 | 0 | 短缺 | ↑向上 |

**表 3–5 均衡价格发生在需求量等于供给量之处**

表中显示了不同价格水平上的供给量和需求量。只有在每盒 3 美元的均衡价格时，供给量才等于需求量。价格太低会出现短缺，从而价格趋于上升；价格太高会造成过剩，从而迫使价格下降。

产者所愿意供给的数量，为 12 个单位。只有在价格为 3 美元时，消费者和供给者才会做出一致的决策。

> 在需求量与供给量相等的价格水平上，就会实现**市场均衡**。在均衡点上，价格既没有上升，也没有下降的趋势。我们也称均衡价格为**市场出清价格**（market-clearing price）。这意味着所有供给和需求的订单都已完成，账面上已经出清，需求者和供给者都得到了满足。

## 供给曲线与需求曲线的均衡

我们通常用图 3–7 这样的供求图描述市场均衡，该图把图 3–5 中的供给曲线和图 3–2 中的需求曲线放在一起。由于这两个图在横轴和纵轴上采用了完全相同的单位，因此，我们可以把它们放在一起。

通过寻找使得需求量等于供给量的价格水平，我们找到了市场均衡。*均衡价格发生在供给曲线与需求曲线的交点，即 C 点。*

我们如何知道供给曲线与需求曲线的交点就是市场均衡点呢？让我们重复先前的试验。我们从最初的每盒 5 美元的高价开始分析，这一价格表示在图 3–7 中纵轴的顶端。在这一价格水平上，供给者愿意出售的数量高于需求者愿意购买的数量。其结果是出现了*过剩*，即供给量超过了需求量，如图中标有"过剩"的线段所示。沿着两条曲线向下的箭头表示当市场存在着过剩时价格的运动方向。

在每盒 2 美元的低价上，市场出现了*短缺*，即需求量超过了供给量，如图中标有"短缺"的线段所示。在存在着短缺的情况下，购买者为得到有限的物品而展开的竞争引起价格上升，如图中向上的箭头所示。

现在，我们看到了供给与需求的平衡或均衡发生在供给曲线与需求曲线的交点，即 *C* 点。在 *C* 点，价格为每盒 3 美元，数量为 12 单位，需求量与供应量相等：既不存在短缺，也不存在过剩；价格既没有上升的趋势，也没有下降的趋势。在 *C* 点，而且只有在 *C* 点，供给与需求的力量才能达到平衡，价格也才能稳定在可以持续不变的水平上。

> 均衡价格与均衡数量发生在愿意供给的数量等于愿意购买的数量的水平上。在竞争市场上，这一均衡出现在供给曲线与需求曲线的交点上。在均衡价格水平上，市场上不存在短缺或过剩。

### 供给或需求的移动对均衡的影响

供给分析与需求分析，远不限于告诉我们均衡价格和均衡数量。它也能用于预测经济条件的变化对于价格和数量的影响。让我们换成面包的例子。假设一段时期的不良气候提高了面包的重要原料小麦的价格，从而使面包供给曲线向左移动。图 3–8（a）说明了这一情况。在该图中，面包的供给曲线从 *SS* 移动到 *S′S′*，而需求曲线却没有移动，因为无论收成好坏，人们每天对三明治都有同样的需求。

面包市场会发生何种变化呢？在原价格水平上，恶劣的天气最终使得面包商只能生产较少的面包，从而导致需求量超过了供给量。价格会因此上升，生产会得到刺激，

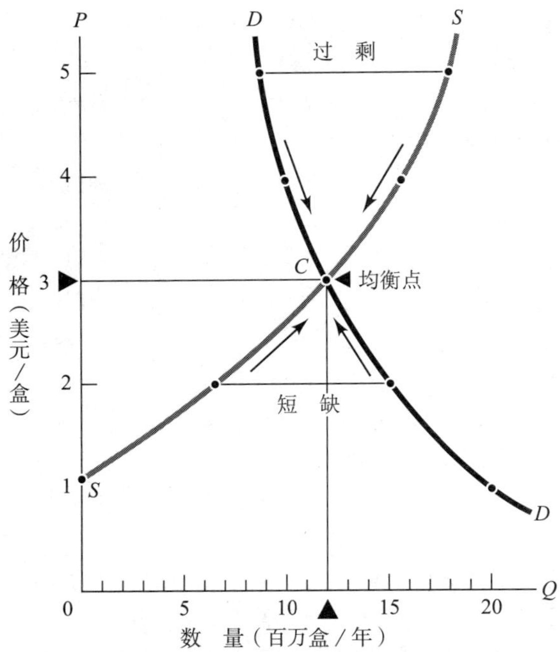


**图 3–7 市场均衡发生在供给曲线与需求曲线的交点**

市场均衡的价格和数量发生在供给曲线与需求曲线的交点。在 C 点，即 3 美元的价格水平上，企业愿意供给的数量等于消费者愿意购买的数量，当价格太低（如 2 美元时），需求量超过了供给量，出现了短缺，迫使价格上升到均衡水平。若在 4 美元的价格水平下，则会发生何种情况呢？

因而在抑制消费降低需求量的同时，也提高了供给量。价格持续上升，直到需求量与供给量在新的均衡价格上再次达到相等时为止。

正如图 3–8（a）所示，新的均衡点发生在新的供给曲线 $S'S'$ 与原来的需求曲线的相交点 $E'$。因此，农业欠收（或者供给曲线的任何向左移动）提高了价格，并且由于需求向下倾斜规律，需求量会降低。

假设，新的烤制技术降低了成本，从而增加了供给。即供给曲线向右下方移动。画出一条新的供给曲线 $S''S''$，以及与此相应的新的均衡点 $E'''$。那么，为什么均衡价格会下降，而均衡数量又会提高？

我们也可以用供给与需求原理考查需求变化如何影响市场均衡。假设家庭收入急剧增加，每个人因此想买更多的面包。这一变化在图 3–8（b）中表示为“需求的移动”。在这种情况下，在每一价格水平上，消费者都需要更多数量的面包。因此，需求曲线从 *DD* 向右移动到 $D'D'$。

在原来的价格水平上，需求的移动会产生面包短缺，接着会发生面包抢购。同时，面包坊前排起了长队。价格上升，直到供给与需求在较高的价格水平上恢复平衡。从图形上看，在图 3–8（b）中，需求的增加导致市场均衡从 *E* 移动到 $E''$。

在这两个移动（供给移动和需求移动）中，影响需求曲线或供给曲线的某个因素都发生了变化。在供给移动的例子中，可能是由于技术或投入品的价格发生变化。而在需求移动中，影响消费需求的诸因素（收入、人口、相关物品的价格、偏好）中的一个（或多个）发生了变化，需求表也因此发生变动（参见表 3–6）。

当影响需求或供给的诸因素发生变化时，就会导致需求或供给发生变动，并引起市场上的均衡价格和均衡数量也发生变动。

## 解释价格和数量的变动

让我们回到面包的例子。设想一下当你走进商店时，你发现面包的价格翻了一番，那么这种涨价是由于面包的需求增加了呢，还是由于面包的生产成本更昂贵了呢？正确的答案是：如果没有更多的信息，你将无法判断——可能是其中的一种原因，也可能是两方面的原因都有。让我们看看另一个例子。如果机票的销售量减少了，那么是由于机票涨价了呢？还是由于空中旅行的需求下降了呢？航空公司总是有兴趣来回答这样的问题。

经济学家总是在回答诸如此类的问题：当市场上价格

| | 需求和供给移动 | 对价格和数量的影响 |
|---|---|---|
| 如果需求上升…… | 需求曲线向右移动，并且…… | 价格↑ 数量↑ |
| 如果需求下降…… | 需求曲线向左移动，并且…… | 价格↓ 数量↓ |
| 如果供给上升…… | 供给曲线向右移动，并且…… | 价格↓ 数量↑ |
| 如果供给下降…… | 供给曲线向左移动，并且…… | 价格↑ 数量↓ |

**表 3–6 需求和供给的移动对价格和数量的影响**

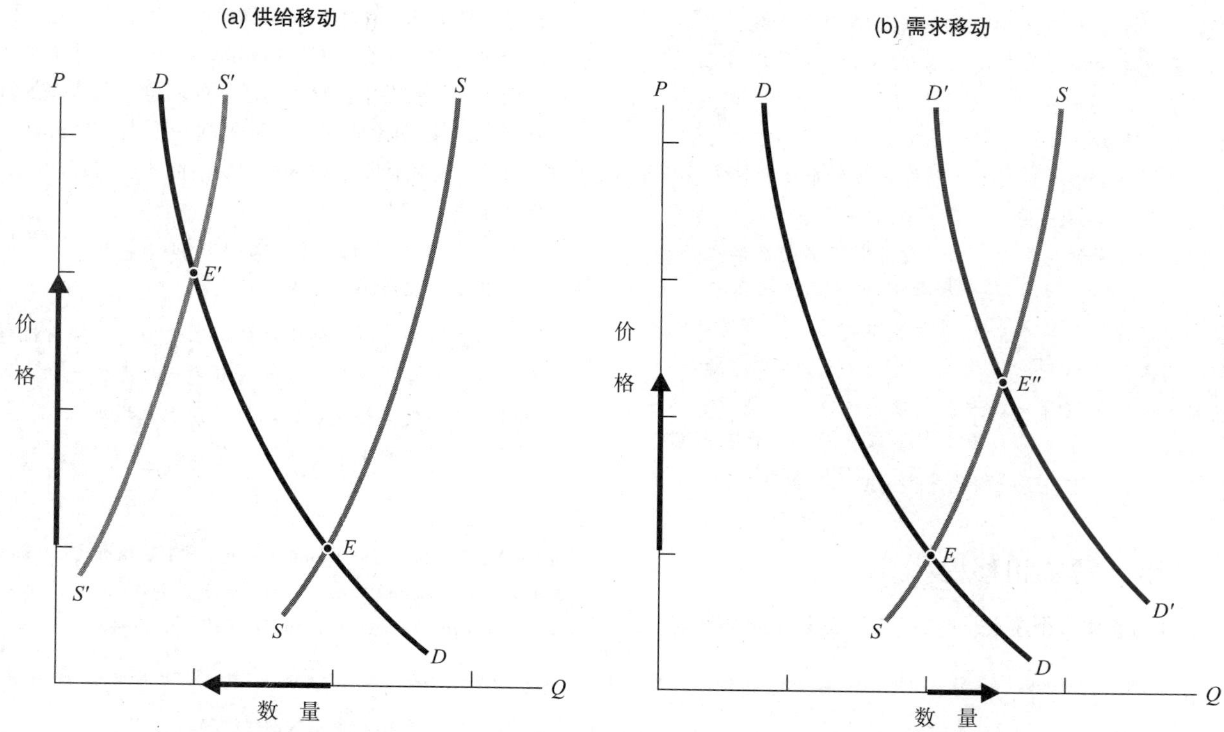


**图 3–8　供给或需求的移动改变了均衡价格和数量**

(a) 如果供给曲线向左移动，初始价格水平上就会出现短缺，价格将会上升，直到愿意购买和出售的数量在新的均衡点 $E'$ 相等为止。(b) 需求曲线向右移动会导致超额需求，随着均衡价格和数量向 $E''$ 移动，价格将会上升。

或数量发生变化时，这种情况是反映了供给方面的变化还是需求方面的变化？有时，在简单的情形下，同时考查价格和数量会给你提供一条线索：究竟是供给曲线移动了，还是需求曲线移动了。例如，面包价格的上升伴随着数量的减少表明供给曲线向左移动（供给下降了）。价格的上升伴随着数量的*增加*则表明需求曲线可能向右移动了（需求增加了）。

图 3–9 说明了这一点。图（a）和图（b）中，数量都上升了。但是图（a）中价格上升了，而图（b）中价格却下降了。图 3–9（a）描绘的是需求增加，即需求曲线移动的情况。这种移动导致均衡的需求量由 10 单位增加到 15 单位。图 3–9（b）描绘的是沿着需求曲线移动的情况。在这种情况下，供给的移动使得市场均衡从 $E$ 点移动到 $E''$ 点。结果，需求量从 10 单位增加到 15 单位。但是，在这个例子中需求没有变动，而是当消费者根据价格的变动，沿着他们的需求曲线从 $E$ 变动到 $E''$ 时，需求量增加了。

### 微妙的均衡概念

“均衡”是经济学中最难以掌握的概念之一。日常生活中所见的现象应该让我们对于均衡概念相当地熟悉，例如，放在碗底的桔子，或是静止了的钟摆，都可以看作是一种均衡状态。在经济学中，均衡意味着市场运作中不同力量处于平衡，从而价格和数量使购买者和供应商的愿望达成一致。价格太低意味着各种力量尚未平衡——吸引需求的因素比吸引供给的因素更有力，因而存在超额需求或短缺。我们知道竞争市场是一种形成均衡的机制。如果价格太低，需求者会争相购买、哄抬价格，直至达到均衡为止。

然而，均衡概念似乎具有某种诡辩性。正如一位权威所论断：“不要同我谈什么供给和需求的均衡。石油的供给总是等于石油的需求。你找不出二者的差异。”从会计的角度来看，这位权威的确有理。石油生产者记录的销售量显然恰好等于石油消费者记录的购买量。但是这种算术结论并不能否定供给和需求的规律。更重要的是，如果我们没有理解经济均衡的实质，我们就无法理解各种因素是如何作用于市场及其发生作用的方式和程度。

在经济学中，我们对于能够出清的市场的销售量，即均衡数量很感兴趣。我们还想知道消费者愿意购买的数量与生产者愿意出售的数量恰好相等的价格水平。只有在这一水平上，买者和卖者才会同时达到满足。也只有在这一价格水平上，价格和数量才不会继续有变动的趋势。因此，只有当我们了解了供求均衡时，我们才能理解这样一些悖论：移民也许不会降低所移入城市的工资；土地税也许不会提高租金；以及收成不好反而有可能提高（的确是提高）农民的收入。

## 供给、需求和移民

供求分析中一个迷人、重要而又十分复杂的例子是移民在决定工资方面的作用。如果你向人请教这个问题，他们可能会告诉你加州和佛罗里达州的移民确实降低了当地人的工资。原因就在于供给和需求。他们也许会请你去看图 3-10（a），该图说明了关于移民的一项供求分析。根据这一分析，移民使得该地区劳动供给曲线向右移动，从而压低了工资。

严谨的经济学研究对这个简单的推理表示怀疑。最近，一项实证研究得出结论说：

> 移民对于当地劳动市场的影响很微弱。没有证据表明当地人在就业等经济方面有重大损失。大部分实证研究……发现移民占总人口的比重每增加 10%，最多只会使当地的工资下降1%。[2]

[2] Rachel M. Friedberg and Jennifer Hunt, "The Impact of Immigrants on Host Country Wages, Employment, and Growth," *Journal of Economic Perspectives*, Spring 1995, pp.23–44.

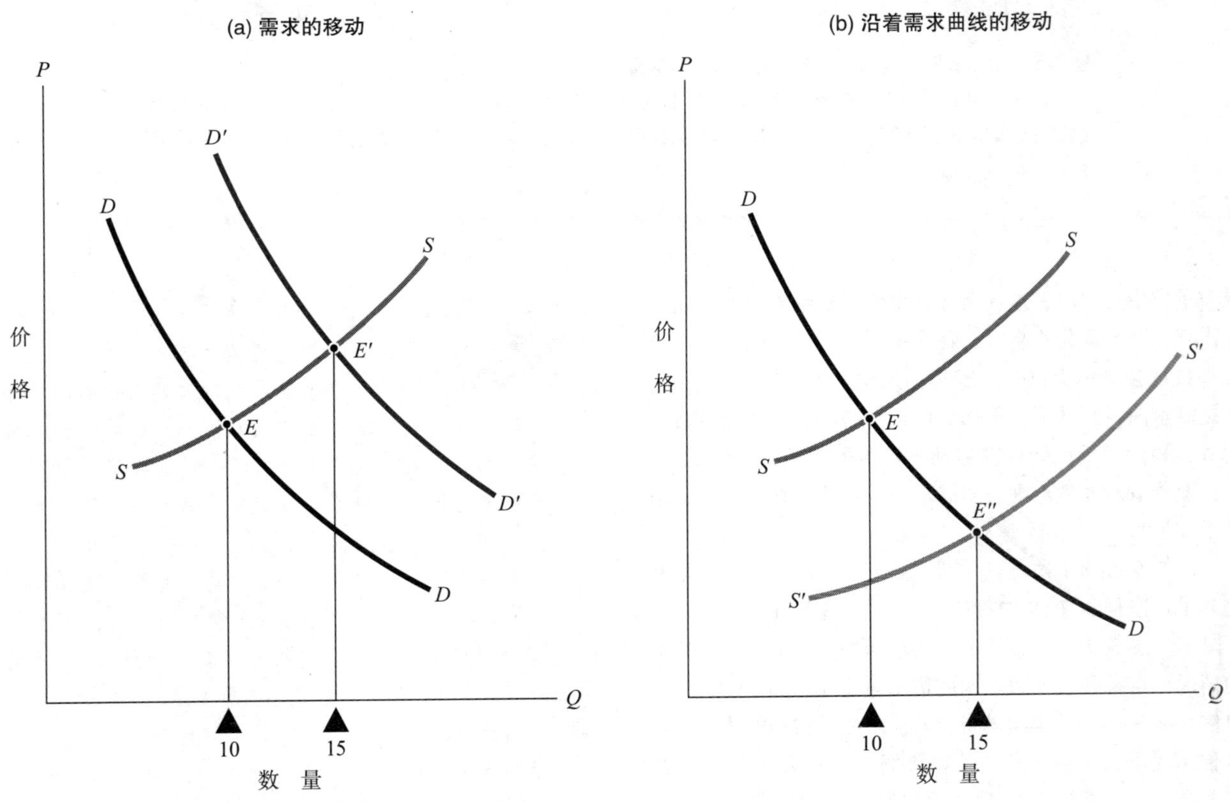


**图 3-9 曲线的移动与沿着曲线的移动**

初始均衡点为 $E$，数量为 10 单位。在（a）中，需求的增加（即需求曲线的移动）形成了一个新均衡点 $E'$，数量为 15 单位。在（b）中，供给的移动导致了沿着需求曲线的移动，均衡点从 $E$ 移动到 $E''$。

怎样解释移民对工资的影响为何如此之小？劳动经济学家强调美国人口具有很强的流动性，这就意味着新移民很快就会散布到整个国家。移民一旦成功，通常会流入到他们有可能找到工作的城市——也就是说，劳动者倾向于迁往那些经济发展强劲从而对劳动的需求增加的地方。

图 3–10（b）描绘了这种可能性，在供给曲线移动到 $S'$ 的同时，需求曲线向右移动到 $D'$。新的均衡工资 $E''$ 点，与原工资水平 $E$ 点相当。另一种可能性是当移民迁入时，当地出生的居民出现迁出，因此劳动总供给并没有变动。这将使劳工供给曲线停留在初始的位置上，从而工资不会发生变动。

在说明供给需求理论工具有实证能力的时候，移民问题是一个很好的例子。

## 通过价格进行分配

现在，让我们思考一下市场机制的成就。通过决定所有投入和产出的均衡价格和均衡数量，市场将社会的稀缺品配置或配给到各种可能的用途中。谁进行配给？计划委员会、国会，还是总统？都不是，答案是市场。它通过供求的相互作用进行了这种配给。这就是所谓的*用钱包来进行配给*（rationing by the purse）。

*生产什么*物品？这一问题将由市场价格信号做出回答。较高的石油价格刺激了石油生产，而较低的食品价格则将资源逐出农业。那些拥有最多货币选票的人，对于生产什么物品往往最具有影响力。

*为谁*生产物品？钱包的力量决定了收入和消费的分配。那些拥有高收入的人会得到更大的房子、更多的衣服以及更长的假期。有钱作后盾时，那些最迫切的需求通过需求曲线都能得以实现。

就连*如何*生产的问题也取决于供给和需求。当玉米价格较低时，对于农民而言，使用昂贵的拖拉机和灌溉系统将变得无利可图。当石油价格很高时，石油公司甚至会到海上进行深钻，以利用最新的勘探技术寻找新的油田。

通过本章关于供给和需求的讨论，我们已经了解：对物品的欲望（体现在需求中）如何与物品的成本（体现在供给中）相互作用。进一步学习将会加深我们对于这些概念的理解，并说明如何将这一工具应用到其他重要的领域中。尽管这只是一种初步的讨论，但它也能为我们解释现实经济世界提供一种必备的工具。

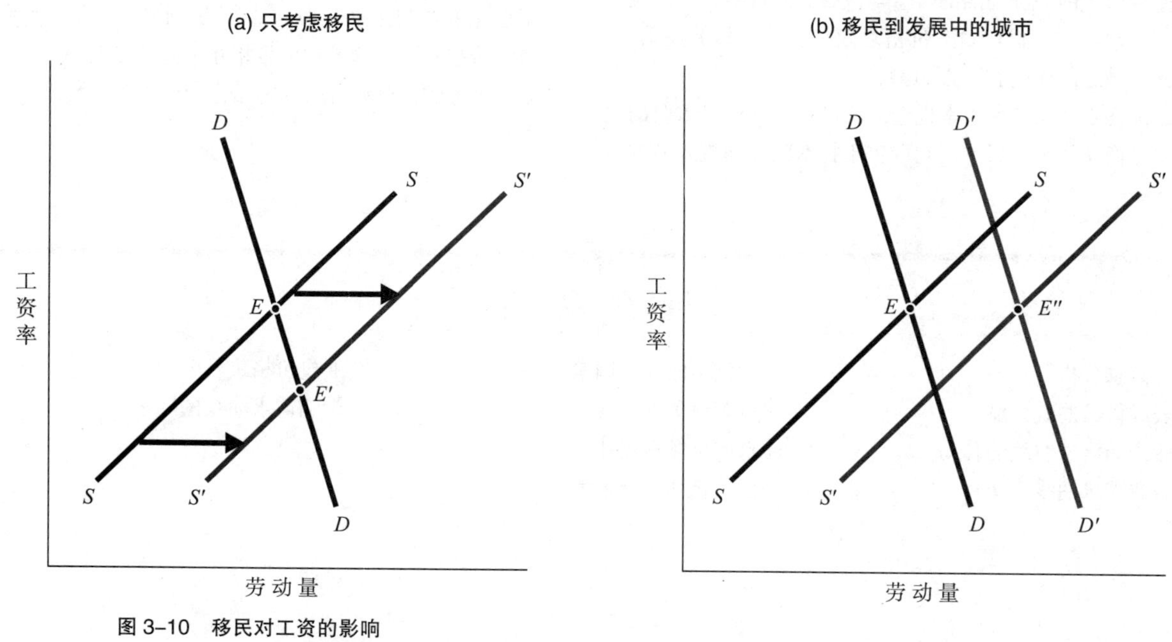


**图 3–10　移民对工资的影响**

在（a）中，新移民使得劳动供给曲线由 $SS$ 移动到 $S'S'$，降低了均衡工资。但更常见的是，移民进入到劳工市场发达的城市，如（b）所示，如果在该劳工市场上，随着需求增长，供给也增长，那么工资的变化则非常小。

## 总 结 提 要

1. 供给与需求的分析表明，市场机制如何解决了生产什么、如何生产和为谁生产这三大经济问题。市场将供给和需求结合起来。其中，需求来自于消费者将收入分配在各种可供他们选择的物品和劳务上，而供给则来自于追求利润最大化的企业。

### A. 需求表

2. 需求表说明在其他条件保持不变的情况下，某一物品的需求量与其价格之间的关系。在其他条件如家庭收入、偏好和其他物品的价格等条件不变时，用图形表示的这样一种需求表便是需求曲线。几乎所有的物品都遵循需求向下倾斜规律。该规律表明，当一种物品的价格上升时，它的需求量会下降。这一规律用向下倾斜的需求曲线来反映。
3. 许多因素存在于市场整体的需求表的背后：家庭平均收入、人口、相关物品的价格、偏好和特殊因素。当这些因素发生变化时，需求曲线会发生移动。

### B. 供给表

4. 供给表（或供给曲线）给出了在其他条件不变时，生产者愿意出售的一种物品的数量与该物品的价格之间的关系。一般说来，供给量与价格之间存在着正相关关系，因此，供给曲线向右上方倾斜。
5. 物品价格之外的其他因素也会影响供给。其中最重要的因素是商品的生产成本，它取决于技术状况和投入品的价格。影响供给的其他因素还包括：相关物品的价格、政府政策和特殊因素等。

### C. 供给和需求的均衡

6. 在竞争市场上，供给与需求的均衡发生于供给与需求的力量处于平衡的价格水平上。均衡价格就是需求量正好等于供给量的价格。在图中，均衡价格发生在供给曲线与需求曲线的交点处。在高于均衡价格的价格水平上，生产者愿意供给的数量高于消费者愿意购买的数量，从而会出现物品过剩，对价格施加向下的压力。同样，太低的价格会产生物品短缺，购买者因此出高价购买，促使价格上升到均衡价格。
7. 供给曲线和需求曲线的移动改变了均衡的价格和数量。需求的增加，即需求曲线向右移动，会提高均衡的价格和产量。供给的增加，即供给曲线向右移动会降低价格并提高需求量。
8. 要想正确使用供求分析方法，我们必须注意：(a) 区分需求或供给的变动（它表示曲线的移动）与需求量或供给量的变动（它表示沿着曲线的变动）；(b) 保持其他条件相同，这就要求将物品价格变化的影响与其他因素变化的影响区别开来；(c) 识别供求均衡，它位于影响价格和数量的各种力量相互平衡的点上。
9. 竞争决定的价格将有限的物品分配到需要它们的人们的手中。

## 概 念 复 习

供给与需求分析
供给表或供给曲线，*SS*
供给曲线和需求曲线的移动
需求表或需求曲线，*DD*
影响供给曲线的因素
保持其他条件不变
需求向下倾斜规律
均衡价格和均衡数量
通过价格进行分配
影响需求曲线的因素

## 补充读物和互联网站

**补充读物**

Supply-and-demand analysis is the single most important and useful tool in microeconomics. Supply-and-demand analysis was developed by the great British economist Alfred Marshall in *Principles of Economics*, 9th ed. (New York, Macmillan, [1890] 1961). To reinforce your understanding, you might look in textbooks on intermediate microeconomics. Two good references are Hal R.Varian, *Intermediate Microeconomics: A Modern Approach*, 6th ed. (Norton, New York, 2002), and Edwin Mansfield and Gary Yohe, *Microeconomics: Theory and Applications*, 10th, ed. (Norton, New York, 2000).

A recent survey of the economic issues in immigration is in George Borjas, *Heaven's Door: Immigration Policy and the American Economy* (Princeton University Press, Princeton, N.J., 1999).

**互联网站**

Websites in economics are proliferating rapidly, and it is hard to keep up with all the useful sites. A good place to start is always rfe.org/. A good starting point for multiple sites in economics is rfe.org/OtherInt/MultSub/index.html, and the Google search engine has its own economics site at directory.google.com/Top/Science/Social_Sciences/Economics/. Another useful starting point for Internet resources in economics can be found at www.oswego.edu/~economic/econweb.htm.

You can examine a recent study of the impact of immigration on American society from the National Academy of Sciences, *The New Americans* (1997), at www.nap.edu. This site provides free access to over 1 000 studies from economics and the other social and natural sciences.

## 问题讨论

1. a. 仔细定义需求表或需求曲线。表述需求向下倾斜规律。用两个你自己经历的事例说明需求向下倾斜规律。
   b. 定义供给表或供给曲线。说明供给的增加意味着供给曲线向右下方移动。把它与需求增加所意味的需求曲线向右上方的移动做一下比较。
2. 什么因素可能增加汉堡包的需求？什么因素可能增加其供给？廉价的冷冻比萨饼对于汉堡包的市场均衡会产生何种影响？对于在麦当劳工作的青少年的工资又会产生何种影响？
3. 阐明竞争市场的价格在供给与需求的均衡点上稳定下来的理由。如果市场初始价格过高或过低，那么请分别描述由此发生的情况。
4. 说明下列判断题错判的理由：
   a. 巴西的咖啡作物欠收会降低咖啡的价格。
   b. “保护”美国纺织品供应厂商免于中国纺织品的竞争会降低美国市场上纺织品的价格。
   c. 大学学费的迅速上升会降低对大学教育的需求。
   d. 通过加强禁止贩运可卡因而展开的反毒品斗争，会降低国内生产的大麻的价格。
5. 供给与需求的四条规律如下，填空，并用供给和需求图论证每一条规律：
   a. 需求的增加通常会提高价格和需求量。
   b. 需求的下降通常会______价格和______需求量。
   c. 供给的增加通常会降低价格和提高需求量。
   d. 供给的减少通常会______价格和______需求量。
6. 在下列各题中，阐明需求量的变化是由于需求的变动、还是由于价格的变化而产生的，并绘图说明你的答案。
   a. 减少军事开支的结果是军用靴的价格下降。
   b. 在教皇允许天主教徒在星期五可以吃肉之后，鱼的价格下降。
   c. 汽油税的增加降低了汽油消费。
   d. 14 世纪黑死病袭击欧洲后，工资上升。
7. 考查显示汽油价格的图 3-1，然后用供求图说明下述情况对需求价格和数量的影响。
   a. 20 世纪 60 年代，运输的改善降低了美国进口石油的成本。

b. 1973 年战争之后，石油生产者大幅度削减石油的生产。

c. 1980 年后，小型汽车每加仑行驶公里数上升。

d. 1995~1996 年冬季空前寒冷，意外地增加了人们对取暖用油的需求。

e. 1999~2000 年全球经济复苏导致石油价格急剧上升。

8. 观察图 3-3，此价格数量关系看起来更像供给曲线还是需求曲线？假设需求曲线在此期间内不变，绘出 1972 年和 2000 年的供给曲线，这些年份必将出现交点 $(P, Q)$。解释什么力量促使供给曲线移动？

9. 根据下列数据，绘出供给曲线和需求曲线并确定均衡价格和均衡数量：

比萨饼的供给和需求

| 价　格<br>（美元/份） | 需求量<br>（份/学期） | 供给量<br>（份/学期） |
|---|---|---|
| 10 | 0 | 40 |
| 8 | 10 | 30 |
| 6 | 20 | 20 |
| 4 | 30 | 10 |
| 2 | 40 | 0 |
| 0 | 125 | 0 |

如果在每一价格水平上对比萨饼的需求增至 3 倍，则将会发生什么？如果比萨饼的初始定价是每个 4 美元，则又将发生什么？

第二编

# 微观经济学：供给、需求和产品市场

# 第 4 章

# 供给和需求的应用

别指望靠教会鹦鹉说说
"供给"和"需求",
就能让它们变成经济学家。

——佚 名

以上我们已经学完了本书导论部分，下一部分我们开始进入微观经济学，也即关于单个企业、消费者和市场的行为的研究。经济史上多数大的变迁和关于经济政策的主要争论，都包含在对于单个市场的研究之中。在微观经济学的基本范畴内，我们将探讨那些造成神经外科医生与纺织工人收入相差悬殊的原因。同时，微观经济学对于理解计算机价格何以暴跌以及计算机使用因何迅速普及也很关键。事实上，如果不用供给和需求的理论进行分析，我们就无法理解关于医疗保健或最低工资的激烈争论。就连贩毒或犯罪及其惩罚等问题，若不考查一下人们对上瘾物品与普通物品的需求究竟有何差异，则我们恐怕也无法将问题解释清楚。

但是理解供给和需求远非鹦鹉学舌那么简单。全面把握微观经济分析意味着应该理解需求曲线和供给曲线的推导，知晓关于成本的各种概念，分清完全竞争和垄断之间的差别。所有这些及其他关键的问题，都将成为我们遨游微观经济学奇妙世界时的主要景点。

微观经济学的学习从分析*产品市场*开始——产品市场指的是厂商所提供的一切商品和劳务的市场。我们将考查消费需求的决定因素、企业的决策机制，以及在完全竞争的市场中，价格与利润如何有效地配置稀缺的经济资源等一系列问题。我们还将考查垄断者或其他形式的不完全竞争者支配某一行业时所出现的市场不灵等问题。最后，我们还将研究*要素市场*和在现代混合经济中的*政府功能*问题。

## A. 需求弹性和供给弹性

供给和需求的理论可以普遍用以解释现实问题。例如，当中东地区爆发战争或革命时，原油价格的上涨会在多大程度上影响汽油的价格？提高最低工资标准对于工人来说究竟是有利还是有弊？处于财务困境中的航空公司降低机票价格是否足以吸引更多的乘客使得总收益事实上得到提高？

为了将供求曲线转化为真正有用的工具，我们需要知道供给和需求在多大程度上对价格的变动做出反应。一些购买，比如观光旅游，对于价格的变动十分敏感。而对另一些物品，如食品、电力等必需品的消费，则对价格的变动几乎就无动于衷。这些问题可以运用弹性这一重要概念进行分析，弹性是对供求相对于价格变动的反应程度进行定量分析的方法。在本章的 B 部分，我们将运用这一新的工具考查税收及其他政府干预举措对于微观经济的影响。

## 需求的价格弹性

我们首先研究消费需求对于价格变动的反应的灵敏程度。

> **需求的价格弹性**（price elasticity of demand），有时称**价格弹性**（price elasticity），衡量的是：当一种物品的价格发生变动时，该物品需求量相应变动的大小。价格弹性的准确定义是需求量变动的百分比除以价格变动的百分比。

不同物品的价格弹性，或对价格变化的敏感程度差别很大。当一种物品的价格弹性很高时，我们称这种物品是“富有弹性”的，这意味着该物品的需求量对价格变动反应比较强烈。当一种物品的价格弹性很低时，我们称这种物品是“缺乏弹性”的，也就是说该物品的需求量对价格变动反应比较微弱。

食品、燃料、鞋及药品等必需品一般都缺乏弹性。这些物品都是生活所必需的，即使价格上升也很难缩减。相反，如果欧洲旅行、苏格兰17年威士忌或意大利时装等奢侈品的价格上升时，你就很容易用其他消费来代替它们。

此外，拥有替代品的物品比没有替代品的物品的弹性要大。如果明天所有食品或鞋的价格上涨20%，你无法设想人们不去吃饭或光脚走路。因此，食品和鞋的需求缺乏价格弹性。另一方面，如果疯牛病使英国牛肉的价格上涨的话，则人们可以转而食用其他国家的牛肉，或用羊肉、家禽肉来满足自己的肉类需求。因此，英国牛肉的价格弹性在这里就比较高。

人们对价格变动做出反应的时间的长短，也是影响价格弹性的一个因素。汽油就是一个典型的例子。假设当汽油价格突然上涨，而你正在驾驶着汽车横穿美国的大陆，你是否会卖掉汽车放弃旅行？一般情况下你大概不会。因此，在短期内，这种场合的汽油需求可能就非常缺乏弹性。

然而，从长期来看，你可以根据汽油的较高价格来调整自己的消费（行为），可以购买小型节能车，骑自行车，乘火车，搬到距离工作场所较近的地方居住或者与其他人共用汽车。消费模式调整余地较大，通常都意味着所消费的物品的长期需求（的价格）弹性要大于短期需求（的价格）弹性。

> 经济因素决定了个人消费品价格弹性的大小：奢侈品、具有替代品的物品以及消费者有较长时间调整其行为的物品的（需求的价格）弹性会比较大。

## 弹性的计算

如果我们能够观察到价格上升时需求的变动量，我们就能计算出弹性。价格弹性 $E_D$ 的准确定义是需求量变动的百分比除以价格变动的百分比。为方便起见，我们去掉负号，让所有的弹性都表现为正值。

我们可以根据下列公式计算出价格弹性的数值：

$$\text{需求的价格弹性} = E_D = \frac{\text{需求量变动的百分比}}{\text{价格变动的百分比}}$$

现在我们可以进一步区分价格弹性的类型：

- 如果价格变动1个百分点引起需求量的变动超过1个百分点，则该物品就**富有需求价格弹性**（price-elastic demand）。例如，如果价格上升1个百分点，导致需求量下降5个百分点，则该物品就富有需求价格弹性。
- 如果价格变动1个百分点引起需求量的变动不足1个百分点，则该物品就**缺乏需求价格弹性**（price-inelastic demand）。例如，价格上升1个百分点而需求量仅下降0.2个百分点。
- 一种重要的特殊情形是某物品拥有**单位需求价格弹性**（unit-elastic demand），即需求量变动的百分点恰好等于价格变动的百分点。在这种情况下，价格上涨1个百分点会导致需求量下降1个百分点。以后我们还会看到这一点意味着当价格变动时，商品总支出（等于 $P \times Q$）保持不变。

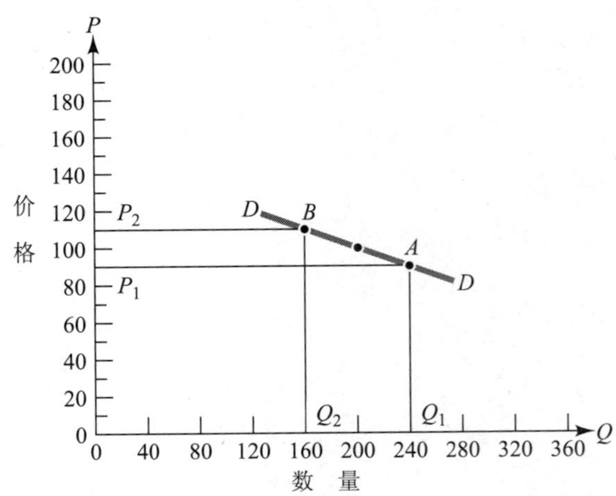


**图 4-1　富有弹性的需求表明需求量对价格变动的反应较大**
市场初始均衡点为 $A$。针对20%的价格上升，需求量下降了40%，到达 $B$ 点。价格弹性为：$E_D = 40/20 = 2$。因此，在从 $A$ 到 $B$ 区间内，需求是富有弹性的。

情况 A：价格 = 90，数量 = 240

情况 B：价格 = 110，数量 = 160

价格变动的百分比 = $\Delta P/P$ = 20/100 = 20%

数量变动的百分比 = $\Delta Q/Q$ = −80/200 = −40%

价格弹性 = $E_D$ = 40/20 = 2

**表 4–1　需求富有弹性的物品的例子**

考虑价格从 90 上升到 110 的情况。根据需求曲线，需求量由 240 下降到 160。价格弹性是数量变动的百分比与价格变动的百分比的比值。我们去掉数字中的负号，因此所有的弹性都是正数。

为了说明弹性的计算方法，我们不妨考查需求对于价格上涨的反应情况，如图 4–1 所示。在初始状态下，价格为 90 单位，而需求量为 240 单位。价格上升到 110 单位导致需求量减少到 160 单位。图中，消费者最初位于点 *A*，当价格上升时，需求量沿着自己的需求曲线移动到 *B* 点。

表 4–1 说明了如何计算价格弹性。价格上升20%，导致需求量下降 40%。显然需求的价格弹性 $E_D$=40/20=2。需求价格弹性大于 1，因而这一物品在 *A* 到 *B* 的区间内的需求对价格富有弹性。

实际操作时，计算弹性还是有一定的难处，我们强调三个关键点需要引起你格外地注意。

1. 我们去掉数值中的负号，从而将所有百分比变动视为*正数*。这意味着尽管根据需求曲线向下倾斜的规律，价格和需求呈反方向变动，但所有的弹性都是*正数*。
2. 注意弹性定义使用的是价格和需求的*百分比变动*，而非实际变化量。这意味着衡量单位的变化不会影响弹性的大小。所以无论我们以美分还是以美元衡量价格，价格弹性都保持不变。
3. 计算价格和产量变动的百分比时应注意*平均化或按比例*的问题。计算百分比变动的公式是 $\Delta P/P$。表 4–1 中，$\Delta P$ 的值十分清楚，为 20=110–90。但是分母中的 *P* 应该是哪一个数值并不显而易见。是初值 90、终值 110，还是二者之间的某一个数值？

对于微小的百分比变动，如从 100 变动到 99，我们用 99 还是 100 作为分母是无关紧要的。但是对于较大幅度的变动，差异就十分显著了。为了避免模棱两可，我们通常采用平均价格作为计算价格变动的基础价格。在表 4–1 中，我们采用两个价格的平均数［$P$ =（90 + 110）/ 2 = 100］作为弹性公式的基础或分母。同样地，我们用平均数量［$Q$ =（160 + 240）/ 2 = 200］作为计算需求量变动百分比的基础。因此计算弹性的准确公式应该是：

$$E_D = \frac{\Delta Q}{(Q_1 + Q_2)/2} \div \frac{\Delta P}{(P_1 + P_2)/2}$$

其中，$P_1$ 和 $Q_1$ 代表初始价格和需求量，而 $P_2$ 和 $Q_2$ 代表新的价格和需求量。

## 价格弹性图示

价格弹性可以用图来演示。图 4–2 列举了弹性的三种情况。在每一种情况下，价格都削减一半，消费者的需求量都从 *A* 变动到 *B*。

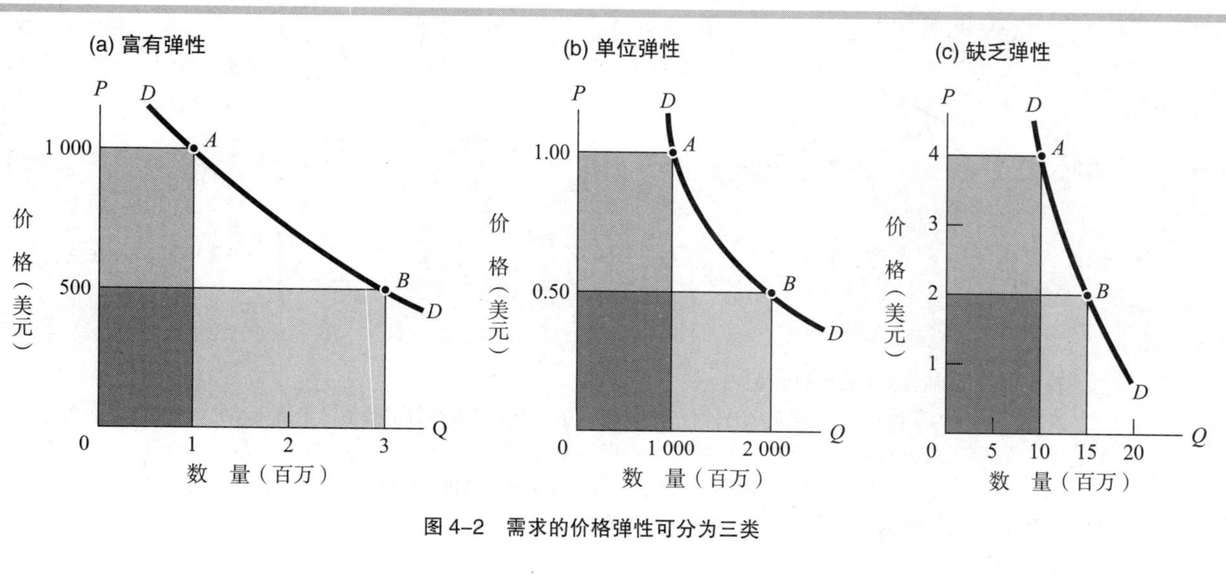


**图 4–2　需求的价格弹性可分为三类**

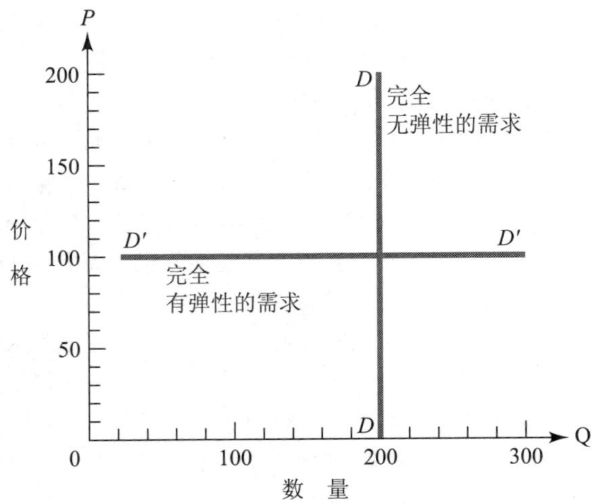


**图 4–3　完全有弹性与完全无弹性的需求**

需求的极端情况是垂直需求曲线和水平需求曲线，前者表示完全无弹性（$E_D = 0$），后者表示完全有弹性（$E_D = \infty$）。

在图 4–2（a）中，价格下降一半导致需求量增加了两倍。与图 4–1 中的例子一样，这一情况表明该物品富有价格弹性。在图 4–2（c）中，价格下降一半，需求量只增加 50%，因此这种情况说明该物品缺乏价格弹性。中间情况是单位弹性，显示在图 4–2（b）中，在此，需求量增加一倍恰好与价格下降一半旗鼓相当。

图 4–3 显示的是价格弹性为无穷大和零这两种极端的情况（或完全有弹性与完全无弹性这两种情况）。完全无弹性，即具有零价格弹性，是指需求量对价格变化不做任何反应；这样的需求曲线看上去是一条垂直线。相反，如果需求弹性无穷大，价格的微小变化会导致需求量发生无穷大的变化，正如图 4–3 的水平的需求曲线所示。

**弹性不等于斜率**

切勿混淆曲线的弹性与它的斜率。区别二者的常用例子是呈直线状的需求曲线。我们通常将需求曲线描绘成线性关系或直线，因为这样很容易作图。因此，一个自然的问题就是：直线需求曲线的价格弹性是多少？

这个问题的答案很令人吃惊，沿着一条直线需求曲线，价格弹性竟能够从 0 变动到无穷大！表 4–2 采用与表 4–1 相同的技术详细地计算了价格弹性。这张表说明，直线需求曲线的起点处价格弹性高，此处价格高而需求量低。相反，终点处价格弹性很低，此时价格低而需求量高。

这个例子说明了一个要点。当你在图形中考查一条需求曲线时，一般来说较陡的斜率并不意味着缺乏

**弹性系数的数值计算**

| $Q$ | $\Delta Q$ | $P$ | $\Delta P$ | $\frac{Q_1+Q_2}{2}$ | $\frac{P_1+P_2}{2}$ | $E_D = \frac{\Delta Q}{(Q_1+Q_2)/2} \div \frac{\Delta P}{(P_1+P_2)/2}$ | |
|---|---|---|---|---|---|---|---|
| 0 | | 6 | | | | | |
| | **10** | | **2** | 5 | 5 | $\frac{10}{5} \div \frac{2}{5} = \mathbf{5}$ | （富有弹性） |
| 10 | | 4 | | | | | |
| | **10** | | **2** | 15 | 3 | $\frac{10}{15} \div \frac{2}{3} = \mathbf{1}$ | （单位弹性） |
| 20 | | 2 | | | | | |
| | **10** | | **2** | 25 | 1 | $\frac{10}{25} \div \frac{2}{1} = \mathbf{0.2}$ | （缺乏弹性） |
| 30 | | 0 | | | | | |

**表 4–2　计算线性需求曲线的价格弹性**

$\Delta P$ 代表价格的变动，即 $\Delta P = P_2 - P_1$，而 $\Delta Q = Q_2 - Q_1$。为了计算弹性的数值，价格变动的百分比等于价格变动 $\Delta P$ 除以平均价格（$P_2 + P_1$）/2；产量变动的百分比等于 $\Delta Q/Q$，这里 $Q$ 由其平均值（$Q_2 + Q_1$）/2 给定。把所有的数值都取作正数，二者的比例就是需求的价格弹性，$E_D$。注意：对于直线而言，上端弹性大，下端弹性小，中点处弹性恰为 1。

直线的弹性

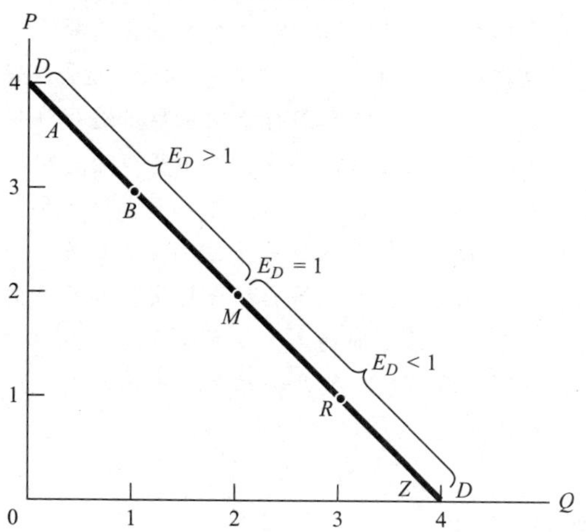


**图 4–4 斜率与弹性并不相同**

直线需求曲线上的所有点都具有相同的斜率。但是，在中点的上方，需求富有弹性；在中点的下方，需求缺乏弹性；在中点，需求具有单位弹性。只有在垂直的或水平的需求曲线的情况下，如图 4–3 所示，你才能直接根据斜率判定价格弹性。

弹性，而较平缓的斜率也不标志着富有弹性。斜率并不等于弹性，这是因为，需求曲线的斜率取决于 *P* 和 *Q* 的变化，而弹性则取决于它们的百分比变动。惟一的例外是完全有弹性及完全无弹性这两种极端情况。

了解这一点的方法之一是考查图 4–2 (b)，这条需求曲线显然并不是具有固定斜率的直线。然而它具有不变的需求弹性 $E_D$=1，因为在曲线的任何一点，价格变动的百分比都等于需求量变动的百分比。因此切记：弹性与斜率全然不同。

图 4–4 说明了混淆斜率和弹性的错误之处。这幅图画的是一条线性的或直线的需求曲线。由于它是线性的，因此每一点的斜率都相同。但是，在直线的上端点 *A* 附近，价格变动的百分比小，而需求量变动的百分比很大，弹性极高。因此，当我们处于线性曲线 *DD* 的上端时，价格弹性较高。相反，当我们位于线性需求曲线的下端时，价格弹性低于 1。在横轴附近，弹性趋于0。

> 更一般地说，在任何直线的中点 *M* 的上方，需求富有弹性，$E_D$>1；中点处，需求具有单位弹性，$E_D$=1；中点以下，需求缺乏弹性，$E_D$<1。

总之，尽管在需求完全有弹性和完全无弹性这两种极端的情况下，能够纯粹根据需求曲线的斜率确定弹性，但是对于介乎二者之间的绝大多数的实际情况来说，弹性并不能仅从斜率推导出来（图 4–5 提供了通过图形计算弹性的一种方法）。

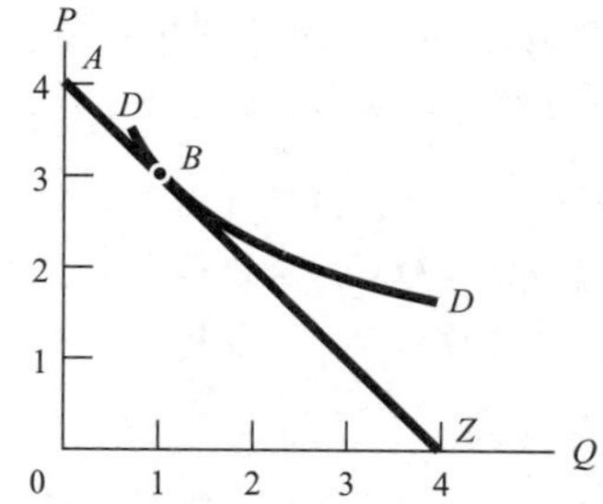


**图 4–5 一个计算需求弹性的简单方法**

直线（需求曲线）上一点的弹性等于位于该点之下的线段长度与位于该点之上的线段长度的比值。因此，*B* 点的弹性等于 3。对于非直线的需求曲线，先作过该点的切线，然后再计算需求弹性。

***计算弹性的捷径*** 一个简单的技巧可以帮助你计算需求曲线的价格弹性：直线（需求曲线）上任何一点的弹性等于位于该点之下的线段长度与位于该点之上的线段长度的比值。

为了说明这一点，首先请看图 4–4。注意：在中点 *M* 上方的线段长度（*AM*）恰好等于 *M* 点下方的线段长度（*MZ*），因此弹性为 *MZ*/*AM*=1。在 *B* 点，运用这一公式得到：$E_D$=*BZ*/*AB*=3/1=3，在 *R* 点，$E_D$=1/3。

知道了如何计算直线上各点的弹性之后，你就可以计算出如图 4–5 所示的弯曲的需求曲线上任何一点的弹性。(1) 经过你所要计算的点作曲线的切线（如图 4–5 中的 *B* 点）；然后 (2) 计算直线在该点的弹性（如，在 *B* 点的 $E_D$ 等于 3）。其计算结果就正是该曲线在 *B* 点的弹性。

## 弹性和收益

许多企业都想知道提高价格是否可以增加或减少收益。对许多企业来说，这是个关键问题。无论是航空公司，还是餐厅或杂志社，都需要决定是否值得提高价格，以及较高价格的收益是否能够弥补较低需求的损失。让我们来看一看需求的价格弹性与总收益之间的关系。

根据定义，**总收益**（total revenue）等于价格乘以数量（即 *P*×*Q*）。如果消费者以每单位 3 美元的价格购买 5

单位，那么总收益为 15 美元。如果你知道需求的价格弹性，你就会弄清价格变动对总收益会产生什么影响：

1. 当需求缺乏弹性时，降低价格会减少总收益。
2. 当需求富有弹性时，降低价格会增加总收益。
3. 当需求具有单位弹性时，价格下跌不会引起总收益的任何变动。

在今天的经济生活中，弹性的概念已经得到了广泛的应用，依据不同的弹性对消费者进行分组管理的尝试就是其中的一个例子。该技术已在航空运输业界被广泛倡导和流行（详见下面的专栏）。另一个例子是软件公司，他们尝试着用不同的弹性对其产品制定不同的价格。例如，如果你购买一个全新操作系统的需求非常地迫切，那么你的需求弹性就比较低。在这种情况下，出售者会就可以向你收取一个比较高的价格，从而多获得利润。相反，如果你并不急于更新你的操作系统，则你就可以伺机寻求一个更合适的价格。这种情况下，你的需求弹性就比较高，出售者只能向你索取比较低的价格以卖出他们的产品。

**弹性在航空运输中的应用**

对于美国航空公司来说，弄清乘客的需求弹性相当于每年可带来数十亿美元的收益。在理想的情况下，航空公司希望向商务人员要求尽可能高的票价，而向闲暇游客提供足够低的票价以填补飞机上的空座。这是航空公司为增加总收益，追求利润最大化所希望采取的措施。

但是，航空公司要想对缺乏价格弹性的商务人员和富有价格弹性的闲暇游客收取不同的票价，它们必须解决一个大难题——识别两种不同类型的乘客。它们如何阻止缺乏弹性的商务人员购买为闲暇游客准备的便宜机票？又如何避免富有弹性的闲暇乘客占用了商务人员本来愿意付费的座位？

航空公司通过对不同的乘客采用“价格歧视”的措施解决了上述难题。这也正是利用不同价格弹性获取效益的一种案例。**价格歧视**（price discrimination）是指同一种服务对于不同的顾客收取不同的费用的策略行为。航空公司通常会对有计划并希望选择低价位的游客提供折扣。同时，航空公司也许会要求该乘客等到周六晚上之后才能拿到打折的机票，这条规定会使得急于回家度周末的商务人员望而却步。另外，最后的时刻通常不提供折扣，因为许多商务往来事先并无计划，而是为了处理意外的事件——这是另外一种缺乏弹性的情况。航空公司已经设计出极其复杂的计算机程序来管理机票的销售，从而确保缺乏弹性的乘客无法从折扣中获益。因此，尽管用有预算约束的旅客填补空位，航空公司仍然有利可图。

## 丰收悖论

我们可以用弹性来分析经济学中最著名的悖论之一：丰收悖论。设想某年大自然对农业格外恩惠，寒冷的冬季冻死了所有的害虫；适于播种的春季早早到来；没有发生恶性霜冻；好雨滋润了成长中的秧苗；阳光灿烂的十月使得收割顺利并得以运往市场。年终时，琼斯一家愉快地坐下来计算一年的收入。但他们将会大吃一惊：好年景和大丰收反而降低了他们及其他农民的收入。

这是怎么回事？答案就在于人们对于食品的需求弹性。小麦、玉米等基本粮食作物缺乏弹性；就这些必需品而言，消费对于价格的变动反应迟钝。这意味着当收成好的时候，农民作为一个整体的总收益要低于收成不好的时候。农业丰收提高了农产品的供给，进而会降低农产品的价格。但价格的下跌并不能使需求增加很多。其背后的原理就在于食品是缺乏价格弹性的，好收成（$Q$ 值大）常常伴随着低收益（$P \times Q$ 值小）。

这些思想可以参见图 4–2。我们首先说明如何在图中衡量收益。总收益是价格与数量的乘积，$P \times Q$。进一步，矩形的面积等于其底边与高的乘积。因此，需求曲线上任何一点的总收益都等于该点的 $P$ 和 $Q$ 所决定的矩形的面积。

其次，我们可以考查一下图 4–2（b）所示的单位弹

| 需求弹性的值 | 描 述 | 定 义 | 对收益的影响 |
|---|---|---|---|
| 大于 1（$E_D$>1） | 富有弹性 | 需求量变动的百分比大于价格变动的百分比 | 价格下降时，收益增加 |
| 等于 1（$E_D$=1） | 单位弹性 | 需求量变动的百分比等于价格变动的百分比 | 价格下降时，收益不变 |
| 小于 1（$E_D$<1） | 缺乏弹性 | 需求量变动的百分比小于价格变动的百分比 | 价格下降时，收益减少 |

表 4–3 弹性：重要概念小结

性情况下弹性与收益的关系。请注意点 $A$ 和点 $B$ 处总收益（$P\times Q$）都等于 10 亿美元。代表总收益的阴影部分面积相等是因为底边 $Q$ 的变动抵消了高 $P$ 的变动。这正是我们所预料到的单位弹性的情况。

我们也能看出图 4–2（a）对应的是富有弹性的情况。在这张图中，当价格减半时，收益矩形由 10 亿美元扩大到 15 亿美元。由于降低价格时，总收益会增加，因而需求是富有弹性的。

图 4–2（c）中，当价格减半时，收益由 4 000 万美元降低到 3 000 万美元，因而需求是缺乏弹性的。

哪一幅图描绘了丰收降低农民总收益的情况？显然是图 4–2（c）。在假日旅行的情况下，降低价格意味着增加总收益，哪一幅图反映了这一现象？当然是图 4–2（a）。

表 4–3 说明了记住价格弹性的要诀。

> **香烟税和吸烟**
>
> 香烟税对吸烟有什么影响呢？有些人认为："一旦上瘾，人们会为了每天能够抽到烟而愿意付出任何代价。"不妨让经济学家从需求的价格弹性角度来回答这个问题。
>
> 1998 年有人在新泽西做了一个有趣的实验，香烟税从每包 40 美分增加到每包 80 美分。税收的增加使得烟的价格从每包 2.4 美元上升到每包 2.8 美元。经济学家估算由于消费者转而到周围的其他州购买，使得新泽西烟的消费量从 5 200 万包下降到 4 750 万包。
>
> 通过弹性计算公式，你可以计算出短期弹性是 0.59（保证你能得到相同的数值）。进一步精确计算所得到的弹性数值大体相当。因此，有证据表明，香烟的需求在短期内是无弹性的，但它对价格的变化确实还是有反应的。

## 供给的价格弹性

当然，消费并不是惟一受价格涨跌影响的变量。企业在制定其生产决策时也会受价格的影响。经济学家将供给的价格弹性定义为一种商品的供给量对其市场价格的反应程度。

> 更准确地说，**供给的价格弹性**（price elasticity of supply）是供给量变动的百分比除以价格变动的百分比。

同需求弹性一样，供给弹性也有极端高和极端低的情况。假设供给量完全固定不变，像市场上易腐的鱼一样，不论市场价格如何，都必须全部卖掉。这便是供给弹性为零，即完全无弹性的特殊情况，此时供给曲线为一条垂直线。

另一个极端情况是，价格的微小下降会使供给量骤降为零，而价格的稍许上升会诱发无穷多的供给。这种情况下，供给量变动百分比与价格变动百分比之间的比率极其高，从而产生了水平供给曲线。这便是供给无限弹性的极端情况。

介于这两个极端之间，供给富有弹性还是缺乏弹性，取决于供给量变动的百分比是大于还是小于价格变动的百分比。在供给具有单位弹性，即供给的价格弹性为 1 时，供给量增加的百分比恰好等于价格上升的百分比。

很容易看出，供给的价格弹性与需求的价格弹性的定义完全相同。惟一的差别在于：对于供给而言，供给量与价格是正向变动，而对于需求而言，需求量与价格却是反向变动。

> 供给的价格弹性 $E_S$ 的准确定义如下：
>
> $$E_S=\frac{\text{供给量变动的百分比}}{\text{价格变动的百分比}}$$

图 4–6 描绘了供给弹性的三种重要情况：（a）垂直

**弹性需求**

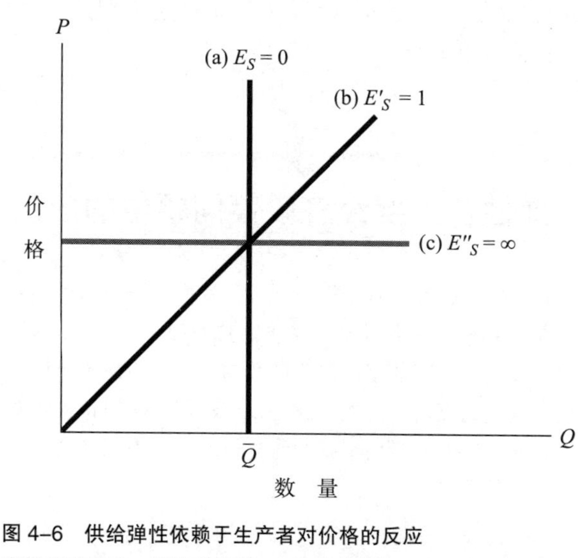


**图 4–6　供给弹性依赖于生产者对价格的反应**

当供给固定时，供给弹性为 0，如供给曲线（a）所示。供给曲线（c）表示供给量对价格变动做出无穷大的反应。当供给量变动的百分比与价格变动的百分比相等时，就出现了由（b）所示的中间情况。

的供给曲线，表示供给完全无弹性；（c）水平的供给曲线，表示供给完全有弹性；（b）中间的那条过原点的直线表示供给具有单位弹性。[1]

哪些因素决定供给弹性呢？影响供给弹性的主要因素是行业中增加生产的困难程度。如果所有的投入品很容易在现行市场价格下购得，正如纺织服装行业的情况那样，则价格的微小上升就会导致产出大幅度增加。这就表明纺织服装业供给弹性相对较大。另一方面，如果生产能力受到严格限制，例如南非金矿开采的情况，即使黄金价格急剧上升，南非的黄金产量也只能增加很少，这就是由于供给缺乏弹性。

影响供给弹性的另一个重要因素是考查时段的长短。随着供给者做出反应时间的增加，给定的价格变动就会对供给量产生更大的影响。价格上升后的短时期内，企业也许无法增加其劳动、物资和资本等投入，因此供给很可能缺乏弹性。然而，随着时间的推移，企业可以雇佣更多的工人，建造新的厂房和扩大生产能力，这样，供给弹性就会变得比较大。

以捕鱼为例，我们可以用图 4–6 说明供给如何随着时间的推移而发生变动。供给曲线（a）表示的是当天被运送到市场上的鲜鱼，在这个市场上卖鱼人仅仅靠叫卖售出全部的鱼，而不管最后是什么价格。曲线（b）代表中期（1 年左右）内捕鱼船只不变，尚未吸引到新劳动力的情况。长期内，随着新渔船的建造、新劳工的流入以及新渔场的建设，鱼的供给也许会变得非常富有弹性，正如图 4–6（c）所示。

## B. 弹性在主要经济政策问题中的应用

在了解了弹性的基础知识之后，我们将研究这些工具如何帮助我们理解各种基本经济趋势及政策方面的问题。首先，我们研究产业革命以来产业结构所发生的一个巨大变化：农业的衰落。其次，我们以汽油税为例讨论税收对某一产业的影响。最后，我们将分析政府对市场的各种干预所产生的后果。

[1] 你可以按如下方法计算非线性供给曲线的弹性：（a）过曲线上一点作切线；（b）计算该切线的斜率。

## 农业经济学

首先我们将供给需求分析用于农业。本节第一部分给出农业部门经济学的基础知识。随后我们将用供求理论分析政府对农业市场进行干预的效果。

### 农业长期相对衰落

农业曾经是美国国民经济最大的产业。100 年以前，美国人口的一半在农场生活和工作，但今天这个数字已经下降到不足劳动力的 3%。同时，农产品价格相对于收入及经济中其他物品价格有所下跌。如图 4–7 所示，在过去半个世纪中农产品价格不断地下降。中等家庭的收入翻了一番还多，而农场主的收入却相对地停滞不动。来自农业州的议员们对于家庭农场的衰落忧心忡忡。

在解释农产品价格下降趋势的原因上，一张简图也许要比连篇累牍的文字更加简明有效。图 4–8 中，$E$ 点代表价格较高的初始均衡点。现在，让我们看一看，随着时间的推移，农业究竟发生了什么变化。由于大多数食品是必需品，人们对于食品的需求增加缓慢；与平均收入的增加相比，需求曲线的移动又是很有限的。

供给的情况又如何呢？尽管许多人错误地认为农业是落后产业，然而统计研究表明，农业生产率（每单位投入的产出）增长的步伐比大多数其他产业要快得多。重大的技术进步包括：通过使用拖拉机、联合收割机和摘棉机等而实现了农业机械化，施肥、灌溉、培育良种和转基因作物的研制，所有这些创新都极大地提高了农业投入的生产率。农业生产率的迅速提高大大增加了供给，如图 4–8 所示，供给曲线从 $SS$ 移动到 $S'S'$。

在新的均衡点会发生什么变化呢？供给的急剧增长超过了需求的有限增加，从而导致了农产品价格相对于经济中其他物品价格的下降趋势。这正是最近几十年来农业部门所发生的变化，参见图 4–7。

***种植限制*** 鉴于收入的下降，农场主们经常通过院外活动游说联邦政府给予补贴。长期以来，各国政府采取了多种举措来帮助农民。他们通过价格支持提高了农产品的价格；通过关税和配额限制进口；有时他们还简单地对那些承诺休耕(不在土地上种植作物）的农民给予补贴。

丰收悖论在这里用起来很有趣。许多政府都试图通过限制产量来帮助农民。这怎么会对农民有利呢？ 图 4–9 说明了这一政策的经济学原理。如果农业部要求每一个农场都减少产量，就会导致供给曲线向左上方移动。由于食

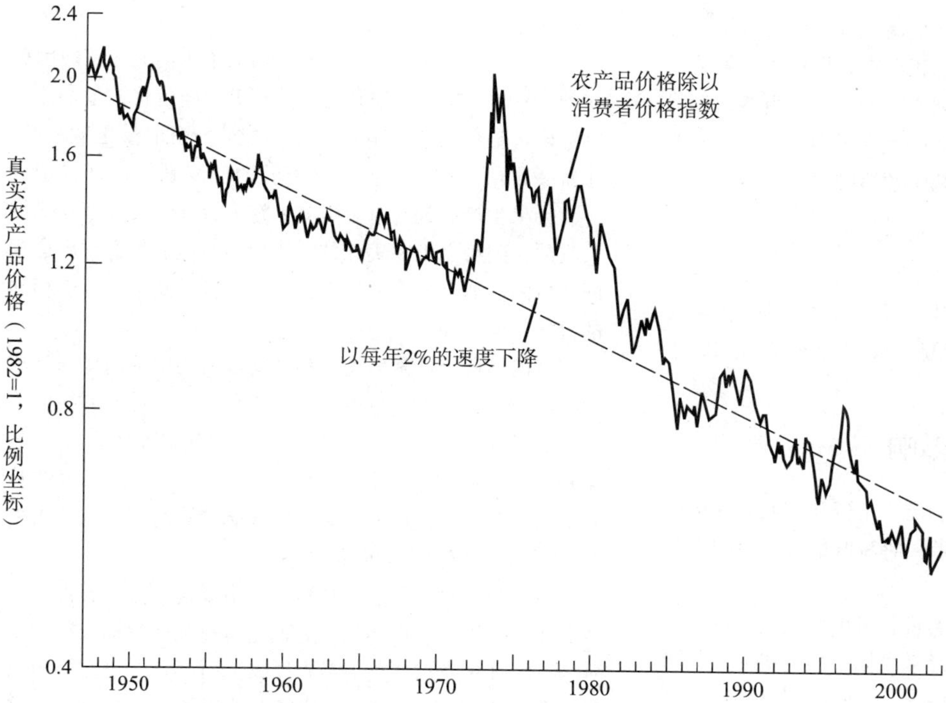


**图 4–7　基本农产品的价格大幅度下降**

基本农产品（诸如小麦、玉米、大豆等）价格的持续下降成为影响美国农业经济的一个主要因素。20 世纪的后半叶，农产品的价格相对于一般价格年下降 2%。注意 20 世纪 70 年代在商品短缺时期农产品价格曾经有过短期的上升。

资料来源：Bureau of Labor Statistics.

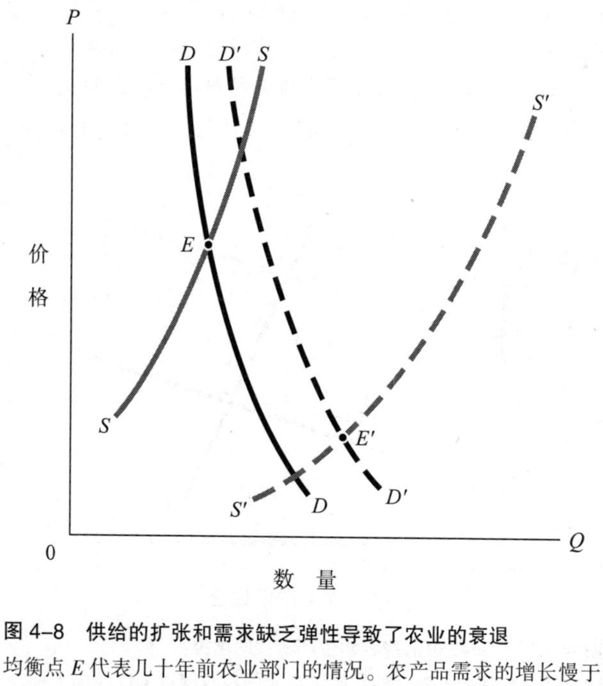


**图 4–8　供给的扩张和需求缺乏弹性导致了农业的衰退**

均衡点 $E$ 代表几十年前农业部门的情况。农产品需求的增长慢于由技术进步所导致的供给的巨大增长。因此，竞争性很强的农产品的价格趋于下降。而且，由于需求缺乏弹性，随着供给的增加，农场主的收入也趋于下降。

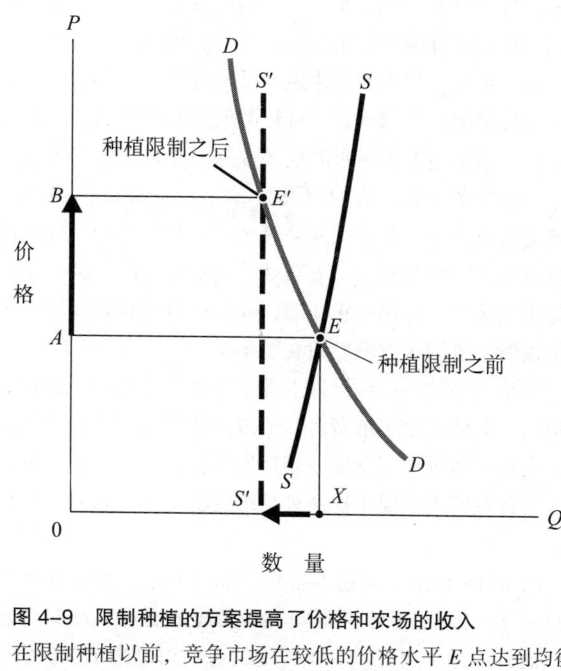


**图 4–9　限制种植的方案提高了价格和农场的收入**

在限制种植以前，竞争市场在较低的价格水平 $E$ 点达到均衡。当政府限制产量时，供给曲线向左移动到 $S'S'$，均衡点移动到 $E'$，价格上升到 $B$。由于需求缺乏弹性，新的收益矩形 $0BE'S'$ 的面积肯定要大于初始收益矩形 $0AEX$。

品需求缺乏弹性，限制种植不仅提高了农产品的价格，而且增加了农民的总收益和利润。正如丰收会损害农民的利益一样，限制种植则有利于提高农民的收入。当然，消费者在限制种植所导致的较高价格中受到了损害——正如他们在水灾或干旱导致的粮食短缺中遭遇的情形一样。

> 限制生产是政府牺牲一部分人的利益以增加另一部分人的收入时一种常用的市场干预措施。在以后的章节中我们还将会看到这种政策是无效率的，因为农民收入的增加实际上小于消费者因此遭受的损失。

## 税收对价格和数量的影响

政府对许多商品（香烟和酒类、工资和利润）课征税收。供求分析可以帮助我们推断一种税收的真实负担者和预计税收如何影响产出。

这里，以汽油税为例来说明税收对市场产量及价格的影响方式。尽管美国的政客们经常大惊小怪，实际上美国的汽油税远低于绝大多数欧洲国家——欧洲国家一般对每加仑汽油征收 2~5 美元，而美国平均只征收 50 美分左右。许多经济学家和环境保护主义者都主张美国征收更高的汽油税。他们指出，高税收可以抑制消费，从而减轻污染，并减少我们对外国不稳定的石油资源的依赖性。

进一步讲，假设政府决定通过对每加仑汽油增加 1 美元汽油税来抑制汽油消费。谨慎的政策制定者当然不愿在还不确切地知道增税后果时便采取这一举措。他们希望了解这一税收的归宿。我们所说的**归宿**（incidence）*是指对生产者或消费者的真实收入征税的最终经济影响*。仅仅因为企业为这一税收开出了支票就认为他们实际上减少了利润是不正确的。运用供求原理，我们可以分析谁实际上承担了税赋，也即税收的归宿在哪里。

如果汽油的零售价恰好上涨了 1 美元，则我们说税收的负担向前转嫁给了消费者。如果消费者突然停止购买汽油，则该税赋可能完全向后转嫁给了石油公司。供求分析可以帮助我们判定居于这两种极端情况之间通常的实际影响。

图 4–10 给出了问题的答案。如图所示，税前初始均衡点为 $E$，即原先 $SS$ 曲线与 $DD$ 曲线的交点，此时每加仑汽油价格为 1 美元，每年汽油的总消费量为 1 000 亿加仑。我们把汽油市场征收 1 美元零售税的情况描绘在图上便是：在需求曲线保持不变的前提下，供给曲线向上移动。需求曲线没有移动是因为汽油税增加后在每一个零售价格水平上，需求量并没有变动。注意：汽油的需求曲线比较缺乏弹性。

相反，供给曲线却恰好向上移动了 1 美元。其原因就在于：只有当生产者得到与以前相等的净价格，他们才会愿意出售某个数量（比如 1 000 亿加仑汽油）。也就是说，在每一供给量上，市场价格上升的幅度必须正好等于税额。如果生产者最初愿意以 0.9 美元的价格出售 800 亿加仑汽油，则给定 1. 9 美元的零售价格，他们仍愿意出售相同数量的汽油（扣除税额之后，生产者得到了与以前相同的价格，即每加仑 0.9 美元）。

新的均衡价格是多少？答案就是新的供给曲线与需求曲线的交点，即 $S'S'$ 与 $DD$ 的交点 $E'$。由于供给曲线的移动，价格上升了。同时，购买量与销售量却下降了。如果仔细观察该图，我们还会发现，新的均衡价格大约从 1 美元上升到 1.9 美元。供给与需求相等的新均衡产出由 1 000 亿加仑降到了 800 亿加仑。

谁最终支付税款呢？税赋的归宿如何？显然石油产业支付了一小部分，因为现在它们出售每加仑汽油只得到了 90 美分（1.9 美元减去 1 美元税收）而不是 1 美元。但由于零售价上升了 90 美分，消费者承担了大部分负担，这是因为供给相对富有弹性，而需求却相对缺乏弹性。

***补 贴*** 如果说税收是用于抑制商品消费的话，补贴则被用于刺激商品生产。农业是一个广泛应用补贴的例子。你可以将供给曲线向下移动来考查补贴对市场的影响。补贴

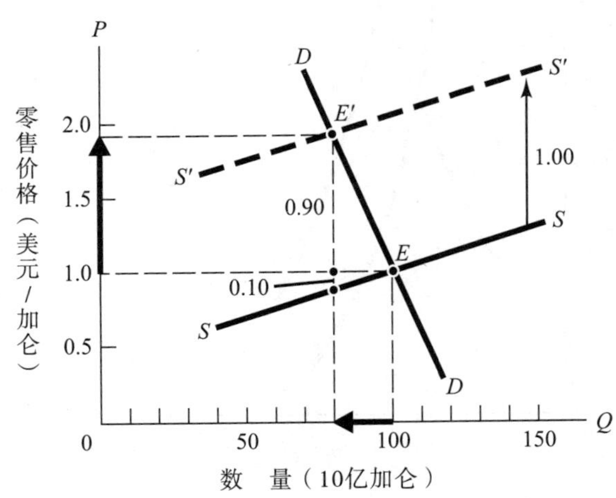


**图 4–10 汽油税由消费者和生产者共同承担**

税收的归宿如何？对汽油征收 1 美元的税收使供给曲线向上移动 1 美元，从初始供给曲线 $SS$ 平移到新的供给曲线 $S'S'$。这一新的供给曲线与 $DD$ 相交于新的均衡点 $E'$，此时消费者支付的价格上升了 90 美分，而生产者所得到的价格下降了 10 美分。箭头表示 $P$ 和 $Q$ 的变动。注意：消费者承担了大部分的税收。

的一般原理与税收原理相同。

***税收转嫁的一般原理***　汽油仅仅是分析税收转嫁的一个例子。运用这一工具，我们可以理解香烟税如何影响香烟的价格和消费量；对进口产品征收关税或其他税会如何影响国际贸易；财产税、社会安全税及公司所得税如何影响地价、工资及利率。

供求的相对弹性是决定税赋归宿的关键因素。如果需求相对于供给缺乏弹性，比如汽油的例子，则税收的负担大部分转嫁给了消费者；相反，如果供给相对于需求缺乏弹性，比如土地的例子，则税赋大部分转嫁给了供给者。下面是税赋归宿的一般原理：

> 税收归宿指出了税收对生产者和消费者收入的影响。更一般地说，税收归宿取决于供给和需求的相对弹性。如果需求相对于供给缺乏弹性，则税收主要是向前转嫁给消费者；而如果供给相对于需求缺乏弹性，则税收主要向后转嫁给生产者。

## 最低下限与最高上限

政府有时不是对某种商品进行征税或补贴，而是通过立法规定该商品的最高或最低价格。历史上这样的例子比比皆是。自从有圣经以来，政府就限制贷款人所能收取的最高利息率（所谓的高利贷法）。战争时期，政府通常都管制工资和价格，以防止恶性的通货膨胀。20 世纪 70 年代石油危机期间，曾出现汽油价格管制。今天，对医生或医院收取费用的限制则日益严格，并且，包括纽约在内的一些大城市对于公寓的租金也都加以限制。[1] 提高最低工资的提案往往是经济政策中最具争议的问题。

与政府征税之后任由市场通过供求原理运作的措施相比，这些直接干预供求规律的举措具有本质的不同。尽管总是存在着压低价格，提高工资的政治压力，但是，实践告诉我们，一个又一个部门的价格和工资管制会引起重大的经济扭曲。尽管如此，正如亚当·斯密反对早期的重商主义政策时所深知的那样，大多数经济体系中，动机良好而技术拙劣的供求干预导致低效率的现象可谓比比皆是。制定市场中的最高价格或最低价格常常会产生令人吃惊的结果，有时甚至会出现南辕北辙的经济效应。不妨让我们来看一看其中的道理。

政府干预经济的两个十分重要的例子是：最低工资和汽油价格管制。这些例子都能说明政府对市场决定的价格与数量进行干预所产生的惊人的副作用。

### 关于最低工资的争论

最低工资规定的是雇佣者向受雇工人支付报酬的下限。美国联邦最低工资始于 1938 年。当时，政府要求某些企业支付给某些工人的工资不得低于每小时 25 美分。这一最低工资大约是同期制造业的平均工资水平的 40%。到 1947 年，最低工资相当于制造业工人平均工资水平的 65%（参见图 4–11）。尽管最低工资不时有所提高，但是截止到 2003 年年底，相对于平均工资水平而言，每小时 5.15 美元的最低工资率仍然仅仅相当于制造业工资水平的 34%。

即便是最著名的经济学家也难以就这一问题达成共识。例如，诺贝尔经济学奖获得者加里·贝克尔（Gary Becker）曾经直言："提高最低工资相当于使人们失业。"另一些诺贝尔奖得主反对说，"我们相信联邦最低工资的适度提高并不会严重损害就业机会。"还有一位卓越的经济学家，克林顿前经济顾问，普林斯顿大学教授艾伦·布林德（Alan Blinder）写道：

> 多年来，挣最低工资的人们一直在挣扎。他们需要一切可以提供的帮助，并且越快越好。最低工资雇员中大约有 40%属于那种在家中惟一能挣工资的人。而领取最低工资的青少年中，大约 2/3 生活在低于平均生活水平的家庭中。坦率地说，我并不知道适度提高最低工资是否会减少就业。但即使的确如此，其效果也微不足道。（纽约时报，1996 年 5 月 23日）

连专家们都难以达成共识，普通人又如何能说清楚这个问题呢？那么，我们应该如何看待这些表面上对立的观点？首先，我们应该看到，这些关于提高最低工资的争论掺杂了个人的价值判断，也许这些言论都基于最好的实证经济学分析，但在重大政策问题上，仍会有不同的意见。

一项冷静的分析表明，最低工资争论的核心不在于实证结果方面的根本分歧，而主要在于对政府干预的态度不同。首先请看图 4–12，该图描绘的是低技能劳工市场。图中说明了最低工资如何给出了大多数工作的工资下限。随着最低工资上升超过市场出清的均衡点 $M$，总的工作岗位沿着需求曲线到达 $E$ 点，因此就业量下降了。劳动供给与劳动需求之间的缺口 $U$ 代表了失业量。

[1] 参见本章结尾练习 9 中关于租金控制的考查。

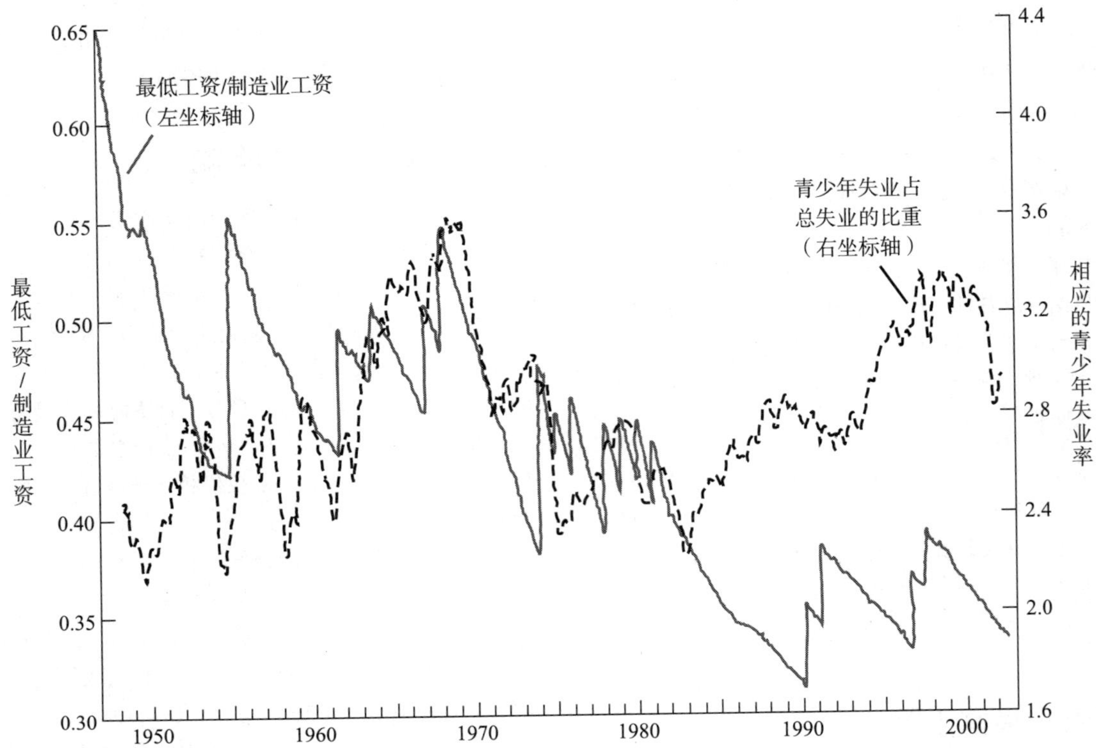


**图 4–11　1947~2002 年最低工资和青少年失业状况**

实线表明最低工资相对于制造业平均小时工资的水平。注意在过去的半个世纪里最低工资相对于其他工资是如何下降的。此外，虚线描述了青少年失业占总失业的比重，你发现这两条线之间的联系了吗？有关最低工资的争论告诉了我们什么？

资料来源：Data are from the U.S. Department of Labor. Background on the minimum wage can be found at the Labor Department's website at www.dol.gov/esa/minwage/q-a.htm.

运用供求分析，我们还可以看到失业可能增加，而低技能劳工的就业可能减少。但具体程度有多大？低收入劳工的工资收入会受什么影响？这些问题的回答可参照实证案例。

许多研究表明，最低工资上升 10%，只会使青少年就业量下降 1%~3%。而对于成年人的就业影响更小。最近的一些研究认为其就业效应接近于零，还有一些研究甚至认为就业会有所增加。因此，进一步研究著名经济学家所引用的数据可以看出，一些经济学家将较小影响视为“不重要”，而另一些则强调至少丧失了一些工作机会。图 4–12 的例子表明就业减少量（$M$ 和 $E$ 之间的水平距离）不大，但失业增加（如 $U$ 线段所示）很显著。

图 4–11 呈现了半个多世纪以来最低工资水平和青少年失业状况的历史。随着劳工运动影响力的日益降低，最低工资水平与制造业工资水平的比率从 1947 年的 65%降低到了 2003 年的 1/3 左右。在这段时期青少年失业率有缓慢上升的趋势。你可以去考查这个变化，看看你能否感受到最低工资如何影响青少年的失业水平。这应该说是一项很有意义的工作。

争论的另一个焦点是最低工资对收入的影响。事实上每一项研究都可以得出一个共同的结论，即对低工资劳工的需求是缺乏价格弹性的。我们所引用的研究成果认为，价格弹性介于 0. 1~0. 3 之间。这导致一个令人吃惊的结论：*提高最低工资水平能够增加低收入劳工群体的收入*。按照前面所讲的弹性，最低工资增加 10%时，相关群体的收入会提高 7%~9%。图 4–12 表明，低收入工人的收入在总就业减少的情况下是如何上升的？这可以通过比较均衡点 $E$ 和 $M$ 下各自的收入矩形得到（参见本章末的问题 8e）。

然而，对收入的影响是导致人们在最低工资问题上观

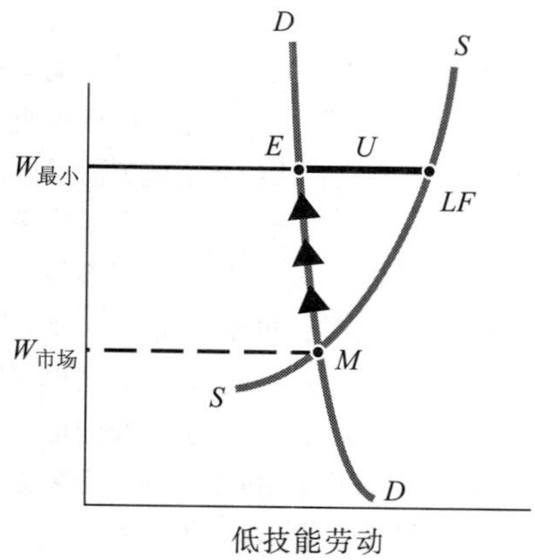


**图 4–12　最低工资制的影响**

将最低工资下限设定 $W_{最小}$ 水平，高于自由市场均衡工资率 $W_{市场}$ 会强制均衡点 $E$ 实现。如箭头所示，就业量从 $M$ 减少到 $E$。此外，失业量为 $U$，即 $LF$ 处劳动供给量与 $E$ 点处雇用人数之间差别。如果需求曲线缺乏弹性，提高最低工资水平将会增加低工资劳工的收入。要理解这一点，请用铅笔画出规定最低工资之前和之后的总工资矩形。

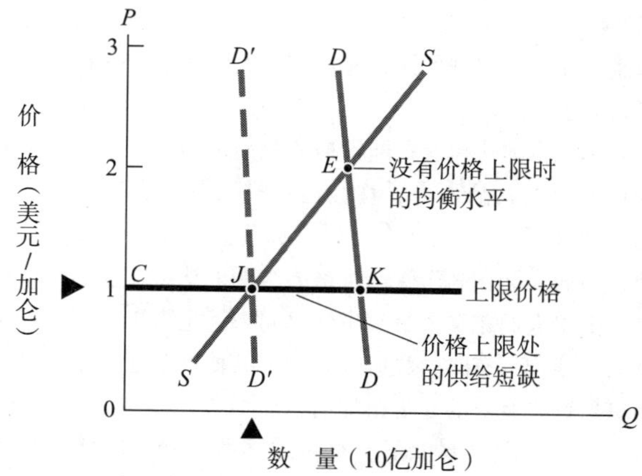


**图 4–13　价格管制造成短缺**

如果没有法定价格上限，价格会上升到 $E$ 点。在 1 美元上限水平，供给和需求无法平衡，出现了短缺。从而需要正式的或非正式的配给制，以便用配给的办法去管理已经出现了短缺的供给，并把实际需求限制在 $D'D'$。

点不同的另一个原因。那些对低收入群体的福利状况特别关心的人们也许认为适度的效率损失是获得高收入的必要代价。而另外一些人则认为这一代价太昂贵了，他们更关心市场干预的累积成本，或高成本对价格、利润及国际竞争力的冲击。还有一些学者相信，作为一种向低收入群体转移购买力的方法，最低工资措施是无效的；他们更主张采用直接收入转移或政府工资补贴，而非扰乱工资体系本身。上述三种观点中你认为哪一种更重要？根据你自己的偏好顺序，你也许会就提高最低工资的合理性问题得出不同的结论。

## 能源价格管制

另一种政府干预情况是规定价格上限。20 世纪 70 年代美国曾采取这一措施，其结果很值得反思。以下我们再一次以汽油市场为例来说明价格上限的作用机制。

不妨设想下列这样的一幕。假如石油价格突然急剧上升，原因可能是石油卡特尔减少供给而同期消费者的需求却在上升，也可能是由于战争或革命而导致的中东政局的动荡。图 3–1 所展示的是在 1973 年、1979 年、1990 年和 2003 年，由于战争和革命而引起石油价格上涨，并进一步引发了国际石油市场上的供给与需求出现混乱的局面。

政治家们目睹了价格的急剧上升，出来谴责这种局面。他们宣称消费者受到了牟取暴利的石油公司的“敲诈”。他们还担心高涨的价格会导致生活成本遭遇恶性通货膨胀。此外他们还为价格上升对穷人及老年人的冲击而烦恼。因此他们呼吁政府“采取措施”。面对价格上涨，美国政府也许会倾听这些意见，规定石油价格上限，正如 1973~1981 年所做的那样。

这种价格上限会产生什么效果呢？假设每加仑汽油的初始价格是 1 美元。由于石油供给的急剧下降，汽油的市场价格上涨到每加仑 2 美元。现在请考虑一下供给冲击后的汽油市场。图 4–13 中供给冲击后的均衡点为 $E$。假设政府插手进来，规定每加仑汽油价格不得超过原价格 1 美元。图 4–13 中，我们将这一法定最高价格绘制为上限价格线 $CJK$。

在法定上限价格处，供给量与需求量不相匹配。给定管制价格，消费者愿意购买的汽油量超过生产者所愿意提供的数量。如图 $J$、$K$ 之间的距离所示。这一缺口如此之大，以至于各加油站很快销售一空。一些人不得不扫兴而去。如果允许市场自由运行的话，则市场就会在 2 美元或更高的价格水平上出清；消费者也许会怨声载道，不过也可能愿意支付这种高价，总比加不到油，空手而归要强一点。

但是，由于生产者索取较高的价格是违法的，市场因此也就无法出清。接踵而至的便是一个令人沮丧和短缺时期——像“音乐车游戏”那样，当抽油机被抽光之后，某些人就会得不到汽油。汽油供给不足导致不得不实行配给制来进行供应。最初也许可以通过“先来先得”的原则加以实施，对于每位顾客的购买量或者加以限制，或者不加限制。而排队这种形式，显然需要人们在求购燃料问题上花费太多的时间。

结果会演化出这种非价格的配给机制。对于汽油或其他可贮存的物品而言，往往通过排队等候来解决短缺问题——“排队”配给。有时候，那些能够通过特权获得短缺物品的人会在高于管制价格的水平上从事非法的黑市交易。由于人们花费大量宝贵的时间来满足需求，就会产生巨大的浪费。有时，政府会设计出某种以票证配给为基础的更加行之有效的非价格配给方法。

在票证配给制度下，每位顾客购买物品时除需货币外，还需拥有票证——事实上存在着两种货币。一旦采用配给制，票证根据“需要”加以发放，由于需求受到票证的限制，短缺随即消失。票证怎样改变了供求关系？明显地，政府必须发行足够的票证以使需求曲线降到 $D'D'$（见图 4–13），在那里，供应和新需求在上限价格处达到均衡。

在大多数市场经济中，无论有无正式的配给制，对能源等物品的价格管制都是不受欢迎的。历史表明，随着时间的推移，价格管制会被合法或非法地加以规避，无论价格管制最初对消费者如何有利，最终都会被势必造成的效率损失所抵消。特别是当受管制物品有很多替代品（也即供给或需求弹性高）之时，价格管制既会带来昂贵的成本，也会难以管理实施。今天，价格管制很少应用于制造业，重要的应用领域可能是医疗保健。我们可以在本书第四编中看到，医疗保健部门的价格管制正带来类似于几十年以前石油价格管制所造成的那种无效率。

> 但是，更深刻的问题在于：物品总是稀缺的。社会永远不能满足每个人的愿望。在正常时期，价格本身起到了配给稀缺物品的作用。当政府插手干预供给和需求时，价格不再充当配给者的角色。浪费、缺乏效率和短缺问题加剧是这些干预的必然伴随物。

## 总结提要

### A. 需求弹性和供给弹性

1. 需求的价格弹性所衡量的是，需求对于价格变动在数量上的反应程度。需求的价格弹性（$E_D$）被定义为：需求量变动的百分比除以价格变动的百分比。也即：

$$\text{需求的价格弹性} = E_D = \frac{\text{需求量变动的百分比}}{\text{价格变动的百分比}}$$

   在计算过程中，所有符号取正，并且，$P$ 和 $Q$ 都是原值和新值的平均数。

2. 我们将价格弹性区分为三种：（a）当需求量变动的百分比大于价格变动的百分比时，也就是说，$E_D>1$ 时，需求是富有弹性的；（b）当需求量变动的百分比小于价格变动的百分比时，即 $E_D<1$ 时，需求是缺乏弹性的；（c）当需求量变动的百分比正好等于价格变动的百分比时，即 $E_D=1$ 时，需求是单位弹性的。
3. 价格弹性是一个纯粹的数，所涉及到的是百分比；切勿将弹性与斜率相混淆。
4. 需求弹性可以说明价格变动对总收入的影响。如果需求富有弹性，则价格下降会增加总收入；如果需求缺乏弹性，则价格下降会减少总收入；而在单位弹性的情况下，价格变动对总收入则不会产生影响。
5. 必需品，如食物和住房等，需求的价格弹性一般较低；奢侈品，如雪地汽车和航空旅行等，需求的价格弹性一般较高。影响价格弹性的其他因素包括物品的现有替代品的范围和可供消费者对价格变动进行调整的时间的长短。
6. 供给价格弹性衡量的是：当市场价格变动一定的百分比时，生产者的供给量变动的百分比。

### B. 应用于当前经济政策问题

7. 农业是运用供给需求分析的最有成效的领域之一。农业技术进步意味着供给的大幅度增加，与此同时，食物需求的增长要慢于收入的增长。结果，食物的自由市场价格趋于下降。因此，政府采取限制种植等一系列措施以提高农民的收入，也就不足为怪。
8. 商品税能改变供给和需求的均衡。在需求相对于供给缺乏弹性时，消费者会比生产者承担更大比例的税收负担(或归宿)。
9. 政府偶尔通过规定价格的最高上限或最低下限来干预竞争市场的运行。在这种情况下，供给量和需求量不再必然相等；价格上限会导致超额需求，而价格下限会导致超额供给。在某些情况下，如农民和低技能工人的例子，干预可能会提高某些群体的利益，但通常会产生市场扭曲和导致无效率。

## 概念复习

**弹性概念**
需求、供给的价格弹性
富有弹性、缺乏弹性和单位弹性的需求
$E_D = Q$ 变动的百分比/$P$ 变动的百分比

弹性的决定因素
总收益 = $P \times Q$
弹性与收入变动的关系

**供给需求分析的应用**
税收的归宿
价格管制造成扭曲
价格配给与排队配给

## 补充读物和互联网站

**补充读物**

If you have a particular concept you want to review, such as elasticity, you can often look in an encyclopedia of economics, such as John Black, *Oxford Dictionary of Economics,* 2nd ed. (Oxford, New York, 2002), or David W. Pearce, ed., *The MIT Dictionary of Modern Economics* (MIT Press, Cambridge, Mass., 1992). The most comprehensive encyclopedia, covering many advanced topics in four volumes, is John Eatwell, Murray Milgate, and Peter Newman, *The New Palgrave: A Dictionary of Economics* (Macmillan, London, 1987).

The minimum wage has generated a fierce debate among economists. A recent book by two labor economists presents evidence that the minimum wage has little effect on employment: David Card and Alan Krueger, *Myth and Measurement: The New Economics of the Minimum Wage* (Princeton University Press, Princeton, N.J., 1997).

**互联网站**

There are currently no reliable online dictionaries for terms in economics. There are few good websites for understanding fundamental economic concepts like supply and demand or elasticities. There is a concise online encyclopedia of economics at www.econlib.org/library/CEE.html, which is generally reliable but covers only a small number of topics. Sometimes, the free site of the *Encyclopedia Britannica* at www.britannica.com will provide background or historical material. When all else fails, you can go to the omnibus economics site on the Web, www.hkkk.fi/EconVLib.html, which is expanding rapidly and has online materials from many areas.

Current issues such as the minimum wage are often discussed in policy papers at the website of the Economic Policy Institute, a think tank focusing on economic issues of workers, at www.epinet.org.

## 问题讨论

1. “丰收通常会降低农民的收入。”用供求图演示和说明这一命题。
2. 对于下列各对物品，你认为哪一种更具有价格弹性，并说明你的理由：香水和食盐；青霉素和冰淇淋；汽车和汽车轮胎；冰淇淋和巧克力冰淇淋。
3. “价格下降 1%，引起需求量上升 2%。因此，需求富有弹性，即 $E_D>1$。”如果你把这句话中的 2% 变为 0.5%，那么，这段话中其他的两个量应该做何变化？
4. 分析竞争性的公寓市场。下列变化（其他条件相同）对均衡产量和价格会发生什么影响？在每一种情况下，运用供给和需求解释你的答案。
   a. 消费者的收入增加。
   b. 对公寓租金每月征收 10 美元的税。
   c. 政府法令规定，公寓的每月租金不得超过 200 美元。
   d. 新建筑技术使公寓的建筑成本减半。
   e. 建筑工人的工资增加 20%。

5. 考虑一项提高10%的最低工资的建议，在重温本章内容之后，计算这一变动对受影响的工人的就业和收入的影响。使用你所推导出来的数据，写一篇短文，解释如果你必须主张最低工资政策时你的理由。
6. 关于政府计划有一段保守的批评："政府知道如何把事情做好。他们知道如何创造短缺和过剩。"运用像最低工资或利率上限的例子解释这一段话。用图说明，如果对低技能工人的需求富有弹性的话，最低工资政策会降低低技能工人的总收益（工资乘以对劳工的需求量）。
7. 如果对进口汽车征收2 000美元的关税，会发生什么情况呢？说明这一关税对于美国汽车的供给和需求以及均衡的价格和数量的影响。解释为什么美国汽车公司和汽车工人常常支持限制汽车进口的政策。
8. 弹性问题：
   a. 世界原油需求的短期价格弹性被估算为0.05。如果石油的初始价格为每桶30美元，那么，一种使世界石油供给下降5%的石油禁运，对于石油的价格和数量会产生何种影响？（假设石油供给曲线完全无弹性。）
   b. 参考表3-1，说明弹性不依赖于单位。计算每对需求之间的弹性：把价格单位从美元改变为便士；把数量单位从百万盒改为吨，使用1万盒等于1吨进行换算。然后再计算出开始两行的弹性。解释为什么你得到了相同的答案。
   c. 需求研究表明，毒品的需求价格弹性为0.5。假设，纽约市一半的毒品使用者通过犯罪来维持他们的生计。运用供求分析，说明如果实施一项强硬的法规使得进入纽约市的毒品供给下降50%，会对纽约的犯罪产生什么影响。（假定供给是完全无弹性的。）如果使毒品合法化会导致毒品的价格下降50%，那么，这对于犯罪活动和毒品的使用又有何影响？一项成功地使毒品使用者数量减少一半的计划对于毒品的价格和吸毒者有何影响？
   d. 试解释大萧条期间，农民为何同意要求其宰杀生猪并加以掩埋的政府计划。
   e. 参见图4-12，最低工资政策的影响，画出有和没有最低工资政策时的总收入矩阵。哪一个面积更大？请简述，就不熟练劳工而言，最低工资政策对需求弹性的影响。
9. 没人喜欢支付租金，但是土地和城市住房的稀缺性却经常导致城市里的房租上涨。针对租金上涨和对房东敌意的增加，政府有时候会施加*租金管制*，这样往往可以把租金的年增长率限定在较低的水平，并使之远低于自由市场的租金水平。
   a. 重画图4-13，阐明公寓租金管制的影响。
   b. 租金管制对闲置的公寓的影响如何？
   c. 哪些"非租金的机制"会作为高租金的替代品而出现？
   d. 解释欧洲对租金管制的一句评语："除了爆炸，在破坏一个城市方面没有比租金管制更有效了。"（*提示*：维修方面会发生什么情况？）
10. 复习新泽西香烟税的问题，用图画纸或计算机，画出税前和税后有关价格和数量的供给曲线和需求曲线。图4-10是有关石油税的例子。在这个例子中，假定供给曲线是完全富有弹性的。［*附加题*：有一条价格弹性不变的需求曲线 $Y=AP^{-e}$，$Y$ 是需求量，$P$ 是价格，$A$ 是比例常数，$e$（绝对值）是价格弹性。就新泽西香烟例，求有关价格和数量的正确的需求曲线的 $A$ 和 $e$ 的值。］

第 5 章

# 需求和消费者行为

噢，理由就不必要啦：
就是最潦倒的乞丐，
与他自己最穷的时候比，
恐怕也不是没有丰裕可言。

——李尔王

每天我们都要就如何配置稀缺的金钱和时间做出无数个抉择。我们应该吃早餐，还是应该睡懒觉呢？傍晚是用来读书还是去拜访朋友呢？买一辆新车还是修理我们的旧车呢？用掉我们的收入还是存起来以备他日之用呢？当我们平衡各种各样的需求和欲望之时，我们就是在做出决定自己的生活方式的各种选择。

隐藏在这些个人选择背后的，是前几章所介绍过的需求曲线和价格弹性。本章我们将进一步考查需求，探讨消费者选择和消费者行为的背后的基本机理。我们将会看到，个人选择其最为偏好的消费品组合的过程，是如何解释我们所观测到的市场需求模式的，我们还将学习如何衡量我们每个人参与市场经济所得到的福利。

## 选择和效用理论

在解释消费行为的过程中，经济学依赖于一个基本的前提假定，即人们倾向于选择在他们认为最具价值的那些物品和服务。为了说明消费者在不同的消费可能性之间进行选择的方式，一个世纪以前，经济学家采用了效用这一概念。从效用概念出发，他们推导出需求曲线，并揭示了它的性质。

我们所说的“效用”指的是什么呢？用一个词来说，**效用**（utility）表示满足。更准确地说，效用是指消费者如何在不同的物品和服务之间进行排序。例如，对于史密斯来说，如果组合 A 比组合 B 的效用更高，则这一排序就应该是史密斯偏好 A 超过他偏好 B。通常，我们可将效用理解成一个人从消费一种物品或服务中得到的主观上的享受或有用性。但是你切不可将效用等同于可观测的或可衡量的心理功效或感觉。相反，效用是一种科学构想，经济学家用它来解释：理性的消费者如何将其有限的资源分配在能给他们带来最大满足的各种商品上。

在需求理论中，我们说人们在最大化他们的效用，其含义就是他们总是选择自己最偏好的消费品组合。

### 边际效用和边际效用递减规律

如何将效用应用于需求理论？比如说，所消费的第 1 单位冰淇淋给你带来了一定水平的满足或效用。现在推想一下消费第 2 单位的情况：你的总效用会增加，因为该物品的第 2 单位会给你带来一些新增的效用。进而，增加同一物品的第 3 单位和第 4 单位又会有什么影响呢？最后，当你吃了足够多的冰淇淋之后，它将不再能够增加你的满意程度或效用，相反，会使你难受甚至作呕。

这一现象使我们想到了边际效用这一基本的经济概念。当你多吃 1 单位冰淇淋时，你会得到新增的效用或满足，效用的这一增加量就被我们称为**边际效用**（marginal utility）。

> "边际"是经济学的关键术语，通常是指"新增"或"额外"的意思。边际效用是指多消费 1 单位商品时所带来的新增的或额外的效用。

一个世纪以前，经济学家们在分析效用时，提出了**边际效用递减规律**（law of diminishing marginal utility）。这个规律指出，随着个人消费越来越多的某种物品，他从中得到的新增的或边际的效用量是下降的。

这一规律产生的原因是什么呢？当你消费较多的某种物品时，效用会趋向于增加。然而，根据边际效用递减规律，当你消费得越来越多时，你的总效用的增加速度却会越来越放慢。总效用增加减缓，是因为你所得到的边际效用（消费某物品的最后 1 单位后所新增的效用），会随着该物品消费量的增加而减少。边际效用递减就是基于这样一个事实：你从某物品中得到的享受随着对该物品消费的增多而下降。

> 边际效用递减规律是：当某物品的消费量增加时，该物品的边际效用趋于递减。

## 效用的数字图表说明

我们可以用数字来说明效用，见表 5-1。该表的第（2）栏表现出，消费量（$Q$）的增加导致了总效用（$U$）的增加，但却以递减的速度在增加。第（3）栏用增加 1 个单位物品的消费所得到的总效用的增加量衡量出边际效用。例如，在消费 2 个单位时，边际效用为 7 − 4 = 3 个单位的效用［把这些单位称为"尤特尔"（utils）］。

接下来看第（3）栏。边际效用随着消费量的增加而下降这一事实说明了边际效用递减规律。

图 5-1 将表 5-1 中总效用和边际效用的数据图形化。图 5-1（a）中灰色方块是在每一相应的消费水平上加到总效用之中的边际效用。此外，那条平滑的曲线代表各消费单位上经平滑处理后的效用水平。它说明效用是增加的，但以递减的速度增加。图 5-1（b）描绘了边际效用。边际效用的每一灰色方块的大小，与图（a）中（的总效用上）的灰色方块相对等。图（b）中的黑色线段是边际效用的平滑曲线。

边际效用递减规律意味着：图 5-1（b）中的边际效用（$MU$）曲线必然是向下倾斜的。它的一个严格等价的说法是：图 5-1（a）中的总效用曲线必然是"倒 U"形的，像一个穹顶。

| (1)<br>某一物品的消费量<br>$Q$ | (2)<br>总效用<br>$U$ | (3)<br>边际效用<br>$MU$ |
|---|---|---|
| 0 | 0 | |
| 1 | 4 | 4 |
| 2 | 7 | 3 |
| 3 | 9 | 2 |
| 4 | 10 | 1 |
| 5 | 10 | 0 |

**表 5-1　效用随消费量增加而增加**

当我们消费更多的某种物品或服务时，如比萨饼或音乐会，总效用会上升。1 单位物品与下 1 单位物品之间的效用增量被称为"边际效用"，即最后 1 个消费单位所带来的额外效用。根据边际效用递减规律，随着消费水平的提高，边际效用会下降。

***总效用与边际效用之间的关系***　运用图 5-1，我们很容易看出，消费一定数量商品的总效用等于一直消费到该点的各单位的边际效用之和。例如，假设消费了 3 单位，表 5-1 中第（2）栏表明，总效用为 9 单位。在第（3）栏中，我们看到，前 3 单位的边际效用之和为 4 + 3 + 2 = 9，也为 9 单位。

考查图 5-1（b），我们看到，在某一消费水平上，边际效用曲线之下的总面积的单位数——不论用方块区域还是用平滑的 $MU$ 曲线以下的面积来衡量，都必然等于与图 5-1（a）中的消费单位数相同时总效用曲线的高度的单位数。

无论我们用表还是用图来考查这一关系，我们都可以看到，总效用是从开始处累计起来的所有边际效用之和。

**效用理论的历史**

现代效用理论渊源于功利主义。功利主义是近两个世纪以来西方理性思潮的一大主流。1700 年数理概率学的基本理论开始发展后不久，效用这一概念便产生了。例如，一位聪明的瑞士数学家，丹尼尔·贝努利（Daniel Bernoulli）在 1738 年观察到，人们似乎是在按下列方式行动：在一场公平的赌博中，他们认为所赢到的 1 美元的价值小于他们所输掉的 1 美元的价值。这就意味着：人们厌恶风险，并且，相继增加的新的美元财富给他们带来的是越来越少的真实效

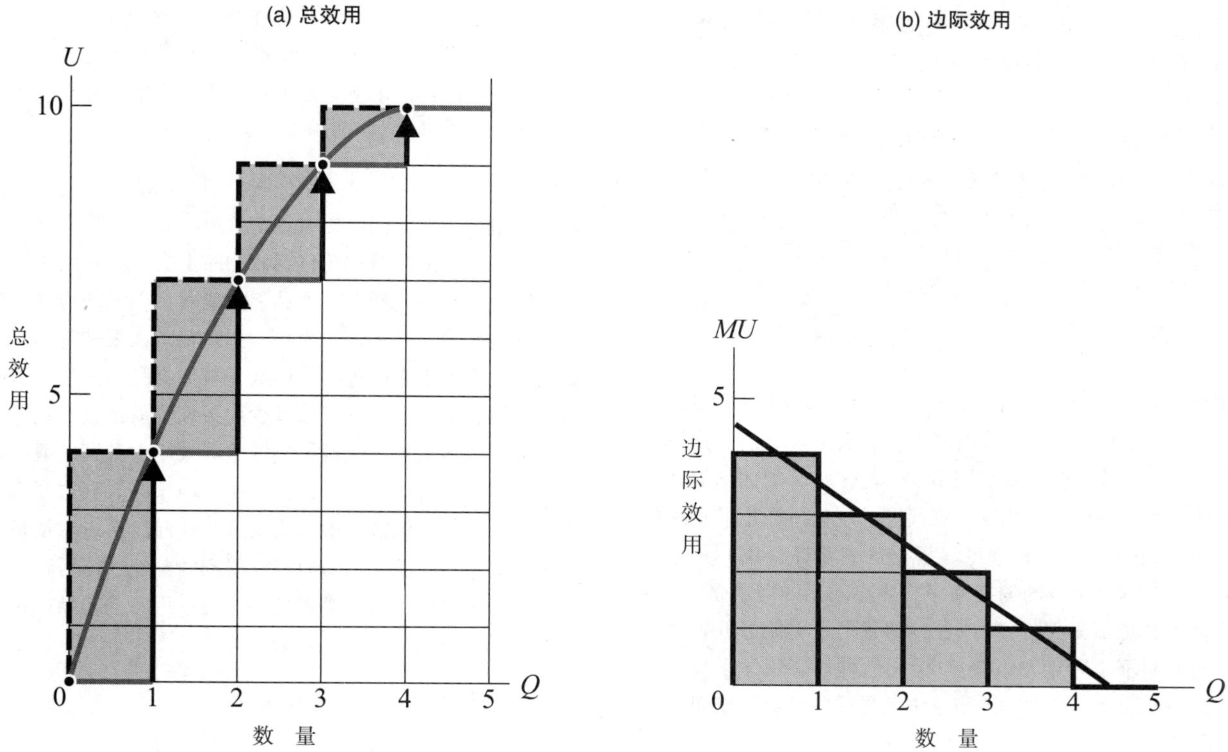


**图 5–1　边际效用的递减规律**

虽然图（a）中的总效用随着消费量的增加而增加，但它是以递减的速度在增加的。这体现着边际效用的递减性。这一现象使得早期的经济学家归纳出需求向下倾斜规律。

图中，灰色方块表示每新增 1 单位所带来的额外效用。图（b）中边际效用下降的阶梯反映了总效用以递减的速度增加这一情况。如果我们使每次消费的物品的单位越来越小，则总效用的阶梯棱角就会消失，总效用就会变成图（a）中的平滑曲线。进一步看，图（b）中向下倾斜的平滑曲线所代表的经平滑处理的边际效用，变得与图（a）中的平滑曲线的斜率相一致。

用。[1]

早期将效用概念引入社会科学的人是英国的哲学家吉米·边沁（Jeremy Bentham，1748~1832）。在研究了法律理论并受到亚当·斯密学说的影响之后，他转入研究制定社会立法所必需的法则。他建议，社会应该按“效用原则”（principle of utility）组织起来，他把效用原则定义为：“任何客体所具有的可以产生满足、好处或幸福，或者可以防止……痛苦、邪恶或不幸……的性质。”[2] 根据边沁的理论，所有立法都应该按照功利主义原则来制定，从而促进“最大多数人的最大利益”。在他的其他立法建议中，也有关于犯罪和处罚的带有相当现代意味的思想，他建议通过严厉的处罚来加大犯罪者的痛苦，这样可以阻止犯罪活动。

边沁关于效用的观点对于今天的许多人来说似乎是很简单的。但是在 200 年以前，这些观点却颇具革命性，因为它们强调社会和经济政策的制定应能取得一定的实际效果。而在此之前，制定政策的正当理由和根据却是基于传统、君主的意志或宗教教义。今天，许多政治思想家正是以什么东西会使最大多数人的境况变好的功利主义观念为基础，来为他们提出的立法建议做辩护。

在效用理论的发展过程中，接下来的一步是新古

[1] 风险、不确定性和赌博的经济学将在第 11 章论述。

[2] 参见本章末补充读物，注意，边沁使用的“效用”概念与今天的用法十分不同，今天是在某物有用的意义上使用这一术语的。

典经济学家——如威廉·斯坦利·杰文斯（William Stanley Jevons，1835~1882）——推广边沁的效用概念，用以解释消费者行为。杰文斯认为经济理论是一种“愉快与痛苦的计算”，他说明理性的人们应以每一物品所能增添的或边际的效用为基础来做出他们的消费决策。19世纪的许多功利主义者都相信效用是一种心理上的实际存在——可直接以基数加以衡量，像长度和温度一样。他们通过反观自己的感觉和情绪来断定边际效用递减规律的成立。

***序数效用*** 今天的经济学家一般都拒绝接受基数（1、2、3等）（或可测量的）效用概念，它来自人们消费物品或服务的感觉或经验。效用的多少不能像汽车加油站的计量表那样直观地得出。相反，现代需求理论所注重的是**序数效用**（ordinal utility）理论。根据这种学说，我们只考查消费者对商品组合的偏好顺序。序数效用的问题是：“A是否比B更值得偏好？”或者，“我是否更偏好五香牛肉三明治而不是巧克力奶昔？”运用这种偏好顺序，我们可以坚实地确立起在本章及附录中所描述的市场需求曲线的一般性质。[3]

## 等边际法则：每种物品每1美元的边际效用相等

现在，我们想用效用理论来解释消费者需求，并理解需求曲线的性质。我们说，消费者试图使他或她的效用最大化，亦即消费者从可供选择的消费品组合中选择最偏好的组合。

我们能看出这样一种最优决策的规律是什么吗？可以肯定，我并不希望我所购买的最后一个鸡蛋和我所购买的最后一双鞋给我提供的边际效用正好相等，因为一双鞋的成本远远高于一个鸡蛋的成本。看来，更合理的规律应该是：如果物品A的价格是物品B的价格的2倍，那么，只有当物品A的边际效用至少是物品B的2倍时，我才会购买物品A。

这就导致了等边际法则：我应该这样地安排自己的消费，即在每一种物品上所支出的最后1美元，都能给我带来相等的边际效用。在这种情况下，我才能从我的购买中得到最大的满足或效用。

**等边际法则**（equimarginal principle）：最大满足或效用最大化的基本条件是要符合等边际法则。即在消费者的收入固定和他所面临的各种物品的市场价格也既定的条件下，当花费在任何一种物品上的最后1美元所得到的边际效用正好等于花费在其他任何一种物品上的最后1美元所得到的边际效用的时候，该消费者就会得到最大的满足或效用。

为什么必须符合这一条件呢？如果花费在任何一种物品上的最后1美元能够提供更多的边际效用，那么，钱就会从其他物品的花费中转移到该物品上去——直到边际效用递减规律使得花费在该物品上的最后1美元的边际效用下降到与其他物品相等时为止。如果花费在某种物品上的最后1美元所带来的边际效用低于其他物品的一般的边际效用水平，那么，我就可以减少购买该物品，直到花费在该物品上的最后1美元所提供的边际效用上升到一般的边际效用水平为止。[4] 消费达到均衡时用于各种物品的每1美元的一般的边际效用被称为*收入的边际效用*。它衡量的是消费者追加1美元消费时可以得到的额外的效用。

消费者均衡的这一基本条件，可以用不同物品的边际效用（*MU*）和价格（*P*）表示如下：[5]

$$MU_{\text{物品}1}/P_1 = MU_{\text{物品}2}/P_2 = MU_{\text{物品}3}/P_3 = \cdots\cdots = MU_{\text{每1美元收入的}}$$

---

[3] 像“在A与B之间偏好A”这样的陈述（并不要求我们知道偏好程度）被称为*序数的*或*无测度的*。序数是指我们可以排序，但不能衡量各种情况之间的数量差别的变量。在画展中，即使没有衡量美的数量标准，我们仍可以根据美的次序对画加以排列。

对于某些特殊情况，*序数的*或有测度的效用概念也很有用。序数衡量的一个例子是：我们说100开氏度的物质是50开氏度物质温度的2倍。今天，对于不确定条件下人们的行为通常用序数效用概念加以分析。这个问题将在第11章中进一步考查。

[4] 在经济学的某些领域，物品单位的不可分割性是十分重要而不可忽视的问题。例如，本田汽车就不能像果汁一样任意细分为很小的部分。假设我购买1辆而绝不是2辆本田汽车，那么，第一辆车的边际效用必然大于同样数量的货币购买其他物品的边际效用，正是这个原因才促使我购买它。而第二辆本田汽车的边际效用又必然很小，所以我不去买它。当不可分割性存在时，我们关于均衡的相等法则，可以被改述成不相等法则。

[5] 细心的读者也许会问：下述数学条件是否暗含效用是序数的或可测度的（见注释3）？事实上不是。序数效用衡量方法是指我们可以在维持同样的大小比较关系时拉长单位（就像用一根橡皮筋进行衡量）。如果效用的衡量单位被拉长（如翻番或者乘以3.1415），你可以发现公式中的所有分子变化了相同的数量，从而消费者均衡条件仍然满足。本章附录中用无差异曲线说明了这一点。

## 为什么需求曲线向下倾斜

运用消费者行为的这一基本法则，我们很容易理解为什么需求曲线是向下倾斜的。为简便起见，假设每 1 美元收入的一般边际效用是固定不变的。然后提高第一种物品的价格。在消费量不变的情况下，第一个比率（即 $MU_{物品1}/P_1$）就会低于所有其他物品每 1 美元的边际效用 $MU$。因此，消费者不得不调整自己对第一种物品的消费。消费者调整的过程是：(a) 减少对第一种物品的消费；从而 (b) 提高了第一种物品的边际效用 $MU$；直至 (c) 在第一种物品新的、降低了的消费水平上，花费在第一种物品上每 1 美元的新的边际效用再次等于花费在其他物品上的每 1 美元的边际效用 $MU$。

> 一种物品的较高价格降低了消费者对该种物品所希求的消费量；这也就说明了为什么需求曲线向下倾斜。

## 闲暇与时间的最优配置

西班牙有句祝福朋友的话：“祝你拥有健康、财富和更多闲暇。”这句话捕捉了这样一个思想：我们必须合理做好自己的时间预算，正如对货币要进行预算一样。时间是最公平的，即便是最富有的人一天也只有 24 个小时。让我们看一下前面所介绍的适用于稀缺货币配置的分析，现在如何应用到时间问题上来。

闲暇通常被定义为“一个人可以按自己的意愿去支配的时间”。闲暇是我们发挥个人特色的源泉。17 世纪的哲学家弗朗西斯·培根认为，人类最纯洁的娱乐是园艺。现代英国政治家温斯顿·邱吉尔曾这样描写他的假日：“我度过了愉快的一个月，盖了一间小屋，并口述了一本书：每天砌 200 块砖，写 2 000 个字。”

无论你的偏好如何，效用理论的原则都适用。假定在完成所有工作之后，你一天有 3 个小时的自由时间，能够用于园艺、砌砖或撰写历史，那么，你分配自己的时间的最佳方法应该是什么呢？不妨暂不考虑把时间花费在这些活动上或许是一种投资，用以提高你未来的赚钱能力的可能性。相反，我们假设这些活动都是纯粹消费性质的或追求效用的。消费者选择的一般法则是：当你让花费在每一种活动上的最后一分钟的边际效用都相等时，你就能最佳地利用你的时间。

再举个例子，假设你想最大化你在各门功课中的知识量，但你只有有限的可利用时间。你应该在每一门功课上花费相同的学习时间吗？当然不是。你可能发现，在经济学、历史和化学上花费相同的学习时间时，各门课所用的最后一分钟，并没有给你带来相同的知识量。如果花费在化学上的最后一分钟产生的边际知识量要大于历史，那么，把学习时间从历史转移到化学上，直到花费在每一门功课上的最后一分钟所产生的知识增量都相等时为止，那么，你就会提高你的知识总量。

同理，每小时效用最大化原则也能够运用于生活中许多不同的领域，包括慈善活动、改善环境或减肥。它并不仅仅是一条经济学规律，而且也是一条关于理性选择的规律。

### 消费者是奇才吗

以上这些讨论似乎假定消费者人人都是数学奇才，能够在他们日常生活中按照惯例计算边际效用到百分位和求解复杂的方程式。

这个不现实的前提条件当然不是经济学所认定的。众所周知，大多数的决策都只是根据人们的习惯做出的。人们有时候会购买“假冒伪劣”的东西，或者有可能遭遇推销员的欺骗。我们在经济学中所假定的，只是消费者的爱好和行为具有相当强的共性——他们不会以心中无数的方式行事，也不至于因持久的误判或错算而自作自受。如果有足够数量的人能前后一致地选择和避免购买行为的偏差，且在总体上都能选择他们最偏好的商品，那么，我们的科学理论就能够提供一种合理的、与事实比较相符的答案。

我们仍然应当警惕那种非理性的或无原则的行为倾向。**行为经济学**（behavioral economics）是一个新的研究领域，认为人们只有有限的时间和记忆，人们非理性的行为方式看上去是相当普遍的。行为经济学试图解释：为什么居民户几乎都不去为他们的退休而储蓄，为什么股票市场会产生泡沫，还有在信息有限的二手车市场上人们的行为是怎样的。2001 年诺贝尔经济学奖授予了加州大学伯克利分校的乔治·阿克尔洛夫，他在不对称信息和“次品”市场的研究领域中提出了更合理的解释；2002 年诺贝尔经济学奖授予了普林斯顿大学的丹尼尔·卡尼曼和乔治梅森大学的弗农·史密斯，理由是他们“关于人类如何进行判断和决策的分析……还有实验经济学家的经济预测理论”。

## 另一种分析方法：替代效应和收入效应

边际效用的概念有助于解释需求向下倾斜这一基本规律。但是，近几十年来，经济学家们提出了另一种分析需求——无需提及边际效用的方法。该方法使用了“无差异曲线”（在本章附录中，我们将解释这个概念），因此能严谨和统一地解释有关消费者行为的主要命题。该方法还有助于解释能够影响“需求对于价格变动的反应程度（需求的价格弹性）”的各种因素。

无差异曲线分析探讨价格变动的替代效应和收入效应。通过考查这些问题，我们可以了解为什么某一物品的需求量随其价格的上升而下降。

### 替代效应

替代效应是解释需求曲线向下倾斜的最显而易见的因素。如果咖啡的价格上升而其他物品的价格不变，那么，咖啡就会变成相对昂贵的东西。当咖啡变成更加昂贵的饮料时，咖啡的购买量就会减少，而茶叶或可可的购买量就可能会增加。同样，由于发送电子邮件比通过普通邮政发送信件更便宜、更迅捷，因而越来越多的人通过电子邮件通信。更一般地说，**替代效应**（substitution effect）可以表述为：当某一物品的价格上升时，消费者倾向于用其他物品来替代变得较为昂贵的该种物品，从而更便宜地获得满足。

这里消费者的行为，同厂商面临某一投入品价格上涨时的选择行为并没有什么两样。当某一投入品的价格上涨时，企业会用比较便宜的投入品，去替代该种比较昂贵的投入品。经过这种替代，企业就能够用最小的总成本生产出预定的产量。同样，当消费者用更便宜的物品来替代时，他们也是在用最小的成本来获得既定的满足程度。

### 收入效应

此外，当你的货币收入固定不变时，价格上升就如同你的“实际收入”下降一样（实际收入指货币能够购买到的物品和服务的实际数量）。当价格上升且货币收入固定不变时，消费者的实际收入便下降，因为他们的钱不再足以购买以前的数量。这就会导致一种**收入效应**（income effect），即物品价格变化通过对消费者实际收入的影响，进而影响消费者对该物品的需求数量。实际收入的减少通常会导致消费的减少，因此，收入效应常常会强化替代效应，使得需求曲线更向下倾斜。

为了用数字衡量收入效应，我们不妨考查一种物品的**收入弹性**（income elasticity）。这一术语表示在其他条件（如价格）保持不变的情况下，需求量变动的百分比除以收入变动的百分比。高收入弹性，如空中旅行或游艇所具有的那一种，表示对于这些物品的需求随着收入的增加而快速上升。低收入弹性，如食品或香烟所具有的，表示随着收入的增加，需求仅做出了微弱的反应。

**收入弹性的计算**

假设你是新墨西哥州圣达菲市的市政规划人员，正为干旱地区的居民户对水资源需求的增长而担忧。经过调查你得到了2000年的数据，如下：

该市人口为62 000；预计人口每10年的增长率为20%；2000年人均年水资源消费量为1 000加仑；预计人均收入在未来10年增长25%；人均水资源使用量的收入弹性为0.50。由此可以估计出2010年（在不变价格下）的水资源需求：

2010年水资源消费量＝2000年的人口数量×人口增长因子×人均水资源消费量×[1＋（收入增长×收入弹性）]

$$= 62\,000 \times 1.2 \times 1\,000 \times (1 + 0.25 \times 0.50)$$

$$= 83\,700\,000$$

从上面的数据中，你可以推测出从2000~2010年总居民户的水资源使用量将会增加35%。

收入效应和替代效应共同决定了各种商品的需求曲线的主要特征。在某些情况下，所得到的需求曲线是极富价格弹性的，如消费者在一种商品上花费很多、而该商品又存在着现成替代品的情况。在这种情况下，收入效应和替代效应都很强，需求量对于价格的上升就会做出强有力的反应。

但是，如果一种商品，如食盐，仅占消费者预算中很小的部分，且食盐又很难被其他商品所替代，同时，它所需要的搭配商品也很少。因此，对食盐来说，收入效应和替代效应都很小，其需求趋向于缺乏价格弹性。

## 从个人需求到市场需求

在分析了存在于咖啡或电子邮件的个人需求背后的机理之后，我们接下来考查如何从个人需求中推导出整个市场的需求。通过把所有消费者的需求量加总，我们可以得到某一物品的整个市场的需求曲线。每一个消费者都有一条需求曲线，该曲线是根据需求量随价格的变化来描绘的，它一般向右下方倾斜。如果所有的消费者的需求都相似，如果有 100 万个消费者，那么，我们可以想像，每一个消费者的需求曲线扩张 100 万倍，就得到了市场需求曲线。

然而，人们的条件并不是完全一样的。一些人的收入较高，一些人的收入较低。有的人很喜欢喝咖啡；有的人喜欢喝可乐。为了得到总的市场需求曲线，我们所要做的全部事情就是计算在每一价格水平上，不同的消费者的消费总量。然后，我们把总量作为一点描绘在市场需求曲线上。或者，如果愿意的话，我们也可以将每一市场价格水平上所有消费者的需求量加总，从而构造一个数字的需求表。[6]

市场需求曲线是在每一价格水平上的个人需求之和。图 5-2 说明了如何将个人的 *dd* 曲线按水平方向加总，得到市场需求曲线 *DD*。

## 需求曲线的移动

我们知道，咖啡价格变动可以改变对咖啡的需求量。从预算研究、历史经验和我们自己的行为考查中都可以看出这一点。在第 3 章，我们曾简要地讨论了某些决定需求的重要的非价格因素。现在，我们根据对消费者行为的分析来复习一下前面的讨论。

收入的上升会增加我们所愿意购买的大多数物品的数量。对于收入变动，必需品做出的反应程度小于大多数物品，而奢侈品做出的反应则比较大。同时，还存在着被称为“劣品”（inferior goods）的少量特殊物品，这些物品的购买量随着收入的增加而下降。因为，人们有足够的收入购买更好的物品来替代它们。对当今许多美国人来说，烧汤的骨头、城市的公共汽车和黑白电视都是“劣品”的例子。

从需求曲线方面来说，所有这一切意味着什么呢？需求曲线表明一种物品的需求量如何对它的价格变动做出反应。但是，需求也受到其他物品的价格、消费者的收入和特殊因素的影响。需求曲线是在假设这些其他条件保持不

[6] 这里和其他几章，我们用小写字母（*dd* 和 *ss*）表示个人的需求曲线和供给曲线，用大写字母（*DD* 和 *SS*）表示市场的需求曲线和供给曲线。

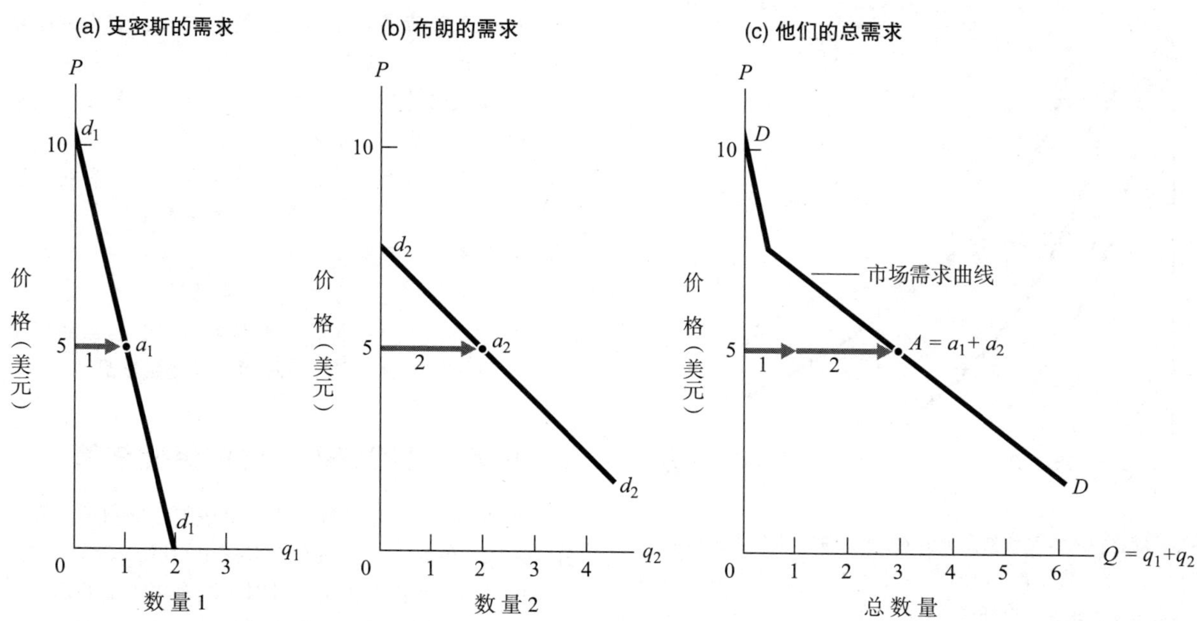


**图 5-2　根据个人需求推导市场需求**

我们把所有单个消费者的需求曲线加总，就可以得到市场需求曲线。在每一价格水平，如 5 美元，我们把每个人的需求量加总，便得到了市场需求量。本图表明，在价格为 5 美元时，我们将史密斯的 1 单位需求量与布朗的 2 单位需求量水平加总，得到 3 单位的市场需求。

变的前提下被描绘出来的。但是，如果这些条件发生了变化，则情况又将会如何呢？此时，整个需求曲线会向右方或左方移动。

图 5-3 说明了影响需求的因素的变动。在给定人们的收入和其他物品的价格的情况下，我们可以描绘出咖啡的需求曲线 *DD*。假设价格和数量处于 *A* 点，又假设收入上升而咖啡和其他物品的价格不变。由于咖啡是一种具有正的收入弹性的正常品，因此，人们会增加他们的咖啡购买量。这样，咖啡的需求曲线将向右上方移动，譬如说移动到 *D′D′*，*A′*代表咖啡的新的需求量。如果收入下降，那么，我们可以预计需求和购买量也会下降。这时曲线会向左下方移动，我们用 *D″D″*表示，*A″*是咖啡的新的需求量。

## 替代品和互补品

众所周知，提高牛肉的价格会减少牛肉的需求量。以上我们已经看到，它还会影响其他商品的需求量。例如，牛肉的较高价格将提高替代品（如鸡肉）的需求。同时，牛肉的价格上升可能降低与牛肉汉堡包一起食用的面包圈和番茄酱的需求。而对于经济学教科书的需求，它却可能几乎不发生影响。

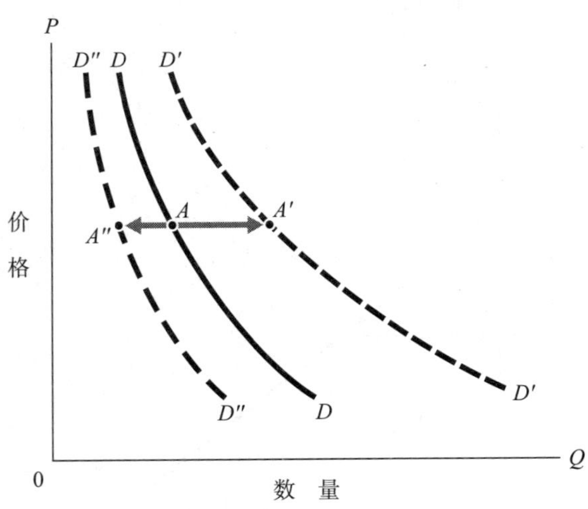


**图 5–3 随着收入或其他物品价格的变动，需求曲线发生移动**

随着收入上升，消费者一般愿意购买更多的物品，从而需求增加，或者说使需求曲线向外移动（解释了为什么较高的收入会使 *DD* 移动到 *D′D′*）。同样，一物品的替代物品价格的上升会增加对该物品的需求，或使需求向外移动（如从 *DD* 移动到 *D′D′*）。试解释为什么一般情况下收入的下降会使需求曲线移动到 *D″D″*。为什么鸡肉的价格的下降会使汉堡包的需求曲线移动到 *D″D″*？

因此，我们说牛肉和鸡肉是相互替代的物品。如果物品 A 的价格上升增加了替代品 B 的需求，那么，物品 A 和物品 B 就互为**替代品**（substitutes）。另一方面，汉堡包和面包圈，或者汽车和汽油则是相互补充的物品。它们之所以被称为**互补品**（complements），是因为物品 A 的价格上升会降低其互补品 B 的需求。介于替代品和互补品之间是**独立品**（independent goods），如牛肉与教科书，对于它们来说，一种物品价格的变化对另一种物品的需求没有什么影响。试区分下列各对物品之间的关系：火鸡与吃火鸡时用的越橘酱、石油与煤、学院与教科书、鞋与鞋带、食盐与鞋带。

假设，图 5–3 代表的是对牛肉的需求。鸡肉价格的下降可能引起消费者购买更少的牛肉，从而可能使牛肉的需求曲线向左移动，比如说移动到 *D″D″*。但是，如果汉堡包面包圈的价格下降，其结果如何呢？如果有所变化，那么变化的结果将会是 *DD* 曲线沿着增加牛肉购买量的方向变化，即 *DD* 向右上方移动。为什么反应会有所不同呢？因为鸡肉与牛肉是相互竞争或替代的物品，而面包圈则是牛肉的互补品。

关键概念复习：

- 当价格上升使得其他物品替代该物品时，就发生了**替代效应**。
- **收入效应**是物品的需求量的变动，该变动是由于价格变动改变了消费者的实际收入所致。
- **收入弹性**等于一种物品需求量变动的百分比除以收入变动的百分比。
- 如果一种物品价格的上升会导致另一种物品需求的上升，则这两种物品互为**替代品**。
- 如果一种物品价格的上升会导致另一种物品需求的下降，则这两种物品为**互补品**。
- 如果一种物品价格的变动对另一种物品的需求没有任何影响，则这两种物品都是**独立品**。

## 价格弹性和收入弹性的经验估算

就许多经济应用情况而言，价格弹性的数值估算是十分必要的。例如，一位汽车制造商想知道，安装昂贵的控污设备所引起的汽车价格上升对于汽车销售量的影响；一所大学需要了解，较高的学费对学生申请人数的影响；一位出版商会计算教科书价格的上升对其销售量的影响。而所有这些问题都需要估算价格弹性的数值。

类似的决策则依赖于收入弹性。正在规划道路或铁路网的政府需要估算收入上升对驾车旅行的影响；联邦政府在制定有关空气污染或全球变暖问题的政策时，必须计算较高的收入对能源消费的影响；在决定进行必要的投资以扩大发电能力时，电力部门需要知道收入弹性，以估算电力消费。

经济学家们掌握了有效的统计技术来估算价格弹性和收入弹性。根据需求量、价格、收入和其他变量的市场数据，可以推导和估算出弹性的数值。表 5-2 和表 5-3 列举了若干物品的弹性估算值。

| 商　品 | 价格弹性 |
|---|---|
| 西红柿 | 4.60 |
| 青　豆 | 2.80 |
| 合法赌博 | 1.90 |
| 出租车服务 | 1.24 |
| 家　具 | 1.00 |
| 电　影 | 0.87 |
| 鞋 | 0.70 |
| 法律服务 | 0.61 |
| 医疗保险 | 0.31 |
| 客车旅行 | 0.20 |
| 居民用电 | 0.13 |

**表 5-2　若干物品的需求价格弹性的估算**

需求价格弹性的估算表显示了物品的价格弹性变动范围较大，对于那些容易找到替代品的物品，如西红柿或青豆，其弹性一般较高。对于电力等日常生活必不可少而又没有方便的替代品的物品，其弹性一般较低。

资料来源：Heinz Kohler, *Microeconomics: Theory and Applications* (Heath, Lexington, Mass., 1992).

| 商　品 | 收入弹性 |
|---|---|
| 汽　车 | 2.46 |
| 房主占用的住房 | 1.49 |
| 家　具 | 1.48 |
| 书　籍 | 1.44 |
| 餐厅用餐 | 1.40 |
| 服　装 | 1.02 |
| 医疗服务 | 0.75 |
| 烟　草 | 0.64 |
| 鸡　蛋 | 0.37 |
| 人造黄油 | -0.20 |
| 猪肉制品 | -0.20 |
| 面　粉 | -0.36 |

**表 5-3　若干物品的收入弹性**

奢侈品的收入弹性较高，它的消费量相对于收入来说增长很快。对于需求量随着收入增长而下降的劣品来说，收入弹性为负。对于许多日常用品，如服装，需求与收入同比例上升。

资料来源：Heinz Kohler, *Microeconomics: Theory and Applications* (Heath, Lexington, Mass., 1992).

## 上瘾物品的经济学

在一个自由的市场经济中，政府通常让人们自主决定如何花费其货币收入。假如有些人想买昂贵的汽车而另一些人想买昂贵的房子，那么我们假定他们都知道什么对自己最有益。出于对个人自由的考虑，政府应尊重他们的选择。

然而在有些情况下，政府却谨慎而又十分犹豫地干涉成年人的私人决策。这包括消费具有内在价值的*益品*(merit goods)，以及与之相对立的*害品*（demerit goods)，即它的消费被认为是有害的。对于这些物品，我们认识到，某些消费行为会产生严重后果，因而否定个人决策也许就变得可取。今天，大多数社会都提供免费的公共教育和急救医疗；社会也同时处罚或禁止香烟、酒类和海洛因等有害物质的消费。

最具争议的害品之一是令人上瘾的物品。上瘾物品是指消费欲望严重依赖于过去的消费的物品。吸烟或吸毒成瘾的人或许会对沾染了这种习惯而懊悔不已；但是，这正是上瘾的本质：习惯一经养成便很难逆转。一个经常吸烟或吸毒的人比不吸烟、不吸毒的人对这类物品的欲望要强烈得多。而且，对于那些极易令人上瘾的物品来说，需求可能相当缺乏弹性。相反，对于普通物品来说，今天的需求不可能如此直接地依赖于昨天的消费模式。

上瘾物品的市场是十分庞大的。2002 年，消费者花费在烟草产品上的支出为 760 亿美元，花费在酒精产品上的总支出为 1 260 亿美元。非法毒品的总支出额显然只能靠推测，据估计总额大约为每年 650 亿美元。

这些物品的消费引发了公共政策方面的重大问题，因为上瘾物品不仅对使用者有害，而且会增加社会成本，造成社会危害。对使用者本人的危害主要包括：因吸烟而英年早逝的人每年约有 45 万人，且不论吸烟导致的其他一系列的医学方面的问题；因酒后开车而导致的交通死亡事故，每年高达 1 万起；静脉注射海洛因所导致的退学、失业、家庭破裂及艾滋病高发率，等等。对社会的危害则包括：购买高价毒品的“瘾君子”们制造的抢劫案和凶杀案；为治疗毒品、香烟或烟草使用者而付出的高额成本，传染性疾病，特别是艾滋病和肺炎的迅速蔓延；以及现存的使用者诱使新的使用者的趋势，等等。

美国常用的一种政策手段是严禁买卖和使用上瘾物品，并用刑事制裁来加强这一禁令的效果。在经济学上，禁止措施相当于使供给曲线急剧向上移动。供给曲线向上移动之后，上瘾物品的价格就会提高很多。在 1920~1933 年的禁酒运动期间，酒的价格大约比以前提高了 3 倍。据估计，目前可卡因的售价至少是其自由市场价格的 20 倍。

那么，这种措施对上瘾物品的消费量会有什么影响呢？对于使用者本人及社会所受到的危害又有何种影响呢？要回答这些问题，我们需要考虑上瘾物品需求的性质。有证据表明，偶尔使用非法毒品的消费者可以找到廉价的替代品，例如酒和烟草，因此其需求具有较高的价格弹性。相反，瘾君子们沉湎于特定物品，其需求缺乏弹性。

图 5–4 描述了一种可能的结果。该图说明了对极易上瘾的物品（如海洛因）的瘾君子紧缩供给，由 *SS* 曲线移动到 *S′S′*，从而使之由合法药物变成禁用毒品。在这种情况下，需求高度缺乏弹性。供给的变动和价格的上升导致花费在该毒品上的支出大幅度增加。这类物品的支出可能是如此之高，以至于使用者不惜为此去抢劫和犯罪。两位对此颇有研究的经济学家指出，禁止措施的后果是：“非法毒品市场滋生了犯罪，破坏了旧市区，传播了艾滋病，腐蚀了法律执行官员和政客，产生并加剧了贫困，败坏了社会的道德观念。”[7]

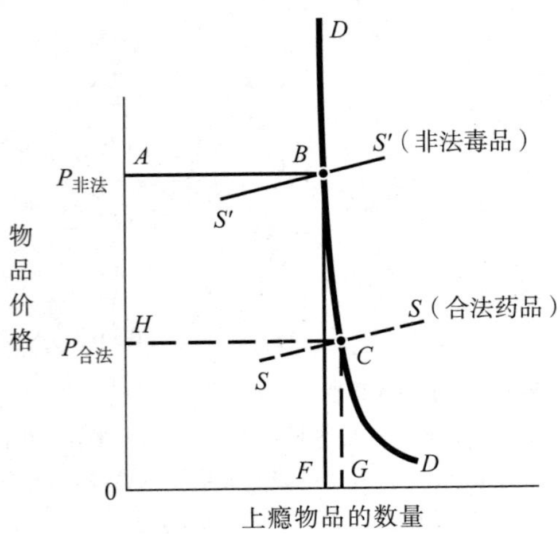


**图 5–4 瘾君子对上瘾物品的需求**

对于海洛因等毒品的瘾君子来说，上瘾物品的需求是非常缺乏弹性的。因此，如果禁毒运动提高了毒品的街头价格，使得供给曲线由 *SS* 移动到 *S′S′*，花费在毒品上的总支出将从 0*HCG* 上升到 0*ABF*。对于极度缺乏弹性的毒品来说，供给受到限制时，毒品支出会急剧上升。如果瘾君子的收入主要来源于偷窃，那么禁毒对于犯罪行为会有什么影响？你是否明白，为什么在这种情况下，有人会主张减少毒品管制甚至使毒品合法化？

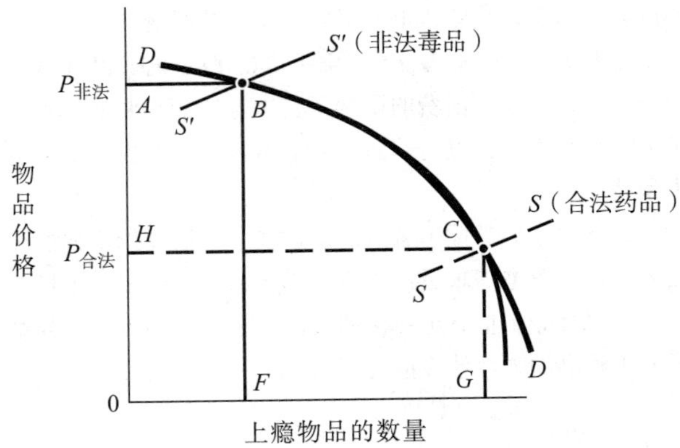


**图 5–5 偶尔吸毒的人对上瘾物品的需求**

对于偶尔吸毒的人（尚未上瘾且很容易找到替代品的人）来说，需求可能有一定弹性。这种情况下，限制或提价会对使用产生重大影响。而且，由于需求富有弹性，毒品的消费会由 0*HCG* 上升到 0*ABF*。这就是主张严格限制上瘾物品可获得性的人的证据。

另外一些人认为毒品使用对价格高度敏感，特别是对那些偶尔使用的人，如图 5–5 所示。举例来说，当一个少年支付得起上瘾物品时，他可能会沾染一些，但高昂的价格（伴随着获取的困难）就不太可能诱使他沦为瘾君子了。在这种情况下，限制供给既会导致使用量骤减，又会降低花费在其上的支出额。

管理上瘾物品的一个主要困难源于其替代模式。许多毒品都有方便的替代品而非互补品。因此，专家们提醒道，提高一种毒品的价格会驱使使用者选择另一种有害物质。例如，对吸食大麻给予刑事处罚的州可能导致青少年消费更多的酒精和烟草。

显然，针对上瘾物品的社会政策会引起一系列非常复杂的问题。但是经济学的需求理论仍使我们对众多可供选择的方案的影响有了重要而深刻的理解。首先，它提出通过提高有害的上瘾物品的价格可以减少偶尔使用毒品的人数，否则他们将会被吸引到毒品市场中去。其次，它提醒我们，非法毒品的许多负面影响与其说是因为消费它们而引起的，不如说是因为禁止它们而产生的。许多观察者经过深思之后得出了一个看似矛盾的结论：如果政府放松管

[7] 参见本章末补充读物 Miron 和 Zwiebel 的著述。

制，并将目前用于限制供给的资源转而用于治疗和心理咨询，那么上瘾物品的总成本都会因此降低，无论是对于使用者、其他人，还是就毒品交易泛滥的破烂陈旧的内城地带而言。

## 价值悖论

200 多年以前，亚当·斯密在《国富论》中提出了价值悖论：

> 没有什么能比水更有用，然而水很少能交换到任何东西。相反，钻石几乎没有任何使用价值，但却经常可以交换到大量的其他物品。

换句话说，为什么对生活如此必不可少的水几乎没有价值，而只能用做装饰的钻石却索取高昂的价格？

虽然在 200 年以前，这一悖论困扰着亚当·斯密，但是我们可以设想以下一个好问的学生与"当代亚当·斯密"的对话：

学　　生：我们如何才能解决价值悖论？

当代斯密：最简单的答案就是，水的供给和需求曲线相交于很低的价格水平，而钻石的供给曲线和需求曲线决定了它的均衡价格十分昂贵。

学　　生：但是您经常教导我去思考曲线背后的东西，为什么水的供给曲线和需求曲线相交于如此低的价格？

当代斯密：答案在于钻石十分稀缺，因此得到钻石的成本很高；而水相对丰裕，在世界上许多地区只需花费很低的成本就可以得到。

学　　生：但在这张图中，效用在哪里体现？

当代斯密：你是对的，答案还没有将成本信息与同等正确的事实协调起来，即世界上水的供给比世界上钻石的供给有用得多。所以，我们必须再加上一条真理：即水在整体上的效用并不决定它的价格或需求。相反，水的价格取决于它的边际效用，取决于最后一杯水的有用性。由于有如此之多的水，所以，最后一杯水只能以很低的价格出售。即使最初的几滴水相当于生命自身的价值，但最后的一些水仅仅用于浇草坪或洗汽车。

学　　生：现在我理解了，经济价值理论并不难懂，只要你记住：在经济学中，是狗尾巴摇动狗身子。摇动价格和数量这个狗身子的是边际效用这条狗尾巴。

当代斯密：非常正确！像水那样非常有用的商品只能以几乎接近于零的价格出售，因为最后的一滴水几乎一文不值。

我们可以用下面的说明来解答价值悖论问题：商品的数量越多，它的最后一单位的相对购买愿望就越小。因此，为什么大量的水只有极低的价格，为什么必不可少的物品，如空气，却成为免费物品，其答案就清楚了。在这两种情况下，正是巨额的数量使其边际效用大大减少，因而降低了这些重要物品的价格。

## 消费者剩余

价值悖论强调，用所标明的一种物品的货币价值（用价格乘以数量）来衡量作为该物品总的经济价值的指标可能是极端错误的。我们所呼吸的空气其可衡量的经济价值为零，然而，空气对于福利的贡献却大得难以估量。

一种物品的总效用与其总市场价值之间的差额称为**消费者剩余**（consumer surplus）。之所以会产生剩余，是因为我们"所得到的大于我们所支付的"，这种额外的好处根源于递减的边际效用。

我们之所以能享受消费者剩余，基本的原因在于：对于我们所购买的某一物品的每 1 单位，从第 1 单位到最后 1 单位，我们支付的是相同的价格。对于每 1 个鸡蛋或每 1 杯水，我们都支付了相同的价格。同时，我们所支付的每 1 单位的代价都是它最后 1 单位的价值。但是，根据边际效用递减这一基本规律，对于我们来说，前面的各单位都要比最后的 1 单位具有更高的价值。因此，我们就这样从前面的每 1 单位中享受到了效用剩余。

图 5–6 说明的是消费者剩余的概念。该例中货币为衡量效用提供了一个有效的尺度。这个例子是：一个人消费水，水的价格为每加仑 1 美元。图 5–6 中位于 1 美元的水平线表示了这一点。该消费者考虑在那一价格水平时购买多少加仑的水。第 1 加仑的水是非常有用的，能够消除极度的干渴，消费者愿意为它支付 9 美元。但是，这第 1 加仑水的代价只不过是市场价格 1 美元，于是消费者就获得了 8 美元的消费者剩余。

再考虑第 2 加仑的水。这 1 加仑水对消费者来说值 8 美元，但成本仍然为 1 美元，因此，消费者剩余为 7 美元。如此下去，直到第 9 加仑的水，它对消费者来说只值 50 美分，从而就不购买这 1 加仑水了。在 $E$ 点时，消费者达到了均衡，此时，按每加仑 1 美元的价格，该消费者

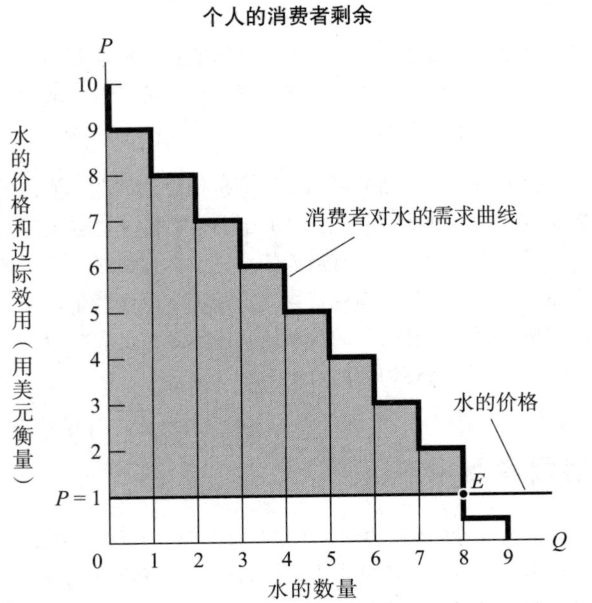


**图 5-6 由于边际效用递减，消费者的满足程度超过了他所支付的代价**

对水的向下倾斜的需求曲线反映了水的边际效用递减。注意一下消费者从前面的各单位中获得了多少超额的或过剩的满足程度。将所有灰色部分的剩余加总（第 1 单位 8 美元的剩余 + 第 2 单位 7 美元的剩余 + … + 第 8 单位 1 美元的剩余），我们就得到，该消费者从水的购买中得到的消费者剩余总量是 36 美元。

在这个简化了的例子中，需求曲线与价格之间的面积就是消费者剩余的总量。

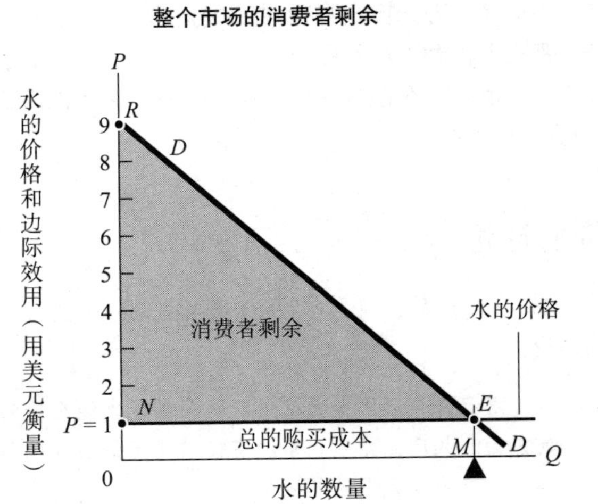


**图 5-7 总的消费者剩余是需求曲线与价格之间的面积**

需求曲线衡量了消费者每单位支付的代价。因此，需求曲线之下的总面积（0*REM*）代表了从消费者的消费中得到的总效用。减去消费者所支付的市场价格（等于 0*NEM*），我们就可以得到从水的消费中所获得的消费者剩余，即灰色三角形 *NER*。这一工具有助于衡量公共品所带来的利益及垄断和进口关税所造成的损失。

购买了 8 加仑的水。

但是，在这里我们有了一个重要的发现：尽管该消费者只支付了 8 美元，但水的总价值为 44 美元。把纵轴每一边际效用相加（等于 9 美元 + 8 美元 + … + 2 美元），就得到了这一结果。这样，该消费者得到了超过其支付额 36 美元的消费者剩余。

图 5-6 考查了单个消费者购买水的情况。我们也可以将消费者剩余的概念运用于整个市场。图 5-7 中的市场需求曲线是个人需求曲线水平方向的总和。可以把个人消费者剩余的逻辑运用于整个市场。价格线之上的市场需求曲线的面积，如图 5-7 中 *NER* 所示，代表了消费者剩余的总量。

> 由于消费者按照最后 1 单位的价格支付全部单位的消费品，因此，他们得到了成本之上的效用剩余。消费者剩余衡量的是消费者从某一物品的购买中所得到的超过他们所为之支付的那部分的额外效用。

## 消费者剩余的应用

消费者剩余的概念对于评估许多政府决策是极其有用的。例如，政府如何决定新建一条公路的价值，或保留一块娱乐场所的价值。假设一条新公路的修建正在考虑之中。由于公路对所有人免费，它并不能带来任何收入。使用公路的人所得到的价值在于时间的节省或旅行的安全，它能够用个人的消费者剩余来衡量。为了避免个人之间效用难以比较的困难，我们假设有 1 万名使用者，他们在所有方面都是完全相同的。

经过详细的试验，我们认定，每个人可以从公路中得到 350 美元的消费者剩余。如果总成本小于 350 万美元（10 000 × 350 美元），修建这条公路就会提高消费者的经济福利。经济学家们在进行成本收益分析（cost-benefit analysis）时会运用消费者剩余，这里的成本收益分析是指决定一项政府计划的成本与收益的分析。他们一般会建议，如果这条公路的总消费者剩余大于它的成本，就应该建造这条公路。同样的分析还被用于解答环境问题，如是否保护野生环境以供游乐，或者是否要求安装新的减轻环境污染的设备。

消费者剩余的概念还指出，现代社会的公民享受着巨大的特权。我们每个人都能以低价购买大量品种繁多的非常有用的物品。这显然是一种令人愧疚的思想意识，如果你认识的某个人正在夸耀自己的工作效率如何高，或者正在解释自己的实际工资如何高的时候，你不妨建议他们冷静下来思考一番。如果把拥有专业技术的他们送到荒无人烟的岛屿上，那么，他们的工资又能购买多少东西呢？事实上，如果没有资本设备，没有其他人的合作，更重要的，如果没有一代又一代人积累下来的技术知识，我们每个人又能生产出多少东西呢？很显然，我们所有的人都从我们未曾出力的经济世界中获得了利益。正如伟大的英国社会学家霍布豪斯（L. T. Hobhouse）所说：

> 某些行业的组织者认为，他们靠“自我奋斗”获得了成功，并“创造”了自己的企业。而在事实上，是整个社会向他提供了技术工人、机器、市场、安定和秩序——这一系列条件和整个社会环境是千百万人经过许多代人的努力共同创造出来的。如果将这些社会条件统统收回，那么，我们只不过是……靠树根、野果和野兽维生的野人。

至此，我们已完成需求部分基本要点的讨论，下一章我们将转到成本和供给的分析。

## 总结提要

1. 市场需求或需求曲线产生于个人选择其最偏好的物品和服务组合的过程。
2. 经济学家们用效用概念来解释消费者的需求。效用表示一个消费者从不同商品的消费中得到的相对满意程度。从多消费的 1 单位某种物品中所得到的满足程度的增加部分就是*边际效用*。这里，“边际”的意思是额外的或新增加的效用。边际效用递减规律指出：随着所消费的某一物品的量的增加，所消费的最后 1 单位的边际效用趋于递减。
3. 经济学家们假设，消费者要分配其有限的收入，以获得最大的满足或效用。为了实现效用最大化，消费者必须满足*等边际法则*，即用于每种物品的最后 1 美元的边际效用相等。

   只有当用于苹果、熏肉、咖啡和其他各种物品上的每 1 美元的边际效用都相等时，该消费者才能从有限的美元收入中获得最大的满足。但是必须注意，50 美元一盎司的香水的边际效用并不等于 50 美分一杯的可口可乐的边际效用。而是说，它们的边际效用除以每单位的价格以后，也就是最后 1 美元的边际效用 $MU/P$，在消费者的最优配置之下必然都相等。
4. 边际效用或每单位资源的边际收益相等是消费选择的基本规律。对于任何稀缺资源，比如时间，如果你想最大化该资源的价值或者效用，则必须确保各种资源每单位的边际收益能够相等。
5. 所有消费者的市场需求曲线是通过把每一消费者的独立的需求曲线按水平方向加总而得到的。多种原因可以引起需求曲线的移动。例如，收入的增加通常引起 *DD* 曲线向右移动，从而需求增加；一种替代品（如鸡肉替代牛肉）的价格上升也会引起需求曲线同样向上移动；一种互补品(如汉堡包面包圈和牛肉）的价格上升反过来会引起 *DD* 曲线向左下方移动。还有一些其他因素——偏好、人口或预期的变化——也能影响需求。
6. 把价格上升的影响区分为替代效应和收入效应，我们能够更深入地理解导致需求曲线向下倾斜的因素。（a）替代效应发生于：一种物品的价格上升导致人们用其他物品来替代该物品，以便达到既定程度的满足；（b）收入效应意味着，价格上升会降低实际收入，从而减少对大多数物品的所希求的消费量。对于大多数物品来说，替代效应和收入效应是相互增强的，并且由此产生了需求曲线向下倾斜的规律。我们用收入弹性（表示需求量变动的百分比除以收入变动的百分比）来衡量需求量对于收入的反应程度。
7. 请记住，是边际效用这条狗尾巴在摇动市场价格和数量这个狗身子。这一点可以通过*消费者剩余*这一概念突出地表现出来。我们为最后 1 夸脱牛奶支付的价格与第 1 夸脱牛奶相同。但是，根据边际效用递减规律，前面各单位物品的边际效用大于最后 1 单位物品的边际效用。这意味着我们愿意为前面各单位支付高于市场水平的价格。总效用超过市场价格的差额称为消费者剩余。消费者剩余反映我们按相同的低价购买所有单位物品时所得到的好处。在简化的情况下，我们可以用需求曲线与价格线之间的面积来衡量消费者剩余。这是一个对于许多公共决策都很有用的概念——例如，决定社会应该在什么时候把大量开支用于公路、桥梁的建设或用于保护野生环境上。

## 概念复习

效用，边际效用
功利主义
边际效用递减规律
收入和其他因素引起的需求变动
序数效用
花费在每一种物品上的最后1美元的边际效用相等的等边际法则：
$MU_1/P_1 = MU_2/P_2 = \cdots = MU_{每1美元收入的}$
市场需求与个人需求
收入弹性
替代品、互补品和独立品
替代效应和收入效应
益品，害品
价值悖论
消费者剩余

## 补充读物和互联网站

### 补充读物

An advanced treatment of consumer theory can be found in intermediate textbooks; see the Further Reading section in Chapter 3 for some good sources.

Consumers often need help in judging the utility of different products. Look at *Consumer Reports* for articles that attempt to rate products. They sometimes rank products as "Best Buys," which might mean the most utility per dollar of expenditure.

Jeffrey A. Miron and Jeffrey Zwiebel, "The Economic Case against Drug Prohibition," *Journal of Economic Perspectives,* Fall 1995, pp. 175–192, is an excellent nontechnical survey of the economics of drug prohibition.

Utilitarianism was introduced in Jeremy Bentham, *An Introduction to the Principles of Morals* (1789).

### 互联网站

Data on total personal consumption expenditures for the United States are provided at the website of the Bureau of Economic Analysis, www.bea.doc.gov. Data on family budgets are contained in the Bureau of Labor Statistics, *Consumer Expenditures,* available at www.bls.gov.

Practical guides for consumers are provided at a government site, www.consumer.gov. The organization Public Citizen lobbies in Washington "for safer drugs and medical devices, cleaner and safer energy sources, a cleaner environment, fair trade, and a more open and democratic government." Its website at www.citizen.org contains articles on many consumer, labor, and environmental issues.

There are a number of new sites on behavioral economics, for example, www.business2.com/webguide/0,1660,65005,00.html. You can read the Nobel lectures of laureates Akerlof, Kahneman, and Smith, with their views on behavioral economics, at www.nobel.se/economics/laureates/.

## 问题讨论

1. 解释效用的含义。总效用和边际效用之间有何差异？解释边际效用递减规律，并给出一个数字例子。
2. 每周，汤姆·吴都以每个2美元的价格购买两个汉堡包，以每瓶0.50美元的价格购买8瓶可口可乐，以每份1美元的价格购买8份比萨饼。但是，在价格为每个1.50美元时，他不购买任何热狗。对于这4种物品的每一种，你能算出汤姆的边际效用吗？
3. 下列物品中哪一对可以划分为互补品、替代品和独立品：牛肉、番茄酱、羊肉、香烟、口香糖、猪肉、收音机、电视机、空中旅行、乘公共汽车旅行、出租车和平装书。说明当一种物品的价格上升时，所引起的另一种物品的需求曲线的移动。收入的变动对于空中旅行的需求曲线会发生何种影响？对公共汽车旅行的需求曲线又有何影响呢？

4. “当所有物品的边际效用完全相等时效用达到最大。”这种说法为什么是错误的？修正这种说法并解释其原因。

5. 当把消费者剩余分析应用到看电影中时，下面是一种估算消费者剩余的方法：
   a. 去年你看了多少部电影？
   b. 去年你在看电影上总的花费是多少？
   c. 你愿意为去年看过的所有电影最多支付多少钱？
   d. 计算 c 减去 b，得到你在看电影上的消费者剩余。

6. 分析下表，该表列举了每年滑雪的不同天数的效用：

| 滑雪的天数 | 总效用（美元） |
| --- | --- |
| 0 | 0 |
| 1 | 70 |
| 2 | 110 |
| 3 | 146 |
| 4 | 176 |
| 5 | 196 |
| 6 | 196 |

设制一张表，以说明每一滑雪天数的边际效用。假设有 100 万人口，他们都具有表中所示的偏好，画出滑雪天数的市场需求曲线。如果每天的票价为 40 美元，滑雪的均衡价格和天数为多少呢？

7. 对于表 5-2 中的每一种商品，计算价格上升 1 倍对于需求量的影响。同样，对于表 5-3 中的各种商品，消费者收入增加 50%会产生何种影响呢？

8. 当你把越来越多的完全相同的个人需求曲线加总（采用与图 5-2 相似的方法），在相同的坐标单位下，市场需求曲线会变得越来越平坦。这一事实是否说明需求弹性变得越来越大呢？仔细解释你的答案。

9. 供给和需求理论的一个有趣的应用在于：就那些上瘾物品来说，可以对限制其供给的各种方法进行比较。本题假设上瘾物品的需求缺乏价格弹性：
   a. 一种方法是将其供给拒于国门之外（今天，这种方法被用于海洛因和可卡因，在禁酒运动期间，它被用于酒类）。试说明这种方法如何提高了物品的价格，并增加了毒品行业供给者的总收入。
   b. 另一种可供选择的方法是对这些物品课以重税（今天，这种方法被用于烟草和酒类）。运用第 4 章的税收分析，说明这种方法如何降低毒品业供给者的总收入。
   c. 试评论上述两种方法的差异。

10. 假设你是一个肥胖的有钱人。你的医生建议你将每天的食品限制在 2 000 卡路里以内。那么，你对食品的消费均衡是什么？

11. 消费者剩余的数字题：假设过桥的需求函数是：$Y = 1\ 000\ 000 - 50\ 000P$，其中 $Y$ 是指桥的需求量，$P$ 是每次过桥的费用（以美元计）。
   a. 如果每次过桥的费用是 0 美元、1 美元和 20 美元，请分别计算消费者剩余。
   b. 假定桥的成本是 180 万美元，请计算收支相抵的一次过桥费用，此时，消费者剩余是多少？
   c. 假定桥的成本是 800 万美元，请解释为什么在过桥费不能弥补这一成本的情况下仍然要修建这座桥？

# 第 5 章附录

# 消费均衡的几何分析

一个世纪以前，经济学家维尔弗雷多·帕累托（Vilfredo Pareto，1848~1923）发现，即使在没有效用概念的情况下，需求理论的所有重要组成部分也仍然能够加以分析。帕累托发展了现在被称为无差异曲线的分析方法。本附录介绍现代无差异分析理论，然后用这一新工具推导消费者行为的主要法则。

## 无差异曲线

首先，假设你是一个消费者，在给定的价格水平下，你购买不同组合的两种物品，譬如说不同组合的食品和服装。对于这两种物品的每一种组合，我们假设：你偏好其中的一种；或者，两种组合对你来说是无差异的。例如，要求你在 1 单位食品和 6 单位服装的组合 A，与 2 单位食品和 3 单位服装的组合 B 之间做出选择时，你可能就会认为（1）A 偏好胜于 B 偏好；（2）B 偏好胜于 A 偏好；或者（3）A 偏好和 B 偏好对你来说是无差异的。

假设在你看来，A 和 B 正好是同样可取的，即得到它们之间的任何一种对你来说都是无差异的。让我们考虑你同样认为是无差异的某些其他组合，如图 5A-1 的附表所列举的各种组合。

图 5A-1 用图形描述了这些组合。我们用一个轴衡量服装的单位数，用另一个轴衡量食品的单位数。4 种组合 *A*、*B*、*C*、*D*，每一种均由图上的一点来表示。当然，这 4 种组合绝不是那些对你无差异的组合的全部。另一种组合，如 3/2 单位的食品和 4 单位的服装，也可以和 *A*、*B*、*C*、*D* 处于同样的无差异水平，而且还有许多没有表示出来的组合。在图 5A-1 中，连接 4 点的平滑曲线就是**无差异曲线**（indifference curve）。这条无差异曲线上的点，代表消费者所有的无差异组合；每一种组合你都有同等的意愿去得到。

### 替代规律

无差异曲线被描绘成碗形的，或者说是凸向原点的。因此，随着你沿曲线向下和向右移动，即增加食品的数量和减少服装的数量，曲线就会变得更加平坦。将曲线画成这种形状是为了说明一种性质，我们可以将这一性质称为替代规律：

> 一种物品越是稀缺，它的相对的替代价值就越大；相对于变得充裕的物品，它的边际效用会上升。

因此，在图 5A-1 中从 *A* 移动到 *B*，就意味着你用 6 单位服装中的 3 个单位来多换取 1 单位食品。但是，从 *B* 移动到 *C* 你只需放弃剩下来的服装中的 1 单位就得到第 3 个单位的食品，即 1 比 1 的交换。为了得到第 4 单位的食品，你仅仅愿意放弃已经逐步减少的服装中的 1/2 个单位。

如果将图 5A-1 中的 *A* 点和 *B* 点连接起来，我们就会发现，连线的斜率（去掉它的负号）数值为 3。把 *B* 和 *C* 连接起来，斜率为 1；把 *C* 和 *D* 连接起来，斜率为 1/2。这些数值——3、1、1/2——就是两种物品之间的替代率（有时称为边际替代率）。随着在曲线上移动的距离越来越短，替代率就越来越接近于无差异曲线的实际斜率。

无差异曲线的斜率是两种物品的相对边际效用的度量，或者说是两种物品的替代条件的度量，即对于很微小的变化，消费者愿意按该条件用一种物品的微量减少来换取另一种物品的（微量）增加。

像图 5A-1 中那样凸向原点的无差异曲线，符合于上述替代规律。当你消费的食品数量上升、同时你消费的服装数量下降的时候，食品必须越来越便宜，才能使你愿意放弃少量的服装以换取更多的食品。当然，无差异曲线的确切形状和斜率对于不同的消费者会有差异，但一般的图形会与图 5A-1 和图 5A-2 类似。

### 无差异曲线图

图 5A-1 附表内容只是无数可能中的一种。我们可以从一种更受喜爱的消费状况开始，并且列出能够给消费者带来较高满足程度的不同组合。其中的一个表格可能以 2 单位的食品和 7 单位的服装开始，另一个表格可能以 3 单位的食品和 8 单位的服装开始。每一个表格均可以用图形表示出来，并具有相应的无差异曲线。

图 5A-2 描绘了 4 条这样的曲线；图 5A-1 中的曲线

消费者的无差异曲线

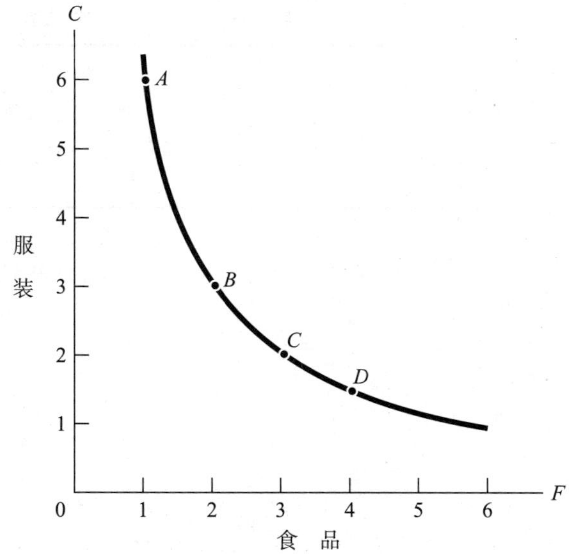


无差异组合

| | 食　品 | 服　装 |
|---|---|---|
| A | 1 | 6 |
| B | 2 | 3 |
| C | 3 | 2 |
| D | 4 | $1^1/_2$ |

**图 5A–1　一组物品的无差异曲线**

得到一种物品的更多数量可以补偿所放弃的另一物品的一些数量。消费者偏好 *A* 的程度和偏好 *B*、*C* 或 *D* 的程度完全相同。产生同等满足程度的食品—服装的组合的各点被连接成一条平滑的无差异曲线。根据替代规律，该曲线向原点凸出。替代规律指出，当你得到更多的某种物品时，该物品的替代率或无差异曲线的斜率递减。

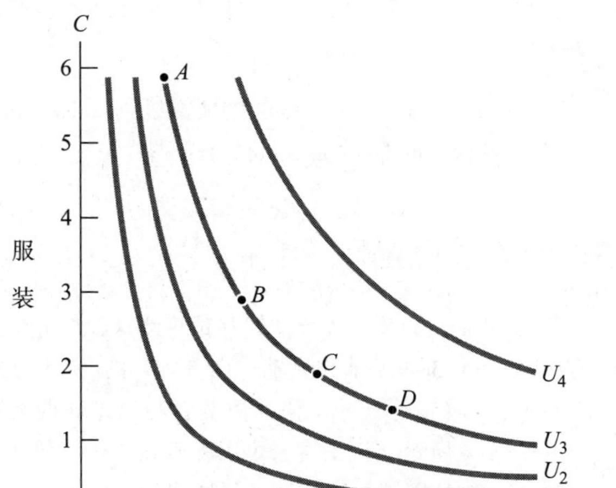


**图 5A–2　一族无差异曲线**

曲线 $U_1$，$U_2$，$U_3$ 和 $U_4$ 代表不同的无差异曲线。消费者最偏好哪一条无差异曲线？

即为现在的 $U_3$。这种图形类似于地图上的等高线图。沿着地图上一定高度的等高线行走的人，既不向上爬，也不向下降；同样地，沿着一条无差异曲线移动的人，从消费的变化中得到的满足程度既不上升，也不下降。当然，图 5A–2 中所示的仅为许多条可能的无差异曲线中的几条而已。

应当注意：当同时增加两种物品的数量，因而在图中向右上方移动时，我们相继越过了不同的无差异曲线达到了越来越高的满足水平（假定消费者从两种物品数量的同时增加中得到了更大的满足）。因此，曲线 $U_3$ 代表了比 $U_2$ 更高的满足水平；$U_4$ 代表了比 $U_3$ 更高的满足水平，依此类推。

## 预算线或预算约束

现在，我们暂时将某个消费者的无差异曲线图放在一边，而给予该消费者某一固定的收入。譬如说，他每天只能花费 6 美元，而且，他面临着食品和服装的固定价格。

**一个消费者的预算线**

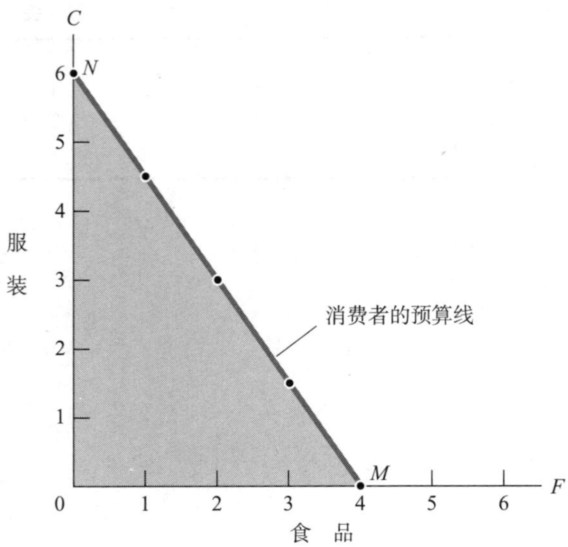


**可供选择的消费可能性**

| | 食 品 | 服 装 |
|---|---|---|
| M | 4 | 0 |
| | 3 | $1^1/_2$ |
| | 2 | 3 |
| | 1 | $4^1/_2$ |
| N | 0 | 6 |

**图 5A–3 收入制约消费者支出**

支出的预算限制可以用数字表格来表示。每一种预算的总成本（计算公式为 1.5 美元×*F*+1 美元×*C*）恰好等于 6 美元的收入。我们可以把预算约束描绘为一条直线，其斜率的绝对值等于 $P_F / P_C$。*NM* 是消费者的预算线。当收入为 6 美元，食品和服装的价格分别为 1.50 美元和 1 美元时，消费者可以选择这条预算线上的任意一点。（为什么它的斜率等于 1.50/1 美元=3/2？）

食品每单位为 1.5 美元，服装每单位为 1 美元。显然，在各种可供选择的食品和服装的不同组合中，他可以将收入花费于其中的任何一种组合。在一种极端情况下，他可以购买 4 单位的食品，而不买任何服装；而在另一种极端情况下，他可以购买 6 单位的服装，而不买任何食品。图 5A–3 的附表列出了他花费 6 美元的几种可能的方式。

图 5A–3 描绘了 5 种这样的可能性。应当注意：所有的点都在直线 *NM* 上。而且，任何其他可能的点，如 4/3 单位食品和 1 单位的服装，也在 *NM* 线上。预算线 *NM* 包括了消费者正好花费完其收入的两种物品的各种可能组合。[1] *NM* 的斜率（不计正负号）为 3/2，即食品价格和服装价格之比。斜率的含义是：在给定的价格之下，消费者每放弃 3 单位的服装（从而在图形中垂直向下移动 3 个单位），他可以得到 2 单位的食品（即以水平方向向右移动 2 个单位）。

我们把 *NM* 称为消费者的**预算线**（budget line）或**预算约束**（budget constraint）。

## 切点的均衡位置

现在，我们可以将无差异曲线和预算线这两部分综合在一起。图 5A–3 的纵轴和横轴与图 5A–1 和图 5A–2 相同。我们可以将预算线 *NM* 移到消费者的无差异曲线图中，如图 5A–4 所示。该消费者可以在直线 *NM* 上任意移动。*NM* 右上方的区域是该消费者无法达到的，因为这些区域要求高于 6 美元的收入；*NM* 左下方的区域也与这里的情形无关，因为我们假设消费者花费了全部的 6 美元。

该消费者会移动到何处呢？很显然，他将移动到能够产生最大满足的那一点，或者换句话说，他将移动到最高的无差异曲线上。在本例中，他必然会移动到 *B* 点。在 *B* 点，预算线正好与无差异曲线 $U_3$ 相切。在这一切点，也

---

[1] 之所以如此，是因为：如果我们分别用 *F* 和 *C* 表示消费者购买的食品和服装的数量，那么花费在食品上的总支出必然为 1.50 美元乘以 *F*，花费在服装上的总支出为 1 美元乘以 *C*。如果日常的收入和支出均为 6 美元，那么下列方程式必然成立：6 美元 = 1.5 美元 × *F* + 1 美元 × *C*。这是一个线性方程，即预算线 *NM* 的方程。注意：*NM* 的斜率的算术值 = 1.50 美元 ÷ 1 美元 = 食品的价格 / 服装的价格。

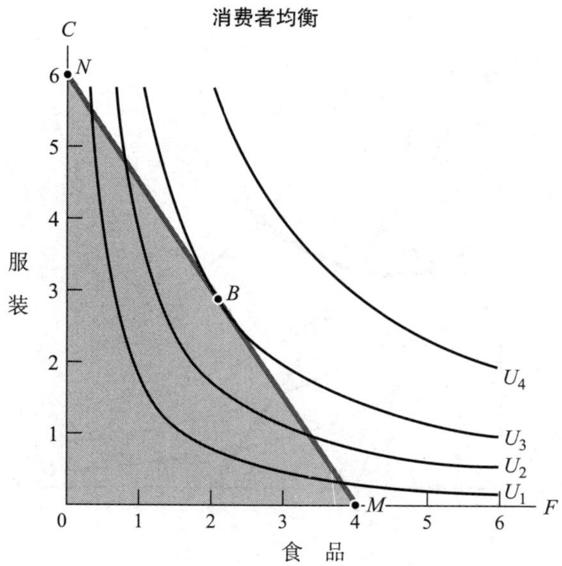


**图 5A-4　消费者最偏好的可行的消费组合在 *B* 点实现**

现在，我们把预算线和无差异线叠合在一张图中。在预算线与最高的无差异曲线的切点 *B* 处，消费者实现了既定收入下可能达到的最高的无差异曲线。在切点 *B*，替代率等于价格比率 $P_F/P_C$。这意味着，所有物品的边际效用与其价格成比例，而花费在每一种物品上的最后 1 美元所得到的边际效用相等。

就是预算线与无差异曲线相接触但却不相交之点，我们可以找到那条消费者所能达到的具有最大效用的无差异曲线。

从几何上看，当预算线的斜率（食品与服装的价格之比）正好等于无差异曲线的斜率（两种物品的边际效用之比）时，消费者达到均衡状态。

> *消费者均衡在预算线与最高无差异曲线的切点处实现。在该点，消费者的替代率正好等于预算线的斜率。*

换句话说，替代率或无差异曲线的斜率，等于食品的边际效用与服装的边际效用之比。因此，我们的切点条件用另一种方式指出：价格之比必须等于边际效用之比；在均衡点，消费者从花费在食品上的最后 1 美分所得到的边际效用与花费在服装上的最后 1 美分所得到的边际效用相等。因此，我们能推出如下的均衡条件：

$$\frac{P_F}{P_C}=\text{替代率}=\frac{MU_F}{MU_C}$$

这一均衡条件与我们在本章的正文中对效用理论所推导出的条件完全相同。

## 收入和价格的变化

无差异曲线的两个重要应用在于考查以下两种效应：(a) 货币收入变化；和 (b) 两种物品中的一种的价格发生变化。

### 收入变化

首先，我们假设该消费者的日常收入减少 1/2，而两种物品的价格保持不变。我们可以准备另一张类似于图 5A-3 附表的表格，说明新的消费可能性。把这些点描绘在图中，例如图 5A-5，我们得到一条新的预算线 *N′M′*。相当于原预算线向内平移了一段距离。[2] 该消费者现在只能沿着新的（较低的）预算线任意移动；为了得到最大满足，他将移动到最高可达到的无差异曲线上，即 *B′* 点。这里，上述的消费者达到均衡的切点条件同样可以满足。

### 一种物品价格的变化

现在，回到消费者以前的每天收入 6 美元的情况，但假定食品的价格从 1. 50 美元上升到 3 美元，而服装的价格保持不变。我们必须再次考查预算线的变化。这次我们发现，预算线以 *N* 点为中心旋转到 *NM″*，如图 5A-6 所示。[3]

这种变动在常识上可以说显而易见。由于服装的价格不变，与先前一样，*N* 点仍然是可达到的。但是，由于食品的价格上升了，*M* 点（它代表 4 单位的食品）现在却已经无法达到。在每单位食品的价格为 3 美元的情况下，用每天 6 美元的收入现在仅仅能购买 2 单位的食品。因此，新的预算线仍然经过 *N* 点，但它必然会以 *N* 点为中心旋转到 *M* 点左方的 *M″*点。

现在的均衡点为 *B″*，我们得到了一个新的切点。较高的食品价格一定会减少食品的消费，但服装的消费却既可能上升也可能下降。为了帮助理解，你可以设想收入增加，同时服装或食品价格下降的情况。

## 推导需求曲线

现在，我们可以推导出需求曲线。仔细观察图 5A-6。

---

[2] 新的预算线 *N′M′*的方程是：3 美元 = 1.5 美元 × *F* + 1 美元 × *C*。

[3] 预算线 *NM″*的方程现在是：6 美元 = 3 美元 × *F* + 1 美元 × *C*。

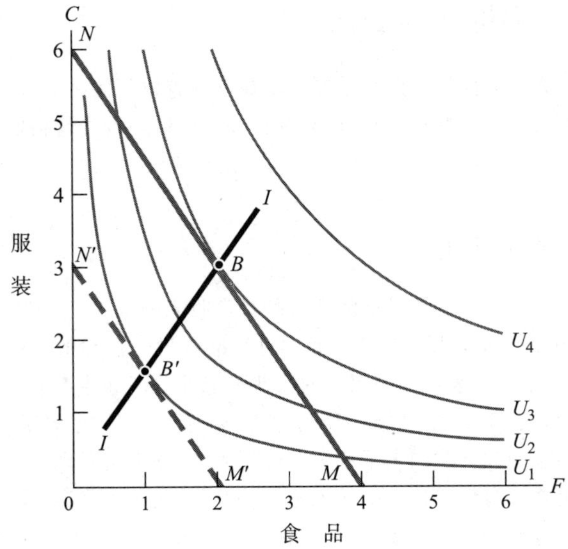


**图 5A–5 收入变化对均衡的影响**

收入变化引起预算线平行移动。因此，收入减半到 3 美元会使预算线由 *NM* 移动到 *N′M′*，均衡点移动到 *B′*。（说明收入上升到 8 美元会对均衡产生什么影响。估计新的切点会发生在何处。）

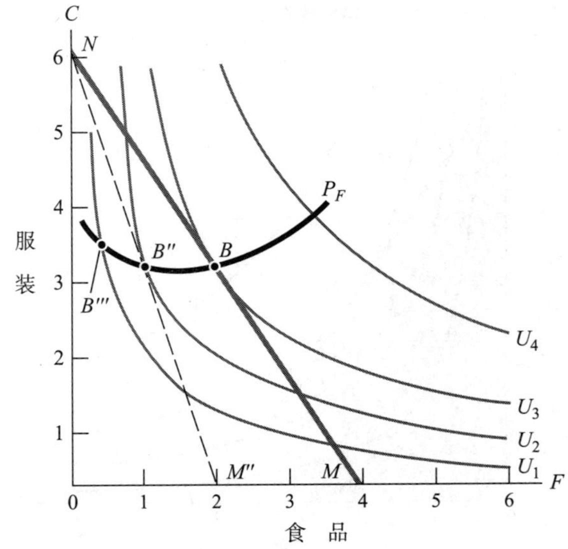


**图 5A–6 价格变动对均衡的影响**

食品价格上升会使预算线以 *N* 点为中心，从 *NM* 旋转到 *NM″*。新的切点均衡位于点 *B″*，该点具有较少的食品和可能较多也可能较少的服装。

应该注意：当我们把食品的价格从每单位 1.50 美元提高到 3 美元时，我们保持其他条件不变。无差异曲线所代表的偏好没有变化，货币收入和服装的价格也保持不变。因此，我们可以在理想的情况下推导出食品的需求曲线。在价格为 1.50 美元时，消费者购买 2 单位的食品，如均衡点 *B* 所示。当价格上升到每单位 3 美元时，在均衡点 *B″*，食品的购买量为 1 单位。如果你画出一条相应于每单位食品价格为 6 美元的预算线，那么，均衡点会发生在 *B‴*，而食品的购买量会是 0.45 单位。

现在，保持其他条件不变，画出价格与相应的食品购买量的组合点。你将会从无差异曲线中推导出一条平滑的向下倾斜的需求曲线。应该注意：推导需求曲线并没有涉及到“效用”概念——我们的推导完全建立在可以比较的无差异曲线的基础上。

## 总结提要

1. 无差异曲线用于描绘偏好程度相同的消费组合点。根据相对边际效用递减规律，无差异曲线通常被画成凸(向原点或曰碗）状的。
2. 当一个消费者拥有一定的货币收入且全部用于消费，并且他面临着两种物品的市场价格时，那么将被要求沿着一条称为预算线或预算约束的直线移动。该线的斜率取决于两种物品的市场价格之比；该线离开原点的远近取决于他的收入的高低。
3. 该消费者沿着预算线移动，一直到他可以达到最高的无差异曲线为止。在该点，预算线会与一条无差异曲线相切，当然是相触而并非相交。因此，均衡点位于切点，此时，预算线的斜率（两种价格之比）正好等于无差异曲线的斜率（即替代率，或两种物品的边际效用之比）。这就证明了另一点：在均衡点，边际效用与价格成比例。
4. 收入的下降会使预算线平行地向内移动，通常会引起两种物品的购买量下降。其他条件不变，一种物品价格的单独变动会引起预算线发生旋转，从而改变其斜率。在一种物品的价格或收入发生变化之后，消费者将得到一个新的最大满足的切点。在每一个切点，用于每种用途的每 1 美元所产生的边际效用相等。通过新旧均衡点的比较，我们可以得到通常的向下倾斜的需求曲线。

## 概念复习

无差异曲线
斜率或替代率
预算线或预算约束

无差异曲线的凸性和相对边际效用递减规律

最优切点条件：
$P_F / P_C$ = 替代率 = $MU_F / MU_C$

## 问题讨论

1. 画出下列无差异曲线：（a）像左右鞋子那样的互补品；（b）像同一个商店并排放置的两瓶可乐那样完全的替代品。

2. 以猪肉和游艇为例，画出类似于图 5A-5 的一组无差异曲线和预算线，其中猪肉作为劣品，而游艇作为奢侈品，其收入弹性超过 1。

# 第 6 章

# 生产和企业组织

美国人的事就是做企业。

——卡尔文·柯立芝，美国第 30 任总统

每天在我们吃早餐之前，必然得有人能够先烤好面包。同理，生产汽车、发电、开发计算机程序，以及提供各种商品和服务的物流配送等，也都依赖于我们的生产能力。生产能力又取决于劳动力的质量和规模、资本的数量和质量、科学技术水平和科技应用能力，以及公共部门和私人部门的性质。为什么北美的生活水平高，而热带非洲的生活水平低？为了寻求答案，我们还是先来看一看生产这台机器到底是如何运转的。

我们的目的是了解市场是如何决定商品和服务的供给的。在以下 3 章中我们将陆续给出生产、成本和供给等重要概念，并阐述它们之间的相互联系。首先我们来探讨一下生产的基本理论，看一看企业如何将投入转化成所期待的产出。生产理论还将有助于我们理解为什么随着时间的推移，生产力与生活水平会有所提高，以及企业是如何调整它们的内部行为的。

在了解生产理论之后，我们将在下一章进一步探讨企业成本的基本概念。企业总是在对成本以及各种生产要素分析的基础上决定投入哪些要素。最后，我们利用生产及成本理论来探讨企业是如何决定其产量的。这也是供给曲线的依据。关于供给曲线我们在供给需求分析中曾经讨论过。

## A. 生产理论和边际产量

### 基本概念

现代经济拥有丰富多彩的生产活动。农场使用化肥、种子、土地和劳动，将它们变成小麦或玉米。现代工厂使用能源、原材料、数控机床和劳动等投入，生产出拖拉机、电视机或牙膏。航空公司使用飞机、燃油、劳动，以及由计算机网络控制的订票系统，向旅客提供从国家的一个角落到另一个角落的快捷的旅行服务。会计事务所使用铅笔、计算机、纸张、写字楼，还有劳动，为客户提供审计或纳税申报等各项服务。

在我们的讨论中，假设农场、工厂、航空公司以及会计事务所都追求有效率的生产，即以最低成本进行生产。也就是说，对于一定数量的投入，它们总是试图使产出最大化，尽可能地避免浪费。而在决定生产什么和出售什么时，我们也假设企业所追求的是经济利润的最大化。

#### 生产函数

我们已经提到过像土地、劳动那样的投入和像小麦、

牙膏那样的产出。但是，如果你拥有一定数量的投入，你能够得到多少产出呢？在实践中，其答案取决于技术状况和工程知识。在任何时点上，给定可使用的技术知识、土地和机器等，在投入劳动一定的情况下，仅仅能够得到一定数量的拖拉机或牙膏。所需要的投入量和能够得到的产出量之间的关系称为生产函数。

> **生产函数**（production function）是指：在既定的工程技术知识水平条件下，给定投入之后所能够得到的最大的产出。

例如，我们假想有一本关于发电的生产函数方面的技术说明手册，其中一页上有不同规格燃气涡轮机的说明，表明它们的投入（初始资本费用、油耗和使涡轮机转动所需投入的劳动）和产出（发电量）。下一页描述了几种不同规模的燃煤发电厂，列出它们的投入和产出。还有几页是关于核电站、太阳能电站等方面的信息。它们共同组成了发电的生产函数。

或者我们考虑一下繁重的挖沟工作。在美国，当我们向窗外望去，可能会看到昂贵的大型挖掘机，由一个人驾驶，另一个人操纵。这个小组可以轻易地在两小时内挖一个5英尺深50英尺长的沟渠。而在一个发展国家，我们可以看到50个劳力，肩扛锄头，挖同样的一个沟渠可能会花费一天的时间。这两种技术，一个为资本密集型，另一个为劳动密集型，代表了不同的挖沟生产函数。

我们可以不加夸张地说存在数百万个不同的生产函数——每一种物品或劳务都有一个生产函数。其中大部分并没有写出来而只是存在于人们的脑海中。在经济学领域，技术在飞速地变化，如计算机软件和生物技术，一种生产函数可能在使用之后不久便被淘汰。其中的一些，如医学实验室或悬崖峭壁建筑的设计图，只是被用于特定的目的和地点，换个地方便毫无用处。尽管如此，经济学家还是发现生产函数对于描述企业的生产能力是一个非常有用的方法。

## 总产量、平均产量和边际产量

从企业的生产函数出发，我们能够列出3个重要的产量概念：总产量、平均产量和边际产量。我们首先计算总的实物产量，即**总产量**（total product）。总产量表示生产出来的、用实物单位衡量的产出总量，例如，多少蒲式耳小麦或多少双胶底运动鞋。图6-1（a）和表6-1的第（2）栏表明的是总产量的概念。对于这一例子而言，它显示的是：随着劳动投入量的增加总产量所做出的反应。在劳动投入量为零时，总产量为零；此后，随着劳动投入的增加，总产量增加。当劳动投入为5单位时，总产量达到最大值3 900单位。[1]

一旦我们懂得了总产量概念，就很容易衍生出一个同样重要的概念：边际产量。“边际”一词的含义是“新增”的意思。

> 一种投入的**边际产量**（marginal product）是在其他投入保持不变的情况下，由于新增1单位的投入而多生产出来的产量或产出。

比如，假设我们保持土地、机器和其他的投入不变，则劳动的边际产量为每增加1单位的劳动而多得到的产出。表6-1的第（3）栏计算了边际产量。第1单位劳动的边际产量为2 000；对于第5单位，劳动的边际产量下降到仅仅为100。这种边际产量统计对于理解如何决定工资等其他要素价格非常重要。

最后一个概念是**平均产量**（average product），它等于总产量除以总投入的单位数。表6-1的第（4）栏表明，在使用1个工人时，劳动的平均产量为每个工人2 000单位；在使用2个工人时，劳动的平均产量为每个工人1 500单位，等等。在这个例子中，劳动投入不断增加的整个区间内，平均产量都是下降的。

图6-1表示的是表6-1中的总产量和边际产量。仔细研究该图，理解图（b）中的边际产量的块状图随着图（a）中的总产量曲线的变化而变化。

## 边际收益递减规律

运用生产函数，我们可以理解经济学中最重要的一个规律，即边际收益递减规律：

> **边际收益递减规律**（law of diminishing returns）表明在其他投入不变时，随着某一投入量的增加，新增加的产出越来越少。换言之，在其他投入不变时，随着某一投入量的增加，其每1单位投入的边际产量会下降。

边际收益递减规律表明了一个很基本的关系。当一种投入如劳动，被更多地追加于既定数量的土地、机器和其

[1] 本章我们将“单位劳动”作为生产过程中的一种投入。习惯上以工时为单位衡量劳动（人小时），以反映人们每周不同的劳动小时数。但为了简化起见，我们不妨假设每个工人的工作时间都相同，从而可以用工人的数量来直接衡量劳动投入。

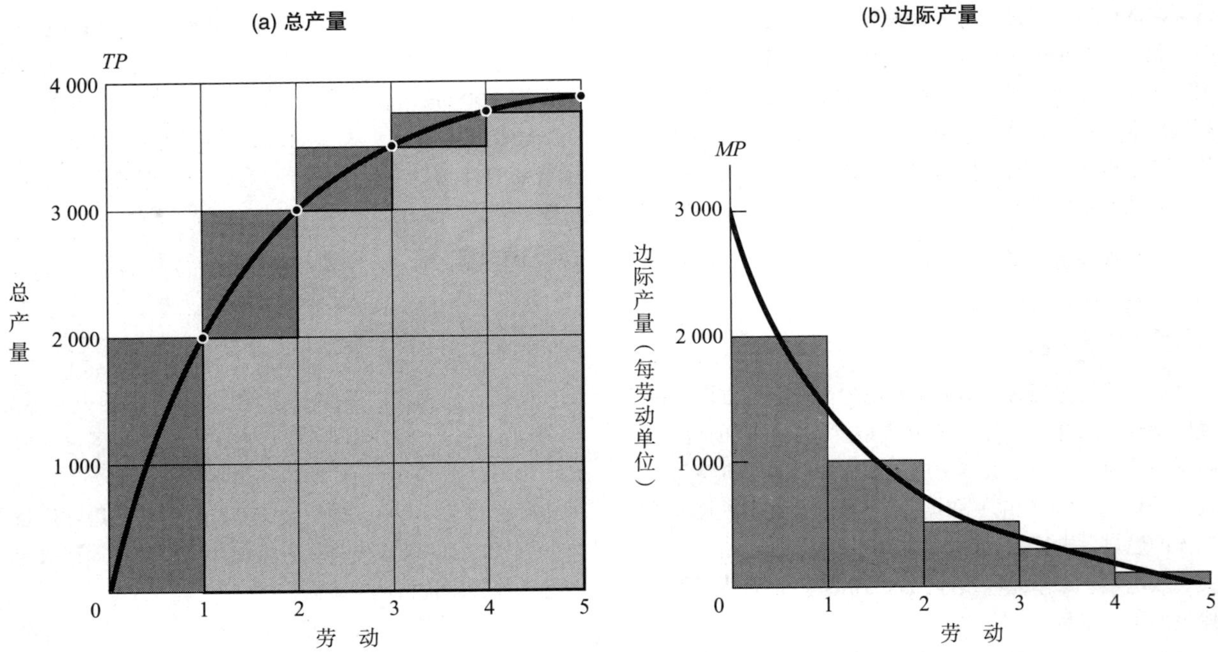


**图 6–1 由总产量推导出边际产量**

图（a）表明总产量曲线在其他条件不变的情况下，随着劳动投入量的不断增加而上升。但是总产量随着劳动投入量的不断增加以越来越小的增幅在增加（对比第 1 个和第 5 个工人带来到的产出增加）。平滑地连接各点，我们便可以得到总产量曲线。

图（b）表明边际产量的递减过程。理解为什么（b）中深色矩形与（a）中的深色矩形相等。（b）中在边际产量曲线下部的区域（或深色矩形的总和）加总等于（a）中的总产量。

他投入要素上时，每单位劳动所能发挥作用的对象越来越有限。土地会越来越拥挤，机器会被过度地使用，从而劳动的边际产量会下降。

| (1)<br>劳动投入量 | (2)<br>总产量 | (3)<br>边际产量 | (4)<br>平均产量 |
|---|---|---|---|
| 0 | 0 | | |
| | | 2 000 | 2 000 |
| 1 | 2 000 | | |
| | | 1 000 | 1 500 |
| 2 | 3 000 | | |
| | | 500 | 1 167 |
| 3 | 3 500 | | |
| | | 300 | 950 |
| 4 | 3 800 | | |
| | | 100 | 780 |
| 5 | 3 900 | | |

**表 6–1 总产量、边际产量和平均产量**

本表说明总产量可以在其他投入（资本、土地等）不变，以及技术知识不变的条件下，由不同的劳动投入量来实现。从总产量，我们可以推导出边际产量和平均产量的重要概念。

边际收益递减规律可由表 6–1 中一个农民的农业试验来加以说明。假定土地和其他投入不变，我们可以不断地投入劳动。显然，零劳动投入不会有任何产出。因此表 6–1 中当劳动为零时，产出也为零。

在土地数量固定的情况下，增加 1 单位劳动投入后，我们可以发现玉米的产出增加了 2 000 蒲式耳。下一步，继续保持其他投入不变，将劳动投入从 1 单位增加到 2 单位。第 2 单位的劳动仅增加了 1 000 蒲式耳产出，比第 1 单位劳动的产出增量要少。第 3 单位的边际产量比第 2 单位的还要少，第 4 单位更少。表 6–1 中的假设试验就这样表明了边际收益递减规律。

图 6–1 也可以表明劳动的边际收益递减规律。假定土地和其他投入保持不变，我们可以看到，随着劳动投入的增加，边际产量曲线逐渐降低，这正是边际收益递减规律的表现。在图 6–1（a）中，边际收益递减表现为一个凸型或拱型的总产量曲线。

适用于劳动的这一法则对于土地和其他投入也同样有

效。我们可以把劳动换成土地。现在我们不妨保持劳动不变，而改变土地要素的投入。土地的边际产量是在其他投入不变的条件下，每 1 单位土地的增加所带来的产出增量。我们可以计算每种投入的边际产量（劳动、土地、机器、水、肥料等等），并且使边际产量适用于任何产出（小麦、玉米、钢铁、大豆等）。我们同样可以发现其他投入也会体现出边际收益递减规律。

### 农业试验中的边际收益递减

边际收益递减规律经常在农业中得到体现。农民蒂莉增加劳动投入后，产量会大大增加——田地更精耕细作，灌溉设施更合理应用，稻草人装束得更逼真。但是，不断增加劳动所能增加的产量却会越来越少。一天中的第 3 次除草或第 4 次给机器上油，往往只能增加很少的产出。最后，当大量劳工涌向农场时，产出就几乎不会再有所增加。过多的耕作者甚至会糟践农田。

研究者们经常做试验来检验不同的要素投入组合对产出的影响。图 6–2 显示的一次试验的结果：在土地、氮肥、劳动和其他投入保持不变的情况下，在两块试验田上施不同剂量的磷肥。真实世界的试验由于存在“随机干扰因素”而变得复杂——在这里，主要归结于土壤的差异。你会发现，在每英亩磷肥施用超过 100 磅后，边际收益递减规律的作用就开始明显起来。事实上，在每英亩磷肥达到 300 磅后，新施磷肥的边际产量为负值。

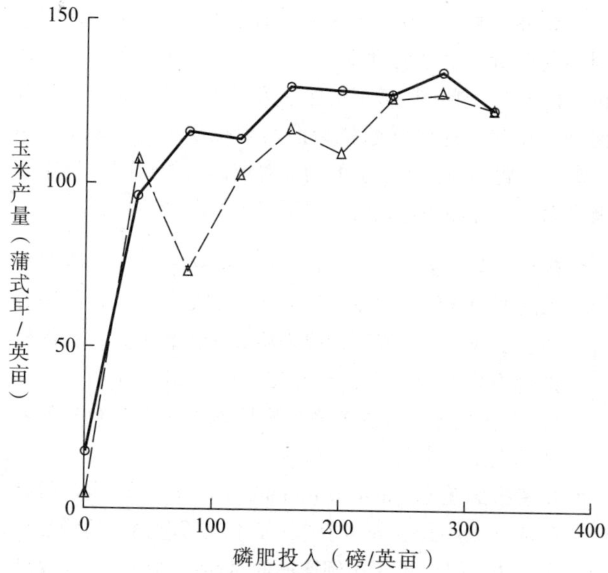


**图 6–2　玉米生产中的边际收益递减**

在爱荷华州的西部，农业研究人员在两块实验田中按两种方案施磷肥，以估计玉米的生产函数。在实验中，他们小心地保持其他要素诸如氮肥、水和劳动投入不变。由于土壤和气候总是存在微小差异，因此，即使是最细心的科学家也不能避免所有随机变量的影响，这一点可以从曲线的锯齿状看出。如果把实验数据整理后绘出一条平滑的曲线，你就会发现每一个用肥剂量和边际收益之间存有某种关系。在每英亩磷肥投入达到大约 300 磅的时候，边际产量开始出现负数。

资料来源：Earl O. Heady，John T. Pesek，and William G. Brown，*Crop Response Surfaces and Economic Optima in Fertilizer Use* (Agricultural Experiment Station，Iowa State College，Ames，Iowa，1995)，table A–15.

边际收益递减规律是解释为什么亚洲许多国家如此贫困的关键性因素之一。在拥挤的印度和孟加拉国，生活水平很低，其主要原因是：每英亩的土地上都有众多的劳工，而不是农民无知，或在经济激励面前无动于衷。

我们也可以用前面学过的例子来说明边际收益递减规律。你也许会发现，一天中学习经济学的第 1 个小时的收效最大——掌握了新的定律及其推导，增长了新的见识和领悟。第 2 个小时中你可能会稍有些走神，学到的东西会少一点。而在第 3 个小时中，边际收益递减规律则几乎是以报复的形式出现，使你在事隔一天后，根本想不起第 3 个小时中所学的任何东西。边际收益递减规律是否在表明平时就应合理地分配学习时间而不是考前一天抱佛脚？

边际收益递减规律是一条可以被广泛遵守的经验性规律，而不是像地球引力规律那样一种普遍真理。在许多实证研究中人们都发现了这一规律，但是，的确也有不符合这一规律的例外情况存在。另外，边际收益递减规律可能并不适应于所有的产量水平。那个最初的劳动投入可能实际上表现出边际产量的递增，这是因为，需要一个最小的劳动量才能走到田间并拿起锄头。尽管有这些例外，但边际收益递减仍是一条在大多场合都能适用的规律。

## 规模报酬

边际收益和边际产量递减指的是当所有其他投入保持不变时，产出对于单一投入增加的反应。我们看到，在保持土地不变时，劳动的不断增加引起作物产量以越来越小的增量增加。

但有时，我们却对增加所有投入的后果感兴趣。例如，如果土地、劳动、水和其他投入都增加相同的比例，则小麦产量会发生何种变化呢？或者，如果劳动、计算机、机器人、钢和厂房都增加一倍，则拖拉机的产量会有何种变化呢？这些问题就会涉及到规模报酬（returns to scale）问题，即投入规模的增加对产出量的影响。就这个概念而言，有必要首先区分以下三种情况：

- **规模报酬不变**（constant returns to scale）表示所有投入的增加导致产出以同样的比例增加。例如，如果劳动、土地、资本和其他投入增加一倍，那么，在规模报酬不变的情况下，产出也增加一倍。许多手工业（例如在美国的理发或发展中国家的手工织布）就表现为规模报酬不变。
- **规模报酬递增**（increasing returns to scale），也叫规模经济（economies of scale），发生在所有投入的增加导致产出水平以更大比例增加的时候。例如，正在设计一个小规模化工厂的工程师发现，劳动、资本和原料投入增加 10%，会引起总产出的增长超过 10%。工程研究发现许多制造流程都有适度的规模报酬递增，包括那些当今最大规模的工厂。
- **规模报酬递减**（decreasing returns to scale）发生在所有投入的均衡增加导致总产出以较小比例增加的时候。在许多流程中，规模的增大最终会达到一个极点，超过这一点就会导致低效率。这可能是由于管理成本或控制成本变得庞大而造成的。在电力工业中有这样的例子，当企业规模变得过大时，设备利用低效率的风险就会变得很大。许多涉及自然资源的生产活动，如种植供酿酒用的葡萄或给城市提供纯净饮用水等，都表现为规模报酬递减。

> 当所有投入的均衡增加导致了更大比例、更小比例或同比例的产出增加时，生产表现为规模报酬递增、递减或不变。

工程师们普遍发现：现代大规模生产技术要求工厂具有最低限度的规模。第 2 章表明当产出增加时，企业会将生产过程分得更细，以获得专业化和劳动分工的优势。另外，大规模的生产可以更有效地利用专用资本设备，自动化生产、计算机设计与操作可以更快地完成简单和重复性的劳动。

信息技术往往具有很强的规模经济。一个很好的例子就是微软 Windows 98 操作系统。开发这个程序需要超过 10 亿美元的费用用于研制、改造、测试版和促销。但是，在一台计算机上新安装 Windows 98 系统的成本几乎为零，因为安装这一程序只需要几分钟时间。我们发现较强的规模经济会使得企业拥有巨大的市场力量，但有时会对公共政策带来一些问题。

## 短期和长期

生产不仅需要劳动和土地，而且还需要时间。输油管道不可能在一夜之间就建造起来，而一旦建成，就要持续地运用几十年的时间。农民不可能在一个季节当中改种作物。一座大型发电厂的设计、建造、测试和调试并交付使用往往需要 10 年的时间。另外，资本设备一旦以一种具体的形式投入到一个巨大的汽车装配工厂，如果要拆卸并搬到另一地方或转入他用，那么在经济上就不合算了。

考虑到时间在生产和成本中所起的作用，我们区分两种不同的时期。我们定义**短期**（short run）为这样一个时期，在该时期里，企业能够通过改变可变要素，如原料和劳动，但不能改变固定要素（如资本）来调整生产。**长期**（long run）定义为一个足够长的时期，以至于包括资本在内的所有要素都可以得到调整。

为了更加清楚地理解这些概念，以钢铁生产对于需求变动做出反应的可能方式为例。譬如说，日本钢铁公司只利用了其高炉生产能力的 70%。现在，由于日本或加利福尼亚的地震导致钢材的需求量突然增大。为适应钢材的高需求，该公司当然可以延长工作时间，雇佣更多的工人，发掘工厂和设备的最大潜力。凡在短期内能够得到调整的要素都称为可变要素。

假设钢铁需求的上升能持续相当长的一段时期，比如好几年。那么，日本钢铁公司就会考虑它的资本需求问题，并决定应该增加其生产能力。从更一般的意义上讲，公司可能考查所有的固定要素，即那些由于受到物质条件或法律合同限制在短期内不能得到调整的要素。所有要素投入，包括固定的和可变的，都能够得到调整所需要的时期，称为长期。在长期中，日本钢铁公司可能增加新的、更加有效的生产工艺，铺设轨道联接或安装计算机控制的系统，或者在墨西哥建造一个新的钢铁厂。当所有的要素均可以调整时，钢的总产量就可以大大增加，效率水平也会得到提升。

> 有效率的生产除了需要诸如劳动这些灵活的投入之外，还需要时间。为此，我们在生产和成本分析中区分出两种不同的时期。**短期**是这样一个时期，在该时期里，只有一些要素，即可变投入要素能够得到调

整；而固定要素，如厂房和设备，则不能得到充分的调整。**长期**指的是，企业使用的所有要素，包括资本，都能够得到调整的时期。

**味道好极了！**

现代市场经济的生产过程极其复杂，不妨让我们以常见的汉堡包为例来加以说明。

美国人更多的时间是花在工作中而不是在厨房里，因此他们对预制食品的需求一直在显著地增加。如今，(经由）电视（预订）晚餐（TV dinners）的生活方式，已经在取代去菜场买胡萝卜和豌豆回家自制的传统办法。“麦当劳”卖出的汉堡包的数量已经数以十亿计。诚然，所预制的方便食品难免伴有不尽如人意之处，经过洗涮、挑拣、切割、烫煮、冷冻、解融和再加温之后的食物，通常都不能保证原汁原味和美味可口。你要买的汉堡包，本该是闻起来吃起来都是汉堡包的食物，而不是那种不过是熟制了的硬邦邦的东西。

下例也许是“色”和“香”走进生活的一个典型的写照。有的企业，如国际调料香料公司 (IFF)，他们博采薯片、速融谷物、冰淇淋和饼干的长处，再配以上好的香料、肥皂和香波的芬芳香味，便能制作成风味各异的食品。你若留意这类食品的包装上的说明，则你一定会发现该食品的原材料既包含“自然成分”，也包含许多“人造成分”，乙酸异戊酯（有香蕉的味道)、安息香醛（有杏仁的味道）等等，都是化学合成物。

这些并不起眼的化学物质虽然与我们素昧平生，但却往往可以酿成一种令人瞠目结舌的奇迹。一位食品学专家，曾就他在国际调料香料公司的一段亲身经历这样详细地写道：

> 在实验室里，我将标明香型的过滤纸逐一放到瓶子里，闭上眼睛，深深地吸了口气，仿佛觉得眼前的那些食品就好像在变戏法一样，一个接一个地从那些瓶子里蹦出来。而且，我的确能闻到那些食品所散发着的新鲜的草莓、黑黝黝的橄榄、刺鼻的洋葱和小虾米的味道。这个绝非寻常的创造，的确让我心灵震撼。再一次闭上眼睛后，我又突然间闻到烤制好了的汉堡包的香味，一种特别的甚至是不可思议的香味，就像真的有人正在屋子里翻动着热烤炉上的汉堡包那样。然而，当我睁开双眼，面前横着的不过是一张白色的纸条而已。[2]

由以上的经历和体验可知，在现代经济中，“生产”不仅仅是种马铃薯和炼钢铁。它往往还包括：将鸡肉和马铃薯这类食物分解成更细微的物质，再配以人工合成的各种嗅觉味觉添加剂，重新加工成各色各样的新食品。如此深奥复杂的技术工艺，今天我们几乎随处可见。例如，可舒缓情绪或有助于血液平稳流动的药物，能够分解所抵押的物品或资产、加以重新包装，进而上市交易的新的金融工具，等等，都属于我们所说的那些拥有着复杂深奥的生产程序的产业部门。然而，在大多数场合，人们甚至并不了解 2 美元一个的汉堡包的（可回收的）包装薄纸的内里，究竟聚合着哪些外来的物质。

## 技术变革

自 20 世纪初以来，经济史所记录的美国的总产量的增长幅度超过了 10 倍。这其中的功劳一部分归于投入的增加，例如劳动和机器。但是产量增长的主要原因还是由于技术变革，它带来了生产力和生活水平的迅速提高。

技术变革的事例往往激动人心：宽体式喷气飞机使得每单位投入的（产出）乘客/英里数几乎增加了 50%；光导纤维降低了成本，提高了远距离通信的可靠性；计算机技术的改进，在 30 年的时间里，使计算能力提高了 1 000 倍。其他形式的技术变革则以更微妙的形式表现，例如，企业通过调整生产工艺以减少次品和增加产出。

我们要区分*产品创新*和*工艺创新*，前者指新的或改良的产品被推向市场；后者则指对已有产品采用新的或改良的生产加工技术。例如，工艺创新使公司用相同的投入获得了更多的产出。或者，能够用更少的投入生产出相同数量的产出。换句话说，工艺创新等同于生产函数的改变。

图 6–3 说明技术变革如何通过工艺创新来移动总产量曲线。较低的那条线代表 1995 年某一产业可以实现的产量，或生产函数。假设该产业的生产率或每单位投入的产出每年提高 4%，到 10 年以后，我们会发现工程技术的变革导致每单位投入的产出有 48% 的增长 $(1+0.04)^{10}=1.48$。

现在我们来考虑一下创造或改进产品的产品创新。产品创新比工艺创新要难以量化得多，但从长期来看，它是

---

[2] Eric Schlosser, *Fast Food Nation* (Perennial Press, New York, 2002), p.129.

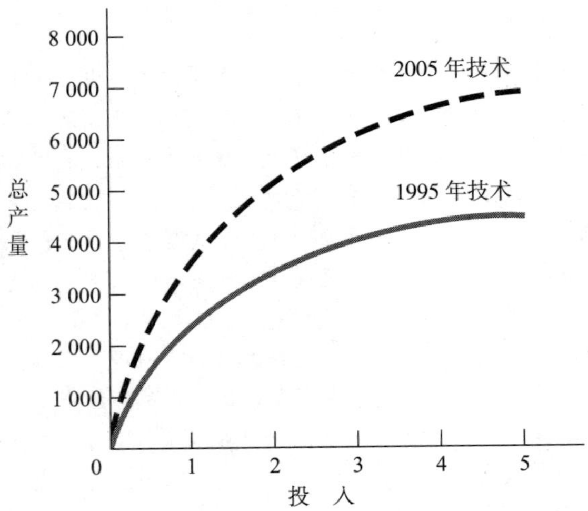


**图 6–3 技术进步使生产函数上移**

图中的实线表示 1995 年里既定技术水平条件下的最大的产出能力。由于计算机技术和管理水平提高，生产函数向上移动，使得 2005 年时每一投入水平获得了更多的产出。

提高生活水平更为重要的因素。今天琳琅满目的物品与服务比起 50 年前已经大相径庭。在撰写这本教科书的过程中，作者使用了电脑软件、微处理器、液晶彩色显示器和很多的数据库，而这些在上一版写作时还是缺乏的。医药、通信和娱乐也是产品创新的重要领域。20 年前，互联网的整个领域，从电子商务到电子邮件，即便是在科幻小说里也是无法看到的。顺便要求一下，你不妨找出一个产品或一个生产工艺的例子，它们自从你祖父辈以来竟然一直不曾被更新过！

图 6–3 说明了技术进步的令人振奋的一面。但技术变动是否可能存在相反的情况，即技术退步呢？对于一个正常运行的市场经济来说，回答是否定的。事实上，技术进步是市场经济相对于行政管制经济或传统计划经济的关键优势之一。在市场经济中，较低劣的技术会有被淘汰的倾向，而较先进的技术则由于提高了创新企业的利润而不断地被引入生产之中。例如，若某人发明了一种昂贵的新型捕鼠器，而该捕鼠器却捉不到一只老鼠，则任何一个以追

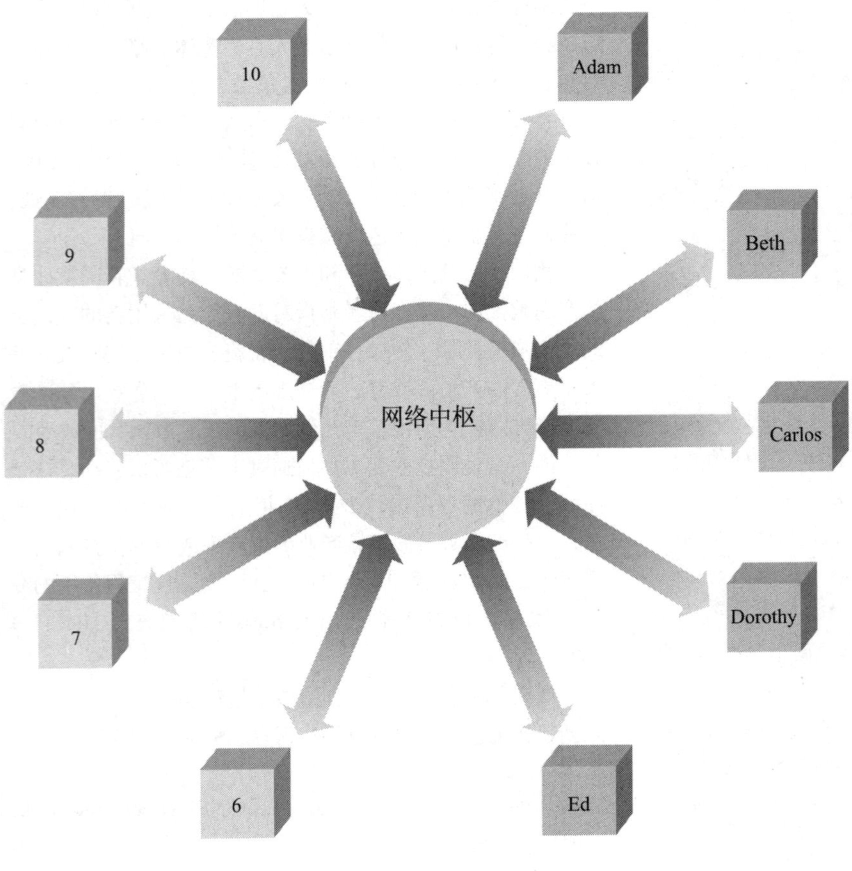


**图 6–4 网络价值随着用户的增加而增加**

假定每个人因为网络系统增加了一个连接电话网或电子邮件网的用户而增进 1 美元价值。如果 Ed 想加入，他会从 Adam、Beth、Carlos 和 Dorothy 4 人那里得到 4 美元的价值。但是早在网络中的这 4 个成员每个人都因为 Ed 的加入而获得额外的 1 美元，因此“入网外部性”共有 4 美元的额外的外部价值。

网络效应使得网络的作用不知从哪里开始。（为了理解这一点，请注意第 1 个人和第 2 个人入网时的低价值。）但是，当许多人入网时，均衡便“倾向”（tips）于全部入网。（第 10 个人加入到网络中的价值是多大？）

求利润为目的的企业都不会生产这种装置。即使有个管理不善的企业执意要生产它，生活在鼠患地区的明智的消费者也绝不会购买。可见，运行良好的市场势必只接受那些受用的而非低劣的物品与服务的创新（包括能发挥作用的捕鼠器）。

但是，在出现市场不灵的时候，技术退步也可能会在市场经济中发生。一个不受管制的企业可能采用一种浪费社会资源的生产方式，比如说，采用一种将有毒废弃物倒入河流的生产方式，因为那种生产工艺比较便宜。但这是由于污染的社会损失没有被纳入企业的生产成本之中，所以企业才（侥幸）获得了经济利益。如果污染成本被纳入企业决策之中，比如说通过严格的责任制度或污染税等方式，那么，这种低劣的生产工艺就不可能使其继续盈利。在竞争性的市场中，劣品势必会像尼安德特人（译者注：旧石器时代中期欧洲、北非和西亚一带的“古人”）一样地销声匿迹。

### 网　络

很多产品本身并没有多大用处，只有在和其他产品联合使用时才具有价值。这些产品往往具有非常强的互补性。一个非常重要的例子就是网络，在这里不同的人通过这个特殊的媒介紧密联系在一起。网络的种类很多，取决于它的物理链接，如电信系统、输电网络、计算机集群、管道网和道路网，以及人们使用相互兼容的软件（如Windows操作系统）或说同一语言（如英语）时所形成的间接网络。

为了解网络的本质，试想：如果没有加油站这个网络，那么你的汽车能够开多远；如果其他人都没有电话或电子邮件，那么你的电话或电子邮件的价值将会有多大？同样，信用卡和自动柜员机之所以具有价值，就是因为它们可以在许多不同的地区使用。

网络市场很特殊，因为消费者不仅能从自己的使用中获益，而且还能从其他人的使用中获益。这就是**使用外部性**（adoption externality）。我装了电话后，别人只要有电话就可以和我联系。因此我的入网给其他人带来正的外部效应。入网外部性可以说明许多大学都给它的学生和教授提供校园电子邮箱的原因：只有大家都能参与进来，电子邮件的价值才能非常高。图6–4说明个人加入到网络中后是如何给他人带来外部收益的。

经济学家们已经发现了网络市场许多重要的特点。第一，网络市场是“冒尖鼓励型的”，意味着均衡将倾斜于一种产品或有限的几种产品。因为消费者肯定不喜欢购买那些与未来主导技术不相兼容的产品，因此均衡只会倾向于那种能打败所有竞争对手的惟一的产品之上。一个著名的例子就是计算机操作系统微软视窗（Microsoft Windows），它之所以能占据主导地位，部分原因就是因为消费者总是希望自己的计算机能适用于各种可以获得的软件。（涉及微软的重要的反托拉斯案在第17章讨论。）

网络市场第二个有趣的特征是“历史因袭”（history matters）。一个著名的例子就是计算机所用的传统标准键盘（QWERTY keyboard）。你也许会感到惊讶，为什么字母排列让人莫名其妙的键盘能够成为标准键盘？19世纪的键盘设计原则是：将频繁使用的字母（比如“e”和“o”）排放到手动打字机感到比较方便的地方。等到电子打字技术出现之后，已经有数千万的人习惯了这种键盘打字。要将传统标准键盘替换成更有效的设计，一定非常昂贵，而且令人很难调整。因此，传统键盘的字母排列就只好一直维持不变。

这个例子表明，一项已经被使用的网络技术是怎样容易极端稳定的。类似的情况包括，许多环境保护主义者担忧美国“不经济”的汽车文化。现有的汽车、公路、加油站和住宅小区所构成的网络系统，很难为更有利于环保的新的格局所取代，例如集装箱运输的普及就很难。

第三，网络涉及到规模经济、预期、动态以及“冒尖优势”（tipping）等复杂的相互影响的因素，因而它导致了一场令人目不暇接的企业战略的重组。网络冒尖的本质是：一旦出现技术优势，企业势必会在市场早期阶段全力竞争，以占据这个“胜者全得”的市场（winner-take-all market，俗称“赢家通吃”）。此外，网络市场的惯性往往很大。一旦一种产品成为市场主导，则其他产品想要追赶就非常困难。这些特点意味着，企业往往在早期阶段就企图超越对手。

假设你将生产一种网络产品。为了确立你早期的领导地位，你一定要说服用户相信你的产品最好，从而吸引他们购买和采用。促销手段包括：采用“促销价”（penetration pricing），即向早期用户提供超低价格；将你的产品和其他已经流行的产品捆绑在一起；质疑你的竞争对手产品的质量或稳定性，等等。更重要的，你很可能会斥巨资做广告，该产品的需求曲线会因而向右上方移动。如果你是幸运的赢家，则你将会享受网络带来的规模经济，可以坐享你的垄断利润。

但是千万不要因为你的优势地位而想当然，一旦你的领导地位受到质疑，那么，市场主导优势将会“风水轮流转”，你也非常容易就转向下风。

网络向公共政策提出了重要的问题。政府是否应该为保证竞争而制定标准？是否应该管制网络产业？反托拉斯政策应该如何对待像微软这样的垄断者？它在网络商战中成了幸运的大赢家，但使用了反竞争的手段。今天，这些问题已经为许多公共政策制定者所关注。[3]

## 生产率和总生产函数

### 生产率

衡量经济业绩的最重要的指标之一就是生产率。**生产率**（productivity）是总产出对加权平均的投入的比率。两个重要的变量是**劳动生产率**（labor productivity）和**全要素生产率**（total factor productivity），前者计算每单位劳动的产量，后者计算每单位总投入（一般包括资本和劳动）的产量。

在 20 世纪 90 年代的经济扩张中，美国经济在产出和生产率方面出现了强劲的增长。从 1995~2000 年，美国商业部门的产出平均以 4.7%的年增长率增长。同一时期，工人劳动时间每年增长 2.0%，而劳动生产率的增长率的年平均水平大约为 2.7%。

### 由规模经济引起的生产率的增长

生产率由于规模经济和技术变革得以增长。规模经济和大规模生产在过去的一个世纪里成为促使生产率增长的最重要的要素。多数企业的生产规模已经比 19 世纪扩大了许多倍。19 世纪中期一艘大船可以装载 2 000 吨货物，而现在最大的超级油轮已经可以装运 100 万吨石油。

经济活动规模的一般性扩大会产生什么样的效果？如果规模报酬递增得以实现的话，那么更大规模的投入和产出势必能够带来更高的生产率。假设技术不变，一个普通企业的投入增加 10%，由于规模经济产出增加了 11%，因此，这个规模经济就促使其全要素生产率增加了 1%。

在许多部门规模报酬递增潜力很大的同时，某些领域规模报酬递减的可能性也不可忽视。当企业变得越来越大，其管理与合作的问题将会越来越困难。在无情地追求更高利润的过程中，企业不难发现其市场在地缘上扩张过度，或者产品线的扩大已经超出了其有效管理的范围。一个企业毕竟只能有一个首席执行官、一个首席财务官和一个董事会。由于缺少时间研究每一市场，以及对每一决策都深思熟虑，高层管理人员会因为脱离日常生产活动而成为容易出错的孤家寡人。

就像一个版图过于狭长的帝国，这种企业会发现自己很容易遭受更小、更灵活的对手的入侵。一些研究管理学的人士指出：世界上最大的汽车制造商通用汽车公司，逐渐与外部世界隔绝并逃避竞争压力。结果，它对 20 世纪 70 年代石油价格上涨的汽车市场的变化反应迟缓，使比它小的企业趁机占领了它不少的市场份额。可见，科学在尽如人意地促使规模报酬不变或递增的同时，也对管理和监督提出了新的要求，这一点有可能最终导致一个扩张后的巨型企业的规模报酬出现递减。

### 总生产函数的经验估算

我们已经讨论了关于生产的基本理论。运用这些理论我们可以评价美国经济的运行业绩。为此我们需要考虑与总投入（如劳动、资本和土地）和全要素生产率相关联的*总生产函数*（aggregate production function）。这方面经济学研究发现了什么呢？下面列举几个重要的发现。

- 由于技术进步和工人受教育程度与技能水平的提高，20 世纪以来，全要素生产率不断地增长。在整个 20 世纪，全要素生产率增长的年平均速度略低于 1.5%。
- 资本存量的增长速度要快于工作时间的增长速度。其结果是，工人所使用的资本物品的数量不断增加；因此，劳动生产率和工资出现了增长趋势，甚至其增长速度要快于仅仅由于全要素生产率增长而引起的每年 1.5%的增长速度。
- 由于目前每 1 单位资本拥有更少的劳动与之配合，人们曾预料，资本的收益率（利润率）可能呈现出收益递减的趋势。而在事实上，资本的收益率却基本上保持了不变的水平。
- 整个 20 世纪，劳动生产率平均每年以略高于 2%的速度增长。但是，从 20 世纪 70 年代早期到 90 年代中期，生产率的所有衡量指标都呈现出增长速度明显减缓的势头，同时，实际工资水平和生活水平也相应停滞不前。自 90 年代中期以来，由于计算机革命，生产率又重新恢复了明显的增长势头，其增长速度同历史标准相当。

[3] 参阅本章“补充读物”的有关建议。

最后，我们探讨一下准确地测量生产率增长所面临的困难。近来的经验研究表明，我们大大低估了生产率的增长。对医药保健、资本品、家用电器、计算机和计算机软件以及照明设备等的研究，都表明我们在统计生产率的方法上存在着很多的缺陷。其中最大的一个缺点是没有考虑好新产品和改进产品的经济价值。例如，就CD替代了原来的磁带而言，我们的统计就没有考虑到声音质量和稳定性的提高等因素。经验研究还发现，每年心脏病治疗效率的增长，要比传统的方法快5%。很多专家相信美国生产率的实际增长速度也许可以达到官方所报道的统计数字的两倍。

## B. 企 业 组 织

### 企业的性质

以上我们对生产函数进行了讨论，它们似乎是任何人都能操纵的机器：从一端放进猪肉，另一端就产出香肠。而在实际上，几乎所有的生产都是由专业组织去完成的——那些主宰现代经济的小的、中等的和大型的企业。为什么生产通常在企业，而不是在居民的地下室里进行呢？

企业或商业机构的存在有许多理由，但是，最重要的理由是：*企业由专业化的组织所组成以便管理生产过程*。企业的重要功能是实现批量生产的优势、筹集资金和组织生产要素。

由企业组织生产的最强有力的决定因素是*批量生产的经济性*。有效率的生产需要专业化的机器、厂房、装配线和劳动分工。研究表明，汽车的有效生产要求年生产量至少要达到30万辆。

我们几乎不能指望工人会自发地组织起来，以正确的程序准确无误地完成每一项作业任务。也许我们可以用棒球来类比，25个人如何才能自发地形成投球手、接球手和击球员的正确组合？如何排好顺序并运用最佳战略？现实中，我们需要企业来协调生产过程，购买或租用土地、资本、劳动和原料。如果不需要专业化和劳动分工，那么，我们每个人也许都能在自家后院里生产出自己所需的电能、数字手表和CD。显然，我们不能单独完成这些工艺，因此，效率通常都要求在企业里进行大规模的生产。

企业第二大功能是为大规模生产*筹集资金*。开发一架新商用飞机需要超过10亿美元的开支；研究和开发一个新的计算机微处理器，如英特尔的奔腾芯片，需要花费的钱更多。这些资金从哪里来？在19世纪，企业的资金往往由富裕的、喜欢冒险的个人提供。但是，这种富有传奇色彩的工业巨头时代已经一去不复返了。今天，在一个私有企业经济中，生产所需资金的大部分都来自于公司利润或从金融市场借款。实际上，如果公司不能每年为新项目筹集数十亿美元的资金，那么，私有企业高效率的生产活动是不堪设想的。

企业存在的第三个理由在于*管理生产过程*。企业经理既是组织生产，引入新思想、新产品或新工艺，并做出企业决策的人，也是对企业的成功或失败承担责任的人。生产毕竟不能自行组织起来，必须有人监督新厂房的建造，与工会谈判，购买原材料和保障其他的供应。

如果你想购买一个棒球队的经营权，你就必须租借一个体育场，雇佣棒球运动员，与各种人谈判以取得各种让步，雇佣招待员、与工会相处、出售门票。所有这些生产要素都安排就绪之后，还得有人监督日常的活动，以保证有效率和踏实地完成各项工作。

> 企业是专业化的组织，致力于生产过程的管理。生产在企业里进行的原因在于效率通常要求大规模的生产、筹集大量资金以及对正在进行的活动实行细致的管理与监督。

### 大企业、小企业和微型企业

市场经济中的生产活动经由形形色色的企业组织，从最小的个人业主制，到在资本主义经济中几乎主宰经济生活的大公司。美国现存1 800多万个不同的企业。其中大部分为某一个人所有，即个人业主制。另一些是合伙制，由两个或可能多达200个合伙人共同所有。最大的企业通常都采取公司的形式。

小企业在数量上占有优势。但是，无论从销售额、资产、政治力量和经济力量，还是从工资数额和职工人数来看，几百家大公司却占有支配性的地位。

#### 个人业主制

在企业组织形式族谱的一端是**个人业主制**（individual proprietorship），也称为“夫妻店”的典型的小企业。一个小企业可能每天只做几百美元的生意，仅仅能够为小企业主的努力提供最低的工资。

虽然这些企业在数量上很多，但其总销售额却很小。

就大多数小企业而言，个人都需要付出巨大的努力。单干的业主通常每周要工作50或60小时，且没有假期。小企业的平均寿命通常却只有一年。尽管如此，一些人还是向往自己开店经营。他们的小店很可能成为一次非常成功的冒险，可以带来数百万美元的家产。

## 合伙制

企业往往综合各种人才——譬如说，专业的律师或医生。在美国，任何两个或两个以上的人都可以在一起成立一个**合伙制企业**（partnership）。每个人都同意承担一部分工作和提供一份资本，从而分享一定比例的利润，当然也包括分摊有可能出现的亏损或债务。

今天，合伙制在经济活动总量中仅占相当小的一部分。其原因在于，合伙制存在某些缺陷，使其不适合大的企业。其中主要缺点之一便是*无限责任*。每一合伙人对整个合伙制企业所欠的债务都具有无限的责任。如果你在合伙制企业中的份额为1%，而企业失败了，那么，你应该赔偿那1%的亏损，而其他的合伙人则应当赔偿99%。但是，如果你的合伙人无力偿还，你很有可能被要求支付所有的债务，这很可能会导致你倾家荡产。

无限责任的风险和筹集资金的困难解释了合伙制为什么总局限于农业和零售业这类小型的、适于个人的企业。而在大多数的情况下，合伙制显然具有太高的个人风险。

## 公　司

在发达的市场经济中，大多数经济活动都经由私人公司进行。几个世纪以前，公司执照是君主或立法机关根据特别法令颁发的。英国的东印度公司就是一种有特权的公司，它实际上统治印度长达一个多世纪。在19世纪，铁路公司往往不得不花费一大笔钱从立法机关取得公司执照，其数额甚至和奠定路基的钱差不多。20世纪以来，美国通过了一系列法律，几乎给了任何人为任何目的组建公司的权利。

今天，**公司**（corporation）是一种企业组织形式，可以在50个州的任何一个或者国外取得执照，由众多的单个股东所共同拥有。公司具有独立的合法身份，实际上是一个“法人”，可以根据自己的利益购买、出售、借贷、生产物品和提供劳务，还有签订各种合同。另外，公司享有*有限责任*的权利。公司的每一个所有者的投资风险都严格限定在特定的数额上。

现代公司的核心特征如下：

- 公司的所有权属于那些掌握了公司普通股的所有人。如果你拥有一家公司股份的10%，那么，你就拥有10%的所有权。上市公司在股票交易所，如纽约股票交易所得以报价。大型公司的股票一般都在那里交易，国家的大部分风险投资也在那里进行。
- 从原则上讲，股东控制他们所拥有的公司。股东按照他们所拥有的股份比例分取红利，他们选举董事会，对许多重要问题进行投票表决。但不要认为股东能在企业经营中起什么显赫的作用。实际上，大公司的股东并不能真正地控制公司，因为他们太分散，根本不能左右拥有实权的公司经理们。
- 公司的经理和董事会拥有制定公司决策的合法权利。他们决定生产什么和如何生产。他们与工会进行谈判，并且当其他公司想要接管公司的时候，通常是由他们决定是否出售公司。当媒体宣布一个公司已裁减2万名工人时，这个决定也是由经理做出的。总之，股东拥有公司，但经理却经营它。

***公司的优缺点*** 在市场经济中，为什么公司占主导地位呢？理由很简单，因为它是一种能够最有效地从事经济活动的组织方式。公司是一个可以从事经济活动的“法人”。同时，无论股份多少次易手，公司都可以“永久延续”或永远存在。公司不是很讲究民主，因此经理们可以快速无情地做出决定，这与立法机构做出经济决策的方式完全不同。

此外，公司的股东承担的是有限责任，即他们所承担的公司债务或亏损，不会超过他们最初的出资。如果我们购买了1 000美元的股票，那么，我们遭受的损失不可能超过我们原来的投资。

公司也存在一个主要的缺点：公司利润需要纳税。对于非公司形式的企业而言，超出成本的任何收入都像一般的个人收入那样纳税。而对于公司就不同了，公司的收入要交纳两次所得税：首先要作为公司的利润交税，然后则对以红利形式体现的个人的收入征收所得税。尽管大多数国家继续将公司收入作为一种方便的税基进行征税，但是近年来，一些经济学家已经在严厉批评这种对公司的双重征税。

为解决公司红利双重课税的问题，布什政府于2003年曾经建议取消美国政府对公司红利所征收的个人所得税。国会研究了总统的提案，但几年来 …… 布什的彻底改革方案只落实了一半。国会将对红利所征的个人所得税的最高税率降到了15%，并决定在2008年完全免除这一税收，进而到2009年还要再恢复这个税收。（之所以出现这种莫名其妙的安排，是因为根据 2003 年的布什减税法案，各年份预算总收入的减少需要加以限制。)

公司的行为有时会激起公众的愤怒和政府的干预。19 世纪末，一些公司曾热衷于欺骗、贿赂和哄抬价格，从而导致反对托拉斯和证券欺诈的立法。最近几年，人们又发现美国一些公司存有严重的财务欺诈行为，很多公司主管经由巨额红利和股票期权最大可能获取了个人的私利。这类行经导致了公司丑闻的普遍爆发。如同公共部门一样，权力在私人部门中往往也会引发腐败。

有效率的生产常常要求企业有较大的规模，并且拥有数十亿美元的投资资本。承担有限的责任并拥有一套方便的管理体制的公司，能够吸收大量的私人资本，生产多种相关的产品，并能较好地分摊风险。

### 生产是在企业中还是在市场上进行

如果市场是如此有效的机制，那么为什么很多生产都在大型组织中进行？一个相关的问题是，为什么一些企业选择大而全的生产结构，而另一些企业却通过合同将大部分业务外包出去？例如，在 1982 年以前，美国电报电话公司（AT&T）的一体化既是垂直的也是水平的。他们自己研究、开发、设计和生产自己需要的设备，安装和租用线路，以及提供电话服务。相反，大部分私人计算机公司则是让技术员从外界买进硬盘、电路板、监视器和键盘等，然后将计算机组装并销售出去。

关于产业组织的中心论题是罗纳德·科斯（Ronald Coase）在其开创性研究中提出来的，该研究使他在 1991 年获得了诺贝尔经济学奖。[4]这是一个令人激动的研究领域，它回答内部金字塔控制结构，在组织和管理生产方面，为什么比外部市场契约型结构更具比较优势。

为什么由大企业组织生产会更有效率？最重要的原因也许是制订包括所有偶发事件的“完全契约”（complete contracts）实在过于艰难。假定，Snoozer Inc. 认为自己发现了一种治疗懒惰的新药，那么，它是用自己实验室研制，还是外包给一家公司（如 WilyLabs）？外包显然会带来一系列不可预见的偶然因素，很可能让新药丧失可行性。若新药真能推出并证明有效的话，则会发生什么情况？如果专利、税收或国际贸易法发生变动了呢？如果遭受到“侵权诉讼”了呢？

由于契约的不完全性，公司就会面临被**敲竹杠**（holdup problem）的风险。因为，如果发现新药只有在和另一种药一同使用时才能有效的话，则 Wilylabs 就会去找 Snoozer 公司说：“对不起，朋友，为获取两种药你需要再花费 1 亿美元。”这显然是一种恶意的敲竹杠。在涉及到特定关系的投资和不完全契约的情况下，由于担心出现扯皮，Snoozer 公司就会选择内部研制，以便自己能控制研究成果。

近期，美国许多部门都出现了变化。很多高度一体化的企业已经转而经由“外包”（outsourcing）或合同转让（contracting out）的新方式组织生产。自从 IBM 和 AT&T 几乎进行合并以来，计算机产业的这种趋势就可谓非常显著。这是因为，在计算机行业中，各种组件都是标准化或“商品化”了的，外包完全可以达到同样的效果。另外一个例子是耐克公司，它已将自己的大部分生产都外包出去了。理由是：生产过程已经标准化了，且耐克的真实价值是来自其设计和商标。此外，一些新型契约，如建立在信用基础上的长期合同，正在努力使“敲竹杠问题”降到最低水平。

研究组织的人士指出大公司鼓励创新和提高生产率的至关重要性。在 19 世纪，铁路不仅将小麦从农场运到市场，而且引入了“时区”这个新概念。其实，“准时”这个概念之所以变得如此关键，首先是源于列车时刻表，列车不准点就会造成事故。中央计划型经济的种种悲剧再清楚不过地昭示我们：如果没有现代私人企业中的组织天才，则所有的土地、劳动和资本都将无法真正地发挥作用。

---

[4] 参见本章末“补充读物”中科斯的著述及其他相关文献。

## 总结提要

A. 生产理论和边际产量

1. 产出量（如小麦、钢铁或汽车）与投入量（劳动、土地和资本）之间的关系称为生产函数。总产量指生产出来的产出总量。平均产量等于总产量除以总投入量。我们能够计算出某一要素的边际产量，它等于每新增 1 单位的投入在其他投入保持不变时所增加的产量。
2. 根据收益递减规律，在所有其他投入保持不变时，每投入 1 单位的边际产量通常随着该种投入数量的增加而下降。
3. 规模报酬反映所有投入的平衡增加对产量的影响。在一种技术条件下，所有投入增加 1 倍导致产量也正好增加 1 倍，那么这种技术表现为规模报酬不变。当所有投入增加1 倍导致产量的增加小于 1 倍（大于 1 倍）时，则该经济就属于规模报酬递减（递增）的情况。
4. 由于决策的执行需要花费时间，资本和其他要素的作用时间往往很长，因此，生产的调整在不同的时期会有所不同。短期是可变要素如劳动或原料投入能够容易地加以调整的时期。长期内资本存量（一个企业的机器和厂房）会进行折旧和能够更新。长期是所有投入，无论是固定的还是可变的，都能够得到调整的时期。
5. 技术变革指生产的基本技术发生了变化。当新产品或新工艺得到确立，或者旧产品或旧工艺得到改进时，就会出现技术变革。在这些情况下，能够用更少的投入生产出相同数量的产出；或者，能够用相同的投入生产出更多的产出。技术变革会使生产函数向上移动。
6. 美国经济的总生产函数的统计结果，趋向于证实我们的生产理论和边际产量理论。在 20 世纪，技术变革提高了劳动和资本的生产率。尽管 70 年代至 90 年代中期，生产率的增长速度明显下降，实际工资停止了增长，全要素生产率（衡量总产出与总投入的比率）在 20 世纪平均每年的增长速度仍然大约为 1.5%。不过，由于我们忽视了产品的更新和技术进步的重要性，结果可能是导致美国的生产率增长被大大低估。

B. 企业组织

7. 企业由专业化机构组成，目的是管理生产过程。
8. 企业有各种形式和规模。一些经济活动经由小的个人业主制，另一些发生在合伙制企业或大公司。企业的每一种组织形式都各有利弊。小企业具有灵活性，能够向市场提供新产品，也能够迅速地从市场退出。但是，它们的主要缺点在于：不能从分散的投资者手中筹集到大量的资本。今天的大公司，国家确保它们承担有限的责任，能够从银行、债券持有者和股票市场那里借入资金，从而积累起数十亿美元的资本。
9. 在现代市场经济中，企业生产了大多数的物品和劳务。这是因为，批量生产的经济性使得在高产量水平上进行生产已成为必要；生产的技术条件需要的资本远远高于个人愿意从事风险投资的资本；有效率的生产要求一个统一控制的实体进行细致的管理和协调生产任务。

## 概念复习

投入、产出、生产函数
总产量、平均产量和边际产量
边际产量递减和收益递减规律
规模报酬不变、递增和递减
短期与长期
技术变革：工艺创新，产品创新

生产率
网络产业：使用外部性、冒尖优势、历史因袭、“胜者全得”市场
总生产函数
公司产生的原因：规模经济、筹资需要、管理

主要的企业形式：个人业主制、合伙制、公司
无限责任和有限责任
企业与市场及敲竹杠问题

## 补充读物和互联网站

**补充读物**

Ronald Coase's classic work is "The Nature of the Firm," *Economica*, November 1937. Students may enjoy a recent nontechnical survey of the field in the symposium "The Firm and Its Boundaries," *Journal of Economic Perspectives*, Fall 1998. For a thoughtful analysis of network effects, see the symposium in *Journal of Economic Perspectives*, Spring 1994. A fascinating study of networks and the new economy is contained in Chapter 7 in Carl Shapiro and Hal R.Varian, *Information Rules*: *A Strategic Guide to the Network Economy* (Harvard Business School Press, Cambridge, Mass., 1997).

The story of how General Motors misunderstood the energy revolution in the 1970s is told in Daniel Yergin, *The Epic Quest for Oil*, *Money*, *and Power* (Simon and Schuster, New York, 1992). The comic side of GM is told in Michael Moore's film, *Roger and Me*.

**互联网站**

One of the most interesting websites about networks is compiled by Hal R. Varian, dean of the School of Information Management and Systems at the University of California at Berkeley. This site, called "The Economics of the Internet, Information Goods, Intellectual Property and Related Issues," is at www.sims.berkeley.edu/resources/infoecon.

A specialized site on network economics maintained by Nicholas Economides of New York University is found at raven.stern.nyu.edu/networks/site.html.

## 问题讨论

1. 解释生产函数的概念。描述汉堡包、计算机、音乐会、理发和高等教育的生产函数。
2. 考虑一个有如下形式的生产函数：$X=100L^{1/2}$，$X$ 代表产出，$L$ 代表劳动投入（假定其他投入固定不变）
   a. 当劳动投入 $L$=1，2，3 和 4 的时候，画出与图 6–1 和表 6–1 相似的图和表。
   b. 解释这个生产函数是否说明劳动的收益是递减的。要使该生产函数表现劳动的收益递增，这个生产函数的指数值应该是多少？
3. 下表描述了输油管道的实际生产函数，填入空缺的边际产量和平均产量的数值。

| (1) | (2) | (3) | (4) |
|---|---|---|---|
| | 18 英寸的管道 | | |
| 抽油机的马力 | 总产量（桶/天） | 边际产品（桶/天·马力） | 平均产量（桶/天·马力） |
| 10 000 | 86 000 | | ______ |
| | | ______ | |
| 20 000 | 114 000 | | ______ |
| | | ______ | |
| 30 000 | 134 000 | | ______ |
| | | ______ | |
| 40 000 | 150 000 | | ______ |
| | | ______ | |
| 50 000 | 164 000 | | ______ |

4. 使用问题 3 中的数据描绘出产量相对于马力的生产函数的图形。在同一幅图上，画出平均产量和边际产量的曲线。
5. 假定在你的大学召开运动会期间，你拥有经营食品的特许权。你出售热狗、可乐和炸土豆条。你投入的资本、劳动和原料各是什么？如果热狗的需求下降，你在短期内能够采取什么措施降低产量？在长期呢？
6. 在经济学中，区分生产函数的移动与沿着生产函数的移动是很重要的。对于问题 5 中的食品经营权，请举出热狗生产函数移动和沿着热狗生产函数移动的例子。用图形说明热狗生产和劳动使用之间的关系。
7. 当企业用一种投入取代另一种投入时，"替代"就会出现。例如，当工资上升时，农场主用拖拉机取代了劳动投入。考虑下列企业行为的变化，哪种情况代表了在技术不变的条件下一种要素替代另一种要素？哪种情况代表的是技术变革？用生产函数的图形加以说明。
   a. 当石油价格上升时，用以燃气为燃料的工厂替代以石油为燃料的工厂。

b. 一个书店在联上互联网之后裁员 60%。

c. 在 1970~2000 年间，某排版公司将其雇佣的排字工裁减了 200 人，同时，将其雇佣的计算机操作员增加了 100 人。

d. 在职员成功地组织了工会之后，某大学为其全体教员购买了个人电脑，并减少了职员的人数。

8. 设想一个用资本和劳动作为投入的生产比萨饼的企业。请给出边际收益递减和规模报酬递减的定义，并进行比较。解释为什么对于一种投入存在着边际收益递减的可能性，而对于两种投入则存在着规模报酬不变的可能性。

9. 请说明如果边际产量始终是递减的，那么，平均产量始终高于边际产量。

10. 复习图 6–4 关于网络的例子，假定每个月只能有 1 个人入网，从 Adam 开始，顺时针方向进行。

a. 画一张表，表明新增一个成员时，该成员的价值以及对其他成员的外部价值（即网络中所有成员的价值）。（提示：Ed 加入的答案是：4 美元和 4 美元。）计算每一成员数值下的总社会价值。画图表明网络规模和总社会价值的关系。解释为什么这说明规模报酬递增而非递减。

b. 假定入网成本是 4.50 美元，如果网络开始时有 6 个成员，请画图表明成员数会如何随时间变动。如果开始时有 3 个成员呢？哪一点是总成员人数的均衡？

c. 如果你是图 6–4 网络中的一个发起者，如果网络开始时只有 1 个或者 2 个成员，你会制定一个什么样的价格？

# 第 7 章

# 成本分析

成本所记录的不过是竞争的吸引力而已。

——弗兰克·奈特(Frank Knight)
《风险、不确定性和利润》（1921 年）

生产几乎无处不在，而生产的后面是与其形影不离的成本。企业必须为自己的投入进行支付：螺钉、溶剂、软件、纱布、秘书以及统计员。盈利的企业在制定生产战略时，总是非常明智地考虑到这一简单的事实，因为每多花 1 美元不必要的成本，企业的利润就会减少相同的金额。

但是，成本所扮演的角色远远不只是影响生产和利润的水平。成本还会影响投入的选择、投资的决定，甚至可以决定企业是否继续保持该业务。是添加一个新雇员合算，还是给现有职员加班费合算？是开一家新厂还是扩建旧厂？是在国内投资一家工厂还是到海外另起炉灶？企业还要选择有效的生产方法，即以最低成本生产产出的方法。

本章主要对成本进行系统的分析。首先，我们全面考查经济中的成本，其中包括一个非常重要的概念：边际成本。然后，我们考查企业的会计师在实际中是如何计算成本的。最后，我们讨论一个更广泛地应用于决策的概念：机会成本。对成本的全面研究将为以后对企业供给决策的理解奠定基础。

## A. 成本的经济分析

### 总成本：固定成本和可变成本

不妨考查一家企业。它使用资本、劳动和原料等投入，得到产出（用 $q$ 表示）。该企业在要素市场上购买这些投入，而企业会计则会计算在每一产量水平 $q$ 上所投入的总的美元成本。

表 7-1 说明了各种不同产出水平 $q$ 各自对应的总成本 ($TC$)。观察第（1）栏和第（4）栏，我们看到，$TC$ 随着 $q$ 的上升而上升。这是很自然的，因为要得到某一物品的更多产量必须使用更多的劳动和其他投入；增加生产要素便会引起货币成本的增加。例如，生产 2 单位物品的总成本为 110 美元，生产 3 单位物品的总成本为 130 美元，等等。在我们的讨论中，我们假定企业总试图以最低的成本进行产出。

#### 固定成本

表 7-1 第（2）栏和第（3）栏将总成本区分为两部分：总的固定成本($FC$) 和总的可变成本($VC$)。

什么是企业的**固定成本** (fixed cost) 呢？有时，固定成本也称为“固定开销”或“沉没成本”。它由许多部分构成，如厂房和办公室的租金、根据合同支付的设备费、

| (1)<br>产 量<br>$q$ | (2)<br>固定成本<br>$FC$<br>（美元） | (3)<br>可变成本<br>$VC$<br>（美元） | (4)<br>总成本<br>$TC$<br>（美元） |
|---|---|---|---|
| 0 | 55 | 0 | 55 |
| 1 | 55 | 30 | 85 |
| 2 | 55 | 55 | 110 |
| 3 | 55 | 75 | 130 |
| 4 | 55 | 105 | 160 |
| 5 | 55 | 155 | 210 |
| 6 | 55 | 225 | 280 |

**表 7–1 固定成本、可变成本和总成本**

企业成本的主要组成部分是固定成本（当产量变动时，它并不变动）和可变成本（它随着产量的增加而增加）。总成本等于固定成本加可变成本：$TC = FC + VC$。

债务的利息支付、长期工作人员的薪水，等等。即使企业的生产量为零，它也必须支付这些开支。而且，如果产量发生变化，这些开支也不会改变。例如，一个法律事务所可能拥有 10 年的办公室租约，即使该事务所人员规模缩减到原来一半，它仍然有义务支付租金。由于 $FC$ 是无论产量水平如何都必须支付的数量，因此，在第（2）栏中，它的数值保持 55 美元不变。

## 可变成本

表 7–1 的第（3）栏显示的是可变成本（$VC$）。**可变成本**（variable cost）是随着产出水平的变化而变化的那些成本。它包括：生产所需要的原料（如生产汽车所需要的钢材）；为生产线配置的工人；进行生产所需要的能源，等等。在一个超市中，收银员是可变成本，因为经理可以轻易地调整收银员的工作时间来适应商店中顾客的流量。

根据定义，当 $q$ 为零时，$VC$ 的起始值为零。它是 $TC$ 中随着产量增加而增加的部分；实际上，在任何两种产量之间，$TC$ 的变化量就是 $VC$ 的变化量。为什么？由于 $FC$ 的数值一直不变，总是 55 美元，因而在比较不同产出水平之间的成本时可以抵消。

我们对这些成本概念做如下总结：

**总成本**代表为生产每一产出水平 $q$ 所需要的用美元开支的最低成本总额。$TC$ 随着 $q$ 的上升而上升。

**固定成本**代表即使产出水平为零也必须支付的美元开支总额。固定成本不受任何产出量变动的影响。

**可变成本**代表随着产出水平的变化而变化的开支，包括原材料、工资和燃料，也包括非固定的所有成本。

一般情况下，根据定义可以得到：

$$TC = FC + VC$$

**可以达到的最小成本**

任何管理过企业的人都知道，如果我们将成本计划表做成表 7–1 那样，意味着我们将实际企业经营看得太简单了。为什么呢？因为表 7–1 背后显然有大量的工作要做。为了使成本最低，企业管理者必须确保：原材料最便宜，所采用的技术成本最低，所用的职工个个忠诚敬业，以最经济的方式做出其他决策。

举例而言，假如你是一个棒球队的老板，你就必须考虑一系列的问题：跟球员商议薪水，选择经理，和器材供应商讨价还价，为用电和租设施的账单发愁，考虑买多少保险，而且还必须处理其他能让整个球队以最低成本运营的各种问题。

只有经过上述管理方面的努力，才有表 7–1 那样的固定成本和可变成本，才是企业达到一定产出水平所必需的最低成本。

## 边际成本的定义

在经济学各领域中，边际成本是最重要的概念之一。**边际成本**（marginal cost，$MC$）表示由于多生产 1 单位产出而增加的成本。例如，一个企业生产 1 000 张光盘的总成本为 10 000 美元。如果生产 1 001 张光盘的总成本为 10 006 美元，那么，生产第 1 001 张光盘的边际成本就为 6 美元。

有时，多生产 1 单位产出的边际成本可能非常低。对于一架有空位的客机，增加一个旅客的边际成本微不足道，不需要增加任何资本（飞机）或劳动（飞行员和空中服务人员）。而在其他例子中，增加 1 单位产出的边际成本也可能会很高。以电力系统为例，在正常情况下，它可以用最低成本和最高效的电厂生产足够的电力。但在炎热的夏季，当所有的空调都打开，电力的需求变得非常大的时候，电厂将不得不启用设备系统中那些陈旧的、高成本而又低效率的发电机。这势必会推高多生产 1 单位电的边际成本。

| (1) 产　量 $q$ | (2) 总成本 $TC$（美元） | (3) 边际成本 $MC$（美元） |
|---|---|---|
| 0 | 55 | |
| 1 | 85 | 30 |
| 2 | 110 | 25 |
| 3 | 130 | 20 |
| 4 | 160 | — |
| 5 | 210 | 50 |

**表 7-2　边际成本的计算**

一旦知道了总成本，我们就很容易计算出边际成本。例如，为了计算第 5 单位的 $MC$，我们就从前 5 个单位的总成本中减去前 4 个单位的总成本，即 $MC$=210 美元−160 美元=50 美元。在空格里填入第 4 单位的边际成本。

表 7-2 运用表 7-1 中的数据表明我们如何计算边际成本。表 7-2 第（3）栏中的 $MC$ 数值来自于第（2）栏中的 $TC$ 减去上一行的 $TC$。因此，第 1 单位的 $MC$ 是 30 美元（85 美元−55 美元）。第 2 单位的边际成本是 25 美元（110 美元−85 美元），依此类推。

除了从 $TC$ 栏中得到 $MC$ 之外，我们还可以从表 7-1 第（3）栏的每一个 $VC$ 数值减去上一行中的 $VC$ 而得到 $MC$。为什么？因为可变成本的增加永远和总成本的增加完全相同，惟一的不同在于，根据定义，$VC$ 必须从零开始，而不是从固定的 $FC$ 水平开始。（读者可以核对：30−0=85−55，55−30=110−85，等等。）

生产的边际成本是多生产 1 单位产出所需要增加的成本。

**软件分销的边际成本**

软件巨头微软公司试图进入互联网浏览器市场时，曾采取过一种赠用的策略，即将 IE 浏览器以独立产品或是跟 Windows 操作系统捆绑的方式进行赠送。微软的竞争者抱怨微软公司的"掠夺性行为"。那么，究竟是什么原因导致了微软公司赠送出了浏览器而又不会赔钱呢？

原因在于，微软花费了很大的成本来研发 IE 浏览器，而多销售一个软件的边际成本却几乎等于零。这就是说，微软生产和销售 1 000 001 个浏览器的总成本并不比 1 000 000 个更多。而只要 IE 浏览器的边际成本为零，微软就不会因为对外赠送而赔钱。

***图形中的边际成本***　图 7-1 说明了总成本和边际成本。它表明 $TC$ 与 $MC$ 之间的关系类似于总产量与边际产量之间的关系，或者类似于总效用与边际效用之间的关系。

我们预期实际 $MC$ 曲线会呈一种什么形状呢？经验研究发现对于大多数短期生产活动（当资本存量不变时），边际成本曲线是一种如图 7-1（b）所示的 U 形曲线。这种 U 形曲线在开始阶段下降，接着达到最低点，然后开始上升。

## 平均成本

讨论各种平均的或每个单位的成本，我们可以阐明一系列重要的成本概念。表 7-3 扩充了表 7-1 和表 7-2 中的数据，其中包括了 3 项新的指标：平均成本、平均固定成本和平均可变成本。

### 平均成本或单位成本

同边际成本一样，平均成本（$AC$）是在企业中广泛使用的概念。通过比较平均成本与价格，或平均成本与平均收益，企业就能得知是否可以获利。**平均成本**（average cost）是总成本除以产品的单位总数，如表 7-3 中第（6）栏所示。也就是：

$$\text{平均成本}=\frac{\text{总成本}}{\text{产量}}=\frac{TC}{q}=AC$$

在第（6）栏中，当产量仅为 1 单位时，平均成本必然等于总成本，即 85 美元/1 = 85 美元。但是 $q$ = 2 时，$AC$ = $TC$/2 = 110 美元/2 = 55 美元，如该栏的数字所示。应该注意，在开始时，平均成本越来越低（我们马上就会知道其原因）。在 $q$ = 4 时，$AC$ 达到了 40 美元的最低点，此后缓慢上升。

图 7-2 描述了表 7-3 所示的成本数据。图 7-2（a）描绘了在不同产出水平上的总成本、固定成本和可变成本。图 7-2（b）画的是，相应于平滑的边际成本曲线的各种平均意义上的成本概念。图（a）说明在固定成本保持不变的条件下，总成本如何随着可变成本的变动而变化。

现在，让我们看图（b）。该图描绘的是一条 U 形的 $AC$ 曲线，它应当处于作为其来源的 $TC$ 曲线的下方。

最后，由图 7-3 可见边际成本同总成本的斜率的关系。

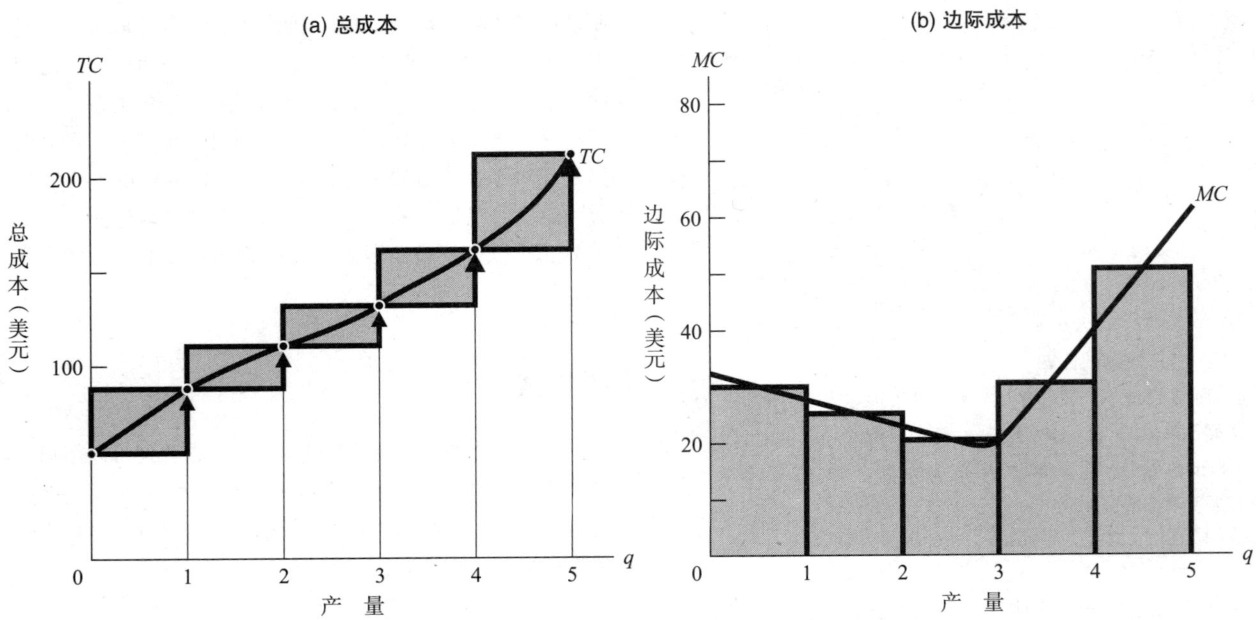


**图 7–1 总成本与边际成本之间的关系**

本图是根据表 7–2 中的数据描绘的。通过计算（a）中追加每单位投入所增加的成本，得到（b）中的边际成本。例如，为了得到生产第 5 单位产出的 *MC*，我们从 210 美元中减去 160 美元，就得到 *MC* 为 50 美元。在（a）中，我们连接各 *TC* 点作出一条平滑的曲线；在（b）中，经由 *MC* 的非连续性阶梯，我们也可以作出一条平滑的 *MC* 曲线。

| (1) 产量 $q$ | (2) 固定成本 $FC$（美元） | (3) 可变成本 $VC$（美元） | (4) 总成本 $TC=FC+VC$（美元） | (5) 每单位的边际成本 $MC$（美元） | (6) 每单位的平均成本 $AC = TC/q$（美元） | (7) 每单位的平均固定成本 $AFC = FC/q$（美元） | (8) 每单位的平均可变成本 $AVC = VC/q$（美元） |
|---|---|---|---|---|---|---|---|
| 0 | 55 | 0 | 55 | | 无穷大 | 无穷大 | 无法确定 |
| | | | | 30 | | | |
| 1 | 55 | 30 | 85 | | 85 | 55 | 30 |
| | | | | 25 | | | |
| 2 | 55 | 55 | 110 | | 55 | 27 1/2 | 27 1/2 |
| | | | | 20 | | | |
| 3 | 55 | 75 | 130 | | 43 1/3 | 18 1/3 | 25 |
| | | | | 30 | | | |
| **4***  | **55** | **105** | **160** | **40*** | **40*** | **13 3/4** | **26 1/4** |
| | | | | 50 | | | |
| 5 | 55 | 155 | 210 | | 42 | 11 | — |
| | | | | — | | | |
| 6 | 55 | 225 | 280 | | 46 2/3 | 9 1/6 | 37 1/2 |
| | | | | 90 | | | |
| 7 | 55 | — | 370 | | 52 6/7 | 7 6/7 | 45 |
| | | | | 110 | | | |
| 8 | 55 | — | 480 | | 60 | 6 7/8 | 53 1/8 |

* 平均成本的最低水平

**表 7–3 各种成本都来自总成本表**

我们可以由第（4）栏中的 *TC* 分解出其他的成本概念。第（5）栏和第（6）栏都值得强调：通过邻近的 *TC* 数值相减，便可计算出边际成本，如表中两行之间的数字所示。产量为 4 的带了 * 号的 *MC* 等于 40，是经过修匀的，来源是图 7–2（b）。在第（6）栏中，注意图 7–2（b）中 U 形 *AC* 曲线的最低点为 40 美元成本。（你能否看出，为什么具有 * 号的 *MC* 的数值等于有 * 号的 *AC* 的最小值？此外，计算并填补表中空白。）

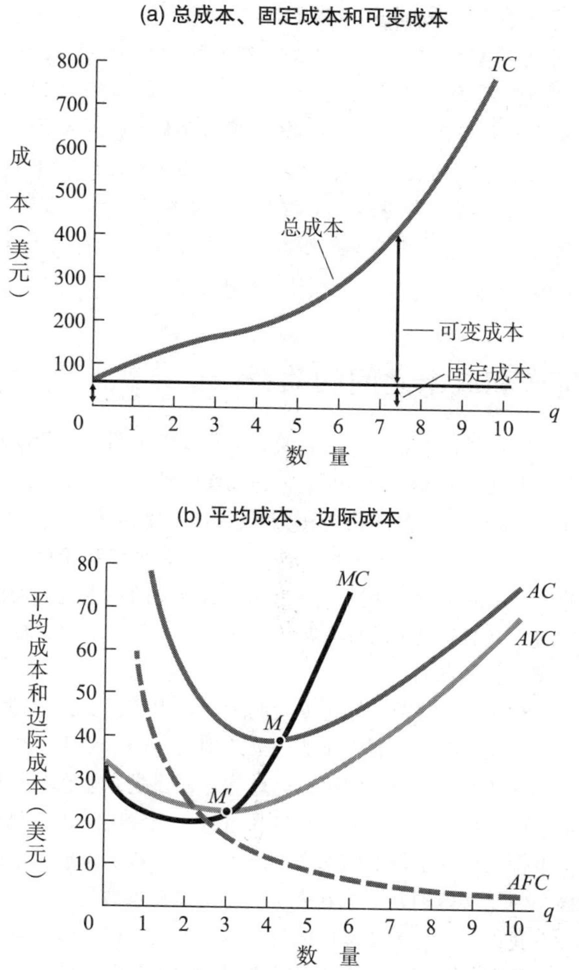


**图 7-2 根据总成本曲线可以得出其他成本曲线**

(a) 总成本是固定成本与可变成本之和。(b) 边际成本曲线起先下降，然后上升，如表 7-3 中第（5）栏给出的 *MC* 的数值所示。注意：*MC* 曲线与 *AC* 曲线相交于 *AC* 曲线的最低点。

## 平均固定成本和平均可变成本

正如我们把总成本分解为固定成本和可变成本一样，我们也可以把平均成本细分为平均固定成本和平均可变成本两个部分。**平均固定成本**（average fixed cost，*AFC*）被定义为 *FC/q*。由于总固定成本是不变的，因此，除以不断增加的产量，就得到一条不断下降的平均固定成本曲线［参见表 7-3 中的第（7）栏］。换句话说，当企业卖出越来越多的产品，不变的 *FC* 为越来越多的产量单位所分摊。例如，一家软件公司可能拥有一大批编程人员来开发一个图形程序。卖出的拷贝数不直接影响所需的开发人员数目，这使得他们成为固定成本。因此，如果该图形程序非常畅销，则该程序的 *AFC* 非常低；如果该程序销售不佳，则 *AFC* 会很高。

图 7-2（b）中的虚的 *AFC* 曲线是一支双曲线（hyperbola），渐进于两个轴：随着固定成本被更多单位的产品所分担，它逐渐降低，接近水平轴。如果我们允许产量 *q* 的单位无限细分，*AFC* 将从无穷大开始，因为有限的固定成本分摊到无穷小的产量 *Q* 上。

**平均可变成本**（average variable cost，*AVC*）等于可变成本除以产量，或 *AVC=VC/q*。正如你在表 7-3 和图 7-2（b）中所看到的，本例中的 *AVC* 开始时下降，然后上升。

## 最低平均成本

不要将平均成本与边际成本相混淆，这种错误很容易发生。实际上，平均成本可以比边际成本高得多或者低很多。如图 7-2（b）所示。

但是，图 7-2（b）同时表明 *MC* 与 *AC* 有很重要的关系：当增加 1 单位产出的 *MC* 低于 *AC*，则 *AC* 将下降。当 *MC* 高于 *AC*，则 *AC* 将上升。在 *MC* 与 *AC* 相等的点，*AC* 曲线是水平的。对于典型的 U 形 *AC* 曲线，*MC* 与 *AC* 相等的点也是 *AC* 达到最低水平的点。可在图中验证。

记住这些重要的规则：

- 当 *MC* 在 *AC* 之下，它将平均成本拉下。
- 当 *MC* 在 *AC* 之上，它将 *AC* 拉上。
- 当 *MC* 等于 *AC*，*AC* 不上升也不下降并且位于最低点；因此，在 *U* 形 *AC* 曲线底部，*MC* = *AC* = *AC* 的最小值。

这是非常重要的关系。它意味着一个追求最低的平均成本的企业应当使其产出位于平均成本与边际成本相等的水平。

为什么会这样呢？如果 *MC* 小于 *AC*，那么，生产的最后 1 单位的成本小于过去全部单位的平均成本。如果最后 1 单位的成本小于过去全部单位的平均成本，那么，新的 *AC*（即包括最后 1 单位的成本的 *AC*）必然会小于原来的 *AC*，因此，*AC* 必然会下降。反之，如果 *MC* 大于 *AC*，最后 1 单位的成本大于过去全部单位的平均成本，则新的平均成本（包括最后 1 单位的成本的 *AC*）必然会高于原有的 *AC*。最后，当 *MC* 正好等于 *AC* 时，最后 1 单位的成本正好等于过去全部单位的平均成本。因此，新的 *AC*，

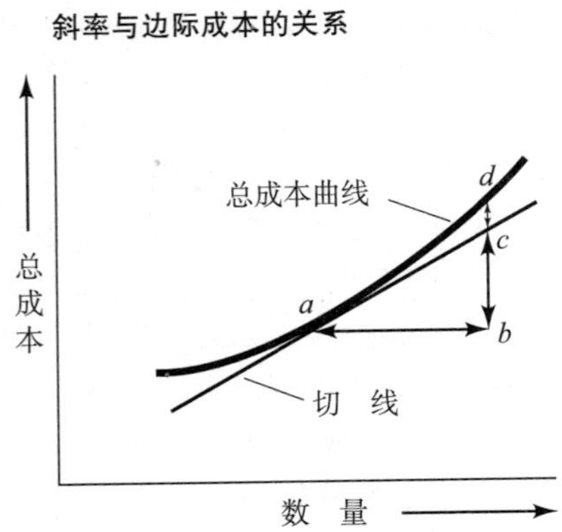


**图 7–3 斜率和边际成本的关系**

注意总成本曲线上的一个小的区间，考查 $q$ 由 3 999 变动到 4 000 所对应的成本。图中明确区分出两种 $MC$：（1）在两个 $q$ 点之间作为产出有限变化的成本增量的 $MC$，和（2）在某一 $q$ 点作为无穷小产出变化的成本增量（极限值）的 $MC$。由 $a$ 到 $b$ 的距离代表增加 1 个单位的产量。由 $b$ 到 $d$ 的距离代表总成本的增加。因此，$MC=(d-b)/(b-a)$，它是边际成本的第一重，也是最简单的定义。

边际成本的第二重定义是总成本曲线的斜率。曲线在 $a$ 点的斜率是由在 $a$ 点的切线斜率给定的，而切线的斜率又等于 $b$ 到 $c$ 的距离除以 $a$ 至 $d$ 的距离。在平滑曲线的极限状态，随着增加的单位变小，我们再考查新的较小的三角形比例，则我们就会发现这两种定义的差异小到可以忽略不计。也就是说，当 $b$ 接近 $a$ 时，$bd/bc$ 接近于 1。

即包括最后 1 单位成本的 $AC$，等于原有的 $AC$；当 $AC$ 等于 $MC$ 时，$AC$ 曲线呈水平状。

为了更好地理解 $MC$ 和 $AC$ 的关系，不妨再研究一下图 7–2（b）中的曲线和表 7–3 中的数字。注意，对于前 3 个单位，$MC$ 低于 $AC$，因此 $AC$ 在下降。在正好 4 单位时，$AC$ 等于 $MC$。超过 4 单位，$MC$ 高于 $AC$，将 $AC$ 持续拉上。图形上表现为上升的 $MC$ 曲线正好穿过 $AC$ 开始上升的点：$AC$ 曲线总在最低点被上升中的 $MC$ 曲线所穿过。用成本曲线来理解就是，如果 $MC$ 曲线低于 $AC$ 曲线，则 $AC$ 曲线必然在下降。

**用棒球击球得分数说明边际成本和平均成本的关系**

我们可以用打击率来说明 $MC$ 和 $AC$ 的相互关系。令 $AB$ 为你至今的“终生打击率”（你的平均打击率），$MB$ 为你今年的打击率（你的边际打击率）。为了简化，我们仍然假定每年打击次数为 100 次。

当你的 $MB$ 低于 $AB$ 时，它会将新的 $AB$ 往下拉。例如，假定你前三年的“终生打击率”为 0.300，而第四年的打击率为 0.100，那么你新四年的“终生打击率”就为 0.250。同样，如果你第四年的打击率高于前三年的“终生打击率”，那么新的“终生打击率”将会增加。如果第四年的打击率跟前三年的“终生打击率”相同，那么新的“终生打击率”不会发生变化（$MB=AB$，此时新的 $AB$ 与旧的 $AB$ 相等）。

## 生产和成本之间的关系

什么因素决定一个企业的成本曲线？很明显，劳动和土地等投入的价格是影响成本的重要因素。每个企业经理都会告诉你，更高的租金和工资意味着更高的成本。

但是，一个企业的成本曲线还会紧密地依赖于该企业的生产函数。为理解这一点，注意当企业的技术进步使同样的产出消耗更少的投入时，企业的成本就会下降，成本曲线也会下降。

实际上，只要你知道要素的价格和生产函数，你就能够确定成本曲线。假设企业想要达到某一产出水平，生产函数（加上要素价格）可以告诉你，什么是企业在某一产量下可选择的、最小成本的投入组合。当我们求得在最小成本投入组合条件下的每个产出水平所对应的总成本的时候，便能够得到表 7–1 到表 7–3 中的总成本数据。

我们可以由表 7–4 中的数字例子看出从产出数据到成本的推导。假设，农民史密斯租用了 10 英亩土地，并雇佣农业劳工生产小麦。每一时期，土地的成本为每英亩 5.5 美元，每个劳工的成本为 5 美元。运用最先进的耕作方法，史密斯能够根据表 7–4 中前 3 栏所示的生产函数进行生产。在本例中，土地的成本是固定的（因为史密斯签订了 10 年的租约），而劳动的成本是可变的（因为雇用和解雇劳工很容易）。

运用生产数据和投入成本数据，对于每一产量水平，我们可以计算出生产的总成本，如表 7–4 中的第（6）栏所示。以生产 3 吨小麦的总成本为例。运用给定的生产函数，史密斯能够使用 10 英亩土地和 15 个农业劳工生产出这一产量。生产 3 吨小麦的总成本为（10 英亩 × 5.5 美元/英亩）+（15 个劳工 × 5 美元/劳工）= 130 美元。相似的计算可以得出表 7–4 第（6）栏中所有其他总成本的数值。

注意，这些总成本数据与表 7–1 到表 7–3 中所示的数据具有相同的性质，因此，表中所示的其他成本概念（即

*MC*、*FC*、*VC*、*AC*、*AFC* 和 *AVC*）也适用于农民史密斯的生产成本的例子。

## 收益递减和 U 形成本曲线

成本和生产之间的关系有助于我们解释为什么平均成本曲线是 U 形的。回想第 6 章中的生产分析使用了两种不同的时期：短期和长期。同样的概念也适用于成本。

- **短期**，是一个可以调整可变投入，如原料和劳动，但不能调整全部投入的时期。在短期内，固定的和经常性的要素，如厂房和设备等，不能完全得到调整。因此，在短期，劳动成本和原料成本是可变成本，而资本成本是固定成本。
- **长期**，所有的投入都能得到调整，包括劳动、原料和资本。因此，在长期，所有成本都是可变成本，而没有固定成本。[1]

注意，说某一项成本是固定的还是可变的，取决于我们所考查的时间的跨度。例如，在短期，航空公司所拥有的一定数量的飞机就是一种固定成本。但在长期，很显然航空公司可以通过买卖飞机等办法来控制其机群的规模。实际上，一个活跃的二手飞机市场的存在已经使得处理不需要的飞机变得相对简单。通常，在短期，我们会认为资本是固定成本，而认为劳动是可变成本。但事实并不一定是如此（考虑你所在大学中那些被长期聘用的教师）。当然，一般说来，劳动投入还是比资本投入更容易改变。

为什么成本曲线是 U 形的？从短期看，资本是固定的，而劳动是可变的。在这种情况下，可变要素（劳动）的边际收益是递减的，因为每新增 1 单位的劳动所对应的资本是下降的。因此，产出的边际成本会上升，因为每新增 1 单位的劳动所能带来的产出增量在降低，即可变要素的边际收益递减意味着短期边际成本的递增。这就说明了为什么边际收益递减导致边际成本在某一点之后上升。

图 7–4 可以说明这一点，图中的数据来自表 7–4。该图表明，边际产量的递增区域对应于边际成本的递减区域，而边际收益的递减区域意味着边际成本递增区域。

我们可以将生产率规律与成本曲线之间的关系总结如下：

> 在短期，当像资本那样的要素固定不变时，可变要素一般表现为开始阶段的边际产量递增和随后出现的边际产量递减。与之相应的是，成本曲线表现为开始阶段的边际成本递减和在边际收益递减发生之后出现的边际成本递增。

[1] 请参见第 6 章中关于短期和长期问题的更详细的讨论。

| (1)<br>产　量<br>(小麦吨数) | (2)<br>土地投入<br>(英亩) | (3)<br>劳动投入<br>(工人数) | (4)<br>土地租金<br>(美元/英亩) | (5)<br>劳动工资<br>(美元/工人) | (6)<br>总成本<br>(美元) |
|---|---|---|---|---|---|
| 0 | 10 | 0 | 5.5 | 5 | 55 |
| 1 | 10 | 6 | 5.5 | 5 | 85 |
| 2 | 10 | 11 | 5.5 | 5 | 110 |
| 3 | 10 | 15 | 5.5 | 5 | 130 |
| 4 | 10 | 21 | 5.5 | 5 | 160 |
| 5 | 10 | 31 | 5.5 | 5 | 210 |
| 6 | 10 | 45 | 5.5 | 5 | 280 |
| 7 | 10 | 63 | 5.5 | 5 | 370 |
| 8 | 10 | 85 | 5.5 | 5 | 480 |

**表 7–4　由生产数据和投入成本推算出总成本**

农民史密斯租用了 10 英亩小麦地，租用可变的劳动。根据农业生产函数，劳动和土地的有效使用产生了如该表第（1）栏到第(3）栏所示的投入和产出。在投入价格为每英亩 5.5 美元和每个劳工 5 美元时，我们得到第（6）栏所示的史密斯的生产成本。所有其他成本概念（如表 7–3 中所示）也都能够从总成本数据中推算出来。

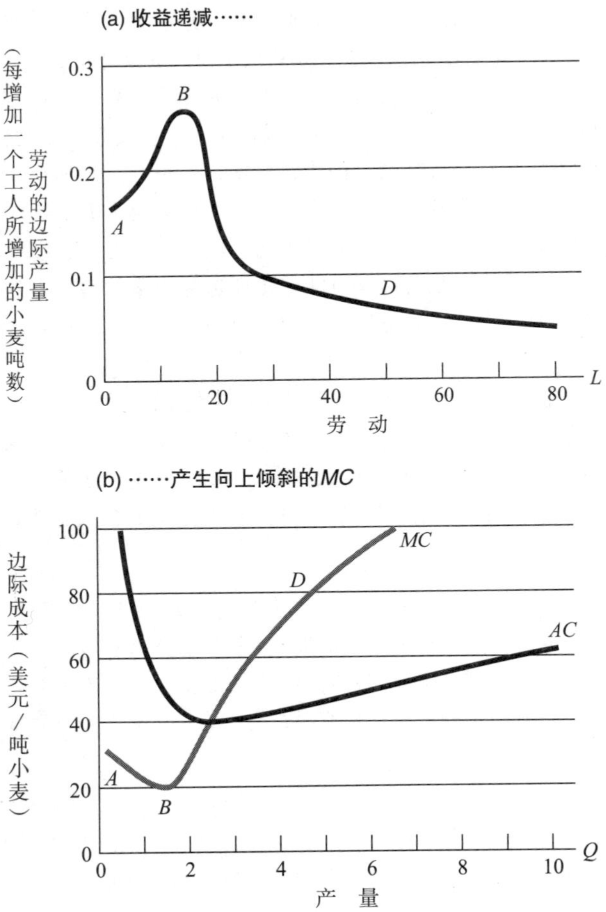


**图 7–4　边际收益递减与 U 形成本曲线**

(b) 中的 U 形边际成本曲线产生于 (a) 中的边际产量曲线的形状。在土地固定和劳动可变的情况下，(a) 图中，劳动的边际产量在开始时上升到 *B* 点左右，在 *B* 点达到最高值；此后，由于劳动的边际收益递减发挥作用，下降到 *D* 点。

根据生产数据可以描绘出边际成本曲线。在 (b) 中，*B* 点的左边区域（如在 *A* 点），边际产量的递增意味着边际成本的不断下降；在 *B* 点，边际产量的最大值发生在边际成本的最低点；在 *B* 点的右边区域（如在 *D* 点），由于劳动的边际产量下降，生产的边际成本上升。

总之，可变要素的边际产量先递增后递减，产生了 U 形边际成本曲线。

## 企业的投入选择

### 边际产量和最小成本法则

每个企业都必须决定如何生产其产出。应该用石油还是用煤来发电？汽车应该在美国还是在墨西哥组装？应该聘用教师还是研究生授课？我们不妨用边际产量的概念来说明企业如何按照最小成本法则选择其投入组合。

分析中我们将基于一个基本的假设，即企业追求生产成本的最小化。这一成本最小化假设，不仅对于完全竞争的企业适用，而且对于垄断者，甚至像大学或医院这些非营利性组织也同样适用。这一假设表明，企业应该力求在最低可能的成本上进行生产，从而使利润或其他目标达到最大。

一个简单的例子可以说明企业如何在不同的投入组合中进行选择。譬如说，某企业的工程师计算出，用两组选择都能生产出所需要的 9 单位的产出水平。在这两种情况下，燃料（*E*）的成本为每单位 2 美元，而每小时劳动（*L*）的成本为 5 美元。在第一种选择下，投入组合为 *E*=10 和 *L*=2。第二种选择的投入组合为 *E*=4 和 *L*=5。哪一种选择更好呢？在市场价格下，第一种选择的生产总成本为：(2 美元 × 10) + (5 美元 × 2) = 30 美元；而第二种选择的总成本为：(2 美元 × 4) + (5 美元 × 5) = 33 美元。因此，第一种选择是较好的最小成本的投入组合。

更普遍的情况是，存在着许多种可能的投入组合，而不仅仅是两组。但是，我们没有必要去计算每种投入组合的成本以找到最小的成本组合。有一个求最小成本组合的方法：首先像第 6 章那样，计算每一种投入的边际产量。然后用边际产量除以每种要素的价格，得到每 1 美元投入的边际产量。当每 1 美元投入的边际产量对于各种投入都相等时，就得到了最低成本的投入组合。也就是，每 1 美元的劳动、土地、石油等对于产量的边际贡献都必须正好相等。

根据这一推论，当每 1 美元投入的边际产量对于每一种生产要素都相等时，企业的生产总成本就达到了最低水平。这一结论称为最小成本法则。

> **最小成本法则**(least-cost rule)：为了以最小成本生产出一定数量的产出，企业应该购买各种投入，直到花费在每一投入上的每 1 美元的边际产量都相等时为止。这就有：

$$\frac{L\text{ 的边际产量}}{L\text{ 的价格}} = \frac{A\text{ 的边际产量}}{A\text{ 的价格}} = \cdots$$

正如我们在第 5 章中所看到的，企业的这一法则完全类似于追求效用最大化的消费者所遵循的原则。在分析消费者选择中，我们看到为了使效用最大化，消费者购买物品时要使花费在每一消费品上的每一美元的边际效用相对于各种物品都相等。

用以下方式可以理解最小成本法则：将每一要素细分成价值1美元的单位（在我们早先的燃料与劳动的例子中，1美元的劳动就是1/5小时，而1美元的燃料为1/2单位）。因此，最小成本法则说明，每1美元的单位投入的边际产量相等。如果每1美元投入的边际产量不相等，你就可以减少单位美元的边际产量比较低的那种投入，并增加单位美元边际产量高的那种投入，从而在更低的成本下得到同样的产量。

最小成本法则的一个推论就是替代法则。

> **替代法则**（substitution rule）：如果一种要素的价格下降，而所有其他要素的价格保持不变，则企业用现在更便宜的要素替代所有其他要素，直到所有投入的单位美元的边际产量都相等，这便是有利可图的。

让我们以劳动（$L$）为例。劳动价格的下降会提高 $MP_L/P_L$ 的比率，从而使 $MP_L/P_L$ 高于所有其他投入的 $MP/P$。根据边际收益递减规律，增加的劳动雇用量降低了 $MP_L$，从而降低了 $MP_L/P_L$。劳动的较低价格和较低的 $MP_L$，使得每美元劳动的边际产量重新与其他要素的比率相等。

## B. 经济成本和企业会计

大到通用汽车公司，小至街头的熟食店，企业无不或多或少地使用精细的办法来记录它们的成本。企业会计中许多成本的分类与前面我们所学的经济学中的经济成本概念类似。但是，企业衡量成本的方法和经济学家衡量成本的方法往往有一些重大的不同。本部分我们将简单地介绍企业会计并指出其与经济学成本的异同。

### 收益表或损益表

让我们从一个小企业开始，该企业名为热狗餐馆。正如其名字听上去一样，该企业在一个小店出售法兰克福香肠。其业务包括购买原料（热狗、最好的面包圈、昂贵的芥末和浓咖啡豆）和雇用劳工来制作和销售食品。另外，企业借款10万美元购买烹饪设备和其他餐馆用具，企业还要支付店铺的租金。热狗餐馆的创始人还有个远大抱负，他们组成公司并且发行普通股（参见第6章中的企业组织形式）。

为判定热狗餐馆是否盈利，我们必须借助于**收益表**（income statement），或用许多公司所喜欢的称呼——*损益表*（statement of profit and loss），如表7–5所示。该表说明了下列几点：（1）热狗餐馆从2004年销售中所获得的收益；（2）为得到这些收入而花费的开支；（3）净收益，即扣除开支后剩下来的利润。这也就给出了收益表的基本恒等式：

净收益（或利润）= 总收入 – 总支出

这一定义给出了该厂商所要最大化的那个东西——众所周知的公司利润（报表底线一栏）。在许多方面，企业利润与经济学家定义的经济利润很接近。让我们仔细研究一下损益表，从顶部开始，第1行给出了收入值为25万美元。第2行至第9行为生产过程的各种投入的成本。例如，人工成本是每年雇佣劳工的开支，租金是每年的房租。销售和管理成本包括产品的广告费和办公费、杂费（包括电费）。

前3类成本（材料、人工成本和杂项成本）基本上对应于企业的可变成本，或者称销售成本。接下来3个分类，第6行到第8行，对应于企业的固定成本，因为它们在短期内不可能变化。

第8行出现了一个新术语——*折旧*，折旧与资本品的成本相关。企业可以租借或者拥有它们自己的资本品。以热狗餐馆租借的房屋为例，我们扣除了第7行的租金。

若是企业拥有自己的资本品，这种情况比较复杂。以烹饪设备为例，它们的使用期大约为10年，到时它们便没有用或不值钱了。实际上，烹饪设备的一些部分在每年的使用过程中被消耗了。我们称那些被消耗掉的部分为“折旧”，并且计算出数值作为那一年资本投入的成本。**折旧**（depreciation）衡量的是企业实际拥有的资本投入分摊在每年的成本。

同样的推理适用于企业拥有的任何资本品：卡车用旧了，电脑过时了，房屋最终倒塌了，等等。以上每一种情况，企业都必须进行折旧。折旧公式有许多种，但每一种都会遵循以下两大原则：（a）资产生存期的折旧总额必然等于资本品的历史成本或购买价格；（b）折旧在资产的生存期内被记入每年的会计费用之中，它通常与该资产的实际经济寿命相联系。

现在，我们来理解热狗餐馆是如何提取折旧费的。设备按10年寿命期分摊折旧，因此，15万美元的设备每年应提取1.5万美元的折旧费（采用的是最简单的“直线”折旧法）。如果热狗餐馆拥有自己的房屋，它还要对房屋

| 热狗餐馆的损益表<br>(2004 年 1 月 1 日~2004 年 12 月 31 日) | | | |
|---|---|---|---|
| **(1)** | **净销售收入（扣除一切折扣和折让）** | | **250 000 美元** |
| | 减销售成本： | | |
| (2) | 材料 | 50 000 美元 | |
| (3) | 人工成本 | 90 000 美元 | |
| (4) | 杂项成本（工具等） | 10 000 美元 | |
| (5) | 减间接费用： | | |
| (6) | 销售和管理费用 | 15 000 美元 | |
| (7) | 房屋租金 | 5 000 美元 | |
| (8) | 折旧 | 15 000 美元 | |
| (9) | 营业成本 | 185 000 美元 | 185 000 美元 |
| (10) | 净营业收益 | | 65 000 美元 |
| | 减： | | |
| (11) | 设备借款的利息费用 | | 6 000 美元 |
| (12) | 州税和地方税 | | 4 000 美元 |
| (13) | 税前净收益（或利润） | | 55 000 美元 |
| (14) | 减：公司所得税 | | 18 000 美元 |
| **(15)** | **税后净收益（或利润）** | | **37 000 美元** |
| (16) | 减：支付普通股的红利 | | 15 000 美元 |
| (17) | 留存收益 | | 22 000 美元 |

表 7–5 损益表反映了一段时期的总销售收入和支出

提取折旧。

加总所有的成本得到营业成本（第 9 行）。净营业收益为净收入减去营业成本（第 1 行减第 9 行）。我们是否已经计算了所有的生产成本？还没有。第 11 行包括 10 万美元借款的每年利息费用，应被认为是借入资金的成本。虽然它属于固定成本，但我们要把它与其他的固定成本分开。州税和地方税，例如财产税，也被认为是一种开销。减去第 11 行和 12 行得到所得税前利润 5.5 万美元。这些利润是如何分配的呢？大约 1.8 万美元以公司所得税形式流入联邦政府，留下 3.7 万美元的税后利润。普通股支付 1.5 万的红利，剩下 2.2 万美元作为企业的留存收益。请再一次注意，利润是销售收入减去成本后的剩余。

## 资产负债表

企业会计活动不仅能够反映作为经济动力的盈利和亏损等情况，而且还提供**资产负债表**（balance sheet），它是企业在某一日期的财务状况表。这个表记录的是企业、个人或国家在某一时点上的价值。资产负债表的一方是**资产**（asset，企业所拥有的有价值的财产或权益）。在资产负债表的另一边有两项，即**负债**（liabilities，企业欠外界的资金或债务）和**净值**（net worth，或净价值，等于总资产减去总负债）。

资产负债表与损益表的一个重要的不同点在于存量和流量。**存量**（stock）代表变量的水平，例如湖中的水量，或者，在此例中为一个企业的以美元计算的价值。**流量**（flow）代表每一单位时间的变化，例如河中的水流或进出企业的收入和成本。损益表统计的是一个企业的流入和流出，而资产负债表度量的是在会计年度末的资产和负债的存量。

资产负债表的基本恒等式或平衡关系是总资产等于总负债加上企业所有者所拥有的净值：

$$总资产 = 总负债 + 净值$$

移项后可以更简明地发现：

$$净值 = 资产 - 负债$$

让我们通过分析表 7–6 来说明这个恒等式。该表显示的是热狗餐馆的简单资产负债表。左边是资产，右边是负债和净值。净值项目中故意留有空白，因为与基本资产负债表恒等式相一致的惟一正确的数值为 20 万美元。资产负债表应当总是两边平衡的，因为净值定义为资产减去负债的剩余。假定资产负债表中某一项改变了（比如资产增加），接着必然会有相应的变化以保持平衡（资产减少，负债增加或者净值减少）。

为了说明净值为什么总是平衡的，假设价值 4 万美元的热狗变质了。你的会计人员会向你报告："总资产减少了 4 万美元；负债保持不变。这就意味着，总净值也减少了 4 万美元。我们别无选择，只能将净值从过去的 20 万美元改写成 16 万美元。"会计记账就是如此。

现在我们将会计概念小结如下：

1. 损益表说明了销售额、成本和收益在一年或一个会计时期的变动情况。它衡量的是一个企业在特定时期内的美元的流入和流出。
2. 资产负债表说明的是在某一时点的财务状况或财务快照，就像是对湖中储水量的衡量。主要的项目有资产、负债和净值。

## 会计准则

在讨论表 7–6 中的资产负债表时，你或许会问，不同项目的数值是如何衡量的呢？会计人员如何知道设备的价值为 15 万美元呢？

其答案在于会计人员采用的是一套公认的原则或会计准则来解答大多数问题。资产负债表中所使用的最重要的假设是几乎所有的项目都反应其历史成本（historical cost）。正如我们在下一部分中将要看到的，这与经济学家的"价值"概念不同。例如，热狗面包圈的存货是按其购买价格计价的；新购买的固定资产（一套设备或一幢房屋）也按其购买价格记录（这就是历史成本准则）。比较久的资产的定价为购买价格减去累计折旧，由此解释了资本品可用性逐渐降低的原因。会计人员之所以使用历史成本，是因为它反映的是客观的评价，并且容易证实。

在表 7–6 中，流动资产指在一年内可转化为现金的资产，而固定资产代表资本品和土地。表中列举的大多数项目都可以说是不言自明的。现金包括硬币、钞票和银行存款形式的货币。现金是惟一价值准确而不用评估的资产。

在负债一方，应付账款和应付票据是指由于购买物品或借入资金而欠别人的款项。应付债券是在市场上发行的长期贷款。资产负债表的最后一个项目是净值，或股东权益。它是按历史成本评估后的企业资产减去负债之后的净值。此例中净值必然等于 20 万美元。

## 财务欺诈

了解了会计准则之后，我们可以看到，它可以被广泛地应用于案例分析。20 世纪 90 年代末，在加快收入增长的竞争压力下，许多公司进行了财务造假以求得突出的业

热狗餐馆的资产负债表
(2004 年 12 月 31 日)

| 资　产 | | 负债和净值 | |
|---|---|---|---|
| | | **负　债** | |
| 流动资产： | | 流动负债： | |
| 现　金 | 20 000 美元 | 应付账款 | 20 000 美元 |
| 存　货 | 80 000 美元 | 应付票据 | 30 000 美元 |
| 固定资产： | | 长期负债： | |
| 设　备 | 150 000 美元 | 应付债券 | 100 000 美元 |
| 房　屋 | 100 000 美元 | | |
| | | **净　值** | |
| | | 股东权益： | |
| | | 普通股票 | ………………… |
| **总　计** | 350 000 美元 | **总　计** | 350 000 美元 |

表 7–6　资产负债表记录了企业在某一时点上的资产、负债和净值的存量

绩或掩饰企业的亏损。臭名昭著的造假案例很多：（安然公司和全球通信公司）把用于交易的资本资产伪造成公司的收入；（安然公司和 Qwest 公司）把资金流入记为当期收入的同时又对资金流出进行了资本化；Waste 管理公司长期增加其公司机动车辆的残值；Waste 管理公司夸大其垃圾填埋区未利用空间的价值；还有，亚玛逊、雅虎、Qalcomm 公司等一大批存亡未知的门户网站对财务报表数据采取了报喜不报忧的手段；等等。会计欺诈案披露并真相大白于世人之后，世通公司和安然公司在事实上已经破产倒闭。

**安然公司的兴盛与衰败**

为了了解会计欺诈是如何运作的，让我们来看看安然的例子。安然起步时是一个（名副其实的）盈利企业，它拥有最大的跨州的天然气运输管道网络。为维持高速增长，安然插足天然气期货交易，并将该“商业模式”广泛运用于其他市场。

然而在这个过程中，安然的利润开始下降。安然向其投资者隐瞒了利润下降的事实。你也许会问，像安然这样一个如此之大的公众持有的公司，怎么可能竟然在基本事实层面上能愚弄所有世人且直到 2001 年才东窗事发？其原因如下：

第一，安然的许多业务相当新颖，以至于投资者会在一定时期内相信安然是一个健康的企业。它之所以能够成功地隐瞒它的失败取决于四个互补的因素。第一，当问题产生时，安然充分利用了如上介绍的会计准则的模糊性。一个例子是跟 Blockbuster Video 公司的号称“勇敢的心灵工程”的交易。这个交易产生了一笔现值为 1.11 亿美元的为期 20 年的收入。尽管所取得的收入的前提条件相当的可疑，但安然却把这些预期收入都记成了当期的收入。

第二，该公司选择并不报告诸多财务交易的明细。比如，它隐瞒了数以百计的与股东的合伙人关系。第三，董事会和外部审计员的消极怠工或敷衍塞责，没有质问甚至有时根本没有检查安然会计账户的明细。最后，尽管安然最多时吸收了 700 亿美元的投资者的基金，但那些机构投资者，如大型的共同基金，对安然的数据没有进行深入的独立的分析。[2]

安然案例警示人们：一旦企业内部要人蓄意展开其野心勃勃的财务欺诈计划时，金融市场、会计事务所和投资公司经理将遭到愚弄从而投入数十亿美元。20 世纪 90 年代美国财务会计造假的事实也警示人们：健全的会计审计制度，还有政府机构和非政府机构的警惕和审慎，应该是何等地重要！

## C. 机会成本

本节我们从另一个角度来考查成本。要切记的一个重要的经济学原则是：资源是稀缺的。这就意味着每次我们采用一种方法使用资源时，我们就放弃了用其他方法利用该资源的机会。这在我们的日常生活中很常见，我们必须决定如何使用有限的时间和收入。

我们应当去看电影还是为了下周的考试做准备？应当去墨西哥旅行还是去买一辆汽车？应当读研究生还是参加职业培训，或是大学毕业后直接参加工作？

这里的每一个例子中，做出决定实际上都使我们失去了做其他事的机会。失去的选择被称为机会成本，这一点我们在第 1 章已有所接触，现在我们进一步深入讨论。去看电影而不是学习的直接美元成本是电影票的价格，但是机会成本却包括在考试中取得更好成绩的可能性。做出一项决定的机会成本涉及它所有可能的后果，无论它们是否体现为货币的交易。

> 决策具有机会成本，因为在一个稀缺的世界中选择一样东西意味着需要放弃其他的一些东西。**机会成本**(opportunity cost)指的是错过了最有价值的物品或劳务的价值。

机会成本的一个重要例子是上大学。如果你在 2003 年进入公立大学，学费、书本费和旅行费合计约为 6 000 美元。这 6 000 美元是否就是你入学的机会成本？当然还不是。你还必须考虑花费在学习和上课上的时间的机会成本。2003 年一个高中毕业生的全日制工作年平均工资为 22 000 美元。如果我们加上实际的花销和放弃的收入，我们发现大学的机会成本为每年 28 000 美元（等于 6 000 美元 + 22 000 美元），而不是每年 6 000 美元。

企业决策也有机会成本。是否所有的机会成本都表现在损益表上呢？不一定。通常，企业账户仅包含有实际货币流入流出的交易。相反，经济学家则常常试图“揭开货币的面纱”，分析隐藏在货币交易后面的实际结果和衡量一项活动的真实资源耗费。经济学家因此包含了所有成

[2] 请参见本章中补充读物部分更详细的分析。

本，无论它是否表现为货币交易。

有几个重要的机会成本往往并不出现在损益表中。例如，在许多小企业中，家庭可能投入了许多无偿的时间，但却并没有被包含在成本之中。企业账户还不会涉及到其所有者自有资金的资本费用。而当企业把有毒废弃物倒入河流中的时候，它们也没有承担由此引起的环境污染的费用。但是，从经济学的观点来看，这些对于经济都是真实的成本。

让我们以热狗餐馆的所有者为例来说明机会成本的概念。该公司所有者每周投入 60 小时，而并不领取“工资”。在年末，如表 7–5 所示，公司获得了 3.7 万美元的利润。这对于一个新开张的企业来说是相当好的。

果真是这样吗？经济学家坚持认为，无论生产要素为谁所有，我们应当考虑生产要素的价值。即使所有者没有直接领取报酬，而是以利润的形式得到补偿，我们也应该把所有者的劳动作为成本来计算。因为所有者有其他的工作机会，因此，我们必须把失去的机会作为所有者劳动的成本来计算。

通过细致的考查，我们看到，热狗餐馆的所有者能够找到一份相似的、同样有趣的工作，他为别人工作，并获得 6 万美元。这就代表了机会成本或所放弃的收益，因为该所有者决定去当没有工资的小企业的老板，而不是为其他公司工作而领取工资。

因此，经济学家认为应当继续进行分析，不妨让我们计算一下热狗餐馆的实际利润。如果我们得到了 3.7 万美元账面利润，并减去所有者劳动的机会成本 6 万美元，那么，我们就会发现净亏损 2.3 万美元。因此，尽管账面数字认为热狗餐馆在经济上是可行的，但是，经济学家则会判定，该企业实际上是亏损的。

## 机会成本和市场

迄今为止，你或许会说：“现在，我完全被弄糊涂了。先前我已经了解到价格是物品在市场上实际社会成本的很好的衡量指标。而现在，你又告诉我，机会成本才是正确的概念。这里是否存在着前后矛盾呢？”

实际上，这里有一个简单的解释：*在运转良好的市场上，当所有成本都包括进来时，价格等于机会成本。*假设一种商品（如小麦）在竞争市场进行买卖。如果我把自己的小麦拿到市场上，我会得到来自购买者的一系列出价：每蒲式耳 2.502 美元、2.498 美元、2.501 美元，等等。这些价格代表了我的小麦对于 3 家面粉厂的价值。我选择最高的价格 2.502 美元。这种销售的机会成本是可得到的最佳的替代选择的价值，也就是次高出价 2.501 美元，它与我所接受的价格几乎相同。随着市场越来越接近于完全竞争，各种出价也会越来越接近，直至达到次高出价（即我们的机会成本的定义）正好等于最高出价（即价格）。在竞争市场上，众多的购买者为了得到资源而相互竞争，从而使出价达到最佳的选择点上，因此，这一出价也就等于机会成本。

***市场之外的机会成本***　在分析发生于市场之外的交易时，机会成本的概念显得尤其重要。你如何衡量一条公路或一个公园的价值？如何衡量保健或安全管制的价值？甚至学生的时间分配也可以运用机会成本来解释。

- 机会成本的概念可以解释，为什么学生在考试后，每周看电视的时间要比考前要多。在考试前，看电视具有很高的机会成本，因为时间的另一种用途（学习）在提高考试成绩和获得好的工作方面具有很高的价值。而在考试后，时间只具有较低的机会成本。
- 假定联邦政府想在加利福尼亚海岸开采石油。暴风雨般的抱怨随之而来。该方案的辩护者宣称：“有什么可争吵呢？这里有最高价值的石油，而且附近有丰富的海水。这是我国开采成本最低的石油。”然而在实际上，其机会成本却可能非常之高。如果石油开采导致了石油泄漏，从而损害了海滩，娱乐活动等会遭到破坏，那么，这种石油开采的机会成本很可能是难以估量的。因为，每一份海边娱乐的价值都同海底石油的价值同样的真实和珍贵。

***没有走过的路***　可见，机会成本是衡量我们做出一项决策时所放弃的那些东西，分析一下罗伯特·弗罗斯特在写下这段话时的想法：

> 两条路在林中分开，而我——
> 选择了较少的人所走的那一条，
> 此后一切差别正是由此而来。

弗罗斯特头脑中的另一条道路是什么呢？一种城市生活？一种使他不可能写道路、围墙和白桦树的职业？想像一下，如果罗伯特·弗罗斯特选择很多人走过的另一条道路，那么，对我们所有的人会有多么巨大的机会成本。

但是，还是让我们从诗人的境界回到现实的成本概念上来。这里应该抓住的中心问题是：

> 除了外在的货币支出之外，经济成本还包括那些由于各种资源可以利用在其他方面而导致的机会成本。

## 总结提要

### A. 成本的经济分析

1. 总成本（$TC$）能够分解成固定成本（$FC$）和可变成本（$VC$）。固定成本不受任何生产决策的影响，而发生在如劳动或原料等项目上的可变成本却随着产量的上升而增加。
2. 边际成本（$MC$）是增添 1 单位产量而增加的总成本。平均总成本（$AC$）是持续下降的平均固定成本（$AFC$）与平均可变成本（$AVC$）之和。短期平均成本通常用 U 形曲线来表示，该曲线与不断上升的 $MC$ 曲线相交于它的最低点。
3. 记住下列有用的规则：

$$TC = FC + VC \qquad AC = TC / q \qquad AC = AFC + AVC$$

在 U 形 $AC$ 曲线的底部，$MC = AC = AC$ 的最小值。

4. 成本和生产率就像一对镜像。当边际收益递减规律发生作用时，边际产量下降，$MC$ 曲线上升；而在最初的收益递增阶段，$MC$ 也一直是下降的。
5. 我们可以把生产和成本概念运用于分析企业的最佳生产要素组合的选择上。追求利润最大化的企业要使生产一定产量水平的成本达到最低。在这种情况下，企业必须遵循最小成本法则：选择不同的生产要素，使得每 1 美元投入的边际产量对于所有投入都相等。这就意味着：$MP_L / P_L = MP_A / P_A = \cdots$。

### B. 经济成本和企业会计

6. 为理解企业会计，必须掌握以下两个要点：
   a. 收益表（或损益表）的特点；利润的余额性质；固定资产的折旧。
   b. 资产、负债和净值是资产负债表中的基本关系；这些项目的每一项可以细分成财务的和固定的资产；以及净值的余额性质。

### C. 机会成本

7. 经济学家的成本定义比会计的成本定义更加广泛。经济成本不仅包括明显的从口袋里掏钱进行购买和支出，而且还包括比较隐蔽的机会成本，比如企业所有者本人所提供的劳动。这些机会成本严格地受到竞争市场上出价与要价的限制，因此，价格常常接近于市场上所出售的物品与劳务的机会成本。
8. 机会成本最重要的应用在于非市场物品，如清洁的空气、健康或娱乐，虽然这些东西并不在市场上交易，但它们却有可能具有很高的价值。

## 概念复习

**成本分析**

总成本：固定成本和可变成本

边际成本

最小成本法则：

$$\frac{MP_L}{P_L} = \frac{MP_A}{P_A} = \frac{MP_{\text{任何要素}}}{P_{\text{任何要素}}}$$

$TC=FC+VC$

$AC=TC/q=AFC+AVC$

**会计概念**

收益表（损益表）：
　销售收入，成本，利润

折　旧

资产负债表
　资产，负债，净值

存量与流量

机会成本

经济学和会计学的成本概念

## 补充读物和互联网站

**补充读物**

Advanced treatment of cost and production theory can be found in intermediate textbooks. See the list provided in Chapter 3.

You can find interesting articles on business cost, production, and decision problems in magazines such as *Business Week*, *Fortune*, *Forbes*, and *The Economist.* An excellent nontechnical analysis of the Enron fraud is contained in Paul M. Healy and Krishna G. Palepu, "The Fall of Enron," *Journal of Economic Perspectives*, Spring 2003, pp. 3–26.

**互联网站**

Good case studies on costs and production can be found in the business press. See the websites of the business magazines listed above, www.businessweek.com, www.fortune.com, www.forbes.com, and www.economist.com. Some of these sites require a fee or subscription.

Information about individual firms is filed with the Securities and Exchange Commission and can be found at www.sec.gov/edgarhp.htm.

## 问题讨论

1. 1936~1960 年，泰德·威廉姆斯在他的大联盟职业生涯中共击打棒球 7 706 次，击中 2 654 次。
   a. 泰德的"终生打击率"是多少？
   b. 最后一年，即 1960 年，威廉姆斯共击打 310 次，击中 98 次。截至 1959 年，他的"终生打击率"为多少？1960 年的打击率是多少？
   c. 解释他 1959 年的"终生打击率"与 1959~1960 年其变化量之间的关系。说明它是怎样表明 *MC* 和 *AC* 之间的关系的。
2. 在表 7–3 中 55 美元的固定成本之上增加 90 美元的 *FC*。现在，在 *VC* 与以前一样，而新的 *FC* 为 145 美元的条件下，制作一张完整的新表。*MC*、*AVC* 发生了何种变化？*TC*、*AC*、*AFC* 又发生了何种变化？你能证明最低的 *AC* 是在 $q^*=5$，同时 *AC*=60 美元=*MC* 吗？
3. 解释为什么 *MC* 与 *AC* 和 *AVC* 相交于它们的最小值点（即 U 形成本曲线的最低点）。
4. "义务兵役在关于军队成本问题上为政府提供了一种自欺欺人的机会。"比较志愿服役（报酬很高）与义务服役（报酬很低）的预算成本和机会成本。说明在这个问题上机会成本概念的作用。
5. 考虑表 7–7 中的数据，其中的情形与表 7–4 中的类似。
   a. 计算 *TC*、*VC*、*FC*、*AC*、*AVC* 和 *MC*。在一张画图纸上，描绘 *AC* 曲线和 *MC* 曲线。
   b. 假设劳动的价格上升 1 倍。计算新的 *AC* 和 *MC*。画出新的曲线，并与 a 中的曲线进行比较。
   c. 现在，假设全要素生产率上升 1 倍（即对于每一投入组合，产量水平提高 1 倍）。重做 b 中的练习。你能看出影响企业的成本曲线的两种主要因素吗？
6. 解释下列每句话中的错误：
   a. 当边际成本达到它的最低点时，平均成本达到最低。
   b. 由于固定成本永不变动，因此，对于每一产量水平的平均固定成本也是不变的。
   c. 每当边际成本上升时，平均成本就上升。
   d. 在约塞米提国立公园开采石油的机会成本为零，因为没有任何企业在这里进行生产。
   e. 当企业在每一投入上花费相同数量的资金时，该企业的成本达到最低。

| (1) 产　量（小麦吨数） | (2) 土地投入（英亩） | (3) 劳动投入（工人数） | (4) 土地租金（美元/英亩） | (5) 劳动工资（美元/工人） |
|---|---|---|---|---|
| 0 | 15 | 0 | 12 | 5 |
| 1 | 15 | 6 | 12 | 5 |
| 2 | 15 | 11 | 12 | 5 |
| 3 | 15 | 15 | 12 | 5 |
| 4 | 15 | 21 | 12 | 5 |
| 5 | 15 | 31 | 12 | 5 |
| 6 | 15 | 45 | 12 | 5 |
| 7 | 15 | 63 | 12 | 5 |

表 7–7

# 第 7 章附录

# 生产、成本理论和企业决策

第 6 章所阐述的生产理论和本章的成本分析都是微观经济学的基础内容。深入完整地理解生产和成本，对于认识经济稀缺性如何转化成市场价格是十分必要的。本附录进一步讨论这些问题，并引入等产量曲线概念。

## 数值化的生产函数

生产理论和成本分析根源于生产函数概念。生产函数表明运用各种投入的不同组合能够生产出的最大产量。表 7A–1 列举了一个规模收益不变的生产函数的数字例子。该表用纵、横轴代表投入量，并用表中的格子交点代表产出量。

表左边列出的是不同数量的土地，从 1 到 6 个单位。表的底边列出的是劳动数量，也是从 1 到 6 个单位。与每一土地行和每一劳动列相对应的产量也都列在该表之内。

如果我们想知道在使用 3 单位土地和 2 单位劳动时究竟能生产多少产量，那么，我们向上量取 3 单位的土地，再向右量取 2 单位的劳动，所看到的答案应为 346 单位的产量。（你能指出能够生产 $q$ = 346 的一些其他投入组合吗？） 同样，我们可以找到 3 单位土地和 6 单位劳动将生产 600 单位的产量。应该记住生产函数表示在一定时点上给定管理技能和技术知识的条件下所能得到的最大产量。

## 边际产量递减规律

表 7A–1 可以很好地说明边际收益递减规律。不妨先回忆一下，劳动的边际产量是在土地和其他投入保持不变时，每增加 1 单位的劳动所引起的产量增加。我们可以看到在表 7A–1 中的任何一点，劳动的边际产量等于同一行中右边的数字减去该点的数字。这样，当有 2 单位土地和 4 单位的劳动时，增加一个劳动者所带来的边际产量为 48，即第 2 行中的 448 减去 400。

当然，"土地的边际产量"是指在劳动的数量保持不变时，追加 1 单位的土地所增加的产量。通过比较某一列中相邻的两个产量数字，可以计算出土地的边际产量。例如，当有 2 单位的土地和 4 单位的劳动时，土地的边际产量为第 4 列中的 490–400，即 90。

在表 7A–1 中，通过比较行或列的相邻数据，我们能够很容易地计算出两种要素中的每一种的边际产量。

在给出某一投入的边际产量的定义之后，我们现在便可以很容易地给出边际收益递减规律的定义：*边际收益递减规律表明，当我们增加一种投入而保持其他投入不变时，所增加投入的边际产量至少在某一点之后将会逐步下降。*

为了说明这一点，我们保持土地数量不变，即在表 7A–1 中选定某一行，譬如说土地数量为 2 个单位的那一行。现在，让劳动从 1 单位增加到 2 单位，从 2 单位增加到 3 单位，如此等等。每增加 1 单位的劳动，$q$ 会发生什么变化呢？

当劳动从 1 单位增加到 2 单位时，产出水平从 200 单位增加到 282 单位，即增加了 82 单位。但是，下一个单位的劳动却仅增加了 64 个单位，或 346–282。边际收益递减已经出现。进而，每次增加 1 单位的劳动，可以使我们按顺序得到仅仅 54、48 以及最后的 42 单位的增添的产量。你可以很容易地证明：其他各行也存在着这一规律，

| 土地 \ 劳动 | 1 | 2 | 3 | 4 | 5 | 6 |
|---|---|---|---|---|---|---|
| 6 | **346** | **490** | 600 | 692 | 775 | 846 |
| 5 | 316 | 448 | 548 | 632 | 705 | 775 |
| 4 | 282 | 400 | **490** | 564 | 632 | 692 |
| 3 | 245 | **346** | 423 | **490** | 548 | 600 |
| 2 | 200 | 282 | **346** | 400 | 448 | **490** |
| 1 | 141 | 200 | 245 | 282 | 316 | **346** |

**表 7A–1　生产函数的表格说明了劳动和土地不同投入组合的产量**

当你可以利用 3 单位土地和 2 单位劳动时，工程师告诉你，你可以得到的最大产量为 346 单位。必须注意，有多种方法可以生产 346 单位的产量。对于 490 单位的产量也是如此。（表中所示的生产函数是"柯布—道格拉斯（Cobb-Douglas）生产函数"的一种特殊情况，它是由公式 $Q = 100\sqrt{2LA}$ 给定的。）

而且，当土地变化而劳动保持不变时，也存在着这一规律。

我们可以运用这一例子来证明我们最初对于边际收益递减规律的直觉——边际收益递减规律是由于固定要素相对于可变要素的减少而造成的。根据这一解释，每一单位的可变要素拥有越来越少的固定要素可供利用。因此，增加的产量会下降，也就是很自然的事了。

如果这一解释确实能反映边际收益递减的原因，那么，当两种要素同时增加时，产出就应该按比例增加。当劳动从 1 单位增加到 2 单位，同时土地也从 1 单位增加到 2 单位，我们应该得到二者同时从 2 单位增加到 3 单位时所增加的产量。这可以从表 7A–1 中得到证实。在第一种情况下，我们得到的产量从 141 上升到 282；而在第二种情况下，产量从 282 上升到 423，其产量增量均为 141 单位。

## 既定产量的最低成本的要素组合

数值化的生产函数告诉我们，不同的方法可以生产出同一水平的产量。但是，在许多种可能性中，企业究竟应该采用哪种方法呢？如果合意的产量水平 $q$=346，那么，至少有 4 种土地与劳动的不同组合可以生产出这一产量，如表 7A–2 中的 $A$、$B$、$C$ 和 $D$ 所示。

就工程师而言，这 4 种组合中的每一种都同样的好，

| | (1) | (2) | (3) | (4) |
|---|---|---|---|---|
| | 投入组合 | | 总成本（美元） | 总成本（美元） |
| | 劳动 | 土地 | $P_L=2$ | $P_L=2$ |
| | **$L$** | **$A$** | $P_A=3$ | $P_A=1$ |
| A | 1 | 6 | 20 | — |
| B | 2 | 3 | 13 | 7 |
| **C** | **3** | **2** | **12** | — |
| D | 6 | 1 | 15 | — |

**表 7A–2　生产某一产量的投入和成本**

假设一家企业选择生产 346 单位的产量。此时，它可以使用如 A、B、C 和 D 所示的 4 种投入组合中的任何一种。当企业从表的上方移动到下方时，生产就变成更多的劳动密集化和更少的土地密集化。请填写空缺的数字。

企业在不同的生产技术之中进行的选择取决于投入的价格。当 $P_L$=2 美元，$P_A$=3 美元时，可以看到最低成本组合为 C。说明土地价格从 3 美元降至 1 美元，会导致企业选择更加土地密集化的 B 组合。

都可以生产出 346 单位的产量。但是，追求成本最小化的经理人员却要寻找成本最低的那个组合。

我们假设劳动的价格为 2 美元，土地的价格为 3 美元，这样，表 7A–2 中第 3 栏的数字表明了投入价格在这一水平时的总成本。对于组合 A 而言，劳动和土地的总成本为 20 美元，等于（1 × 2 美元）+（6 × 3 美元）。组合 B、C 和 D 的成本分别为 13 美元、12 美元和 15 美元。在这一假定的投入价格水平下，要素组合 C 是能生产既定产量的成本最低的方案。

如果这两种要素中的一个的价格有所变动，则生产要素的均衡比例也会发生变动，从而减少价格上升最快的生产要素的使用量（这正像第 5 章论述的消费者需求的替代效应一样）。只要知道了投入的价格，我们就能够通过计算不同的投入组合的成本，寻找到最低成本的生产方法。

### 等产量曲线

企业组织投入以达到成本最小化的数字分析方法，可以用图形更加直观地加以说明。我们采用图解法，将等产量曲线和等成本线这两种新曲线放在一起。

让我们将表 7A–1 变为一条经过能够生产 $q$=346 的所有点的平滑曲线，这条平滑曲线，如图 7A–1 所示，显示的是：能生产 346 单位产出的所有的土地与劳动的各种不同组合，这种曲线称为**等产量曲线**（equal-product curve 或 isoquant），它与第 5 章附录中所论述的消费者的无差异曲线相似。你可以根据表 7A–1 中的数据，在图 7A–1 画出产量等于 490 单位的等产量曲线。实际上，在该图中可以画出无数条这样的等产量曲线。

### 等成本线

当劳动和土地的价格为已知时，企业可以计算出 $A$、$B$、$C$、$D$ 点或等产量曲线上任何一点的总成本。当企业在等产量曲线上选择最低总成本点时，它才会达到成本最低化。

寻找最低成本生产方法的简便技术是构造**等成本线**（equal-cost line）。图 7A–2 画出了等成本线。在该图中，一组平行的直线代表在劳动价格为 2 美元和土地价格为 3 美元时的一系列等成本线。

要想找到任何一点的总成本，我们只需要记下通过那一点的等成本线上的附加数字。等成本线都是相互平行的直线，因为我们假设企业可以按照不变的价格来购买任何

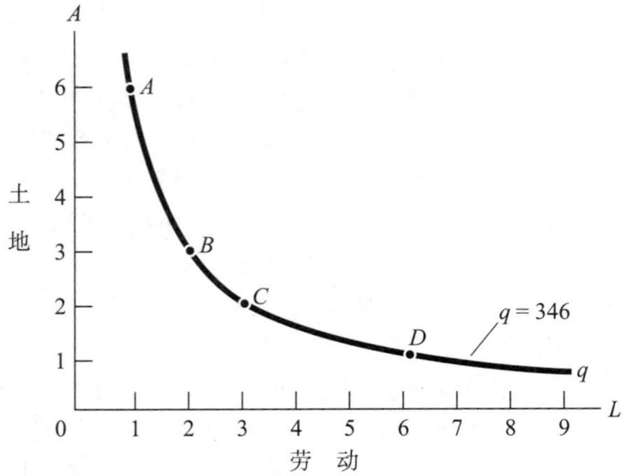


**图 7A–1 等产量曲线**

等产量曲线上所有各点代表能够用来生产 346 单位的相同产量的土地与劳动的不同组合。

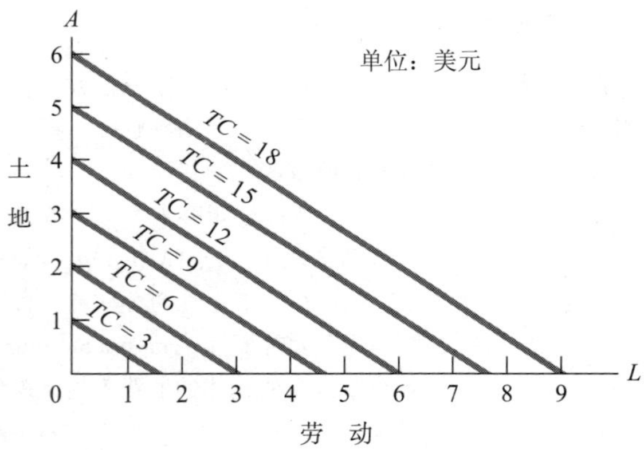


**图 7A–2 等成本线**

在既定的一条等成本线上的各点代表相同的总成本。这些线都是直线，因为要素的价格不变；它们的斜率都为负，其斜率等于劳动价格与土地价格之比，即 2 美元/3 美元，因此，等成本线是平行的。

数量的生产要素。这些直线的倾斜度略低于 45 度，因为劳动的价格 $P_L$ 略低于土地的价格 $P_A$。更具体地说，我们通常可以认为，每一条等成本线的斜率必然等于劳动的价格与土地的价格之比——在这一例子中，$P_L / P_A = 2/3$。

## 最低成本：等产量曲线和等成本曲线的切点

将等产量曲线和等成本线结合在一起，我们可以决定

**投入品替代可使生产成本达到最低**

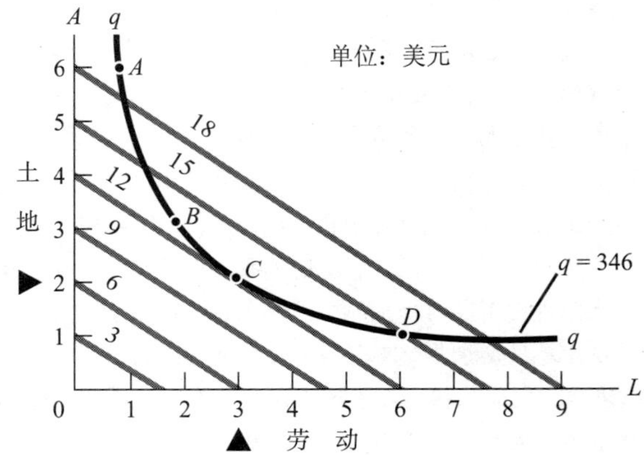


**图 7A–3 最低成本的投入组合位于 C 点**

企业希望以最低的成本生产 346 单位。因此，它沿着等产量曲线，寻找最小成本的投入组合。它所寻找的投入组合处于最低等成本线上。等产量曲线与等成本线相切之点就是最低成本位置。该切点的意义是：生产要素的价格与边际产量是成比例的，从而使每 1 美元的边际产量相等。

企业的最优或最小成本的位置。回顾以最低成本能够生产出产量 $q = 346$ 的最佳投入组合所处的点。为找到这样的一点，只需简单地把那条等产量曲线放到图中的一组灰色的等成本线上，如图 7A–3 所示。企业总是沿着图 7A–3 中凸向原点的那条曲线移动，只要该曲线能够与较低的成本线相切。因此，它的均衡点在 C 点，即等产量曲线接触到的（但不是相交的）最低的等成本线。这是一个相切点，在该点，等产量曲线的斜率正好等于等成本线的斜率，而且，两条曲线正好相切。

我们已经知道等成本线的斜率为 $P_L / P_A$。然而，等产量曲线的斜率为多少呢？回忆第 1 章的附录，我们知道，曲线在某一点的斜率等于与曲线在该点相切的直线的斜率。对于等产量曲线而言，它的斜率就是两种生产要素之间的替代比率，取决于两种生产要素的相对边际产量，即 $MP_L/MP_A$——正如沿着消费者的无差异曲线，两种物品的替代比率等于这两种物品的边际效用的比率（参阅第 5 章的附录）。

## 最低成本的条件

运用图解法，我们得到了企业达到生产成本最低的条件：

1. 任何两种投入的边际产量之比必须等于它们的要素价

格之比：

$$替代比率=\frac{劳动的边际产量}{土地的边际产量}=等产量曲线的斜率=\frac{劳动的价格}{土地的价格}$$

2. 我们可将第一种情况用一种更有启迪的方式表达。从最后一个等式可以推导出，对每一生产要素而言，从（最后）1 美元的支出得到的边际产量必须相等：

$$\frac{L\ 的边际产量}{L\ 的价格}=\frac{A\ 的边际产量}{A\ 的价格}=\cdots\cdots$$

但是，你不应该满足于这种抽象的解释。应该一直记住通常意义上的经济解释，它告诉我们，企业如何在各种投入要素上分配它们的支出，从而使每美元支出的边际产量相等。

## 总结提要

1. 生产函数表列出了每一劳动和每一土地可生产出来的产量。当其他生产要素保持不变时，一种可变要素的收益递减可以通过计算任何一行或一列中边际产量的下降来加以说明。
2. 等产量曲线表示可以生产出相同产量水平的各种可供选择的投入组合。这种等产量曲线的斜率或替代比率等于相对的边际产量（例如，$MP_L / MP_A$）。等成本曲线是平行线，其斜率等于生产要素的价格之比（$P_L / P_A$）。最低成本的均衡处于一个切点，此时，等产量曲线与最低等成本线相切。在最小成本均衡点，边际产量与要素价格成比例，花费在所有生产要素上的每 *1* 美元的边际产量相等（即 $MP_i / P_i$ 相等）。

## 概念复习

等产量曲线
等总成本（*TC*）线（平行线）
替代比率 = $MP_L / MP_A$

平行的等总成本（*TC*）线的斜率为 $P_L / P_A$

最低成本的相切点条件：
$MP_L / MP_A = P_L / P_A$ 或 $MP_L / P_L = MP_A / P_A$

## 问题讨论

1. 说明：提高劳动的工资，而保持土地的租金不变，将会使图 7A–3 中的等成本线更为陡峭，并且把切点 *C* 向左上方移动到 *B* 点。在该点，当时比较便宜的投入替代了比较昂贵的投入。如果我们用资本代替劳动，重新叙述结果。工会领导人应该认识这一关系吗？
2. 如果生产函数由表 7A–1 给定，投入价格如图 7A–3 所示，产量 $q = 346$，那么，最低成本的投入组合应该是什么？如果产量上升到 $q = 692$，那么，对于相同的投入价格，最低成本的比率是什么？“要素密集度”，或土地–劳动比率会发生何种变化？你能否看出为什么在规模报酬不变的条件下对于任何产量的变动这一结果都保持不变吗？

# 第 8 章

# 完全竞争市场分析

生产成本若不影响供给，
则不会影响竞争价格。

——约翰·斯图亚特·穆勒

任何市场都有供给和需求两个方面。在系统地考查了每一个方面之后，我们现在将这两个部分合在一起，以考查市场的整体行为。作为单个产业组织分析的开篇，本章分析完全竞争市场（中）的行为；这是一个理想化的市场，所有单个的企业和消费者的影响都太小，以至于无法影响到市场的价格。我们将首先考查竞争性企业的在供给方面的决策，然后分析竞争市场的若干特殊情况。在掌握了完全竞争的核心理论之后，我们将在后面的章节中继续分析垄断和不完全竞争的其他形式。

## A. 竞争企业的供给行为

### 竞争企业的行为

首先，我们来分析一家完全竞争的企业。假设你拥有这样一家企业，你会生产多少产品？如果小麦的售价为每蒲式耳 3 美元，那么农民史密斯应该生产多少小麦？

在分析完全竞争企业的供给行为时，有两点需要注意。首先，我们将假设完全竞争企业所追求的是利润最大化。其次，我们观察到，完全竞争的世界是由原子式的企业所构成的，且它们都是*价格接受者*。

#### 利润最大化

为什么一个企业会追求利润最大化？请回忆一下，利润等于总收入减去总成本。它就像是公司的净盈利或实得收益。它们代表一个企业能够用于股东分红、投资于新工厂和设备，或者用于金融投资的资金数量。所有这些活动都提高了企业对于其所有者的价值。

利润最大化要求企业进行卓有成效的内部管理（防止浪费、鼓舞员工士气、选择有效的生产工艺等），并且做出明智的市场决策（以最低成本购买数量适当的投入品，并选择最优的产量水平）。

由于利润涉及到成本和收入两个方面，因此企业应很好地掌握其成本结构问题。回顾上一章的表 7-3，看看你对总成本、平均成本、边际成本这几个重要的概念是否已经清楚。

#### 完全竞争

完全竞争的世界是一个*价格接受者*的世界。完全竞争企业出售无差异的产品（与行业中其他企业出售的产品相同）。这种企业相对于市场来说是如此之小，以至于它不能影响市场价格；而只是将市场价格作为既定价格加以接受。当农民史密斯出售小麦这种无差异的产品时，他面对的是众多的购买者，愿意支付每蒲式耳 3 美元的市场价格。正如大多数消费者必须接受由网络服务供应商或影剧院所收取的价格一样，竞争企业也必须接受它们所生产的小麦或石油的市场价格。

为讨论作为价格接受者的完全竞争企业的行为，我们首先来看一看其需求曲线的形状。图 8–1 对照的是整个行业的需求曲线（*DD* 曲线）与单个竞争企业所面临的需求曲线（*dd* 曲线）。由于一个竞争行业是由许多相对于市场而言很小的企业组成，因此，一个企业的需求曲线只是整个行业的需求曲线的一个微小部分。从图形上看，竞争企业的需求曲线所占的份额是如此之小，以至于从一个完全竞争者的眼光来看，该企业的需求曲线 *dd* 看上去是完全水平的或弹性是无穷大的。图 8–1 说明了为何单个竞争者的需求弹性要比整个市场的需求弹性大得多。

由于竞争企业不能影响价格，所以每单位销售为它带来的额外收入都等于产品的价格。比如，当市场价格为每单位 40 美元时，竞争企业可以以 40 美元的价格出售他想要出售的数量。如果它决定出售 101 单位，而不是 100 单位，那么它的收入将会整整增加 40 美元。

请将以下几点牢牢记住：

1. 在**完全竞争**（perfect competition）条件下，有许多规模较小的企业，每一个企业都生产相同的产品，并且，每一个企业的规模都太小，不可能影响市场的价格。
2. 完全竞争条件下的生产者面临的是一条完全水平的需求曲线（即 *dd* 曲线）。
3. 从所追加的每 1 单位的出售中，企业获得的额外收入正好等于市场价格。

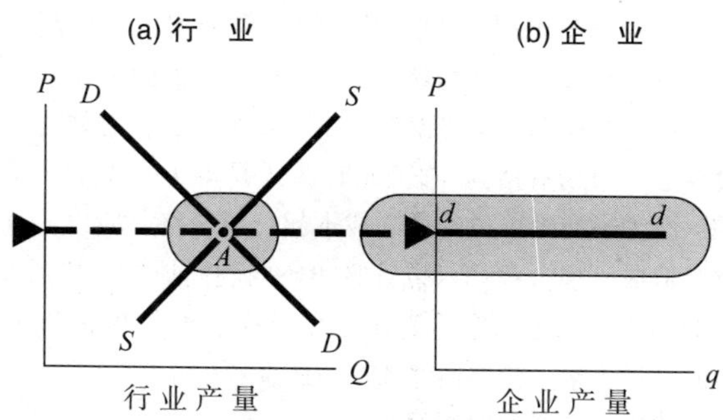


**图 8–1　对一个完全竞争企业而言，需求曲线是完全有弹性的**

在市场均衡点 *A* 处，左图中的行业需求曲线具有缺乏弹性的需求。然而，右图中完全竞争企业的需求曲线是水平的（即完全有弹性），这是由于单个完全竞争者所占有的市场份额是如此之小，以至于它可以按市场价格售出它想卖的所有产品。

## 边际成本等于价格时的竞争供给

给定一个竞争企业的成本和需求，以及获得最大利润的愿望，它将如何决定它所愿意供给的数量呢？假设你在经营比利鲍勃油厂，并且你必须做出利润最大化的产出决策。考查表 8–1 中的数据，它所包含的成本数据与前一章表 7–3 相同，只是单位扩大了 1 000 倍。在本例中，我们假设石油的市场价格为每单位 40 美元。若比利鲍勃油厂最初出售 3 000 单位的石油，则这一销售量产生的总收入为 40 美元 × 3 000 = 12 万美元，总成本为 13 万美元，亏损 1 万美元。

分析了经营情况后你会发现，如果出售更多的石油，那么从每单位中获得的收入为 40 美元，而边际成本仅为 21 美元。所增加的单位投入产生了高于成本的收入，所以你可以将产量提高到 4 000 单位。在这个产量水平上，企业的总收入为 40 美元 × 4 000 = 16 万美元，总成本为 16 万美元，净利润为零。

也许成功带来的喜悦会使你决定再提高一些产量，比如提高到 5 000 单位。在这一产量水平上，企业获得的总收益为 40 美元 × 5 000 = 20 万美元，成本为 21 万美元，这时你会亏损 1 万美元。这是怎么一回事呢？

翻开账本看看，你会发现在 5 000 单位的产量水平上，边际成本为 60 美元，高于 40 美元的市场价格，因此，你每多生产 1 单位就亏损 20 美元（等于价格减边际成本）。现在，你可以看出眉目了：*最大利润的产量发生在边际成本等于价格的产量水平上。*

这一命题背后的道理在于：只要最后 1 单位的价格高于其边际成本，竞争企业就往往能够获得额外的利润。而当出售额外的产量再也不能获得任何额外的利润时，总利润就达到了其最高点——最大化。在最大利润点，生产最后 1 单位产品所带来的收入额正好等于该单位的成本。额外的收入是什么呢？是每单位的价格。额外的成本是什么呢？是边际成本。

让我们通过考查表 8–1 来检验这一原则。从 4 000 单位的利润最大化产量开始，如果比利鲍勃多出售 1 单位的产量，那么，该单位产量所带来的价格为 40 美元，而该单位产量的边际成本为 40.01 美元。因此，企业在第4 001 单位上要遭受损失。同样，如果企业少生产 1 单位的产

| 竞争企业的供给决策 | | | | | | |
|---|---|---|---|---|---|---|
| (1)<br>产 量<br>*q* | (2)<br>总成本<br>*TC*<br>(美元) | (3)<br>每单位的<br>边际成本<br>*MC*<br>(美元) | (4)<br>平均成本<br>*AC*<br>(美元) | (5)<br>价 格<br>*P*<br>(美元) | (6)<br>总收入<br>*TR*<br>(美元) | (7)<br>利 润<br>*π*<br>(美元) |
| 0 | 55 000 | | | | | |
| 1 000 | 85 000 | **27** | 85 | 40 | 40 000 | −45 000 |
| 2 000 | 110 000 | **22** | 55 | 40 | 80 000 | −30 000 |
| 3 000 | 130 000 | **21** | 43.33 | 40 | 120 000 | −10 000 |
| 3 999 | 159 960.01 | **38.98** | 40.000+ | 40 | 159 960 | −0.01 |
| | | 39.99 | | | | |
| **4 000** | **160 000** | **40** | **40** | **40** | **160 000** | **0** |
| | | 40.01 | | | | |
| 4 001 | 160 040.01 | **40.02** | 40.000+ | 40 | 160 040 | −0.01 |
| 5 000 | 210 000 | **60** | 42 | 40 | 200 000 | −10 000 |

**表 8–1 在边际成本等于价格的产量水平上，利润达到最大**

本表使用的成本数据与上一章表 7–3 中所分析的数据相同。为了计算第（3）栏中用深色表示的边际成本数字，我们围绕每一产量做了小幅的调整。你可以看到从 3 999 单位到 4 000 单位，以及从 4 000 单位到 4 001 单位的实际的边际成本，取二者的平均值就可以得到，在使平均成本达到最小值的产量水平 4 000 单位上，*MC* 为 40。用深色表示的边际成本数据还可以从平滑的 *MC* 曲线上读出。

接着，考查第（7）栏中与产量水平有关的利润水平。注意只有当价格等于 *MC* 时才能获得最大利润。如果产量高于这个水平，则增加 1 单位产出增加的收入为 40 美元，小于增加的成本，所以利润就降低了。如果产量在 4 000 单位以下，情况又会怎样？

品，则它又会损失 0.01 美元。这就说明企业的最大利润的产量就发生在$q$ = 4 000 上，此时，价格等于边际成本。

> 在完全竞争条件下企业的供给原则为：当企业将其产量确定在使边际成本等于价格的水平上时，就实现了利润的最大化：
>
> 边际成本 = 价格 即 $MC = P$

图 8–2 说明了一个企业的供给决策。当产品的市场价格为 40 美元时，企业查阅表 8–1 中的成本数据，发现与 40 美元的边际成本相对应的产量为 4 000 单位。因此，在 40 美元的市场价格水平下，企业将希望生产并出售 4 000 单位。这一产量等于图 8–2 中 40 美元的价格线与 *MC* 曲线的交点 *B* 所代表的产量。

通常，企业的边际成本曲线可以用来寻找最佳产量水平：最大利润的产量发生在价格线与边际成本曲线的相交点上。

我们选用这个例子是为了说明在利润最大化的产量上，企业得到零利润，总收入正好等于总成本。要记住这里讲的是经济利润，包括所有的机会成本，例如所有者的劳动和资本。*B* 点就是**零利润点**（zero-profit point），它表示在这一价格水平上企业得到的是零利润；在零利润点上，价格刚好等于平均成本，因此收入正好弥补成本。

如果企业选择了错误的产量，则情况又会怎样呢？假设企业在市场价格为 40 美元时选择图 8–2 中 *A* 的产量水平。因为最后 1 单位的边际成本超过了价格，所以，这样做会造成亏损。我们可以计算出它的利润损失，如图 8–2 中的阴影三角形所示。这个三角形描绘出了在 *B* 和 *A* 之间的产量水平上价格高于 *MC* 的剩余额。

这样，一般的原则是：

> 一个利润最大化的企业将其产量确定在能使边际成本等于价格的水平上。用图形来说，这就意味着企业的边际成本曲线也是它的供给曲线。

企业的供给和边际成本

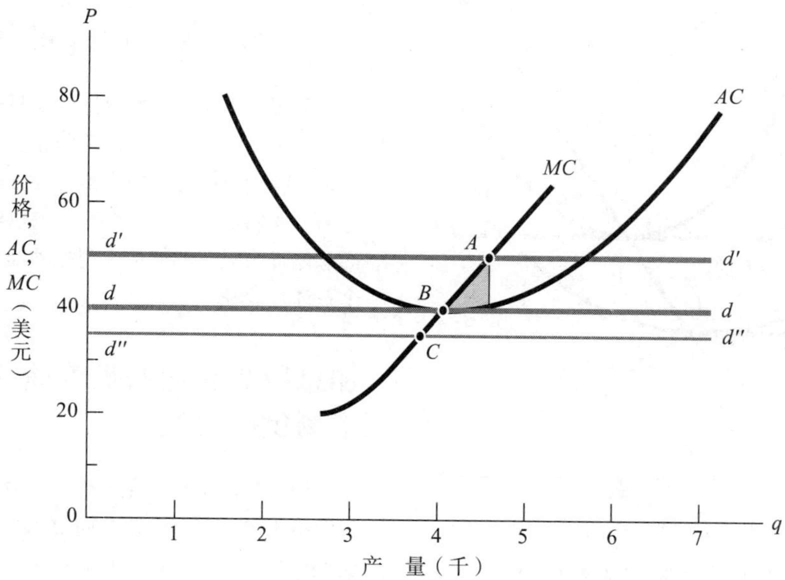


**图 8-2　企业的供给曲线是它的边际成本曲线的上升部分**

对于一个利润最大化的竞争企业来说，边际成本（$MC$）曲线向上倾斜的部分就是该企业的供给曲线。在市场价格为 $d'd'$时，企业会在 $d'd'$与 $MC$ 的交点 $A$ 上供给产量。请解释：为什么相交点 $B$ 和 $C$ 分别代表价格为 $d$ 和 $d''$的均衡点。阴影部分代表当价格为 40 美元时在 $A$ 点生产的损失。

## 总成本与停业条件

企业供给的一般原则产生了一种可能性：价格是如此之低，以至于企业想要停止营业。在价格等于边际成本的均衡点上，比利鲍勃油厂难道就不可能因为损失一大笔钱而决定停业吗？一般说来，在短期内，当企业再也不能弥补它的可变成本时，它会想到要停止营业。

例如，假设企业面临着 35 美元的市场价格，如图8-2中水平的 $d''d''$线所示。在这一价格水平下，企业的 $MC$ 在 $C$ 点等于价格。在这一点，价格实际上要小于平均生产成本。尽管企业遭受了损失，但它还会继续生产吗？

令人奇怪的是，正确的答案是：会。企业应该使其亏损最小化，也就是使利润最大化。由于企业的固定成本为 5.5 万美元，在 $C$ 点进行生产仅亏损了 2 万美元，而停业就会损失 5.5 万美元。所以企业会继续生产。

为了理解这一点，请记住，即使在企业没有生产任何产品时，它仍须履行契约。在短期内，企业必须支付固定成本，如银行利息、厂房租金和董事们的薪金。企业成本的剩余部分是可变成本，如原料、生产工人和燃料的成本等，在未进行生产时，这部分成本为零。当价格与 $MC$ 一样高时，只要收入足以弥补可变成本，继续生产就会比较合算。

在这个市场价格水平，企业的收入正好等于它的可变成本（或者说，损失正好等于固定成本），这个关键的低市场价格称为**停业点**（shutdown point）。对高于停业点的价格，企业将沿着它的边际成本曲线进行生产，这是因为，尽管企业可能在生产中遭受损失，但它若停止营业遭受的损失更大。而对低于停业点的价格，企业将会完全停止生产，因为停止营业时，企业仅仅损失了它的固定成本。于是我们可以推出企业的停业原则：

> **停业原则**（shutdown rule）：企业在收入刚好抵补它的可变成本或者损失正好等于固定成本时，停业点就会出现。当价格低于平均可变成本时，企业就会停业以使其利润最大化（即损失最小化）。

图 8-3 显示了一个企业的停业点和零利润点。零利润点出现在价格等于 $AC$ 时，而停止营业点出现在价格等于 $AVC$ 时。因此，企业的供给曲线就由图 8-3 中的黑色实线来体现。它首先沿纵轴上升到与停业点相应的价格，然后跳至停止营业点 $M'$，此时价格 $P$ 等于 $AVC$ 的水平；此

企业的供给和边际成本

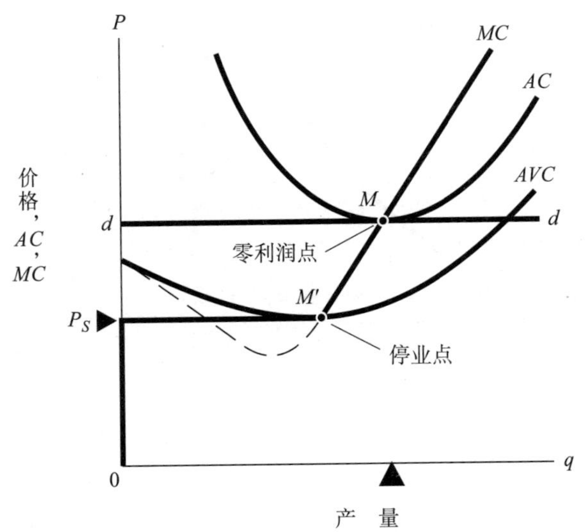


**图 8–3 企业的供给曲线沿 MC 曲线向下延伸到停业点**

只要企业的收入超过它的可变成本，它的供给曲线就与其 MC 曲线相一致。一旦价格下降到 $P_S$ 之下，即下降到停业点之下，损失就会大于它的固定成本，企业便停业。因此，MC 曲线的实线部分是企业的供给曲线。

后，在高于停业点的价格上，沿着 MC 曲线继续上升。

关于企业停业点的分析得出了一个出人意料的结论：追求利润最大化的企业即使亏损，也可能在短期内继续经营。尤其是对于大量负债，从而拥有较高的固定成本的企业（航空公司就是很好的例子）来说，情况更是这样。因为对于这些企业来说，只要亏损小于固定成本，它们支付固定成本并且继续营业，就是实现利润最大化和损失最小化。

**石油业的失业问题**

停业原则的一个典型的例子出现在石油行业。1985年，当原油的价格为每桶 27 美元时，美国大概有 3.5 万个油井。但到了第二年，油井的数量变为不到 1.9 万个，减少了将近一半。难道油田都枯竭了吗？当然不是。实际上，产量锐减是由于石油的价格下跌到每桶 14 美元的水平，降幅将近一半。也就是说，是利润而不是油井干涸了。因此，石油公司就将钻塔卸掉。从相反的方向讨论这个原则也同样起作用。1990 年海湾战争期间，石油价格飞涨，钻井也随着该行业利润的增长而大大增加。

# B. 竞争行业的供给行为

到现在为止，我们讨论的还只是单个企业的问题，但是，一个竞争市场是由众多的企业组成的，我们感兴趣的也是所有企业的总体的供给行为，而不是单个企业的供给行为。我们如何能从一个企业的供给行为转变到许多企业的总体行为呢？如何从比利鲍勃油厂的经营情况推广到整个石油行业呢？

## 加总所有企业的供给曲线可得到市场供给曲线

假设我们正在研究一个石油类的竞争市场。在某一既定价格水平上，A 企业会向市场供应若干数量，B 企业则会供应另一数量，C、D 等企业也是如此。在每一种情况下，每个企业的供给量都由其边际成本所决定。在某一既定价格下，市场供应总量一定是各个企业在这一价格下的单个供应数量的总和。[1]

由此可知单个企业供给与整个市场供给之间的如下关系：

> 为了得到某一物品的市场供给曲线，我们必须按水平方向将该物品的各个独立的生产者的供给曲线加总在一起。

图 8–4 用两个企业的情况来说明这一点。为了得到行业的供给曲线 SS，将在同一价格水平上的所有企业的供给曲线 ss 以水平方向相加在一起。在 40 美元的价格时，A 企业供应 4 000 单位，而 B 企业供应 11 000 单位。因此，如图 8–4（c）所示，行业的供给曲线把两种供应量加在一起：在 40 美元的价格时，行业的总供给为 15 000 单位。如果有 200 万个企业，而不是两个企业，我们仍然可以在现行市场价格条件下将 200 万个企业的供应量加在一起而得到行业的供应量。在每一价格水平上，将产量以水平方向加总可得到行业的供给曲线。

## 短期均衡和长期均衡

大约一个世纪以前，剑桥大学的伟大的经济学家艾尔弗雷德·马歇尔（Alfred Marshall）发明了我们今天运用的

[1] 请回忆：市场需求曲线 DD 也是把单个的需求曲线 dd 按水平方向加总得到的。

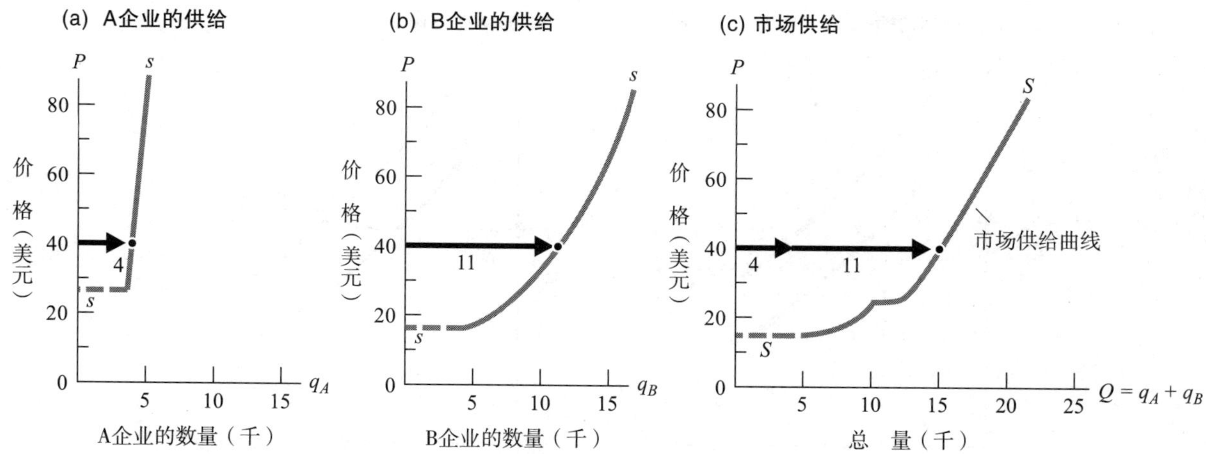


**图 8–4　将所有企业的供给曲线加在一起得到市场供给曲线**

由图可见供给曲线（*SS*）如何由两条独立的供给曲线（*ss*）组成。我们将每一企业在 40 美元的价格下的供给量以水平方向加在一起，得到在 40 美元的价格下的市场总供给。这种方法适用于任一价格水平和任何数量的企业。如果有 1 000 个与 A 企业相同的企业，那么，市场供给曲线看上去就像 A 企业的供给曲线一样，只不过横轴的单位变化了 1 000 倍。

供求工具。他发现，需求移动在短期内会比在长期内引起更大的价格调整和更小的数量调整。通过区分与不同的成本范畴相对应的两个不同时期的市场均衡，我们能够理解这一发现：（1）短期均衡，企业在提高或降低产量时，所用的是固定数量的厂房和设备；（2）长期均衡，资本和所有的要素都是可变的，从而，企业可以自由地进入或退出该行业。

**企业的进入与退出**

长期分析中涉及到“企业的自由进入与退出”。

企业的存（进入）亡（退出）是影响市场经济发展的重要因素。企业进入某一行业是因为它刚刚成立，或是因为它打算进入新的领域。而当企业停止生产时它便**退出**了这一行业；它有可能是因为某条生产线无利可图而自动退出，也可能是因为无力支付债务而破产。我们说的**自由地进入与退出**是指，在企业进入和退出时，不会受到诸如政府管制、知识产权（如专利或软件等）因素的阻碍。

在美国这样一个充满活力的经济体中，新生的与倒闭的企业的数量大得惊人。比如，1996 年初全美有 550 万家企业，而那一年中有 51.2 万家企业倒闭，同时有 59.8 万家企业诞生。大多数企业都是悄无声息地退出的，但有时大企业的退出会十分引人注目，当拥有 1 040 亿美元资产的电信巨头世通公司因为巨额财务造假而破产的时候，情况就是如此。2001~2003 年，由于受到恐怖主义的威胁，航空业不得不竭力降低成本和缩减客运量，几家主要的航空公司都相继破产。尽管平滑的成本曲线不会让每家企业都会上演生死存亡的大戏，但其背后的 *P*、*MC* 和 *AC* 的逻辑关系却是推动主要产业的成长与衰退的强大动力。

我们来举例说明这两者之间的区别。例如，鲜鱼市场的供应者是当地的捕鱼船队。假设对鱼的需求增加，在图 8–5（a）中表现为需求从 *DD* 上升到 *D′D′*。在较高的价格下，捕鱼船队的队长就愿意提高捕鱼量。在短期内，他们不可能建造新的渔船，但他们可以雇佣更多的船员并工作更长的时间。增加可变要素的投入会导致鱼的供应量沿着短期供给曲线 $S_SS_S$ 上升，如图 8–5（a）所示。短期供给曲线与新的需求曲线相交于 *E′*点，这一点也就是短期均衡点。

在长期内，高价格能带来高利润，从而刺激了造船业发展，吸引更多的水手加入该行业，同时也引导新企业进入该行业。这就产生了图 8–5（b）中的长期供给曲线 $S_LS_L$，及长期的均衡点 *E″*。当所有的经济条件（包括船只、造船厂和企业的数量）都得到了调整以适应新的需求水平时，就达到了长期供给曲线与新的需求曲线的相交点所产生的长期均衡。

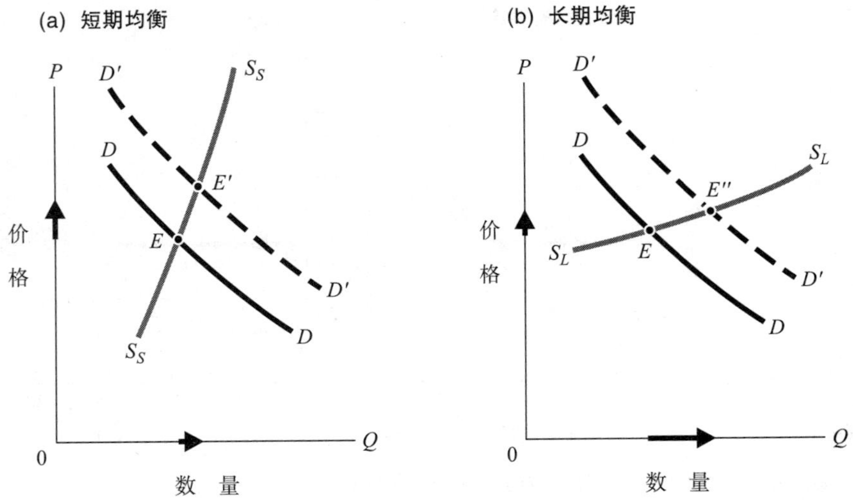


**图 8–5 在不同的时期，需求增加对价格的影响不同**

我们区分不同的时期，在这些时期内，企业有时间做出：(a) 劳动等可变要素的调整（短期均衡）；(b) 所有要素可充分调整，固定要素也发生变化（长期均衡）。调整的时间越长，供给弹性的反应越大，价格上升的幅度越小。

***产业的长期供给*** 一个产业的长期供给曲线具有何种形状呢？假设完全相同的企业可以自由进入某一产业。如果这些企业使用一般性的投入（如不熟练劳工），即企业可以从其他用途中大量地抽调这种投入品而不会影响它的价格，那么，我们便处于成本不变的情况，如图 8–6 中水平的供给曲线 $S_LS_L$ 所示。

相反，假设该产业所使用的投入品的供给相对短缺。例如，酿酒业的数量有限的葡萄园，或夏日度假时稀缺的海边住所。那么，酿酒业或度假业的供给曲线必然是向上倾斜的，如图 8–6 中 $S_LS_L'$ 所示。

为什么使用稀缺要素的产业的长期供给曲线必然上升呢？我们必须回顾一下边际收益递减规律。对于数量有限的葡萄园这种情况而言，当企业把不断增加的劳动投入到数量固定的土地上时，它们得到的酿酒葡萄的产量增加会越来越少，但是，每单位劳动都要花费同样的工资，因此，葡萄酒的 *MC* 是上升的。这种长期上升的 *MC* 意味着长期供给曲线必然也是上升的。

## 一个竞争性产业的长期行为

关于零利润条件的分析表明，即使无利可图，企业也仍然可能继续经营一段时间。对于那些固定资本成本较高的企业来说，这种情况尤其可能发生。这一结论也可以解释：为什么在经济大滑坡中美国的许多大公司，例如通用汽车公司，尽管亏损几十亿美元，仍然要继续经营。

这种亏损提出了一个令人困惑的问题。资本主义是否可能趋向“资本家的安乐死”的状态，即竞争的加剧是否会最终导致长期的亏损？对于这一问题，我们需要分析长期的停止营业的条件。我们已经说明，当企业再也不能弥补它们的可变成本时，就会停止营业。但是，在长期内，所有的成本都是可变的。亏损的企业可以清偿债券，解雇管理人员，终止租约。在长期内，所有承诺都可以再次加以选择。所以，在长期内企业仅仅在价格等于或高于零利润点（在该点价格等于平均成本）时，才愿意进行生产。

如果企业想长期经营某一产业，那么，长期的价格不能处于关键性的零利润点之下。换句话说，长期价格必须自掏腰包地弥补各种成本，如劳动、原料、设备、税收和其他支出，还要“支付”机会成本，如所有者的投入资本的竞争性收益等。这就意味着长期内价格必须等于或高于长期的平均成本。

当长期价格跌到零利润水平以下时会出现什么情况呢？企业会因为无法盈利而退出该产业。由于正在生产的企业的数量下降，市场的供给曲线就会向左移动，价格也会随之上涨（你可以自己画图）。最后，当价格上涨到足够高时，该产业就有利可图了。

这个道理从另一个角度考虑也是成立的。假设长期价

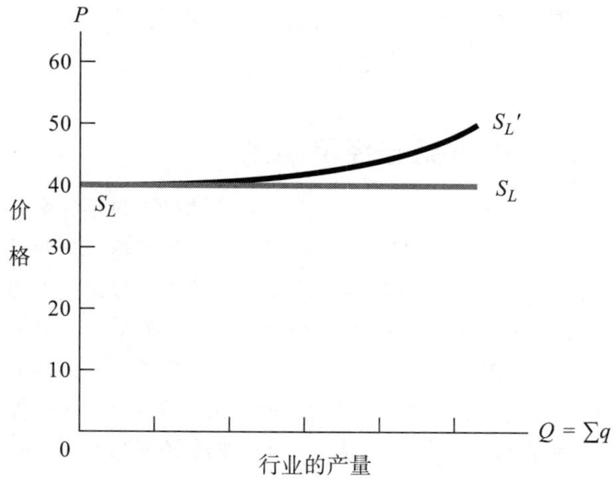


**图 8-6　产业的长期供给取决于成本的情况**

在可以自由进入和退出某个行业，而且任何数量的企业都可以按同样的、不变的成本曲线进行生产的情况下，长期供给曲线 $S_LS_L$ 等于每个企业的最低平均成本或零利润的价格的一条水平线。如果该行业使用的是某种特殊要素，如稀缺的海景房，那么，由于较高的产量利用的是较少的配套投入，长期供给曲线必然像 $S_LS_L'$ 一样向上倾斜。

格高于总长期平均成本，企业就可以获得经济利润。现在，我们假设所有企业进入该行业在长期内是完全自由的，从而任何数量的相同的企业都可以进入该行业，并且可以用和该行业内的企业完全相同的成本进行生产。在这种情况下，新企业为预期的利润所吸引，供给曲线就会向右移动，价格下降。最后，价格下降到零利润水平，该行业就不会再吸引其他的企业了。

我们可以得出这样一个结论，在长期内，一个行业的价格趋向于某一关键点，在该点，同行的企业正好能够补偿它们的全部竞争成本。低于这一关键性的长期价格水平，企业就会退出该行业，直到价格恢复到长期平均成本水平为止。高于这一长期价格水平，新企业就会进入该行业，从而将市场价格压低到长期均衡价格，在这一价格水平上，所有的竞争成本刚好能够得到补偿。

> 长期的零利润均衡：当一个行业的供给是由具有完全相同成本曲线的竞争企业所提供，而且这些企业又可以自由地进入或退出该行业时，长期均衡的条件就是：对于每一个完全相同的企业来说，价格等于边际成本，又等于最低长期平均成本点。即：
>
> $$P = MC = \text{最低长期 } AC = \text{零利润的价格}$$
>
> 这就是长期的**零经济利润**（zero-economic-profit）条件。

关于长期中竞争性资本主义的获利能力问题，我们能够得出一个惊人的结论。竞争的力量趋向于把各企业和各行业推向零利润的长期状态。竞争企业长期将获得正常的投资收益，但不可能获得超额的收益。那些有利可图的行业会吸引新企业的进入，从而使价格下降，利润减少到零。与之相比，那些正在遭受亏损的行业趋向于挤出或流失企业，因为企业会寻找其他的拥有较好盈利机会的行业。随后，价格和利润再趋于上升。因此，在一个竞争性行业中，长期均衡是一种没有经济利润的均衡。

# C. 竞争市场的各种特殊情况

到现在为止，我们已经讨论了供求分析的基本原理。本部分将进一步探讨供求分析。我们首先分析竞争市场的一般性命题，然后再讨论一些特殊情况。

## 一般原则

我们在上面分析了竞争市场上需求和供给的移动的影响。这些发现结果适用于鳕鱼、褐煤、道格拉斯冷杉、日元、IBM 的股票、石油等任何竞争市场。那么，有没有一般性的原则呢？在下面的命题中，我们考查供给或需求的移动对价格和交易数量的影响。必须时刻记住，我们所说的供给或需求的移动是指供给曲线（表）或需求曲线（表）的移动，而不是指沿着曲线的移动。

> 需求原则：（a）一般情况下，某一物品需求的增加（供给曲线保持不变）会提高该物品的价格。（b）对于大多数物品来说，需求的增加会增加需求量，而需求的下降会产生相反的影响。
>
> 供给原则：某一物品供给的增加（需求曲线保持不变）一般都会降低价格，增加交易数量。供给的下降会产生相反的影响。

供给和需求的这两条原则总结了供给和需求的移动所能产生的本质性的影响。但是，价格和数量在量的方面具体变动的程度，则取决于供给和需求曲线的准确形状。在下面的例子中，我们将看到几种重要的成本和供给情况。

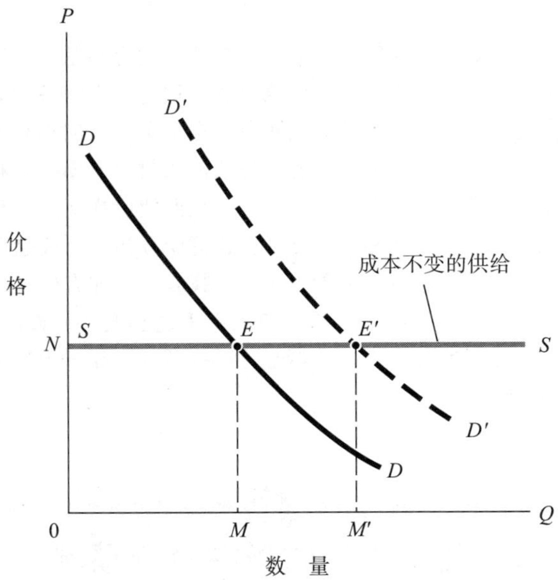


图 8–7 成本不变的情况

## 成本不变

许多物品的生产，比如纺织品，可以简单地通过重复增添厂房、机器和劳动而扩大。每天生产 20 万件衬衫和每天生产 10 万件的过程是完全一样的，只不过规模扩大了 1 倍而已。此外，我们不妨假设纺织业与经济的其余部分以同样的比例使用土地、劳动和其他投入品。

在这种情况下，图 8–7 中的长期供给曲线 *SS* 是在不变的单位产品成本水平上的一条水平线。需求从 *DD* 上升到 *D′D′*，会产生新的交点 *E′*，提高产量 *Q*，但价格 *P* 不变。

## 成本递增和收益递减

在上一部分我们所讨论的一些产业，如酿酒业和海滨地产业，其产品的供给需要某些稀缺的投入要素。对于葡萄种植来说，优质土地的数量有限。葡萄酒的年产量可以通过在每英亩土地上投入更多的劳动而得到一定程度的增加。但是，如果把可变生产要素，如劳动，增加到某种固定数量的要素（如土地）上，那么边际收益递减规律最终还是会发生作用。

其结果是：生产葡萄酒的边际成本随着葡萄酒产量的上升而上升。图 8–8 表明了不断上升的供给曲线 *SS*。需求增加对价格会产生何种影响呢？该图表明，即使在长期，有同样的企业自由进入和退出的情况下，较高的需求也提高了这种物品的价格。

## 固定的供给与经济租金

无论价格如何，某些物品或生产要素的数量是完全固定不变的。达·芬奇只画了一张蒙娜丽莎的名画。自然界最初赋予的土地也可以被看做是数量不变的。提高土地的售价并不能使纽约市的第 57 街和第 5 大道的交汇处多出一个角来。提高体育明星的薪水，也不可能改变他们的努力程度。当供给数量不随着价格的变化而改变时，对这种生产要素的支付称为**租金**（rent）或**纯经济租金**（pure economic rent）。

当供给独立于价格时，供给曲线在相关领（区）域是垂直的。无论价格如何，土地都将继续对生产做出贡献。在图 8–9 中，以土地为例说明价格的上涨并不能引起产量的增加。

固定要素的需求的增加，仅仅会影响到价格，供给量并没有变化。价格上升的幅度正好等于需求向上移动的幅度。

在向固定数量的商品征收一种赋税时，赋税完全由供给者（比如，土地所有者）支付（或“转嫁”给供给者）。供给者用他的经济租金来支付赋税。消费者购买的物品或服务仍然和过去的一样多，并没有支付更高的价格。

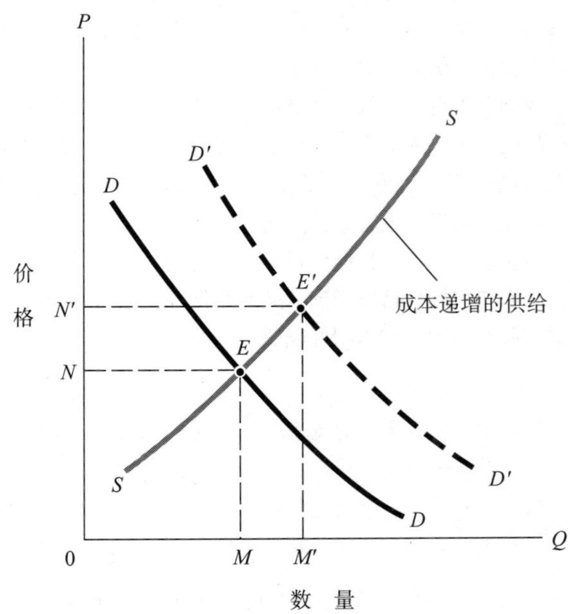


图 8–8 成本递增的情况

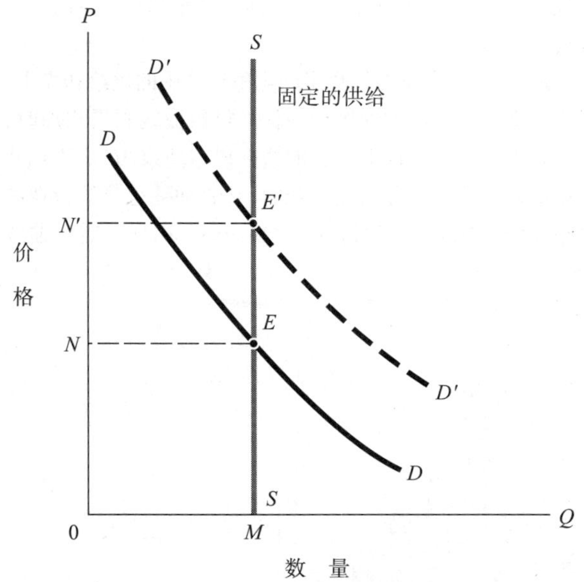


图 8-9　供给不变的要素获取租金的情况

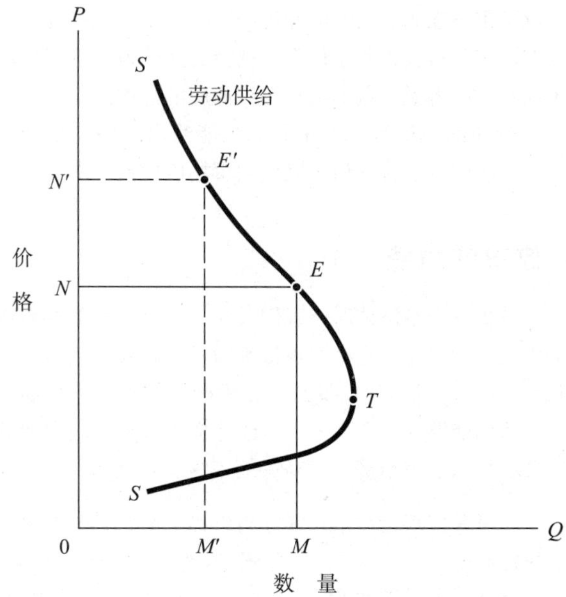


图 8-10　向后弯曲的供给曲线

### 向后弯曲的供给曲线

贫穷国家的企业往往发现，当他们提高工资时，本地的工人反而会减少工作时间。当工资增加 1 倍时，工人并不需要每周工作 6 天，而可能把 3 天花在钓鱼上。在高收入国家情况也是如此。当技术改进引起实际工资提高时，人们感到，他们应以较多的闲暇和较早的退休来部分地享受实际工资提高的好处。第 5 章曾阐述收入效应和替代效应，它们解释了供给曲线为什么会向后弯曲。

图 8-10 显示了劳动力供给曲线的可能的形状。最初，由于高工资的诱惑，劳工供给会增加。但是，到达 *T* 点以后，较高的工资导致人们工作更少的时间，并把更多的时间用于闲暇。正如我们在本部分开始时所提到的需求原则一样，需求的增加提高了劳动的价格。但是，应该注意，我们为什么在需求原则（b）中小心地加上了“对于大多数物品”。现在来看，需求的增加反而会降低劳动的供应量。

供给向后弯曲的情况发生在许多领域。一个最有趣的例子是，在 20 世纪 70 年代初期石油价格上升 4 倍的时候，盛产石油的国家却削减了它们的石油产量。

### 供给的变动

以上所有的讨论都是关于需求的移动和供给不变的情况。为了分析供给原则，我们现在必须移动供给，并保持需求不变。如果需求向下倾斜的规律是正确的，那么，供给的增加必然会降低价格并增加需求的数量。你可以自己画出供给曲线与需求曲线，证明供给原则的以下数量推论：

（c）当需求缺乏弹性时，供给的增加使价格 *P* 下降的幅度最大。

（*d*）当需求缺乏弹性时，供给的增加使数量 *Q* 增加的幅度最小。

从常识上讲这些原则的理由是什么呢？我们可以用汽车的需求富有弹性和电的需求缺乏弹性的情况加以说明。

## D. 竞争市场的效率和公平

### 市场机制的评价

过去 10 年中最重要的动向之一就是“重新发现市场”。许多国家放弃了行政命令的严厉干预，通过建立规则来发挥看不见的手微妙的调节作用。在对竞争市场运行做了基本分析之后，不妨让我们来看看它的表现究竟如何。竞争市场在满足人们的经济需要方面是否值得高度赞扬？在一定数量投入的条件下，社会真能够得到许多大炮和黄油吗？或者说，黄油会在运往商店的途中溶化，而大炮会有弯曲的炮筒吗？这里我们只能给出一些初步的回答，进一步的分析将在讨论完要素市场以后再给出。

## 效率的概念

在分析一个经济体时，我们关注的核心是配置效率或简称为效率的概念（它有时也被称为帕累托效率或帕累托最优）。在一个经济体的资源和技术既定的条件下，如果一个经济体能够为消费者最大可能地提供各种物品和劳务的组合，那么，该经济体就是有效率的。

> 当任何可能的生产资源重组都不能在不使其他人的情况变坏的条件下，使得任何一个人的福利变好时，就达到了**配置效率**（allocative efficiency）或**效率**（efficiency）。因此，在实现了配置效率的条件下，只有降低某个人的效用才能增加另一个人的满足或效用。

我们可以直观地利用生产可能性边界来分析效率的概念。如果一个经济处于其生产可能性曲线 *PPF* 之内，那么，该经济显然是低效率的。如果我们使经济向外推移到生产可能性边界上，就没有人会蒙受效用减少之苦。至少，效率经济应该在 *PPF* 之上。但是，效率如果进一步提高的话，所需要的就不仅仅是所生产物品的正确组合了，它还需要这些物品在分配给消费者时，使消费者满足程度最大化。

## 竞争性均衡的效率

经济学中最深刻的结论之一，就是资源在完全竞争市场中的配置是有效率的。这个重要的结论有一个前提假设，即所有的市场都是完全竞争的，没有任何如污染或不完全信息等外部因素。然而，即使经济是有效率的，它也不能说明竞争市场的收入分配就一定是公平的。在这一部分中，我们用一个简化了的例子来说明在竞争市场的效率中所存在的一般原则。

考虑一种所有个人都完全相同的理想情况。我们进一步假设：（a）每个人都从事粮食生产的工作。当人们增加他们的劳动时间，而缩短他们的闲暇时间时，每增加 1 小时劳动时间就会令人越来越厌倦。（b）增加的每单位粮食消费都会带来递减的边际效用（*MU*）。[2]（c）由于在一块数量不变的土地上进行粮食的生产，根据边际收益递减规律，每增加 1 分钟的劳动时间会带来越来越少的新增粮食。

图 8-11 显示了在简化了的竞争经济中的供给和需求。当我们把完全相同的农民的同样的供给曲线水平相加时，我们就得到了一条向上倾斜的边际成本曲线 *MC*。正如我们在本章的前一部分已经看到的，*MC* 曲线也是该行业的供给曲线，因此，该图表示了 *MC*=*SS*。同样，需求曲线

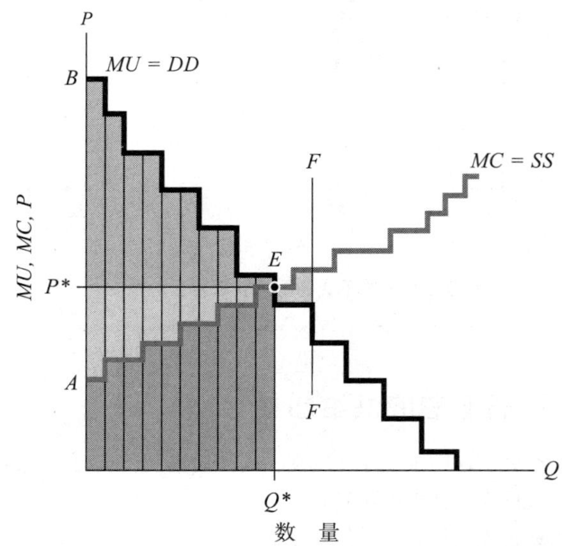


**图 8-11 在竞争性均衡点 *E*，粮食的边际成本和边际效用正好相等**

许多完全相同的农民消费者把他们的粮食带到市场。阶梯形向上的 *MC*=*SS* 曲线是单条边际成本曲线的总和，而阶梯形向下的 *MU*=*DD* 曲线代表消费者对粮食评价的水平相加。在竞争市场均衡点 *E*，从最后 1 单位的粮食消费得到的边际效用，正好等于在 *E* 点生产最后 1 单位所需要的劳动边际成本（用放弃的闲暇表示）。

较深的阴影部分代表生产粮食的成本。*SS* 以上和价格线以下的部分为生产者剩余。*DD* 以下和价格线以上的部分为消费者剩余。生产者剩余和消费者剩余之和为经济剩余，即行业中全部的生产收益。经济效率意味着经济剩余达到最大。其他任何产量都会降低经济剩余。例如，从 *E* 点往右较浅的阴影部分就表示在 *FF* 上由于过多生产而带来的经济损失。

---

[2] 为了简便起见，我们用闲暇时间的“尤特尔”来衡量福利水平（或用正常的工作时间的“非尤特尔”）。我们进一步假设每 1 小时被放弃的闲暇的边际成本不变，所以，所有闲暇与劳动的效用和成本都可以计算出来。

是将完全相同的个人的边际效用（或粮食需求）曲线按水平方向加总而获得；在图 8–11 中，它用粮食的阶梯形向下倾斜的 *MU=DD* 曲线来表示。

*SS* 与 *DD* 曲线的相交点是粮食业的竞争性均衡点。在 *E* 点，农民的供应量正好等于消费者在均衡的市场价格下想要购买的数量。此时，每个人都将使自己的劳动达到这一关键点，在这一点，递减的粮食消费的边际效用曲线与递增的粮食生产的边际成本曲线相交。图 8–11 还表明了**经济剩余**（economic surplus）这个新概念，在图中为均衡时供给和需求曲线之间的部分。经济剩余是第 5 章所提到的消费者剩余以及生产者剩余的总和，在图中，消费者剩余表现为需求曲线和价格线之间的部分，生产者剩余则表现为价格线和 *SS* 曲线之间的部分。**生产者剩余**（producer surplus）包括企业和特殊投入所有者的租金和利润，意味着超过生产成本的超额收入。经济剩余是从生产和消费某一种物品中所得到的福利或净效用；它等于消费者剩余与生产者剩余之和。

对竞争性均衡的详细分析将证明，它使产业中可能的经济剩余达到最大化，因此，它是具有经济效率的。在图 8–11 中的竞争性均衡点 *E*，代表性消费者会获得比在其他任何可能的资源配置状态下更高的效用或经济剩余。

衡量竞争性均衡的效率还有一种方法，就是比较均衡点 *E* 的微小变化所带来的经济影响。如以下的三步分析所示，如果 $MU = P = MC$，配置就是有效率的。

1. $P = MU$。消费者选择购买的粮食量会一直增加到 $P = MU$ 时为止。其结果是，每个人从消费最后 1 单位粮食中得到的满足的“尤特尔”正好是 *P*。（满足的尤特尔由闲暇的不变的边际效用度量，在脚注 2 中讨论过。）
2. $P = MC$。作为生产者，每个人都会提供粮食直到粮食的价格正好等于所供给的最后 1 单位粮食的 *MC*（在这里，*MC* 是按生产最后 1 单位粮食所放弃的闲暇的成本来计算的）。这样，价格就等于为增加最后 1 单位粮食所失去的闲暇时间满足的“尤特尔”数。
3. 把这两个等式放在一起，我们得出 $MU = MC$。这意味着，从最后 1 单位的粮食消费中所得到的“尤特尔”正好等于生产最后 1 单位粮食所失去的闲暇“尤特尔”。它也完全符合这一条件：社会从消费最后 1 单位中得到的边际收益等于社会生产最后 1 单位的边际成本，从而保证了竞争性均衡的效率。

## 众多消费者和市场的均衡

现在，让我们撇开完全相同的农民消费者的简单化情况，分析拥有几百万家不同企业、上亿个消费者和无数种商品的经济。在这种更为复杂的世界中，完全竞争的经济仍然可以有效率地运行吗？

回答是“可以”，或者更好的回答则是：“可以，如果……。”效率需要一些更为严格的条件，这些将在以后几章加以阐述。它们包括购买者必须具有充分的信息，生产者完全竞争，排除外部性，如污染或不完整的知识等。对于这样的经济来说，一个完全竞争的市场系统才会实现经济学家们有效配置的理想境界。

图 8–12 说明了在拥有不完全相同的企业和消费者的情况下，竞争体系如何使得某一单个商品的效用与成本达到平衡。在该图的左边，我们将所有消费者的需求曲线按水平方向相加，得到中间那幅图的市场需求曲线 *DD*。在该图的右边，我们把所有各不相同的企业的 *MC* 曲线相加，得到中间那幅图的整个行业的 *SS* 曲线。

在竞争性均衡点 *E*，左边的消费者得到了在代表有效率的社会 *MC* 的价格水平上他们愿意购买的该物品的数量。在该图的右边，均衡的市场价格也有效率地在各企业之间配置生产。位于中间的 *SS* 线下的阴影面积代表了右边所有阴影成本面积总和的最小值。每个企业确定它的产量，使 $MC=P$。由于任何一种生产重组都不能以更低的成本生产出相同水平的行业产量，因此该经济具有生产效率。

***多种物品***　我们的经济不仅生产食品，而且生产服装、电影、休假和许多其他商品。当消费者必须在众多产品中间做出选择时，我们的分析如何适用于这种情况呢？

原理完全相同。但是，我们现在需要回忆另一个限制条件：追求效用最大化的消费者在各种不同的物品中间分配他们的美元，直到最后 1 美元的边际效用对于所消费的每一种物品都相等时为止。在这种情况下，只要理想化的条件得到满足，在拥有多种物品和生产要素的情况下，一个竞争的经济就是有效率的。

换句话说，当个人的边际成本等于社会的边际成本，且二者都等于边际效用时，一个完全竞争的经济就是有效率的。每一个行业都必须使 *MC* 和 *MU* 相等。例如，如果看电影的 *MC* 是汉堡包的 2 倍，那么，看电影的 *P* 和 *MU* 也必须是汉堡包的 2 倍。只有这样，才能使各种物品的 $MU_S = P_S = MC_S$。通过使价格与边际成本相等，竞争就可确保经济能够达到配置效率。

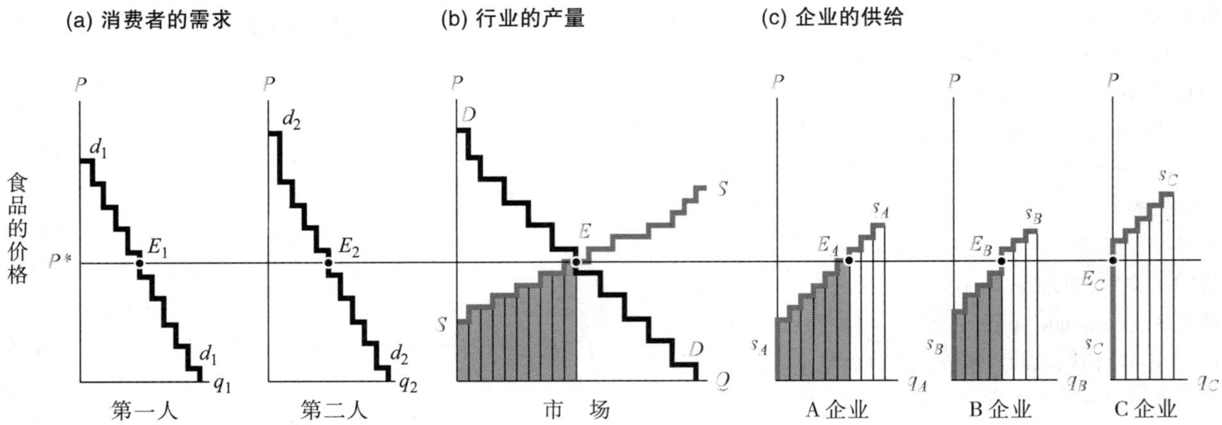


**图 8–12 竞争的市场将消费者的需求和生产者的成本结合起来**

(a) 该图的左边表示个人的需求。我们把所有消费者的 *dd* 曲线按水平方向加总，得到了中间那幅图的市场需求曲线 *DD*。

(b) 市场把所有消费者的需求和企业的供给带到一起，并在 *E* 点达到了市场均衡。水平的食品价格线表示左边的每一个消费者和右边的每一个生产者都达到了均衡状态。在价格 $P^*$，我们看到，每一个消费者的 *MU* 如何等于每一个企业的 *MC*，从而导致了配置的效率。

(c) 对于每一个竞争企业而言，当上升的 *MC* 曲线代表供给曲线时，利润达到最大。阴影面积代表每一个企业在 *E* 点生产的成本。在价格等于边际成本时，整个行业以最小总成本来生产产品。

完全竞争的市场是一种将 (a) 持有货币选票的消费者购买产品的愿望和 (b) 由企业的供给表示的这些产品的边际成本结合起来的机制。在这样的一种情况下——如果不减少一个消费者的效用，就不能增加任何一个其他消费者的效用——竞争才是效率的保证。这个原则在多种要素和多种产品的情况下同样是成立的。

## 边际成本定价的主要作用

本章强调了竞争和边际成本在达到资源的有效配置方面的重要性。但是，边际成本的主要作用可以扩展到完全竞争之外。运用边际成本来获得生产效率，对于任何一个试图最有效率地利用其资源的社会或组织来说都是适用的——无论其经济实体是资本主义还是社会主义，无论是追求利润最大化的企业还是非营利性的组织，也无论是一所大学还是一所教堂，甚或是一个家庭。

在市场经济中，边际成本的主要作用是：只有当物品的价格等于其边际成本时，该经济才能从它的土地、劳动和资本等稀缺资源的利用中获得最大数量的产量和满足。

只有当每一个企业使得它自己的边际成本（*MC*）等于其他企业的 *MC*，正如每一个 *MC* 都将等于一个共同的价格的情况一样，该行业才能以最低总成本来实现它的总产量。只有当价格等于所有企业的边际成本时，社会才处于它的生产可能性边界之上。

**边际成本作为效率标准**

作为衡量资源有效配置的标准，边际成本并非只适用于利润最大化的企业，而是各种经济问题，事实上，它适用于所有涉及到稀缺性的问题。假定你相信在中国应该用“社会主义的市场机制”来代替中央计划经济机制，那么，你的社会主义企业必定想要有效率地生产小麦。效率要求小麦和所有其他物品的边际成本应当由某种价格来确定，这个价格等于每一个农场和企业的生产的边际成本。

或者假设你要解决关键性的环境问题，如全球变暖或酸雨现象，你会很快发现边际成本对于最有效地实现你的环境目标起着关键的作用。在保证每一个部门减少废气排放或清洁环境等的边际成本都相等时，达到环境目标可能花费的成本是最低的。即使在稀缺性的世界中，也能有效地达到你的目标。

## 限　制

我们已经了解了“看不见的手”的核心：竞争市场具有显著的效率特征。但是我们也需指出市场的一些缺陷。

在两个重要的领域中，市场都无法达到社会最优。第一，当存在污染、其他外部性、不完全竞争和不完全信息时，市场便无效。第二，竞争市场下的收入分配即使是有效率的，也可能不是社会想要的或能接受的。虽然我们将在后面的章节中讨论这两点，但在这里对此两种缺陷做一个简要介绍也是必要的。

### 市场不灵

**市场不灵**［(market failure)，也译“市场失灵”、“市场失败”或“市场缺陷”——译者注］——不完全竞争、外部性和不完全信息等——经常破坏我们在讨论效率市场时所假想的那种抒情诗般的意境。

***不完全竞争***　当某个企业在某个市场上具有市场力量时（比如，由于拥有一种专利药品或地方电力特许权而形成的垄断），该企业就能将其产品价格提高到边际成本以上，消费者对这种产品的购买就会比在竞争条件下要少，满意程度也会下降。消费者满意度的这种下降是不完全竞争所带来的低效率的典型例子之一。

***外部性***　另一种重要的市场不灵是外部性。前文已述，当生产或消费的某些外在的影响未被包括在市场价格中时，就会产生外部性问题。举例说，一个电力公司可能向空气中排放含硫磺的废气，对附近的房屋和人们的健康造成损害。如果该电力公司不为其带来的有害影响进行补偿，那么，污染就会超出效率所容忍的水平，从而最终损害消费者的福利。

不是所有的外部性都有害，有些外部性是有益的，如那些知识传播活动所带来的外部性。举例来讲，切斯特·卡尔森发明复印技术之后，他自己成了一个富翁。但是，全世界的秘书和学生都因为他的发明而从几十亿小时的苦差中解脱了出来。与整个世界的收益相比，他本人所得到的只不过是全部收益中的很小一部分。另一个有益的外部性例子来自公共健康计划，如天花、霍乱或伤寒的疫苗接种。接种疫苗保护的不仅仅是接种者，也保护了所有其他可能被传染的人。

***不完全信息***　第三种重要的市场不灵是信息不完全。“看不见的手”的理论假设：买者和卖者对其买卖的物品和劳务都有充分的信息；企业被假定为了解其行业经营范围内各种因素的发展前景；而消费者则被假定为了解商品的质量和价格，如哪些汽车是劣等货，哪些药品安全有效。

显然，这种理想世界与现实相差甚远。关键的问题是，不完全信息带来的损害有多大？在某些场合，效率的损失是很微小的。比如，我买的巧克力冰淇淋有点甜，或者我不知道从啤酒桶中倒出的啤酒的确切温度，这些都不会对我造成太大的影响。而在另一些场合，损失就可能很严重。以钢铁业巨子埃本·拜尔斯为例：他在一个世纪前服用了雷迪瑟来减轻病痛；当时这种药被当做春药和万能药来出售；而后来的分析表明雷迪瑟实际上是搀了镭的蒸馏水。拜尔斯死的时候非常丑陋，他的下巴和许多别的骨头都松裂了。这种“看不见的手”，我们显然不能要。

政府的重要任务之一就是确定哪些领域会因信息缺乏而遭受严重的经济后果（如药品业），然后对症下药。

### 政府干预的作用

既然市场资本主义有可能产生低效率和不公平，那么政府就能通过管制、合理征税以及对穷人进行收入补偿等办法来对经济进行干预，这种推理对吗？社会会满足于生产出最大数量的面包这一结果吗？或者，现代民主制度能否从富人那里拿走面包并把它转交给穷人呢？

没有科学而正确的答案。这些都是需要通过民主投票来回答的所谓的规范性问题。实证经济学无法说明政府应该采取什么样的措施去矫正市场经济中所存在的低效率和不公平。但是，经济学能洞察到起辅助作用的政府干预和补救措施中所潜存的低效率和副作用，并提供宝贵的见解，从而保证现代社会的目标能够以最有效率的方式实现。

## 总结提要

### A. 竞争企业的供给行为

1. 完全竞争的企业出售无差别的产品，每个企业都太小以至于都无法影响市场价格。假设企业追求的是利润最大化。为了使其利润最大化，该竞争企业选择价格等于生产的边际成本即 $P = MC$ 的产量水平。从图形上看，该企业在上升的 $MC$ 曲线与水平的需求曲线的相交点达到均衡。
2. 在决定一个企业的短期停业点时，必须把可变的成本考虑在内。在停业点之下，该企业的亏损高于它的固定成本。因此，当价格下降到停业价格之下时，企业会停业，不生产任何产品。
3. 一个竞争性行业的长期供给曲线 $S_LS_L$，必须考虑到新企业的进入和原有企业的退出。在长期内，任何一个企业的所有承诺都可以终结。只有在价格至少与长期平均成本一样高时，它才会继续经营。这些成本包括直接从口袋里拿出钱来对劳动、债主、原料供给者或土地所有者的支付，以及机会成本，如企业所拥有的资产的收益。

### B. 竞争行业的供给行为

4. 每一个企业的上升的 $MC$ 曲线就是它的供给曲线。为了得到一组竞争企业的供给曲线，我们把各条供给曲线按水平方向加总。因此，该行业的供给曲线代表了整个竞争行业的边际成本曲线。
5. 由于企业能够不断地调整生产，因此，我们区分两个不同的时期的均衡：（a）当劳动等可变要素发生变化，而资本和企业数量等固定要素保持不变时的短期均衡；（b）当企业和厂房的数量，以及所有其他条件完全能得到调整，以适应新的需求水平时所出现的长期均衡。
6. 在长期内，企业能够自由进入和退出该行业，同时没有一个企业在技术或位置方面具有任何特殊的优势，竞争将会消除该行业中现有企业所获得的任何超额利润。因此，正如可以自由退出某一行业意味着价格不能低于零利润点一样，可以自由进入某一行业也意味着价格不能高于长期均衡中的长期平均成本。
7. 当某一行业能够在不推动其生产要素的价格上升的情况下扩大生产时，该行业的长期供给曲线将是水平的。当某一行业运用了该行业所特有的生产要素，比如稀缺的海景住所时，它的长期供给曲线将向上倾斜。

### C. 竞争市场的各种特殊情况

8. 回顾竞争市场的供给与需求的一般原则：在需求原则下，某一物品需求的增加（供给曲线保持不变）会提高该物品的价格，也会增加需求量，需求的下降会产生相反的影响。

   在供给原则下，某一物品供给的增加（需求曲线保持不变）一般都会降低价格，增加销售数量。供给的下降会产生相反的影响。
9. 重要的特殊情况还包括成本不变和成本递增，完全无弹性的供给（由其派生出经济租金概念），以及向后弯曲的供给。这些特殊的情况可以用于解释市场中的许多重要现象。

### D. 竞争市场的效率和公平

10. 对竞争市场的分析可以为社会有效率地组织提供帮助。当无法通过重新组织生产和分配增进每个人的满足程度时，就实现了配置效率。换句话说，若不使其他人的状况变坏就不再有一个人的状况有可能变好，则这样的经济就是有效率的。
11. 在理想的条件之下，竞争经济可以达到配置效率。效率需要所有的企业都是完全竞争者，且没有任何如污染或不完全信息之类的外部因素。效率意味着经济剩余达到了最大，在这里，经济剩余等于消费者剩余与生产者剩余之和。
12. 效率实现的条件是：（a）当消费者达到最大满足时，边际效用（以闲暇的形式表示）正好等于价格。（b）当竞争的生产者供给物品时，他们选择使边际成本正好等于价格时的产量。（c）因为 $MU=P$ 而且 $MC=P$，于是得出 $MU=MC$。这样，在完全竞争的条件下，生产某一物品的边际社会成本，正好等于以物品或是以所放弃的闲暇来衡量的边际效用。社会从最后 1 单位消费中获得的边际收益等于社会生产最后 1 单位产品的成本，这一条件保证了竞争的均衡是有效率的。
13. 需要施加严格的限制条件，才能保证有效的竞争均衡的实现：不存在外部性或是不完全竞争，消费者和生产者拥有充分的信息。不完全性的出现破坏了价格比率 = 边际成本比率 = 边际效用比率的条件，从而导致了低效率。

14. 竞争市场的结果即使实现了效率，也不一定是社会所期望的。有效率的竞争市场自身并不保证结果会符合社会关于收入和消费分配的公正性的理想。当察觉到由货币选票决定的需求不合理时，社会可以修正自由放任下形成的市场均衡，以改变收入分配。

## 概念复习

**竞争性供给**

$P = MC$ 作为利润最大化的条件

企业的 *ss* 供给曲线和它的 *MC* 曲线

在 $P = MC = AC$ 时的零利润条件

在 $P = MC = AVC$ 时的停业点

把单个的 *ss* 曲线相加得到行业的 *SS* 曲线

短期均衡和长期均衡

长期零经济利润条件

生产者剩余 + 消费者剩余 = 经济剩余

效率 = 最大化经济剩余

**效率和公平**

配置效率，帕累托效率

配置效率的条件：$MU = P = MC$

竞争市场的效率

效率与公平

## 补充读物和互联网站

**补充读物**

The efficiency of perfect competition is one of the major findings of microeconomics. Advanced books in microeconomics, such as those listed in Chapter 4, can give insights into the basic findings.

Nobel prizes in economics were awarded to Kenneth Arrow, John Hicks, and Gerard Debreu for their contributions to developing the theory of perfect competition and its relationship to economic efficiency. Their essays surveying the field are highly useful and are contained in Assar Lindbeck, *Nobel Lectures in Economics* (University of Stockholm, 1992). See also the Nobel website listed below for the Nobel citations for these economists.

**互联网站**

For the citations of Arrow, Hicks, and Debreu, look at the website www.nobel.se/economics/index.html to read about the importance of their contributions and how they relate to economics.

## 问题讨论

1. 解释为什么下列有关利润最大化的竞争企业的陈述都是错误的，并正确地重新陈述每一句话。
   a. 一个竞争企业将提高产量，直到价格等于平均可变成本的那一点为止。
   b. 企业的停业点发生在价格低于最低平均成本的时候。
   c. 企业的供给曲线仅仅取决于它的边际成本。任何其他成本概念都与供给决策无关。
   d. 竞争行业的 $P=MC$ 原则，对于向上倾斜的、水平的和向下倾斜的 *MC* 曲线都是成立的。
   e. 竞争性企业使价格等于边际成本。
2. 假设你是一个生产计算机存储器芯片的完全竞争企业。你的生产能力是每年 1 000 单位。只要产量低于最大产能，你的边际成本就是每个芯片 10 美元。当产量为正数时，你的固定成本是 1 万美元；而如果停业，你的固定成本为 0 美元。在以下的市场价格水平下，你的利润最大化的产出水平和利润额分别为多少？(a) 每个芯片 5 美元；(b) 每个芯片 15 美元；(c) 每个芯片 25 美元。请解释，为何情况 (b) 中尽管利润为负，产出水平仍是正的？
3. 经济学、商业活动和生活中一条最重要的规则是：沉没成本原则，“让过去的成为过去”。这就是说，在做出决策时不要考虑沉没成本（从它们是不可补偿的损失的意义上讲，这些成本是过去的成本）。只有新增加的成本，包括边际成本和可变成本，在做出合理决策时应加以计算。

为了说明这一点，考虑下列问题：在表 8-1 中，我们可以把固定成本作为产量为零时的成本水平。什么是固定成本呢？如果价格为 40 美元，而固定成本为零，那么，表 8-1 中的那家企业的最大利润的产量水平是多少呢？ 是零？ 还是 5.5 万美元？是 10 万美元？是 10 亿美元？还是负的 3 万美元？解释这对一家正在决定是否停止营业的企业的含义。

4. 考查表 8-1 所示的成本数据。当价格分别为 21 美元、40 美元和 60 美元时，计算一家追求利润最大化的竞争企业的供给决策。3 种价格下，总利润水平分别为多少？在每一种价格水平下，在长期内完全相同的企业的进入或退出会有何变化？

5. 运用表 8-1 所示的成本数据，计算在 $P = 40$ 和 $P = 40.02$ 之间单个企业的供给的价格弹性。假设有 2 000 家完全相同的企业，设制该行业的供给表。在 $P = 40$ 和 $P = 40.02$ 之间，行业供给的价格弹性为多少？

6. 考查图 8-12，可以看出追求利润最大化的 C 企业没有生产任何产品。解释为什么 C 企业的利润最大化的产量水平为 $q_c = 0$。如果 C 企业生产 1 个单位，而 B 企业比竞争的产量水平少生产 1 单位，那么，产业的生产总成本会发生何种变化？

比如说，C 企业是一个出售杂货的“夫妻店”。为什么连锁杂货店 A 和 B 会把 C 排挤出该产业，对于把 C 继续留在该产业，你会怎样想？如果立法规定，在杂货店 A，B 和 C 之间，把市场划分为三个相等的部分，这一立法有何经济影响？

7. 通常而言，消费者对于某一商品的需求取决于对耐用品的使用，如住房或运输工具的使用。在这种情况下，需求会表现出与供给相似的随时间变化的模式。一个很好的例子是汽油。在短期内，汽车存量是固定的，而在长期内消费者可以购买新汽车或自行车。

时期和汽油的需求价格弹性之间有何联系？描绘出汽油的短期需求曲线和长期需求曲线，说明在两个时期内汽油供给下降的影响。对照 C 节“一般原则”部分中讲到的，描述长期和短期内供给变动对价格和数量的影响的供给原则（c）和（d），阐明需求的两种新的原则（c）和（d）。

8. 解释以下对话：

A：“在长期内，竞争的利润怎么能是零呢？谁愿意不赚钱干活呢?”

B：“竞争所消除的仅仅是*超额*利润。管理人员仍然得到了他们工作的薪金；所有者在竞争的长期均衡中得到了资本的正常收益——不多也不少。”

9. 假设有三个企业向加利福尼亚的空气中排放硫化物。我们将被控制的或减少的污染量作为供给，每个企业都有一个减少污染的成本的时间表，我们可以从图 8-12 中看到以企业 A、B 和 C 的 *MC* 曲线表示的它们各自的时间表。

   a. 请解释图 8-12 中间的那幅图中显示的“市场”供给或减少硫排放的 *MC* 时间表。

   b. 假设污染管理局决定减少 10 单位的污染，则这三个企业的污染控制的有效配置何在？

   c. 假设污染管理局决定先让两个企业分别减少 5 单位的污染。那么会增加多少成本？

   d. 假设污染管理局决定用“污染收费”减少 10 单位的污染。你能从图 8-12 中证明应该以哪个适当的价格收费吗？每个企业又会做出什么反应呢？这样可以有效地减少污染吗？

   e. 解释在本案例中边际成本在减少污染的有效性中所起的重要作用。

10. 在任意一个竞争市场中，比如图 8-11 所示，市场价格曲线以上，*DD* 曲线以下的部分是消费者剩余（参见第 5 章的讨论）。*SS* 曲线以上和价格曲线以下的部分是生产者剩余，它等于行业中的企业以及特殊投入所有者所获得的利润和租金。生产者和消费者剩余的总和就是经济剩余，它度量了扣除生产成本后产品对效用的贡献。

你能够找到重新组织生产的方式，从而使得图 8-11 中所示的经济剩余大于在 *E* 点（即竞争均衡点）的经济剩余吗？如果答案是否定的，那么均衡就实现了配置效率（或帕累托效率）。定义配置效率，回答问题并解释你的答案。

# 第 9 章

# 不完全竞争及其极端形式——垄断

所有垄断利润最大的好处是能有一个平静的生活。

——J. R. 希克斯

在现实经济生活中，完全竞争市场只是理想化的，可谓可望而不可及。当你从福特或本田公司购买汽车，从麦当劳或温迪购买汉堡包，或者从戴尔或苹果公司购买电脑时，你面对的是大到足以影响市场价格的企业。实际上，在经济生活中多数市场是由几个大企业支配的，而且这样的企业往往只有两三家。现在，欢迎你来到现实世界，一个不完全竞争的世界。

## A. 不完全竞争模式

不完全竞争的主要类型是垄断、寡头和垄断竞争。我们可以看到，在既定的技术水平条件下，与完全竞争相比，不完全竞争的价格较高，而产量较低。不完全竞争虽然有它的缺点，但是，大企业却可以利用规模经济优势，同时也负责大部分的技术创新，推动经济长期发展。你只有了解了不完全竞争市场的运行，才能对现代产业经济有更透彻的理解。

完全竞争到底是什么？不妨回忆一下，在一个完全竞争的市场里，没有任何企业会大到足以影响市场的价格。按照这个严格的定义，美国几乎没有一个完全竞争的市场。考虑下列商品：飞机、铝、汽车、计算机软件、早餐麦片、口香糖、香烟、电力、冰箱和小麦，有哪个商品能符合完全竞争的严格定义呢？的确，飞机和铝不符合，汽车也不符合。直至第二次世界大战，美国只有一家铝公司——美国铝公司（Alcoa）。就是在今天，最大的四家企业也仍然控制着美国铝产量的 3/4。世界商业飞机市场当今也主要是受两家大公司的支配，即波音和空中客车。同样，在汽车业中，美国小汽车与小型卡车市场 80%的份额仍然为前五大汽车制造厂商（包括丰田和本田）所控制。在软件业中，尽管已经有了巨大的创新，但是大部分的应用软件，无论是税收报表软件还是文字处理软件，也都是由一小部分在市场上占主导地位的公司所生产。

早餐麦片、口香糖、香烟和冰箱呢？这些市场几乎为数量更少的几大公司所支配。电力市场同样也不能符合完全竞争市场的定义。在大多数城镇中，仅有一家公司为当地居民供电，操纵着电的市场。几乎没有人认为用自家的发电机或风车发电会更加经济！

梳理各个产业你会发现，按严格的定义恐怕只有小麦市场还能属于完全竞争范畴。所有其他的产品，从汽车到香烟，都无法通过竞争性的检验。其原因很简单，每一行业中都存在一些企业能够通过改变它们的销售数量去影响市场价格。换句话说，它们在某种程度上都有能力控制其产品的市场价格。

## 不完全竞争的定义

如果一个企业能够明显地影响其产品的市场价格，那么，该企业就是一个“不完全竞争者”。

当个别卖者在一定程度上具有控制某一行业产品价格的能力时，该行业就处于**不完全竞争**（imperfect competition）之中。

不完全竞争并非指某一企业对其产品的价格具有绝对的控制力。以可乐市场为例，可口可乐公司与百事可乐公司已经占据了大部分市场份额，显然已经是不完全竞争。如果市场中其他生产者生产的苏打水的平均市场价格为75美分，那么百事可乐公司完全能够以每罐70或80美分的价格在该市场上生存。当然，它不能把价格定为40美元或5美分，否则可能会无法经营。于是我们可以看出，一个不完全竞争者对其价格的确拥有某些但又绝不是全部的拍板权。

另外，决定价格的自由度在不同的行业之间也有差异。在某些不完全竞争行业，垄断力量的强度是非常微小的。例如，在计算机零售行业中，在价格上高出几个百分比的差异通常就会对其销售量产生明显的影响。与之相反的是，在操作系统市场，微软公司具有明显的垄断地位，在很大程度上可以自由决定它所生产的Windows操作系统的价格。

***图形描述*** 图9–1说明了完全竞争与不完全竞争之间的差异。图9–1（a）让我们想起完全竞争者面临着一条水平的需求曲线，这表明它能按现行市场价格出售它想出售的全部产品。而一个不完全竞争者面临的却是一条向下倾斜的需求曲线。正如我们在图9–1（b）中所看到的，如果一个不完全竞争的企业增加它的销售量，那么，它就必然会对其产品的市场价格产生向下的压力，使它沿着需求曲线 *dd* 向下移动。

我们也可以看到完全竞争与不完全竞争在价格弹性方面的差异。对于一个完全竞争者而言，需求是完全有弹性的；对于一个不完全竞争者而言，需求则仅具有一定的弹性。经过细致的衡量可以看出，在图9–1（b）中的 *B* 点，价格弹性大约为2。

## 形形色色的不完全竞争者

像美国这样的现代工业经济，犹如一片由形形色色的不完全竞争者组成的丛林。以科技迅速革新为动力的个人电脑产业的竞争模式，与不是那么富有生机的殡葬业的竞争模式就有着天壤之别。不过，我们可以通过认真分析市场结构，特别是卖者的数量和规模以及市场主导者对市场的控制能力，进而了解一个产业。经济学家将不完全竞争的市场结构分为三种类型。

### 垄　断

不完全竞争可以达到怎样不完全的程度呢？极端的情

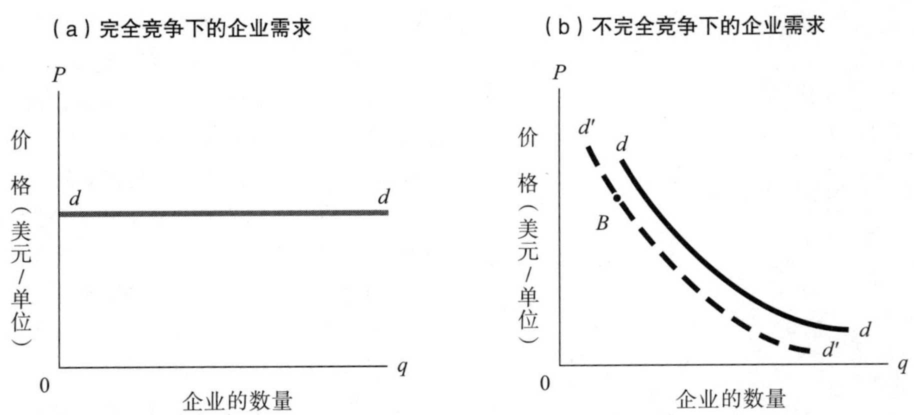


**图9–1 检验不完全竞争的关键是企业的需求曲线是否向下倾斜**

(a) 完全竞争的企业能够沿着它的水平 *dd* 曲线出售它想要出售的全部产品，而不会压低市场价格。(b) 但是，不完全竞争者将会发现，它的需求曲线向下方倾斜，即较高的销售量会压低价格。除非该企业是一个受保护的垄断者，否则，它的竞争对手的价格的下降会在很大程度上使它的需求曲线 *dd* 移动到左下方 *d'd'*。

况就是**垄断**（monopoly）：单一的卖者完全控制某一行业（这个单一的卖者称为“垄断者”，“垄断者”这个词来源于希腊语中的“单个”和“卖者”这两个词）。单一的卖者是它所在行业的惟一生产者，同时，没有任何一个行业能够生产出相近的替代品。

完全的垄断在今天是罕见的。实际上，许多典型的垄断案例仅仅存在于那些受政府保护的产业。例如，如果一家制药企业研制出一种神奇的药品，那么它可以获得一项专利，并在若干年内保持自己对这种药物的垄断权。垄断的另一个重要的例子是获得当地公用事业的特许经营权，例如一家提供自来水的公司。在这样的例子中，仅仅只有一家卖者提供这项服务，而且没有相近的替代品。没有政府许可的垄断的例子很少，其中之一是微软的Windows操作系统，它通过对竞争者使用粗野的策略（在政府看来，这是非法的），进而在网络经济时代取得了垄断地位。

尽管如此，即使是一个垄断者，它也必须经常回头看看那些潜在的竞争者。上面说的那家制药企业会发现竞争者很可能正在生产类似的药品；10年前还处在垄断地位的电话公司，现在必须考虑移动电话给他们带来的冲击；比尔·盖茨声称，某个小公司正虎视眈眈地待在微软身边，随时准备推翻它的垄断地位。*在长期内，没有一个垄断者能确保自己免受竞争的冲击。*

## 寡　头

**寡头**（oligopoly）的意思是“几个卖者”。从上下文来看，几个可以是两个那么少，也可以是10个或15个那么多。寡头的重要特征是每个企业都可以影响市场价格。在航空业，仅仅一个航空公司降低票价的决定，就会引起它的所有竞争者降低票价，引发一场价格大战。

寡头产业在美国经济中是相对普遍存在的，特别是在制造业、交通及通信等部门中。例如，虽然在汽车业有各种各样不同的汽车类型，但汽车制造公司却为数不多。在家用电器业也是如此，尽管商店里摆着各种型号的冰箱和洗碗机，但它们的生产商却只有几家。你也许会惊讶：具有繁多品种的麦片市场居然也是一个寡头行业。

## 垄断竞争

最后一种不完全竞争的类型是**垄断竞争**（monopolistic competition）；它是指一个产业中有许多卖者生产具有差异化的产品。这一市场结构与完全竞争相似：市场上有许多卖者，但任何一个卖者都没有太大的市场份额。它与完全竞争不相同的是：由不同企业销售的产品并不相同。**差异化产品**（differentiated product）在重要的特征上表现不同。例如，个人电脑在速度、内存、硬盘、调制解调器、大小和重量等各方面具有不同的特性。正是由于这些差异，使得计算机在销售的时候价格会有少许的不同。

垄断竞争的典型例子是零售汽油市场。你可以去光顾当地的壳牌公司加油站，尽管它的价格要稍高一些，但因为它正好在你上班的路上，你也就接受了。但是，如果壳牌的油价再上升到要比其他竞争者高出几个美分时，你就会去光顾稍远一点的麦瑞特（Merit）加油站。

事实上，这个例子表明了地理位置是产品差异化的重要来源之一。去银行或杂货店要花一定的时间，而到达不同商店所需时间的差异就会影响我们的购买决策。用经济语言来说，购买一件商品的总价格不仅包括它的美元价格，还包括搜寻商品的机会成本、耗费的时间及其他非美元成本。因为去当地商店购买的总价格要低一些，所以人们倾向于就近购买。这种结论同样也可以用来解释为什么商品种类繁多的商场会那么流行：因为这样的话，人们可以一下买好多东西而节约时间。如今，网上购物越来越盛行，因为相比步行或驱车去商店买东西，网上购物无须耗费太多时间，即便消费者要多花一些邮寄费用。

如今，质量问题已经成为产品差异化中越来越重要的因素。产品价格不同，性能也会有差异。大多数个人电脑可以运行同样的软件，且拥有众多的制造商。但是个人电脑业仍然是个垄断竞争的市场，这是因为电脑在速度、型号、内存、维修服务以及如CD-ROM、DVD-ROM、调制解调器和声音系统之类的配件等方面都有很大的差异。实际上，铺天盖地的电脑杂志，就是用来介绍这些垄断竞争的电脑制造商产品之间的差异！

**竞争与对抗**

在研究寡头的情况时，应该记住不完全竞争并不等于没有竞争。实际上，在经济生活中一些竞争最为激烈的市场，往往只有几个竞争企业。我们可以来看看航空业的残酷竞争，在一条特定的航线上往往只有两三家航空公司，但在它们之间，仍然是过一段时间就要发生一场票价大战。

我们如何把寡头间的对抗和完全竞争区分开来呢？对抗包含了许多提高利润和占有市场的行为。它包括利用广告使需求曲线向外移动（即刺激需求）、降低价格吸引业务，以及通过研究提高产品质量或者研制新的产品。完全竞争并不意味着对抗，而只是表示行业

| 市场结构的类型 | | | | |
|---|---|---|---|---|
| 结　构 | 生产者的数目和产品差异化程度 | 一般经济领域 | 企业对价格的控制程度 | 营销的方式 |
| 完全竞争 | 许多生产者；完全相同的产品 | 金融市场与农产品 | 没有 | 市场交易或拍卖 |
| 不完全竞争 | | | | |
| 垄断竞争 | 许多生产者；产品有许多真正的或想像的差异 | 零售业（比萨饼、啤酒……）个人电脑 | 一些 | 广告宣传和产品质量方面的竞争，受到管制的价格 |
| 寡　头 | 几个生产者；产品的差异化很小或没有差异 | 钢铁、化工…… | 一些 | 广告宣传和产品质量方面的竞争，受到管制的价格 |
| | 几个生产者；产品有差异化 | 汽车、文字处理软件…… | 一些 | 广告宣传和产品质量方面的竞争，受到管制的价格 |
| 垄　断 | 单一生产者；产品没有替代品 | 特许经营（电力、自来水）；微软 Windows；专利药品 | 相当大 | 广告 |

**表 9-1　各种市场结构**

大部分行业是不完全竞争的。这里列出的是不同市场结构的主要特征。

中没有一个企业能影响市场价格。

表 9-1 为各种可能存在的不完全竞争与完全竞争的范畴提供了一个轮廓。该表是不同类型市场结构的一个重要的概括，应该进行仔细的研究。

## 市场不完全竞争的根源

为什么某些产业表现出接近于完全竞争，而另一些产业则为少数大企业所控制？多数不完全竞争的例子可以归于这样两条主要的原因。第一，当大规模生产出现规模效益并降低成本时，一个产业中的竞争者就会越来越少。在这些条件下，大企业就可以比小企业以更低的成本进行生产，而小企业只能以低于成本的价格销售，因而无法生存。

第二，当出现“进入壁垒”，即新的企业很难加入某一行业时，也有可能出现不完全竞争。在某些情况下，政府的一些限制竞争者数量的法律或法规，也会产生这些壁垒。在其他情况下，新企业也可能因为进入市场的成本太高而被拒之门外。让我们来考查不完全竞争的两种根源。

### 成本和市场的不完全性

了解一个产业的技术与成本结构，有助于我们分析该产业需要多少个企业来支撑，各自的规模需要有多大。这里关键是要了解这个产业是否存在规模经济。如果存在规模经济，企业就可以通过提高产量来降低成本，至少产量可以提高到一定的程度。这就意味着较大的企业在成本上比小企业具有一定的优势。

当规模经济发生重要作用时，一个或几个企业就可以将产量提高到一定程度，以至于能够在整个产业的总产量中占据重要的比例。于是这个产业就成为一个不完全竞争市场。也许是单个垄断者主宰整个行业；更有可能的则是有几个大的企业控制市场的大部分份额；或者会存在许多企业，它们各自的产品存在一定的差异。不管是哪种结果，我们都能发现它们终究逃不出不完全竞争的范畴，更不会出现完全竞争中企业仅仅是作为价格的接受者的情况。

许多产业都可以享受规模报酬递增的好处。经济计量学与工程学的许多研究表明，在许多非农产业中，长期平均成本都出现过下降的趋势。例如，表 9-2 就是对美国 6 个产业的研究结果。它表明在许多产业中，长期平均成本

| 产 业 | (1)<br>一个企业为了获得规模经济需要在美国总产量中所占的份额(%) | (2)<br>最大的三家企业实际平均的市场份额(%) | (3)<br>大规模经营的经济效果的主要原因 |
|---|---|---|---|
| 啤酒酿造 | 10~14 | 13 | 需要创立全国性品牌形象，并协调投资 |
| 香 烟 | 6~12 | 23 | 广告宣传，并反映出产品的差异性 |
| 玻璃瓶 | 4~6 | 22 | 需要集中工程和设计人员 |
| 水 泥 | 2 | 7 | 需要分摊风险和筹集资本 |
| 电冰箱 | 14~20 | 21 | 市场营销的要求和较长的生产周期 |
| 石 油 | 4~6 | 8 | 分摊勘探原油的风险和协调投资 |

**表 9-2 产业内竞争是以成本条件为基础的**

这一研究考查了成本条件对于集中模式的影响。第 (1) 栏表示对长期平均成本曲线按产出占产业的份额开始上升的点所做的估算。将这一点与第 (2) 栏中三家最大企业平均的市场份额进行比较。

*资料来源*：F. M. Scherer and David Ross，*Industrial Market Structure and Economic Performance*，3d ed. (Houghton Mifflin，Boston，1990)．

的最低点出现在当企业在产业中占据较大份额的时候，10%或 20%，甚至 50%。这些产业就会出现寡头竞争的趋势，因为它们只能容纳为数不多的几个大生产者。

为了进一步了解成本对市场结构的决定作用，我们来看一个有利于完全竞争的例子。由图 9-2 (a) 可见一个产业的平均成本的最低点出现在产量相对低的水平上的情况。一旦企业想扩大生产超越该点，它就会发现成本会很快地随之上升。因此，这个产业就可以支撑完全竞争所需要的有效经营的为数众多的企业了。图 9-2 (a) 体现的是处于完全竞争状态的农场产业的成本曲线。

现在我们来看图 9-2 (b)，它显示的是在某一产业中，企业享受了一定产量水平的规模经济；而在某一点之后，规模经济已经全部实现，平均成本开始上升。但是，应该注意，*AC* 曲线相对平缓，上升得较慢，因此不能维持完全竞争的状态。该行业的总需求曲线 *DD* 所提供的市场，只能确保为数较少的企业共存，并且在平均成本的最低点进行生产。这种成本结构就会导致寡头。美国大多数制造业——包括钢铁、汽车、水泥以及石油业的需求和成本结构都与图 9-2 (b) 中的情况十分相似。

最后一个重要的例子是自然垄断。**自然垄断**（natural monopoly）是指行业中只有一家企业能够有效率地进行生产。当技术在产量满足全部需求的范围内表现出规模经济时，这种情况就会出现。图 9-2 (c) 显示了自然垄断的需求曲线。技术始终显示规模报酬递增的特性，进而平均成本和边际成本就会永远呈下降的趋势。随着产量的提高，企业可以不断地降低价格，且保持一定的利润，因为这时它的平均成本是下降的。成千上万个完全竞争者要想和平地竞争共处几乎是不可能的，因为一个大企业具有远远高于一批小企业的效率。

一些自然垄断的例子是电话、电力、天然气和自来水以及铁路、公路和电力传输等公用事业。一个最重要的自然垄断是“网络产业”（参见第 6 章的讨论）。然而，技术上的进步会削弱自然垄断。现在美国大多数人都可以享受两种无线电话服务，它们使用无线电波，而不是固定线路，从而降低了对传统的有线电话服务的需求。其他产业领域内——如有线电视——也有这种趋势，竞争者纷纷进入，打破该行业自然垄断的状态。并可能最终把它们转变成寡头格局。

## 进入壁垒

尽管成本差异是决定市场结构的最重要因素，但是，进入壁垒也能增加产业集中程度。**进入壁垒**（barriers to entry）是新企业进入一个产业的各种阻碍因素。当进入壁垒很大时，这个产业的企业就很少，竞争的压力也就很有限。规模经济是进入壁垒的一种很普遍的类型，除此以外，法律限制、进入的高成本以及广告和产品差异化也会形成进入壁垒。

***法律限制*** 有时，政府会限制某些产业的竞争。重要的法律限制包括专利、准入限制、关税与配额。专利是赋予发

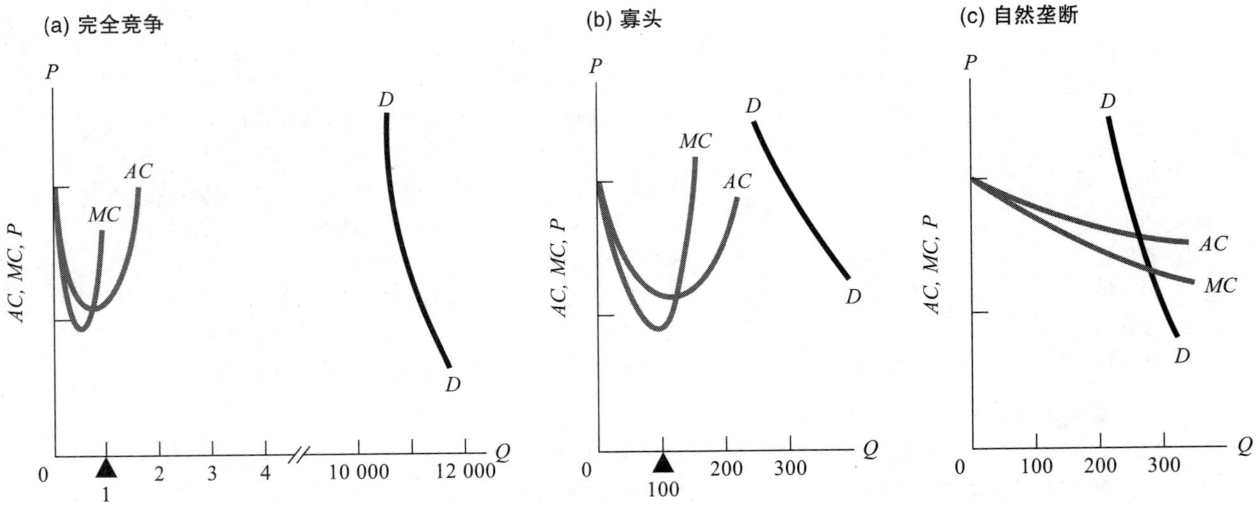


**图 9-2 市场结构取决于相对成本与需求因素**

成本与需求条件影响市场结构。在 (a) 图完全竞争的情况下，相对于单一企业的效率规模而言，产业的总需求 *DD* 相当巨大，许多完全竞争者可以在此共存。在 (b) 中，相对于产业的总需求 *DD* 来说，成本在较高的产量水平才开始上升。为数众多的完全竞争者已不可能共存，寡头将会出现。当成本像图（c）中自然垄断的情况那样迅速且无限制地下降时，一个企业就能够扩大规模来垄断整个行业。

明者本人在一定时期内独自（或垄断）使用某种产品或工艺的特权。例如，制药业经常就一些新的药物授予各种各样的专利，因为研制这些药物要花几亿美元。专利是一种政府许可的垄断形式，已经得到经济学家的普遍认同。政府赋予专利以垄断权，目的是鼓励发明活动。这对于小企业和个人来说尤其有利。没有专利保护的前景，一个公司或单个发明者就不会愿意花那么多的时间和资源来进行研究和开发了。暂时的垄断高价及其所导致的低效率，实际上是商业社会为发明所付出的代价。

政府也对许多产业实施准入限制。最典型的是在一些公用事业，例如电话、电力和自来水，政府往往授予它们在当地享有特许垄断权。在这种情况下，政府授予企业提供某种服务的排他性权利。作为回应，该企业同意限制它的利润，并向所有的消费者提供服务，包括给有些消费者提供并不能盈利的服务。

研究关税的历史学家写道：“关税是托拉斯之母。”(参见本章末讨论题 10 中的有关分析。）这是因为政府强加的进口限制能将外国竞争者拒之门外。原因可能在于：某种产品的单个国家的市场可能只能支撑两三个企业，而世界市场则足够大，可以支撑很多的生产者。世界贸易的保护主义政策把产业结构从图 9-2 (a) 变到图 9-2 (b)，甚至变到图 9-2 (c) 中的情况。当通过消除关税壁垒，市场扩大为一个自由贸易区时，强有力的和有效的竞争得到鼓励，垄断的力量也就会被削弱。增加竞争的最富于戏剧色彩的例子发生在欧盟。最近 30 年来，其成员国之间的关税不断降低，企业从更大的市场和更低的产业集中程度中获益。

***进入的高成本*** 进入壁垒除了法规上的，还有经济上的。某些产业的进入成本是很高的。例如，商业飞机制造业。对新飞机的设计和检测的成本之高，足以使潜在的进入者丧气。大概只有两家公司（波音和空中客车）能付得起开发下一代飞机所需的 100 亿~150 亿美元的高成本。

另外，一些公司还进行了大量的无形投资，这些昂贵的投资也使潜在的进入者望而生畏。我们不妨考虑软件业。一旦电子表格软件（例如 Excel）或文字处理软件（如 Microsoft Word）被广泛接受，潜在的竞争者就很难再进入该市场。因为用户一旦掌握了一种软件以后，就不大愿意去学习另一种。因此，为了设法让人们接受一种新软件，潜在的竞争者就必须参与一场激烈的促销大战。这当然要花很多的钱，而且很可能还得亏本。（回忆第 6 章中我们对网络效应的讨论。）

***广告与产品差异化*** 有时候企业也可以通过广告和产品差异化来构筑对付潜在竞争者的进入壁垒。广告可以打开产

品的知名度并形成名牌效应。例如，百事可乐公司和可口可乐公司每年都要花费上亿美元做广告。这样，潜在的竞争者要进入可乐市场就必须花费很高的成本。

此外，产品差异化本身也会形成进入壁垒，提高生产者的市场力量。在许多行业（如麦片、汽车、家用电器、香烟），通常是由少数几家厂商生产许许多多、形形色色的品牌、型号和产品。从一方面来看，产品的多样化可以吸引最大范围的消费者。另一方面，大量具有差异化的产品使潜在的竞争者很难鼓足勇气加入这个市场。每一种有差异化的产品的需求是如此之小，以至于这些市场不能维持许多企业到达其 U 形成本曲线的最低点进行生产。其后果是图 9-2 (a) 中完全竞争的 *DD* 曲线向左方收缩，直到图 9-2 (b) 和 9-2 (c) 所示的寡头和垄断的情况。因此，产品差异化和关税一样导致了更高的集中程度和更加不完全的竞争。

**什么是品牌价值**

在有差异化产品的世界里，一些公司因品牌价值而获得巨额利润。当一个公司的产品看起来比其他产品更好、更可靠，或更具吸引力时，品牌价值便得以确立了。根据《商业周刊》的估计，以下 10 个公司在 2003 年拥有最高的品牌价值：[1]

| 排　名 | 品牌名称 | 2003 年品牌价值（10 亿美元） |
|---|---|---|
| 1 | 可口可乐 | 70.5 |
| 2 | 微　软 | 65.2 |
| 3 | IBM | 51.8 |
| 4 | 通用电气 | 42.3 |
| 5 | 英特尔 | 31.1 |
| 6 | 诺基亚 | 29.4 |
| 7 | 迪斯尼 | 28.0 |
| 8 | 麦当劳 | 24.7 |
| 9 | 万宝路 | 22.2 |
| 10 | 梅塞德斯 | 21.4 |

如上表所示，可口可乐的公司市场价值比其工厂、设备和其他资产的估价总和多出 700 亿美元。公司怎样才能确立和维持品牌价值？第一，它们通常有创新产品，比如一种新饮料或操作系统，一款可爱的卡通形象，或者一款高品质汽车。第二，通过投入巨资做广告来维持品牌价值。在广告中某种产品，比如万宝路香烟，通常与被置于浪漫场景中的靓丽演员联系起来。第三，利用知识产权，如专利和版权，来保护品牌。在某种意义上，品牌价值就是企业过去创新活动的结晶。

[1] 《商业周刊》，2003 年 8 月 4 日，可在互联网获得，网址 bwnt.businessweek.com/brand/2003/index.asp.

## B. 边际收益和垄断

这一部分讨论不完全竞争的极端形式——垄断。我们将分析不完全竞争的主要缺点，如限制产量和提高价格。作为分析的核心部分，我们还将引入一个新概念，即边际收益，它同样也适用于寡头垄断者和完全竞争者的分析。

### 边际收益的概念

#### 价格、数量和总收益

假设某企业发现它自己处于本行业完全垄断的地位。该企业或许是一种新型防癌药物专利的所有者，或许是某个有价值的计算机程序的源代码拥有者。如果垄断者希望取得最大利润，那么，他应该收取多高的价格呢？他的产量应该是多少呢？

为了回答这些问题，我们需要一个新的概念，边际收益（*MR*）。从企业的需求曲线中，我们知道了价格（*P*）与销售量（*q*）之间的关系。我们也可以从表 9-3 中的第 (1) 栏和第 (2) 栏以及图 9-3 (a) 中的该垄断者的需求曲线（*dd*）了解这一点。

把价格与数量相乘，可以计算出在每一销售水平上的总收益。表 9-3 中的第 (3) 栏表明，如何简单地用 *P* 乘以 *q* 来计算**总收益**（total revenue，*TR*）。因此，零单位的 *q* 带来的 *TR* 等于零；1 个单位的 *q* 带来的 *TR* = 180 美元 × 1 = 180 美元；2 个单位的 *q* 带来 160 美元 × 2 = 320 美元的总收益；以此类推。

这一直线或线性需求曲线的例子中，总收益最初随着产量的增加而上升，因为在这条需求曲线的富有弹性的上部区域，出售较多的 *q* 所需要降低的 *P* 是不大的。但是，当我们达到直线需求曲线的中点时，*TR* 就达到它的最大值。这时 *q* = 5，*P* = 100 美元，*TR* = 500 美元。超过此点，$q$ 的增加便将该企业带入需求缺乏弹性的区域。由于需求缺乏弹性，价格下降 1%引起销售量的增加不到 1%，因此，总收益随着价格的下降而下降。图 9-3 (b) 说明 $TR$ 是一条弯形曲线，它从零上升到很高价格水平的 500 美元的最高点，然后下降到接近于零的水平。

你如何找到收入最高点的价格呢？从表 9-3 中可以看出，当 $q = 5$，$P = 100$ 时，$TR$ 达到最大。这正是需求弹性等于 1 的那一点。

必须注意，每 1 单位的价格可以称为平均收益 ($AR$)，以区别于总收益。例如，$TR$ 除以 $q$ 便得到 $P = AR$（正如我们在过去用 $TC$ 除以 $q$ 而得到 $AC$ 一样）。如果先写下第 (3) 栏中的数字，我们就可以运用除法来得到第 (2) 栏中的数字。

## 边际收益和价格

现在讨论所涉及的最后一个新概念，边际收益。

**边际收益**（marginal revenue，$MR$）的定义是：当销售增加 1 单位时，由此而引起的收益的变化。$MR$ 既可以为正，也可以为负。

表 9-3 中第（4）栏列出了边际收益的数值。$MR$ 是由两个相邻产量的总收益相减而来的。从出售 $q+1$ 个单位而得到的 $TR$ 中减去出售 $q$ 单位而得到的 $TR$，其差额就是收益的增量或 $MR$。例如，从 $q = 0$ 到 $q = 1$，我们得到 $MR = 180$ 美元。从 $q = 1$ 到 $q = 2$，$MR$ 为 320 美元 − 180 美元 = 140 美元。

$MR$ 为正数一直到 $q = 5$ 为止，此后便为负数。负边际收益这一陌生概念意味着什么呢？这是说企业让人们自由地取走物品吗？完全不是这样。负边际收益是指：为了售出更多单位的产量，该企业必须将价格降低到如此之低的程度，以至于它的总收益下降。

例如，当该企业出售 5 单位的产量时，它得到：

$$TR\ (5\ 单位) = 5 \times 100\ 美元 = 500\ 美元$$

现在，假设企业希望再售出 1 单位的产量。由于它是个不完全竞争者，它必须通过降低价格来提高销售量。因

总收益和边际收益

| (1)<br>数 量<br>$q$ | (2)<br>价格<br>$P=AR=TR/q$<br>(美元) | (3)<br>总收益<br>$TR=P\times q$<br>(美元) | (4)<br>边际收益<br>$MR$<br>(美元) |
|---|---|---|---|
| 0 | 200 | 0 | |
| | | | +180 |
| 1 | 180 | 180 | |
| | | | +140 |
| 2 | 160 | 320 | |
| | | | +100 |
| 3 | 140 | 420 | |
| | | | +60 |
| 4 | 120 | 480 | |
| | | | +40<br>+20 |
| 5 | 100 | 500 | |
| | | | —— |
| 6 | 80 | 480 | |
| | | | −60 |
| 7 | 60 | — | |
| | | | −100 |
| 8 | 40 | 320 | |
| | | | −140 |
| 9 | — | 180 | |
| | | | −180 |
| 10 | 0 | 0 | |

**表 9-3 根据需求表可以计算出边际收益的数值**

第（3）栏中的总收益 $TR$ 来自于 $P$ 乘以 $q$。为了得到边际收益（$MR$），我们把 $q$ 增加 1 个单位，并计算总收益的变化。$MR$ 小于 $P$ 的原因在于多出售 1 单位的 $q$ 就会降低以前各单位的价格，从而使收益下降。应该注意，当需求富有弹性时，$MR$ 起初是正的。然而，在需求转变成缺乏弹性之后，尽管价格仍是正数，$MR$ 却变为负数。

此，为了出售 6 个单位的产量，它将价格从 100 美元降低到 80 美元。它从第 6 个单位的产量中取得了 80 美元的收益，但是，对于先前的 5 个单位，它仅仅得到了 5 × 80 = 400 美元，由此得到：

$$TR\ (6\ 单位) = 5 \times 80\ 美元 + 1 \times 80\ 美元$$
$$= 400\ 美元 + 80\ 美元 = 480\ 美元$$

现在出售 5单位和 6 单位产量之间的边际收益为 480 美元 - 500 美元 = -20 美元。最初 5 单位的价格必须降低得如此之低，即使在增加了第 6 单位的出售之后，总收益仍然是下降的。这就是 *MR* 为负时所发生的情况。你可以通过填充第（2）和第（4）栏来加深理解。

必须注意，即使 *MR* 为负，*AR* 或价格仍然为正。不要将边际收益与平均收益或价格相混淆。表 9-3 说明了它们之间的差异。此外，图 9-3 (a) 描绘了需求（或 *AR*）曲线和边际收益（*MR*）曲线。细致地观察图 9-3 (a) 可以看出，阶梯形的 *MR* 必定处于 *AR* 的 *dd* 曲线之下。实际上，当 *AR* 向下降到离数值零还有一半距离时，*MR* 便变为负数。

总结一下：

当需求曲线向下倾斜时，

$P > MR$　（$= P -$ 先前全部 $q$ 的收益损失）

## 弹性和边际收益

需求的价格弹性与边际收益之间有何关系呢？

> 当需求有弹性时，边际收益为正；当需求弹性为单位弹性时，边际收益为零；当需求缺乏弹性时，边际收益为负。

这一结论实际上是以一种不同的方法重述了我们在第 4 章中所使用过的弹性定义。回忆一下，当价格下降引起

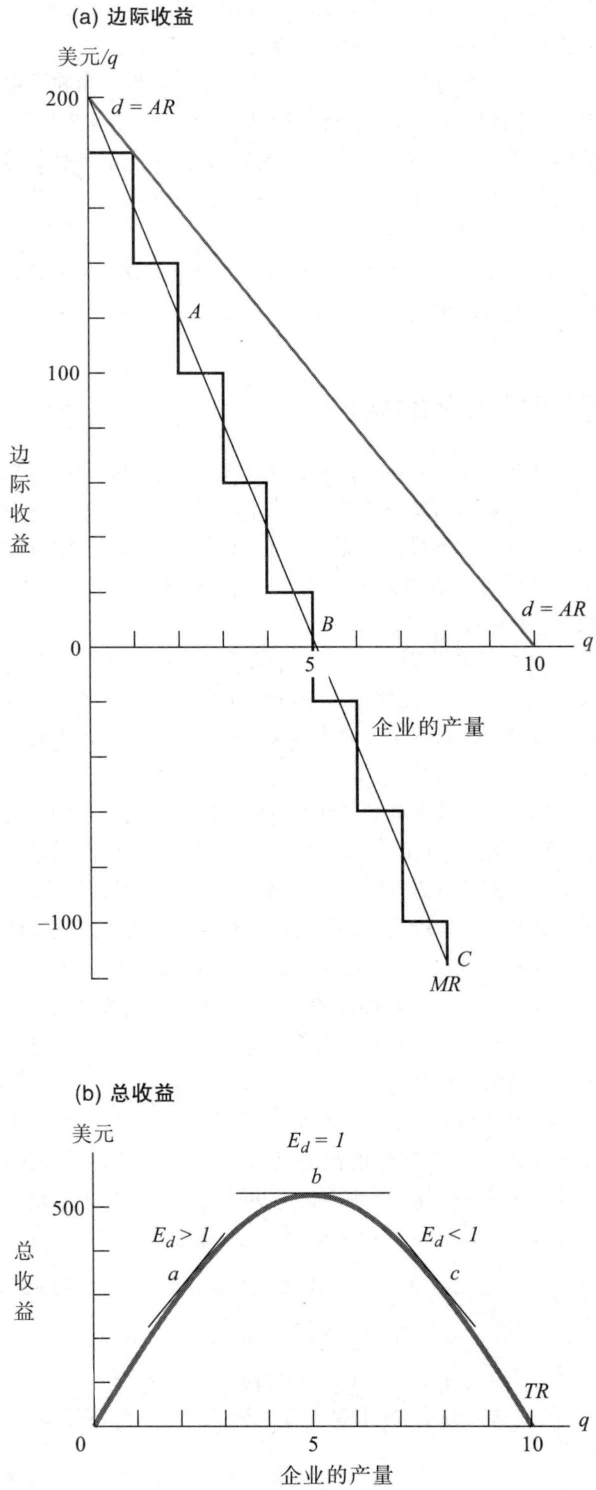


**图 9-3　边际收益曲线来自需求曲线**

(a) 梯形曲线表示每增加 1 单位的产量所增加的总收益，*MR* 处于 *P* 之下。当 *dd* 变为缺乏弹性时，*MR* 变为负数。把 *MR* 的梯形曲线拉平便可以得到一条平滑的 *MR* 曲线。在 *dd* 也是直线的情况下，*MR* 的斜率总是 *dd* 曲线斜率的 2 倍。（b）总收益曲线是穹形的——从零（此时 $q = 0$）开始上升到最高点（此时 *dd* 具有单位弹性），然后再下降到零（此时 $P = 0$）。*TR* 的斜率给出平滑的 *MR* 曲线，正如 *TR* 的非连续性跳动给出的阶梯形的 MR 一样。

资料来源：表 9-3。

收益增加时，需求有弹性。在这种情况下，价格下降引起需求量上升得如此之高，以致收益上升，从而边际收益为正。例如，在表 9–3 中，当价格在需求有弹性的区域从 $P$ = 180 美元下降到 $P$ = 160 美元时，需求量明显上升，提高了总收益，并且边际收益为正。

当需求弹性为单位弹性时情况如何？此时，价格下降与由此而引起的产量上升恰好相等，边际收益因此为零。你能否看出，在需求缺乏弹性的区域，边际收益为什么总是为负呢？对于完全竞争者无限弹性的需求曲线，边际收益为什么总是为正呢？

表 9–4 显示了重要的弹性关系，确信你真的理解了它们并且能够应用它们。

## 利润最大化的条件

现在，我们准备寻找垄断者最大利润的均衡点。如果一个垄断者面临着一条既定的需求曲线，并且他希望使总利润（$TP$）达到最大，那么，他应该如何行动呢？根据定义，总利润 = 总收益 – 总成本；用符号表示，$TP = TR - TC = (P \times q) - TC$。

为了使其利润最大化，该企业必须找到产生最大利润或产生 TR 与 TC 之间最大差额的均衡价格和数量。结论是：当产量达到该企业的边际收益等于它的边际成本的水平时，利润达到最大。

确定这一最大利润条件的一种方法就是通过运用如表 9–5 所示的成本和收入表。为了找到利润最大化的数量和价格，我们计算第（5）栏中的总利润。这一栏告诉我们，最优的产量为 4 单位，每单位的价格为 120 美元。这就产生了 480 美元的总收益，在减去了 250 美元的总成本之后，我们计算出总利润为 230 美元。浏览其他价格和产量水平，可以看出，任何其他的价格–产量组合都不可能产生这么高的总利润水平。

得到相同答案的第二种方法是比较第（6）栏中的边际收益和第（7）栏中的边际成本。只要每增加一单位的产量所带来的收益大于成本（也就是说，只要 $MR$ 大于 $MC$），该企业的利润就会增加。因此，只要 $MR$ 大于 $MC$，企业就会继续增加它的产量。而若假设在一定的产量水平，$MR$ 小于 $MC$，则意味着增加产量会引起利润水平下降，因此，追求利润最大化的企业应该在此时降低产量。显然，最佳利润点发生在边际收益正好等于边际成本的点上，如表 9–5 中的数据所示。因此找最大利润点的原则是：

> 当一个垄断者的边际收益等于他的边际成本时，即达到利润最大化的价格（$P^*$）和产量（$q^*$）：
>
> 当 $MR=MC$ 时，可以达到最大利润的（$P^*$）和（$q^*$）

这些例子说明利润最大化的 $MC=MR$ 原则在逻辑上的正确性。但是，我们也要了解在这一原则背后的含义。看看表 9–5，并假设该垄断者生产的 $q$ = 2。在该点，多产生一个完整的单位产品的 $MR$ 为+100 美元，而它的 $MC$ 为 20 美元。因此，如果多生产 1 单位，该企业就可以多获得 $MR - MC$ = 100 美元 – 20 美元 = 80 美元的利润。实际上，表 9–5 中的第（5）栏说明从 2 单位到 3 单位所增加的利润量正好是 80 美元。

因此，当 $MR$ 大于 $MC$ 时，增加产量可以使利润增加；当 $MC$ 大于 $MR$ 时，减少 $q$ 可以使利润增加。只有当 $MR=MC$ 时，企业才处于它的最大利润的产量水平，因为这时改变产量水平不能增加任何利润。

### 垄断均衡的图示

图 9–4 表明了垄断的均衡。图（a）将企业的成本曲线和收益曲线结合起来。利润最大化点发生在 $MC$ 等于 $MR$ 的产量上，即两条曲线的交点 $E$。垄断的均衡点或最大利润点发生在 $q^*$ = 4 的产量水平。为了找到利润最大化的价格，我们从 $E$ 点向上作垂线，与 $dd$ 线相交于 $G$ 点，此时相应的价格为 120 美元。$G$ 点的平均收益高于 $F$ 点的平均成本，这一事实可以保证利润为正。利润的实际数量是由图 9–4（a）中的阴影面积所给定的。

| 需　求 | 产量（$Q$）和价格（$P$）之间的关系 | 产量（$Q$）对总收益（$TR$）的影响 | 边际收益（$MR$） |
|---|---|---|---|
| 富有弹性（$E_D$>1） | $Q$ 变动百分比 > $P$ 变动百分比 | $Q$ 越高，$TR$ 越高 | $MR > 0$ |
| 单位弹性（$E_D$=1） | $Q$ 变动百分比 = $P$ 变动百分比 | $Q$ 增大，$TR$ 不变 | $MR = 0$ |
| 缺乏弹性（$E_D$<1） | $Q$ 变动百分比 < $P$ 变动百分比 | $Q$ 越高，$TR$ 越低 | $MR < 0$ |

表 9–4　需求弹性、产量、价格、收益以及边际收益之间的关系

| 有关企业最大利润的总结 | | | | | | | |
|---|---|---|---|---|---|---|---|
| (1) 产量 *q* | (2) 价格 *P* (美元) | (3) 总收益 *TR* (美元) | (4) 总成本 *TC* (美元) | (5) 总利润 *TP* (美元) | (6) 边际收益 *MR* (美元) | (7) 边际成本 *MC* (美元) | |
| 0 | 200 | 0 | 145 | −145 | | | |
| | | | | | +180 | 30 | $MR > MC$ |
| 1 | 180 | 180 | 175 | +5 | | | |
| | | | | | +140 | 25 | |
| 2 | 160 | 320 | 200 | +120 | | | |
| | | | | | +100 | 20 | |
| 3 | 140 | 420 | 220 | +200 | | | |
| | | | | | +60 | 30 | |
| **4*** | **120** | **480** | **250** | **+230** | **+40** | **40** | $MR = MC$ |
| | | | | | +20 | 50 | |
| 5 | 100 | 500 | 300 | +200 | | | |
| | | | | | −20 | 70 | |
| 6 | 80 | 480 | 370 | +110 | | | |
| | | | | | −60 | 90 | |
| 7 | 60 | 420 | 460 | −40 | | | |
| | | | | | −100 | 110 | $MR < MC$ |
| 8 | 40 | 320 | 570 | −250 | | | |

* 最大利润均衡

**表 9–5　边际成本和边际收益的相等使企业得到最大利润的 $q$ 和 $P$**

现在，我们将生产的总成本和边际成本，同总收益及边际收益放在一起，在所决定的利润最大化点 $MR = MC$，这时的 $q^* = 4$，$P^* = 120$ 美元，最大总利润 $TP = 230$ 美元 =（120 美元 × 4）− 250 美元。

图（b）中使用了总收益、总成本和总利润曲线，也得到了相同的结论。总收益曲线是弧形的，总成本曲线永远是上升的。两者之间的垂直距离便是总利润，其数值在开始和终结的部分都是负数。在这两个部分之间，*TP* 为正数，在 $q^* = 4$ 时，到达它的最大值 230 美元。在最大利润的产量水平上，*TR* 和 *TC* 的切线平行，因此斜率（即在这些点的 *MR* 和 *MC*）也相等。如果它们的切线以一种不平行的方式向外延伸（如在 $q = 2$ 点），那么，该企业通过扩大 $q$ 可以获得更多的利润。在 $q^* = 4$ 时，边际成本和边际收益平衡。在该点，总利润（*TP*）达到最大，因为增添 1 单位的产量的成本与收益正好相等。

将产量确定在 $MC = MR$ 的水平，垄断者就可以使其利润最大化。由于该垄断者拥有一条向下倾斜的需求曲线，这就意味着 $P > MR$。对于一个追求利润最大化的垄断者来说，由于价格高于边际成本，因此，垄断者会将产量水平减少到低于在完全竞争产业中所决定的水平。

## 完全竞争作为不完全竞争的一个极端情况

尽管我们把 *MR* 和 *MC* 原则运用于分析追求利润最大化的垄断者身上，但是，这一原则实际上可运用于更加广阔的领域。略加思考就会发现，$MC = MR$ 原则同样适用于追求利润最大化的完全竞争者。我们可以分两步来理解它：

1. 完全竞争者的 *MR*。第一个问题是，对于一个完全竞争者来说，*MR* 意味着什么？它意味的是，多卖 1 单位的产品永远不会引起价格的下降，因此“先前所有的 $q$ 的总收益损失”就等于零。价格与边际收益对于完全竞争者来说是相同的。

   在完全竞争的条件下，价格等于平均收益，也等于边际收益（$P = AR = MR$），一个完全竞争者的 *dd* 曲线与它的 *MR* 曲线是两条重合的水平线。

2. 完全竞争者的 $MR = P = MC$。我们还可以看到，垄断者实现利润最大化的条件同样也适用于完全竞争者，只是结果有一些小小的区别。在经济学中，当产量处于 $MC = MR$ 的水平上时，利润达到最大化。但是从上一步中，我们看到对于一个完全竞争者来说，$MR = P$。因此完全竞争者的 $P = MC$，是 $MR = MC$ 利润最大化条件的一个特例。

   由于完全竞争者可以按市场价格出售所有它愿意出售的产品，因此其利润最大化的产量水平是 $MR = P = MC$。

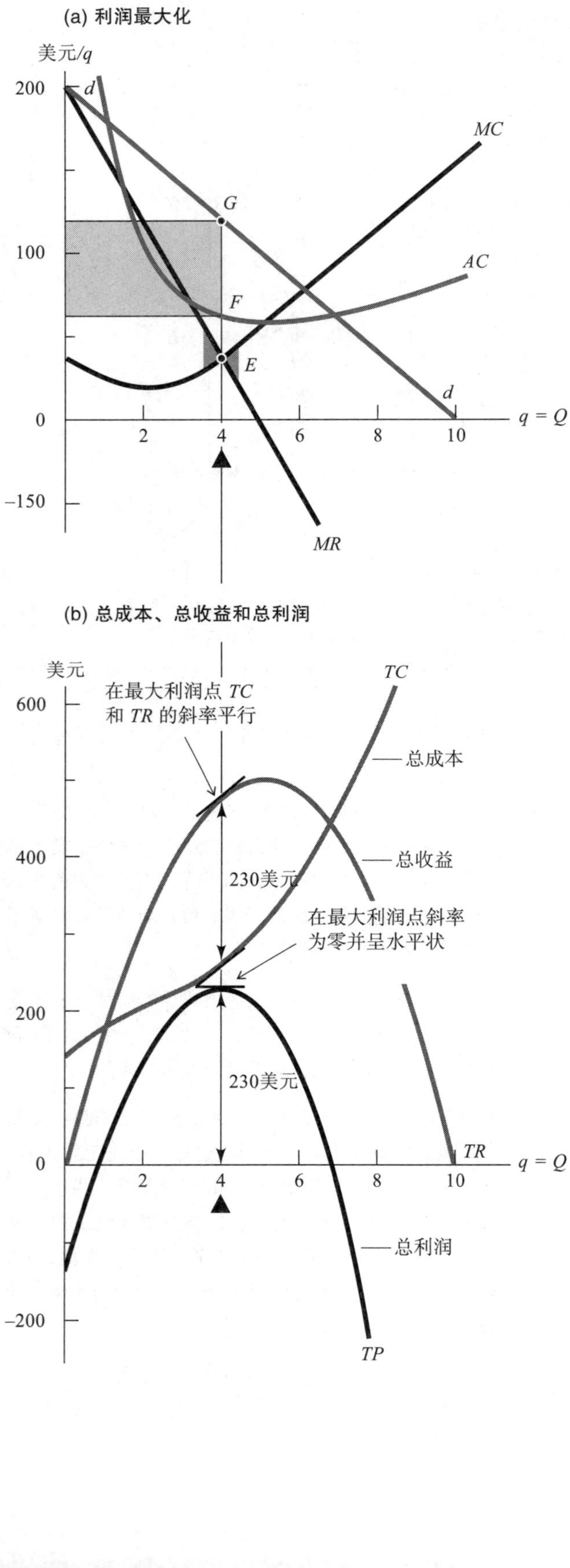


通过重新描绘图 9–4（a），你也会得到这一结论。如果将该图用于分析完全竞争者，那么，在该市场价格水平，*DD* 曲线就是一条水平线，并与 *MR* 曲线相重合。利润最大化的 $MR = MC$ 的相交点也发生在 $P = MC$ 点上。这样，我们就知道如何将利润最大化的一般原则应用到完全竞争者和不完全竞争者两方面。

## 边际原则：让过去成为过去

我们以边际分析在经济学中更为普遍的运用来结束本章的内容。虽然经济理论不一定使你变得富有，但是，它的确会让你知道一些分析成本和收益的新方法。经济学的最重要的教益之一是：你应该注意决策的边际成本和边际收益，并忽略过去的或沉没的成本。这一点可以表述如下：

> 让过去的事情成为过去。不要向后看。不要为已溅出的牛奶而哭泣，也不要为昨日的损失而悲叹。对于任何决策，要准确地计算你将多为之付出的成本，并把它和你将因之而增加的收益相权衡。根据边际成本与边际收益来进行决策。

这就是**边际原则**（marginal principle），它是指人们仅通过考虑和计算某一决策的边际成本与边际收益，来达到收益、利润或满足程度的最大化。有无数的场合可以利用边际原则。我们已经认识到，企业追求利润最大化的条件是符合边际成本等于边际收益的边际原则。另一个例子是

**图 9–4 可以用总量的或边际的曲线来说明最大化利润的均衡**

（a）在 *E* 点，*MC* 与 *MR* 相交，可以得到最大利润的均衡位置。对 *E* 点的任何背离都会损失一些利润。价格是在 *E* 点以上的 *G* 点；由于 *P* 在 *AC* 的上方，因此，最大利润是正值的利润。（你能否理解，为什么长方形阴影的矩形衡量了总利润？为什么在 *E* 点的左、右两边的小三角形面积表示：由于背离 *MR*=*MC* 水平而带来的总利润的减少部分？）

（b）本图说明了与上面论述相同的实现利润最大化的方法，但它使用的是总量概念，而不是边际概念。*TR* 曲线代表总收益，*TC* 曲线代表总成本（为什么当 $q = 0$ 和 $q = 10$ 时，*TR* 为 0？）总收益（*TP*）等于 *TR* 减去 *TC*，或从图中看，总利润是由 *TC* 上升到 *TR* 的垂直距离给定的。取得最大利润时，*TC* 与 *TR* 的差值最大。每条曲线的斜率代表其边际值（即 *TR* 曲线的斜率为 *MR*）。在这一点，总收益曲线和总成本曲线平行且斜率相等，即 *MR*=*MC*。

投资决策，无论你是决定投资一家公司，还是出售一套房屋，你都应该把过去的盈利或亏损忽略不计，只需根据边际成本和边际收益做决策。边际原则是经济学中最富有启迪的工具之一。

### 镀金时代的垄断者

在人类戏剧化垄断的背后，有时还存在如边际成本之类的抽象概念。鉴于此，在本部分的末尾我们不妨回顾一下美国企业史上的一段最多姿多彩的时期。由于法律与习俗的不断变化，美国今天的垄断者，与1870~1914年镀金时代的那种辉煌、富有创造力、不道德的、欺诈的强盗绅士相比，已经有天壤之别。诸如洛克菲勒、高德（Gould）、范德比尔特（Vanderbilt）、弗里德（Frick）、卡内基、罗森查德（Rothschild）以及摩根等大亨的传奇故事，描述了所有的你可能很难想像得到的东西。他们开创了诸如铁路、石油、钢铁等产业，形成自己的财团，推动了西进运动。他们都打败了自己的竞争对手，并将惊人的财富留给了他们的后代。

19世纪最后30年的美国，充满了渎职和腐败的经济经历了强有力的增长。丹尼尔·德鲁是一个偷牛贼、马贩子和铁路工，他掌握了"灌肠术"（watering the stock）的诀窍。在将牛送运往屠宰场之前，他先不让它们碰水；而在牛过秤之前，他预先用盐将牛弄得特别渴，然后让它们狂喝大量的水。后来，企业界的大亨们则通过抬高他们证券的价格来搞"掺水股"（water the stock）。

美国西部边疆的铁路大亨，历史可以将他们列为最不道德的企业家。横跨美洲大陆的铁路建设，是通过大量拨让联邦土地而获得资金、并经由大力贿赂无数议员与大官而取得特权的。南北战争后不久，老谋深算的铁路职员杰·高德就企图垄断全美的黄金供给，并用它来控制国家的货币供给。高德后来为了提高北部那段铁路（常年为大雪围困的地方）的声誉，竟然如此描述：那里是一片热带雨林的乐园，种植园里长满了桔子与香蕉，随处可见活蹦乱跳的猴子。到那个世纪末，所有的这些贿赂、土地转让、掺水股，以及那些荒诞的承诺，都终于促成了世界上最大的铁路系统的竣工。

约翰·洛克菲勒的故事可以说是19世纪垄断者的一个缩影。洛克菲勒看到幼小的石油产业可以挖掘很多的财富，就着手组织石油提炼产业。他是个小心翼翼的经营者，总是试图从那些容易争吵而又极不可靠的企业家那里获得"订单"。他自然会遭遇一些竞争对手。但他通过说服铁路部门秘密地给予回扣，并为他提供有关对手供给信息，从而逐步获得了对该产业的控制权。只要竞争者稍不遵守他的规矩，洛克菲勒就会拒绝为他们供油，甚至宁愿将油倒在地上。到1878年，约翰·洛克菲勒已经控制了美国95%的石油供给与炼油市场。价格从上升变为稳定，相互拼杀的竞争终于为垄断所替代。

洛克菲勒还设计了一个新的相当精明的方案，来保证自己在联盟中的控制权。这就是"托拉斯"，即股东将股份转交给托管人，由他们负责经营，实现利润最大化。其他行业也仿效标准石油托拉斯（Standard Oil Trust），很快，托拉斯就在煤油、糖、威士忌、铅、盐及钢铁行业中建立起来。

这种行为引起了农民与平民的极大公愤，不久后国家通过了反托拉斯法（参见第17章）。在1910年，进步人士的反"大财团"运动取得第一次伟大胜利后，才解散了标准石油集团。具有讽刺意味的是，洛克菲勒竟然能够在实际上从解散中获利。这是因为标准石油的公众股价格实际已经上涨了上去。

但是，垄断也创造了极大的财富。1861年美国只有3个百万富翁，而到1900年就增加到4 000名（20世纪初的100万美元，大约相当于今天的1亿美元）。

巨大的财富也引发了令人触目惊心的**炫耀性消费**（这个词在索斯坦·凡勃伦1899年的《有闲阶级论》一书中被引入经济学）。与早期的欧洲的主教和贵族一样，美国的企业大亨们也要为他们的财富树立永恒的纪念碑。许多财富被用于修建高贵的宫殿，例如，罗德岛新港范德比尔特庄园，至今仍可以为人们观瞻和仰慕；又如，他们收集的大量艺术品，成为美国大博物馆，如纽约大都会艺术博物馆的主要藏品；再如，开办基金会，设立一些以斯坦福、卡内基、梅隆、洛克菲勒命名的大学；等等。在他们的个人垄断因政治原因或因其他竞争性的赶超而瓦解之后很久，在他们的大多数财富被其继承者所分割而后代的企业又大为逊色的今天，这些强盗式绅士们的慈善基金等遗产依然在影响着美国的艺术、科学和教育。[2]

[2] 可参见"补充读物"中提到的与本主题有关的著述。

## 总结提要

### A. 不完全竞争模式

1. 今天大多数市场结构都处于完全竞争与完全垄断这两种极端之间。在不完全竞争的条件下，一个企业对其产品的价格具有某种控制能力，这一事实可从该企业产品的向下倾斜的需求曲线中看到。
2. 市场结构的主要类型有：(a) 垄断，即单个企业生产了某一产业的全部产品；(b) 寡头，即少数几个卖者提供某一产业的相似的或有差异化的产品；(c) 垄断竞争，即为数众多的小企业提供相关但有某种程度差异化的产品；(d) 完全竞争，即为数众多的小企业提供完全相同的产品。在前三种情况下，一个产业中的企业面临着向下倾斜的需求曲线。
3. 规模经济，或平均成本递减，是不完全竞争的主要根源。当企业能够通过扩大产量来降低成本的时候，完全竞争的状态很容易遭到破坏。这是因为少数几家公司能够有效率地生产出该产业的大部分产品。当相对于一个国家或地区的市场而言，厂商的最低有效规模很大时，成本条件会导致不完全竞争。
4. 除了成本递减之外，导致竞争不完全性的其他因素还有：以法律限制形式出现的进入壁垒（如专利或政府管制）；高的进入成本；广告以及产品差异化。

### B. 边际收益和垄断

5. 根据企业的需求曲线，我们很容易推导出它的总收益曲线。根据总收益表或总收益曲线，我们还可以推导出边际收益。边际收益表示从多出售 1 单位产品中多获得的收益。对于不完全竞争者而言，边际收益小于价格，这是因为当企业被迫降低价格以出售更多单位的产品时，先前的全部产品都要蒙受损失。也就是，当需求曲线向下倾斜时：

$$P = AR > MR = P - \text{先前全部 } q \text{ 的收益损失}$$

6. 回忆表 9-4 中有关需求弹性、价格和数量、总收益和边际收益的关系。
7. 一个垄断者会发现它的利润最大化的位置在 $MR = MC$ 处，也就是说，当它出售最后 1 单位产品所增加的收入正好等于它所增加的成本时，它的利润达到最大。$MR = MC$ 这一原则，也可以在图形上用 $MR$ 曲线和 $MC$ 曲线的相交来表示，还可用总收益曲线和总成本曲线的斜率相等来表示。在任何情况下，在最大利润的均衡点，边际收益 = 边际成本总是成立的。
8. 对于完全竞争者来说，边际收益等于价格。因此，对于它来说，利润最大化的产量发生在 $MC = P$ 的点上。
9. 经济学推导出的边际原则很重要。在进行决策时，应当注意计算边际的或未来的收益与损失，而不应该考虑先前已经支付的沉没成本。

## 概念复习

**不完全竞争模式**

完全竞争与不完全竞争
垄断、寡头、垄断竞争
产品差异化
进入壁垒（政府的与经济的）

**边际收益和垄断**

边际（或增加的）收益，$MR$
最大利润条件，
$MR = MC$

对于完全竞争者，
$MR = P$，$P = MC$
自然垄断
边际原则

## 补充读物和互联网站

**补充读物**

The theory of monopoly was developed by Alfred Marshall around 1890; see his *Principles of Economics,* 9th ed. (Macmillan, New York, 1961).

An excellent review of monopoly and industrial organization is F. M. Scherer and David Ross, *Industrial Market Structure and Economic Performance,* 3d ed. (Houghton Mifflin, Boston, 1990).

The Gilded Age period gave birth to "yellow journalism" in the United States and fostered many muckraking histories, such as Matthew Josephson, *The Robber Barons* (New York, Harcourt Brace, 1934). A more balanced recent account is Ron Chernow, *Titan: The Life of John D. Rockefeller, Sr.* (Random House, New York, 1998).

**互联网站**

An important legal case over the last decade has concerned whether Microsoft had a monopoly on PC operating systems. This is thoroughly discussed in the "Findings of Fact" of the Microsoft antitrust case by Judge Thomas Penfield Jackson (November 5, 1999). His opinion and further developments can be found at www.microsoft.com/presspass/legalnews.asp.

## 问题讨论

1. 列举完全竞争与不完全竞争的显著特征，不完全竞争的主要种类有哪些？你把通用汽车公司划分在哪一个范畴里？你所在地区的“比萨饼店”呢？微软公司呢？你所在的学院或大学呢？
2. 解释为什么下面每句话都是错的。请写出正确的说法。
   a. 在 $MC = P$ 时，垄断者达到利润最大化。
   b. 价格弹性越大，垄断者的价格就比 $MC$ 高出越多。
   c. 垄断者会忽略边际原则。
   d. 垄断者将使其销售量达到最大。他们将生产比完全竞争更多的产量，垄断价格也较低。
3. 当 $dd$ 具有单位弹性时，$MR$ 的数值为多少？并解释。
4. 杰克逊法官在微软垄断案中表示：“有三个主要的事实可以证实微软公司在享受垄断的力量。第一，微软公司占有的适用于 Intel 兼容 PC 机的操作系统市场非常大，并且很稳定。第二，微软公司占有的市场被很高的进入壁垒所保护。第三，在这种高进入壁垒的保护下，微软公司的顾客无法选择可以替代 Windows 的产品。”（参看本章“补充读物和互联网站”所推荐的文献的第 34 节。）为什么这些要素与垄断有关？这三者都是必要的吗？如果不是，哪一个至关紧要？说出你的理由。
5. 图 9–4 标明了最大利润的均衡位置。详细解释，实际上该图如何说明可以用两种不同的方法来描述完全相同的事实：即当企业再增加 1 单位产品的成本正好等于它所增加的收入时，该企业就会准备停止扩大生产。
6. 为一个完全竞争者重新描绘图 9–4（a）。为什么 $dd$ 为水平线？解释为什么水平的 $dd$ 曲线与 $MR$ 曲线相重合？然后，继续寻找利润最大化的 $MR$ 与 $MC$ 的相交点。为什么这个交点所产生的竞争性均衡条件为 $MR=P$？现在，重新描绘一个完全竞争者的图 9–4（b）。说明在完全竞争者的最大利润均衡点，$TR$ 和 $TC$ 的斜率仍然必须相等。
7. 香蕉计算机公司的固定成本为 10 万美元，而每单位的劳动成本为 600 美元，原料和燃料成本为 400 美元。在 3 000 美元的价格下，消费者不会购买该公司的任何香蕉牌计算机。但是，价格每下降 10 美元，该公司的计算机销售量就会增加 1 000 单位。计算香蕉计算机公司的边际成本和边际收益，并确定它的垄断价格和产量。
8. 试说明一个追求利润最大化的垄断者绝不会在他的需求曲线缺乏价格弹性的区域里经营。
9. 指出下面这句话的错误：“企业为了达到利润最大化，总是将价格定在市场所能承受的最高的点上。”给出正确的答案，并利用边际收益概念来解释正确与错误的说法之间的差异。

10. 回忆前文所提到的托拉斯是如何自主垄断一个产业的，例如石油业和钢铁业。解释下面的说法，“关税是托拉斯之母。”用图 9-2 来阐明你的分析。并使用同一张图来解释为什么降低关税和其他商业壁垒会减少垄断力量。

11. 对微积分感兴趣的学生：可利用微积分很容易地推导出利润最大化问题。$TP(q)$ =总利润，$TC(q)$ = 总成本，$TR(q)$ = 总收益。边际量即为总量对产出的导数，所以 $dTR/dq = TR'(q) = MR$ = 边际收益。

a. 解释为什么 $TP = TR - TC$。

b. 证明利润最大化方程由 $TC'(q) = TR'(q)$ 推出。解释这一结果。

# 第 10 章

# 寡头和垄断竞争

**普特南**：你能不能给我提点建议？
**克兰多尔**：可以，我给你提一个。
将你们的……收费提高 20%，
第二天早上我也提高收费。
这样你可以挣更多的钱，我也能。
**普特南**：我们不能谈论有关定价的事。
**克兰多尔**：噢……霍尔德。
我们可以谈论任何……我们想谈的事情。

——布拉尼夫公司的霍尔德·普特南与
美国航空巨头罗伯特·克兰多尔
这两位航空巨头的谈话录音

前几章我们考查了垄断和完全竞争的市场结构。但是，如果你看看窗外的美国经济，你就会发现像这样极端的情况是很少的；你看到更多的是介于这两个极端之间的各种各样的不完全竞争。多数行业是由为数不多且相互竞争的几个企业组成的。

这一系列不完全竞争形式的主要特征是什么呢？不完全竞争者是如何定价的？为了回答这些问题，本章的开头将分析寡头和垄断竞争者的表现，特别要说明的是集中和策略互动的作用。然后，我们着重探讨大公司的行为，因为在现代资本主义经济中它们是最为重要的企业组织。最后，我们将比较一下不完全竞争的经济成本与收益。

## A. 不完全竞争者的行为

我们回顾一下表 9-1，该表列举了以下几种市场类型：（1）完全竞争：当为数众多的企业生产一种完全相同的产品时，就会出现完全竞争的情况。（2）垄断竞争：在这种情况下，为数众多的企业生产略有差别的产品。（3）寡头：它是不完全竞争的一种过渡形式，在这种情况下，行业为少数几家企业所控制。（4）垄断：即一个企业单独生产一个行业的全部产品，垄断是最集中的市场结构。

在许多情况下，例如，为确定政府是否应该介入市场，或企业是否应该放弃它的垄断地位，经济学家都需要对市场力量进行计算和权衡。**市场力量**（market power）表示单个企业或少数企业控制某一产业的价格和生产决策的程度。

### 市场力量的衡量

最常用的衡量市场力量的一个指标是一个产业的集中率，图 10-1 说明了这一点。**四企业集中率**（four-firm concentration ratio）的定义是：某产业四家最大的厂商的总产量（或发货量）在整个产业中所占的百分比。同样，八企业集中率就是前八大厂商在某个产业总产量中所占的百分比。在完全垄断的情况下，四家或八家企业的集中率都是 100%，因为一家企业就生产了所有的产品，而对于完全竞争来说，这两种集中率都接近于零，因为即使是最大企业，也只是行业中全部产出的一小部分。

很多经济学家相信，传统的集中率没有能够充分地衡量市场力量。要想充分了解那些占统治地位的企业在行业中的角色，**赫芬达尔—赫希曼指数**（Herfindahl-Hirschman Index，HHI）是一种更好的方法。该指数是将一个市场中

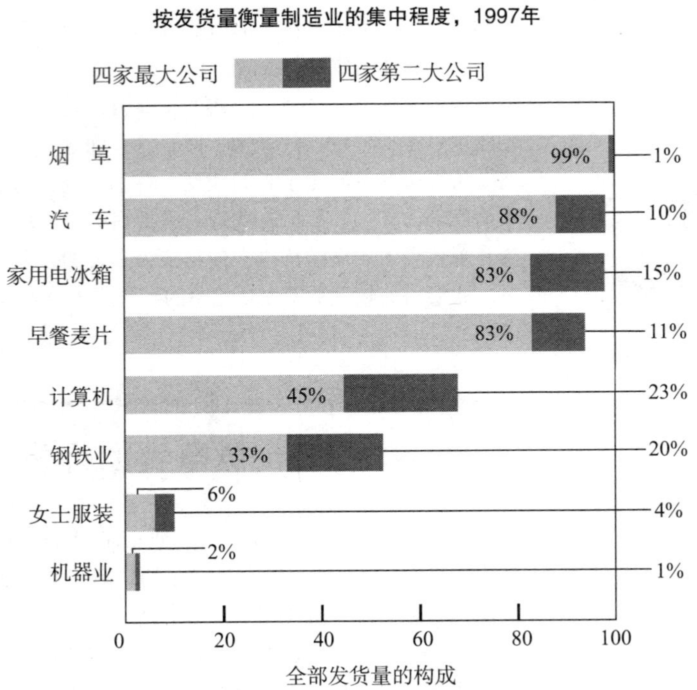


**图 10-1 集中率衡量的是市场力量**

就冰箱、汽车和许多其他产业而言，少数几家企业生产了美国国内产量的绝大部分。将这种情况与理想的完全竞争相对比，在理想的完全竞争之下，每家企业小到不能影响市场价格。

资料来源：U. S. Bureau of the Census，1997 年数据。

所有参与者所占的市场份额的比率的平方进行加总而获得的。完全竞争的 HHI 接近零，而完全垄断的 HHI 则是 10 000。（关于 HHI 计算的公式和实例，见本章末尾“问题讨论”第 2 题。）

为说明这两种衡量标准的差异，我们可以考虑啤酒业和航空业这两种情况，两个行业的四企业集中率相差不大（分别为 85%和 71%）。但是啤酒业由安赫舍—布士公司控制，而在航空业占领导地位的企业所拥有的市场份额却相对较小。用另一种方法计算，我们可以得到啤酒业的 HHI 为 2 757，而航空业的 HHI 为 1 434，显然更接近实际情况。

**慎用集中率指标**

传统的集中率指标在经济和法律分析中已经得到了普遍的采用。尽管如此，随着国际竞争加剧和市场结构性转变，它已经有些过时。因为传统的集中率仅仅计算了国内生产，而把进口排除在外。由于近 30 年来进口贸易日益重要，进口竞争日趋激烈，因此实际集中率和市场力量可能要比这些指标所反映的集中率要低。因此在那些存在着国际竞争的行业中，集中率一般都会夸大市场力量。例如，图 10-1 中用传统集中率指标来衡量汽车业，结果是前四大公司占市场份额的 88%。但如果将进口包括到销售额中去的话，则同样的这四家企业就只能占到市场份额的 60%。

此外，集中率指标往往忽略了来自其他产业的竞争，但是这种竞争的影响却日趋增大。例如，集中率通常只被定义在一个狭窄的产业范围，如双绞线电话服务业。然而，激烈的竞争有时却来自于其他行业。与双绞线电话不在一个行业的蜂窝电话就是这项传统地方服务的一个主要威胁。为反映出这种技术分歧，联邦通信委员会最近开始使用综合了有线电视、蜂窝电话和双绞线电话等不同行业的市场份额指标，以评价电信企业的合并。

最后，衡量市场的集中程度，对现实中很多法律问题来说是至关重要的，比如将在第 17 章讨论的反托拉斯法。仔细描述包括所有竞争者在内的市场情况，有助于判断垄断的泛滥是否真的是一种威胁。

## 不完全竞争的实质

在分析市场集中率的过程中，经济学家发现不完全竞争市场存在着三个主要的因素：成本、进入壁垒和企业策略互动（前两者在前面的章节中已经分析过，第三大因素是下一章中具体考查的对象)。

- *成本*　对一个企业来说，当最低平均成本所对应的产量水平出现在占该产业总产量的相当大的比例时，只有少数几个企业可以获利并生存下来，结果就很可能形成寡头。
- *进入壁垒*　当由于存在规模经济或政府限制而形成进入壁垒时，一个产业的竞争者的数量就会十分有限。
- *策略互动*　当在某一市场上仅仅有少数几个企业时，它们必然会认识到它们之间的相互依赖性。**策略互动**（strategic interaction）是寡头市场的一个新的特征，属博弈论研究领域。当每个企业的经营战略取决于它的竞争对手的行为时，就会出现策略互动。

为什么经济学家们要特别关注不完全竞争产业的情况呢？因为这些产业的行为往往是有损于公众利益的。例如，不完全竞争者的价格通常要高于边际成本。有时，如果没有竞争的刺激，服务质量就会下降。高价格和低质量都是不受欢迎的结果。

高价格的结果是寡头产业经常（但不总是）能有超出正常的利润。在很多情况下，高度集中的烟草业和制药业的超额利润总是被当做政治攻击的目标。但是，进一步的研究表明，集中行业的利润率比非集中行业并高不了多少。这一结果是令人惊奇的。而对于那些希望得出最大的公司赢得最大的利润这一结果的人来说，这无疑给他们对大企业的批评造成了很大的困惑。

不完全竞争者通常所提出的一个主要的反击理由是，在现代经济中，大企业负担了绝大部分研发（R&D）和创新费用。这种说法不无道理，因为集中程度较高的产业为了在技术水平上超过竞争对手，每单位销售额中往往含有较高水平的研发费用。不过，个人和小企业也会创造出很多重大的技术突破。我们会在本章的后面部分再次论述这一重要问题。

## 不完全竞争理论

诚然，对于产业集中度的研究非常重要，但它并不能说明问题的全部。实际上，为了解释不完全竞争者的行为，经济学家们已经开发了一个领域，即*产业组织*（industrial organization）。在这里不可能全面地阐述这一广阔领域，我们将考查不完全竞争的三种重要情况：勾结寡头、垄断竞争和少数寡头。

### 勾结寡头

一个市场不完全竞争的程度并不只取决于企业的数量和规模，也取决于企业的行为。当市场上企业为数不多时，它们就会注意竞争对手的行为和反应。例如，在同一条航线上飞行的两家航空公司，如果一家提高机票价格，另一家就要决定是与对方一起提价，还是保持低票价以排挤对方。*策略互动*描述的就是每个企业的经营决策如何依赖于竞争对手的商业行为。

当一个市场中只有为数不多的几个企业时，它们就可以在合作与不合作的行为之间做出选择。当企业按照自己的计划行动，而没有公开地或暗中勾结其他企业时，它们就是以非合作方式共处，这会形成价格大战。当它们设法将双方的竞争降到最低程度时，可以说它们在以合作的方式共处。当寡头企业积极地合作时，它们就相互**勾结**（collusion）起来。这一术语表示这样一种情况：两个或更多的企业共同确定它们的价格或产量，在它们之间瓜分市场，或者共同制定其他生产决策。

在美国资本主义的早期阶段，在反托拉斯法还没有奏效之前，寡头往往合并或形成一个托拉斯或卡特尔（回顾一下我们在第 9 章中有关托拉斯的讨论)。**卡特尔**（cartel）是生产相似产品的独立企业联合起来以提高价格和限制产量的一种组织。今天，除了少数例外，在美国和其他多数市场经济国家，公司相互勾结起来共同确定价格或瓜分市场的行为是属于非法的。（遏制这种行为的反托拉斯法将在第 17 章中加以讨论。）

不过，当企业不想通过公开的协议来避免竞争时，它们就会暗中进行勾结。但它们在暗中勾结时，往往会将价格定在相近的水平上，抬高利润，降低营业风险。近期的一项调查表明，大公司中有 9%已承认并被证明有非法价格联合的不轨行为。近年来，在婴儿食品、洗漱用具以及逾越节食品等市场上，经调查都被证明有价格联合的迹象。而私立大学、艺术品交易、航空和电话业，也都被指控存有勾结行为。

成功的勾结会赢得很高的报酬。设想一个产业，该产业有四个企业（称 A、B、C 和 D)，它们都厌倦毁灭性的价格大战，于是暗中勾结，将价格定在同一水平，而不是互相压价。在这种情况下，企业可能需要寻求**勾结寡头**（collusive oligopoly）均衡，以得到使其共同利润最高的定价。图 10–2 说明了寡头 A 的情况。A 的需求曲线 $D_AD_A$ 是通过假设所有其他企业都会跟随 A 企业的价格上升或下

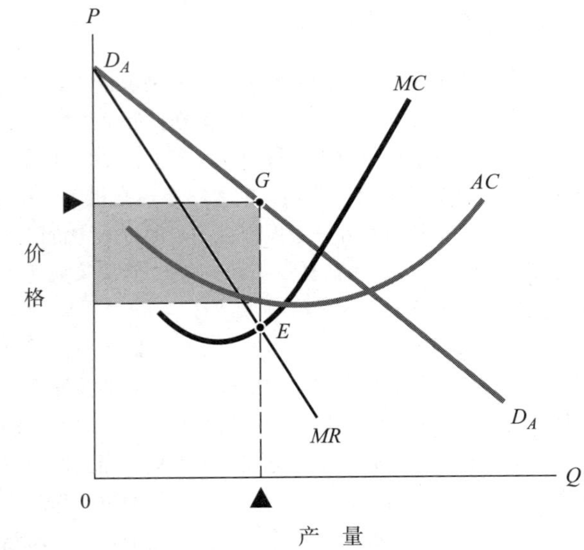


**图 10–2 勾结的寡头看上去很像垄断**

在经历了灾难性的价格战之后，企业必然会认识到每一次削价都被竞争者的削价所抵消。因此，寡头 A 可能会假设其他寡头也会索取相似的价格，从而估计它的需求曲线 $D_AD_A$。当各企业相互勾结以确保利润最大化的价格时，价格将非常接近于单个垄断者的情况。你能解释为什么利润会等于阴影部分的矩形面积吗？

降来描绘的。这样，企业的需求曲线与行业的 *DD* 曲线具有完全相同的弹性。只要所有其他企业都索取相同的价格，A 企业就会得到 1/4 的市场份额。

对于勾结寡头来说，利润最大化均衡在图 10–2 所示的 *E* 点，即企业的 *MC* 曲线与 *MR* 曲线的相交点。这里，恰当的需求曲线为 $D_AD_A$，它考虑到了其他企业也会索取与 *A* 企业相同的价格。勾结寡头的最优价格显示在 $D_AD_A$ 曲线上的 *G* 点，它在 *E* 点的正上方。这一价格与垄断的价格水平完全相同，也就是说，高于边际成本，并且使得勾结寡头获得了满意的垄断利润。

> 当寡头能够相互勾结，使它们的共同利润达到最大时，考虑到它们之间的相互依赖性，它们就会以垄断者的价格和产量，来赢得垄断者的利润。

虽然许多寡头对于获取如此高的利润感到满意，但是，在现实生活中，存在许多阻碍它们有效勾结的因素。第一，勾结是非法的。第二，企业可能通过对所选择的顾客降低价格以增加其市场份额来“欺骗”协议中的其他成员。在价格保密、产品有差别、企业的数目不止几个或技术变化迅速的市场上，秘密降价的可能性更大。第三，随着国际贸易的不断深入，许多公司不仅要应付国内竞争，还要迎接外国企业的激烈挑战。

经验表明，很难找到一个一直持续到今天的成功的卡特尔的例子，不管是公开的还是秘密的。

石油输出国组织（OPEC，音译为“欧佩克”）就是一个长期勾结失败的例子。OPEC 作为一个国际组织，规定了成员国 (包括沙特阿拉伯、伊朗、阿尔及利亚等) 的石油产量。它的目标是为石油生产者确保公平和稳定的石油价格，向石油输入国提供有效的、经济的和有规律的石油供给，并保证石油行业的资本回报率。批评者认为该组织是一个真正勾结在一起，旨在最大化产油国利润的垄断组织。

1973 年，OPEC 可谓家喻户晓，当时它导致了石油产量的急剧下降和石油价格的飞涨。一个成功的卡特尔显然能够要求其成员国限制生产以维持高价，并坚持执行集体的规定。尽管如此，每隔几年一些 OPEC 的成员国就总是出现无视既定配额而增加生产的情况，从而导致价格竞争战的爆发。最为壮观的是 1986 年，沙特阿拉伯竟然将其石油价格从每桶 28 美元降低到 10 美元以下。在这些相互仇恨（甚至像伊拉克、伊朗、科威特那样，不仅打价格战，而且还真的大动干戈）的成员之间，要维持一个国际卡特尔协议当然非常困难。

OPEC 所面临的另一个问题是它规定的是生产配额，而不是价格。在需求不确定和价格缺乏弹性条件下，这种做法很容易导致油价的剧烈变动。随着中东地区政治局势动荡的不断升温，油价的波动也更为频繁 —— 最有代表性的当数 2003 年伊拉克战争带来的油价飚升。

另一个屡次勾结而又不断失败的市场是航空业。这个产业可以说是相互勾结的天然候选者。主要的航空公司的数量屈指可数，而且在许多航线上只有一两个竞争者。回头看本章开头的那段引言，显然勾结动机已经昭然若揭。但是，在那以后，布拉尼夫公司两次宣布破产。2001 年“9·11”事件发生后，国内两大航空公司——联合航空公司和美国航空公司也相继宣布破产。很明显，如果各航空公司之间都存在勾结，则很难保证整个航空业都有利可图。事实上，只有当一家航空公司垄断了通往某个城市的几乎所有航线，才有可能真正地采取垄断价格获得垄断利润。

## 垄断竞争

勾结寡头的另一极端是**垄断竞争**（monopolistic competition)。垄断竞争在三个方面类似于完全竞争：有许多买者和卖者，进入和退出某一产业是自由的，各企业都把其他企业的价格视为既定。二者之间的差别在于：在完全竞争的条件下，产品是完全相同的；而在垄断竞争的条件下，产品是有差别的。

垄断竞争是非常普遍的，不妨看一下超级市场的货架，你会发现各种品牌的麦片、香波和冷冻食品系列，足以让人眼花缭乱。在每一系列，产品与服务虽然有差别，但它们的相似性仍然足以在它们之间构成竞争。还有一些垄断竞争的例子：在你家附近有几家杂货店，所卖的商品都一样，只是地理位置各不相同而已。加油站也是如此，它们销售同样的产品，只是在地理位置与品牌方面进行竞争。摆有几百种杂志的书摊是垄断竞争的，拥有 50 多个竞争品牌的个人电脑市场也是如此。诸多此类例子不胜枚举。

为便于分析，我们应记住这样一个重要的观点，即产品存在差别意味着每个销售者相对于完全竞争市场来说在某种程度上都有提高或降低价格的自由。*产品差异化使得每个卖者所面临的需求曲线向下倾斜*。图 10–3 表明某一垄断竞争的捕鱼杂志的短期均衡位于 $G$ 点。它的 $dd$ 需求曲线表示当其他杂志的价格不变时，该企业销售量与价格之间的关系；它的需求曲线是向下倾斜的，这是因为它的产品与任何其他出售者的产品都有某些差别——讨论的焦点不同。利润最大化的价格处在 $G$ 点，由于 $G$ 点的价格高于平均价格，该企业获得了相当可观的利润，其利润额用 $ABGC$ 的面积来表示。

但是，我们的杂志并没有垄断作者、新闻用纸或对于捕鱼的洞察力。企业可以通过雇用编辑、采用鲜明的新观点和新标语、购置打印机，以及雇用工人等办法加入该行业。由于捕鱼杂志业是有利可图的，企业家就会将新的捕鱼杂志投放市场。随着新企业的加入，现有垄断竞争的捕鱼杂志的需求曲线向左方移动，因为新的杂志抢走了一部分市场。

最终的结果是捕鱼杂志继续进入该市场，直到所有的经济利润（包含所有者的时间、才能和投入资本的合适的机会成本）下降到零时为止。图 10–4 说明了典型的卖者的长期均衡。在均衡点，需求减少，或向左方移动，直到新的需求曲线 $d'd'$ 正好与该企业的 $AC$ 曲线相切为止。$G'$ 点就是该产业的长期均衡点，这是因为利润为零，没有人企图进入或被迫退出该产业。

这一分析结果可以很好地用来解释个人电脑行业。最

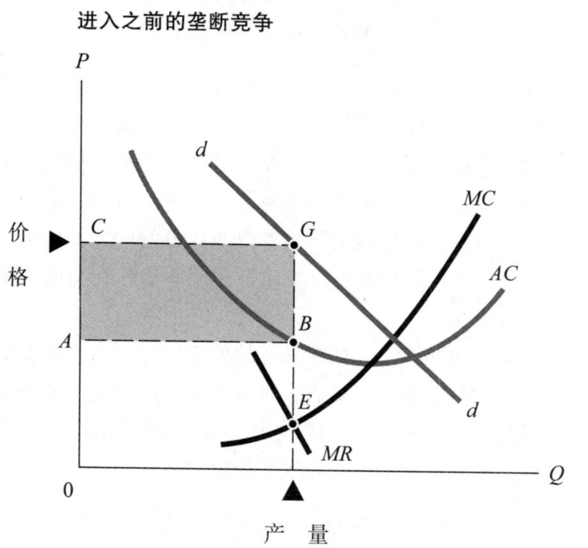


**图 10–3　垄断竞争者生产许多相似的产品**

在垄断竞争的条件下，为数众多的企业出售有差别的产品，因此它们拥有向下倾斜的需求曲线。每个企业都将其竞争者的价格视做是既定的。$MR=MC$ 的均衡点位于 $E$ 点，价格处于 $G$ 点。由于价格高于 $AC$，该企业获得了利润，即 $ABGC$ 的面积。

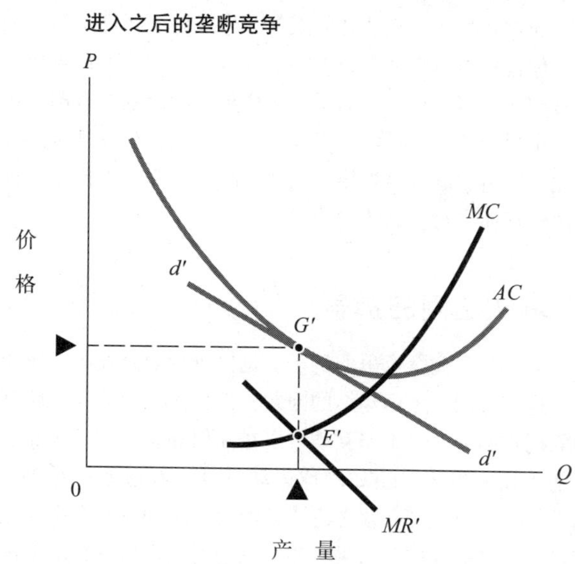


**图 10–4　众多垄断竞争者的自由进入消除了利润**

图 10–3 中典型出售者最初盈利的 $dd$ 曲线由于新竞争者的进入会向左下方移动到 $d'd'$ 的位置。只有当每个卖者被推到一个长期的、没有利润的相切点，如 $G'$ 点时，进入才会终止。在长期均衡点，价格仍然高于 $MC$，每个生产者都处于其长期 $AC$ 曲线左边的下降部分。

初，电脑厂商，如苹果公司和康柏公司，赢得了很大的利润。但后来随着个人电脑产业进入壁垒的不断减少，许多小企业也进入了这个市场。今天，这个产业有为数众多的企业，每一家只在市场上占一小部分份额，尽管它们不停努力，但仍然无法赢得与其努力相称的经济利润。

垄断竞争模型提供了认识美国资本主义的重要线索：随着拥有新差异产品的企业的进入，这种不完全竞争行业的长期利润率为零。

> 在垄断竞争的长期均衡点，价格高于边际成本，但经济利润已经下降到零。

一些批评家认为，垄断竞争天生是低效率的，尽管它的长期利润也是零。他们指出垄断竞争会导致过多新产品的出现，而如果消除这些不必要的产品差别，就会降低成本，从而降低价格。为了更好地理解他们的理由，我们不妨再看看图 10–4 中的长期均衡价格 $G'$。在该点，价格高于边际成本。因此，产量降低到理想的竞争水平之下。

批评垄断竞争的论断有它不可忽视的吸引力。它在揭示人类的福利，从苹果、桔子到蜂蜜、坚果，再到所有的食物的分配方面，的确有独到之处。有时候，我们很难解释为什么十字路口的四个角上会各有一个加油站。不过，有一个逻辑性很强的观点可以用于解释美国经济的多样性。通过减少垄断竞争者的人数，你或许会降低价格。但是，你也可能会降低消费者的最终福利，因为人们再也不能得到如此多样化的物品了。某些集权的计划经济国家试图对于少量差别产品实现标准化，比如说，统一规定穿标准化的灰色制服，结果导致消费者高度不满。人们宁愿为自由选择而支付较高的代价。

### 寡头之间的抗争

第三个不完全竞争的例子，是仅有少数企业的竞争市场。这次我们不考虑勾结的问题，而将注意力放在策略互动的现实问题上。策略互动可以在任何拥有为数较少竞争者的市场中发生。正如网球运动员设法看透他的对手一样，每一家企业都必须考虑关键经营策略的改变会引起竞争者什么样的反应。如果通用电气公司生产出一种新型的冰箱，那么它的主要竞争对手惠而浦会有什么举动呢？如果美国航空公司降低横跨大陆的机票价格，联合航空公司又会做出何种反应呢？

考虑纽约到华盛顿的飞机运输市场，目前它是由德尔塔公司和美国航空公司所控制的。由于只有两家企业，我们将它称为**双头垄断的市场**（duopoly）。假设德尔塔公司考虑将收费降低 10%，只要美国航空公司不同样降低收费，则它的利润就肯定会提高。但是，如果对方同样也降低价格，则它的利润就会下降。如果它们不能相互勾结的话，则德尔塔公司就必须考虑价格的波动会引起对方何种反应。最好的方法是估计每种行为会引起对方的何种反应，然后从*被认知的策略互动*中找出使利润最大化的做法。这种分析属于我们接下去就要讨论的博弈论问题。

策略互动发生在许多大型产业中：电视、汽车甚至于经济学教材。与垄断者和完全竞争不同，几乎没有一个简单的理论可以用于解释寡头的行为。成本与需求结构的不同，产业的不同，甚至于企业经营者性格的差异，都会引致不同的策略互动和不同的定价策略。有时，最好的方法是相机抉择，以便在对立之中进行权衡。

> 少数企业之间的竞争将一种全新的特征引入经济生活之中：它迫使企业考虑竞争者对于价格和产量变动的反应，并将策略问题带入市场。

### 博弈论

为探讨策略互动的结果，经济学家投身到所谓的博弈论这一迷人的领域中。博弈论所分析的是，目标相互冲突的两个或更多的决策制定者的行为情况。在不完全竞争领域中，一些重要的结论如下：

- 随着不合作或竞争性寡头数量的增加，一个产业的价格和产量趋向于完全竞争市场的产出情况。
- 如果企业决定相互勾结，而不是相互竞争，那么，市场价格和产量将接近于垄断所产生的价格和数量。但是，过去的经历表明，随着企业数量的增加，勾结协议更加难以付诸实施，发生欺骗和不合作行为的次数也会增加。
- 在多种情况下，不存在寡头的稳定均衡。由于企业威胁、欺骗、发动价格战、屈服于更强的企业、处罚较弱的对手、暗示它们的意向或简单地退出市场等原因，策略互动就可能导致不稳定的后果。

在下一章中我们将进一步深入探讨博弈论。

## 价格歧视

当企业拥有市场力量时，它们就可以通过价格歧视手段去提高它们的利润。**价格歧视**（price discrimination）指的是同样的产品以不同的价格卖给不同的顾客。

考虑下面的例子。你经营一家公司，出售一种叫做 MyMoney 的个人成功理财的软件。你的市场营销经理对你说：

> 老板，你看，我们的市场调查显示我们的客户可以分成两种类型：一直采用本公司软件的老客户，和之前采用的是其他软件的新客户。我们何不对老客户提高价格，而对有可能转而投向竞争对手的新客户给予优惠？我已经算过了，如果我们将价格从 20 美元提高到 30 美元，但是给那些之前采用其他理财软件的客户 15 美元的折扣，我们就可以增加客户的数量。

你很容易被该建议所吸引，并大致画出了如图 10-5 所示的需求曲线。你的调查显示老客户的需求价格弹性要比潜在客户的小，而你的新客户却必须支付转移成本。如果你的优惠计划能发生作用，并成功地分割了市场，则你的利润就会从 1 200 美元上升至 1 350 美元。（为确保你已经理解了这个分析，请使用图 10-5 中的数据计算一下：设定两种情况，一个是统一的垄断价格，另一个是分割市场实行价格歧视，然后推算价格和利润。）

价格歧视在今天被广泛使用，特别是针对那些不易从低价市场转移到高价市场的产品。这里有一些例子：

- 同样的教科书在欧洲要比在美国卖得便宜。是什么阻止了批发商从国外大量进口，从而压低国内市场的价格？是保护主义的配额限制了这一行为。然而，作为个人，你也许会通过网上书店从国外购买书籍，从而降低购书成本。
- 航空业善于使用价格歧视（回顾我们在第 4 章关于航空业弹性的讨论）。它们通过对选择旅游高峰和非高峰时间的乘客，商务出行和旅游出行的乘客以及愿意等候的乘客提供不同价格的机票来细分市场。这使得它们无需牺牲收入就可以为航班吸引到足够的乘客。
- 地方公用事业常常使用“两部分定价”（有时也叫做非线性定价）来弥补高出的经费成本。如果你观察一下你的电话或电费账单，你会发现那上面通常都有服务的连接价格和每单位的价格。因为，相对于每单位价格来说，连接缺乏价格弹性，这就使得卖方可以降低每单位的价格，从而提高总的销售量。
- 从事国际贸易的企业常常发现国外的需求比国内的需求更有弹性。因此，它们在国外的售价要低于国内。这种行为也可以叫“倾销”，通常被国际贸易协定所禁止。
- 某些公司有时会降低其顶级产品的级别，生产性能低一些的产品，这样它就可以以较低的价格出售这些产

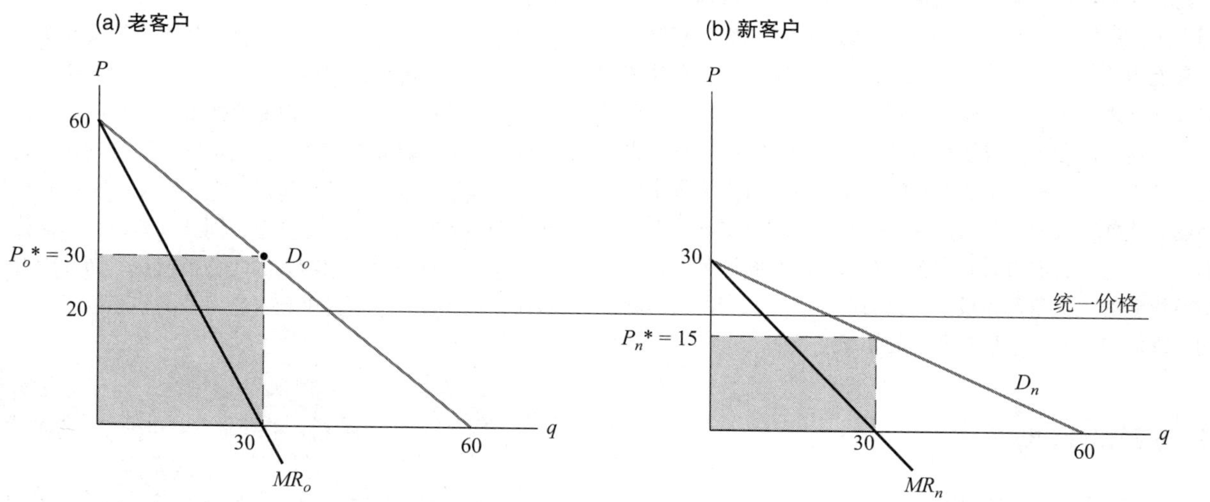


**图 10-5　企业可以通过价格歧视提高利润**

你是一个追求利润最大化的垄断者，出售边际成本为零的计算机软件。你的市场包括在图（a）中已有的客户和在图（b）中的新客户。老客户的需求弹性较小，因为他们转而使用其他程序的成本较高。

如果你设定一个统一价格，你在价格为 20 美元处实现最大利润 1 200 美元。但是假设你可以把市场细分为坚定的老客户和犹豫不决的新客户，你就能够将利润提高到（30 美元 × 30）+（15 美元 × 30）= 1 350 美元。

品，从而赢得低端市场。例如，通过加入特殊的命令，IBM 公司让其激光打印机的速度从每分钟 10 页降低到每分钟 5 页，从而可以用较低的价格出售这种产品，而同时又不会影响到顶级产品的销售。

价格歧视的经济效率在哪里？令人惊奇的是，它们常常会提高经济福利。为理解这一点，回顾一下垄断者通过提高价格和降低销量来增加利润。他们这样做会赢得急需其产品的顾客，同时也会失去那些犹豫不决的顾客。垄断者通过区分愿意支付高价的顾客（向他们收取高价）和只愿意支付低价的顾客（或是向他们收取中等价格，或是以低价向他们出售较次的产品），就可以分别制定不同的价格收费标准，进而能够同时提高企业利润和消费者的满意程度。[1]

## B. 创新与信息

不完全竞争的舞台上有着各种各样的角色。从大企业到互联网上的小型电子商务供应商。现代经济中的很多产出都是由像通用电气、通用汽车和沃尔玛这样的大企业生产的。世界总产量中大约有 1/3 是由 500 家最大的企业生产的。这些企业与完全竞争企业有着本质上的区别。它们拥有丰富的资源，并在全球许多市场上同时运作。它们的生存能力不仅是靠定价，而且还来自开发新产品、新技术以及在未来几年内就能盈利的新市场。

在这一部分中，我们在信息作为一种经济品并日显重要的条件下，考查大企业的行为，以及这些行为所带来的问题。此外，我们将开始考查“控制”与“有限理性”的作用。接着，我们再看看大企业在新产品和新工艺的创新中所扮演的重要角色。最后，我们讨论一下互联网所引起的新现象，以及当今日趋严重的知识产权问题。

### 大公司的行为

#### 所有权与控制权的分离

理解大公司行为的第一步是要知道它们几乎都是“公共所有”的。公司的股票可以出售给任何人，所有权分散于许许多多的投资者。以美国电报电话公司为例。在 1999 年，500 万以上的人拥有该公司的股票，价值约 1 470 亿美元。但是，任何一个人拥有的股票都不超过公司总额的 1%。尽管一些大型的软件和网络公司是例外，但如此分散化的所有权是公共所有公司的一种典型情况。

由于大公司的股票是如此分散，*因此通常所有权与控制权是分离的*。所有者个人不能轻易地影响大公司的行为。股东往往要选举董事会（董事既包括圈内人士，也包括了解行情的局外人），大公司的战略决策和日常经营的主要责任，通常由领取薪金的管理者担负。这些管理人员经过特殊训练，掌握管理技巧，并且对公司的许多细节问题了如指掌。

在绝大多数情况下，并不存在经理人员与股东之间的目标冲突，他们都希望获得最大利润。但是他们之间仍然潜伏着两大冲突。首先，高层经理人员可能会自定高薪金、高股票期权、高管理费用、高奖金、免费公寓、昂贵的艺术品和高额退休金，而这些费用最终都将作为股东的开支。没人要求经理们按最低工资获得酬报，只是近年美国公司的支付实在是太过头了。一些业绩不好的公司（乃至于像“世通”和“安然”这些后来宣布了破产的公司）的顶层管理人员的工资加奖金收入竟然可达 1 亿美元甚至更多。与其他国家类似企业的经理相比，美国经理领取的报酬已经是其他国家的 10 或 20 倍，对此一些经济学家已在质疑。

第二种利益冲突的发生与公司的保留盈余有关。公司经理人员有一种可以理解的倾向，即将利润保留下来用于扩大公司的规模，而不是以股息的形式把它们分掉，或回购股票。但有时候却存在这样的情况，即与其在本公司进行再投资，还不如将利润转投到公司以外的其他部门有利。在一些案例中，股东甚至会同意本公司由其他公司接管，或者进行清单，用赚来的收益抵债；然而却没有一个经理会乐意看到公司易手和自己丢掉高薪职位。

**理性和“拍脑袋”**

经济学家通常认为消费者效用最大化和企业利润最大化是最优的行为。然而在现实生活中，由于资源与信息是有限的，人们只能在不完全的信息或分析的基础上做出决策。追求完全的利润或效用最大化要花太多的时间。消费者不可能将一天的时间都花在寻找一棵最便宜的莴苣上；一家企业也不可能花几百万美元去雇佣经济计量学家，来研究成千种产品各自的价格弹性。诺贝尔经济学奖的获得者赫伯特·西蒙

[1] 要了解价格歧视如何提高效率，可参见本章末尾的问题 3。

(Herbert Simon) 曾提出“有限理性”(bounded rationality) 问题。这意味着企业与消费者通常会努力做出好的决策，但不会为了追求最好的决策而浪费资源。

在某些情况下，运用“拍脑袋”(简单决策原则)，是最为经济的决策办法。例如，企业 (特别是不完全竞争者) 通常以“成本加成”的办法定价。它是这样操作的：企业不是根据 *MR* 与 *MC* 的比较来确定价格，而一般是根据所计算的一种产品的平均成本，并在平均成本上加一个固定的比例 (比如说，加平均成本的 20%) 来进行定价。于是，这种成本加成的数值就成为销售价格。应该注意，如果一切都按计划进行，这一价格将会高于所有的直接成本和制造成本，并使企业得到实际的利润。

成本加成定价的普遍存在，是否说明企业并没有使利润最大化？在某些情况下，回答是肯定的。但是，一种更好的解释是，成本加成定价是一种很适用的简单的经验原则，在“有限理性”的条件下，它节约了企业可以使用的稀缺资源。除了定价以外经理们还有很多任务需要完成。因此，成本加成定价虽然不能将最大化的利润精确到小数点的最后一位数，但是它能够合理地接近最大化的利润，并能满足经理们的节省时间等其他各种需求。

## 信息、创新与熊彼特经济学

经济学理论往往倾向于将完全竞争美化成最有效率的市场结构。相反，不完全竞争者却把价格定得太高，赚取超额的利润，并不顾产品的质量。这种关于垄断的悲观的观点受到 20 世纪最伟大的经济学家之一约瑟夫·熊彼特的挑战。他指出：经济发展的本质在于创新，而实际上垄断是资本主义经济技术创新的源泉。

**约瑟夫·熊彼特**

**浪漫主义的经济学家**

约瑟夫·熊彼特 (Joseph Schumpeter，1883~1950) 出生于奥地利王国，是一位对社会科学各领域进行过广泛的研究、个人生活极其浪漫多彩的传奇式学者。

他早先在维也纳大学从事法律、经济学和政治学的研究，然后转到世界的经济学中心之一“奥地利学院”，今天这所学院仍然推崇资本主义的自由制度。他是奥地利王国最年轻的教授，对于他的学生来说，他既是一个勇士，又是一个灾星。在 Czernowitz 大学 (位于奥地利衰落时期的俄国边界) 告别 6 个月的执教生涯之后，他开始负责图书馆的工作。因为一个图书管理员不肯让他的学生随便用书，他便挺身而出公开指责。图书管理员受到侮辱之后提出要和熊彼特进行决斗。幸好他受过贵族的训练，最后终于以刺中了对方的肩膀而取胜。不过自那以后，他的学生们用书就再也用不着受限制了。

那个时代许多平庸的教职员们经常在一起聚会和作乐。而熊彼特却潜心投入他的经济学，建立了经济计量学的框架，致力于将它推广到整个欧洲大陆。后来，他去了英国和美国。在第一次世界大战后期，他担任过奥地利的财政部长，这对他来说是一次灾难性的短暂的政治经历。后来，他又辗转到了哈佛大学，在那里他成了他最大的竞争对手凯恩斯理论的排斥对象。他的专业被废除，学生也被迫离开了他，而当时的战火则烧毁了他的祖国。

熊彼特在经济学、社会学和历史学方面著述很多，不过他最喜欢的还是经济学理论。他的权威著作《经济史分析》(他死后的 1954 年出版)，对现代经济学起源的考查是别人无法超越的。他的“流行”作品《资本主义、社会主义和民主》(1942 年)，阐述了关于垄断在技术上的优势的熊彼特假说，并发展了竞争的民主理论，后来这个理论又发展成公共选择理论。他不祥地预见到，随着精英分子的不断觉醒，资本主义将最终灭亡。虽然这个预言还没有能够变成现实，但今天的保守派也的确已经在抱怨：福利国家将最终会耗尽市场经济的全部活力。

### 信息经济学

熊彼特早期的经典作品《经济发展理论》(1911 年)，打破了当时传统的静态分析方法，强调企业家和创新者的重要性，是他们将“新的组合”引入到新产品或新工艺中。创新在短期内会产生超额利润，在长期内却由于被模仿，这些利润最终会消失。即使是浪漫的熊彼特也看到，作为资本主义英雄的企业家们“具有超人的智慧和意志”，并为占有欲和创造中的喜悦所激励和驱使。

资本主义的这一构想为新一代增长理论家的产生提供了动力，例如，斯坦福大学的保罗·罗默 (Paul Romer) 就发展了熊彼特的理论。他将创新理论补充到比较传统的新古典增长理论之中。对于熊彼特假说的现代解释，进一步强调**信息经济学** (economics of information) 中所存在的一系列特殊的经济问题。信息是一种与一般物品有着本质区别的商品。因为信息的生产成本很高，而再生产的成本却极低，信息市场常常遭受惨重的失败。

不妨讨论一下软件系统的生产，例如 Windows XP。微软公司花了几年的时间和超过 10 亿美元的资金才开发出了这套系统。而你用 199 美元左右就可以买到一张正版的软件，或者是花 5 美元买张盗版光盘（但小心违反版权法）。在出版、医药、娱乐以及其他信息含量高的商品领域也是这种情况。在每一领域，产品的构思与开发往往需要一个人在实验室里工作几年甚至一辈子。但是，一旦结果被写到一张纸、一台计算机、一盘磁带或是一张 CD 中，则在那个时刻，它实际上就可以毫无成本地被第二个人加以再生产和使用了。

公司不能占有其发明者的全部货币价值的情况称为**不可划拨性**（inappropriability）。案例研究表明，发明的社会收益（也就是发明对于所有消费者和生产者的价值）大约是发明者私人可得到的报酬（也就是发明对于发明者的货币价值）的许多倍。

> 信息的生产成本很高，而复制成本却很低。就发明者报酬的不可划拨性的作用范围而言，我们可以预计私人的研发资助是不足的，基础研究中的投资尤为不足。研究成果的不可划拨性和巨大的社会收益，导致大多数政府在卫生和科学方面都要对基础研究进行补助，并为这种创造性的行为设置许多特殊的激励机制。

## 知识产权

政府很早就意识到需要对创造性活动给予特别的支持，因为，诸如发明等信息生产的价值会由于被模仿而大为降低。美国宪法授权国会“为了促进科学和艺术的进步，应当确保作者和发明者在有限的时间内对其作品和发现享有独占权。”政府还设置了**知识产权**（intellectual property rights），制定了许多具体的法规，用以保护专利、版权、商业秘密以及最近的电子传媒等。知识产权的目的是保护所有者的资源，以免他人在不对所有者或最初发明者进行补偿的情况下进行复制和使用。

知识产权最早的形式之一是**专利**（patent），即由政府授权在有限的时间内，目前是 20 年，垄断地使用一项“新颖、并非很起眼但很有用”的发明成果。版权法则可以提供法律保护，禁止对各种文字音像媒体（如教科书、音乐、视频、软件、艺术和信息品等）的原创作品在未经授权的情况下进行复制和利用。

为什么政府要鼓励垄断呢？专利和版权在图书、音乐和思想领域创造了知识产权。通过创造知识产权，政府可以鼓励艺术家和发明家将时间、精力和金钱投入到创造活动中。换句话说，通过允许对知识产权的垄断，政府可以提高发明的可划拨程度，从而激发人们去开发有用的产品，著书立说、填词谱曲，以及开发电脑软件。但是，专利保护并不意味着完全不公开，保护期限结束后，就应该对发明的技术性细节进行披露，以鼓励进一步的模仿和创造。成功地使用专利权的案例包括轧棉机、电话、施乐静电复印机和许多畅销药品等。

## 互联网的两难境地

促进交流的发明在现代很少受到限制。但是，电子存储、处理以及信息传输技术的发展，导致那些为创造新信息提供激励的机制陷入了一种左右为难的境地。很多新的信息技术，其前期的沉没成本较大，但边际成本则几乎为零。随着如互联网等电子信息系统成本的不断下降，多数信息在技术上可以用零成本提供给每个地方和每个人。必须注意的一点是，完全竞争在这里是无法存在的，因为若价格等于边际成本，即价格为零，则企业的收入为零，从而无法生存。

新的信息经济将更加激化效率要求与激励机制之间的矛盾。一方面，所有的信息都应该无偿地被提供，诸如数据库、经济学教科书、电影、演奏等。因为从经济学所论述的效率方面讲，价格原本应该定在边际成本的水平上，而信息的边际成本的确等于零。另一方面，知识产权的零回报率机制，必将减少或消除“生产”新数据、书籍、演奏及其他信息产品的利润激励，因为发明者从创造性劳动中得不到任何补偿。过去，社会就已经试图摆脱这种尴尬的境地。然而，由于电子信息的再生产成本又要比传统的低得很多（生产成本更高，而再生产成本却更低），要寻找一种更有效的政策来保护知识产权，已经变得越来越困难。

专家们强调知识产权保护是不完善的，特别是跨越国界之后。最近，美国与一些发展中国家存在着一些贸易争端，因为在那些地方存在着盗版的美国电影、录音带和软件等问题。

为什么要反对盗版行为？显然，知识产权的强化将提高使用权的专用程度。当正在创新的企业占有很大的市场份额时，这种专用权同样也会得到加强。如果微软在个人

| 不同规模企业的研发经费情况 | | | |
|---|---|---|---|
| 企业的规模（雇员的人数） | 研发费用占销售额的比率（%） | | 企业研发费用总额（10 亿美元） |
| | 1983 年 | 1999 年 | 1999 年 |
| 500 以下 | 2.2 | 8.9 | 31.3 |
| 500~999 | 不详 | 4.0 | 6.4 |
| 1 000~4 999 | 2.0 | 3.1 | 23.9 |
| 5 000~9 999 | 1.3 | 2.2 | 14.2 |
| 10 000~24 999 | 2.3 | 2.8 | 24.5 |
| 25 000 以上 | 3.4 | 2.0 | 59.9 |

**表 10–1 不同规模企业的研发**

20 年前，大企业负责大部分的研发。但是，近 10 年来，小企业的发明创造活动不断增长，现在，小企业的研发费用在销售额中的比率几乎已经高于最大型的企业。

资料来源：National Science Foundation，*Research and Development in Industry*，1999，available at www.nsf.gov/sbe/srs/.

电脑操作系统的市场占 95%的份额，那么很显然它主要的利益是来自这一领域的研究。相反，小企业就没有能力专用它们有价值的发明成果，特别是当知识产权保护还很不完善的时候。如果我发明了一种新的程序语言，而又不能用专利或其他的形式去保护它，我在计算机市场又只占微不足道的一小部分，那么，我就很可能就得不到半点利润。

## 熊彼特假说

正是由于这一困境，约瑟夫·熊彼特才提出了他大胆的假设以支持垄断：

> 公众生活的现代水平是由相对不受约束的“大企业”的时代派生而来的。如果我们列举进入现代工人家庭预算的项目，并观察 1899 年以来这些项目的价格变动过程……我们将不能不对技术进步之迅速感到惊讶。若再考虑到质量上的惊人的改良，则进步的速度看来不是小于而是大于有史以来的任何时代……
>
> 事情还不止于此。只要我们……深入事情的细节，追踪那些进步最惊人的个别项目的来龙去脉，那么，我们则不会追溯到那些在自由竞争条件下发展的企业那里，而分明是会追踪到大企业的门前。许多竞争性产业所获得的进步，如农业机械等，都应该主要地归功于大企业。于是，我们不免要惊奇地怀疑，大企业也许和创造现代生活标准而不是和降低这种生活标准有更多的关联。[2]

经过学者们的反复考查，熊彼特的大胆假说还能成立吗？事实要比这一简单的假说复杂得多。首先，这个观点可能更适用于 19 世纪，因为那个时代的大企业以今天的标准来看是很小的，而大多数企业很难通过创新来增加自己的资本。再者，今天我们社区的杂货店是绝对不会去进行研发的。

然而，经过仔细的研究可知，个人与小企业在发明的过程中还是起着很重要的作用。表 10–1 列举的是不同规模的企业用于研究与开发的费用，以及这笔费用在它们各自销售额中所占的比例。在前些年，绝大多数研究与开发费用是由大企业所承担的。而近 10 年来，特别是随着“新经济”和网络公司的日益重要，小企业的研究开发经费也迅速增加。员工不足 500 人的小企业，现在所从事的研究开发占全美研发经费的 1/5，而最大型的企业也还不足 2/5。

研究还表明，小企业在主要的发明和创新中也占有一定的比例。当约翰·朱克斯（John Jewkes）和他的同事追溯 20 世纪最重要的发明事件时，他们发现，只有不到一半的发明来自于大公司的实验室。小发明者的重要性近年来进一步得到了证实，因为许多主要的新产品的来源似乎

[2] 熊彼特：《资本主义、社会主义和民主》，（哈伯出版社，纽约，1942 年），第 81 页。

无处可寻，几乎每一天我们都能听到一些前所未闻的新兴企业所做的新软件广告。一位商界新秀甚至说过这样一段引人倾耳的话："如果我真正需要伟大的创意和思想的话，那么我将寻找一家小公司，这家公司也许只由三个穿着拖鞋上班的25岁以下的年轻人所组成。"

总而言之，创新与市场力量之间的关系是复杂的。由于大公司对于研究和创新做出了重大贡献，因此，我们应该小心对待"大就准坏"的断言。与此同时，我们必须承认，小企业和个人也做出了某些最富有革命性的技术突破，在行业的研究与开发费用中也同样占有比较大的份额。为了加速创新，一个国家必须维持多元化的组织和机制。

## C. 不完全竞争的利弊权衡

政治学家总是赞美"小企业"与"家庭农场"，而用"丑恶的利润"来批评"大企业"。经济学分析的结果也支持这种浪漫的构想吗？在这一部分中，我们转入评估不完全竞争对当今经济的影响。首先我们说明垄断如何破坏了资源配置，然后提供由于不完全竞争而产生的浪费的数量估计，最后我们用评价政府用以消除不完全竞争的政策的种种弊端作结。

### 不完全竞争的经济成本

#### 提高价格和产出不足的代价

我们的分析已经表明，垄断者减少产量和提高价格，他们的产量低于应有的像在完全竞争行业中的那种水平。在不完全竞争的极端情况即垄断中这一点尤为明显。为了说明垄断如何和为什么要保持太低的产量，我们假设：所有的货币选票都得到合适的分配，除了一个产业以外所有其他产业都是完全竞争的，它们的 $MC=P$，且不存在外部性问题。在这一经济中，价格是稀缺性的正确的经济标准或指标：衡量的是居民户消费的边际效用和企业提供产品的边际成本。

现在，垄断公司加入到该经济之中。一个垄断者并不必然是一个邪恶的企业，它并没有抢劫别人或强迫消费者接受它的产品。垄断公司所利用的仅仅是：它是某一产品或服务的惟一的出售者这个事实。通过保持产品的稀缺性，垄断公司将其价格提高到边际成本之上。经济效率要求 $P=MC$，但垄断公司的产量低于最有效率产量，产品给消费者带来的边际产品价值也高于给厂商带来的边际成本。在寡头和垄断竞争的情形下，只要厂商能够把价格提高到边际成本之上，这种情况同样存在。

**垄断者的平静生活**

英国著名的经济学家希克斯（J. R. Hicks）写道："最好的垄断利润就是平静的生活。"这种说法抓住了这样一个概念，即市场力量允许经理们追求非利润最大化的目标。非利润最大化的行为有时会破坏追求利润最大化的目标。我们已经讨论了其中的一些倾向，比如在本章前面部分中的价值不斐的股票期权的发售问题。

历史上有许多垄断者生产劣质产品或是提供劣质服务的例子。消费者常常抱怨拥有地方特权的垄断者碌碌无为，只知道年复一年的保持陈旧的服务，却不会引入新的产品。当AT&T垄断了电话设备，消费者在很多年里只能满足于黑色的电话匣子。一旦有竞争者加入这个市场，电话的颜色、式样以及辅助设备（如答录机或传真机）的品种就会迅速增加。

#### 对不完全竞争所造成的浪费的衡量

我们这里利用分析垄断的图（如图10-6）来讨论不完全竞争所造成的效率损失。如果这个产业是竞争性的，那么，在 $MC=P$，即 $E$ 点将会出现均衡。在一般的完全竞争条件下，这一产业的产量为6，而价格为100。

现在，让一个垄断者进入该图，该垄断者或许得到了关税、外贸配额，或是受益于政府设立的产业进入的法规，允许工会垄断某一产业的劳工等。不管是出于哪一种原因，垄断者都会确定 $MC$ 等于 $MR$（而不是等于产业的 $P$），将均衡点移动到图10-6中的 $Q=3$ 和 $P=150$ 的点上。与零利润的竞争均衡相比，$GBAF$ 的面积就是垄断者的利润。

经济学家用**净损失**（deadweight loss）这一术语来衡量缺乏效率所造成的经济危害。这一术语表示经济福利的损失，这种损失是由于垄断、税收、关税或配额等一系列对价格和产量决策造成扭曲的经济行为带来的。一种新上市的止痛药以边际成本出售，消费者可以获得大量的消费者剩余。但是，如果这种产品为某一家企业所垄断，比如

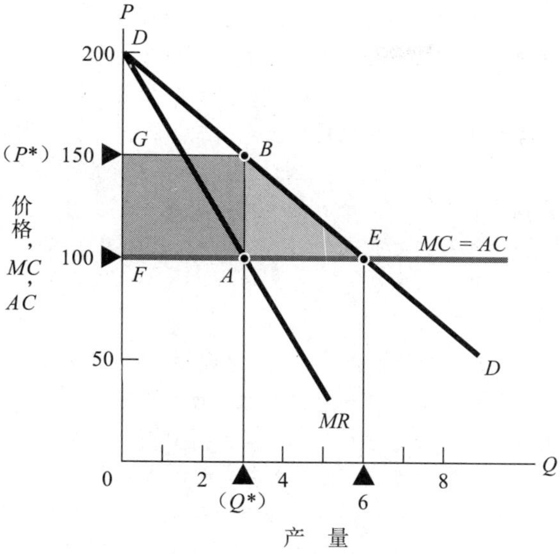


**图 10–6 垄断者限制产量导致经济损失**

垄断者限制其产量，因而提高价格，增加利润。如果该产业是竞争产业，那么，均衡会处于 $E$ 点，此时，福利达到最大化。

垄断者的产量处于 $B$ 点（此时，$Q = 3$，$P^* = 150$）时，价格高于 $MC$，消费者剩余遭受损失。把消费者剩余在 $Q = 3$ 和 $Q = 6$ 之间所遭受的全部损失加在一起，就得到了垄断所引起的"经济浪费"，等于阴影部分的面积 $ABE$。垄断者拥有垄断利润，等于 $GBAF$ 的面积。

说由于专利保护，因而把价格抬高到垄断价格水平，则由此带来的消费者剩余的损失就会大于垄断者获得的垄断利润，这种经济福利的纯耗费我们称之为净损失。

我们可以利用图 10–6 来说明垄断造成的净损失。点 $E$ 是有效率的产出水平，这里 $MC = P$。低于 $E$ 点的每 1 单位产量下降，福利损失或消费者剩余的损失就是需求曲线与 $MC$ 曲线之间的垂直距离。垄断者限制产量所造成的总福利损失就是所有这些损失之和，用三角形 $ABE$ 来表示。

为了说明这一点，回忆一下，$DD$ 曲线代表在每一产量水平的每种商品对于消费者的边际价值，而 $MC$ 曲线代表生产这一物品而不是其他物品的机会成本。例如，在 $Q = 3$ 时，$B$ 与 $A$ 之间的垂直距离代表了产量 $Q$ 少量增加所导致的边际价值与边际成本之间的价差。把从 $Q = 3$ 到 $Q = 6$ 所损失的社会效用相加起来，就得到了阴影区域 $ABE$ 的面积。

如图 10–6 中，用这种"小三角形"衡量不完全竞争市场的代价的方法，同样也用于其他的场合。例如，外贸中的关税和配额、税收和补贴以及外部性等。

## 干预的策略

在讨论不完全竞争问题时，诺贝尔奖获得者，也许是现代最保守的经济学家的领袖米尔顿·弗里德曼（Milton Friedman）指出："在以下三种罪恶中只有一个选择：不受管制的私人垄断、受管制的私人垄断和政府操作。"在最后一部分中，我们来讨论在市场经济中政府能够用于控制不完全竞争弊端的六种主要政策。前三种方法构成了针对大公司的现代政策的核心。

1. 反对市场力量主要的方法是实施*反托拉斯政策*。反托拉斯政策是禁止某些行为（如企业联合起来固定价格）或控制某些市场结构（如纯粹垄断和高度集中的寡头）的法规。这一重要的政策将在第 17 章中予以详细讨论。
2. 广泛运用于遏制反竞争弊端的重要方法是尽可能地*鼓励竞争*。即使在大公司之间，政府也有许多政策可以推进积极的竞争。这对减少不同层次企业的进入壁垒起着非常关键的作用。这意味着鼓励幼稚企业的发展，并将国外竞争引入国内市场。
3. 近 100 年来，美国政府形成了一种控制产业的新工具：*管制*。经济管制允许专门的管理机构监督受管制产业（如公用事业和交通运输业）的价格、产量以及企业的市场准入。与规定不能做什么的反托拉斯法不同，管制告诉企业的是应该做什么以及如何给产品定价。实际上，这是没有政府所有权的政府控制。这种抑制垄断的重要方法，在早期被用来对付"自然垄断"，比如电力和电话服务。今天，政府管制主要集中在医疗保健领域，我们将在第四编中讨论这一点。

下面三个策略已经被尝试了许多次，但在像美国这样的现代市场经济国家中却很少使用。

4. 垄断的*政府所有制*在除美国以外的其他国家中得到了广泛运用。人们往往认为，在一些自然垄断，如自来水、煤气和电力分配中，有效率的生产要求只有一个出售厂商。在这种情况下，真正的难题就是，是实施政府所有制还是对这些企业进行政府管制。大多数市场经济国家选择了政府管制的方法。并且，在最近几年，许多政府将早先的公共企业产业实行"私有化"（或卖给私人），比如曾经属于政府企业的电话公司。

5. 在战争时期曾使用过对大多数物品和劳务实施价格管制的政策，这种方法部分是用来抑制通货膨胀，部分是为了压低某些高度集中产业的产品价格。许多研究结果表明，这些管制政策是一种效率很差的工具：它们造成了多种破坏，并成为损害经济效率的托辞。20世纪70年代，在美国进行价格管制的最近经历中，当汽油的价格被定得太低时，曾出现购买汽油的人们排成了长队，也出现了牛肉、天然气和甚至像卫生纸等必需品的短缺。为了制止几个垄断者而把整个经济置于价格管制之下，就像是为了消灭几个害虫而毁坏整个花园一样地可笑。今天，除了医疗保健部门外，价格管制已很少被使用。
6. 税收有时被用来减轻收入的分配效应。通过对垄断者征税，政府可以减少垄断利润，从而减轻某些社会所无法接受的垄断的影响。但是，如果税收根据平等的原则克服了垄断的缺点，那么，它也只是略微减少了对产量的扭曲。一笔正常的税收可以把利润全部抽走，但对产量却没有影响。如果税收提高了边际成本，那么，它可能把垄断者进一步推离有效率的产量水平，垄断企业甚至会更大幅度地提高价格和降低产量。

**结 论**

不完全竞争的优点和缺点到底是什么？首先，我们来看看关于“垄断与竞争的比较”问题，它实在太简单，以至于没有什么用处，就像问大动物是否比小动物更实用一样。从我们讲过的内容来看，不完全竞争有很多种类型。每个市场都有它自己的特殊性——生产汽车的企业的所有权十分分散，因为它们需要增加资本以实现规模生产的效率；律师行业通常以合伙制的形式组织，因为它们需要汇集各种才能，以赢得在客户中的信誉；学校一般是非营利组织，因为教学与利润很难混在一起；农场以家庭为单位生产，因为它们需要在人口稀少的地方进行各种各样的生产活动。

实际上所有的例子，正如米尔顿·弗里德曼在前面所提到的，政府在遏制过大的市场力量时，只能从三种“罪恶”方式中进行选择。经过对两个世纪以来不同市场结构的考查，许多经济学家得出这样一种结论：**在不规范的企业之间注入强有力的竞争，几乎总能使这些破坏性代价降到最小的程度。**消除进入与退出的壁垒和禁止勾结行为，是防止垄断定价和鼓励快速创新的最有效的方式。这一策略的实质可以用以下几条规则加以概括：

- 消除政府对竞争的限制。
- 记住：“关税是托拉斯之母。”
- 促进来自国外企业的有力竞争。
- 尽可能地使用拍卖和竞争性报价。
- 不要怀疑未来技术发展的趋势。
- 鼓励小企业向已有的企业发出挑战。

## 总结提要

### A. 不完全竞争者的行为

1. 回顾四种主要的市场结构：(a) 没有一个企业可以大到足以影响市场价格的完全竞争市场。(b) 许多企业生产略有差别产品的垄断竞争市场。(c) 行业为少数几家企业所主宰的，作为不完全竞争中间形式的寡头市场。(d) 只有一家企业生产整个产业所有产品的垄断市场。
2. 用集中率衡量不完全竞争产业的市场力量。集中程度较高的产业的研究与开发费用往往也比较高，但通常它们的利润率却不一定比较高。
3. 进入壁垒很高，而且又存在着完全的勾结，就会产生勾结的寡头。这种市场结构产生的价格和产量与垄断产业中的情况很相似。
4. 另一种常见的市场结构是垄断竞争，它是许多零售业的特点。这里，我们看到了许多小企业，它们出售质量略有差别的产品（例如位于不同地点的加油站）。产品差别的存在使每个企业面临着一条向下倾斜的 $dd$ 需求曲线。在长期内，自由进入使利润消失，此时，这些行业的均衡点是在企业的 $AC$ 曲线与其 $dd$ 需求曲线的相切之点。在这个相切的均衡点上，价格高于边际成本，但该产业在服务和质量方面比在完全竞争下的行为具有更大的多样性。
5. 最后一种情况是当一个行业只有少数企业时策略的相互作用。少数企业在某一市场上相互竞争时，必然会认识到它们之间的策略互动问题。少数企业之间的竞争将一种全新的特征引入经济生活之中：它迫使企业考虑到竞争者对于价格和产量变动的反应，并把策略性的考虑带入这些市场。

6. 价格歧视是指以不同的价格将相同的产品卖给不同的顾客。这种行为经常发生在卖方能够分割市场的场合。

B. 创新与信息

7. 对于寡头实际行为的细致研究表明，某些行为背离了利润最大化标准的经济假设。对于利润最大化的一种限制是“有限理性”。这条原则认识到，做出决策是要花费代价的。因此，经理们往往会做出并非十全十美的决策，他们经常要使用“拍脑袋”的方法，以节省研究和决策的时间。“拍脑袋”方法的一个重要例子是成本加成定价的使用，即在生产成本上面加上一个（利润）百分比。另外请记住，市场力量就足以让厂商过上太平的日子。

8. 熊彼特强调将“新的组合”用于新产品和新工艺的创新者的重要作用，认为他们有权得到暂时的额外利润。熊彼特的假说认为，传统的理论忽视了技术变革的动力。该假说指出，垄断和寡头是创新和生活水平提高的主要源泉。解散大企业使他们成为完全竞争者，在长期内，会由于产业的分散化而使技术变革的脚步放慢，因而会冒提高价格的风险。

9. 今天，信息经济引起了效率生产和新知识分配之间的矛盾。由于信息的生产成本很大，而再生产成本非常小，因此它与一般的商品有本质的差别。企业不能获得其发明的全部货币价值的情况称为不可划拨性。为了提高可划拨性，政府设立了知识产权来保护专利、版权、商业机密及电子传媒。互联网等电子信息系统的兴起，使信息服务的有效定价陷入了一种两难困境。

C. 不完全竞争的利弊权衡

10. 垄断权力的履行导致经济的低效率，这导致价格上升到高于边际成本的水平，成本由于缺乏竞争压力而上升，质量会受到损害。

11. 为了抑制不完全竞争的弊端，在早期，政府有时使用税收、价格管制和国有化等政策。这些在今天的市场经济中很少采用。美国产业政策中的三种主要工具是管制、反托拉斯法和鼓励竞争。当然，最重要的是通过尽可能地降低进入壁垒来保证强有力的竞争。

## 概念复习

**不完全竞争的类型**

集中：集中率，HHI
市场力量
策略互动
暗中的和公开的勾结
不完全竞争：
　勾结寡头
　垄断竞争
　少数寡头
垄断竞争中的无利润均衡
缺乏效率的 $P > MC$

**不完全竞争的表现**

所有权与控制权的分离
对利润最大化的限制：
　“有限理性”
　成本加成定价
熊彼特假说
信息经济学：
　不可划拨性
　知识产权的保护
　信息有效生产的两难困境
净损失

传统的方法：
　税收
　价格管制
　国有化
现行的方法：
　管制
　反托拉斯政策
　促进竞争政策

## 补充读物和互联网站

### 补充读物

An excellent review of oligopoly theory is F. M. Scherer and David Ross, *Industrial Market Structure and Economic Performance,* 3d ed. (Houghton Mifflin, Boston, 1990) .

The Schumpeterian hypothesis was developed in Joseph Schumpeter, *Capitalism, Socialism, and Democracy,* (Harper & Row, New York, 1942) . Evidence on this hypothesis is developed in Scherer and Ross, cited above.

Many of the economic, business, and policy issues involved in the new information economy are covered in a nontechnical book by two eminent economists, Carl Shapiro and Hal R. Varian: *Information Rules* ( Harvard Business School Press, Cambridge, Mass., 1998). A discussion of the economics of the Internet is contained in Jeffrey K. MacKie-Mason and Hal Varian, "Economic FAQs about the Internet," *Journal of Economic Perspectives,* Summer 1994, p. 92.

### 互联网站

One of the most interesting websites about the Internet and intellectual property rights is compiled by Hal R. Varian, dean of the School of Information Management and Systems at the University of California at Berkeley. This site, called "The Economics of the Internet, Information Goods, Intellectual Property and Related Issues," is at www.sims.berkeley.edu/resources/infoecon. Also see the Web page of the Program for Research on the Information Economy, directed by Jeffrey MacKie-Mason at the University of Michigan, at www.si.umich.edu/~prie.

OPEC has its site at www.opec.org. This site makes interesting reading from the point of view of oil producers, many of which are Arab countries.

Data and methods pertaining to concentration ratios can be found in a Bureau of the Census publication at www.census.gov/prod/ec97/m31s-cr.pdf.

## 问题讨论

1. 复习在本章的第一部分所分析的不完全竞争的前两种理论——勾结寡头与垄断竞争。列一张表，比较完全竞争、垄断以及这两种理论在下列几方面的特征：（a）企业人数；（b）勾结程度；（c）价格与边际成本；（d）价格与长期平均成本；（e）效率。
2. 考虑一个计算机行业，其中各企业及销售额具体如下：

| 企 业 | 销售额 | 企 业 | 销售额 |
|---|---|---|---|
| A 计算机公司 | 1 000 | F 计算机公司 | 200 |
| B 计算机公司 | 800 | G 计算机公司 | 150 |
| C 计算机公司 | 600 | H 计算机公司 | 100 |
| D 计算机公司 | 400 | I 计算机公司 | 50 |
| E 计算机公司 | 300 | J 计算机公司 | 1 |

赫芬达尔—赫希曼指数(HHI) 计算公式如下：

HHI = 第 1 大企业所占市场份额比重$^2$ + 第 2 大企业所占市场份额比重$^2$ + … + 最后 1 个企业所占市场份额比重$^2$

a. 计算四企业和六企业集中率。
b. 计算行业 HHI 值。
c. 假设 A 计算机公司和 B 计算机公司电脑合并，各企业的销售额保持不变。计算新的行业 HHI 值。

3. "完全价格歧视"是指向所有消费者收取的价格为他们所愿意支付的最大价格。在完全价格歧视的情况下，垄断者可以获得全部的消费者剩余。画出六个消费者的个人需求曲线，并比较（a）所有消费者面临统一价格的情况和（b）完全价格歧视的情况，指明其差别。解释完全价格歧视导致垄断具有效率这一矛盾的结果。
4. "想把垄断集团分为几个有效率的竞争单位的想法是过于天真的，因为垄断的基本原因是大规模生产时的成本递减规律。此外，如果只有少数企业，价格也可能接近于边际成本。"讨论这两句话。
5. 最近，两名经济学家通过对互联网的一项有趣的研究，提出：

> “传统的定价机制对于信息服务是不适用的。如果你买的桌子正好我们也喜欢，我们就得自己到厂家那儿去买；我们不能简单地拷贝你的。而对于信息产品，依据复制成本进行定价的机制就不再起作用了。一旦软件的沉淀成本被用于投资，它的实际复制成本几乎就等于零。这个问题（电子信息）要比出版商面临的非法影印的问题要严峻得多，因为它的实际复制成本为零。”[3]

运用信息经济的有关条件来解释这个研究结果。解释为什么要为一本书或互联网上的一个网页设立专有使用权，而不为一个凳子或一加仑汽油去设立。为什么影印材料或进入互联网的价格定得太高就会影响效率？结合熊彼特假说来回答这个问题。

6. 解释下列说法：
   a. 在零售药店，每一个店都有某些市场力量，但它们都不能获得其活动的经济利润。
   b. 根据“有限理性”理论，通用电器没有为了使每一种产品和每一天的 $MC = MR$ 而调整它的冰箱价格，这才是真正有效率的。
7. 政府决定对一个垄断者征收每单位 $x$ 美元的固定税率的税收。请说明该税收对产量和价格的影响。税后均衡是接近于还是进一步背离 $P = MC$ 的理想均衡呢？
8. 企业常常为关税或配额进行游说，以便减轻进口竞争的压力。
   a. 假设图 10–6 中所示的垄断者面临着一个国外竞争者，该竞争者在价格略高于垄断者的 $AC = MC$ 时以完全弹性价格提供产品。说明这一国外竞争者进入该市场的影响。
   b. 如果对国外商品征收一种禁止性关税，对价格和产量会产生何种影响？（禁止性关税是指高到可以有效地阻止全部进口的关税）小额关税有何影响？解释这句话：“关税是托拉斯之母。”
9. 用语言和图形解释：相对于完全竞争者而言，为什么垄断均衡导致了经济非效率，为什么第 8 章中的条件 $MC = P = MU$ 对于这一分析如此重要？
10. 在长期均衡中，完全竞争和垄断竞争都达到了企业的 $dd$ 需求曲线与它的 $AC$ 平均成本曲线的相切点。图 10–4说明了垄断竞争者的均衡，而图 10–7 描绘了完全竞争者的均衡。讨论这两种情况在下列方面的相同点和不同点：
    a. 企业产品需求曲线的弹性。
    b. 价格与边际成本的偏离程度。
    c. 利润。
    d. 经济效率。
11. 重新阅读 OPEC 的历史。画出一组供给和需求曲线，其中供给曲线完全没有价格弹性。说明当存在一个设定产量目标的卡特尔（即供给曲线完全无弹性）时，如果需求无弹性，则在下面的情况中，价格波动将会更加剧烈：
    a. 需求曲线水平固定在某一产量（由预期错误导致）。
    b. 供给曲线移动（由卡特尔成员违反配额产量导致）。

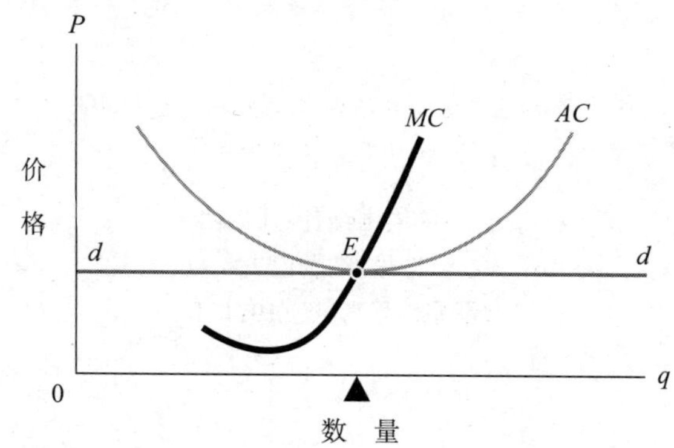


**图 10–7 完全竞争**

[3] 由 MacKie-Mason 和 Varian 总结，参见“补充读物”部分。

# 第 11 章

# 不确定性和博弈论

策略性思维是在不断弄清对手的过程中战胜对手的一门艺术。

——埃维纳什·迪克西
巴里·纳勒巴夫
《策略性思考》（1991 年）

生活充满了不确定性和策略行为。一段在俄罗斯开采石油的历史可以证明这一点。20 世纪 90 年代初的经济动荡时期，俄罗斯的石油生产大幅度滑坡，从原来世界上最大的产油国降为第三位。西方的石油公司也被邀请参加俄罗斯油田的投资和现代化建设。

假设你管理着某个在西伯利亚的合资项目，你将会面临什么困难呢？当然，你会面对令所有石油开采商烦恼的油价下跌和石油禁运，或者还有来自恶意政权的袭击等问题。除此之外，在一个新地区开工生产还会面临许多的不确定性：不熟悉地质构成、石油运输路况、钻井成功率和工人的技术熟练程度。

除了这些不确定性以外，在这个产权不清、贿赂盛行、税收混乱、官僚当道、法律形同虚设的国家里，你还有一系列的政治风险：不大会与莫斯科的中央政府以及各种自治政权打交道，不大会与地方接触，甚至还有难以回避的黑手党问题。

这一合资项目所面临的困境表明，经济活动过程中经常会出现无法用基本理论加以把握的复杂问题。一种困惑来源于经济生活中大量的不确定性，这是*不确定性经济学*所分析的对象。我们的石油企业必须处理钻探、价格以及市场等方面的各种不确定性，居民要警惕未来的工资和就业中存在的不确定性，要为教育投资、置业投资的回报风险等一系列问题大伤脑筋。有时，人们还会遭受诸如飓风、地震或疾病等灾害。

另一种困境源于大多数的经济生活中都充满了争论、讨价还价和策略选择，即*博弈论*所分析的对象。在一个完全竞争的理想市场中，所有的参与者都采用了既定的价格，并且，无需担心对手对自己行为所做的反应。然而，在现实的纷乱复杂的市场条件下，采用何种战略实际上却是个根本性问题。我们的石油公司肯定会担心，一个新发现的油田是否会被俄罗斯没收。一个寡头垄断厂商必须要考虑它的价格或产量决策会招致其竞争对手做出何种反应。削价是否会导致价格战？价格战是否会导致破产？多数大企业都会与其工会就劳资问题进行集体谈判，以决定工人的工资和工作条件。一味采取强硬的立场是否就能削弱工人罢工？

我们经常看到在经济政策制定中的讨价还价行为。当政府对税收和支出等问题进行决策时，这种复杂的讨价还价现象通常还存在于政党之间或国会与总统之间，以及国会的各个实力派之间。即使是在家庭生活中，同样也渗透着各种微妙的策略行为和讨价还价，主要体现在对家务的分担和收入的分配等方面。

不仔细研究不确定性和策略行为的令人眼花缭乱的相互作用，就不可能完整地把握现实的经济生活。

## A. 风险和不确定性经济学

在分析市场时，我们所假定的是成本和需求已知，并且每个企业都可以预见其他企业将会如何行动。但在现实生活中，商业活动都充满了风险与不确定性。假设你从事石油生意并决定开采一口油井，让我们看看它是如何充满风险的。开始前，你可能预计这口井的成本为 1 亿美元，但这只是一个猜想，因为你还不知道需要钻多深才能找得到油，或者，你的设备是否会中途损坏而需要替换，还有，你的工人需要在这项作业上花费多少时间。另外，你也很难判断这口井能带来多少收入，因为价格和产出具有不确定性。价格的不确定性还来源于石油价格的大幅波动——在过去的 20 年中，曾经低到 10 美元 1 桶，也曾高到 38 美元 1 桶。产出的不确定性当然是最令人担心的问题，因为你的井很可能根本就没有油，或者只有很少的产出而不值得开采。当然，它也可能成为你的财源滚滚的摇钱树。

这些问题不仅限于石油生意。理论上，所有的企业都会发现产品价格每月都在波动。劳动、土地、机器和燃料等投入品的价格常常有很高的不稳定性；竞争者的行为也无法提前预知。企业的实质是今天投资以便明天获利，现在积攒财富以备未来不测。经济生活就是这样一场充满风险的交易。

现代经济学已经找到一些有用的工具，将不确定性引入对企业和家庭行为以及对金融市场的分析当中。这里，我们将要考查市场在空间和时间上如何扩散风险的机制；提出在不确定性因素发生作用的条件下的个人行为理论；并说明保险市场运行的基本原理。相对于纷繁的风险世界和现实的经济生活，这些内容当然只是一种简明扼要的探讨。

### 投机：资产与商品的跨时空调配

首先我们来考虑一下投机市场的作用。**投机**（speculation）包括对有价值物品或商品的买和卖，是从市场价格的波动中谋取利益的一种活动。投机者希望能够低价买入，高价卖出。买卖的商品可能是谷物、石油、鸡蛋、股票或者外汇。投资者购买这些商品并不是为了自用。他们最不愿意看到的就是满载鸡蛋的卡车开到自己家的大门口。他们希望的是能从价格的变动中谋取利润。

很多人认为，投机是一种不太好的行为，尤其是在利用财务造假或刺探内部信息进行投机的时候。但就整个社会而言投机却不无益处。在经济学上，投机者起到了将商品从丰收年成“调运”到欠收年成的作用。尽管投机者从来没有亲眼见到一桶石油或一车鸡蛋，但是他们有助于熨平这些商品在不同地区和不同时期的价格差异。他们在商品充裕、价格低廉的时期买进，而在商品紧俏、价格高昂的时期卖出。投机者就是经由这种方式去消除价格在时间和空间上的差异，从而在事实上提高了整个市场的效率。

### 套利和价格地理格局

最简单的投机活动是通过买卖同一商品降低或消除地区差价。这种活动被称为**套利**（arbitrage），即在一个市场上买入一种商品或资产，然后马上在另一个市场上卖出，通过一买一卖的价差而获取利润。

举例来说，假定小麦在芝加哥的销售价格每蒲式耳比堪萨斯城高 50 美分；再假定，保险和运输成本是每蒲式耳 10 美分。那么，一个套利者（从事套利活动的人）就会在堪萨斯城买进小麦，再运到芝加哥卖出，这样每蒲式耳小麦就可以获利 40 美分。市场套利的结果是，每蒲式耳小麦在芝加哥和堪萨斯城之间的价格差绝不会超过 10 美分。*更一般地说，由于套利的结果，市场之间的价格差通常不会超过商品在市场之间的转移成本。*

套利者同时与几个城市的经纪人通话，以找出微小的差价，力图通过低价购买和高价售出来逐渐累积利润。套利活动有助于拉平完全相同的产品在不同市场上的价格差别。在此，我们又一次感受到“看不见的手”的作用，即在获取利润的动机的诱惑下，消除不同市场价格差异，促进市场功能更加有效地发挥作用。

### 不同时间的投机与价格行为

投机致力于确立某种不同的时间和空间上的价格范式。但未来难以预测，从而使这种价格范式不那么完美，即总是处在一种不断受到破坏而自身又不断地重新构建的均衡之中，很像被风吹动的湖面那样。

不妨以一种最普通的谷物玉米为例，它一年收获一次，且可以仓储起来以备将来使用。为避免缺货，玉米需要保持能够消费一年的储量。既然并没有人制定法律来保证玉米的储量，那么市场又怎么能形成有效的定价形式并且使其能够维持一整年呢？这就需要依靠投机者赚取利润的活动了。

消息灵通的玉米投机商知道，如果在秋季把所有收获的玉米全部抛向市场，由于此时的玉米市场处于饱和状态，售价就会很低。几个月之后，当玉米开始短缺时，价格就会上涨。投机商便可以通过（1）在秋季价低时买进玉米；（2）将其储藏起来；（3）当价格上扬时再把玉米卖掉，从而赚取利润。

投机商所进行的这一系列活动的结果是：将秋季的玉米价格提高了，而春季的供给量增加，从而使春季的玉米价格下降了。他们的买卖过程平衡了玉米的供给量，从而也使一年内的玉米价格趋向于平稳。

此外，如果消息灵通的投机商之间存在着激烈的竞争，他们当中就不会有人获得超额利润。投机者的收益包括投入资本的利息、投机时间的适当报酬，再加上一笔补偿其资金可能遭遇到的各种风险的费用。

存有且只有一种月价格形式，会导致竞争性投机商获得零利润。稍加思考就会理解，这实质上并不是一种一直保持不变的价格“形式”。因为，价格事实上总是一种竞争性的投机价格，当秋季供过于求时，会使价格出现谷底，随后又逐渐上升，直到新收获的玉米出现之前，价格会达到顶峰。正常情况下，价格会逐月提高，以补偿储藏费用和运送玉米的利息成本。图 11-1 说明了一个理想年份中价格的周期行为。

投机揭示了看不见的手的法则在起作用。通过拉平供给量和价格，投机实际上在提高经济效率。通过将商品从数量颇丰的时期转移到数量稀缺的时期，投机商在价格和边际效用低的市场购进商品，又在价格和边际效用高的地方卖出。投机商们在追求他们私人利益（利润）的同时，提高了公共的经济福利（总效用）。

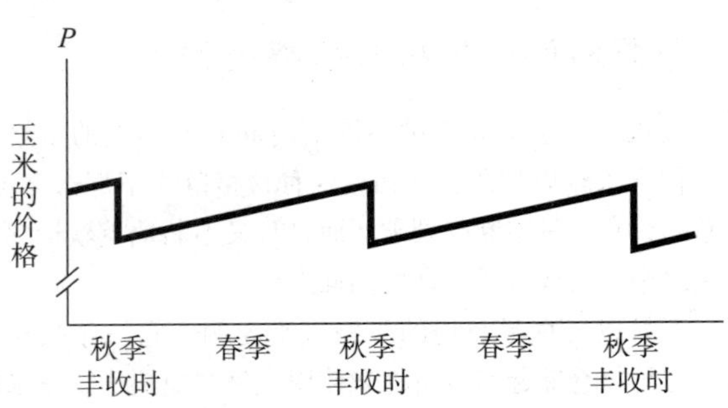


**图 11-1 投机者拉平商品不同时节的价格**

只有当预计某种商品价格上涨的幅度与储存成本相当时，才会选择储藏这种商品。均衡状态下，商品价格在丰收时期达到最低水平，然后随着储存量、保险和利息成本的增加逐步上涨，直到下一个丰收时期。这种灵活的价格模式有助于拉平不同季节间的消费。否则，丰收时节充斥过多商品，会造成秋季价格过低，而春季价格太高。

## 通过套期保值分摊风险

投机市场的一个重要功能是让人们通过套期保值分摊风险。**套期保值**（hedging）是通过对所拥有的一种商品做对冲交易来降低风险。让我们看看它是如何操作的。假设一位女士拥有一座谷物仓库。她秋季在堪萨斯买进 200 万蒲式耳玉米，存储 6 个月，在第二年春天卖出，每 1 蒲式耳的溢价为 10 美分，正好抵偿所有的成本。

问题在于谷物的价格很可能波动。如果谷物的价格上涨，她将大赚一笔。但如果谷物的价格严重下跌，所造成的损失会赔尽她的所有利润，甚至会使她破产。仓库拥有者靠储存谷物为生，当然不想承担谷物的价格风险。但如何才能做到这一点呢？

答案就是对其投资进行套期保值，这样她便可以避免一切有关玉米价格的风险。这位仓库拥有者的套期保值就是：在从农民手中买进玉米的同时立即卖出，而不是等到 6 个月以后交货的时候。当她在 9 月份买进 200 万蒲式耳玉米时，立即进行远期交易卖出，协议的未来交易价格使得她恰好能得到每蒲式耳 10 美分的存储费用。这就避免了因玉米价格波动可能产生的风险。套期保值通过做对冲交易来回避价格波动的风险。

## 投机的经济影响

但是，谁来购买谷物？为什么要买？投机者和投机市场的出发点是：投机商现在同意购买谷仓中的谷物以备将来出售。这就将风险从原始所有者转移到投机商。这可能让你费解，为什么投机商会愿意承担谷物的价格风险呢？也许是投机商认为谷物的价格会上涨，他能在这笔投资上获得超常的利润；也许他向（他的）买者（希望在谷物价格上涨前锁定价格的人）出售远期合同（承诺在未来进行交割的合约）；还有可能他将谷物卖给那些要在投资组合中持有少量谷物的“做多”的投资者。总之，会有某个人在某个地方有经济动力去承担谷物价格波动的风险。

投机市场不仅从时间上和空间上促进了价格及配置形式的改善，还有助于风险的转移。这些任务都是由那些想从价格变动中获利的投机商所完成的。事实上，这表明了看不见的手在起作用。透过货币的面纱，我们发现，完美的投机行为实现了商品从其数量颇丰（价格低）时期向数量稀缺（价格高）时期的重新配置。

我们的讨论表明，理想的投机市场可以提高经济效率。让我们看看是怎样做到这一点的。比方说，某一群偏好相同的消费者所具有的效用序列，其满足程度在年度之间是相互独立的。现在我们假设在两年当中的第一年获得了好收成，比如，每人得到了 3 单位粮食；而在第二年，由于收获量少了，每人只得到 1 单位粮食。如果这种短缺是可以预见到的，那么应如何分配这两年的总共 4 单位的粮食呢？假如不考虑储存、利息和保险成本，那么只有当每一年的消费量相等时，两年合计的总效用和经济效率才会达到最大。

为什么相等的消费量比其他的总量分配比例的消费量的效用都要大呢？这是因为边际效用递减规律的作用。我们可以这样推理：假如我第一年的消费量大于第二年，则我第一年的边际效用（*MU*）就比较低，而第二年的边际效用就比较高。因此，如果我把第一年的一部分粮食转到下一年，就会把消费从边际效用较低的时期转向边际效用较高的时期。在消费水平相等时，边际效用就会相同，从而我的总效用就会达到最大。

我们可用图来说明这一点。如果以美元来衡量效用，由于每 1 美元总是表示同一数量的边际效用，那么风险商品的需求曲线看起来就会正如图 5–1 的边际效用曲线一样。图 11–2（a）中的两条曲线表明的是没有供给量转移、年度之间消费量不均等的情况。这时第一年的价格由较高的 $S_1S_1$ 线与 *DD* 相交的 $A_1$ 点确定，而第二年的价格则由位于较低的供给曲线 $S_2S_2$ 与 *DD* 相交的 $A_2$ 点确定。由阴影区域相加的总效用将只能是（4+3+2）+4，即 13 美元。

但是，由于投机商将 1 单位的消费量转移到了第二年，如图 11–2（b）中所示，因此 *Ps* 和 *Qs* 将会在 $E_1$ 和 $E_2$ 点相等。而阴影区域所示的总效用将会增加到（4+3）+（4+3），即为 14 美元。稍加分析就可以看出，1 美元效用的增加是由图 11–2（b）中的深阴影区来体现的，它表明的是：第二单位的边际效用超出第三单位的边际效用的超出额。因此，通过理想的投机行为实现的边际效用相等条件下，其消费量分配才是最优的。

以上我们的讨论只集中于实物产品的投机和套利活动。而在事实上，今天的金融资产（例如股票、债券、抵押贷款以及外汇）的投机活动要比商品投机活动更为重要。每天，价值数万亿美元的资产在投机者、套期保值者以及投资者之间转手。尽管金融投机、套期保值和套利所涉及的资产价值要远大于商品投机活动的规模，但前者的基本原理和后者是完全一样的。

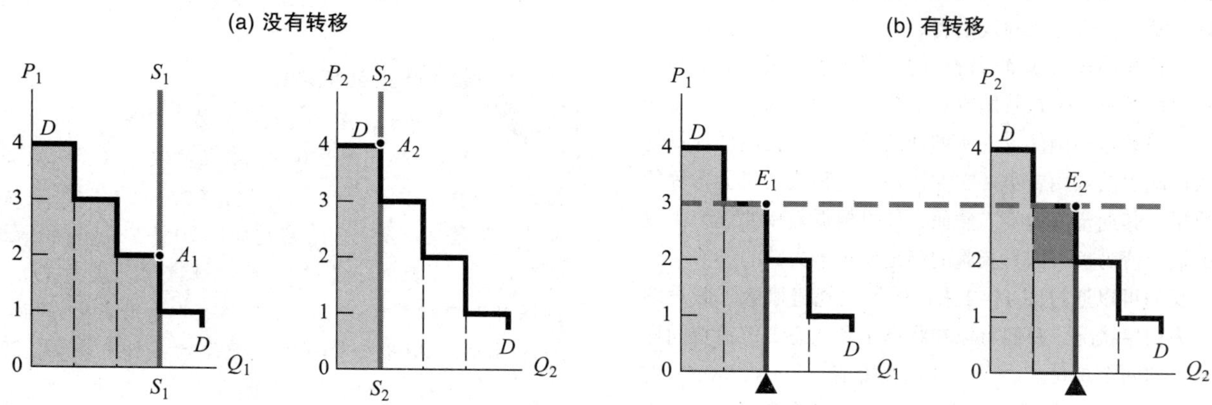


**图 11–2　投机储藏可提高效率**

灰色的区域代表每年的总效用。将一个单位转移到第二年使 *Q* 和 *P* 及 *MU* 相等，并且使总效用增加了深色阴影部分。

这个图示也适用于一些其他的情况。可以将（a）的标注改为“地区市场没有套利行为”以及（b）改为“在市场上有套利行为”的情况。我们还可以用这个图示表明风险规避，只需将（a）的标注改为“有风险赌博”，以及（b）改为“无风险赌博”。保险通过将风险分散到许多相互独立的潜在赌博中，就可以将人们从（a）状况移到（b）状况。

理想的投机对于减少消费的不利波动有重要的作用。在一个人人都服从边际效用递减规律的现实世界中，投机可以提高总体效用和分配效率。

## 风险和不确定性

人们是如何看待风险的？为什么人们尽量回避风险？市场经济能为个人提供什么样的共担和分散风险的机制？为什么市场在一些情况下不能提供保险？下面我们转入讨论这些问题。

无论你开车、拥有住房、储存玉米、进行投资，还是从事冒险性的职业，你都是在冒着生命、财产或危难的风险。面对风险，人们会采取何种态度呢？一般说来，人们总是想要避免各种消费和收入的不确定性。当我们想要避开风险时，我们就是一个“风险规避者”。

若一个人为损失一定量的收入而产生的痛苦感大于他为得到同等数量的收入而产生的满足感，则他就是一个**风险规避**（risk-averse）者。

举例来说，假定我们抛硬币打赌，若硬币出现正面，可赢得 1 000 美元；而若出现反面，则失去 1 000 美元。这种赌博的期望值为零（即赢得 1 000 美元或输掉 1 000 美元的概率均为 1/2）。一种期望值为零的赌博我们可以称为公平的赌博。现在的问题是，如果我们拒绝所有的公平赌博，那我们就是风险规避者。

根据我们在第 5 章所讨论的效用概念，风险规避与收入的边际效用递减在效用概念上是一致的。风险规避意味着，某一数量的额外收入所增加的效用比失去同样数量的收入所减少的效用要小。在像抛硬币这种成败机会均等的情况下，其期望值为零。然而，如果根据效用原理，则效用的期望值为负，因为获胜的满足要小于失败的痛苦。

我们可以通过图 11–2 来说明风险规避概念。假设图（b）为初始状况，我们可以在状态 1 和状态 2 下消费同样数量，即两个单位。一个“风险爱好者”（risk lover）走过来对你说：“让我们扔硬币来决定一个单位”。这个“风险爱好者”实际上在给你一个回到图（a）状况的机会。如果硬币出现正面你就赢了，你将会得到 3 个单位，如果输了你只能得到 1 个单位。经过仔细的计算，如果你拒绝赌博而保持状况（b），则效用的期望值为 7 单位（=1/2×7 单位效用+1/2×7 单位效用）；然而，如果你接受赌博，效用期望值为 6. 5 单位（=1/2×9 单位效用+1/2×4 单位效用）。这个例子表明，如果你是风险规避者，在边际效用递减的情况下，你会避免那些使不确定性增加而又不能提高收入期望的行为。

例如，倘若我是一个种玉米的农民，则必然要与农业自然灾害作斗争，但我肯定也不希望承担玉米价格的风险。假定玉米的预期价格为每蒲式耳 4 美元，这是根据每蒲式耳 3 美元和 5 美元这两种价格以相同的可能性出现而得出的。除非我能摆脱价格风险，否则，我就被迫面对一场赌博。按抛硬币的玉米价格的结果，或者以 3 万美元，或者以 5 万美元的价格售出 1 万蒲式耳的玉米。

然而，按照风险规避和边际效用递减的原理，我却会宁愿选择有把握的事，即以 4 美元的预期价格出售玉米，获得 4 万美元的总收入，以避开价格风险。为什么呢？这是因为损失掉 1 万美元的前景所造成的痛苦比得到 1 万美元收益的前景所带来的快乐更加令人难以接受。如果我的收入减少到只有 3 万美元，那么，就会不得不削减一些重要的消费，如支付大学学费和房屋修缮支出。而另一方面，额外增加的 1 万美元的重要性可能不大，很可能只是用来度个奢侈的寒假，或增添一台新的 100 马力、带空调的割草机。

一般地说，人们都不愿冒风险。在其他条件相同的情况下，相对于不确定的消费水平来说，人们更喜欢做有把握的事情。也就是说，在同样的平均值条件下，人们宁愿要不确定性小的结果。由于这个原因，降低消费不确定性的活动能够导致经济福利的改善。

### 赌博产生的问题

一直以来，赌博被人们视为一种恶习，无异于吸毒、卖淫、酗酒和抽烟，因而是不受国家鼓励的消费行为。然而，随着时间的推移，人们对这类活动的态度已经有所改变。在过去的 20 年中，赌博已经得到许可，虽然对于毒品和烟草的限制已经日益严厉。1978 年，美国实际上只有 1 个州允许开设赌场（casino）；而到了 20 世纪 90 年代，这个数字已经上升到 27 个。在此期间，全国彩票业也迅速发展起来。总之，赌博是最近 20 年间发展得最快的（合法的）产业之一。

赌博与投机是完全不同的。理想的投机行为可以提高经济福利，而赌博却会带来严重的经济问题。首先，除了娱乐刺激，赌博不产生任何新的商品和服务。按本章后面的博弈论术语，应称之为一种“负和博弈”（negative-sum game）。因为从长远看几乎所有的当事人都要输钱，因为赌场总要从赌注中拿走一份。另外，根据其特点，赌博会加剧收入差距的扩大。人们坐近赌桌之前，口袋里的钱没有太大差别，而离开赌桌时却变得天上地下。一个赌徒及其全家都有可能一步登天，然而，若命运急转直下的话，则他们只能靠面包渣和后悔度过余生。许多观察家都相信，赌博对社会的确存有负面的影响。这包括赌博成瘾、社区犯罪、政治腐败，以及有组织的犯罪团伙的参与，等等。

在给出了这么多实实在在反对赌博的经济理由之后，我们又如何理解近年来赌博合法化趋势和发行政府彩票的行为呢？其中一个重要的原因是，国家对财政收入的渴望。它们饥不择食地寻找财源；通过收取这些活动的部分收益来投资一些公共项目，使赌博和发行彩票也能合法化，从而使私人恶习也能转而促进公众的利益。此外，赌博合法化还会减少不法活动的干扰，降低那些有组织的犯罪活动的暴利。尽管赌博合法化不无合理之处，但是对于国家将这种非理性行为推广到毫无支付能力的人群中来获利的行径，还是有许多观察家提出了质疑。

## 保险与风险分摊

尽管风险规避者都要努力避免风险，但风险并不会因此而被消除。当房屋失火，有人在汽车事故中丧生，或者飓风席卷了佛罗里达之时，某个人在某地必然要因此而付出某种代价。

市场机制通过**风险分摊**(risk spreading)来应付各种风险。这一过程就是将对一个人来说可能是很大的风险分摊给许多人，从而使每个人所承担的风险很小。风险分摊的主要形式是一种方向相反的赌博形式——**保险**(insurance)。

例如，在购买住房火灾保险时，房主就好像是就其房屋被烧的可能性与保险公司打赌：如果不发生火灾，则房主只需要付出一小笔保险费；而如果真的着起火来，则保险公司必须按合同规定的价格赔偿房主的惨重损失。火灾保险的道理同样适用于人寿、事故、汽车或其他种类的保险。

保险公司通过集中各种不同的风险来分摊风险。就是说，它为数以百万计的住宅、生命或汽车提供保险。保险公司的优势在于，对个人来说是难以预料的事件，对整个人群来说则具有很强的可预见性。比方说英兰德火灾保险公司（Inland Fire Insurance Company），它为 100 万所住房承担保险，每一所住房的价值为 10 万美元。一年当中，每所房屋发生火灾的概率为 1/1 000，于是该公司每所房屋的年预期损失值为 0. 001×100 000 美元，即每年 1 所住房的保险费用为 100 美元。因而，保险公司向每个房主收取 100 美元保险费，再加 100 美元的管理费用，并将其储蓄起来。

每个房主所面对的问题是，要么每年失去 200 美元的固定损失，要么就承担有千分之一可能性的 10 万美元的火灾损失。由于是风险规避者，房主会选择购买保险，以避免那种可能性很小但却惨重的损失，尽管他所付出的保费还是要高于不发生问题时的成本。就保险公司而言，它收取保费以便为公司赢得利润，同时也提高了个人的预期效用水平。但是，这种经济收益究竟从何而来呢？答案是，它产生于边际效用递减规律。

> 保险将风险从风险规避者或风险较大者的一方，转移到偏好风险者或较容易承担风险者的一方。由此可知，保险，作为另一种形式的赌博，实际上正好发挥（与赌博）相反的作用。尽管自然界会造成风险，但保险却能够帮助我们减轻和分散这些风险。

### 资本市场与风险分担

另一种分散风险的方式是经由资本市场来进行。这是因为，有形资本的资金所有权可以通过企业所有权这个媒介，将风险在很多的所有者之间进行分摊。

投资生产一种新型商业飞机就是一个例子。这种飞机是全新设计的，包括研究与开发，可能需要 20 亿美元的投资，为期 10 年。然而，这并不能确保这架飞机将会具有足够的商业市场前景以补偿其投资。几乎没有人有这样的资金实力或意愿来承担如此巨大的风险。

市场经济可以通过公众拥有公司的办法来完成这一巨大的任务。像波音公司那样，成百上千万的人都拥有其股份，其中几乎没有一个人能拥有很大的份额。在这个例子中，我们假设，将波音公司的股权平均分给 1 000 万人，那么，20 亿美元的投资对每个人来说只需承担 200 美元。于是，倘若该公司的股票收益有吸引力的话，则社会上恐怕会有许多的人愿意承担这种风险。

金融经济学是最令人兴奋和发展最快的经济学分支之一。它考查的是投资者在给定的风险水平上，如何分配资金以实现最大的收益，以及股票价格和其他金融资产的运作机制。对于那些在线投资者、赚钱上大学者以及退休金投资者来说，金融市场将经济学带入他们的生活。有些人甚至认为，股票投机不过是一种温和的且不需要什么场地的赌博。关于金融经济学，我们将在本书的宏观经济学部分加以系统地探讨。

> 通过将风险性资产的所有权分散到众多的所有者身上，资本市场便可以分散风险，并且能够鼓励人们进行规模大得多的投资，而这样的投资及其风险，对于单个所有者来说也是可以接受的。

## 信息经济中的市场不灵

到目前为止，我们的分析都假设投资者和消费者对自己所面临的风险非常了解，并且投机和保险市场都能够有效率地运行。然而，由于市场不灵，在现实中会出现许多的不确定性和风险。市场不灵的两个重要因素是："逆向选择"和"道德风险"。当这些因素存在时，市场就可能会给出错误的信号，从而扭曲激励机制，甚至有时还会让市场机制名存实亡。在这样一些场合，政府很可能会决定介入和干预，并提供社会保险等机制。

### 道德风险和逆向选择

虽然保险无疑是分散风险的一种有用的手段，但在事实上，我们却不能对生活中所有的风险都进行投保。原因是，有效的保险市场只能在特定的条件下才能存在和发展。

保险市场正常运转的条件是什么呢？首先，必须存在大量的随机事件。只有这样，保险公司才能将各种不同的随机事件合并起来，并将风险分散，从而使那些对个人来说是很大的风险，能够变成对许多人来说是很小的风险。其次，各随机事件还必须是相对独立的。任何一家谨慎的保险公司，都不会只对一所建筑物出售保险单，或只为迈阿密的飓风进行保险，而是尽力使其承保的范围分散到各种各样并相对独立的存在风险的对象上。

再者，保险公司对于这样的随机事件必须具有足够的经验，这样，才能准确地预测和估计损失。例如，在"9·11"恐怖袭击之后，为私人提供的恐怖袭击保险就被取消了，因为保险公司不能对未来发生恐怖活动的可能性做出可靠的预计（见本章末的问题 3）。

最后，保险必须相对地排除道德风险。保险增加了冒险行为，进而人为地改变了原本的损失概率时，便会发生**道德风险**（moral hazard）问题。很多情况下，道德风险并不那么重要。很少有人会因为投了保险金丰厚的人身保险便拿自己的生命当儿戏。但在有的时候，道德风险问题却显得比较突出。研究表明，保险的存在会增加接受整容手术和使用疗养院等长期保健服务的数量，因此，大多数医疗保险都不将此类服务纳入他们承保的范围。

> 如果能满足上述理想条件：存在多种投保情况，所投保的风险程度或多或少地具有独立性，随机事件的概率也可以准确地做出估计，且个人利益还未能腐蚀掉人们的基本道德，那么，私人保险市场就能够有效率地运转。

***逆向选择*** 有时候，逆向选择会导致私人保险机制的缺失。当风险最大者成为最有可能购买保险的人群的时候，就会发生**逆向选择**（adverse selection）问题。

让我们举例说明。不妨将人们分为两类，一类是健康的人，另一类是重病缠身的人。前一类健康家庭的年平均医疗费用是 2 000 美元，而后一类面临长期治疗的人的年平均费用则是 8 000 美元。如果保险涵盖了这两类人的话，则平均的成本将为每年 5 000 美元。

假设蓝十字会（Blue Cross）要对所有的投保人进行统一的定价。这有可能因为政府要求公司对投保人不歧视；或者，也可能是由于信息不对称，即投保人知道自己的身体状况，而保险公司却不知道。无论怎样，有病的人会对蓝十字会的政策很满意，而那些健康的人看到这个价格，则宁肯选择不投保也不想支付这么高的保费。由于健康的人不投保，保险公司的客户中便只剩下了那些高成本的投保人，因而价格必须提高到 8 000 美元才能弥补保险公司的成本。

在这里我们可以看到，统一的医疗保险定价会导致一种逆向选择。价格提高，覆盖面会受到限制，从而会产生不完全性的市场。类似的市场不灵在伤残保险和长期理疗保险中都是重要的因素。

**学习成绩保险？**

试想像以下假想的场景：你在网上冲浪，点击了一个叫做"G 保险"的新公司，它向学生提供"成绩保险"。作为一般保费的回报，该公司保证在投保人因为成绩不好导致收入损失之时给予补偿。这种服务似乎很不错，因为大多数人的收入风险都很高。

认真思考一下，为什么这家保险公司几乎注定会失败？又为什么没有一个诚实的保险公司会这样开展业务？原因是，成绩与个人的努力直接相关，该市场会受到道德风险和逆向选择的影响。这些问题导致了市场的缺失，供给曲线和需求曲线会在零的保险水平处相交。

## 社会保险

当市场不灵严重以致私人保险不能提供足够的保险项目时，很可能需要由**社会保险**（social insurance），即由政府提供的强制性保险来发挥作用。在这种情况下，政府就可以进入这一领域，并提供更广泛的保险范围。政府具有税收和调节权力，加上有能力通过扩大保险的覆盖面以避免逆向选择，因而政府的保险能够成为增进社会福利的举措。

社会保险的一个重要例子是失业保险。这是一个私人保险市场无效的例子，因为私人保险所必需的诸多前提条件均不能满足。保险公司无法提供失业保险，是因为存在严重的道德风险（如果保险金很高的话，人们会选择主动失业）、逆向选择（经常失业的人最愿意参加）以及失业风险不存在独立性。因此，政府经常介入和提供失业保险。政府不能防止道德风险问题，但却能借助全面覆盖保险范围而防止逆向选择。

另一个政府介入的例子，是老年人医疗保险。我们注意到前面所提到的，由于健康的人不愿投保，而投保人主要都是高成本人群，因而会出现逆向选择的问题。逆向选择对于老年人更加严重，因为生命中最后一年的医疗费用很可能要占人生总医疗费用的 20%。今天，为了避免逆向选择，美国政府对老年人提供全面的保险计划，医疗费用由保险费和全部在职人员所交纳的税金来加以支付。

# B. 博弈论

经济生活中充满了国民、企业或国家争夺支配地位的情况。我们在前面章节所分析的寡头垄断有时会引发经济战。在 19 世纪，我们就已经看到了这种竞争，那时范德比尔特（Vanderbilt）和德鲁（Drew）曾在他们相互平行的铁路线上一而再再而三地竞相压低运输收费。近些年来，西南航空公司也试图通过大幅度降低票价，以便从其较大的竞争对手那里争夺客户。一些较大的航空公司，如泛美航空公司和联合航空公司，在决定如何做出反应时，还要考虑到西南航空公司对此会有什么反应，等等。这些都是以“博弈论”著称的经济分析领域中的典型案例。

**博弈论**（game theory，也译“对策论”——译者注）所分析的是两个或两个以上的比赛者或参与者选择能够共同影响每一参加者的行动或策略的方式。这一理论的定义听起来也许不那么令人重视，但在实际中却具有非常重要的意义。博弈论主要是由一位出生于匈牙利的名叫约翰·纽曼（John von Neumann，1903~1957 年）的数学天才所开创和发展起来的。经济学家利用博弈论来研究垄断者们的互动、工会与管理层的争议、国际贸易政策、国际环境协议、名誉以及其他诸多问题。

博弈论还可以用于点拨我们的政治、福利和日常生活。例如，博弈论认为，在某些场合，小心的相机抉择行为是一种最佳的策略。保安的巡逻路线应当随机，而不应当固定。你在玩扑克时偶尔也应当要一点小聪明，不仅要在自己手气差的时候能够赢，而且在手气好的时候也要保证其他对手不会因为输得过多而退出牌局。

## 定价策略

我们首先分析动态价格削减。假设你是网上书店 Amazing 公司的总经理，该公司的口号是“我们的售价不会高于别人”。现在，打开你的浏览器，你会发现一家新开的网上书店 nEwBooks 公司也在做广告：“我们的卖价总比别人低 10%”。图 11–3 描述了这一动态变化。图中垂直的箭头表示 nEwBooks 公司的削价，而水平的箭头表示Amazing 公司与此相对应的削价。

探寻这种定价行为与对抗方式，我们可以看到，这种

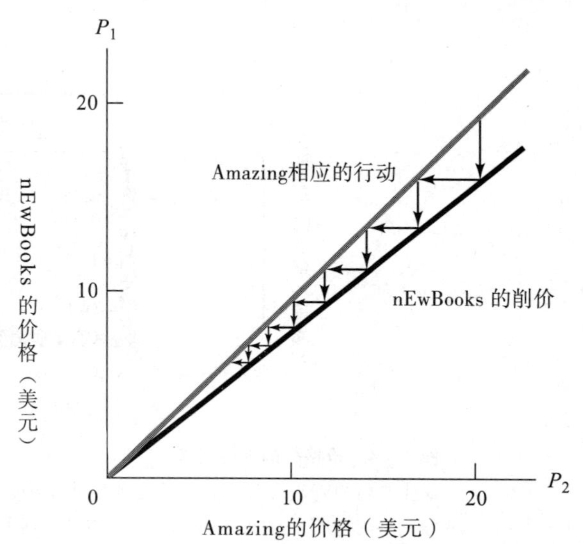


**图 11–3 当两个企业坚持相互削价竞争时发生的情况**

价格动态下调步骤导致两个对手越来越低的价格。

竞争的结果势必会以相互毁灭、价格趋零而告终。为什么？因为只有降低到零价格，双方的价格战略才能够做到言行一致，零的 90%等于零。

最终两个公司都将会醒悟：当一个公司削价时，另一个也会采取相应的削价措施。只有那些目光短浅的人才会认为自己的价格可以长期地低于竞争对手。于是，每个市场的参与者都将会自问，如果我降价、提价或是维持不变，我的竞争对手将会怎样应对。一旦你开始考虑他人会如何对自己的决策做出反应的时候，你便进入了博弈论的领域。

## 基本概念

我们将从**双寡头垄断的价格博弈**（duopoly price game）入手来阐明博弈论的基本概念。如果市场上的供给只由两个企业提供，那么就称之为一个双寡头垄断市场。为简化起见，我们假设每一企业都具有相同的成本和需求结构。而且每个企业都可以选择运用正常的价格，或采取低于边际成本的价格，从而迫使对手破产，以占领整个市场。双寡头垄断博弈的新颖之点就是，企业利润的获得既取决于自己的战略，也取决于对手的战略。

体现两个企业或两个人之间相互作用的有用工具是双方的**支付矩阵**（payoff table），这是一种表示双方采取的策略和回报状况的方法。图 11-4 所示的就是我们讨论的这两家公司在双寡头垄断价格博弈中的支付情况。在支付矩阵中，每一个企业可以在自己的行和列中选择战略。例如，nEwBooks 公司可以在它的两列中选择，Amazing 公司则可以在它的两行中选择。在本例中，每个企业有两种选择：是运用正常的价格，还是采取低价格挑起价格战。

将每个竞争者所选择的两种决策组合起来，我们可以得到四种结果，它们被表述在该表中的四个格子内。左上方 A 格是两个企业选择正常价格的结果，D 是双方均选择低价战价格的结果；B 和 C 则是一方采用正常价格，而另一方采取低价战价格的结果。

每 1 格子中的数字代表了两个企业的**回报**（payoffs）情况，即每个企业在四种结果中的获利情况。左下角的数字是对弈者 Amazing 公司的获利；右上角的数字则表示 nEwBooks 公司的获利。由于参与企业（的效用感受）是一致的，因而，双方的获利情况势必互为镜像。

### 策略选择

既然我们已经了解了博弈的基本结构，下面来研究博弈参与者的行动。博弈论的一个新的精神在于：不仅要分析你自己的行动方案，而且还要分析自己的目标和行动与对手的目标和行动二者间的互动关系。而且你必须始终记住，你的对手也始终在分析你的战略。

**价格战**

nEwBooks 的价格（美元）

| Amazing的价格（美元） | 正常价格* | 价格战 |
|---|---|---|
| 正常价格* | A† 10<br>**10** | B −100<br>**−10** |
| 价格战 | C −10<br>**−100** | D −50<br>**−50** |

* 占优策略

† 占优均衡

**图 11-4 价格战的支付矩阵**

这张支付矩阵表说明，竞争者之间不同的策略会导致不同的获利情况。Amazing 可以选择两种策略，如图中两行所示；而 nEwBooks 也可以选择两种策略，如图中两列所示。每一格中的账目表示双方的损益状况。例如在 C 格中，Amazing 进行价格战，nEwBooks 却采用“正常价格”，其结果是 Amazing 的利润为−100 美元，而 nEwBooks 的利润为−10 美元。每一企业试图采取最优策略将最终导致 A 格中的占优均衡。

> 博弈论的指导思想是：假设你的对手在研究你的策略，并采取追求自身最大利益的行动，这时你应该如何选择最有效的策略。

我们将这个准则用于双寡头垄断的市场。首先，请注意，这两家公司在图中的 A 格有着共同的最大利益。当双方都运用正常价格战略时，每个企业将各赚 10 美元。而在另一个极端，是双方都采用削价战略，从而都会遭受最大损失的情况。

在上述两种情况之间，存有两种有趣的战略，即只有一方选择发动价格战。例如，在结果 C 中，nEwBooks 公司坚持正常的价格战略，而 Amazing 公司却采取降价战略。于是，Amazing 公司拥有了市场，可它却损失了大笔的金钱，因为它的售价低于成本。nEwBooks 公司一直以正常价格销售，而不是对 Amazing 公司的策略以牙还牙，其处境反倒要好一些。

***占优策略*** 在选择策略时，最简单的一种选择是**占优策略**（dominant strategy），即无论其他博弈者采用何种战略，该博弈者的策略总是最好的。

例如，在我们价格策略的博弈中，设想一下 Amazing 公司所面临的选择。在 nEwBooks 公司采用正常价格时，Amazing 公司如果按正常价格经营，则会得到 10 美元的盈利；而如果它进行削价竞争，就会亏损 100 美元。另一方面，如果 nEwBooks 公司发动价格战，而 Amazing 公司按正常价格售卖，则 Amazing 公司会损失 10 美元；而如果 Amazing 公司也进行价格战，则会损失更多（达 50 美元）。同理，nEwBooks 公司的战略也可以此类推。因此，一个企业无论采用什么战略，与之博弈的企业的最佳战略就是仍按正常价格销售。在价格博弈中，正常价格对两个企业来说都是一种占优策略。

在两个（或全部）博弈者都采用占优策略时，我们称其结果是一种**占优均衡**（dominant equilibrium）。在图 11–4 中 A 的结果就是占优均衡。因为进行博弈的两个企业都采用了占优策略，从而造成了这样一种均衡状态。

***纳什均衡*** 多数令人感兴趣的情况并不是占优均衡，为此我们还需要进一步加以研究。我们可以用上述的双寡头垄断的例子来探讨这种情况。在这个我们称之为对抗博弈（rivalry game）的例子中，每个企业都将考虑：是采用正常价格，还是抬高价格形成垄断并尽力获取垄断利润。

图 11–5 所示的就是这种对抗博弈，企业可以处于其正常价格的均衡状态，像我们在价格战中所看到的。或者，它们还可以力图抬高价格赚取垄断利润。有趣的是，这两家公司在单元格 A 中有最大的联合（joint）利润；如果每一方都采用高价战略的话，则双方共计可赚 300 美元利润。只要企业之间存在合谋并共同设置垄断价格，A 这种情况就会出现。而在另一个极端，则是双方都采用正常价格的竞争策略，于是每个企业仅能够盈利 10 美元。

在这里还有两种有趣的情况，即一个企业采用正常价格策略，而另一个则采取高价格策略。例如在 C 格中，nEwBooks 公司采用高价策略，而 Amazing 公司则采取正常价格。于是，Amazing 公司会占领大部分市场，并赚取了最高收益，而此时 nEwBooks 出现亏损。在单元格 B 中，Amazing 公司以高价策略为赌注，而 nEwBooks 公司

**对抗博弈**

| Amazing的价格（美元） \ nEwBooks 的价格（美元） | 高价格 | 正常价格* |
|---|---|---|
| 高价格 | A 200<br>**100** | B 150<br>**–20** |
| 正常价格* | C –30<br>**150** | D 10<br>**10** |

* 纳什均衡

**图 11–5 双寡头垄断者是否会采用垄断价格**

对抗博弈中，每个企业按正常价格都可盈利 10 美元。如果双方抬高价格以达到垄断水平，则共同利润最大。然而，由于每一企业都想“欺骗”对手并通过降价获取更多利润，因而确保了在无合谋的情况下，正常价格的纳什均衡将成为一个普遍的事实。

则采取正常价格，这势必意味着 Amazing 公司的亏损。

在这一对抗博弈的例子中，由于 Amazing 公司选择了正常价格的占优策略，无论 nEwBooks 公司怎样做，它都会获利较多。另一方面，nEwBooks 公司则没有采用占优策略。这是因为，如果 Amazing 公司采用正常价格策略，nEwBooks 公司也会采用正常价格；如果 Amazing 公司实行高价，nEwBooks 公司也会实行高价。

nEwBooks 公司处在一种有趣的“两难处境”之中。它是否会采用高价策略，并希望 Amazing 公司也紧随其后呢？还是为了安全而采用正常价格出售呢？通过对这种支付矩阵的思考，我们可以清楚地看到：nEwBooks 公司还是应以正常价格销售。这个道理并不复杂，nEwBooks 会站在 Amazing 公司的立场上来考虑。无论 nEwBooks 公司采用何种策略，Amazing 公司都会采用正常价格策略，因为这是 Amazing 公司的占优策略。因此，nEwBooks 公司应该假定 Amazing 公司势必将采取其占优策略方式，并据此找出自己的最佳行动方式。这会立即促使它按正常价格销售。这表明了博弈论的一条基本准则：*把自己的战略建立在假定对手会按其最佳利益行动的基础上*。

我们现在已经发现了解决问题的方法，称之为**纳什均衡**（Nash equilibrium），以数学家约翰·纳什命名，他曾因在博弈论方面的贡献而获得诺贝尔经济学奖。纳什均衡是一个在其他博弈者的策略给定时，没有一方还能改善自己的获利的境况。也就是说，在博弈者 A 的策略已经给定的时候，博弈者 B 不可能做得更好，反之亦然。每一种策略都是针对其对手战略的一种最佳的反应。[1]

纳什均衡有时也被称作**非合作性均衡**（noncooperative equilibrium）。这是因为，每一方选择策略时都没有共谋，他们只是选择对自身最有利的策略，而不考虑社会福利或任何其他群体的利益。

现在可以肯定，图 11–5 中所研究的策略就是纳什均衡问题。也就是说，在对方不改变策略的情况下，无论是 nEwBooks 公司还是 Amazing 公司，都无法从这种（正常，正常）均衡中得到更多的利润。如果 Amazing 公司转移到高价格战略，它的利润就会由 10 美元变为–20 美元，而当 nEwBooks 公司从按正常价格出售的纳什均衡状态抬高其价格时，它的利润就会由 10 美元变为–30 美元。（试说明图 11–4 中所示的占优均衡也是一种纳什均衡。）

## 博弈论的一些重要例子

### 合谋还是不合谋

非合作性的纳什均衡是不是一种有效率的均衡，博弈双方是否获得了最大收益？博弈论重要的结论之一就是：非合作均衡对于博弈各方来说可能不是有效率的均衡。图 11–5 说明了这一点。D 格中带星号的纳什均衡给博弈双方带来的总收益小于任何其他策略下的总收益。最佳的解在单元格 A，博弈的每一方都制定高价，总共获得的利润达到 300 美元。最差的解是非合作纳什均衡，总利润仅为 20 美元。

为什么纳什均衡反而在博弈双方收益相对较少的时候存在？请记住亚当·斯密的格言：“做相同生意的人是很少相聚的……在一些人想努力提价时……谈话终止了。”为什么企业不选择合谋而使价格达到垄断价格的水平呢？

让我们考虑**合作性均衡**（cooperative equilibrium），即博弈各方结成联盟，实行总利润最大化的策略。他们可能组成卡特尔，制定高价格，在企业间平均分配所有利润。显然，这一策略是以消费者的利益为代价的。

然而，要想实现并保持合作性的垄断，并不是件容易的事。首先，在绝大多数市场经济的条件下，卡特尔和限制贸易的合谋都是非法的。不过最大的约束还是在于各方的利益。假设合谋价格是如图 11–5 所示的单元格 A 中的情况（高，高）。接着，Amazing 公司就会偷偷地以一个低价格售出更多的产品，即策略从 A 格移 C 格。Amazing 公司的行为在一段时间内不大会被发现，于是它的利润就会从 100 美元上升到 150 美元。

最终，nEwBooks 公司会注意到自身利润的下降。它会重新评估它的策略，并很可能得出卡特尔已经解体的结论，从而认为自己应当将价格下降到正常水平。如果合作性均衡（高，高）不再具有可操作性，企业会迅速转移到非合作性均衡或纳什均衡，其结果为 D（正常，正常）。

我们也可以将这一推理应用到完全竞争市场。*一个完全竞争均衡是一个纳什或非合作性均衡，每个企业和消费者都在考虑其他各方的价格策略后做出决定*。在这个均衡中，每一家企业都追求利润最大化，每一个消费者都追求效用最大化，从而导致价格等于边际成本、利润等于零的

---

[1] 更精确地，当企业 B 选择策略 $S_B$ 时，假定企业 A 选择策略 $S_A$。如果博弈的任何一方在对方坚持其最初的策略不变的条件下都无法找到一种更好的策略，那么这个策略组合（$S^*_A$，$S^*_B$）就是一种纳什均衡。也就是说，只要 A 选择策略 $S^*_A$，则 B 不可能有比更好的策略选择 $S^*_B$，对于企业 A 来说也是如此。以上讨论主要集中于两个人的博弈，但是分析方法（尤其是纳什均衡）对于扩展到多人（$n$ 个人）的博弈都是很有用处的。

结果。

不妨重温一遍亚当·斯密关于看不见的手的学说："追逐个人利益的结果，是他经常地增进社会利益，其效果要比他真的想要增进社会的利益时更好。"有关看不见的手的一个困境是：即使每个人的行动都是非合作的，其经济后果从社会角度看也是有效率的。此外，如果所有其他的人都坚持自己的策略，则任何个人将都无法通过改变自己的策略而得到更多的利益。从这个意义上讲，竞争性均衡也是一种纳什均衡的状态。

在完全竞争的世界里，非合作性行为造成了社会所期望的那种经济效率状态。

相反，如果集团成员（如这里提及的双寡头垄断者）进行合作，决定实行 A 格中的垄断价格策略，则经济效率反而会受到影响。这就解释了为什么政府要执行反托拉斯法，从而针对合谋制定高价和分割市场的行为给予严厉的惩罚。

## 囚徒困境

在图 11-5 的削价博弈中，我们看到企业间的竞争导致低价的结果。我们还可以看到，与经济生活惊人的巧合，亚当·斯密的看不见的手实现了完全竞争市场中有效的资源配置。

但是看不见的手的上述结果并不一定在所有的环境下都会出现。我们可以用博弈中最著名的**囚徒困境**（prisoner's dilemma）来说明这一点。图 11-6 与图 11-5 类似，在这里它代表囚徒莫利和纳克尔兹，他俩是同案犯。律师分别会见两人，说道："我有足够的把握让你们俩都在监狱里只关一年。但是我要告诉你们：如果你们中间只有一个人坦白的话，则坦白者只被判 3 个月徒刑，而你的搭档却会被判 10 年。而如果你们俩都坦白的话，则你们将都会被判 5 年。"

莫利会怎样做呢？他会坦白以求得轻判吗？3 个月的刑期要比他保持沉默所判的一年刑期强得多。但是，请等一下，他甚至还有更好的理由值得坦白。假设莫利不坦白，并且不知道纳克尔兹已经坦白，这样莫利就要坐 10 年的牢。显然，在这种情况下，选择坦白坐 5 年牢比坐 10 年牢要好。

纳克尔兹也处于同样的困境中：只有知道莫利的想法，或者莫利对纳克尔兹想法的想法，或者……

在这个例子中，最后的结果是两个囚徒都选择坦白，从而每人需坐 5 年时间的牢。只有当他们都选择合作（不坦白）或都选择利他策略时，他们坐牢的时间才能够最短。

## 污染博弈

图 11-7 所谈的污染博弈是个重要的经济例子，它与囚徒困境的结构相似，考查的是一个具有外部性问题的经济，如污染。在企业不受管制的环境里，每一个追求利润最大化的企业都宁肯污染环境，也不愿安装昂贵的污染处理设备。在这种环境中，如果一个企业采取利他主义的态度，并且清除其废料的粉尘，那么，它就会增加生产成本，从而产品价格上升，客户也会因此减少。如果该项成本增加到足够高，则企业甚至会破产。然而，达尔文的物竞天择原则，会迫使所有的企业都进入到图 11-7 的单元

**囚徒困境**

| | | 莫利 | |
|---|---|---|---|
| | | 坦白* | 不坦白 |
| 纳克尔兹 | 坦白* | A　5年<br>5年 | B　10年<br>3个月 |
| | 不坦白 | C　3个月<br>10年 | D　1年<br>1年 |

* 纳什均衡

**图 11-6　坦白还是不坦白，这就是囚徒困境**

在面对这样的情况下，无论对方如何选择，对于任何一个囚徒来说，坦白和不合作（自私）是相对较好的策略。只有通过合作或是利他的策略，博弈双方才会移动到 D 格，才会避免坐长时间的牢。

**污染博弈**

美国钢铁公司（美元）

| Oxy钢铁公司（美元） | 低污染 | 高污染* |
| --- | --- | --- |
| 低污染 | A 100<br>**100** | B 120<br>**–30** |
| 高污染* | C –30<br>**120** | D 100<br>**100** |

* 纳什均衡

**图 11–7 非合作行为导致更严重的污染**

在极度的污染博弈中，每一个不受管制地追逐最大利润的钢铁企业向大气和河流排放污染物。如果某一企业要消除污染，那么，其产品价格就会提高，从而生意受损、利润下降。在 D 格中的非合作纳什均衡导致了严重的污染。而政府通过强制方式使企业达到 A 格中的合作性均衡，企业获得同样的利润，而环境污染得以消除。

格 D 中的纳什均衡状态。在此情况下，任何企业都不再有可能通过减少污染而增加利润。

污染博弈是“看不见的手”这种竞争机制宣告失败的典型例证。*在这种情况下，非合作性均衡或纳什均衡是无效率的。*

当纳什均衡达到危险的无效率地步，政府就应该介入。通过设置有效的规章制度，实施污染排放收费，或明确产权，政府可以诱导企业向 A 结果移动，从而进入“低污染，低污染”的世界。在这种均衡下，企业可以获得与高污染世界同样的利润，而且地球也可以成为生命的健康乐园。

## 致命的军备竞赛

博弈论在政治科学、军事战略、生物进化等方面都具有广泛的应用。历史上多次出现的军备竞赛就是具备非效率均衡特征的一个极度危险的博弈案例。假设你是超级大国 A，面对超级敌对大国 R，或者预期到超级大国 C 的崛起。你想要确保有足够的核武器来阻止侵略。因为你不能确定对手的意图，因而只能采取安全的做法，即在武器上适度地超越对手。你的军官们告诉你，这样做只是一种出于谨慎考虑的军事策略。

现在你将自己置于 R 的位置想一下，他看到你正在扩军备战。R 不知道你的意图。它的军官们也会建议它采用谨慎的超越战略。于是 A 想比 R 多 10%的核武器，R 也想比 A 多 10%的核武器，从而导致严重的军备竞赛。

这可不是一个空想的例子。美国和前苏联在 1945~1991 年这一时期内的非合作性军备竞赛，曾导致大规模武力扩张，拥有的核武器弹头多达 10 万枚。

这些情形需要合作的解决方式，各方聚到一起削减武器。武器控制协定将博弈结果从无效率的非合作性均衡移动到无效率程度有所减轻的合作结果。这样做可以提高所有参与者的安全和福利。

**胜者全得的社会**

经济生活是否可能慢慢地变成一个巨大的联赛，类似军备竞赛但却是平民百姓的行为？

不妨试问自己，下面的举例有何共性：最畅销物品、专利、奥林匹克冠军、超级模特、获胜的诉讼、诺贝尔奖获得者以及美国总统。这些都是**胜者全得博弈**（winner-take-all game，也译作“赢家通吃”）的结果。在这些情况下，获利不是依据绝对优势，而是相对优势。在 400 米跑中只能有一个冠军，诉讼只能有一方获胜，图书排行榜冠军位置只有一个。而与此不同的是，工厂里工人们的酬劳却是由绝对的边际产量，而不是相对的边际产量决定的。

这种比赛的一个特征是报酬严重地集中顶级精英分子。顶级模特克劳迪亚·希弗（Claudia Schiffer）1998 年赚了 1 050 万美元，而大多数模特收入微薄，甚至什么也得不到。最畅销书的作者，如斯蒂芬·金

(Stephen King) 或丹尼尔·斯蒂尔 (Danielle Steel)，他们从自己书的版权中获得了高达 6 000 万美元的收入，而调查表明，普通作者的报酬却比最低的工资水平高不出些许。喜剧演员杰里·塞恩费尔德 (Jerry Seinfeld) 在 1998 年赚了大约 3 亿美元。相反，近些年只有 1/10 的演员协会的成员能获得影片出场费，新手们只能以开出租车和充当侍从维持生计。

图 11–8 显示的是胜者全得博弈。幸运的或有天赋的赢家有强大的动机去参加胜者全得联赛。她最终获得冠军并得到了 30 万美元。亚军则可以有两种选择，要么进入按绝对价值计酬的行业，例如制造业，或者加入前面提到的娱乐、体育或法律行业竞赛。如果亚军认为他有相同的机会获胜，他也会加入联赛。因为他估计自己在胜者全得行业中的预期收入是 10 万美元，而在普通行业中仅为 5 万美元。

最终的结果将是在右下角的“过度拥挤”状态下达到均衡，在这里，胜者和屈居胜者之后的人都加入联赛。国民收入比没人有兴趣参加竞争的死板 (dull) 均衡下要高，但比屈居胜者之后的人都不参加联赛的有效结果要低。一个无效率的胜者全得均衡产生了收入的最大的不平等。

罗伯特·法兰克 (Robert Frank) 和菲利浦·库克 (Philip Cook) 研究了他们称为“胜者全得社会”的结果。下面引用的一段话说明了博弈论如何阐明经济生活中这个重要的部分：

> 当自由市场者主张市场激励导致社会有效结果时，我们认为胜者全得市场吸引了过多的参与者，导致了无效率的消费和投资，并且经常使文化堕落……顶级工薪的剧增根源于胜者全得市场的逐渐流行。[2]

法兰克和库克强调“位置角逐控制” (positional arms control) 的必要性 (例如改革法律体系)，建议采用消费累进税，以降低娱乐、体育和商业的巨额报酬所引发的过度竞争及其所带来的浪费。

## 博弈，博弈，无处不在……

博弈论的精辟见解如今已渗透到经济学、社会科学、工商业活动以及日常生活等各个领域。比如，在经济学中，博弈论可以解释贸易战和价格战 (本章末尾的讨论题中给出了一些很有启发的案例)。

博弈论还表明，外国的竞争为什么会引起更激烈的价格竞争。当一个行业中美国的企业出现默契的合谋，并形成很高的寡头垄断市场价格时，日本企业进入会出现什么样的情况呢？外国企业或许“拒绝玩那样的游戏”，它们

[2] 参见补充读物中所列的法兰克和库克的著作。

**胜者全得博弈**

| 屈居胜者之后的人 \ 赢家或冠军 | 在一般行业工作 | 在胜者全得行业工作 |
|---|---|---|
| 在一般行业工作 | A* 50<br>50 $NI$ = 100 | B† 300<br>50 $NI$ = 350 |
| 在胜者全得行业工作 | C 50<br>200 $NI$ = 250 | D‡ 300<br>0 $NI$ = 300 |

注：收入以千美元为单位。
* 死板
† 有效率
‡ 过度拥挤

**图 11–8 当过多的人加入竞争，国民收入会下降**

在胜者全得的博弈中，高高在上的赢家在职业比赛或诉讼案中获胜，左面的屈居胜者之后的人有可能被引诱进入胜者全得社会。就像太多的渔船追逐同一条鱼，胜者全得市场过于拥挤，最终只能有很小的收益。如果屈居胜者之后的人停留在一般收入标准的行业中，总收入会上升。

可能不参与合谋，因为他们可能通过削价而获取市场份额，这样勾结机制就会瓦解。

许多博弈的关键问题之一是建立信誉（credibility）。如果你能遵守诺言，说到做到，则你是可以信任的。但是你不能仅仅通过许诺而获得信誉。信誉必须与博弈的动机保持一致。

你如何才能得到信誉呢？下面是一些例子：中央银行通过在通货膨胀问题上采取不向政治妥协的强硬立场而获得信誉。更大的信誉来自于中央银行的规则被写入法律或政府法规。商业上可通过签订承担法律责任的合同来建立信誉。一个更有争议的方法是，军队在前进中破釜沉舟——因为没有退路，只能以死相拼，从而才能相互信任。

以上这些例子，只是对半个世纪以来博弈理论家们的研究成果的粗浅介绍。这个领域对于经济学家和社会学家非常有用，可以帮助他们分析那些在市场、政治或军事上充分拥有信息并想以智慧取胜的少数人的处境。

## 总结提要

### A. 风险和不确定性经济学

1. 经济生活充满了不确定性。消费者面对不确定的收入和工作，以及灾难性损失的威胁；企业则面临不确定的成本，其收入中也包含了价格和产出的不确定性。
2. 在运转良好的市场中，套利、投机和保险可以帮助人们消除难以避免的损失。投机者是着眼于不同市场的价格差异、买卖商品并从中赚取利润的人。他们把商品从价格低的地区转移到价格高的地区，从商品丰富的时期转移到商品匮乏的时期，甚至将自然的不确定性的局面转变为有机会人为造成商品稀缺的状态。
3. 投机者和套利者追逐利润的活动倾向于从空间上和时间上造成确定的均衡价格形式。当边际成本和不同地区、不同时间或不确定自然状态下的边际效用达到平衡时，市场均衡点就是“零利润”的结果。在一定程度上，投机者调节着价格和消费的不稳定性，他们是“看不见的手”的机制的一部分，发挥着从产品旺季（商品价格偏低）到淡季（相应价格偏高）的重新配置商品的有效的社会功能。
4. 投机市场允许个人进行套期保值交易，以对抗令人不快的风险。风险规避的经济原则由边际效用递减规律衍生而来，意味着个人不愿意接受期望值为零的风险形势。风险规避意味的是，人们要购买保险以减轻火灾、死亡或其他灾害的打击。
5. 保险与风险分摊有助于消费水平在不同情况下维持稳定。保险是接受个人的大的风险，并将这种风险分摊到众多人的身上。对大多数个人来说，这就变成了可以接受的小的风险。保险对社会有益的原因是，它有助于促使不同的非确定性状态下的消费变得相等，可以提高效用的预期水平。
6. 有效的保险市场的经营条件是严格的：必须存在大量的独立事件；没有道德风险或逆向选择。如果由于逆向选择的出现导致市场不灵，则价格就会被扭曲或者市场就会出现缺失。如果私人保险市场不灵，政府可以介入提供社会保险。即使是在当今发达的市场经济的最为自由放任的条件下，政府也要提供失业保险和老人的养老保险。

### B. 博弈论

7. 在企业、居民户、政府或其他部门内，经济生活包含了许多策略上相互作用的情况。博弈论所研究的是这样一种方法：两个或更多的参与者，在像市场这样的竞技场上相互作用，选择对每一方都产生共同影响的行动或策略。
8. 博弈论的基本结构包括：具有不同策略、行动的竞争者，以及描述这些竞争者在每一种可能结果下所获得的利润和其他收益的支付结果。关键的新概念就是博弈里的支付矩阵，它指出了对弈者的策略、利润的分配和不同博弈者的利益。
9. 博弈论选择策略的关键在于，博弈者要对自身和对手的目标进行思考，绝不应当忘记对手有可能采用与你相同的策略。在经济领域或其他方面的博弈中，都假定对手总是按照他的最优选择进行行动。然后，找出使你自己利润最大化的策略。应当时时假设你的竞争对手也以相同的方式分析你有可能做出的决策。
10. 有时候，可能存在一种占优策略，即无论对手如何行动，这一策略对自己而言总是最优的。而更普遍的情况是，我们发现纳什均衡（或非合作性均衡）更有实际意义。纳什均衡所表明的是，在博弈另一方的策略已经确定的情况下，没有一方还能提高其自身的回报水平。有时，博弈者可能合谋或互相合作，这就产生了博弈中的合作性均衡。

11. 在亚当·斯密"看不见的手"的博弈中，纳什均衡可以产生有效率的结果。这里，非合作的企业在边际成本与产品的价格相等的情况下生产。而且，这种非合作性均衡是有效率的。在这种情况下，合作会导致无效率的生产。

12. 但是在有些场合，非合作性行为会危害社会，像竞争者污染地球或者是进行危险的军备竞赛等。在胜者全得的博弈中，例如诉讼或体育竞技，有可能引致过多的参与者，加剧名誉和收入分配的不平等。

## 概念复习

**风险与不确定性**

拉平地区价格的套利
理想的季节性价格形式
投机、套利、套期保值
风险规避者和边际效用递减
消费的稳定性与不稳定性
保险和风险分摊
信息经济的市场不灵
道德风险，逆向选择
社会保险

**博弈论**

博弈者，策略，回报
支付矩阵
占优策略和占优均衡
纳什均衡或曰非合作性均衡
合作性均衡或合谋均衡
重要的博弈：
　合谋博弈
　囚徒困境
　污染博弈
　胜者全得博弈
信　誉

## 补充读物和互联网站

**补充读物**

Game theory was developed in 1944 by John von Neumann and Oscar Morgenstern and published in *Theory of Games and Economic Behavior* ( Princeton University Press, Princeton, N.J., 1980). An entertaining review of game theory by two leading microeconomists is Avinash K. Dixit and Barry J. Nalebuff, *Thinking Strategically: The Competitive Edge in Business, Politics, and Everyday* ( Norton, New York, 1993) . A nontechnical biography of John Nash by journalist Silvia Nasar, *A Beautiful Mind: A Biography of John Forbes Nash Jr.* (Touchstone Books, 1999), is a vivid history of game theory and of one of its most brilliant theorists.

For an analysis of gambling, see William R. Eadington, "The Economics of Casino Gambling," *Journal of Economic Perspectives,* Summer 1999.

See Robert H. Frank and Philip J. Cook, *The Winner-Take-All Society* (Free Press, New York, 1995) for an interesting analysis of winner–take–all games.

**互联网站**

Game theorists have set up a number of sites. See particularly those by David Levine of UCLA at levine.sscnet.ucla. edu and Al Roth of Harvard at www.economics.harvard. edu/~aroth/alroth.html.

## 问题讨论

1. 假设你的一个朋友要和你玩一个公平的掷币游戏，若硬币出现正面，你给朋友 100 美元，而若出现反面，则朋友付给你 100 美元。解释为什么赢钱的期望值为零。然后解释，如果你是一个风险规避者，为什么期望效用值会为负数。
2. 考虑成绩保险的例子。假设在成绩保险下，如果学生的平均成绩比最高等级每低一分，则可获得 1 年 5 000 美元的补偿（这一数字可能是成绩对未来收入影响的估计）。解释为什么成绩保险的存在会导致道德风险和逆向选择。为什么道德风险和逆向选择会使保险公司不愿经营成绩保险业务？你是否对不能购买成绩保险感到奇怪？
3. 2001 年“9·11”恐怖袭击之后，大部分保险公司都不再承保恐怖袭击险。用布什总统的话来讲，“超过 150 亿美元的房地产交易因为无法获得保险的保护而被取消或搁置”。联邦政府因此开始介入，提供了价值达 900 亿美元的保险。请应用保险理论，解释为什么保险公司不愿意提供防止恐怖袭击的财产险。你认为联邦政府提供的此项保险是不是一种社会保险形式，为什么。
4. 在 19 世纪初，国家的农产品几乎不在市场上销售，而且运输成本很高。你能否预计出不同地区的价格与今天相比会有多大的变动？
5. 假如某企业进行了一种风险投资（比如说，投资 20 亿美元开发可与 Windows 竞争的操作系统），你能否说明该企业广泛分散的股份所有权是如何允许几乎全部的风险都分摊在软件的投资上的？
6. 在 20 世纪 80 年代末期，靠非法使用内部信息暴富的“套利者们”败坏了投机和套利行为的名声。假定投机和套利行为构成犯罪（如最近俄罗斯所发生的例子），试解释经济所受到的损害。
7. 思考一下图 11–9 中的支付矩阵所示的保持自由贸易的两难处境，它给出了两个国家的实际国民总收入（以 10 亿美元为单位），作为外贸政策的函数。每一个国家可采用无关税和配额的自由贸易政策，也可以采用对进口商品和劳务征收高关税的保护主义政策。获利就是每一个国家的实际收入。
   a. 列出四种结果，并计算出每一区域内的国民收入和世界收入。
   b. 表明各国非合作性行为（没有达成协议并按其本国的利益行动）如何导致 D 所示的纳什均衡下的贸易战。这种贸易战对世界总收入有何影响？
   c. 如若双方达成协议，取消全部贸易限制，进行自由贸易，则会对收入产生何种影响？
   d. 是否每个国家都存有要对贸易协议进行“欺骗”的动机？如果欺骗会导致对方的报复、结果造成高关税，则将会发生什么情况？

**自由贸易与贸易保护**

| 日本（美元） \ 美国（美元） | 自由贸易† | 贸易保护* |
|---|---|---|
| 自由贸易† | A† 美国 6 000；日本 3 000 | B 美国 6 100；日本 1 900 |
| 贸易保护* | C 美国 4 800；日本 3 200 | D* 美国 5 000；日本 2 000 |

* 纳什均衡
† 合作性均衡

**图 11–9 各个国家从相互贸易中得益，但因贸易战受损**

日本和美国能在 A 格的条件下达成合作性均衡，双方都减少关税和配额，从自由贸易中获取利益。但是，若每一个国家试图对进口贸易进行限制以“欺骗”对方，虽然国内获得收益，但却损害了整个世界的总收益，移动到 B 或 C。报复导致最坏的结果 D。

第三编

# 要素市场：劳动、土地和资本

# 第 12 章 市场如何决定收入

厄内斯特，你知道，富人和我们不一样。

——斯克特·菲茨杰拉尔德

是的，我知道。他们的钱比我们要多。

——厄内斯特·海明威

## A. 收入与财富

前面几章我们讨论了小型厂商和大型公司所提供的产品和劳务的产量和价格。但是我们所享用的这些种类繁多的产品并不会突然地从地底下涌现出来——它们是由装备着机器的工人们所生产的，那些机器需要放在厂房里，厂房又需要坐落在某一块土地上。生产过程中的这些投入会得到如下要素收入——工资、利润、利息和租金。下面，我们将开始讨论要素价格的决定和影响国民收入分配的因素。

美国是一个收入和财富两极分化的国家。如果你是最富有的400个美国人中的一员，那么你可能是一位60岁的白人男子，拥有一流大学的学位，净资产达30亿美元。美国社会的这一小部分人拥有了这个国家财富总量的5%。过去，你是靠制造业或房地产发家致富的，而最新出现的亿万富豪们则主要来自于软件、通讯等IT产业。通常，你之所以能够跻身高层，是与你的出身和头脑都有关。因为，家族产业的可观投资很可能会给与你一个相当领先的起步机会。不过，与10年前相比，现在，更多的成功人士都是依靠白手起家的。

另一个极端，是那些名不见《福布斯》或《人物》等经典杂志封面、几乎被社会所遗忘了的人们。不妨让我们听一听无家可归的失业者罗伯特·克拉克的故事。他是一个参加过越南战争的老兵，他从底特律来到迈阿密寻找工作。他睡在街边的一张硬纸板上，盖的是一条偷来的床单。每天，他和其他的无家可归者从地下水道里爬出来，为那些临时雇用他们的企业老板做工。这些企业每小时可以向其客户收费8~10美元，但老板却按“最低工资”向克拉克这类人支付。他们将所剩余的大部分钱用于自己的交通费和购置其他工具。克拉克的工资单表明，他工作31小时所得到的报酬仅仅为31.28美元。

我们怎样才能理解这种收入和财富的两极分化呢？为什么有些人1年收入1 000万美元，而另一些人1小时却只挣1个美元？为什么东京或曼哈顿的房地产每平方英尺价值成千上万美元，而沙漠中的土地每英亩却只卖几个美元？像微软或通用电气这样的巨型企业，它们几十亿美元的利润究竟是从何而来？

收入分配问题是经济学中最富争议的领域之一。一些人认为高收入是继承权和运气等因素所带来的不平等的后果，贫穷不过是来自于歧视和缺少机会；另一些人则认为，每个人都已经得到了他们应得的报酬，对收入的市场分配进行干预会损害一国经济的效率，并几乎能使得每个人的状况都要比原先更加糟糕。今天，美国政府各种干预经济的计划可谓是方方面面舆论相互妥协的产物。美国舆论一般都认为，收入应该主要由市场报酬机制决定，而政府则应该提供一个“安全网”，使得那些处于贫困线以下的人们能够得到接济。

## 收 入

在衡量一个人或一个国家的经济状况时，最常用的两个指标是收入和财富。**收入**（income）指的是一定时期内（通常为一年）的工资、利息、股息和其他有价物品的流入。所有收入的总和是国民收入，其内容见表 12–1。国民收入中最大的部分是劳动收入，其形式为工资、薪金和附加福利。剩余部分是各种形式的财产收入：租金、净利息、公司利润和业主收入；这部分基本上包括了作为小企业主的收入。[1]

> 市场经济中的收入以工资、利润、租金和利息等形式分配给生产要素的所有者。

### 要素收入和个人收入

理解要素收入和个人收入的差别很重要。表 12–1 列举了要素收入的分配，即在劳动收入和财产收入之间的分配。但同一个人往往可以拥有多种收入。例如，某人有工资，能从储蓄中得到利息，从持有共同基金的股份中取得股息，还能从房地产中收取租金，等等。用经济学语言来表述，一个人的市场收入，等于他所出售的生产要素的数量乘以每种要素的价格。

美国国民收入中大约有 3/4 是劳动收入，其余的是各种形式的资本收益。过去的 25 年是一个非常动荡的时期。石油危机、计算机革命、全球化、公司规模收缩和经济长期扩张等，对劳动收入在全部收入中所占份额会有什么样的影响呢？从图 12–1 中我们可以看出，自 1970 年以来，劳动收入在国民收入中所占份额的变动很小。这是美国国民收入分配的一个重要特征。

### 政府的作用

政府在收入分配中起什么作用呢？各级政府是工资、租金、利息收入的主要来源。表 12–1 中对生产要素的支付包括了政府购买支出。

政府在国民收入分配中还发挥着表 12–1 未能反映出来的作用。首先，政府通过税收和其他收费征收了国民收入的很大一部分。2003 年大约 30%的国内生产总值被联邦、州和地方的政府以各种形式的税收所课征，包括个人所得税、公司利润税和社会保险税。

不过，政府又将其所征得的税收反过来再支付给社会。各级政府以**转移支付**（transfer payment）的形式向社会提供收入。转移支付是政府向个人提供的一种不需要用

[1] 经济学家和会计师核算“收入”的方法通常是不同的。在第 7 章我们曾讨论过收入和财富的统计问题。

| 收入的种类 | 数额（10 亿美元） | 份额（%） | 例 子 |
|---|---|---|---|
| 劳动收入： | | | |
| 工资和薪金 | 5 003.7 | 59.9 | 汽车工人的工资；教师的薪金 |
| 津贴和其他劳动收入 | 973.7 | 11.7 | 退休金的公司份额 |
| 财产收入： | | | |
| 所有权收入 | 756.5 | 9.1 | 所有者经营企业的收入；律师作为合伙人净收益的份额 |
| 租金收入 | 142.4 | 1.7 | 房东出租公寓所得的租金，除去费用和折旧 |
| 公司利润 | 787.4 | 9.4 | 微软的利润 |
| 净利息 | 684.2 | 8.2 | 存款账户的利息 |
| 合 计 | 8 347.9 | 100.0 | |

**表 12–1 国民收入的分配（2002 年）**

国民收入包括付给所有生产要素的收入。其中 3/4 是工资和其他种类的劳动补偿，其余的 1/4 是租金、公司利润和业主收入。

资料来源：U. S. Department of Commerce，Bureau of Economic Analysis，at the Web page www.bea.gov.

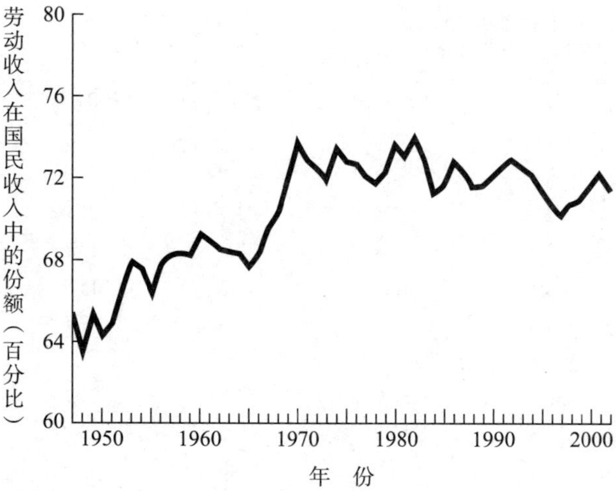


**图 12–1　劳动收入在国民收入中的份额**

自二战到 1970 年，劳动收入在国民收入中的份额逐步上升。自 1970 年以来，它一直稳定在 72%左右的水平。国民收入的其余部分是租金、利息、公司利润和业主收入。财产收入所占的份额是 100 减去劳动收入的份额。

资料来源：U. S. Department of Commerce.

商品或服务加以回报的支付。转移支付中最大的一项是对老年人的社会保险，此外还包括失业保险、农业补贴和福利开支。早在 1929 年以前，美国人几乎不曾从政府那里取得过什么收入；而到了 1999 年，竟然大约有 13%的个人收入都是来自于政府的转移支付。

> 个人收入等于市场收入加上转移支付。市场收入大部分来自工资和薪金；少数富人的市场收入来自于财产权益。政府转移支付主要是用于支付老年人的社会保险。

## 财　富

以上我们看到，人们的收入中有一部分是来自于他们所持有的债券或股票，即利息或红利。这类收入要求我们引入第二个重要的经济概念：**财富**（wealth）。财富是人们在某一时点所拥有的资产的货币净值。注意，财富是一个*存量*（如同湖中的水量），而收入是单位时间中的*流量*(如同河中的水流)。家庭的财富包括有形财产（房屋、汽车、其他耐用消费品及土地），还有金融资产（如现金、储蓄、债券和股票）。所有有价值的东西都叫做资产，而所有欠他人的东西都称为负债。总资产和总负债的差额称为财富或净财富。

由表 12–2 可见，1989~2001 年美国家庭所拥有财产的构成情况。大部分家庭最重要的一项资产是住宅：如今美国已经有 66%的家庭拥有自己的住房，而上一代人只有 55%。大多数家庭都以储蓄的形式持有一定数量的金融资产，1/5 的家庭直接拥有公司股票。但在实际上，美国的金融资产的大部分还是集中在一小部分人的手中，大约 1/3 的总财富是由 1%的最富有的美国家庭所拥有。

# B. 边际生产率决定投入的价格

**收入分配理论**（theory of income distribution）或**分配理论**（distribution theory）研究的是经济中收入的决定问题。人们常会对家庭收入差距巨大这一点感到迷惑。这种差异是由于天分的差异，还是由于垄断势力?抑或是由于政府的干预? 为什么比尔·盖茨身价 600 亿美元，而一半黑人家庭的资产却是零或负数? 为什么都市的地价要大大高于沙漠地带?

对于这些问题，我们的回答首先是：收入分配理论是一般价格理论的一种特例。工资不过是劳动的价格；同理，地租是使用土地的价格。生产要素的价格是由不同要素的需求和供给之间的相互作用所决定的，就像商品的价格主要是由商品的供给和需求所决定的一样。

但是，供给和需求只是理解竞争性市场经济中收入分配问题的第一步。我们将会看到，收入的关键在于不同生产要素的边际产出。在本节，我们可以看到工资取决于劳动的边际产出或者说是劳动的边际收益产品的价值，其他要素也是如此。我们首先讨论这个新概念，然后看它是如何解决收入决定问题的。根据前几章所讨论过的生产理论，我们能够看到，生产要素的需求可以用其边际产品的收入来表示。要素需求的这一重要性质与要素的供给一起，决定了要素的价格和数量，以及由此推算的市场收入。

## 要素需求的性质

要素需求与消费品需求的主要差别有二：(1) 要素需求是派生需求；(2) 要素需求是相互依赖的需求。

### 要素需求是派生需求

让我们讨论一下计算机软件企业对于办公楼面积的需

| 美国所有家庭各种资产占总资产的比例（1989~2001 年） | | | | | |
|---|---|---|---|---|---|
| | 占总资产的比例 | | | | |
| 资　产 | 1989 年 | 1992 年 | 1995 年 | 1998 年 | 2001 年 |
| **金融资产：** | | | | | |
| 银行储蓄和类似储蓄 | 9.4 | 8.4 | 7.7 | 6.7 | 6.4 |
| 债　券 | 3.1 | 2.7 | 2.3 | 1.7 | 1.9 |
| 股　票 | 6.2 | 7.6 | 10.4 | 14.3 | 14.2 |
| 退休金账户 | 6.6 | 8.1 | 10.3 | 11.2 | 11.9 |
| 其　他 | 5.3 | 4.8 | 6.0 | 6.8 | 7.5 |
| **有形资产和其他资产：** | | | | | |
| 家庭住房 | 31.9 | 32.2 | 30.0 | 27.9 | 27.2 |
| 其他房地产 | 13.4 | 13.3 | 10.0 | 9.6 | 9.4 |
| 交通工具 | 3.9 | 3.9 | 4.5 | 3.8 | 3.5 |
| 商业投资 | 18.6 | 18.0 | 17.2 | 16.9 | 17.0 |
| 其　他 | 1.7 | 1.1 | 1.5 | 1.0 | 1.0 |
| **家庭净值(千美元，按 2001 年币值)** | | | | | |
| 中　值 | 64.6 | 61.3 | 66.4 | 78.0 | 86.1 |
| 均　值 | 255.4 | 230.5 | 244.8 | 307.4 | 395.5 |

**表 12-2　美国家庭的资产结构的变动趋势**

家庭拥有有形资产（如房屋和汽车）和金融资产（如储蓄和股票）。金融资产在总资产中所占比例越来越大，但绝大多数美国家庭的最大一项资产仍是房屋。注意，现在资产组合中的股票份额越来越大。同时，财富的中值要远远小于其均值，而这反映了人们对财富拥有的极大的不平等。

资料来源：Federal Reserve Board，Survey of Consumer Finances，available in *Federal Reserve Bulletin* or at www.federalreserve.gov/pubs/oss/oss2/2001/scf2001home.html.

求问题。软件公司需要为其编程人员、客户服务人员和其他雇员租用办公室。同理，其他诸如比萨饼店或银行等也需要经营活动的空间。在每一地区，都有一条斜率为负的办公面积的需求曲线，它将土地所有者所要求的租金与公司想要的办公面积的数量联系起来——价格越低，公司愿意租用的面积就越大。

但普通消费者的需求和企业对投入品的需求之间却有着本质的差别：消费者需要计算机游戏和比萨饼等最终产品，是因为这些消费品都能直接地提供快乐或效用。而像企业购买办公场地这类投入，却并不是因为它们能直接地提供满足；企业购买投入品是因为它能够通过使用这些要素而得到最终产品和相应收入。

消费者满意偏好决定着厂商要素投入的格局，不过这种偏好可谓一个阶段一个样。消费者从玩电子游戏中获得的满足决定了软件公司能卖出多少游戏软件，需要多少销售商，必须租用多少办公场地。其游戏软件越是成功，对办公场地的需求也就越大。因此，要准确地分析投入需求，必须认识到：是消费者的需求最终决定了企业对办公场地的需求。

认识这一点的意义，不仅限于分析办公面积的需求。事实上，消费者需求决定所有的投入需求，包括耕地、石油，还有比萨饼烤炉。你能看出对经济学教授的需求是如何由学生对经济学课程的需求最终决定的吗？

企业的投入需求由消费者对其最终产品的需求间接地派生而来。

于是，经济学家将生产要素需求称为**派生需求**（derived demand）。这意味着当企业需要一种投入时，是因为那种投入使他们能生产一种消费者现在或将来想要得到的商品。由图 12-2 可见，某一种投入需求，例如肥沃的玉米地，是如何由消费者对玉米的需求曲线派生而来的。同样，对办公场地的需求也是由消费者对欲租办公室的公司所生产的软件及其他产品和服务的需求派生而来的。

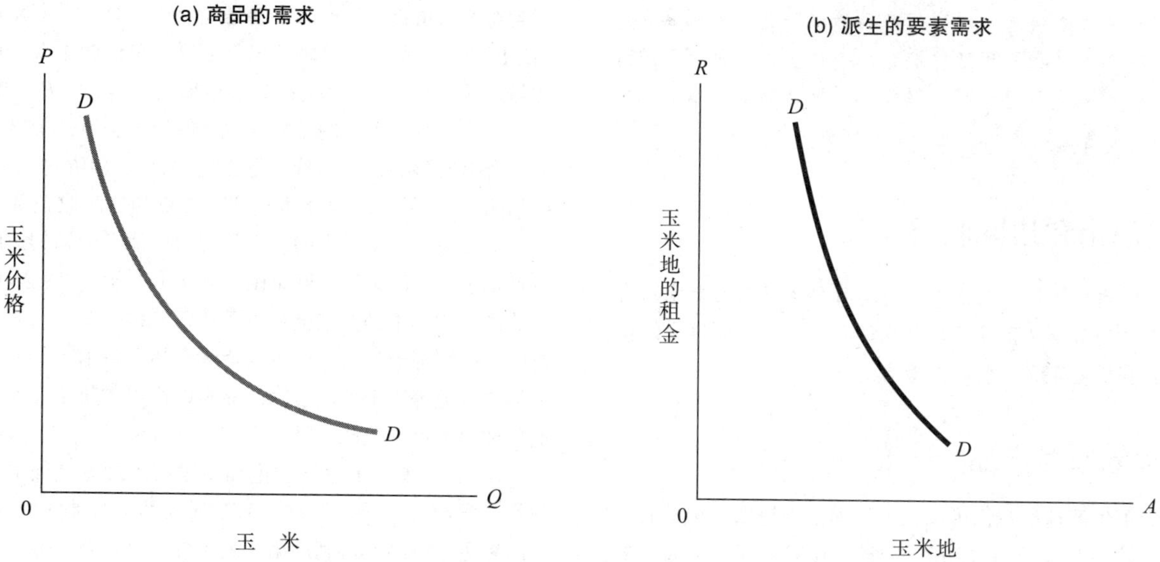


**图 12-2　要素需求是由它所生产的产品的需求中派生而来**

对玉米地的派生需求曲线是由对玉米这种商品的需求曲线得到的。将玉米的需求曲线向外移动，玉米地的需求曲线也会向外移动。如果商品的需求曲线变得没有弹性，投入的需求曲线也变得没有弹性。

## 要素需求相互依赖

生产要靠集体努力。要想锯倒一棵树，只有一把锯子是没有用的，而两手空空的工人也同样不能生产价值。只有将锯子交给工人使用才能很容易地将树锯倒。换句话说，某种要素的生产率，如劳动生产率，取决于能够与之相匹配的要素的数量。

这意味着在一般情况下，我们不应该说某一种投入独自创造了多少产出。说哪种要素更重要就好比说生孩子是父亲重要还是母亲重要一样。

正是由于土地、劳动和资本品在生产中是**相互依赖**的，才使得收入的分配成为一个非常复杂的问题。设想你负责分配一个国家的所有产出，如果我们能够判定“土地”独立生产这么多，“劳动”独立生产那么多，而“机器”又单独生产了其余部分，那么分配就会非常容易。在供给需求分析框架中，如果每种要素可以独自生产一定数量的产品，那么它当然就能够独享自己的劳动果实。

但是，请将上面那段话再读一遍，并标出“它自己生产”、“独立生产”等关键词。这些词指的是一个虚幻的世界，即各要素的生产率可以相互独立，而这在现实中却是根本不存在的。煎蛋卷是由厨师的劳动、鸡蛋、牛油和大地的天然气等要素投入共同作用而成的，你怎么可能将其中的每种投入单独的贡献从整体中分离出来呢？

为了寻求答案，我们需要考查要素的边际生产率（它影响需求）和要素的供给之间的相互作用关系。这二者决定要素的市场价格和交易数量。

### 生产理论回顾

在展示要素价格和边际产出的关系之前，我们来回顾一下第 6 章中生产理论的要点。

生产理论首先讨论了生产函数的概念。生产函数表示在给定的技术知识条件下，各种要素组合所能生产的最大产量。生产函数概念提供了**边际产品**的一个严格定义。一种投入品的边际产品是指：在其他投入品不变时，增加一单位某种投入品后所能带来的产品或产出的增加量。[2] 表 12-3 中前三栏复习了边际产品的计算方法。

最后，让我们复习一下“**收益递减定律**”。表 12-3 的第（3）栏说明，每一单位的新增劳动所能带来的边

---

[2] 注意，要素的边际产品是以每单位额外投入带来的产量的实物单位的增加来表示的。于是，有些时候，特别是这个词和我们即将遇到的“边际收益产品”这一概念可能发生混淆时，为了避免混淆，经济学家宁肯使用“边际实物产品”来代替“边际产品”。为简化起见，我们将边际产品缩写为 *MP*。

际产品呈递减状态。“边际产品递减”是收益递减的另一种说法。我们还可以把劳动换成土地，使劳动和其他投入保持不变，而仅仅改变土地的数量，我们会看到收益递减定律对于土地也同样适用。

## 分配理论和边际收益产品

分配理论的基本观点是，对各种要素产品的需求来自每种要素通过其边际产品所产生的收入。在说明这个结论之前，我们先定义一些新的概念。

### 边际收益产品

应用生产理论我们可以在分配理论中提出一个核心的概念：*边际收益产品*（*MRP*）。假设我们经营一个大型的衬衫企业，并了解每一个新增的工人能生产多少件衬衫。不过该企业所追求的是货币利润的最大化，因为它是用货币而不是衬衫去支付工资和红利的。于是我们需要一个概念来衡量每一单位新增投入品所能增加的货币收入。经济学家将增加一单位投入所能增加的产出的货币价值叫做“边际收益产品”。

> 投入品 A 的**边际收益产品**（marginal revenue product）是追加一单位投入 A 所能产生的货币收益。

***完全竞争的情况*** 当产品市场是完全竞争时，很容易计算出边际收益产品。在这种情况下，每一单位的工人生产的边际产品（$MP_L$）可以按产品的市场竞争价格（$P$）出售。而且，因为我们考虑的是完全竞争的情况，产品价格不受企业产出的影响，所以价格等于边际收益（$MR$）。如果我们的边际产品为 10 000 蒲式耳，价格和边际收益为 3 美元，那么最后一个工人的产出的货币价值（劳动的边际收益产品）为 30 000 美元（10 000 × 3 美元），见表 12–3 中的第 5 栏。于是在完全竞争条件下，每一个工人对于企业的价值都等于最后一个工人边际产品的价值；每一英亩土地的价值等于土地的边际产品乘以产出的价格；对于其他各种要素可以依此类推。

表 12–3 展示了生产理论和要素需求理论之间的基本联系，学习时应予以注意。前 3 列分别是劳动的投入量、产出和边际产品，再利用第 4 列中的产品价格，我们可以在第 5 列计算出劳动的边际收益产品（以美元/工人计）。在本章，稍后我们可以看到第 5 列是决定劳动需求的关键。一旦知道工资率，我们就可以利用第 5 列计算出对劳动的需求。

***不完全竞争的情况*** 在不完全竞争条件下，每个企业所面对的需求曲线是向下倾斜的，这时会发生什么情况呢？此时，从出售的每一单位新增产出上获得的边际收益低于价格，因为企业为卖出 1 单位新增产出必须能降低此前所

边际收益产品

| (1)<br>劳动单位(工人) | (2)<br>总产品<br>(蒲式耳) | (3)<br>劳动的边际产品<br>(蒲式耳/工人) | (4)<br>产品价格<br>(美元/蒲式耳) | (5)<br>劳动的边际收益产品<br>(美元/工人) |
|---|---|---|---|---|
| 0 | 0 | | | |
| | | 20 000 | 3 | 60 000 |
| 1 | 20 000 | | | |
| | | 10 000 | 3 | 30 000 |
| 2 | 30 000 | | | |
| | | 5 000 | 3 | 15 000 |
| 3 | 35 000 | | | |
| | | 3 000 | 3 | 9 000 |
| 4 | 38 000 | | | |
| | | 1 000 | 3 | 3 000 |
| 5 | 39 000 | | | |

**表 12–3 完全竞争厂商的边际收益产品的计算法**

第（3）栏标明了劳动的边际产品，劳动的边际收益说明增加单位劳动投入时，厂商得到了多少新增收入。它等于第（3）栏中的边际产品乘以第（4）栏中的竞争性产品价格。

有产品的价格。对于企业来说每单位边际产品的价值 $MR<P$。

我们继续研究上面的例子，假设边际收益（$MR$）为 2 美元，而价格是 3 美元，那么表 12-3 中第二个工人的边际收益产品 $MRP$ 为 20 000 美元（$= MP_L \times MR = 10\ 000 \times 2$ 美元），而不是竞争情况下的 30 000 美元。

小结：

> 边际收益产品表示在其他投入不变时，企业新增一单位某种投入所增加的收益。它用投入的边际产品乘以出售一单位新增产出所获得的边际收入来计算。这对于劳动($L$)、土地（$A$）和其他投入要素都适用。用符号表示：
>
> 劳动的边际收益产品（$MRP_L$）$= MR \times MP_L$
> 土地的边际收益产品（$MRP_A$）$= MR \times MP_A$
>
> 其他情况类推。
>
> 在完全竞争条件下，因为 $P = MR$，所以对于任一种投入 $i$ 来说：
>
> 边际收益产品（$MRP_i$）$= P \times MP_i$

## 生产要素的需求

在界定了有关的基本概念之后，现在我们来看追求利润最大化的厂商如何决定要素的最优组合，并从中导出对要素投入的需求。

### 追求利润最大化的厂商的要素需求

对某一生产要素的需求是由什么来决定的？为了理解这些问题，我们需要先讨论旨在追求利润的厂商如何选择其最优的投入组合。

假设你是一个追求利润最大化的农场主。在你所处的地区，可以用每年 2 万美元的价格雇到你所想要的全部农场工人。你的会计会交给你一张表，其中数据如表 12-3 所示。在这些条件下，你会怎么办呢？

你会试验各种各样的可能性。雇用一个工人时，额外的收入（$MRP$）为 6 万美元，而工人的边际成本为2 万美元，所以你的额外利润为 4 万美元；雇用第二个工人，会给你带来 3 万美元的边际收益产品，带来的额外利润为 1 万美元；雇第三个工人，所增加的生产只能带来 1.5 万美元的边际收益产品，而成本为 2 万美元，所以雇用第三个工人已经无利可图。表 12-3 说明，雇用两个工人所能获得的利润最大。

通过这种推理，我们能够找到选择最优投入组合的原则：

> 要达到利润最大化，企业应当增加投入，直到投入的边际收益产品与投入的边际成本或价格相等。

在完全竞争的要素市场上规则更为简单。在完全竞争条件下，边际收益产品等于价格乘以边际产品（$MRP = P \times MP$）。

> 在完全竞争条件下，当边际产品乘以产出价格等于投入价格时，厂商就得到了利润最大化的要素组合：
>
> 劳动的边际产品 × 产出价格 = 劳动的价格 = 工资
> 土地的边际产品 × 产出价格 = 土地的价格 = 地租
>
> 其他情况依此类推。

我们可以通过以下推理来进一步理解这一规则：假定每种投入都被打包成价值 1 美元的单位，即投入 1 美元的劳动，1 美元的土地，等等。为追求最大利润，企业将购买各种要素投入，直至每一个“1 美元投入组合”的产出都恰好价值 1 美元。换句话说，就是每一个“1 美元投入包”都将生产 $MP$ 单位的玉米，使得 $MP \times P$ 恰好等于 1 美元。那么，在利润最大化时，这些 1 美元的要素单位的 $MRP$ 都恰好是 1 美元。

***最低成本法则***　我们可以将以上推理的前提推而广之，使它既可以适用于完全竞争的产品市场的情况，也可以适应不完全竞争的市场（只要要素市场是竞争的）。重新整理上面所说的基本前提，利润最大化意味着：

$$\frac{\text{劳动的边际产品}}{\text{劳动的价格}} = \frac{\text{土地的边际产品}}{\text{土地的价格}} = \cdots\cdots = \frac{1}{\text{边际收益}}$$

假设你在丹佛有一家垄断的闭路电视公司。如果你要使利润最大化，你会对工人、铺设电缆的土地、汽车和检测设备等投入要素进行最优组合以使成本最小。如果汽车每月的租金为 8 000 美元，每个工人的每月工资为 800 美元，当每 1 美元投入的边际产品相等时，成本就达到最小。因为汽车的成本是劳动成本的 10 倍，汽车的边际产品必须是劳动的边际产品的 10 倍。

> **最低成本法则**(least-cost rule)：当每一美元投入的边际产品都相等时，成本就达到最小。这对于完全竞争和不完全竞争条件下的产品市场上的厂商都同样适用。

## 边际收益产品和要素需求

在得出不同要素的边际收益产品（*MRP*）后，我们现在就可以理解对生产要素的需求了。我们已经看到：一个追求利润最大化的厂商在选择各种投入的数量组合时，会使每种投入的价格等于其边际收益产品。这意味着从一种投入的边际收益产品表上，我们可以立刻得到投入价格和对该种投入的需求量之间的关系，这种关系就是需求曲线。

请回顾一下表 12–3。表中最后一栏是我们这个玉米农场劳动的边际收益产品。根据利润最大化条件，我们可以知道，当工资为 6 万美元时，会雇用 1 单位劳动；工资为 3 万美元时，就会雇用 2 单位劳动；依此类推。

> 由每一种投入的边际收益产品表可以推导出企业对该种投入的需求表。

我们已经用表 12–3 中的数据来勾画我们这个玉米农场对劳动的需求曲线，如图 12–3 所示。我们再将这些点用平滑的曲线连接起来，以便看到每增加一个很小单位的劳动时需求曲线的性状。

***从厂商到市场需求*** 不同厂商需求曲线的加总是决定劳动和其他要素需求的最后一步。由不同厂商需求曲线水平加总便得到竞争性市场的需求曲线。因此，如果存在 100 家不同的厂商，那么对劳动的市场需求恰像图 12–3 所显示的那样（横轴所表示数字要乘以 1 000）。我们可以看到，对生产要素的竞争性需求由不同厂商的边际收益产品加总而得。

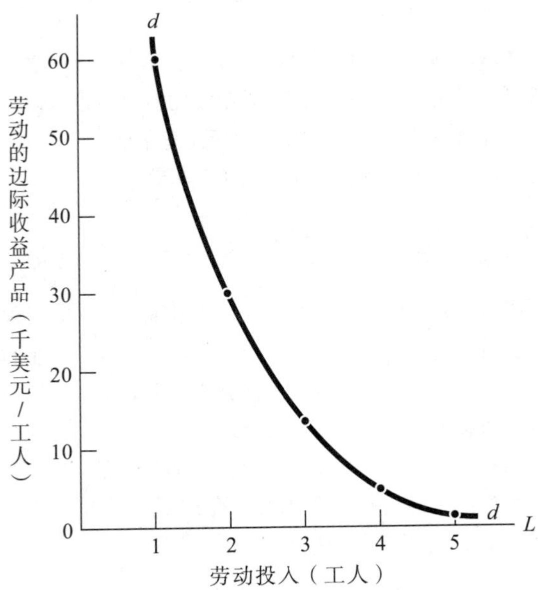


**图 12–3 从边际收益产品导出的投入需求**

对劳动的需求是由劳动的边际收益产品派生出来的，本图所用数据来自表 12–3 中竞争性厂商的数据。

***替代法则*** 最小成本法则的一个推论是**替代法则**（substitution rule）——当一种投入要素价格上升而其他投入要素价格不变时，更多地使用其他要素以代替那个价格上升的要素，企业将会从中获利。当劳动的价格 $P_L$ 上升时，会导致 $MP_L / P_L$ 的下降。这时企业将会减少雇用劳工的数量，而增加土地要素的投入，直到每 1 美元这两种投入的边际产品再次相等为止。这样就降低了对劳动的需求而提高了对土地的需求。同样，土地价格 $P_A$ 的上升也会使得企业更多地使用劳动来替代土地。与最小成本法则一样，替代法则和对要素的派生需求对于完全竞争和不完全竞争的产品市场均适用。

## 生产要素的供给

关于要素的价格和收入的决定因素的完整分析，须将上述的投入需求和生产要素的供给结合在一起。供给的一般原则因各种投入而异，以下两章中我们将进一步深入探讨。现在我们仅做一点介绍和简评。

在市场经济中，大多数生产要素是私人拥有的。人们“拥有”他们的劳动是指他们能控制劳动的使用；但在今天，这种关键的“人力资本”已经只能租借而不能买卖了。资本和土地一般都由家庭和企业所拥有。

劳动供给是由许多经济因素和非经济因素所共同决定的，重要的决定因素有劳动的价格（即工资率）和人口特征，如年龄、性别、教育和家庭结构。土地和其他自然资源的数量是由地理条件决定的，不可能有大的改变，虽然土地的数量也受水土保持、开垦方式和改良措施等因素的影响。资本的供给依赖于企业、家庭和政府过去的投资。短期内的资本存量像土地一样是固定的，但长期内的资本供给会受风险、税收和回报率这样的经济因素的影响。

投入的供给弹性是怎样的呢？实际上，供给曲线可以向上倾斜或垂直，甚至可能斜率为负。对于大多数要素，我们可以认为在长期内供给和要素价格是一种正相关关系，此时供给曲线向右上倾斜。土地的总供给一般认为是不受价格影响的。这种情况下，土地的总供给完全没有弹性，供给曲线是垂直的。在某些特殊情况下，当一种要素的收益增加时，所有者向市场提供的该种要素的数量反而更少。例如，当工资上升时，人们感觉他们可以工作更少的时间，所以在工资率高的时候，劳动的供给曲线就有可能向后弯曲，而不是继续向上倾斜。

图 12–4 显示了几种具有不同弹性的要素供给曲线。

## 供给和需求决定要素价格

一个完整的收入分配分析必须结合生产要素的供给和需求。本章前面我们已经提供了分析需求的基础，并简要描述了供给。我们已经指出，在给定的要素价格下，追求利润最大化的厂商将按各种投入的边际收益产品选择投入组合。当土地的价格下降时，每个农场主都会用土地去替代其他投入，如劳动、机器和肥料，于是每个农场主对玉米地投入的需求如图 12–2（b）所示。

我们怎样得到对要素（不论是玉米地，还是非熟练工人或计算机）的市场需求呢？我们将每个厂商的单个需求加总，于是，在土地价格给定时，我们将给定价格下所有企业对土地的需求加总；在土地的每个价格水平下我们都这样做。换句话说，我们将所有的单个厂商对土地的需求曲线进行水平加总，得到市场对土地的需求曲线。对所有投入，我们都这样将所有厂商的所有派生需求加总，从而得到每种投入的市场需求。在每种情况下，投入的派生需求都是根据该种投入的边际收益产品而得出的。[3] 图 12–5 的 *DD* 曲线是某种生产要素的总需求曲线。

我们怎么找到整个市场的均衡呢？完全竞争市场中投入的均衡价格，即是供给量和需求量相等时的那个价格水平。如图 12–5 所示，一种要素的派生需求曲线与其供给曲线在 *E* 点相交，只有在这种价格时，要素所有者愿意供给的数量与买方愿意购买的数量才平衡。

**竖直型和扁平型**

用以上概念我们可以分析一个只有两种要素的市场，以便看出为什么收入差异会这么大。图 12–6 是两种劳动（外科医生和快餐工人）的要素市场。由于行医需要执照，且成为一名外科医生所需接受的教育和训练时间长、成本高，因而外科医生的供给相当有限，在美国，职业外科医生只有 5 万名。而由于

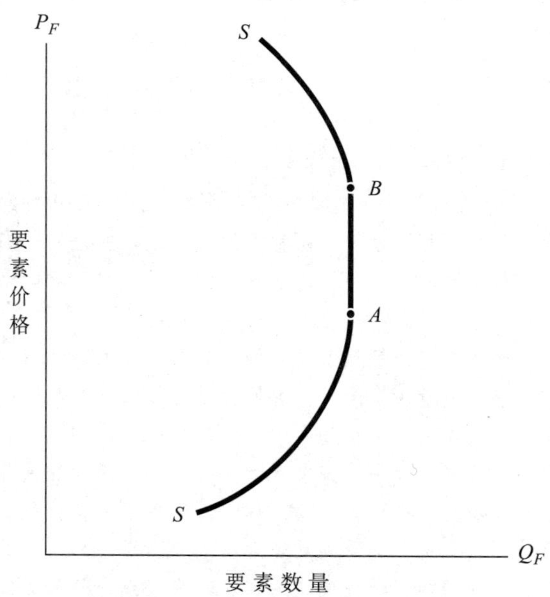


**图 12–4　生产要素的供给曲线**

生产要素的供给依赖于要素的特性和所有者的偏好。一般地说，供给与价格呈正相关关系，如图中 *A* 点以下区域所示。对于供给固定的要素，如土地，供给曲线是完全没有弹性的，如图中从 *A* 到 *B* 部分所示。在特殊情况下，要素价格上升会大大增加所有者收入，如劳动或石油，这些要素的供给曲线可能会向后弯曲，如图中 *B* 点以上部分所示。

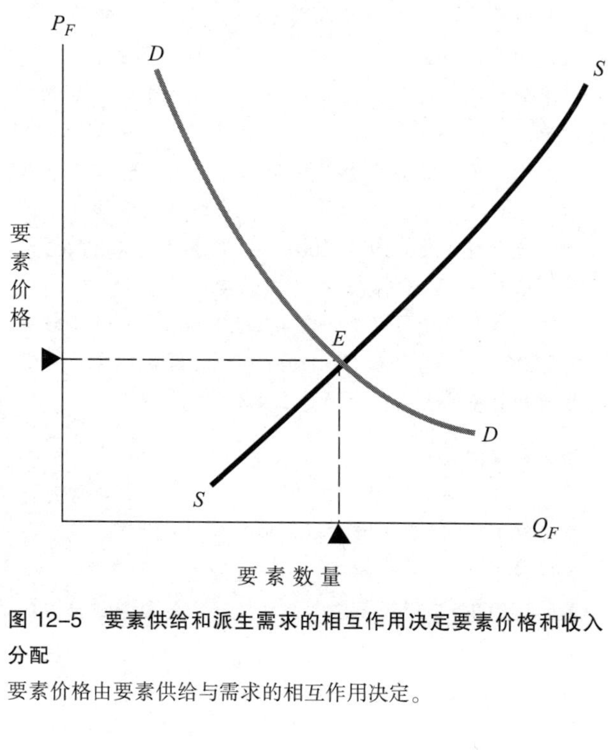


**图 12–5　要素供给和派生需求的相互作用决定要素价格和收入分配**

要素价格由要素供给与需求的相互作用决定。

[3] 注意，这里要素需求曲线的水平加总过程与第 5 章我们导出产品的市场需求曲线的过程是一致的。

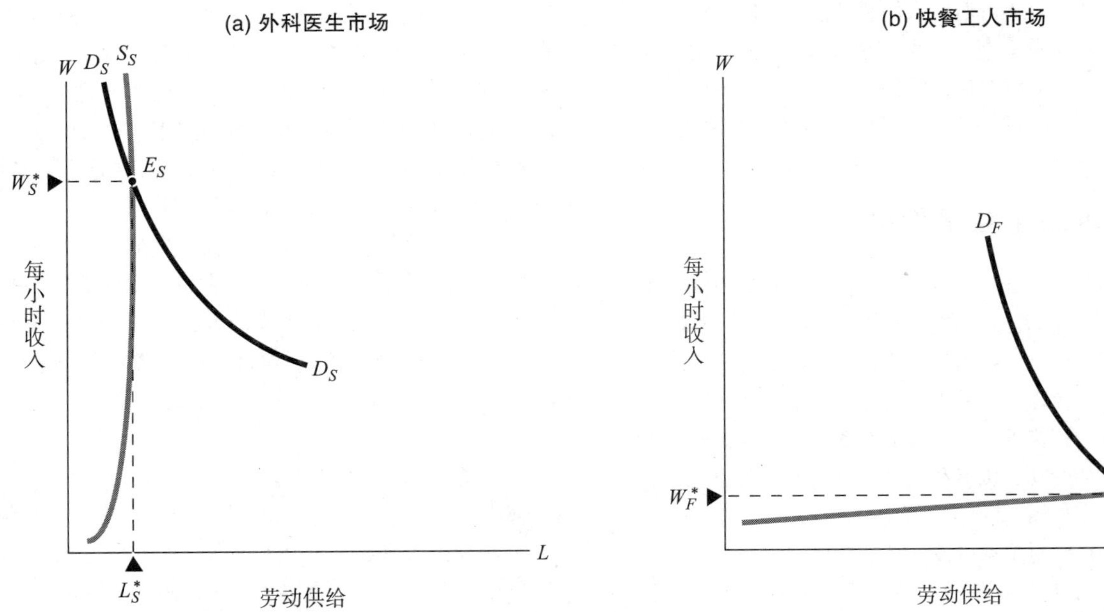


**图 12–6 外科医生市场和快餐工人市场**

在（a）图中，我们看到了外科医生有限的供给产生的影响：产出很少，每个医生收入很高。如果老年人口比重上升，对外科医生的需求增加，会对医生的总收入和手术的价格产生什么影响呢？

在（b）图中，自由进入和低技术要求说明快餐工人的供给是具有弹性的，工资很低而就业量大。如果更多的青少年要找工作，这对快餐业的工资和就业有何影响？

对外科医疗的需求与其他医疗服务的需求一起迅速增长，结果外科医生每年平均收入达 24 万美元。此外，需求的增长将导致医生收入的急剧增长和产出略低的增长。

收入模式的另一个极端是快餐工人。这些工作对于技术或教育没有多少要求，几乎每个人都能做。劳动供给很有弹性，1991~2001 年，快餐工人雇员数量增长了 200 多万。快餐工人的工资接近于最低工资，因为进入这个市场很容易。全职工人平均每年挣 9 500 美元。外科医生和快餐工人收入悬殊的原因何在？关键是劳动质量的差别，而不是工作时间问题。

**富人和其他人**

如果你是美国最富有的人之一，那么每年你可能有 5 000 万美元的利息、红利或其他财产收入。而中等家庭每年来自其所拥有的金融财产的收入还不到 1 000 美元。图 12–7 解释了这个差别。富人的股票或债券的回报率不比中产阶级高多少。

然而，富人的财富基数却大得多。图 12–7 中的阴影矩形的面积显示了这两种人的资本收入的差别。切记：是财富的多少而不是回报率的高低导致巨富财产收入的矩形面积如此之大。

这两个例子解释了要素价格和个人收入是如何由市场潜在力量决定的。供求的力量会使供给有限或需求很大的要素，通过较高的边际收益产品的形式产生很高的收益。如果一种要素如外科医生，因训练素养要求提高而变得更为紧缺，那么这种要素的价格就会上升，医生就会享受到更高的收入。然而，如果某些领域（如精神病学领域）的需求减少（或许是因为保险公司缩减了精神病的承保范围，或者由于像社会工作者和心理学家一类的人拉走了一些病人，或者是人们需要更多的药物治疗而非心理治疗等），精神病医生的收入就会降低。竞争会给予一切，也会带走一切。

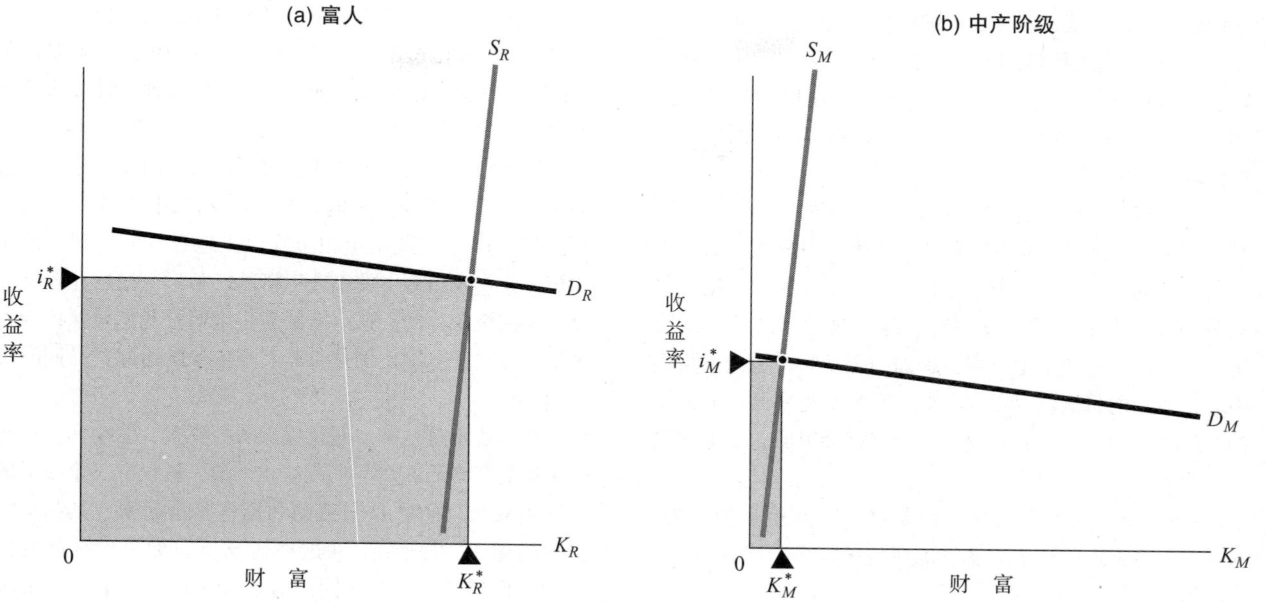


**图 12–7　财富收入的差异**

本图展示出富人与中产阶级所持有财富的供给和需求。横轴代表总财富，纵轴代表收益率，阴影部分为 $r \times W$，或者说是财富带来的收入。为什么富人的阴影部分的矩形面积要远远大于中产阶级的阴影区矩形面积呢？富人的资产收入比较高，主要是因为富人的财富（$K_R$）要比中产阶级多很多（$K_M$）。

## 国民收入的分配

学习了边际生产率理论之后，我们现在可以回到本章开头时所提出的问题。在一个激烈竞争的世界里，市场如何在这么多的生产要素中分配国民收入？

约翰·贝茨·克拉克于 1900 年左右首次提出了一个简化的要素收入分配理论。克拉克是哥伦比亚大学一位杰出的经济学家。该理论可以应用于任意数量最终产品和要素投入的竞争市场中。如果我们考虑一个只有一种产品的简化的经济世界，而且在这个世界里所有的账目均按“实际的”单位记录，那么该理论就会变得易于掌握。这种产品可能是玉米，或是一篮子各种物品和服务的组合，而我们称它为 $Q$。另外，设定价格为 1，整个讨论在实际条件下进行，那么产出的价值就是 $Q$，工资率则是以货物或 $Q$ 表示的实际工资。在此情形下，生产函数表明在每单位劳动小时（$L$），在每单位面积的同质土地（$A$）上生产多少 $Q$。注意因为 $P = 1$，在完全竞争条件下，$MRP = MP \times P = MP \times 1 = MP$。因此，工资为 $MP_L$。

克拉克的推导如下：工人 1 因可供耕种的土地很多而获得较多的边际产品。工人 2 获得的边际产品略少。但这两个工人的素质是相同的，因此他们应该获得几乎相等的工资。问题在于由哪一个工人决定工资？是工人 1 的边际产品还是工人 2 的边际产品？或是二者的平均？

在完全竞争条件下，答案是清楚的。如果市场上工人工资已经超过工人的边际产品，土地所有者就不会再雇工人。因此，劳动的需求曲线会确保所有的工人获得的工资率与最后一个被雇的工人的边际产品相等。

但现在，由于早先的工人比最后一个工人的 $MP_S$ 高，这就产生总产出与工资额之间的剩余。所有早先的工人创造的超过 $MP_S$ 的部分哪里去了？这个超出部分留给土地所有者作为了他们的剩余收入，将来我们会称之为租金。你可能会问，为什么土地所有者在千里之外坐着他们的游艇，却能从土地上获得收入？原因在于：每块土地的所有者都是竞争性的土地市场的参与者，并以最优的价格出租土地。就像工人之间为工作而进行竞争一样，土地所有者之间为雇用工人而展开竞争。可见，在克拉克的竞争世界里，没有工会来争取涨工资，也没有雇主联合起来剥削工人，在工资和地租上也不存在什么特别的公平，只有供给和需求之间的运动。

于是我们决定了付给工人的总工资。图 12–8 说明劳动的边际产品曲线以实际工资的形式决定了所有雇员的需求曲线。劳动供给要素决定了劳动的供给（图中为 $SS$）。均衡工资在 $E$ 点，付给劳工的全部工资为 $W \times L$（例如，如果 $W = 5$，$L = 100$ 万，则总工资 = 500 万）；图中为矩形区域 $0SEN$。

令人惊讶的是，我们也可以计算土地的租金收入。图 12-8 中的三角形 $NDE$ 为所有已生产出来但没有作为工资支付出去的剩余产出，租金三角形的大小由追加劳动时劳动的边际产品的递减程度决定，即由收益递减的程度决定。如果高质量的土地有限，追加的劳动收益递减就会很显著，租金的份额就会很大。如果有大量需要开垦的同质的边远地带的土地，收益递减的倾向就会很弱，土地的租金三角形面积就会很小。

图 12-8 中工人的工资大约是财产所收租金的 3 倍，这种 3:1 的关系反映了劳动收入在国民收入中约占 3/4 这一事实。

## 多种投入的边际生产率理论

在理解不同投入的定价方面，边际生产率理论向前跨了一大步。另外需要注意，可将土地和劳动的位置互换来取得一个完整的分配理论。要转换二者的位置，就要使劳动固定，对固定的劳动追加不同单位的土地，计算每英亩追加土地的边际产品。

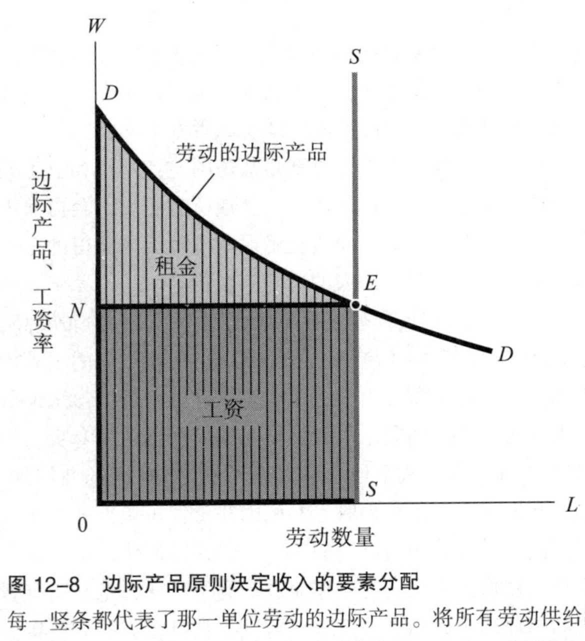


**图 12-8　边际产品原则决定收入的要素分配**

每一竖条都代表了那一单位劳动的边际产品。将所有劳动供给的边际产品 $MP$ 的竖条加总，至劳动总供给量 $S$ 为止，就得到全部产出 $0DES$。

产出的分配是由边际产品原则决定的，全部工资是下面的矩形（等于工资率 $0N$ 乘以劳动数量 $0S$），土地租金获得了剩余的产出，图中为上面的三角形 $NDE$。

然后画出一条需求曲线，表明在每一租金水平上，劳动所有者需要多少亩土地。在你重画的图 12-8 中，找到新的均衡点 $E'$。找出由租金乘以土地数量而得到的地租的矩形，再找出剩下的工人工资的三角形。最后注意这些要素是完全对称的。这个新图表将说明：我们应该认为每种生产要素的分配比例是由其互相依赖的边际产品同时决定的。

但这还不是全部。假设仅有两种要素：劳动和另一种多用途的资本品，而不是劳动和土地。假设有一个平滑的生产函数，将产量 $Q$ 与劳动和资本联系起来，其基本特征如同图 12-8 所示。在这种情况下，你可以重新画图 12-8，得到一个完全相同的劳动和土地之间的收入分配图。事实上，对于三种、四种或更多种要素，我们都可以用相同的方法进行分析。

> 在竞争市场中，投入的需求是由要素的边际产品决定的，在要素只由一种产出支付的简化情形下，我们有：
>
> 工资 = 劳动的边际产品
>
> 租金 = 土地的边际产品
>
> 其他要素可依此类推。这样就将 100% 的产出，恰好在所有生产要素之间进行了分配。

于是我们看到，收入分配的总体理论与多种要素生产的多种商品的竞争性定价是相容的。这个简单有力的理论说明：在一个竞争市场经济中，收入分配是如何与生产率相关联的。

现在我们已经了解了生产要素定价和收入分配决定的一般原理，在此基础上，我们将具体讨论三种主要的要素市场——土地、劳动和资本市场——的基本特征。

# 收入分配中是否也存在看不见的手

我们已经描述了在一个简化的世界里，完全竞争经济是如何将国民产出分配给不同的投入要素的。

人们通常会问，在资本主义市场中，劳动者得到的报酬是否公平？从某种意义上讲，这等于问丛林中的动物他们所获得的食物是否公平。正如丛林中食物分配法则无所谓对错一样，竞争性市场也是根据劳动者的生产率来分派工资和利润的，而不是根据某个道德标准。

市场中是否有一只看不见的手，使得最有价值的人得到其应得的报酬？或者使那些长时间工作的人、在夜里或周末加班的人，以及从事沉闷的或危险的工作的人能够体面地生活？或者使发展中国家长年从事辛苦工作的人得到舒适的生活？

不，事实上竞争的市场并不能保证收入和报酬必然会分配到那些最需要或最应得的人的手中。自由主义的竞争会带来严重的不平等，营养不良的孩子长大成人之后又养育出更多的营养不良的孩子，收入和财富的不平等代代相传。并不存在一个保证非洲贫穷国家赶上北美富裕国家的经济规律。富人越来越富，穷人越来越穷。在市场经济下，收入和消费的分配不仅反映了劳动者的工作努力、聪明才智和技术娴熟等因素，同时也反映其初始继承的财富和其他各种因素，如种族、性别、地点、努力、健康和运气等问题。

> 在最有效地提供种类不断丰富的产品和服务方面，市场能够发挥强大的作用，然而并不存在一只看不见的手来保证自由主义经济能够公平地分配收入和财产。

## 总结提要

### A. 收入与财富

1. 分配理论关心的是经济品为谁生产这一基本问题。通过考查各种不同的生产要素（土地、劳动和资本）如何在市场中被定价，分配理论研究了这些要素的供给和需求如何联系在一起，以及它们是如何决定工资、租金、利率和利润的。
2. 收入指的是一个人或一个家庭在一个给定的时期内（通常为一年）所赚取的全部的进账和现金，收入包括劳动所得、财产收入以及政府转移支付。
3. 国民收入包括一年内经济中所产生的劳动所得和财产收入。政府以税收的形式取得国民收入的一部分，并以转移支付的形式向公民返还一部分税收。个人税后收入包括他所拥有的所有生产要素（劳动和财产）的收益，加上政府的转移支付，再减去税收。
4. 财富是指某一时点人们所拥有的资产的净货币价值。财富是存量，而收入是每个时间单位的流量。家庭资产包括不动产（如房子）和金融资产（如债券）。有价值的物品称为资产，而那些欠别人的东西称为负债。总资产和总负债的差额叫做财富或净财富。

### B. 边际生产率决定投入的价格

5. 要理解不同生产要素的定价，我们必须分析生产理论和要素派生需求理论。要素需求是一种派生需求：我们需要比萨饼烤炉，并不是需要这些东西本身，而是因为它们能为消费者生产出比萨饼。要素需求曲线是由商品需求曲线派生而来，最终需求曲线的向上移动会引起派生要素需求曲线的类似移动；商品需求越缺乏弹性，派生要素需求也就越缺乏弹性。
6. 在前几章中我们遇到了生产函数和边际产品的概念。对要素的需求是由其边际收益产品（*MRP*）得出的，而边际收益产品是追加一单位要素所增加的收入。在任何一种市场上，某种要素的 *MRP* 都等于出售一单位新增产品的边际收益乘以一种投入的边际产品（$MRP = MR \times MP$）。对于竞争厂商来说，因为价格等于边际收益，上式就简化为 $MRP = P \times MP$。
7. 当一个企业各种投入的边际收益产品（*MRP*）等于其边际成本即要素的价格时，则达到了利润最大化（或成本最小化）。这个条件也可以表述为：当各种要素每 1 美元投入的边际收益产品（*MRP*）相等时，利润就达到最大化（成本最小化）。在均衡时这个条件必须成立，因为追求利润最大化的厂商会增加任何要素的投入，直至其边际产品带来的边际收益等于要素成本。
8. 为得出某一要素的市场需求，我们将所有企业的需求曲线水平加总，然后与该要素的供给曲线一起决定供求的均衡。在生产要素的市场价格下，需求和供给的数量将会恰好相等，也即，在均衡时要素价格才没有变动的倾向。
9. 收入分配的边际生产率理论分析了全部国民收入在各种不同要素之间分配的方式。众多土地所有者和劳工之间的竞争使得要素价格与其边际产品相等。这一过程会严格地将产品 100%地进行分配。任何一种要素，不仅是劳动，都是可以不断变动的要素。因为每 1 单位的要素仅按雇用的最后一单位的边际产品进行支付，以前投入的要素的边际产品中就有一些产出的剩余。这些剩余恰好等于边际生产率定价下其他要素的收入。所以，要素分配的边际生产率理论虽然很简单，但它却说明了完全竞争条件下收入分配的全部情况。

10. 尽管竞争的经济能够从现有资源中获取最大的产出，市场经济还是留存了一个大的问题。我们没有理由认为在自由主义的资本主义经济下，收入会得到公平的分配。市场收入可能给收入和财产带来可接受的或悬殊的差距，而这种差距可以代代相传。

## 概 念 复 习

收入分配
收入（流量），财富（存量）
国民收入
转移支付
个人收入

边际产品，边际收益产品，派生需求
竞争厂商 $i$ 投入品的边际收益产品
$= MRP_i = MR \times MP_i = P \times MP_i$
分配理论
边际产品矩形，剩余租金三角形

竞争条件下的要素需求：
$MP_i \times P = i$ 的要素价格，据此得出最低成本法则：

$$\frac{MP_L}{P_L} = \frac{MP_A}{P_A} = \cdots = \frac{1}{\text{边际收益}}$$

市场收入的公平性

## 补充读物和互联网站

### 补充读物

Bradley R. Schiller, *The Economics of Poverty and Discrimination* (Prentice-Hall, New York, 1998), provides a comprehensive review of income distribution and poverty.

### 互联网站

Information on the distribution of income is gathered by the Census Bureau at www.census.gov/hhes/www/income.html. The most comprehensive data on the population is gathered in the decennial census, available at www.census.gov.

If you want to examine data on income dynamics, an exemplary site for data is that on the Panel Study on Income Dynamics at www.isr.umich.edu/src/psid.

## 问 题 讨 论

1. 对于以下要素，列出以其作为派生需求的最终产品：麦地、汽油、理发师、制作篮球的机器、榨汁机、经济学教科书。
2. 表 12–4 反映的是其他要素不变的情况下，劳动力要素变化，比萨饼数量变化。
   a. 将第（3）、第（5）列补充完整。
   b. 画一个 12–3 那样的图，说明劳动力投入要素的边际收益产品。
3. 过去一个世纪以来，劳动者一生的工作时间降低了大约一半，而实际工资却上升了约 8 倍。假定这主要是由于劳动的边际生产率的上升所致，画出可以解释这一趋势的 1900 年和 2000 年劳动的供求图。在图中，用横轴表示一生的工作时间，纵轴表示实际工资，你必须借助劳动供给的哪个关键因素来解释这一历史趋势？
4. 为什么下列说法是错误的？给出正确的说法。
   a. 边际收益产品即为每个工人挣得的全部收入。
   b. 分配理论很简单，你只要算出每一要素生产了多少，然后将其在产出中所占份额分配给它即可。

| 边际收益产品 | | | | |
|---|---|---|---|---|
| (1)<br>劳动单位<br>(工人数) | (2)<br>总产量<br>(比萨饼) | (3)<br>劳动的边际收益产品<br>(比萨饼/工人) | (4)<br>产品价格<br>(美元/比萨饼) | (5)<br>劳动的边际收益产出<br>(美元/工人) |
| 0 | 0 | | | |
| | | — | 5 | — |
| 1 | 30 | | | |
| | | — | 5 | — |
| 2 | 50 | | | |
| | | — | 5 | — |
| 3 | 60 | | | |
| | | — | 5 | — |
| 4 | 65 | | | |
| | | — | 5 | — |
| 5 | 68 | | | |
| | | — | 5 | — |
| 6 | 68 | | | |

表 12–4

c. 在竞争条件下，工人的工资是其生产的全部产出减去原材料的成本。

5. 图 12–1 说明：尽管 1948~2003 年实际国内生产总值上升了 6 倍，但劳动在国民收入中所占份额的变化却很小，画出如图 12–8 的一组经济曲线来解释这两个事实。

6. 工会领导人过去常说："没有劳动就没有产品，所以劳动应取得全部产品。"为资本辩护的人会说："拿走全部资本产品，劳动只能从土地上得到一点糊口的东西，实际上所有的产品都属于资本。"

   分析这些论点的错误之处。如果你接受这些观点，请说明他们需要 200%或 300%产品分配给两种或三种要素，而事实上他们只有 100%的产品可供分配。克拉克的边际生产率理论是如何解决这个难题的呢？

7. 请画出石油市场的供给和需求曲线。现在假设有一种可行的电动汽车，使需求从石油处转移，请画出新的需求曲线和新的均衡。以石油的价格、消费的数量和石油生产者的全部收入来说明其结果。

8. 考虑图 12–8 中的边际产品分配理论。如果移民增加了劳动供给，经济形势又使得劳动的需求曲线下降，劳动的工资会下降吗？（请说明为什么答案是肯定的。）土地、资本和其他要素的剩余收入会增加吗？（请说明为什么答案是肯定的。）你能说出劳动绝对量的变动和劳动收入在全部收入中所占份额的变动吗？（请说明为什么答案是否定的。）

9. 在图 12–8 所示的边际生产率理论中，以土地而不是劳动作为变动的投入，画出一个新图，并用这个新图解释边际生产率理论。剩余要素的收入是什么？

# 第 13 章

# 劳动市场

干活是酒鬼们所诅咒的事儿。

——奥斯卡·王尔德

劳动不仅是抽象的生产要素。工人们想得到高薪职位，是为了购买他们需要和向往的东西。劳动者需要吃饭，但他们也有情感，所以他们很自然地既关心工作的数量又关心工作的质量。

本章探讨在市场经济中工资是如何决定的。第一部分研究竞争条件下劳动的供给和工资的决定。继而讨论劳动市场上的一些非竞争性的因素，包括工会和劳工市场上令人挠头的歧视问题。

## A. 工资决定的基本理论

### 一般工资水平

在分析劳动的收入时，经济学家经常要观察平均**实际工资**（real wage），它代表1小时工作所能得到的实际购买力，或是除以生活费用的货币工资。[1] 用这个标准来看，美国劳工今天比100多年前的生活要好得多。由图13-1可见扣除通货膨胀因素后的平均每小时工资和相应的平均工作时间。

劳工生活水平显著改善的成就几乎在每一个工业国都可以看到。西欧、日本和东亚新兴工业国的劳工在食品、服装、房屋等方面的购买力，以及健康水平和寿命等，长期以来都在稳步地提高。在欧洲和美国，这种增长始于19世纪初，伴随着工业革命和社会的技术变革。而在那以前，实际工资虽然不时升降，但长期看并没有显著的增长。

这并不是说工业革命给工人带来了非常大的利益，特别是在19世纪的自由放任时期。事实上，一部狄更斯的小说绝不能改变童工的悲惨境地和危险的工作环境，以及19世纪早期工厂里的那种糟糕的卫生条件。当时通行的标准是1周工作84小时，还不包括早饭时间，甚至不包括吃晚饭的时间；一个6岁的儿童可能要干很多的活；如果一个妇女被纺织机切掉两个手指的话，她还得要用剩下的8个手指继续干活。

人们离开农场来到工厂工作难道是一个错误？也许不是。现代历史学家强调说，虽然工厂的条件很艰苦，但工人的生活水平，比起在几个世纪前封建的农业社会中的状况，还是有了非常大的改善。对于工人阶级来说，工业革命是巨大的进步而绝不是退步。那些描写早先的健康而欢快的乡村农民（壮实的自耕农和快活的农民）田园诗般的

---

[1] 本章我们用“工资”来作为工资、薪水和其他形式的报酬的简称。

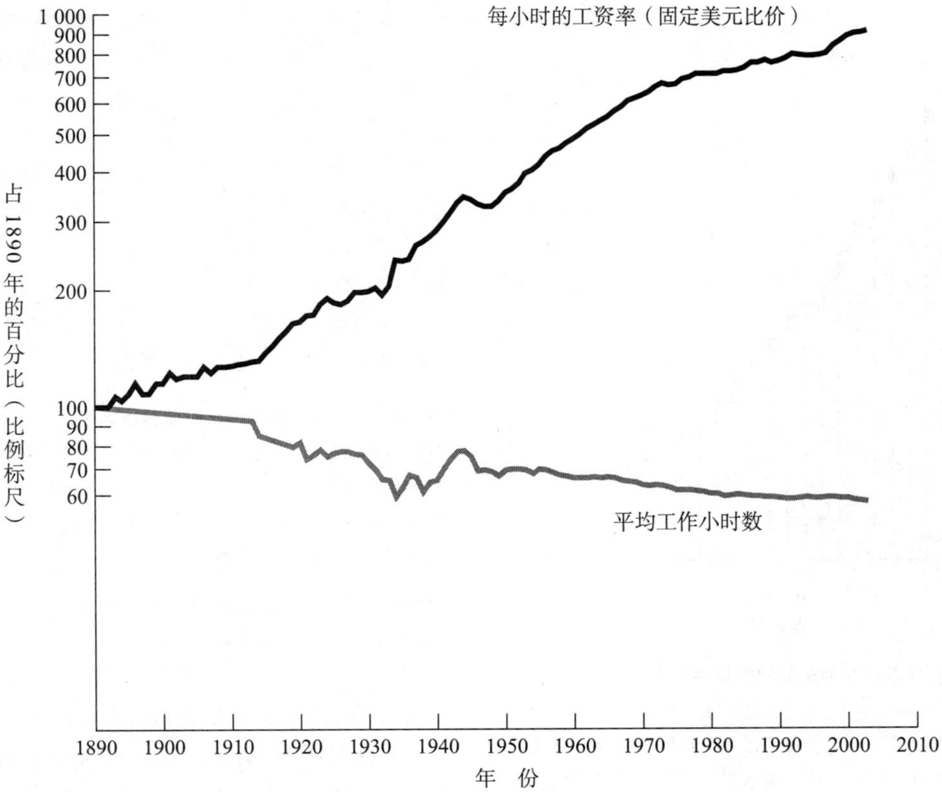


**图 13–1　工作时间缩短的同时工资不断上升**

随着技术进步和资本品质量的提高，美国劳工的工作时间缩短，但工资却上升了。在过去 20 年中，劳动生产率的增长放慢了，实际工资的增长从而也放慢了。

景象，毕竟是一种历史的神话，并未曾有过统计数据支持。

## 对劳动的需求

### 边际生产率差异

开始考查一般的工资水平时，我们不妨先分析一下劳动需求的决定因素。所用的基本分析工具在上一章都已经介绍过，即对于一种生产要素的需求反映了那种投入的边际生产率。

图 13–2 说明了边际生产率理论。在给定的时间和给定的技术条件下，在劳动的投入与产出之间有一种联系。根据收益递减定律，每 1 单位追加的劳动投入所带来的产出越来越少。在图 13–2 的例子中，投入的劳动为 10 单位时，由竞争决定的一般工资水平为每单位 20 美元。

但我们要进一步探究边际产品的背后是什么。首先，如果劳工有更多或更好的资本品与之配合，劳动的边际生产率就会提高。比较一下一个使用挖掘机的挖道工和一个使用手铲的挖道工的劳动效率，或者比较一下中世纪的通信员与当今电子邮件的传递信息的能力。其次，训练有素或受过良好教育的劳工，其边际生产率一般要高于那些拥有较少“人力资本”的工人。

这些因素在很大程度上解释了近一个世纪以来，为什么工资和生活水平上升了很多。美国和其他发达国家的工资水平较高，是因为这些国家积累了大量的资本：密集的公路、铁路和通信网，众多的工厂和人均设备，充足的存货。更重要的原因是，技术比以前有了巨大进步。我们已经看到，电灯代替了油灯，飞机代替了马车，复印技术代替了羽毛笔和墨水笔，计算机代替了算盘，电子商务闯入了传统的做生意方式。想像一下如果美国普通的劳工还在使用 1900 年以前的技术，那么今天的生产率会是什么样子。

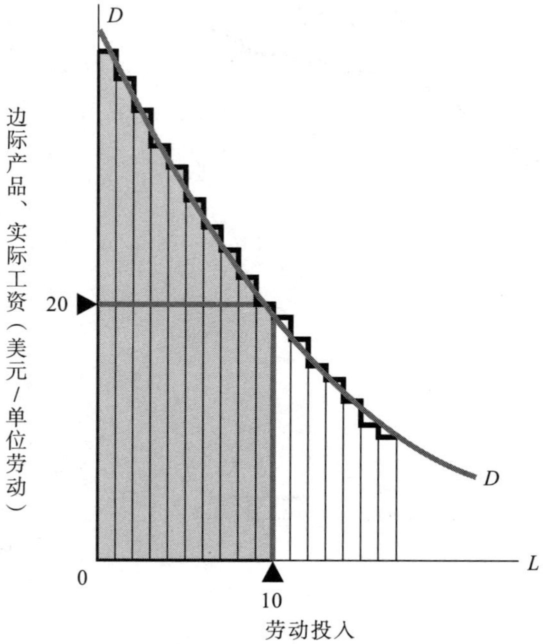


**图 13–2 对劳动的需求反映的是劳动的边际生产率**

对劳动的需求由其增加国民产出时的边际生产率所决定。图中浅灰色的竖条代表第 1、2……个单位劳动生产的新增产出。在投入 10 单位劳动时，竞争决定的一般工资水平是每单位劳动 20 美元，等于第 10 单位劳动的边际生产率。随着时间的推移，资本积累、技术进步和劳动质量都会提高，因此劳动需求曲线会向右上方移动。

| 国 家 | 2001 年制造业工资和附加福利（美元/小时） |
|---|---|
| 德 国 | 23.84 |
| 美 国 | 20.32 |
| 日 本 | 19.59 |
| 意大利 | 13.76 |
| 英 国 | 16.14 |
| 韩 国 | 8.09 |
| 墨西哥 | 2.34 |
| 斯里兰卡 | 0.48 |

**表 13–1 各国一般工资水平差异巨大**

西欧国家、日本和美国是高收入国家，而斯里兰卡的每小时工资水平是美国的极小一部分。一般的工资水平是由对劳动的供求决定的，但资本、教育水平、技术水平和国内竞争等其他一些因素对供求曲线有巨大的影响。

资料来源：U. S. Bureau of Labor Statistics at ftp://ftp.bls.gov/pub/special.requests/ForeignLabor/supptab.txt.

劳动投入的质量是决定一般工资水平的另一个因素。不管用什么标准（读写能力、教育或培训时间），2000 年美国的劳动力都要比 1900 年强得多。培养能设计精密仪器的工程师需要许多年的教育；要有能力成功地做脑部手术则必须接受 10 年的训练。总体上说，完成大学教育的成人的比例由 1950 年的 6%上升到 1998 年的 24% 。这种人力资源的积累对劳动的生产率有极大的推动作用。

## 国际比较

同样的推理解释了世界各地工资水平差异如此巨大的原因。表 13–1 列出了 8 个国家的制造业每小时的平均工资和福利。美国的工资福利是墨西哥的 10 倍多，日本的工资福利是韩国的 3 倍多，德国的工资福利几乎是斯里兰卡的 50 倍还多。

这些巨大的差异是由什么引起的呢？并不是斯里兰卡和墨西哥的政府想压制工资上升，虽然政府政策对于最低工资及劳工市场的其他方面确实发挥了一些作用。事实上，不同国家之间的工资差异是由于劳动的供给和需求的作用而形成的。请看图 13–3。假设图（a）代表的是美国的情况，图（b）代表的是墨西哥的情况。在图（a）中，美国劳工的供给由曲线 $S_{US}S_{US}$ 表示，对美国劳工的需求由 $D_{US}D_{US}$ 表示，均衡工资决定在 $E_{US}$ 水平上。如果工资低于 $E_{US}$，就会出现劳工短缺，雇主就会将工资提到 $E_{US}$，重新回到均衡。同样的力量决定了墨西哥的工资率 $E_M$。

由图可见，墨西哥的工资比美国要低。从根本上说，是因为在墨西哥，劳动的边际生产率很低，所以墨西哥的劳动需求曲线比美国的要低得多。其中，最主要的原因是劳工的质量。墨西哥平均的教育水平与美国相差很远，很大一部分人口仍是文盲。并且，与美国相比，一个像墨西哥这样的国家可供使用的资本比较少：很多道路没有修整，很少使用计算机和传真机，很多设备陈旧而且缺乏保养。所有这些因素都造成了边际生产率比较低，进而造成工资水平较低。

这个分析也可以帮助解释，为什么像中国香港、韩国和中国台湾这样的亚洲国家和地区的工资上升得很快。这些国家和地区将其产出的很大一部分用于教育、新资本品的投资和最先进技术的进口上。结果，这些国家和地区的实际工资在过去 20 年中增加了 1 倍，而在其他一些相对封闭的国家，由于对教育、公共卫生和有形资本的投资不足，其工资水平就一直处于停滞状态。

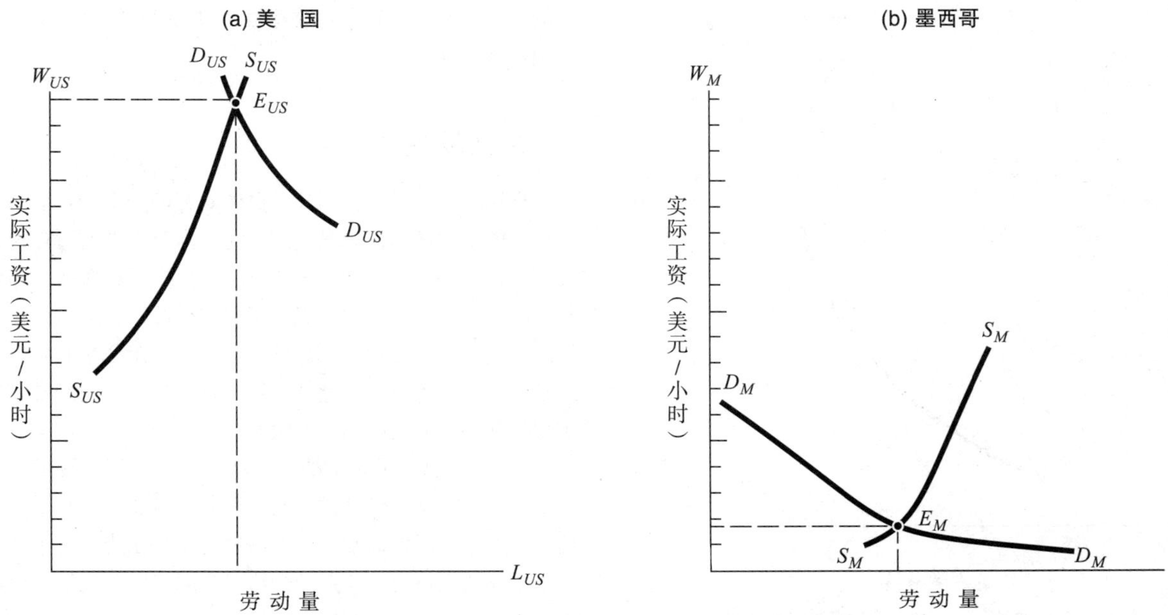


**图 13–3 有利的资源、技能、管理、资本和技术条件解释了美国工资高的原因**

供给和需求决定了美国的竞争工资比墨西哥高。导致美国高工资的主要原因是美国劳动力受过更好的教育，工作技能更加熟练，供每个劳工利用的资本更多，技术更加现代化。

# 劳动的供给

## 供给的决定因素

到目前为止，我们主要集中讨论劳动市场的需求，现在我们转向劳动市场的供给。*劳动供给*指的是人们愿意在有收益的活动中工作的小时数。决定劳动供给的三个主要因素是：每个劳工的工作时间，劳动力参与程度和移民状况。

***工作时间*** 尽管一些人工作时间灵活，大多数美国人每周工作时间仍为 35~40 个小时，没有多少增加或减少的余地。但是，大多数人对其一生的工作时间仍有很多的安排办法。上大学、早退休、部分时间工作而不是全天工作，这些选择都能减少人一生工作时间的总时数。相反，加夜班、从事第二职业等，则会增加人一生的工作时间。

假定工资水平上升，这会增加还是会减少一生的工作小时数呢？见图 13–4 中的劳动供给曲线。注意，供给曲线开始是向右上方倾斜的，然后在临界点 $C$ 之后开始向后弯曲，向左上方倾斜。我们如何解释工资的提高在前一阶段增加了劳动供给，而在后一阶段又减少了劳动供给呢？

假设你是一个工人，雇主给你提供了更高的工资率，你可以自由选择工作的时数。这时，你就会被同时往两个不同的方向拉。一方面是*替代效应*（第 5 章解释过替代效应的原理，即当一种商品的相对价格下降时，人们会增加此种商品的消费或者说用此种商品替代其他产品；而当一种商品的相对价格上升时，人们就会减少对它的消费）。因为每小时工作的工资比以前更多，这样每 1 小时的闲暇就变得比以前更昂贵，于是你会受到一种激励，想用额外工作去替代闲暇。

与替代效应相反的是*收入效应*。工资更高时，你的收入更多。有了更多的收入，你就会想购买更多的商品和服务，此外你还想有更多的闲暇时间。你能够享有更长的假期或更早退休，而在以前你却不能做这些事。

哪一种效应更大，是替代效应还是收入效应？没有惟一正确的答案，这取决于个人。在图 13–4 的例子中，在 $C$ 点以下的所有工资水平上，劳动供给随工资上升而增加：替代效应大于收入效应；但从 $C$ 点往上，收入效应大于替代效应，随着工资的上升劳动供给反而下降。

***劳动力参与程度*** 近几十年来最重要的变化之一就是妇女开始大量地加入到劳动大军中来，妇女的劳动参与率（即 15 岁以上妇女中被雇用的和积极寻找工作的人口的比重）由 1950 年的 34%跃升到现在的 60%。这种上升一部分是由于实际工资的上升使得工作对妇女更有吸引力。但如此

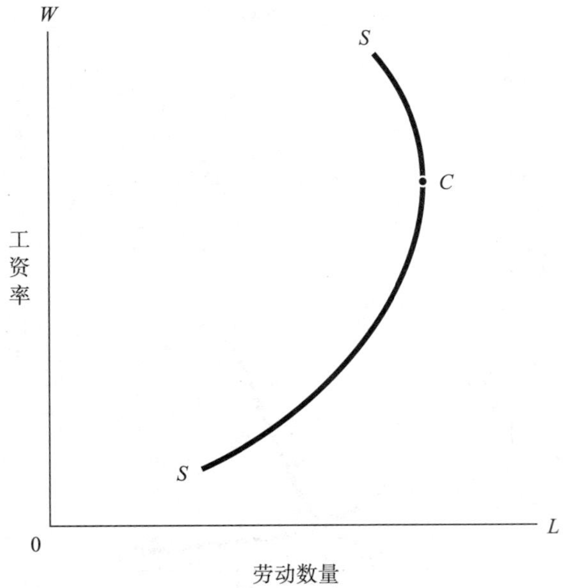


**图 13–4 随着工资的增长，工人的工作时间有可能减少**

在临界点 $C$ 以上，提高工资率会减少劳动的供给量，因为收入效应超过了替代效应。这是为什么呢？因为在更高的工资水平下，工人负担得起更多的闲暇，尽管所放弃的以工资计的每小时闲暇变得更加昂贵。

巨大的变化不能仅仅通过经济因素来解释。要完全理解就业模式如此重大的变动，我们有必要将目光投向经济领域以外，考虑社会对于妇女充当母亲、家庭主妇和工人等角色的态度的变化。

***移 民*** 移民在美国劳工供给中的作用向来重要。1970 年只有 5%的美国人是在国外出生的，到 2000 年这一数字已上升到 10%。

合法移民的流入是由一个复杂的配额系统所控制的，它比较倾向于欢迎熟练劳工及其家庭、美国公民及永久居民的近亲。此外，对于政治避难者也设有特殊配额。近年来，合法移民中的最大部分来自墨西哥、菲律宾、越南及一些中美洲和加勒比海国家。

近几十年来，移民的主要变化是移入人口特征的变化。在 20 世纪 50 年代，德国和加拿大是移民的主要来源地，而在 20 世纪 80 年代和 90 年代，墨西哥和菲律宾则是移民的主要来源地。其结果是，近年的移民与早期移民相比，工作的熟练程度和教育程度要低很多。

从劳动供给角度看，近年移民的总体效应是：美国非熟练劳工的供给比重比熟练劳工的供给比重上升得要快。有关研究估计，劳动供给的这种变化使得教育程度低的人口的工资，相对于有大学教育程度的人口的工资水平已经大幅度地下降。

### 实证发现

理论并没有告诉我们某一群体的劳动供给是否会对工资水平的变化做出正的或负的反应。高收入者的所得税的提高（这会减少他们的税后收入），会使他们降低工作的努力程度吗？对贫穷的劳工的工资进行补贴，会减少还是增加他们工作的时间？在总统和立法者权衡公平和效率的问题时，这些重要的问题都必须予以考虑。我们经常需要了解劳动供给曲线的确切形状和弹性。

表 13–2 总结了大量的关于这个问题的研究意见。它表明，成年男性的劳动供给曲线稍向后弯曲，而其他人口的反应看起来更像通常的向上倾斜的供给曲线。对于作为一个整体的人口而言，劳动供给对实际工资变化的反应似乎非常小。

## 工资差异

尽管对于一般工资水平的分析对比较不同国家和不同时期的工资水平很重要，但是我们还经常希望理解***工资差异***问题。实际上人们的工资差别很大，平均工资就像普通人一样难以定义。汽车公司经理一年挣 4 000 万美元，办事员仅挣 15 000 美元，而农场工人挣 12 000 美元。医生的收入是一个救生员的 15~20 倍，虽然两者的工作都是拯救生命。在同一工厂内，熟练工每周挣 500 美元，而没有技术的门卫只挣 200 美元。妇女一周挣 400 美元，而同等能力的男子挣 500 美元。

另外，工资差别悬殊还表现在各种不同的产业中。如表 13–3 所示，在小型的非工会化部门，如农业、零售业、家政业，工资偏低；而制造业中的大企业所支付的工资是前者的 2 倍。然而，就是在主要产业各部门之间，工资差异也很大，这取决于劳工的熟练程度和市场条件等因素——快餐工人的收入比医生少得多，虽然他们都提供服务。

如何才能解释工资的这些差异呢？让我们先考虑***完全竞争的劳工市场***，在这个市场上有大量的劳工和雇主，谁也没有力量有效地影响工资水平。[2] 如果在一个完全竞争

[2] 现实生活中几乎没有完全竞争的劳工市场，但有一些非常接近完全竞争定义的市场，如大城市里没有经验的青少年劳工市场或文职人员市场。

| 劳动供给模式 | | | |
|---|---|---|---|
| | 劳动力参与率（占人口的百分比） | | |
| 劳动者群体 | 1960 年 | 2002 年 | 各组工作者劳动供给对实际工资上升的反应 |
| 成年男性 | 86 | 77 | 在大多数研究中，供给曲线向后弯曲。收入效应大于替代效应。供给弹性相对较小，在-0.1~-0.2 之间，这意味着实际工资上升 10%，劳动供给会下降 1%~2%。 |
| 成年女性 | 36 | 60 | 大多数研究发现，劳动供给与工资上升正相关。 |
| 青少年 | 48 | 48 | 劳动供给对于工资上升的反应差异较大。 |
| 16 岁及 16 岁以上的全体人口 | 59 | 67 | 全部劳动供给的弹性接近于零，收入效应与替代效应大体相等。所评估的全部人口的劳动供给弹性大致在 0~0.2 之间。 |

**表 13-2 劳动供给反应的实证估计**

经济学家就劳动供给对实际工资的反应做了细致的研究。对男性而言，劳动供给曲线向后弯曲（这意味着弹性是负的），而青少年和成年女性的供给一般与工资是正相关的。对于经济整体来说，劳动供给曲线接近于完全无弹性或垂直。

数据来源：U. S. Department of Labor, *Employment and Earnings*, March 2003.

| 各行业工资水平 | |
|---|---|
| 行 业 | 全职雇员的平均年薪，2001 年*（美元/年） |
| **全产业平均** | **39 667** |
| 农 业 | 24 657 |
| 采矿业 | 60 871 |
| 制造业 | 45 580 |
| 零售业 | 23 009 |
| 金融、保险和房地产业 | 63 738 |
| 证券及商品经纪人 | 161 879 |
| 服务业 | 37 647 |
| 私人家政服务 | 14 975 |
| 政 府 | 41 700 |

* 每个相当的全职雇员的总薪酬

**表 13-3 不同产业部门的工资差异**

各产业部门之间的平均年薪有很大差别。高的如采矿业可达到 60 871 美元，低的如农业为 24 657 美元。在更细分的各行业中的工种职业之间，我们会看到证券分析师与私人家政服务人员之间也存在巨大的工资差异。

资料来源：U.S. Bureau of Economic Analysis at www.bea.gov. Table 6.6C in the complete NIPA tables.

的劳工市场上，所有的工作和所有的人都是相同的，竞争会使每小时工资水平完全相等，没有一个雇主会为一个劳工的工作支付比与他相同的劳工或具有相同技巧的劳工更高的工资。

这意味着：为了解释产业之间和个人之间普遍存在的工资差异，我们必须考虑到工作之间的差别、人与人之间的差别以及劳工市场上的不完全竞争。

## 工种之间的差别：补偿性工资差异

日常生活中看到的工资之间的巨大差别，有一些是由工种本身的性质差别所引起。各种工种的吸引力不同，因此必须提高工资诱导人们进入那些吸引力较小的工种。

> 为补偿相对吸引力或非货币因素的差别而产生的各工种之间的工资差别，称为**补偿性差异**（compensating differentials）。

玻璃清洁工的工资必须比看门人高，因为需要冒险爬摩天大楼。工人们常从下午 4 点到凌晨 12 点的晚班中得到 5%的额外收入；从凌晨 12 点到早晨 8 点的夜班中得到 10%的额外收入。每周工作超过 40 小时的部分、周末或假期的工作，习惯上可按基本小时工资的 1. 5~2 倍支付工资。高强度体力劳动、沉闷的工作、社会地位低的工作、临时性工作、有季节性停工和有人身危险的工作，吸引力都会比较小。无怪乎为了招聘人员到海上石油平台或阿拉斯加北部去做危险而孤独的工作，公司每年要付5万~8万美元的工资。同样，那些令人愉快和心理收益比较大的工作，如公园管理者和游泳场救生员，工资水平一般则处于中等。

为检验两种工作之间的报酬差异是不是补偿性的，可以问那些同时从事过这两种工作的人："与低工资的工作相比，你是否更喜欢高工资的工作呢?"如果他们不是急切地想选择较高收入的工作，那么工作报酬的差异很可能就是反映两种工作之间的非货币差别的补偿性差异。

## 劳工之间的差异：劳动质量

我们已经看到某些工资差异是为了补偿不同工作之间的吸引力的差别。但是，看一下你的周围，垃圾清洁工挣的钱要比律师少很多，而律师的工作还更有声望，工作条件更优越；很多高收入的工作比低收入的工作本身更令人愉快，这样的例子可以说数不胜数。为此，我们还需要进一步寻找补偿性差异以外的因素，来解释大部分工资差异存在的原因。

工资差异的一个关键原因，在于人们的劳动质量存在着巨大的差别。这种差别可以追溯到人们先天的智力和体力、教养、所受的教育和培训，以及经验等方面的差异。生物学家可能将我们全部归为人类这一物种，但人事管理人员则会坚持认为，人们在对企业产出的贡献能力上存在着很大的差别。

尽管劳动质量的很多差异是由非经济因素所决定，但积累**人力资本**（human capital）的决策还是可以用经济标准来加以衡量。人力资本这一概念指的是，人们在其接受教育和培训过程中积累起来的有用的和有价值的技术和知识。医生、律师和工程师将多年时间投资于接受正规教育和在职培训，他们以付学费和放弃工资等形式投资10万~20万美元，供自己上大学和读研究生，并且经常长时间地工作。这些专业人员的高工资中的一部分可以被认为是对其人力资本投资的一种回报，即对使这些受过高度训练的工作者成为特殊类型劳工的教育的回报。

对收入和教育的经济学研究表明，人力资本一般说来是一项好的投资。图13-5是几个不同群体的收入，视其为所受教育和经验的函数，受教育较多的一组与受教育较少的一组相比，不仅起始收入高，而且收入增长速度更快。

图13-6反映的是大学毕业生的小时工资与高中毕业生的小时工资之比。在20世纪80年代，随着"技能价格"上升，相对收入大幅度上升。劳动经济学家的研究表明，拥有高等技能或计算机技能的个人在今天的劳工市场上占有经济优势。

### 你是否应当投资于"人力资本"

学生们可能会对以下事实感到惊讶：上大学的每一天，都是对人力资本的投资。学生上大学期间，一个学生每年要交1万美元的学费，付出2万美元的机会成本，即所放弃的收入。这意味着4年的总费用为12万美元。这笔支出相当于一项购买债券或网络公司的股票的投资。

上大学真的划算吗？有证据表明它是划算的。1999年，高中毕业的30岁男性的全职工作平均收入是3.5万美元。而有学士或学士以上学位的同样的一个人可以挣到6.8万美元以上。而且在过去20年中，大学教育回报的上升幅度很大。1979年，一个大学生比一个有相同背景的高中毕业生的工资要高25%，而20年之后，工资差异扩大为55%（见图13-6）。在现今的

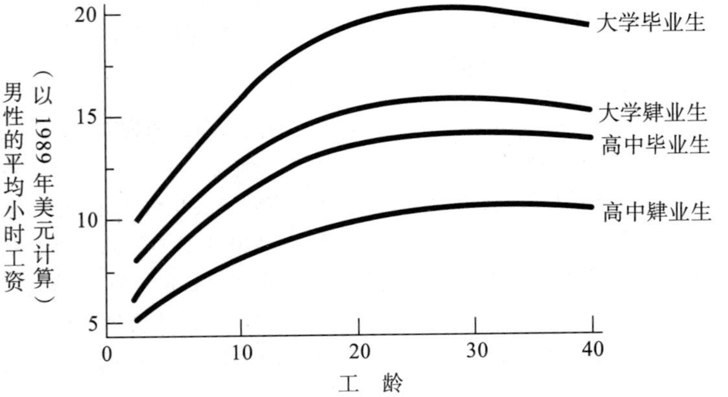


**图13-5 教育和经验带来的收入优势**

男性的收入状况说明，收入随教育和工作经验的增加而增加。

资料来源：摘自 Kevin M. Murphy and Finis Welch, "The Structure of Wages," *Quarterly Journal of Economics*, February 1992.

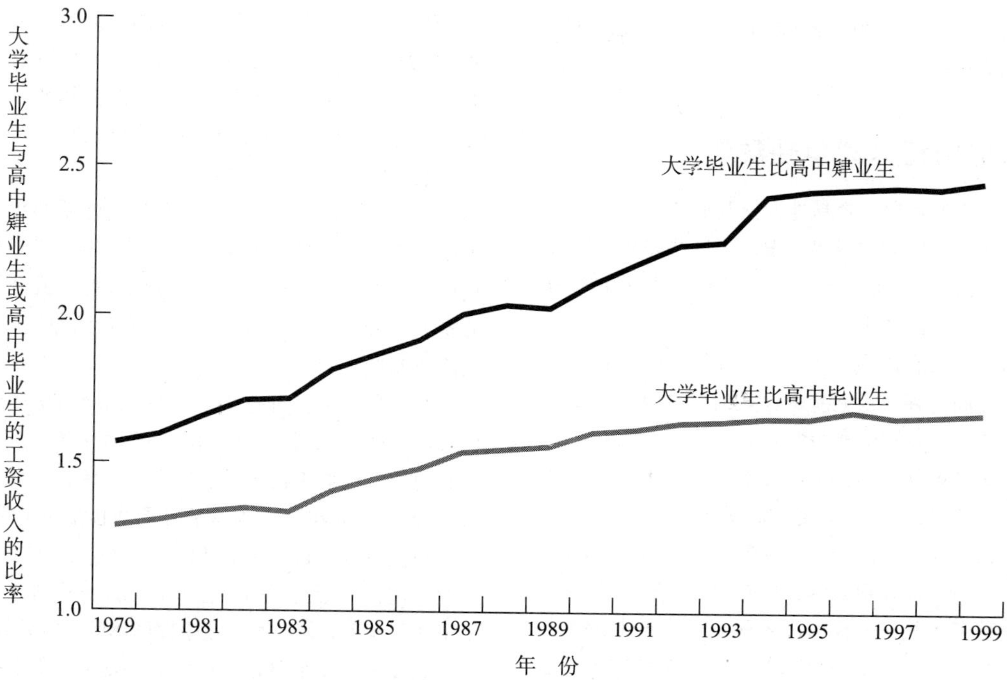


**图 13–6 大学毕业生相对工资收入水平急剧上升**

在过去的 20 年里收入曲线变动极大。随着技术要求的增加，与仅有高中毕业文凭的人相比，大学毕业生的相对收入急剧上升，这种情况对青年人尤其明显。

资料来源：*Economic Report of the President*，2000. Data apply to full-time，year-round male workers.

服务经济中，各公司处理的越来越多的是信息而不是原材料。在信息经济中，大学学到的技能是得到一份高薪工作的先决条件；而一个高中肄业的学生在职业市场中，一般说来处于非常严峻的不利地位。

即使你不得不借钱受教育，推迟挣钱时间，离家在外，自己购买食品和书，等等，你在那些只招聘大学毕业生的工作岗位上所赚取的一生的收入，将有可能超出对这些成本的补偿。近期数据表明，一个 18 岁的男性大学毕业生，到 65 岁时大约能挣 250 万美元（按 2003 年价格和收入水平计算），一个仅高中毕业的同龄人大约只能挣 130 万美元，而没能读完高中的人一生平均只能挣 80 万美元。

人们经常提到运气在决定经济环境中的作用。但正如路易斯·帕斯特所指出的，“机会只偏爱有准备的头脑。”在一个技术日新月异的世界中，教育能教人理解新的环境并从中获利。

## 人们的差异：独特个人的“租金”

就少数幸运者而言，他们的名气使其收入达到天文数字。软件领袖比尔·盖茨，投资天才沃伦·巴菲特，篮球明星沙奎尔·奥尼尔，甚至那些为公司做顾问的经济学者，都从他们的服务中赚取了惊人的收入。

这些天才人士都拥有一种在当今经济中很有价值的技能。在其拥有特殊才能的领域之外，他们可能只能挣到其高收入的一小部分。而且，对于工资 20%甚至 50%的上升或下降，他们的劳动供给也不可能做出多大反应。经济学家将工资高于他们在次优职业中取得的收入的部分称为纯经济租金。这些收入在逻辑上等于固定数量的土地获得的租金。

有些经济学家指出：技术变革使得少数优秀个人能更加容易地占据市场的更大份额（请回忆第 11 章中关于“胜者全得”的讨论）。顶尖的娱乐明星或体育明星的表演能通过电视和录音机被几十亿人看到和听到，而这仅仅在几年前都不可能。如果这种趋势继续下去，租金将会继续上升，未来冠军和亚军们之间的收入差距也会变得更大。

### 分割的市场和非竞争性群体

即使在一个人们可以很容易地变换其职业的完全竞争的世界，工资之间的巨大差异仍会出现。这些差异可能反映出教育和训练成本之间的差异，或者某些职业不吸引人，或者对于特殊才能的报酬。

但即使考虑了所有这些导致工资差异的原因，我们仍会发现在工资之间还存在很大差距，其主要原因是劳工市场被分割，形成了一些非竞争性群体。

只要略加思考就能看出，劳动并不是一种单一的生产要素，而是众多相互区别而又密切相关的生产要素。例如，医生和经济学家是两个非竞争性群体，因为一种职业的成员进入另外一种职业很困难，成本很高。就像许多种不同的房子要价各不相同一样，许多种不同的职业和技能的价格也各不相同，而竞争却只能以一种一般性的方式进行。只要我们认识到劳工市场中存在许多亚市场，我们就能明白为什么不同群体之间的工资差异会很大。

为什么市场会分成这么多非竞争性群体呢？主要原因是，对于专业性的和技术性的行业来说，需要花费大量金钱和时间才能成为熟练劳动者。而如果由于环境约束导致采煤业衰落，则矿工们很难指望一夜之间就能开始从事讲授环境经济学的工作。当人们专门从事某一特定职业时，他们就成为一个特定劳工亚市场的一部分。于是他们就处于该市场对这种技术的供求影响之下，他们会发现自己工资的升降依赖于本行业和本职业所发生的事情。由于这种市场分割，一种职业的工资会与其他职业的工资相差很大。

新移民的工作选择问题是非竞争性群体的一个经典例子。来自某个国家的新移民，往往并非是由于偶然发现了正式招工广告才前来寻找工作的，而是事先已经倾向于集中在某些职业之中。例如，在许多城市，像洛杉矶和纽约，很多水果杂货店是韩国人开的，其原因是，韩国人能从他们那些开水果杂货店的亲戚朋友那里得到许多建议和支持。当移民在美国取得了更多的经验和教育、英语说得更流利时，他们的工作选择范围才能变宽，才有可能逐渐成为整体劳工市场的一部分。

除此之外，非竞争性群体理论还能帮助我们理解劳工市场上的各种歧视。在本章下一部分中，我们会看到很多歧视的产生，是由于劳工被按性别、种族或其他个人因素分割成各种非竞争性群体。这种分割的原因离不开习俗、法律或偏见。

非竞争性群体理论揭示了劳工市场的一个重要方面，但我们必须认识到，在长期内，劳动在各个市场之间的进入和退出会降低工资差异。确实，当计算机和光导纤维代替拔号盘和铜线时，铜矿采掘工不可能成为电脑编程人员，于是我们看到，这两类群体的工资差异出现了。但在更长的时期内，由于更多的年轻人学习计算机科学而不是在铜矿工作，竞争会使这些非竞争性群体的工资差异有所下降。

表 13–4 总结了在竞争条件下决定工资水平的几个主要因素。

## B. 劳工市场的问题与政策

迄今为止，我们所考查的一直是竞争性的劳工市场。但是，一些问题会扭曲和阻碍完全竞争的劳工市场的运行。不完全竞争的原因之一就是工会，它代表了很大一部分劳工，尽管该比重在下降。劳工市场的一大问题是劳工歧视，虽然现在已经比几十年前有了改善，但仍然是一个值得关注的重要问题。作用于劳工市场的另一个问题是政府政策，通过设定最低工资（这已在第 4 章讨论过）、或鼓励或限制工会、宣布歧视非法等举措，政府可以对劳工市场施加有力的影响。

| 竞争性工资的决定因素 | |
|---|---|
| **劳动条件** | **工资结果** |
| 1. 人员相同——工作同质 | 没有工资差异 |
| 2. 人员相同——工作的吸引力有别 | 补偿性工资差异 |
| 3. 人员不相同，但每种劳动的供给不变（非竞争性群体） | 反映分割的市场上供求的工资差异 |
| 4. 人员不相同，但各竞争群体之间有若干流动性（局部竞争性群体） | 一般供求决定的工资差异的一般均衡范式（1~3 是其特例） |

表 13–4 市场工资结构由于竞争而表现出多种模式

## 美国工会的历史和实践

2002 年，有 1 600 万美国人——相当于全部计酬劳动力的 13%是美国工会的成员。工会对于劳工市场无疑具有很大的影响力，它甚至可以成为劳动供给的垄断者。工会通过集体谈判达成协议，决定什么人做什么工作、如何付酬以及怎样制定工作规章。此外，在集体劳资合同谈判中，工会还能够提出一些对所有工人来讲都非常重要的问题，如养老金、医疗保健补贴以及工作时间等。工会还能决定实行罢工（完全撤回其劳动供给，导致工厂停工），以便从雇主那里争取到更好的条件。研究工会是理解美国劳工市场变动的一个重要环节。

美国工会是怎样产生的？1881 年美国工人联合会（AFL）成立，现代工会运动开始形成。塞缪尔·冈珀斯（Samuel Gompers）在 1924 年去世前的近半个世纪中，一直领导着这个组织，并使这个运动形成了自己的特色。

冈珀斯的策略很简单：他相信，任何反对资本主义的运动在美国的土地上都无法发展壮大，所以他所坚持的是*经济工会主义*。按照这个原则，美国工会运动的主要目标是提高工人的经济地位：争取更高的工资、更短的工作时间、更长的假期、更好的工作条件以及更优厚的福利。美国工会与许多欧洲国家的工人运动不同。在欧洲一些地方，工会有时候可以领导一个大的政党、开展阶级斗争，以变革政府结构，甚至提倡社会主义。

最初，美国的工人是以行会为组织形式，即工人按某一特定技能分组，如木匠或泥瓦匠。这种策略不利于将大的综合性生产行业的工人组织到同一个工会中去。到 20 世纪 30 年代，一些敏锐的工会倡导人看到了写在墙上的标语："*产业工会*（将整个产业，如钢铁业或煤炭业联合起来的工会）是未来的潮流！"随着 1935 年产业组织联合会（CIO）的成立，产业工会开始出现。现在美国的工会组织被整合为劳联—产联（AFL-CIO），这是美国主要的全国性劳工组织。

工会成员的工资和福利是由**集体协议**（collective bargaining）决定的。集体协议是劳资双方的代表为达成双方都能接受的雇用条件而进行交涉和商谈的过程。核心部分当然是*一揽子经济协议*（economic package），包括各工种的基本工资以及休假和工间休息等规定。此外，协议还包括有关福利，如养老金计划、医疗保健的范围以及类似项目的条款。

第二个重要且争议较多的主题是*工作制度*，包括工作安排、工作任务、工作安全及工作量等。特别是在那些走下坡路的产业中，由于劳动需求下降，雇工量就成了一个重要的问题。例如，在铁路产业中，一列火车需要多少工作人员几十年来一直是个有争议的问题。

集体协议是一项复杂的工作，双方在"给"和"取"二者之间讨价还价。很多精力都花在纯粹经济问题的谈判上，协商如何在工资和利润之间分割经济馅饼。有时协议会因资方的特权问题而搁浅，如资方在重新安排工人或改变工作标准上的权力等。最终，无论如何，保证工人满意并以高效率进行工作，对劳资双方都有很大的好处。

### 政府和集体协议

工会的历史提醒我们，法律制度是经济组织的一个重要的决定因素。200 年前，当英国和美国的工人刚刚试图组织起来时，习惯法中反对"联合产业限制"的条款就曾经被用来阻挠工会。20 世纪初期，工会及其成员还常被法院定罪、罚款、监禁以及受到其他各种各样的命令的骚扰。改善妇女和儿童的工作条件及其他改革工作时间和工资的立法，就曾屡次被最高法院推翻。

随着社会对工会和集体协议的支持力度的增加，工会开始大规模发展起来。一个重要的里程碑是《克莱顿法案》（1914 年），被称颂为"劳工大宪章"，其目的是使劳工免受反托拉斯法的迫害。《公平劳动标准法案》（1938 年）禁止使用童工，要求对每周 40 小时以上的工作付给原工资 1.5 倍的报酬，同时规定了大多数非农业劳工的联邦最低工资。

有关劳动的最重要立法是 1935 年的《国家劳资关系法》（即瓦格纳法）。它规定："雇员有权……参加……劳工组织，进行集体协议……和参与统一行动。"受这些劳动立法的鼓舞，美国工会成员占劳动力总数的比例由 20 世纪 20 年代的不足 1/10 迅速上升到二战结束时的 1/4。美国工会的衰落开始于 20 世纪 70 年代初。随着许多产业的管制被解除，国际竞争加剧，政府对工会的态度日趋保守，工会的垄断作用被削弱了。

## 工会如何提高工资

工会如何提高其成员的工资，改善其工作条件呢？*工会通过取得对某一企业或产业劳动供给的合法垄断，从而拥有了市场力量*。利用这一垄断，他们迫使企业提供高于竞争性水平的工资、福利和工作条件。例如，在阿拉巴马州，非工会成员的管道工每小时工资为 20 美元，而一个工会经与大建筑企业协商，可以将该企业的管道工工资定在每小时 30 美元。

只有企业的劳动替代渠道受到限制时，这类劳动供给协议对工会才能有价值。所以在典型的集体协议合同中，企业会承诺不雇用那些并不属于工会的管道工，不向外承包管道服务，不向非工会企业转包合同。这些条款都在保护工会在管道工供给方面的垄断地位不受削弱。在有些产业，像钢铁业和汽车业，工会甚至试图将企业联合起来，这样 A 企业的工会成员就不必与 B 企业的非工会成员竞争。所有这些步骤对于保护工会的高工资率都是必要的。

图 13–7 说明了经由协议达成高标准工资的影响。工会迫使雇主支付 *rr* 水平的工资，均衡点在 *E′*，在该点 *rr* 线与雇主的需求曲线相交。注意，当工会将工资标准定得很高时，它并没有直接减少劳动供给。而当工资被定在高于市场出清水平之上时，市场又将怎样运作呢？在高工资水平下，雇用量受到了企业对劳动需求的限制。寻求就业的工人数量超过需求量，超过额为 *E′F*。这些过剩工人可

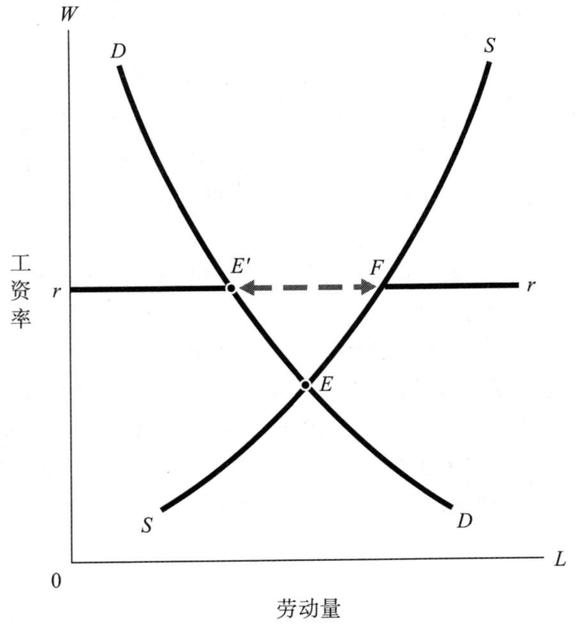


**图 13–7 工会制定高标准工资并限制就业**

在工会化的劳工市场上将工资提高到 *rr* 水平会减少就业。由于供求的不平衡，从 *E′* 到 *F* 的劳工在这个市场中就找不到工作。

如果工会将整个经济的实际工资推得过高，企业的劳动需求将为 *E′*，而工人的劳动供给为 *F*。从 *E′* 到 *F* 的黑箭头代表古典的失业数量。当一国不能影响其价格水平或汇率时，这种失业特别重要，而且它不同于总需求不足所造成的失业。

能处于失业状态，等待高工资的有工会的部门中的工作空缺；或者，他们很可能因为失望而到其他部门去寻找工作了。这些从 *E′* 到 *F* 的工人被有效地排除在工作之外，其效果与工会直接限制劳动力进入市场一样。

防止非工会竞争的需要，也解释了美国许多工人运动的政治目标。它解释了为什么工会想要限制移民的进入；为什么工会支持限制外国商品进口的保护主义法规——这些商品是由非美国工会成员的劳工制造的；为什么像医生联合会这样的准工会组织为限制其他团体参与行医而进行斗争；为什么工会有时会反对在运输、通信和航空等产业中放松管制。

### 集体协议在理论上的含糊之处

在大多数集体协议谈判中，工会向雇主施加压力，要求更高的工资，而资方则坚持较低的补偿成本。这是一种被称为*双边垄断*（bilateral monopoly）的情况——只有一个买者和一个卖者。预测双边垄断的结果无法仅依据成本和需求等经济因素，它还取决于心理、政治和许多其他无形因素。[3]

## 对工资和就业的影响

工会倡导者宣称工会提高了实际工资，从而使工人受益。而批评者则认为提高工资会导致失业和通货膨胀，并扭曲资源配置。事实究竟如何呢？

### 工会化提高了工资吗

让我们先看看工会对相对工资的影响。考虑所有的私人产业工人，1995 年工会工人的总报酬比非工会工人高出 38%。然而，这个粗略的数据并未能反映这样一个问题：工会工人和非工会工人在技术、教育程度和行业组成等方面究竟有什么差别。

考虑了工人本身的差距的情况下，经济学家得出如下结论：工会工人的工资比非工会工人的工资平均高出

[3] 像劳资双方协议这样的情况是第 11 章中博弈论的研究内容。集体协议在理论上的不确定性来源于博弈论的一个原理：双寡头非合作博弈通常没有一个确定的结果。不仅如此，伴随着对抗和斗争，结果往往依赖于许多因素，如谈判能力、特权、虚张声势的能力，甚至还包括双方对对方实力的判断。

10%~15%。差异程度因产业而异，饭店工人和理发师当中的工资差异非常小，甚至可以忽略；而熟练的建筑工人或矿工的工资差别则可达到 25%~30%。这说明，当工会可以有效地垄断一个产业的劳动供给和控制进入时，他们能够有效地提高工资。下面有一些证据可以证明近年来工会的影响有所减弱。

**整体影响**　即使我们已经得出工会能提高成员工资的结论，我们或许还会问，工会是否能提高整个经济的实际工资呢？大多数经济学家现在认为，工会并不是将收入从资本方面向劳动方面进行再分配，而是从非工会成员方面向工会成员方面进行再分配。换句话说，如果工会将其工资提高到竞争性水平以上，那么，他们的收益则是以非工会成员工资的损失为代价的。

这种分析得到经验数据的支持。这些证据显示，国民收入中属于劳动的部分在过去的 60 年中并没有发生什么变化。在剔除了经济周期对劳动所占份额的影响之后，我们看到工会化对于美国工资占国民收入的份额没有什么显著的影响（见图 12–1）。而在工会化程度较高的欧洲国家，这些数据表明：当工会提高了货币工资率时，有时会触发通货膨胀性的工资和价格的螺旋式上升，而对于实际的工资却没有什么长久的影响。

### 对就业的影响

如果工会对整体实际工资水平没有影响，则意味着其主要影响是在相对工资方面。即工会化产业的工资相对于非工会化产业的工资会上升；同时工会化产业的就业会下降，非工会化产业的就业会上升。

当力量强大的工会将实际工资推进到人为的高水平时，就会出现劳动的供给过度，这称为古典失业（classical unemployment），图 13–7 也说明了这种情况。假定工会将工资由市场出清水平 $E$ 提高到更高的实际工资率 $rr$ 水平，如果对劳动的供给和需求总体上没有什么变化的话，$E'$ 与 $F$ 之间的箭头就代表想在 $rr$ 工资水平上寻找工作但却不能找到工作的人数。之所以称为古典失业，是因为它是由于实际工资高于竞争性水平而造成的。

经济学家经常将古典失业与经济周期中出现的失业（常称为“凯恩斯失业”）进行对比。凯恩斯失业来自于总需求不足。1990 年德国经济统一之后，我们曾看到过高的实际工资的影响。经济的统一使东德的工资相对于由劳动边际收益产品决定的工资水平至少高出两倍，结果造成统一后的东德就业率急剧下降。

这个分析表明：陷入实际工资过高状态的时候，一个国家或地区就会出现高失业率。这种失业对旨在增加总支出的传统宏观经济政策不会做出反应，因而需要通过降低实际工资来解决问题。

#### 美国工会的衰落

美国劳工市场的一个主要的变动趋势是二战后工会的逐步衰落。尽管在 1955 年，工会曾组织了全国劳工的 1/4，但自 1980 年以来，这一比例急剧下降。在过去的 20 年中，制造业中工会成员所占比例已经大幅度下降；只有在服务业中，工会力量仍然十分强大。

工会衰落的一个原因是罢工的作用下降。罢工是集体协议过程中最后的威胁手段。20 世纪 70 年代，美国工会经常使用这个工具，每年举行的罢工多达 300 次。尽管近年来的罢工越来越不寻常，但实际上，罢工在美国劳工市场中已经消失。其原因在于，罢工经常给工人带来适得其反的后果。1981 年举行罢工的机场调度员全部被里根总统解雇。1987 年，职业橄榄球运动员曾举行罢工，但后来不得不回去工作，因为老板要使用替补队员。1992 年，制造重型设备的大公司——卡特彼勒公司的工人举行了罢工，但 6 个月后，当公司威胁永远不再雇用他们时，这些工人不得不结束罢工。罢工并未能损害企业这一点，使得在过去 20 年中工会的整体实力大大削弱。

你或许想了解工会力量的削弱是否会降低劳动报酬。经济学家一般认为，工会力量的削弱会降低工会成员的相对工资，但不会降低劳动收入在国民收入中的份额。请看图 12–1 中劳动在国民收中所占的份额。你认为 1980 年以后工会影响力的下降对劳动所占份额产生了什么影响？大多数经济学家都认为这没有什么影响。

## 歧　视

有史以来，种族、民族和性别歧视一直是人类社会普遍的特征。从一个极端来看，在美国内战以前，黑奴生活贫困，没有任何权利，并遭受虐待。在其他时期，或其他地方，如在美国的种族隔离时期，或在 20 世纪 90 年代之前的南非的种族隔离政策之下，黑人在很多场合都仍然是被隔离的，如住房、消费、交通等，他们还被禁止跨种族通婚，以及被禁止得到那些最有吸引力的工作。甚至在歧视已经被宣布违法的今天，在一些非正式市场、准市场、刑事审判和统计等方面也还存在着各种微妙的歧视行为。这导致男性和女性所得到的待遇仍存在差别，而在不同的种族和不同的民族之间这种性别差异往往表现得更为明显。

那些研究或体验过歧视的人会知道，歧视的存在远远超出了市场的范围。而我们的讨论将只涉及经济歧视，且主要集中在就业方面。我们想知道，为什么在歧视被定为违法的几十年以后，群体性差异仍然存在。我们需要研究白人男性和其他群体之间的工资差异的来源。为什么美国黑人和西班牙裔人的收入和财富水平长期以来一直大大低于其他群体？为什么妇女会被许多最好的工作拒之门外？这是一些需要我们解答的麻烦问题。

## 歧视的经济学解释

### 歧视的定义

当收入差距的产生仅仅是由于不相关的个人特征，如种族、性别、性倾向或宗教等原因时，我们称之为**歧视**（discrimination）。通常，歧视可以有两种含义：（a）对不同的人依据个人特征而给予不同的待遇；（b）对某一特定群体设置不利的规则（如考试）。

最早研究歧视的经济学家，如芝加哥大学的加里·贝克尔，意识到这里存在一个根本性的难题：如果有两组工人，他们有相同的劳动生产率，而其中一组工资较低，那么，追求利润最大化的厂商为什么不雇用低工资的那组工人来增加他们的利润呢？例如，假设竞争性市场上的一组管理者决定给蓝眼睛的工人支付较高的工资，而给有同样劳动生产率的棕色眼睛工人支付较低的工资。不搞歧视的厂商可以进入市场，通过主要雇用棕色眼睛的工人来降低成本，从而降低搞歧视的厂商的价格，最后把它们赶出这个行业。因此，即使有一些厂商对某一群体抱有偏见，这种偏见也不足以减少这一群体的收入。从而，贝克尔的研究表明，是强权而非歧视因素造成了同质群体之间的收入差距。

### 排斥性歧视

最普遍的一种歧视形式是在就业和居住方面对某些群体进行排斥。美国黑人史展示了社会进步如何压低他们的工资和社会地位。奴隶制废除以后，美国南部的黑人落入了《吉姆·克劳法》的劳工分级制度。尽管黑人在法律上是自由的，劳动也按供求规律进行，但黑人工人的工资比白人工人要少得多。为什么呢？因为他们所受的教育不好，并被工会、地方法律和习惯势力等排斥在最好的工作之外，因而只能从事一些卑微的、技能要求低的职业，这些当然也属于非竞争性群体。隔离政策导致就业歧视存在了几十年。

供给需求分析可以说明这些排斥行为如何降低被歧视群体的收入。在存在歧视的条件下，一些工作被保留给有特权的群体。如图 13–8（a）所示，在这个劳工市场中，有特权工人的供给为 $S_pS_p$，而对这种劳动的需求为 $D_pD_p$，均衡工资出现在 $E_p$ 这一高水平上。

图 13–8（b）所显示的是发生在少数民族劳工中的情况。由于他们居住在学校条件较差的地区，而且负担不起私人教育的学费，所以无法获得高报酬工作所需要的教育和培训。因为技能水平低，他们只能从事那些技能要求不高的工作，生产的边际收益产品较少，因此工资被压到低于工资均衡点 $E_m$ 的水平。

请注意这两个市场的差别。因为少数民族被排斥在好的工作之外，市场力量导致他们的工资比那些特权劳工低得多。也许有人会争辩说少数民族劳工工资低是应该的，因为他们的竞争性边际收益产品比特权劳工少。但这种观点忽视了工资差异的根源。工资差异的产生是由于某些群体无法获得较好的教育和培训，并由于习俗、法律或勾结等因素的共同作用而被排斥在好的工作之外。

### 歧视的偏好

排斥性歧视的例子又提出了这样一个问题：为什么没有一些追求利润最大化的厂商规避法律或习俗的规定，来削弱他们的竞争对手呢？贝克尔提出了一个解释：无论是厂商还是它们的顾客都有一种“歧视的偏好”。或许有些管理者就是不喜欢雇用黑人；或许有些销售人员就是有偏见，不想把货卖给西班牙裔的顾客。批评者认为这是同义反复，说白了就是：“事情之所以这样，是因为人们想让它这样。”

### 统计性歧视

在不完全信息和不正当的激励的相互作用下，产生了一种最有趣的歧视的变形。这种现象称为**统计性歧视**（statistical discrimination），即个体的情况都被按其所属群体的平均情况而非其个人特征来加以处理。

一个常见的例子是雇主筛选雇员的依据是他们所上的

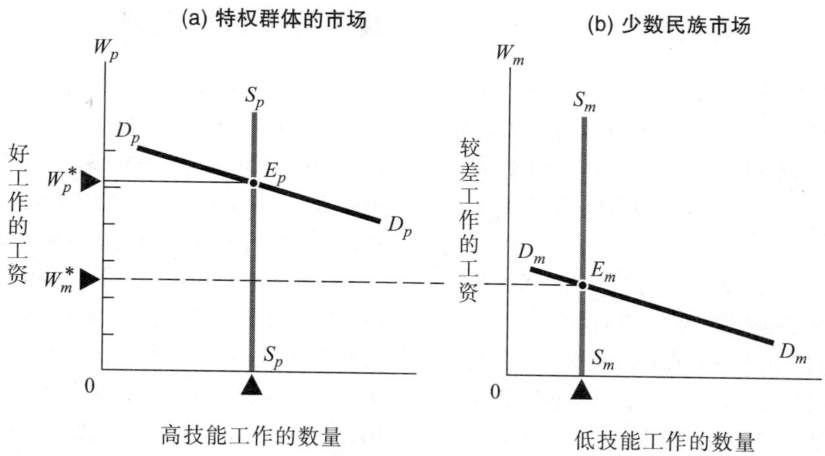


**图 13–8　排斥性歧视降低了被排斥的少数民族群体的工资**

将某些群体排斥在特权工作之外，常常会强化歧视。如果少数民族被排斥在市场（a）中的好工作之外，他们必须从事市场（b）中的较差的工作。特权群体享受 $E_p$ 的高工资率，而少数民族的工资率则为市场（b）中的 $E_m$。

大学。雇主可能发现从更好的学校毕业的人平均生产率比较高；而且，由于各校评分标准不同，很难对各校学生的学习成绩进行评估和比较。因此，雇主更多地是根据他们毕业的学校而不是成绩来选择雇员。但如果进行一种更为细致的筛选就会发现，不太有名的学校的毕业生中也有许多优秀的工作者。在这个例子中，我们看到了一个常见的基于学校平均质量的统计性歧视。

因为统计性歧视能够强化人们的成见，并能减弱某一群体中成员提高技能和积累经验的激励，所以它会导致经济的无效率。不妨分析一个上了一所不太知名的大学的学生的情况。她知道在很大程度上雇主将根据其学校的质量对她进行判断，而学习成绩、所学课程难易程度、真正学到的东西以及工作经验都可能会被忽视。结果，在面临统计性歧视时，个人会减少投资于那些能提高劳动技能、使自己成为更好的雇员的活动。

当统计性歧视涉及到种族、性别和民族时，其危害更大。如果雇主由雇用黑人青年的平均经验出发，把所有黑人青年当做“游手好闲”的人，那么，那些有才能的个体不仅会被当做平均水平的工人对待，而且他们自身也没有热情去提高他们的技能水平。

统计性歧视在社会许多领域都可以看到。人寿保险和汽车保险，往往将稳健谨慎的人的风险同那些冒失莽撞的人的风险平均起来，从而会降低人们在小心行事方面的激励，并导致人口的平均谨慎程度下降。传统上妇女被排除在工程师等数学能力要求高的职业之外。结果，妇女在报考学校和择业时容易倾向于人文社会科学，这个结果反过来又会强化人们认为妇女对工程不感兴趣的成见。

统计性歧视不仅能将个人的群体特征类型化，而且还能减弱个人对教育和培训进行投资的激励，从而反过来又强化关于原有群体特征的成见。

## 对妇女的经济歧视

受经济歧视最大的群体是妇女。在上一代，妇女的工资仅是男子工资的 70%。这种情况的产生，部分地源于教育、工作经验和其他因素的不同。今天，这种性别差距已经大大地缩短了。现存的绝大多数差距是“家庭差距”——有小孩妇女的一种工资损失。

男女收入差异背后的原因是什么呢？原因很复杂，它植根于社会习俗和期望、统计性歧视以及教育和工作经验等经济因素之中。一般地说，在同一份工作中，妇女的报酬不比男子少很多。妇女收入较低是因为妇女被排斥在工程、建筑和采煤等高收入职业之外。此外，由于妇女生儿育女，承担家庭义务，她们不得不中断其职业生涯，这种情况一直存在于“家庭差距”之中。经济中的性别不平等还表现在：直到近期还几乎没有几位妇女被选进大公司的董事会，或在大的律师事务所中取得高级合伙人的资格，或在顶尖的大学里取得终身教职。

## 经验证据

我们已经分析了歧视被强化的机制，现在让我们来分析收入差距的程度。平均而言，在美国，妇女和少数民族的收入低于白人男性。比如说，在1967年全职工作的妇女只能得到男性收入的60%，到1998年这一数字上升到了73%。

劳动经济学家强调，收入差别不同于歧视。工资差异往往体现技术和生产率上的差异。许多西班牙裔工人（尤其是移民）历史上所接受的教育一直比白人少；习惯上妇女在工作之外所花的时间都要比男子多。既然教育和连续工作经验是高报酬所要求的条件，因此存在上述工资差异就应当说不足为奇了。

收入差异在多大程度上是由于歧视而非生产率的原因呢？这里有一些最新的发现。

- 近年来，对妇女的歧视程度显著下降。除了家庭差距以外——有小孩的妇女将会损失10%~15%的收入——妇女的收入与同样水平的男子的收入基本相同。
- 20世纪初，黑人和白人之间的收入差距非常大。黑人劳工在20世纪的前70年中取得了很大的进步。20世纪80年代和90年代的数据表明，由于劳工市场上存在歧视，黑人男子所承受的损失达12%~15%。不过，黑人妇女的收入却与同等水平的白人妇女的收入大体相当。
- 一个令人鼓舞的趋势是，妇女和少数民族进入高薪职业的障碍正在破除。在1950~2000年间，医师、工程师、律师、经济学家这些职业中女性的比重增长很快。比如说，律师中女性的比重从4%提高到了29%。在其他一些传统上对性别、种族存在限制的领域中，也能发现相似的趋势。

## 减少劳工市场歧视

在过去半个多世纪中，政府采取了很多措施来制止歧视行为。主要的措施是强化立法，如1964年的《民权法》(该法将基于种族、肤色、宗教、性别、原国籍的歧视列为非法）和1963年的《同工同酬法》（该法规要求对从事同样工作的男性和女性付给相同的报酬）。

这些立法有助于消除明目张胆的歧视行为，但比较隐蔽的歧视仍然存在。为了反对这些歧视，政府采取了更为大胆也更有争议的政策，如*平权措施*。它要求雇主证明：他正采取特别措施以安置和雇用那些少数群体。研究表明，这种方式对于妇女和少数民族的就业及工资产生了一定的积极作用。然而，确保承诺行动近年来已经被广泛地批评为一种“反向歧视”，一些州已经禁止它在就业和教育中加以使用。

### 不平坦的进步

歧视是一种复杂的社会和经济过程，并为那些剥夺弱势群体的平等的工作、住房与教育机会的法律所强化。即使法律重新确定权利平等之后，种族和性别隔阂仍然会使得社会和经济中的阶层分化长期存在。

在过去的20多年里，减小不同群体之间收入差距的进程变得缓慢了。传统的小家庭的解体、政府社会计划的削减、严厉的毒品法律和入狱率、对许多反歧视计划的敌对反应，以及非熟练工人相对工资的下降，这些因素都使得许多弱势群体的生活水平趋于下降。前方的路是不平坦的，在收入、财富、职业等方面所存在的差别仍然相当大。

## 总结提要

### A. 工资决定的基本理论

1. 对劳动和其他任何一种生产要素的需求由其边际产品决定。因此，如果一个国家劳工受教育程度较高、所受培训较多、与之配合的资本更多更好，以及所用的生产技术更先进，那么，它的一般工资水平就会趋于上升。
2. 在某一特定人口条件下，劳动的供给依赖于三个主要的因素：人口规模、平均工作小时数和劳动力参与程度。对美国来说，近年来，移民成为新劳工的主要来源，提高了相对非熟练劳工的比例。
3. 工资上升对劳动供给产生了两种相反方向的影响。替代效应吸引劳工工作更长的时间，因为每1小时的工作可以得到更高的报酬。收入效应的作用相反，因为更高的工资意味着劳工现在可以更多地享受闲暇和生活中其他美好的东西。在某个临界工资水平上，供给曲线可能会向后弯曲。有天赋的特殊人才的劳动供给非常缺乏弹性：他们的工资大部分是纯经济租金收入。

4. 在完全竞争条件下，如果所有的人和工作都是完全相同的，就不会有工资差异，由供给和需求决定的均衡工资率会是全部相等的。但当我们放弃不太现实的“关于劳动者和工作的同质假定”时就会发现，即使在一个完全竞争的劳工市场上，也存在很大的工资差异。补偿工种的非货币性差别的补偿性工资，解释了工资差异的一部分原因。劳动质量的差别解释了许多其他的工资差异。此外，劳工市场上存在无数类非竞争群体和部分竞争群体。

**B. 劳工市场的问题和政策**

5. 工会在其成员和影响两个方面都在美国经济中发挥着重要的作用，但这种作用正在减弱。劳资双方的代表在一起谈判，进行集体协议。这种协议一般包括工资、福利和工作条件等条款。工会通过协议标准工资率来影响工资。但是，为了将实际工资提高到普遍通行的由市场决定的水平之上，工会常常限制非工会成员的进入和竞争。
6. 根据经济学理论，集体协议并不能产生确切的结果，双方垄断或劳资议价（像战争或双人博弈）在理论上并没有确定的解决方案。实证研究发现，与同样的非工会成员相比，工会将其成员的工资提高了 10%~30%。在过去 10 年中，由于受到来自非工会成员和外国劳工的竞争，工会带来的这种工资差异已开始减弱。
7. 尽管工会能提高其成员的工资，但他们并未能提高一国的实际工资或劳动收入在国民收入中的份额。他们可能会引起工会成员的失业，这些劳工更愿意等待直到回到原来的高工资工作，而不是离开原先的岗位，转而接受其他产业中的低报酬工作。在一个价格不灵活的国家中，太高的实际工资可能会引起古典失业。
8. 出于一个历史的偶然，世界上的少数白人男性拥有了最多的财富。即使在奴隶制度已被废除了一个世纪之后，机会的不平等，经济的、种族的和性别的歧视仍导致少数弱势群体收入的损失。
9. 歧视的原因很多。非竞争性群体的产生和维持是一个重要的机制。通过分割劳工市场，把管理和专业职位留给白人男子，驱使妇女和少数民族去从事卑贱、没有前途的工作，一个经济会使收入的不平等持续几十年。此外，当一个人被按照其所属群体成员的一般行为进行对待时，就会出现统计性歧视。这种形式微妙的歧视将个人按其所属群体的特征设定为某种类型，降低了个人进行自我提高的积极性，从而更强化了社会对原有类型持有的偏见。
10. 政府在很多方面都采取了减少劳工市场歧视的措施，早期主要是宣布歧视为非法，后来则采用了“确保承诺”等政策。

## 概念复习

**完全竞争下的工资决定**

劳动需求的因素：
- 劳动质量
- 技术
- 其他投入的质量

劳动供给的因素：
- 小时数
- 劳动力参与程度
- 移民

收入效应和替代效应
工资中的补偿性差异
工资中的租金因素
分割市场和非竞争性群体

**劳工市场问题**

集体协议
作为垄断者的工会
工会对进入的控制
工会对实际工资的影响
古典失业
歧视
收入差异：质量差异和歧视
统计性歧视
反歧视政策

## 补充读物和互联网站

### 补充读物

The elements of the theory of human capital are given in Gary S. Becker, *Human Capital: A Theoretical and Empirical Analysis, with Special Reference to Education,* 3d ed. (University of Chicago Press, 1993) .

Labor economics is an active area. Many important topics are covered in advanced surveys, such as Ronald G. Ehrenberg and Robert S. Smith, *Modern Labor Economics: Theory and Public Policy,* 8th ed. ( Addison Wesley Longman, New York, 2002) .

An excellent overview of the economics of discrimination is contained in the symposium on discrimination in product, credit, and labor markets in *Journal of Economic Perspectives,* Spring 1998.

### 互联网站

Analysis of the labor market data for the United States comes from the Bureau of Labor Statistics, at www.bls.gov. This site also has an online version of *The Monthly Labor Review,* which is an excellent source for studies about wages and employment. For example, to find out about trends in relative wages, see "Earnings of College Graduates: Women Compared with Men," *Monthly Labor Review,* March 1998, online at www.bls.gov/opub/mlr/mlrhome.htm.

An excellent review of trends in labor markets with special reference to new technologies and discrimination is in *Economic Report of the President, 2000*, chap. 4, "Work and Learning in the 21st Century," available online at w3.access.gpo.gov/eop/.

For an international perspective, visit the site of the International Labour Organization at www.ilo.org.

## 问题讨论

1. 采取什么措施可以消除图 13–8 中所示的市场分割？
2. 用文字和供求图解释下列事件对于受到相关影响的劳工市场中的工资和就业的冲击：
   a. 关于参加了工会的泥瓦匠：泥瓦匠工会通过谈判，争取到一个低标准工作规则，每小时砌的砖由 60 块降低到 50 块；这对是工会成员的泥瓦匠有何影响？
   b. 关于航空人员：放松对航空公司的管制后，没有工会组织的航空公司（像大陆航空公司）的市场份额上升了 20%，这对飞机驾驶员有何影响？
   c. 关于医生：许多州开始允许护士更多地承担一些医生的职责，这对医生有什么影响？
   d. 关于美国汽车工人：日本答应限制其对美国的汽车出口，这对美国的汽车工人有何影响？
3. 解释下列现象会引起工资差异的何种变化：
   a. 上大学的成本增加；
   b. 欧洲国家之间可以自由移民；
   c. 教育由私人提供且费用昂贵的国家，现在引入了免费的公共教育；
   d. 由于技术进步，更多的人能接收到流行的体育和娱乐节目。
4. 当妇女、黑人这样的弱势群体被分割到低工资市场中时，就产生了歧视。解释下列这些不久前在某些情况下还很流行的做法，是怎样助长歧视性劳工市场的分割的：
   a. 很多州的学校不允许妇女主修工程学；
   b. 很多顶尖大学不招收女生；
   c. 白人和非白人在隔离的学校系统中接受教育；
   d. 社会精英俱乐部不接纳妇女、黑人或天主教徒；
   e. 雇主拒绝雇用在贫民区学校接受教育的人，因为从那里来的劳工平均的劳动生产率很低。
5. 近年来移民增加了低技能劳工的供给，而这对受过高级培训的劳工的供给几乎没有任何影响。据乔治·鲍扎斯、理查德·弗里曼和劳伦斯·卡茨近期做的一项研究判断，在 20 世纪 80 年代，由于移民和贸易的影响，高中肄业者的工资相对于大学毕业生的工资下降了 4%。本题将说明如何理解其中的原因。

a. 要看清移民的影响，请回顾一下图 12–6。重新画这一组图，将（a）标为“熟练劳工的劳动市场”，（b）标为“非熟练劳工的劳动市场”。由于移民的进入，非熟练劳工的供给曲线向右下方移动，而熟练劳工的供给保持不变。请说明移民对于熟练劳工和非熟练劳工的相对工资和相对雇用率有何影响？

b. 然后再分析国际贸易对工资和就业的影响。假设贸易壁垒减少，对（a）中熟练劳工的需求上升，同时降低了对(b）中非熟练劳工的需求。请说明这种趋势会加大熟练劳工和非熟练劳工之间的不平等。

6. 人们经常担心高税率会减少劳动的供给。考虑在供给曲线向后弯曲的情况中提高税率的影响：定义税前工资为 $W$，税后工资为 $W_p$，税率为 $t$，解释关系式 $W_p = (1 - t)W$。画一张表，列出当税前工资为 20 美元/小时，税率分别为 0、15%、25%和 40%时的税前工资和税后工资。

下面翻回到图 13–4，说明在 $C$ 点以上和 $C$ 点以下的区域，降低税率对劳动供给的影响。在表中，列出税率和政府税收收入的关系。

# 第 14 章

# 土地和资本

土地是一宗好投资，
因为人们再也不可能
将它多增长一点。

——威尔·罗杰斯

美国是"资本主义"经济，这样说的意思是这个国家的资本和其他资产主要都归私人所有。到 2003 年，美国的人均净资本的存量超过了 10 万美元。其中 68%由私人公司拥有，14%由私人拥有，19%属于政府。此外，美国财富的所有权主要集中在那些最富有的美国人手中。

而在社会主义国家，如 1991 年以前的苏联或今天的中国，不仅大多数土地和资本都是属于政府所有，而且还没有出现像摩根或比尔·盖茨这样的超级富豪。在资本主义制度下，个人和私人企业拥有大部分的储蓄，拥有大部分的财富，获取这些投资的大部分利润。

穷国和富国的差距很大程度上来源于那种能产生大规模的储蓄流量、进而将其以高回报资本的形式进行投资的能力。然而，一国的非人力资本远远不止工厂和设备，我们还应该考虑它的耕地、石油和矿藏等自然资源，以及像清新的空气、国家公园和阳光海岸这样的环境资产。

在这一章中，我们将讨论土地和资本要素市场的运行。先研究土地市场，它是一种不能被生产出来的要素。然后我们将转向资本供求这个重要问题。资本既是经济的一种产出，也是一种投入。这将会加深我们对于资本主义经济的某些重要特征的了解。本章的附录将会讨论市场的整体行为，即一般均衡理论。

## A.土地和租金

### 作为固定要素收入的租金

除非你决定在气球上经营你的公司，否则土地对任何商业活动都是最基本的生产要素。土地的一个不寻常的特征是：数量固定，对价格完全缺乏弹性。[1]

为在一定时期内使用土地而支付的价格称为土地的**租金**（rent），有时称为**纯经济租金**（pure economic rent）。租金以单位固定要素和单位时间的美元数计价。亚利桑那的荒漠土地的租金每年每英亩可能只要 50 美分，而纽约市中心或日本的土地的租金每年每英亩可能就是 100 万美元。经济学家所说的"租金"，不仅是就土地要素而言，而且还用它来讨论所有供给不能变动的要素。支付租金这一概念不仅适用于土地，同时也适用于任何一种供给固定的要素。如果你决定付给杰尼弗·罗派斯 100 万美元，以邀请他在你的千禧晚会上演出，你就是在为这种独特的要素的临时使

[1] 有时候自然资源包括在土地资源里，我们把自然资源经济学的分析推迟到第 18 章进行。

用而支付租金。[2]

> 租金（或纯经济租金）是对使用供给固定的生产要素所支付的报酬。

*市场均衡*　土地的供给曲线是完全没有弹性的，即是垂直的，因为土地的供给是固定的。在图 14–1 中，需求和供给曲线相交于点 $E$ 点，土地的租金必须趋近这个价格。为什么呢？

如果租金高于均衡价格，所有厂商需要的土地数量就会少于所能供给的现存的土地数量。有些土地所有者就不能将其土地租出去；他们不得不以较低的租金出租自己的土地，于是土地租金就会降下来。同理，租金也不会长时间停留在均衡水平以下。如果租金低于均衡价格，对土地需求没有得到满足的厂商的出价就会迫使要素价格回升到均衡水平。只有在土地的需求量正好等于固定供给的竞争性价格时，市场才会处于均衡。

[2] 永远记住，在经济学中，"租金"的概念有一个特殊而具体的用途，即反映对固定供给要素的支付。而在日常生活中，这一概念还有许多其他的含义，如对租用公寓或建筑物的支付。

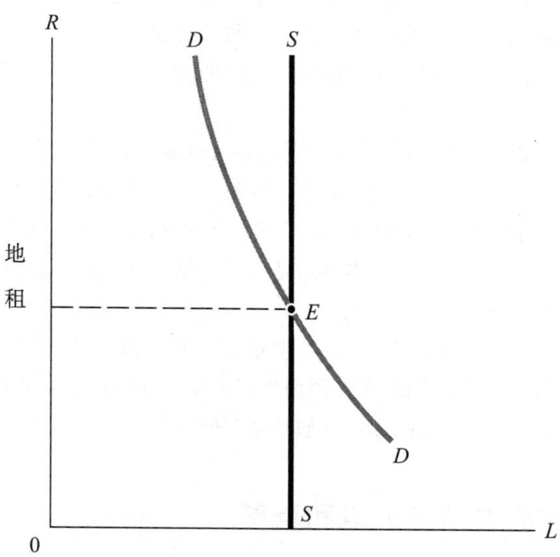


**图 14–1　数量固定的土地无论得到多少租金都会同样发生作用**

完全没有供给弹性是租金（有时也叫做纯经济租金）的特征。我们沿供给曲线 $SS$ 上移到与要素需求曲线相交处就可以决定租金。除土地外，我们可将租金分析运用到金矿、7 英尺高的篮球运动员，以及任何一种供给固定的物品中去。

假定土地只能被用来种植玉米，如果对玉米的需求上升了，玉米地的需求曲线就会向右上方移动，租金就会上升。这说明了土地的一个重要特征——土地价值高是因为玉米价格高。这也是要素需求作为一种派生需求的很好的例子——对要素的需求是由对要素所生产的产品的需求所派生出来的。

> 因为土地的供给没有弹性，土地在任何一种情况下都会同样地工作，所以土地的价值完全是由产品的价值派生而来，反之则不成立。

## 对土地征税

土地供给数量固定这一事实引出了一个很重要的结论。考虑图 14–2 中的土地市场，假设政府对所有的土地租金开始征收 50%的税，注意对于建筑或新增设施不征税，因为征税会影响建设活动的规模。于是所征的税收系来自固定的农业和城市用地所带来的租金。

征税后人们对土地的总体需求并没有改变。在图 14–2 中，当价格（含税）为 200 美元时，人们仍然需求土地

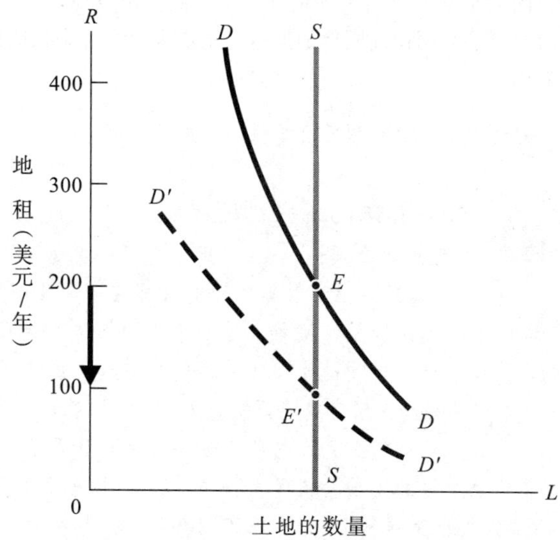


**图 14–2　对固定数量的土地征税完全由土地所有者承担，政府取得纯经济租金**

对土地征税并没有改变使用者在 $E$ 点所支付的价格，但使土地所有者的租金降到了 $E'$。土地所有者除了接受更低的报酬之外还能做什么呢？这为亨利·乔治的单一税运动提供了合理性。亨利·乔治的单一税运动旨在不扭曲资源分配的基础上，使社会得到土地价值增值的好处。

的全部固定供给。于是，由于土地供给是固定的，土地服务的市场租金（含税）也就完全不会变动，仍在初始的市场均衡点 $E$。

那么，土地所有者得到的租金将会有何变化？由于需求和供给的数量并没有变化，所以市场价格不会受税收影响，于是税收完全是从土地所有者的收入中扣除的。

我们可以在图 14–2 看到这种情况，农场主付的钱和土地所有者收到的钱现在完全是两码事了。对土地所有者来说，当政府介入拿走 50%的租金时，其效应与所有者的净需求从 $DD$ 降到 $D'D'$的影响一样。土地所有者税后的均衡收入现在只是 $E'$，仅相当于 $E$ 的一半。*税收全部由供给完全无弹性的要素的所有者承担。*

土地所有者肯定会抱怨，但在完全竞争条件下，他们对此无能为力。因为他们不能改变土地的总供给，而且土地总得被用来获得些什么，得到半个面包总比没有面包要好。

此时，你可能想了解这种税收对经济效率的影响。令人吃惊的结果是，*对租金征税不会引起扭曲或经济的无效率*。这一惊人结果出现的原因是，对纯经济租金征收的税不会改变任何人的经济行为。需求者没有受到影响，因为他们的意愿价格没有改变；供给者的行为也没有受到影响，因为土地的供给是固定的，不可能做出反应。于是，税后的经济会同税前同样地运行，土地税没有带来扭曲或无效率。

*对纯经济租金征税不会导致扭曲或无效率。*

**亨利·乔治的单一税运动**

纯经济租金理论是 19 世纪后期单一税运动的基础。当时，由于世界各地的人都向美国移民，美国的人口迅速增长。随着人口的增长和铁路延伸到美国西部，地租飞涨，为那些幸运的或有远见的人带来了丰厚的利润，因为他们预先购买了土地。

有人问，为什么允许这些土地所有者获得那么多的非劳动所得的土地增值呢？一位对经济学进行过很多思考的记者亨利·乔治（1839~1897），在其畅销书《贫困和进步》（1879 年）里集中表达了这种情绪。他在书中建议，应当把对土地征收财产税作为政府融资的主要途径，同时削减或免除其他所有的对资本、劳动以及土地增值实施的征税。乔治认为，这种单一税收能够在不损害经济生产效率的情况下，改善收入分配。

尽管美国经济显然没有向单一税理念的方向走得太远，但乔治的许多见解得到了后来几代经济学家的重视。在 20 世纪 20 年代，英国经济学家弗兰克·拉姆塞（Frank Ramsey）通过分析不同种类税收的效率，发展了乔治的方法。这带来了效率原理（或拉姆塞原理）的发展。这种分析表明，当一个部门的供给或需求的价格弹性非常小的时候，对其征税所导致的扭曲最小。

拉姆塞税收背后的推理与图 14–2 中所示基本一样，如果一种商品的供给或需求高度缺乏弹性，对该部门征税对于生产和消费将不会产生什么影响，所导致的扭曲将会非常小。

# B. 资本和利息

你的蛋糕完全可以既保留下来而又不影响食用：将它出借并收取利息即可。

——佚 名

## 基本概念

经济分析传统上将生产要素分为三种：土地、劳动和资本。前两种叫做生产的*初级或初始要素*，其供给主要取决于市场以外的因素。现在我们再加上一个*生产者生产出来的要素*——资本。

**资本**（capital）或资本品（capital goods）包括那些生产出来的耐用品，它们在进一步的生产中被作为生产性投入。有些资本品能连续使用几年，有些则可能持续使用一个世纪或更长。但资本品的基本特征是：它既是一种投入又是一种产出。

资本品主要有三类：建筑（如工厂和住宅）、设备（耐用消费品，如汽车；耐用生产设备，如机床和计算机）以及投入和产出的存货（如经销商的汽车存货）。

### 资本品的价格和租费

资本品在资本品市场上交易。例如，戴尔公司将计算机卖给各企业，这些计算机被企业用来提高工资支付系统或生产管理的效率。在资本品的销售中，我们可以看到*资本品的价格*。

大多数资本品归使用它们的企业所有，但有些资本品是由其所有者租借出去的。为暂时使用资本品所做的支付叫做租费（rentals）。房东可能将一套公寓租给一个学生使用一年——每月 600 美元的支付就构成了一项租费收入。我们要将固定要素（如土地）的租金收入与耐用要素（如资本）的租费区别开来。[3]

## 资本品的收益率

任何经济体、企业或家庭最重要的任务之一，都是将其资本在各种可能的投资之间进行分配。一国应将其资本投入到像钢铁这样的重型制造业，还是投入到像互联网这样的信息技术产业？英特尔应该建造一个价值 40 亿美元的工厂来生产下一代的微处理器吗？法默·琼斯想提高其财务水平，他应该购置专门按照客户特征设计的会计程序，还是直接花 100 美元从那些市面上流行的产品中挑选一个？这些问题都涉及到昂贵的投资——今天付出货币以取得未来的收益。

为了做出最佳投资决策，我们需要一种衡量资本报酬的标准。一个重要的指标是**资本收益率**（rate of return on capital），即每 1 美元资本投入在 1 年中能够获取的净美元收益。

我们以某汽车出租公司为例。丑小鸭出租公司以 10 000 美元的价格购买了一辆二手福特牌汽车，并以每年 2 500 美元出租。计算所有费用（维修、保险和折旧[4]等）并忽略汽车价格变化，丑小鸭公司每年的净租费收入为 1 200 美元。对此我们说，这辆福特汽车的年收益率为 12%（1 200 美元 ÷ 10 000 美元）。请注意，收益率是单位时间的一个纯粹的数字，也就是说它的计算方法是：(每一时期的美元) /(美元)，通常按每年的百分比计算。

你可能会考虑各种不同的投资机会：出租汽车、油井、公寓、教育等等。你的财务顾问会说你没有足够的资金在每一方面都进行投资，那么你怎么决定进行哪些投资呢？

一个有效的方法就是比较各种投资的收益率。对每一种投资，你先要计算该资本品的成本，然后估算该资产能够带来的年净收益或这项资产的租费收入。年净租费收入与成本的比率就是资本收益率。它告诉你投资的每 1 美元给你带来的收益，这是根据每 1 美元投资每年能得到的美元数来衡量的。

> 资本收益率是每 1 美元投资的年净收益（租费收入减去费用）。它是一个纯数字——年百分比。

***关于酒、树和钻井设备*** 这是几个投资收益率的例子。

- 我以10 美元买了一些葡萄汁，一年之后酿成酒并以 11 美元卖出。如果没有其他费用，这次投资的收益率就是 1 美元/10 美元，或年收益率为 10%。
- 以 100 美元的劳动成本种了 1 棵松树，25 年后，长成的树以 430 美元出售，这项资本投资 25 年的收益率为 330%，这相当于年收益率为 6%；即总收益等于 100 美元 ×（1.06）$^{25}$ = 430 美元。
- 我购买了一套价值 2 万美元的石油钻井设备，10 年中它每年的租费收入为 3 万美元。但每年我的燃料、保险和维修支出的费用为 2.6 万美元。4 000 美元的净收益用于支付利息和对 2 万美元原始支付分期 10 年的偿还。钻井设备的收益率是多少？从统计数据表上看：年收益率是 15%。

## 金融资产和有形资产

观察一个公司或个人的资产负债表，我们会发现其中既包括金融资产又包括有形资产。**有形资产**（tangible assets）包括土地以及像计算机、建筑和汽车这样用来进一步生产商品和服务的资本品。我们必须把它们和金融资产区分开来，后者本质上就是一些纸张。更准确地说，**金融资产**（financial assets）是一方对另一方的货币要求权。例如，房屋抵押贷款就是银行对房屋所有者按月支付本金和利息的要求权，这些支付的钱款将用来偿还为买房所借的原始贷款。

通常，在抵押贷款的情况下，有形资产将作为一项金融资产的根据（或作为抵押品）。而在其他情况下，如学生贷款，金融资产则可以来自于以个人未来收入能力为基础的还款承诺。

人们都很清楚，有形资产是经济的重要组成部分，因为它们可以提高其他要素的生产率。而金融资产的作用又是什么呢？它们的重要性产生于储蓄者和投资者之间的不匹配。学生们需要钱来上大学，但他们现在没有收入或存款来支付这笔费用。而那些正在工作并为退休存钱的成年人，会有一些超过消费需要的收入可以提供给学生。金融体系机构众多，有银行、共同基金、保险公司和养老基金等，通常还有政府贷款和政府担保作为补充。通过它们可以把储蓄者的资金引向投资者。如果没有这种金融系统，

[3] 请注意上面注释 2 中的关于“租金”的经济学含义的提示，对“租费”也有相似的提示。

[4] 折旧是指对资本品由于一段时间的磨损和报废造成的货币价值的损失的估计。

企业就不能进行开发新产品所必需的大规模投资；人们不存够所有的房款，就不能买到房子；学生如果事先不存够必需的大笔学费，就不能上大学。美国金融系统的基本原则将在后面宏观经济学的章节中进行分析。

## 金融资产和利率

当人们储蓄时，所期待的是得到报酬，也就是**利率**（interest rate），或资金的金融收益，或贷出资金的年收益。你将钱存在商业银行的定期存款账户上所取得的收益就是利率的一个例子。假设 2005 年的年利率是 5%，如果你在 2005 年 1 月 1 日存入 1 000 美元，在 2006 年 1 月 1 日你将得到 1 050 美元。

通常你可以看到，利率是以每年 *x*%表示，这是一笔资金贷出去一年整会得到的利息；对于更短或更长的时期，利息支付会相应地按比例调整。

利率有很多种，有长期利率和短期利率，它依贷款或债券的期限长短而定；有固定利率的贷款和浮动利率的贷款；有高度安全的债券（如美国政府债券）的利率，也有高风险的“垃圾债券”的利率。

小结：

> 家庭和其他储蓄者将金融资源或资金提供给那些想投资于有形或无形资本品的人。利率代表债务人为其在一段时间内对货币的使用而向债权人支付的价格。利率是以每年的一定的百分比来表示的。

## 实际利率和名义利率

我们前面讨论的理论是以货币或名义单位衡量的，而不是以树、酒或汽车的单位衡量的。利率是以每 1 美元投资每年的美元收入来衡量的投资收益。但是，美元有时会成为扭曲的标准。由于一般价格水平会由于通货膨胀而上升，鱼、树、酒和其他商品的价格每年也都会有所变化[5]，于是我们需要找到姿本的实际收益，一个衡量我们放弃现在的商品能得到的未来的商品量的标准。

例如，假设你 1995 年在一种俄罗斯债券中投资 1 000 卢布。因为给你的利率是 70%，你期待会有丰厚的收益，在年终应得到 1 700 卢布。但后来你拿钱出去买消费品时，你发现在 1995 年间物价上涨了 65%。以商品的实际数量计算，你能购买的商品只比年初能购买的多 3%（1.030=1.70/1.65）。换句话说，如果在 1995 年初你借出了 1 000 卢布按市价计算的商品，第二年你只能获得 1 030 卢布按市价计算的商品。在高通货膨胀时期，实际利率和名义利率的差异尤为突出。

我们将资金的实际增值称为**实际利率**（real interest rate），它与**名义利率**（nominal interest rate）相对应，名义利率是以美元计价的投资所能得到的美元收益。在低利率和低通货膨胀时期，实际利率非常接近于名义利率减去通货膨胀率。[6]

> 实际利率是以商品和服务为单位计量的资金的收益，我们通常用名义利率减去通货膨胀率来计算实际利率。

表 14–1 所示为过去 30 年间各种不同的金融工具的名义利率（用公式，你可以得出实际利率，这一时期通货膨胀率平均为每年 4%）。

| 美国金融工具 | 名义利率，1976~2003 年（%，每年） |
|---|---|
| 免税的州和地方债券 | 7.3 |
| 联邦政府债券： | |
| 短期 | 6.5 |
| 长期 | 8.3 |
| 公司债券： | |
| 安全的（Aaa） | 9.2 |
| 有风险的（Baa） | 10.3 |
| 消费者信贷： | |
| 抵押贷款 | 9.9 |
| 信用卡 | 16.2 |
| 购车贷款 | 11.2 |

**表 14–1 某些金融工具的利率**

名义利率取决于风险、通货膨胀和税收待遇。免税的、安全的州和地方政府的债券利率最低；纳税的联邦债券利率稍高；信用卡由于存在信用风险利率较高，但比较容易获得；从有主权风险和高通货膨胀国家借入的外债的利率则要高得多。

资料来源：Federal Reserve Board.

[5] 通货膨胀率是指一个时期到下一个时期的价格变化率。如果 2000 年的一般价格水平是 100，而 2001 年的一般价格水平是 103.5，那么通货膨胀率就是每年 3.5%。

[6] 换句话说，令 $\pi$ 为通货膨胀率，$i$ 为名义利率，$r$ 为实际利率。计算实际利率的准确公式是：$1+r=(1+i)/(1+\pi)$。而当 $i$ 和 $\pi$ 很小时，$r=i-\pi$。

## 资产的现值

资本品是能在一定时期内产生一种租费流或收入流的耐用资产。如果你拥有一幢公寓楼，你会在其使用年限内收取租费，就像果园的主人每个季节都会从树上采摘果实一样。

假设你对拥有并管理一幢楼感到厌倦，并已经决定出售它。为了给楼确定一个合理的价格，你需要决定该楼的全部的未来收入流的现在价值。这些收入流的价值称为该项金融资产的现值。

> **现值**（present value）是下一个时期的收入流的现在的货币价值。它是这样计算的：在当前的利率下，计算出需要多少货币才能产生该项资产的未来的收入流。

让我们从一个非常简单的例子开始。假设有人要卖给你一瓶酒，酒味要在一年后才能变得纯正，那时你可以按 11 美元的价格出售。假定市场利率是每年 10%，这瓶酒的现值是多少呢？你必须为这瓶酒付多少钱？你要付 10 美元，因为在今天市场利率为 10%的情况下，投资 10 美元在一年后将价值为 11 美元。所以，下一年 11 美元的酒在今天的价值是 10 美元。

### 永久性资产的现值

我们通过考查永久性资产的情况，给出现值的第一种计算方法。永久性资产是一种像土地一样的资产，可以一直存在下去，每年支付 $N$ 美元，直到永远。我们现在要找出现值 $V$，如果年利率是 $i$，那么现值就是每年收益恰为 $N$ 美元的现在的投资的货币量。计算公式很简单：

$$V = \frac{\$N}{i}$$

这里：$V$ = 土地的现值（美元）

$N$ 美元 = 永久性资产的年收入（美元/年）

$i$ = 以小数表示的利率（比如，每年 0.05 或 5/100）

这就是说，如果利率永远是每年 5%，一个产生不变收入流的资产将以其年收入的 20（= 1 ÷ 5/100）倍出售。在这种情况下，一个每年带来 100 美元收益的永久性资产的现值是多少？在 5%的利率下，其现值为 2 000 美元（= 100 美元 ÷ 0.05）。

这个计算永久性资产现值的公式也可以用来对股票进行估值。假定在未来无限期内，泉水公司可以为公司股东每股分配 1 美元的股利，股票的折现率为每年 5%。股票的价格就应该为每股 20 美元，即 $P$ = 1 美元/0.05 = 20 美元（这些数字已经过通货膨胀调整，所以分子为“实际股利”，分母为“实际利率”或“实际折现率”）。

### 折现的一般公式

在考查了永久性资产这一简单例子后，我们现在转入更一般的情形，研究未来收入随时间变化的资产的现值。关于现值的一个要点是：未来的支付没有现在的支付值钱，所以相对现在来说它们应当被折现，就像远处的目标看起来比近处的目标要小一样。从时间的角度来看，利率也造成了类似的收缩。

让我们举个有点怪异的例子。[7] 假设有人建议在 999 年后你要支付给你的继承人 1 000 亿美元，那么你今天要支付多少？根据现值的一般规则，要算出从现在起 $t$ 年之后支付的 $P$ 美元的现值，就得问问你自己，今天必须投资多少美元，在 $t$ 年后才能生成 $P$ 美元。假设利率为每年 6%，据此计算每年的增长量，开始的 $P$ 美元在 $t$ 年后将生成美元。于是，我们只需将这个表达式反过来找出现值。从现在起 $t$ 年后支付的 $P$ 美元的现值只有 $P/(1 + 0.06)^t$ 美元。用这个公式，我们算出 999 年后支付的 1 000 亿美元的现值是 0.0000000000000052 美元。

在大多数情况下，资产的收入流量中包括好几项内容。在现值计量中，每 1 美元都要按时间排好，首先，对未来收入流量的每一部分根据支付日期进行必要的贴现，计算出其现值，然后将各个现值加在一起，总额就是该项资产的现值。

现值 $V$ 的准确公式如下：

$$V = \frac{N_1}{1 + i} + \frac{N_2}{(1 + i)^2} + \cdots + \frac{N_t}{(1 + i)^t} + \cdots$$

在这个等式中，$i$ 是单期市场利率（假定为常数），$N_1$ 是第1 期的净收入（可为正数也可为负数），$N_2$ 是第 2 期的净收入，$N_t$ 是第 $t$ 期的净收入，依此类推。支付流量（$N_1$，$N_2$，…，$N_t$，…）根据上面给出的公式计算出的现值就是 $V$。

例如，假设年利率为 10%，我明年将得到 1 100 美元，3 年后将得到 2 662 美元，这个流量的现值就是：

---

[7] 本章后面的习题 9 就提出这样一个问题，如果曼哈顿这块地皮被荷兰购买的话，它的现值是多少？

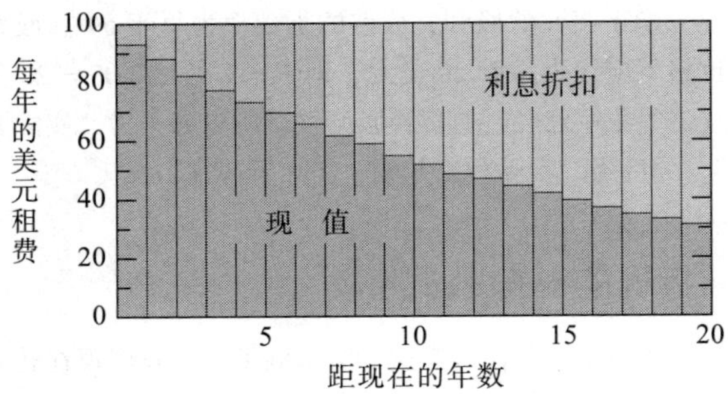


**图 14–3 一项资产的现值**

图中下面的部分表示的是：在利率为每年 6%时，一部 20 年中每年支付 100 美元净租费的机器的现值。上面灰色的部分被折扣掉了。解释为什么提高利率会使上面部分面积增大而资产的市场价格减少。

$$V = \frac{1\ 100}{(1.10)^1} + \frac{2\ 662}{(1.10)^3} = 3\ 000$$

图 14–3 说明了一部机器的现值的计算。这部机器在 20 年内每年净租费为 100 美元，最后没有残值，它的现值不是 2 000 美元而是 1 157 美元。注意，由于时间因素，较晚年份的美元的币值是逐级递减或者说是被折现了的。折现后的全部面积（下面部分面积）代表了机器的总现值，即所有的未来收入流量的现时价值。

### 使现值最大化

现值公式告诉我们，一旦知道了某项资产的收入，我们就可以计算出该资产的价值。但是不要忘记，一项资产的未来收入通常取决于经营决策：一辆卡车我们用 8 年还是用 9 年？是一年还是一个月彻底检修一次？是用一辆便宜的不耐用的卡车，还是用一辆价格昂贵的耐用的车？

> 有一条规则可以给所有的投资决策一个正确的答案：计算各种可能的决策所能带来的现值，依照使现值最大化的原则进行权衡。用这种方法，你将会有更多的财富，随便你用在哪里和如何花销。

## 利 润

除工资、利息和租金之外，经济学家经常提到的第四种收入称为利润。什么是利润？一般来说，它们与利息和资本收益有什么不同呢？

### 申报利润统计

会计将**利润**（profit）定义为总收入和总成本之间的差额。要计算利润，先计算总销售收入，然后减去所有费用（工资、薪金、租金、材料、利息、消费税和其他支出），剩余的部分就称为利润。[8]

### 利润的决定因素

在市场经济中是什么因素决定公司的利润率？利润实际上是各种不同收益的组合，包括所有者的资本隐含收益、承担风险的回报和创新利润。

***作为隐含收益的利润*** 对经济学家来说，企业利润是多种不同因素的聚合体。大多数申报的企业利润，基本上是企业所有者所提供的资本和劳动的报酬，即他们提供的生产要素的报酬。

例如，有些利润是企业所有者提供的个人工作的收入——如在小型事务所工作的医生或律师；有些利润是自己拥有的土地的租金收入；而在大公司里，大多数利润都是投入的资本的机会成本。这些收入称为隐含收益（成本），这是对企业所拥有的要素的机会成本的叫法。

这样，在平常我们称为利润的东西中，有一些实质上不过是租费、租金和工资的另一种名称。“隐含租费”、“隐含租金”和“隐含工资”是经济学家对企业自有要素的收益的称谓。

***作为承担风险回报的利润*** 利润也包括对承担投资风险的回报。大多数企业都要承担违约风险，这种风险在某项贷款或投资不能得到执行时发生，比如因为借款人破产。此外，还有许多可投保风险，如我们在第 11 章中所分析的那些情况，包括火灾和飓风。这些可以通过购买保险来加以解决。

第三种风险叫投资的不可投保风险或系统风险。一个公司可能对商业周期高度敏感，这意味着它的收入会随着

---

[8] 在分析利润时，区分企业利润和经济利润十分重要。企业利润（也叫企业收益或企业盈利）是会计计算出来的剩余收益，等于销售收入减去成本。企业利润包括企业所有资本的隐含收益。经济利润是减去所有成本（货币成本与隐含成本或机会成本）后的收益。所以在大公司中，经济利润等于企业利润减去企业自有资本的隐含收益，以及其他所有不能按市场价格得到充分补偿的成本（如未获支付的管理时间等）。

产出的波动而起伏。第四种风险叫*政权风险*（sovereign risk），指的是政府不履行其承诺，并且（因为政府既是当权者又拥有司法终审权）没有相应的法律可据以追索。

公司利润是国民收入中一个最不稳定的组成部分，因为它包含了上述四种风险。当企业无法通过多元化投资或投保来消除风险时，公司的股票或股权就需要一个可观的风险溢价才能吸引规避风险的投资者。这一用以抵补投资风险的股权的额外回报，称为*股权溢价*（equity premium）。

经验研究表明，在 20 世纪，平均每年的股权溢价大约在 6%左右。然而，在 20 世纪 90 年代末股票市场泡沫时期，股权溢价几乎下降到零。这就意味着股票期权的收益率也会相对较低。2000 年以来股票市场业绩低劣意味着股权投资的确是一项风险高的投资。

***作为创新报酬的利润***　第三种利润是创新和发明的收益。不断增长的经济会不断创造出新的产品——从 19 世纪的电话到 20 世纪初的汽车，再到现代与计算机相关的产品和服务。这些新产品是研究、开发和市场营销的产物，我们称那些将新产品、新工艺带入市场的人为*创新者*或*企业家*。

所谓的“创新者”是指什么？创新者是那些有远见、有个性和有魄力的，能够将新观念带入商业中的人。亚历山大·格雷厄姆·贝尔（电话）、杰克·凯尔比（集成电路）和凯瑞·穆里斯（聚合酶链反应）等，这些伟大发明家的发明给我们的经济带来了巨大的变革。一些发明家还借助其企业家精神积聚了大量的财富。在最近一次对世界最富的人的排名中，我们发现排名的前四位中有三位是微软公司的创始人。

每一项成功的创新都造成了暂时性的垄断。我们可将*创新利润*（有时称为*熊彼特利润*）视为创新者或企业家的暂时性超额收入。在短时期内，他们能获取创新利润。但这些利润是暂时性的，很快就会由于竞争者和模仿者的出现而消失。而当一种创新利润的源泉消失之时，另一种又将诞生。只要经济不断出现新的产品和新工艺流程，创新利润总是会存在。

## 复　习

在应用以上概念之前，不妨复习一下：

- 一个现代工业化经济积累了大量的资本或资本品，包括对生产效率非常重要的机器、建筑和存货。
- 资本的年货币收入称为*租费*，当我们用产生租费的资本的货币价值去除收益（租费减去成本）时，我们就得到*资本收益率*（以每年的百分比表示）。
- 资本由那些出借资金和持有金融资产的储蓄者提供。金融资产的货币收益叫做*利率*，以每年的百分比表示。
- 资本品和金融资产在一段时间内产生收入流。这种收入流可以转换成现值，即这个收入流在今天的价值。进行这种转化，就要问现在需要多少数量的货币，才足以使这项资产能按现行利率产生所预期的收入流。
- 利润是个留存收益项目，等于总收入减去总成本。利润包括隐含收益（如所有者资本的收益）、承担风险的收益，以及创新利润。

# 资本和利息的理论

我们已经学习了基本的概念，下面我们转入分析*古典资本理论*。这种分析方法是由奥地利人庞·巴维克（E. V. Bohm-Bawerk）、瑞典人克纳特·维克塞尔（Knut Wicksell）和美国人欧文·费雪各自独立地创建并提出来的。

## 迂回性

在第 2 章，我们注意到对资本品的投资会导致间接的或*迂回的*生产。开始我们用手抓鱼，但最终我们发现，先造渔船和编织渔网、再用渔船和渔网来捕鱼会更加划算，因为那样比用手能捕到更多的鱼。

换言之，投资于资本品涉及到牺牲现在的消费以增加今后的消费。减少今天的消费可以释放现在的劳动用来编织渔网，以便今后能捕到更多的鱼。就最一般的意义而言，资本是生产性的，因为所放弃的今天的消费能在未来获得更多的消费。

为理解这一点，我们假设有两个完全相同的小岛，每个岛都拥有相同数量的劳动和自然资源。A 岛直接用原始的基本要素生产食物和衣服等消费品，不使用任何生产出来的资本品。而 B 岛就比较节省，它牺牲了现在的消费，用节省下来的资源和劳动生产了一些资本品，如犁、锹和织布机。在这样暂时牺牲了现在的消费之后，B 岛就有了大量的资本品。

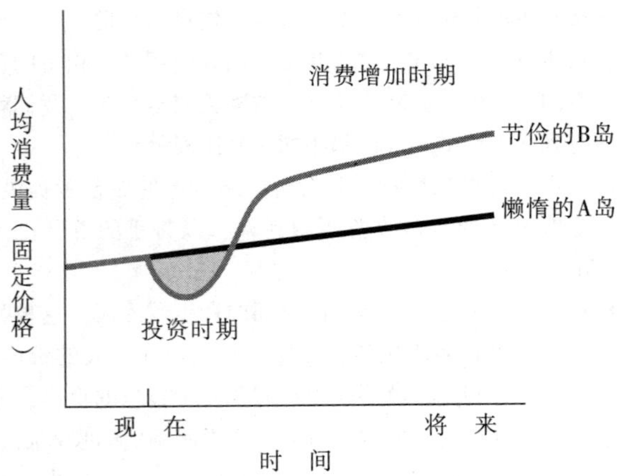


**图 14–4 今天的投资产生未来的消费**

两个岛屿最初劳动和自然资源的禀赋相同。A 岛比较懒惰，不进行任何投资，其人均消费增长缓慢。节俭的 B 岛在开始的一段时期放弃了一些消费进行投资，而在未来享有了更多的消费。

图 14–4 说明了 B 岛的经济如何走在 A 岛的前面。计算每个岛在维持现有资本存量条件下人均占有的消费量。B 岛由于节省并使用了迂回的资本密集型的生产方式，享有的未来消费量就要比 A 岛多。B 岛由于其初始牺牲的 100 单位现时消费，而可以获得多于 100 单位的未来消费。

通过牺牲现在消费并生产资本品，社会可以提高其未来的消费量。

## 收益递减和对资本的需求

当一个国家越来越多地牺牲其消费以积累资本，生产变得越来越迂回或间接时，会发生什么样的情况呢？我们发现：边际收益递减规律将会起作用。以计算机为例，最初的计算机很昂贵，使用强度很高。30 年前，科学家们都致力于提高计算机主板的耐用程度，当时那些小型主机的功能还比不上现在的个人电脑。到 2004 年，全美国计算机的计算和存储能力比那时增长了百万倍以上。但是，当计算机投资相对快于劳动、土地和其他投资的增长时，计算机功能的边际产品（存储器的最后一次运算和最后一个字节的存储空间）的价值会大幅下降。推而广之，随着资本积累的增加，收益的递减规律就会开始起作用，投资的收益率就会开始下降。

令人惊讶的是，在过去的两个世纪，尽管我们的资本存量增长了许多倍，但资本的收益率却并没有大幅下降，它一直保持在较高的水平。这是因为，创新和技术变革创造新盈利机会的速度，与旧有投资抹杀新机会的速度同样地快捷。尽管计算机比 30 年前功能强大了成千上万倍，但它在社会的每个角落的新用途（从医疗诊断到电子商务）都使得继续对计算机投资仍然有利可图。

### 欧文·费雪：锐意改革的经济学家

欧文·费雪（Irving Fisher，1867~1947 年）是一位多才多艺的天才和改革者。他的开创性的经济学研究，既包括关于效用基础理论的研究，又包括对商业周期、物价指数和货币改革方面的资本理论和现实问题的探讨。

他的基本贡献之一，是在《资本和收入的性质》（*The Nature of Capital and Income*，1906 年）和《利息理论》（*The Theory of Interest*，1907 年）中提出了关于资本和利息的一套完整的理论。费雪描述了利率和其他不可量化的经济要素之间的相互作用。然而，费雪说明了利率的两个支点：表现为“时间贴现”（time discounting）的不耐烦和表现为“边际成本收益率”的投资机会。费雪还首先揭示了利息、资本和经济之间的内在关系，他在《利息理论》的综述中这样写道：

> 事实上，利率不仅只是用在商业合同上，它还渗透在所有的经济关系中。它是将人们与未来联系起来的纽带，是人们做出长远决策的依据。利息通常会影响证券、土地和资本品的价格，也会影响租金、工资和所有的“相对”价格。利息还对财富的分配有着深远的影响。简言之，所有关于交换和分配的合约的公平性都有赖于利率做精确的调整。

费雪的研究一直致力于实证应用。他的追求经由计量经济学学会而得以实现。该学会是在他的倡导下创建的，旨在促进“经济理论与统计学和数学进一步密切结合，理论数量方法和实证数量方法进一步结合”。

除了纯经济学方面的研究，费雪在日常生活中也是一个改革者。他曾游说国会用“补偿美元”（compensated dollar）取代金本位制。他曾因自己感染了肺结核而成了一名健康促进人士，并竟然成了“个人卫生 15 条准则”的热情倡导者。其中包括许多硬性规定和特殊要求，例如，必须咀嚼 100 下之后方可吞咽。据传闻，由于既没有酒而又要求客人细嚼慢咽，结果是，费雪家的宴会在纽黑文市是很难活跃气氛的。

1929 年，费雪做出了他最著名的一次预测，他认为股票已经进了“繁荣后的持久平稳期”。他按照自己的预测来运作自己的资金，结果在大萧条期间他损失了自己大量的财产。

尽管费雪的金融才干颇受质疑，但他的经济学遗产却为后人发扬光大，使他成了美国有史以来公认的最伟大的经济学家之一。

## 利息决定和资本收益

我们可以用古典的资本理论来理解利率是如何决定的。家庭通过在一定时期内抑制消费和积累储蓄为投资供给资金。同时，企业需要资本品与劳动、土地和其他投入要素相配合。从根本上说，企业的资本需求是受其生产商品从而获得利润的欲望驱使的。

我们也可以看看欧文·费雪在20 世纪初所做的解释：

> 资本的数量和收益率由以下两个相互作用的因素来决定：（1）人们没有耐心为了等待将来的消费(也许是因为退休，或俗语所说的未雨绸缪之类）而去节约和积累更多的资本品，而是很容易趋向于即时消费；（2）给所积累的资本带来或高或低的收益的各种投资机会。

为理解利率和资本收益率，我们现在考虑完全竞争的、没有风险和通货膨胀的、理想的封闭经济。为决定是否投资，追求利润最大化的企业总会将其资金的成本与资本收益率进行比较。如果收益率高于企业能借到的资金的市场利率，它就会从事这项投资；如果利率高于投资的回报率，企业就不会投资。

这种过程会持续到什么时候呢？企业逐渐会就所有收益率高于市场利率的机会进行投资。在现有的利率水平上，当企业意愿投资的量等于此利率可以引致的储蓄的量的时候，就会达到均衡状态。

> 在没有风险和通货膨胀的竞争经济中，资本的市场收益率会等于市场利率。市场利率起到两个作用：它将稀缺的资本品分配到具有最高收益的用途中去；它还引导人们牺牲现时消费以提高资本存量。

## 资本收益图表分析

我们可以分析一个简单的例子来说明资本理论，在该例中，所有的实物资本品都相同。此外，我们还假设经济处于一个没有人口增长或技术变革的稳定状态中。

如图 14–5 所示，*DD* 是资本存量需求曲线；它表示资本的需求数量与收益率之间的关系。请回忆第 12 章介绍过的内容，像资本这样的要素需求是一种派生需求——需求来自于资本的边际产品，即追加资本所能带来的那种新增产出。

投资的收益递减规律可由图 14–5 中资本需求曲线的斜率来体现，斜率为负。当资本非常稀缺时，最有利可图的迂回项目的收益率很高。逐渐地，人们就会积累资本以便从所有这些高收益项目中获利，在总劳动和土地固定的情况下，收益逐渐递减。于是人们开始不得不投资于收益较低的项目，在图中这种行为表现为沿着需求曲线逐渐下滑。

***短期均衡*** 我们现在可以看出供给和需求如何相互作用。在图 14–5 中，过去的投资产生了一个既定的资本存量，在图中为垂直的短期供给曲线 *SS*。企业对资本品的需求，如图中向右下倾斜的需求曲线 *DD* 所示。

在供给和需求的交点 *E* 上，资本正好全部分配给有需

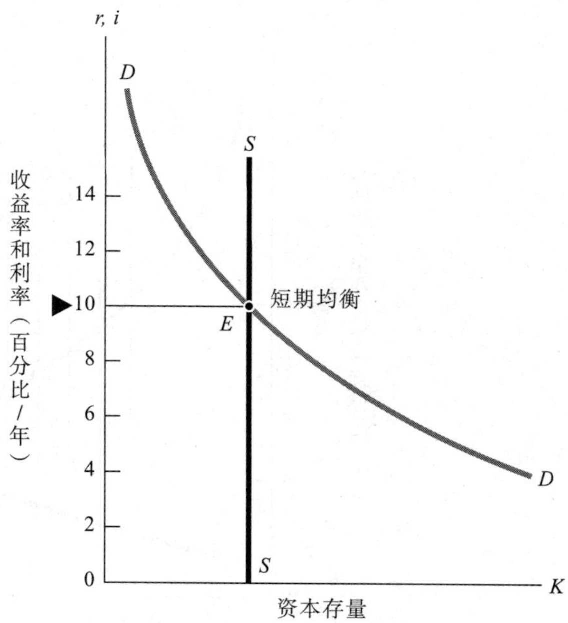


**图 14–5 利息和收益的短期决定**

短期内经济从过去继承了一定的资本存量，图中表示为垂直的 *SS* 资本供给曲线。短期供给曲线与资本需求曲线的交点决定了短期资本收益及短期实际利率，每年 10%。

求的企业。在这种短期均衡下，企业愿意按年利率 10%借款以购置资本品。在该点，资金贷出人也正好满足于按照 10%的年利率来供应资金。

这样，在我们这个简单、无风险的世界里，资本的回报率正好等于市场利率。任何较高的利率都会使企业不愿借钱进行投资；任何较低的利率会使企业抢购过于短缺的资本；只有在 10%的均衡利率下，供给和需求才是均衡的(这正好是实际利率，因为这里没有通货膨胀)。

但是在 $E$ 点达到的均衡只在短期内是持续的，在这个高利率上，人们愿意积累更多财富，即继续储蓄。这意味着资本存量会增加。但由于边际收益递减规律，收益率和利率会下降。当资本增加而其他投入如劳动、土地和技术不变时，增加的资本品存量的收益率就会降低。

这一过程见图 14–6。注意资本的形成是从 $E$ 点开始的。所以，由于每一年都有净投资，资本存量都比上一年多一点。随着时间推移，人们逐渐沿着 $DD$ 曲线向下移动，如图 14–6 中箭头所示。图中可见到一系列非常细的资本供给曲线 $S$，$S'$，$S''$，……这些曲线表示短期资本的供给如何随资本的累积而增加。

***长期均衡*** 长期均衡时的资本回报率和资本存量是多少？均衡逐渐出现在图 14–6 中的 $E'$点，正好是资本的长期供给曲线（图中为 $S_LS_L$）与资本需求曲线的交点。当利率降到企业拥有的意愿存量与人们所愿提供的财富数量相当时，就达到了长期均衡。在长期均衡点上，净储蓄停止了，净资本积累为零，资本存量不再增加。

> 当人们愿意持有的资产价值与企业生产所需的资本量恰好相等时，在这一实际利率上，资本存量就达到了长期均衡。

## 古典资本理论的应用

我们已经完成了对古典利息和资本的考查。但资本理论需要加入一些扩大和限制条件才能去解释经济生活中重要的现实特征。

### 税收和通货膨胀

投资者总是密切地关注通货膨胀。回忆一下，通货膨胀能减少你手中的钱所能购买的商品数量。因此，我们想

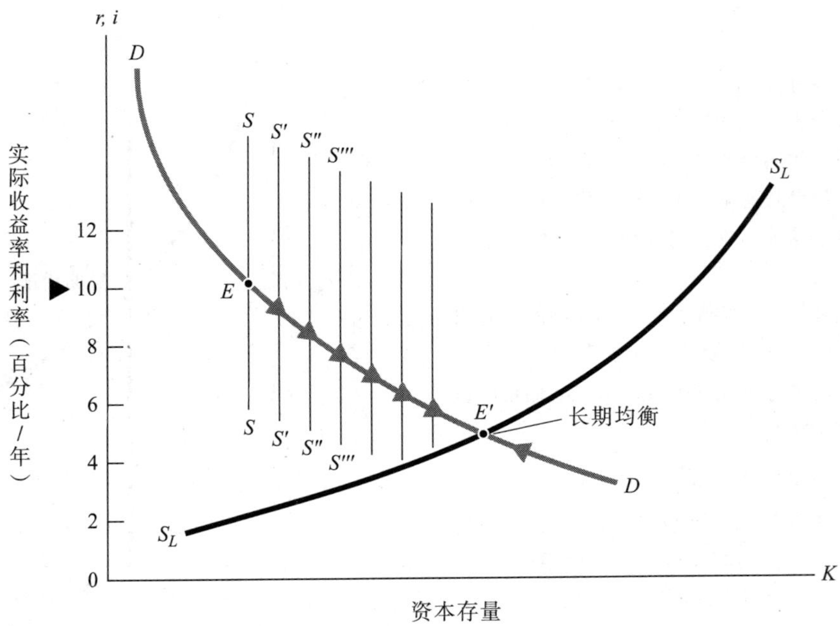


**图 14–6 资本供求的长期均衡**

在长期中社会积聚了资本，所以供给曲线不再是垂直的了。如图所示，财富和资本的供给对于更高的利率做出反应。在初始短期均衡点 $E$，存在净投资，所以经济按图中箭头方向沿需求曲线 $DD$ 移动。在 $E'$点净储蓄为零，达到了长期均衡。

计算出实际利率或投资的实际收益，这需要剔除货币价值变动效应。另一个重要特征是税收。我们收入的一部分转给政府，用以支持公共品和其他的政府项目。所以，投资者关注的是投资的税后收益。

### 技术推动

技术变革会加深问题的复杂性。历史研究表明，发明和创新提高了资本收益，从而会影响均衡利率。由收益递减导致的利率下降趋势的确可以被发明和技术的进步所抵消。

一些经济学家（如约瑟夫·熊彼特）曾将投资过程与小提琴的拨弦相比。在一个没有技术变革的世界里，资本积累会降低资本收益，恰如琴弦会逐渐地停止振动。但在经济进入稳定状态以前，外部事件或发明的出现将拨动“琴弦”，使投资因素重新活跃起来。

### 不确定性和预期

最后一个问题是投资决策本身所存在的风险。现实生活中，没人拥有“预知未来的水晶球”。所有投资都建立在对未来收益的估计上面，因此必须猜测未来的成本和结果。我们的讨论假定不存在风险。但事实上，几乎所有的贷款和投资都存在风险因素：设备可能损坏，油井可能原本就是一个干洞，你最喜欢的网络公司可能会濒于破产，等等。每一项投资的风险程度不同，但还没有哪一项投资是完全没有风险的。

投资者一般不愿意持有风险资产。他们宁愿持有一种能确定地具有 10%收益的资产，而不愿持有一半可能有 20%的收益但也有一半可能没有收益的资产。为引导投资者进行具有高系统性风险或不可投保风险的投资，有必要让他们获得额外收益，或称风险溢价。

## 实证发现

### 劳动和资本的收益

图 14–7 的最终比较表明了在最近的 40 年里，美国的劳动和资本的收益率的变动趋势。我们看到在 20 世纪 70 年代末之前，实际工资（指根据消费品价格变化进行调整后的美元工资）一直在上涨，之后的 20 年基本保持不变。资本的税前利润率在 60 年代中期达到顶峰，之后就一直在下降，在接下来的 30 年资本的平均利润率保持在每年平均 8%左右。

尽管在 90 年代末，技术革新和生产率增长再次高涨，但资本利润率实际上在下降。这个最新的趋势表明，在新经济时期，企业家在很大程度上没能实现将创新活动所增加的社会收益分配归为己有。

## 关于要素价格、效率和分配问题的结束语

经济学家强调，一个能够让资本和土地自由流动的市场势必能够促进储蓄和投资快速增长，加速经济和带动劳动生产率的良性增长。然而也有许多人士对于自由市场忧心忡忡，认为它也会导致富者愈富，而穷人则会被远远地抛在后面。关于这些争论，我们不妨在此提供下列三个观点：

1. *自由市场能促进效率*。人们的市场收入取决于租金、利息和工资。我们可能喜欢也可能不喜欢竞争性的收入分配，但我们必须认识到，竞争性定价解决了产品如何以一种有效率的方式进行生产的问题。合理的价格对生产过程中确保投入品的有效选择至关重要。

   不妨举例说明：土地和劳动在不同的国家和地区中如何以不同的比重结合在一起。美国土地辽阔而劳动稀缺，中国香港土地宝贵而劳动丰富。作为供求的结果，美国的工资比地租高，而中国香港的情况恰恰相反。由于要素价格传递了相对的稀缺度，市场便确保有效的土地—劳动组合被应用于生产过程中。美国拥有大型的农场，并集约型地使用劳动力；而中国香港的土地只用于工业和住房建设，并不发展土地密集型的农业。

2. *资本市场能够平衡储蓄和投资*。在考查利润时，人们通常都注意分析该企业准备支付给管理者和股东的美元。这种分析方式难免会忽视资本在市场经济中的最基本的作用。资本的积累及其收益取决于两种基本力量：一方面，资本的需求源自这样一个事实——间接的或迂回的方式是富有生产性的，通过抑制今天的消费，社会能获得更多的未来消费。另一方面，为了积累金融资产，借款给进行生产性投资的公司来进行迂回的生产，人们必须愿意节制消费。技术和“不耐烦”这两种力量通过利率达到平衡，从而能确保社会的资本积累水平与人们以储蓄形式削减的消费水平相匹配。

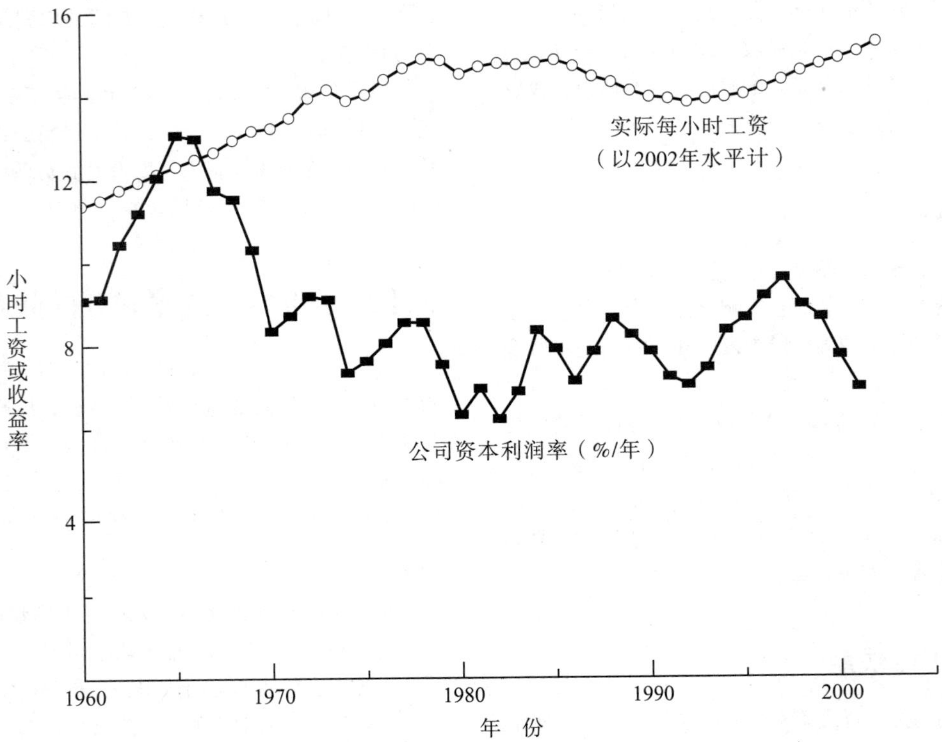


**图 14–7 美国的工资和利润的发展趋势**

劳动和资本的收益近年来是如何变化的?实际工资在二战后急剧增长，在 20 世纪 70 年代中期放慢了速度，到 90 年代中期又恢复增长态势。美国企业资本的税前利润率在 60 年代中期达到顶峰之后，就开始下滑，在接下来的 30 年基本保持在 8%左右。

资料来源：U.S. Department of Commerce and Labor.

3. 政府能减少不公平而又不会损害效率。最后，我们应该记住：工资、地租、利息、利润并非由花岗岩雕刻而成，它们会受政府政策的制约，收入分配也会受到转移支付的调整。如果社会厌恶高地租或令人吃惊的高工资所带来的不平等，那么对这些要素征税将能够在不严重损害效率的情况下减小这种不平等。针对高收入和遗产而精心设计的税收，可以对低工资劳工有效率地进行工资补贴，还可以通过转移支付项目帮助那些确需帮助的人，这些都会减少市场经济中最严重的不公平状况。而所有这些并不会损害要素价格引导市场进行有效分配的能力。

一国如果有精心设计的税制和转移支付项目，那么它就会拥有一块不断增长的劳动生产率的蛋糕，并能在它的国民中进行更为公平的分配。

以上我们对劳动、土地和资本的经济学概览，已经包括了微观经济分析的精髓和核心。在本章附录中，我们还会加深对这方面的理解并进入更前沿的地带。附录将考查所有市场的综合行为（一般均衡），并研究产品和要素市场的效率。掌握了前几章的新知识，可以让我们开始学习微观经济学第四编的综合性研究内容。这些章节将使用我们已经学到的基础工具，分析国际贸易结构、政府职能，讨论不公平竞争和环境恶化等方面的问题。

## 总结提要

### A. 土地和租金

1. 像土地这样的固定要素的收益被称作纯经济租金，或简称租金。由于土地的供给曲线是垂直的且完全无弹性，所以租金是价格给定型的，而不是价格决定型的。
2. 像土地这种供给无弹性的要素，即使在其要素回报被减少的时候也会继续提供相同的数量。正是因为这个原因，亨利·乔治曾经指出，租金的本质是剩余，而不是用以引导要素努力的那种必需的报酬。这为他提出的对土地的自然增值征收单一税的建议提供了依据。这种税不会转嫁给消费者，也不会扭曲生产。现代税收理论进一步拓展了这一见解，认为对供给或需求弹性比较小的物品征税，可以实现效率损失的最小化。

### B. 资本和利息

3. 第三种生产要素是资本，即能进一步用于生产过程的耐用制成品。最为一般地讲，进行资本投资所意味的是推迟消费。社会通过推迟当前消费来建造厂房或设备，以增加未来的消费。一个技术性的事实是，迂回的生产能获得好的收益率。
4. 回忆下列定义：

   资本品：用于进一步生产的耐用制成品。

   租费：资本品的年净货币收益。

   资本收益率：资本的年净收益与资本的货币价值之比（以每年的百分比衡量）。

   利率：资金收益，以每年的百分比衡量。

   实际利率：剔除通货膨胀因素后的资金收益，也以每年的百分比衡量。

   现值：由某项资本产生的未来收入流的当前价值。

   利润：剩余收入部分，等于收入与成本之差。
5. 资产在未来会产生收入流。通过折现，我们可以把收入流转换为今天的货币价值。转换的方法是，找出愿意按既定市场利率进行投资的货币的数量，该数量的货币可以在未来产生同样的收入流。
6. 精确的折现公式如下：$t$ 年后可得到的每 1 单位货币收入的现值 $V$ 是 1 美元$/(1+i)^t$，因此，对任何净收入流（$N_1$，$N_2$，…，$N_t$，…），我们有：

$$V=\frac{N_1}{1+i}+\frac{N_2}{(1+i)^2}+\cdots+\frac{N_t}{(1+i)^t}+\cdots$$

   其中 $N_t$ 是未来 $t$ 年收入的货币价值。
7. 利率这一因素在经济中可以起到两个方面的作用。作为驱动因素，它刺激人们储蓄和积累财富。作为配给因素，它使社会仅选择那些收益率最高的投资项目。然而，随着资本越来越多地积累起来，在边际收益递减规律的作用下，资本的收益率和利率都会由于竞争而降低。下降的利率对社会来说是一个信号，它表明社会采用了收益率更低、资本密集程度更高的项目。
8. 储蓄和投资所涉及的是未来消费，而非今天的消费。这种节省与资本的净生产率相互作用，决定着利率、资本的收益率和资本存量。用来购买资本的资金或金融资产，是由那些愿意牺牲当前消费以换取未来更多消费的居民户所提供的。资本需求来自那些有多种迂回投资项目的公司。在长期均衡中，利率是由资本的净生产率和居民户为未来消费而牺牲当前消费的意愿这二者之间的互动情况所决定的。
9. 古典资本理论的重要特征包括：技术变革改变资本生产率；不完善的预测意味着资本的收益是高度不确定的；投资者必须考虑税收和通货膨胀的影响。
10. 利润是收入减去成本之差。申报的企业利润主要是公司所得部分。简单地说，我们可以区分三类利润：(a) 利润的一个重要来源是隐含收益。公司通常拥有许多自己的非劳动生产要素——资本、自然资源和专利。在这种情形下，不付费的或自己拥有的投入的隐含收益就构成利润的一个部分。(b) 另一个利润的来源是无法规避的风险，尤其与商业周期和政权风险有关。(c) 最后，引入新产品或创新的企业家可以获得创新利润。

## 概念复习

**土 地**

租 金

土地的无弹性供给

固定要素的税收

亨利·乔治的“单一税制”

**资本和利息**

资本，资本品

有形资产和金融资产

租费，资本收益率，利率，利润

抑制消费以进行投资

实际利率和名义利率

**现 值**

利率决定中的两个因素：迂回性收益和不耐烦

利润的来源：隐含收益，不可投保风险，创新

## 补充读物和互联网站

### 补充读物

The foundations of capital theory were laid by Irving Fisher, *The Theory of Interest* (Macmillan, New York, 1930) . The theory of rent was developed by David Ricardo in *Principles of Political Economy and Taxation* (1819, various publishers).

Modern capital and finance theories are very popular subjects, often covered in the macroeconomics part of an introductory course or in special courses. Good books on the subject are Burton Malkiel, *A Random Walk Down Wall Street* (Norton, New York, 2000) , and Lawrence S. Ritter, William L. Silber, and Gregory F. Udell, *Principles of Money, Banking, and Financial Markets,* 10th ed. ( Addison Wesley Longman, New York, 1999) . Jeremy Siegel and Peter Bernstein, *Stocks for the Long Run* ( McGraw-Hill, New York, 2002) has lots of interesting tables and graphs. A recent book surveying financial history and theory is Robert Shiller, *Irrational Exuberance* (Princeton University Press, Princeton, N. J., 2000).

### 互联网站

Data on financial markets are plentiful. See finance. yahoo. com for an entry point into stock and bond markets as well as information on individual companies. Also see www. bloomberg.com for up-to-date financial information. Data on financial markets are also produced by the Federal Reserve System at www.federalreserve.gov. The lives and patents of great inventors can be found at www.invent.org/index.asp.

## 问题讨论

1. 定义“纯经济租金”。
   a. 说明能取得租金收入的要素的供给增加，会减少其租金，并降低大量使用该要素生产的商品的价格。
   b. 用租金理论解释下面的论点：“玉米地的价格高并不是因为土地的价格高。反过来说更接近事实：玉米地的价格高是因为玉米的价格高”。请用图示说明。
   c. 考虑 b 引用的论点，为什么对于作为一个整体的市场来说它是正确的，但对于单个农场主却并不正确，请解释这里的合成谬误。
2. 计算下列收入的的现值，其中=未来 t 年的收入，为年固定利率，用百分比来表示。如果计算结果不是整数请精确到小数点后两位。
   a. $I_0 = 10$，$I_1 = 110$，$I_3 = 133.1$；$i = 10$
   b. $I_0 = 17$，$I_1 = 21$，$I_2 = 33.08$，$I_3 = 23.15$；$i = 5$
   c. $I_0 = 0$，$I_1 = 12$，$I_2 = 12$，$I_3 = 12$；……；$i = 5$
3. 请计算表 14–1 中各种金融工具的实际利率，设年通货膨胀率为 4%。

4. 比较耐用资产的四种收入：（a）土地租金；（b）资本品的租费；（c）资本品的收益率；（d）实际利率。各举一例。

5. 应用利息的供给和需求的分析，解释在资本理论中下列事件将如何影响利率？

   a. 一项创新使资本在每一级水平的边际产品都增加。

   b. 居民户想要持有的财富量减少。

   c. 对资本报酬征收 50%的税（在短期和长期）。

6. 请看图 14–5 和图 14–6，回忆经济如何从每年 10%的短期均衡利率移向长期的均衡，解释如果技术变革导致资本需求曲线上移，在长期和短期内会发生什么情况。如果政府的债务变得非常巨大，人们资本供给的很大一部分被吸收到政府债务中去，又会出现什么情况？

7. 解释一项永久性收入流的折现公式。贴现率为 5%时，一项每年带来 100 美元的永久性收入价值多少？每年带来 200 美元的呢？每年带来 $N$ 美元的呢？贴现率为 10%或 8%时，一项每年带来 100 美元的永久性收入价值多少？利率翻倍对于一项永久性收入（比如永久性债券）的资本价值有何影响？

8. 请回忆收敛几何级数的代数公式：

$$1 + K + K^2 + \cdots = \frac{1}{1 - K}$$

   在任何时候 $K$ 都小于 1。如果设 $K = 1/(1 + i)$，你能否证明永久性收入的折现公式：$V$=$N$ 美元/$i$？请运用常识给出另一种证明。如果一张彩票以 6%的利率每年向你和你的继承人支付 5 000 美元，则它的现值是多少？

9. 曼哈顿的土地在 2003 年约值 800 亿美元，假设现在是 1626 年，你是想购买曼哈顿土地的荷兰人的经济顾问，并假设计算现值时，相应的利率是每年 4%。你认为 24 美元的购买价是一笔好交易吗？如果利率是 6%、8%，你的答案会如何变化？（提示：对每一利率，按 2003 年的地价推算土地在 1626 年的现值，然后将它与当年那个购买价相比较。）

10. 利率的提高往往会带来资产价值的下跌。为了证明这个结论，请计算下面两项资产的现值，令年利率分别为 5%、10%、20%：

    a. 每年 100 美元的永久性收入。

    b. 一年以后可以卖 50 美元的一棵圣诞树。

    请解释为什么长期资产的价格对利率变动的敏感性要高于短期资产。

# 第 14 章附录

# 市场和经济效率

在结束了对产品市场和要素市场运行方式的分析之后，我们自然会推进到整体市场运行方式的讨论。整体行为往往并不等于个体之和。在经济学中，我们将这个整体行为称为“所有市场的一般均衡”。一般均衡分析是现代经济学最重要的方法之一，但是它同样也是非常技术性的。因此，我们在这篇附录中提供一般均衡理论的各大要点。

## 完全竞争的效率

两个世纪以前，亚当·斯密宣称，凭借看不见的手，那些在完全竞争的经济中追求自身利益的人能最有效地促进公共利益。这一见解——沉浮残酷的市场竞争是提高产出和生活水平的一种强有效力量——是历史上最深刻和最有力的思想观念之一。

现代经济学的一大成就是理解亚当·斯密这一论点的确切含义。在过去的两个世纪中，经济学家曾修正“公共利益”概念，现在他们又看到了它的逻辑性和局限性。经济学家定义的效率是社会从现有资源中取得最大消费者满足的过程。更确切地说，**配置效率**（allocative efficiency），有时也称**帕累托效率**（Pareto efficiency）[1]，或简称为效率，其出现的条件是：社会无法进一步组织生产或消费，以增进某个人的满足程度，而同时却不会减少其他人的福利。或者说，有效率的情况是指：无法在不使别人的境遇变得更遭的情况下让某个人变得更好。

今天，我们已经懂得：

> 在一定的条件下，包括完全竞争，市场经济会显示出配置效率。在这样一个制度中，经济作为一个整体是有效率的，没有一个人的境遇可以在不使他人的境遇变得更糟的情况下变得更好。

这的确是对竞争在带来有利结果方面的力量的一种惊人表述。它意味着，在社会既定的资源和技术条件下，即使是技能最高的计划者，也不能用计算机或天才的重组计划，去找到一个比竞争市场更好的解决方案；没有一种重组计划能够使得每个人的境遇都变得更好。

不管一个经济中有多少个商品和要素的竞争市场，一个、两个甚至 200 万个，这个结论都是正确的。

[1] 如此命名是为了纪念意大利经济学家帕累托（1848~1923），他最早提出了这一概念。

## 所有市场的一般均衡

在介绍了竞争市场的基本法则之后，我们现在将探讨这一非凡结论背后的原因。让我们先复习一下前几章中学过的有关单个市场行为的知识：

1. 竞争性的供给和需求的作用决定了单个市场上的价格和数量。
2. 市场需求曲线是从不同商品的边际效用中得出来的。
3. 不同商品的竞争性供给曲线是由其边际成本导出的。
4. 企业计算产品的边际成本和要素的边际收益产品，然后选择投入和产出，以实现利润最大化。
5. 各企业的边际收益产品加起来，就产生了对生产要素的派生需求。
6. 这些对土地、劳动或资本品的派生需求与其市场供给相互作用，从而决定租金、工资及利率等要素价格。
7. 要素的价格和数量决定收入，再帮助决定对多种不同商品的需求，这就回到第 1 步和第 2 步，从而形成了一个循环。

这些论述每一个都是**局部均衡分析**（partial-equilibrium analysis）的结果。局部均衡分析研究的是单个的市场、居民户或企业的行为，其前提是将其他市场和经济其他部分的行为视为既定。不过在本附录中，我们关心的却是**一般均衡分析**（general-equilibrium analysis），考查的是所有的居民户、企业和市场如何（且如何成功地）同时相互作用，以解决如何生产，生产什么和为谁生产的问题。

### 一般均衡中各个市场之间的相互作用

经济生活的内在联系使其错综复杂。1979 年，伊朗的一项改革如何引起了世界范围内的石油价格上升，降低了人们对汽车的需求，从而使得数以千计的钢铁工人失去了他们的工作？1997 年，俄罗斯价值数十亿美元的垃圾债券的违约如何引起世界市场的震荡，并引起美国和其他国家的股票和证券市场上数万亿美元的重新调整？所有这些以及其他无数的经济事件冲击，都是经由上述的一般均衡相互作用的 7 个步骤而进行的。

请注意我们列出的步骤，其中每一步都是合乎逻辑的推进。本书各章节的安排也基本以此为序。然而在实际生活中，究竟哪一个步骤先发生？是否存有这样一种顺序：星期一决定单个市场的价格，星期二衡量消费者偏好，星期三计算商业成本，星期四计算边际产品？答案显然是否定的。*所有这些局部均衡过程是同时进行的。*

但事情还远非如此。这些不同的活动并不是各自在其轨道内相互独立地进行，小心翼翼地不去防碍其他的活动。实际上，所有的供给和需求、成本和偏好、要素生产率和需求的过程，都是一个巨大的、同时进行的、相互依赖的过程的不同侧面。

***循环流动***　投入和产出的市场在一个相互依存的系统之中互相联系，就像一张看不见的网一样，我们称之为一般均衡。图 14A–1 画出了一般均衡的一般结构。外部的环流显示的是所有的商品和要素的需求和供给。这里我们谈的不是单个的商品或要素，而是所有不同的产品（玉米、医疗、航空旅行等），这些产品是由一系列的生产要素（玉米地、外科医生、飞机等）所生产出来的。

每种商品或要素都在市场上交易，供给和需求的均衡决定该商品或要素的价格和数量。这种供给和需求的结合每天发生几百万次，包括从算盘到烤面包片的所有商品。注意，在图 14A–1 中，上部是产品的供给和需求，下部是要素的供给和需求。请看消费者是如何需求产品和供给要素的；事实上，家庭用他们供应要素所得的收入购买消费品。同理，企业购买要素，供给产品，用出售产品的收入支付要素收入和利润。

> *经济的一般均衡包含了成百万个决定价格和产出的市场背后所隐藏的逻辑结构：（1）居民户供给要素，购买产品，以实现满意最大化；（2）厂商被利润的诱惑所牵引，将其从居民户处购得的要素转化为产品，再卖给居民户。一般均衡体系的逻辑结构是很完整的。*

## 竞争性一般均衡的性质

毫无疑问，分析一般均衡系统比分析单个市场的局部均衡要复杂。一般均衡体系代表了一个完整的经济，而不仅仅是其中一个组成部分。它可能包括许多不同种类的劳动、机器和土地，所有这些都作为投入来生产几十种不同的计算机、几百种样式不同的汽车、几千种款式不同的服装，等等。它既包括移动通信、大学课程、迪斯尼乐园等服务，也包括像重型建筑设备、比萨饼和移动电话等商品。

我们怎样才能知道一个竞争性的市场经济是否有效率呢？为了回答这个问题我们不妨进行以下操作：（1）我们首先给出一般经济均衡的假定条件；（2）接着简要讨论一般均衡的特征；（3）然后，在一个技术性更强的讨论中，我们更详细地分析一般均衡的特征；（4）最后，我们说明为什么一个完全竞争的一般均衡是有效率的。

### 1. 一般均衡的基本原理

在分析竞争经济时我们需要做哪些假定呢？我们假设所有市场都是完全竞争的——即它们都存在许多买者和卖者的激烈竞争。每种价格，不管是投入品还是产出品，都能够充分灵活地加以调整，使供给和需求在任何时点都可能达到均衡。企业追求利润的最大化，而消费者选择最偏好的商品组合。每种商品都是在规模报酬不变或递减的条件下生产的。我们还假定没有污染和外部性，也没有限制进入等管制措施或破坏竞争前景的垄断性工会等。消费者和生产者对于价格和经济机会有充分的了解。这些条件显然都是一种理想化的状态。但如果存在这样一种经济，那么它就是没有外部性或不完全竞争阻碍的，亚当·斯密所谓的“看不见的手”可以充分发挥作用。

### 2. 一般均衡的基本结果

下面我们简要叙述一下经济各组成部分之间是如何相互作用的。主要包括消费者行为和生产者行为，以及它们如何相互作用形成整体的均衡。首先，消费者将其收入在不同商品之间进行分配，以求获得最大程度的满足。他们所选择的商品使得所支出的每 1 美元的边际效用都相等。

生产者利润最大化的条件是什么？在产品市场上，每个企业将制定一个产出水平，使得生产的边际成本等于该商品的价格。由于这适用于每种商品和每个企业，因此每种商品竞争性的市场价格都反映了该商品的社会边际成本。

将这两方面的描述放在一起，就给出了竞争性均衡的

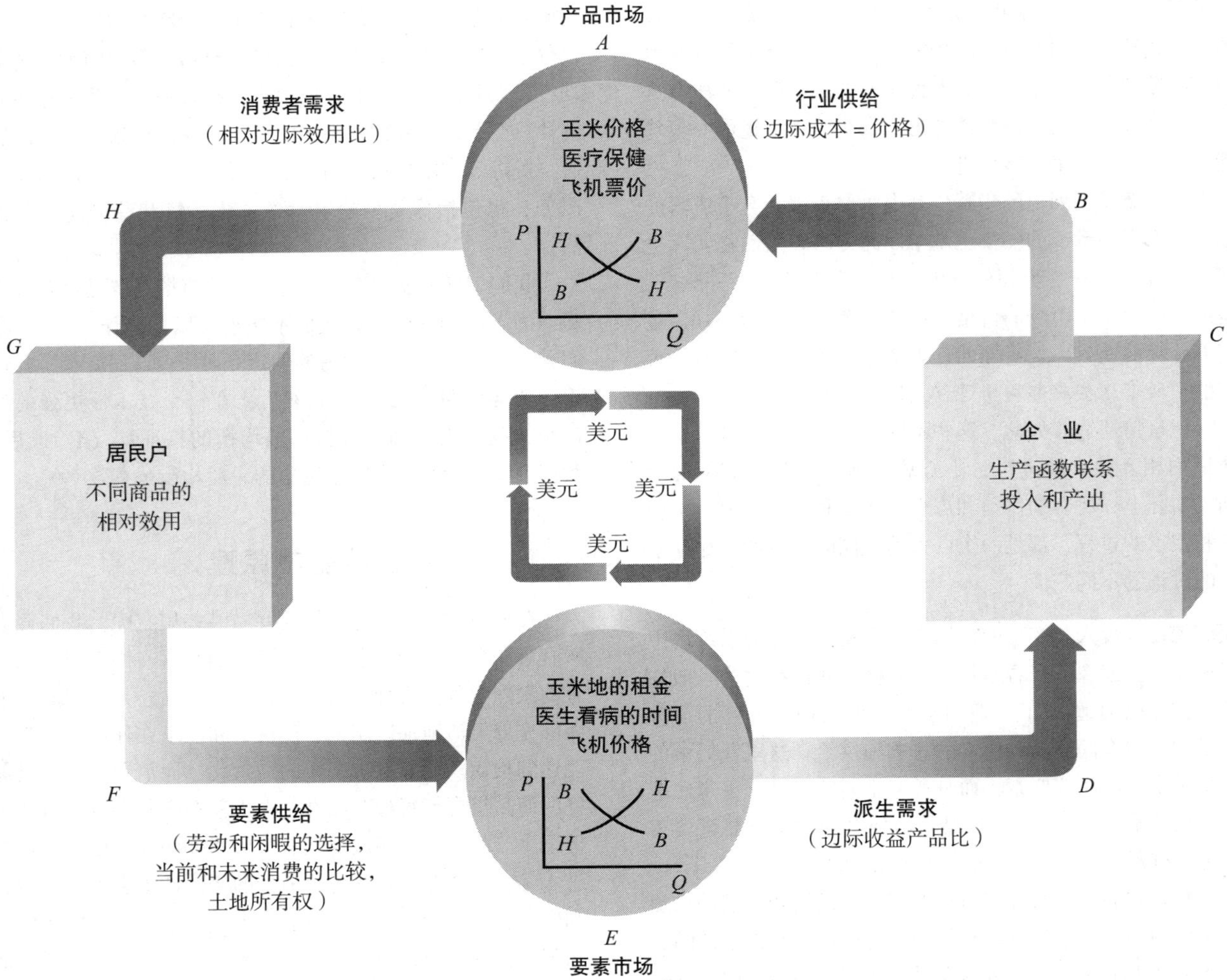


**图 14A-1 投入、生产、产出和消费形成了经济生活的循环**

经济的一般均衡将许多要素和产品的供求联系起来。请注意在产品市场 *A* 中和要素市场 *E* 中，追求利润最大化的企业和追求效用最大化的居民户是如何相互作用的。同时注意在循环流动图中，货币流动与产品和要素的流动的方向相反。

条件。对每个消费者来说，每种商品的边际效用与该商品的边际成本成比例。于是花在各种商品上的最后 1 美元的边际效用对所有商品都是相等的。

举个例子来说明。假设一个经济只有两个人，史密斯女士和李嘉图先生；只有两种商品，比萨饼和服装。并设定只有一个效用标准，1 尤特尔（效用单位）等于 1 美元。[2] 在消费者均衡中，史密斯女士购买比萨饼和服装，直到她用于各种商品的每 1 美元的边际效用都是 1 尤特尔（对史密斯而言）。同样，李嘉图先生也这样分配收入，他花的每1 美元都得到 1 尤特尔（对李嘉图而言）的效用。比萨饼和服装生产者制定的产出水平使得价格等于边际成本，所以每 1 美元价值的比萨饼和每 1 美元价值的服装对每个生产者来说，生产的边际成本都是 1 美元。如果社会想要再生产 1 美元价值的比萨饼，社会的成本将恰好为价值为 1 美元的稀缺劳动（或放弃闲暇）、土地或资本资源的投入要素。

[2] 为了简化分析，我们采用一种特殊的“货币—闲暇制”来衡量效用。这意味着我们把效用标准调整到每 1 小时额外闲暇的边际效用都是固定的，且等于 1 美元。于是我们就可以用这些以美元为单位的闲暇来表示所有的价格，所以“尤特尔”就是这种货币—闲暇制的效用单位。

将这些条件放在一起，我们就看到，不管是史密斯还是李嘉图所多消费的 1 美元商品，也不管他们多消费的东西是服装还是食品，所产生的主观满意程度都恰好等于 1 个尤特尔。同理，增加 1 单位的支出也会给社会带来 1 美元的边际成本或新增成本，不管这是史密斯还是李嘉图支出的 1 美元，不管它是花在食物上还是服装上，结论都同样成立。市场的一般均衡就这样决定了价格和产出，此时每种商品对消费者的边际效用都等于每种商品给社会带来的边际成本（就放弃的闲暇而言）。

## 3. 一般均衡的具体分析

让我们更细致地看一下竞争性一般均衡的条件。这种条件很自然地分为两类：第一类与消费者有关，对应图 14A-1 上部的环流；而第二类是关于生产的，与图的下部环流相对应。

***a. 消费者均衡*** 第 5 章中我们对消费者行为的分析表明，在不同商品之间进行选择时，消费者将使所支出的每 1 美元的边际效用相等，以达到效用最大化。这一规则暗含下列条件：

$$\frac{MU_1}{MU_2} = \frac{P_1}{P_2}$$

用语言表述就是，两种商品边际效用的比率等于其价格的比率。这一结论必定对考虑购买这两种商品的任何一个消费者都成立。

***b. 生产者均衡*** 对于追求利润最大化的厂商而言，情况类似但更复杂，请参考第 6~8 章。在这些章里，我们发现竞争的厂商按下列条件选择投入和产出水平。

（1）生产者的产出条件是：产出水平的决定应使每种商品的价格等于该商品的边际成本，通过将等式中的各项重新安排我们发现：

$$\frac{MC_1}{MC_2} = \frac{P_1}{P_2}$$

这个等式表明：在一个竞争经济中，两种最终产品的边际成本的比率等于它们价格的比率。对于所有生产出来的产品和所有生产这些产品的厂商而言，这个等式都是成立的。我们也可以将边际成本比率解释为生产可能性边界的斜率，它说明了社会将一种产品转换为另一种产品的比率。如果一个比萨饼的边际成本是 1 美元，而理发的边际成本是 10 美元，那么，通过从理发店向农场主转移资源，社会可将 1 次理发转换成 10 单位的比萨饼。

理解竞争性经济的一个基本点是，竞争价格反映了社会成本或稀缺性。我们刚刚提到，边际成本的比率告诉了我们社会将一种产品转换为另一种产品的比率。但因为边际成本比率等于价格比率，所以相对价格就反映了社会的这种转换比率。正是这一重要结果——竞争价格提供了各种商品相对稀缺性的准确信号——说明了完全竞争的市场如何为分配效率而做出了自己的贡献。

（2）竞争还引出生产者特定的投入条件问题。我们已经看到，追求利润最大化的厂商选择各种投入的数量，使其边际产品的价值等于其价格。于是：

商品 1 中土地的边际产品 × 商品 1 的价格 = 土地的租金
商品 2 中土地的边际产品 × 商品 2 的价格 = 土地的租金
商品 1 中劳动的边际产品 × 商品 1 的价格 = 劳动的工资
……

这些关系有几个重要的推论。首先，因为在某一给定产业中，每个厂商面对同样的投入和产出的价格，所以该行业中每个厂商投入品 A 的边际产品是相同的。

将上面等式中的各项重新安排，我们可以看到投入品边际收益产品的比率等于其价格比：

$$\frac{\text{商品 1 中土地的边际收益产品}}{\text{商品 1 中劳动的边际收益产品}} = \frac{\text{土地的价格}}{\text{劳动的价格}}$$

这一关系式对于所有用土地和劳动生产商品 1 的厂商都成立。而且，它对所有生产要素（资本、石油、非熟练劳工，等等）和所有生产的产品也都成立。

这个投入条件很重要，因为它暗含着要素边际产品的比率对于所有投入品、所有厂商和所有用途都是相等的。如果美国西南部的劳动相对于土地是稀缺的，土地租金相对于劳动工资就会比较低。这种租金与工资的低比率就会对农场主发出信号，使他们在各大农场之间稀疏地配置劳动，而这会促使人们建造大房子、宽马路，上下班时间也会缩短。而在曼哈顿，由于地价对劳动价格的比率很高，于是我们看到更多很高的公寓大楼，上下班的时间也会更长，而农场只能在乡村生活的梦想中才能见到。

小结：

> 在消费者追求效用最大化、企业追求利润最大化的竞争性一般均衡中：
>
> - 所有消费者所消费商品的边际效用比率与其价格的比率都相等。
> - 企业生产的商品的边际成本比率与其价格的比率都相等。

- 所有投入品的相对边际收益产品相对于所有企业和所有商品都相等，都等于那些投入的相对价格。

## 4. 竞争市场的效率

现在，我们已经看到竞争性经济的资源配置方式，已经理解了为什么竞争性经济是有效率的。

> 在经济是完全竞争、生产者和消费者信息充分且没有外部效应的情况下，一般均衡市场体系就能显示出配置的效率。在这样一个体系中，每种商品的价格等于其边际成本，每种要素的价格等于其边际产品的价值。当每个生产者都最大化其利润，每个消费者都最大化其效用时，经济作为一个整体就是有效率的。没有一个人的境遇可以在不使另外一个人的境遇更糟的情况下得到改善。

公共福利和私人利益惊人的和谐的原因是什么？举个例子就不难看清其中的逻辑关系。假设某个经济学奇才走过来说："我找到了一种重组完全竞争经济的方法，可以使每个人境遇变得更好。我们生产的比萨饼太少，只要给每个人更多的比萨饼，少给一些衬衫，每个人的情况就会变得更好。"

但是这个自封的奇才错了。假设衬衫的现价是 15 美元，比萨饼是 5 美元。对消费者来说，每个人都将其预算进行了分配，使最后一个比萨饼的边际效用恰为最后一件衬衫效用的 1/3。所以，除非消费者放弃 1 件衬衫能得到多于 3 个的比萨饼，否则他们肯定不想消费更多的比萨饼和更少的衬衫。

但放弃 1 件衬衫可以得到多于 3 个的比萨饼吗？如果经济的组织形式是竞争的，答案就是否定的。在完全竞争下，衬衫价格与比萨饼价格的比率等于两种商品边际成本的比率。因此，如果他们的价格比是 15 美元/5 美元=3，生产者少生产一件衬衫就只能多生产出 3 个比萨饼。实际上，如果生产可能性边界向外弯曲，则生产者放弃一件衬衫所能得到的比萨饼只会少于 3 个。

由此可见，我们的奇才为什么是错误的。消费者只有在能提高其满意程度时才愿意少买衬衫，多吃比萨饼，这意味着他们放弃一件衬衫必须能得到 3 个多的比萨饼。但这是不可能的，因为追求利润最大化的厂商不可能在减少一件衬衫后生产出 3 个以上的比萨饼。因此，这种再配置的建议不可能提高每个人的经济满意程度。

这种推理当然不仅适用于比萨饼和衬衫，稍微想一下，你就会发现它适用于所有的消费品。进一步思考，你会发现，它还适用于企业间投入和生产的重组，而且很容易看出，它也适用于国际的和国内的贸易。

> 从中可见，其基本要点是：因为价格对于生产者来说是经济稀缺性的信号，同时对于消费者来说是社会效用的标志，所以竞争性价格机制能使社会资源和技术生产出商品和劳务的最佳组合。

## 图　示

我们用效用可能性边界（utility-possibility frontier，*UPF*）这一工具可以很巧妙地说明这些道理。这条曲线显示的是一个经济所能达到的效用或满意程度的上限。这一概念在思想上与生产可能性边界很相似，主要区别是 *UPF* 将效用或满意程度列在两轴上，如图 14A–2 所示。*UPF* 斜率向右下倾斜，这意味着在边界上，一个人的满意度上升时，另一个人的满意程度必然下降。

注意效用可能性边界的形状有些波动起伏，这说明一

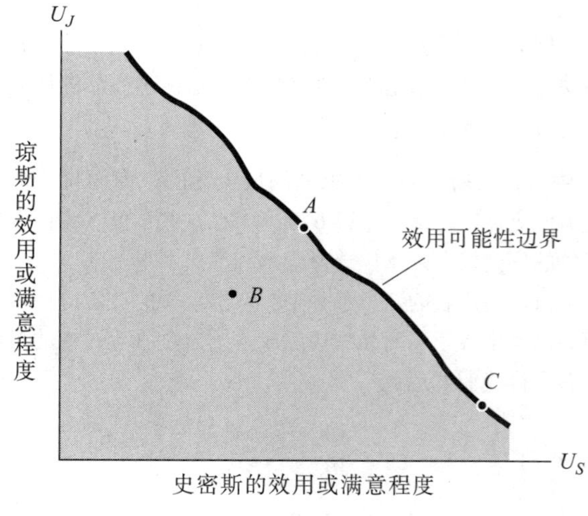


**图 14A–2　有效率的配置位于效用可能性边界上**

当没有一个人的满意程度可以在不损害他人的满意程度的情况下得到提高时，经济效率产生了。这表明有效率的结果位于效用可能性边界（*UPF*）上。从结果 *A* 到结果 *C* 的移动会增加史密斯的效用，却会减少琼斯的效用；两点都是有效率的配置。*B* 点在效用可能性边界内部，是无效率的，因为史密斯或琼斯或是他们二人，都可以在不损害他人利益的基础上使自己变得更好。

个人的效用衡量是随意的；尽管没有办法对个人效用进行衡量和比较，但它对于我们关于效率问题的分析一点也不重要。这里最重要的是，一个人的效用指数上升时其满意程度会增加。由于这种效用和意愿消费水平之间的正相关关系，我们能够确知，每个人都希望离开其效用坐标轴越远越好。

现在我们看到了一个要点，一个有效率的经济是位于其效用可能性边界上的经济。图 14A-2 中的 *A* 点就是这样的一个有效率（或帕累托效率）的点。为什么 *A* 点是具有帕累托效率的呢？因为没有一种可行的经济重组方案可以使一个人的情况变得更好而不使另外一个人的境况变得更糟。我们当然还可以移动到 *C* 点，这样的移动会使史密斯很高兴，因为她的消费和满意程度都增加了。但史密斯的收益是以琼斯的损失为代价的。当史密斯所有可能的收益都是以琼斯的损失为代价时，经济就是处于效用可能性曲线上的，或者说，经济的运行是有效率的。

> 当一个经济处于效用可能性边界上时，它就是有效率的。

这是我们对市场经济行为分析的总结。了解竞争市场的效率特征是微观经济学的核心课程之一。然而，我们也要记住市场的缺陷，以及对市场不灵和收入分配不公平有可能采取的公共政策。这些重要的课题将在下面几章中学习。

## 总结提要

1. 在某些条件（包括完全竞争）下，市场经济会显示出配置效率。配置效率（有时称为帕累托效率）表示：没有一个人的境遇可以在不使另外一个人的境遇变得更糟的情况下变得更好。
2. 所有市场的一般均衡通过价格关系网互相关联，形成一种流动循环。居民户提供生产要素，需要最终产品；企业购买生产要素，将其转换为最终产品出售。
3. 一般均衡分析的核心结论是：因为价格对生产者来说是经济稀缺性的信号，对消费者来说是社会效用的标志，竞争价格机制就能利用社会当前的资源和技术提供最大的产出和满意程度。在理想的完全竞争条件下，经济会同时处于生产可能性边界和效用可能性边界之上。

## 概念复习

局部均衡和一般均衡
配置（或帕累托）效率
效用可能性边界（*UPF*，或效用可能性曲线）

有效率的一般均衡的关键条件：
　边际效用（*MU*s）与价格（*P*s）成比例
　边际成本（*MC*s）与价格（*P*s）成比例
　所以，边际效用（*MU*s）与投入品的边际成本（*MC*s）成比例

## 问题讨论

1. 仔细描述竞争经济的两个法则。如何将它们应用于下面的引言？
   a. “完全竞争为财富分配提供理想条件。”（Francis Walker，1892 年）
   b. “看不见的手，如果能在某处发现它，它很可能是在掏穷人的钱包。”（Edward Nell，1982 年）
   c. 亚当·斯密关于“看不见的手”的论述。（见第 2 章）
   d. “帕累托……认为，竞争带来这样一种相对状态，在现有的资源和技术等条件的限制下，没有一个消费者的满足程度能够提高而不使至少一个其他消费者的满足水平下降。”（Tjalling Koopmans，1957 年）
2. 竞争经济效率分析假定没有技术进步。回忆第 10 章中熊彼特的假说。这个精致的假说如何证实了竞争机制有经济效率的观点？发明创造代表了哪一种市场不灵？在一个潜在技术进步非常迅速的世界上，用生产可能性曲线说明：为什么从长期来看，一个不完全竞争但有技术创新的经济，能比一个有效率但技术停滞的竞争经济生产更多的消费品？

第四编

# 应用微观经济学：国际贸易、政府和环境

# 第 15 章

# 比较优势和贸易保护主义

致国民议会：我们正在同国外对手进行一场令人难以忍受的竞争。这个对手生产光线的条件十分优越，可以用很低的价格占领我们的市场。这个对手不是别人，而是太阳。为此我们请求通过一项法律，关闭和堵塞所有可以透光的窗户、通道和缝隙，使它无法损害我们这个为国民谋福利的产业。

签名：蜡烛制造商

——巴斯夏

## A. 国际贸易的实质

在日常生活中，我们很容易忽视国际贸易的重要性。美国向其他国家输出大量的食品、飞机、计算机和机器；作为回报，我们得到大量的石油、鞋子、汽车、咖啡以及其他的商品和服务。尽管美国人为自己的创造才干而自豪，但冷静反省一下，自己所消费的很多东西，包括火药、古典音乐、钟表、铁路、青霉素以及雷达等，都是出自于远方那些也许已被遗忘了的人们的聪明才智。

推动国际贸易发展的经济力量究竟何在？简单地讲，就是贸易能够促进专业化，而专业化则能够提高劳动生产率。在长期内，扩大的贸易和更高的劳动生产率能使所有国家人们的生活水平都得以提高。于是各国都逐渐意识到，向全球贸易体系开放自己的市场，是经济通向繁荣的最佳途径。

在本章中，我们将讨论决定国际贸易的基本原则，以拓展先前的分析。国际贸易是一个制度体系，各国都经由它来出口和进口商品、服务及资本。国际经济学中包含许多当今最有争议的问题：美国人所消费的汽车有 1/4 来自国外，所消费的石油几乎有一半是进口的，尽管如此，为什么美国仍然能够从中获利？自由贸易的好处是什么？应该怎样把主宰国际贸易的原则延伸到知识产权，如版权和专利权的保护上？找出这些问题的答案，无疑意义重大。

### 国际贸易与国内贸易

从根本上讲，贸易就是贸易，而无需考虑从事它的人是在国内还是国外。尽管如此，国内贸易和国际贸易之间还是存有三大差异，这些差异在实际操作中和经济学意义上都会产生重要的影响：

1. 扩展了的贸易机会。国际贸易的主要好处是它拓宽了贸易的范围。如果我们只能消费本国生产的东西，那么世界在物质上和精神上都会变得贫乏单调。加拿大人会没有酒喝，美国人会吃不到香蕉，世界上大部分地区的人将欣赏不到爵士乐和好莱坞电影。
2. 主权国家的存在。跨国界的贸易涉及到不同国家的公民和厂商。每个国家都是一个主权实体，都对跨越国界的人口、商品和资金流动进行管制，这与国内贸易明显不同。在国内贸易中，只有一种货币，商品和货币可在境内自由流动，人口很容易迁徙以寻求新的机会。在国际贸易中，某些受到影响的集团会抵制对外贸易，国家也会对贸易征收关税或实施配额。从而设立起贸易壁垒。这类政策手段称为贸易保护主义，在本章结尾部分我们还将对此进行分析。

3. 汇率。大多数国家都有自己的货币。我想用美元购买一辆日本汽车，但丰田公司可能希望我用日元支付。汇率是不同货币之间的相对价格（如以美元换算的日元价格），美元与日元的兑换必须按照汇率来进行。国际金融体系必须保证美元、日元以及其他货币能够顺利流通和兑换，否则贸易便将面临搁浅。有关国际贸易的金融方面的问题，我们将在宏观经济部分的有关章节中进行分析。

## 美国对外贸易发展趋势

美国国际贸易的主要内容有哪些呢？表 15-1 列出了美国 2002 年对外贸易的商品构成情况。尽管服务业贸易增长迅速，商品尤其是制成品仍是贸易的主要部分。这些数据显示，尽管美国是一个发达的工业化国家，但它却出口数量惊人的初级产品（如食品），进口大量的精密的和资本密集型的制成品（如汽车和计算机设备）。而且，我们还可以发现大规模的双向的产业内部的贸易。在一个特定的行业中，美国在同一时期内往往既需要进口也需要出口，因为产品的高差异性已经导致不同的国家都可以在该产品市场上占有自己的一席之地。

| 美国商品服务贸易，2002 年（10 亿美元） | | |
|---|---|---|
| | 出 口 | 进 口 |
| **商 品** | **693.3** | **1 163.6** |
| 粮食和饮料 | 49.5 | 49.7 |
| 工业制成品 | 156.9 | 269.0 |
| 资本品 | 290.6 | 283.8 |
| 汽 车 | 78.4 | 203.9 |
| 消费品 | 84.4 | 307.8 |
| 其他商品 | 33.5 | 49.3 |
| **服 务** | **279.3** | **210.4** |
| 旅 游 | 73.1 | 60.1 |
| 客 运 | 18.0 | 22.4 |
| 其他运输 | 28.3 | 38.8 |
| 版税与特许权费 | 38.7 | 16.4 |
| 其他私人服务 | 108.1 | 54.6 |
| 军火销售和政府 | 13.1 | 18.1 |
| **商品和服务总计** | **972.6** | **1 373.9** |

**表 15-1 商品和服务的国际贸易**

美国出口从粮食到知识产权等种类繁多的商品和服务。2002 年，美国的贸易逆差达 4 010 亿美元，反映了美国对国外资源的“借用”在大幅度地增加。美国出口大量的初级产品，特别是粮食和煤炭，这主要是由于它拥有丰富的自然资源。同时美国进口许多制成品，像小汽车和照相机，这是因为其他国家在不同的缝隙市场具有专业化，并享有规模经济效益。

资料来源：U. S. Department of Commerce.

## 商品和服务的国际贸易原因

国际贸易模式背后的经济因素是什么？基于以下三种原因，各国都发现参与国际贸易是有利可图的：生产条件的多样性，各国偏好不同，生产成本随规模递减。

### 自然资源多样性

由于生产可能性的多样化，各国之间才会发生贸易。事实上，生产条件的差异在一定程度上所反映的还是各国自然资源和要素禀赋的差异。一国可能拥有石油，而另一国则有大量肥沃的土地；一个多山的国家可以大量用水力发电再卖给邻国，而一个拥有深水港的国家却可以成为一个国际船运中心。

### 偏好不同

贸易的第二个原因在于偏好。即使所有国家和地区的生产条件是相同的，但如果它们对商品的偏好不同，则国与国之间也还是需要进行贸易的。

举例来讲，假设挪威和瑞典两国从海里捕的鱼和在陆地上生产的肉类食品在数量上差不多，但瑞典人非常喜欢吃肉，而挪威人则偏爱吃鱼。那么，对双方都有利的贸易——挪威出口肉到瑞典，瑞典出口鱼到挪威——就会发生，两国都将从这种贸易中获利，国民的满足程度会提高，就像童话中杰克·斯普拉特（儿歌里的小矮人，很胖——译者注）用自身的肥肉交换他老婆的瘦肉一样。

### 成本差异

也许，进行贸易的最重要原因是各国在生产成本上存在差异。例如，制造业生产可以从规模经济中受益，即当产量扩大时，平均生产成本就会降低。所以，当某个国家在某一产业上具有先发优势时，它就可以成为该产业的高产量、低成本的制造商。规模经济使得它比其他国家占有明显的成本和技术优势。其他国家会发现，从领先的厂商那里购买，比自己动手制造要更加便宜。

在需要投入大量的研发经费的产业中，规模大通常是一项重要的优势。作为世界上领先的飞机制造商，波音公司可将设计、开发和测试新飞机的巨额成本分摊到它所出售的大量产品之上。这意味着，它可以比那些销售量小的竞争者以更低的价格出售飞机。波音惟一真正的竞争对手是欧洲的空中客车公司。由于从几个欧洲国家获得了研发经费，空中客车公司才得以创建和运营。

成本递减的例证可以帮助我们解释表 15-1 中大量的产业内贸易这一重要问题。为什么美国同时进口和出口计算机及相关设备？不妨看一下英特尔这样的生产高端半导体的公司。英特尔公司不仅在美国，而且在中国、马来西亚和菲律宾设有制造厂。公司时常从一个国家将生产出来的零部件运送到另一个国家进行组装和测试。另一个例子是世界上最大的个人电脑供应商戴尔计算机公司。戴尔电脑的零部件基本上都是由其他公司生产的，但戴尔公司依据制造商提供的价格和产品质量的可信赖程度，在世界范围内挑选零部件供应商。此外，在汽车、钢铁、纺织及许多其他制造业产品上，我们也都可以看到类似的一个产业内的国际分工格局。

# B. 国家间的比较优势

## 比较优势原则

各国应该生产和出口具有独特优势的商品，这一点已经是一个常识。但在常识之外，还有一个更深刻的能适合所有贸易——在家庭内部、国家内部或国家之间——的基本原理。比较优势原则认为，即使一国在每种商品的生产上比其他国家都绝对地更有效率（或绝对地更缺少效率），该国也仍然能够从国际贸易中获益。事实上，按比较优势原则进行的国际贸易对所有的国家都有利。

### 似乎有悖常识

设想一个世界上只有两种产品——计算机和服装。假设在计算机和服装的生产上，美国每个劳工的产出（或每单位投入的产出）比其他国家都高；但假设美国在计算机的生产上比它在服装的生产上要更有效率。以数字为例，其计算机的劳动生产率要比其他国家高 50%，而服装的劳动生产率只比其他国家高 10%。在这种情况下，通过出口其生产效率相对更高的产品（计算机），进口其生产效率相对较低的产品（服装），美国将从国际贸易中获得利益。

或者，看一下像马里那样的小国。在马里，工人使用手摇纺织机，其劳动生产率比工业化国家的低很多。在这种情况下，它如何指望出口纺织品呢？令人惊讶的是，根据比较优势原则，马里通过出口其生产效率相对较高的商品（如纺织品），而进口生产效率相对较低的商品（如涡轮机和汽车），也能够从贸易中获利。

> **比较优势**（comparative advantage，也译作“相对优势”或“比较利益”——译者注）原则认为，如果各国专门生产和出口其生产成本相对低的产品，就会从贸易中获益。或者反过来说，如果各国进口其生产成本相对高的产品，也将从贸易中得利。

这一简单的原理为国际贸易提供了坚固的基础。

## 李嘉图的比较优势说

不妨以一个世纪以前的美国和欧洲为例，来解释国际贸易的基本原理。如果美国的劳动生产率（或者更一般地说，资源的生产效率）比欧洲高，这是否意味着美国就不需要进口任何东西呢？反过来，如果欧洲因此利用关税或配额来保护其市场，这种做法在经济上是否就明智呢？

1817 年，英国经济学家大卫·李嘉图首先回答了这个问题。他揭示了国际分工对一国是有利的，并称它的这一结果为比较优势原则。

为简单起见，李嘉图只分析了有两个地区和两种产品的情况，并选用劳动小时数来衡量所有的生产成本。我们现在依照他的方式，讨论欧洲和美国的粮食和服装的贸易情况。[1]

由表 15-2 可见有关数据。在美国，生产 1 单位粮食需要 1 小时劳动，生产 1 单位服装需要 2 小时劳动；在欧洲，生产粮食的成本是 3 小时劳动，生产服装的成本是 4 小时劳动。我们看到，美国在这两种商品上都拥有绝对优势，它生产两种商品的绝对生产效率都要比欧洲高。但是，美国在粮食生产上有相对优势，而欧洲在服装生产上有相对优势，因为美国的粮食相对便宜，而欧洲的服装相

[1] 许多国家和商品的比较优势分析将在本章后面展开。

| 美国和欧洲从事生产的劳动需求 | | |
|---|---|---|
| | 生产所需的劳动（劳动—小时） | |
| 产 品 | 美 国 | 欧 洲 |
| 1 单位粮食 | 1 | 3 |
| 1 单位服装 | 2 | 4 |

**表 15–2 比较优势只取决于相对成本**

在上述例子中，美国生产粮食和服装的劳动成本都比欧洲低。美国的劳动生产率是欧洲的 2~3 倍（在服装生产上是 2 倍，粮食生产上是 3 倍）。

对便宜。

从这个事实出发，李嘉图证明了，如果两国都专门生产其具有比较优势的商品，即美国专门生产粮食，欧洲专门生产服装，那么它们就都会获得利益。由此，美国会向欧洲出口粮食以换取欧洲的服装，而欧洲也会向美国出口服装换取美国的粮食。

为分析贸易效果，我们必须衡量两种情况下，两国生产和消费的粮食和服装的数量：（1）没有国际贸易时的情况；（2）两国专门生产自己具有比较优势的产品并进行自由贸易时的情况。

***贸易前*** 先考虑一下没有任何国际贸易时的情况。没有贸易的原因可能是因为贸易非法，或存在禁止性关税等。表 15–2 所列的是美国工人 1 小时的实际工资，它相当于 1 单位的粮食和 1/2 单位的服装；而欧洲工人工作 1 小时只能挣得 1/3 单位的粮食或 1/4 单位的服装。

如果两个孤立的国家的市场都是完全竞争的，则显然，两国的粮食和服装的价格会由于生产成本的不同而不同。在美国，因为生产 1 单位的服装要花费两倍于生产 1 单位粮食的劳动，所以服装的价格将是粮食的两倍。在欧洲，服装价格则为粮食价格的 4/3。

***贸易后*** 现在设想所有的关税都取消了，自由贸易可以进行。为简便起见，我们进一步假设不存在运输成本。当贸易开放后商品将怎样流动呢？在美国，服装的相对价格较高（价格比是 2，欧洲则是 4/3）；而在欧洲，粮食相对较贵（价格比是 3/4，美国则是 1/2）。假设这些相对价格，同时没有关税和运输成本，于是，粮食会很快由美国运到欧洲，而服装则由欧洲运到美国。

当欧洲服装进入美国市场之后，美国的服装制造商会发现，服装价格下降从而利润减少，于是他们开始关闭自己的工厂。相应地，当美国粮食冲击欧洲市场时，欧洲的农场主发现粮食的价格开始下降，他们将遭受损失，有些甚至面临破产，于是各种资源就会从农业中抽走。

当所有的国际贸易调整都完成之后，欧洲和美国的服装和粮食价格就会变得相等（就如同一旦你将两个相连的水管之间的障碍物清除了之后，两个管子中的水就会达到同一水平高度）。由于没有供给和需求的进一步详细的材料，我们不知道价格会达到什么水平，但可以确定，新的相对价格一定是在欧洲的价格比率（粮食对服装的价格比为 3/4）和美国的价格比率（1/2）之间。让我们假设最终比率为 2/3，即 2 单位的服装可以换得 3 单位的粮食。为简便起见，我们以美元衡量价格，并假设自由贸易时粮食的价格为 2 美元，这意味着服装的自由贸易价格为 3 美元。

在自由贸易条件下，不同地区的生产活动发生了改变。美国将资源从服装业撤出，专门生产粮食。而欧洲则缩小了农业部门，扩大了服装制造产业。在自由贸易条件下，各国将其生产转向自己具有比较优势的领域。

## 贸易的经济利益

两个地区对国际贸易开放的经济影响是什么？整体上讲，美国会从服装的进口成本比自己生产成本要低这一事实中受益。同理，欧洲也从专门生产服装和消费比国内生产成本低的进口粮食中获利。

估算贸易利得的一个最简便的方法，是计算贸易对工人实际工资的影响，实际工资以工人每小时工资可购买的商品数来衡量。由表 15–2 我们可以推知，欧洲和美国的工人贸易后的实际工资都比贸易前要高。为简明起见，假设每个工人买 1 单位服装和 1 单位粮食。贸易前这一商品组合要花去美国工人 3 小时的工资，花去欧洲工人 7 小时的工资。

如同我们已经看到的，开放后服装的价格是 1 单位 3 美元，粮食的价格是 1 单位 2 美元。一个美国工人仍需工作 1 小时才能买到 1 单位粮食，因为粮食是国内生产的；但在 2/3 的价格比率下，美国工人只需工作 1.5 个小时就能买到 1 单位的欧洲服装。于是在允许贸易后，这一商品组合只需花费一个美国工人 2.5 小时的工资——这表明美国工人的实际工资上升了 20%。

对于欧洲工人来说，在自由贸易的情况下，生产 1 单位服装仍需花去 4 小时的工资，因为服装是国内生产的。但为取得 1 单位粮食，欧洲工人只需生产 2/3 单位的服装（这需要工作 2/3×4 个小时），然后按 2/3 单位服装换 1 单位美国粮食的比率进行贸易。于是为取得这一消费组合，欧洲工人所需工作的小时数为 4 + 2²/₃ = 6²/₃ 个小时，这表明实际工资相对于没有贸易的情形提高了大约 5%。

> 在自由贸易条件下，当各国集中在自己具有比较优势的领域进行生产和贸易时，每个国家的情况都会变得比原先要好。与没有贸易的情况相比，当各国的劳工专门生产自己具有比较优势的产品，并用以交换比较劣势的产品时，他们工作同样的时间就能获得更多的消费品。

## 比较优势图解

我们可以用生产可能性边界（*PPF*）对比较优势作进一步的分析。尽管在这里依然是使用以劳动成本为基础的简单的数值例子，但分析结论在一个拥有多种不同投入品的竞争世界中也同样是有效的。

### 没有国际贸易时的美国

在第 1 章，我们曾介绍了生产可能性边界（*PPF*），它表示的是在既定的资源和技术水平下，一个社会所能生产的商品的组合。利用表 15–2 中的生产数据，并假设美国和欧洲都有 600 单位劳动，我们可以很容易地得出各自的生产可能性边界。图 15–1 中列示的是美国在既定的要素投入和技术水平下，生产粮食和服装时可能达到的水平。图 15–1 显示了各种生产可能性，图中 *DA* 线是美国的生产可能性边界，它的斜率为–1/2。这表明粮食和服装在生产中的替代条件。在没有国际贸易的竞争市场上，粮食对服装的价格比率是 1/2。

到目前为止，我们集中讨论的是生产，而一直忽视了消费。请注意，如果美国孤立于所有的国际贸易之外，那么，它只能消费由自己生产的东西。假设，按其收入和市场需求，图 15–1 中的 *B* 点代表美国在没有国际贸易时的生产和消费。此时，美国生产并消费 400 单位粮食和 100 单位服装。

同样我们可以分析欧洲。欧洲的生产可能性边界看起来与美国不同，因为它在粮食和服装生产上具有不同的效率。欧洲两种商品的价格比率是 3/4，代表了欧洲在粮食和服装上的相对生产率。

### 开放市场进行贸易

现在两个地区之间可以进行贸易了。粮食可按某种价格比率与服装进行交换。我们将出口价格与进口价格的比率称为**贸易条件**（terms of trade）。为说明贸易可能性，我们在图 15–2 中将两条生产可能性边界放在一起。美国的 *PPF* 线是国内生产可能性边界，欧洲的 *PPF* 线亦体现了欧洲粮食与服装的替代条件。请注意，欧洲的 *PPF* 线比美国的 *PPF* 线更靠近原点，因为在这两个产业内，欧洲的劳动生产率比美国都要低。换句话说，在粮食和服装的生产上它都处于劣势。

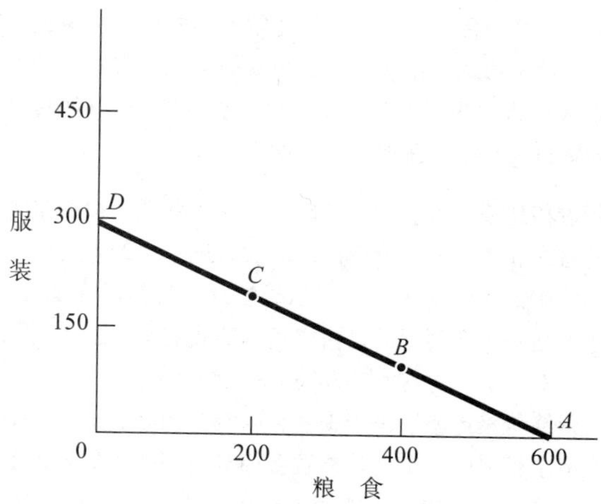


**美国的生产可能性表**（1∶2固定成本比率）

| 可能性 | 粮食（单位） | 服装（单位） |
|---|---|---|
| A | 600 | 0 |
| **B** | **400** | **100** |
| C | 200 | 200 |
| D | 0 | 300 |

**图 15–1　美国的生产数据**

固定成本线 *DA* 代表美国国内的生产可能性边界。在没有贸易时，美国将在 *B* 点生产和消费。

不过，欧洲不必因为自己的绝对劣势而灰心丧气，因为相对劳动生产率或比较优势使得贸易对于它们同样是有利可图的。图 15–2 中外边的线代表贸易利得。如果美国能按欧洲的相对价格进行贸易，它可以生产 600 单位的粮食，并按图 15–2（a）中外面的曲线向左上方移动。这条曲线代表由欧洲的 *PPF* 形成的价格比率或贸易条件。同理，如果欧洲按美国的价格进行贸易，欧洲会专门生产服装，并沿图 15–2（b）中的 *PPF* 线向右下方移动，该线代表的是美国在贸易前的价格比。

于是我们可以得出一个重要而令人惊讶的结论：小国从贸易中获得的利益较多。这是因为它们对世界价格的影响力小，所以能按与国内价格非常不同的世界价格进行贸易。由此你可以看出，为什么与其他国家非常不同的那些国家从贸易中获利很多，而许多大国的贸易获利则很少。（“问题讨论”第 3 题谈的也是这个问题。）

***均衡价格比率*** 贸易一旦开始，世界市场必将根据整个市场的需求和供给形成价格体系。没有进一步的信息时，我们不能确定价格比率，但可以确定这些价格所在的区间。这些价格必定在两国的价格之间，即我们知道，粮食和服装的相对价格一定在 1/2~3/4 这一范围之内。

最终价格比率取决于粮食和服装的相对需求。如果粮食的需求很强劲，粮食价格就会相对高一些。如果粮食的需求非常旺盛，以至于欧洲不仅生产服装，也生产粮食，那么价格比将是欧洲的相对价格，即 3/4。另一方面，如果服装的需求非常大，致使美国不仅生产粮食也生产服装，那么，贸易条件就将等于美国的价格比率 1/2。如果各地区完全按其比较优势进行专业分工，即欧洲只生产服装，而美国只生产粮食，那么价格比率将在 1/2 和 3/4 之间，具体的比率取决于需求的力量。

现在假设需求使得最终的价格比率是 2/3，即 3 单位的粮食可换 2 单位服装。在这种价格比率下，各地区将专门生产（美国生产粮食、欧洲生产服装）和出口自己具有比较优势的商品，并按 2/3 的世界价格比率换得另一种产品的进口。

由图 15-2 可见贸易将如何发生。每个地区都面临一个消费可能性曲线，它们按照这个曲线生产、贸易和消费。消费可能性曲线始于该地区的完全专业分工点，到 2/3 的世界价格比率处结束。图 15-2（a）中箭头所示是美国的消费可能性曲线，斜率为–2/3，由其完全专业化分工点——生产 600 单位粮食，不生产服装——出发。同理，图 15-2（b）中箭头所示为欧洲贸易后的消费可能性曲线，斜率为–2/3，由其完全专业化分工点向右下方倾斜。

图 15-2 中的 $E$ 点表示最终结果。在这个自由贸易的均衡点上，欧洲专门生产服装，美国专门生产粮食，欧洲出口 $133\frac{1}{3}$ 单位的服装换取美国 200 单位的粮食。两个地区消费的商品都比由它们自己生产时要多，两个地区都能从国际贸易中受益。

图 15-3 显示了美国从贸易中所获得的利益。靠近原点的那条线是生产可能性边界，外面的线是世界价格比为 2/3 时的消费可能性曲线，箭头表示的是出口和进口的数量。美国在 $B'$ 处停止贸易。通过贸易，它沿着 $D'A$ 移动

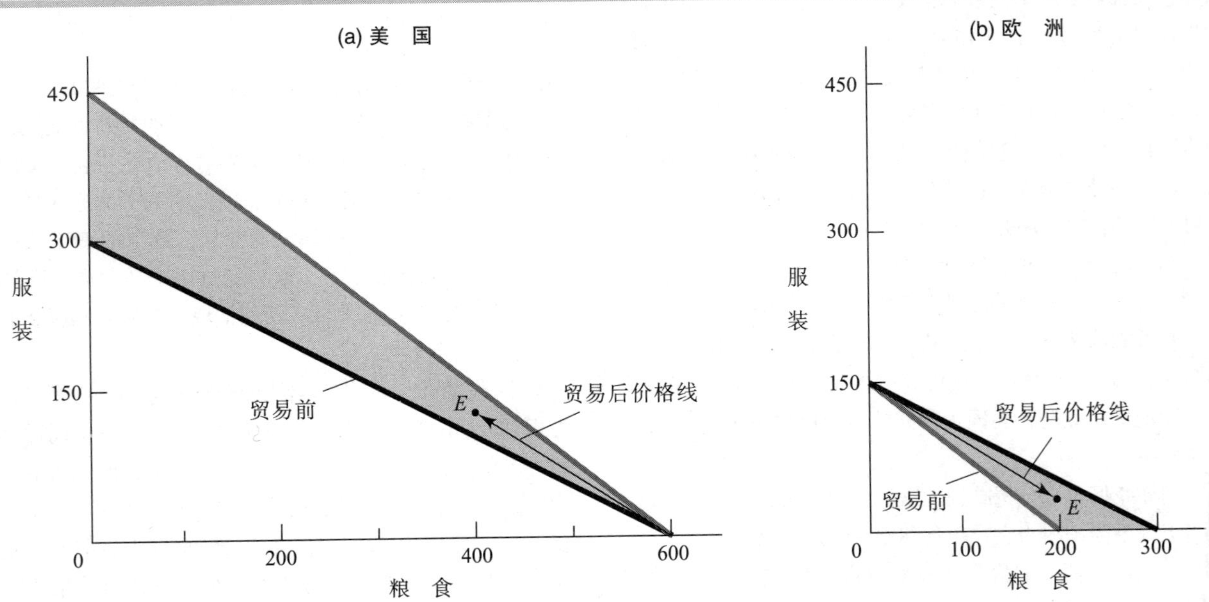


**图 15-2 比较优势图示**

通过贸易，欧洲和美国都提高了其可能的消费量。如果不允许贸易，各地区只能满足于它们自己生产的商品，于是就局限于各自的生产可能性曲线之上，在本图中为标有“贸易前”的两条线。对贸易开放后，竞争使得两种商品的相对价格相等，相对价格线就会如图中箭头所示。如果每个地区面临箭头所示的价格，你能看出为什么其消费可能性一定会改善吗？

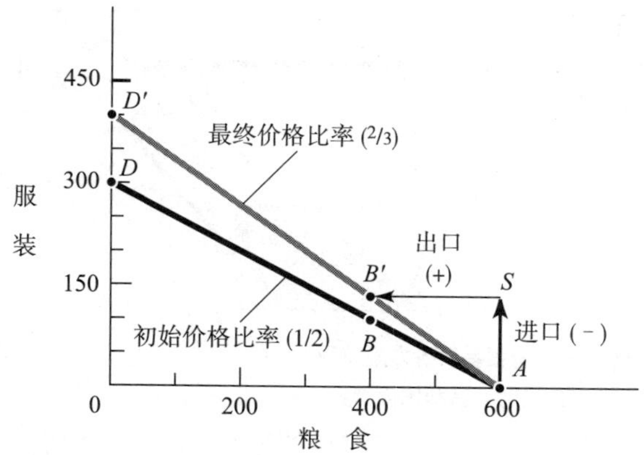


**图 15–3　贸易前后的美国**

自由贸易扩大了美国的消费选择。*DA* 代表美国的生产可能性曲线，*D′A* 代表美国以 2/3 的价格比率进行自由贸易并完全专业化分工于粮食的生产（在 *A* 点）时，美国的消费可能性曲线。*S* 到 *B′* 和 *A* 到 *S* 的箭头是美国出口（+）和进口（−）商品的数量。自由贸易的结果是美国最终停在 *B′* 点，消费的两种商品都比它沿 *DA* 生产时要多。

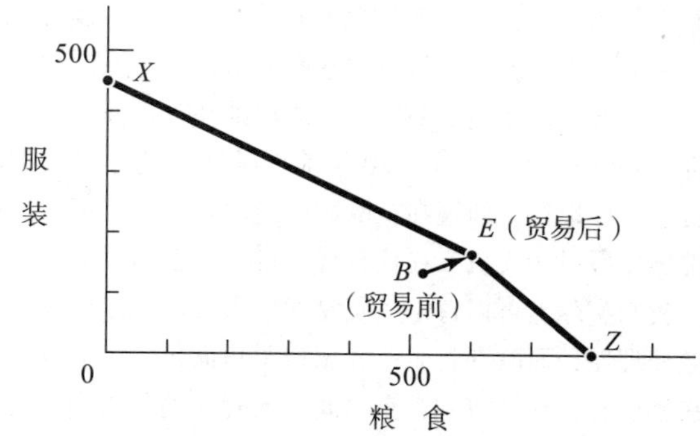


**图 15–4　自由贸易使得世界能移到其生产可能性边界上**

在这里，我们将世界作为一个整体来说明自由贸易的作用。允许进行贸易前，每个地区处在自己国家的生产可能性边界上。由于没有贸易的均衡是无效率的均衡，因而世界处于其生产可能性边界内部 *B* 点。

自由贸易使得每个地区按其比较优势生产专业化的商品。由于有效率的专业化分工的存在，世界生产向外移到其效率边界上的 *E* 点。

到 *B′*，其效果与一个卓有成效的新发明一样将生产可能性边界外推。

图 15–4 总结了上述分析。由图可见世界的生产可能性边界。世界的生产可能性边界代表了当商品以最有效率的方式（即最有效率的劳动分工和地区专业化）生产时，既定的世界资源可能取得的最大产出。

世界的生产可能性边界是由图 15–2 中两个地区的生产可能性边界所组成的，它代表两个地区的 *PPF* 线可能得出的世界产出的最大水平。例如，在图 15–2 中可以看出，能够生产的粮食的最大产量（不生产服装）在美国是 600 单位，在欧洲是 200 单位，加起来得到世界的最大量 800 单位。将这一点（800 单位粮食，0 单位服装）在图 15–4 中标出，再通过两地区的 *PPF* 线画出世界 *PPF* 线上的另一点（0 单位粮食，450 单位服装），这样，通过仔细计算两个地区有效率地分工于两种商品生产时的世界最高产出，我们可以画出上述两点之间的所有的点。

在开放贸易之前，世界的产出处于 *B* 点，这一点是低效率的（在世界 *PPF* 线之内），因为不同地区生产不同商品相对效率不同。开放贸易之后，世界产出移到贸易均衡点 *E*，此时各国集中力量在其具有比较优势的领域进行生产。

> 竞争市场中的自由贸易使得世界生产能够上移到其生产可能性边界上。

## 扩展到多种商品和多个国家

现实生活中，国际贸易所涉及的国家不只是两个，商品也不只局限于两种。但上面我们所讨论的原理却不会因此而有实质性的改变。

### 多种商品

当两个国家或地区以不变成本生产多种商品时，就可以按比较优势或比较成本对这些商品进行排序。举例说明，这些商品可能是微处理器、计算机、飞机、汽车、葡

**图 15–5　有多种商品时，存在一个比较优势序列**

萄酒、羊角面包，并全部按照比较优势排序，见图 15–5。从图中你可以看出，在所有这些商品中，相对欧洲的成本而言，微处理器在美国最便宜。欧洲则在羊角面包的生产上拥有最大的比较优势。20 年前，美国在商务飞机市场上占有主导地位；但现在，欧洲已经取得了相当可观的市场份额，所以“飞机”在比较优势序列上右移了。

我们实际上可以肯定，贸易的引入会使美国生产和出口微处理器，而欧洲将生产和出口羊角面包。但分界线会落在哪里呢？在飞机和汽车之间？或者在葡萄酒和羊角面包之间？还是将落在某种商品上而不是在两种商品之间——或许汽车在两处都可以生产。

你会毫不惊讶地发现，答案取决于对不同商品的需求和供给。我们可以将这些商品想像成按其比较优势串在一根线上的珠子，供给和需求的力量将决定美国和欧洲生产的分界线落在何处。举例来说，对微处理器和计算机需求的增加会使价格向美国商品的方向移动，这种移动使美国将其力量集中于更有比较优势的领域进行生产，以至于它在比较劣势领域（如汽车）的生产不再是有利可图的。

### 多个国家

多个国家时情形会怎样呢？引入多个国家并不改变我们的分析。当只考虑一个国家时，其他所有的国家可以合成一组被视为“世界其他国家”。贸易的优势与国界并无特殊联系，上面分析的原理适用于不同的国家组以及同一国家内的不同地区。实际上，它适用于美国北部和南部各州的贸易，正如它适用于美国和加拿大的贸易一样。

### 三角贸易和多边贸易

当有许多国家时，参与*三角贸易*或*多边贸易*一般来说是有益的，因为两个国家之间的双边贸易通常是不平衡的。

考虑一下图 15–6 中三角贸易的简单例子。图中箭头表明了出口的方向。美国从日本购买消费类电子产品，日本从发展中国家购买石油和初级产品，发展中国家从美国购买计算机。现实中的贸易比这个三角贸易的例子当然还要复杂得多。

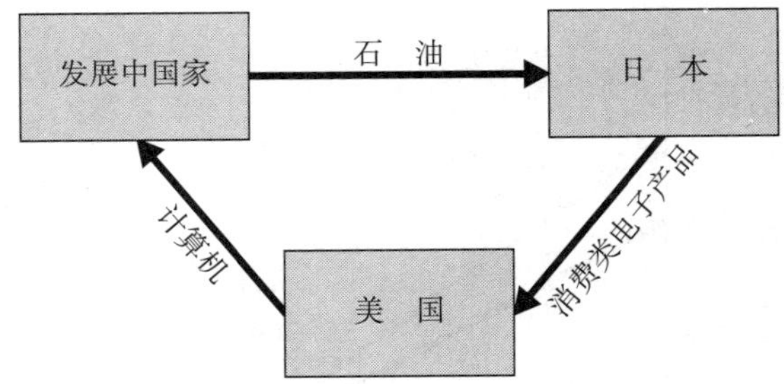


**图 15–6 三角贸易对各方都有利**

在现实中，国际贸易和国内贸易一样，是多边的。

## 限制条件和结论

现在我们已经比较系统地学习了比较优势理论，它的结论适用于任何数量的国家和商品，而且可以被一般化以解决多种投入、要素比例变化及收益递减等问题。但我们必须强调，这个理论有两个重要的限制条件：

1. *古典假定*。从理论上讲，比较优势理论的主要缺陷在于它的古典假定，即假定经济是一种平稳运行的竞争经济。当存在本地或全球公共品的时候，贸易可能导致环境问题的恶化（进一步的讨论见第 17 章）。而且，非弹性价格和工资、商业周期以及非自愿失业可能会导致低效率。当宏观或微观经济出现市场不灵的时候，贸易会将一国推到它的生产可能性边界以内。如果由于环境或其他问题使经济处于衰退或价格体系不能正常运行时，我们便不能肯定各国能从贸易中获利。

   考虑到这种局限，比较优势理论在经济不景气时可能大打折扣就不足为奇了。在 20 世纪 30 年代的萧条时期，由于失业猛增，实际产出下降，各国都实行了高关税，对外贸易额大幅下降。此外，在繁荣的 20 世纪 90 年代，自由贸易愈发受到环保主义者的攻击，他们认为自由贸易使一些公司可以将污染物排放到大海或那些管制宽松的国家中。在对最近提出更自由贸易的批评中，工会和环保主义者首当其冲（见本章结尾部分的“自由贸易谈判”）。
2. *收入分配*。第二个限制条件与对某些特定的人、部门或生产要素所产生的影响有关。我们在前面已经说明，一国开放贸易会增加国民收入，能消费到比不进行贸易时更多的商品和服务。

   但这并不意味着每个个人、企业、部门或生产要素都能从贸易中获益。如果通过进口，自由贸易使得某些生产要素所生产的商品或在某些地区生产的商品的供给增加，最后这些要素或地区的收入可能会比限制贸易时要低。设想，自由贸易增加了美国廉价棉质衬衫的供应量，当听说许多纺织厂受损或倒闭时，我们将不会感到吃惊。最近的研究显示：在过去 30 年中，高收入国家非技能型劳工的实际工资下降了，原因在于从低工资的发展中国家进口的商品增加了，而这些进口品是由那些与高收入国非技能型劳工有强烈的替代关系的要素生产的，因此导致了高收入国家技能型劳工实际工资的下降。

比较优势理论表明：一些其他部门的收益量要大于受损部门遭受的损失，而且从长期看，那些从低收入部门被赶出来的劳工会逐渐转向高工资的工作。但那些暂时被国际贸易损害的人们确实受到了伤害，因此他们是贸易保护和贸易壁垒的支持者。

尽管比较优势理论有其局限性，但它是经济学中最深刻的真理之一。那些忽视比较优势的国家在生活水平和经济增长方面会因此而付出沉重的代价。

## C. 贸易保护主义

回到本章的开头，重新阅读“蜡烛制造商请愿书”。法国经济学家弗雷德里克·巴斯夏在文中讽刺了那些旨在排斥与国货相竞争的外国产品的要求。今天，人们往往也对来自国外的竞争心存疑虑，“购买国货”听起来似乎是一场爱国运动。

但自亚当·斯密以来，经济学家对此却有不同的看法。他们认为贸易能推进对各国都有利的国际劳动分工，自由和开放的贸易使得每个国家都能扩大其生产和消费的可能性，从而提高全世界的生活水平。而贸易保护主义则阻碍了比较优势发挥最大的作用。

本节将从经济学的角度回顾贸易保护主义的论点。

### 贸易和关税的供求分析

#### 自由贸易和无贸易

我们可以通过分析贸易商品的供求来说明比较优势理论。以美国的服装市场为例，为简单起见，假设美国只是全球市场的一小部分，所以不能影响服装的世界价格。（这个假设可以使我们很容易地分析供给和需求，之后我们将讨论一国能影响世界价格这一更现实的情形。）

图 15–7 是美国服装的供给和需求曲线，美国消费者的需求曲线是 *DD*，美国国内厂商的供给曲线是 *SS*。我们假设服装的价格由世界市场决定，为 1 单位 4 美元。尽管国际贸易是以多种货币进行的，为简便起见，我们按现行汇率把国外供给曲线转换成以美元为计量单位的供给曲线。

***无贸易均衡*** 假设服装的运输成本或关税是禁止性的（比如说，1 单位服装要付 100 美元的运输成本或关税），那么，无贸易均衡点在哪里呢？美国服装市场的均衡位于国内供给曲线和需求曲线的交点，即图 15–7 中的点 *N*。此时为每单位 8 美元，比世界价格要高，国内生产能满足所有的国内需求。

***自由贸易*** 现在开放服装的贸易。在没有运输成本、关税和配额时，美国的价格应等于世界价格。为什么呢？因为，如果美国的价格比欧洲高，目光敏锐的企业家们就会从价格低的地方（欧洲）购买服装到价格高的地方（美国）去卖；于是欧洲将向美国出口服装。一旦贸易活动完全适应了美国的供求关系，美国的价格就会变得与世界价格相等。（如果存在运输和关税成本，美国的价格就会等于按这些成本进行调整后的世界价格。）

图 15–7 表明在自由贸易条件下，本例中的服装价格、数量和贸易是如何决定的。价格为 4 美元时的水平线代表的是进口的供给曲线，它是水平的，或者说具有完全的价格弹性，因为假定美国的需求量非常小，不能够影响服装的世界价格。

开放贸易后，进口服装流入美国，使美国的服装价格降到每单位 4 美元的世界价格水平。在这个价格下，国内生产者的供应量为 *ME*，即 100 单位，而此时消费者希望消费 300 单位。这个差额（图中为 *EF*）就是进口的数量。谁决定了我们要进口这么多的服装，而国内生产者只提供 100 单位的服装呢？是欧洲计划署，还是一个服装制造商的卡特尔？都不是，贸易的数量正是由供给和需求所决定的。

此外，无贸易均衡时的价格水平决定贸易流的方向。美国无贸易均衡时的价格比欧洲高，所以商品流入美国。请记住这条规则：*在自由贸易下，或更一般地说在市场上，商品总是从价格低的地区流向价格高的地区*。当市场进行自由贸易后，服装由价格较低的欧洲市场流向价格较高的美国市场，直到两处价格相等为止。

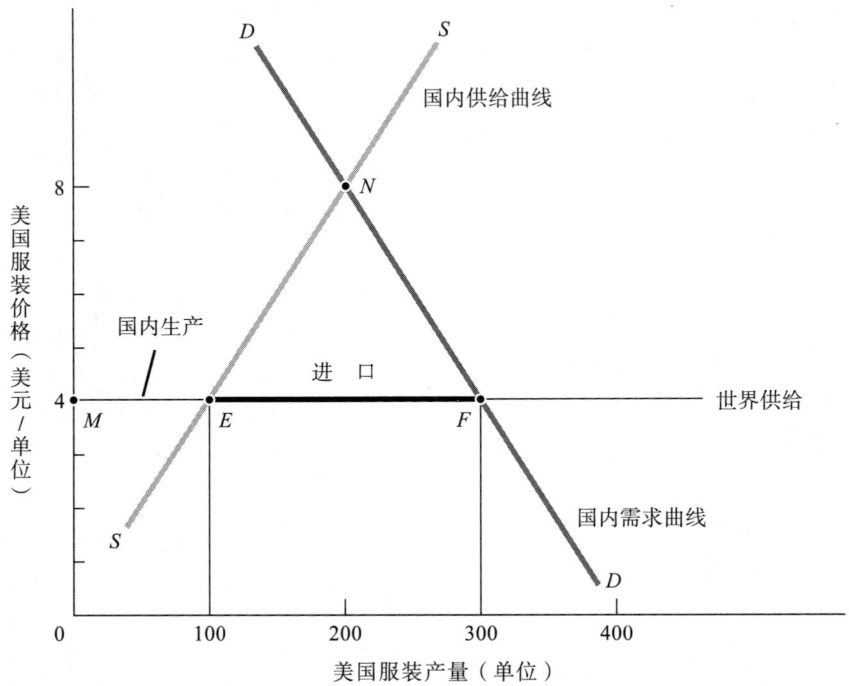


**图 15–7 自由贸易条件下美国的生产、进口和消费**

这里我们看到服装市场的自由贸易均衡。美国在服装上没有比较优势，于是在没有贸易的均衡点 *N*，美国的服装价格为 8 美元，而世界的价格是 4 美元。

假设美国的需求不影响每单位 4 美元的世界价格，当美国生产 *ME*（100 单位），并且进口国内需求与供给的差额 *EF*（200 单位）时，就达到了自由贸易的均衡。

## 贸易壁垒

几个世纪以来，政府一直在利用关税和配额来提高收入和影响某些产业的发展。自 18 世纪英国议会试图对来自美国殖民地的茶叶、食糖和其他商品征收关税以来，关税政策就一直被证明是一块酝酿革命和政治斗争的沃土。

我们可以通过供求分析来理解关税和配额的经济影响。请注意，**关税**（tariff）是对进口商品课征的一种税。**配额**（quota）是一种对进口商品的数量限制，美国对许多商品实行配额，如花生、纺织品和牛肉。

表 15–3 列出了 2001 年主要国家的平均关税率。请注意，在大部分国家中，不同商品的关税水平差别很大。也许需要较为深入的讨论才能揭示，为什么美国进口马的关税为 0，而进口驴的关税却为 6.8%。但在另一方面，我们却很容易理解为什么美国对纺织品和钢铁都设有严厉的配额或者较高的关税。因为这些产品所涉及的产业，对国会或白宫都具有政治上的影响。

***禁止性关税*** 最容易分析的例子是禁止性关税（prohibitive tariff）——一种税率非常高的关税，可以完全阻止任何商品的进口。回过头来看一下图 15–7，如果服装的关税多于每单位 4 美元（即比 8 美元的美国无贸易均衡价格和 4 美元的世界价格之间的差额还要大），那么会发生什么呢？这将是一种禁止性关税，它会使所有的服装贸易都停止下来。一个进口商以 4 美元的世界价格购买服装，然后以 8 美元的无贸易价格水平在美国国内出售，显然这个价格并不能弥补商品的成本加关税。禁止性关税就是这样扼杀所有贸易的。

***非禁止性关税*** 较低一些的关税（1 单位服装征收不到 4 美元的关税）会损害但不会消除贸易。图 15–8 表明了当关税为 2 美元时服装市场的均衡。我们再次假定没有运输成本，2 美元的关税意味着外国服装在美国将按 1 单位 6 美元的价格出售（相当于 4 美元的世界价格加上 2 美元关税）。

| 平均关税率，2001 年 | |
|---|---|
| 国家和地区 | 税率（%） |
| 中国香港 | 0.0 |
| 新加坡 | 1.0 |
| 美　国 | 2.0 |
| 日　本 | 2.2 |
| 澳大利亚 | 3.0 |
| 中国台湾 | 3.1 |
| 德　国 | 3.5 |
| 新西兰 | 3.5 |
| 英　国 | 3.5 |
| 法　国 | 3.5 |
| 泰　国 | 3.7 |
| 菲律宾 | 8.3 |
| 朝　鲜 | 8.6 |
| 印度尼西亚 | 8.9 |
| 马来西亚 | 9.5 |
| 中　国 | 17.0 |
| 印　度 | 27.2 |

**表 15-3　各个国家和地区的平均关税率，2001 年**

关税率在不同的国家和地区之间有很大差别。尽管对于诸如纺织品和钢铁等商品设置高关税水平的例外情况，美国和新加坡、中国香港等国家和地区目前的平均关税率较低。随着中国加入世界贸易组织，其关税率将逐步降低。

资料来源：World Trade Organization and government organizations.

征收 2 美元关税后的均衡，使得国内消费（或需求量）由自由贸易时的 300 单位下降到征收关税后的 250 单位，国内生产的数量增加了 50 单位，进口数量下降了 100 单位。这个例子总结出关税的经济影响是：

> 关税会提高商品价格，减少消费和进口的数量，增加国内生产。

***配　额***　配额与关税的影响在性质上是相同的，一个禁止性配额（阻止所有进口的配额）相当于一项禁止性关税。在图 15-8 中，价格和数量将回到无贸易均衡点 $N$ 上。一个不那么严厉的配额可能将进口量限制为 100 单位，这个配额相当于图 15-8 上的 $HJ$。100 单位配额下的均衡价格与产出和征收 2 美元关税后的均衡结果一样。

尽管关税和配额之间没有本质的差别，但仍存在一些微妙的区别。关税能给政府带来收入，或许使某些其他税收的降低成为可能，从而部分抵消其对进口国消费者所造成的损害。而配额，则将由其造成的价格差异所带来的利润，放入那些能够幸运地得到进口许可证的进口商或出口商的口袋。他们可以用这些收益来挥霍，甚至贿赂那些发放进口许可证的官员。

由于这些区别，经济学家一般认为关税的危害相比之下要小一些。尽管如此，如果一国政府已决定实行配额，那么它就应该拍卖那些稀缺的进口配额的许可证。通过拍卖可以保证是政府而不是进口商得到了由稀缺的进口权而带来的收益。而且这样做官员们也就不可能按照贿赂、交情或裙带关系去发放配额了。

***运输成本***　运输成本的影响是怎样的呢？运送体积大、易腐烂商品的成本具有与关税同样的影响，它减少了地区性专业分工所带来的好处。例如，如果从欧洲向美国运送服装每单位运输成本为 2 美元，供给和需求的均衡就会与图 15-8 显示的那样，美国的价格会比欧洲价格高 2 美元。

但在保护性措施和运输成本之间有一个区别：运输成本是由自然条件，如海洋、高山和河流等造成的，而限制性关税却应由国家负全部责任。实际上，有一位经济学家曾将关税称为“起负作用的铁路”。征收关税对经济的影响，如同将沙子洒进那艘将货物从别国运到本国的船舶的发动机里。

## 关税的经济成本

当美国对进口服装征收关税，所征关税为图 15-8 中所示的 2 美元时，会发生什么情况呢？它会产生三种影响：（1）国内厂商可以在关税所提供的价格保护伞下扩大生产；（2）消费者面临更高的价格，因而减少消费；（3）政府获得关税收入。

> 关税会造成经济无效率。征收关税时，消费者的经济损失超过政府的收入与厂商所得的额外利润的总和。

***图示分析***　图 15-9 所示为关税的经济成本。图中的供给曲线和需求曲线与图 15-8 中的一样，但有三个区域被重点标出。（1）区域 $B$ 是政府征收关税的收入。它等于关税率乘以进口数量，总额是 200 美元。（2）关税将国内市场价格由 4 美元提高到 6 美元，生产者将其产量提高到 150 单位，于是总利润上升到 250 美元，体现在图中为 $LEHM$ 的面积，即原先生产产量的利润 200 美元，加上多生产 50 单位而增加的利润 50 美元。（3）最后，请注意

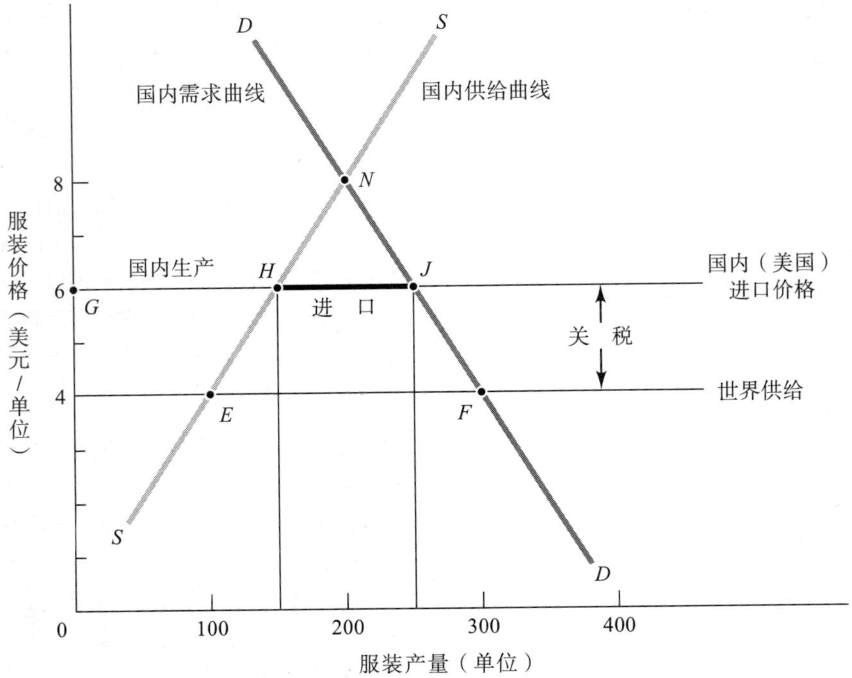


**图 15-8 关税的效应**

关税降低进口和消费，提高国内的产量和价格。从图 15-7 中的均衡自由贸易出发，美国现在对进口服装征收 2 美元的关税，从而进口的欧洲服装的价格上升到 6 美元（含关税）。

市场价格由 4 美元上升到 6 美元，导致总需求下降。于是进口由 200 单位缩减到 100 单位，而国内生产由 100 单位上升到 150 单位。

关税给消费者带来一项高额的成本，消费者剩余损失总额为 550 美元，图中为 *LMJF* 区域。

于是对社会的总影响是厂商获利 250 美元，政府收入 200 美元，消费者损失 550 美元。社会净成本（假设每 1 美元是相等的）为 100 美元。这相当于图中 *A* 和 *C* 两个区域，弄清这两部分的含义是很重要的：

- 区域 *A* 是国内生产成本高于国外生产成本带来的净损失。当国内价格上升时，厂商们就开始使用那些成本相对高的国内能力，其产量达到边际成本为 6 美元的那一点，而自由贸易下的边际成本为 4 美元。低效率的老工厂重新开工，现有的企业加班加点。从经济的角度来看，这些企业是有比较劣势的，因为由这些工厂生产出的新服装在国外可以用更低的成本生产。这种低效率生产带来的新的社会损失是区域 *A*，数额为 50 美元。
- 此外，价格的上升还给该国带来另一个净损失，图中为区域 *C*。这一部分损失是无法由商业利润或关税收入来加以弥补的消费者剩余的损失。这一区域代表消费者由购买低成本的进口品转向购买高成本的国内产品时而产生的经济成本，数额也是 50 美元。

因此，不管用哪一种方法计算，社会总损失都是 100 美元。

图 15-9 的含义对于我们理解关税的政治和历史都非常重要。征收关税时，部分经济影响是由于关税对收入的再分配造成的，它将一部分收入从消费者那里转移到被保护的国内生产者和劳工手中。在图 15-9 中，区域 *A* 和 *C* 分别代表国内高成本生产的无效率和价格上升而减少消费所带来的效率损失。在上面所做的简单假定下，效率损失总计 100 美元。但再分配所涉及的数额要大得多，通过征收由商品消费者承担的关税可得到 200 美元的税收收入，此外厂商的新增利润为 250 美元。消费者对于产品成本上升很不满意，而国内这些产品的生产者和劳工则会受益。我们可以看出，为什么对于进口限制的争论一般更容易集中在损益再分配问题上，而不是经济效率问题上。

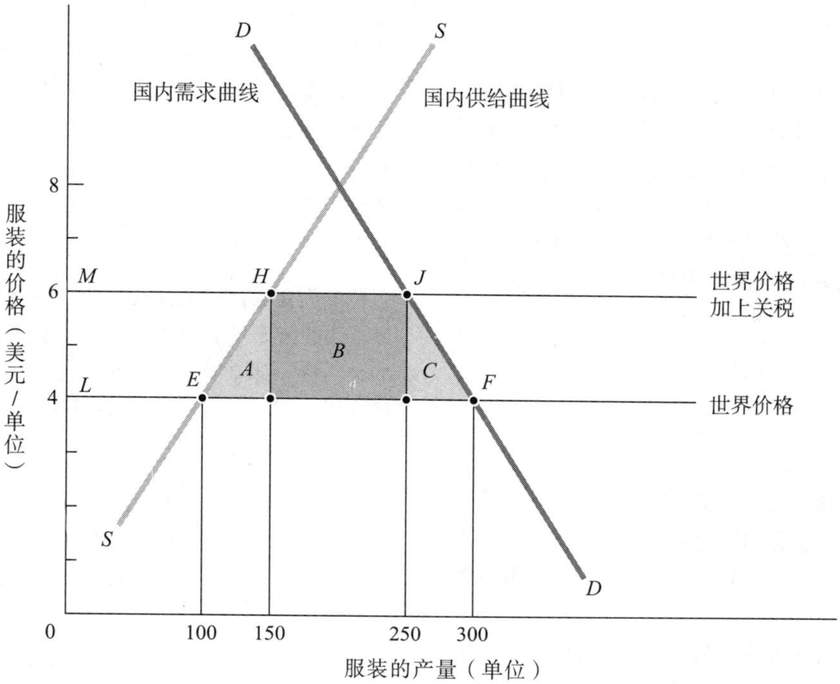


**图 15–9　关税的经济成本**

征收关税增加收入，同时带来非效率。我们从三个方面探讨关税的影响。矩形 *B* 是政府得到的关税收入，三角形 *A* 是在关税保护伞下厂商产生的额外生产成本，三角形 *C* 是由于非效率的高价格带来的消费者剩余的净损失。*A* 与 *C* 区域是由关税导致的不可避免的非效率后果。

征收关税会带来三种影响：它鼓励了无效率的国内生产；它提高了价格，从而导致消费者对征税商品的购买量低于有效率的水平；它增加了政府收入。其中前两项都给经济造成了效率成本。

### 保护纺织品贸易的成本

让我们考查一下某一关税的影响，以便使我们以上的分析更加详实。不妨以纺织品关税为例。现在，对进口的纺织品和服装所征收的关税是美国所征收的最高关税的一种。那么，这些高关税是如何影响消费者和生产者的呢？

首先，关税提高了国内服装的价格。由于价格较高，许多原本要破产倒闭的工厂会继续开工，虽然它们在纺织品方面的比较优势一直在下降。尽管它们盈利很少，但会尽力扩大销售以便能继续在国内进行生产；纺织业所雇用的工人，比在自由贸易时要多，虽然来自国外竞争的压力使得纺织业的工资处于制造业各部门中最低的一档。

从经济角度来看，支撑纺织业意味着在浪费资源。这些工人、原材料和资本在其他部门原本可以被更加有效率地利用，或许可以去制造飞机或提供金融服务和网上交易。由于使生产要素留在已丧失比较优势的产业中，国家的生产潜力会降低。

消费者当然会因为对纺织业的保护而付出高价格。他们从其收入中得到的满意程度，低于本可以用不包含高关税的价格去购买韩国、中国或印尼的纺织品时的满意程度。消费者于是减少了服装的消费，而把钱花在粮食、交通和娱乐上，因为这些商品的价格由于对纺织品征收关税而被相对地降低了。

最后，政府从纺织品关税中得到了收益。这些收益可以用来购买公共品或是降低其他税收。所以（与消费者损失或生产的无效率不同）这种影响对社会倒并不是一个负担。

## 保护主义经济学

考查了关税对价格和数量的影响之后，让我们转向对赞成与反对贸易保护主义的分析。要求以关税或配额保护本国不受外国进口品竞争损害的主张，往往表现为多种形式，以下是主要的几类：(1) 非经济观点：这种观点认为牺牲一些经济福利以支持国家其他目标是必要的；(2) 若干误解经济逻辑的观点；(3) 基于市场力量或宏观经济的不完善而进行的若干分析。

### 非经济目标

如果你要参加一个辩论小组，为自由贸易辩护，那么，一开始你可以先做个让步，承认经济福利不是生活的惟一目标，这样可能会使你的辩论更有说服力。一个国家当然不应该只为了几美元的额外收入而牺牲它的自由、文化和人权。

美国的半导体产业就是个很好的例子。20 世纪 80 年代，国防部声称，如果美国没有一个独立的半导体产业，那么在高科技武器的芯片方面，军方就会过于依赖日本和其他国外供应商。于是人们都认为应该保护半导体工业，但经济学家对这种做法的价值表示怀疑。他们并不是对国家安全目标提出怀疑，而是质疑集中于实现该目标的方式的效率。他们认为，可以为该产业制定一项政策（也许是一个购买最小数目的高质量芯片的计划）。因为，相比之下保护措施的代价肯定要昂贵得多。

在贸易政策中，国家安全不是惟一的非经济目标，各国可能非常想保留自己的文化传统或保护本国环境。法国最近认为，应该保护本国公民不受美国那些“不文明的”影片的毒害。他们害怕法国的电影产业会淹没在多特技、高预算的好莱坞影片浪潮之中。结果，法国对从美国进口的电影和电视节目的数量一直实行严格的配额。在另外一个例子中，瑞士政府决定禁止卡车穿越境内，以保持本国的宁静和山谷中空气的清新。

### 站不住脚的关税观

***重商主义*** 据说亚伯拉罕·林肯曾经说过以下的话：“对关税我知道的不多，但我确实知道当我从英格兰买一件上衣时，我得到上衣，英格兰得到了钱；当我在美国买上衣时，我得到上衣，而美国得到了钱。”

这种推理代表了一个历史久远的错误，即 17、18 世纪重商主义者所犯的一个典型错误。他们认为，如果一国卖的比买的要多，那么这个国家是很幸运的。因为这种贸易顺差意味着出口盈余，从而使黄金流进本国。

重商主义者的论断混淆了手段和目的。积聚黄金或其他货币并不能提高一国的生活水平，货币的价值不在于它本身，而在于它能从其他国家买到些什么。因此，今天大多数经济学家不再会认为提高关税、取得贸易盈余肯定能改善一国的经济福利。

***为特殊利益集团征收关税*** 要求实行保护性关税的压力，最重要的来源是那些强有力的特殊利益集团。企业和工人都很明白，如果对与他们相同的某些进口商品征收关税，尽管增加了他人的成本，但对他们自身总是有利的。亚当·斯密也很清楚这一点，他写道：

> 期待贸易自由像期待乌托邦一样的荒谬。因为不仅公众的偏见会反对，而且更无法克服的是存在许多个人的私利，它们会不可遏制地出来阻挡和反对自由贸易。

如果自由贸易总体上对一国如此有利，那么为什么贸易保护主义的鼓吹者仍能在议会中发挥那种大得与之不相称的影响呢？其原因就在于，这一小部分人可以从某些保护措施中获利，进而为那些到处游说的政治家们提供大量的经费。相反，单个消费者只是在某种商品上受到关税的轻微影响，而由于这些损失很小而且影响很分散，所以个人没有什么动力去花费资源对每项关税发表意见。一个世纪以前，人们直接用行贿的办法来获得赞成关税立法所需的选票。现在，那些由工会或企业资助的力量强大的政治行动委员会（PAC），已经雇用了许多律师，不断地鼓吹对纺织品、木材、钢铁、食糖和其他商品征收关税或实行配额等各种主张。

如果政治投票完全遵循整体经济利益的分布比例，则各国就会废除现在实行的大部分关税。但是，所有的利益集团的美元总是不足以“买”够所需要的政治声音。组织广大的消费者和生产者倡导自由贸易的好处，比组织几个公司或工会反对“中国的廉价劳动力”和“日本的不平等竞争”要困难得多。在每个国家，自由贸易的那些永远不知疲倦的敌人，都是那些由受到保护的企业和工人所组成的特殊利益集团。

一个富有戏剧性的例子是美国对食糖实行配额，这一措施对少数几个厂商有利，但却使美国的消费者每年多支付 10 亿美元。普通的消费者可能并不知道食糖配额使得每人每天要多付出 1.5 美分，所以人们游说自由贸易的动力就小得微乎其微。

***国外廉价劳动力的竞争***　在所有提倡贸易保护主义的观点中，最有韧性的一种观点是认为自由贸易会将美国劳动力置于国外廉价劳动力的竞争压力之下。这种观点认为，保持美国高工资的惟一方法，是将由低工资国家生产的产品排斥出去，或者对其施加高关税。将这一观点极端化的人们认为，在自由贸易下，美国的高工资将与外国的低工资趋同。总统候选人罗斯·佩罗特在关于北美自由贸易协定的辩论中就曾鼓吹过这个观点，他认为：

> 从理论上讲，北美自由贸易协定是非常好的，但在现实中它对我国是不利的。在我们这个需要工作机会流入而非流出的时期，该协定会为美国制造一个无底洞，墨西哥的工资将上升到每小时 7.5 美元，而我们的工资将下降到每小时 7.5美元。

这种论点听起来似乎有理，但却是完全错误的，因为它无视比较优势原则。美国工人的工资较高是因为他们的劳动生产率普遍较高。如果美国的均衡工资是墨西哥的 5 倍，那是因为美国工人的边际产品是墨西哥工人的 5 倍。贸易按照比较优势进行，而不是按工资水平或绝对优势进行。

我们已经说明，一国进口本国不具比较优势而由“外国廉价劳动力”生产的产品，可以从中受益，但也不能忽视这种战略给那些受到影响的企业和工人所带来的临时性成本。如果由于生产移到海外，某个地区的工厂忽然关闭，那么当地的劳工市场上就可能到处是找工作的人。老一辈工人由于所掌握的技术过时，要找到好工作是很困难的，于是实际收入就会下降。当整个经济不景气或当地的劳工市场上失业率很高时，被解雇的工人的困难会加剧。从长期看，劳工市场会将这些工人从衰退的产业重新安置到发展的产业中去，但这个过渡对于许多人来说可能是非常痛苦的。

小结：

> 国外廉价劳动力论点的缺陷在于，它忽视了比较优势理论。即使一国的工资远比其贸易伙伴高，该国也能从贸易中受益。高工资来自于高效率，而不是保护性关税。

***报复性关税***　很多人都承认自由贸易的世界是最好的世界，但他们同时意识到这并不是自身所生活的现实世界。他们会说：“只要其他国家对我们的产品加以限制或以其他方式加以歧视，我们就别无选择，为了自我防卫只能玩贸易保护主义的游戏。只有在进行公平贸易的时候，我们才会按自由贸易原则行事，我们强调应该在公平的基础上进行。”20 世纪 90 年代，美国有好几次都走到了与日本和中国爆发贸易战的边缘。美国曾威胁说，如果对方不停止某些令人不愉快的贸易行为，美国就将施加高关税。

那些支持这种做法的人会争辩说，实行报复会粉碎其他国家的贸易保护壁垒，《总统经济报告》中对贸易保护的分析就是这种逻辑的一个例子：

> 即使短期内美国经济会付出一定代价，但只要国际贸易干预有利于实现增加那些推行干预政策的外国政府的代价这一战略目的，它就是值得的。因此，精心制定的政策在使其他国家减少其贸易扭曲方面有一种潜在的作用。

尽管这种论点有着潜在的正确性，但应用时却必须十分小心。正如战争威胁可能会导致军备竞赛和军事冲突一样，用贸易保护政策去威胁他人，最终也可能会使威胁者自己及其对手都受到损害。历史研究发现，实行报复性关税通常导致其他国家将关税提得更高，而很少能够成为一种有效降低多边关税的讨价还价的筹码。

***进口援助***　在美国和其他国家，被来自外国的竞争所伤害的企业和工人总是致力于取得关税和配额等形式的保护。现在，在国会中几乎已经不再直接进行有关关税问题的讨论了，国会已经意识到关税的政治性太强，不好处理，所以建立起一些处理各产业诉讼的专门机构。一般说来，要求援助的报告由美国商务部和美国国际贸易委员会负责处理。援助措施包括以下几种：

- 例外条款。这在早期比较流行。当某一产业被进口品损害时，可以采取临时的进口援助（与他国谈判决定关税、进口配额或出口配额等）。当某种商品进口上升，该产业的国内产出、就业和利润下降时，我们就认为发生了进口损害。
- 反倾销关税。当某种外国商品以低于其平均成本或国内市场价格在美国出售时，就要对其征收反倾销关税。一旦发现有倾销行为时，就要对该进口商品加征“倾销税”。
- 抵消关税。当外国对出口到美国的产品进行补贴时，就要对该种产品征收抵消关税。它已成为进口援助的一种最普遍的形式，适用的案例多达几百起。

那么，制定这些报复性措施到底有多少合理之处呢？进口援助听起来是合理的，但实际上它与比较优势原则背道而驰。该原则认为，不能与外国企业竞争的产业本应该受到进口品的伤害。从经济优势角度看，缺少生产效率的产业在国内更有生产效率的产业的竞争下，实际上正在被淘汰出局。

这一点听起来的确很无情，没有一个产业会心甘情愿地消失，也没有一个地区会乐于遭遇经济转型而转向新的产业。旧产业向新产业的转移往往会伴随大量的失业和阵痛，那些弱势产业和落后地区会感到，它们正在被社会挑选出来去承担经济进步的代价。

## 有潜在正确性的贸易保护主义

最后，我们评价三个有实际经济学价值的贸易保护主义论点：

- 关税可能使贸易条件变得对一国有利；
- 对于有增长潜力的“幼稚产业”实行临时性关税保护，从长期看可能是有效率的；
- 在某些条件下，关税有助于减少失业。

***贸易条件或最优关税的论点*** 一种可能正确的观点认为，施加关税会使贸易条件向有利于一国而不利于他国的方向变化。贸易条件即出口价格与进口价格的比率。这种观点认为，当一个大国对其进口商品征收关税时，世界市场需求的减少会使均衡价格下降，进而该国该产品的税前成本就会降低。这种变化将改善该国的贸易条件，提高该国的实际收入。能够最大化国内实际收入的关税称为最优关税。

贸易条件理论可以追溯到150年前的自由贸易鼓吹者约翰·斯图亚特·穆勒那里。它是在充分就业和完全竞争条件下惟一可能正确的关税理论。假设美国对进口石油按最优关税征税，则导致国内石油价格上升，世界对石油的需求下降，世界市场的石油价格也将下降。因此关税的一部分实际上会落到石油生产者的身上。（可以推知小国就不能运用这个理论，因为它不能影响世界价格。）

这是否说明，我们已经找到一个理论上经得起推敲的支持关税的论点呢？如果不在乎它是一种“损人利己”的政策，并且不考虑其他国家的反应，那么答案就是肯定的。但是其他国家很有可能会做出反应。毕竟，如果美国对其进口商品征收30%的最优关税，那么，欧盟和日本为什么不对它们的进口商品征收30%或40%的关税呢？最后，每个国家都计算并征收对本国国内市场最优的关税，关税的总体水平就可能会螺旋式上升，同军备竞赛的情形无异。

最终，这种情况肯定不能表明世界或单个国家的经济福利有了改善。当所有的国家都征收最优关税时，自由贸易的障碍会更大，很可能每个国家的经济福利都会下降。相反，如果所有的国家都废除贸易壁垒，那么全世界都可能从中受益。

***保护“幼稚产业”的关税*** 亚历山大·汉密尔顿在其著名的《关于制造业的报告》（1791年）中，建议保护“幼稚产业”使之不受外国竞争的损害，从而促进制造业的增长。主张自由贸易的经济学家，如穆勒和阿尔弗雷德·马歇尔，都对这种观点持谨慎的支持态度。根据这种理论，有一些产业只要确立起来，就能形成该国的比较优势。

如果直接面对国际市场上“大腕”的激烈竞争，某些“幼稚产业”是很难生存的，而如果对其进行一些临时性保护，它们就可能成长起来，从而获得批量生产的经济效益、大量的技术工人、适合当地经济的发明创造以及许多成熟产业特有的技术效率。尽管实行保护在最初会使消费者承担价格上涨所带来的负担，但产业发展成熟后就会富有效率，产品的成本和价格也都会下降。如果一项关税使得消费者在后来的收益远远大于在保护期内价格上升所承担的损失，那么这项关税就是合理的。

但对这种观点，我们也必须加以谨慎的权衡。研究历史可以发现，确有一些幼稚产业经过保护之后发展成了独立和成熟的产业。对那些成功了的新兴工业国（如新加坡）的研究表明，在其工业化早期阶段，它们经常保护本国的制造业，使其免受进口商品的损害。但对于扶持幼稚产业而言，补贴将是更有效率和更加透明的做法。实际上，关税的历史也向我们提供了许多相反的例子。例如在钢铁、食糖和纺织品等产业，许多企业在受到多年的保护之后，仍然没能成熟起来。

### 巴西保护本国计算机产业的悲剧

巴西为我们提供了一个令人印象深刻的贸易保护主义悲剧的案例。1984年，巴西通过一项法令，实际上禁止了大部分外国计算机的进口，其宗旨就是为处于初级阶段的巴西计算机产业的发展提供保护。法令得到了严格的执行，专门的“计算机警察”在公司的办公室和学校的教室中搜查非法进口的计算机。

但其结果却是令人震惊的。巴西生产的计算机在技术上比迅速发展的世界水平落后许多年，而其消费者却要支付2倍或3倍于世界市场的价格。根据一项估计，这项法令使巴西消费者每年付出约 9 亿美元的代价。同时，由于巴西的计算机价格太高，它们在国际市场上没有竞争力，所以巴西的计算机公司不能通过向其他国家出售产品而获得规模经济效益。计算机的高价也损害了其他经济部门的竞争力。1990 年，巴西经济部长泽里亚·卡多索·德·麦罗说：“由于这一不理智的国家主义，我们变得更加落后，计算机产业的问题严重阻碍了巴西工业的现代化发展。”

来自巴西消费者和企业界的压力以及美国对开放市场的要求，迫使巴西在 1992 年放弃了计算机进口禁令。在不到一年的时间里，圣保罗和里约热内卢的电器商店里便摆满了进口的笔记本电脑、激光打印机和移动电话，巴西的公司开始从计算机革命中获益。每个国家、每一代人以自己的方式重温了比较优势理论。

***关税和失业*** 历史上，实行贸易保护主义的一个强有力的动机是，这样做在经济衰退或滞胀时期有助于增加就业机会。实行保护措施可以提高进口品的价格，使得需求转向国内生产，从而就可以创造就业机会，图 15-8 解释了这一效应。当国内需求上升时，企业会雇用更多工人，失业率就会下降。[2]但这也是一项“以邻为壑”的政策，因为它是以其他国家的产出和就业的下降为代价来增加本国需求的。

然而，尽管经济保护会增加就业，但并不能将它作为一个追求高就业率、高效率和稳定的价格水平的有效计划。宏观经济分析表明，并不是没有比实行进口保护更加有效的降低失业的方法。通过恰当地运用货币政策和财政政策，一国就可以增加产出和降低失业。而且，应用一般的宏观经济政策，也可以使工人从已经失去比较优势的产业的低生产率的工作岗位上，转移到具有比较优势的产业的高生产率的工作中去。

20 世纪 90 年代的情况充分证明了这一点。1991~1999 年，美国在维持市场开放和低关税的同时，净创 1 600 万个新的工作岗位；与此同时，贸易赤字大幅上升。相反，欧洲国家开始转向贸易盈余，但却基本上没有创造出新的工作岗位。而日本的贸易盈余在增长，失业率也在上升。

> 对于增加工作机会和降低失业来说，关税和进口保护都不是有效率的做法。一种更有效的增加就业的途径是运用国内的货币政策和财政政策。

### 其他贸易壁垒

尽管本章主要讨论关税，但大多数论点对分析其他贸易壁垒也同样适用。配额的影响与关税大致相同，它们都使得市场中的价格和产量不能按各国的比较优势来决定。近年来，国家之间就配额问题进行了谈判。例如，美国已经成功地使日本对其汽车出口实行了自愿出口配额，并就电视机、鞋和钢铁实行类似出口配额的问题与他国进行了谈判。

我们也应该注意那些所谓的*非关税壁垒*（NTB）。这些非正式的限制和管制使得一国很难在外国市场上出售自己的商品。举例来说，美国厂商抱怨说，日本的管制将他们排斥在电信、烟草和建筑业市场之外。

与关税相比，非关税壁垒的重要性如何呢？经济研究表明，在 20 世纪 60 年代，非关税壁垒实际上要比关税壁垒重要，这主要是由于对石油进口实行了配额。近年来，非关税壁垒的保护程度约为关税壁垒的两倍。由于传统关税不断削减，非关税壁垒从某种意义上已经成为关税的替代物。

## 多边贸易谈判

在“自由贸易对经济有益”的论点和实行贸易保护主义的要求二者的拔河比赛中，究竟是谁取得了胜利呢？图 15-10 显示出美国的关税史一直是跌宕起伏的。在大多数时期，美国是一个高关税国家。1930 年臭名昭著的斯穆特—霍利（Smoot-Hawley）关税法通过后，美国的贸易保护主义达到了顶点。这项关税几乎遭到所有经济学家的反对，但在国会却获得了通过。

在大萧条时期，美国树起的贸易壁垒加剧了价格上涨，使经济状况进一步恶化。在 20 世纪 30 年代的贸易战中，许多国家试图提高贸易壁垒，以牺牲邻国的利益为代价来增加就业和产出，但是它们很快就认识到：在关税报复游戏的结局中，所有的人都是输家。

---

[2] 学过宏观经济学的读者可以理解短期内关税增加就业的机制。同理，更多的保护或更高的关税增加了对国内产品的支出，从而扩大了总需求。这种支出的转向会在短期内带来与投资或政府购买同样的乘数效应。

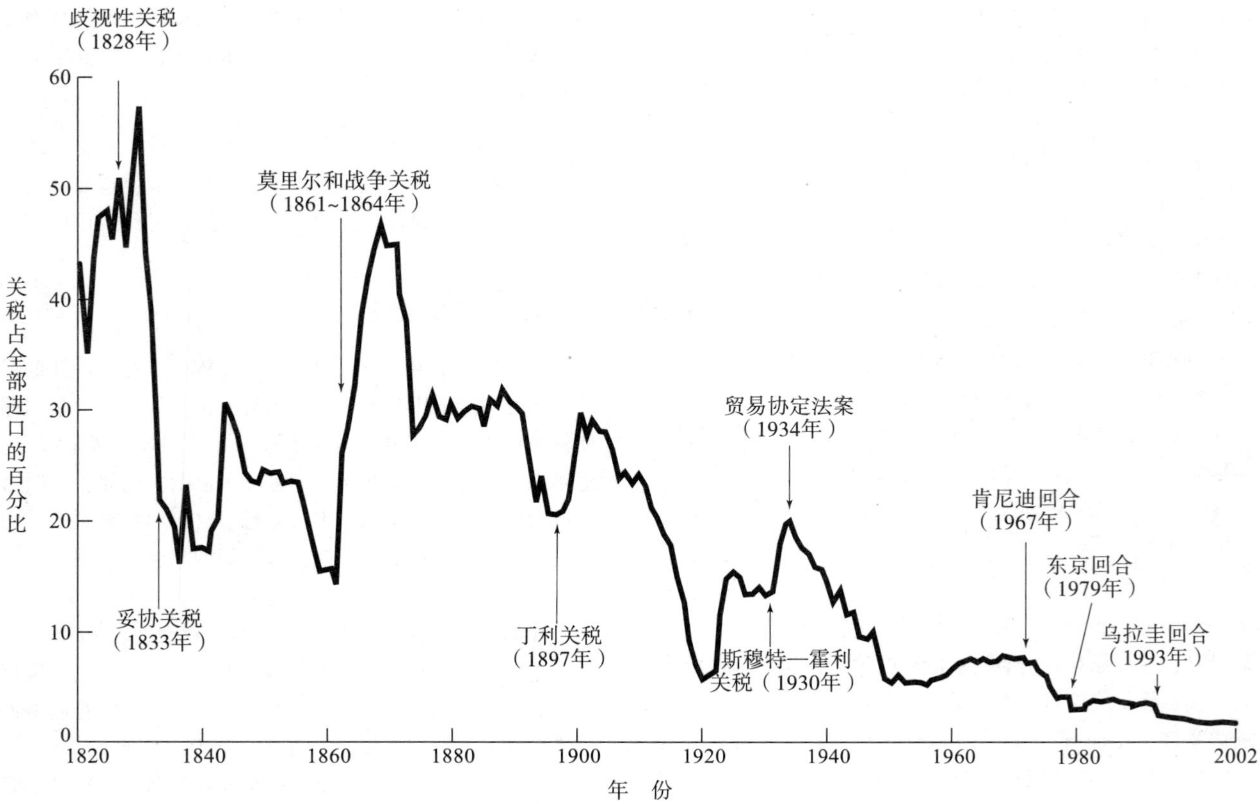


**图 15–10 美国历史上是一个高关税的国家**

美国历史上大部分时期关税很高，但 20 世纪 30 年代以来的贸易谈判大幅度降低了关税。

## 自由贸易谈判

二战结束后，国际社会建立了许多机构，通过合作性的政策来促进和平和经济繁荣。

***多边协议*** 最成功的多边协议之一是*关税和贸易总协定*(GATT)，它于 1995 年初改为*世界贸易组织*（WTO)。它的宪章宣称："通过有效地降低关税和减少其他贸易壁垒，以及取消国际商业中的歧视待遇"，以提高生活水平。2003 年，世界贸易组织共有 146 个成员国，其贸易量占国际贸易的 90%。

世界贸易组织的基本原则包括：（1）各国应努力减少贸易壁垒；（2）所有贸易壁垒都应该以非歧视为基础(即所有国家都应享有"最惠国"待遇)；（3）当一国将关税提高到协议水平之上时，它必须补偿对贸易伙伴造成的经济损失；（4）应通过磋商和仲裁的方式来解决贸易冲突。

在二战之后半个多世纪中，多边贸易谈判在降低贸易壁垒方面取得了重大进展。最近成功的谈判是于 1994 年结束的由 123 个国家参加的乌拉圭回合。2001 年，世界各国开始了新一轮的贸易谈判——多哈回合。多哈回合谈判的主要议程包括农业、知识产权以及环境问题等。发展中国家认为发达国家对于农业所实行的保护过于严密。反对"全球化"的利益集团一方面指责日益扩大的国际贸易在破坏环境，另一方面在援助贫困国家方面却做的很少。发展中国家以及反对"全球化"的集团的态度都使得新一轮的贸易谈判非常地富有争议性。面对在西雅图和坎昆会议上贸易保护主义的不断上升的态势，多哈回合的前景可谓举步维艰。

***区域性措施*** 在过去的几年中，各国政府采取了一系列措施以促进自由贸易或扩大区域性市场，其中最重要的措施有以下几个。

最有争议的降低关税壁垒的动议是《北美自由贸易协定》（NAFTA），关于它的争论非常激烈，1993 年在美国国会仅以微弱的多数通过。墨西哥是美国的第二大贸易伙伴国，美国和墨西哥贸易的绝大部分是制造业产品。NAFTA 不仅对贸易商品不征收关税，而且美国和加拿大都放松了对在墨西哥投资的管制。支持这项计划的人认为，它会带来更有效率的分工格局，使美国企业能更有效率地与其他国家的企业竞争。反对者（特别是劳工集团）认为这项协定会增加技能低下的劳工所提供的产品，从而降低那些受影响产业中工人的工资。经济学家则告诫，如果排斥其他的潜在贸易伙伴的话，像 NAFTA 这样的区域性贸易协定则会导致无效率。他们以 NAFTA 通过之后未进入 NAFTA 协定的加勒比海地区国家经济停滞为例，试图说明这种区域性协定的危险性。

影响最为深远的贸易协议是主要的欧洲国家所致力形成的统一市场。二次大战后，欧盟成员国在欧洲地区建立了一个对国际贸易或生产要素流动有最低壁垒的统一的市场。第一步包括消除所有的限制贸易、劳动力和资本流动的内部关税和管制壁垒；最近的进展是在欧盟大多数成员国中引入统一的货币（欧元）。此外，2002~2003 年间，欧盟决定吸纳 12 个东欧和南欧的国家，扩大了欧盟成员国范围，其中包括波兰、捷克共和国和罗马尼亚。欧洲的统一可能是人类思想具有伟力的最好说明，这个思想就是自由与开放的贸易能够提高经济效率和推动科技进步。

## 评　价

二战后，世界各国的政策制定者都坚信自由贸易对世界繁荣是必不可少的，这种信念转化为了几个成功的降低关税的协定，见图 15-10。经济学家和以市场为导向的政策制定者对自由贸易的信念，在高失业和世界汇率动荡的时期经受了严峻的考验，最近又面临着来自反全球化势力的挑战，不过，大多数国家还是提高了对外开放程度，发展外向型经济的趋势仍在继续。

大多数事实表明，各国从更加开放的贸易中得到了利益，因为它带来了贸易量的增加和更高的生活水平。但是为保护开放市场所进行的努力常常要受由政策和经济环境变化所导致的各种检验。其中对于自由贸易最为严峻的挑战来自 2001 年的“9·11 事件”。这次恐怖事件提醒了人们，超越国境的不仅有令本国获益的资源和人群，而且还存在着某种危险。很多经济学家都担心，国家安全政策的加强将缩小区域一体化的范围，进而会延缓自由贸易的发展步伐。但“9·11 事件”后几年的经验检验却表明，除了旅游业之外，世界贸易几乎还没有明显地受到恐怖袭击的影响。目前正在实施的各种公共政策已经提高了这方面监管的力度。

# 总结提要

### A. 国际贸易的实质

1. 专业化、劳动分工和贸易提高了生产率和消费的可能性。不管是国内还是国际，都可以从国际贸易中获益。从事国际贸易比只依赖于国内生产更有效率。国际贸易与国内贸易的重要差别在于：国际贸易拓宽了市场，贸易在主权国家之间进行，以及各国一般都有自己的货币，需要根据汇率进行兑换。
2. 多样性是国家间进行贸易的根本原因。在这个一般的原则之下，我们看到贸易的发生是因为：（a）生产条件不同；（b）成本递减（或规模经济）；（c）偏好不同。

### B. 国家间的比较优势

3. 回忆一下，由于生产条件的不同或偏好的多样性，贸易就会产生。国际贸易的基础是李嘉图的比较优势原则。比较优势原则认为，如果专业生产并出口它能以相对低成本生产的商品，则每个国家都能从中获益。同理，如果进口那些本国生产成本相对高的产品，则每个国家也将从贸易中获益。即使一个地区在所有商品上的绝对生产率都比另一国更高或更低，比较优势原则也仍然成立。只要国家间在相对效率上存在差异，各个国家就会在某些商品生产上具有比较优势或比较劣势。
4. 比较优势原则不仅指出了专业分工的地理格局和贸易方向，而且也说明了：贸易及其引致的世界生产的扩大，使得各国的情况较之原先已经得到改善，实际工资（或更一般地说，全部国民收入）也有所提高。旨在“保护”工人或产业的配额或关税，将会减少一国的总收入和消费的可能性。

5. 比较优势原则适用于多种商品和多个国家的情形。在多种商品的情况上，我们可以根据其比较优势，将商品按其相对效率从高到低的顺序进行排列。在存在多个国家时，贸易可能是三角形或多边的，国与国之间可以有大量的双边贸易盈余或赤字。

C. 贸易保护主义

6. 完全的自由贸易会使贸易品的国内价格和世界价格变得相等。贸易时，商品由价格低的市场流向价格高的市场。
7. 关税提高了进口品的国内价格，使得消费和进口下降，国内生产上升。配额的作用与关税相似，但同时会降低政府的收入。
8. 关税带来经济浪费。国内消费下降和把资源浪费在没有比较优势的商品的生产上，会使经济遭受损失。这种损失一般都超过政府从关税中得到的收入。
9. 大多数支持关税的论点只是将某些特殊利益集团的特殊利益合理化，但经不起经济学的分析。三种能经得起仔细研究的观点是：（a）贸易条件或最优关税原则上能以牺牲其贸易伙伴的利益为代价来提高大国的实际收入。（b）在就业低于充分就业水平时，关税可以增加就业，但货币政策和财政政策也能达到同样的就业目标，而同时所带来的无效率损失要少于关税这种“以邻为壑”的政策。（c）有时，幼稚产业需要临时性保护，以实现它们真正的长期的比较优势。
10. 如果由于失业和外汇市场的扰动，市场不能正常运行，那么比较优势原则就要加以修正。而且，如果进口品降低了某些部门和要素的收益，那么这些部门或要素就会因贸易而受到损害。

## 概念复习

**国际贸易原理**

绝对优势（劣势）和比较优势（劣势）

比较优势原则

从贸易中获得的经济收益

三角贸易和多边贸易

世界的和一国的生产可能性边界

贸易条件下的消费可能性和生产可能性

**保护主义经济学**

无贸易和有贸易时的价格均衡

关税，配额，非关税壁垒

关税对价格、进口和国内生产的影响

重商主义者，廉价外国劳动力和报复性关税的论点

最优关税，失业和幼稚产业例外

世界贸易组织和贸易谈判

## 补充读物和互联网站

**补充读物**

The theory of comparative advantage was discovered and discussed by David Ricardo in *Principles of Political Economy and Taxation* (1819, various publishers) .

This is online at several sites, including www.econlib.org/library/Ricardo/ricP.html. A classic review of the debate about free trade is Jagdish Bhagwati, *Protectionism* (MIT Press, Cambridge, Mass., 1990) . An interesting survey of the pros and cons of globalization, generally favorable to increased trade, is Gary Burtless, Robert Z. Lawrence, Robert E. Litan, and Robert J. Shapiro, *Globaphobia: Confronting Fears about Trade,* (Brookings Institution Press, Washington, D.C., 1998) . Some of the best popular writing on international economics is found in *The Economist,* which is also available at www.economist.com.

**互联网站**

The World Bank (www.worldbank.org) has information on its programs and publications at its site, as does the International Monetary Fund, or IMF (www.imf.org). The United Nations website has links to most international institutions and their databases (www.unsystem.org). Another good source of information about high-income countries is the Organisation for Economic Cooperation and Development, or OECD (www.oecd.org) . U.S. trade data are available at www.census.gov.

You can find information on many countries through their statistical offices. A compendium of national agencies is available at www.census.gov/main/www/stat_int.html.

One of the best sources for policy writing on international economics is www.iie.com/homepage.htm, the website of the Institute for International Economics.

## 问题讨论

1. 判断下列说法的对错并说明原因，并对错误的说法加以改正。
   a. “我们墨西哥在与美国的竞争中得不到什么好处，美国工厂的生产效率太高了，它有那么多计算机和机床，它的工程技术也十分发达。我们需要关税，要么我们只能什么也不出口！”
   b. 如果美国工人处于墨西哥廉价劳工的无限制的竞争之下，则其实际工资一定会大幅度下降。
   c. 如同适用于不同国家和地区之间的贸易往来一样，比较优势原则也适用于不同的家庭、城市和州之间。
   d. 本章所引用的罗斯·佩罗特的话。
2. 将图 15-1 及附表的数据用于欧洲的情况，假定欧洲有 600 单位的劳动，劳动生产率如表 15-2 所示。
3. 如果表 15-2 中的数据由（1，2；3，4）变为（1，2；2，4），会发生什么？说明这时所有的贸易都会被扼杀，用这个例子解释“*多样性万岁*”这句话。为什么那些贸易前价格与世界价格差别很大的小国从贸易中获利最多？
4. 接问题 3：假设表 15-2 中的数据是关于一个新兴工业国和美国的，则两国之间的贸易利得会怎样？现在假定此新兴工业国采用美国技术，其生产可能性与表 15-2 中美国的生产可能性相同。这对国际贸易会产生什么影响？ 新兴工业国的生活水平和实际工资会发生什么变化？ 美国的生活水平会发生什么变化？ 从中我们能否得到国家间经济发展水平相近对贸易及福利影响的某种教训？
5. 一位美国参议员写了下面一段话：“贸易被认为是能够提高所有参与国的收入的，或者，至少亚当·斯密或大卫·李嘉图都曾这样教导过我们。如果我们的经济是由于竞争对手的经济增长而下降，那么这些思想家以及他们的这套经济学信条，岂不就骗了我们整整 200 年。”

   请解释为什么第一句话是正确的，而第二句话与第一句并没有什么联系。你能否给出一个例子，说明 J 国的经济增长降低了 A 国的生产水平？（*提示*：第 4 题的答案有助于找出这段话的错误之处。）
6. 现代国际贸易保护主义者曾应用下列观点来保护国内产业和避免外国的竞争：
   a. 在某些条件下，如果其他国家不实行报复，一国可以通过实行贸易保护政策提高本国的生活水平。
   b. 韩国的工资只有美国工资的大约 1/10，除非我们限制韩国制造业产品的进口，否则我们将来的贸易赤字会由于来自东亚低工资劳动者的竞争而持续恶化。
   c. 一国或许愿意接受生活水平的轻微下降，以保护它认为对国家安全很重要的产业，如超级计算机或石油，免受外国竞争的损害。
   d.（*此题针对学过宏观经济学的学生*）如果刚性的工资和价格或不合适的汇率导致了经济衰退或高失业率，那么关税或许会增加产出和降低失业率。

   将以上每种论点与一种传统的贸易保护主义相联系；说明这些论点成立的条件，并说明你是否赞同这些论点。
7. 美国实行配额的产品有钢铁、造船、汽车、纺织品及其他诸多产品，经过经济学家们的估算，通过拍卖配额权财政部每年至少可以获得 100 亿美元的收入。请用图 15-9 对配额进行分析：假定政府的进口配额为 100，并将配额权按上一年的进口量分配给各进口国。那么服装的均衡价格和数量将是多少？配额导致的效率损失是多少？谁得到了矩形 $B$ 的收入？拍卖配额权会带来什么影响？

# 第 16 章

# 政府税收和支出

一个民族的精神风貌、文化水平、社会结构以及政策可能塑造的行为方式，所有这些甚至更多，都记录在它的财政史上。那些明白怎样读懂这个历史所蕴涵的信息的人们，比从其他任何地方都能更清醒地预感到震撼世界的惊雷。

——约瑟夫·熊彼特

当我们留意一个市场经济——它能够提供苹果、船只、X 光透视机乃至齐特拉琴（一种古代乐器）等应有尽有的东西——时，一个很容易闪现的想法便是：除了熟练的劳工和大量的资本之外，市场的运作似乎不再需要动用更多的东西。然而历史已经证明，市场绝不可能独自有效地运行。至少，一个有效的市场一定需要各种能够确保人身安全的警察部门，保证合同执行的独立司法体系，防止垄断泛滥和污染成灾的监管机制，培育年轻一代的各类学校，杜绝传染病的公共卫生保健系统，等等。要在私人行为和政府活动之间隔出一条精确的界线是非常困难的，事实上这一直是个争论不休的老生常谈的问题。即使到了今天，人们也还是在喋喋不休地争论着政府在教育、医疗保健和收入支持等领域究竟应当起什么作用的问题。

作为经济学家，我们试图超脱党派纷争来分析政府的职能——政府在混合经济中的比较优势。本章考查发达工业化经济中政府的作用，市场经济中经济政策的合适目标以及实现这些目标的工具。然后将详细地研究政府的税收和支出。后续章节将考查政府用以增进积极竞争的工具，环境保护方面的诸多问题，以及关于与贫困斗争的问题。这些是微观经济学中最重要的一些议题，也使我们可以运用经济学工具来分析一个现代社会所面临的主要的经济问题。

## A. 政府对经济的控制

关于政府作用的争论往往发端于民众的请愿，诸如“不要新税”或“平衡预算”之类。然而这些过于简单化的词语并没能抓住政府经济政策的要害。比如说公众希望将更多的资源用在改善公众健康上；或者，国家需要动员自己的空军来阻止科索沃的种族清洗；或者，为了子孙后代而强调保护我们珍贵的环境，也成为国家政策优先考虑的关键问题；或者，更多的资源应该用于年轻人的教育；或者，在一个严重萧条时期，应该减少失业。市场不能自动解决这些问题，只有当政府改变其税收、支出或管制政策时，这些目标才可能实现。通过对财政政策的考查，我们可以听到世界历史的惊雷，因为税收政策和预算政策是社会变革的有力工具。

### 政府的政策工具

在现代工业经济中，经济生活中已经没有不被政府所影响的领域，我们可以列出政府用来影响私人经济活动的三种主要的工具。它们是：

1. 对收入、商品和服务的税收。这些税收减少了私人收入，从而减少了私人支出（如购买汽车或去餐厅吃饭），同时为公共支出（如购买导弹和提供校园午餐）提供了来源。税收制度还对某些经济活动（如吸烟）征收重税以对其进行抑制，同时对那些需要扶持发展的活动（如私有住宅）征收较轻的税收，甚至进行补贴。
2. 在某些商品或服务（如道路、教育或治安）领域中的支出，以及为个人提供资源的转移支付（像社会保障和医疗保健补贴）。
3. 管制或控制措施，用以指导人们从事或减少某些经济活动。比如，对企业污染的限制，确定射频频谱标准，或是强制检验新药安全性等措施。

## 政府规模的变动趋势

熊彼特在写财政史时，已经开始关注政府预算及其对经济的影响了。一个多世纪以来，所有工业化经济体的国民收入和产出都一直在提高。同时，大多数国家的政府支出上升得更快。在每一紧急时期（萧条、战争或事关贫困和污染等严重的社会问题时），政府的活动范围都会扩张，但危机过后，政府的控制和支出却再也没有回到原来的水平上。

一战前，联邦政府、州政府和地方政府的支出或税收加起来，只占美国全部国民收入的 1/10 强；二战期间，战争使得政府消费有了很大增长，约占极度扩张的总产出的 1/2；截至 2002 年，美国各级政府的支出约占 GDP 的 30%。

由图 16–1 可见美国各级政府的税收和支出的发展趋势。上升的曲线表明，在 20 世纪，政府的税收和支出在 GDP 中所占的份额是稳步上升的。

政府的扩张并非没有遭到反对。事实上，每一项新的支出和税收计划都遭到了严厉的反对。例如，在 1935 年刚刚开始实行社会保障时，反对的人们指责它是不祥之兆。但随着时间的流逝，人们的政治态度转变了。今天，无论是哪一派别的政客，都已经视社会保障体系为代际“社会契约”的一个基本组成部分了。曾经的“激进教条”也成了广为接受的“福音书”。

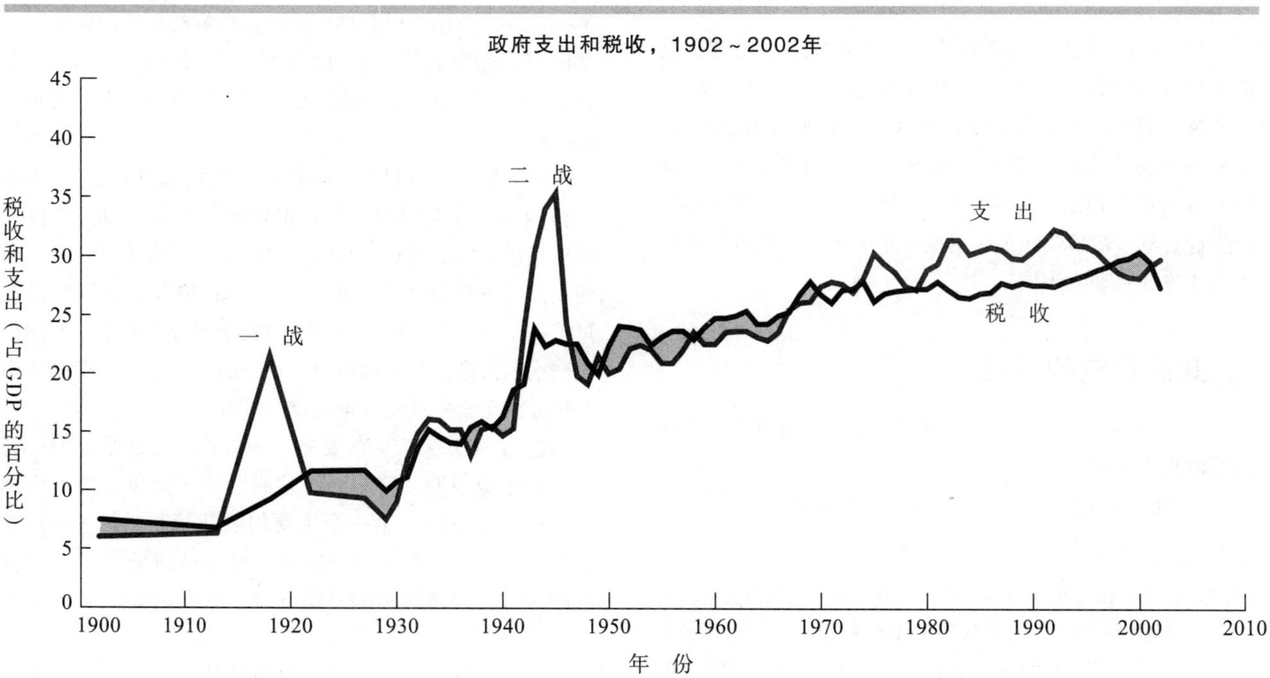


**图 16–1　政府支出在国内生产总值中所占份额大幅度上升**

政府支出包括联邦、州和地方各级政府在商品与服务上的支出和转移支付的支出。注意，支出在战争期间迅速增加，但过后却并没有回到战前水平。支出与税收之间的差额是政府的赤字或盈余。

资料来源：U. S. Department of Commerce.

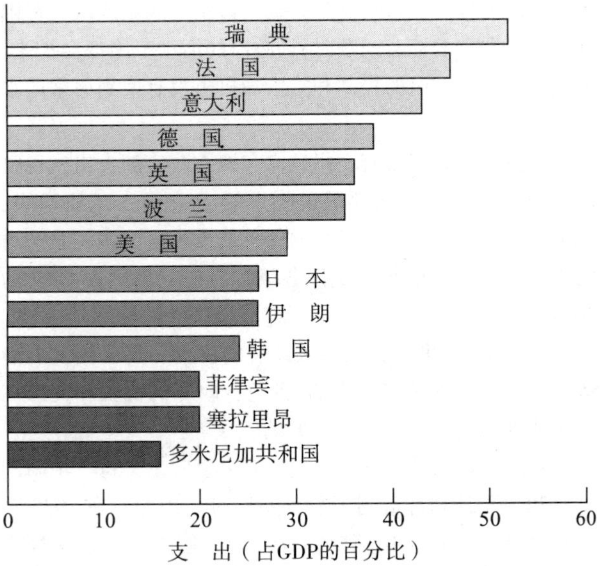


**图 16–2 高收入国家的政府支出最高，1999 年**

贫困国家政府的税收和支出在国民收入中所占的比例相对较小。随着财富的增加，对公共品的需求增加，援助低收入家庭的再分配性的税收也增加了。

资料来源：OECD.

图 16–2 显示的是各国政府支出占 GDP 的百分比。高收入国家的税收和支出占 GDP 的份额比贫困国家要大。我们能否找出一个富国的支出模式？在高收入国家内部，没有一个联系税收负担与公民福利水平的简单规律，各国的财政状况呈现出一种多样性。[1] 例如，各国为教育和医疗保健计划（政府支出最大的两个组成部分）筹资所采取的组织方式就非常不同。

## 政府管制的发展

除了支出和税收的增长，政府对支配经济事务的法律和管制也大大加强了。

19 世纪的美国，十分接近于自由放任的社会。这一纯粹的自由放任制度曾被英国历史学家卡莱尔称为“无政府主义加警察”。这种哲学为人们追求和实现其经济抱负提供了极大的自由，推动了一个世纪以来物质财富的迅速增长。但批评家看到了这种自由放任理想的许多缺陷。历史学家记录了周期性的经济危机、极端的贫困和不平等、根深蒂固的种族歧视以及污染所造成的水源、土地和空气的恶化。仗义执言的记者和进步运动的斗士疾呼要给资本主义的野马套上缰绳，以便人们可以更好地牵引它沿着人性的方向前进。

从 19 世纪 90 年代开始，美国逐渐偏离了“管制最少的政府是统治最好的政府”的教条。西奥多·罗斯福、伍德罗·威尔逊、富兰克林·罗斯福以及林登·约翰逊等几位总统，都扩大了联邦政府对经济的控制，尽管他们面对着强烈的反对。他们曾设计过许多新的管制手段和财政工具，与当时的经济病魔进行斗争。

宪法赋予政府的权限被做了宽泛的解释，以便用来“保证公共利益”和“督查”经济体系。1887 年，美国政府设立了联邦州际商业委员会（ICC），以管理跨州的铁路运输。接着又制定和颁布了《谢尔曼反托拉斯法》和其他法律，以打击限制贸易的垄断行径。

在 20 世纪 30 年代，美国许多行业都处于经济管制之下，价格、市场进出条件、安全标准等都由政府确定。从那时起，受管制的产业包括航空、公路货运、水运、电力、汽油、公用电话事业、金融市场、石油、天然气和管道运输。

除了管理价格和企业标准外，国家还试图通过越来越严格的社会管制以保护公民的健康和安全。20 世纪初，继仗义执言的记者对一些问题揭露之后，有关食品卫生和药品的法案得以通过。在 20 世纪 60~70 年代，国会又通过了一系列法律，包括加强矿山安全和劳工安全；控制空气和水的污染；制定汽车和消费品的安全标准；控制矿山开采、核动力发展及有毒废物的排放。

近 20 年来，政府的管制有所放松。经济学家们已经令人信服地说明，许多经济管制限制了竞争，使得价格上升而不是下降。第一个主要的联邦管制机构——州际商业委员会——在成立 100 年后已经被撤消了。在社会管制领域，经济学家们开始强调：管制的收益必须大于成本。

但是，仍然不可能回到自由放任的时代。政府的管制改变了资本主义的性质，私有财产越来越不完全地由私人控制；自由企业越来越不自由。历史的发展是不可逆转的。

[1] 图 16–1 和图 16–2 所示为美国和其他有关国家的政府支出。这些支出包括“商品和服务采购”（如导弹和教育）和“转移支付”（如社会保险支出和政府公债利息）。政府对商品和服务的采购可以说是“耗费性”的，因为它直接从国民产品中扣除。而转移支付却既能增加人们的收入，使人们购买所需的商品和服务，又不会直接减少可供私人消费和投资的商品和服务的数量。

## 政府的职能

接下来我们将看到政府是如何指导经济并与之发生相互作用的。在一个现代混合经济中，什么是政府行动的合适的经济目标？让我们考查一下政府的四个主要职能：

1. 提高经济效率；
2. 减少经济不公平；
3. 通过宏观经济政策稳定经济；
4. 执行国际经济政策。

### 提高经济效率

政府的核心经济目标是帮助社会按其意愿配置资源。这是政府政策的*微观经济*方面，它集中于经济生活中的生产*什么*和*如何*生产这两个问题。各国微观经济政策由于风俗习惯和政治哲学的差异而各不相同。有些国家强调一种政府放手、自由放任的方式，让市场做出大多数的决策；另外一些国家倾向于广泛的政府管制，甚至控制所有权，生产决策要由政府计划者做出。

美国基本上是市场经济，在任何微观经济问题上，大多数人认为市场会解决现时的经济问题。但有时，政府也有充足理由凌驾于市场供求之上而做出配置决定。

***"看不见的手"的局限***　前面的章节讨论了完全竞争下"看不见的手"如何带来资源的有效配置的问题。而这种看不见的手的作用只有在非常有限的条件下才能成立。所有商品必须是由完全竞争的厂商有效率地生产出来。所有的商品必须是像面包那样的私人商品，并可以被分为许多独立的部分供不同的个人消费。所以，如果我消费得多，你就消费得少。这里也没有像空气污染这样的外部性问题。消费者和厂商必须对于他们买卖的商品的价格和特征有充分的信息。

如果所有这些理想的条件都能满足，"看不见的手"就能带来完全有效率的国民产出的生产和分配，于是也就没有必要让政府介入来推进经济效率。

但即使在这种理想情况下，如果要在人们和地区之间进行劳动分工，且价格机制要能够运转，依然需要政府发挥其重要作用。社会经济的运转也需要有法庭和警察来保证社会契约的履行，防止欺诈和暴力行为，保障财产不被盗窃和外来侵犯，并保护财产的合法权益。

***不能避免的相互依赖***　如果上面列出的理想社会化条件确实存在，政府干预程度最小的自由放任制度可能就是一个好的制度。但事实上，在所有人类社会中，上述每一条件都受到不同程度的破坏。很多生产单位过大，因而不可能有真正的完全竞争；不受管制的工厂经常要污染空气、水和土地；传染病爆发后，私人市场往往没有积极性去实行有效的公共健康计划；消费者有时对自己购买的商品的性能和质量并没有多少了解。市场并不是理想的，它存在市场不灵。

换句话说，政府经常运用自己的工具来矫正那些显著的市场不灵，其中最重要的是：

- *完全竞争的破坏*。当垄断或寡头厂商合谋减少竞争或将其他厂商驱逐出市场时，政府可以采取反托拉斯政策或进行管制。
- *外部性和公共品*。不受管制的市场可能产生过多的空气污染，并使公众健康或教育方面的投资不足。政府可以运用其影响控制有害的外部性，或者建立一些科学及公共健康项目；政府可以对那些产生外部成本的活动（如吸烟）征税，还可以为那些对社会有益的活动（如教育或产前保健）提供补助。
- *不完全信息*。不受管制的市场为消费者提供的信息往往太少，使消费者不能基于完善的信息来进行决策。以前，有的小贩沿街叫卖蛇油药。这种药有可能治好病，但同时也有可能致人死亡。于是有了对食品和药品的管制，要求制药公司在销售新药之前提供有关其安全性和有效性的大量数据。而且，政府还要求厂商提供有关电冰箱和热水器等主要家用电器的节能效率的信息。此外，政府还可以通过公共支出，自己收集和向市场提供这方面所需要的信息，就像它收集交通事故和汽车安全数据的情况一样。

显然，政府要处理的有关分配的问题是很多的。

### 减少经济不公平

即使"看不见的手"能够发挥作用并且效率极高，它也会带来收入分配的不公平问题。在自由放任经济下，人们最后是富有还是贫穷，取决于他们的出生地，他们所继承的财富，他们的才智和努力程度，他们发现石油的运气，以及他们的性别或肤色。对有些人来说，无管制竞争所带来的收入的分配，就像丛林中的动物依靠暴力来捕获食物的达尔文式分配一样，充满着随意性。

在最贫困的社会中，境况稍好的人没有什么多余的收入可以提供给那些不幸的人。但是，当社会变得更加富裕时，就能有更多的资源为穷人提供服务。这种活动（收入的再分配）是政府第二个主要的经济职能。北美和西欧的福利国家现在拿出国民收入的很大一部分用于维持医疗保健、营养和收入的最低标准。

收入的再分配一般是通过税收和支出政策来进行的，有时管制也起到一定的作用。大多数发达国家现在规定：儿童不应因其父母的经济状况而忍受饥饿；穷人不应因没有足够的钱支付必要的医疗费用而死去；年轻人应该免费接受公共教育；老年人应有最低水平以上的收入安度余生。在美国，这些规定主要是通过转移支付计划去落实的，如食品券、医疗保健和社会保险。

但政府对于再分配的态度也是有变化的。随着税收负担加重，政府预算赤字增加，以及收入支持计划成本的上升，纳税人越来越强烈地抵制再分配计划和累进税。将福利发展到极点的瑞典，其国民收入的63%都被征为税收。现在瑞典正努力削减支出，只继续维持那些最为重要的再分配计划。

### 通过宏观经济政策稳定经济

早期的资本主义经常发生金融恐慌、通货膨胀和萧条。对20世纪30年代大萧条的悲惨境况许多美国老人还记忆犹新。现在，政府有义务正确地运用货币政策和财政政策，并严格管制金融体系，以制止这种灾难性的经济萧条。此外，政府还努力熨平经济的周期性波动，以防经济衰退时出现大规模的失业；经济扩张时出现严重的通货膨胀。最近，政府开始努力寻求能够促进长期经济增长的经济政策。这些问题将在宏观经济学有关章节中详加讨论。

### 执行国际经济政策

正如上一章“国际贸易”所讨论到的，近年来，美国与全球经济的联系越来越密切。政府现在在国际舞台上代表的是国家的利益，与其他国家就广泛的问题进行谈判，签署对美国有利的协定。我们可以将国际经济政策主要分为四个方面：

- *减少贸易壁垒*。国际经济政策的一个重要方面是协调有关法规，减少贸易壁垒，以提高劳动分工和国际生产专业化的水平。近年来，各国经过谈判，达成了一系列贸易协定，降低了农产品、工业制造品和服务的关税，减少了贸易壁垒。

  这些协定通常是充满争议的。它们有时会损害某些群体的利益，如取消纺织品关税会减少该产业的就业。此外，国际协定有时会要求各国放弃一些主权，以作为增加收入的代价。假设一国法律保护专利和版权等知识产权，而另一国的法律允许书籍、录像带和软件自由复制，则哪一国的法律会在竞争中占优势呢？
- *执行援助计划*。富国有很多旨在帮助穷国改善其境况的计划，这些计划包括直接对外援助、灾难救济和技术援助、建立类似世界银行这样的机构向贫穷国家提供低息贷款，以及对穷国出口给予优惠政策等。
- *协调宏观经济政策*。各国都已发现，其他国家的财政政策和货币政策会影响本国的通货膨胀、失业和金融形势。国际货币体系不可能依靠自身来运转，稳定运行的汇率体系是有效率的国际贸易体系的先决条件之一。1997年爆发的东亚经济危机对贸易和金融的冲击威胁到了日本、欧洲和美国的经济增长。特别是在那些联系紧密的地区，如西欧，各国都努力协调其财政、货币和汇率政策，甚至采用统一货币。这样，一国的通货膨胀或失业就不再外溢，从而避免损害整个地区。
- *保护全球环境*。近年来，绝大多数国际经济政策都在某个方面强调：在那些由某些国家引起外溢效应而另一些国家深受其影响的领域，展开国家间合作，以保护全球环境。历史上，在这方面最为积极的领域是渔场与河流水质的保护。最近，由于科学家们呼吁人们关注臭氧层的破坏、森林退化、全球变暖和物种灭绝等问题，各国家已经开始研究保护全球资源的方案。很显然，全球的环境问题只能通过许多国家的合作才能解决。

即使是最坚定的保守主义者也同意，在国际间的无政府状态下，各国政府在代表国家利益方面发挥着重要的作用。

## 公共选择理论

我们将绝大部分的讨论集中在规范性的政府理论上，即政府为提高人民的福利*应该采取*哪些适当的政策。但是经济学家对于政府行为的明察秋毫的能力，并不比他们对于市场的理解能力更强。政府往往也会做出错误的决定，或将很好的计划执行得非常糟糕。诚如存在垄断和污染等问题时会出现市场不灵一样，政府的干预导致浪费和收入分配的不公平这类政府不灵也同样存在。

这些问题属于**公共选择理论**（public-choice theory）范畴。这种理论是一种研究政府决策方式的经济学和政治学。公共选择理论考查不同选举机制的运作方式，指出没有一种理想的机制能够将所有的个人偏好综合为一种社会选择；研究当国家干预不能提高经济效率或收入再分配存在不公平时所产生的政府不灵；还研究国会议员的短视，严格预算约束的缺乏，以及为竞选提供资金所导致的政府不灵等问题。有关政府不灵的深入研究，对于我们理解政府的局限性和确保政府计划适度或不造成浪费十分关键。

**研究政治的经济学**

自亚当·斯密以来，经济学家将他们的大部分精力用于理解市场的运作上，但严肃的思想家们也对政府在社会中的作用进行了思考。约瑟夫·熊彼特在《资本主义、社会主义和民主》（1942 年）一书中开创了公共选择理论。诺贝尔经济学奖得主肯尼思·阿罗（Kenneth Arrow）将数学的严密性引入了社会选择的研究领域。安东尼·唐斯（Anthony Downs）在研究中提供了里程碑式的成果《民主的经济理论》（1957 年），该书提出了一种很有说服力的新理论。该理论认为政治家们是为了重新当选而提出某些经济政策的。唐斯说明了政党如何向政治光谱的中心移动。他还提出了"选举悖论"：当个人影响选举结果的可能性很小时，参与选举本身也是一种不合理性的行为。

詹姆斯·布坎南（James M. Buchanan）和戈登·塔洛克（Gordon Tullock）在《同意的计算》（1959 年）中的进一步研究，对权力制衡机制进行了论证，并剖析了在政治决策中所使用的一致同意原则。他们认为一致同意的原则不会强加于任何人，所以不会增加任何外部成本。由于这一研究及其他成果，布坎南于 1986 年获得了诺贝尔经济学奖。20 世纪 80 年代早期，保守的政治家也对公共选择经济学进行了细致的研究。这些成果被应用到了农业政策、政府管制和法庭审判等领域，并且为一项旨在平衡预算的宪法修正案提议奠定了理论基础。

## B. 政 府 支 出

在政府支出领域最能看出政府作用的变化。请回顾一下图 16-1，它显示了国民收入中用于政府支出的份额。这些支出包括商品采购、政府雇员工资、社会保险和其他转移支付以及政府债务的利息。你可以看出，在 20 世纪政府支出的份额总的来说是上升的，在战争时期上升的速度更快，但近年来已经保持平稳。

### 财政联邦制

我们在谈及政府时，一直将它当作一个整体来看待。但现实中，美国公民所面临的却是三个级别的政府：联邦政府、州政府和地方政府。这个格局体现着财政责任在各级政府之间如何划分的模式，称为**财政联邦制**。美国各级政府的职能界限并不总是很明确的，但在整体上，联邦政府负责那些与全国有关的活动——支付国防、太空探索和外交事务的费用；地方政府负责儿童教育、街道治安和城市卫生等；州政府负责修建公路，管理大学教育系统，并实行福利计划。

各级政府的支出项目和数额如表 16-1 所示。联邦政府的作用成为主导是近几年才出现的一种现象。20 世纪以前，地方政府是各级政府中最重要的。联邦政府的工作主要是维持军队，支付国债利息以及为一些公共项目融资。其税收主要来自烟酒销售税和进口关税。但两次世界大战及其后的冷战（连同社会保险和医疗保健等转移支付计划的发展）使支出上升，1913 年由联邦政府开征的所得税所提供的资金在规模上是州和地方政府无法比拟的。

为理解财政联邦制，经济学家强调，支出决策应按政府计划的外溢效应在各级政府之间分配。总的说来，地方政府负责**地方公共品**，即那些受益人主要限于地方居民的活动。因为图书馆是由城内居民使用的，路灯为城市街道照明，因此这些物品的供应决策由地方居民做出比较合适。联邦政府职能主要是在**全国性公共品**方面，这种公共品能使国家所有的公民受益。例如，艾滋病疫苗能使各州的人民都受益，而不仅是那些居住在发现疫苗的实验室附近的人们；同理，当美国军队在海湾进行战斗时，它所保护的是整个国家的石油供给。像保护臭氧层和控制温室效应这样的**全球性公共品**又会怎样呢？这些是国际公共品，因为它们超越了单个国家的边界。

有效的财政联邦制会考虑公共项目的效益溢出行政边界的途径。最有效的对策是配置税收和支出以便让项目受益者提供税金和权衡利弊。

| 2001年各支出占全部政府支出的份额（10亿美元）* | | | |
|---|---|---|---|
| 政府职能分类 | 联 邦 | 州 | 地 方 |
| 国防支出 | 100% | 0% | 0% |
| 收入保险和失业保险支出 | 100 | 0 | 0 |
| 退休及残疾人支出 | 97 | 3 | 0 |
| 卫生支出 | 52 | 44 | 4 |
| 监狱支出 | 6 | 63 | 31 |
| 教育支出 | 5 | 18 | 77 |
| 总 计 | 56% | 20% | 24% |
| 当前总体支出 | 1 936.4 | 585.1 | 707.5 |

*表中主要项目不包括金融投资，仅指支出。

**表 16-1 2001 年政府的支出（按职能分类）**

在合众国的早期，大多数开支都在州和地方两级。现在，联邦政府的支出占全部政府支出的一半还多。注意不同级别的政府的不同职能。

资料来源：U. S. Bureau of Economic Analysis.

| 2005年财政年度的联邦支出 | | |
|---|---|---|
| 支出种类 | 支出（10 亿美元） | 占总支出的百分比 |
| **总支出** | **2 400** | **100.0%** |
| 1. 社会保障 | 515 | 21.5% |
| 2. 国 防 | 451 | 18.8% |
| 3. 收入保险 | 348 | 14.5% |
| 4. 医 疗 | 294 | 12.3% |
| 5. 净利息 | 178 | 7.4% |
| 6. 卫 生 | 253 | 10.5% |
| 7. 教育、培训、就业和社会服务 | 89 | 3.7% |
| 8. 运 输 | 70 | 2.9% |
| 9. 退伍军人福利及服务 | 57 | 2.4% |
| 10. 执 法 | 19 | 0.8% |
| 11. 自然资源与环境 | 31 | 1.3% |
| 12. 农 业 | 43 | 1.8% |
| 13. 基础科学、航天与技术 | 38 | 1.6% |
| 14. 国际事务 | 38 | 1.6% |
| 15. 一般政府支出 | 17 | 0.7% |

**表 16-2 联邦政府开支主要用于国防和福利计划**

联邦开支中，1/5 是用于国防和支付与过去战争相关的抚恤金和养老金，现在一半以上用于快速增长的福利计划——收入保险、社会保障和卫生等。注意第 15 项，一般政府支出是很小的。

资料来源：Office of Management and Budget，*Budget of the U. S. Government*，*Fiscal Year 2005.*

## 联邦支出

现在让我们来看一下各级政府的支出情况。美国政府是世界上最大的“企业”，和任何地方的其他组织相比，它所购买的汽车和钢材、所支付的薪金和经手的款项都更多。联邦政府的财务数据都是天文数字——以十亿或万亿美元计算。2005 年的联邦预算支出在 2.4 万亿美元左右。按美国人口计算，这一巨额数字相当于人均 8 200 美元，约 20%的国内生产总值（GDP）。

表 16–2 列出了 2005 财政年度联邦支出的主要种类（2005 联邦财政年度从 2004 年 10 月 1 日起到 2005 年 9 月 30 日止）。

过去 20 年中增长最快的项目是福利计划。这些计划向符合法定要求的人提供津贴和支付。主要的福利计划是社会保障（老人、遗属和残疾人）、卫生保健计划（包括对 65 岁以上老人的医疗计划和贫困家庭的医疗补助），以及收入保险计划（包括食品券和失业保险）。近年来，实际上几乎联邦支出的所有增长都是由福利计划引起的，它在预算中所占的比例由 1960 年的 28%上升到 2005 年的 60%。

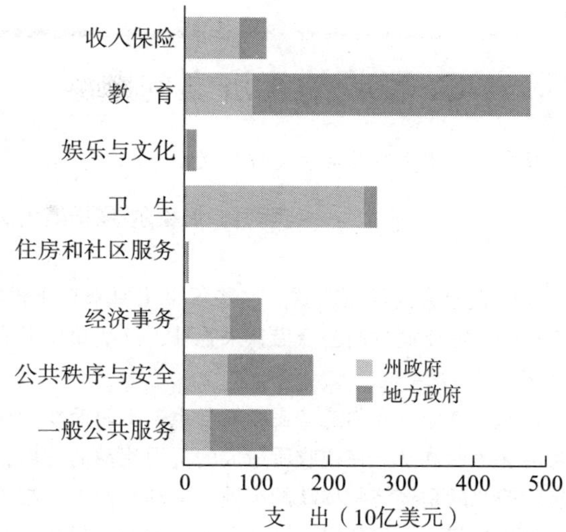


**图 16–3 州和地方政府的支出分布，2001 年**

州和地方政府的计划包括提供教育，筹建医院，维修道路。在州和地方政府支出中，教育和卫生支出在增长。

资料来源：Bureau of Economic Analysis，*Survey of Current Business*，June 2003.

## 州政府和地方政府的开支

尽管关于联邦预算的争论占据了报纸的头条，但是州政府和地方政府还是执行了当今美国经济中的许多基本职能。图 16–3 表明了州政府和地方政府的支出结构。最大的支出项目是教育，因为全国绝大多数儿童就读于主要由地方政府资助的学校。公共教育致力于使儿童得到平等的教育机会，这有助于消除由于教育资源不公平而带来的经济机会的巨大差异。

近年来，增长最快的州政府和地方政府的支出项目是卫生保健和监狱费用。过去 20 年来，各州在押犯人增加了 3 倍。这是由于这一时期美国打击犯罪的措施之一是延长刑期（尤其是对贩毒者）。同时，州政府和地方政府还不得不自己承担所增加的卫生保健成本。

# 文化和技术影响

除了支出金钱，政府计划还能对全国产生许多微妙的影响。通过修建州际高速公路系统，联邦政府可以改变美国的景观。高速公路网使行车更为迅速，降低了运输成本，代替了铁路，并将货物运送到全国的每一角落；它还加速了城市的扩展和郊区的文化繁荣。

政府支出还使美国在许多科学和技术领域声名远扬。政府的支持使得处于萌芽状态的美国电子工业蓬勃发展起来。例如，贝尔实验室所研制的晶体管，部分资助就是由美国军方提供的。因为军方当时急需更好的雷达和通信设备。今天蓬勃发展的计算机产业和飞机制造业，早期也曾得到政府的大力支持。互联网就是因国防部为建立一个在核战争中能继续有效运行的通信网络逐步发展而成的。

由于政府支出财力雄厚，因而它在科技发展中的作用举足轻重。从 20 世纪 80 年代到 90 年代初，联邦资金支持了大约一半的研发项目。近年来，联邦对医疗保健研究的资助增加了 1 倍还多，帮助了新兴生物技术产业的发展。如果你对一项成功的发明追根溯源，那么你会经常发现发明者的教育经费中有政府的补贴，生物学或物理学的大学基础研究得到了政府的支持，同时政府为国防的需要购买了大量发明专利。经济研究表明这些资金利用得都很好。不仅如此，据估计教育研究经费的收益率比其他领域的投资收益率还要高一些。

## C. 税收的经济学问题

税是我们为文明社会所支付的代价。

——奥利佛·温德尔·霍姆斯大法官

政府必须为其计划拨款。这些资金主要来自于税收，任何短缺都需要通过向公众借款来弥补，这些缺口形成财政赤字。

但在经济学中我们有必要揭开货币流动的面纱，以理解实际资源的流动。在税收所造成的货币流动的背后，政府实际需要的是经济中稀缺的土地、劳动和资本。当国家在巴尔干进行一场战争时，国会要辩论如何支付战争所需要的费用。但实际发生的却是：人力资源从其原先所在的民用部门被转移出来；飞机运输的是部队而不再是游客；石油被加到了坦克里而不是小轿车中。当政府拨出一笔生物技术研究经费时，它实际意味着原来用作办公场地的土地现在也可能会被用作实验室了。

通过税收，政府实际上是在决定如何从公民和企业的手中取得资源以用于公共目标。通过税收所筹集的货币实际上只是一种载体，经由它才能将那些现实的经济资源由私人品转化成公共品。

### 税收原则

#### 受益原则和支付能力原则

政府决定征收一定数量税收的时候，总有许多可供选择的方式。它可以对收入、利润、销售额征收；可以向富人征收，也可以向穷人征收；可以向老年人征收，也可以向年轻人征收。是否存在能帮助建立一种公平而有效的税收制度的一般原则呢？

实际上是有的。经济学家和政治思想家已经提出了制定税收制度的两个主要原则：

- **受益原则**（benefit principle）认为，个人所缴纳的税额应与他们从政府计划中得到的利益成比例。如同人们根据自己消费的面包数量按比例向卖者支付货币一样，个人纳税也应与其能够从公共品（如公路或公园）中获得利益的情况相对应。
- **支付能力原则**（ability-to-pay principle）认为，人们纳税的数额应与其收入或财富相对应。财富或收入越多，所纳的税就应当越高。通常按支付能力原则设计的税收制度同时也具有*再分配性*。这意味着它们从高收入的人们那里取得资金，用以增加穷人的收入和消费。

例如，若建造一座新桥的资金要靠过桥费来偿付，则这里所体现的就是受益原则。因为只有你使用它时才支付费用。但若建桥资金来自于所得税，则它所依据的就是支付能力原则。

#### 横向公平和纵向公平

不管按以上哪种原则进行组织，大多数的现代税收体系都试图吸收有关公正与公平的现代观点。一个重要的原则是**横向公平**（horizontal equity）。这个原则指出，那些在实质上没有差别的人在纳税上也应该没有差别。

对同等者同等对待的观念在西方政治学和哲学中有深厚的根源。如果你和我除了眼睛的颜色不同而在其他所有方面都完全一样，那么所有的税收规则都应当要求我们缴纳相同的税额。在受益型税收的情况下，如果我们从公路或公园得到了同样的服务，横向公平原则就会指出，我们的纳税额也应该是一样的。或者，某税收制度遵从的是支付能力原则，横向公平就会指出，所有收入相同的人都应当缴纳相同的税额。

更有争议的一个原则是**纵向公平**（vertical equity）。它是关于如何确定不同收入水平的人们的纳税待遇的。在这里，抽象的哲学原则不能为公正地解决问题提供指导。假设 A 和 B 在其他方面都一样，但 B 的收入和财产是 A 的 10 倍。在这种情况下，B 为治安维护等政府服务的绝对缴税额是否应该与 A 相同，还是应该按与 A 相同的税收—收入比例去纳税呢？或者，由于警察花费了更多的时间保护 B 的财产，B 缴纳的税额应当占其收入的更大份额，而这又是否公平呢？

重要的是，一般的抽象原则并不能决定一国的税收结构。里根减税时，是因为他认为高税收对那些努力工作和为将来储蓄的人是不公平的。而 10 年之后，克林顿说：“现在我们新增税收的 80%以上是由年收入 20 万美元以上的人所承担的。在这种税收模式中我们会得到真正的公平。”可见，在某些人看来很公平的做法，在另外一些人看来可能就很不公平。

横向公平指的是每个人都有权得到平等待遇的原

则。而纵向公平指的是，地位不同的人有权公平地享有不尽相同的待遇。不过，多大程度的差异才算公平，从而可以贯彻执行下去这一点，始终没有达成共识。

## 税收中的实用主义折中

社会怎样解决这些棘手的哲学问题呢？政府一般都采用实用主义的办法，将受益原则和支付能力原则进行折中。政治代表们都知道征税不得人心。在美国独立前，“不民主不纳税”（taxation without representation）的呼声曾引爆了美国革命。现代税收体系是在崇高的原则和实用主义政治之间的一种不那么令人舒服的折中。正如 3 个世纪前精明的法国财政部长柯勒贝尔所写的那样：“征税就像从鹅身上拔毛：你要拔最多的毛，但又最好不要让鹅叫。”

实践是怎样的呢？通常情况下，公共服务的受益对象主要是那些可以认定的团体，而这些团体并不要求根据其收入或其他特性而加以区别对待。在这种情况下，现代政府所依靠的一般都是受益税。

所以，地方公路通常由地方居民支付；供水和污水处理像私人品一样收取使用费；汽油的税收可能用于建设公路。

***累进税和累退税***　受益税在政府收入中的份额正在下降。现在，发达国家更多地依赖于**累进所得税**（progressive income taxes）。在累进税下，一个收入 5 万美元的家庭的纳税额要高于一个收入 2 万美元的家庭。高收入家庭不仅要交更多的所得税，而且其纳税占收入的份额实际上也更高。

这种累进税不同于严格的**比例税**（proportional tax）。比例税要求所有纳税人按其收入的相同比例进行纳税。而**累退税**（regressive taxes）则使低收入家庭的纳税占收入的份额要高于高收入家庭。

> 税收被称为比例的、累进的还是累退的，取决于高收入者所纳税额占收入的比例是等于、大于还是小于低收入者所纳税额占其收入的比例。[2]

图 16–4 解释了各种类型的税收。有哪些例子呢？若对某个人每 1 美元新增收入所征收的税越来越多的话，则

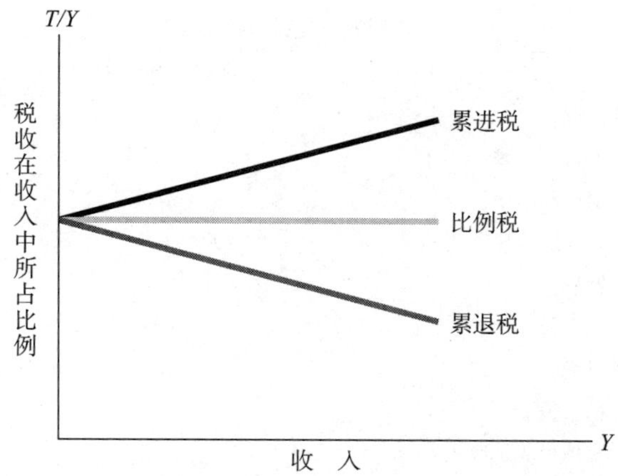


**图 16–4　累进税、比例税和累退税**

如果随收入增加，税额占收入的份额上升，税收就是累进的；如果税收占收入的一个固定份额，这种税就是比例税；如果低收入家庭的税收负担相对高于高收入家庭，则这种税收就是累退的。

这种个人所得税就是累进的。经济学家还发现，香烟税是累退的。因为香烟购买量上升的速度要比收入上升的速度慢。有些研究表明，香烟消费的收入弹性大约是 0.6。这意味着，收入增长 10%时，所导致的香烟消费增加，吸烟税的增长率是 6 个百分点。由此可知，高收入人群在吸烟税总额中所占的比例，势必要比低收入的人群要小。（低收入群体在香烟上所花的钱在其收入中所占的份额比高收入者要大——译者注。）

***直接税和间接税***　税收还可以被分为直接税和间接税，**间接税**（indirect taxes）是对商品和服务征收的，所以是“间接地”对个人征收。例如货物税和销售税，烟草税和汽油税，进口关税以及财产税等。而**直接税**（direct taxes）是直接对个人或企业征收的。例如个人所得税、社会保险或其他工薪税，以及遗产税和赠予税等。直接税的优点是更容易进行调整，以适应不同人的不同情况，如家庭规模、收入、年龄和一般支付能力。与此相比，间接税的优点是征收成本比较低，征管上也比较方便，因为它们可以在零售和批发环节上征收。

## 联邦税

现在我们来考查联邦税收体系的组织原则。表 16–3 列出的是由联邦政府课征的主要税种，并指明这些税是累进的、比例的或是累退的。

---

[2] 应该指出，“累进”和“累退”都是专门的经济术语，反映税收在各种收入中所占比重的情况。

| 2002年财政年度联邦税收收入 | |
|---|---|
| | 收入（占总计的%） |
| **累进税：** | |
| 个人所得税 | 43.1 |
| 遗产和赠予税 | 3.6 |
| 公司所得税 | 8.1 |
| **比例税：** | |
| 工薪税 | 37.9 |
| **累退税：** | |
| 销售税 | 4.6 |
| 其他税收及收入 | 2.7 |
| **总　计** | **100.0%** |

**表 16-3 所得税和工薪税是联邦收入的主要来源**

累进税仍然是联邦收入的最主要的来源，但比例工薪税所占份额正在迅速跟进，而消费税这样的累退税在联邦这一级大幅下降。

资料来源：Office of Management and Budget，*Budget of the U. S. Government*，*Fiscal Year 2005.*

## 个人所得税

这里的讨论将集中在个人所得税上，它是税收体系中最复杂也最有争议的部分。所得税是直接税，最能清楚地体现支付能力原则。

个人所得税在美国历史上出现得比较晚，宪法禁止任何不按人口比例在各州之间进行摊派的直接税，直到1913年这种情况才发生了变化。宪法第16条修正案写明："国会有权对任何来源的收入规定和征收所得税。"

联邦所得税是怎样运作的呢？尽管形式很复杂，但原理却很简单。首先你计算自己的收入；继而按规定减去某些费用和税收减免，便得到应税收入；然后在应税收入的基础上计算自己需要缴纳的税款。

表16-4介绍了不同收入水平的四口之家个人税的各种计算方法。第（1）栏列出了各档次调整后的总收入——即工薪、利息、红利和家庭获得的其他收入。假设我们计算的这个家庭是四口之家，在做了特定的税收扣除后，第（2）栏中表示应付的税款。注意，由于所得税减免，对于那些工薪收入为5 000、1万和2万美元的人来说税收是负的，因为在这个收入范围内，政府实际上要用"转移支付"向低收入家庭进行补贴。

第（3）栏表明**有效税率**（effective tax rate）或**平均税率**（average tax rate），它等于全部的税额除以全部收入。计算中我们可以看出个人收入到底是如何累进的。它使得一个年收入为5万美元的家庭的负担比年收入2万美元的家庭要重，前者纳税的比例是收入的9%，而后者为-2%。一年收入100万美元的人税收负担相对更重。

第（4）栏介绍了一个重要的新概念，**边际税率**（marginal tax rate）是因为多增加1美元收入而需要多缴纳的税款。我们从前见过"边际"这个概念，它总是意味着"新增的"。如果对于每100美元新增收入，你都必须多付出30美元的税收，那么你的边际税率就是30%。在现行税制下，贫困家庭的边际税率是-40%，而对于那些税额刚刚为正数的家庭则上升到15%。在税收分析中边际税率是个很关键的指标，因为个人和公司都总是倾向于注重他们的边际税率而不是平均税率。进一步说，当边际税率特别高的时候，人们的积极性将会严重受挫。

> 边际税率是税收分析的核心概念。该税率指的是，对于新增的每1美元的收入所增加征收的税款。对于理解税收的激励效应，边际税率可谓至关重要。

对25万美元以上的收入，联邦所得税的边际税率大约为39%。如果你住在纽约市，你就要多交8%的纽约州和纽约市的税，以及2. 9%的医疗保险，劳动收入总的边际税率接近50%。这个比率看起来很高，但今天最高的税率比起二战期间的94%来，仍然要低得多。图16-5表明了美国最高边际税率的历史情况。

边际税率概念在现代经济学中非常重要。记住"边际原则"：人们应该关心的是所发生的新增成本或新增收益；而"过去的就（应该）让它过去"。就此而言，任何税收对激励的影响都主要来自于边际税率。这一点形成了供给学派经济学的核心思想。

第（5）栏列出的是税后的可支配收入。注意，你挣的愈多，你的税后可支配收入就会愈多：一个摇滚歌星多赚100万美元，他就能在纳税之后还留有61万美元的可支配收入（1 000 000美元 - 39% × 1 000 000美元）。

| (1)<br>调整后的总收入<br>（减免与扣除之前）<br>（美元） | (2)<br>个人所得税<br>（美元） | (3)<br>平均税率<br>(%)<br>(3) = [(2) ÷ (1)] ×100 | (4)<br>边际税率<br>（=所增加收入的税额）<br>(%) | (5)<br>可支配收入<br>（美元）<br>(5) = (1) − (2) |
|---|---|---|---|---|
| 5 000 | −2 010 | −40 | −40 | 7 010 |
| 10 000 | −4 010 | −40 | −40 | 14 010 |
| 20 000 | −2 878 | −14 | 21 | 22 878 |
| 50 000 | 3 184 | 6 | 15 | 45 646 |
| 100 000 | 12 097 | 12 | 27 | 85 700 |
| 200 000 | 34 909 | 17 | 30 | 122 700 |
| 500 000 | 123 006 | 25 | 39 | 189 100 |
| 1 000 000 | 278 084 | 28 | 39 | 699 663 |
| 10 000 000 | 3 057 284 | 31 | 39 | 6 741 543 |

**表 16-4　2002 年四口之家的联邦所得税**

表中列出了 2002 年普通四口之家的收入、税收和税率。低收入家庭因为所得税减免而得到了税收优惠，这是工资的一种“负的所得税”。边际税率开始是负的，在收入为 1.1 万美元左右时为零，收入最高的纳税人的税率达到 40%左右。平均税率或有效税率总比边际税率要低，因为所得税是累进的。

资料来源：摘自 *TurboTax* computerized tax program. 本表假定扣除取标准扣除比例较大的那个数值，或取收入的 20%。

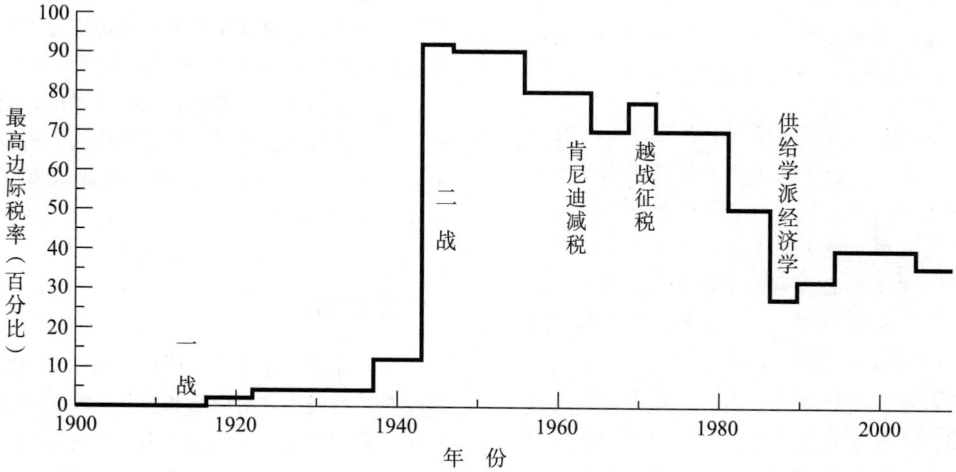


**图 16-5　美国最高边际税率的历史纪录**

边际税率是每 1 美元新增收入所额外支付的税。在二战中个人收入的最高边际税率曾达到 94%，到里根时期逐步降低到 28%，到克林顿时期提高到 39%，而到了 2003 年布什一揽子经济计划时，又降到了 35%。

资料来源：U. S. Department of the Treasury.

### 激进的税收改革：统一税

对于增加财政税收收入来说，个人所得税是一个非常实用的税种。但它自设立一个世纪以来已经变得异常复杂，并充满了许多漏洞或者说“税收偏好”，可能有利于某些特殊形式的收入或支出，甚至有利于某个别的纳税人群体。例如，住房抵押贷款利息和老年人医疗保健等，都可以从收入中有所抵扣，从而在实际上变成了一种税收补贴。

经济学家们一直不懈地努力倡导一个更高效的税制：它不但能**扩大税基**，从而能通过取消不必要的免税门槛来课征税收，而且还能**降低边际税率**。一项关于税收彻底改革的最激进的和有创意的建议是设立**统一税**（flat tax）。它由斯坦福大学的罗伯特·霍尔（Robert Hall）和阿尔文·拉布什卡（Alvin Rabushka）等专家详细地提出。[3]他们的建议包括以下几个要点（本章结尾的讨论题 9 中有个例子）：

- 统一税的税基是消费而不是收入。我们稍后将会讨论，对消费征税可以提高储蓄的意愿，并提高国家不断下降的储蓄率。
- 统一税可以将公司所得税和个人所得税整合在一起，这样将可以切除美国税制中最为扭曲的一块。
- 统一税几乎可以消除所有的税收漏洞或税收偏好。对老年人的医疗保健、业主自住房屋和慈善捐款的税收补贴将一去不返。
- 统一税为每个家庭提供 2 万美元的基本免税额，在此水平之上将实行 19%的单一边际税率。

统一税的经济影响将是非常深远的。多数税务律师将因此不再有活可干；税负沉重的实体如企业将发现它们的赋税大大减少，从而增加资本收入；高收入者会发现他们的赋税会减少一半。与此同时，业主自住房屋和医疗保健支出的数量都将缩减，而慈善捐款将会大幅度下降。霍尔和拉布什卡估计，他们的计划将使人均产出在 10 年间增加 3 000 美元。

批评者则指出，该计划将导致以牺牲中低收入者为代价，将收入向高收入者转移。利益受损的人将会质疑：为什么富人在 20 世纪 80 年代和 90 年代财富已经大大增加的情况下，还要再发一笔横财？在这里，我们又一次看到在诸多最受争议的经济政策议题中常见的权衡公平与效率的例子。

## 社会保险税

如今几乎所有的产业都得遵守《社会保险法》。雇员根据其收入记录和过去的社会保险税缴纳情况得到退休金。社会保险还设有残疾人计划和穷人、老年人的医疗保险。

为得到这些好处，雇主和雇员双方都需要缴纳*工薪税*。2003 年，这个税对所有雇员年工薪收入中 8.7 万美元以下的部分征收 15. 3%的税，对于 8.7 万美元以上的年收入再多征 2. 9%。这项税收由雇主和雇员各承担一半。

由表 16–3 可见工薪税是一种比例税，因为它征收的是雇员收入的一个固定份额。但它确实有某些累退的特征，因为它免征财产收入税，因而低工资的税率要比高工资的税率高。

工薪税在联邦收入来源中是增长最快的一种，从 1929 年的 0 上升到 1960 年联邦收入的 18%，2003 年又上升到 38%。

## 公司税

联邦政府还征收许多其他的税，其中一些在表16–3 中已经列出。*公司所得税*是对公司利润征收的税。2003 年最高的联邦公司税率为公司利润的 35%。

公司所得税受到了经济学家的严厉批评。一些经济学家反对这种税，认为公司不过是一种法律形式，不应被征税。通过首先对公司利润征税，然后对由公司付给个人的红利再行征税，政府实际上对公司进行了双重征税。这个观点和主张现已被乔治·布什行政当局接受，布什于 2003 年建议并取消了个人股息收入的所得税。国会的减税也完成了一半，所规定的最高的股息收入的所得税税率已经降低到 15%（相比之下，2003 年普通所得税的最高税率却是 35%）。

## 消费税

美国非常倚重的是所得税，而一个角度十分不同的税种却是消费税，它对商品和服务的购买环节而不是对收入征税。其理由是：人们应该为其所*使用*的东西而不是所*生产*的东西纳税。销售税是消费税中最常见的一种。美国没有国家销售税，但对某些商品，如烟、酒和汽油等征收联*邦货物税*。销售税和货物税通常都是累退的，因为这些物品的消费在贫困家庭的收入中所占的比例要大于在富裕家庭中所占的比例。

许多人认为，美国应该比现在更多地依赖销售税或消

---

[3] 参见《统一税》第 2 版，Hoover Institute Press，Palo Alto，Calif.，1995.

费税。一种在美国之外的其他国家被普遍采用的是*增值税*（VAT）。增值税很像销售税，但它在生产的每一阶段都进行课征。如果对面包征收增值税，那么它将对生产小麦的农民、生产面粉的磨坊、烘烤生面团的师傅和交货阶段的食品杂货店都进行征税。

消费税的倡导者认为，国家现在的储蓄和投资对于未来的需要是不够的。如果用消费税替代所得税，则国家的储蓄率就会上升。但是，消费税的批评者则认为这种改变是不合适的，因为消费税比目前的收入税更具有累退的性质。事实上，前面提到的*统一税*就相当于一项高度简化的个人消费税体系。它将所有的边际税率统一在一个低水平上（大约 20%），并取消大多数税收扣除项目以及对医疗保健和抵押贷款利息等福利的税收减免（见讨论题 9）。

## 州和地方政府的税收

在美国财政联邦制的税收体系中，州和地方政府所依赖的税收与联邦政府很不相同，图 16–6 列出了州和地方政府收入的主要来源。

### 财产税

*财产税*主要对土地和建筑等不动产征收。每一地区会规定一个年税率，并根据对土地和建筑物的评估价值征

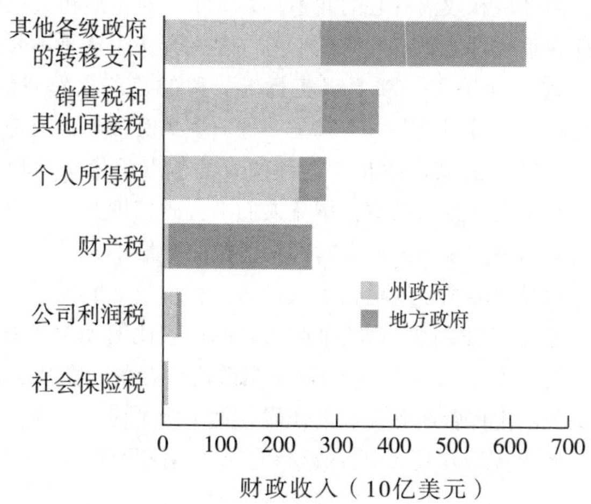


**图 16–6 州和地方政府收入依赖于转移支付和间接税**

城市十分依赖于财产税，因为房屋和土地难以转移到另一城市以逃避税收。州政府从销售税和所得税中获得更多收入。

资料来源：Bureau of Economic Analysis，*Survey of Current Business*，June 2003.

税。在许多地方，对不动产的估价比其实际市场价值要低一些。财产税大约占州和地方政府全部收入的 30%。由图 16–6 可见，地方政府是财产税的主要接收者。

因为大约 1/4 的财产价值来自于土地，因此财产税既有资本税因素，也有亨利·乔治型的土地税因素。经济学家相信，财产税的土地因素不会造成什么扭曲，但其资本因素会使投资由税收较高的中心城市迁到税收较低的郊区。

不管经济学家的观点怎样，在 20 世纪 70 年代房地产繁荣时期，财产税引起过很多争议。当时房屋的价值和税收迅猛上涨，全国的纳税人都起来反抗。在马萨诸塞州，选民们通过《$2^1/_2$ 倡议》，将税率限制在（房屋等财产）市场价值的 2.5%的水平以内。今天，几乎一半的州对于财产税和其他税都有限制，这将防止州和地方税收再像 20 世纪 70 年代那样飞涨。但在萧条期间，这些税收限制使一些州和城市陷入了财政危机，政府用光了全部税金并被迫削减服务。

### 其他税收

州政府的其他税收大多与类似的联邦税有密切关系。各州的收入大部分来自对商品和服务征收的*一般销售税*。在百货公司或餐厅购买的每一样东西都会带来某个百分比的销售税（在某些州食品和其他必需品是免税的）。各州还对公司的净利润征税。45 个州仿效联邦政府，对个人按其收入状况征税，但税额要少得多。

州和地方政府还有各种其他的收入来源。许多州对汽油征收"公路使用税"。州和地方政府的一个正在增长的收入来源是对彩票和合法赌博征缴的税收。州政府的收入竟然来自于那些鼓励"老百姓糟践自己的活动"！

## 税收和效率

税收影响经济效率和收入分配两个方面。近年来，税收对效率的影响成为税收政策中最令人关注的问题。经济学家和政策制定者着重研究各种激励措施对于个人与企业行为的影响。在税收政策中，这主要涉及到人们如何对各种不同水平的边际税率做出反应的问题。

一个重大的政治运动是 20 世纪 80 年代*供给学派经济学*的兴起。由共和党里根总统推行的经济复兴计划所追求的，与其说是一种经济周期管理的宏观政策，还不如说是长期的经济增长。在预算政策方面，主张扩大国防开支，减少民用项目开支，而不大顾忌到财政赤字问题；在经济

管制方面，则致力于减少和解除联邦政府的管制，特别是在医疗、安全及环境保护等方面；而该计划最重要的一点，则是降低了税率和减轻了税负。

这一时期的主要遗产是 1981 年和 1986 年的税收改革法案。这些法案极大地降低了边际税率，扩大了税基，并全面修订了个人所得税方案。这一时期的财政计划同时也导致了联邦预算赤字的大幅度上升，进而，政府债务相对于国民产出来说出现了急剧的增长。

高税率如何影响经济行为？在劳动供给领域，其影响是混合的，正如我们在第 13 章中所看到的那样。税率对于工作时间的影响是不明确的，因为工资变化的收入效应和替代效应的作用方向是相反的。由于所得税是累进的，有些人会选择更多的闲暇而不是工作。另外的一些人则会更加努力地工作以期变得更富有。许多收入很高的医生、艺术家、名星和企业高管，都很喜欢自己的职业及其带给他们的权力感和成就感。税后收入在 80 万美元和在 100 万美元时相比，他们的工作努力程度实际上差不多。此外，对“胜者全得”的活动征收重税，会减少那些过分拥挤的领域的天才供给。图 16–7 反映了劳动税率的增加如何影响劳动供给。注意，如果劳动供给曲线是向后弯曲的，则会产生劳动随税率下降而减少的悖论。

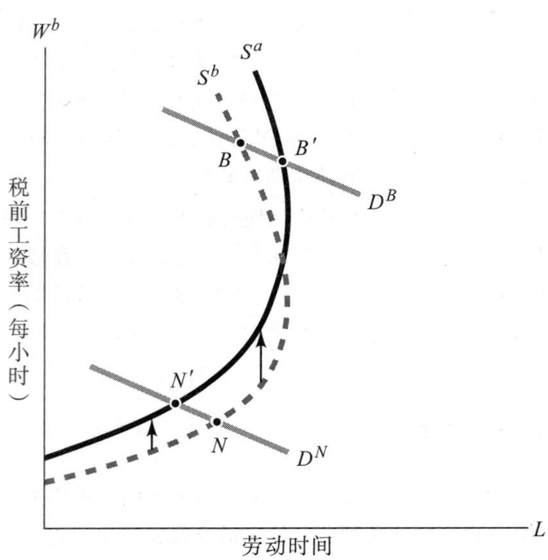


**图 16–7 劳动对税收的反应取决于供给曲线的形状**

供给和需求决定了税前工资水平下的劳动供给。在对劳动收入征收了 25%的所得税后，税前劳动供给曲线 $S^b$ 垂直上移到税后供给曲线 $S^a$ 的位置。如果对劳动的需求与供给在底部的通常领域相交，我们可以看到预期的劳动供给下降，图中为从 $N$ 移到 $N'$。如果劳动供给是向后弯曲的，如图顶端所示，劳动供给就随税收增加而上升，从 $B$ 移到 $B'$。

在储蓄和投资领域，税收显然对经济活动有很大影响。当一个部门的税收很高时，资源就会流向征税较轻的部门。例如，由于企业的资本会被双重征税，人们的储蓄就会从企业部门流出，并转向那些由于支付利息而享有税收减免从而税负较轻的产业，如对石油、天然气或度假村的投资。如果对风险投资征税较高，则投资者可能就宁愿进行安全的投资。可见，低效率不仅来自于高税收的存在，而且还来自于税收在各个部门之间的差异。[4]

## 效率和公平

经济学家一直非常关心税收对经济效率的影响。请回忆第 14 章，亨利·乔治曾说过：对土地征税对效率不会有什么影响，因为土地的供给是完全无弹性的。有效税收的现代理论提出了*拉姆塞税收原则*（Ramsey tax rule）。它认为政府应对那些供给和需求最没有价格弹性的投入和产出征收最重的税。[5] 拉姆塞税收原则的理论基础是：如果一种产品在供给或需求上非常缺乏价格弹性，那么对这种产品征税对其消费和生产的影响就十分有限。在某些情况下，拉姆塞税收可以说是以最小的经济效率损失增进收入的一种办法。

但经济和政治关心的并不只是效率，对土地租金或粮食征收重税可能是有效率的，但许多人会认为这是不公平的。1990 年英国一项要求实行人头税的建议提醒我们，这是一个两难问题。*人头税是一种一次性总付税，或是对每个人征收的固定税收。*这种税收的优点是像土地税一样，它不会导致低效率，毕竟人们不会逃到俄罗斯，或剖腹自杀以逃避税收，所以对经济的扭曲会最小。

但是，英国政府低估了人们对这种不公平的反对。人头税是高度累退的，因为低收入者的税收比例大大高于高收入者。在使当权 11 年的撒切尔政府倒台的过程中，对人头税的批评曾起到关键的作用。这个例子说明：在税收及其他经济政策领域中，效率和公平两者很难取舍。

---

[4] 在税收与效率的相互作用方面，拉弗曲线是一项很有趣的研究。在本章后面的讨论题第 8 题中，我们还会加以讨论。

[5] 请回顾第 14 章关于亨利·乔治的单一税问题，还有延伸的税收效率问题和关于“拉姆塞税收”的讨论。

**对“害品”而非“益品”征税：绿色税**

经济学家不怎么倡导人头税，他们更喜欢另外一种对“害品”而不是“益品”征收重税的税收制度。低效率的主要原因在于政府往往对那些“益品”——像工作、资本投资、储蓄或风险承担等经济活动——进行征税，所以挫伤了这些活动。一种替代办法是对“害品”征税。传统的害品税包括“罪恶税”：对于烟、酒及其他对健康有害的物品所征的税。

一种新型税收是对污染和其他有害的外部效应征税。这些税被称为**绿色税**（green taxes），因为它们旨在改善环境，同时增加收入。假设国家决定为减缓全球变暖过程而征收“二氧化碳税”，即对发电厂及其他地方排放的二氧化碳征税。根据一般的经济学推理，我们知道这种税会使得企业降低其二氧化碳排放量，从而改善环境。另外，绿色税当然也能带来收入，政府可用它资助某些活动或降低诸如工作、储蓄这类有益活动的税率。所以绿色税的益处是双重的：国家得到收入，同时环境得到改善；因为这些税抑制了有害的外部性。

## 棘手的税收归宿问题

谁最终支付政府所征收的税？我们不能假定那些向政府纳税的个人或企业就一定是这些税款的最终出资者。难道仅仅因为是石油公司将汽油税的收入给了财政部，就意味着这些税收来自石油公司的利润？企业完全可以根据税额提高价格，从而将税收向前转嫁到顾客身上；企业也可以向后转嫁到供应商（劳动、土地和其他要素的所有者）身上，这些供应商会发现，他们的工资、租金和其他要素的价格比没有税收情况下要低。

税收转嫁涉及到**税收归宿**（tax incidence）。这个概念体现了税赋被最终负担的方式，及其对价格、数量以及生产和消费构成的影响。

税收归宿包含着一系列问题：当国会提高汽油税时，其后果是什么？负担会向前转嫁到消费者身上吗？或者，它降低了原油的价格，使负担落到了石油生产者身上？或者负担落在两者身上？它改变了煤的价格吗？税收是否会大量减少石油生产，以致税收归宿的影响超过了货币价格和工资表现的范围，甚至超过了能在不同公民之间分摊的负担范围？

微观经济学为分析税收归宿提供了一些重要的工具，在前几章中，我们谈到过汽油税的归宿问题。在这种简单的情形下，只涉及到对单一商品的供给和需求，税收归宿的分析是直截了当的。而在其他的情形下，税收归宿的影响会涉及整个经济，使分析变得极为复杂，有时需要采用一般均衡的分析方法。

我们可能希望了解政府整体的税收和转移支付系统的*财政归宿*。财政归宿考查税收和支出计划对所有公民的收入的影响。财政归宿关心的是政府计划总的累进或累退的程度。它通过在不同的群体之间分配所有的税收和转移支付来估计。这种研究只是近似性的，因为没有人十分清楚地知道有多少公司税或财产税得到了转嫁。

就概念而论，我们要做的实验是：

- 统计没有税收和转移支付时的收入；
- 然后统计有税收和转移支付时的收入；
- 最后将两种情况的差额计为*财政归宿*。

当然，经济学家并不是魔术师，不能做出这样严格控制条件下的实验，但他们能够进行认真的衡量，并运用良好的判断来估计税收和支出的影响。

### 联邦税收和转移支付的归宿

图 16–8 表明的是美国所有的税收和现金转移支付的归宿的近期研究结果。在这个图中，转移支付被视为负税收并在负方向上表示。这种方法的一个有趣的贡献是，它考查了*人一生中的收入和税收*，而不是仅仅观察年度情况，从而考虑到人一生之中所发生的几个重要变化（如进出劳工市场，年轻时支付社会保险税，退休后得到退休金等补贴）。这项研究同时考虑了我们前文所谈到过的税收制度的高度复杂性。

研究结果表明：由最高收入到最低收入，税制一般都是累进的。最低收入群体接受净转移支付，而最高收入群体的平均税率最高。仔细观察税收和转移支付体系的结构，会发现其累进性（尤其在最低收入群体）主要是源于转移支付而不是税收。

这种财政影响的方式与其他国家类似。正如一个对高收入国家财政制度的调查所得的结论：税收制度整体上对收入分配几乎没有什么影响。出现这一令人惊讶的结果，是由于所得税的累进影响被累退的税收如社会保障税和销售或增值税所抵消。公共计划中的累进成分（即那些将收入转移给低收入家庭的成分）主要是收入支持类的项目，如现金援助、食品券、公共养老金以及医疗保健补贴。

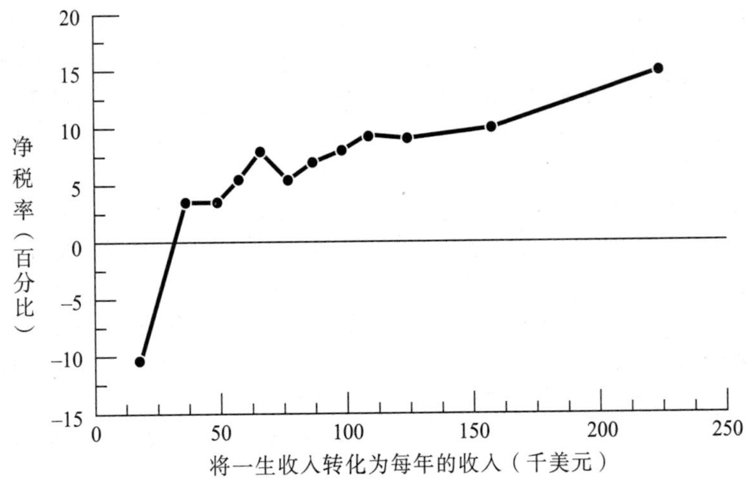


**图 16–8 谁纳税以及谁从转移支付中受益**

现代福利国家如何影响其公民一生的收入？富勒顿和罗杰斯对 1984 年联邦、州和地方税收和现金转移支付对居民户一生收入的影响进行了评估。几乎对于每种收入而言，税和转移支付体系都是累进的。注意这个体系实际是将收入转移支付给收入最低的群体，而收入最高的群体的净税率为 15%。

资料来源：Don Fullerton and Diane Lim Rogers，*Who Bears the Lifetime Tax Burden*？（Brookings Institution，Washington，D. C.，1993），p. 123. 数据更新到 2003 年，一生收入以 5%的实际利率转换为年度收入。

## 最后的话

我们对于政府在经济中作用的简要考查，提醒我们应该注意集体行动的责任和不利之处。一方面，政府必须保卫国家的边疆，稳定经济，保护公众健康，并对污染加以管制。另一方面，许多政策也体现了一种将收入从消费者手中转移到政治力量强大的利益集团手中的倾向。

这意味着我们应该放弃政府这只“看得见的手”，而换成市场那只“看不见的手”吗？经济学不能回答这么深刻的政治问题。它能做的只是考查政府选择和市场选择的优势与劣势，并设计出某些机制（如绿色税或研究开发资助）来弥补“看不见的手”的缺陷，使得这只手可以比在完全放任或无节制的官僚体制这两种极端条件下来得更有效率。

## 总结提要

### A. 政府对经济的控制

1. 在过去一个世纪中，政府在经济中的作用大幅上升。政府通过运用税收、支出和直接管制来影响和控制个体经济活动。
2. 一个现代福利国家执行四项经济职能：（a）医治市场不灵；（b）对收入和资源进行再分配；（c）制定宏观经济政策以稳定经济周期和促进长期经济增长；（d）管理国际经济事务。
3. 公共选择理论分析了政府实际上是如何行动的。正如“看不见的手”会不灵一样，政府也存在不灵的问题，政府的干预也会导致浪费或以一种不合适的方式对收入进行再分配。

### B. 政府支出

4. 美国公共财政体系是财政联邦制。联邦政府的支出集中于与全国有关的事件——如国防和太空探索等公共品上。州和地方政府的支出一般集中在地方公共品上，其受益大多局限在州和城市范围内。

5. 现在，政府的支出和税收约占全部国民产出的 1/3，其中 60%的支出是在联邦政府一级进行，剩余的在州和地方政府之间分配，政府支出中只有很少的一部分用于警察和法庭等传统职能。

### C. 税收的经济学问题

6. “受益原则”和“支付能力原则”是两个基本的税收命题。当税收在富裕家庭收入中所占份额与其在贫困家庭收入中所占份额相比依次为较大、相等或较小时，它就相应地成为累进的、比例的或累退的税种。直接的累进的所得税与间接的累退的销售税和货物税，从这个角度看性质正好相反。
7. 一半以上的联邦收入来自于个人所得税和公司所得税，其余部分来自工薪税和消费税。地方政府的收入主要来自财产税。而对州来说，销售税是最重要的。
8. 个人所得税对“各种来源的收入”征税，但要根据税收减免与扣除减掉某些收入。边际税率，即每 1 美元新增收入中税收支出所占的份额，对于决定税收在激励工作与储蓄方面的影响是十分重要的。在 20 世纪 80 年代，边际税率曾被大幅度下调，但在克林顿执政期间，最高税率被上调；而到 2003 年布什执行一揽子财政计划时，又被降了下来。
9. 增加最快的联邦税是工薪税，它被用来支持社会保险。这是一项“专项资金”的征税，用来提供公共养老金以及医疗保健和伤残福利。由于这种支出流最终都有看得见的收益，所以工薪税有受益税的成分。
10. 经济学家提出了拉姆塞税收原则。这种原则强调：当对那些价格弹性相对较低的经济活动征收重税时，效率能够得到提高。一种新的方法是绿色税，它对环境外部性影响征收费用，减少有害的活动，同时增加收入。如果不征收绿色税，这部分收入可能就得通过对商品或对生产投入进行征税而获得。但就所有的税的开征而言，公平和政治上的可接受性，都是严格的约束条件。
11. 税收归宿指的是税收最终由谁负担及它对于价格、产出和其他经济因素的整体影响。那些支付税收的人经常将其负担向前转嫁给消费者，或向后转嫁给生产要素提供者。美国目前的税收和转移支付体系是适度累进的。

## 概念复习

**政府的职能**

政府控制经济的三个工具：
- 税收
- 支出
- 管制

市场不灵和政府不灵
公共选择理论

政府的四项职能：
- （提高经济）效率
- （增进）分配（公平）
- （维持经济）稳定
- （在）国际（上）代表（国家利益）

**政府支出和财政归宿**

财政联邦制及地方的和全国性公共品
政府支出的经济影响
受益原则和支付能力原则
纵向公平和横向公平
直接税和间接税
累进税、比例税和累退税
税收和转移支付的归宿和转嫁
拉姆塞税收原则和绿色税

## 补充读物和互联网站

### 补充读物

An excellent review of tax issues is contained in the symposium on tax reform in *Journal of Economic Perspectives,* Summer 1987.

Current issues in public policy are surveyed annually by scholars from the Brookings Institution in *Setting National Priorities* (Brookings Institution, Washington, D.C., various years) .

### 互联网站

Data on government budget and tax trends can be found at government sites. For example, overall trends are presented by the Bureau of Economic Analysis at www.bea.gov. Budget information for the federal government comes from the Office of Management and Budget at www.whitehouse.gov/OMB.

The Internal Revenue Service (IRS) has a lively site with a plethora of tax statistics at www.irs.gov and www.irs.gov/taxstats/index.html.

Two organizations which study taxation and have good websites are the National Tax Association at www.ntanet.org and the Brookings Institution at www.brookings.org. Policy papers by a British research institute that focuses on social security and taxation can be found at www.ifs.org.uk.

## 问题讨论

1. 回忆奥利佛·温德尔·霍姆斯大法官所说的话："税是我们为文明社会所支付的代价。"解释这句话，记住在经济当中，我们总是需要透过货币流动的面纱来理解实际资源的流动。
2. 在考虑你是想要一个纯粹自由放任的经济还是政府管制的经济时，讨论对于卖淫、吸毒、心脏移植、攻击性武器和酒精是否应由政府控制，讨论对这些物品征收高额税收或实行禁止的相对有利之处（回忆第 5 章中关于禁毒的讨论）。
3. 美国税收制度的批评者认为，税收会挫伤工作、储蓄和创新的积极性，所以会降低长期的经济增长。你能看出为什么"绿色税"能促进经济效率和经济增长吗？考虑对硫酸和二氧化碳排放或泄漏的油轮的征税。列出你认为能提高效率的税收，并将它们的影响与税收对劳动或资本收入的影响进行比较。
4. 税收经济学家经常谈到一次性总付税（像人头税），这种税对个人征收，而不考虑其经济活动。一次性总付税是有效率的，因为它们对所有收入和产出征收的边际税率都为零。

   假设政府对每个人征收 200 美元的一次性总付税，用图说明这对劳动的需求和供给的影响。在均衡时，劳动的边际收益产品还等于工资吗？

   在一个包含一生时间的分析框架中，我们可将一次总付税看作"禀赋税"，以潜在劳动收入为基础对个人征税。富勒顿和罗杰斯发现，一个完全有效率的比例禀赋税能将平均一生收入提高 1. 3%。你会赞同这样一个变动吗？说明在执行一项禀赋税时会遇到的困难。
5. 将不同的联邦税按其累进程度列一张表。如果联邦政府想取消所得税，代之以消费税或销售税，这对于税收体系的总体累进程度有何影响？
6. 有些公共品是地方性的，外溢到小范围的居民中；另一些则是全国性的，使整个国家都受益；有一些是全球性的，影响所有的国家。私人品的外溢是可以忽略不计的。给出一些纯粹私人品和地方性、全国性或全球性公共品及其外部性的例子。对于每种情况，指出哪一级政府能制定最有效率的政策，并举出一两个可以解决外部性问题的适当的政府举措。
7. 下面是一些能运用供求分析回答的税收归宿问题，用图解释你的分析。
   a. 在 1993 预算法案中，国会将每加仑联邦汽油税提高了 4.3 美分。假设汽油的批发价是由世界市场决定的，汽油税对美国生产者和消费者的相对影响如何？
   b. 社会保险税主要针对劳动收入征税，如果劳动供给完全没有价格弹性，税收的归宿在哪里？如果劳动供给曲线是向后弯曲的呢？

c. 如果企业必须得到一个在世界资本市场上决定的税后投资收益率，那么，在一个小的开放经济中，公司所得税的归宿在哪里？

8. 关于以加利福尼亚经济学家和参议员候选人阿瑟·拉弗的名字命名的拉弗曲线，有一个有趣的问题。在图 16-9 中，拉弗曲线显示出收入如何随税率上升而增加，在 *L* 点达到最高，然后在 100%的税率时降为零，因为此时经济活动已经被完全抑制了。不同税收的拉弗曲线的确切形状是有争议的。

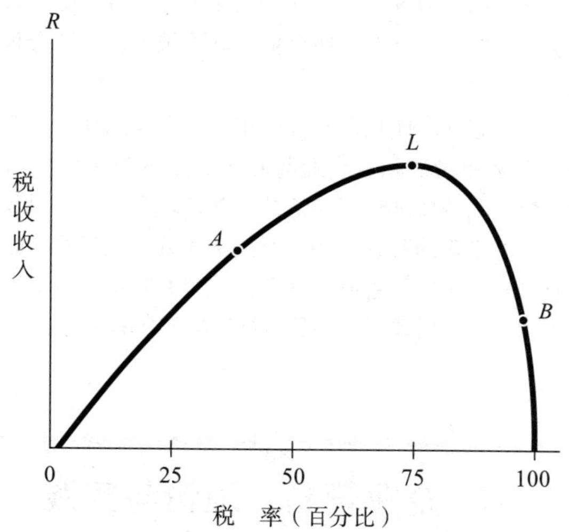


**图 16-9　拉弗曲线**

在讨论税收时经常犯的一个错误是后此谬误（见第 1 章关于这个问题的讨论）。要求减税的人经常在争论中借助于拉弗曲线。他们认为 20 世纪 60 年代减税时，经济处于拉弗曲线顶端的右侧，比如说在 *B* 点。他们说，在 1964 年“肯尼迪—约翰逊减税”后，联邦收入由 1963 年的 1 100 亿美元上升到 1966 年的 1 330 亿美元，所以减税能提高收入。请解释这为什么不能说明经济处于 *L* 点的右侧，再请进一步解释为什么这是一个后此谬误。给出一个正确的分析。

9. 在统一税的税制下，对所有个人和公司收入只征一次低固定比率的税收。表 16-5 说明了这样的一个统一税是如何起作用的。比较统一税和表 16-4 中所列税收的平均税率和边际税率，列出两种税的优点和缺点，并说明哪种累进程度更高？

| (1)<br>调整后的总收入<br>（美元） | (2)<br>扣除和减免<br>（美元） | (3)<br>应税收入<br>（美元） | (4)<br>个人所得税<br>（美元） |
|---|---|---|---|
| 5 000 | 20 000 | 0 | 0 |
| 10 000 | 20 000 | 0 | 0 |
| 20 000 | 20 000 | 0 | 0 |
| 50 000 | 20 000 | 30 000 | 6 000 |
| 100 000 | 20 000 | 80 000 | 16 000 |
| 1 000 000 | 20 000 | 980 000 | 196 000 |

**表 16-5**

# 第 17 章

# 促进市场更富效率

市场是组织经济活动的
非常了不起的办法，
但是它需要一个成熟的监管机制。

——戴维·韦塞尔
《华尔街日报》专栏作家

在学习经济学以前，许多人认为政府应该是防止垄断勾结和价格欺诈的"看门狗"。一旦学习了"看不见的手"的理论，我们可能更加反对政府干预，因为经济学理论告诉我们，竞争性市场能够实现有效的生产和定价。在绝大多数情况下，市场经济中的政府是靠竞赛（利润的胡萝卜）和竞争（破产的大棒）来激励私人部门有效率的活动的。

但是，在没有竞争或竞争力量弱小的情况下，竞争压力便不能有效地发挥作用。当厂商有足够的市场力量时，它们会将价格抬高到竞争水平以上并维持相当长的时间。当存在这种超常的市场力量时，政府就会采取若干举措来鼓励竞争。还有一些其他的市场不灵需要政府的干预。人们有的时候也许没有充分的信息来判定产品质量，为此，政府要求制药厂公开新药的安全性和有效性。政府也会管制银行业和电力等产业，并试图保护消费者免受虚假广告和假财务报表的坑害，还会忙于城镇规划以保证合理地利用土地资源。

政府怎样才能建立有效的市场？政府怎样才能既限制垄断而又能保证私有企业与对手竞争的自由呢？有些时候，公众利益要求管制经济的某些领域；另一些时候，经济管制所带来的问题要比它所能解决的问题还要多，于是政府又不得不解除管制。这方面的公共政策，也即所谓的管制和反托拉斯政策，将是本章后半部分的主题。

## A. 企业管制：理论与实践

美国的产业管制开始于一个多世纪以前，1887 年成立了州际商务委员会（ICC）。ICC 的指导思想既是为了防止价格战和保证对小城镇的服务，也是为了控制垄断。自那以后，美国政府于 1913 年对银行业颁布了联邦管制条例；1920 年颁布了对电力工业的联邦管制条例；20 世纪 30 年代又颁布了对通信业、证券业、劳工、货运和航空的联邦管制条例。近年来，正如我们所看到的，联邦政府正在改变策略，在很多产业中开始放松和解除管制。

政府既可以用行政命令也可以用市场激励的办法来努力控制整个经济活动。历史上，管制的主要形式是直接干预，即政府发出**指挥与控制命令**。通过这样的管制，政府命令人们从事或放弃某些经济行为。例如，政府可能要求企业只能在商业区选址，或不得将化学废料倒入河流和湖泊。而今天，政府的命令几乎包罗万象，不仅包括污染和土地规划，而且还包括了信息披露、劳动工资和时间标准；对某些产业以及对诸如使用杀虫剂、制造新药等方面，也都有许多具体的管制措施。

近年来，经济学家正致力于倡导政府试行一种全新的管制：*市场激励*。关于市场激励的最好的例子是下一章要讨论的 1990 年的《空气洁净法》。该法建立了一种买卖“可交易的污染许可”的市场，即污染许可证交易。这种控制市场力量的办法可能要比命令和控制方式能够更加有效地实现管制目标。

> **管制**(regulation) 的基本内容是制定政府条例和设计市场激励机制，以控制厂商的价格、销售或生产等决策。

## 两类管制

管制传统上分为两类。**经济管制** (economic regulation) 指的是对价格、市场进入和退出条件、服务标准等所进行的控制。这种管制在自然垄断行业中很重要 (回忆自然垄断市场只能容纳一家厂商以达到有效的产出水平)。显而易见的例子包括公用设施管制 (电话、电力、天然气、水) 以及其他的产业管制 (运输、电台、电视台)。金融业从 20 世纪 30 年代起受到了严格的管制，有关条例规定了银行、经纪行、保险公司的业务范围。

还有一类新近出现的管制，称为**社会管制** (social regulation)。这类管制用来保护环境以及劳工和消费者的健康和安全。它的有关规定可用以矫正经济活动所引起的各种派生后果和外部性问题。突出的例子有：净化空气、净化水源、确保核安全、解决臭氧层变薄和气候变化等全球环境问题。鉴于它非常重要，我们将在下一章中专门讨论这类 (社会) 环境管制问题。

## 为什么要管制产业

管制是对企业无节制的市场力量的一种限制。政府选择取代自由市场决策的正当理由是什么？管制具有三大*公众利益理由*：其一，管制企业行为可以防止垄断或寡头垄断滥用市场力量；其二，可以矫正信息的不完全。例如，对于某些重要产品 (如药物或使用能源的装置) 的特性，消费者往往得不到确切和及时的信息；其三，可纠正诸如污染之类的负的外部性问题，这也是下一章将会讨论的社会管制的主题。

### 抑制市场力量

有关经济管制的传统的公众利益观点是规范性的：管制性措施应当用于削弱过强的市场力量。更具体地说，政府应该对企业数目太少的产业实行管制，以激发强有力的竞争。政府特别应该对自然垄断这种极端情况实施管制。

自然垄断的一个重要例子是地方水资源分配。取水、建立水资源分配系统、铺设管道向用户送水的成本非常高，因此让多个企业建立各自的供水系统得不偿失，这就是自然垄断。有时，供水服务由政府提供，但更常见的情况是由那些受到管制的私有供水公司来提供。

另一种自然垄断产生于那些具有*范围经济* (economies of scope) 的产业，即把大量不同的产品放在一起生产，比单独生产某一种产品更有效率。一个重要且有争议的例子是计算机软件业。软件程序在升级过程中可以不断加入额外的功能。例如，当消费者购买某个软件并计算自己该交多少联邦所得税的时候，这个软件的安装盘里通常还包含着其他的功能：可以链接到某些网站、包含某些管理文件及某本有关纳税的参考手册。如果集成开发所有这些功能要比单独开发各项功能的成本更低的话，则它所体现的就是一种所谓的范围经济。

产生自然垄断的最后一个原因就是在网络化的产业中，整个系统的有效运行都需要标准化和一致性。铁路需要统一的轨道宽度，电力传输要求负载的平衡，而通信则要求统一的数据交换协议以使不同的设备可以互相“交谈”。

从前面章节对成本递减的讨论中，我们已经知道，普遍的规模经济与完全竞争不是并行不悖的；在这种情况下，我们会看到寡头或垄断的出现。而这里所强调的论点则更为极端：*当一个产业的规模经济或范围经济十分强有力，以至于只有一个厂商能较好地生存下去时，就会产生自然垄断*。

政府为什么要管制自然垄断呢？这是因为，自然垄断者相对于竞争者来说，享有极大的成本优势；而且面对的是缺乏价格弹性的需求，所以能大幅度地抬高价格，获得巨额垄断利润，导致经济在很大程度上的无效率。20 世纪 90 年代初期，有线电视公司通过提供多频道、高质量画面的服务来进行地区垄断并提高价格。这种情况促使国会和一些州制定法规来管制这类定价。但研究表明，这种价格管制本身也是缺乏效率的，它甚至还会造成某些价格的上涨。在 1996 年的《通信法》中，国会改变了做法，放松了价格管制和市场准入控制。这种办法更多是基于竞争，它能比价格控制为消费者带来更多的利益。

早期，为管制辩护的理由往往含糊暧昧，据称只有管制才能防止那些残酷的或毁灭性的竞争。这类辩护使得对铁路、货运、航空、公共交通以及农业的产量水平所进行的控制得以长期延续。不过，经济学家至今仍未十分赞同这类辩护。毕竟，高效率和低价格的竞争，才是有效的市场体系的功能之所在。

### 矫正信息不完全

管制的另一个原因是消费者获得的产品信息不充分。例如，测试新药不仅昂贵而且在技术上很复杂。政府对制药业的管制是，只允许那些被证明是“安全而有效”的药品上市。政府同时禁止误导的或虚假的广告。在这两个例子中，政府都在试图弥补市场在提供有效信息方面的缺陷。

在金融业，对信息品生产进行管制是非常重要的。当人们购买未上市公司的股票或者债券时，就等于是把他的财富交给了一群他们几乎完全不了解的人手里。在购买IBM公司或者ZYX.com公司的股票时，我会查看这两个公司的财务报表以了解到它们的销售额、盈利、股息等各是多少。但是我却无法知道这两家公司计算其盈利的确切方法，而且我也不敢肯定它们在编制报表时就一定非常诚实可靠。

这是在金融市场上需要政府管制的领域。金融业大多数管制的目的都在于提高信息的数量和质量，这样市场会运作得更好一些。例如，当一个企业计划要在美国发行股票或债券时，它必须提供大量的关于公司财务现状和前景的材料。企业提供的材料必须被独立的审计人员审核。借助私营部门的力量，政府管制有时会得到加强：在纽约证券交易所挂牌的公司需要遵守一套更严格的会计规则。

有些时候，特别是在投机十分狂热时，企业往往会变通甚至是打破上述规则。这种情况在20世纪90年代末期和21世纪初都曾大量出现，尤其是IT公司和其他的属于新经济企业。当诸多非法行为被曝光之后，国会曾在2002年通过了一项新法规；该法规定向审计师的虚报行为系违法，并要求企业建立新的独立董事会以监管会计师，还授予美国证券交易委员会新的监管权。部分人士认为这项法律应该受到诚实企业的欢迎，严苛的披露口径有益于金融市场，因为它势必减少买者与卖者之间的信息不对称，且可以增进彼此的信任感，从而鼓励金融投资。

### 处理外部性问题

在存在外部性问题的场合政府管制也被证明是有效的。这类管制的经典例子是下一章将要讨论的控制污染问题。不过还有其他有趣的例子。一个普遍的例子是地区规划管制，包括限制土地所有者对土地的使用方式。大多数的社区规划管制会具体到某一块地能否用于修建住宅、商店或工厂，以及建筑物的规模。

社区规划管制的理由是什么？举例说明如下：允许在一个安静的住宅小区内修建一个垃圾站，会对所有的邻居产生外部性，使大家受到伤害。同样，在一座两层楼的住宅旁边盖一幢50层的办公楼，也会使当地的交通拥挤不堪，并会占用其他公共设施。

社区规划的经济影响可能极为巨大。在一小块土地上盖一幢50层的大楼，而不是建一幢2层的小楼，这会极大地影响这块地的价值。这就是为什么社区规划可能是地方政府管制中最重要的一种的原因。

## 管制的利益集团理论

我们已对政府管制有利于公众利益的规范的一面做了分析。同时，我们还应当看到，管制创造了利润，从而产生了一些利益集团，他们是管制的既得利益者。有时，由于政治力量和受管制产业经济利益的相互作用，管制限制了被管制产业的进入，提高了现存企业的价格和利润。[1] 所以，一个被管制的产业会为了防止竞争者进入和保持高利润而游说政府，以求政府继续管制下去。

强调管制具有反竞争性的经济学家认为：

> 说管制是为了消费者和工人的利益，不要相信。管制是通过在被管制产业中限制进入来阻止竞争，以提高某些制造商的收入。消费者或工人的任何获益都不过是偶然的。

关于管制的历史记载也支持这一理论。例如，很多经济研究发现管制往往导致价格居高不下。几年来，公路货运公司和航空公司在降低价格和进入新市场前都必须得到批准。其他类型的管制也限制了竞争。例如，新药品的高标准意味着获得批准的过程漫长而昂贵。许多小厂商由于无法负担新药所要求的多年测试而被排斥在竞争之外。

---

[1] 这一领域最初的著作来自于芝加哥大学的乔治·斯蒂格勒。他因为该领域及其他方面的贡献而获得1982年诺贝尔经济学奖。芝加哥学派关于政府干预经济弊大于利的观点影响很大。

管制损害纳税人利益而有利于所管制的产业的最新例子，是储蓄和贷款方面的丑闻。联邦存款保险计划是在20世纪30年代建立的，用以帮助恢复信心和防止银行恐慌。然而到20世纪80年代早期，这一计划越来越显得糟糕。它对银行存款提供了政府保证，但却不能保证银行拿着这些被保险的存款就能够谨慎行事。就此而言，产业管制的解除意味着对于银行监管的程度放松。结果，许多银行用高利率来吸引存款，然后用这些钱去冒险贷款和投资，还支付高工资给他们的管理人员。当银行开始走向破产，政府就不得不捡起这个"烂摊子"。其损失最后可高达数千亿美元。因为有频繁的游说和慷慨的竞选资助，政府一直没有采取适当的行动来制止这种浪费行径，直到1989年，国会才采取行动制止这种最恶劣的滥用行为。谁是腐败的银行管制制度的主要受益者？是银行家、银行和银行的股票持有者。谁是它的受害者？是纳税人。

## 对自然垄断性公用事业的管制

赞成管制的一个正当的经济理由是防止自然垄断者的垄断定价。让我们好好看看管制者怎样抑制垄断者过分地提高价格。回想一下，自然垄断是这样一个产业，在该产业，组织生产的最有效的方式是只允许一个企业进行生产。图 17–1 显示了一个自然垄断企业的 $AC$、$MC$ 和产业的需求曲线。应该注意，产业的需求曲线（$DD$）与企业的 $MC$ 曲线相交时，$AC$ 还在下降。如果两个相似的厂商来生产整个产业的产量，则两个厂商的平均成本就会比只有一个企业时要高得多。

假设立法机关确定对某一产业实施公用事业管制，那么，它会怎样进行呢？首先要设立一个公用事业委员会来监督价格、服务，以及进入与退出该产业的事项。最重要的决策是垄断企业的定价问题。

按传统办法，管制就是要对受管制厂商实施平均成本定价的办法。例如，电力事业应取其全部成本（固定成本与可变成本），并将这些成本分摊到所销售的每个产品（如电和蒸汽）上。然后对各类消费者接受的那份服务，按分摊平均成本的办法来收费。

图 17–2 说明了公用事业的管制。点 $M$（对应于产出 $Q_M$）是我们在第 9 章中已经考查过的垄断者在无管制条件下的利润最大化产出点。这里我们可以看到高价格、低产量和大量的利润（如图 17–2 中阴影部分所显示的那样）。

按传统管制方法，垄断者被允许索取高到能弥补平均成本的价格。在这种情况下，企业的价格就应定在需求曲

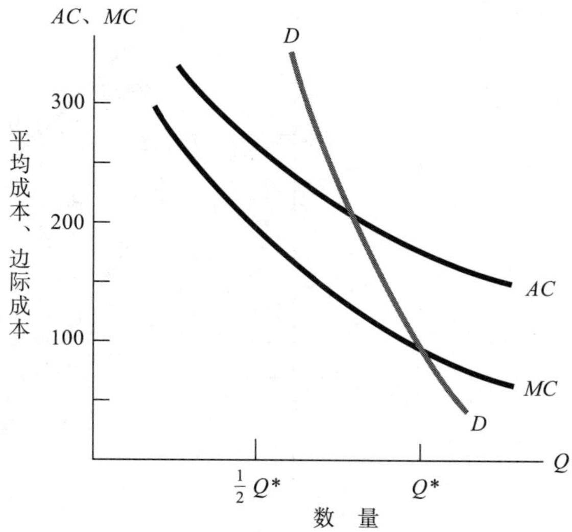


**图 17–1 自然垄断的成本曲线**

对于一个自然垄断者，$AC$ 曲线在与产业需求曲线 $DD$ 相交之处仍是下降的。所以有效率的生产要求产出集中于一个企业。（你能从图中估算出，如果产出 $Q^*$ 由两家企业来生产，它们各生产 $1/2Q^*$，产品会贵多少？）

线 $DD$ 与 $AC$ 曲线相交的地方。因此，均衡点在 $R$，这时的产量为 $Q_R$。

这种解决办法有什么好处呢？从经济上说，相对于无管制垄断，它可能代表了某种改善。首先，垄断的所有者并非理所当然地应该比消费者多得一些好处，所以也没有理由允许他们从消费者那里榨取垄断利润。

其次，管制者在使垄断者将价格从 $P_M$ 降到 $P_R$ 时，也减少了价格与边际成本之间的差异。这种变化提高了经济效率，因为所增加的产量带给消费者的边际效用要大于其在社会中所消耗的边际成本。只有在所有部门中价格都等于边际成本时，社会才最有效率地利用了它的资源。

***理想的管制定价*** 如果 $P = MC$ 是如此之好的事，那么为什么管制者不强制垄断者将价格一直降到 $DD$ 和 $MC$ 曲线的交点处（$I$ 点），从而使价格和边际成本相等呢？

实际上，$P = MC$ 或边际成本定价法，是实现经济效率的理想目标。但是这里存在着一个严重的现实障碍：如果一个厂商有着下降的平均成本，它忠实地使其价格等于边际成本，那么它将会出现长期亏损。理由是：如果 $AC$ 处在下降中，那么 $MC < AC$，所以，按 $P = MC$ 定价意味着 $P < AC$。当价格（或平均收益）低于平均成本时，企业就会赔钱。我们不妨直观地看看这个问题。图 17–2 中的 $I$ 点是理想的管制方案。在该点，价格等于边际成本，

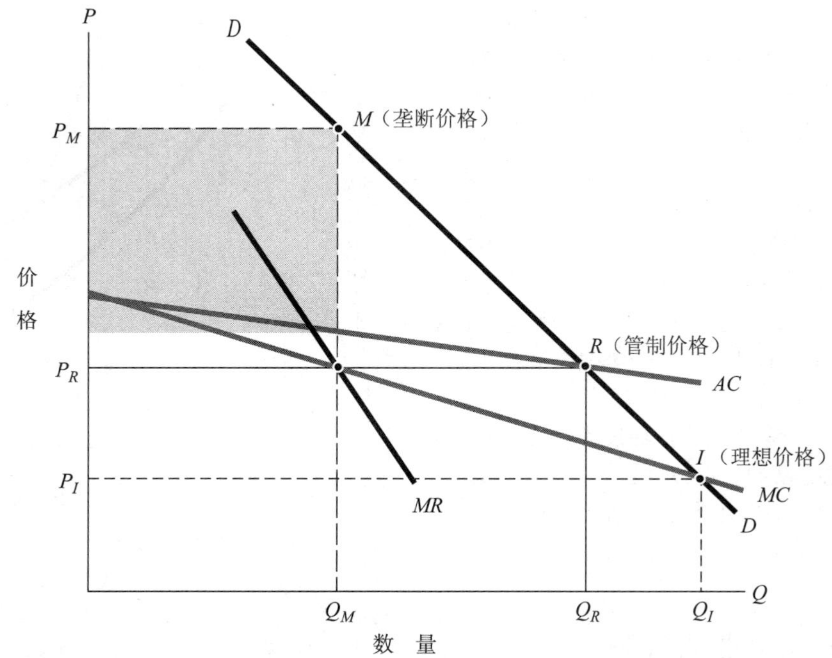


**图 17-2 对垄断的理想管制和实际管制**

无管制垄断者的最大利润均衡点在 $M$，$M$ 点处于 $MR$ 和长期 $MC$ 交点的正上方，此时价格在 $MC$ 之上。

公用事业委员会通常要求的价格在平均成本上的 $R$ 点——在这点，需求曲线与长期平均成本曲线相交。这就消除了超额利润，而且它使价格下降到更接近于边际成本水平。理想情况是，应迫使价格降到点 $I$，此时价格=$MC$，因而边际社会成本和边际收益取得平衡。在 $I$ 点，没有因价格高于边际成本而引起的效率损失。

但 $MC$ 低于平均成本。当平均成本大于价格时，企业就是在赔钱。由于企业不会长期在亏损条件下经营，加之政府不愿意对垄断者进行补贴，所以理想的管制法很少使用。

另一种方法是*双重收费*的定价法，公司一方面收取月租（每月几美元）用以补偿日常经费开支，另一方面公司再按提供服务的次数（多少次电话、多少度电等）收取可变费用，以补偿边际成本。这种方法比传统的平均成本定价法更能接近理想的边际成本定价。

**经济创新：基于绩效的管制**

正如我们在上面看到的，在传统的回报率管制中，价格是由生产成本加投资回报来决定的。这种方法对经济的激励性非常弱，而且偏向于资本密集型的生产技术。这种激励几乎是反向的，因为价格等于平均成本，厂商可通过提高成本来提高利润。正如一个经济学家所说的，这是惟一的一个你可以通过在你的办公室里铺一块漂亮的东方地毯来增加利润的市场。

一种激进的可以增进激励的新办法是基于绩效的管制。在这一方法下，对厂商的管制是基于绩效而不是投入，通常是用价格上限。基本范式是管制价格应随"通货膨胀率减去 $X$"的变动而变动。按照这种办法，一个垄断企业可以设定的价格上限每年的涨幅在数值上应该等于通货膨胀率减去规范分析所得到的每年效率的提高率（"$X$"）。此法的吸引力在于它模拟了竞争市场。厂商成为定价方，所有成本方面的节约都会直接流入利润。传统管制的反向激励不存在了。设计合理的价格上限管制能激励厂商减少成本，允许竞争者的进入，并能减少补贴的不经济问题。

近 10 年来，这种新方法在美国和其他国家的几个产业中都得到了采用。价格上限为效率提供了强大的激励，但它也不是没有缺点的。最大的缺点是 $X$ 的不确定性。$X$ 应该能代表整体经济的成本下降率。如果 $X$ 的设定长期不正确，那么该厂商或者破产，或者获得巨额垄断利润。因此，所有采用价格上限的产业主管部门都定期审核 $X$。

## 管制的成本

经济学家已经研究了管制的影响，以权衡管制的成本与效益。最近调查的结果显示在表 17-1 中。管制后果包括效率损益（例如，无效率而高水平的污染被遏制）和收入的再分配（高额的运费在消费者和货车司机之间再分配）。大多数研究表明，经济管制的主要后果是效率的损失和大量的收入再分配。社会管制的绩效记录是混合的，

管制的影响，1988 年*

| | 效率损益 | | | |
|---|---|---|---|---|
| | 收 益<br>(10 亿美元) | 成 本<br>(10 亿美元) | 净收益<br>(10 亿美元) | 收入再分配<br>(10 亿美元) |
| **经济管制：** | | | | |
| 电信业 | 0.0 | 14.1 | −14.1 | 42.3 |
| 农 业 | 0.0 | 6.7 | −6.7 | 18.4 |
| 航空业 | 0.0 | 3.8 | −3.8 | 7.7 |
| 铁路业 | 0.0 | 2.3 | −2.3 | 6.8 |
| 乳制品 | 0.0 | 0.7 | −0.7 | 2.2 |
| 天然气 | 0.0 | 0.3 | −0.3 | 5.0 |
| 信 贷 | 0.0 | 0.3 | −0.3 | 0.8 |
| 内陆运输业 | 0.0 | 0.3 | −0.3 | 0.8 |
| 戴维斯—培根法案 | 0.0 | 0.2 | −0.2 | 0.5 |
| 海洋运输业 | 0.0 | 0.1 | −0.1 | 0.2 |
| 邮资费率 | 0.0 | na | 0.0 | 8.0 |
| **社会管制：** | | | | |
| 环 境 | 58.4 | 66.5 | −8.1 | na |
| 核 能 | na | 6.5 | na | na |
| 工作环境安全保障 | 0.0 | 8.8 | −8.8 | na |
| 高速公路安全保障 | 35.6 | 7.7 | 27.9 | na |
| 制药业 | na | 2.3 | na | na |
| 平等机会 | na | 0.9 | na | na |
| 消费品 | na | 0.03 | na | na |
| **其 他：** | | | | |
| 国际贸易 | 0.0 | 17.3 | −17.3 | 98.1 |
| **所有的管制和贸易总和****<br>**(10 亿美元)** | **94** | **139** | **−35** | **191** |
| **占 GDP 的百分比** | **2.1** | **3.2** | **−0.8** | **4.4** |

* 所有估计以 1988 年美元计算；na 为无法获得。
** 请注意所有 na 被设定为零。这可能会轻微低估收益以及低估收入再分配的总额。

**表 17-1 管制对效率和收入再分配的影响**

对经济管制和社会管制之影响的研究表明：经济管制带来很少的收益，造成相当大的效率损失，以及大量收入的再分配。社会管制确有收益，虽然这些收益难以衡量。

资料来源：Robert W. Hahn and John A. Hird，“The Costs and Benefits of Regulation：Review and Synthesis，” *Yale Journal on Regulation*，vol. 8，1991，pp. 233–287. 如果数据只有估计范围，则所取的是中间值。

有些案例有明显的效益，而其他一些只有巨额损失和很小的收益。据估算，社会管制和经济管制的成本（包括对国际贸易的限制）在1988年占到了国内生产净值的3.2%。尽管目前还没有能与表17–1媲美的新数据，但近10年来，随着贸易壁垒的减少、产业管制的进一步放松以及社会管制的减少，今天的管制成本应该已经大幅度地下降了。

## 经济管制的弱化趋势

最近20年来，许多经济学家提出，管制过程实际上是在增强而不是在遏制垄断权力。这一观念部分地是基于前面分析过的管制的利益集团理论。此外，研究者还注意到，经济管制已远远超出了地方性自然垄断产业的范围。到20世纪70年代中期，许多产业，包括铁路和公路运输、航空和公共交通、广播和电视、石油和天然气、干果和乳制品，以及所有金融市场，都有管制者在发号施令。而在这些产业中，许多在理论上本应该更接近于完全竞争，而不是自然垄断，见图17–3。

## 航空业率先解除管制

自1975年以来，联邦政府开始部分或完全取消对许多产业的管制，包括石油、航空、公路货运、铁路、证券经纪、长途电话、银行、通信、金融机构和天然气等。这些产业都具有更适于竞争的结构特征，因为它们的市场相对于单个企业的有效规模来说是很大的。

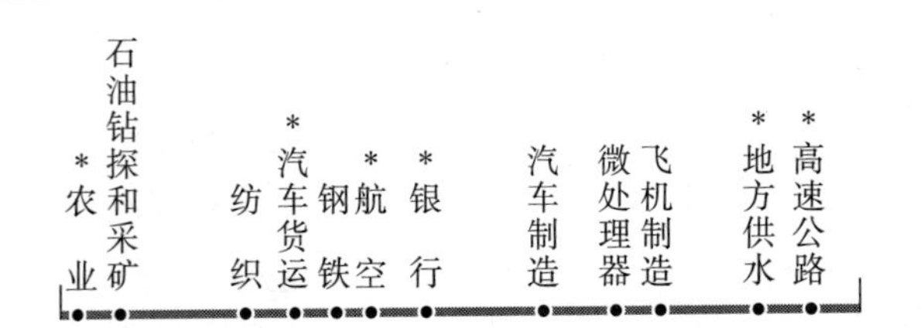


**图17–3 不同产业自然垄断的程度**

此图根据自然垄断或完全竞争的程度的不同来排列受管制和不受管制的产业。在完全竞争产业里，一个厂商有效率的产出规模相对市场而言小得微不足道；而自然垄断产业则是那种当一个厂商的产量等于整个产业的产量水平时，其平均成本仍然继续下降的产业。农业和矿业天然具有很大的竞争性，而高速公路和地方网络化事业（例如供水等）则非常接近极端的自然垄断。星号（*）代表历史上受到政府严厉管制或由政府运营的产业。

航空业就是一个取消管制的两难的例证。从20世纪30年代民航管理局（CAB）建立开始，该局就视限制竞争为己任。从1938~1978年，没有允许一家新的大航空公司进入州际市场。当有人提出低成本、仅提供基本服务的有创意的票价方案时，CAB总是将这些建议压制下去。（正如管制的利益集团理论所预言的）CAB的作用是抬高而不是降低运费。

1977年，卡特总统任命艾尔弗雷德·卡恩（Alfred Kahn）为民航管理局局长。卡恩是有名的经济学家，也是管制的批评者。他决定在进入航空业和运费灵活化方面允许有更多的竞争。不久，国会通过法律允许自由进入和退出所有国内航线。航空公司可以自由地决定可承担的运价。

许多人担心，没有管制会引起大量的解雇和服务质量的下降。但经过20多年的实践之后，航空业多雇佣了65%的职员，而且国内运客里程数增加了70%。研究结果表明，取消管制后平均运费逐年大幅度下降（扣除了通货膨胀因素）；飞机利用率提高；各航空公司的价格策略变得极富新意。强有力的竞争局面已经形成，它使航空业10年来保持了非常低的利润率。破产已成为普遍现象，像西南航空公司这样的新公司已开始取代破产老公司的地位。从大多数角度衡量，航空业从解除管制以来，已变得富有效率。

航空业成功地解除了管制。这使得全世界的经济学家和非经济领域中的专家都相信：一个没有管制的市场，甚至在那些厂商拥有潜在的巨大市场力量的产业，也能完成好资源配置的任务。

**现实中的经济学：解除对电力工业的管制**

最近10年来，电力工业一向是管制最多的产业之一。该行业包括四个生产阶段：发电、输电、配电、零售。直到最近，人们一直认为电力产业是一种典型的自然垄断产业，并因此对其进行严厉管制。许多国家通过对主要设备实行政府所有来实施电力管制，控制垄断；还有一些国家用传统的公共设施回报率管制的方法来控制电力设施的价格与市场。到了20世纪90年代，美国的电力产业主要由当地那些在较大范围内供电的纵向一体化的垄断企业所占据。

近20年来，有关电力产业的这种传统观点受到了新观点的挑战。新观点认为，尽管发电这一环节在技术上比较复杂，但工厂的最优规模已经非常小了，使得不同的发电厂之间足以产生合理的竞争。而配电环节仍然是一个标准的自然垄断（跟供水和电话服务一样），因此需要类似成本定价模式的管制。

电力中最复杂的部分是远距离输电。电力传输不像公路那样，将电子从 A 点送到 B 点。这是一个高度互相联结的网络，它要求中央化的管理，具有显著的规模经济。

美国已经在谨慎地放松管制和解散电力产业中占主导地位的纵向一体化垄断企业。部分原因是航空业成功的经验使放松管制变得富有吸引力。此外，对电信业垄断巨头贝尔公司的拆分以及“贝尔法则”的应用（两者均将在本章后面进行讨论），说明放松电力产业的管制将带来显著的经济效益。世界各国解除电力市场管制的经验也强有力地支持了这些论断。

放松电力产业管制的改革计划一般都包括以下要素：

- 将政府控制的电力生产企业私有化。这将给管理层施加一个“硬的预算约束”，使他们有很强的动力将成本最小化，而且可以消除政府对一些具有政治敏感性的消费进行补贴的倾向。
- 通过允许自由进入和消除价格控制来放松对发电阶段的管制。这将淘汰高成本的厂商和促进新技术的采用。价格的放开导致了电力“即期市场”的出现，使价格可以紧随供需变动，有助于解决紧急情况或高温时的供应短缺问题。[2]
- 建立一个独立的远距离输电部门，由准政府机构管制或运营。这是整个计划中最困难的部分，因为该部门必须鼓励发电和供电市场进入、管理整个网络以及为扩容提供足够的收入。

这一计划在很多国家和地区得到了实施，包括英国、瑞典、智利，以及美国的一些州。在一些部门，放松管制的改革进行得很顺利，降低了电费，给消费者带来了较大的利益。

但是当计划推行得比较糟糕的时候，譬如在加利福尼亚州的电力行业的放松管制的进程中，有时候可以说是很失败。加州的一个问题是，州政府管制的是电的零售价格而不是批发价格。另一个问题是，拍卖机制设计得不合理，因而才导致像安然这样的公司可以操纵电力交易、人为抬高价格的情况。当加州电批发价格飞速上涨之后，当地最大的公共设施公司就不得不宣布破产。于是，州政府才接管了这项改革，掌握了对当时的畸高电价的控制权，电费高价拍卖的行径也被制止。不过加州政府的高额电费偿付还是导致了一场严重的预算危机。这个例子不仅引起了人们对于放松管制改革的质疑，而且还引发了一系列调查诉讼等后续活动，以便让事件全过程真相大白。

2003 年，美国东北大部分地区也曾经历了一场后果严重的电力管制。电力产业放松管制问题曾经成了当年的头号事件。问题之所以发生，是因为输电系统的各环节在管制的情况下不能够很好地协调一致。输电系统所依赖的是一种“联系脆弱”的技术，只要有某一环节发生故障，整个系统就有可能瘫痪。正是由于输电系统所依赖的联系技术是脆弱的，所以这个市场就特别地需要有关当局的成熟和严格的监控机制。

## 放松管制：尚未完结的故事

在过去 30 年放松管制的浪潮中既有成功的也有失败的例子。改革实践告诉我们，要设计一种既能让市场力量提供有效激励又能让垄断势力或信息无效最小化的监管机制是很有难度的。一些经济学家认为美国在 20 世纪 70 年代对管制的放松是谨慎的，而到 90 年代已经开始不加考虑地解除管制了。他们指出了一系列在 20 世纪 90 年代晚期和 21 世纪早期显现出来的市场不灵的现象，这些现象显示了对于政府更加严格的监督的需要：

- 政府已经逐渐地在电力制造业的很多方面解除了管制。2003 年的电力管制显示了需要联邦政府对电力传输设定更严格的监管制度，以保证电力传输更多的稳定性。（见上文关于电力产业放松管制的讨论。）
- 安然、世通和其他许多公司的会计丑闻显示了需要制定更加严格的会计标准，公司董事会需要增强信用。2002 年，国会颁布了立法以增强美国证券交易委员会的政策制定权力。

[2] 即期市场如何运作呢？一个典型的情况是每个发电厂宣布第二天每半小时的供电价格和数量。输电主管部门将其按成本排序，再根据所估计的需求量，建立起一套第二天最低成本运行计划，该计划还能生成一系列的即期（或短期）价格。即期价格波动相当大，这对于一个边际成本主要取决于负荷量的产业来说也是很合理的。你可以浏览《华尔街日报》来查找即期价格每天的变动。很多商品都有即期市场。

- 1997 年，国会对金融市场放松管制，允许银行从事投资银行业务和股票经纪业务。许多经济学家都相信，这种举措会激励股票经纪部门的分析师们去兜售某些公司的股票。而这些公司的债券曾为投资银行所营销，且这些公司在银行中还存有不良贷款。

斯坦福大学的约翰·麦克米兰用了一个有趣的类比来描述政府管制的角色。体育运动的参赛个人和团队都想方设法要利用自身的优势和才能打败对手。但是这些参赛者必须遵守一套非常详细的规则。并且裁判必须密切观察运动员以保证他们都能遵守参赛纪律，一旦他们违反了参赛纪律就要给予相应的处罚。如果没有设计严谨的参赛纪律，比赛就会变成了流血的争斗。同样，在现代经济中，要想保证良性的自由竞争，杜绝欺诈，公正地对待劳工与消费者，不出现侵害和独占劳工与消费者的利益的情况，那么，政府监管和健全的法律系统就显然是必不可少的。这个体育运动的类比提醒我们，在监管经济活动和制定经济运行的规章制度方面，政府仍然扮演着重要的角色。

## B. 反托拉斯政策

现在我们来详细考查美国政府干预经济的最古老和最重要的形式：反托拉斯政策。微观经济学政策的目的是在市场上鼓励竞争和防止垄断的滥用。

### 不完全竞争回顾

在第 9 章和第 10 章，我们讨论过不完全竞争确定价格和数量的方法。在讨论政府反托拉斯政策之前，我们不妨先复习一下与政府反垄断政策有关的理论要点。

- 不完全竞争是缺乏效率的，因为其定价高于边际成本。在垄断或寡头垄断条件下，消费者所消费的该产业的产品要比这些产业高效率地生产和供应时少一些。
- 技术特点决定许多产业带有规模经济和范围经济的性质。要求这些行业的产出像完全竞争企业一样是不现实的，因为这意味着要求该产业的企业规模小得缺乏效率。在少数情况下，技术特点要求一个产业只存在单独一家企业时才能有效率地生产，这种情形我们称为“自然垄断”。
- 长期看，大部分经济进步来自技术变革。根据熊彼特的假设，具有巨大市场力量的企业应该对许多发明和技术变革承担责任，政府政策应特别地谨慎，不要损害创新的积极性。
- 市场力量滥用（价格过高和质量低劣）主要在产业出现垄断时发生。经济学关于产业垄断的含义是：一个或一组相勾结的企业的产量大于该产业总产量的 3/4。
- 政府承担了防止垄断出现以及在垄断不可避免时对其加以管制的责任。反托拉斯政策试图防止垄断或反竞争市场力量的滥用；经济管制被用来控制自然垄断条件下垄断权的使用。

经济管制作为政府防止市场力量滥用的主要工具，近年来有放松的趋势。随着这一趋势的发展，政府更多地集中精力于促进竞争，并以反托拉斯政策作为主要的武器来激励市场的经济效率。这一部分，我们将从两个方面讨论反托拉斯政策对权力滥用的限制。首先，这些政策禁止某些限制竞争的商业行为，如固定定价。其次，它们还限制某些被认为极有可能限制贸易并以其他方式滥用经济权力的市场结构，如垄断。

反托拉斯政策的框架是由几个主要的法律以及一个世纪以来的判决积累而成的。近年来，借助经济学家的探索，反托拉斯政策从“大的就是坏的”的哲学，发展到*用经济方法反托拉斯*。在强调寡头的内在对抗性的同时，经济分析认为，只有在一个解除管制的世界里，大企业才最有降低价格和改进质量的动力。而解除管制意味着对于进入该市场的限制很少，而且市场对国内外竞争者全都开放。就此而言，反托拉斯政策之所以还应该保留，是因为还需要对付那种最恶劣的滥用市场力量的情况。

### 法规的框架

反托拉斯法看似一个大的森林，但却是由几粒小小的种子长成的。管制条例所依据的法规是如此的简洁和直截了当，以至于只用一张表（表 17–2）就可以表示出来。如此之少的法规竟能逐步衍生出那样多的条例，实在是令人惊讶。

#### 谢尔曼法（1890 年）

习惯法是在习惯和以往判决的基础上形成的，在这一法律框架下垄断长期以来一直被视为非法。但这些法律在

| 反托拉斯法 |
|---|
| **谢尔曼反托拉斯法（1890 年修正案）** |
| §1. 每一个限制各州之间和与外国的贸易和商业往来的契约、以托拉斯或其他形式出现的联手或勾结，都被宣布为非法。 |
| §2. 每一个将要垄断、企图垄断，或与他人联手或勾结起来，以垄断任何环节的州际或国际的贸易或商业往来的人，都被认为犯有重罪…… |
| **克莱顿反托拉斯法（1914 年修正案）** |
| §2. 对于规格和质量相同的商品的不同购买者实行区别对待的价格……是非法的……这种歧视的影响实际上使竞争减少或倾向于引起任何一种商品的垄断……其前提是，不包含任何因素会限制只是由于成本不同而引起的价格差异…… |
| §3. 以租借者或购买者不使用或不经营一个竞争者的商品的合同、契约或协定为条件，若租借、出售或签订合同有此内容……对任何一个人都是非法的……其影响……实际上是可能在任何一个商业中减少竞争或形成垄断。 |
| §7. 任何一家（公司）……不可以获得……另一家（公司）的全部或任何一部分……在这种获得的影响可能实际上是减少竞争或引起垄断的情况下。 |
| **联邦贸易委员会法（1914 年修正案）** |
| §5. 不公平的竞争方法……和不公平的或欺诈的行为或实践……被宣布为非法。 |

**表 17–2　美国反托拉斯法主要基于几个法案**

《谢尔曼法》、《克莱顿法》和《联邦贸易委员会法》构成了美国反托拉斯法的基础。现代反托拉斯条例基本上都是对这些法案的解释和阐述。

反对19 世纪80 年代以后开始涌现的企业兼并、卡特尔与托拉斯等方面，被证明是没有效率的。[3]

1890 年“平民党运动”及其社会呼声导致国会通过了《谢尔曼法》，使之成了美国反托拉斯法的奠基石。《谢尔曼法》的第一条就限制任何“企图限制贸易”的合同、联合和共谋。第二条则禁止“垄断”和任何意在垄断的勾结。但法律条文本身和相关解释都没有明确垄断的概念和被禁止的行为。其含义是在后来的案例法中不断被加以阐述和补充说明的。

## 克莱顿法（1914 年）

通过《克莱顿法》是为了澄清和强化《谢尔曼法》。该法禁止*捆绑性契约*（在这种契约中，如果顾客想要 A 商品，就要被迫购买 B 商品），规定价格歧视和排他性经营非法；该法还禁止*连锁董事会*（同一产业中的某个人同时是几个公司的董事），并禁止通过收购竞争对手公司的普通股而进行*兼并*。这些行动本身并不一定违法，但是当这类行动实际上在明显减少竞争时，它们就违法了。《克莱顿法》既强调惩罚也强调预防。

《克莱顿法》的另一重要内容，是它特别为工会的活动提供了反托拉斯法的豁免权。

[3] 托拉斯通常是指在同一产业中的一组企业，它们根据一项协定联合在一起，维持产量、价格或其他产业状态。要想体会当时的情况，不妨重温一下第 9 章的“镀金时代的垄断者”部分的内容。

## 联邦贸易委员会

1914 年成立了联邦贸易委员会（FTC），以禁止“不公平的竞争手段”，并向那些违背竞争的兼并行为发出警告。1938 年，FTC 还被授权禁止欺骗性的不真实的广告。为实施权力，FTC 可以进行调查、举行听证会，以及发布“终止—停止”命令。

# 反托拉斯的基本问题：行为和结构

尽管反托拉斯的基本法律很明确，但要在具体的市场结构和执行方式上加以应用却并非易事。实际的法律是在经济理论和实际案例法的相互作用中发展的。

## 非法行为

最早的反托拉斯法规中有一些涉及到违法行为的问题。法院宣布，某些种类的勾结行为在本质上（就其本身而言）是非法的，不存在为这类行为辩解的理由。违背者不得以某种值得追求的目的（如产品质量）或缓解困境（如低利润）的需要等为借口来为自己辩护。

最重要的在本质上违法的行为是竞争企业之间规定价格、限制产量或瓜分市场的协定。这样的协定有抬高价格、降低产量的作用。即使那些对反托拉斯政策持最严厉批评的人，也未能发现固定价格有什么可取之处。

反托拉斯法还限制其他的行为，包括：

- 掠夺性定价。在这种情况下，一个企业以低于其生产成本（通常理解为边际成本或可变的平均成本）的价格出售产品。反对掠夺性定价的观点认为：大企业可以运用其融资渠道降低价格，排挤小的竞争对手，然后再抬高价格。近年来，一些小的地方性的竞争者已经开始控告这类大厂商的降价行为。
- 捆绑性契约或协定。在这种情况下，只有购买者购买B商品，企业才出售A商品。
- 价格歧视。在这种情况下，企业由于某些与成本或竞争无关的原因，对不同顾客按不同价格出售相同的产品（回忆第10章中的价格歧视）。

请注意以上所列举的是企业的行为，是这些行为本身违法，而不是其所在的产业结构违法。这方面最著名的案例也许是电器设备业的“大勾结案”。1961年，电器设备业被裁定犯有共谋定立价格协定的罪行。最大的几家公司（如通用电气公司和西屋电气公司）的经理们合谋抬高价格。他们像间谍小说中的人物那样隐藏他们的踪迹，在狩猎小屋中会面，使用化名，在公用电话亭通话，等等。虽然这些公司的最高领导显然还不知道他们的副手们在干些什么，但他们确实曾向副手们施加过很大的压力，命其增加销售。结果，这些公司同意向它们的顾客赔偿由于索价太高而带来的损失，而有关的经理则因违反反托拉斯法而被关进监狱。

***近期固定定价案例*** 另一个有趣的案例是司法部近期的一个调查，案例涉及许多学院和大学对学费和奖学金标准的确定。政府宣布，一小部分教育机构合谋降低了优秀学生奖学金的标准。他们达成了一种默契，使奖学金的评选仅依据学生是否需要接济，并比照优等生的标准，将奖学金发放给成绩平平的普通申请人。麻省理工学院（MIT）也在被告之列。它在法庭上和政府争论，认为非营利机构的标准和追求利润最大化的工商企业应该不同。MIT在法庭上胜诉，使该案例引出了一个新问题：教育和其他非营利性机构是否处在反托拉斯法所管辖的工商活动的范围之内。

**反托拉斯政策的新工具**

今天，多数经济学家都同意反托拉斯政策应该有利于降低产品价格和提高产品的质量。关于垄断，我们听不到什么好话，但真正的垄断却非常罕见，政策制定者必须分析各种寡头式的市场结构中的行为。

过去，反托拉斯当局主要专注于市场份额以及某种反竞争行为的具体形式。但今天，随着信息质量的提高和计算机功能的强大，当经济学家衡量兼并的合理性时，已经可以直接地观察价格行为了。

一个近期的例子可以说明如何运用经济学工具权衡反托拉斯的决策。1997年，两家办公用品连锁店，斯特普尔斯（Staples）和OD办公（Office Depot）酝酿合并。由于该行业相对来说是非集中的，按传统的准则，就会为这种合并亮绿灯。

但政府的经济学家一起分析了两家连锁店在不同城市每一零售产品的价格和数量的数据，运用计量经济学和产业组织理论的工具，发现了一个重要规律：在没有OD办公连锁店的城市里，斯特普尔斯的价格较高；反之，则相反。这说明合并以后，斯特普尔斯很可能会提升价格，因此这项合并被否决了。

有些经济学家认为，在研究商业行为时，实际行为数据将取代市场份额数据。鉴于市场份额数据在预测经济行为和绩效方面存有缺陷，因此公众将会欢迎这样一种转变。

## 结构：大的就是坏吗

固定定价和其他非法行为虽然严重，但最明显的反托拉斯案件并非是与行为相关而是与结构相关。这些案件或是为了解散大公司，或是预防性的反兼并举措，其宗旨都在于取消已经提上议事日程的大企业之间的兼并。

遵照《谢尔曼法》所进行的反托拉斯活动的第一次浪潮着力于解散既存的垄断组织。1911年，最高法院命令美国烟草公司和标准石油公司各自分解为若干个独立的公司。在宣判这些声名狼藉的垄断者有罪时，最高法院宣布了重要的“合理准则”：只有对贸易的不合理限制（兼并、协议等等）才属于《谢尔曼法》应加以制裁的范围，并被视为非法。

“合理准则”事后导致了“针对垄断兼并的反托拉斯法”变得毫无效果，正如美国钢铁公司（1920年）的情况。虽然摩根和大通经由兼并而形成了一家巨型公司，在其巅峰时期该公司曾独占60%的市场份额，但最高法院却认为，企业规模大小本身并不构成违法问题。那个时期和现在一样，法院关注更多的是反竞争行为而不是纯粹的垄断结构。

## 近期的结构性案例

近年来，最重要的反托拉斯的案例涉及两大产业（即电信业和计算机业）的三个巨头。回顾这三个案件，可以揭示当今反托拉斯政策的某些准则和特点。

*美国电报电话公司案件与“贝尔法则”*。在 20 世纪 80 年代初，美国电报电话公司实际上在横向和纵向上垄断了电信市场。它掌握了 95%以上的各类长途电话业务，提供 85%的地方电话线路，并销售全国大部分的电话设备。美国电报电话公司所拥有的各公司联合体（通常称为贝尔系统）包括贝尔电话实验室、西部电气公司和 23 家贝尔营业公司。

但在 1974 年，司法部进行了一次涉及范围更广的诉讼。它控告美国电报电话公司：（1）垄断了管制中的长话市场，其手段是非竞争性的，诸如，阻止 MCI 和其他同行介入本地电话业务；（2）垄断了电信设备市场，其手段是拒绝购买所有非贝尔公司的有关设备。

案件的理论基础被威廉·巴克斯特（William Baxter），一名法学家和前联邦反托拉斯部门的主管，称为“贝尔法则”。其内容是，被管制的垄断者有机会和动机垄断相关市场（比如他们的产品和原料市场），而最有效的解决办法是通过将其所有权和控制权从产业中潜在的竞争性环节中分离出来，以“隔离”其垄断环节。简言之，管制的垄断不应该与竞争混同起来。

贝尔法则背后的经济理论是说一个垄断者，特别是一个被管制的垄断者，能通过横向或纵向一体化增加利润。例如，它可以在相关产业给潜在的竞争对手制造不利条件；或让受管制的实体给非管制的产品（如电话设备）付高价，然后又通过加价公式（电话服务）将成本进行转嫁，从而可以增加利润。如果管制者对企业的成本和行为方面的信息掌握得不完全的话，则这种行为发生的可能性就非常之高。

由于担心案件可能对自己不利，贝尔的管理层与政府达成了调解，几乎完全遵循了贝尔法则。贝尔系统的各地方电话营业公司被分离（或从法律上说分立）出去，并重组为 7 个大型的地区性电话公司。而美国电报电话公司保留了它的长途电话业务、贝尔电话实验室（研究机构）和西部电气公司（设备制造商）。其净效果是将贝尔系统的规模和销售额缩小了 80%。被管制的垄断者再也不允许在相关的竞争性产业中运营了。

贝尔系统的分解为电信业带来了翻天覆地的变化，特别是新技术的发展对传统电信业的挑战。蜂窝电话系统打破了亚历山大·格雷厄姆·贝尔的有线电信系统的自然垄断；电话公司也加入了提供家庭电视信号的行列；光纤线路开始成为信息高速公路的重要组成部分，在全国乃至世界范围内传输大量数据信息。互联网以一种在 10 年前不可想像的方式把不同的地方的人联系在一起了。贝尔系统的分解清楚地告诉我们：垄断不是加速技术变化的必要条件。

*IBM 公司案件*。近年来，另一类主要的反托拉斯案件涉及计算机公司。此类案件中的第一大案是政府企图解散 IBM。政府在 1969 年提出诉讼，控告 IBM“企图垄断，并且已经垄断了……用于一般目的的数字计算机”。政府指控 IBM 在 1967 年控制了市场的 76%。此外，政府还声称，IBM 运用了许多办法来阻止其他公司的竞争。所列举的限制竞争的手段包括价格限制，即降低价格以阻止竞争者进入该产业；以及引进新产品，减少其他公司产品的吸引力等。

IBM 以顽强而有力的方式对政府的诉讼案进行了抗争。IBM 主要的辩解是，政府是在惩罚成功，而不是在惩罚反竞争行为。这种案件的两难问题已经在美国铝公司的案件中清楚地陈述出来：“曾经被动员起来进行竞争的成功的竞争者，不应该在它获得成功时被当作法律制裁的对象。”IBM 宣称，政府的所作所为，是对那种能够预见到计算机革命的巨大潜力、并通过自己“高超的技术、远见和勤奋”来主导该产业的企业的惩罚。

这一案件长期悬而未决，直到里根当局反托拉斯事务主管威廉·巴克斯特仔细复查该案后，才于 1982 年决定以“没有必要”为由，撤消了这一诉讼。政府的理由是：与电信业不同，计算机行业是无管制的，承受着市场竞争的强大压力。巴克斯特认为，这一产业本质上是竞争性的，政府重组计算机市场的企图，可能不是促进而是损害经济效率。

**新经济中的反托拉斯：微软案件**

最近涉及市场结构的一个反托拉斯大案涉及到软件巨人微软公司。1998 年，联邦政府和 19 个州政府提出了一个影响深远的诉讼，指控微软公司非法维护其在操作系统市场的领导地位，并利用这一地位侵吞其他的市场，如互联网浏览器市场。政府声称：“微软运用了多种违法的手段，意图阻挠操作系统市场上新的竞争者，以维持自己根深蒂固的垄断地位。”

起诉书指控微软从事了各式各样的反竞争活动，如掠夺式的行为和定价、非法捆绑销售以及违反《谢尔曼法》的排他性协议等行为。虽然通过公平的手段取得垄断地位是合法的，但阻碍竞争却是违法的。

起诉书还特别指出了微软在“浏览器大战”中对网景公司所用的赤膊上阵的做法。政府指出，微软采用的一项反竞争手段就是将“网络开拓者浏览器”捆绑在“Windows 98”上免费发行。这相当于掠夺式定价，微软利用自己在操作系统的市场地位对网景公司实行低价竞争。微软经常用生动的语言描述自己的行为，如微软集团副总裁保罗·马里茨就对付网景的策略曾经说道：“我们要切断它们的氧气供应。它们卖什么，我们就免费送什么。”微软用“好垄断者”做抗辩，声称自己的网络开拓者浏览器之所以受消费者欢迎，是因为与网景的“导航者浏览器”相比，它的技术更先进，且在几乎所有最近的独立评论中获得优胜。

政府还宣称微软利用垄断地位胁迫他人与微软签订不利于其竞争对手的分销微软软件和产品的排他性协议。例如，一个IBM的高层证人说，IBM的OS/2操作系统无法与微软的Windows竞争，是因为微软通过限制性的授权许可协议锁定了独立的软件商。结果软件开发商没有为OS/2平台开发程序的积极性，降低了OS/2的生命力和普及性，从而进一步加强了微软的压倒性地位。微软还被控胁迫计算机厂商安装微软的网络开拓者而不是网景的导航者浏览器，否则就撤销Windows的授权许可。微软抗辩说，这种授权许可和合作协议在软件业是非常普遍的（这些都与操作系统的“网络”特性有关）。

在《事实调查报告》中，杰克逊法官宣称，微软是一个自1990年以来控制了个人电脑操作系统90%市场份额的垄断者，而且微软滥用其市场力量，并“通过扭曲竞争给消费者造成了伤害”。他的意见包含了这样一个尖锐的指控：

> 三个主要的事实说明微软享有垄断地位。一、微软在英特尔处理器兼容的个人电脑操作系统市场的份额极大而且稳定；二、微软压倒性的市场地位受到了高市场进入壁垒的保护；三、主要由于这一壁垒，微软的用户缺乏商业上可行的Windows的替代品……
>
> 危害最大的是微软的行为给每一个在计算机行业有潜在创新能力的企业所发出的信息。通过它对网景、IBM、康柏、英特尔以及其他公司实施的行为，微软发出了这样一种信号：它将运用自己强大的市场地位和巨额利润，来打击那些不懈努力创新以提高竞争力，从而能威胁微软某个核心产品的任何一个企业。微软过去伤害这些企业以及压制竞争所获得的成功，阻碍了有可能威胁到微软的在技术和企业方面的投资。最终的结果就是，某些能够给消费者带来真实利益的创新可能无法问世，惟一的原因就是它们不符合微软公司自身的利益。

在断言消费者受到损害时，该法官还引述了一个关于微软内部情况的研究。该研究说明，微软可以给Windows 98升级产品定价49美元，但微软最后选择了定价89美元，因为这是“收益最大化”的价格（见本章结尾讨论题10）。

在《法律调查报告》中，杰克逊法官裁定微软违反了《谢尔曼法》的第1条和第2条。他裁定：“微软通过反竞争的手段维护了自己的垄断地位，试图垄断网络浏览器市场，……将网络浏览器与操作系统非法捆绑销售，违反了……《谢尔曼法》。”

案件的最后一幕是“矫正”阶段，包括结束非法垄断行为的几个步骤。司法部提议了一个激进的办法，就是把微软按照业务功能进行拆分。这种“多元化”要求把微软分成两个各自独立的公司，一个是“视窗公司”（WinCo），将拥有微软的视窗和其他操作系统方面的业务；另一个是“应用公司”（AppCo），将拥有应用软件和其他类似业务。

2000年，杰克逊法官完全接受了司法部的“矫正”意见，没有做一点修改。但后来，由于杰克逊法官在审案时曾与新闻记者有私下密谈，才导致案情突现了一个急转弯。杰克逊法官因为自己有违职业道德而受到了谴责。不久后，新上任的布什政府工作班子决定不再要求微软拆分，而是要微软公司自行“修正行为”，办法是限制微软的行为以保护竞争。限制举措包括禁止“合同捆绑”和“歧视性定价”，保证Windows系统和非Windows系统的兼容性等。在进一步广泛听证之后，2002年11月这个案件得以最终裁定：微软仍保持完整，但需要在5年内一直接受法庭的严密监视。

## 兼并：法律与实践

公司可以通过增长（用收入再投资并建立新厂）来获得市场力量。但是，更快捷地获得市场份额，或仅仅是扩大规模的方法是兼并其他公司。在 20 世纪 80 年代，兼并活动就曾出现巨大的增长。

**横向兼并**（horizontal mergers）。在这种情况下，同一产业的公司联合在一起，按《克莱顿法》，当它可能在相当程度上降低产业竞争时，这种兼并就是被禁止的。判例法和政府关于兼并的准则澄清了含糊的法律语言。政府用赫芬达尔—赫希曼指数（HHI）来评估兼并活动。[4] 按这些准则，各产业将被划分为三种类型：非集中的（HHI 小于 1 000）、轻度集中的（HHI 在 1 000 和 1 800 之间）和高度集中的（HHI 高于 1 800）。在后两种类型的产业中，即使厂商只控制了较少的市场份额，其兼并也会受到反对。

**纵向兼并**（vertical mergers）发生在处于生产过程不同阶段的两个厂商结合在一起的时候。近些年来，法院对纵向兼并采取了严厉的态度。他们担心，如果两个独立的企业兼并，其排他性的经营会给竞争带来潜在的限制。而对于纵向兼并中联合经营的潜在效率，他们却并不多加考虑。

第三种类型的联合是将没有关联的业务结合到一起，称为**混合兼并**（conglomerate mergers）。在一场混合兼并中，一家化学公司或钢铁公司可能会购买一家石油公司。对混合兼并的批评来自两点：第一点，他们指出，最大型公司的绝对规模已经大得令人不安了。最大的 200 家公司的资产接近 2.5 万亿美元，它们因而具有巨大的经济和政治权力。许多观察家越来越担心大公司在滥用市场力量之余，更会通过操纵政治程序来获取利益。

混合兼并的批评者所提出的第二点是，这些混合联合中有许多并没有什么经济目的。它很像是在会议室玩扑克牌，用以取悦那些对管理他们的钢铁或化学工业感到厌倦的经理们。确实存在着这样的问题：做飞机生意与肉类加工有何共同之处？制造打字机与制造避孕药的厂商有何共同之处？而出租计算机和经营汽车客运又有何共同之处呢？

当然，也不是没有人为混合兼并辩护。某些经济学家认为，这些兼并能给落后公司带去现代化的管理。接管就像破产一样，体现的是一种生存斗争中清除枯枝败叶的经济机制。尽管如此，关于混合兼并的优缺点应该说还没有一致的看法，并且只要混合兼并没有提高某些特定行业的集中度，它就能够被公众所接受。

## 反托拉斯法和效率

近 30 年来，关于管制和反托拉斯的经济和法律的见解发生了巨大的变化。在这一时期，产业管制在放松，反托拉斯法在很大程度上废除了自己的信条：“制止资本的大量集聚，因为在资本的大量集聚面前，人们是无能为力的。”（引自 1945 年美国铝公司案件的判决。）久而久之，所有的手段都指向了提高经济效率这一目标。

是什么引起了这种对反托拉斯政策态度的变化呢？首先，经济学家发现，高度集中的产业有时也会表现出非凡的业绩。像英特尔、微软和波音这样的公司，它们虽然拥有巨大的市场份额，但仍具有极强的创业精神并已经取得了商业成功。尽管经济学理论认为垄断会维持高价格，但历史经验表明，高度集中的产业经常比集中程度较低的产业价格下降得更快。与此同时，也有一些非集中的产业，如农业和金融服务业，同样创造了突出的业绩。不存在将结构和绩效挂钩在一起的铁律。

怎样解开这个谜团呢？某些经济学家求助于熊彼特假说。集中化产业中的企业确实得到了垄断利润，但市场的规模也意味着大企业能将大量的利润用于研究与开发的投资上。这可以解释高度集中产业中的高额研发投资和迅速的技术更新等现象。如果正像熊彼特所说的那样，技术变革真的是源于大企业，那么，宰杀这只能下金蛋的鹅显然是愚蠢的。

对新的管制与反托拉斯政策的第二个支持，来自对竞争性质的观点进行的反思与修正。考虑到实验证据和观察两方面的材料，许多经济学家开始相信，只要能严格禁止勾结，即使在寡头市场，也会存在激烈的竞争。确实，前法律教授、现联邦法官理查德·波斯纳就这样说过：

> 企业惟一借以得到或保持垄断力量的真正单方面的行为，是欺骗专利局或者炸掉竞争者的厂房。然而，根据反托拉斯法以外的法规，欺骗和暴力一般说来也应受到应有的惩罚。[5]

按照这种观点，反托拉斯法惟一合理的目的，应该是对不合理的、限制竞争的协议（明显的或隐蔽的）加以禁

[4] HHI 等于产业中各公司市场份额的平方和。有关 HHI 的讨论见第 10 章。

[5] 本章结尾“补充读物”中有波斯纳的著述。

止，以代替现行的法规。

第三，钟摆之所以转向反对严格实施反托拉斯政策，是因为人们越来越强调市场力量和基于市场的激励因素经济思潮。这一取向受到芝加哥学派拥护者们的推波助澜。他们认为，绝大多数垄断权力是由政府干预所引起的。根据这种观点，垄断权主要处在政府许可的保护范围之内。重要的例子（见表 17–1）包括：对国际贸易的管制；反托拉斯法对工会的豁免；通过专利权实现的垄断保护；职业进入的障碍；医疗保健方面的限制。自由放任主义的倡导者还认为，减少政府管制就会强化竞争。

减少反托拉斯行动的最后一个理由是进口竞争的激化。随着更多的外国企业跨入美国经济的门槛，它们倾向于为市场份额展开强有力的竞争，打乱已有的销售格局和定价方式。由于日本汽车销售的增加，美国三大汽车公司的安逸局面已经被打破了。许多经济学家认为，在加强市场秩序方面，国际竞争的威胁是比国内反托拉斯法有力得多的工具。

# 总结提要

## A. 企业管制：理论与实践

1. 管制由政府命令企业改变其经营行为的各种规定组成。经济管制涉及对价格、生产、进入和退出条件、特殊行业服务标准的控制；社会管制是由旨在修正信息不完全和外部性，特别是在有损健康、安全以及环境方面的规定所组成。
2. 当市场不灵时，对管制的观点是：政府干预显得恰如其分。市场不灵包括：产业中过强的市场力量，向消费者和工人提供不恰当的信息，以及污染等的外部性。经济学家提出了一种积极的管制理论，根据这一理论，管制常常给被管制的厂商带来利益，使它们能够通过排除潜在竞争对手的途径去获利。
3. 对于自然垄断的管制是最严厉的。自然垄断在每一产出水平下的平均成本都在下降的时候出现，这时该产业最有效率的组织方式是，生产由单个企业来进行。今天很少有产业接近于达到这些条件——或许只有地方公用事业公司（如供水和电力供应公司）如此。
4. 在自然垄断条件下，政府管制私人企业的价格和服务。传统上，政府对垄断的管制要求在生产的平均成本基础上定价。理想的管制要求价格等于边际成本，但这一原则不能用于实践，因为它需要政府对垄断者实行补贴。还存在一种以绩效为基础的管制，例如最高限价，激励被管制的厂商降低成本、提高生产率。
5. 面对市场竞争的压力，尤其是来自国际市场的压力，今天只有少数几个产业还在实行经济管制。20 世纪 70 年代放松管制的运动明显地降低了政府的管制程度，航空业取消管制代表了这一运动所取得的成果。

## B. 反托拉斯政策

6. 反托拉斯政策禁止不利于竞争的行为并防止垄断结构。它是公共政策限制大企业滥用市场力量的主要方式。这一政策是在《谢尔曼法》（1890 年）、《克莱顿法》（1914 年）等法案的基础上发展起来的。反托拉斯法的主要目的在于：（a）禁止不利于竞争的活动（包括规定价格和划分市场的协议、价格歧视和捆绑协议）；（b）破除垄断结构。在今天的法律理论中，这些结构是指既具有过度的市场力量（占有相当大的市场份额）又从事不利于竞争的活动。
7. 除限制现有企业的行为外，反托拉斯法还防止可能会减少竞争的企业兼并。今天，横向兼并（同一行业企业间的兼并）仍然受到人们的关注，而纵向兼并和混合兼并已经能为公众所理解和宽容。
8. 反托拉斯政策明显受到最近 30 年经济思潮的影响。其结果是，反托拉斯政策将目标完全放在提高效率上，而不再强调早期的平民主义者对巨型规模本身的关注。甚至，在今天的经济中（存在来自外国生产者和无管制行业的激烈竞争），许多人认为反托拉斯政策应该主要致力于防止像价格固定这类勾结性协议等问题上。

## 概念复习

**管　制**
两类管制：经济管制与社会管制
旧式（命令控制式）管制和新式（经济激励式）管制
自然垄断
管制的三个理由：
　市场力量
　外部性
　信息不完全

**反托拉斯政策**
谢尔曼法、克莱顿法和联邦贸易委员会法
自行禁止与“合理管制”
兼并：
　纵向的
　横向的
　混合的
重视效率的反托拉斯政策

## 补充读物和互联网站

**补充读物**

Law and economics advanced greatly under the influence of scholars like Richard Posner, now a circuit court judge. His book, *Antitrust Law: An Economic Perspective* (University of Chicago Press, 1976) , is a classic.\

**互联网站**

An excellent website with links to many issues on antitrust is www.antitrust.org. The homepage for the Antitrust Division of the Department of Justice, at www.usdoj.gov/atr/overview.html, contains excellent source material on antitrust issues. You can also keep up to date by looking for recent articles from *The Economist* at www.economist.com.

Innovative studies of the economics of regulation are undertaken by the AEI-Brookings Joint Center on Regulatory Studies at www.aei.brookings.org. See Kenneth J. Arrow et al., *Benefit-Cost Analysis in Environmental, Health, and Safety Regulation* (1996), at that site for a review of the major issues involved in cost-benefit analysis and for a Supreme Court brief filed in 2000 by 40 economists arguing for increased use of cost-benefit analysis in environmental regulation.

## 问题讨论

1. 什么是政府限制垄断权力的主要武器？描述每一政策的长处和弱点。
2. 回顾图 17-2 中的三种价格结果。你能想到实行理想的管制价格的困难之处吗？（提示：国家从哪里得到财政收入？*MC* 容易衡量吗？）同理，你能想到出于什么理由，许多经济学家宁愿要无管制的价格结果而不要受管制的价格结果吗？（提示：如果 $P_M$ 比 $P_R$ 高得不太多会怎样？你是否也担心管制的利益集团理论所指出的情况？）
3. 解释为什么最高限价或通货膨胀率减 *X* 的价格管制法比平均成本定价的管制法更有激励性，并解释后者为什么能更好地防止垄断利润。
4. “微软，这个软件业巨头，它并仅仅因为大才坏。”讨论这句话，主要根据反托拉斯法对于大公司的应用情况。
5. 观察图 17-1 中的成本和需求曲线。利用这些曲线，推导出垄断价格和产出。把它们与理想的管制价格和产出加以比较，指出其中的差异。
6. 反托拉斯的两个重要方面是结构和行为。前者只注意产业的结构（如企业的集中化）；后者，则注意企业行为（如价格固定）。
   a. 回顾各种法规和案件，看哪些与行为有关？哪些与结构有关？20 世纪 80 年代的政府兼并准则是怎样的？

b. 两种方式的优点和不足各是什么？

7. 把你认为属于“自然垄断”的各产业列成表，然后考虑防止运用垄断权力的各种干预策略，对你表上的每一产业你打算做些什么？

8. 指出一个利润最大化的、无管制的垄断者从来不会在它需求曲线无弹性的范围内经营。指出管制如何才能迫使垄断者进入它的需求曲线无弹性的部分。当一个垄断者在其（a）需求曲线有弹性的部分，（b）需求曲线无弹性的部分，（c）需求曲线有单位弹性的部分经营时，其管制价格的增加对它的收益和利润各有什么影响？

9. 回顾本章关于兼并的准则，第 10 章中对 HHI 的定义，以及第 10 章第 2 题的表和讨论。航空业属于哪一种情况？如果政府认为代码共享协议等价于兼并，那么这些协议能通过兼并准则吗？

10. 在《事实调查报告》中，杰克逊法官这样写道：“微软觉得自己有相当的能力决定 Windows 98 的升级产品（用来卖给现有的 Windows 95 用户的操作系统）的价格，说明了该公司的垄断地位。微软于 1997 年 11 月的一项研究显示，该公司可以为 Windows 98 的升级产品定价为 49 美元，而且没有理由认为 49 美元不能带来赢利，但该研究认定 89 美元是收益最大化的价格。微软也因此将价格定为 89 美元”。解释为什么这些事实可以说明，微软不是一个完全竞争者。还需要那些信息来证明微软是一个垄断者？

# 第 18 章

# 环境保护

为增长而增长，乃癌细胞生存之道。

——爱德华·艾比

清新的空气、纯净的水、未遭污染的土地，谁都承认这些是我们所追求的目标。但为了达到这些目标，我们又愿意为之付出多少呢？如果我们无视自己所处的自然环境的要求和限制，则人类又将会遭受一种什么样的惩罚呢？

一方面，许多环保人士强调要限制污染和防止生态恶化。他们认为，人类的行为正在使得复杂的自然生态系统面临着严重的威胁，各种无意造成的恶果正在使得人类的智慧变得无能为力。因此我们必须猛醒与警觉起来，以防有朝一日大堤崩溃，愤怒的海洋将我们统统吞没。这方面，哈佛大学杰出的生物学家威尔逊（E. O. Wilson）曾有以下一个沉痛的警告，淋漓尽致地表达了环保人士的观点：

> 环境保护……将人类视为一种紧密地依存于自然界的生物物种……地球上许多重要的资源正在枯竭，大气的质量正在恶化，世界的人口正在膨胀到危险的程度。自然生态系统这一健康环境的源泉正在不可逆转地退化……每当这个严峻的现实及其后果困扰于心的时候，我的困惑就禁不住会激进得无以复加：人类是不是想要自杀？[1]

相信这一灾难性景象的人们指出，人类必须实行经济的“可持续”增长，并学会在稀缺的自然资源的约束下生存，否则我们将不得不吞食各种悲惨而又无可挽回的恶果。

另一方面，“富足论者”则有不同的意见。他们认为，无论是自然资源还是技术能力，其枯竭都是极为遥远的事情。这种乐天的观点表明，我们能够实现无限制的经济增长和生活水平的提高，人类的智慧足以应付任何环境问题。如果石油耗尽了，还有大量的煤。如果这还不够的话，不断上涨的能源价格会引发太阳能或是核能方面的开发。在他们看来，技术、经济增长和市场力量就是人类的救世主，而绝不是祸根。

一般说来，经济学家们总是试图站在环保人士和富足论者这两个极端之间，他们已经意识到许多世纪以来人类一直在损害着自然环境。历史地看，人类转向定居、毁林造田和饲养家畜之际，就已经是人类干预自然生态之时。然而，同今天大规模的生物工程、不断缩减的森林、过度的矿产采掘和滥用植物资源等相比，人类早期对自然环境的破坏，就显得有些微不足道。在本章，我们将看到如何运用经济学的工具来理解环境问题，以及如何设计出一个让世界更适合人类生存的发展战略。

---

[1] 关于威尔逊的文章，参见本章结尾的“补充读物”部分。

# A. 人口与资源限制

## 马尔萨斯及沉闷的科学

正如本章开始哈佛大学威尔逊教授那段话所言，在许多关注生态的人士的心中，都深藏着一种对于人口贪婪地快速扩张的恐惧。对此，一本闻名于世的科学杂志有如下评论：

> 首先，认识到人口过剩是罪魁祸首这一点非常重要。在往日的好时光里……实际上也曾有过饥荒，马匹和臭虫也曾在制造污染，壁炉中的燃煤也曾吐放出滚滚的烟尘，水源也曾为微生物所污染。只不过由于当时的人口是那样的稀少，而土地却又是那样广袤，因此自然界能够吸收这些污染而不至于酿成严重的后果。但今天的情况已经绝非往常可比。[2]

这段话的一半涉及的是资源污染和其他一些环境问题，这些我们将会在C部分讨论。话的另一半则涉及到人口问题，这一点我们马上就要进行讨论。

关于人口的经济分析要回溯到牧师马尔萨斯那里。在早餐桌上，当马尔萨斯反驳父亲有关人类总在进步的完美主义论调时，他第一次提出了他的观点。后来，他的观点变得如此强烈，使他最终写出了《人口论》（1798年）。该书当时非常畅销，并从那时起影响了全世界的人们关于人口问题和经济增长的思维方式。马尔萨斯的研究始于本杰明·富兰克林关于美国殖民地的考查。那里资源丰富，人口每隔25年左右就要翻一番。随后，他提出了人口增长的一般趋势的假定：除非是由于食物供应限制，否则人口数量就会按照指数方式，或者说几何级数的速度增长。更为严重的是，一代又一代翻番的人口数量——1，2，4，8，16，32，64，128，256，512，1 024，…… ——变得如此之大，以至于地球上再也找不出足够的空间让所有的人都有安身之地。

**有关经济学的理论：复利和指数增长**

指数增长和复利是经济学重要的分析工具。当一个变量从一个时期到另一个时期以固定比率增长时，指数（或几何）增长就发生了。例如，当数量为200的人口以每年3%的比例增加时，在起始年份（第0年），人口数为200；第1年，人口数为200 × 1.03；第2年为200 × 1.03 × 1.03；…；第10年为200 × $1.03^{10}$，如此类推。

当用货币进行连续投资时，如果获得的是复利，那么这就意味着过去的利息也产生了利息。能够赚取复利的货币呈几何增长。一项有趣的计算是，如果按照复利计算存款的话，印第安人出售曼哈顿岛所获得的24美元，到今天将价值几何？若从1626年起将这笔存放在捐助基金中，每年能获得6%的回报，那么到了2005年，它将价值900亿美元。

**70法则**（rule of 70）是关于复利的一个有用的法则。它表明每年以$g$比率增长的数量每隔（$70/g$）年将翻一番。例如，每年以2%速度增长的人口35年之后将会翻一番；如果你的投资基金每年有7%的回报率，那么10年后你的投资将会翻一番。

在研究了复利之后，马尔萨斯还有一记杀手锏。这一次，他放出了边际收益递减这个魔术师。他指出，因为土地是固定的，当劳动投入增加时，食物将按照算术级数而不是几何级数增长（比较1，2，3，4，…和1，2，4，8，…）。马尔萨斯沮丧地总结道：

> 当人口翻番、再翻番时，就好像地球不断地被等分、再等分。直到最后，地球会收缩得如此之小，以至于食物的供应降低到人类生存所必需的水平以下。

当边际收益递减规律应用于固定土地投入时，粮食产量显然不能与人口的几何增长速率保持一致。

事实上，马尔萨斯并非说人口必定会呈几何级数增长。这不过是在不加阻止的情况下才能发生的一种趋势。他曾经描述过一些随时随地能促使人口数量降低的因素。在他的著作（第1版）中，他特别指出了提高死亡率的那些确定因素：瘟疫、饥饿和战争。然后他提出了希望，指出减缓人口增长可以通过诸如禁欲和延迟结婚等“道德约束”。

这一边际收益递减法则的重要应用，显示了一个简单的理论能产生多么大的影响。马尔萨斯的理论有着极其深远的影响。他的著作被用来支持对英国的贫困法进行严厉的修订。由于受马尔萨斯理论的影响，人们认为应让穷人尽可能地感到不舒适。按照这种观点，政府不能改善穷人的福利，因为他们收入的任何增加都会导致工人增加生育，直至生活水准降到仅够生存的水平。

---

[2] 参见《科学》，1993年9月10日，第1 371页。

时至今日，马尔萨斯的幽灵仍然会在“世界末日（经济）论”中出现。例如，著名的计算机研究报告《增长的极限》及其 1992 年的续篇《超越限制》，这些都是马尔萨斯主义的现代版的代表作，它们所预言的灾难甚至已经超越了其理论鼻祖：

> 如果目前世界人口增长、工业化、污染、食物问题，以及资源枯竭等趋势继续保持下去，那么我们这个星球将会在下一个百年碰撞到增长的极限。最有可能的一个结果就是，人口和工业能力会出现一次突兀而无法控制的骤减。[3]

***马尔萨斯预言的缺陷*** 尽管马尔萨斯的统计研究工作非常仔细，但是今天的人口学家们还是认为他的方法过于简单化了。在对边际收益递减的讨论中，马尔萨斯从未预料到工业革命所带来的技术奇迹；也没有认识到计划生育和新技术能让家庭有降低出生率的能力。事实上，在 1870 年以后，当生活水平和实际工资快速增长时，西方大部分国家的人口增长率却下降了。

在马尔萨斯以后的一个世纪里，在欧洲和北美，技术的进步拓宽了生产可能性边界。实际上，技术变革的迅速非常之快，使产出的增长远超出人口的增长，从而使得今天的实际工资已经有了极大的提高。然而马尔萨斯理论中的正确部分，对于我们理解当前存在着人口和食物供给不平衡的贫困国家中的人口变化趋势仍然有重要的作用。

## 越富越健康

毫无疑问，今天人类的足迹已经遍布全球各个角落。人们在开垦农场、扩大城市和建设新居的同时，势必会缩减森林、狼群、沼泽和杂草的生息之地。但另一点，即现代马尔萨斯主义者所强调的“经济增长和工业化是通向环境毁坏之路”，是否也毫无疑问呢？

从历史的记录中我们无法找到明确的答案。有一个重要的发现就是污染程度随着不同的经济发展阶段一般呈现出“倒 U 形”（见图 18–1）的趋势。曲线上升的部分是城市化的结果。在这一发展的最初阶段，高污染工业取代了农业。当钢铁厂取代了农作物，空气污染进一步恶化就几乎是不可避免的，特别是在穷困国家无力负担污染控制的经济成本的时候。但随着收入的提高，各国都倾向增加污染控制投资，其经济结构也从重工业转向服务业，从而污染就会减少。这样就解释了图 18–1 中“倒 U 形”的污染曲线。

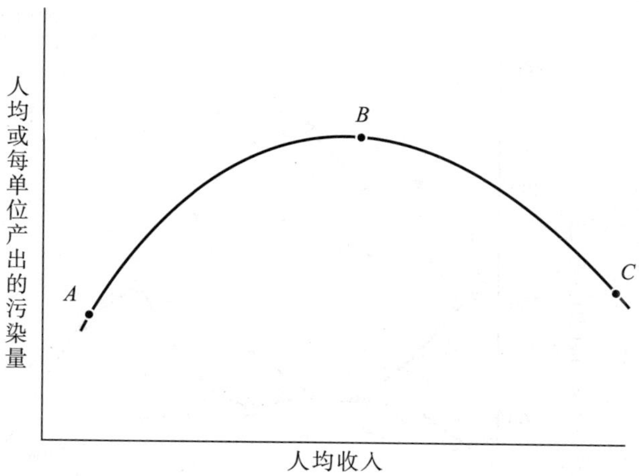


**图 18–1 污染与经济增长**

污染会随经济增长增加吗？实证研究表明，污染程度随着收入上升一般呈现出倒 U 型。在低收入时的 $A$ 点，维持生存的农业产生很少的污染。然后，在发展的初始阶段，重工业的增长在没有污染控制的情况下导致高人均污染的 $B$ 点。最后，随着污染控制和工业向服务业转化的趋势，发达国家的污染降到 $C$ 点。

美国污染的长期趋势与这些理论比较吻合。图 18–2 显示的是 20 世纪五种主要污染物每单位产出所造成的污染量。污染物的每单位产出所造成的污染在 20 世纪的 100 年中都有大幅度的下降。

经济增长与人类健康的关系是什么？这里的研究清楚地表明，人类健康水平同人均收入和教育水平之间存在着正相关关系。环境恶化，如糟糕的卫生条件以及不清洁的饮用水等问题，在最贫穷的国家里也最为严峻。对人口、经济发展和污染之间的关系有过深思的学生之一是牛津大学的威尔弗雷德·贝克曼。他将他的发现总结如下：

> 占世界人口 75%、居住在发展中国家的居民所面临的最严重的环境问题，就是如何在本地获得安全的饮用水、良好的卫生环境以及都市退化等问题。而且，有明显的证据表明……大多数国家最终获得良好的环境的最好（也许是惟一）方式就是脱贫致富。[4]

[3]《增长的极限》第 23 页，参见本章结尾的“补充读物”部分。

[4] 贝克曼的论文参见本章结尾的“补充读物”部分。

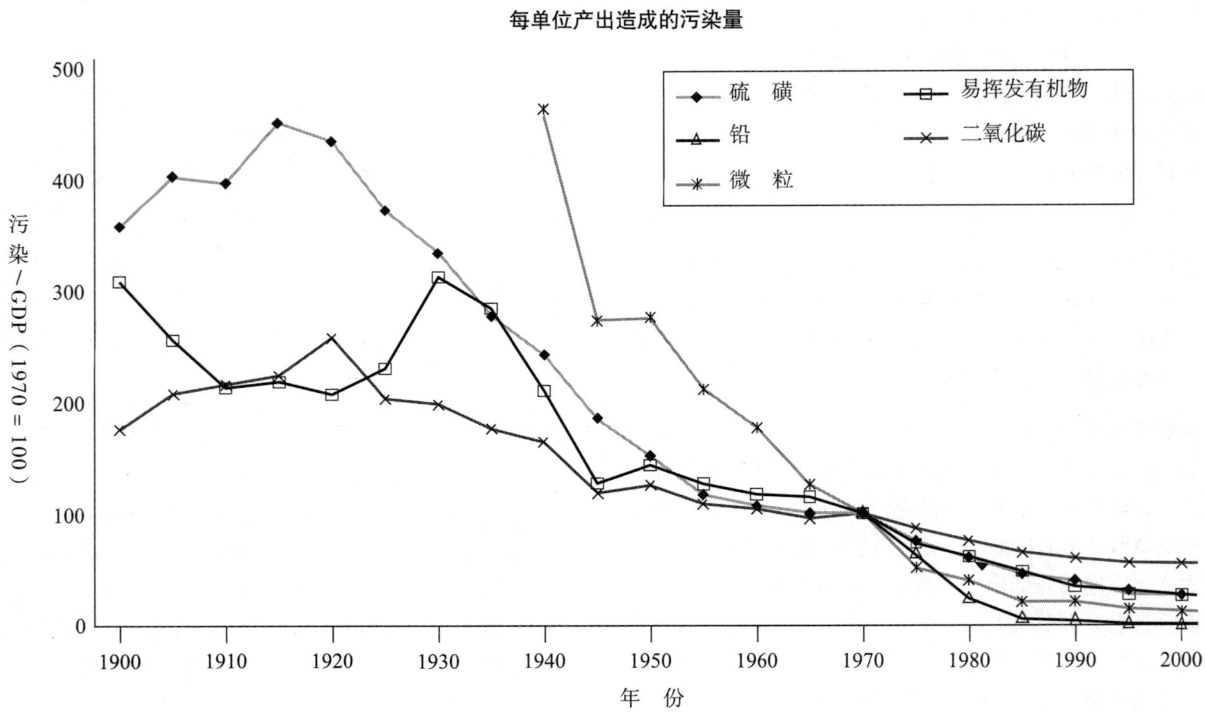


**图 18-2 美国 1900~2000 年间污染的趋势**

每单位产出造成的污染量在 20 世纪上半叶达到顶峰，此后大幅度下降。美国经济目前位于图 18-1 中曲线下降部分 $B$ 点到 $C$ 点之间的区域。

资料来源：Environment Protection Agency，Department of Energy，and Department of Commerce. 每一种污染物的数量都除以实际国内生产总值。

## B. 自然资源经济学

### 资源种类

什么是重要的自然资源？它们应当包括土地、水，还有大气。这个三重组合生产出了许多有用的商品和服务。大地肥沃的土壤为我们提供了粮食和美酒；地表下还蕴藏着石油和矿藏。水源为我们提供鱼、娱乐，以及非常经济的运输方式。宝贵的大气层不但提供可供呼吸的空气、日落的美景，还提供飞机的飞行空间。自然资源和环境从某种意义上说，都是另一种形式的生产要素，就像劳动与资本一样。它们是为人类服务的，因为我们从自然资源的服务中获取了产出或满足。

### 可分拨资源和不可分拨资源

在分析自然资源时，经济学家们注意到存在着两种不同的属性。首要的属性是资源是可分拨的还是不可分拨的。回忆一下，当厂商或消费者能够获得商品的全部经济价值时，商品被称为**可分拨的**（appropriable）。可分拨的自然资源包括土地（当农夫出售土地上生产的小麦和酒时，土壤的肥力为农夫所得）、像石油和天然气那样的矿产资源（所有者可以在市场上出售矿产品），以及森林(所有者可以向出价最高的人出售土地或树木)。在一个运行良好的竞争性市场，我们期望可分拨的自然资源将被有效地标价和分配。

但第二种自然资源，**不可分拨的**（inappropriable）资源，就一定会引发出经济问题。不可分拨的资源是其成本或收益不能完全归属于其主人的资源。换句话说，不可分拨的资源是一种具有外部性的资源。（回忆一下，外部性是指那些生产或消费对其他团体强征了不可补偿的成本或给予了无需补偿的收益的情形。）

不可分拨的资源的例子在地球的每一个角落都可以找到。举一个像金枪鱼、青鱼、鲟鱼等重要鱼类存量下降的例子。一群金枪鱼不仅能作为晚餐的食物，而且是繁殖下一代金枪鱼的母体。然而，这种繁殖潜力往往未能被纳入市场的行为之中，没有人会乐意买卖“金枪鱼的交配行为”。当一只捕鱼船捕捞金枪鱼时，它不必为这种消耗未来生殖潜力的行为而向社会提供赔偿。因此，在没有对这种行为加以限制的条件下，捕鱼船就会有过度捕捞的倾向。

这就导出了资源和环境经济学中的一个基本结论：

> 当资源是不可分拨的、具有外部性时，市场就不能提供正确的信号。一般说来，对于外部不经济的产品，市场会生产过度；而对于外部经济的产品，市场又会生产不足。

## 可再生资源和不可再生资源

运用资源的方式，取决于资源本身是可再生的还是不可再生的。**不可再生资源**（nonrenewable resources）是指那些其供给量基本固定，或短期内不可再生的资源。一个明显的例子是矿物燃料，它们在几百万年前沉入地层，相对于人类文明来说，它们的数量是可以视为固定的。另外还有非燃料矿物资源，例如铜、银、金、石头以及沙子。

第二类是**可再生资源**（renewable resources），它们的效用能够被有规律地补充，而且只要管理得当，它们就能产生无穷无尽的效用。太阳能、耕地、河水、森林以及鱼群都是很重要的可再生资源。

正如我们下面将要见到的，高效率地运用这两种资源的原则表现为两种不同的模式。高效运用不可再生的资源，其着眼点在于数量有限的资源的使用时间安排上：是应该现在就使用低成本的天然气，还是保存起来供今后再用？相反，对于可再生资源来说，明智的做法是保证能够不断地获得这种资源的效用，例如，适当地管理森林，保护生殖期的鱼群，或是监管河流湖泊的污染状况。

表 18–1 列举了资源的基本分类以及各类的代表。

| | 可再生的 | 不可再生的 |
|---|---|---|
| 可分拨的 | 木材、农用耕地、太阳能 | 石油、天然气、铜 |
| 不可分拨的 | 鱼群、空气质量、山麓美景 | 气候、放射性废物 |

**表 18–1 资源类别**

按照资源在生产和消费过程中是否存在明显的外部性，资源可划分为可分拨的和不可分拨的资源。另外，对不可再生的资源（例如石油和天然气）来说，有关的经济问题就是如何对有限的资源进行空间和时间上的分配。对可再生的资源（例如木材或鱼群）来说，关键的问题就是审慎地管理从而使资源的价值达到最大。

## 可分拨自然资源的分配

现在我们来看可分拨资源，即那些由私人拥有、其主要的成本和利润可以被纳入市场行为的资源。哪些是最重要的自然资源产业呢？表 18–2 显示的是在国民收入和产出账户中计算的主要产业的增加值。2001 年，市场所有自然资源产业占到了总产出的 2.6%；其中两个产业，农业和石油天然气，就占了市场化的自然资源的经济产出的三分之二。

虽然它们在总收入中所占的份额很低，但如果想当然地认为自然资源对经济增长并不重要的话，那将是十分愚蠢的。是否会有一天，我们耗尽了一些基本的自然资源（如能源），然后又去费劲地寻找新的替代物呢？没有什么比耗尽了计算机、汽车、医院和电动马达所需的燃料这一点能够更快地让现代工业经济陷入混乱和贫困。当今的现实的确令人担忧，因为在美国今天的能源消费中，高达 90%的比例是来源于有限的、不可再生的自然资源，如石油、天然气和煤。我们是否应当逐步限制这些宝贵的社会资本存量的使用，以便为我们的子孙后代也留下一些呢？

经济学家们从两个方面回答了这个问题。首先，他们指出，矿物燃料如石油和天然气是有限的但不是“必需”的。所谓*必需的资源*（像氧气）是指那些没有替代品的资源。所有的能源都有替代品，在许多方面，我们可用煤代替石油和天然气；当需要液体或气体的原料时，我们可将煤液化或气化；当煤用光之后，我们可使用成本高一些的太阳能、核裂变能，甚至或许有一天用上核聚变能。后面的三种能量可以说是无限的，因为如果太阳能也耗尽了的话，那就意味着我们已无法在这个地球上生存了。

第二方面的回答涉及到不同资产的相对生产率。许多环境论者指出，能源和其他一些自然资源（如野生区域、原始森林）都是特殊种类的资产，应当加以保护，这样才能实现经济的“可持续”发展。

经济学家则不同意这种观点。他们只是将自然资源视为一种特殊种类的生产性资产，就像高倍速的计算机、职

| 部　门 | 增加值，2001 年*（10 亿美元） | 占 GDP 的百分比 2001 年 |
|---|---|---|
| 可再生资源产业： | | 1.1 |
| 农业 | 80.6 | |
| 林业和渔业 | 17.2 | |
| 再生能源发电 | 10.4 | |
| 不可再生资源产业： | | 1.5 |
| 石油和天然气 | 110.3 | |
| 煤 | 10.5 | |
| 其他非燃料矿物： | | |
| 地质储藏稀少的+ | 8.8 | |
| 地质储藏丰富的++ | 2.9 | |
| 岩石、黏土、沙砾等 | 16.8 | |

* 总销售额减去物资的采购成本；包括利润、工资、利息、租金、折旧和税收。

\+ 包括 17 种矿物质，例如铜、金、银和钒。

++ 包括铁、铝等矿物质。

**表 18-2　不同类型资源的产品，2001 年**

众多可再生与不可再生的自然资源生产出了五花八门的产品。总产出或销售额的估值不仅包含了自然资源本身经济价值，同时也包含了资本与劳动的报酬。

资料来源："Benchmark Input-Output for 1997," available at www.bea.gov, and Robert Gordon et al., *Toward a New Iron Age?* (Yale University Press, New Haven, 1989).

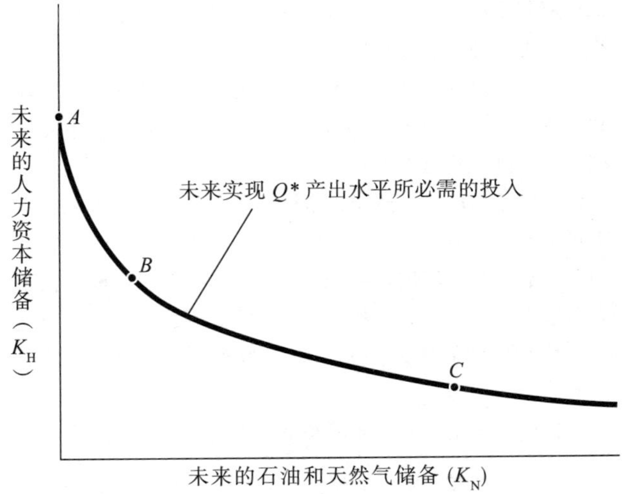


**图 18-3　自然资本和生产出的资本在生产中是替代品**

产出可以通过自然资本（$K_N$）或人力资本（$K_H$）生产出来。这条等产量曲线显示了未来生产一定产出量（$Q^*$）的投入组合。环境论者强调应当保护自然资本以便使未来的储备充足，例如 *C* 点。经济学家则强调保证稀缺资本产出最大化的必要性。如果自然资本是充足的，那么在 *B* 点将更有效率，它通过消费今天的自然资源储备了人力资本，并通过研究和发展提高了技术水平。

业培训中心的人力资本、软件方面的技术知识，以及科学家和工程师一样。经济学家和环境论者都同意，这一代应该为下一代留下充足的存量资产，但经济学家更关注于资本的生产能力而不是它的确定形式。经济学家提出了质疑，下一代从哪种形态中获益更多，是诸如石油、天然气和煤炭等自然资源的巨大储存，还是那些经过深加工的资本，如更多的科学家、高素质的劳动力，以及通过信息高速路联结的图书馆呢？

自然资本和其他形式的资本之间的替代关系，可用图 18-3 中的生产无差异曲线或"等产量曲线"来说明。在图中，我们可以看到在其他投入不变的情况下，为了在未来达到某种数量的产出（$Q^*$）所需要的两种资本的数量。我们可以制定保护政策减少今天的能源使用，为将来留下更多的石油和天然气以及相对较少的人力资本，例如图中 *C* 点的产出。同样，这种产出可以通过低能源价格和高教育水准的组合在 *B* 点实现。这两种方式都是可行的，但我们更想要那种能给现在和将来都带来更大消费量的方式。

需要注意的是，等产量曲线与纵轴相交于点 *A*，表示我们能在*不需要石油和天然气*条件下所生产的未来的产出水平 $Q^*$。为什么这是可能的呢？因为在 *A* 点，依靠高度发达的科技知识，人们可以发明和推广精煤或太阳能之类的能源，以替代耗尽的石油和天然气。曲线与纵轴相交，表明在长期内，石油和天然气并非是必需的。

## 资源价格趋势

1973 年，中东地区在经历一场战争和禁运之后，石油价格暴涨，许多其他种类的资源价格也随之急剧上升。很多人都担心世界上主要的不可再生资源已经处于枯竭的边缘。石油业的专家甚至认为，到 2000 年油价会涨到每桶 100~200 美元（以现在美元价格计）。

将近 30 年之后，原油的价格远远低于预测值。剔除通货膨胀因素之后，今天的油价不比 20 世纪 70 年代石油危机爆发前高多少。令人惊奇的是，大多数自然资源都是这样：在长期内，价格是在下降而不是在上升。图 18-4 显示了与劳动力价格相比的一些资源的价格变动趋势。过

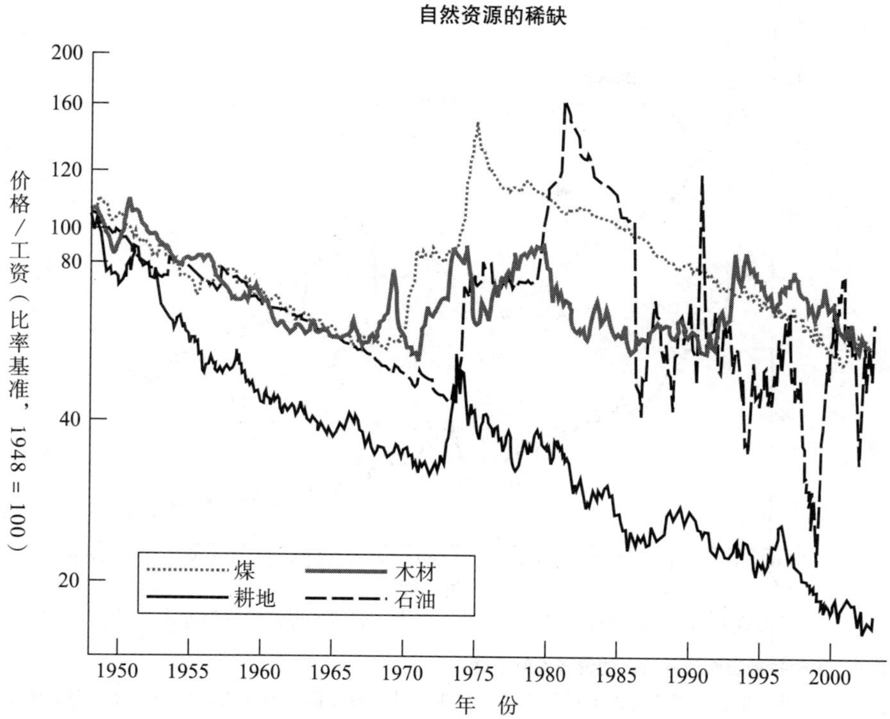


**图 18–4　相对于劳动的报酬，大多数资源的价格下降了**

对大多数的自然资源来说，生产率的提高和新的发明抵消了消耗的效应，所以相对劳动的价格或工资率来说，它们的市场价格下降了。这一点可以通过四个重要的自然资源来说明。长期的下跌趋势在 20 世纪 70 年代由于资源稀缺得到扭转，但到了 80 年代和 90 年代，这一趋势得以继续。

资料来源：Bureau of Labor Statistics and Department of Energy.

去 50 年来，与劳动力相比，所有的自然资源都不是那么稀缺了。尽管有过像 20 世纪 70 年代那样的短缺，但它只是暂时地背离趋势而已。

我们还可以从另一个更有说服力的角度来加以观察。如果资源悲观论者是正确的，则我们可以推断：越来越多的国民产出是由资源（耗费）型产业提供的。事实上，资源产业在整个经济中所占的比重在近两个世纪以来的确是不断地下降。图 18–5 表明了农业、林业、渔业、采矿业和其他资源产业在整个经济中所占的比重。在 20 世纪 40 年代末期，这些产业曾占到经济的 13%，然而，到了 2001 年这一比率下降到 5%。大部分的下降是来自农业，其原因我们在第 4 章已经论述过。20 世纪 70 年代石油危机的影响在图 18–5 中表现为一个跳跃，石油和天然气的价格以及它们占国民经济的份额也同时有一个飞升，但从 80 年代开始又出现了向下的趋势。

这一趋势意味着什么呢？答案与前面我们对马尔萨斯的讨论相似。实际上，技术变革和新发明带来的降价效应抵消了消耗所带来的涨价效应。例如，铜质电话线正在被光纤电缆所取代，后者使用的原材料更加便宜和丰富。这类变化已经发生在大多数的自然资源领域。

**资源之赌**

1980 年，经济学家和富足学派的主要倡导者朱利安·西蒙（Julian Simon）向环境悲观论者发出了挑战。西蒙相信技术能够找到任何可消耗资源的替代物，他允许悲观论者挑选任何自然资源，并愿与他们打赌：所选资源的价格一定会下降而不是上升。

保罗·埃利希（Paul Ehrlich）是一位有名的生物学家和环境论者，他接受了西蒙的挑战。埃利希最早出名是由于他在 1968 年写了一本名叫《人口爆炸》的书。在书中他预测了即将席卷世界的饥荒。在后来的一本书中，他还预言到 1985 年将会出现主要原材料的短缺。毫不奇怪，埃利希当然认为西蒙的预言是可以

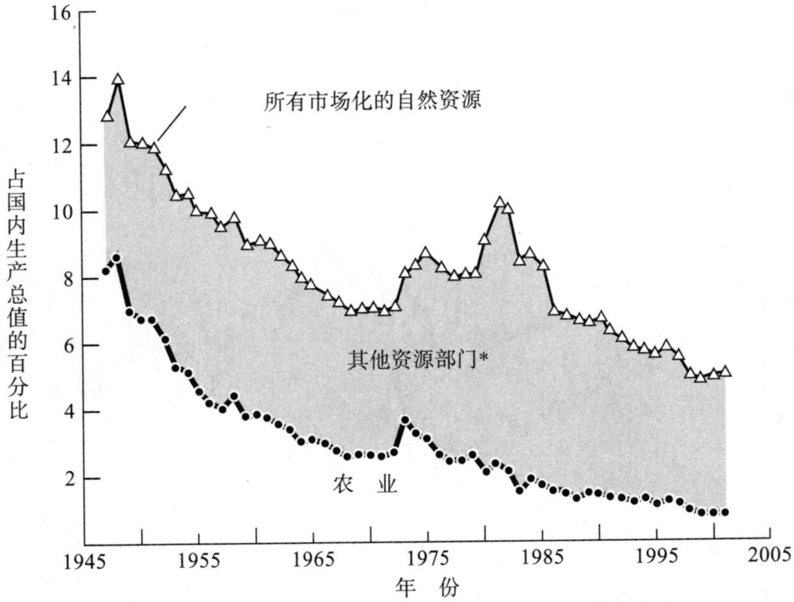


**图 18-5 可分拨的自然资源所占的经济份额下降**

在过去的半个世纪里，自然资源产业的份额急剧减少。其主要原因是农业重要性的下降，但其他市场化的自然资源与经济中的其他成分并驾齐驱。

资料来源：产业总产值占 GDP 的份额的数据来自 U.S. Commerce Department.

攻破的。他在 5 种金属（铬、铜、镍、锡、钨）上下了 1 000 美元的赌注，认定在排除通货膨胀的影响之后，它们的价格在 1990 年时一定会上升。

西蒙最后获得了胜利。在剔除了通货膨胀的影响之后，10 年里所有 5 种金属的价格都下降了许多（参阅图 18-4 的一般趋势）。埃利希不仅未能注意到长期资源价格的相对趋势，更不幸的是，他又正好赶上了美国的商业周期扩张同时为长期增长趋势所支撑的 10 年。

## C. 环境经济学

戈尔曾经作为美国副总统候选人，竞选的时候他在指出诸如南极臭氧洞和全球气候变暖等当前环境问题时，曾提醒人们应当关注那些未经抑制的经济增长所隐含的灾难性的后果。对此，布什总统曾插话相讥道：“各位知道我为什么称这位先生为臭氧人吗？他在增长和环保问题上实在是太极端了。如果按他说的办，我们就都要丢掉工作，并陷身于猫头鹰（重点保护动物）的团团包围之中。”

这场政治辩论反映了两种很深的分歧，一种人看到当国家不重视环境问题时灾难随时都可能降临；另一种人则相信凭借现代化的技术可以很轻松地解决环境问题，并认为在战争、失业、瘟疫、毒品和贫穷等问题的更严峻挑战的面前，环境问题并不特别重要。在这一部分中，我们将揭示环境的外部性特征，说明为什么它们会造成外部不经济，并分析可能的弥补方式。

### 外部性

我们已经接触过外部性这个概念，其含义是一种向他人施加那人并不情愿的成本或者效益的行为，或者说是一种其影响无法完全地体现在价格和市场交易之上的行为。

外部性表现为多种形式。有些外部性是正的，有些则是负的。当一个厂商将酸性的废水排放到溪流中时，鱼和植物会被杀死，景观的价值也会降低。因而这是一种负的或曰有害的外部性，因为该厂商并不需要就其行为向人们进行补偿。当你发明了一种好的办法可以清除外泄出来的原油时，这一好处将被许多未向你付款的人所享用。这就是一种正向的或者说有益的外部性。

有些外部性具有普遍性，而有些只涉及到很少的人。在中世纪，如有淋巴腺鼠疫病毒携带者进城，那么城里所有的人都会患黑死病而死亡；而在有风的日子里，如果你在足球场上嚼洋葱，则外部性的影响就不容易被人注意到。

## 公共品和私人品

为了说明外部性概念，让我们看看公共品这个极端的例子，公共品是一种向所有人提供和向一个人提供时成本都一样的物品。

公共品的典型例子是国防。对社会来说，没有什么比国家安全更重要了。但国防作为一种经济品，与面包等私人品完全不一样。10 块面包可以按人头分成许多份，而且我吃过的面包别人就不可能再吃一遍。而国防，一旦有人提供，就会对所有人产生平等的影响。无论你是鹰派还是鸽派，无论是和平主义者还是好战主义者，无论是老人还是青年，无论是文盲还是饱学之士，你都会像该国所有其他居民一样获得军队所提供的安全保护。

一个明显的对比是：提供像国防这样的公共品的生产水平的决策，会涉及到保护我们每个人的潜艇、巡航导弹和坦克等。消费私人品（如面包）的决策则完全是一种私人行为。你可以吃 4 片、2 片或者全部，总之，这完全是你个人决定的事，而无需确保其他人都有一定量的面包可以消费。

国防是公共品概念的一个戏剧性的极端例子。但是，如果你再想想天花疫苗、公园音乐会、建筑在河上游的防洪堤坝以及其他类似的政府项目，那么你就会发现公共品的一些共同特征。归纳如下：

> **公共品**（public goods，也译“公共物品”或“公共产品”——译者注）是指那种不论个人是否愿意购买，都能使整个社会每一成员获益的物品。**私人品**（private goods）恰恰相反，是那些可以分割、可以供不同人消费，并且对他人没有外部收益或外部成本的物品。公共品的有效提供通常需要政府行为，而私人品则可由市场进行有效的分配。

**全球公共品**

也许最棘手的市场不灵就是全球公共品了，它指的是其影响不可分割地蔓延到整个地球的一种外部性。重要的例子包括减缓全球变暖（本章后面将进行讨论）、防止臭氧的消耗、新产品的发现（如疟疾疫苗）等行动。全球公共品的问题之所以特别难以处理，是因为缺乏有效的市场或政治机制进行有效的配置。市场不灵是因为个人没有适当的积极性进行生产，而各个国家又无法独享全球公共品投资的收益。

全球公共品与其他物品有何不同？如果一场大风暴毁坏了美国的玉米收成，市场会引导消费者和农民重建供需平衡。如果美国的公路系统需要现代化，选民将游说政府开发更有效率的运输系统。但如果全球公共品问题出现，例如全球变暖或抗生素的研发，则市场参与者和单一国家将都没有适当的积极性去寻找有效率的结果。任何个人或国家的投资的边际成本都会远远低于全球居民的边际收益，因此投资不足是必然的结果。

# 外部性造成的市场无效率

亚伯拉罕·林肯曾经说过，政府应当“为人们做那些他们想做，但仅凭个人力量又根本无法做到或做好的事情”。控制污染合乎这一标准，因为市场机制无法对污染者进行适当的限制。厂商们既不会自愿地减少有毒化学物质的排放，也不会改变将有毒的废物倒入垃圾场的行为。控制污染一向被认为是政府的合法职能。

## 对无效率的分析

为什么像污染这样的外部不经济会导致经济的无效率呢？假定有一个以煤为原料的火力发电厂——黑亮电厂——会排出大量的含二氧化硫的有毒烟雾，从而造成外部不经济。硫化物当然也会影响厂家本身，厂房因此需要经常重新粉刷，同时员工医疗费用也会增加。尽管如此，损害的主要影响对该厂来说还是“外部的”，它影响的是整个地区：给植被和建筑物都带来问题，导致附近居民患上多种呼吸道疾病，甚至还会出现流产和婴儿夭折等一系列问题。

作为一家健全的以利润最大化为目标的厂家，黑亮电厂必须决定它应该排放多少污染物。若对污染置之不理，则它的工人和厂房都将会遭殃。另一方面，如果对所排放的每1单位气体都加以净化的话，则需要付出沉重的代价——低硫而清洁的燃料、再循环系统和净化装置之类。完全彻底的净化费用肯定太大，会使黑亮电厂无法在竞争市场上生存。

于是该厂经理会选择一个均衡水平减少污染。在该水平，电厂从多净化1单位污染或“污染减少1单位”（私人的边际收益）中所获得的效益，正好等于多“减少1单位污染”所增加的成本（净化的边际成本）。根据电厂会计的匡算，每减少1吨二氧化硫的私人边际收益为10美元。于是，电厂的工程师告诉经理，净化400吨污染物中的第50吨时，边际成本正好等于每吨10美元。这样，该厂就找到了清除污染的私人最佳水平是50吨，在这个水平上，厂家的私人边际收益正好等于净化污物的私人边际成本。换言之，当黑亮发电厂只从私人成本收益角度考虑问题并以最小成本进行发电时，它就会排出350吨的污染物，而只净化50吨。

现假定一组环境学家和经济学家要检测整个社会而不仅是一个黑亮电厂的污染影响。在检测总的影响时，观察家们发现，控制污染的社会边际收益（包括增进健康和提高邻近地区的资产价值）是上述私人边际收益的10倍。黑亮电厂每净化1吨排放量所带来的私人收益是10美元，还有90美元的附加外部成本是造福社会的。为什么黑亮电厂不将附加的90美元社会收益统计入账呢？因为那对厂商来说是外部的，对利润毫无影响。

我们现在了解了污染和其他外部性如何导致了经济无效率的产生：在没有管制的地方，厂商会采用使净化污染的私人边际收益等于净化污染的私人边际成本的方法，来决定利润最大化条件下的污染水平。当污染外溢出去的影响很严重时，私人均衡水平势必缺乏效率，从而导致很高程度的污染和很低水平的净化行为。

***符合社会效率要求的污染*** 在私人控污决策缺乏效率的条件下，能否找出更好的解决办法呢？是否应该彻底禁止污染呢？是否应让受害者与制污者谈判，或对制污者起诉呢？是否存在一种可操作的解决办法呢？

通常，经济学家们通过平衡社会成本和收益的办法来确定符合社会效率标准的污染水平。更精确地说，*效率是指控污的社会边际收益等于控污的社会边际成本*。在这个水平上，减少1单位的污染所增进的国民健康和财产的边际收益正好等于相应的减少1单位污染的边际成本。

那么有效的污染水平该怎样确定呢？经济学家提供了一种方法叫做*成本—收益分析*，效率水平由一种行为的边际成本和边际收益的均衡来决定。在黑亮电厂的例子中，假定专家们研究减少污染和影响环境的成本数据后发现：当控污量从50吨上升到250吨时，社会边际成本会等于社会边际收益。在这个有效率的污染水平，他们发现控污的边际成本是每吨40美元，此时，控制最后1单位污染所带来的社会边际收益也是每吨40美元。

为什么厂商有效率的污染排放量是150吨（控污250吨）而不是400吨（控污0吨）呢？因为在这一排放量上生产的社会净效益最大。如果黑亮电厂的污染排放量超过150吨，那么所增加的环境破坏的社会损失就将会超过控污所带来的社会收益。而如果污染被降低到150吨以下，则控污的边际成本又会大于空气净化的边际收益。再重复一下，在许多场合，我们发现当边际成本等于边际收益的时候，经济行为的结果是最有效率的。

成本—收益分析说明了为什么“无风险”或“零排放”政策通常是很浪费的。将污染降低到零将会使控污成本上升为一个天文数字，而减少最后几克的污染物所带来的边际收益却少得可怜。而在有些情况下，要达到持续零排放几乎是不可能的。换句话类比一下，按照零风险原则，计算机工业就应当关闭，所有的汽车交通也应当被禁止。现实中通常的情况是，经济效率要求达成一个折中方案，即产业的额外产出的价值正好同额外污染的损失相均衡。

> *没有管制的市场经济会产生一定水平的污染（或其他外部性），在这个水平上，控污的私人边际收益等于私人边际成本。效率要求控污的社会边际收益等于其社会边际成本。在一个没有管制的经济中，会产生太少的控污行为和太多的污染。*

## 对危害的估价

制定环境政策所遇到的一个主要困难是，我们需要去估计污染控制和其他政策的价值。正如我们在上文中所述的那样，有效的环境管理要求我们平衡因环境污染造成的影响以及经济损失。例如，如果污染排放费能根据社会边际成本和社会边际收益来确定，则我们显然就必须计算出污染的社会危害。

如果受影响的只是市场产品和服务的话，则危害的测量相应地也就会比较直接。如果气候变暖导致小麦减产，我们可以通过观察小麦的净产值变动来测量。与之类似，如果新建一条马路需要拆掉某些人的房子，则我们也可以计算出替代住所的市场价值。

然而不幸的是，许多类型的环境危害，尤其是非市场性的，对其进行损失估计要困难得多。举例来说，环保人士最近呼吁政府出台一项停止在太平洋西北部伐木的禁令，以保护斑点猫头鹰的栖息地。这意味着将会牺牲掉数以千计的伐木工人的就业机会，并且木材的价格会提高。但在另一方面，考虑到斑点猫头鹰的逐渐消失，我们又如何计量斑点猫头鹰持续生存下去的价值呢？再举个例子，在阿拉斯加的威廉王子海峡，埃克森公司的瓦尔代兹号油轮的泄漏污染了海滩，危害了野生动植物。海獭的生命究竟值多少钱？

经济学家们已经找出了许多种方法，如估计猫头鹰和海獭价值的方法，以计量无法直接用市场价格来显示的危害的价值。最可靠的方法是首先检查环境污染对不同方面的影响，然后再计算这些影响的市场价值。例如，在估计二氧化硫排放量的影响时，环境经济学家首先估计高排放量对健康的影响，然后根据调查或根据人们实际行为来估计健康状况的变化，最后确定这些变化的美元价值。

估计涉及生态系统和不同物种的生存的价值是最困难的情况。斑点猫头鹰的价值是多少呢？大多数人从未见过斑点猫头鹰，就像从未见过引吭高歌的仙鹤或威廉王子海峡一样。但他们还是愿意对这些自然资源的价值进行估量。有些环境经济学家用或发价值（contingent valuation）的概念来形容人们愿为假定的情形所支付的价格，例如，保护某些自然资源不受伤害。虽然这种方法能得到答案，但这些答案并不总是可靠的。

几乎没有人会怀疑未受污染的环境有很高的价值这一命题，但计量环境的真实价值，尤其是非市场部分的价值确实是一个难题。

## 污染的图形分析

我们可以通过图 18–6 来说明这些观点。具有正斜率的 *MC* 是控污的边际成本曲线，具有负斜率的曲线是减少污染的边际收益曲线。上面的 *MSB* 线是减少污染的社会边际收益线，下面的 *MPB* 线是净化污染的私人边际收益曲线。

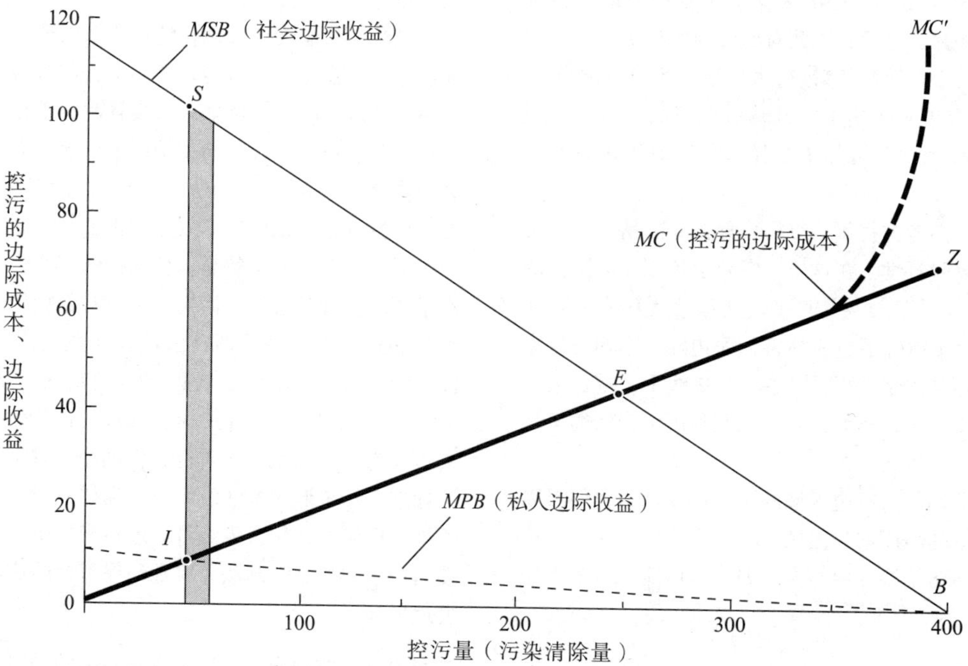


**图 18–6 外部性导致无效率**

当社会边际收益（*MSB*）与私人边际收益（*MPB*）两曲线分叉时，市场的非管制均衡点在 *I*，*I* 点的控污量，或者说污染清除量非常小。有效的控污量应该是在 *E* 点，在该点的 *MSB* 等于 *MC*。

**污染的图形分析提示**

在分析污染时将控污视为“益品”是很有用的。在图上，我们在纵轴上衡量边际成本和收益，在横轴上衡量控污或污染清除量。这里的技巧在于记住因为控污是一种“益品”，因此它在横轴上是正值。同样，你也可以用距原点很远的400单位作为新的原点，而将污染作为一种（害品并用）负值去计量。可见，零控污量就是400单位的污染，而控污400单位则意味着污染为零。

没有管制的市场均衡点为*I*，在*I*点私人边际成本和收益是相等的。在这一点，只有50吨污染被控制，每吨的私人边际成本和边际收益是10美元。但没有管制的市场是缺乏效率的。通过一个实验将控污量提高10吨，我们将看到这一点。这一变化通过*I*点右侧的条状部分表示。对于增加的净化量，边际收益是*MSB*曲线下的整个条状区域，而边际成本是*MC*曲线下的区域。净收益是两条曲线之间的条形阴影部分。

在*E*点实现了有效率的污染水平，在该点，控污的社会边际收益等于边际成本，且*MSB*和*MC*均为每吨40美元。同时，因为*MSB*和*MC*相等，增加微量的控污量在两条曲线之间并无差异，因此对额外的污染控制来说没有净收益。相对于无管制的情形，我们还可以把从阴影部分到*E*点的所有小条块集中，计算有效解决方式下的净收益。这一计算表明，区域*ISE*代表了有效控污后的收益。

最后，让我们考虑将每一点污染都排除的情形。这可以被称之为零风险哲学，在这里，它要求控制400单位的污染。在图18-6中，社会边际收益为零且无污染的点在*B*点，因为最后*1*单位不造成损害，而边际成本相对较高的点在*Z*点。在某些情况下，如在*MC′*虚线上，零污染的成本可能是天文数字。例如，降低能源利用中产生的所有污染的代价极其昂贵。

通过把有效率的点右边区域的小条块相加，我们可以看到零风险方案的净成本为区域*EZB*。这个例子说明经济学家为什么对零污染持怀疑态度，因为这可能导致整个经济的破产。

## 矫正外部性问题的政策

对付外部性造成的无效率的武器是什么？最常见的方法是政府的反污染计划，通过直接控制或经济激励来引导厂商矫正外部性。更细致的办法是明确并加强产权管理，以促成私人部门之间通过协商达成更加有效的解决办法。本部分我们将讨论这些办法。

### 政府计划

***直接控制*** 几乎所有的污染和其他影响健康及安全的外部效应，政府均依靠直接的管制加以控制。这通常被称为社会管制（见第17章）。例如，1970年的《空气洁净法》将三种主要污染源的规定排放量降低了90%。1977年，要求新的厂家必须减少90%的硫化物排放量。根据过去几十年中公布的一系列管制条例，厂商们必须逐步停止使用破坏臭氧层的化学物质。这就是管制的作用。

政府怎样实施污染管制呢？我们继续讨论黑亮电厂的例子。国家的环境保护局可能会要求黑亮电厂将净化量提高到250吨。在命令—控制型管制下，管制者只需给出所要求的控污技术和施工场地的详细规定，命令厂商执行即可，该厂商或所有厂商几乎没有什么想点新招或讨价还价的余地。如果标准被合理地确定下来（一个很理想的假设），产出就可能达到本节前面所谈的有效率的污染水平。

理论上管制者可以选择控污法令保证经济效率，但在现实中这一点却不大可能。事实上，许多污染管制苦于越来越多的政府不灵。例如，污染管制经常在未对边际成本和边际收益进行比较之前就拍板定夺了，而没有这种比较就根本无法确定有效率的控污水平。的确，对某些管制，法律还特别禁止根据成本效益分析去制定标准。

此外，标准天生就是一种笨拙的东西。有效率的控污水平要求各种污染源的污染边际成本都相等。命令—控制型管制通常不允许厂商、区域和产业之间存在差别。因此，管制对大企业和小企业、城市和农村、高污染和低污染的产业都是“一刀切”的。即便A厂商一吨净化量的成本仅为B厂商的一小部分，但两个厂都被要求达到同样的标准。结果低成本的厂商得不到任何激励去更多地减少污染，即便这样做会更经济。进一步的研究还表明，由于使用命令—控制管制法，实现环保目标的成本已经在不必要地增加了。

***市场办法：排放费*** 为避开直接控制的陷阱，许多经济学家建议环境政策应更多依靠经济激励而不是政府命令。方法之一就是收取排放费，即要求厂商为它们的污染支付等于其外部危害的税款。如果黑亮电厂对该社区造成的外部

边际成本是每吨 35 美元，那么合适的排放费就应为每吨 35 美元。这就是通过让厂商面对其行为的社会成本，而将外部效应的影响内部化。黑亮电厂计算它的私人成本后会发现，在图 18–6 的 *E* 点，再增加 1 吨污染会花费它 5 美元的内部成本和 35 美元的排放费，边际污染成本总共是每吨 40 美元。通过比较新的私人边际收益（私人收益加排放费）和边际控污成本，厂商将会把它的污染水平控制到效率水平。如果排放费是通过精确计算的（又一个很理想的假设），那么，追求最大利润的厂商就会被一只修正过的“看不见的手”引导至效率水平，在该点污染的社会边际成本和社会边际收益是相等的。

另一种替代方法如图 18–7 所示，它与图 18–6 相似，只不过因移走私人边际收益曲线而变得简化了。运用直接控制法，政府只需简单地让厂商减少 250 吨污染物（或排放不超过 150 吨）。这将使标准落在粗垂直线上。如果该标准设置正确，厂商就将会接受控污的社会效率水平。因此，由于有效率的管制，厂商将会选择 *E* 点，该点的社会边际收益 *MSB* 等于边际成本 *MC*。

收取排放费意味着什么呢？不妨假定政府要对厂商每吨污染物收取 35 美元。其结果意味着私人控污的边际收益将会从每吨 5 美元上升到 40 美元。面临这种激励，厂商当然会选择图 18–7 中的 *E* 点。

***市场办法：可交易的排放许可证*** 发放排放许可证是避免政府征税或收费的一种新办法。采用这种办法，由政府确定污染水平并将排放额度适当地在厂商中间分配，而不再是告诉厂商必须为每吨污染缴纳多少美元，并允许厂商自己选择污染水平。许可证的价格由许可证市场的供给和需求来决定，数额上等同于排放费。假设生产和控污成本已知，交易许可证将产生与排放费一样的结果。这两种方法的主要区别在于，政府经常会向厂商分派许可证，以赢得它们政治上的支持。这就是说，产业能从许可证上获得收益，而政府能在排放费上获得收益。

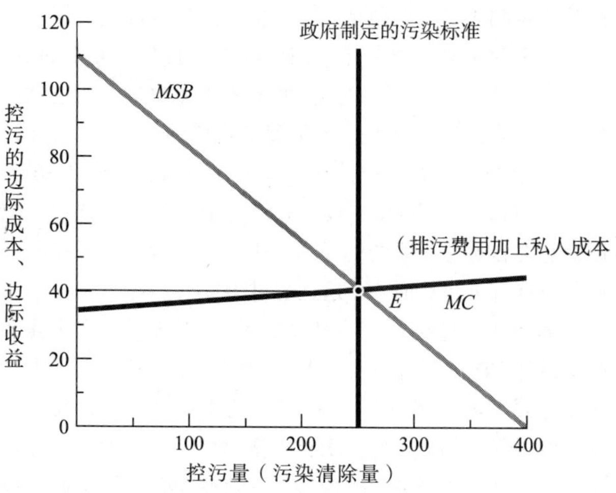


**图 18–7 污染标准和排放费**

当政府将污染限制在 150 吨或要求净化 250 吨时，这一标准将导致 *E* 点的有效率的控污。同样的结果可以通过向污染收取每吨 35 美元污染费达到：每吨 35 美元的费用加上 5 美元的私人边际损害，其和等于边际成本。这也将导致 *E* 点的有效率的控污。

**经济创新：污染许可证交易**

大多数环境管制利用命令—控制的办法限制个体（如能源制造厂或汽车厂）对于污染物的排放。但这种方法并不适合于所有的污染物排放。更重要的是，它使得所有的计划都会产生非效率，因为它不满足所有排放都有相同的边际成本这个条件。

1990 年，美国政府在它的环境控制计划中，宣布了一种用以控制二氧化硫这一最有害的环境污染物的全新方法。在 1990 年空气洁净法的修正案中，政府发行了一定数量的许可证，控制全国每年二氧化硫的排放量。到 2000 年，排放量应当减少到 1990 年的 50%。这一计划的创新之处就在于许可证可以自由交易。电力产业得到污染许可证，并被允许它像猪肉或小麦一样进行买卖。那些能以较低成本降低硫化物排放的厂商会这样做——卖出它们的许可证；另外一些需要为新工厂争取更多额度许可证的，或没有减少排放余地的厂商会发现，比起安装昂贵的控污设备或是倒闭来说，购买许可证或许更经济一些。

环境经济学家相信，激励的增强有助于实现雄心勃勃的目标，而且其成本比传统的命令—控制型管制要低。缅因州科尔比学院的经济学家汤姆·蒂藤伯格(Tom Tietenberg）的研究表明：传统方法的成本要比有成本效益的管制（如买卖排污许可证）高出 2~10 倍。

排污许可证市场的运行产生了令人惊奇的结果。最初，政府预计在开始几年许可证的价格应在每吨二氧化硫 300 美元左右，但实际上，市场价格下降到每吨 100 美元以下。成功的原因之一是这一计划给了厂商足够的创新激励，厂商发现使用低硫煤比早先预想的要容易，而且更便宜。对于那些主张环境政策应以市场手段为基础的经济学家们来说，这个重要的实验可以提供一个强有力的论据。

## 私人方式

一个普遍的假设就是，某种形式的政府干预在克服污染和其他外部性导致的市场不灵问题时是必不可少的。实际上，产权的修正而不是政府的直接干预有时候也可产生有效率的结果。

私人部门克服外部性的一种方法是依靠责任规则，而不是直接的政府管制。这里，外部性问题的制造者有法律责任向受害人进行赔偿。事实上，建立一个恰当的责任系统，外部性就被内部化了。

在某些领域，这类规则已经确立和颁布。例如，在大多数州，如果你被一个冒失的司机撞伤，你可以依法索赔。或者，你被不合格的产品所损害导致疾病等，公司都将负担产品责任。

责任规则从理论上讲，是将生产非市场化的成本进行内部化的一个很好的方法，但是在现实中，责任规则的应用却十分有限。它通常需要高昂的诉讼成本，这增加了原先的外部性成本。而且，由于产权并不完全（例如，涉及清新的空气时），或者外部性牵涉到大量的企业（例如，将化学物质倒入溪流中），许多受害方很难或根本无法起诉。

私人部门所采用的第二种方法依赖于明晰的产权和不同利益集团的谈判。这种方法是由芝加哥大学的罗纳德·科斯（Ronald Coase）发现的，他指出：有关当事人自愿协商常常可以得到一种有效率的结果。

例如，假设我是一个农民，我用的化肥流到了下游，毒死了你鱼塘的鱼。进一步假设你无法起诉我毒死了你的鱼。如果你的养鱼业足够赚钱的话，即使你无法起诉我，你也会努力地促使我减少化肥的用量。换句话说，如果将我们两家的业务重组并能产生净利润的话，则科斯指出，我们两人都会有足够的动力坐到一起，就有效率的倾倒水平达成一致的意见。这种积极性势必存在，无需政府的任何控污计划或责任系统。

> 只要产权清晰，交易成本很低，尤其是当只有几个利益相关方时，健全的责任规则或谈判有时也能保证在存在外部性的情况下产生有效率的结果。

## 气候变化：减缓抑或不减缓

在所有的环境问题中，没有什么比温室效应所引起的全球变暖的威胁更让科学家们感到焦虑了。气象学家和其他科学家警告说，由于燃烧矿物燃料所产生的大量诸如二氧化碳一类气体的累积，在下一个世纪将会引发全球气温变暖，其他的气候条件也会发生重大变化。通过气象模型，科学家指出，如果目前的趋势持续下去，到下一个世纪，全球气温将会升高4~8华氏度。这将是人类文明史上从未有过的高温。

公共品引起的问题中最早就包括温室效应，今天的行为将影响下几个世纪全球人类的生存气候。近期，我们开始面临控制二氧化碳排放的成本，许多国家已开始节能和使用替代能源（太阳能或核能）以减少使用矿物燃料，此外还有植树造林和其他一些方法。这些都意味着在短期内，我们不得不选用较高成本的能源、保持较低的生活水平和较差的消费质量。当日积月累的排放控制在未来减轻了气候灾难，对农业、海滩和生态系统伤害变小的时候，我们今天控制 $CO_2$ 排放的收益才会兑现。

经济学家研究气候变化的经济影响，为的是寻找可供政府采用的对策。经济研究表明，发达国家，如美国的市场经济可能在未来的数十年内不受气候变化的影响；而农业和不受人为控制的生态系统，如森林、鱼类和珊瑚礁受气候变化的影响最大。许多科学家担心气候突变的可能性，这种变化可能使天气模式在几年内发生巨大的改变。这样的前景确实可怕，但目前没有可以信赖的手段估计这种可能性。

制定控制气候变化的有效战略需要测定减少 $CO_2$ 排放量的边际成本和边际收益。图18-8的 *MC* 曲线显示了减少污染的边际成本，*MSB* 表示社会边际收益。纵轴衡量的是成本和收益，单位是美元。横轴衡量排放减少量，单位是二氧化碳减少百分比。图中的点 *E* 代表有效率的点，在该点，减缓气候变化的边际收益等于净化空气的边际成本。这一点意味着未来人们消费的现值的最大化。相反，纯粹的市场解决方案的排放减少量在原点，此时 *MSB* 远远高于取值为零的 *MC*。极端的环境论者的解决方式，试图避免对自然生态系统的任何伤害，因而将会出现在图右侧的边缘部分，此时 *MC* 远远超过 *MSB*。

如何才能达到代表有效率的CO2排放减少水平点 *E* 呢？既然 $CO_2$ 来源于含碳原料的燃烧，于是就有人提出对含碳原料征收“碳税”。含碳较多的原料（如煤）要比含碳少的原料（如天然气）负担更重的税。经济学家已经发明了有效估计碳税的一些模型——这些模型能够平衡高税率带来的成本以及全球变暖造成的损害下降所获得的收益。它们能在政策制定者们制定防止全球变暖的政策时起到指导的作用。

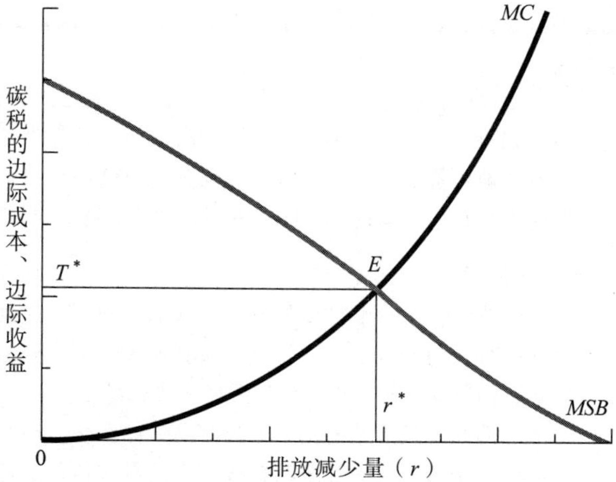


**图 18–8　碳税能减缓气候变坏**

有效减缓气候变动危害，要求征收 $T^*$ 水平的“碳税”，或者限制二氧化碳的排放水平为 $r^*$，以使控污的边际成本与减少气候变化危害带来的收益相平衡。

**全球公共品与《京都议定书》**

在本章前面我们讨论了全球公共品。国家间应对全球公共品的方法是签订条约式的国际协议。这些协议的目的是，在污染博弈中从无效率的不合作结果转向有效率的合作解决。但是达成有效率的协议往往很困难，缓和全球变暖的努力就是一个很好的例子。尽管科学家提出气候变化的警告已经有 30 多年，但一直到 1992 年才有了第一个主要的关于气候变化的国际性协议：《气候变化协议备忘录》（FCCC）。FCCC 包含了这样一些非约束性的条款：高收入国家承诺限制 $CO_2$ 等温室气体的排放。

当自愿措施失效时，一些国家在 1997 年又对关于气温变化这一主题进行了谈判并签订了《京都议定书》。在这一协定中，高收入国家和前社会主义国家都做出了有约束力的承诺，即在 2010 年以前将温室气体的总排放量减少到要比 1990 年少 5%，且每一国家都有一个具体的目标。以美国二氧化硫交易制度的经济学理论和经验为基础(上面讨论过)，《京都议定书》还包括了允许国家间买卖排放权的条款。

经济学家们对《京都议定书》做了详尽的分析。其主要的结论是：第一，限制温室气体排放成本高昂。经济模型估计，按扩展的《京都议定书》统计，全球净化成本的现值以 2000 年的价格计算将达到 1 万亿美元。第二个结论是，将《京都议定书》局限在高收入国家和前社会主义国家将会显著降低其成本—效益。由于排除了像中国这样能源密集型的发展中国家，相对于一个符合成本效益原则的协议而言，达到全球排放目标的成本会提高 2~4 倍。

很多研究表明美国将承担实施《京都议定书》所带来的大部分成本。因为美国经济增长迅速而且能源的价格不断下降，所以国内排放二氧化碳量的增长率要快于其他参与国。布什政府于 2001 年宣布美国退出《京都议定书》，这其中的部分原因是出于成本的考虑，部分原因是美国政府不喜欢国际协定。而其他的参与国都比原计划提前完成任务。美国将来在制定全球变暖政策中的作用在未来几年里仍然是一个有争议的问题。

## “争吵和污染”，还是“推理和计算”

我们以人类惨淡的未来为题开始了本章的讨论。考查过这个领域之后，我们能得出什么样的结论呢？就个人来说，他们很容易对人类理解和控制全球环境威胁的能力产生乐观或悲观的看法。另一方面，很显然，我们正在驶向一个未知的海域。在以一种无法挽回的方式改变资源的同时，我们也正在耗尽许多资源。我们正在许多我们未知的领域，与整个宇宙进行着一场赌博。似乎同有历史记载的早期人类一样，今天的人们也喜好争论，他们制造了极其有效的武器来对争论者进行反击。与此同时，我们的观察分析能力也是重要的、更令人生畏的武器。监督、分析和计算综合能力的增长，总是比我们排放废物、砍伐树木、过多生育的增长速度要快一些。

一方面是我们不断争论与污染的行为，另一方面则是我们探索与计算的能力，在这二者的竞赛中，哪一方将会占上风呢？是否有足够的资源能让今天的穷人也享受到高收入国家那样的消费水平呢？富人会向他们提供向上的阶梯吗？这些深层次的问题，我们迄今还没有得到最后的答案。但是许多经济学家都已经相信：只要我们明智地运用环境资源，则人类不仅可以继续生存，而且还会迎来长远的发展和繁荣。

## 总结提要

### A. 人口与资源限制

1. 马尔萨斯的人口理论以边际收益递减法则为基础。他指出：如果人口不受约束，将会以几何级数（或指数数列）增长，一代又一代地翻番。但是，增长的人口将只有更少的土地和自然资源可供利用。因为边际收益递减，收入最好的情况是呈算术级数增长，所以人均产出将趋于下降，最后人口数量将会被稳定在仅够人类生存的物质水平上。
2. 在过去的一个半世纪中，马尔萨斯和他的追随者们受到了多方面的指责。批评者指出，马尔萨斯主义忽略了技术进步的可能性和控制生育在减少人口增长方面的重大作用。
3. 关于污染、人口和收入三者关系的研究表明：对于环境质量的需求随着人均收入迅速增长，因此当人均收入上升时，大多数环境质量的指数是改善而不是恶化了。

### B. 自然资源经济学

4. 当自然资源的供给量是固定的且不能很快再生时，它就属于不可再生资源。而可再生资源是指它的供给能有规律地补充，只要恰当管理就能产生无限的效用。
5. 从经济学观点来看，资源最本质的区别存在于可分拨和不可分拨属性的划分。效用的收益可以被厂商或消费者完全获得时，自然资源就是可以分拨的。例如葡萄园和油田。而当其成本或收益不能由所有者完全地承担或获得时，自然资源就是不可分拨的。换句话说，它们已经产生了外部性。例如空气质量和气候因燃烧矿物燃料行为而造成的外部性情况。
6. 可分拨的、不可再生的自然资源的重要例子是矿物燃料，如石油、天然气和煤。经济学家指出，私人市场能有效地对资源的效用进行定价和分配，这些自然资源应当和其他资本资产一样，得到合理的对待。

### C. 环境经济学

7. 市场不灵的一个日渐重要的方面是外部性问题。它发生在一种行为的成本（或收益）对其他人产生了外溢影响，而其他人却并未因此招致成本或获得收益。
8. 关于外部性的最清楚的例子是公共品，如国防。整个集团的消费者享有平等的消费权利而没有排他性。还有一些不太明显的例子，如公共健康、发明、公园和堤坝都具有公共品的特征。它们和私人品（如面包）不同，私人品可以被分割并提供给单独的个人。
9. 来自生产和消费的外部性使环境问题不断增加。未受管制的市场经济将会制造过多的污染、而污染的控制却过少。未受管制的厂商通过比较私人边际收益和私人边际成本来决定控污（和其他公共品）的数量。效率则要求社会边际收益等于社会边际成本。
10. 政府可以使用多种方式将外部性问题所引发的无效率进行内部化或加以修正。解决的办法包括分权（如谈判或责任规则）和政府强制（如污染排放标准或排放税）。经验表明没有一种方法能够包治百病，但许多经济学家相信：更多地使用市场手段能提高管制系统的效率。
11. 全球公共品，例如减缓气候变化，就是个非常棘手的问题。因为一般无法通过市场和国家政府来解决。当全球环境变化趋势威胁到我们的生活水平和生态系统的时候，各国必须设计出新的工具以敦促国际协议的达成。

## 概念复习

**人口和自然资源**

马尔萨斯人口论

可再生资源和不可再生资源

可分拨资源和不可分拨资源

**环境经济学**

外部性和公共品

私人品和公共品

外部性引起的无效率

内部成本和外部成本，社会成本和私人成本

矫正外部性：

- 标　准
- 税　收
- 责　任
- 谈判以及科斯定理

可交易的排放许可证

全球公共品

## 补充读物和互联网站

### 补充读物

Environmental economics is a rapidly growing field. You can explore advanced topics in a textbook, such as Thomas H. Tietenberg, *Environment Economics and Policy*, 3d ed. (Addison-Wesley, 2000) .An excellent book of readings is Robert Stavins, ed., *Economics of the Environment: Selected Readings* (Norton, New York, 2000).

One of the most influential books of all times is T.R.Malthus, *Essay on Population* (1798, many publishers) .An online version can be found at www.ac.wwu.edu/~stephan/malthus/malthus.0.html. The influential books by the new Malthusians Donella H. Meadows, Dennis L. Meadows, and Jorgen Randers are *The Limits to Growth* (Potomac, Washington, D. C., 1972) and *Beyond the Limits* (Chelsea Green, Post Mills, Vt., 1992) . The quote from Wilson is from Edward O. Wilson, "Is Humanity Suicidal?" *New York Times Magazine*, May 30, 1993, p.27.See Wilfred Beckerman, "Economic Growth and the Environment," *World Development*, vol.20, no.4, 1992, p.482, for the positive slant.

### 互联网站

One of the best websites on resources and the environment is maintained by the nonprofit organization Resources for the Future at www.rff.org/. You can consult this site for a wide range of issues.

Population data are available from the United Nations at www.un.org/popin/.Energy data are available at the comprehensive site of the Energy Information Agency at www.eia.doe.gov.

You can learn more about environment policy at the website of the U.S. Environment Protection Agency at www.epa.gov. International environment policy is found at the site of the United Nations Environmental Programmer at www.unep.org. Information on the Kyoto Protocol and other programs to address climate change can be found at www.ipcc.ch and www.unfccc.de.

## 问题讨论

1. 可再生资源和不可再生资源的区别是什么？举例说明。
2. 什么是不可分拨的自然资源？举个例子，解释为什么对这种资源进行市场分配是无效率的。为了提高市场产出，你更愿意采取哪种方式？
3. 几何级数是一组连续项的数列（$g_1$，$g_2$，…，$g_t$，$g_{t+1}$，…），每一项是它前面数字的同样倍数：$g_2/g_1=g_3/g_2=\cdots=g_{t+1}/g_t=\beta$。如果 $\beta=(1+i)>1$，则组合像复合利息一样会呈指数增长，其中 $i$ 是利率。算术级数是一个数列（$a_1$，$a_2$，$a_3$，…，$a_t$，$a_{t+1}$，…），其中每一项与其前一项之差都是固定的：$a_2-a_1=a_3-a_2=\cdots=a_{t+1}-a_t=\cdots=\alpha$。请各举一例。证明 $\beta>1$ 的几何级数必定超过算术级数。将这与马尔萨斯的理论相联系。
4. 回顾马尔萨斯的理论：不受限制的人口会呈几何级数增长，而食物（受制于收入递减）只能以算术级数增长。运用数学方法说明：在人口不受限制的条件下，当边际收益递减导致食物的产出增长慢于劳动投入时，为什么人均食物产出会出现下降。
5. "本地公共品"是指主要由本城或本州的居民受益的物品。例如，海滩和只向本镇居民开放的学校。是否有理由认为，城镇应采取竞争手段为它们的居民提供正确数量的本地公共品呢？如果是，是否意味着在"财政联邦制"的理论中本地公共品就应当由本地提供呢？
6. 判断下列外部性问题哪些情形已经严重到必须采取"集体行动"。如果是，则本章介绍的 4 种对策中，哪一种最有效？
   a. 钢铁厂将含硫的氧化物排到伯明翰的空气中；
   b. 在餐馆吸烟；
   c. 学生在没有室友的宿舍里吸烟；
   d. 酒后驾车导致每年 2.5 万人死于车祸；
   e. 21 岁以下的人酒后驾车。
7. 把你的同学聚在一起对下列现象作一个或发价值分析：保持威廉王子海峡处于未开发的原始状态；保护斑点猫

头鹰在 1 万年内不灭绝；保证在今后的 1 万年内至少有 100 万只斑点猫头鹰；把每年的汽车事故死亡率从 1/1 000 降到 1/2 000。你认为这种方法在收集人们的偏好方面可信度如何？

8. 唐·富勒顿和罗勃特·斯塔文斯认为以下观点是经济学家在看待环境问题时的常见误区（见第 1 章补充读物中斯塔文斯的著述）。就每一观点解释它为什么是误区，而正确的观点又应该是什么？
   a. 经济学家认为市场能够解决所有的环境问题。
   b. 经济学家总是建议用市场的办法来解决环境问题。
   c. 经济学家总是用市场价格来评估环境问题。
   d. 经济学家只强调效率而从不关心收入分配的问题。

9. **有难度的问题**：全球公共品带来了新的问题，因为没有一个单一的国家能够获得它控制污染的收益。为说明这一点，让我们重画图 18-8，标上“美国排放减少量”。将所有的曲线都标上“US”，以表示这是美国的成本和收益。然后，画一条新的 *MSB* 曲线，它比 $MSB_{US}$ 高 3 倍，说明世界的收益是美国收益的 3 倍。考虑点 *E* 的“国内”均衡，此时美国的净收益最大化。你能否说明为什么对世界来说，这一点是缺乏效率的吗？(提示：请参阅图 18-6 的分析。)

   用博弈论来看这一问题。如果每一个国家都采取你刚才分析的国内均衡政策，就会出现纳什均衡。说明为什么这与第 11 章所描述的污染博弈所形成的无效率的纳什均衡相似——只不过这里的博弈，参与者是国家而不是厂商。现在考虑合作博弈，即国家聚在一起寻找有效的均衡。说明，全球 *MC* 和 *MSB* 曲线的有效均衡。你能否说明，为什么这一有效均衡的实现需要向每一个国家征收统一的碳税呢？

# 第 19 章

# 效率与公平：重大权衡

公平和效率（的冲突）是最需要加以慎重权衡的社会经济问题，它在很多的社会政策领域一直困扰着我们。我们无法按市场效率生产出馅饼之后又完全公平地分享它。

——阿瑟·奥肯（1975 年）

大约一个世纪以前，许多西方国家开始对市场经济进行干预，并编织了一张社会安全网，作为与社会主义国家竞争的堡垒。这种新的模式被称为“福利国家”。走向福利国家的潮流逐步酿成了我们今天在北美和欧洲可以见到的混合型市场经济。在这些国家，市场要对绝大多数的产品和服务的生产和定价负责，而政府则维持经济体系的正常运行并向穷人、失业者以及老年人提供社会安全保障。

政府政策中最具争议的是针对穷人的社会保障计划。家庭是否应该得到有保障的收入？或者只应该提供最低水平的食品、住房和医疗保健？税制应该激进到能在富人和穷人之间进行收入再分配？抑或主要是促进经济有效率地增长？

令人惊讶的一点是，随着社会越来越丰裕，这些问题也在日益引起更多的争议。你可能会认为，当一个国家变得更繁荣时，它一定会将其收入中更大的一部分用于救助国内外的贫困者。然而事实并非如此。半个世纪以来，随着税收负担的加重，人们总是在进行着反抗，不断地要求降低税率。同期，人们也逐渐地意识到，追求收入公平的尝试往往都会损害应有的激励力度和效率水平。今天，人们会问：为了把经济这块馅饼分得更加平均，我们究竟需要牺牲这块馅饼的多大一部分？如何在国家不破产的前提下通过重新设计收入支持计划以减少贫困和不公平？

本章旨在考查收入分配和相关的减少不公平的两难政策抉择。保证收入分配公平是政府公共政策中最困难和最具争议的一个问题。这方面，冷静地分析收入的现状和趋势，以及各种政策的优势和劣势，无论是对于把握公平这个概念，还是促进混合经济的持续快速增长，都会有很多益处。

## A. 不公平的根源

要衡量人们控制经济资源能力的不公平，我们需要弄清收入与财富的区别。请记住，**个人收入**（personal income）这一概念指的是某人或某家庭在某个时期（通常是一年）所获得的总的款项或现金。个人收入主要包括劳动报酬、财产收入（如租金、利息和红利）以及政府的转移支付。**个人可支配收入**（disposable personal income）指的是个人收入减去所有的税赋。**财富**（wealth）或“净价值”则是某个时点上所拥有的有形资产和金融资产的货币价值，减去对银行和其他信用机构的欠款。不妨回顾一下前面章节中的表 12-1 和表 12-2，以增强你对收入和财富的来源和构成的理解。

## 收入和财富的分布

统计资料表明，2001年美国家庭收入的中位数是42 228美元，即有一半家庭的收入少于这个数，同时有一半家庭的收入超过它。这个数字关系到收入分配，也即收入的变动态势和离中趋势。为理解收入分布，我们不妨做一个实验：假定每个家庭都有一个成员在编序卡片上填写他或她的家庭年收入。根据这些卡片，我们可以按收入水平将其分为若干个收入档次。部分卡片归入收入最低的20%的组群，即17 970美元以下的那一组，另一部分划归相邻的其他组群。只有少数归入最高的5%的组群，他们的家庭年收入超过了150 500美元。

表19–1显示的是2001年美国家庭的实际收入分布。第（1）栏显示的是5个收入档次，或者说五分法，再加上收入最高的5%的家庭；第（2）栏显示各收入档次的区间；第（3）栏显示属于各收入档次的家庭所占的百分比；第（4）栏显示在各收入档次中的人的全部收入占总收入的百分比。

表19–1使我们可以大致了解到美国经济中收入的基本分布情况。最穷的20%美国家庭的收入低于17 970美元；而最高的20%家庭的收入超过83 500美元。大约5%的家庭，其收入已超过150 500美元。其中许多人所赚的钱比这个数还要多。但越靠近收入金字塔的顶端，人数就越少。假如我们在街区外建造一座收入金字塔并以500美元为一层，那么它的最高层会比珠穆朗玛峰还要高，而大多数人都处在仅高出地面几英尺的那一层。

## 如何衡量各收入阶层之间的不公平

接下来的问题是如何衡量收入分配不公平的程度？在一个极端，如果收入绝对公平地加以分配，那么收入最低的20%人口将会接受恰好20%的总收入，收入最高的20%的人口也接受20%的总收入，两者毫无差异。这是绝对公平的定义。

然而事实远非如此。最低收入的20%的家庭只得到少于4%的总收入，而收入最高的5%的家庭的情况则刚好相反，他们占有22%的总收入。

我们能将不公平程度用一个图来表示。这个图被称为**洛伦茨曲线**（Lorenz curve），它被广泛地用于对收入和财富不公平状况的分析。图19–1显示了列在表19–2各栏中的数据的不公平程度。也即，该图对照了（1）绝对公平；（2）绝对不公平和（3）美国2001年的实际不公平的程度。

表19–2第（4）栏描述的是绝对公平的情况。将该栏数字画在图上，它们就成了图19–1中洛伦茨曲线图中的对角线（以虚线表示）。

在另一个极端，也有假设的绝对不公平的情况。这时，只有一个人得到了全部的收入。绝对不公平显示在表19–2中第（5）栏中，即洛伦茨曲线图中右下方那条呈直角的虚线。

任何实际的收入分配，比如上述2001年的情况，都会落在绝对公平和绝对不公平这两个极端之间。根据表19–2中第（6）栏的数据可以画成图19–1中的实际洛伦茨曲线（由第1、第2栏派生）。这一实际的洛伦茨曲线在图19–1中以粗黑线来表示。阴影区域表示对绝对公平的偏离，从而为我们衡量出收入分配不公平程度。

| (1)<br>家庭收入档次 | (2)<br>收入水平(美元) | (3)<br>占家庭总数的百分比 | (4)<br>占家庭总收入的百分比 |
|---|---|---|---|
| 最低的1/5 | 17 970以下 | 20 | 3.5 |
| 第二个1/5 | 17 971~33 314 | 20 | 8.7 |
| 第三个1/5 | 33 315~53 000 | 20 | 14.6 |
| 第四个1/5 | 53 001~83 500 | 20 | 23.0 |
| 最高的1/5 | 83 501及以上 | 20 | 50.1 |
| 最高的5% | 150 500及以上 | 5 | 22.4 |

**表19–1 2001年美国家庭货币收入分布情况**

2001年的家庭收入分布的总体状况如何？我们将家庭分为五档：最低收入的1/5，次低收入的1/5等。

资料来源：U. S. Bureau of the Census，*Money Income of Households*，*Families*，*and Persons in the United States*：*2001*，Current Population Report，Series P-60，no. 218，September 2002，available on the Internet at www. census.gov/hhes/www/.

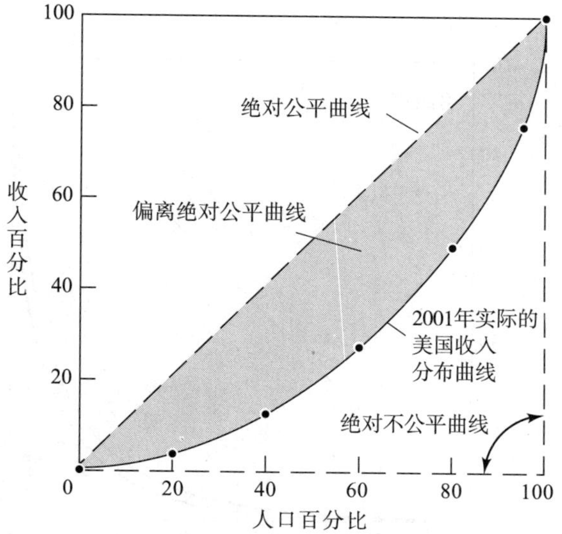


**图 19-1　洛伦茨曲线显示了收入不公平**

根据表 19-2 的第（6）栏画出相应图形，我们看到实际的收入分布曲线处在绝对公平和绝对不公平这两个极端之间。这一洛伦茨曲线的阴影部分（作为三角形面积的百分比）衡量收入的相对不公平。（在群情激愤、社会不公平严重的 20 世纪 20 年代，洛伦茨曲线会是什么形状？在所有人都有相同遗产和机会的乌托邦社会又如何呢？）

**基尼系数**

经济学家常常需要将不公平的程度进行量化。常用的量化指标是**基尼系数** (Gini coefficient)。通过计算图 19-1 中洛伦茨曲线阴影部分的面积再乘以 2 可以得出基尼系数。在绝对不公平下，基尼系数等于 1，而在绝对公平时基尼系数等于 0。为了理解这一点，不妨回顾一下，一个收入分配绝对公平的社会的洛伦茨曲线刚好就是 45 度线，所以这块阴影部分的面积为 0。相反，当洛伦茨曲线沿着那条直角虚线时，这块面积刚好是 0.5，将其乘以 2 便得到了基尼系数为 1。

人口普查工作署采用基尼系数的方法计算发现，从 1967~1980 年（基尼系数从 0.399 上升为0.403）收入分布的不公平性并没有发生什么变化，而 1980~2001 年却稳步上升（从 0.403 上升为 0.466）。

## 财富的分布

收入不公平的根源之一是财富所有权的不公平。财富指的是金融资产和有形资产的完全所有权。那些极为富有的人（无论由于继承、技能、运气或其他什么原因）享受着远远高于一般家庭的丰厚收入。而那些没有财富的人其收入却少得可怜。

在市场经济中，财富分布的不公平远远大于收入分布的不公平，这一点可参见图 19-2（b）。在美国，2001 年财富最多的 10%的家庭拥有全部财富的 70%，财富最多的 1%的家庭占有大约全部财富的 40%。纽约大学爱德华·伍尔夫（Edward Wolff）的研究表明，财富的分配变得越来越不公平。

社会和国家对于个人可持有巨额财富的心态是矛盾的。一个世纪以前，老罗斯福总统曾经猛烈抨击“为富不仁”（“malefactors of great wealth”）的现实，并提议对收入和遗产征收严厉的累进税。然而，一个世纪以后的今天，美国竟然通过了这样的税收法案：到 2010 年，美国

| (1)<br>家庭收入档次 | (2)<br>占家庭总收入的百分比 | (3)<br>累计的家庭百分比 | (4)<br>累计的收入百分比<br>绝对公平 | (5)<br><br>绝对不公平 | (6)<br><br>实际分布 |
|---|---|---|---|---|---|
| 最低的 1/5 | 3.5 | 0 | **0** | **0** | 3.5 |
| 第二个 1/5 | 8.7 | 20 | **20** | **0** | 12.2 |
| 第三个 1/5 | 14.6 | 40 | **40** | **0** | 26.8 |
| 第四个 1/5 | 23.0 | 80 | **80** | **0** | 49.8 |
| 最高的 1/5 | 50.1 | 100 | **100** | **100** | 100.0 |

**表 19-2　不公平的现实及其极端情况**

通过将第（2）栏的每 1/5 的家庭收入累加，我们可以得到第（6）栏的实际分布情况，并将它与绝对公平和绝对不公平的情况加以比较。

资料来源：表 19-1.

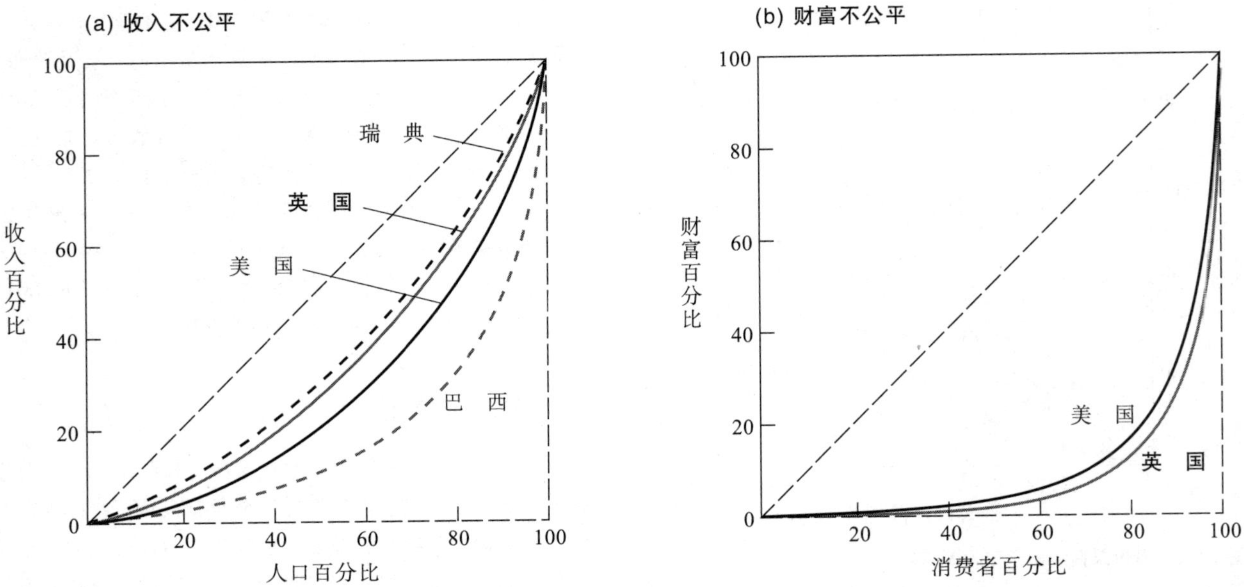


**图 19-2 不同的社会存有不同程度的不公平，且财富的不公平大于收入的不公平**

(a) 发达的经济相对于中等收入的经济表现出较小的收入分配的不公平。

(b) 财富持有往往比年收入更为集中。美国与英国有相似的收入分配，但英国的财富集中程度要比美国大得多。

*资料来源*：Ana M. Aizcorbe，Arthur B. Kennickell，and Kevin B. Moore，"Recent Changes in U.S. Family Finances：Evidence from the 1998 and 2001 Survey of Consumer Finances，" *Federal Reserve Bulletin*，vol.89 (January 2003)，pp.1–32 (available online)，and World Bank，*World Development Report*，various issues.

将开始取消所谓的"死亡税"，也即遗产税和赠予税。如果这项立法能够一直顶得住舆论的压力，那么，它将会在2010年之后掀起新一波财富不公平的社会浪潮。

### 国家间的不公平

由于经济和社会结构的不同，各个国家的收入分配存有巨大差异。图 19-3 显示了以基尼系数衡量的不同国家和地区收入分配的差异。（再看一下前文"基尼系数"专栏）在高收入国家中，以市场为导向的国家，如美国的收入分配最不公平，而北欧福利国家总的来说是最公平的。关于美国收入不公平的原因我们将在本章后面进行讨论。

发展中国家的经历显示出一种有趣的相似性：工业化进程开始时，不公平程度加剧；工业化进程完成后，不公平程度下降。最极端的不公平现象（即极度的富裕与极度的贫困共存）出现在中等收入国家，尤其是拉丁美洲的秘鲁、巴西及委内瑞拉。

## 劳动收入中的不公平

不公平的根源是什么？答案首先应该在劳动报酬方面寻找，因为劳动收入占要素收入的 75%。即使财产收入能够被公平地分配，也还会存在很多不公平。导致报酬不公平的因素是：劳动的能力和技能方面的差异，劳动强度的差异，不同职业之间的差异，以及其他因素。

### 能力和技能

人的各种能力（生理上的、精神上的和性格上的能力）都有极大的差别。然而这些个体差异对于解释收入差距的难题并没有什么帮助。生理特征（如力量、身高或腰围）和可衡量的精神特征（如智商或乐感）几乎都不能解释人们报酬的差异。

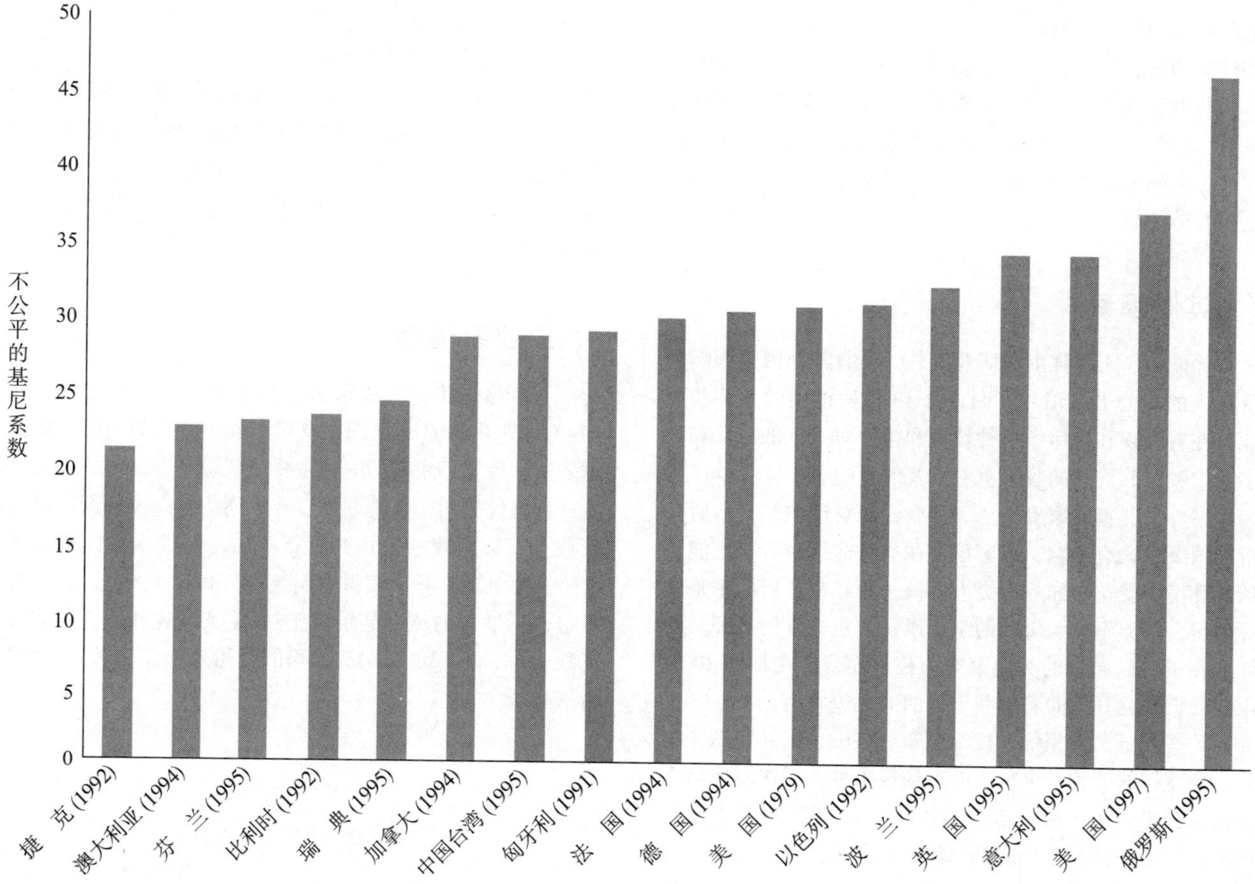


**图 19–3　不同国家和地区的不公平状况**

主要国家和地区的收入不公平差异很大。俄罗斯和今天的美国最不公平，北欧国家总的来说最公平。基尼系数是按文中定义计算的。

资料来源：Koen Vleminckx，Luxembourg Income Study，August 1998，available online.

这并不是说个人能力无关紧要。谁要有“本垒打”的本事或吸引电视观众的能力，谁就能大大增加其获得高报酬的可能性。但市场所能评价的技能多种多样，而且经常难以衡量。市场常常奖赏那些敢于冒险、有雄心壮志、运气好、有工程学天才、有良好的判断力和工作勤奋的人，而其中没有一项可以在标准化的测试中加以衡量。正如马克·吐温所说：“你不必精于赚钱，但你必须了解怎样才能赚钱。”

## 工作强度

个人在工作强度上差异极大。一个工作狂一周工作 70 小时，从不度假，而且可能会无限期地推迟退休。而一个禁欲主义者可能工作得很少，报酬可能仅仅够支付其生活必需品。由工作努力的差异而带来的收入差异可能相当大，但没有人会因此说经济机会就是不公平的。

## 职　业

收入不公平的一个重要来源是人们的职业。在低收入的一端，我们发现有家庭佣人、快餐店服务员以及非技术性的服务人员。如今，一个一年内全天工作的麦当劳雇员或者洗车行的雇员每年可能挣到 1 万美元。

而在另一端的是高报酬职业。哪一种职业最赚钱呢？近年来，毫无疑问的是医生。1998 年内科医生的平均收入为 16 万美元，与 1986 年相比增加了 70%。

不同职业之间差异如此巨大的根源是什么呢？部分原因是人力资本投资，培养一个医生所花的时间很长。能力也起着某种作用，例如，工程性工作只能交给那些具有某些技能的人。还有些工作的报酬高是因为它们很危险或令人不愉快（回顾一下第13章关于补偿性工资差异的讨论）。此外，当某一职业的劳动供给有限的时候，例如，在有工会限制或产业经营规范过严的场合，这个职业的薪金就会被抬高。

### 其他因素

除能力、工作强度和职业以外，还有其他因素影响工资收入的不公平。正如我们在第13章所谈到的，某些职业存在着歧视和排斥，这种歧视和排斥对于压低妇女和大多数少数民族群体的收入有着重要的影响。

另外，儿童的家庭生活和社会经历对于他们日后所获得的报酬也大有影响，富家孩子在成长的每一阶段都能够从其环境中受益。而一个穷人的孩子所经常经历的则是住房拥挤、营养不良、破败的学校以及劳累过度的教师。对许多在贫民区居住的贫困家庭的孩子而言，在他们10岁以前，天平就开始向着不利于他们的一边倾斜。

一些经济学家相信，技术革新、移民、国际贸易，还有日益流行的“胜者全得”的市场规则等，正在制造出更多的不公平。关于第一点，不妨回忆一下第11章中有关技术的讨论，在那里我们见到技术如何成倍地扩大个人的业绩，然后惠及更多的人。结果，30年前，一个有天分的运动员的收入也许比工人高不了多少，而今天，这样的人却可以同篮球俱乐部的自由经纪人签订高达1亿美元的出场合同。其他体育项目、娱乐活动和公司高级职员的工资，也存在同样的趋势。

## 财产收入的不公平

收入方面最大的不公平来源于财产收入的差别，包括股票、债券和房地产等收入。鲜有例外，在收入金字塔顶端的人的大部分金钱都是从财产收入中获取的。相反，穷人几乎没有什么财产，也不可能用他们不存在的财产去赚取更多的财富。我们不妨先看看财富的不同来源：储蓄、企业家精神、继承，然后是财产收入的不公平。

### 生命周期储蓄

虽然大多数人都在孜孜不倦地工作与省钱，将为数不多的一些钱存起来等待退休或集中使用，但如此节俭并不是美国社会财富的主要来源。现以现实例子来说明一下通过正常的劳动所得来积聚起巨大财富的困难性。假设一个中产阶级家庭在连续20年内，每年储蓄2 000美元（其收入的5%）。再假设他们通过明智的管理每年可获得税后5%的收益。那么，到该时期末，这个家庭所累积的财富总值将是73 200美元，仅占美国家庭平均净财富量的1/6。

### 企业家精神

与节俭相比，企业家精神是更重要的致富途径。表19-3反映了2003年美国财富排名前100人的情况。该数据表明，巨富们致富的途径主要是冒险创办高利润的新产业，如软件公司、电视网络、连锁商店等。发明新产品或新服务，或组建新公司并将新产品、新技术投入市场的人，通过其创新行为获得“熊彼特利润”而致富。这些富翁里包括这样的传奇英雄：比尔·盖茨（软件巨头微软的老板）、山姆·沃尔顿（沃尔玛的创始人）以及沃伦·巴菲特（投资大师）。

美国财富排名前100位的人

| 财富来源 | 人 数 | 净财富额 | |
|---|---|---|---|
| | | 10亿美元 | 百分比 |
| **继 承** | **8** | **18.8** | **3** |
| **金 融** | **16** | **99.4** | **16** |
| **创 业** | **76** | **506.7** | **81** |
| 传 播 | 12 | 70.4 | 11 |
| 娱 乐 | 3 | 9.5 | 2 |
| 工 业 | 13 | 72.7 | 12 |
| 新经济 | 12 | 152.7 | 24 |
| 石 油 | 6 | 19.8 | 3 |
| 房地产 | 9 | 28.4 | 5 |
| 零售业 | 21 | 153.2 | 25 |
| **总 计** | **100** | **624.9** | **100** |

**表19-3 最富有的美国人是如何登上财富巅峰的**

2003年，根据《福布斯》杂志的统计，100位美国人拥有至少20亿美元的净财富。其中的大多数人是通过经营获得其财富的(如比尔·盖茨和山姆·沃尔顿)。少部分人通过继承或者精明的金融投资而致富。

资料来源：*Forbes*, October 2003, available at www.forbes.com/richlist2003/rich4001and. html.

### 继 承

继承的作用又如何呢？1999 年最富有的 100 个人里有 1/4 是继承而不是创造了财富（2003 年这一数据为不足 1/10——译者注）。但用这个数据来说明继承在收入分配中的重要地位仍显保守。调查结果是，美国最富有的 1% 的人口中，有 2/3 的人的财富来源于继承。财富通过继承集中在少数人手中，这引起了担心财富分配不公平的人们的强烈反对。

## 美国的贫困问题

社会学家倾向于确定和关注特定的人群或问题。20 世纪 60 年代，美国宣布"向贫困开战"，发动了雄心勃勃的健康和营养计划以消除经济贫困。在讨论反贫困计划以前，我们要考查贫困这个非常难以捉摸的概念的定义。

**贫困定义的微妙之处**

"贫困"一词对不同的人有不同的含义。显然，贫困是一种人们没有足够收入的状况。但是，要在穷人与富人之间划一条明确的界线却很困难。经济学家因此设计了一些具体标准以供官方定义贫困。

20 世纪 60 年代，美国将贫困正式定义为一种收入水平，它低于所估算的维持生存的基本生活水平所需的费用。其计算依据家庭的预算，还有家庭食品花费在支出中的比例。自那时起，随着政府消费者价格指数的更新，这种计算所反映的是生活费用的变化。按照标准定义，2004 年四口之家的年最低生活费用是 18 850 美元。这个数据被当作"贫困线"，用于区分贫困家庭和非贫困家庭。贫困线的数值随着家庭规模大小而变化。

尽管确定贫困的具体数字是有帮助的，但专家们认识到"贫困"是个相对概念。生活预算中包括了偏好和社会习俗等主观因素。今天，标准以下的住房通常也包括家用设施和管道设备，这些在早期，即使在百万富翁家庭中也是不可能拥有的。

鉴于此，国家科学院的专家小组在 1995 年建议，将贫困的概念变为**相对收入**。专家组建议当某家庭的消费还不到平均家庭在食品、服装、住房上的消费水平的 50%时，该家庭即可被定义为贫困。相对收入意义上的贫困在不公平现象缓解时会减少；当经济增长而收入和消费的分配没有变化时，贫困现象也不会有变化。在这个新的世界里，涨潮会让所有的小船升高，但不会改变仍有一部分人口被认为是穷人这一事实。政府正在审慎地考虑这一新的方法。

### 谁是穷人

某些群体出现贫困的机率比另一些群体高。表 19-4 表明了 2001 年贫困在不同群体中的发生概率。当总人口的近 11.7%被列在 2001 年贫困线以下时，黑人和西班牙裔家庭的贫困率是白人家庭的 3 倍。

也许最为不祥的趋势是，以女性为户主的单亲家庭在贫困家庭中的比率上升。1959 年，只有 18%的贫困家庭属于女性户主的单亲家庭。而到 2001 年，这个比例增加到 26%。社会学家担心，这些家庭中的儿童不能得到足够的营养和教育，而且当他们长大成人后也难以摆脱贫困的折磨。

不分析少数族群的情况，有关贫困的讨论就不会准确。黑人、西班牙裔人和美洲印第安人当中有 1/3 的人收入低于（贫困）标准线。

为什么有如此多的女性户主家庭和少数族群家庭陷入贫困呢？歧视在其中扮演了什么角色？[1] 有经验的观察家

**2001 年主要人群的贫困率**

| 人 群 | 贫困率 |
|---|---|
| 总人口 | 11.7 |
| 按种族和民族划分： | |
| 白人 | 7.8 |
| 黑人 | 22.7 |
| 西班牙裔人 | 21.8 |
| 按年龄划分： | |
| 18 岁以下 | 16.3 |
| 18~64 岁 | 10.1 |
| 65 岁及以上 | 10.1 |
| 按家庭类型划分： | |
| 有配偶者 | 4.9 |
| 女性户主现无配偶 | 26.4 |
| 男性户主现无配偶 | 13.1 |

**表 19-4 2001 年不同人群的贫困率**

白人和有配偶的人的贫困率低于平均值。黑人、西班牙裔人和女性户主的单亲家庭的贫困率高于平均贫困率。

资料来源：U. S. Bureau of the Census, *Poverty in the United States: 2001*, Current Population Report, Series P-60, no. 219, September 2002, available at www.census.gov.

[1] 由工作场所引起的待遇差别的问题我们已在第 13 章讨论过。

坚持认为，尽管厂商对少数族群劳工或妇女劳工少付报酬这类野蛮的种族歧视和性别歧视今天正在消失，但妇女和黑人的相对贫困却仍然日渐严重。我们如何调和这两种明显矛盾的趋势呢？一个重要因素是：受过高等教育和有技术的劳工与教育程度较低的非熟练劳工之间的收入的鸿沟越来越宽。近25年来，正如我们在下一个部分要看到的，这两组劳工的工资差异迅速增大，对少数族群劳工的冲击尤其严重。

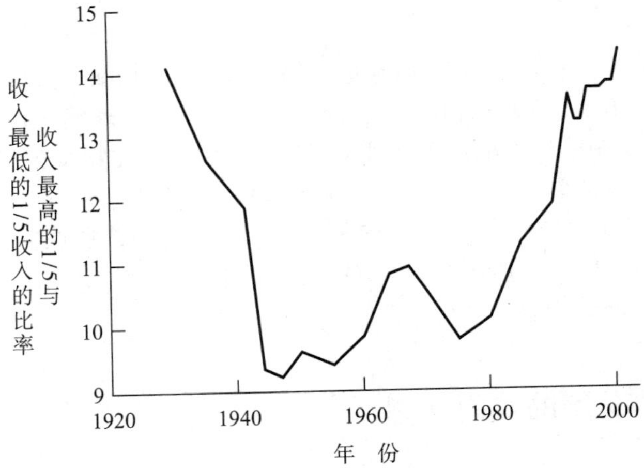


**图 19-4 美国 1929~2001 年的不公平趋势**

对不公平的另一个衡量标准是收入最高的1/5人口的收入与收入最低的1/5人口的收入比率。1929年以后，随着30年代股市暴跌，富人所占的财富份额急剧下降。同时，二战期间的低失业率及妇女与少数民族就业障碍的降低，人口从农村向城市的迁徙也是其中的原因。大约在1980年以后，由于高移民率和不熟练劳工工资的下降，收入不公平急剧上升。

资料来源：U. S. Bureau of the Census, with historical series spliced together by authors.

## 不公平趋势

由图19-4可见美国贫富差距的历史变动情况。该图显示了美国1/5最高收入家庭和1/5最低收入家庭的收入比率的历史变动。由图可见三个明显不同的时期：不公平程度逐渐下降，直到第二次世界大战；然后直到1980年，是一段贫富差距较小的稳定时期；接下来的20年中，贫富差距又迅速地拉大。自从1980年以来，最高收入群体与最低收入群体的收入比率几乎增加了50%。

***不公平程度缩小：1929~1975 年*** 不管怎样衡量，在这一阶段，穷人与富人一道享受到了经济增长的“果实”。历史资料表明，收入最低的5%的人口其真实收入从20年代到70年代中期一直稳步增长，其增长速率甚至稍高于美国总的经济增长率。最低收入家庭的收入占总收入的份额在1929~1975年间也从3. 8%增长到了5%。同期，贫困率迅速下降，甚至有些人开始指望贫困能够完全消失。

这一时期贫富差距缩小的原因是什么？部分是由于工资差距的缩小。随着贫困人口受教育程度的提高和劳工队伍的团结、联合，工资差距逐步缩小。诸如社会保障等政府政策向老年人大幅倾斜，而对于贫困者和失业者给予现金援助或发放食品券的做法也提高了其他群体的收入。同时，累进税制的实施（即收入越高所得税税率越高）也降低了不公平程度。

***差距扩大：1975~2001 年*** 在过去25年中，情况已完全改变。20世纪80年代，低收入家庭收入占总收入的份额大幅下降，从1975年的5. 4%下降到2001年的3.5%，收入最低的20%的家庭的平均实际收入也低于其高峰时期。然而，美国在20世纪90年代的经济繁荣确实使得贫困率得以下降，在2000年降到了11.3%。

在过去25年中，虽然穷人收入比率停滞不前，最富有人口的收入份额却迅速上升。从1975~2001年，最富的5%的家庭的收入占总收入的份额从16%上升到22.4%。的确，近年一项对高收入家庭的研究表明，在收入金字塔顶端的是只占纳税人总数0. 1%的高收入人口。

为什么贫富差距在近几十年又一次被拉大？对这个问题经过多年激烈的辩论后，经济学家们对于不公平加剧的原因达成了几点共识。第一，政府政策在20世纪80年代早期发生了变化。对穷人的福利项目支出被削减，富人则因为削减了供给方税收而获益。但是政府的行为仅仅是一部分原因。在过去20年中，对高级管理人员和专业技术人员的需求大大增加，他们的工资报酬越来越高；与此同时，单身母亲的增长使得女性户主家庭的数量剧增，从而间接地提高了贫困率。

引起不公平程度上升的最重要原因也许是在20世纪80年代，受过高等教育的人所获得的报酬要远远高于比他们受教育程度低的前辈。经济学家一度详细地研究了大学与高中学历的工资溢价，发现大学毕业生和只有高中学历的人的工资水平差距在不断拉大。根据1994年的《总统经济报告》，1981年，美国大学毕业生的平均工资水平只比高中毕业生高 45%；而到 1997 年，这个比率就已经扩大到 103%。这个事实也导致了高收入家庭与低收入家庭之间的收入差距进一步拉大。[2]

为什么 20 世纪 80 年代教育的回报率上升了呢？一个原因是移民潮的冲击和来自外国进口货的激烈竞争。这些趋势对教育程度低的劳工打击很大。过去这些劳工能够在生产汽车、钢铁和其他产品的工厂里获得很好的报酬。但到了 80 年代，制造业能够为不具有大学文化程度的劳工提供的工作机会逐渐减少。此外，解除管制和国外竞争也削弱了工会的力量，降低了已获得较高报酬的工会劳工的相对工资水平。而新创造的工作机会又要求高技能水平和高等教育背景。计算机的普及也提高了对这方面的需求。总之，所有这些因素共同导致了美国和大多数高收入国家的不公平程度的扩大。

最后我们能够说明还有一个因素没有导致收入不公平的扩大，即劳动的收入在整个国民收入中所占的份额并没有下降。在 1999 年这个来自于工资薪金和补助的劳动总收入比率和 25 年前完全一样。因此，这不是收入差距扩大的原因。

以上是对美国收入不公平现象的描述以及其原因的探讨。下一部分，我们将进一步讨论政府为缩小贫困比率所做的种种努力。每个高收入的民主国家在它们重新定义政府职能的时候都需要反思这个问题。

## B. 反贫困政策

所有的社会都会采取措施向其贫困的公民提供帮助。但是所能给予穷人的东西需要从其他群体那里获取，这无疑是再分配计划的主要阻力之所在。此外，经济学家还担心再分配会影响全国上下的效率和士气。这些问题在国家预算赤字扩大以及反对增税的阻力加大时尤其显得重要。在这一部分，我们将回顾福利国家的兴起，考查收入再分配的代价及现行的收入维持体系。

### 福利国家的兴起

早期古典经济学家认为收入分配是不可改变的。他们认为，用政府干预减轻贫困的任何企图，都是只会导致整个国民收入下降的愚蠢的努力。这个观点曾受到英国经济学家、哲学家约翰·斯图亚特·穆勒的质疑。尽管他也注意到政府干预与市场机制的冲突，但是他仍然雄辩地认为政府的政策可以减少不公平。

半个世纪以后的 19 世纪末，西欧的政治领袖们采取了一些新措施，标志着政府在经济职能方面的历史性转折。德国的俾斯麦、英国的格拉斯通和迪斯累利，后来还有美国的富兰克林·罗斯福等，都引入了政府对人民福利负有责任的新观念。

> 这就是**福利国家**（welfare state）兴起的标志。在福利国家中，政府调节市场力量以保护个人能应付某些偶然事件，并保证人民有最起码的生活水平。

福利国家的政策主要包括公共养老金、意外伤残保险、失业保险、医疗保险、食品和住房计划、家庭补贴以及对某些群体的收入补助。这些政策从 1880 年到当今时代逐渐地被引入。福利国家引入美国则稍晚一些，是从 20 世纪 30 年代“新政”中的失业保险和社会保障开始的。20 世纪 60 年代美国建立了老人和穷人的医疗保健计划。绝大多数高收入国家都有全民医疗保健计划，但在 1994 年一次激烈的辩论之后，美国国会决定不建立全民医疗保健计划。1996 年联邦政府甚至还开了倒车，取消了最低收入保证。关于收入再分配的争论，也许永不会结束。

### 再分配的代价

现代混合经济的基本目标是向那些暂时或永久地不能为自己提供足够收入的人提供一把保护伞。这样做的目标之一是要增进社会更大程度的公平。

公平有哪些不同的概念？首先，民主社会注重*政治权利的平等*，通常包括投票权、陪审团制度、言论自由和集会自由。进而在 20 世纪 60 年代，自由主义哲学家赞同人们应享有公平的*经济机会*的观点。换言之，所有的人都应该在同一赛场上按同样的规则比赛，所有的人都应该有同等的机会进入最好的学校，获得最好的训练和工作。这样，基于种族、性别和宗教的歧视就会消失。尽管政府采取了许多措施来增进公平，但事实证明“机会不公平”的确是非常顽固的，以至于美国在千年之交仍远不能实现经济机会公平这个目标。

公平的第三个，也是最流行的概念是*经济结果*的公

---

[2] 回忆第 13 章关于不断上升的工资差异的讨论。

平。在这个理想的世界里，不论是杰出还是平庸，是勤奋还是懒惰，是幸运还是不幸，人们都应该享有同等的消费水平。医生和护士的工资应该相同，律师和秘书的工资也应该相同，“各尽所能、按需分配”是卡尔·马克思哲学的模式。

今天，即使是最激进的社会主义者也认识到，如果经济要有效率地运行，经济结果存在某些差别是必然的。对不同种类的工作如果在报酬上没有某种差别，则如何能保证人们像做令人愉快的工作那样去做令人不愉快的工作呢？又如何能保证人们像愿意在漂亮的公园里工作那样乐意在危险的海上石油钻台上工作呢？一味地坚持结果的公平会严重阻碍经济机制发挥作用。

**漏 桶**

在采取各种步骤将收入从富人向穷人那里进行再分配的过程中，政府可能损害经济效率并减少可以用来进行分配的国民收入的数量。但在另一方面，如果公平是一种社会商品的话，那么它是值得购买的。

问题是我们到底愿意以多少效率为代价来换取更多的公平？阿瑟·奥肯在他的“漏桶”实验中提出过这样的问题：如果我们重视公平，那么将1美元从很富的人的桶里拿到很穷的人的桶里时，我们将表示赞同。但设想在再分配之桶上有一个漏洞。设想富人所交的税只有一部分（可能是一半）实际到了穷人的手里。那么以公平的名义所进行的再分配就是以损失经济效率为代价的。[3]

奥肯提出了一个基本的两难问题。再分配措施，如第16章分析过的累进税等，由于降低工作和储蓄的积极性，将可能使实际产出减少。当一个国家考虑其收入分配政策时，它所要权衡的是，更大程度公平的收益和有关的政策会对国民收入产生多大的影响。

## 再分配成本的图解

让我们用图19–5中的收入可能性曲线来阐释上述奥肯的基本观点。从图中我们可以看到当政府计划对收入进行再分配时，各群体可能得到的收入。

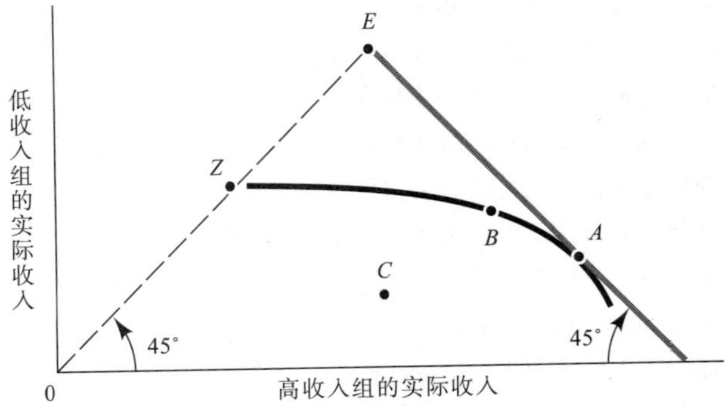


**图19–5 收入再分配会损害经济效率**

*A* 点标志最有效率的结果：国民产出最大化。如果社会能在避免效率损失的条件下进行再分配，则经济将移向 *E* 点。因为再分配计划一般要引起扭曲和效率损失，再分配的路径可能是曲线 *ABZ*。社会必须决定牺牲多少效率来换得较大的公平。为什么每个人都希望避免将经济从 *B* 点引向 *C* 点的非效率的再分配计划？

我们首先将人口分成两组。低收入组的实际收入在图19–5上用纵轴表示，而高收入组用横轴表示。在再分配开始以前的 *A* 点，没有税收，也没有转移支付，人们简单地靠他们的市场收入生活。在一个竞争的经济中，*A* 点将是有效率的，并且没有应用再分配政策使国民总收入最大化。

遗憾的是，在自由放任的 *A* 点，高收入组得到的收入大大超过低收入组。于是人们也许会致力于税收和转移支付以增进公平，希望到达收入公平的 *E* 点。若采取这样的步骤不会降低国民收入，则经济将会从 *A* 点移向 *E* 点。*AE* 线的斜率是负45°，体现了关于效率的这样一种假设：从较富的人那里拿去的每1美元正好使较穷的人的收入增加了1美元。沿着负45°线，总的国民收入是固定的。它表示再分配计划对国民收入的总规模没有影响。

大多数再分配计划事实上对效率有影响。如果一个国家以对最富者实施高税率的办法进行收入再分配，那么他们储蓄和工作的热情就可能会受到挫伤或误导，并导致国民总产出减少。他们可能在税收律师身上花更多的钱，可能减少退休储蓄，也可能少参加一些高回报但有风险的创新投资。同样，如果社会为穷人设置了最低收入保障，贫困的刺痛就会降低，穷人就可能会因此减少工作。对这种再分配计划的上述所有反应，都会降低实际国民总收入的规模。

在奥肯的实验中，我们可以发现：从富人那里征收来的每100美元税收，实际上只能使穷人的收入增长50美元，其余都因勤奋程度的下降和管理成本的上升而消失和

[3] 阿瑟·奥肯：《公平与效率：重大权衡》（Brookings Institution, Washington, D. C., 1975）。

消耗了。再分配这个桶上出现了一个大漏洞。这种费用高昂的再分配可表示为图 19–5 中的 $ABZ$ 曲线。在图中，由于税收和转移支付所造成的无效率，使假定的实际收入边界从斜率为负45°的线上弯曲下来。

一些社会主义国家的经历表明，那种试图通过剥夺富人财产使收入平等的方式，最终使每一个人都受到了伤害。通过禁止企业的私人所有权，政府降低了由于财产收入多而引起的不公平，但工作、资本积累以及创新的积极性被降低，破坏了这个“按需分配”的激进实验，并使得整个国家贫困化。到 1990 年，东西方生活标准的对比向他们证实，企业的私人所有制既有利于提高资本所有者的生活水平，也有利于提高工薪阶层的生活水平。

### 漏洞有多大

奥肯用一只漏桶来刻画我们的税收和转移支付再分配体系的特征。但就美国经济而言，这个漏洞有多大？是靠近图 19–5 中的漏洞可忽略不计的 $A$ 点？或者是靠近漏洞比较大的 $B$ 点？或者是靠近再分配的漏桶事实上已经变成筛子的 $Z$ 点？要回答这个问题，我们必须考察由于高税率和慷慨的收入支持计划而造成的主要的无效率：管理成本的增加、工作和储蓄积极性的挫伤，以及社会经济为此付出的代价。

- 政府必须雇用税务人员征税，必须雇用社会保障人员去分配这些收入。这显然是无效率的行为，或是无奈之举。不过这方面的花费并不多，国家税务局在所征每 1 美元税收中只用掉半分钱。
- 随着税务人员咬去的那一口馅饼越来越大，我是否感到积极性受挫从而最终减少工作呢？当税率明显过高时，税收的总收入反而会比在较低税率条件下减少。但实际证据表明，税收对工作努力程度的损害还是有限的。对某些群体来说，劳动供给曲线可能会向后弯曲，表明对工资的征税将会增加而不是降低工作的努力程度。大多数研究发现，税率对中等收入和高收入群体的工作努力程度只有很小的影响。然而，福利和转移支付体系对穷人的行为方式可能影响巨大。
- 也许，税收收入之桶最重要的潜在漏泄是储蓄。有人认为现有的政府计划阻碍了储蓄和投资。一些经济研究表明，是税收而不是消费抑制了总储蓄。此外，经济学家们担心政府慷慨的社会计划会导致储蓄率急剧下降，尤其是社会保障和医疗保险计划，它减少了人们为养老和保健进行储蓄的动力。
- 一些人断言，在经济学家的成本统计中是不会发现漏洞的，因为公平的成本体现在态度上，而不是货币上。商业伦理是否在滑坡？人们是否因为高税率而去吸毒或游手好闲？福利制度是否造成了一个掉在“依赖他人”的陷阱里的永久的社会底层？
- 一些人批评整个再分配代价高昂的观点。他们认为，贫穷根源于早年的营养不良、家庭破裂、缺乏家庭教育、教育水平低和缺乏工作培训。贫困繁衍贫困；营养不良恶性循环、教育差、吸毒、低生产率、低收入等，又孕育着下一代的贫困家庭。为贫困家庭提供医疗保健和充足食品的计划将增进生产率和效率，而不是减少产出。打破今天的贫困恶性循环，我们明天就能改进贫困家庭儿童的技能、人力资本和生产率。打破贫困循环的计划是一项用今天的资源去提高明天的生产率的投资。

### 漏泄的加总

将所有的漏泄量加在一起，它们会有多大呢？奥肯认为，漏泄量是很小的，特别是当再分配计划的资金来自基础广泛的收入所得税时尤其如此。其他人对此持强烈的反对意见，认为居高的边际税率和慷慨的转移支付计划是一场混乱，是对经济效率的破坏。

事实如何呢？尽管对再分配的代价做了大量研究，但真相仍显得捉摸不定。一个谨慎的结论是，就今天在美国所实行的这些再分配性计划来说，由它所引起的经济效率的损失是非常微小的。对很多人而言，同营养不良、糟糕的健康状况、丧失工作技能、人生苦难等的经济代价相比，再分配的效率代价是可以接受的。但是比美国走得更远的一些福利国家就面临着更多的效率损失。奉行平等主义的国家，如瑞典和荷兰，对其公民提供了“从摇篮到坟墓”的福利保护，因此出现了劳动参与率下降、失业增加和预算赤字扩大等一系列问题。这些国家已经采取了一系列措施以减轻福利政策的负担。

国家需要仔细设计其政策，以避免不可接受的不公平或重大的效率损失等极端状况。

## 反贫困政策：计划和批评

所有社会都得接济老人、儿童和生病的人。有时候，资助来源于家庭或宗教组织。近一个世纪以来，各国将对贫困进行收入支持的职能日益转移到中央政府。当政府对更多的人承担起更多的责任时，政府转移支付的财政负担也逐步趋于增长。今天，大多数高收入国家都在面临着增税以支持医疗保险、退休金及贫困家庭收入支持等公共计划。尤其是在美国，增税已经引起人们对“福利计划”的强烈反对。让我们回顾一下主要的反贫困计划和近年的改革。

### 收入保障计划

在今天的福利国家中，什么是主要的收入保障计划呢？不妨先看看美国实施的计划。

由表 19-5 可见，大多数收入保障计划所针对的是老人而不是穷人；主要的项目是社会保障计划（联邦退休计划）和医疗计划（对 65 岁以上人口的保健提供补贴）。这两个计划是美国和其他高收入国家的最大的转移支付项目，而且，预计在未来几十年中其花费还会不断增长。

针对贫困家庭的计划是联邦、州、地方项目的混合物：有些是现金援助；有些是补贴某项支出（如食品券计划——拥有食品券的贫困家庭可按市价打折后的价格购买食品）；其他一些是专项转移支付，如向贫困家庭提供免费治疗的医疗救助。大多数针对贫困家庭的计划近 20 年来已经大幅度缩减。

最受非议的是对于有小孩的贫困父母的现金援助。这一计划在 1996 年有了重大变革，下文我们将予以讨论。

从预算支出上看，所有联邦计划共支出多少？表 19-5 表明了针对全体人口和针对贫困家庭的收入支持计划的联邦支出水平。今天所有的联邦贫困计划支出加在一起，可占到联邦总预算的 21%。

### 穷人的激励问题

贫困家庭面临的一个主要问题是，当今的福利制度严重损害了低收入的成年人寻找工作的积极性。如果一个享受福利待遇的穷人得到一份工作，政府就会取消他的食品券、福利支付和房租补贴。这个人甚至会失去医疗福利。在这种情况下，我们可以说，穷人面对的是高的边际工作“税率”（更准确地说是“福利减少率”）。因为当收入上升时，福利补贴急剧地下降。

## 福利改革之战

很少有人为现行的福利制度辩护。有些人想改变它，有些人想加强它。一些人希望州政府、市政府和家庭对收入支持计划负起更多的责任，一些人则希望加强联邦政府的作用。这些不同的观点体现着对于贫困的不同认识，同

2003 年联邦社会福利计划

| 项　目 | 数额(10 亿美元) | 占联邦总支出的百分比 |
|---|---|---|
| **一般项目** | **779** | **36.4** |
| 社会保障 | 478 | 22.4 |
| 医疗保健 | 245 | 11.4 |
| 失业救济 | 56 | 2.6 |
| **资助低收入群体的计划** | **456** | **21.3** |
| 医疗援助 | 196 | 9.2 |
| 其他收入保障计划 | 147 | 6.9 |
| 食品和营养品 | 43 | 2.0 |
| 住房援助 | 34 | 1.6 |
| 收入所得税抵免 | 36 | 1.7 |
| **所有收入保障项目** | **1 235*** | **57.7** |

* 包括支出和减税收入

**表 19-5　大多数联邦收入保障计划的资金都用于像社会保障这类计划了**

联邦收入保障计划的大部分集中在全体人口上，而不是只针对低收入群体。请注意医疗保健计划在低收入群体和非贫困人口上的费用都很高。

资料来源：*Budget of the United States Government*，2004.

时也导致了不同的政策提案。

## 两种贫困观

为医治或减轻贫困，社会学家提出了许多建议。这些不同的建议往往体现了对于贫困的根源的不同看法。主张强化政府干预的人将贫困视为社会状况和经济状况的结果，对此穷人很难控制。他们强调营养不良、学校不佳、家庭破裂、歧视、缺乏工作机会以及危险的环境是决定穷人命运的关键性因素。如果持这种观点，你也可能会认为，政府负有减轻贫困的责任，或是向穷人提供收入保障，或是改善产生贫困的条件。

第二种观点认为，贫困产生于不良的个人行为——这些行为是个人的责任，理所当然应由这些穷人自行矫正。在前几个世纪，主张自由放任主义的人坚持说，穷人是不勤俭持家的人，是懒汉，是酒鬼；恰如一个慈善工作人员在一个世纪以前所写的："什么时候不喝酒，什么时候就想起了需要有一份工作。"有时政府还被指责：培养了人们对拼凑起来的政府计划的依赖性，而这些计划是破坏人们的开创精神的。持这种批评观点的人认为，政府应当削减其福利计划，让人们去挖掘和开发自身的资源。

关于贫困的辩论，著名的社会学家威廉·威尔逊（William Wilson）做过简练的总结：

> 自由主义者在传统上一直强调怎样将弱势群体的的困境同更广泛的社会问题——如歧视、社会阶级界限——紧密联系起来。与此相反，保守主义者则强调，不同群体的价值观和竞争性资源，对于解释处境不利的阶层的经历非常重要。[4]

如果这两种观点及其所含因子能够被分解在政治方程中，那么今天的大多数的辩论都可能得到更好的理解。

## 美国现行的收入补助计划

大多数高收入国家都为有小孩的贫困家庭提供收入保障补助，而美国直到 1996 年才开始实行这个计划。当年，美国采取了多种较激进的措施，以增加穷人的收入。首先，设立了一项对有工作的家庭给予工资补助的计划；其次，取消了以"联邦政府"的名义对贫困家庭给以补贴，从而从根本上改变了现金援助计划。

## 劳动所得税抵免

工资补助计划也被认为是一种*劳动所得税抵免*（earned-income tax credit），或简称 EITC。该抵免适于劳动收入和补助性工资收入。2002 年，这项补助金占到了劳动收入的 40%，最高的抵免额度达 4 140 美元，有工作的家庭的收入在 3.4 万美元以内的都能得到若干抵免。劳动所得税抵免被认为是一项"可兑现的"的举措，因为它确实是向某个人进行了支付，而这个人又并不因此而欠税。

由表 19-6 可见，劳动所得税抵免对不同收入水平家庭的影响。传统的现金援助计划和劳动所得税抵免的区别是什么？现金援助给予贫困家庭最基本的好处，同时减少了市场收入增加带来的好处。相比之下，劳动所得税抵免却是不补贴那些不工作的人，而只是补贴那些有工作的人。本质上讲，EITC 的原则是"不工作的人不能从政府那里得到钞票。"

## 1996 年美国福利改革

从 20 世纪 30 年代一直到 1996 年，贫困家庭都可以

2002 年收入所得税抵免的现有结构

| 市场利得（美元） | 算术税率(+表示征税；-表示获得福利)（美元） | 扣除税收和抵免之后的收入（美元） |
|---|---|---|
| 0 | 0 | 0 |
| 4 000 | −1 610 | 5 610 |
| 8 000 | −3 210 | 11 210 |
| 12 000 | −4 140 | 16 140 |
| 24 000 | −2 138 | 26 138 |
| 28 000 | −1 296 | 29 296 |
| 32 000 | −453 | 32 453 |

**表 19-6　劳动所得税抵免的增加奖励了有工作的人口，但没有涉及到最贫困的人群**

在现有的劳动所得税抵免制度下，劳动所得的增长得益于最多达到收入 40%的最高额度为 4 140 美元的补助，然后逐渐减少。它对最低收入者提供负所得税。

资料来源：U. S. Department of the Treasury. 这里我们假设低收入者有两个需要抚养的小孩。

[4] William Julius Wilson, "Cycles of Deprivation and the Underclass Debate," *Social Service Review*, December 1985, pp.541~559.

从联邦现金援助系统——“有子女家庭的援助项目”中获益。这项以联邦政府名义冠名的援助计划，意味着任何符合条件的家庭，都有依据法律程序获得该项目的权益。

克林顿总统曾经提出并致力于一项“福利改革”计划。1996年，他与共和党占多数席位的国会达成了一项妥协，彻底地改革了联邦现金援助的办法。旧的法规开始为新的法案，也即《贫困家庭临时援助法案》（TANF）所取代。新法案将原先由联邦政府掌管的现金援助的权力全部下放移交给了全国的50个州。

新法案主要条款如下：

- “块状授权”（block grant），即将一定数额的联邦基金拨款交由各州形成联邦基金在该州的现金福利的一部分。这项规定取代了早先由政府挑出半数或半数以上州实施福利政策的规定。
- 在TANF下，原先的联邦现金援助计划已被取消。
- 联邦支持的福利基金项目援助每个家庭的最长年限是5年。5年以后，即使该家庭搬到另一个州或者已经许多年得不到福利支持，支持资金也将被撤销。
- 受项目支持的成年人在接受援助2年以后必须从事某项工作。
- 合法移民可能被排除在TANF条款之外。
- 其他主要的对低收入家庭的支持条款大部分都没有改变。

*评　价*　1996年的福利改革是社会政策方面一种激进的试验。它首先对劳动市场产生了影响。原有福利的失去将迫使一部分人去找工作，这会导致文化程度低的没有技能的劳工大量增加。劳动供给增加将会降低最低工资水平和增加收入的不公平性（可以说，移民的猛增也是导致近20年来没有技能劳工工资水平下降的原因）。如果某些劳工的均衡工资降到了最低工资线以下，那么有可能会导致这类劳工失业率的增加。

新法案的一个重要特征是向州政府下放了现金援助的职责。这个规定同中央集权化的收入支持计划所体现的原则形成了鲜明的对照。许多经济学家认为，改革举措，如向各州提供“块状授权”或一次性定额拨款，并要求各州担负起保障流动人口福利的责任等，会促使州政府有强烈的动机去调整开支，降低成本，减轻低收入人口所带来的财政负担。这种机制一直被叫做“向底线赛跑”，最后均衡的结果将是每个州都提供最低限度的福利。2000年的证据表明，州政府确实减少了对不工作的穷人家庭的福利

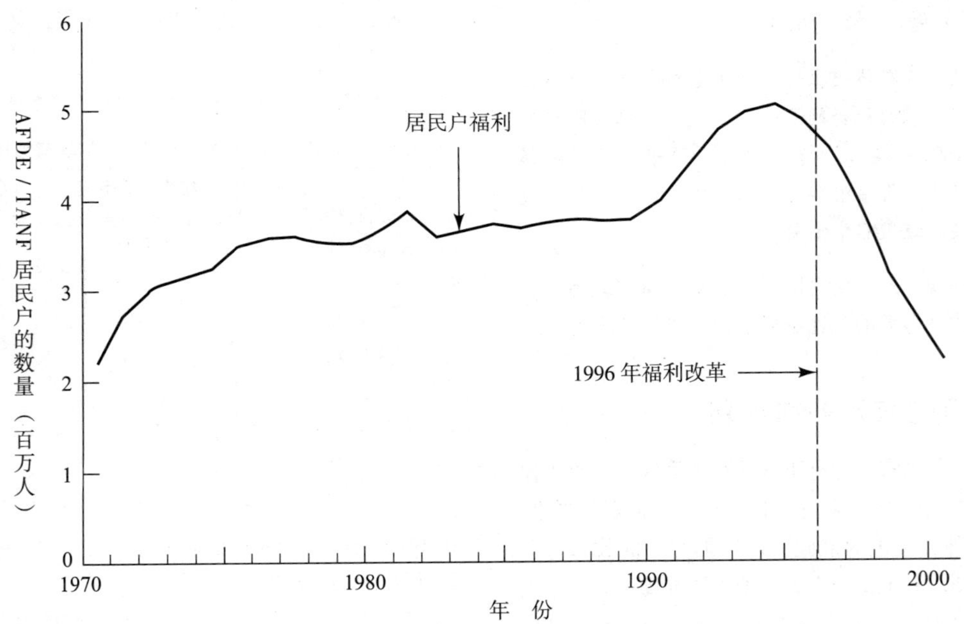


**图19-6　1970~2000年的福利状况**

福利覆盖率一般与商业周期同步。然而，自从EITC扩张和1996年福利改革以来，福利申请数量大幅减少。

资料来源：Rebecca Blank, based on data from the U. S. Department of Health and Human Services.

支付。

ETIC 的影响和 1996 年的福利改革使得大多数的分析家为之一惊。主要的影响有如下几点：

- 福利申请数量的下降幅度是空前的、广泛的和持续的（参见图 19-6）。从 1995~2001 年，享受福利的家庭数目下降幅度超过了 60%。虽然下降为人们所预期，但是下降的幅度和持续时间如此之长却是惊人的。2000 年以后尽管就业率下降，但法院受理的相关诉讼案件的数量却（不仅未增加而且）在减少。
- 有子女抚养的单身母亲的劳动参与率得到大幅度的提高。经济体制内部的激励和劳动力市场的繁荣使得妇女们放弃了福利而投身于工作之中。
- 对低收入家庭所带来的经济影响是不明确的。因为就业水平上升后，较高的劳动收入足以弥补政府的较低的福利补贴。到 2000 年，整体经济的繁荣和福利改革降低了贫困率，同时提高了原先福利享有者的平均收入水平。但是在 20 世纪 90 年代后期，仍有 20%的单身母亲家庭，尤其是近期的移民家庭，其收入是下降的。

20 世纪 90 年代后半期，在经济处于低失业率和州政府对就业计划大力支持的条件下，上述福利改革与早先劳动所得税抵免（EITC）二者的配合应该说已经取得了巨大的成功。接下来人们应该关注的问题是，在 2001~2004 年期间，在就业水平下降和州政府预算出现危机的新条件下，上述政策体系的实施成功是否能够继续下去。

## 新世纪初期的经济政策

当我们跨入新的世纪，应该怎样重新定义政府在经济中的角色呢？在本章结束之际，我们就此提出以下三点反思：

1. 我们已经考查了政府的主要职能：矫正市场不灵，对收入进行再分配，稳定经济并促进长期经济增长。每一项职能都至关重要。今天，没有一个有责任感的人会提议废除政府，允许核废料的弃置，让可怜的孤儿在街头饥寒交迫，出卖中央银行，或者开放边境让人、货物和毒品随意流入。现在的问题不在于政府是否应该管制，而在于怎样管制和管制什么。
2. 虽然政府在文明社会中扮演着一个核心的角色，但我们必须不断地重新评估政府政策的目标和手段。政府对政治权力的垄断，使得政府应当肩负特殊的责任以保证效率。公共基金中，浪费在一些项目上的每一美元，原本都可以用来促进科学研究和减少饥饿。由于税收无效率而浪费掉的每一美元，势必都会减少人们改善住房或上大学的机会。经济学的基本前提在于资源的稀缺性，这一点既适用于私人部门也适用于政府。
3. 尽管经济学可以用来分析公共政策的焦点问题，但却不能得出最终的答案。因为在所有这些问题的背后都存在一个“怎样才正当与公平”的规范性假设和价值判断。因此，经济学的作用就在于尽最大的努力使实证的科学与规范的判断相分离，也即在大脑的经济计算和心灵的人文情感之间划清界限。但这并不意味着职业经济学家就应该是冷血的计算机，在政治观点方面，经济学家之间也存在着分歧，这同普通大众并没有什么两样。保守派的经济学家竭力地要求减少政府职责范围和停止转移支付计划，而自由派的经济学家则是积极地鼓吹减少贫困和用宏观经济政策减少失业。经济学不能说哪一种政治观点是正确的或错误的，但是它能为这种大辩论提供武器和弹药。

## 总结提要

### A. 不公平的根源

1. 19 世纪，古典经济学家认为，不公平是一个普通的常态，不能为公共政策所改变。这一观点经受不住仔细的推敲。贫困在 20 世纪早期出现了像冰川运动那样缓慢的后退，在收入分配底层的那些人的绝对收入有了急剧的增长。从 1980 年开始，这种趋势发生了逆转，不公平现象加剧了。
2. 洛伦茨曲线是一种简便的衡量收入分配不公平的工具。它显示出总收入中有多少到了最穷的 1%的人的手里，有多少到了最穷的 10%的人的手里，又有多少到了最穷的 95%的人的手里，如此等等。基尼系数是衡量不公平的程度的量化指标。

3. 贫困本质上是一个相对的概念。在美国，贫困是在 20 世纪 60 年代早期根据是否有足够的支付能力而定义的。按收入衡量的这种标准，近 10 年来在减少贫困方面没有什么改善。
4. 今天美国收入分配的不公平已经不像 20 世纪初那样明显了，也不像发展中国家那样突出。但不公平现象仍然相当严重，而且在过去的 25 年里还有所增加。财富的分配比收入的分配更不公平，这在美国或其他资本主义经济中都是如此。
5. 为解释收入分配的不公平，我们可以把劳动收入和财产收入分开考查。劳动报酬存在差异，这是因为存在能力和工作强度（小时数和努力两方面）的差异，存在着职业报酬的差异，这种差异与人力资本及其他因素有关。
6. 财产收入的分配比劳动收入的分配更不公平，主要原因在拥有财富上的极大差别。遗产继承使得富人的孩子一开始就比普通人领先了。生命周期储蓄只占美国财富的一小部分。

**B. 反贫困政策**

7. 政治哲学家提出了三种类型的公平：（a）政治权力的公平，如选举权；（b）机会公平，提供相同的进入工作、教育和其他社会体系的途径；以及（c）结果的公平，它保证人们得到相同的收入和消费水平。前两种类型的公平在发达的民主国家，如美国，越来越多地为人们所接受。而结果的公平则引起了极大的争议，因为它无法实施且损害经济效率，许多人都不能接受。
8. 公平既会有收益也会有代价，代价就是奥肯“漏桶”上的漏洞。也就是说，通过累进税或转移支付来降低收入不公平的企图，可能伤害到工作或储蓄的积极性，因而可能缩小国民产出的规模。潜在的漏泄包括：管理成本、被降低的工作时数或储蓄率。
9. 减轻贫困的主要计划包括福利支付、食品券、医疗保健计划，还有一些力度和范围比较小的项目。总体上说，这些计划受到了批评。因为当低收入家庭开始有工资收入或其他报酬时，这些计划便对他们实施很高的津贴削减率（或边际“税”率）。

## 概 念 复 习

收入分布的趋势
收入和财富的洛伦茨曲线
基尼系数
劳动收入和财产收入
运气、生命周期储蓄、风险承担、继承的相对作用

高等教育的工资溢价
贫　困
福利国家
奥肯“漏桶”
公平：政治的公平、机会的公平、结果的公平

公平与效率
收入支持计划
收入可能性曲线：理想情况与现实情况

## 补充读物和互联网站

**补充读物**

An influential book on equality versus efficiency is Arthur Okun, *Equality and Efficiency: The Big Tradeoff* （Brookings Institution, Washington, D.C., 1975）.

For a nontechnical review of issues in health-care reform, see the symposium in *Journal of Economic Perspectives,* Summer 1994.

**互联网站**

The Census Department collects poverty data. See www.census.gov/hhes/www/poverty.html. For information on welfare and poverty, see www.welfareinfo.org. The site www.doleta.gov describes the results of welfare reform from the perspective of individuals. International comparisons are available from the Luxembourg Income Study at lissy.ceps.lu/IncStat.htm.

The Urban Institute （www.urban.org） and the Joint Center for Poverty Research （www.jcpr.org） are organizations devoted to analyzing trends in poverty and income distribution.

## 问题讨论

1. 让班上每一个同学在一张纸上不记名地写下对他或她家年收入的估计。用这些数据资料中列出收入分布频率表，并指出哪里是中位数收入？平均收入是多少？
2. 下述情况会对税后收入的洛伦茨曲线产生什么影响？（假定政府用税收购买一部分 GDP。）
   a. 比例所得税（即对所有收入按同样税率征税）。
   b. 累进的所得税（即对高收入的征税重于对低收入的征税）。
   c. 对于香烟和食品的税收急剧上升。

   画出 4 条洛伦茨曲线来表示原始的收入分配情况以及采取上述 3 种行动之后的收入分配情况。
3. 回顾奥肯的“漏桶”实验。召集一群人并让每人写下当政府从最富的 20%的人手中转移 100 美元给最穷的 20%的人时，多大的漏洞是可以承受的？99%？50%？还是零？每个人应该写出简短的理由并予以讨论。
4. 考虑补贴穷人收入的两种方式：（a）现金资助（比如每月 500 美元）和（b）具体资助，如食品津贴、医疗保健。列出使用每种方式的优势和劣势。你能解释为什么美国主要倾向于使用方式（b）吗？你是否赞同？
5. 一个称为伊科诺兰（Econoland）的国家有 10 个人。他们的收入（以千美元计）分别是 3、6、2、8、4、9、1、5、7 和 5。列一个像表 19-2 那样的分 5 个档次的收入分布表，绘制出一条洛伦茨曲线，并计算按本章中定义的基尼系数的大小。
6. 许多人继续在应该采取什么形式补助穷人的问题上进行争论。一派认为，“把钱交给人们并让他们购买自己所需要的保健服务和食品。”另一派认为，“如果你把购买牛奶的钱交给穷人，他们将把钱花在买啤酒上。如果你以实物形式提供服务，则你的钱对减轻营养不良和疾病就更为有效。你挣的钱可以由你随意花费，但是对于社会的收入支持款项，社会有权将它直接用于社会目标。”

   第一派的争论也许是依据需求理论：让每一个家庭在其有限的预算下决定如何使其效用最大化。第 5 章表明为什么这种意见也许是对的。但是，如果家长的效用主要包括啤酒和彩票而不是给孩子的牛奶和衣服，则情况将会如何？你是否会同意第二种观点？根据你个人的经验和学习理解的情况，你认为哪一种观点更正确？说明你的理由。

第五编

# 宏观经济学：经济增长与商业周期

# 第 20 章

# 宏观经济学概述

发展经济的全部目的无非是为现在和将来提供商品或服务。证明这一点的义务，我认为最好是永远交给那些宁肯少生产一些而不是多生产一点的人，那些宁肯让人力、机器或土地等生产要素闲置起来的人。但令人吃惊的是，我们竟然能够听到如此之多的为浪费辩解的理由，诸如担心通货膨胀抬头、国际收支逆差、预算收支失衡、国家债务过重以及对美元信心的丧失，等等。

——詹姆斯·托宾 《国民经济政策》

找份工作是困难还是容易？实际工资和生活水平是否正在迅速提高，或者经济已经停滞不前？中央银行是提高利率抑制物价还是放松银根拉动经济走出衰退，或者只是保持中立观望的态度？全球化和对外贸易如何影响国内的就业与产出？以上都是宏观经济学的核心问题，也是随后各章节所讨论的主题。

在开始学习之前，请记住，**宏观经济学**（macroeconomics）是将整个经济运行作为一个整体来进行研究的，所考查的是同时影响众多企业、消费者和工人的因素；相反，**微观经济学**（microeconomics）所研究的却是单个产品的价格、数量和市场。

研究宏观经济学以两大核心命题为主要线索：（1）产出、就业和价格的短期波动，也即所谓的商业周期；（2）产出和生活水平的长期变动趋势，也即所谓的经济增长。

20 世纪经济学的一项主要突破是宏观经济学的发展。它促使人们更好地理解如何应对周期性经济危机和刺激经济长期增长等方面的问题。面对大萧条，凯恩斯创立了自己的革命性理论，它有助于揭示经济波动的决定因素，并就解决商业周期中最严重的生产过剩问题提出了对策。与此同时，经济学家也一直致力于讨论长期增长的机制问题。感谢凯恩斯、他的批评者以及当今的继承人，是他们让我们懂得了：通过选择宏观政策（用以影响货币供给、税收、政府支出），一国可以加快或减慢经济增长的速度，熨平商业周期中过度的通货膨胀或失业，控制对外贸易或国际金融领域中过多的盈余或赤字。

宏观经济问题在 20 世纪的大部分时间里主导了美国的政治和经济的发展进程。20 世纪 30 年代，当美国以及几乎所有的工业国的生产、就业和价格体系出现瘫痪等问题时，经济学家和政治领导人都在大萧条中艰难地摸索。60 年代的越南战争和 70 年代的能源危机，给美国带来了棘手的问题——“滞胀”，低增长、高通胀并存使美国人民苦不堪言。90 年代迎来了高增长、低失业率和低通货膨胀的黄金时期——这一不寻常的时期被称为经济学的“新时代”。不过，刚刚进入 21 世纪，这种经济泡沫就宣告破灭。股票市场的急剧走低、恐怖袭击和伊拉克战争等诱发了美国经济的动荡局面。

宏观经济失败有时候会关系到一个国家乃至意识形态的生死存亡。前苏联的领导人曾夸口在经济上超过西方。历史证明这只是一句空洞的宏观经济口号。因为，俄罗斯这个拥有丰富的自然资源和强大的军事力量的国家，在向其军队提供精良的军事装备的同时，并不能向其国民提供丰富的黄油。结果，宏观经济政策的失败导致了苏联解体、东欧剧变，并使得人们相信：只有用私人市场去控制经济，才是刺激经济增长的最佳途径。

本章介绍宏观经济学，阐释其基本概念和理论要点，以及如何用它们解释近年来许多非常重要的历史问题和政策问题。但这只是一个吊您胃口的介绍，在掌握了第五编和第六编的各章内容之后，您才有可能尽情地享用宏观经济学的盛宴。它既是经济政策灵感的源泉，也是宏观经济学家们无休止争论的领域。

## A. 宏观经济学的基本概念

### 宏观经济学的产生

20 世纪30 年代，凯恩斯率先解释引致大萧条的经济机制，标志着现代宏观经济学的创立。二战以后，鉴于凯恩斯主义的影响不断扩大和对于下一次大萧条的恐惧，美国国会正式宣布授权联邦政府担负起稳定宏观经济增长的责任。1946 年国会通过的《就业法》是一个里程碑，其内容包括：

> 国会在此申明，联邦政府持续的政策和责任，是使用与其需要和义务相一致的一切可行的方法……来实现就业、生产和消费的最大化。

这说明国会第一次明确了政府在促进增长、就业和维持价格稳定方面的作用。

自 1946 年《就业法》通过以来，上述三个目标在国民经济中的优先顺序一直在变动。但在美国，正如在所有的市场经济国家一样，这些目标都一直构成着宏观经济学的核心问题：

1. *为什么产出和就业会不时地下降？怎样才能减少失业？*所有市场经济都会经历既有扩张又有收缩的商业周期。美国商业周期的上一次收缩是在 2001 年，商品和服务产量下降，数以百万计的人失业。战后大多数时间，宏观经济政策的一个主要目标，都是在用货币政策和财政政策来阻止商业周期中的经济下降和失业增加的严峻趋势。

   各国不时出现长期持续的高失业率，有时甚至会长达 10 年。美国 1929 年开始的大萧条就是如此。在随后的几年里，失业人口竟上升到了占整个劳动人口的近 1/4，工业生产竟下降了一半。20 世纪 90 年代欧洲国家经历了一次温和的衰退，许多国家的失业率持续高于 10%。

   宏观经济学致力于探索这种持续失业的根源。通过各种分析，经济学家给出了各种对策，如增加总需求或改革劳工市场制度。千百万人的生活和财富都依赖于宏观经济学家能否正确地找到解决这些问题的答案。

2. *通货膨胀的原因是什么？如何控制它？*市场经济将价格视为衡量经济价值的尺度和引导商业行为的手段。而在价格迅速上升时期（这种现象叫“*通货膨胀*”），这个尺度势必失去意义。在高度通货膨胀时期，人们对物品的相对价格会感到困惑，在消费和投资的决策上也容易犯错误。税收负担上升，人们难免要耗费大量的时间来担心通货膨胀对其收入的蚕食作用。

   结果，在宏观经济政策制定过程中，稳定价格日益成了需要强调的目标。在 20 世纪 70 年代后期，美国总的通货膨胀率曾高居 10%以上，而到 90 年代和 21 世纪初期却已经降低到 3%左右的水平。然而，还有一些国家至今也没有能够完全成功地控制住通货膨胀。例如，俄罗斯，还有一些拉美国家和发展中国家，每年的通货膨胀率为 50%或 100%，在 20 世纪 80 年代和 90 年代早期甚至达到 1 000%。为什么美国能把通货膨胀这只老虎关在笼子里而俄罗斯却不能呢？宏观经济学建议可以采用适当的财政政策、货币政策、汇率政策，以及建立独立的中央银行等手段，以控制和解决通货膨胀问题。

3. *一国如何提高经济增长率？*宏观经济学首先关注一国的经济增长，经济增长指的是一国生产潜力的增长。一国生产潜力的增长是决定其实际工资和生活水平增长率的关键因素。第二次世界大战以后，亚洲一些国家，如日本和韩国，经济的快速增长使其国民生活水平有了极大的提高。不过也有少数一些国家，尤其是非洲撒哈拉以南的国家，近 20 年来一直饱受着人均产出和生活水平下降的折磨。这些国家都希望知道，成功地保持经济增长的良方和对策究竟是什么。要保持经济快速增长，最关键的因素就是：自由市场的优势地位、高储蓄率和投资、低贸易壁垒，以及一个拥有强调财产权保护的诚实的政府。

所有的经济都必然面临这些目标之间的权衡问题。长期产出增长率的提高要求对教育和资本有大量的投资。而更多的投资又势必要减少对食品、服装和娱乐等当前的消费。此外，在经济增长过快或失业率过低的时候，政策制定者往往不得不采用宏观政策来抑制经济增长，以防止出现通货膨胀。

没有任何一个简单的公式可以用来摆脱这种两难困境。面对高通货膨胀率、高失业率和经济停滞，宏观经济学家的主张非常不一致。但若有坚实的宏观经济学知识，我们在选择最佳对策时就可以将难免的痛苦降到最低程度。

### 宏观经济学的创始人

宏观经济政策每一课题的讨论都必须从约翰·梅纳德·凯恩斯（1883~1946）开始。凯恩斯在许多方面都是一个天才。他在数学、哲学、文学等领域都有若干建树。另外，他还分身有术，经营一家大的保险公司，出任英国财政部顾问，协助管理英格兰银行，编辑一本世界闻名的经济学杂志，收集现代艺术品和珍本图书，还创立过一家巡回剧院，并娶了一位俄国最著名的芭蕾舞演员。他还是一位精通投机赚钱之道的投资家，不仅是为了自己，而且也为他所在的剑桥大学国王学院（King's College）赚过大钱。

然而，凯恩斯主要的贡献还是首创了宏观经济学和宏观经济政策的新研究方法。在凯恩斯以前，大多数宏观经济学家和政策制定者都认为，商业周期的高峰和低谷的到来如潮汐一般不可避免。长时期形成的观点使得他们在 20 世纪 30 年代大萧条面前茫然无措。凯恩斯 1936 年《就业、利息与货币通论》一书对上述问题提出了极具创造性的解释。凯恩斯有两点重要的论述：其一，市场经济中高失业率和未被完全利用的生产能力有可能长期并存；其次，认定政府的财政政策和货币政策能够影响产出，从而能够降低失业率并缩短经济衰退。

由凯恩斯首次提出的这些观点具有爆炸性效果，曾引发无数的反对和争议。战后，凯恩斯学派的经济学开始在宏观经济研究和政府政策制定等领域占据主导的地位。到 20 世纪 60 年代，事实上每一种宏观经济政策的分析都是基于凯恩斯主义。后来，伴随着经济学对关于供给因素、预期、工资及价格变动的研究成果的吸纳，凯恩斯主义早年一统天下的局面已经开始动摇。凯恩斯主义的经济学曾经保证：政府的行为可以消除商业周期。但现在已经很少有经济学家还在坚持这样一种观点。应该说，经济学和经济政策都时过境迁，已经不再是凯恩斯的伟大发现所处的那个时代。

## 宏观经济学的目标和工具

有了关于宏观经济学基本问题的整体印象之后，我们现在讨论宏观经济政策的主要目标和工具。经济学家如何从整体上评价经济的运作绩效？政府能用哪些工具去实现其经济目标？表 20–1 列出了宏观经济政策主要的目标和工具。

### 经济成就统计

宏观经济的主要目标是高水平的和快速增长的产出率、低失业率和稳定的价格水平。以下我们给出宏观经济的关键术语的定义，并讨论其重要性。下一章我们将详细讨论宏观经济学的数据，一些关键数据可见于本章附录。

*产　出*　经济活动的最终目标是向人们提供所需要的物品和服务。对于一国经济来讲，还有什么东西能比为居民提供足够的住房、食品、教育和娱乐更为重要的呢？

一国经济总产出最全面的指标是**国内生产总值**（gross domestic product, GDP）。GDP 指的是一国在一年内所生产的所有的最终物品和劳务（啤酒、轿车、摇滚音乐会、旅行等）的市场价值之和。衡量 GDP 的方法有两种：*名义 GDP*，用实际市场价格衡量；*实际 GDP*，按固定价格或不变价格来进行统计（例如我们用汽车数量乘以某一年的汽车价格，如 2000 年，来计算该年份汽车部门所创造的实

| 目　标 |
| --- |
| **产　出：** |
| 高水平产出及快速增长 |
| **就　业：** |
| 高就业，低非自愿失业 |
| **价格水平稳定** |
| **工　具** |
| **货币政策：** |
| 控制影响利率的货币供给 |
| **财政政策：** |
| 政府支出 |
| 税　收 |

**表 20–1　宏观经济政策的目标和工具**

上栏是宏观经济政策的主要目标，下栏是现代经济中可运用的主要的政策工具。这些就是政策制定者可以影响经济活动的节奏和方向的基本途径。

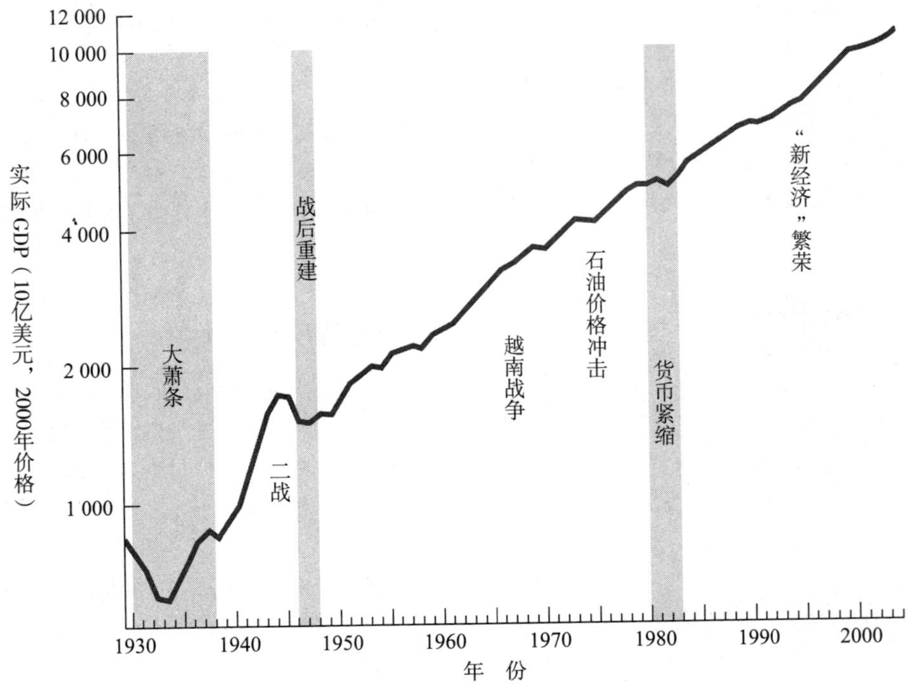


**图 20–1 1929~2003 年美国的实际国内生产总值**

实际 GDP 是经济产出的最综合的统计指标，请注意20世纪 30 年代大萧条所造成的产出下降。除了 20 世纪 70 年代石油价格冲击和 80 年代早期反通胀政策引起的动荡，自二战以来经济一直稳步增长。

资料来源：U.S. Department of Commerce. 图中阴影部分是主要的经济滑坡时期。

际 GDP)。

实际 GDP 是衡量产出的最近似的指标；它们被用来仔细地监测一国经济的脉搏。图 20–1 是自 1929 年以来美国实际 GDP 的变动情况。请注意，20 世纪 30 年代大萧条时期经济下降，第二次世界大战期间经济急速增长，1975 年和 1982 年经济衰退，此外从 1982~2000 年，经济在长期扩张中稳步增长，2001~2004 年经济增长放缓。

尽管商业周期中存在 GDP 的短期波动，但从长期看，发达国家的经济一般都呈现出实际 GDP 增长和生活水平改善的趋势，这种进程被称做*经济增长*。在过去的一个多世纪中，美国经济已经证明了它本身就是推动经济增长的强有力的发动机。这可以从潜在产出的增长上得到证实。

**潜在** GDP（potential GDP）是指一国经济所能持续地生产的最大的产出水平。当一国经济按照其潜在生产能力运行时，劳动力和资本就会得到充分利用。当产出高于潜在产出时，通货膨胀将上升；而低于潜在产出的产出水平则容易导致高失业率。

潜在产出是由一个经济的生产能力来决定的，后者又是由可获得的投入（资本、劳动、土地等）和该经济的技术效率来决定的。潜在 GDP 多呈现缓慢而稳定的增长，因为像劳动和资本这样的投入以及技术水平的变化是缓慢的。相反，如果消费模式急剧变化，则实际 GDP 会随商业周期而出现大的变动。

在商业周期的低迷时期，实际 GDP 下降至潜在产出水平以下，并且伴随着失业率的上升。例如，在 1982 年，美国经济的实际产出比其潜在产出少了 4 000 多亿美元。这意味着，仅仅在这一年中，美国每个家庭就损失了 6 000 美元。当总产出、收入和就业连续 6 个月到 1 年明显下降，经济中很多部门出现普遍收缩，则这种经济下降被称为*衰退*；更严重的持续的经济低迷则被称为*萧条*。当经济繁荣和战争时期生产能力被开发到极限时，实际产出水平有可能在短时期内高于潜在的产出水平，但这样高的设备利用率会带来通货膨胀的压力，通常情况下又不得不利用货币政策或财政政策来制止通货膨胀的上升。

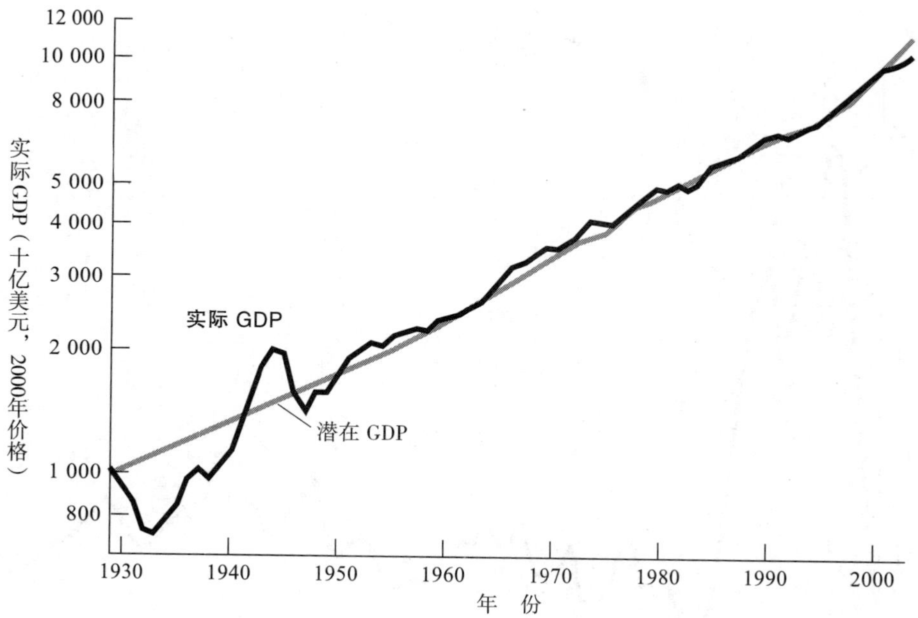


**图 20–2　实际 GDP 与潜在 GDP**

当实际产出偏离潜在产出时，就会出现商业周期。比较平滑的线表示 1929~2003 年的潜在或趋势性的产出水平。潜在产出每年增长约 3.4%。请注意 20 世纪 30 年代大萧条时实际 GDP 与潜在 GDP 之间的巨大缺口。

资料来源：U.S. Department of Commerce and authors' estimates. 注意，实际 GDP 数据是依据有关基础统计数据直接估算出来的，而潜在产出水平只是从实际 GDP 和失业数据中推论出的分析性概念。

图 20–2 是对 1930~2003 年间潜在的和实际的产出水平的估计。请注意，30 年代大萧条时潜在产出与实际产出之间的巨大缺口。

***高就业，低失业***　在所有宏观经济指标中，就业率和失业率最直接地被人感知。人们希求不用等太长时间就能找到一份收入丰厚的工作，当找到工作时他们还希求工作的安全保障和福利条件情况良好。用宏观经济学术语表达，这个最直接的目标就是高就业，与此相对应的则是低失业。图 20–3 显示的是过去 60 年间失业的变动趋势。纵轴所表示的**失业率**（unemployment rate）指的是没有被雇佣的劳动力的百分比。劳动力包括所有就业人员和正在寻找工作的失业者，不包括那些没有工作但又不打算寻找工作的人。

失业率变动与商业周期趋向一致：当产出下降时，对劳工的需求下降，失业率上升。20 世纪 30 年代的大萧条中，失业愈演愈烈，有 1/4 的劳动力处于闲置状态。二战以来，美国的失业率不断波动，但避免了与经济萧条相伴的高失业水平以及引发高通货膨胀的低失业水平。

***稳定的价格***　宏观经济政策的第三大目标是保持价格稳定。价格稳定指的是总体价格水平不变或上升非常缓慢。

政府部门统计人员使用**价格指数**（price index）——总体价格水平的衡量指标来描述价格的变动轨迹。一个重要的例子就是**消费者价格指数**（consumer price index, CPI，也译作“消费物价指数”——译者注），它度量的是消费者所购买的商品或服务的平均价格。总体价格水平常用字母 $P$ 来表示。

经济学家通过观察**通货膨胀率**（rate of inflation, or inflation rate）来衡量价格的稳定性。它表示总体价格水平从一年到下一年的百分比变动。举个例子，2001 年 CPI 是 177.1，2002 年 CPI 是 179.9（其中，1983 年=100），我们可以计算出 2002 年的通货膨胀率为：

2002 年的通货膨胀率 = [(2002 年 CPI – 2001 年 CPI) / 2001 年 CPI] × 100%
= [(179.9 – 177.1) /177.1] × 100%
= 1.6%

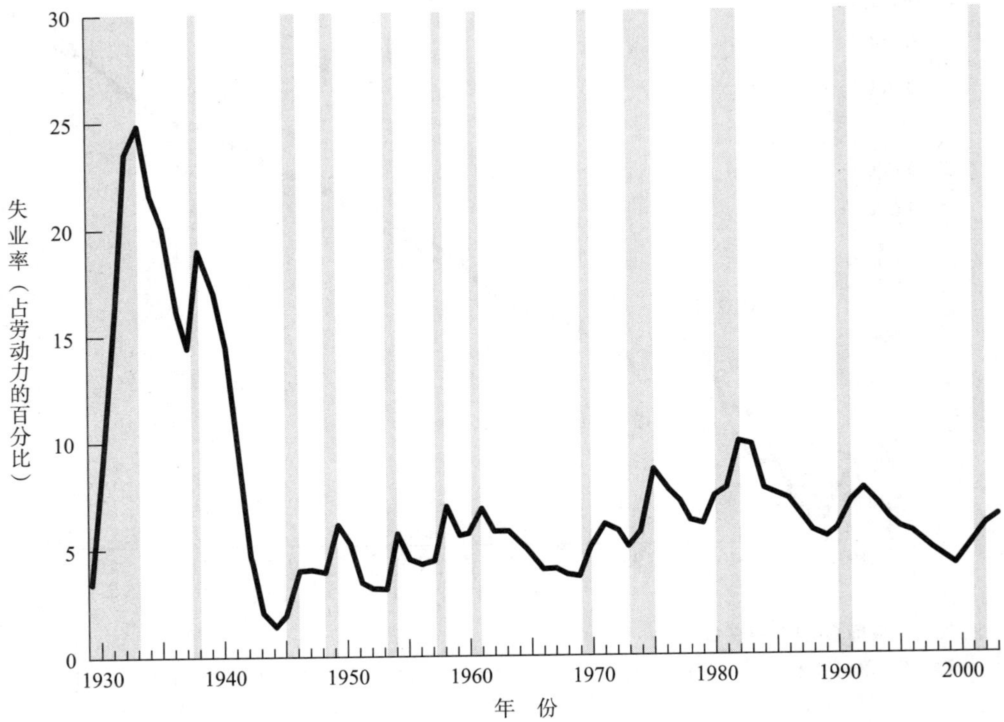


**图 20–3 失业在衰退时期上升，在扩张时期下降**

失业率衡量的是那些正在寻找工作但又未能找到工作的劳动力所占的比例。在 20 世纪 30 年代，失业率上升到悲剧性的程度，1933 年达到 25%的高峰。失业率在商业周期的衰退阶段上升，在经济扩张阶段下降。阴影区域为美国国民经济研究局（NBER）所定义的衰退期。

资料来源：U.S. Department of Labor.

图 20–4 显示了从 1930~2003 年用 CPI 表示的通货膨胀率，这一时期年平均通货膨胀率为 3.3%。请注意各年份之间价格的大幅波动，变动范围从 1932 年的–10%到 1947 年的 14%。

当价格水平下降（即通货膨胀率为负）时，就出现通货紧缩（deflation）。另一个极端是恶性通货膨胀（hyperinflation），即一年内物价水平上涨 1 000%或 1 000 000%等。在这种情况下，比如在 20 世纪 20 年代的魏玛共和国、80 年代的巴西以及 90 年代的俄罗斯，价格实际上已毫无意义，价格体系陷于瘫痪。

价格的稳定性非常重要，因为一个平稳运行的市场系统要求价格必须准确、便利地传递关于相对稀缺资源的信息。历史数据证明，如果通货膨胀率很高会给经济运行增加很多的成本（有些是显性的，有些是隐性的）。当通货膨胀率很高时，税率就会变得极不稳定，人们的养老金的真实价值会逐渐变小，因而会倾向于花掉实际资产而不愿意持有贬值的货币。但降低价格或通货紧缩也是要付出代价的。因此，许多国家都寻求一条介于价格完全稳定和高通货膨胀二者之间的道路，即允许价格缓慢地爬升，并以它作为价格体系有效运行的最佳途径。

小结：

宏观经济政策的目标是：

1. 高的且不断增长的国民产出水平
2. 高就业、低失业
3. 稳定或温和上升的价格水平

## 宏观经济政策工具

假定你是做政府顾问的首席经济学家。国家面临着失业上升，GDP 下降。或许生产增长率已经下降，而你希望提高潜在产出的增长。或者，你的国家面临国际收支矢衡

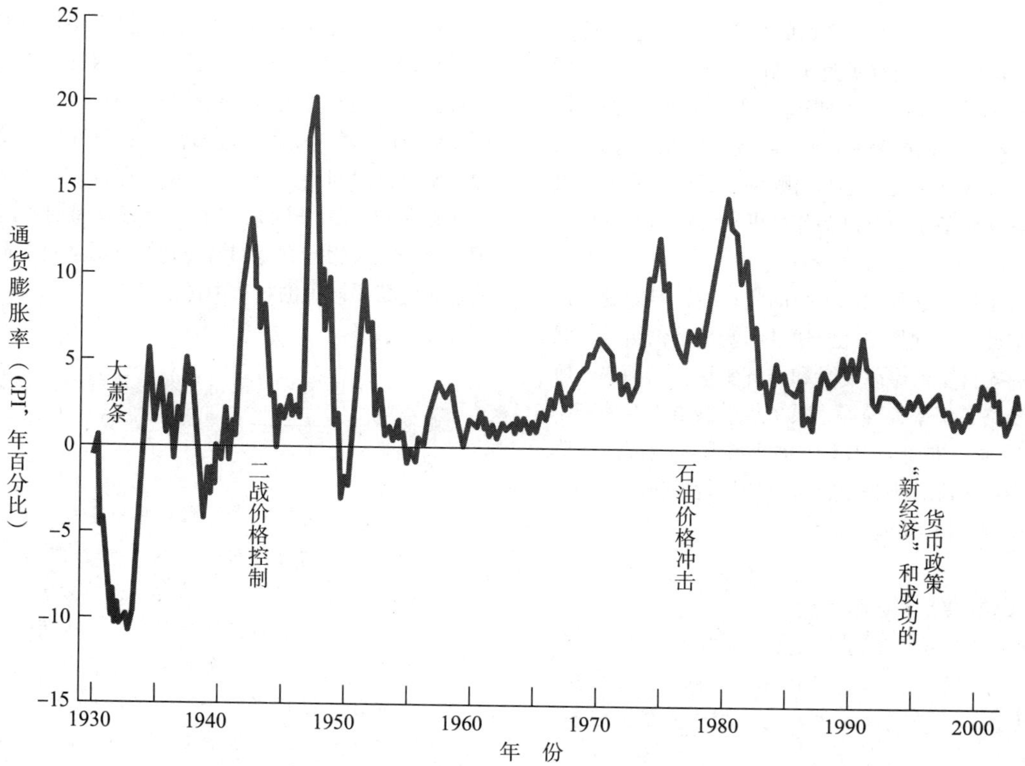


**图 20–4 1929~2003 年消费物价的通货膨胀**

通货膨胀率度量物价从一年到下一年的变化率：这里我们所看到的是以消费价格指数（CPI）所衡量的通货膨胀率。自二战以来，特别是 1973 年和 1979 年石油冲击之后，价格主要呈上升趋势。1984 年以来，美国通货膨胀率相对较低。

*资料来源*：U.S. Department of Labor. 图中通货膨胀率均表示上一年的数据。

的危机，存在高额贸易赤字，货币受到攻击。那么，你能用哪些政策工具来降低通货膨胀，减少失业，加速经济增长，或纠正贸易失衡等问题呢？

政府有一些能用以影响宏观经济活动的政策工具。*政策工具*是一种处于政府的控制之下，并能对一个或多个宏观经济目标施加影响的经济变量。通过改变货币、财政或其他政策，政府能够避免经济周期中最坏的情况并提高潜在产出的增长率。宏观经济的两大政策工具可参见表 20–1 的下半部分。

***财政政策*** **财政政策**（fiscal policy）是指税收和政府支出的使用。*政府支出*有两种形式：其一是政府购买，指的是政府在物品和劳务上的花费——购买坦克、修建道路、支付法官的薪水，等等；其次是政府转移支付，以提高某些群体（如老人或失业者）的收入。政府开支的数量决定公共部门和私人部门的相对规模，亦即 GDP 中有多少是以集体形式而不是以私人形式消费掉的。从宏观经济角度看，政府支出也会影响经济的总体支出水平，从而会影响 GDP 的水平。

*税收*是财政政策的另一种形式，它通过两种途径影响整体经济。首先，税收影响人们的收入。通过增加或减少家庭可支配或可花费的收入，税收可以影响人们用于购买物品和劳务的消费量以及私人储蓄量。不管是短期还是长期，私人的消费和储蓄对产出和投资都有重大的影响。

此外，税收还能影响物品和生产要素的价格，因而也能影响激励机制和行为方式。例如，从 1962 年到 1986 年，美国采取了投资税收减免的政策，即对购买资本品的厂商实行税收减免，以刺激投资和推动经济增长。税法中许多条款都能对工作和储蓄的激励问题产生影响，从而对经济活动也产生重大的影响。

***货币政策*** 宏观经济政策第二大工具是**货币政策**（monetary policy)，它是通过政府对国家的货币、信贷及银行体制的管理来实施的。你可能见过美国的中央银行——联邦储备系统如何管理货币供给的报道。但究竟何为货币供给？**货币**（money）是由各种交换手段或支付方式构成的。当今人们用现金或支票支付他们的账单。通过行使中央银行的职能，联邦储备系统可以调节可供经济使用的货币总量。

为什么货币供给这种如此之小的活动能够对宏观经济的运行产生如此巨大的作用呢？通过改变货币供给量，联邦储备能够影响许多的金融变量和经济变量，如利率、股价、房地产价格、汇率，等等。限制货币供给量会使利率上升、投资减少，进而会引起 GDP 下降和通货膨胀率降低。若面临经济下降，中央银行可以增加货币供给，降低利率，从而刺激经济活动。

**其他时期，其他政策**

国家常常寻找新的办法来解决旧的经济问题。控制通货膨胀这个难题就已经衍生出了许多的新思想和新办法。如我们将要看到的，政府降低通货膨胀的传统做法是采用财政措施或货币措施来降低产出并提高失业水平。由于这是一剂令人难受的苦药，政府通常需要寻找其他的限制通货膨胀的方法。以前试过的一个办法是**收入政策**，它包括对工资和价格进行直接的控制。这种办法不仅广泛地用于战争时期，而且也用于出现紧急事件的和平时期。收入政策的范围包括工资和价格管制（主要用于战争时期），以及其他不太严厉的措施，如用于和平时期的自愿工资和指导价格等。在上一代，许多经济学家认为收入政策是降低通货膨胀的一个廉价方法。例如，尼克松政府于 1971 年强制实行了一系列严厉的措施，规定工资水平，控制价格，希望在不造成经济衰退的情况下放慢通货膨胀。

对尼克松执政时期和类似时期的收入政策的研究发现，这些政策对减轻通货膨胀压力的作用有限，且不能持久。加上关于政府干预的保守主义思潮的抬头，直接运用工资—价格政策的想法已经基本失去了市场。现在，许多经济学家都相信，收入政策已经完全无效。另一些人甚至认为它比无效还要糟糕：它干扰市场自由运作，扰乱相对价格变动，而并不能降低通货膨胀。大多数高收入国家已不再使用收入政策，但发展中国家和向市场经济转轨的国家还经常采用这种办法。

货币政策的真实性质是宏观经济学中最重要的领域之一。1979~1982 年美国“紧缩银根”的货币政策使得利率上升，经济增长速度放慢，失业增加。此后，从 1982 年到 2000 年，联邦储备系统谨慎的货币管理支持了美国有史以来持续时间最长的一轮经济扩张。在过去的 10 年中，货币政策已成为美国政府用来与商业周期作战的主要武器。至于中央银行究竟如何控制经济活动这一问题，我们将在论述货币政策的章节中详细讨论。

小结：

一个国家可以采用两种主要的经济政策来实现宏观经济目标——一种是财政政策，另一种是货币政策。

1. 财政政策由政府支出和税收所组成。政府支出会影响与私人消费相对的集体消费的规模。税收是对收入的扣除，它会降低私人支出并影响私人储蓄，另外它也会影响投资和潜在产出。今天，财政政策的主要用途是：通过影响国民储蓄以及对工作和储蓄的激励，从而影响长期经济增长。
2. 由中央银行执行的货币政策决定货币供给和金融财务状况。货币供给的变动使利率上升或下降，并影响商业投资、房地产及对外贸易等部门的支出水平。货币政策对实际 GDP 和潜在 GDP 都有重要的影响。

## 国际联系

没有一个国家是孤岛。所有的国家都会通过国际金融和国际贸易等渠道来参与世界经济。当美国从日本进口汽车，或者向墨西哥出口计算机时，我们从中便可以看到一条商品和服务进出口的贸易链条。当美国借款给墨西哥用以稳定墨西哥货币比索币值时，或者英国的养老保险基金投资于繁荣的美国股票市场以实现其投资组合的多样化时，我们从中便可以看到一条国际金融的链条。

各国对国际贸易都十分关注。一个特别重要的指标是**净出口**（net exports），即出口产品价值与进口产品价值的差额。当出口大于进口时，这个差额称为*顺差*；当净出口为负时则称为*逆差*。2003 年美国出口总额为 10 620 亿美元，而进口总额为 15 550 亿美元，因此，当年美国的外贸赤字为 4 940 亿美元，占 GDP 的 4.4%。

随着运输和通信成本的下降，国际联系与二三十年前相比已经变得更加紧密。国际贸易已经取代了建立帝国和军事征服的历史传统，而成为了富强国家扩大其国际影响的最可靠的办法。有些国家的对外贸易额已占到其产出的一半以上。

在 20 世纪的大部分时间里，美国的外贸都有顺差，出口额大于进口额。但到了 80 年代，美国的贸易格局已经发生了急剧的变化。由于国民储蓄率的降低和投资的增长，美国净出口已经向贸易逆差的方向转变，21 世纪初贸易逆差占 GDP 的比重超过 4%。随着贸易逆差的扩大，美国的外债到 2003 年达到了约 3 万亿美元的水平。一些经济学家担心巨额外债负担会给美国带来重大风险——关于这种风险我们将在后面章节加以分析。

随着各国经济联系日益紧密，政策制定者日益重视其国际经济政策的制定。国际贸易本身并不是目的。更进一步地说，国家重视国际贸易是因为它关系到生活水平的提高这个最终目标。国家所关心的主要问题是贸易政策和国际金融管理。

*贸易政策*由关税、配额和其他鼓励性或限制性的进出口法规等组成。大多数贸易政策对宏观经济运行的影响不大，但有时候，如在 20 世纪 30 年代，严格限制国际贸易的政策曾导致经济混乱、通货膨胀和经济衰退。

第二大国际经济政策问题是*国际金融管理*，一国国际贸易受到汇率的影响，汇率是指本国货币用外国货币来表示的价格。作为货币政策的一个组成部分，国家运用不同的制度来规范外汇市场。尤其是对于开放经济的小国而言，管理汇率是惟一的也是最重要的宏观经济政策。

> 国际经济是一个联系着各国贸易和金融的复杂的网络。国际经济体系顺利运行就能促进经济快速增长；但若贸易体系崩溃，全世界的生产和收入都将会受到巨大的冲击。因此，各国要考虑到贸易政策和国际金融政策对它们国内的产出、就业和价格稳定等目标的影响。

## B. 总供给和总需求

一国经济史可由其宏观经济运行情况体现出来。经济学家采用总供求分析帮助解释产出和价格变动的主要趋势。我们先讨论这个宏观经济学的重要的分析工具，然后再用它来解释一些重要的历史事件。

### 宏观经济中的总供给和总需求

#### 总供给与总需求的定义

各种不同力量如何相互作用并决定总体的经济活动？图 20–5 显示的是宏观经济内部不同变量之间的关系。这些变量分为两类：影响总供给的变量和影响总需求的变量。这样划分变量有助于我们理解产出、价格和就业水平的决定因素。

由图 20–5 下半部可见影响总供给的各种因素。**总供给**（aggregate supply）是指一定时期内一国企业所愿意生产和出售的物品和劳务的总量。总供给（通常记为 *AS*）取决于价格水平、经济的生产能力和成本水平。

一般说来，企业总是希望以较高的价格出售其所能生产的全部产品。在有些情况下，价格和消费水平可能会出现下降趋势，这时企业会发现其生产能力过剩。而在另外一些情况下，如在战时繁荣时期，当企业竭尽全力生产以完成订单任务的时候，工厂的生产能力就会被发挥到极点。

由此可见，总供给不仅取决于企业能够获得的价格水平，而且也取决于该经济的生产能力或潜在产出水平。潜在产出水平又取决于可供利用的生产性投入（其中最主要的是劳动和资本）的数量以及将这些投入组合在一起的管理效率和技术效率。

国民产出和价格总水平是由总供给和总需求这把剪子的两个刀刃来共同决定的。（除了总供给之外）剪子的另一个刀刃是**总需求**（aggregate demand），指的是一定时期内一个经济中各部门所愿意支出的总量。总需求（通常记为 *AD*）是消费者、企业和政府支出的总和，它既取决于价格水平，也取决于货币政策、财政政策和其他因素。

总需求的组成部分包括：消费者所购买的汽车、食品和其他消费品；企业所购置的厂房和设备，政府所购买的导弹和计算机，以及净出口。总购买量会受物品赖以成交的价格水平的影响，会受战争和天气等外生因素的影响，还会受政府政策的影响。

应用总供求剪刀的两个刀刃，我们可以得到供求的均衡，如图 20–5 右边的圆内（两曲线的交点）所示。国民产出和价格水平在这一水平上达到平衡，即需求方所愿意购买的数量正好等于供给方所愿意出售的数量。而相应的国民产出和价格水平决定就业、失业和外贸。

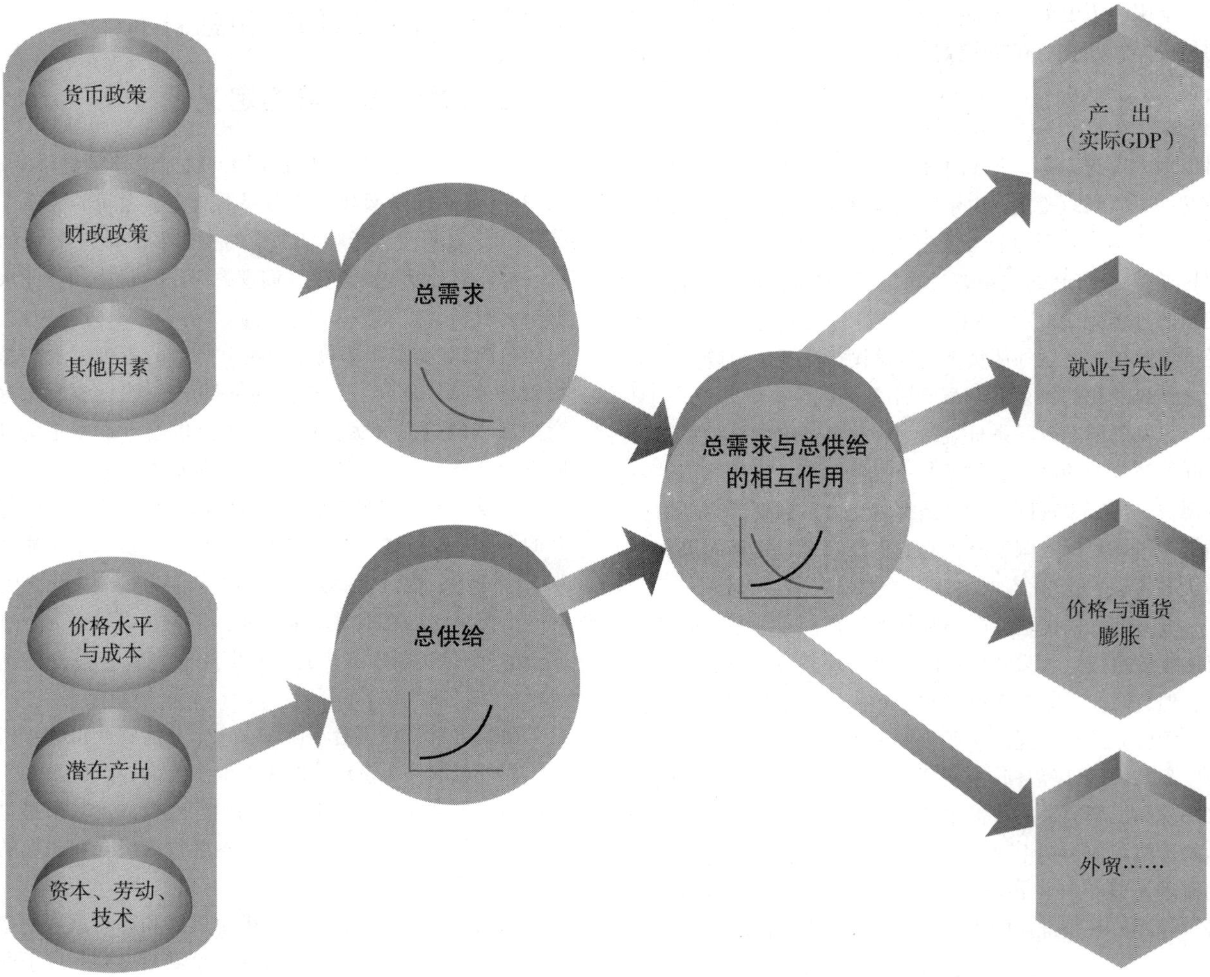


**图 20-5 总供给和总需求决定主要的宏观经济变量**

这个重要的示意图显示了影响总体经济活动的主要因素。左侧是决定总供给和总需求的主要变量，包括像货币政策和财政政策一类的政策变量，以及资本存量和劳动存量。在中间部分，当需求水平与可供利用的资源数量相联系时，总供给和总需求就会相互作用。右侧的几个六边形是主要的结果：产出、就业、价格水平以及外贸。

## 总供给曲线和总需求曲线

总供给曲线和总需求曲线常用于分析宏观经济状况。你也许还记得，我们在第 3 章曾应用市场的供给曲线和需求曲线来分析个别产品的价格和数量。一种类似的图形工具也可以帮助我们理解货币政策或技术进步如何影响总供给和总需求，从而决定总产出和总价格的水平。

图 20-6 表示整个经济的总供给曲线和总需求曲线。横轴（或数量轴）表示经济的总产出（实际 GDP）。纵轴表示价格总水平（例如，用消费价格指数即 CPI 来衡量）。我们以 $Q$ 表示实际产出，以 $P$ 表示价格水平。

向下倾斜的曲线是**总需求曲线**（aggregate demand curve），简称 $AD$ 曲线。它表示经济中所有的当事人实体（消费者、企业、政府和外国人）在不同的价格水平（假定其他影响总需求的因素保持不变）上将要购买的数量。由这条曲线可见，总体价格水平为 150 时，总支出为每年 3 万亿美元。如果价格水平上升到 200，总支出将下降到 2.3 万亿美元。

向上倾斜的曲线为**总供给曲线**（aggregate supply

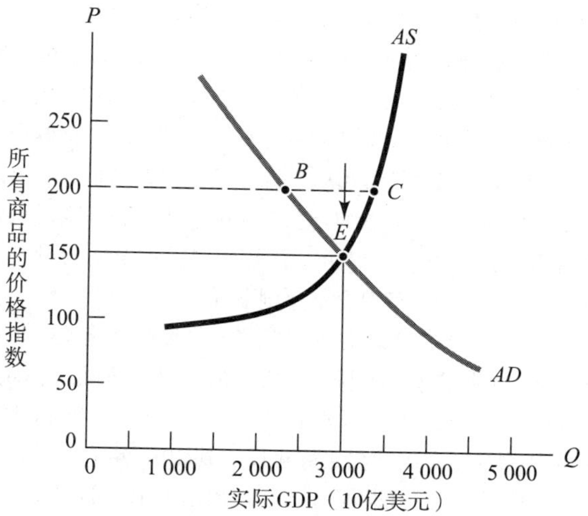


**图 20–6　总价格和总产出由总供给和总需求的相互作用决定**

其他因素不变时，$AD$ 曲线代表在不同的价格水平上的总购买量。同样，其他因素不变时，$AS$ 曲线表示在不同价格水平上企业所愿意生产和出售的数量。

国民产出和总体价格水平在总需求和总供给的交点 $E$ 处达到均衡，这时企业愿意生产和出售的数量正好等于消费者和其他需求者所愿意购买的数量。

curve)，简称 $AS$ 曲线。这条曲线所表示的是在每一个价格水平上（假定其他影响总供给的因素保持不变）企业所愿意生产与出售的物品和劳务的数量。根据这条曲线，当价格水平为 150 时，企业愿意出售的数量为 3 万亿美元；而如果价格上升到 200，则它们所希望出售的数量就会上升到 3.3 万亿美元。对总产出的需求上升时，企业将力图以较高的价格出售更多的物品和劳务。

**关于 $AS$ 曲线和 $AD$ 曲线的一个提醒**

有必要强调一点：千万不要将宏观经济的 $AD$ 曲线和 $AS$ 曲线与微观经济的 $DD$ 曲线和 $SS$ 曲线相混淆。微观经济的供给曲线和需求曲线指的是单个的商品的数量和价格，其前提是假定国民收入、其他商品的价格这类因素保持不变。而总供给曲线和总需求曲线则不同，它体现的是总产出水平和总价格水平的决定，其前提假定是货币供应量、财政政策以及资本存量这类因素维持不变。总供给和总需求解释的是税收如何影响国民产出和所有价格的变动；微观经济学的供给和需求则可能会考虑汽油税怎样影响汽车的购买量。这两组曲线表面上相似，但它们所解释的却是截然不同的经济现象。

***宏观经济均衡***　现在我们将 $AS$ 和 $AD$ 放在一起，以便发现价格和产量的均衡值是如何达到的。也就是说，我们可以找到既能满足买方又能满足卖方的实际 GDP 和价格水平。如图 20–6 中 $AS$ 和 $AD$ 曲线所示，整体经济在 $E$ 点达到均衡。只有在该点，即产出水平 $Q = 3\ 000$ 而价格水平 $P = 150$ 时，买者和卖者才同时满足。也只有在该点，所有需求者愿意购买的数量才正好等于所有企业愿意生产和出售的数量。

那么，经济如何达到均衡？所谓的均衡究竟是什么意思？**宏观经济均衡**（macroeconomic equilibrium）是指总产量和总价格水平这样一种组合，此时，买者和卖者都不再愿意改变他们的购买量、销售量或价格水平。图 20–6 可以说明这一概念。如果价格高于均衡价格，比如说 $P=200$，这时企业所愿出售的数量就会大于买方所愿购买的数量；企业愿意出售的数量是 $C$，而买方所愿意购买的数量只达到 $B$。由于企业的生产量大于消费者的购买量，物品就会在货架上堆积起来。最后，企业就会减少生产，并开始削减价格。而当价格从 200 这一过高的水平下降时，买者愿意购买的数量与卖者愿意出售的数量之间的差距就会缩小，直至 $P = 150$、$Q = 3\ 000$ 这一均衡状态为止。一旦达到均衡状态，买方和卖方就都不再愿意改变他们的需求量或供给量，这时也不存在价格变动的压力。

## 宏观经济史：1900~2003 年

我们还可以用总供求这一工具来分析 20 世纪美国的宏观经济史。这里我们集中讨论越战期间的美国经济的扩张，以及 80 年代初货币紧缩所引发的严重衰退。此外，我们还涉及其他一些 20 世纪经济增长的经验数据记录。有关的主要宏观经济变量的最新数据可见本章附录。

***战时繁荣***　美国经济在经历了多次衰退之后走进了60 年代。约翰·肯尼迪当选总统后，希望能重振经济。在那个年代，被称为"新经济学"的凯恩斯主义主宰了首都华盛顿。肯尼迪以及后来的约翰逊总统的经济顾问们都力主扩张性的政策，国会批准了刺激经济的举措。内容包括 1963 年和 1964 年的大幅度削减个人税和公司税。在 60 年代早期，GDP 每年增长 4%，失业下降，价格保持稳定。到 1965 年，美国经济的增长已经达到其潜在的产出水平。

遗憾的是，政府低估了越南战争所需要的开支。国防开支从 1965~1968 年增长了 55%。甚至当严重的通货膨胀性的经济景气已经变得很明显时，约翰逊总统仍然在推迟

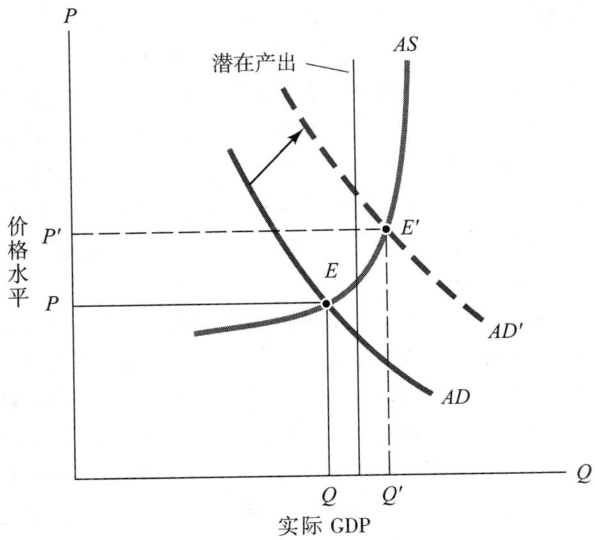


**图 20-7 战时繁荣是由总需求的增加推动的**

在战争时期，国防开支的增加扩大了总支出，把总需求曲线由 $AD$ 推移到 $AD'$，同时，均衡产量从 $E$ 移到 $E'$。当产出的增加大大超过潜在产出能力时，价格水平就会从 $P$ 急剧增加到 $P'$，战时通货膨胀也就随之而来。

采取旨在降低经济增长速度的痛苦的财政措施。直到 1968 年，增税和减少民用支出的措施才得以出台。但这对缓解经济过热引起的通货膨胀压力来讲，已经为时太晚。联邦储备系统也以货币供给的快速增长和低利率政策，来容忍经济的扩张。结果，在 1966~1970 年的大部分时间里，经济都在大大高于其潜在产出能力的水平上运行。在低失业和高开工率的压力之下，通货膨胀率逐步升高，开始了从 1966 年持续到 1981 年的所谓的“通货膨胀时代”。

图 20-7 表明了这个时期的基本情况。减税和国防开支都增加了总需求，将总需求曲线从原来的 $AD$ 向右上方移到 $AD'$。这导致均衡点从 $E$ 移到 $E'$，产出和就业迅猛上升，而当产出水平超过生产能力的极限时，物价就开始向上攀升。经济学家由此看到：面临通货膨胀危险时，刺激经济增长比说服政策制定者通过提高税收来减缓经济增长要更加容易。面对这个教训，许多人开始质疑：运用财政政策来稳定经济是否明智？

***1979~1982 年货币紧缩*** 20 世纪 70 年代是经济混乱的时代。在此期间，石油价格上涨了 10 倍，工资急剧上升，美国及其他国家经济已经陷入了通货膨胀。如图 20-4 所示，1978~1980 年间通货膨胀率达到两位数，利率上升到每年约 20%的水平。

两位数的通货膨胀率是不可接受的。在经济学家保罗·沃尔克（Paul Volcker）的领导下，联邦储备系统采取了措施，为减缓通货膨胀而开出了货币紧缩这剂猛药。1979 年和 1980 年，利率大幅上升，股市下跌，获得贷款很难。联储的紧缩性货币政策减慢了消费者和企业支出的增长。受打击最为严重的是总需求中那些对利率变动比较敏感的部分。1979 年以后，住宅建设、汽车购买量、商业投资以及净出口额等全都急剧下降。

在图 20-7 中将箭头换一个方向，我们就能说明货币紧缩是如何提高利率和降低总需求的。也就是说，紧缩货币政策减少支出，使总需求曲线向左下方移动，与 20 世纪 60 年代增加军费的情况正好相反。到 1982 年底，总需求的减少使得产出下降到低于潜在产出水平 10%的程度，而失业率则从 1979 年低于 6%上升到 1982 年底的 10%以上。

严厉措施的结果是通货膨胀率急剧下降，从 1978~1980 年的每年平均 12%下降到 1983~1988 年的平均 4%。货币紧缩政策成功地结束了“通货膨胀时代”，但国家为此也付出了代价，即货币紧缩时期的高失业率和低产出。

20 世纪 80 年代初强硬的货币政策为 1982~2000 年的长期经济扩张奠定了基础。除了 1990~1991 年这段时间的温和的衰退，这个时期已经被证明是美国历史上最成功的宏观经济稳定的时期。实际 GDP 以年平均 3%的速度增长，同时通货膨胀率只略高于 3.5%。一直到 20 世纪 90 年代末，许多劳工都未曾遭遇到痛苦的商业周期和高通货膨胀的年份，有些人因此天真地宣称商业周期在“新世界经济时代”中已经被消除。

***增长的世纪*** 美国宏观经济这出“戏”的最后一幕应是自 1900 年以来近一个世纪的产出和价格的增长。从 20 世纪初至今，产出量已经增长了接近 20 倍。如何解释这个长期经济增长模式？

进一步研究美国经济增长可知，20 世纪美国经济年均增长率是 3.5%左右。部分原因在于，这个时期大量的资本、劳动甚至土地等投入的迅速增长导致了生产规模的扩大。同样重要的原因在于，新产品（如汽车）和新工艺（如计算机技术）的开发与应用带来的生产效率的提高。此外还有些看不见的因素，例如管理技术和服务水平(包括生产线改进和快速交货等技术革新）的提高，也对经济增长起了重要作用。大多数经济学家都认为对经济增长的统计低估了实际的增长，因为统计往往忽视新产品开发和产品质量提高所带来的生活水平的提高。例如，托马斯·库帕发明了室内卫生间之后，千百万人便不必在冬天里还顶风冒雪到室外去方便了，然而这种舒适程度的增加却是

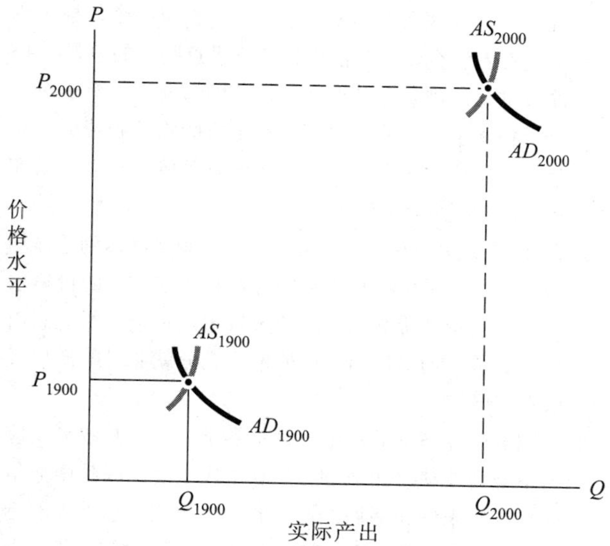


**图 20–8　潜在产出的增长决定了长期经济绩效**

一个世纪以来，劳动、资本、效率的提高导致了经济潜在生产率的极大提高，使总供给远远地向右移动。从长期来看，总供给是产出增长的主要的决定性因素。

无法通过国内生产总值来体现的。

怎样用 *AS–AD* 模型描绘产出量的巨大增长呢？图 20–8 提供了一种方法。投入增加和生产效率的提高使图中 *AS* 曲线从 $AS_{1900}$ 向 $AS_{2000}$ 大幅度右移。同时生产成本也大幅增加，平均小时收入由 0.10 美元增加到 13.20 美元，因此 *AS* 曲线同时也向上移动。所以，总的结果正如图 20–8 所示，产出量和价格同时上升。

### 经济政策的作用

在增长的世纪里宏观经济政策扮演什么样的角色？20 世纪一个显著性的转变是宏观经济学的发现与应用，以及对货币政策和财政政策重要性的肯定与局限性的思考。同上半叶相比，20 世纪下半叶的经济增长更加迅速，商业周期也大大淡化。财政政策，特别是货币政策的运用，使 80 年代、90 年代失业率下降，价格水平也稳定了下来。然而，经济并没有得到奇迹般的"痊愈"，衰退现象并没有从地球上消失，有效的宏观经济政策也没能在世界范围内得到广泛运用。尽管如此，我们已经掌握了缓解恶性通货膨胀和深度萧条的基本经济理论和知识，有待于加以利用。

## 总 结 提 要

**A. 宏观经济学的基本概念**

1. 宏观经济学是对整个经济行为的研究：它分析长期的经济增长以及总产出的周期波动、失业率和通货膨胀、货币供给和预算赤字、国际贸易与国际金融。与之相对应的是研究个别市场、价格及产出行为的微观经济学。
2. 美国在 1946 年《就业法》中规定了其宏观经济目标为"实现就业、生产和消费的最大化"，这是一项联邦政策。从那时起，这三个目标的优先顺序就不断变化。但是，所有的市场经济还是要面对这三个核心的宏观经济问题：
   a. 产出和就业率为什么有时会下降？如何减少失业率？
   b. 通货膨胀的根源是什么？如何控制它？
   c. 一国如何提高其经济增长率？
3. 在这些复杂问题之外的严峻事实是这些目标之间不可避免的冲突：未来居住条件的改善可能意味着即时消费的减少，遏制通货膨胀可能会带来短期内失业率的上升。
4. 经济学家评价一个经济的整体运行成功与否，是看它在多大程度上达到了以下目标：
   a. 产出和消费的高水平和高增长。［产出通常是用国内生产总值（GDP）来衡量的，国内生产总值是指一年当中所生产的全部的最终物品和劳务的总价值量；GDP 应该与潜在 GDP 接近，后者是指可以维持的最大的产出水平或高就业的产出水平。］
   b. 低失业率和高就业率，充分提供较好的就业机会。
   c. 价格水平的稳定（或低通货膨胀）。
5. 在宏观经济学这门科学得以发展之前，各国经济就像没有舵的船一样在不断变化的宏观经济潮流中随波逐流。而今天，政府可以通过许多手段来掌握经济的航向：
   a. 财政政策（政府支出和税收）有助于决定资源在私人品和公共品之间的配置，影响人们的收入和消费，并为投资和其他经济决策提供激励。

b. 货币政策（特别是中央银行通过管理货币供应量来影响利率和贷款条件）影响经济中对利率敏感的部门。最受影响的部门是住宅建设、商业性投资以及净出口。

6. 通过物品和劳务的贸易、资本的流动等，各国经济紧密联结在一起。某一个国家只是这个不断增强的一体化的全球经济中一个很小的组成部分。国际经济体系的平稳运行有助于经济快速增长，但是，当贸易流被中断或国际金融机制被破坏时，国际贸易也会在增长的引擎里洒上沙子，使其受阻和减速。如何处理国际贸易和金融问题是所有国家都要讨论的重要议题。

**B. 总供给和总需求**

7. 理解国民产出和价格水平如何决定的核心概念是总供给（*AS*）和总需求（*AD*）。总需求由一国经济中的居民户、企业、政府和外国人的总支出所构成。它代表着在货币政策、财政政策及其他影响需求的因素不变的情况下，在每一个价格水平上整个社会所愿意购买的产出量。总供给描述的则是在价格、成本及市场条件不变的情况下，企业所愿意生产和出售的产出量。

8. *AS* 曲线和 *AD* 曲线与在微观经济学中所分析的供给曲线和需求曲线具有相同的形状。向下倾斜的 *AD* 曲线说明了在其他因素不变的情况下，在每一个价格水平上消费者、企业及其他购买者所愿意购买的总量。*AS* 曲线描绘的则是在其他因素不变的情况下，对于每一个价格水平，企业所愿生产和出售的物品和劳务的总量。（请注意不要把微观经济的有关概念与总供给和总需求的概念相混淆。）

9. 在 *AS* 曲线和 *AD* 曲线的交点上，宏观经济达到总体均衡，并决定了价格和产出的总水平。在均衡的价格水平上，消费者所愿意购买的数量正好是企业所愿意出售的数量。均衡产出有可能偏离充分就业时的产出或潜在产出。

10. 近期美国经济史显示出一种总供求冲击及其政策反应的不规则波动。在 20 世纪 60 年代中期，因越南战争而膨胀起来的赤字加上银根放松，导致了总需求的迅猛增长。其结果是价格和通货膨胀飞涨。在 70 年代末期，经济政策制定者通过采取紧缩性货币政策和提高利率来控制通货膨胀的上升。其结果是对利率敏感的需求（如住宅、投资、净出口等）的支出下降了。在 80 年代初的经济紧缩时期降低了通货膨胀率，而且迎来了一个较长的宏观经济的稳定时期。

11. 从 20 世纪的长期进程来看，潜在产出的增长极大地提高了总供给，并致使产出和生活水平持续提高。

# 概念复习

**主要宏观经济概念**

宏观经济学和微观经济学
国内生产总值（GDP），
　实际的和潜在的
就业，失业，失业率
通货膨胀，通货紧缩
消费者价格指数（CPI）
净出口
财政政策（政府支出，税收）
货币，货币政策

**总供给和总需求**

总供给，总需求
*AS* 曲线，*AD* 曲线
*AS* 和 *AD* 的均衡
长期经济增长的源泉

# 补充读物和互联网站

**补充读物**

The great classic of macroeconomics is John Maynard Keynes, *The General Theory of Employment, Interest, and Money* (Harcourt, New York, first published in 1935). Keynes was one of the most graceful writers among economists.

There are many good intermediate textbooks on macroeconomics. You may consult these when you want to dig more deeply into specific topics.

**互联网站**

Macroeconomic issues are a central theme of analysis in *Economic Report of the President*. Various years are available online at w3.access.gpo.gov/eop/. Another good source on macroeconomic issues is the Congressional Budget Office, which issues periodic reports on the economy and the state of the budget at www.cbo.gov.

Research organizations often contain excellent online discussions of current macroeconomic issues. See especially the websites of the Brookings Institution www.brookings.org and the American Enterprise Institute www.aei.org/.

## 问题讨论

1. 宏观经济学的主要目标是什么？写出每个主要目标的简短定义。请详细解释为什么每一个目标都十分重要。
2. 利用本章附录的数据计算：
   a. 1981 年和 1999 年的通货膨胀率
   b. 1982 年和 1984 年的实际 GDP 的增长率
   c. 1970~1980 年以及 1990~1999 年的平均通货膨胀率
   d. 1970~1999 年实际 GDP 的平均增长率
3. 下面每项对总供给或总需求将会产生什么影响？（假定其他条件保持不变）
   a. 个人所得税和公司所得税的大幅度削减（对 *AD*）
   b. 一项削减国防开支的裁军协议（对 *AD*）
   c. 潜在产出水平的增加（对 *AS*）
   d. 放松银根使得利率降低（对 *AD*）
4. 使用 *AS–AD* 分析方法说明问题 3 中的每一个事件对产出和总体价格水平的影响。
5. 设想你自己是一个政策制定者。经济处在这样的均衡水平：$P = 100$，$Q = 3\ 000 =$ 潜在 GDP。你对通货膨胀的态度是绝对“不迁就的”，也就是说，你要求价格绝对稳定在 $P = 100$ 而不管产出会发生什么情况。最后，你可以运用货币政策和财政政策来影响总需求，但你不能影响短期总供给。你认为下列情况如何应对：
   a. 投资支出突然增加
   b. 在密西西比河发生洪灾之后，食品价格猛烈上涨
   c. 生产率的下降导致潜在产出水平下降
   d. 东亚经济衰退导致净出口急剧下降
6. 在 1981~1983 年，里根政府采取了降低税收并增加政府支出的财政政策：
   a. 解释一下为什么这项政策将会增加总需求；假定只有 *AD* 曲线移动，请说明它对产出和价格水平有何影响。
   b. 供给学派认为减税主要通过增加潜在产出水平来影响总供给。假定里根的财政手段既影响 *AS*，也影响 *AD*，请说明它对产出和价格水平的影响。请解释为什么它对产出的影响是确定的，而对价格的影响则是不确定的。
7. 1993 年国会通过的克林顿的紧缩财政政策通过增税和减少支出产生了效果。试说明这一政策的效果：（a）假设没有货币政策的干预；（b）假设货币政策完全抵消了财政政策对 GDP 的影响，并且，较低的赤字引起了高投资和潜在产出的高增长。
8. 美国的最近一次经济转折发生在 20 世纪 80 年代初期。考虑表 20–2 中实际 GDP 和价格水平的数据。
   a. 计算 1981~1985 年实际 GDP 的增长率和通货膨胀率。你能猜出在哪一年出现了严重的经济下滑或衰退吗？
   b. 在一个如图 20–6 那样的 *AS–AD* 图形中，画一组能够反映如下表所示的价格和产出均衡的 *AS* 和 *AD* 曲线。你如何解释你所辨认出的衰退呢？

| 年份 | 实际 GDP（10 亿美元，2000 年价格） | 价格水平*（2000 年=100） |
|---|---|---|
| 1980 | 5 161.7 | 54.1 |
| 1981 | 5 291.7 | 59.1 |
| 1982 | 5 189.3 | 62.7 |
| 1983 | 5 423.8 | 65.2 |
| 1984 | 5 813.6 | 67.7 |
| 1985 | 6 053.7 | 69.7 |

*注意：这里的价格指数是 GDP 的价格指数，它衡量 GDP 所有组成部分的价格水平。

表 20–2

# 第 20 章附录

## 宏观经济数据

| 年 份 | 名义GDP（10亿美元） | 实际GDP（10亿美元），以2000价格计算 | 失业率（%） | CPI（1982~1984年=100） | 通货膨胀率（CPI）（%/年） | 联邦预算盈余（+）或赤字（–）（10亿美元） | 净出口（10亿美元） |
|---|---|---|---|---|---|---|---|
| 1929 | 103.6 | 865.2 | 3.2 | 17.1 | 0.0 | 1.1 | 0.4 |
| 1933 | 56.4 | 635.5 | 24.9 | 13.0 | −5.1 | −1.3 | 0.1 |
| 1939 | 92.2 | 950.7 | 17.2 | 13.9 | −1.4 | −2.6 | 0.8 |
| 1945 | 223.1 | 1 786.3 | 1.9 | 18.0 | 2.3 | −43.0 | −0.8 |
| 1948 | 269.2 | 1 643.2 | 3.8 | 24.1 | 8.1 | 8.8 | 5.5 |
| 1950 | 293.8 | 1 777.3 | 5.2 | 24.1 | 1.3 | 7.6 | 0.7 |
| 1960 | 526.4 | 2 501.8 | 5.5 | 29.6 | 1.7 | 2.1 | 4.2 |
| 1970 | 1 038.5 | 3 771.9 | 5.0 | 38.8 | 5.7 | −15.2 | 4.0 |
| 1971 | 1 127.1 | 3 898.6 | 6.0 | 40.5 | 4.4 | −24.5 | 0.6 |
| 1972 | 1 238.3 | 4 105.0 | 5.6 | 41.8 | 3.2 | −19.7 | −3.4 |
| 1973 | 1 382.7 | 4 341.5 | 4.9 | 44.4 | 6.2 | −5.5 | 4.1 |
| 1974 | 1 500.0 | 4 319.6 | 5.6 | 49.3 | 11.0 | −9.6 | −0.8 |
| 1975 | 1 638.3 | 4 311.2 | 8.5 | 53.8 | 9.1 | −73.1 | 16.0 |
| 1976 | 1 825.3 | 4 540.9 | 7.7 | 56.9 | 5.8 | −55.5 | −1.6 |
| 1977 | 2 030.9 | 4 750.5 | 7.1 | 60.6 | 6.5 | −48.3 | −23.1 |
| 1978 | 2 294.7 | 5 015.0 | 6.1 | 65.2 | 7.6 | −35.1 | −25.4 |
| 1979 | 2 563.3 | 5 173.4 | 5.9 | 72.6 | 11.3 | −22.0 | −22.5 |
| 1980 | 2 789.5 | 5 161.7 | 7.2 | 82.4 | 13.5 | −65.9 | −13.1 |
| 1981 | 3 128.4 | 5 291.7 | 7.6 | 90.9 | 10.3 | −64.6 | −12.5 |
| 1982 | 3 255.0 | 5 189.3 | 9.7 | 96.5 | 6.2 | −145.1 | −20.0 |
| 1983 | 3 536.7 | 5 423.8 | 9.6 | 99.6 | 3.2 | −193.5 | −51.7 |
| 1984 | 3 933.2 | 5 813.6 | 7.5 | 103.9 | 4.3 | −195.6 | −102.7 |
| 1985 | 4 220.3 | 6 053.7 | 7.2 | 107.6 | 3.6 | −213.2 | −115.2 |
| 1986 | 4 462.8 | 6 263.6 | 7.0 | 109.6 | 1.9 | −229.6 | −132.7 |
| 1987 | 4 739.5 | 6 475.1 | 6.2 | 113.6 | 3.6 | −186.9 | −145.2 |
| 1988 | 5 103.8 | 6 742.7 | 5.5 | 118.3 | 4.1 | −166.9 | −110.4 |
| 1989 | 5 484.4 | 6 981.4 | 5.3 | 124.0 | 4.8 | −160.1 | −88.2 |
| 1990 | 5 803.1 | 7 112.5 | 5.6 | 130.7 | 5.4 | −208.3 | −78.0 |
| 1991 | 5 995.9 | 7 100.5 | 6.9 | 136.2 | 4.2 | −245.3 | −27.5 |
| 1992 | 6 337.7 | 7 336.6 | 7.5 | 140.3 | 3.0 | −322.9 | −33.2 |
| 1993 | 6 657.4 | 7 532.7 | 6.9 | 144.5 | 3.0 | −290.7 | −65.0 |
| 1994 | 7 072.2 | 7 835.5 | 6.1 | 148.2 | 2.6 | −221.4 | −93.6 |
| 1995 | 7 397.7 | 8 031.7 | 5.6 | 152.4 | 2.8 | −199.2 | −91.4 |
| 1996 | 7 816.9 | 8 328.9 | 5.4 | 156.9 | 3.0 | −147.8 | −96.2 |
| 1997 | 8 304.3 | 8 703.5 | 4.9 | 160.5 | 2.3 | −47.4 | −101.6 |
| 1998 | 8 747.0 | 9 066.9 | 4.5 | 163.0 | 1.6 | 47.8 | −159.9 |
| 1999 | 9 268.4 | 9 470.3 | 4.2 | 166.6 | 2.2 | 101.3 | −260.5 |
| 2000 | 9 817.0 | 9 817.0 | 4.0 | 172.2 | 3.4 | 189.4 | −379.5 |
| 2001 | 10 100.8 | 9 866.6 | 4.8 | 177.1 | 2.8 | 45.4 | −366.5 |
| 2002 | 10 480.8 | 10 083.0 | 5.8 | 179.9 | 1.6 | −258.6 | −426.3 |
| 2003 | 10 990.8 | 10 397.0 | 6.0 | 184.0 | 2.3 | −467.7 | −498.5 |

**表 20A–1**

所列的是本章讨论所涉及到的主要的宏观经济数据。这些数据主要来自联邦政府的网站 www.fedstats.gov、www.bea.gov、www.bls.gov。

# 第 21 章

# 经济活动的衡量

当你能衡量你所谈论的东西
并能用数字加以表达时，你才真的
对它有了几分了解；而当你还
不能衡量，也不能用数字来表达时，
你的了解就是肤浅的和不能令人
满意的。尽管了解也许是认知的
开始，但是在思考上则很难说你
已经步入了科学的阶段。

——凯尔文勋爵

宏观经济学的所有概念中，最重要的指标是国内生产总值（GDP）。这个指标衡量的是一个国家生产的物品和劳务的总价值。GDP统计记录于国民收入与产出账户（或国民账户），它能帮助政策制定者据此判断经济是紧缩还是扩张，还能据此判断是否会面临严重衰退或通货膨胀的威胁。经济学家判断一国经济发展水平时，也会查核该国的人均GDP。

GDP和国民收入账户的其他指标似乎很玄，但它们委实是20世纪最伟大的发明之一。仿佛卫星能探知整个大陆的天气情况一般，GDP也可以显示一国的经济全貌。本章拟着重介绍经济学家如何衡量GDP和其他重要的宏观经济学概念。

## 国内生产总值：经济绩效的尺度

何谓**国内生产总值**（gross domestic product，GDP）？国内生产总值是我们给一国在一年内所生产的最终物品和劳务的市场总价值所起的名称。用货币这把尺子去度量一国利用其土地、劳动及资本等资源所生产的各种物品和劳务（从苹果到齐特琴）的总值，你就会得到GDP。GDP等于所有的消费品、投资品、政府采购以及对外国的净出口的总产量之和。

> GDP是衡量一国物品和劳务产出总量的最综合的指标。它是既定年份中一国境内的消费（$C$）、投资（$I$）、政府购买（$G$）以及净出口（$X$）的货币价值的总和。

即，

$$GDP = C + I + G + X$$

GDP用途很广，最重要的是衡量一国经济的整体状况。如果你问经济史学家大萧条时期发生了什么，那么最好的最简洁的回答将是：

> 从1929~1933年，GDP从1 040亿美元下降到560亿美元。美国经济所生产的物品和劳务的货币价值急剧下降，导致了失业率高、生活艰难、股市暴跌、企业破产、银行倒闭、社区骚乱和政治动荡。

同样，如果你问宏观经济学家20世纪90年代的美国经济为什么与众不同，他们可能回答：

> 20世纪90年代是美国历史上最长的一次经济扩张。从1992~2000年，实际GDP稳定增长了34%，失业率下降，价格稳定，股市上扬。

现在我们讨论国民收入和产品账户的组成要素。首

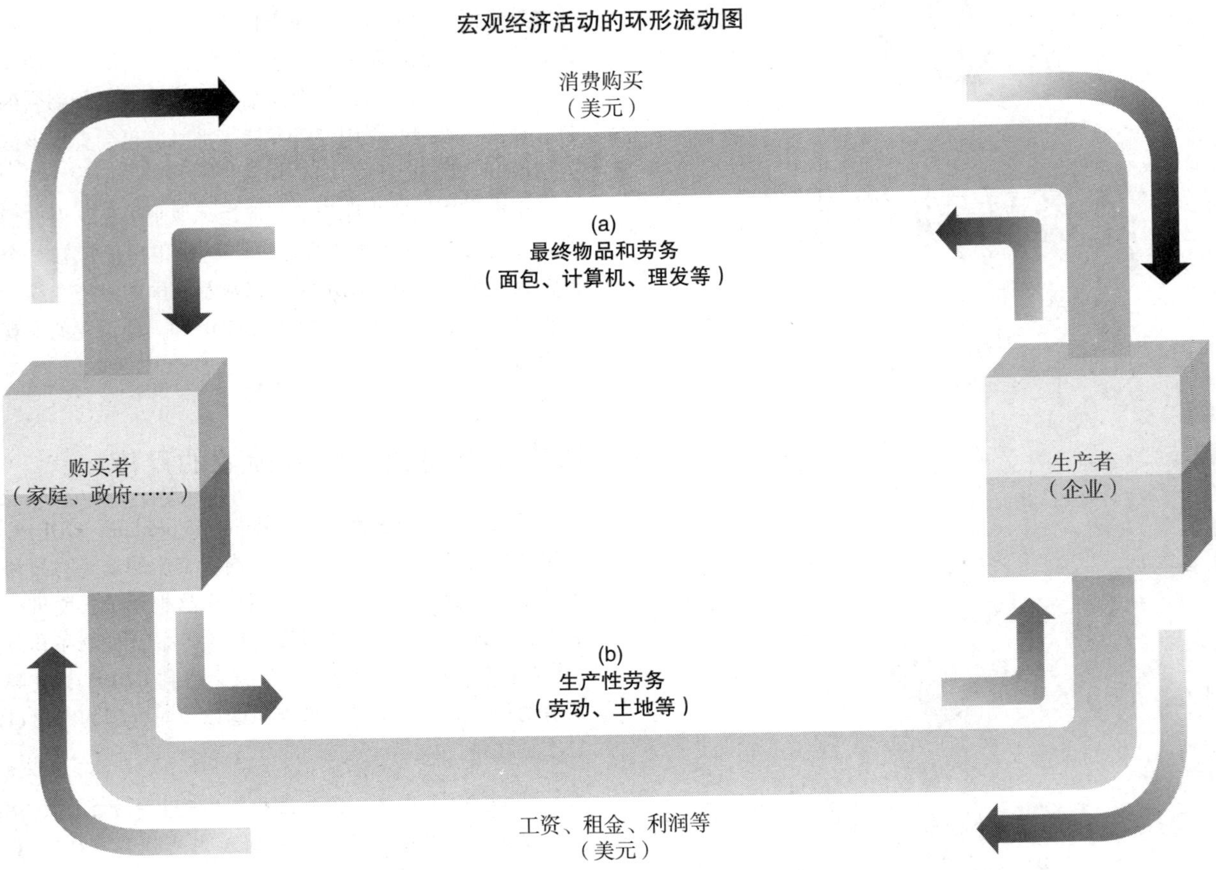


**图 21–1 GDP 既可用（a）最终产品流量来衡量，也可以用（b）成本流量来衡量**

在环形流动图上部，人们支出货币来购买最终物品与劳务，他们每年花费的货币总流量就是一种对国内生产总值的衡量。环形流动图下部衡量的是产出成本的年流量，企业以工资、租金、利息、股息和利润形式支付，构成人们的收入量。

用这两种方法所衡量出的 GDP 必定是相等的。本图形就是表示微观经济供给与需求循环的图 2–1 在宏观经济上的对应物。

先，我们介绍衡量 GDP 的几种方法，区分实际 GDP 和名义 GDP。然后，我们讨论 GDP 的主要成分。最后，我们讨论如何衡量总体价格水平和通货膨胀率。

## 两种国民产值衡量方法：产品流量法和收入流量法

经济学家如何统计 GDP？说起来你也许会感到很吃惊，可以用两种完全独立的方法来进行统计。如图 21–1 所示，GDP 既可用产品流量来衡量，也可以用收入流量来衡量。

为说明 GDP 统计的不同的方法，我们不妨首先设想，有这样一个极其简化的经济社会，其中不存在政府和外贸部门，也没有投资。我们这个小经济暂时只生产消费品，即那些供家庭购买并用于满足家庭需要的产品。（请注意：这第一个例子过于简化，因为只是为了表示出基本的概念。在以后的例子中，我们会增加投资、政府和外贸部门。）

***产品流量法*** 每年，社会大众都要消费各种各样的最终物品和劳务，例如，苹果、计算机软件和蓝色牛仔裤等是物品，而医疗和理发等则是服务。这里我们只计算最终产品，即最终由消费者所购买和使用的那些东西。各个家庭用其收入购买这些消费品，如图 21–1 环形流动图上部所

示。将所有花在这些最终消费品上的货币价值加总，我们就得到这个简化经济的国内生产总值（GDP）。

于是，在这个简化的经济中，用最终的物品和劳务的年流量的加总方法，你可以很容易地统计出国民收入或国民产值：（蓝色牛仔裤的价格×蓝色牛仔裤的数目）+（苹果的价格×苹果的数目）+……直至计入所有的最终产品。国内生产总值被定义为一国生产的最终产品流量的货币价值的总和。

因为市场价格反映了各种不同的商品和服务的相对的经济价值，所以，在衡量不同物品的价值时，国家统计人员用市场价格进行加权。也就是说，不同物品的相对价格体现了居民消费该物品的最后（或边际）单位时的价值评判。

***收入法或成本法***　另一种统计 GDP 的方法是收入法，也叫做成本法。请注意图 21–1 环形流动图的下部。其中的流量是企业从事经营活动时所付出的各种成本：包括付给劳动者的工资、付给土地所有者的租金、付给资本的利润，如此等等。另一方面，这些经营成本也是家庭从企业那里所获得的各种收入。通过计算这些收入的年流量，统计人员也能得到 GDP 的数值。

因此，计算 GDP 的第二种方法就是统计生产要素的收入（工资、利息、租金、利润）的总和，这些收入是社会最终产品的生产成本。

***两种方法的结果相等***　现在，我们已经用环形流动图上部的产品流量法和环形流动图下部的收入流量法来统计国内生产总值（GDP）。哪一种计算结果更准确？答案是：它们正好相等。

不妨考查一个简单的理发店的经济来理解这一点。假定理发师除了支付自己的劳动之外没有别的开支。如果他给 10 个人理了发，每人收费 8 美元，那么这个经济的 GDP 就为 80 美元。但理发师的所得（工资和利润）也正好为 80 美元。因此，不论用产品流量（80 美元的理发费）还是用成本或收入（80 美元的工资和利润）流量来衡量，这个经济的 GDP 都是一样的。

两种方法结果相等的原因，实际上是因为我们将“利润”放入了图中环流的下面，与其他收入放在一起。利润到底是什么呢？利润是在销售收入中扣除其他生产要素的成本（工资、利息和租金）之后所剩下的部分。作为利润的剩余起到了自动调节的作用，使得环流下部的成本或收入的价值正好等于环流上部的产品的价值。

小结：

> GDP，或国内生产总值，可用两种不同的方法来衡量：（1）最终产品流量；（2）生产这些产出时各种投入要素的总成本或总收入。由于利润是一种剩余，两种方法统计出的 GDP 结果肯定相等。

## 源于企业账户的国民账户

你可能有点疑问：经济学家从哪里能找到所有的国民账户的数据？事实上，为政府服务的经济学家们拥有广泛的资料来源：调查、所得税返还、零售业统计资料和就业数据等。

最主要的数据来源是企业账户。一个企业或一个国家的账户是一定时期内所有流量（产出、成本等）的数字记录。我们可通过设计一个仅由农场组成的经济账户来显示企业账户和国民账户的关系。表 21–1 的上半部分显示了一个普通农场一年内的耕作经营业绩。左边是最终产品销售额，右边是各种生产成本。表的下半部分说明如何计算一个简化的农业经济的 GDP。假设这个简化的农业经济所有的最终产品都是由 1 000 万个完全相同的农场生产出来的。在这种情况下，只要把国民账户简单地*加总*，即将 1 000 万个完全相同的农场的产出和成本简单地加在一起，就能得到用两种不同方法所衡量的 GDP 的数据。

## “重复计算”问题

我们把 GDP 定义为最终产品和劳务的总量。*最终产品*是指以消费或投资为目的而生产和出售的产品。GDP 不包括*中间产品*——用于生产其他产品的产品。因此，GDP 包括面包而不包括小麦，包括家用计算机而不包括计算机芯片。

在运用产品流量法计算 GDP 时，剔除中间产品并不难。我们所需要做的仅仅是：直接将面包和计算机记入 GDP，而避免记入生产面包所使用的小麦和面粉，或生产计算机所使用的芯片和塑料。再看一下图 21–1 中环形流动图的上部，面包和计算机出现在产品流量之中，但却找不到面粉或计算机芯片。

那么像面粉和芯片这样的产品在哪里呢？它们是中间产品，它们只在标着“生产者”的方框内循环流动。它们从来不会被消费者购买，也绝不会作为最终产品出现在 GDP 中。

***环形流动图下部的“附加值”***　一个正在学习如何计算

| (a) 一家普通农场的收益表 | | | |
|---|---|---|---|
| 农场产出 | | 收 入 | |
| 产品(玉米、苹果等)销售额 | 1 000 美元 | 生产成本： | |
| | | 工 资 | 800 美元 |
| | | 租 金 | 100 |
| | | 利 息 | 25 |
| | | 利润(留存额) | 75 |
| 总 计 | 1 000 美元 | 总 计 | 1 000 美元 |
| **(b) 国民产值账户(百万美元)** | | | |
| 环形图上部的产品流 | | 环形图下部的收入流 | |
| 最终产品(10×1 000) | 10 000 美元 | 成本或收入： | |
| | | 工资(10×800) | 8 000 美元 |
| | | 租金(10×100) | 1 000 |
| | | 利息(10×25) | 250 |
| | | 利润(10×75) | 750 |
| GDP 总额 | 10 000 美元 | GDP 总额 | 10 000 美元 |

**表 21–1 根据企业账户建立国民产值账户**

(a) 部分显示了一个普通农场的收益表。左边是产值，右边是厂商的成本。(b) 部分是把 1 000 万个完全相同的农场进行加总以获得 GDP 总额。注意：来自产品一方的 GDP 与来自收入一方的 GDP 正好相等。

GDP 的统计人员可能会疑惑不解地问：

> 我可以相信，如果你细心的话，环形流动图上部计算 GDP 的产品流量法能避免将中间产品计算在内。但是，当你用环形流动图下部的成本或收入进行统计时，你会不会遇到问题呢？
>
> 不管怎么说，当我们从各企业的账目中查看收益表时，是不是要把面粉厂支付给农场主的款项、面包厂支付给面粉厂的款项，还有食品零售店支付给面包厂的款项等，统统都计算进去呢？如果统统算入，则那些经过多个生产环节的款项，难道就不会出现双重甚至三重的计算？

这些问题提得很好，不过我们可以得到一个能够解决问题的巧妙的答案。统计工作者在衡量环形流动图下部的收入时，总是小心翼翼地只将一个企业的附加值计算到 GDP 中。**附加值**（value added）指的是这样一个差额：企业的销售额同从其他企业购进的原材料和劳务的支付额之间的差额。

换句话说，在计算 GDP 中企业的收入或附加值时，统计员计入的是为购买各生产要素所支付的成本，同时要扣除所有对其他企业的支付。这样，工资、薪水、利息、股息等形式的企业成本都计入了附加值，而对小麦、钢材、电力的购买则不会计入附加值。为什么在计算 GDP 时要扣除这些从其他企业购买的价值呢？因为这些购买将会由其他企业在计算 GDP 时以附加值的形式恰当地计入。

表 21–2 所列的面包生产的几个环节可以说明：在小心地采用附加值法时，我们是如何从农场、面粉厂、面包厂和食品零售店的损益表中扣除相应的中间支出的。最后，两种方法的计算结果正好相等：(1) 面包最终产品的销售额，和 (2) 总收入——面包生产各环节的附加值之和。

> **附加值法**：为了避免重复计算，我们严格地让 GDP 仅仅包括最终产品，而不包括用来制造最终产品的中间产品。通过计算每个生产环节的附加值，小心地扣除向其他厂商购买中间产品的支出，环形流动图下部的收入法能恰当地避免所有的重复计算，而正好只将工资、利息、租金和利润计算一次。

## 国民账户统计细节

以上我们已经概要地说明了国民收入或产品账户。在本章的以下部分我们将进一步讨论各种成分是怎样组合在一起的。在了解完整的国民收入或产品账户之前，我们不

| 面包的收入、成本和附加值(美分/片面包) | | | | |
|---|---|---|---|---|
| | (1) | (2) | | (3) |
| 生产阶段 | 销售收入 | 减:中间物品的成本 | | 附加值(工资、利润等) (3)=(1)-(2) |
| 小　麦 | 23 | 0 | = | **23** |
| 面　粉 | 53 | 23 | = | **30** |
| 烘烤的生面 | 110 | 53 | = | **57** |
| 最终产品:面包 | **190** | 110 | = | **80** |
| 总　计 | 376 | 186 | | **190** (附加值合计) |

**表 21-2　GDP 是每一个生产阶段的附加值之和**

为了避免重复计算中间产品，我们小心地计算每一生产环节的附加值，减去不是该环节生产的、由其他企业购进的一切原材料和中间产品的成本。注意：每一件中间产品既出现在第（1）栏又出现在第（2）栏的下一个生产阶段，因而它被减掉了。（如果我们将所有款项都加进去，而不是只计算附加值，那么 GDP 会被高估多少呢？每片面包将会高估 186 美分。）

妨先看一下表 21-3，以便能对将要分析的对象有个全面的印象。该表从产品和收入两个方面分别列举了一组统计科目。如果你了解这个表的结构以及其中各科目的内涵，那么你就能很好地理解 GDP 及其各组成部分。

## 实际 GDP 与名义 GDP：用物价指数“紧缩”GDP

我们将 GDP 定义为商品和服务的货币价值。而在计算这一货币价值时，我们使用的是市场价格这根标尺来衡量不同商品和服务的价值。但价格会随时间变化，通货膨胀会年复一年地将价格推向更高的水平。谁愿用橡皮（每天都在你手中伸缩）标尺而不是固定不变的标尺去衡量事物呢？

用货币作为尺度时，经济学家必须解决一个问题，那就是价格变动。毫无疑问，我们需要用一根固定不变的尺子衡量国民产出和收入。经济学家能够用可靠的尺度来代替伸缩的尺度，方法是从国民产出中剔除价格增长的因素，以得到一种实际的或曰数值化了的指数。

这个方法的基本思想是：用实际市场价格统计当年的 GDP，所得到的称为**名义** GDP（nominal GDP），或称按现价计算的 GDP。但是，我们往往对**实际** GDP（real GDP）所发生的变化更感兴趣。它度量的是生产出的商品和劳务的数量。在计算实际 GDP 时，要先剔除价格变动或通货膨胀的影响，再记录产出的数量。可见，名义 GDP 是由变动着的价格计算而成的，而实际 GDP 则是剔除价格变动因素后的总产出的数量。

名义 GDP 的增长和实际 GDP 的增长二者之差就是 **GDP 价格**（price of GDP）的增长，该价格我们时常称为 GDP **紧缩指数**（GDP deflator）。

举个简单的例子。一个国家在第一年生产了 1 000 蒲式耳玉米，第二年产量是 1 010 蒲式耳。每蒲式耳玉米的价格在第一年为 1 美元，在第二年为 2 美元。我们可以算出，第一年的名义 GDP（$PQ$）为 1 美元 × 1 000 = 1 000 美元，第二年为 2 美元 × 1 010 = 2 020 美元。这样，两年中名义 GDP 增长了 102%。

但实际产出的增长远没有那么快。为算出实际 GDP，我们需要使用 GDP 紧缩指数。我们将第一年作为基期年，或作为获得基准价格的年份。首先，我们将该年物价指数，即 GDP 紧缩指数，确定为 $P_1 = 1$。由上一段的数据可知，第二年的 GDP 紧缩指数为 $P_2$ = 2 美元/1 美元 = 2。实际 GDP（$Q$）等于名义 GDP（$PQ$）除以 GDP 紧缩指数（$P$）。因此，第一年的实际 GDP 等于 1 000 美元/1 = 1 000 美元，第二年的实际 GDP 等于 2 020 美元/2 = 1 010 美元。这样，已经剔除了价格增长因素的实际 GDP 的增长率就为 1%，正好等于（理应如此）玉米生产量的增长率。

比较 1929~1933 年的情况，可以说明一个实际历史时期中的紧缩过程。由表 21-4 可见，名义 GDP 在 1929 年为 1 040 亿美元，在 1933 年为 560 亿美元。这表明从 1929 年至 1933 年，名义 GDP 下降了 46%，但是，政府估计这一时期价格水平平均下降了 25%。如果我们把 1929 年作为基期年，把该年的 GDP 紧缩指数定义为 1，

| 产品法 | 收入法 |
|---|---|
| 国内生产总值的组成部分： | 作为国内生产总值来源的收入或成本： |
| 消费（$C$） | 薪酬（工资、薪金和补助） |
| +国内私人总投资（$I$） | +企业利润 |
| +政府购买（$G$） | +其他财产所得（租金、利息、业主收入） |
| +净出口（$X$） | +折旧 |
| | +生产税 |
| 等于：国内生产总值 | 等于：国内生产总值 |

**表 21-3 国民收入和产品账户概览**

本表显示了国民账户两方面的主要成分。左侧显示了产品法（或环形流动图的上部）的主要部分，符号 $C$、$I$、$G$、$X$ 经常被用于表示 GDP 的四个项目。右侧显示的是收入法或成本法（或环形流动图的下部）的主要部分。每种方法最终都会得到完全相等的 GDP。

| 年 份 | (1) 名义 GDP（当年价格，10 亿美元） | (2) 价格指数（GDP 紧缩指数，1929 年=1） | (3) 实际 GDP（10 亿美元，1929 年价格）$3=\frac{(1)}{(2)}$ |
|---|---|---|---|
| 1929 | 104 | **1.00** | $\frac{104}{\mathbf{1.00}}=\mathbf{104}$ |
| 1933 | 56 | **0.75** | $\frac{56}{\mathbf{0.75}}=\mathbf{76}$ |

**表 21-4 实际（或剔除了通货膨胀影响的）GDP 是用 GDP 紧缩指数去除名义 GDP 而获得的**

使用第（2）栏的价格指数，矫正第（1）栏的数字以便得到第（3）栏的实际 GDP。（问题：你能够说明以 1933 年价格表示的 1929 年的实际 GDP 是 770 亿美元吗？提示：如果把 1933 年视为基期，其价格指数是 1，那么 1929 年的价格指数为 1.34。）

那么就意味着1933 年物价指数约为 0.75。因此，1933 年的 560 亿美元的实际价值大大高于 1929 年 1 040 亿美元 GDP 的一半。表 21-4 说明，以 1929 年价格计算，或者说用 1929 年的美元购买力来衡量，实际 GDP 下降到 760 亿美元。可见，名义 GDP 之所以下降过半，部分原因还在于大萧条期物价的急剧下跌，也即通货紧缩所带来的错觉。

图 21-2 中下面的一条曲线表示自 1929 年以来名义 GDP（即用每年现行货币和价格所表示的 GDP）的增长。为便于比较，将实际 GDP（以 2000 年美元表示）也放入图内。很明显，近半个世纪以来，名义 GDP 的增长中，有很大一部分是由于通货膨胀所造成的货币尺度的变化而引起的。

表 21-4 说明的是计算实际 GDP 和 GDP 紧缩指数的最简单的办法。这样的计算有时会产生误导，尤其是在重要商品的价格和数量发生急剧变动的条件下。例如，近 20 年来，计算机价格急剧下降而其数量又急剧上升，就属于这种情况（在下面讨论物价指数时，我们会继续讨论这个问题）。

当相对价格变动很大时，使用既定年份的价格会对实际 GDP 的增长率做出错误的估计。为纠正这种偏差，统计学家使用了*系列加权法*。此法使不同商品和服务的权重逐年变化，而不是固定每种商品的相对权重不变（例如，按既定年份 1990 年的权重计算），因此能反映出经济中消费模式的演化。今天，美国官方统计的GDP 和 GDP 价格指数都是基于系列权数而得到的。它们的技术术语是“以系列美元计价的实际 GDP”和“GDP 的系列价格指数”。为简便起见，我们的讨论一般还是使用实际 GDP 和 GDP 紧缩指数。

***系列权数的进一步讨论*** 系列权数的计算细节有些难懂，但我们可以通过一个简单的例子来了解其基本方法。计算

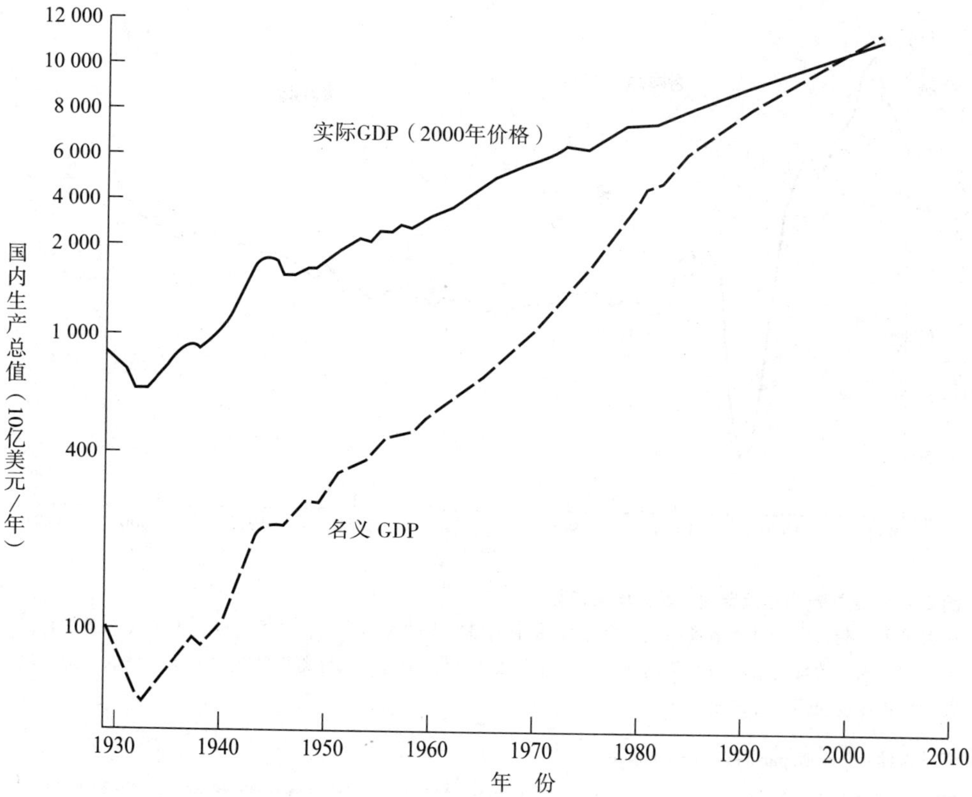


**图 21–2　名义 GDP 的增长由于价格膨胀而快于实际 GDP**

名义 GDP 的上升夸大了实际产出的上升，这是为什么呢？因为名义 GDP 的增长包括了价格的增加和产出的增长。要获得实际产出的准确度量，就必须从名义 GDP 中将价格变动因素剔除。

资料来源：U.S. Department of Commerce.

系列权数时，需要将各时期之间的相对增长率连乘，从而将产出或价格的系列连接起来。在此用一个理发经济的例子来说明。假设理发的价值在 1998 年是 300 美元，1998~1999 年理发的数量增加 1%，1999~2000 年增加 2%。那么以 1998 年的加权价格计算，1998 年实际 GDP 是 300 美元，1999 年是 300×1.01=303 美元，2000 年是 303×1.02=309.06 美元。在面对多种商品和服务的时候，我们只需简单地将香蕉、苹果、小木筏等不同组成部分的增长率加总，然后将不同商品在支出或产量中的份额作为增长率的权重即可。

小结：

名义 GDP($PQ$) 代表给定年份中所生产的最终产品和劳务的货币价值总量。这里的价值量是以当年的市场价格来计算的。实际 GDP ($Q$) 是指从名义 GDP 中剔除了价格变化并以商品和服务的数量来计算的 GDP。GDP 紧缩指数 ($P$) 可以说就是“GDP 的价格”，定义如下：

$$Q = \text{实际 GDP} = \frac{\text{名义 GDP}}{\text{GDP 紧缩指数}} = \frac{PQ}{P}$$

为了修正快速变化的相对价格的影响，美国国民账户使用系列权数来统计实际 GDP 和物价指数。

## 消　费

GDP 最重要的组成部分是消费，或叫做“个人消费支出”。消费是 GDP 最大的组成部分，近年来已达到 GDP 总额的 2/3。图 21–3 显示的是过去 60 年的 GDP 中消费所占比例的变化。消费支出分为三类：耐用品（如汽车）、非耐用品（如食品）和服务（如医疗保健）。其中增长最快的是服务领域。

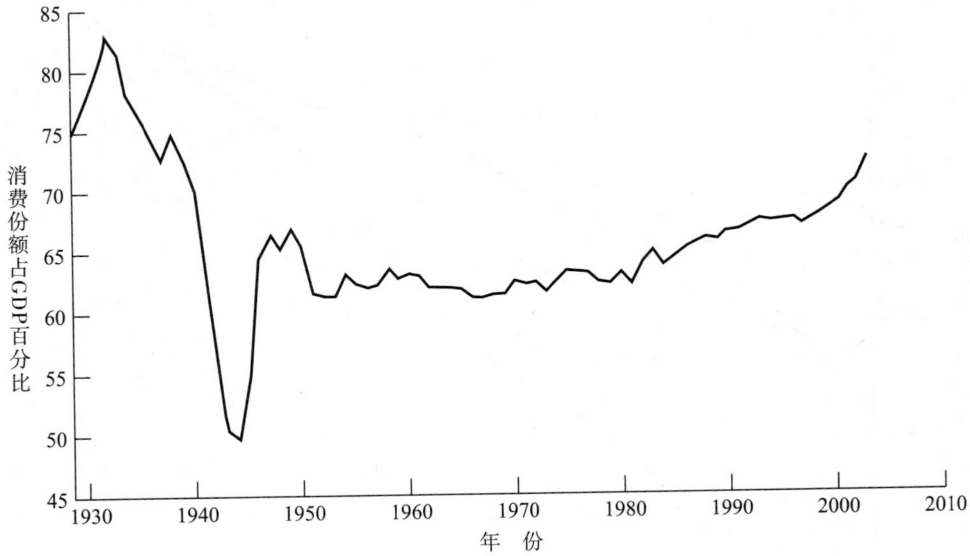


**图 21-3 国民产出中消费的份额近年来有所上升**

在大萧条时期，由于投资前景黯淡，全部 GDP 中消费所占的份额上升；二战时期，由于战争需求替代了个人需求，消费所占的份额急剧减少。在过去 20 年里，随着国民储蓄率和政府购买支出的下降，消费的增长速度快于全部产出的增长。

资料来源：U.S. Department of Commerce.

## 投资与资本形成

到目前为止，我们的分析都排除了所有的资本品。然而在现实生活中，各国都将其产出的一部分用于投资（即增加能提高未来生产能力的耐用品）。投资意味着牺牲当前消费以增加未来消费。人们现在不吃掉更多的比萨饼，而是新建一个比萨饼炉，为的是将来能生产更多的比萨饼供消费。

**实际投资和金融投资**

经济学家将“投资”（有时称为实际投资）定义为耐用资本品的生产。而在一般用法上，“投资”通常是指诸如购买通用汽车公司的股票或去开个存款户头这类东西。为了不致混淆，经济学家将后者称为**金融投资**。请不要将投资一词的两种用法混淆起来。

如果我从我的保险柜里取出 1 000 美元购买网络股票，这并不是宏观经济学家称作的投资，所发生的只是我将一种形式的金融资产转变为另一种形式的金融资产。只有生产出有形的资本品时，经济学家才认为形成了投资。

在国民收入账户中，**投资**（investment）是指一年内一国的建筑物、设备、软件产品及库存等资本存量的增加部分。国民账户收入主要包括有形资本（如建筑物和计算机），忽略了大部分无形资本（如研发费用和教育支出）。

投资如何计入国民账户？如果人们用一部分社会生产能力去形成投资而非消费，那么经济统计工作者就认为，这部分产出必须计入环形流动图上部的 GDP 流量。投资意味着增加未来生产能力的耐用资本品的增多。因此，我们必须将先前的 GDP 定义做如下修改：

> 国内生产总值是一切最终产品的价值总和。除了消费品和劳务，我们还必须将总投资也包括在内。

***净投资与总投资*** 修改后的定义除了包括消费之外，还包括了“总投资”。那么，这里的“总”的含义何在？它表示的是该投资包括所有已经生产出来的投资品。总投资的另一层含义是，还没有经过折旧调整的投资额。**折旧**（depreciation）衡量的是一年中已经消耗掉的资本额。因此，总投资包括了一年当中所增加的全部机器、工厂及房屋，尽管其中有一部分仅仅是为了替换那些将要被焚烧掉或扔进垃圾堆的旧的资本品而购置的。

如果你想统计社会资本的增长，总投资并不是一个理想的指标。由于它没有除去必要的折旧数量，因此它太大、太笼统。

用人口增长来进行类比，会使折旧的意义更清楚。如果你要统计人口的增长，你就不能简单地只计算出生人口数，因为这样显然会夸大了人口的净变动。要得到人口增量，你还必须减去死亡人数。

同样的道理对于资本也适用。要找到资本净增量，你就必须从总投资中减去以折旧形式死亡了的资本，或曰消耗掉了的资本。

因此，为了估计资本形成，我们需要衡量净投资：净投资永远等于新投入的资本（总投资）减去死亡的资本（资本折旧）：

净投资等于总投资减去折旧。

## 政　府

到目前为止，我们在讨论消费时还忽略了一个最大的消费者：联邦政府、州政府以及地方政府。GDP 必须以某种方式将一国集体消费或投资的数十亿美元的产品价值都包括在内。我们如何才能做到这一点呢？

因为政府的绝大多数服务并不在市场上出售，所以衡量政府对国民产出的贡献就非常复杂。政府不仅购买消费品（如供军队使用的食品），而且购买投资品（如计算机和道路）。在计算政府对 GDP 的贡献时，我们只需将政府在商品和服务上的所有开支加进下列流量中：消费、投资，以及我们将在下文提及的净出口。

因此，政府在其雇员身上的一切薪金开支加上它向私人企业购买的物品（激光仪、道路和飞机）均被计入产品流量的第三个主要类别，即“政府消费性开支及总投资”。它等于联邦、州和地方政府对 GDP 的贡献。

***转移支付的排除***　这是否意味着，政府所支付的每 1 美元都要计入 GDP 之中呢？绝非如此。GDP 只包括支付在产品和劳务上的开支，不包括在转移支付上的支出。

政府**转移支付**（transfer payments）是指政府对个人的一种支付，这种支付并不用来交换受益人所提供的产品或劳务。政府转移支付的项目很多，包括失业保险、退伍军人抚恤金、老年人及残疾人的补助金等。转移支付的目的在于满足某种社会需要。由于转移支付不是用来购买当前的商品或服务的，因而不应包括在 GDP 中。

由此，如果你作为一名教师从政府那里领取了工资，那么这项对要素的支付就应该包括进 GDP。而如果你是由于贫困从政府那里领取到福利补助，那么，由于并不需要为这项支付提供劳务，它属于转移支付，因此就不应计入 GDP。

一项比较特殊的政府转移支付是政府公债利息。公债是为支付过去的战争或政府项目费用的需要而发行的，公债利息并不是为购买当前商品或服务的支出。政府的利息支付被认为是转移支付，因而也应该从 GDP 中扣除。

最后，不要将国民收入账户衡量政府的商品和服务支出（$G$）的方法与政府的官方预算二者混淆起来。当财政部计算其开支总额时，它包括了在商品和服务上的支出（$G$），再加上转移支付。

***税　收***　应用产品流量法计算 GDP 时，我们不需要担心政府如何为其开支筹措资金。不论政府是征税、印钞票，还是借款来支付其所购买的商品和服务，都没有什么关系。不论钱来自何处，统计人员都会将 GDP 中的政府部分计算为政府在商品和服务上的实际开销。

在产品流量法中忽略税收是恰当的，但在用收入或成本法计算 GDP 时我们必须考虑到各种税收。以工资为例，在我所得到的工资中，我必须把一部分工资以个人所得税的形式缴纳给政府。这些直接税肯定会被计入企业开支中的工资部分，同样的做法也适用于对利息、租金和利润所征收的直接税（不论是对个人还是对公司）。

再以销售税和其他间接税为例，这些税是制造商或零售商在一块面包（或在小麦、面粉和生面团阶段）上所必须支付的。假设这些间接税的总额为每块面包 10 美分，并假定面包行业所支付的工资、利润和其他附加值为 90 美分。那么使用产品流量法时，这块面包卖多少钱呢？是 90 美分吗？肯定不是。这块面包将卖 1 美元，这等于 90 美分的生产要素成本加上 10 美分的间接税。

因此，用成本法计算 GDP 时，我们必须将直接税和间接税都算做最终产品生产成本的一个组成部分。

## 净出口

美国是一个商品和服务不断地进口和出口的开放经济体。GDP 的最后一个构成部分，也是近年来越来越重要的部分是**净出口**（net exports），即商品和服务的出口额和进口额之间的差额。

如何划清美国 GDP 与别国 GDP 之间的界限呢？美国的 GDP 代表的是在美国境内生产的全部商品和服务的价值。美国的生产量与美国的销售量有两点不同。第一，我们的一些产品（如依阿华州的小麦和波音公司的飞机）由外国人购买并运往海外，这些项目构成了出口。第二，我们消费的一些产品（如墨西哥的石油和日本的汽车），又是由别国生产并运送到美国来的，这些项目构成了进口。

***一个数字实例*** 我们可以用一个简化了的农场经济来说明国民账户是如何统计的。假设阿格诺维亚这个农业国家共生产了100蒲式耳的玉米，并且进口了7蒲式耳玉米。其中87蒲式耳用于消费（$C$），10蒲式耳给政府供养军队（$G$），6蒲式耳以增加库存的形式用于国内投资（$I$）。此外，4蒲式耳出口到国外，因此净出口（$X$）为4-7，即是-3。

那么，这个农业国家的GDP将如何构成呢？其构成如下：

$$\begin{aligned} GDP &= 87\ (C) + 10\ (G) + 6\ (I) - 3\ (X) \\ &= 100\text{蒲式耳} \end{aligned}$$

## 国内生产总值、国内生产净值和国民生产总值

尽管GDP在美国是运用得最广的国民产出指标，但另外两个概念也时常被采用：国内生产净值和国民生产总值。

如前所述，GDP中包括总投资，即净投资加上折旧。略加思索即可发现，计入折旧就如同既算了小麦又算了面包。比较合理的衡量方法是只将净投资算入总产出。从GDP中减去折旧，就得到了**国内生产净值**（net domestic product，NDP）。如果NDP是比GDP更好的国民产出指标，那么为什么国民经济统计账户要更多地使用GDP呢？这样做的原因是折旧比较难以估算，而总投资则能相当精确地加以估算。

国民账户另一个统计指标是**国民生产总值**（gross national product，GNP），直到现在，它仍在被广泛地采用。GNP与GDP有何不同？GNP是美国居民所拥有的劳动和资本所生产的总产出量，而GDP则是美国境内的劳动和资本所生产的总产出量。例如，美国GDP的一部分是由日本的本田公司在美国境内的工厂所生产的。这些工厂的利润应计入美国GDP但不应计入美国的GNP，因为本田是一家日本的公司。同样，当一个美国经济学家飞到日本举办一场关于棒球的收费讲座时，讲座收入应计入日本的GDP和美国的GNP。对于美国来讲，GDP与GNP基本相同，但对其他开放经济的国家却有很大的不同。

小结：

> 国内生产净值（NDP）等于一国在一年内所生产的全部最终产品；这里的最终产品包括净投资或总投资减去折旧：
>
> $$NDP = GDP - \text{折旧}$$
>
> 国民生产总值（GNP）是一年内一国居民所拥有的投入要素所生产的最终产品的总值。

表21-5提供了一个关于GDP重要组成部分的全面定义。

### GDP和NDP：数据观察

理解了上述概念后，我们现在可以观察一下表21-6中的十分重要的实际数据。

***产品流量法*** 先看该表的左侧。它表示用环形流动图上半部分的产品流量法所计算出的GDP。四个主要组成部分的每一项及其在2003年的产量都列在这里。其中的$C$、$G$及其细目都不需做什么解释。

国内私人总投资需要稍加说明。它的总额（16 680亿美元）包括企业在厂房和设备以及住宅建设上全部新增的固定投资，还包括商品库存增加。这个总数没有减去资本折旧。从总投资中扣除13 080亿美元的折旧后，我们得到的净投资数为3 600亿美元。

最后，注意净出口的巨额负值高达4 920亿美元。这个负值代表了这样的事实，即2003年美国的商品和服务

**1. 从产品角度算，GDP是以下4个主要成分之和：**
- 个人在商品和劳务上的消费开支（$C$）
- 国内私人总投资（$I$）
- 政府的消费开支和总投资（$G$）
- 商品和劳务的净出口（$X$），或出口额减进口额

**2. 从成本角度算，GDP是以下几个主要成分之和：**
- 薪酬（工资、薪金和补助）
- 财产所得（公司利润、业主收入、利息、租金）
- 生产税和资本折旧

（在使用附加价值统计法时，总是需要小心从事，以避免重复计算从其他厂商购买的中间产品。）

**3. 用产品法和成本法所算得的GDP完全相同**（这是因为遵守了用附加值进行记账的规则和将利润定义为一种剩余）。

**4. 国内生产净值（NDP）等于GDP减去折旧。**

**表21-5 国民收入和产品账户的基本概念**

| 2003年国内生产总值（10亿美元，当年价格） | | | | |
|---|---|---|---|---|
| 产 品 法 | | | 收入法或成本法 | |
| 1. 个人消费支出 | | 7 752 | 1. 员工薪酬 | 6 186 |
| 耐用品 | 942 | | 2. 业主收入 | 846 |
| 非耐用品 | 2 208 | | 3. 租金收入 | 164 |
| 服务 | 4 602 | | 4. 净利息 | 582 |
| 2. 国内私人总投资 | | 1 668 | 5. 公司利润（调整后的） | 1 059 |
| 固定投资 | | | 6. 折 旧 | 1 308 |
| 非住宅投资 | 1 108 | | 7. 生产税 | 739 |
| 住宅投资 | 563 | | 8. 统计误差和调整项 | 100 |
| 私人存货变动 | −3 | | | |
| 3. 商品或服务的净出口 | | −492 | | |
| 出 口 | 1 048 | | | |
| 进 口 | 1 540 | | | |
| 4. 政府消费支出和总投资 | | 2 056 | | |
| 联邦政府 | 757 | | | |
| 州和地方政府 | 1 299 | | | |
| **国内生产总值** | | **10 984** | **国内生产总值** | **10 984** |

**表 21–6 GDP 账户的两种观察方法——以真实数字为例**

左侧衡量产品流量（按照市场价格），右侧衡量成本流量（生产要素收入和折旧）。

资料来源：U.S. Department of Commerce.

的进口比出口多 4 920 亿美元。

将左侧的四个组成部分加在一起，便得到 GDP 总额为 109 840 亿美元。这就是我们的工作结果：用货币所衡量的美国经济在 2003 年的总业绩。

***成本流量法*** 现在再看表的右方，它构成环形流动图的下半部分成本流量法。这里可见全部生产成本，加上税收和折旧。

员工薪酬包括工资、薪金和其他员工补助，净利息也属于这一类。注意，政府公债利息是被当做转移支付处理的，未计入 $G$ 或 GDP 之中。

个人的租金收入包括所得的租金。此外，如果你住自己的房，则被认为是在向自己付房租。这是国民账户中许多“设算收入”（imputations 或衍生收入）中的一个。如果我们真想衡量美国人所实际享受的住房服务，而不希望这种估计随着是否拥有这套住房而改变，那么这种租金估算方法是有其意义的。

企业的生产税单列为一项，与某些调整项目放在一起，包括难以避免的“统计误差”。统计误差反映了这样一个事实，即官方统计人员从来没有完全掌握他们所需要的每一项统计数据。[1]

和其他费用一样，被消耗掉的资本品折旧，必须也作为一种费用出现在 GDP 中。

利润是一个剩余额——即从销售总额中减去所有其他成本后的部分。利润有两种：公司利润和非公司企业的净收入。

非公司企业收入是指合伙企业和个人经营企业的收入。它包括大部分农场主的收入和专业人员的收入。

最后，我们看公司税前利润。表 21–6 中这一项下的 10 590 亿美元包括公司利润税、股息和未分配的公司利润，后者是指存留于或“再投资于”企业的利润，也被称为企业净储蓄。

[1] 统计工作者总是不得不使用数据不完整的报表，并经由估算等办法填充缺漏的数据。正如在化学实验室里进行测度很难等同于理想状态一样，不论按环形图上部还是环形图下部计算 GDP 都会出现误差。这些误差被一个称为“统计误差”的项目所弥补。在公务员中，除了有“工资”部门主任、“利息”部门主任等诸如此类的头衔外，在实际中的确也有“统计误差主任”这样的头衔。如果数据是完整的，这个主任就会失业。

使用右方的成本流量法可得到与左方产品流量法结果相同的 GDP 数量 109 840 亿美元。右方与左方的结果的确相等。

## 从 GDP 到可支配收入

GDP 基本统计账户之所以令人感兴趣，不仅在于它本身，还因为它对于理解消费者和企业的行为具有重要的意义。进一步的细分将有助于说明国民账户的核算方法。

***国民收入*** 为帮助理解总收入在不同的生产要素中的分配，我们构造了国民收入（national income，*NI*）的数据。*NI* 代表的是劳动、资本和土地等生产要素所获得的全部收入。它是从 GDP 中减去折旧而得到的。国民收入等于工资、租金、利息、业主收入和企业利润之和。

由图 21–4 中的头两列可见 GDP 与国民收入之间的关系。左边的一列代表 GDP，右边的一列则表明了为获得 *NI* 而必须减掉折旧部分。

***可支配收入*** 第二项重要概念所提出的问题是：家庭每年实际上能有多少钱可供花费？个人的可支配收入［通常称为**可支配收入**（disposable income）或 *DI*］概念回答的就是这一问题。要想获得可支配收入，你只要计算出家庭所获得的市场收入和转移支付的收入，然后减去个人税赋便可。

图 21–4 说明了如何计算 *DI*。我们从第二列国民收入开始，减去所有的税收，再减去企业净储蓄（企业净储蓄

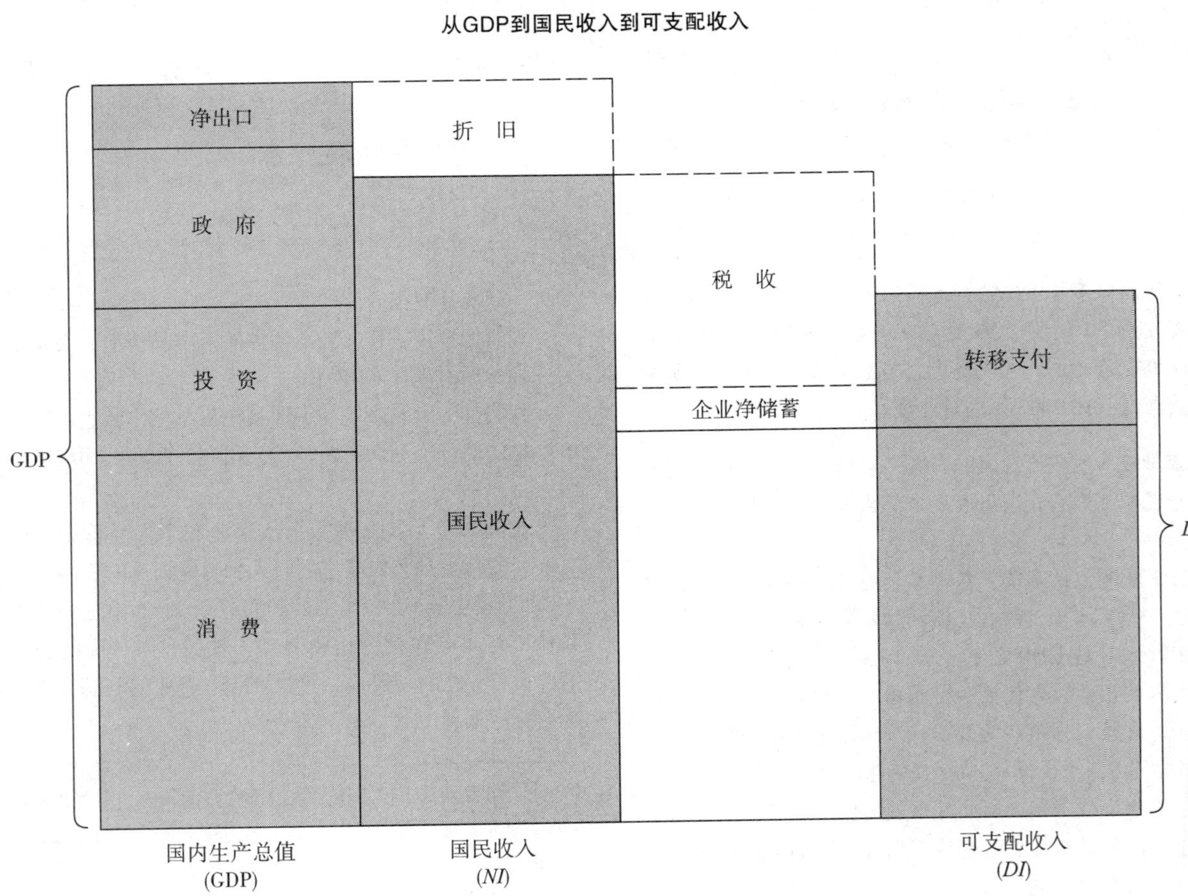


**图 21–4 根据 GDP 计算国民收入（*NI*）和个人可支配收入（*DI*）**

重要的收入概念是：（1）GDP，即所有生产要素的毛收入总额；（2）国民收入是要素收入总和，从 GDP 中扣除折旧所得；（3）个人可支配收入，它衡量的是居民户的收入总额，包括对居民户的转移支付，但扣除对居民户的税收。

是利润减去折旧和股利），最后再加上家庭从政府那里所获得的转移支付。这样就得到了如图 21-4 最右边的一列 *DI*。可支配收入是指实际进入居民户手中并能由他们随心所欲地加以使用的收入。这一讨论省略了一些常常接近于零的次要项目，如统计误差和净外国要素收入。

下一章中我们将会看到，人们将 *DI* 划分为（a）消费支出和（b）个人储蓄。

## 储蓄和投资

如我们所知，总产出既可用于消费又可用于投资。投资是最基本的经济活动，因为它增加了资本存量，这些资本的增量能够提高未来的生产能力。国民账户核算的重要意义在于所计量的储蓄和投资恒等。这里我们说明，根据以上所描述的核算原则，所计量的储蓄正好等于所计量的投资。这是一个恒等式，是由定义得来的一个恒等关系。

举个简单的例子，假定不存在政府或外贸部门。投资指国民总产出中未被消耗的部分；储蓄指国民总收入中未用于消费的部分。由于国民总收入和国民总产出相等，这说明储蓄恒等于投资。总结：

$$I = \text{产品法得到的 GDP} - C$$
$$S = \text{收入法得到的 GDP} - C$$

但由于两种方法所得的 GDP 必然相等，因此，我们得到：

$I = S$：所计量的储蓄与所计量的投资恒等

这是最简单的情况。为完成讨论，我们必须考虑增加企业、政府和净出口因素。在储蓄方面，总储蓄或国民储蓄（$S^T$）必须分为两类：来自居民户和企业的私人储蓄（$S^P$）和政府储蓄（$S^G$）。政府储蓄等于政府预算盈余，或税收收入与支出间的差额。

在投资方面，总投资或国民投资（$I^T$）等于国内私人总投资（$I$）加上外国净投资，即净出口（$X$）。因此，完整的储蓄—投资恒等式为：[2]

国民投资 = 私人投资 + 净出口
　　　　 = 私人储蓄 + 政府储蓄
　　　　 = 国民储蓄

或者

$$I^T = I + X = S^P + S^G = S^T$$

由定义可知，国民储蓄总是等于国民投资。投资的组成部分包括国内私人总投资、国外投资（净出口）。储蓄的来源是私人（家庭和企业）储蓄和政府储蓄（政府预算盈余）。私人投资加净出口等于私人储蓄加政府预算盈余。无论经济处于商业周期的哪一阶段，这种恒等关系都必然成立。

## 国民账户之外的问题

现存经济和社会体制的拥护者经常争辩说，市场经济创造了人类历史上实际产出的前所未有的快速增长。资本主义的崇拜者也称颂道："看，自由市场思想能为 GDP 带来多么巨大的增长。"

尽管如此，批评者还是指出了 GDP 统计指标的缺陷。GDP 统计不仅计入了很多值得怀疑的项目，而且忽略了许多有价值的经济活动。正如一位批评者说："不要对我讲你的所有数字和金钱，以及你的国内生产总值。对我来讲，国内生产总值代表的只不过是国内污染总值！"

我们的看法如何呢？GDP 难道没有包括政府所生产的炸弹、导弹和付给监狱看守的工资吗？犯罪增加了家用警报系统的销售额，难道不是被加在了 GDP 之上吗？砍伐那些难以再生的红杉林，不也表现为国民账户中的产出增长吗？GDP 指标不是无法解释像酸雨的形成、温室效应这样的环境的退化吗？

近年来经济学家们试图采用新的方法，以便修正广为采用的 GDP 指标的缺陷，使数据能更好地反映我们这个经济所提供的、真正能给人们带来满足的产品的数量。新账户试图扩展传统账户的边界，使它能涵盖一些重要的非市场行为，并修正传统账户所包括的有害的经济活动。让我们来讨论一下其中若干被忽略或遗漏了的项目。

***所遗漏的非市场性活动***　回忆一下，传统的国民收入账户主要包括市场活动，但许多有意义的经济活动都发生在市场之外。例如，高校学生在人力资本方面进行投资。国民账户记录了学费，却忽略了机会成本（即因上学而放弃的收益）。有研究表明，如果将在教育领域和其他领域的非

---

[2] 这里，我们只讨论私人投资，因此将政府采购视为消费。今天大多数国家的国民收入账户的政府采购都分为消费和有形投资两大部分。如果我们将政府投资包括在内，则国民投资和政府预算盈余都会相应上升。

市场性的投资包括进来，国民储蓄率至少提高两倍。

同样，许多居民户活动产生很多有价值的“准市场性”的产品和服务，例如做饭、洗衣和照顾小孩。最近一份对没有报酬的家务工作的评估表明，这部分价值达市场性消费总额的50%。市场账户最大的忽略恐怕是闲暇时间的价值。平均而言，美国人花在创造效用的休闲活动上的时间与他们工作赚钱的时间大体相当。而休闲时间的价值却被排除在官方统计的国民账户之外。

你可能很想了解地下经济活动。地下经济活动不向政府报告收入情况，却涉及市场活动的各个领域，包括赌博、卖淫、贩毒、非法移民所从事的工作、服务交易以及走私等。实际上，国民收入统计人员在衡量国民产出时将会有意排除非法活动——社会舆论认为这些活动是“坏事”而不是“好事”。日益膨胀的海洛因交易也不可能被如实地计入GDP。至于其他合法的却没有如实申报的活动，比如未上报的小费收入，商务部只能根据来自国内税务局（Internal Revenue Service，IRS）的调查和审计进行估计。

***所遗漏的环境破坏活动*** 除了经济活动本身，GDP指标有时还会忽略经济活动所导致的有害后果。一个重要的方面是忽略了对环境的破坏。例如，假定市郊居民使用了1 000万度电维持空调工作，使用每度电付给公用事业公司10美分。这100万美元补偿了公司在劳动、设备和燃料方面的成本。现在假设发电所产生的污染损害了周围住户的生活环境，而该公司却没有为这种外溢效应付出货币代价。在这种情况下，我们对产出的计量就不仅应该加入电的价值（GDP已经计入），而且还应该减去由于污染而对环境造成的损害（但GDP却没有这样做）。

假定除了10美分直接成本之外，每度电给周围住户所造成的环境损害为1美分。这就是公用事业公司没有偿付的污染（对树木、鳟鱼、溪流及人的）成本。由此“外部”成本总计应为10万美元。在扩充的国民收入账户，为体现和矫正这些隐蔽的成本，我们必须从100万美元的“电的好处”中减去10万美元的“污染损失”。

**扩充的国民收入账户**

近年来，对扩充的国民收入账户（包括非市场性的和市场性的经济活动）的研究取得了巨大的进展。该账户总的原则是尽可能多地记录经济活动，不论其是市场性的还是非市场性的。举例而言，扩充的国民收入账户包括对人力资本的非市场性投资的估价，对不支付报酬的家庭生产的估价，对森林的估价和对休闲时间的估价，并将其计入统计指标。

1994年，美国商务部公布了扩充后的国民收入账户，其中包括了环境账户（有时也称绿色账户），用来统计自然资源和环境资源对国民收入的贡献。第一步工作是设计出统计石油、天然气、煤等地下资源对经济的贡献的账户。

环境批评家指出，美国人高消耗的生活方式正在挥霍着宝贵的自然资源。许多人对于绿色账户的分析结果感到震惊。该分析考虑到，勘探新发现增加了我们已探明的资源储量，而开采则减少或消耗了这些储量，事实上，这两种活动正好相互抵消：发现量与消耗量相抵之后的净影响从1958年至1991年在负20亿美元至正10亿美元范围内。而这一时期年均GDP大约是4.2万亿美元（按1992年价格计算）。

在我们对非市场的经济活动有完整的了解之前，还有许多进一步的工作要做。经济学家和环境学家正在仔细观察着这些令人激动的新进展。

## 价格指数和通货膨胀

本章我们已经集中讨论了产出的计量问题。但人们同时还关心价格的变动趋势，关心整体价格水平变动，关心通货膨胀。这些术语是什么意思呢？

让我们首先仔细地给出一个定义：

> **价格指数**（price index）是关于平均价格水平的指标。**通货膨胀**（inflation）意味着整体价格水平的上升。**通货膨胀率**（rate of inflation）则指整体价格水平的变化程度，它可用以下公式衡量：
>
> $$\text{通货膨胀率（}t\text{年）}=\frac{t\text{ 年的价格水平}-(t-1)\text{ 年的价格水平}}{(t-1)\text{ 年的价格水平}}\times 100\%$$

怎样衡量通货膨胀定义中所提到的价格水平呢？从概念上讲，价格水平主要是指一个经济中商品和服务的价格经过加权后的平均价格。实践中，我们借助价格指数，也即商品和服务的平均价格来衡量整体物价水平。

与通货膨胀相对的概念是**通货紧缩**（deflation），指的是总体物价水平的下降。20世纪后期通货紧缩鲜有发生。在美国，最近一次消费物价低于前一年的情况出现在

1955 年。持续的通货紧缩表现为价格连续几年下降，它伴随着经济萧条，比如 20 世纪 30 年代和 19 世纪 90 年代美国的状况。日本于 20 世纪 90 年代末所经历的通货紧缩，使其遭受了长期而缓慢的衰退。

## 价格指数

每当报纸告诉我们"通货膨胀率在上升"时，其确切含义是指价格指数在向上移动。价格指数是一系列商品和服务的价格的加权平均值。在计算价格指数时，经济学家赋予每一价格的权数是根据该商品在整体经济中的重要程度来决定的。最重要的价格指数包括消费者价格指数、GDP 紧缩指数和生产者价格指数。

***消费者价格指数*** 流行最广的通货膨胀指标是消费者价格指数，简称 CPI，由美国劳工统计局（BLS）提供。CPI 衡量的是城市消费者为购买一揽子生活消费品和服务而支付的随着时间而平均变化的价格。这一揽子市场商品包括食品、服装、住房、燃油、运输、医疗、学费及其他日常生活所必需的商品和服务。364 类不同的商品和服务的价格是从遍布美国 87 个地区的 23 000 家机构收集而来的。

消费者价格指数的一揽子样本中各商品的价格权数如何确定？如果仅将不同的价格简单加总或用数量来计算，显然都是不明智的。在构造价格指数时，*应该依据每个商品在经济中的重要程度来衡量该商品价格的权数*。

在计算传统的 CPI 时，对应于各项支出在消费者全部支出预算中的相对重要性，每一项支出都被给定了一个固定的权重；每一权重都和消费者在该项目上的总支出成比例，而后者又由 1993~1995 年对消费者支出的调查统计所决定。1999 年 12 月，住房及相关支出在 CPI 中所占比重最大，占到了消费者支出预算的 41%以上。而与此相比，购买新车以及其他交通工具的成本仅占消费者支出预算的 5%。

***GDP 价格指数*** 另一种广为使用的价格指数是 GDP 价格指数（有时也被称作 GDP 紧缩指数），我们在本章前面曾遇见过它。GDP 价格指数是一国生产的所有商品和服务（消费、投资、政府购买、净出口）的价格水平，而不是某一部分（如消费）的价格水平。它和 CPI 的另一不同之处在于，它是一个系列加权指数，考虑到了不同商品所占份额的变化。此外，GDP 的各组成部分（如投资品、计算机和个人消费等）也有紧缩指数。它们有时也被用做 CPI 的补充。

### 消费者价格指数的计算

消费者价格指数（CPI）变动的计算公式如下：

$t$ 期的 CPI = $(t-1)$ 期的 CPI ×
$t$ 期的价格的加权变化

其中：

$t$ 期价格的加权变化
$=\Sigma$ 商品 $i$ 在 $(t-1)$ 期的相对重要性
× 从 $(t-1)$ 期到 $t$ 期商品 $i$ 增加的百分比

此处举一例具体说明。下表给出了 2003 年 2 月的实际价格和相对重要性的数据：

| 类　别 | 相对重要性（%） | 2002 年 2 月~2003 年 2 月的变化（年百分比） |
|---|---|---|
| 食品和饮料 | 15.6 | 1.4 |
| 住　房 | 40.9 | 2.6 |
| 医　疗 | 6.0 | 4.5 |
| 其　他 | 37.5 | 3.9 |
| **总　计** | **100.0** | **3.0** |

经计算可知，2002 年 2 月到 2003 年 2 月间的通货膨胀率为每年 3.014%（本章末的问题 9 提供了另一计算实例。）

本例基本上说明了传统 CPI 是如何度量通货膨胀率的。简化计算和真实计算的唯一差别在于，真实的 CPI 包含了更多方面的商品和服务。除此之外，计算方法完全相同。

***生产者价格指数*** 生产者价格指数简称为 PPI，最早出现在 1890 年，是劳工统计局公开发布的历史最久的一套数据。它衡量的是生产或批发环节的价格水平。主要基于大约 3 400种商品的价格，包括食品、制成品、矿产品等。计算 PPI的固定权数是每种商品的净销售额。由于这种指数非常详细，在商业领域广为使用。

### 矫正价格偏差

准确地计量价格是实证经济学的核心任务之一。价格指数不仅能影响通货膨胀率，而且也会影响实际产出和生产率的统计。经由政府政策，价格指数还会影响货币政策、税收政策、政府转移支付（如社会保障）和许多私人合同。

消费者价格指数可用于衡量生活成本。若告知你这种统计非常困难，则你很可能会感到惊讶。其中有些是属于价格指数内在的难题，如**指数数值问题**（index-number problem），即不同的价格是如何进行加权或平均的。传统的CPI指数中每一种商品都固定了权数，所以当消费者用价格低廉的商品代替昂贵的商品时，CPI就会高估生活成本。

能源价格的例子可以说明这个问题。20世纪70年代石油价格迅速上涨，人们普遍减少了在石油方面的支出，倾向于购买小型汽车或减少旅行。然而，CPI却仍然假定人们购买相同数量的石油，即使石油价格增至3倍。这样显然会夸大生活成本的增加。统计学家采用了各种方法来设计权数以便使指数数值问题的影响降到最小程度，例如上面提到的系列权数等。但是政府统计人员刚刚尝试使用这种CPI的新算法。

一个更重要的问题是：*在新产品以及改良的产品和服务带来新贡献时，价格指数很难随之进行调整*。有个例子可以说明这一点。近年来，消费者从节能荧光灯泡中受益良多，同样的亮度其耗电成本只有老式的白炽灯泡的四分之一，然而却没有一种价格指数能够计入这种质量改善。同样，激光唱片取代了老式唱片，带有成百个频道的卫星电视或有线电视取代了只有少数几个频道的画质不好的老式技术，空中航行取代了公路和铁路旅行，还有其他成千上万的产品和服务都得到了改善，这类进步都没能在价格指数中得到体现。

近期研究表明，如果价格指数能反映质量变化，这些年的CPI就不会增长地如此之快。在涉及医疗保健问题时，这个问题就特别麻烦。在过去的20年里，医疗保健价格飞速上涨；然而我们却没有对其质量进行如实的计量，而且CPI中完全忽视了新产品的引入，例如取代昂贵的外科手术的药物疗法。

以斯坦福大学的迈克尔·波斯金（Michael Boskin）为首的著名的经济学家小组估计，对CPI的这种高估至少为每年1%。数值虽小，但意义重大。这说明我们的实际产出可能被**过度紧缩**（overdeflated）了相同的幅度。如果CPI的偏误被传导到了GDP紧缩指数，那么在过去的20年中，美国每小时的产出的增长率就会是每年2%，而不是官方统计的1%。

这个发现也意味着，生活成本调整（被用作社会保障金，也在很多劳动合同制使用）对于人们生活成本的变化进行了过度的补偿。波斯金小组预计，如果政府所依据的是他们的估计，而不是现行的CPI数据规划转移支付，那么，到2008年政府赤字将减少1 800亿美元，而10年内国家债务负担的缩减额将超过1万亿美元。这些发现还表明，经济账户和指数数值不再仅仅是极少数技术人员感兴趣的深奥的问题。价格指数和产出指数的合理确定，直接影响到我们的政府预算、退休计划，甚至我们评估国民经济运行的方式。

鉴于自己的研究成果及其所受到的指责，劳工统计局已经着手对CPI指数工作进行全面的反思与调整。其中最重要的一项创新，是自2002年开始公布的“系列消费者价格指数”，它用可变权数体系对固定权数价格指数进行了扩充和修正，说明了消费者进行的替代。在其公布的最初3年内，消费者惊讶地发现，比起传统的CPI，系列CPI的增长是如此的缓慢——每年要慢1%。这表明，有关传统CPI夸大了通货膨胀率的批评是有道理的。[3]

## 国民账户简评

本章介绍了经济学家如何衡量国民产出和总体的物价水平，回顾了国民产出的统计口径并分析了GDP的缺陷。关于这些指标的适用性，我们可以从中得出什么样的结论呢？这些指标能反映主要的发展趋势吗？这些指标能够充分度量经济的福利吗？阿瑟·奥肯（Arthur Okun）的论述给出了恰当的回答：

> 毫不奇怪，国家的繁荣并不能确保社会的幸福。正如个人的发展并不能确保家庭的幸福一样。GDP的增长绝不可能抵消由一场不受欢迎并未能取胜的战争所带来的紧张局势，不可能消除由于种族偏见所引起的长期的良心冲突，不可能平定性泛滥的黄潮，也不可能阻止年轻人对其独立性的空前强调。尽管如此，经济的繁荣……毕竟还是成功地实现我们的抱负的先决条件。[4]

---

[3] 参见本章“补充读物”中关于CPI的讨论。

[4] 参见《繁荣的政治经济学》，Norton出版公司，纽约，1970年，第124页。

## 总结提要

1. 国民收入账户和产品账户包含了一国收入和产品的主要指标。国内生产总值（GDP）是衡量一国商品和服务的产量的最综合的指标。它由一国在给定年份中的消费（$C$）、国内私人总投资（$I$）、政府采购（$G$）以及净出口（$X$）4 个部分的货币价值之和构成。回忆下面的等式：

$$GDP = C + I + G + X$$

有时将国内投资与净出口加在一起得到国民投资总额（$I^T = I + X$）：

$$GDP = C + I^T + G$$

2. 由于将利润定义为一种剩余，我们能够保证使用环形流动图上部的产品流量方法和使用环形流动图下部的成本流量方法所计算出的 GDP 的结果是一致的，正如图 21–1 所示。成本法使用了生产要素的收入，并仔细地计算了附加值，以便消除对中间产品的重复计算。它在统计了所有的（税前）工资、利息、租金、折旧以及利润收入的总和之后，再加上企业的所有的间接税成本。GDP 不包括像政府公债利息或福利补助金这样的转移支付项目。
3. 通过使用物价指数，我们能够“紧缩”名义 GDP（即用现价计算的 GDP）以得到更准确的实际 GDP 指标（即用某一个基年的货币购买力所表示的 GDP）。使用这样一种物价指数可以照顾到由于价格水平变化所造成的统计尺度的变动。
4. 当一个国家所生产的资本品大于目前以折旧形式所消耗掉的部分时，净投资为正。由于折旧很难准确地加以估计，统计工作者认为，与净投资的数字相比，总投资的数字要更为可靠一些。
5. 国民收入和可支配收入是另外两个官方统计科目。可支配收入（$DI$）是指在扣除税收支付、未分配利润中的公司储蓄以及转移支付之后，人们实际上剩下来的能够用于其消费或储蓄的收入。
6. 根据国民账户的规则，所计量的储蓄必然正好等于所计量的投资。在一个假设的只存在居民户的经济中，这一点是显而易见的。而在一个完整的经济中，私人储蓄加政府盈余等于国内投资加国外净投资。储蓄与投资的恒等意味着：不论经济是景气还是萧条，社会是和平还是战争，储蓄与投资的恒等关系都必然成立。这也是由国民收入账户的定义所决定的。
7. 国内生产总值甚至国内生产净值都不是一个完美的衡量真正的经济福利的指标。近年来，统计学家开始做一些修正，对一些非市场活动（如地下经济和环境外部性问题）进行衡量。
8. 总体价格水平上升时，会出现通货膨胀（价格水平下降时则会出现通货紧缩）。今天，我们用价格指数（成千种独立商品的加权平均的价格水平）来计量通货膨胀。最重要的价格指数是消费者价格指数（CPI），它衡量的是消费者的一揽子商品和服务的支出与基期年份的支出之比率。

## 概念复习

国民收入和产品账户（国民账户）
实际 GDP 和名义 GDP
GDP 紧缩指数
$GDP = C + I + G + X$
净投资 = 总投资 – 折旧
从两种等价的角度来看 GDP：
  产品（环形流动图上部）
  收入（环形流动图下部）
中间产品，附加值
NDP = GDP – 折旧
政府转移支付
可支配收入（$DI$）
投资—储蓄恒等式
  $I = S$
  $I^T = I + X = S^P + S^G = S^T$
通货膨胀，通货紧缩
价格指数：
  CPI
  GDP 价格指数
  PPI

## 补充读物和互联网站

### 补充读物

A magnificent compilation of historical data on the United States is contained in *Historical Statistics of the United States*, 2 vols. (Government Printing Office, Washington, D. C., 1975). A review of the issues involving measuring the consumer price index is contained in "Symposium on the CPI," *Journal of Economic Perspectives*, Winter 1998.

### 互联网站

The premium site for the U.S. national income and product accounts is maintained by the Bureau of Economic Analysis (BEA) at www.bea.gov. This site also contains recent issues of *The Survey of Current Business*, which discusses recent economic trends.

A comprehensive launching pad for government data in many sectors can be found at www.lib.umich.edu/govdocs/stats. The best single statistical source for data on the United States is *The Statistical Abstract of the United States*, published annually. It is available online at www.census.gov/statab/www/. Many important data sets can be found at www.economagic.com/.

A recent review of alternative approaches to augmented and environmental accounting is contained in a report by the National Academy of Sciences in William Nordhaus and Edward Kokkelenberg, eds., *Nature's Numbers: Expanding the National Accounts to Include the Environment* (National Academy Press, Washington, D.C., 1999), available at www.nap.edu. For price data, see the sites in the Chapter 32 Further Reading Section.

## 问题讨论

1. 仔细说明下列概念的定义，并举例说明：
   a. 消费
   b. 国内私人总投资
   c. 政府的消费性和投资性采购（计入 GDP）
   d. 政府转移支付（不计入 GDP）
   e. 出口
2. 你有时会听到，“你不能将苹果和橙子相加。”请说明，在计算国民账户时，我们可以并且的确将苹果和橙子相加，请解释计算方法。
3. 考察第 4 章附录中的数据。找到 1998 年和 1999 年名义 GDP 和实际 GDP。计算 GDP 紧缩指数。1999 年名义 GDP 和实际 GDP 的增长率是多少？1999 年的通货膨胀率是多少（按 GDP 紧缩指数计算）？
4. 孤岛上的鲁宾逊生产了 1 000 美元的环形流动图上部的产品。他支付了 750 美元的工资、125 美元的利息和 75 美元的租金。他的利润应该是多少？如果鲁宾逊的产量的 3/4 用于消费，其余的用于投资，用生产方法和收入方法计算鲁宾逊孤岛的 GDP，并说明用这两种方法所算得的 GDP 必然相等。
5. 下面是一些伤脑筋的问题。你能否说明为什么下列各项不被计入美国的 GDP 之中？
   a. 优秀的厨师在自己家里烹制膳食
   b. 购买一块土地
   c. 购买一幅伦勃朗的绘画真品
   d. 我在 2000 年播放一张 1997 年录制的 CD 所获得的价值
   e. 电力公司排放的污染物对房屋和庄稼的损害
   f. IBM 公司设在英国的工厂所创造的利润
6. 考虑一个阿格诺维亚农业社会，我们在本章正文中的“一个数字实例”部分里曾讨论过它的 GDP。建一个类似于表 21-6 的国民收入账户，假设：每蒲式耳小麦的成本为 5 美元，没有折旧，工资占国民产出的 3/4，企业间接税占政府的开支来源的 100%，其余的收入算做农民的租金收入。
7. 回顾对 CPI 偏差的讨论。解释为什么没有考虑到新产品的质量改进会导致 CPI 偏高？选择一个你熟悉的产品，解释它的质量如何改进，以及价格指数如何难以跟上质量的变化。

8. 近 10 年来，妇女的有偿工作时间增加，无报酬的工作时间减少。
   a. 工作时间的增加如何影响 GDP？
   b. 解释为什么所衡量的 GDP 的增加会高估真实产出的增量。并解释包括了家庭生产活动的扩充的国民账户如何处理这种由非市场活动向市场活动的转变。
   c. 解释下面这个悖论：当一个人与和他（她）的花匠结婚成家时，会减少 GDP。
9. 考察表 21-7 中的价格数据。它显示了 2000 年 12 月消费者价格指数的真实值。
   a. 利用英文版 440 页专栏中叙述的方法，计算 1999 年 12 月至 2000 年 12 月 CPI 增长的百分比。
   b. 1999 年 12 月 CPI 的值是 168.3 (令 1983 年的值为 100)。2000 年 12 月 CPI 的值是多少？

| 支出类别 | 相对重要性，1999 年 12 月（%） | 变化百分比，1999 年 12 月~2000 年 12 月 |
|---|---|---|
| 所有项目（1967=100） | 100.00 | ? |
| 食品和饮料 | 16.30 | 2.80 |
| 住　房 | 39.64 | 4.30 |
| 服　饰 | 4.68 | -1.80 |
| 交　通 | 17.45 | 4.10 |
| 医　疗 | 5.77 | 4.20 |
| 娱　乐 | 6.01 | 1.70 |
| 教育和通信 | 5.42 | 1.30 |
| 其他商品和服务 | 4.73 | 4.20 |

**表 21-7　消费者价格指数，2000 年 12 月**

资料来源：Bureau of Labor Statistics at ftp://ftp.bls.gov/pub/news.release/History/cpi.01142000.news.

# 第 22 章

# 消费与投资

米考伯的公式：
每年收入 20 英镑，
支出 19 英镑 19 先令 6 便士，
结果等于幸福；
每年收入 20 镑，
支出 20 英镑 6 便士，
结果等于痛苦。

——狄更斯《大卫·科波菲尔》

消费、储蓄和投资在一国经济中扮演着十分重要的角色。储蓄和投资比较多的国家，其产出、收入和工资增长率也往往都比较高。19 世纪的美国经济、20 世纪的日本经济、30 年来的东亚经济“奇迹”等，都是以这种模式为特征的。相反，那些将大部分国民收入都用于消费的国家，如非洲和拉丁美洲的很多贫穷国家，对新厂房和新设备的投资都很少，其生产率和工资的增长也就都比较缓慢。相对于收入而言，高的消费一般都会引致低的投资和慢的增长；而高的储蓄则会引致高的投资和快的增长。

在经济周期的扩张时期和收缩时期，消费与收入的互动关系所发挥的作用大相径庭。当经济形势使消费和投资迅速增长时，总支出或总需求就会增加，短期的产量和就业率也会提高。20 世纪 90 年代末美国经济的繁荣，在很大程度上就是由消费者支出的快速增长所驱动。当高税率或消费者信心不足等因素导致消费下降时，总支出就会减少，经济就有可能陷入衰退，正如 20 世纪 90 年代日本经济所经历的那种情况。

消费和投资是宏观经济学中一对十分重要的范畴，本章我们将就此重大问题进行讨论。图 22–1 说明了本章的分析是如何与经济的整体结构相适应的。

## A. 消费和储蓄

本节分析消费和储蓄行为，首先考查个人支出模式，然后观察总消费行为。回忆第 21 章的内容可知，消费（更精确地说，个人消费支出）指的是居民户在最终的商品与服务上的支出。储蓄则是个人可支配收入中未用于消费的部分。

消费是 GDP 中最大的组成部分，过去 10 年中它大约占总支出的 66%。消费的主要项目是什么呢？最重要的是住房、汽车、食品和医疗。表 22–1 列出了消费的若干主要项目，并将它们分成了三大类：耐用品、非耐用品和服务。这些类别本身都是大家所熟悉的，但它们各自的相对重要程度，特别是服务类产品在个人消费中不断提高的重要性，值得我们进一步认真研究。

### 预算支出模式

在美国，不同家庭的消费支出模式有什么不同呢？任何两个家庭都不可能以完全相同的方式来花费他们的可支配收入。然而统计数字显示，人们将收入分配于食品、衣着和其他项目上的方式具有可以预测的规律性。关于家庭预算支出

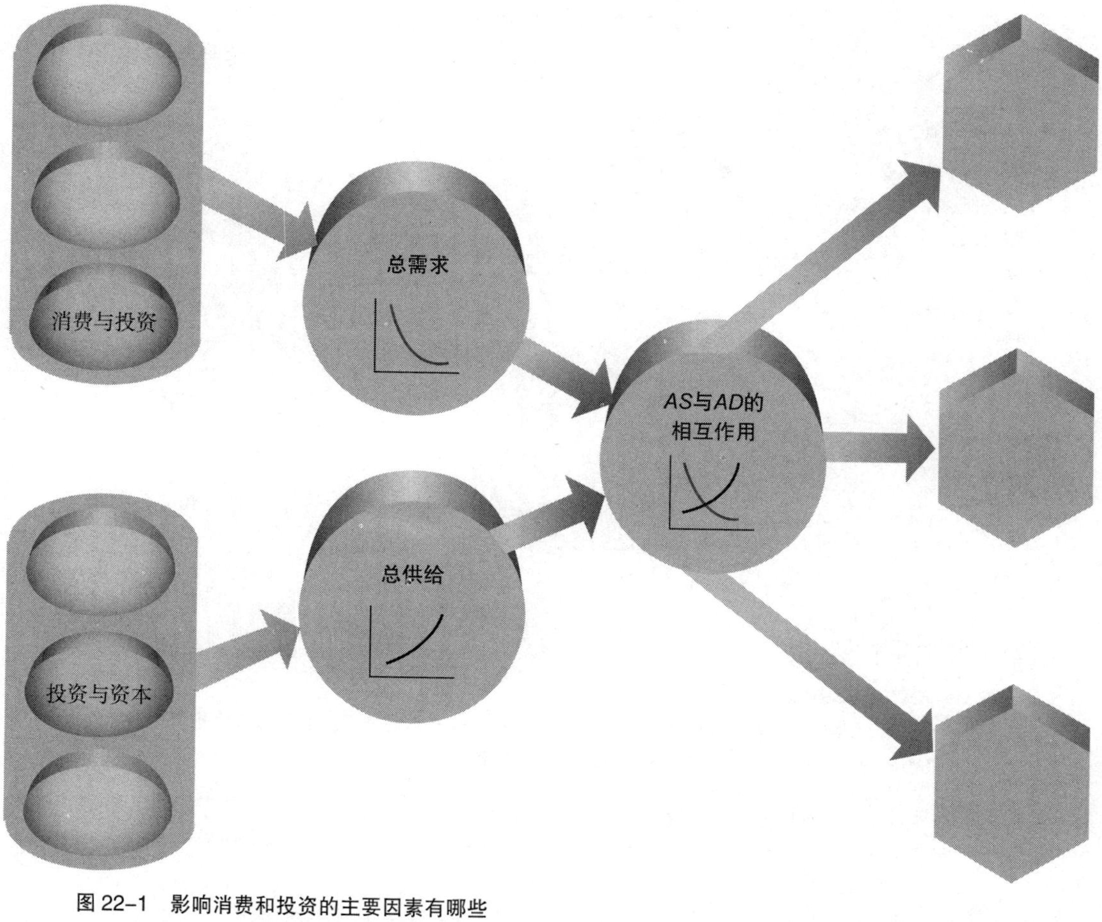


**图 22–1 影响消费和投资的主要因素有哪些**

本章分析 GDP 的两个主要成分：消费和投资。在以后的各章里我们还会看到，这两大成分既会影响总供给也会影响总需求。

模式的成千次调查结果显示，这些行为模式在总的特性上具有明显的一致性。[1] 图 22–2 可以说明这一点。贫困家庭必然将其收入的大部分花在诸如食品和住房等生活必需品方面。当收入提高时，在很多食品类消费品上的开支会增加，人们会吃得更多、更好。尽管如此，收入增长过程中人们在食品上的边际支出是存有限制的。因此，当收入进一步增加后，食品支出占总支出的比例势必会下降。

在收入达到很高的水平之前，人们用于衣着、娱乐和汽车开支的增长会快于相应的税后收入的增长，奢侈品支出的增长会快于收入的增长。最后，观察和比较各家庭的情况可以发现，收入增长时储蓄的上升会非常迅速，而储蓄应该是所有开支项目中最大的“奢侈品”。

[1] 图 22–2 所示的消费模式被称为“恩格尔定律”（Engel's Laws），这是根据 19 世纪普鲁士统计学家恩斯特·恩格尔的名字命名的。平均的消费支出行为的确相当有规律地随收入的变化而变化。但是，平均值并不能说明全部情况。在每一收入档次内，围绕着平均值的消费差异也相当大。

### 20 世纪消费模式的演进

技术、收入、社会影响力的不断变化使美国的消费模式随时间推移而发生急剧变化。1918 年，美国家庭在食品和饮料上的平均开销占收入的 41%。而今天这个比例只有 19%。这个明显的下降背后的原因是什么呢？主要原因是食品支出的增长比收入的增长要缓慢。同样，服装支出占家庭收入的比例也从 20 世纪初的 18%下降到今天的 6%。

那么，让美国人投入越来越多的“奢侈品”是什

| 消费的种类 | 2002 年消费种类的价值（10 亿美元） | | 占总额的百分比 |
|---|---|---|---|
| 耐用品 | | 872 | 11.9 |
| 汽车和零部件 | 376.1 | | |
| 家具和家用设备 | 318.7 | | |
| 其 他 | 177.1 | | |
| 非耐用品 | | 2 115 | 29.0 |
| 食 品 | 1 029.4 | | |
| 服装和鞋类 | 324.3 | | |
| 能 源 | 173.5 | | |
| 其 他 | 587.8 | | |
| 服 务 | | 4 317 | 59.1 |
| 住 房 | 1 071.5 | | |
| 家务开支 | 405.2 | | |
| 交 通 | 275.8 | | |
| 医疗保健 | 1 148.5 | | |
| 娱 乐 | 285.1 | | |
| 其 他 | 1 130.7 | | |
| 个人消费支出总计 | | 7 304 | 100.0 |

**表 22-1 消费的主要构成**

我们将消费分为三类：耐用品、非耐用品和服务。随着食品等基本需要得到满足和家庭预算中医疗保健、娱乐和教育比重的不断增大，服务部门的重要性正在增加。

资料来源：U.S. Department of Commerce，available at www.bea.gov.

么呢？一个最大的项目是交通。1918 年，美国人将收入的 1%花在汽车上，当然，亨利·福特直到 1908 年才卖出他的第一辆 T 型车。而今天，平均每个家庭有 1.3 辆汽车，所以我们也不必为今天美国个人总支出的 23%是与汽车相关的交通支出而大惊小怪。娱乐支出情况如何呢？家庭支出中有很大一部分是用在电视、移动电话和录像机等这些 75 年前还没有问世的项目上，这些新发明使娱乐支出占家庭预算收入的比例从 3%上升到 6%。住房占收入的比重也越来越大，从早期的 14%上升到现在的 20%。这在某种程度上反映了美国梦的实现：在市郊拥有一座宽敞的房子，而不用继续在市区高价租用狭窄的公寓。

10 年来，消费支出中增长最快的部分是医疗保健，消费者在医疗上的支出以及雇主和政府在医疗保健上的支出都在急剧增长。令人吃惊的是，消费者的医疗保健支出在家庭预算中的比重，现今的情况和 20 世纪初期的差别竟然不大。主要的原因是政府的医疗保健开支的日益增长，结果，美国和其他高收入国家的政府支出显著扩大。

## 消费、收入和储蓄

收入、消费和储蓄紧密相连。更准确地说，**个人储蓄**（personal saving）是收入中没有用于消费的部分；储蓄等于收入减去消费。表 22-2 显示的是美国 2002 年的收入、消费和储蓄之间的关系。先看个人收入（如第 21 章所述，个人收入由工资、利息、租金、股息、转移支付等组成）。2002 年个人收入中大约有 11 140 亿美元或 12.5%用于交纳个人税。剩下的 78 160 亿美元为个人可支配收入。家庭的消费（包括利息）占可支配收入的 96.3%，即 75 250 亿美元，剩下的作为个人储蓄的部分为 2 910 亿美元。表中最后一项是很重要的指标：**个人储蓄率**（personal saving rate）。它是个人储蓄额占个人可支配收入的比例（2002 年为 3.7%）。

经济研究已经表明，收入是消费和储蓄的首要决定因素。不论是从绝对值还是其占收入的百分比来看，富人的储蓄都多于穷人，非常穷的人根本没有储蓄能力。不仅如此，只要他们能借到钱或减少其财富，他们还会进行负储蓄。也就是说，他们的消费比收入还要多，从而使往日所

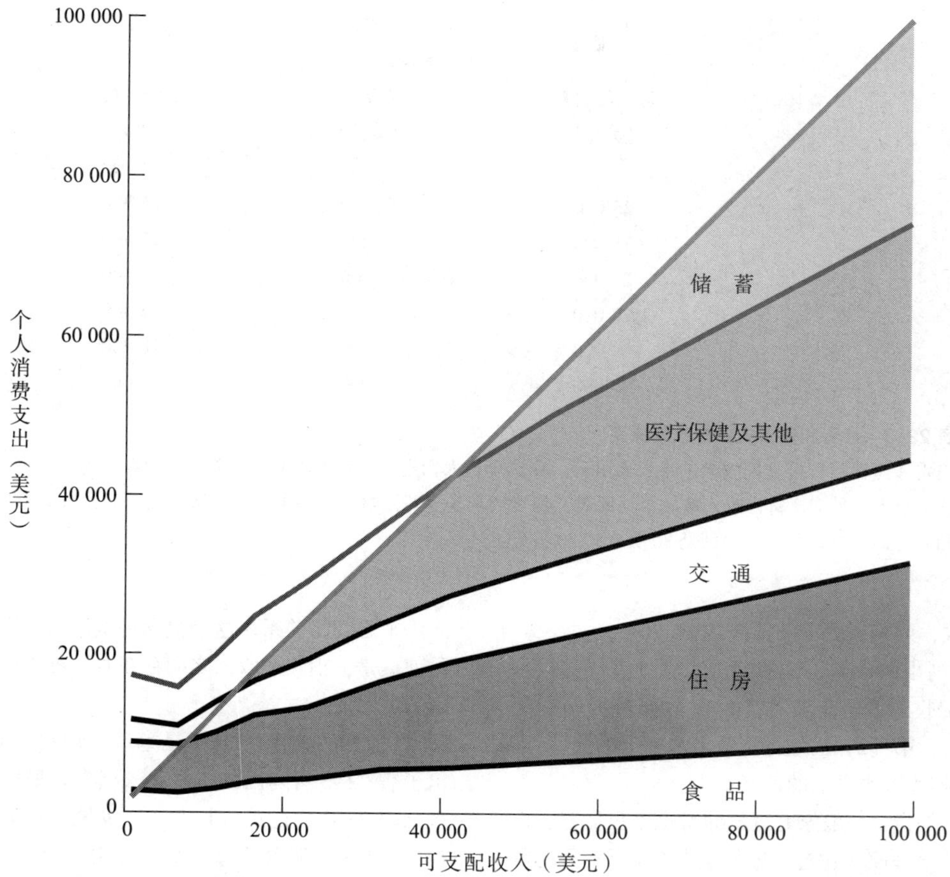


**图 22-2　家庭预算支出的一般模式**

调查表明，可支配收入作为消费开支的一个决定因素是很重要的。注意：食品开支在收入中的百分比随着收入的提高而下降。此外还要注意，在低收入时，储蓄为负值，但在高收入时，有大幅度的增长。

资料来源：U.S. Department of Labor, *Consumer Expenditure Surveys*, *1998*, available on the Internet at www.bls.gov/csxstnd.htm.

| 项　目 | 2002年金额<br>(10 亿美元) |
|---|---|
| **个人收入** | **8 929** |
| 减：个人纳税 | 1 114 |
| **等于：个人可支配收入** | **7 816** |
| 减：个人消费支出（消费和利息） | 7 525 |
| **等于：个人储蓄** | **291** |
| 备注：储蓄占个人可支配收入的百分比 | **3.7** |

**表 22-2　储蓄等于可支配收入减去消费**

资料来源：U.S. Department of Commerce, available at www.bea.gov.

| | (1)<br>可支配收入<br>(美元) | (2)<br>净储蓄（+）或<br>负储蓄（-）<br>(美元) | (3)<br>消 费<br>(美元) |
|---|---|---|---|
| A | 24 000 | -200 | 24 200 |
| **B** | **25 000** | **0** | **25 000** |
| C | 26 000 | 200 | 25 800 |
| D | 27 000 | 400 | 26 600 |
| E | 28 000 | 600 | 27 400 |
| F | 29 000 | 800 | 28 200 |
| G | 30 000 | 1 000 | 29 000 |

**表 22-3 消费和储蓄主要由收入决定**

消费和储蓄随着可支配收入的增长而上升。在这里，人们进行零储蓄的收支相抵点是 2.5 万美元。在这个收入水平上，每当收入增加 1 美元时，消费增加多少？储蓄增加多少？（答案：当我们比较 B 行和 C 行时，可以得出，分别是 80 美分和 20 美分。

积累的储蓄减少，或陷入更深的债务之中。

表 22-3 所列出的数据，是从美国家庭预算研究报告中选取的可支配收入、储蓄和消费。第（1）栏是可支配收入的 7 个档次，第（2）栏是每档收入水平上的储蓄额，第（3）栏是每档收入水平上的消费支出量。

收支相抵点是指：一般家庭既不储蓄也不负储蓄，而是恰好消费掉其全部收入，这一般发生在 2.5 万美元的收入档次。低于该点时，比如说 2.4 万美元的一档，家庭的实际消费就会多于其收入，所进行的是负储蓄（-200 美元）。而在高于该点 2.5 万美元时，家庭才开始出现正的储蓄［+200 美元和第（2）栏其他的正数储蓄额］。

第（3）栏显示的是每一收入档次的消费支出量。由于每 1 美元的收入都被分成两部分：消费和所剩的储蓄，所以第（3）栏和第（2）栏并不是独立的，它们加在一起必定等于第（1）栏。

为说明消费如何影响国民产出，我们需要引入一些新的分析工具，需要了解每增加 1 美元收入，会使消费和储蓄增加多少美元。这个关系可表示如下：

- 消费函数，它所联系的是消费与收入；
- 与消费函数相配对的是储蓄函数，它所联系的是储蓄与收入。

## 消费函数

**消费函数**（consumption function）是宏观经济学最重要的范畴之一，它反映的是消费支出水平与个人可支配收入水平之间的关系。这个概念是凯恩斯提出来的，其假设的前提是，消费和收入之间存在着一种以经验为依据的稳定的关系。

我们可以用图形来生动地说明消费函数。图 22-3 绘出了表 22-3 所列出的 7 个收入档次。横轴表示可支配收入［表 22-3 中的第（1）栏］，纵轴表示消费量［第（3）栏］。收入与消费的每一组合都用一个小圆点加以表示。然后，我们用一条平滑的曲线将所有的点连接起来。

> 图 22-3 所显示的消费与收入之间的关系，也就是消费函数。

***盈亏平衡点*** 为理解这个图形，我们先观察一下从原点向右上方引出的一条 45°线。由于横轴和纵轴使用了完全相同的刻度，因此 45°线具有一个非常独特的性质。45°线上的任何一点到横轴的垂直距离（消费）和到纵轴的水平距离（可支配收入）都正好相等。你可以单凭眼睛或刻度来验证。

因此，45°线会马上告诉我们消费支出是等于、大于还是小于收入水平。消费曲线与 45°线相交的那一点是**盈亏平衡点**（break-even point，也译作收支相抵点），代表家庭收支相抵时的可支配收入。

在图 22-3 中，这个收支相抵点是 $B$。这时，消费支出正好等于可支配收入，处于此点的家庭既不举债也不储蓄。在 $B$ 点的右方，消费函数处于 45°线以下。弄清收入和消费之间的关系可以考查一下图 22-3 中从 $E'$ 到 $E$ 的线段。在收入为 28 000 美元时，消费水平为 27 240 美元

(见表 22-3)。从 $E$ 点的消费函数处于 45°线之下这一事实我们可以看到，这时的消费少于收入。

一个家庭的收入如果没有用于消费就必然是用于储蓄。45°线使我们能找到家庭储蓄的数量是多少。净储蓄是用从消费函数到 45°线的垂直距离来衡量的，正如图中储蓄箭头所指的 $EE''$线所示。

45°线还告诉我们，$B$ 点左方的家庭的支出大于它所得到的收入。消费超过收入的部分就是“负储蓄”，其数量是用消费函数与 45°线之间的垂直距离来衡量。

小结：

> 在 45°线上的任何一点，消费都正好等于收入，家庭的储蓄为零。当消费函数处于 45°线之上时，家庭是负储蓄。当消费函数处于 45°线之下时，家庭有正储蓄。负储蓄或储蓄的数量通常以消费函数与 45°线之间的垂直距离来衡量。

## 储蓄函数

**储蓄函数**（saving function）表明的是储蓄水平与收入水平之间的关系。图 22-4 是该函数的图形。我们还是以横轴表示可支配收入，但纵轴现在则表示储蓄，不论其数值是正的还是负的。

储蓄函数是直接从图 22-3 中得到的。它是 45°线与消费函数的垂直距离。比如，在图 22-3 中的 $A$ 点我们看到，由于这时消费函数处在 45°线上方，因此家庭的储蓄为负值。图 22-4 直接表示出该点的负储蓄状态，$A$ 点的储蓄函数处于零储蓄线之下。同理，在 $B$ 点的右方，由于储蓄函数处于零储蓄线上方，因而呈现出正的储蓄。

## 边际消费倾向

现代宏观经济学认为，消费对收入变化所做出的反应具有十分重要的意义。这个概念叫做边际消费倾向。

**边际消费倾向**（marginal propensity to consume，$MPC$）是指：当可支配收入每增加 1 美元时，人们所增加的消费量。

“边际”一词在经济学中广为采用，用以表示“额外的”或“增加的”意思。例如，“边际成本”是指多生产

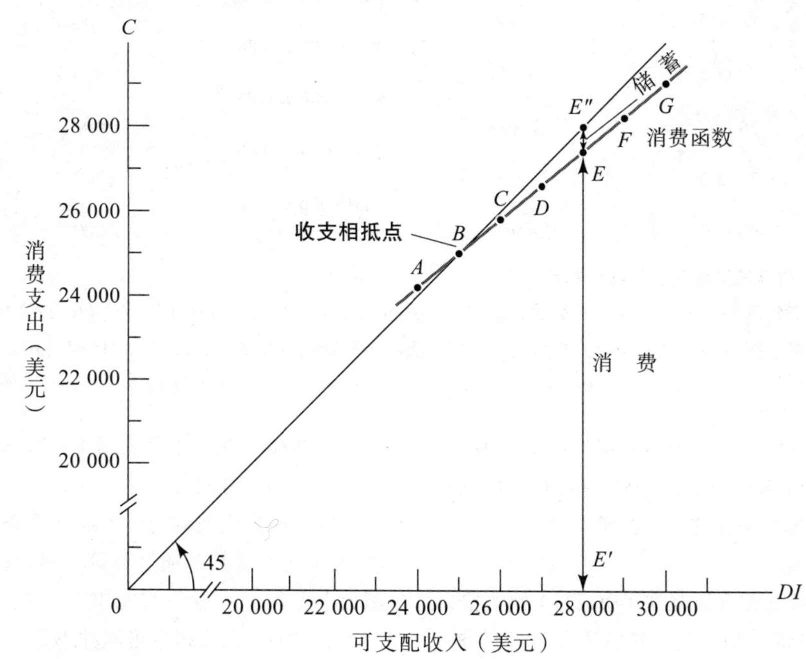


**图 22-3 消费函数的图形**

经过 $A$、$B$、$C$、…$G$ 的曲线就是消费函数。横轴代表可支配收入水平（$DI$），对于每一个 $DI$ 水平，消费函数说明了家庭的货币消费水平（$C$）。注意：消费随着 $DI$ 的增加而上升。45°线可以帮助我们找到收支相抵点，也可以帮助我们看到净储蓄的大小。

资料来源：表 22-3。

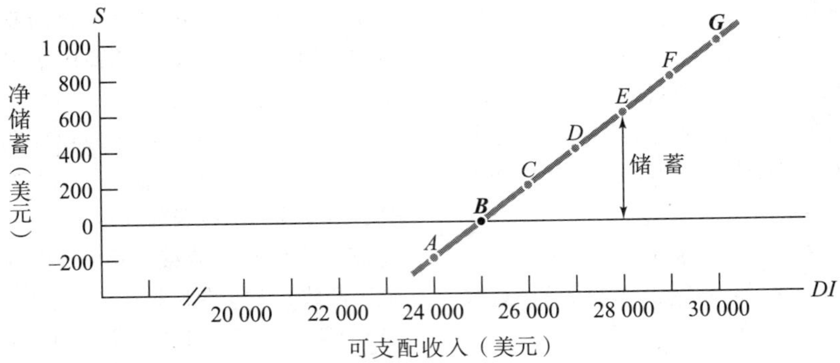


**图 22–4　储蓄函数是消费函数的镜像**

储蓄曲线是通过从收入中减去消费而得到的。从图形上来看，在图 22–3 中，从 45°线上的收支相抵点垂直地减去消费函数就得到了储蓄函数。注意：与图 22–3 一样，收支相抵点 *B* 也是处于 25 000 美元的收入水平。

| | (1)<br>可支配收入（税后）<br>（美元） | (2)<br>消费支出<br>（美元） | (3)<br>边际消费倾向<br>（*MPC*） | (4)<br>净储蓄（美元）<br>(4) = (1) – (2) | (5)<br>边际储蓄倾向<br>（*MPS*） |
|---|---|---|---|---|---|
| A | 24 000 | 24 200 | | –200 | |
| | | | **800/1 000 = 0.80** | | **200/1 000 = 0.20** |
| B | 25 000 | 25 000 | | 0 | |
| | | | **800/1 000 = 0.80** | | **200/1 000 = 0.20** |
| C | 26 000 | 25 800 | | 200 | |
| | | | **800/1 000 = 0.80** | | **200/1 000 = 0.20** |
| D | 27 000 | 26 600 | | 400 | |
| | | | **800/1 000 = 0.80** | | **200/1 000 = 0.20** |
| E | 28 000 | 27 400 | | 600 | |
| | | | **800/1 000 = 0.80** | | **200/1 000 = 0.20** |
| F | 29 000 | 28 200 | | 800 | |
| | | | **800/1 000 = 0.80** | | **200/1 000 = 0.20** |
| G | 30 000 | 29 000 | | 1 000 | |

**表 22–4　边际消费倾向和边际储蓄倾向**

没有用于消费的每 1 美元收入必然被储蓄起来。增加的每 1 美元收入或者用于增加消费，或者用于增加储蓄。将这些事实结合在一起，我们就能计算出边际消费倾向（*MPC*）和边际储蓄倾向（*MPS*）。

1 单位产出所需要增加的成本。“消费倾向”指的是所愿意接受的消费水平。边际消费倾向（*MPC*）指的是每增加 1 美元可支配收入所引起的额外的或（愿意）增加的消费量。

表 22–4 以更直观的方式重新排列了表 22–3 的数据。首先我们看它与表 22–3 的相似之处。然后注意第（1）栏和第（2）栏，看消费支出如何随收入水平的上升而增加。

第（3）栏说明如何计算边际消费倾向。从 *B* 到 *C*，收入从 25 000 美元增加到 26 000 美元，增加了 1 000 美元。消费增加了多少？消费从 25 000 美元增加到 25 800 美元，即增加了 800 美元。所以，增加的消费占所增加的收入的 80%。在每 1 美元增加的收入中，80 美分用于消费，20 美分用于储蓄。

以上计算反映的是一个线性消费函数的例子——*MPC* 和 *MPS* 均为常数。通过计算，可以验证在这个线性消费函数上，任意一点的 *MPC* 均为 0.8，*MPS* 均为 0.2。实际上，真实消费函数很有可能并不是完全线性的，但是线性函数却是对我们的研究对象——真实消费函数——的一种合理的近似。

***作为几何斜率的边际消费倾向***　我们已经知道如何根据消费和收入的数据来计算 *MPC*。图 22–5 则说明如何用几何

图形计算 *MPC*。在 *B* 点或 *C* 点附近画一个小三角形。当我们从 *B* 点移向 *C* 点时，收入增加了 1 000 美元，而消费则增加了 800 美元。因此，在这个范围内 *MPC* 为 800 美元/1 000 美元 = 0.80。但是，正如第 1 章附录所言：曲线的斜率等于"高度比长度"。[2] 由此可知消费函数斜率和边际消费倾向是一致的。

消费函数的斜率所衡量的是可支配收入每变动 1 美元时所引起的消费量的变动，也即边际消费倾向。

## 边际储蓄倾向

与边际消费倾向并存的还有其镜像：边际储蓄倾向。**边际储蓄倾向**（marginal propensity to save，*MPS*）被定义为在所增加的每 1 美元可支配收入中被用来增加储蓄的部分。

[2] 对曲线而言，我们以经过一点的切线的斜率为斜率。

为什么 *MPC* 和 *MPS* 会具有镜像关系呢？回想一下，可支配收入等于消费加储蓄，这意味着增加的每 1 美元收入都必然分摊为相应增加的消费和储蓄。因此，如果 *MPC* 为 0.80，那么 *MPS* 就必定为 0.20。（而如果 *MPC* 是 0.6 或 0.99，那么 *MPS* 又应该是多少呢?）对照表 22–4 的第（3）栏和第（5）栏可以证明，在任何收入水平上，*MPC* 与 *MPS* 之和都正好等于 1，不多也不少。不论何时何地，都有 *MPS* + *MPC* = 1。

## 定义简要复习

让我们简要地复习一下已经学过的几个主要的定义：

1. 消费函数反映消费水平与可支配收入水平之间的关系。
2. 储蓄函数反映储蓄水平与可支配收入水平之间的关系。由于所储蓄的就是未被消费的，因此储蓄曲线和消费曲线互为镜像。

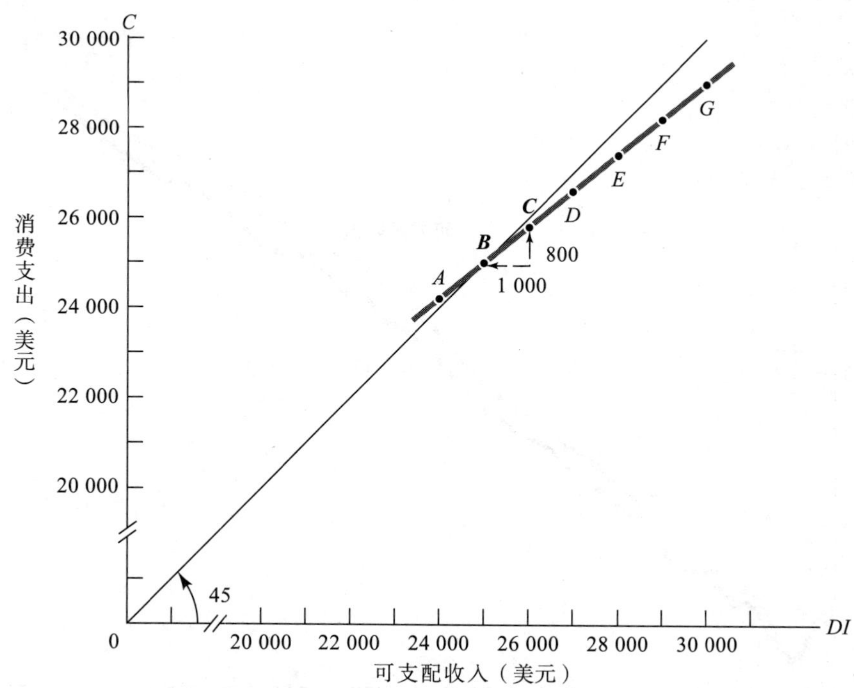


**图 22–5　消费函数的斜率就是 *MPC***

为了计算边际消费倾向，我们作出一个直角三角形，并通过直角三角形的高与底的关系来衡量消费函数的斜率。从 *B* 点到 *C* 点，可支配收入增加了 1 000 美元，而消费增加了 800 美元。用 *C* 的变动量除以 *DI* 的变动量所得到的斜率，就是 *MPC*。如果消费函数在任何一点都是向上倾斜的，那么这对边际消费倾向来说意味着什么呢？如果消费函数是一条直线，斜率为常数，则对边际消费倾向又意味着什么呢？

3. 边际消费倾向（*MPC*）是增加 1 美元可支配收入所增加的消费量。在图形上，它是消费函数的斜率。
4. 边际储蓄倾向（*MPS*）是增加 1 美元可支配收入所增加的储蓄量。在图形上，它是储蓄函数的斜率。
5. 由于每 1 美元可支配收入中未被消费的必然是被储蓄起来了的，因此，$MPS \equiv 1 - MPC$。

# 国民消费行为

到目前为止，我们所考查的一直是在不同的收入水平下的普通家庭的预算模式和消费行为。现在我们来讨论一个国家的整体消费情况。从家庭行为研究转到国民经济趋势研究，是宏观经济学的一个基本方法：开始先考查个体的经济活动，然后加总或集合所有个体以研究整体经济的运作方式。

为什么我们要对国民消费趋势感兴趣？消费行为对于理解短期商业周期和长期经济增长都极为重要。短期看，消费是总支出的主要组成部分。当消费急剧变动时，很可能会通过对总需求的冲击来影响产出和就业。这种机制将在凯恩斯宏观经济学有关章节中讨论。

此外，消费行为之所以重要，还在于那未被消费掉的部分即储蓄是一国可用于投资新资本品的部分；而投资又是长期经济增长背后的推动因素。消费和储蓄行为是理解经济增长和商业周期的关键。

## 消费的决定因素

我们的分析从影响消费支出的主要因素开始。在一国的社会生活中，是什么因素决定消费支出的数量呢？

***当前可支配收入*** 由图 22-6 可见 1929~2003 年间消费是多么紧密地随每年可支配收入的变动而变动。惟一的例外是第二次世界大战期间，收入和消费没有呈现出一前一后变动的趋势。在那个时期，物品缺乏并实行配给制，人们被要求增加储蓄以支持战争。

日常观察和统计研究都表明，当前可支配收入水平是决定一个国家消费的核心因素。

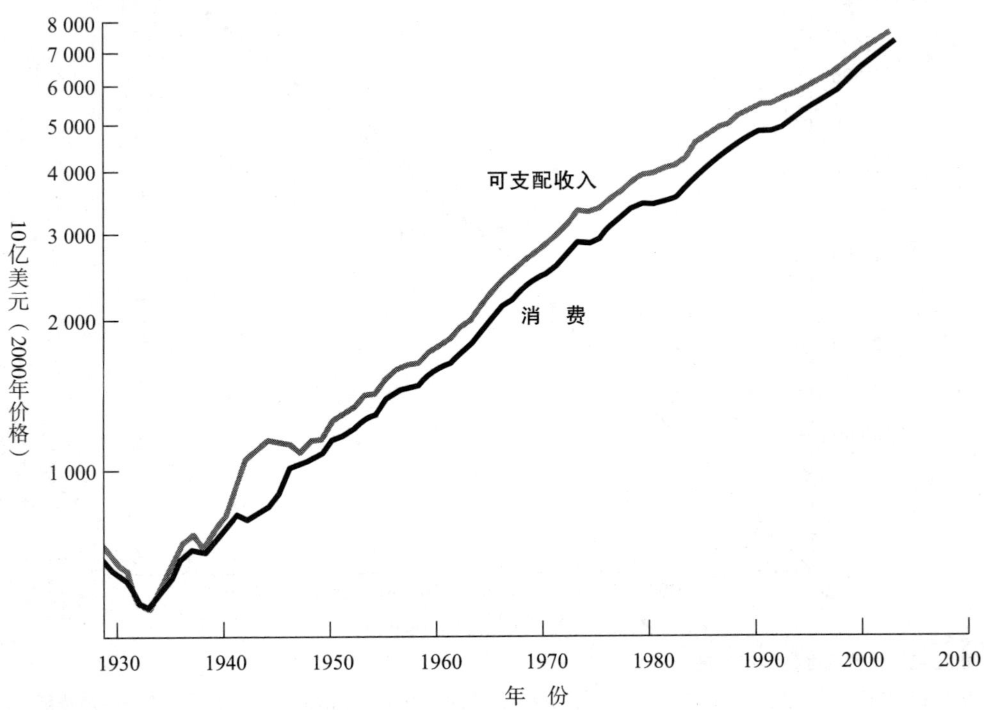


**图 22-6　消费与可支配收入，1929~2003 年**

在过去 70 年里，美国的消费支出与个人可支配收入水平紧密相关。宏观经济学家可以根据历史上的消费函数对消费做出比较准确的预测。

资料来源：U.S. Department of Commerce. 实际可支配收入系依据个人消费支出的紧缩指数进行了计算。

***永久性收入和消费的生命周期模型***　最简单的消费理论只是用当年收入水平去预测消费数量。下列例子意味着还有其他的预测消费水平的模式：

> 举例来说。如果恶劣的天气毁坏了庄稼，则农民就要动用以前的储蓄。
>
> 同样，因为坚信毕业后的收入会远高于本科毕业生的微薄收入，法学院的研究生们在校期间通常会借钱消费。

在这些情况下，他们事实上是在考虑：“当前收入和未来收入为既定，在不增加新债务的原则下，我今天究竟应该消费多少？”

有证据表明，一般说来，消费者在选择其消费水平时，既会考虑当前收入，也会预期其长期收入。为说明消费对长期收入趋势的依赖关系，经济学家提出了永久性收入理论和生命周期假说。[3]

永久性收入（permanent income）指的是收入的趋势水平，也即剔除了暂时的或瞬时的影响（如天气、意外的收入或损失等）之后的收入。根据永久性收入理论，消费主要取决于永久性收入。这一理论暗示，消费者不会对所有的收入变化做出相同的反应。如果收入的变动看来是永久性的（比如被晋升到一个可以提供更可靠的更高的收入的工作岗位上），那么人们就可能会消费所增加的大部分收入。另一方面，如果收入的变动具有明显的暂时性（比如一次性的奖励，或一次偶尔的好收成），那么所增加的收入的相当大的部分就会被储蓄起来。

生命周期假说（life-cycle hypothesis）认为人们储蓄是为了熨平生命全程中的消费的波动。一个重要的目标是保障退休后仍有一份适当的收入。因此，人们倾向于在工作时储蓄，以便为退休后储备资金，并力争在有生之年将所累积的储蓄消费殆尽。生命周期假说暗示：社会保障可以为退休人员提供慷慨的收入支持计划，从而会减少中年劳工的储蓄，因为他们不再需要为退休存过多的钱。

***财富和其他影响***　另一个决定消费数量的重要因素是财产。假定有两个消费者，他们每年的收入都是 5 万美元，其中一个有 20 万美元的银行存款，而另一个则没有任何储蓄。第一个消费者有可能消费其部分财富，而第二个消费者则没有财富可以利用。较多的财富会导致较多的消费这一事实，称为财富效应（wealth effect）。

通常，财富每年变化不大。但是，财富的迅速增加或减少会导致消费活动的急剧变化。一个重要的历史事件是 1929 年之后的股票市场崩溃，大量的财富化为乌有，账面上富有的资本家一夜之间变成了穷人。一些经济史学家相信，1929 年股票市场崩溃之后财富的急剧下降减少了消费开支，并因此加重了大萧条。

相反的例子发生在 20 世纪 90 年代股票市场的繁荣时期。因为 1995~2000 年资产价格急剧增长，家庭净价值从 28 万亿美元增加到 42 万亿美元，这增加了消费降低了储蓄。然而，随着 2000 年之后股票市场价格的急剧下降，消费者便又紧缩其消费开支。

## 国民消费函数

讨论消费的决定因素之后，我们可以得出这样的结论：可支配收入水平是国民消费水平的主要决定因素。由此，我们可以将近年来的消费和可支配收入的年度数据描绘在图 22-7 中。这幅散点图表示的是 1970~2003 年的数据，图上每一点都代表某一年的消费和可支配收入水平。

此外，我们还画出了一条通过各散点的线，名称为“拟合的消费函数”。这个拟合的消费函数表明了在过去 25 年中消费是多么紧密地随着可支配收入的变动而变动。实际上，经济史学家已经发现，消费和可支配收入之间的密切关系可以追溯到 19 世纪。

### 储蓄率的下降

尽管长期消费行为相对稳定，但近 20 年来美国的个人储蓄率却呈明显下降的趋势。根据国民账户的统计，在20 世纪大部分时间里，美国的平均个人储蓄率为（个人可支配收入的）8%。但是从 1980 年开始，储蓄率开始下降，直到 90 年代末，储蓄率仍然很少为正数。

储蓄率的下降引起了许多经济学家的警惕。因为从长期看，一国资本存量的增长很大程度上是取决于该国的国民储蓄率。国民储蓄包括私人储蓄和政府储蓄两部分。当一国储蓄较多时，其资本存量就会迅速增长，从而使潜在的产出能力迅速提高。而当一国的储蓄率较低时，它的设备和工厂就会变得陈旧，基础设施就会开始变得破旧不堪。

---

[3] 关于长期影响的开创性研究是由米尔顿·弗里德曼（关于永久性收入假说）和弗兰科·莫迪里亚尼（Franco Modigliani）（生命周期模型）做出的。他们二人都因这些成果及其他贡献而获得了诺贝尔经济学奖。

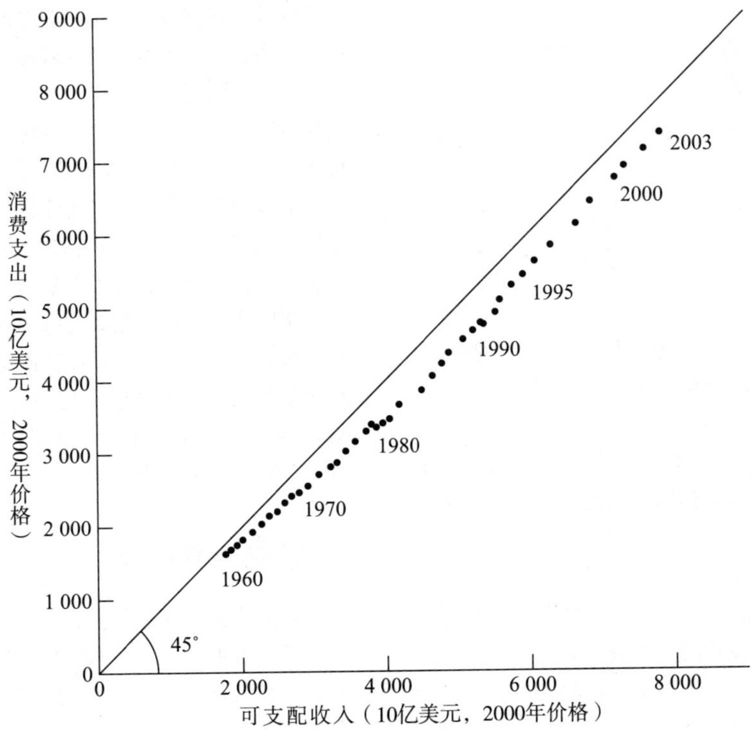


**图 22–7 美国的消费函数，1970~2003 年**

通过各经验数据散点画一条直线。你能否证明拟合线的 *MPC*，也即拟合线的斜率接近 0.95？怎样识别过去 20 年里的平均储蓄率已经下降？

资料来源：U.S. Department of Commerce.

个人储蓄率剧烈下降的原因是什么呢？这是个颇有争议的问题，但经济学家们指出了以下几种潜在的原因。

- **社会保障体系**。一些经济学家认为，社会保障体系的建立已经消除了某些私人储蓄的必要性。在早些年代，正如生命周期模型对消费的解释那样，一个家庭将会在具有工作能力的时期进行储蓄，以便为退休后积累一笔储备金。而今天，政府征收社会保险税并支付社会保险金，从而部分取代了个人为退休而进行储蓄的需求。其他的收入支持计划也具有相似的效果，即降低为困难时期进行储蓄的必要性：对农民的农作物保险；对工人的失业保险；对贫困者和年老者的医疗保健服务等，都减弱了人们的预防性储蓄的动机。
- **资本市场**。直到最近，资本市场仍然存在着许多缺陷。人们发现，不论是购买房子、资助教育还是开办企业，要想为这些有价值的活动借到钱都很困难。随着资本市场的发展（通常是在政府的帮助下），新的借贷手段将使人们能够更容易借到钱。一个好的例子是信用卡的流行，它鼓励人们在相当高的利率下借款。二三十年前，一个人如果没有足够的资产，就很难得到 1 000 美元以上的借款。而今天，每天邮箱里人们都能发现信用卡消费的促销广告，一周内就能收到多个高达超过 1 万美元的促销信贷的情况已不再鲜见。一些专家认为，由于信用便利，流动资产很少的人也会减少储蓄。
- **财富的快速增长**。许多经济学家相信 20 世纪 90 年代个人储蓄下降的部分原因在于个人财富的快速增长，财富的增长源于股票市场的繁荣。例如，从 1995~1999 年，股票的价值增长了大约 5 万亿美元。如居民户每年花费这些收益的 3%（依据过去的经验数据），则“财富效应”将降低个人储蓄率 3 个百分点。

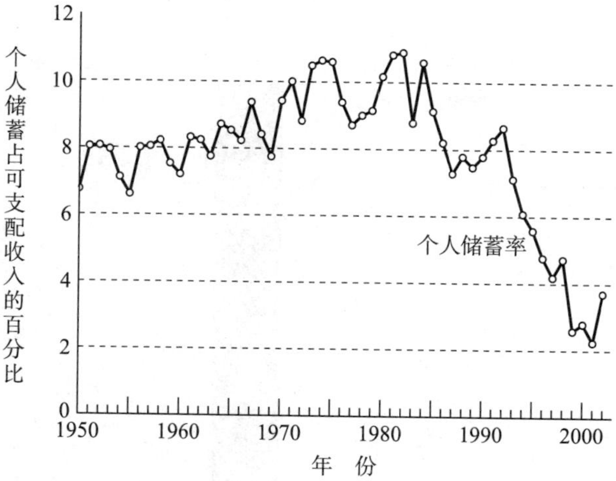


**图 22-8　个人储蓄率下降**

经历了二战后一段时期的缓慢增长，个人储蓄率从 1980 年开始急剧下降。

资料来源：U.S. Department of Commerce.

## 储蓄的另一种衡量

在这里你可能会问，“如果人们的储蓄这么少，为什么还有那么多的富人。”这个问题提得好，它所涉及的问题是，如何衡量个人储蓄。对于家庭和整个国家而言，储蓄的衡量方法是不同的。这是因为国家的储蓄是在国民收入账户中统计，而个人储蓄则在个人资产负债表中记账。国民账户中的储蓄是可支配收入（不包括资本利得）与消费之间的差额。而资产负债表所计算的储蓄，是个人实际净资产价值（资产与负债的差额，并根据通货膨胀进行调整）的年度变化，它包含了资本利得的实际价值。

图 22-9 展示的是国民账户和家庭资产负债表的区别。如果考虑到资产（特别是股票的价格的增值时）与国民账户所计量的 6%的储蓄率相比，20 世纪 90 年代美国的个人储蓄率则为可观的 33%。许多经济学家认为财富效应在解释国民收入账户所计量的储蓄的下降问题上是很有帮助的。

储蓄率有了另一角度的衡量，是否就能意味着我们可以为美国经济的发展舒上一口气呢？可能还不行。原因在于 20 世纪 90 年代高的储蓄率很大程度上只是体现为一种“账面价值”。而在现实中，资产在股市上的定价的一次上升，可能并不反映经济的生产率或“真实财富”的情况。尽管泡沫经济中资产价格上升使人们感到更富裕，但实际上经济并未能生产出更多的汽车、计算机、食品或住房。而且，如果每个人都决定将股票兑现，则股票价格将会下降，结果是大家都无法将账面财富转为真实的消费。

所以，经济学家担心国民收入账户中储蓄率的下降是有理由的。尽管由于股票市场的繁荣，消费者感到更加富裕了，但实际上，一个国家只有在生产出更多的有形与无形的资产的时候，才确实是变得更加富裕了。

# B. 投　资

私人支出的第二大部分是投资。在宏观经济学中，投资起两个作用。第一，它是支出的一个很大且很易变动的部分，投资的大幅度变动会对总需求产生重大影响，这又会进一步影响商业周期。第二，投资导致资本积累。建筑物和设备存量的增加，能提高一国的潜在生产能力，从而促进长期的经济增长。

因此，投资发挥着双重作用，既经由总需求而影响短期产出水平，又通过对资本形成的作用而影响潜在的生产能力和总供给，从而能够左右长期产出水平的增长趋势。

**经济学中“投资”的含义**

注意，宏观经济学家所使用的“投资”或“实际投资”，代表的是生产性资产和资本品存量的增加。亚马逊公司新建一座仓库，或史密斯一家新建一座房子，都说明出现了投资活动。

许多人在购买一块地、续一项保险或买进其他财产凭证时，也都认为自己在投资。从经济学角度讲，这些实际上都只是金融资产的交易，或曰“金融投资”。因为，这只不过是金融资产在不同的人之间的交换而已，而真正的投资只能是指实际资本的增加。

## 投资的决定因素

在这部分讨论中，我们着重于*私人国内总投资*，即 $I$（一国投资中的国内组成部分）。然而 $I$ 只是社会总投资的一个组成部分，社会总投资不仅包括 $I$，而且还包括国外投资、政府投资和在人力资源和知识进步上的无形投资。

私人国内总投资的主要类型是：住宅房屋的建筑，企业对固定设备、软件和建筑的投资，以及存货的增加。在投资总量当中，约有 1/4 为居民住房，一般有 1/20 为存货变动，其余部分（近年来平均占到总投资的 70%）是企

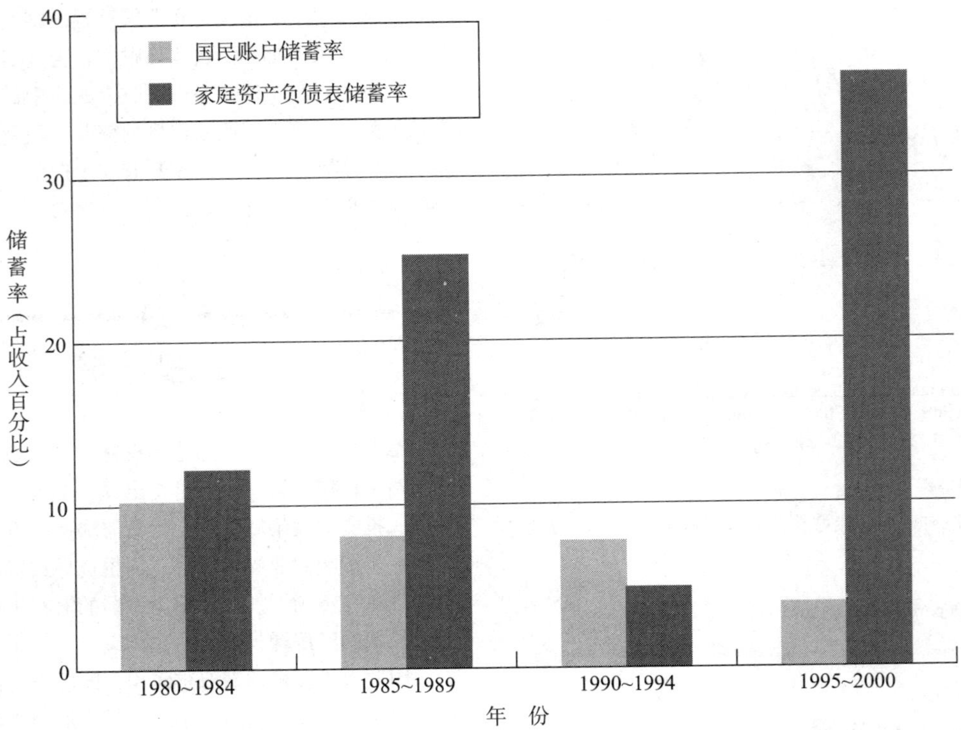


**图 22–9 个人储蓄率的两种衡量办法**

根据国民收入账户，在过去 20 年里储蓄率已经急剧下降。这个统计结果与按照家庭资产负债表进行统计的储蓄率情况有很大不同，主要一个原因是后者包含实际净财富（包括资产的资本利得与实际可支配收入之间比值）的变动。20 世纪 90 年代由于股票价格急剧上升，尽管同期由家庭资产负债表计量的储蓄率保持着高的水平，但是国民收入账户所计量的储蓄率却在剧烈地下滑。

资料来源：Maria G. Perozek and Marshall B. Reinsdorf, "Alternative Measures of Personal Saving," *Survey of Current Business*, April 2002, pp. 13–24, available at www.bea.gov.

业对厂房、设备和软件的投资。

企业为什么要进行投资呢？归根结底，企业只有在预计到购买资本品会给它带来利润，也即会带来大于投资成本的收入时，才会进行投资。这个简短的论断包含了理解投资的三个基本要素：收入、成本和预期。

## 收 入

如果一项投资有助于厂商出售更多的产品，则它将会增加企业的收入。这表明，决定投资的一个十分重要的因素是整体产出水平（或 GDP）。当原有的工厂处于闲置状态时，相对来说，企业对新厂的需求就不大，从而投资数量也较小。更为一般地说，投资取决于整体经济活动将会产生的收益。大多数研究认为，投资对商业周期反应敏感。例如，在 1979~1982 年经济下降时期，我们可以看到产量曾对投资产生过巨大的影响。当时产量大幅度下降，同期投资也下降了 15%。

## 成 本

决定投资水平的第二个因素是投资的成本。由于投资品会持续使用多年，因此对投资成本的计算，比起对别的商品如煤或小麦的成本计算，要更为复杂一些。对耐用品而言，资本的成本不仅包括资本品的价格，而且包括为它借款的利息和厂商为其收入所付的税金。

为理解这一点，请注意投资者经常是通过借款（如通过抵押贷款或在债券市场上出售债券）来为购买资本品筹措资金。借款的成本是什么呢？是借入资金的利息率。回想一下，利率是在一段时期中为借用货币所支付的价格；例如，借 1 000 美元使用 1 年，你也许不得不支付 8%的利率。在家庭购买住房的场合下，利率通常就是抵押贷款利率。

另外，政府的税收也会影响投资的成本。一个重要的税种是联邦公司所得税。由于联邦政府的公司所得税要从公司的每最后 1 美元的利润中拿走 34 美分（边际税率——译者注），因而会抑制公司的投资。有时，政府对某些特定的活动和领域有特殊的税收优惠政策。例如，政府为鼓励住房投资，就允许居民户从应税收入中扣除不动产税和为抵押贷款所支付的利息。

## 预　期

决定投资的第三个因素是利润**预期**（expectations）和企业信心。投资首先是对未来的一种赌博，赌的是投资所能获得的收益将会超过投资的成本。如果企业担心俄罗斯政治形势不稳定，就不会乐意到那里去投资。反之，如果企业相信（不论对错与否）电子商务将会是网络经济的发展趋势，则他们无疑将会加大在该领域的投资力度。

因此，投资决策命悬于对未来事件的预期或预测的细线之上。但是，正如一位智者所言："预言，特别是对未来进行预言是危险的。"企业花费了大量的精力分析投资的可行性，并试图缩小有关投资决策的不确定性。

关于投资决策背后的因素的讨论，可以小结如下：

> 企业投资的目的是为了赚取利润。由于资本品要延用许多年，投资决策取决于：（1）对新投资所生产出的产品的需求状况；（2）影响投资成本的利率和税收；（3）企业对未来经济状况的预期。

## 投资需求曲线

分析投资的决定因素时，我们着重讨论利率与投资之间的关系。因为政府主要（经由中央银行）靠利率来影响投资，所以这个关系特别重要。为说明利率与投资的关系，经济学家将这两种数据的关系列成了表，并绘制了**投资需求曲线**（investment demand curve）。

考查一个简化的经济。在这里，企业可以投资于不同的项目：A、B、C，等等，一直到 H。为简化计算，假设

| (1) | (2) | (3) | (4) | (5) | (6) | (7) |
|---|---|---|---|---|---|---|
| | | | 在不同年利率下的每 1 000 美元项目的成本 | | 在不同年利率下的每 1 000 美元投资的年净利润 | |
| 项 目 | 项目总投资（百万美元） | 每 1 000 美元投资的年收益（美元） | 10%（美元） | 5%（美元） | 10%（美元）(6)=(3)−(4) | 5%（美元）(7)=(3)−(5) |
| A | 1 | 1 500 | 100 | 50 | 1 400 | 1 450 |
| B | 4 | 220 | 100 | 50 | 120 | 170 |
| C | 10 | 160 | 100 | 50 | 60 | 110 |
| D | 10 | 130 | 100 | 50 | 30 | 80 |
| E | 5 | 110 | 100 | 50 | 10 | 60 |
| F | 15 | 90 | 100 | 50 | −10 | 40 |
| G | 10 | 60 | 100 | 50 | −40 | 10 |
| H | 20 | 40 | 100 | 50 | −60 | −10 |

**表 22-5　投资的盈利性取决于利率**

这个经济中有 8 个投资项目，按收益的高低顺序排列。第(2) 栏显示了每个项目所需要的投资。第(3) 栏计算了每 1 000 美元投资的年收益。第（4）栏和第（5）栏显示的是每项投资的成本，其假设条件是所有资金都是借入的，利率分别是 10%和 5%。表中利息和利润的数值都是按每 1 000 美元计算。

最后两栏计算了每 1 000 美元项目投资每年所能获得的净利润。如果净利润是正数，那么寻求最大利润的企业将进行投资；如果是负数，那么投资项目将会被放弃。

请注意一点：盈利与否的投资分界点如何随着利率的提高而变动。（如果利率升至每年 15%，分界点将会位于何处呢？）

所投资的东西的耐用期都很长（如发电厂或建筑物），以至于我们可以忽略资本更新的需要。此外，再假设它们每年都能获得一个固定的净收入，并且不存在通货膨胀。表22-5列出了每一投资项目的财务数据。

先考虑项目A。这个项目的成本为100万美元。它有很高的收益：每1 000美元投资每年可以获得1 500美元的收益（这代表每年150%的收益率）。第（4）栏和第（5）栏显示的是投资的成本。为简化起见，假定投资所需要的资金全部都是按市场利率借入的，利率分别按10%和5%计算，如第（4）栏和第（5）栏所示。

这样，在年利率为10%时，借款1 000美元的成本是每年100美元，正如第（4）栏数字所示；在年利率为5%时，每1 000美元1年期借款的成本就是50美元。

最后，第（6）栏和第（7）栏显示的是每项投资所能获得的年净利润。项目A有利可图，在利率为10%时，每投资1 000美元的年净利润是1 400美元。而项目H则赔钱。

回顾一下可见：为了在不同的投资项目之间做出抉择，企业会比较各项投资所能获得的年收益和投资的成本；而投资成本的大小取决于利率的高低。年收益和年成本之间的差额就是年净利润。当年净利润为正数时，这项投资就赚钱；而当年净利润为负值时，则表示投资会亏本。[4]

观察表22-5的最后一栏。这一栏显示的是利率为5%时的年净利润。可以看到，按照这个利率水平，投资项目A到G都将有利可图。因此，我们可以预期，追求利润最大化的企业将会投资于所有这7个项目，从而使投资总额达到5 500万美元［根据第（2）栏］。这就是说，在利率为5%时，投资需求将为5 500万美元。

然而，假设利率上升到10%，那么这些投资的融资成本就会增加一倍。从第（6）栏我们看到，在利率为10%时，项目F和G将变得无利可图。投资需求将降至3 000万美元。

我们可以用图22-10来表示这一分析结果。这个图形显示的是*投资需求曲线*，它是关于利率的一个向下倾斜的阶梯型函数。该曲线说明了在每一利率水平上企业将会投资的数量。这个数量是通过把每一利率水平上全部有利可图的投资数量加总在一起而得到的。

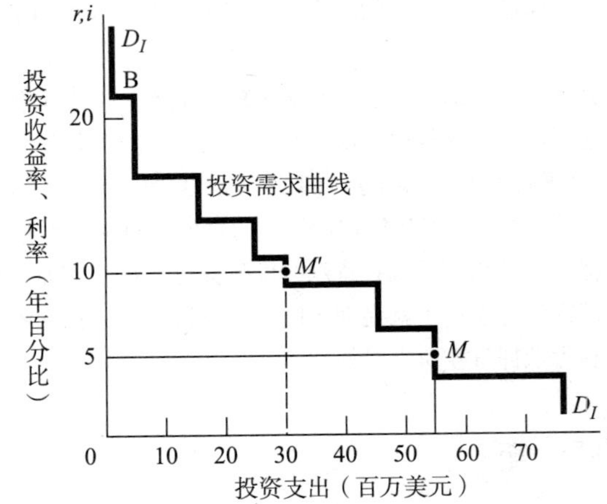


**图22-10 投资取决于利率**

向下阶梯型倾斜的投资需求曲线绘出了在每一个利率水平上企业将会投资的数量，这个数量是按表22-5计算出来的。每一级阶梯代表一个投资量；由于项目A的收益率是如此之高，以至于无法将它标在图形之中：所能看到的最高阶梯是项目B，如图左上方所示。在每一个利率水平上，所有净利润为正数的项目都将被投资。

因此，如果市场利率为5%，那么理想的投资水平将会出现于*M*点，其投资总额为5 500万美元。在这个利率水平上，从项目A到项目G都可以进行。如果利率上升到10%，项目F和项目G将会被挤出；在这种情况下，投资需求将会处于图22-10中的*M′*点，这时投资总额为3 000万美元。[5]

## 投资需求曲线的移动

我们已经看到利率是如何影响投资水平的。但投资还受其他因素的影响。例如，GDP的增加将会使投资需求曲线向外移动，如图22-11（a）所示。

企业税收的增加将会对投资起抑制作用。比如说政府税收拿走了表22-5第（3）栏中的净收益的一半，而第（4）栏和第（5）栏的利息成本又没有减少。那么第（6）栏和第（7）栏中的净利润就会下降。［请你证明，在利率为10%时，对第（3）栏征收50%的税收将使停止投资点提高到项目B和项目C之间，从而投资需求会降至500

[4] 这个例子大大简化了企业在实际投资分析时所必须进行的计算过程。通常，投资并非面临着固定的收益流量、资本折旧、通货膨胀、税收和各种筹资来源所带来的复合资本利率。关于“贴现”和“现值”的经济学的讨论，可参看有关货币和金融的著作。参见本章末的补充读物部分。

[5] 稍候我们会看到当价格变化时，使用实际利率是恰当的，它是用通货膨胀率修正过的名义的或货币的利率。

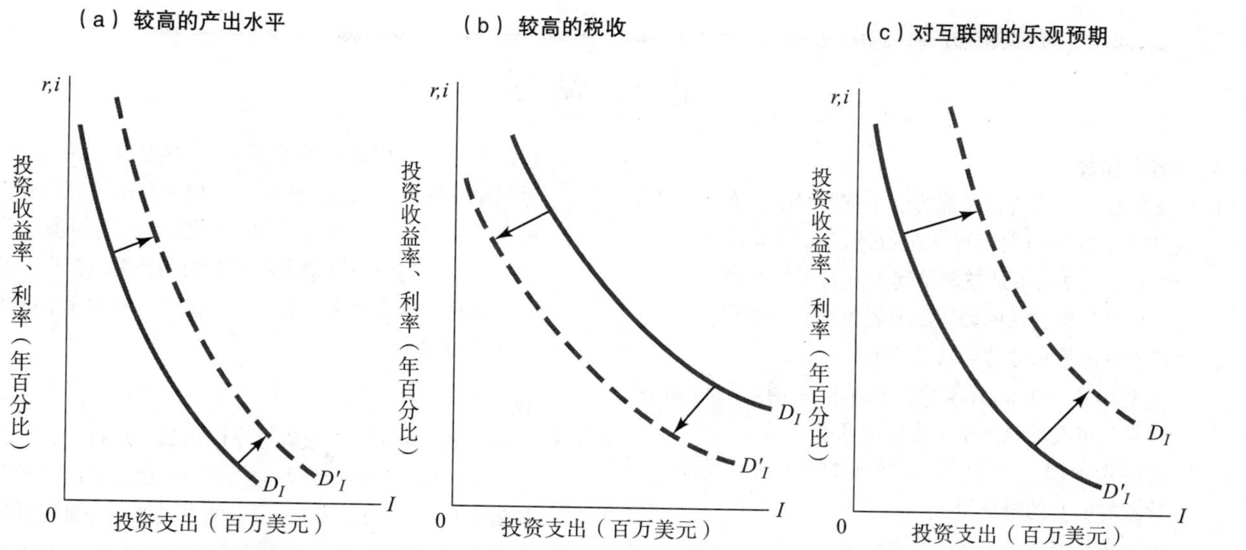


**图 22-11 投资需求曲线的移动**

在投资需求曲线中，箭头所表示的是：(a) 较高的 GDP 水平的影响；(b) 增加资本所得税的影响；(c) 企业乐观预期的影响，如对于互联网前景的痴迷和狂热。

万美元。] 对投资收益增加税收的情况如图 22-11 (b) 所示。

最后，请注意预期的重要性。20 世纪 90 年代后期，投资者为所谓的"新经济"(新经济以数字技术和信息技术为特征——译者注) 而疯狂。他们的投资，将商学院所教授的关于投资的传统理论抛诸脑后，带来了如美国在线—时代华纳、雅虎和零网 (NetZero) 等公司的泡沫高增长。结果是，网络公司的软件业投资需求急剧膨胀，直到 2000 年市场才有所回落。图 22-11 (c) 展示了企业的乐观预期将会如何改变投资需求曲线。相反，对俄罗斯腐败经济中的利润预期所持的悲观态度，则解释了西方企业对俄投资的小心谨慎。由这两个例子可见一斑：预期对投资的影响是何等的强大。

在理解了影响投资的因素之后，对于"投资是支出中最容易变动的部分"这一点，你也许就不会再感到奇怪。投资行为的不可预测性，来源于以下几个不确定因素：新产品的成功或失败，税率及利率的变化，政治倾向和为稳定经济而采取的政策措施，以及经济生活中类似的随机事件，等等。事实上，在每一个商业周期中，投资的波动都是经济繁荣或衰退的驱动力。

## 走向总需求理论

现在，我们已经完成了对宏观经济学的基本概念的介绍。我们已经考查了决定消费和投资的因素，并已经看到，消费和投资会随着时间的变化而波动，有时波动还会相当剧烈。

现在，宏观经济学发展存在两个主要的分支：商业周期和经济增长。以下几章我们将开始对商业周期或者是短期经济行为的研究。该理论，即凯恩斯经济学，讨论投资、政府支出及税率、外贸、货币供应的变动如何影响经济的其他部分。我们还会看到，实际的 GDP 可能会偏离充分就业的潜在产出水平；政府的财政政策和货币政策如何随经济的衰退或景气的波动而相机抉择。而这些讨论的核心，就是我们在本章所分析的消费和投资的变动问题。

## 总结提要

### A. 消费和储蓄

1. 可支配收入是消费和储蓄的一个重要决定因素。消费函数是一条将总消费与可支配收入联系起来的曲线。由于每1 美元收入不是被储蓄起来就是被消费掉，所以储蓄函数是消费函数的另一面或者说是它的镜像。
2. 回忆消费函数和储蓄函数的主要特征：
   a. 消费函数（或储蓄函数）揭示的是消费（或储蓄）水平与可支配收入水平之间的联系。
   b. 边际消费倾向（*MPC*）是增加 1 美元可支配收入所导致的消费的增加量。
   c. 边际储蓄倾向（*MPS*）是增加 1 美元可支配收入所导致的储蓄的增加量。
   d. 图形上，*MPC* 和 *MPS* 分别是消费函数和储蓄函数的斜率。
   e. $MPS \equiv 1 - MPC$。
3. 把个人消费函数加在一起，我们就得到了国民消费函数。它的最简单形式是把总消费支出量表示为可支配收入的函数。其他变量，如永久性收入，生命周期效应，财富以及年龄等，对于消费模式也有重要的影响。
4. 个人储蓄率在过去的 20 年中迅速下降。经济学家将这种下降归因于社会保障、政府医疗保健计划和资本市场的变化，以及由于 20 世纪 90 年代股票市场繁荣所导致的个人财富的增长。因为个人储蓄是国民储蓄和投资的主要组成部分之一，所以储蓄的下降会损害经济发展。尽管人们因为股票市场的繁荣感到更加富裕，但实际上国家的真实财富只有在生产出有形的和无形的资产时才会增加。

### B. 投 资

5. 支出的第二个主要组成部分是国内私人总投资，包括对住宅、厂房、软件及设备的投资。厂商投资的目的是为了赚取利润。因此，决定投资的主要经济力量包括投资所能产生的收益（主要受到商业周期的影响），投资的成本（取决于利率水平和税收政策），以及对未来情况的预期。由于投资的决定因素取决于一些极难预见的未来事件，因此，投资是总支出中的一个最易变动的部分。
6. 一个重要的关系是将投资支出水平与利率联系起来的投资需求曲线。由于投资的盈利性逆向地随影响资本成本的利率的变化而变化，我们可以作出一条向下倾斜的投资需求曲线。当利率下降时，更多的投资项目将变得有利可图，这说明为什么投资需求曲线的斜率是向下倾斜的。

## 概念复习

**消费和储蓄**

可支配收入，消费，储蓄

消费函数和储蓄函数

个人储蓄率

边际消费倾向（*MPC*）

边际储蓄倾向（*MPS*）

$MPC + MPS \equiv 1$

盈亏平衡点

45°线

消费的决定因素：

- 当前可支配收入
- 永久性收入
- 财富效应
- 生命周期效应

**投 资**

投资的决定因素：

- 收 入
- 成 本
- 预 期

利率在 *I* 中的作用

投资需求曲线

## 补充读物和互联网站

**补充读物**

Economists have studied consumer expenditure patterns in order to improve predictions and help improve economic policy. One of the most influential studies is Milton Friedman, *The Theory of the Consumption Function* (University of Chicago Press, 1957). A historical overview by an economic historian is Stanley Lebergott, *Pursuing Happiness: American Consumers in the Twentieth Century* (Princeton University Press, Princeton, N.J., 1993).

Firms devote much management time to deciding about investment strategies. A good survey can be found in Richard A. Brealey and Stewart C. Myers, *Principles of Corporate Finance*, 6th ed. (McGraw-Hill, New York, 2000).

**互联网站**

Data on total personal consumption expenditures for the United States are provided at the website of the Bureau of Economic Analysis, www.bea.gov.

Data on family budgets are contained in Bureau of Labor Statistics, "Consumer Expenditures," available at www.bls.gov.

Data and analysis of investment for the U.S. economy are provided by the Bureau of Economic Analysis at www.bea.gov.

Milton Friedman and Franco Modigliani made major contributions to our understanding of the consumption function. Visit the Nobel website at www.nobel.se/laureates to read about the importance of their contributions for macroeconomics.

## 问题讨论

1. 总结食品、服装、奢侈品和储蓄在既定预算收入条件下的消费支出模式。
2. 在运用消费函数和投资需求曲线分析问题时，我们需要区分这些曲线本身的移动和沿着这些曲线的变动。
   a. 详细说明哪些变化能够引起这两条曲线发生移动，哪些变化能够导致沿着这两条曲线的变动。
   b. 用文字和图形两种方法说明下列因素是会引起消费曲线移动，还是会引起沿着消费曲线的变动：可支配收入增加，财富减少，股票价格下跌。
   c. 用文字和图形两种方法说明下列因素是会引起投资需求曲线的移动，还是会引起沿着投资需求曲线的变动：预期下一年的产出量下降，利率上升，对利润征税加重。
3. 表 22–4 中的 *MPC* 和 *MPS* 究竟是如何计算出来的？通过计算 *A* 点 *B* 点之间的 *MPC* 和 *MPS* 加以说明。说明为什么 $MPC + MPS \equiv 1$ 永远成立。
4. 在每一个收入水平上我都消费掉全部收入。画出我的消费曲线和储蓄曲线。我的 *MPC* 和 *MPS* 分别是多少？
5. 估算一下你去年的收入、消费数量和储蓄数量。如果你进行的是负储蓄（你的消费数量大于你的收入数量），那么负储蓄的资金来源是什么？按表 22–1 所列示的每一种主要类型估计你的消费构成。
6. “沿着消费曲线，收入的变化大于消费的变化”这句话对 *MPC* 和 *MPS* 分别意味着什么？
7. “可支配收入的变化会导致沿着消费曲线的变动；而财富或其他因素的变化则会导致消费曲线的移动。”就各种情况以图解的方式解释该论断。
8. 以下各项对表 22–5 和图 22–10 所说明的投资需求函数会产生什么影响？
   a. 第（3）栏所列示的每 1 000 美元投资的年收益增加一倍。
   b. 利率上升到每年 15%。
   c. 加入第 9 个项目，它的前三栏数据是（J，10，70）。
   d. 对第（6）栏和第（7）栏所显示的净利润征收 50% 的税收。
9. 问题 8（c）中的扩大了的投资需求表，并假定利率为 10%，分别计算问题 8 中从 a 到 d 的情况下投资数量各为多少。

10. **有难度的问题：**根据生命周期模型，人们每年的消费数量取决于他们一生的收入，而不是取决于他们当前的收入。假设你的预期未来收入（按不变美元计算）如表 22-6 所示。

a. 假设储蓄没有利息。你最初也没有储蓄。再假设你想“熨平”你的消费（每年享受相同数量的消费），因为每增加 1 美元消费所能获得的满足是递减的。请推导出你在这 5 年之中的最佳消费轨迹，并将数字填入第（3）栏。然后计算出每年的储蓄数量，并填入第（4）栏；将你每年的期末财富或累积的储蓄数填入第（5）栏。你在头 4 年里的平均储蓄率是多少？

b. 其次，假设政府社会保险计划在你的每一个工作年中征收 2 000 美元的税，并在第 5 年为你提供 8 000 美元的退休金。如果你仍然打算熨斗平你的消费，则计算并修改你的储蓄计划。社会保险计划对你的消费的影响是什么？对你在头 4 年中的平均储蓄率有何影响？你能否理解为什么有些经济学家认为社会保险会降低储蓄水平？

| (1)<br>年 份 | (2)<br>收 入<br>(美元) | (3)<br>消 费<br>(美元) | (4)<br>储 蓄<br>(美元) | (5)<br>累计储蓄<br>(年末值)<br>(美元) |
|---|---|---|---|---|
| 1 | 30 000 | ______ | ______ | ______ |
| 2 | 30 000 | ______ | ______ | ______ |
| 3 | 25 000 | ______ | ______ | ______ |
| 4 | 15 000 | ______ | ______ | ______ |
| 5* | 0 | ______ | ______ | 0 |

*退 休

表 22-6

# 第 23 章

# 商业周期波动和总需求理论

亲爱的布鲁特斯，错误并不在于命运，而在于我们自己。

——威廉·莎士比亚
《裘利斯·凯撒》

美国资本主义的历史是繁荣与萧条、衰退与扩张不断循环往复的过程。有些时候，工作相当难找，工厂生产能力闲置，利润微薄。通常这些经济低迷的时期是短暂而温和的，如 2001 年 3 月至 11 月的经济衰退。但偶尔也会出现如同 20 世纪 30 年代的大萧条，衰退持续了 10 年，且导致了世界范围内的经济低迷。

还有一些时候，经济形势很好：就业机会充分，工厂加班加点，利润来得丰厚。20 世纪 90 年代美国经济的长期持续扩张，对于消费者来说是一种繁荣和幸运。经济快速增长，劳工市场和产品市场特别紧俏；失业率低，资本利用率高。然而，和先前的经济长期扩张不同，这次扩张过程中通货膨胀率始终很低。股票市场行情不断攀升到史无前例的高水平。这是一次由于全球化和信息化而出现的美国经济的“新纪元”？或者，仅仅是伴随着高增长和低通胀并存这种“特殊形势”的传统的资本主义？

经济活动中上述变量的短期波动称为**商业周期**，或商业周期波动，对此我们将在本章第一部分加以讨论。宏观经济学的一个中心课题就是研究商业周期。产生商业周期的原因是什么呢？政府采取何种政策才能降低商业周期的危害？在 20 世纪 30 年代之前，经济学家们对于这些问题还知之甚少，直到凯恩斯在他那革命性的宏观经济学理论中揭示出了总需求对于决定商业周期波动的关键作用之后。凯恩斯主义经济学认为：*总需求的变动在短期内会对总产量、总就业和总价格水平产生强烈的影响。*

迄今为止，凯恩斯所构建的一整套基础理论及其分析框架，应该说已经经历了许多的挑战、修补与演进。尽管如此，总需求理论仍然不失为一种解释商业周期现象的最好方法。在本章第二部分，我们将阐述总需求分析的基本原理，以及凯恩斯关于商业周期的基本理论。下一章，我们将继续介绍凯恩斯主义的乘数模型，讨论最简单的收入决定理论。图 23-1 列出了我们讨论这一系列问题的思路。

## A.商业周期波动

经济发展的历史表明：经济的增长方式从来都不是按部就班、一成不变的。一个国家可以享受好几年令人兴奋的经济扩张和繁荣，就像 20 世纪 90 年代的美国。而接下来的也许就是一场经济衰退，甚至是一场金融危机。或者，在极少数情况下还可能会出现长期的经济萧条。于是，国民产出下降，利润和实际收入减少，大批工人失业，失业率跃升到令人担忧的水平。

最后，经济衰退逐渐落至谷底，然后便开始复苏。复

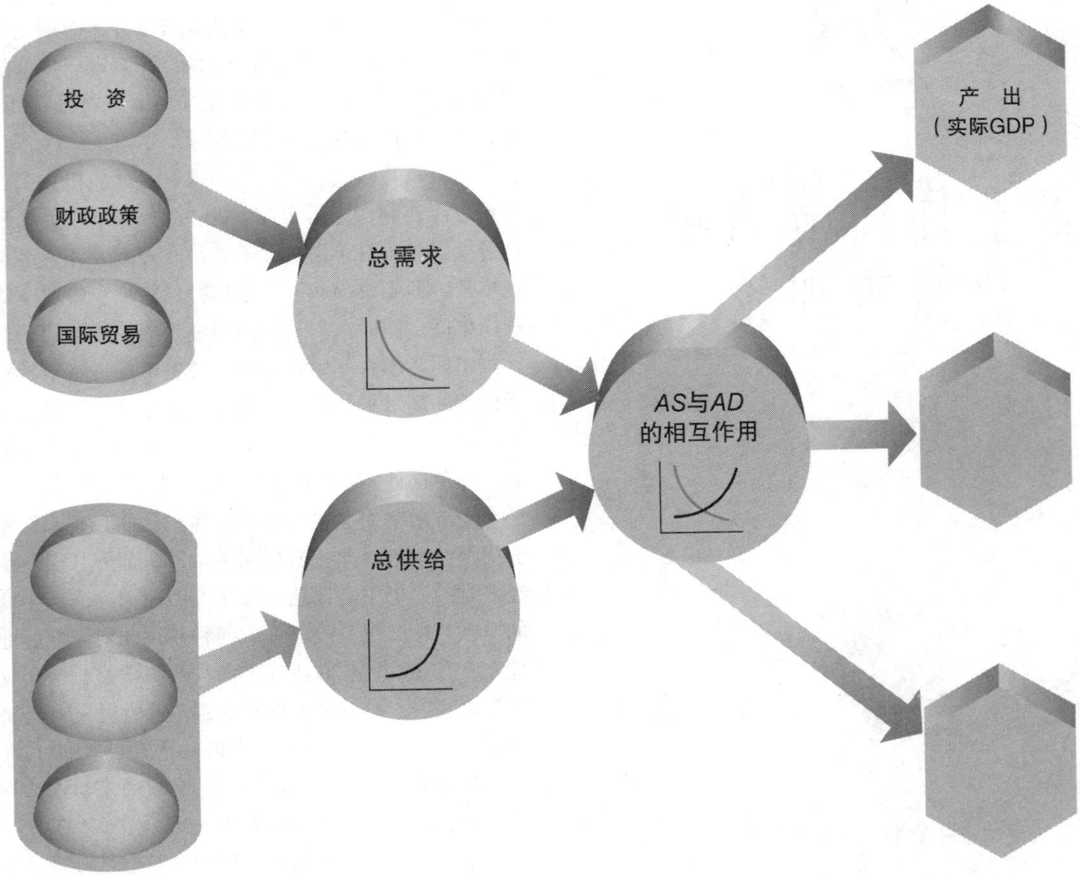


**图 23-1 商业周期波动是资本主义固有的特点**

我们从分析商业周期开始，然后导出总需求理论来解释需求变动是怎样引致商业周期波动的。

苏的步伐可能快也可能慢，有可能恢复不到原先的经济状况，也有可能强劲得足以启动下一轮的经济扩张。经济繁荣一方面也许意味着较长时期内需求持续旺盛，就业机会充足，生活水平不断上升。另一方面，繁荣也可能伴随着通货膨胀，价格上扬和投机猖獗，紧接着便是另一轮经济衰退。

产出、通货膨胀率、利率和就业的波动构成了商业周期，商业周期是所有市场经济的共同特征。

## 商业周期的特点

究竟怎样精确定义"商业周期"？

**商业周期**（business cycles，也译作"经济周期"——译者注）是国民总产出、总收入、总就业量的波动，持续时间通常为 2~10 年，它以大多数经济部门的扩张或收缩为标志。

经济学家们一般将商业周期划分成两个主要阶段，即衰退和扩张。"峰"和"谷"代表的是周期的转折点。由图 23-2 可见商业周期先后继起的各个阶段。**衰退**（recession）是总产出、总收入和就业的连续下降期，通常延续 6 个月至一年，以经济中许多部门广泛的紧缩为标志。**萧条**（depression）指的是规模广泛且持续时间长的衰退。

根据美国国家经济研究局有关商业周期开始和结束的记载，最近一次的衰退发生在 2001 年 3 月。此次衰退结束了美国历时最长、为期 10 年的经济繁荣。（参见本章末所附网站可获取进一步的信息。）

尽管我们把短期波动叫做"周期"，但请注意商业周期的形式是不规则的。没有两个完全相同的商业周期，也没有像测定行星或钟摆那样的精确公式，可用来预测商业周期的发生日期和持续时间。相反，就其不规则性而言，

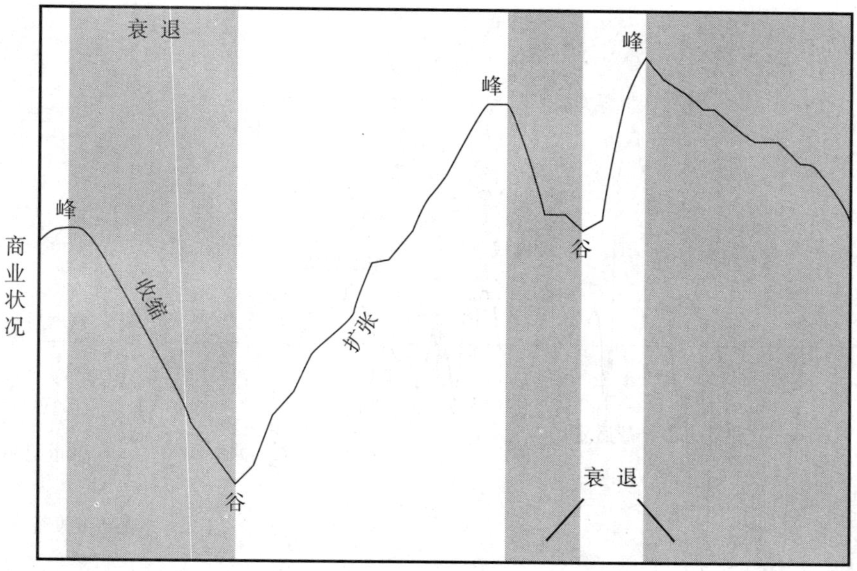


**图 23–2　商业周期像年份一样也有季节性**

商业周期是经济活动的不规则的扩张和收缩。（这里是最近一次商业周期中工业每月生产的实际数据。）

商业周期可能更像天气那样变化无常。图 23-3 显示的是美国近期历史上的商业周期。你可以看到商业周期就像山脉一样，有着千姿百态的山峰和山谷。有些山谷深幽且宽阔，如 20 世纪 30 年代的大萧条；另一些山谷浅显且狭窄，如 1991 年的那一次衰退。

尽管没有两个完全相同的商业周期，但它们通常却具有一种家族式的相似性。如果有一位可靠的经济预言家宣称下一次衰退即将来临，则你应当预感哪些典型的现象会随之而来呢？以下是经济衰退的普遍的特征：

- 通常，消费者购买急剧下降，同时，汽车和其他耐用品的存货会出人意料地增加。由于厂商会对此做出压缩生产的反应，所以实际 GDP 会下降。紧随其后，对工厂和设备的企业投资也急剧下降。
- 对劳动的需求下降。首先是平均每周工作时间减少，其后是解雇员工和失业率上升。
- 产出下降，导致通货膨胀步伐放慢。对原材料的需求下降，导致其价格跌落。工资和服务的价格下降的可能性比较小，但在经济衰退期它们的增长趋势会放慢。
- 企业利润在衰退期急剧下滑。由于预期到这种情况，普通股票的价格一般都会下跌，就像是投资者嗅出了经济下滑的气味。同时，由于对贷款的需求减少，利率在衰退时期一般也会下降。

以上是经济周期在衰退阶段的特征。而在周期的扩张阶段，其情景则是衰退的镜像，上述所有特征都正好呈现相反方向的变动。

## 商业周期理论

***外因论与内因论***　多年来，关于商业周期根源的大量争论给宏观经济学带来了活力。是什么导致了总需求突然改变？为什么市场经济反复无常？

各种解释显然还不会有一个最终的结论，但是将这些不同的因素划分成两类可能是有益的，即外生的和内生的。外因论是在经济体系之外的某些要素的波动中寻找商业周期的根源，如战争、革命、选举；石油价格、发现金矿、移民；新土地和新资源的发现；科学突破和技术创新；甚至太阳黑子、气候和天气等。20 世纪 90 年代美国经济的长期繁荣，在很大程度上归功于信息技术部门所带来的投资增加和计算机处理器在科学技术上的根本变革。

外因论的一个例子是新大陆的发现。拓荒者们带回欧洲的财富导致作为货币的金银数量增加，于是价格上升，经济扩张。在这里，我们看到一个外生事件——美洲大陆的发现——导致了经济扩张。

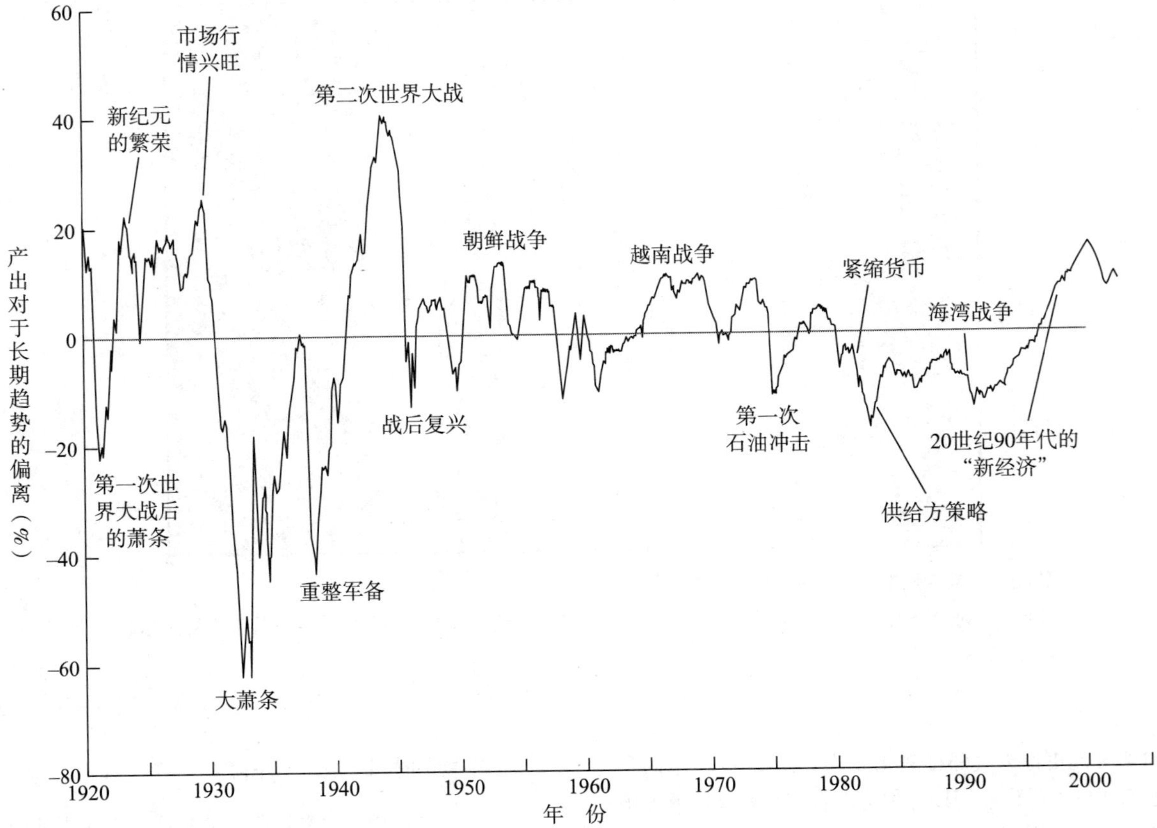


**图 23–3 1919 年以来的商业活动**

工业生产围绕长期趋势不规则地波动。注意长期的繁荣和 20 世纪 90 年代的信息革命使曲线明显上扬。你是否觉得经济波动近年来变得稳定了呢？

资料来源：Federal Reserve Board，detrended by authors.

### 投机泡沫及其破灭

内因论的另外一个例子就是投机泡沫及其破灭。在 19 世纪的资本主义世界、20 世纪 30 年代的大萧条以及新世纪之初的美国都曾产生过投机泡沫。"新经济"领域——包括计算机、软件和互联网——的典型增长和创新模式，使得新经济相关行业的股票在 1995~2000 年期间出现了泡沫。网络公司可以提供在线约会服务、网上购物、免费网络接入和发送电子生日贺卡，或生产一些很小然而据称却很重要的电子元件。一些学生退学从事互联网生意并一夜暴富。在投机最狂热的时候，人们争相抢购一些亏损严重甚至几乎没有交易业务的公司的股票。2000 年，投机达到峰值，这时新经济公司的股票市值已高达 3 万亿美元。

所有这些因素刺激了计算机、软件和电信行业的实际投资。1995~2000 年，对信息处理设备的投资增长了 70%，占同期实际 GDP 增长的 20%。

最终，投资者开始怀疑这些公司的真实价值，亏损开始累积直到无以复加。恐慌性地抛出代替了狂热的追涨。到 2003 年，许多典型的新经济公司的股价已从每股 50 美元或 100 美元跌至几美分，许多公司纷纷破产。退学的学生带着商海竞逐的经验重新回到学校，然而极少人变富。

2002~2003 年的股市低迷是当时经济衰退和经济发展缓慢的原因之一。对信息处理设备的投资下降 10%，对计算机的投资减少了 20%。新经济的创新发明遍及经济生活各个方面，然而除了少数之外，大部分投资者都获利甚微。

与外因论不同，内因论则在经济体系内部寻找商业周期的机制和原因。这种理论认为，任何一次扩张都孕育着新的衰退和收缩，任何一次收缩也都包含着可能的复苏和扩张。经济生活正是以这种近乎规律的方式不断地循环往复。一个重要的理论是*乘数—加速数原理*。根据该原理，产出的快速增长刺激了投资，大规模的投资反过来又刺激产出增长得更多。这个过程一直持续下去，直至潜在经济能力完全被利用殆尽。到达这一饱和点之后经济增长率便开始放慢，放慢的增长反过来又会减少投资和存货，这将使经济进入衰退直至到达谷底。然后经济过程又呈现相反的运作状态，经济回稳并重新兴起。商业周期的内因论显示了一种类似钟摆运动的机制，外部冲击通过一种循环方式在经济内部延绵传递。

***需求拉动型商业周期***　商业周期的一个重要来源是总需求冲击。图 23–4 说的是一种普遍的情况，它表明总需求下降是怎样减少产出的。假设经济最初处在短期均衡点 $B$。后来，或许是因为国防开支减少，或许是因为紧缩货币，总需求曲线向左移动到 $AD'$。如果总供给没有变化，经济将达到一个新的均衡点 $C$。注意这里产出从 $Q$ 降到 $Q'$，价格水平有所降低，通货膨胀率也下降了。

自然，扩张的情形恰好相反。$AD$ 曲线移向右方，产出向潜在 GDP 逼近，甚至超过它。价格和通货膨胀则上升。

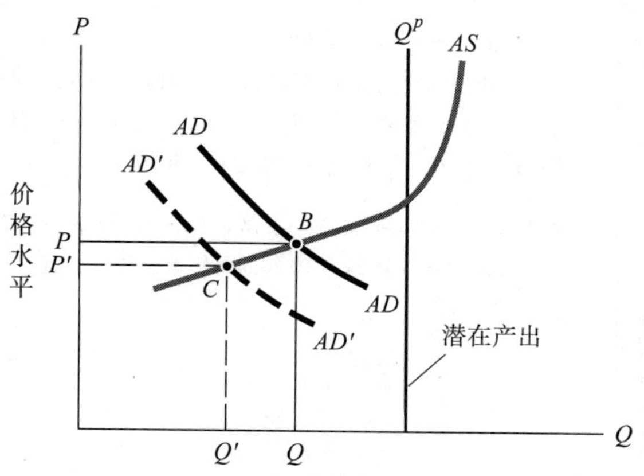


**图 23–4　总需求下降导致经济下滑**

相对于扁平的不变的 $AS$ 曲线来说，$AD$ 曲线向下移动导致一个较低的产出水平。注意，作为 $AD$ 曲线向下移动的结果，实际产出在衰退中相对于潜在产出来说也相对降低。

商业周期中产出、就业和价格的波动通常是由总需求的变动所引起的。当消费者、企业或政府改变其与一国经济的生产能力相关的总支出的时候，这些波动就会发生。当总需求的改变引起商业的大幅度滑坡时，经济就会出现衰退甚至萧条，而经济活动的大幅度上扬将会导致通货膨胀。

**关于商业周期的思考**

经济学家们研究商业周期已达两个多世纪。下面所列的是一些最重要的商业周期理论及其代表人物：

1. 货币学派将商业周期归因于货币和信贷的扩张和收缩（弗里德曼）。该理论认为货币是影响总需求的最基本因素。如 1981~1982 年当美联储为应对通货膨胀而将名义利率提高到 18%时，就引发过衰退。
2. 前文提到过的**乘数—加速数模型**认为，外部冲击通过（下一章将会讨论）乘数效应和（本章所讨论的）加速原理得以传导（萨缪尔森）。乘数—加速数模型说明的是乘数和加速数的相互作用如何导致总需求发生有规律的周期波动；它是解释商业周期的少数几个内生的模型之一。
3. 商业周期的**政治**理论将经济波动归因于：政治家为重新当选而对经济政策的操纵（诺德豪斯）。历史上，大选之年的经济状况对于总统选举来说总是十分敏感的问题。因此，如果他们可以选择的话，绝大多数总统都愿意效仿里根的做法。尽管在他上任初期美国经济经历了一场较严重的衰退，但在他再度竞选的 1984 年，经济却增长迅速，导致他重新当选。
4. **均衡商业周期**理论宣称，对价格和工资变动的错觉使人们提供的劳动总是过多或过少，从而导致产出和就业的周期性波动［卢卡斯，巴罗（Barro），萨金特（Sargent）］。这些理论的一种说法是：衰退期间失业率的升高是因为劳工们所期望的工资太高。
5. **真实商业周期**理论的支持者认为某一部门的创新或劳动生产率变动所带来的影响会在经济中传播，并引起波动［20 世纪初的熊彼特和近年来的普雷斯科特（Prescott），朗（Long），普洛塞（Plosser）］。这种古典式理论认为，商业周期主要是由于总供给冲击所造成的，而总需求对于商业周期来说并不重要。这种理论在解释如1990年时的前苏联的例子时，显得尤为奏效。当时前苏联处于由计划经济到市场经济的转轨阶段，由于解体和秩序混乱，总产出大幅下降。

6. 当商业周期是由于总供给的改变而引起的时候，**供给冲击**理论便会出现［戈登（Gordon）］。典型的例子是20世纪70年代的石油危机。油价的飞涨紧缩了总供给，助长了通货膨胀，并降低了产出和就业量。许多经济学家认为，1994~1999年间的美国通货膨胀率较低和经济的快速增长，可以用有利的供给冲击来解释。在这一期间，由于油价、物价以及进口成本降低，医疗保健费用增长较慢，结果成本增加缓慢。

上述理论中到底哪一种最能解释商业周期呢？实际上，上述每一种理论都含有一定的合理成分，但又没有一个能够放之四海而皆准。宏观经济学的精髓，就在于能够综合各家理论之长，并知道应该在何时何地恰当地加以应用。

## 商业周期的预测

经济学家们研发了各种预测工具来帮助预测经济的变动。一个好的预测就像汽车明亮的前灯一样，可以预先展示出经济前程中的路况，以便决策者根据新的经济环境而采取相应的行动。

### 经济计量模型与预测

前一个时期，经济学家们试图通过研究那些容易获得的数据来预测未来，如货币、集装箱货运、钢产量等。例如，钢产量下降就是一个信号：说明企业已经减少购买，经济增长将会很快趋缓。通过将许许多多不同的统计数字组合起来，可以形成一套"领先指标的指数"，以便把握经济的进程。尽管该指数并非万无一失，但它的确能够警示经济是否会升温或冷却。

为更加精确地预测未来，经济学家们转向应用计算机化的经济计量预测模型。一个经济计量模型是由一系列代表各种经济行为的方程所组成，使用大量的历史数据进行推算。这一领域的先驱是荷兰的简·丁伯根（Jan Tinbergen）和宾夕法尼亚大学的劳伦斯·克莱因（Lawrence Klein）。他们都因发展了实证宏观经济学模型而获得了诺贝尔经济学奖。今天，经济计量学家们通过对宏观经济模型的估算来预测经济发展的前景，已经成为一个完整独立的部门。

怎样建立经济的计量模型呢？一般说来，模型建立者先要有一个分析框架，包含一些代表总供给和总需求的方程式，通过运用现代经济计量学技术，使这些方程与历史数据相"吻合"，取得有关的参数估计值（如 *MPC*，投资

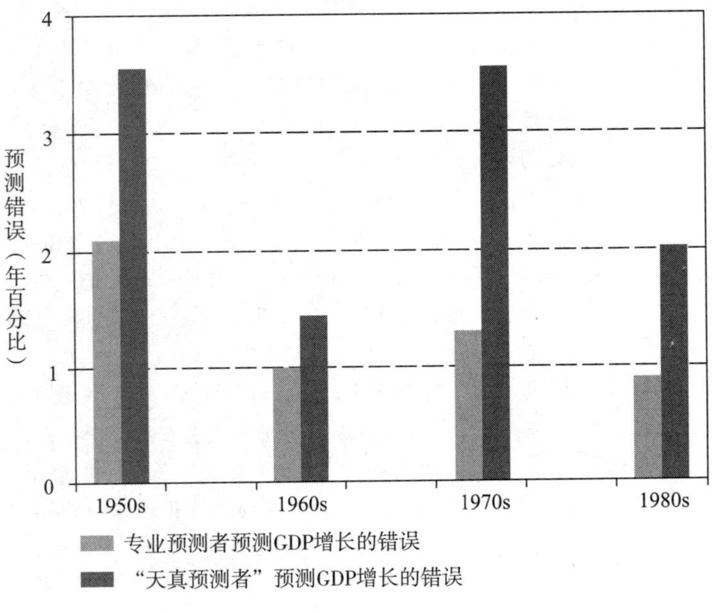


**图 23–5 专业预测的表现**

比较专业预测和天真预测记录。从系统预测诞生以来的每个十年里，宏观经济的预测都改进了猜想工作。且随着时间的推移，这种改进的程度在缓慢地提高。

资料来源：Stephen McNees，*New England Economic Review*，July 1992. 数据为10年间每年数据的平均值。

需求方程的斜率等）。此外，在每一步骤，模型建立者都要凭借他们的经验和判断来评价其结果是否合理。

最后，将所有的"模型"放在一起，作为一个方程体系来运行。小型的模型可能只有一二十个方程，而今天的大型预测模型可能要包含几百个甚至上万个变量。一旦外生变量和政策变量明确给定（人口、政府支出和税率、货币政策等），这种方程体系就会对重要经济变量的未来情况做出预测。

一般情况下，预测都能较好地估计未来。但有些时候，尤其当重大的政策发生变动的时候，预测就会出现谬误。图 23-5 显示的是对美国主要预测部门就现今的实际 GDP（或更早，实际 GNP）的预测所做的一项调查的结果。为比较起见，该研究采用一种"天真预测"作为参照，所谓天真预测，是指预测下一年的产出增长率刚好等于当年的产出增长率。

如图所示，专业预测从根本上优于天真预测。就平均错误率来说，在开始的 20 年中，专业预测的错误是天真预测错误的一倍；但到了 20 世纪 70 年代和 80 年代，专业预测的错误就降至不到天真预测错误一半的水平。图23-5 显示的另一个有趣的特点是：不稳定性也随着时期的变化而变化，50 年代和 70 年代变动相对剧烈，而在 60 年代和 80 年代则平静得多。显然，在这个不确定的世界中，预测既可以说是科学，也可以说是艺术。尽管如此，经济预测仍具有影响力。因为年复一年，专业预测者都提供了比那些非系统、非科学的方法更为准确的判断。

## B. 总需求理论的基础

本章第一部分讨论了产出、就业和价格的短期波动，在市场经济中这些波动构成了商业周期的基本特征。我们已经知道总需求变动时经济的周期性运动是怎样发生的。

现在我们要开始深入地讨论总需求的基本理论。总需求的主要组成部分是什么？它们怎样与总供给相互作用并决定产出和价格？凯恩斯关于产出决定的理论是什么样的？它如何解释 GDP 的短期波动？在第 20 章中我们介绍宏观经济学时已经开始问及这类问题。为了更好地认知推动经济发展的动力，我们现在需要更仔细地研究一下总需求。而到下一章，我们还将引出最简单的总需求模型：乘数模型。

**总需求**（aggregate demand，*AD*）是指在其他条件不变的情况下，在某一给定的价格水平上人们所意愿购买的产出的总量，也即所有生产部门所愿意支出的总量。它包括：消费、国内私人投资、政府商品与服务采购，以及净出口。这 4 个组成部分如下：

1. *消费*。由上一章内容可知，消费（*C*）主要取决于可支配收入，而可支配收入是指个人收入减去税收。其他影响消费的因素包括：收入的长期趋势、居民财富、总体价格水平。总需求分析主要关注那些决定实际消费数量（即名义的或货币的消费量除以消费价格指数）的因素。
2. *投资*。投资（*I*）支出包括对建筑物、软件和设备的私人购买以及库存品的增加。我们曾在第 22 章的分析中说明，决定投资的主要因素是产出水平、资本成本（取决于税收政策、利率和其他金融条件），还有对将来的预期。经济政策赖以影响投资的主要渠道是货币政策。
3. *政府支出*。总需求的第三个组成部分是政府在商品与服务上的支出（*G*）：如购买像坦克和筑路设备这样的商品，以及对法官和公立学校教师的服务所支付的费用。与私人消费和投资不同，总需求的这一部分是直接由政府的支出政策所决定的。例如，五角大楼购买一架新式战斗机时，这一产出会直接加到 GDP 中。
4. *净出口*。总需求最后一个组成部分是净出口（*X*），它等于出口值减进口值。进口取决于国内的收入和产出、国内和国外价格的比率，还有本国货币的汇率。出口（亦即别国的进口）是进口的镜像，由外国的收入和产出、相对价格和外汇汇率来决定。因此，净出口将取决于国内的和国外的收入水平、相对价格和汇率。

由图 23-6 可见 *AD* 曲线及其四大组成部分。价格水平为 *P* 时，我们可以看到消费、投资、政府支出和净出口分别处于什么样的水平，它们的总和为 GDP 或 *Q*。这一价格水平上的 4 项支出流量之和，就是该价格水平上的总支出量或总需求量。

### 向下倾斜的总需求曲线

由图 23-6 你很快会注意到总需求曲线是向下倾斜的。这意味着如果其他条件保持不变，当经济中整体价格水平升高的时候，实际支出水平会下降。

总需求曲线向下倾斜的原因何在？最主要的原因在于

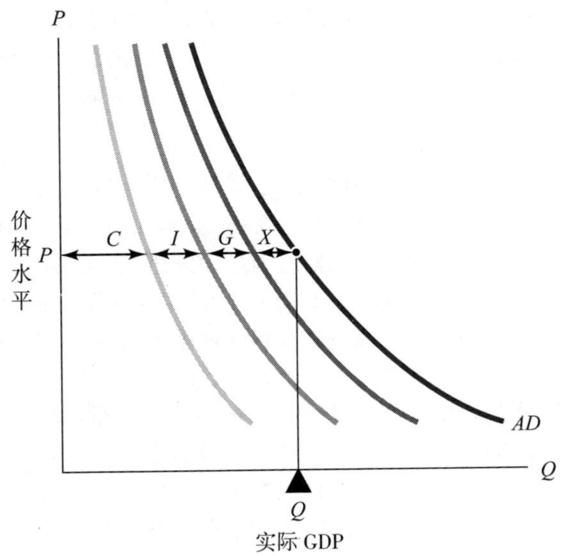


**图 23–6 总需求的构成**

总需求（$AD$）有四个部分组成：消费（$C$），国内私人投资（$I$），政府在商品与服务上的支出（$G$）和净出口（$X$）。

当宏观经济政策变化（如货币方面的变化，政府支出或税率的变化）或影响支出的外部事件变动（如影响 $I$ 的外国产出水平变化，或影响 $X$ 的企业信心的变化）时，总需求曲线就会发生变动。

一些收入构成要素并不随价格上升而上升。比如，一些个人收入是以名义货币定义的——譬如政府的某种转移支付，最低工资和企业退休金。当价格上升时，实际可支配收入下降，从而导致实际消费支出下降。

另外，一些财富构成要素可能在名义货币上是固定的。如持有现金和债券，等于获得了一个承诺，在一定时期内可获得一定数量的货币。如果价格水平上升，这些财富的真实价值就会下降，这也会导致实际消费支出下降。

价格影响支出的一个重要途径是货币供给。有时中央银行保持名义货币供给不变（或者以一既定速率增长）。所以当价格升高的时候，实际货币供给量（定义为名义货币供给除以价格水平）一定会下降。例如，假定全国的货币供给量是一个定量 6 000 亿美元，消费者价格指数从 100 上升到 200，则实际的货币供给量就会从 6 000 亿美元下降为 3 000 亿美元（=6 000 亿美元×100/200）。

当实际货币供给量收缩时，货币就变得相对稀缺或“紧缩”。利率和抵押贷款成本升高，贷款变得很难获得；货币紧缩会引起投资、消费的下降。简言之，在其他条件不变的情况下，价格水平上升而同时保持货币供给量不变，会导致货币紧缩和实际总支出的下降。（我们将在以后的几章详细讨论货币的传导机制。）

价格上升诸多效应的一个结果是，经济会沿着向下倾斜的 $AD$ 曲线从右向左地上升。

我们用图 23–7（a）来说明货币供给减少时所产生的冲击效应。假设在 $B$ 点上经济处于均衡状态。这时价格水平为 100（按照不变价格），实际 GDP 为 3 万亿美元，货币供给量为 6 000 亿美元。再假设价格上升了 50%，于是价格指数由 100 上升到 150。由于货币供给量保持不变，实际货币供给量（按不变价格计算）从 6 000 亿美元降至 4 000 亿美元。这一货币紧缩导致利率上升，一些对利率敏感的部门的产量下降：如住房、厂房设备和汽车等。最终结果是实际总支出下降到 2 万亿美元，如图中的 $C$ 点所示。实际货币供给量的下降会通过重要的货币机制来影响总需求这一点，我们在以后的几章还将进一步讨论。

### 微观经济学的需求与宏观经济学的需求

这里我们需要稍停一下，回顾宏观经济学的需求曲线与微观经济学的需求曲线的区别。回忆有关供给和需求的讨论，微观经济学中的需求曲线以纵轴表示单个商品的价格，以横轴表示该商品的产量，并假定其他商品价格及消费者的总收入保持不变。

而在宏观经济学的总需求曲线上，一般价格水平沿纵轴变化，总产量和总收入沿横轴变化。与此相反，在微观经济学的需求曲线那里，收入和产量是保持不变的。

最后，微观经济学需求曲线斜率为负，是由于消费者用其他商品来替代所讨论的商品。肉价上升导致对肉的需求量下降，这是由于消费者用面包或土豆替代肉的结果，也就是说人们可以多用相对便宜的商品而少用相对昂贵的商品。但是，宏观经济学总需求曲线向下倾斜的原因则大不相同：当总体价格水平上升时，总支出数量下降主要是因为，固定不变的货币供给量必须通过提高利率、紧缩信贷和降低总支出等手段在货币的需求者之间进行分配。

**宏观经济学与微观经济学中需求曲线的不同之处在于，宏观曲线描绘的是整体经济的价格和产量的变化，而微观曲线则分析单个商品的价格和产量。宏观的总需求曲线向下倾斜主要是因为货币供给效应，而微观需求曲线向下倾斜则是由于消费者用其他商品替代涨价商品的结果。**

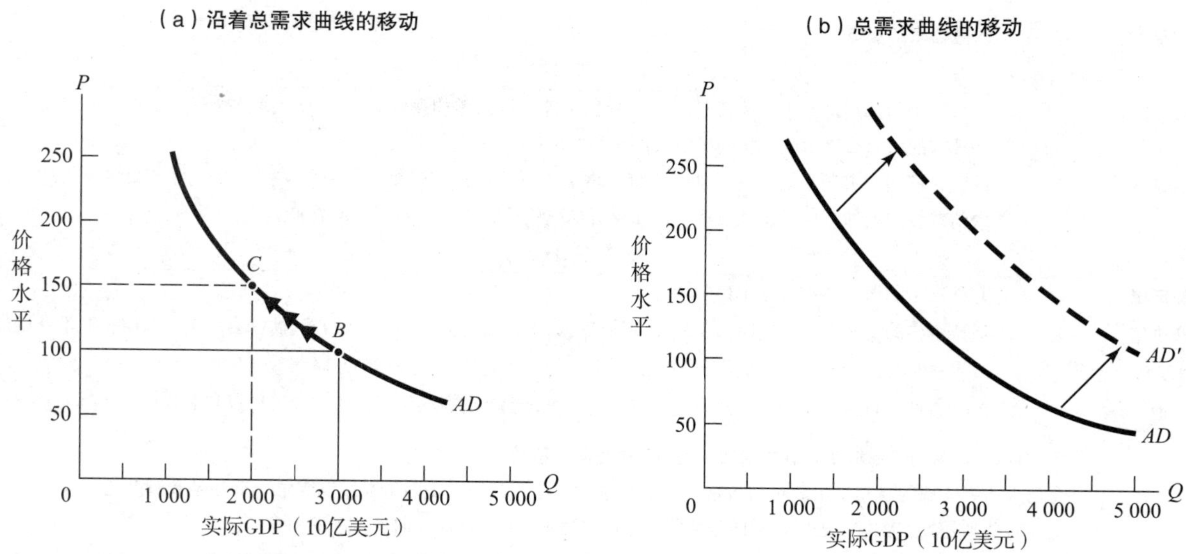


**图 23–7　沿着总需求曲线的移动和总需求曲线的移动**

在（a）中，价格水平上升的同时保持名义货币供给量不变，会导致货币紧缩、利率上升以及对利率敏感的投资和消费支出的下降。在这里，假定其他因素不变，我们会看到一次*沿着* $AD$ 曲线的移动，从 $B$ 至 $C$。

在（b）中，其他因素不再保持不变。那些决定 $AD$ 曲线的基本变量（比如货币供给量，税收政策，军费开支）所发生的变化会导致某一给定价格水平上的总支出量发生变化。这会引起 $AD$ 曲线的*移动*。

小结：

总需求曲线是向下倾斜的，这表明在其他条件保持不变的情况下，实际支出会随着价格水平的上升而下降。由于价格对实际收入、实际财富和实际货币供给的影响，价格上升会导致实际支出下降。

## 总需求的移动

我们已经看到，在其他条件不变的情况下，经济中总支出量会因价格水平的上升而趋于下降。然而，其他条件也可能会发生变化，从而也会引起总需求的改变。那么，能够引起总需求变动的主要变量是什么呢？

我们可以将决定 $AD$ 的因素划分为两类，如表 23–1 所示。一类是由政府控制的宏观经济政策变量，包括货币政策（中央银行赖以影响货币供给量和其他金融条件的手段）和财政政策（税收和政府支出）。表 23–1 说明了政府的这些政策如何影响总需求的各个组成部分。

第二类是*外生变量*，或由 $AS$–$AD$ 框架以外的因素所决定的变量。如表 23–1 中所示，这类变量有的超出了宏观经济分析的正常范围（如战争或革命），有的不在国内政策控制之内（如外国经济活动），还有一些（如股票市场）则具有明显独立的变动性。

$AD$ 曲线背后的这些变量会产生什么影响呢？举例来说，美国在 2003 年发起伊拉克战争，战争的额外支付包括前线部队支出、购买军火和运输费用。这一举措将使 $G$ 的开支量增加。除非某些其他支出成分能够抵消 $G$ 的增加，否则 $AD$ 曲线将会随着 $G$ 的增加而向右上方移动。同理，货币供给量增加，重要新发明引起新投资的利润增加，股票价格上升会导致消费者财产价值增加等，都会引起总需求的增加和 $AD$ 曲线的向右上方移动。

图 23–7（b）显示了表 23–1 中变量的变化怎样影响 $AD$ 曲线。为检验你的理解程度，请你设计一个相似的表，列出那些将会使总需求减少的因素（参见本章结尾“问题讨论”的第 4 题）。

| 变 量 | 对总需求的影响 |
|---|---|
| | **政策变量** |
| 货币政策 | 货币供给量的增加会使利率降低并改善贷款条件，从而增加投资和耐用品的消费数量。如果一国的经济环境是开放的，那么货币政策将会影响其汇率和净出口。 |
| 财政政策 | 政府在商品和劳务上的开支增加，会直接增加支出总量；减税或增加转移支付会提高可支配收入数量，并导致消费量的增加。税收刺激政策，比如投资税减免可以导致在某个领域增加支出。 |
| | **外生变量** |
| 国外产出 | 对外产出的增长会导致净出口的增加。 |
| 资产价值 | 股票价格的上升增加家庭财富，从而增加消费数量；而且，这还会导致较低的资本成本，并使企业投资增加。 |
| 技术进步 | 技术进步可以为商业投资提供新的机会。重要的例子如铁路、汽车和互联网。 |
| 其 他 | 政治事件、自由贸易协定以及冷战结束提高了企业和消费者的信心，并增加了投资和对耐用消费品的开支。 |

**表 23-1 许多因素都能使总需求增加并使 *AD* 曲线向外移动**

总需求曲线体现的是总支出数量与价格水平的联系。但是，其他许多因素都影响需求，有些是政策变量，有些则是外生变量。表中显示的是那些使总需求增加并使 *AD* 曲线向外移动的因素。

## 影响需求各因素的相对重要性

一般说来，经济学家对于究竟是哪些因素会影响总需求这一点并无分歧，但他们对不同因素的重要性则有不同的看法。例如，在分析总需求的变动时，一些经济学家主要强调货币的影响，特别是货币供给的作用。根据这些经济学家（他们通常被称为*货币主义者*）的观点，货币供给量是总支出量的主要的决定因素。

其他一些经济学家则将注意力放在外生因素上。例如，有些经济学家认为技术进步是决定繁荣和衰退的主要因素。19 世纪 50 年代铁路首次投入商业运营，这一创新引发了此后 20 年间世界各地对铁路进行大规模投资的局面，并使工业化国家享受了持续的经济扩张。一些经济学家认为 20 世纪 90 年代的包括电脑硬件、软件和通讯领域的科技变革会引发该领域和整个经济的价格水平下降，总体经济增长潜力显著提高，一场投资热潮将应运而生。

当今主流的宏观经济思潮是一种折中的理论，宏观经济学家往往从凯恩斯主义的角度研究商业周期的问题，即强调总需求波动是商业周期的根源。这些波动可能由货币政策、财政政策或者私人部门的波动引起。比如，在第二次世界大战时期，当军费开支吸收了将近一半的 GDP 时，财政政策便被看成是决定总需求的首要因素。20 世纪 70 年代到 80 年代，石油价格波动以及相应的货币政策成了影响商业周期模式的主要因素。1990 年以及 2001~2003 年，战争和恐怖主义影响到消费者信心，降低了消费支出和总需求。不同时期有不同的科技、政治和军事方面的波动，从而有各自不同的商业周期模式。

现在我们已经了解了总需求理论的主要内容。下一章还将通过分析一个最简单的理论：乘数模型，进而加深我们在这里的讨论。

### 商业周期可否避免

在过去的 150 年中（见图 23-3），美国商业周期的历史显示出商业周期明显趋于平缓的态势。1940 年以前，我们目睹了很多的危机和萧条。如 19 世纪 70 年代、90 年代，20 世纪 30 年代，都存在持久的衰退。然而，自 1945 年以来，商业周期的波动已经变得不那么频繁，而且也温和了许多，许多跨入新千年的美国人恐怕还从未目睹过严酷的经济危机。

到底是什么东西在改变呢？有人认为资本主义发展到现在，自然会比早期更平稳。一个原因在于政府部门已经更具规模而且更为可靠。但更重要的一个原因还应该在于，当前人们对于宏观经济学已经有了更深刻的理解，政府已经能够运用货币手段和财政手段来预防各种冲击演化成衰退，制止经济像滚雪球一样地从衰退陷进萧条。

20 世纪 90 年代，美国经济经历了其宏观经济史上的一段最平稳的时期。许多人甚至已经开始怀疑商业周期是否可以避免。他们认为通过理性管理和自由市场，人们并非不可以根除大的萧条和通货膨胀。这个预测是否可以成为现实？我们认为它还是不成熟的。商业周期有可能在北美已经被消除，但 20 世纪 90 年代，它在其他国家和地区*却更加肆虐*，甚至超过先前。不妨让我们重温下面的一段话，它是商业界首屈一指的分析家奥肯的名言。在接近美国历史上第二长的一次经济扩张的尾声的时候，他曾经这样写道：

> 现在，普遍的认识是，衰退从根本上说是可以防止的，它们就像飞机失事而不像飓风。但我们从来没有能够从地球上消除飞机失事，当然也不清楚是否有足够的智慧和能力去消灭衰退。危险并未消失，那些可以导致周期性衰退的因素仍然潜伏在飞机的两翼，等待着飞行员的某种失误。[1]

自奥肯写下这段文字后不久，美国就进入了战后的一个经济最动荡的时期。

## 总结提要

### A. 商业周期波动

1. 商业周期是国民总产出、总收入和总就业量的波动，它以许多经济部门的大范围扩张和收缩为标志。所有发达的市场经济中都有商业周期现象发生。我们可将其区分为扩张、高峰、衰退、低谷这样几个阶段。
2. 许多商业周期都发生在总需求的变化导致产出、就业和价格剧烈变动的时候。当消费者、企业或政府的支出改变时，或者政府根据经济的生产能力改变总支出的水平时，总需求就随之而发生变动。总需求的下降导致衰退或萧条。经济活动的升温又可能会导致通货膨胀。
3. 商业周期理论因其所强调的外生因素和内生因素的不同作用而各不相同。技术、选举、战争、汇率变动或石油价格冲击等这些外生因素通常都被看做对波动有重要影响。而大部分理论都强调这些外生扰动与内在机制（如乘数、投资需求变动）之间存在着相互作用，从而产生周期运动。就像人们可能会受到不同疾病的困扰，商业周期的病症也会在不同的时期和不同的国家有不同的表现。

### B. 总需求理论的基础

4. 古代社会在农业歉收时要遭受饥荒的折磨。现代的市场经济，则会因为总需求不足导致商业条件的恶化和失业率迅猛升高，从而在产品富裕的时候也会遭受贫困的威胁。有时候，过分依赖增发货币会导致无法控制的通货膨胀。理解影响总需求的各种力量，包括政府的财政政策和货币政策，将有利于帮助经济学家和政策制定者采取措施平抑商业周期的波动。
5. 总需求所代表的是：假定其他条件不变时，在给定的价格水平上愿意购买的总产出的数量。支出构成包括：（a）消费，主要取决于可支配收入；（b）投资，取决于当前产出和未来产出预期，以及利率和税收水平；（c）政府在商品与服务上的开支；以及（d）净出口，取决于国外和国内的产出和价格水平，以及外汇汇率。
6. 总需求曲线不同于微观经济分析中所使用的需求曲线。*AD* 曲线是在政策和外生变量不变的情况下，将所有产出成分的总支出数量与总体价格水平联系在一起。总需求曲线之所以向下倾斜，主要是由于货币供给效应所致；当价格水平上升而名义货币供给量不变，从而使实际货币供给量下降时，就会出现这种货币供给效应。实际货币供给量的下降会使利率上升，信贷紧缩，并降低实际支出总量。在 *AD* 曲线本身保持不动的情况下，这意味着一种沿着曲线的移动。
7. 能够使总需求发生变动的因素包括：（a）宏观经济政策，例如货币政策和财政政策，以及（b）外生变量，比如外国的经济活动、技术进步以及资本市场的变动。当这些因素发生变化时，就会使 *AD* 曲线移动。

[1] 阿瑟·奥肯：《繁荣的政治经济学》，Norton，New York，1970，pp. 33 ff。

## 概念复习

**商业周期**
商业周期或商业周期波动
商业周期的阶段：
  高 峰
  低 谷
  扩 张
  紧 缩
衰 退
总需求变动和商业周期波动
外生的和内生的周期理论
宏观经济学模型

**总需求**
实际变量=名义变量/价格水平
总需求，*AD* 曲线
总需求的主要成分：*C*，*I*，*G*，*X*
*AD* 曲线由于货币供给效应向下倾斜
决定并导致 *AD* 曲线移动的因素

## 补充读物和互联网站

**补充读物**

The classic study of business cycles by leading scholars at the National Bureau of Economic Research ( NBER) is Arthur F. Burns and Wesley Clair Mitchell, *Measuring Business Cycles* ( Columbia University Press, New York, 1946) . A discussion of the NBER approach is contained in Geoffrey H. Moore, *Business Cycles, Inflation and Forecasting*, 2d ed. (Ballinger, Cambridge, Mass., 1983) .

One of the major critics of Keynesian business-cycle theory is Robert E. Lucas. See his *Studies in Business-Cycle Theory* (MIT Press, Cambridge, Mass., 1981) .

**互联网站**

A consortium of macroeconomists participates in the NBER program on economic fluctuations and growth. You can sample the writings and data at www.nber.org/programs/efg/efg.html. The NBER also dates business cycles for the United States. You can see the recessions and expansions at www.nber.org/cycles.html.

Business-cycle data and discussion can be found at the site of the Bureau of Economic Analysis www.bea.gov. The first few pages of the *Survey of Current Business*, available at www.bea.gov/bea/pubs.htm, has a discussion of recent business-cycle developments.

## 问题讨论

1. 区分沿着 *AD* 曲线的移动和 *AD* 曲线本身的移动。解释为什么潜在产出能力的提高会使 *AS* 曲线外移而导致经济沿 *AD* 曲线移动。解释为什么减税可以使 *AD* 曲线外移（增加总需求）。货币供给减少（紧缩银根）对总需求有什么影响？
2. 描述商业周期的不同阶段，并说明美国经济现在处于什么阶段。
3. 总产出的某些变化根源于需求方面的影响，而另一些则是由于供给方面的冲击。
   a. 举出每种情况的例子。并利用 *AD–AS* 曲线图来区分需求导致的产出变化和供给导致的产出变化。（提示：在每种情况下 *P* 怎样变动？）
   b. 指出下述每一种情况会否导致供给方商业周期或需求方商业周期的情况发生，并利用图 23–4 上 *AS–AD* 的图示对其影响加以说明：战时的国防支出增加；战时轰炸对工厂和发电厂的破坏；由于欧洲严重衰退引起的净出口的减少；由电子计算机的应用导致的发明创造的急剧增加和劳动生产率的快速提高。
4. 列出一个类似于表 23–1 的表格，写出将会导致总需求下降的事件。（你的答案应该是举出不同的事例，而不仅仅是改变表 23-1 中所列示的因素的变化方向。)

5. 近年来出现了一种新的真实商业周期理论（或称为 RBCs）（这种方法将在第 33 章中进一步讨论）。该理论认为商业周期是由于对生产率的冲击并传递到经济体系中而引起的。
   a. 在 *AS–AD* 框架中说明 RBC 理论。
   b. 讨论 RBC 理论是否能够解释本章中描述的商业周期的一般特点。
6. **有难度的问题**：找两颗骰子，看看能否用下面的方法产生出与商业周期类似的某种东西。将两颗骰子每次掷出的点数的和加以记录，要达到 20 次以上。将连续的数值取周期为 5 的移动平均，然后将其描绘在图上，看起来会很像 GDP、失业或通货膨胀的运动轨迹。

   这样得到的一个序列是 7，4，10，3，7，11，7，2，9，10…。其平均值为：（7 + 4 + 10 + 3 + 7）/5 = 6.2，（4 + 10 + 3 + 7 + 11）/5 = 7，等等。

   为什么这看起来像商业周期呢？［提示：由骰子产生的随机数字就像是投资或战争的外生冲击。移动平均则好像经济体系（或一把摇椅）的内生乘数或平抑机制。两者放在一起，就产生了一个类似周期的东西。］
7. **有难度的问题**：著名宏观经济学家乔治·佩里（George Perry）在 1990~1991 年海湾战争后写下了这样一段话：

   > 战争通常给美国经济带来好处。一般说来，由于军事需求加入到正常经济活动中，会带来产出的增加、失业的减少和对工业能力的充分利用。而这次，也是第一次，战争和衰退一起发生了。这一关于衰退的反常的情况能告诉我们什么呢？（《布鲁金斯评论》，1991 年春。）

   利用互联网或到图书馆去，查阅 1990~1991 年间以及较早的战争时期（第二次世界大战，朝鲜战争，越南战争）有关总需求的主要决定因素的资料。特别是政府的商品与服务的采购（尤其是国防支出）、税收、利率要着重考查，你能否解释佩里所描述的异常情况？（为了有利于在互联网上查找数据，请参阅本书导言部分和第 21 章补充读物部分的有关评介。）
8. **数据问题**：找到 1948~2003 年实际 GDP 的数据（登录经济分析局网站 www.bea.gov）。
   a. 如果实际 GDP 下降我们就定义为"衰退"，则哪些年份的经济曾进入衰退？（请注意，传统的衰退并不是这样定义的。）
   b. 计算 1948~1973，1973~1988，1988~2003 年实际 GDP 平均增长率。这些时期实际 GDP 平均增长趋势如何？［提示：解下面的方程，计算平均增长率 $(1+g) = (GDP_{1973}/GDP_{1948})^{1/(1973-1948)}$，$g$ 代表每年的平均增长率。］
   c. 有些宏观经济学家倾向于将 GDP 增长明显低于增长趋势的情况定义为增长型衰退。例如，GDP 增长率比平均增长率低 2 个百分点。那么，哪些年属于增长型衰退？

# 第 24 章

# 乘数模型

我们赖以生存的经济社会
之所以会存在突出的问题，
一方面是由于不能提供
充分就业，另一方面则是
因为武断而又不公平的财富
和收入的分配。

——凯恩斯
《就业、利息与货币通论》
（1936 年）

美国和其他以市场为导向的经济社会一样，在产出、价格以及失业方面都面临着频繁而又无法预测的波动。过去这种波动被称为商业周期的波动，往往被认为是由于投资、消费、耐用品或国防方面的支出的波动所导致的。作为经济学者，我们有必要揭示和了解在支出的变动和产量就业的变动之间，存有什么样的传导机制？本章我们将介绍一种最简单的方法来理解商业周期，这个方法就是凯恩斯的乘数模型。

我们将在本章的第一部分中看到，在投资方面的支出增加是如何提高消费者收入的，从而导致一种在未来支出上的逐渐递减但又总体放大的连锁反应。投资的变动由此可以视为一种对于产出的乘数化增长。在本章第二部分我们将会看到这种乘数机制其实可以应用到投资以外的领域中去。事实上，政府的采购、出口或其他外生的支出流的变化，都会被放大并加入到一个更大的产出变动中去。下面我们就来说明政府采购怎样像投资一样对产出产生乘数效应的。正是这一点使得许多宏观经济学家主张将财政政策作为稳定经济的工具。

乘数模型是第一个发展出来的完整的短期产出决定模型。但是它对经济的描述却过于简单化，这主要是由于它忽略了金融市场、货币政策，与世界的互动，以及价格和工资等重要的因素。这些因素我们将在以后必要的时候给予详尽的解释。现在我们将重点讨论：在决定国民产出的变动时投资和政府支出等因素的主导作用。

## A. 基本乘数模型

当经济学家们试图理解为什么战时大量军事开支会导致 GDP 的快速增长；为什么 20 世纪 60 年代或 80 年代的减税曾经引发了一场时间较长的经济扩张；或为什么 90 年代末的投资繁荣会带来美国历史上时间最长的经济扩张的时候，常常可以在乘数模型中找到最简明的解释。

究竟什么是**乘数模型**（multiplier model）？它是一个用来解释短期产出水平如何被决定的宏观经济学的理论范畴。“乘数”名称来自这样一个发现，即某些支出（如投资）的 1 美元变动会引起 GDP 的 1 美元以上的（或多倍的）变动。乘数模型能说明在一个存在资源闲置的经济中，对于投资、外贸、政府税收和开支政策等各种冲击会怎样影响产出和就业水平。乘数模型是建立在一个关键的假设上，即工资和价格都是固定的，同时社会资源是未被充分利用的。此外，我们还要暂时忽略货币政策的作用和金融市场对经济变化的反应。

## 储蓄与投资对产出的决定作用

不妨就一个高度简化的经济为例，先讨论为什么投资和储蓄在乘数模型中的作用是等价的。请回忆一下第 22 章中社会的消费函数和储蓄函数的图形。图 24–1 重现了这个图形。[1] 消费曲线上的每一点表示的是：在某个可支配收入水平上社会所意愿或计划的消费量。储蓄曲线上每一点所表示的是：在某个收入水平上社会所意愿或计划的储蓄量。这两条曲线密切相关，由于 $C+S$ 永远等于可支配收入，所以消费曲线和储蓄曲线是一对镜像，它们加起来总是等于 45°线。我们还可以将 $SS$ 转制成图 24–2。

我们知道，储蓄和投资取决于完全不同的因素：储蓄主要取决于可支配收入，而投资则取决于产出、利率、税收政策和企业信心。为了简化起见，我们将投资视为一种外生变量，即它的规模由模型以外的因素决定。

例如，有这样一个投资机会，即不论 GDP 水平如何，每年的投资均为 2 000 亿美元。这就意味着，如果我们要画一条与 GDP 相对应的投资曲线，那么它必然是一条水平线。图 24–2 给出了这个外生性投资的例子。投资曲线标为 $II$，以便与储蓄曲线 $SS$ 区别（注意 $II$，不是罗马数字的 2）。

图 24–2 中储蓄曲线与投资曲线相交于 $E$ 点。$E$ 点对应的 GDP 为 $M$，代表了乘数模型中产出的均衡水平。

> 储蓄曲线和投资曲线的这个交点是国民产出在达到均衡时的 GDP 水平。

**均衡含义的提醒**

分析商业周期或者经济增长的时候我们经常会考虑宏观经济“均衡”。这个术语到底是什么意思呢？**均衡**（equilibrium）就是不同的力在做功时达到平衡的一种状态。例如，如果你看到一个球正在滚下山坡，那么这个球就不是处在一种均衡的状态中，因为在这个过程中存有一个力在推动球向山下滚动，因此可以称之为**非均衡**（disequilibrium）。而当这个球滚到山下的某一洞中静止下来的时候，作用在球上的若干力就达到了平衡，那么这个球也就达到了“均衡”。

简单地说，在宏观经济中，一个均衡水平的产出就是当支出和储蓄中的各种力达到了平衡；在均衡状态下，产出的水平总是趋向稳定，直到当支出与储蓄中的力有所改变，均衡才会被打破。

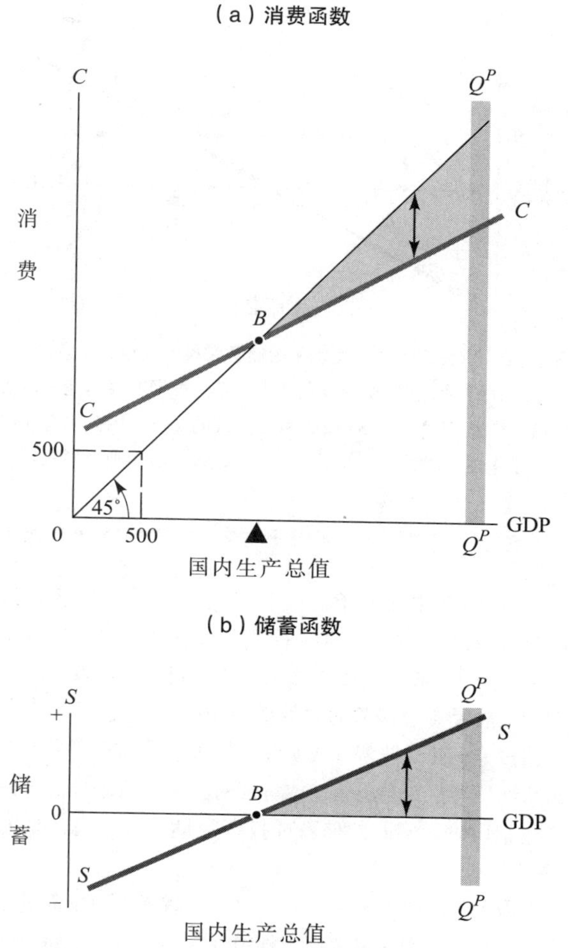


**图 24–1　国民产出决定消费和储蓄的水平**

回忆第 22 章中的消费函数和储蓄函数，$CC$ 和 $SS$，它们是一对镜像曲线。上面图中的收支均衡点位于 $B$，它对应着下面图形中的零储蓄点，即 $SS$ 曲线与横轴的交点。（a）图中标有“500”的点强调了 45°线的重要性质：在该线上的任意一点到纵横两轴的距离都刚好相等。标着 $Q^PQ^P$ 的阴影部分所表示的是潜在的 GDP 水平。

现在来看图 24–2，其中 $E$ 点是一种均衡。为什么我们说图 24–2 中的 $E$ 点是一种均衡呢？原因在于在这个产出水平下，储蓄、投资和产出水平只有在 $E$ 点，居民的意愿储蓄才能等于厂商的意愿投资。而只要意愿储蓄与意愿投资还不相等，产出就会进一步地上下调整。

[1] 我们一开始将图形简化，不包含税收、未分配的公司利润、外贸、折旧和政府财政政策等因素。目前，我们假定收入就是可支配收入，它等于 GDP。

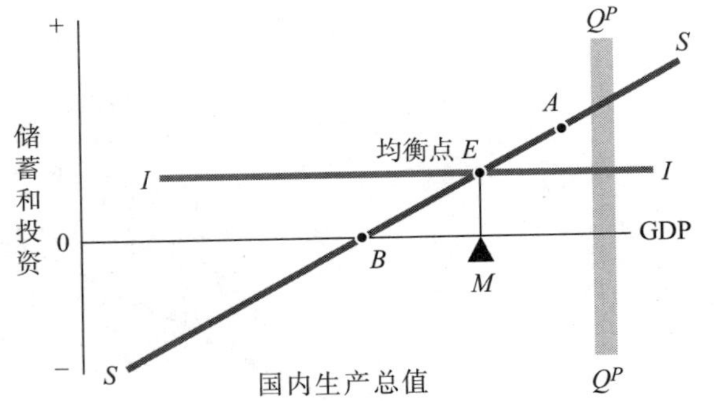


**图 24–2 国民产出的均衡水平由储蓄和投资曲线的交点决定**

水平的 *II* 线说明投资数量保持不变。*E* 是投资曲线与储蓄曲线的交点。均衡 GDP 位于 *SS* 曲线和 *II* 曲线的交点，因为只有在这一 GDP 水平上，居民意愿储蓄的数量才正好等于企业意愿投资的数量。

图 24–2 中的储蓄曲线和投资曲线表示的是意愿的（或计划的）水平。这样，在产出水平为 *M* 时，所有企业想要投资的数量等于垂直距离 *ME*。同样，在这一收入水平下，居民意愿储蓄的数量也为 *ME*。但是，并不存在实际储蓄等于计划储蓄（或实际投资等于计划投资）的逻辑必然性。人难免会出错，或可能对将来预测不准。当发生这些错误时，实际的储蓄或投资数量就会偏离计划的水平。

为了解产出怎样调整到同意愿的储蓄量和投资量相对应的水平，我们这里考虑三种情况。第一种：经济处于 *E* 点。在该点，企业意愿投资曲线与居民意愿储蓄曲线相交。当每个人的计划都得到满足时，所有的人都将满足于继续以过去的方式去进行活动。

在均衡状态下，企业不会再有存货堆积，也不再会感到销售特别兴旺而不得不提高产量。因此，产出、就业、收入及支出都将保持不变。在这样的情况下，GDP 会停留于 *E* 点，因而我们可以恰当地将该点称为一种均衡。

第二种情况是 GDP 一开始高于 *E* 点。比如说在 *A* 点，GDP 处于 *M* 点的右方，处于储蓄曲线高于投资曲线的某个收入水平。这不是一种均衡，因为在该收入水平上，居民储蓄量多于企业意愿进行的投资。因此，企业将会找不到足够的顾客，从而使商品存货多于企业的理想水平。在这种情况下企业怎么办呢？它们会减少产量并解雇工人。这就会使 GDP 逐渐下降，在图 24–2 中表现为产出向左移动。只有到 *E* 点，经济才能回到均衡状态。而且在该点，继续变动的倾向也就会消失。

论述到此，你应能自己分析第三种情况。如果 GDP 低于其均衡水平，强大的力量会使它向右移动，直至回到 *E* 点。

上述三种情况可得出同一结论：

> GDP 惟一的均衡水平是处于计划的储蓄与投资相等的 *E* 点。在其他的任何产出水平上，居民意愿储蓄的数量都不等于企业意愿投资的数量。这种不一致会导致企业改变其产量和就业水平，从而使经济体系回复到均衡的 GDP 水平。

## 总支出对产出的决定

第二种方法是用总支出法来决定一国家的产出，对于学生可能更直观。图 24–3 描述了这一方法。它显示了相应于总产出或总收入的一条总支出曲线。*CC* 曲线代表的是消费函数，它体现与每一个收入水平相对应的意愿的消费数量。然后，我们将意愿投资（即固定的数量 *I*）加到消费函数上，这样意愿的支出总量，或者称为 *TE*，就为 *C* + *I*，如图 24–3 中上面的 *C* + *I* 曲线所示。

接下来我们画一条 45°线，以帮助我们确定均衡。在

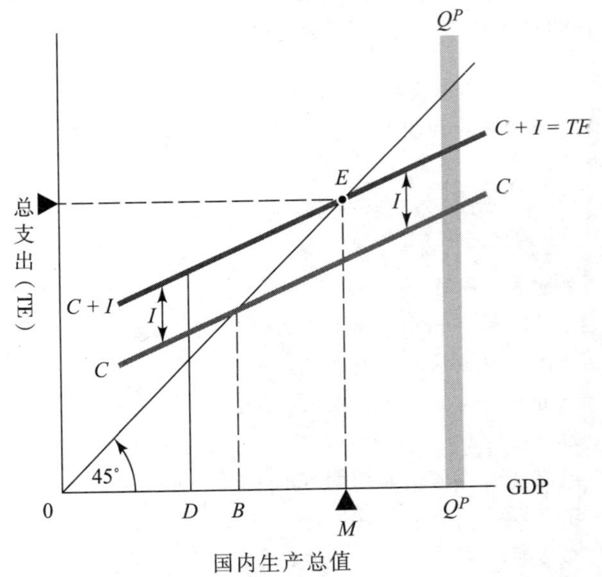


**图 24–3 按照总支出法，均衡 GDP 水平还可以用 *C* + *I* = *TE* 曲线与 45°线的交点表示**

把 *II* 加到 *CC*，就可以得到总意愿支出曲线 *C*+*I*。在 *E* 点，即 *C*+*I* 曲线与 45°线的交点，我们得到了与储蓄—投资所示的相同的均衡水平。（注意本图与图 24–2 的相似之处：加到 *CC* 曲线上的投资和图 24–2 的 *II* 是相同的；交点 *E* 也必然处于相同的位置。）

45°线上的任何一点，总意愿支出（以纵轴衡量）都正好等于产出总量（用横轴衡量）。

现在我们很容易地就能计算出图 24-3 中的均衡产出水平。只有在意愿的支出总量（由 *TE* 曲线代表）等于总产出量的那一点上，经济才处于均衡状态。

> 总支出（或 *TE*）曲线表示对应于每一个产量水平，消费者和企业意愿支出的数量。在图 24-3 中 $TE = C + I$ 曲线与 45°线的相交 *E* 点，经济处于均衡状态。这是因为，在这一点上，对消费和投资的意愿支出数量正好等于总产出量。

## 调节机制

我们可以先来分析为什么 *E* 点是一个均衡水平。一个均衡的经济就意味着计划的（*C* 和 *I*）支出量等于计划产出量。如果经济偏离均衡状态，比如说在图 24-3 中产出水平处于 *D* 点，那么将会怎样呢？在这一产出水平，支出线 $C + I$ 处于 45°线上方，因而计划的 $C + I$ 将大于计划的产出量。这意味着消费者愿意购买的货物的数量大于企业生产的数量。这时汽车销售商将会发现他们的存货逐渐消失，电脑厂商向分销商配货的周期也会越来越长。

在这种非均衡状态，汽车经销商和电脑经销商将会增加它们的订货。汽车厂将会重新雇佣被解雇的工人并加快生产线运转，电脑厂商也会加快组装和配送。这样，总计划产出与总计划支出之间的差异就导致产出数量的变动。

由此可以推知，只有当厂商生产的数量等于居民和厂商计划开支的 *C* 加 *I* 时，即在 *E* 点，经济才能达到均衡。(你应该也可以推知，当产出高于均衡水平时将会发生什么情况。)

**计划数量与实际数量**

本章，我们一再提到“计划的”或者是“意愿的”支出和产出。这些词提醒人们注意以下两者的区别：(1) 计划的或意愿的消费或投资的数量是由消费函数或投资需求曲线所决定的；(2) 实际的消费和投资数量是事后衡量的。

下面的对话可能有助于你记住这种区别：

糊涂者：我记得你说过储蓄永远等于投资。

清醒者：很正确。正如国民核算的统计人员所衡量到的那样，不论是繁荣还是衰退的时期，储蓄和投资都总是正好相等。

糊涂者：要是储蓄永远等于投资的话，那我为什么还必须区分计划的和意愿的？

清醒者：这是由于只有当厂商和消费者都处于他们的意愿的支出曲线和投资曲线上时，GDP 才有可能达到均衡水平。

糊涂者：当计划的和实际的有差别时又会怎样呢？

清醒者：事实上，实际投资经常会与计划投资不同。例如，通用汽车也许会无法完成它的销售计划。这时它就会发现它的存货增加。这种在存货投资上的非自愿性增加就不是一个均衡，那么通用汽车将不可避免地削减生产。

糊涂者：啊哈！我明白了，只有当产出水平处于计划支出（$C + I$）等于计划产出的时候，产出、收入或支出才不存在继续变动的趋势。

清醒者：完全正确。

## 数据分析

举个数据例子也许有助于说明为什么在计划支出等于计划产出量时，产出会达到均衡。

表 24-1 给出了关于消费函数和储蓄函数的一个简单的数据例子。收支相抵的收入水平（国家非常穷以至于在资产负债表上没有净储蓄）假设为 3 万亿美元。假设收入每变动 3 000 亿美元会导致储蓄变动 1 000 亿美元和消费变动 2 000 亿美元。换句话说，为了使问题简单化，假设边际消费倾向 *MPC* 为一个常数，其数值为 2/3，则边际储蓄倾向 *MPS* 为 1/3。

假设投资是外生的，投资规模将总是 2 000 亿美元，如表 24-1 第（4）栏所示。这就是说，不论 GDP 如何变动，企业所意愿购买的投资品都将是 2 000 亿美元，不会多也不会少。

第（5）栏和第（6）栏是关键。第（5）栏显示的是 GDP 总量，不过是将第（1）栏简单地复制到第（5）栏。第（6）栏表示厂商每年的实际可销售量，等于计划消费量与计划投资量之和，实际上即为数字表示的图 24-3 中的 *C*+*I* 曲线。

当所有企业作为一个整体，生产的总产品过多（多于消费者和企业想要购买的数量之和）时，企业就会非自愿地积压商品存货。

从表 24-1 的第一行可见，如果企业临时生产的 GDP 为 4.2 万亿美元，而计划的或意愿的支出数量 [第（6）栏] 只有 4 万亿美元，在这种情况下，则过多的存货就会

| 产出等于计划支出的 GDP(10 亿美元) | | | | | | | |
|---|---|---|---|---|---|---|---|
| (1)<br>GDP 和 DI<br>的水平 | (2)<br>计划消费 | (3)<br>计划储蓄<br>(3)=(1)-(2) | (4)<br>计划投资 | (5)<br>GDP 的水平<br>(5)=(1) | | (6)<br>计划投资和<br>消费的总和，TE<br>(6)=(2)+(4) | (7)<br>导致的<br>产出变动趋势 |
| 4 200 | 3 800 | **400** | **200** | 4 200 | > | 4 000 | 收 缩 |
| 3 900 | 3 600 | **300** | **200** | 3 900 | > | 3 800 | 收 缩 |
| **3 600** | **3 400** | **200** | **200** | **3 600** | **=** | **3 600** | **均 衡** |
| 3 300 | 3 200 | **100** | **200** | 3 300 | < | 3 400 | 扩 张 |
| 3 000 | 3 000 | **0** | **200** | 3 000 | < | 3 200 | 扩 张 |
| 2 700 | 2 800 | **−100** | **200** | 2 700 | < | 3 000 | 扩 张 |

**表 24–1 用算术方法，可将均衡产出视为计划支出量等于GDP 的水平**

表中灰度较深的一行表示均衡的 GDP 水平。在这个水平上，正在被生产出来的 3.6 万亿美元正好等于居民计划消费和厂商计划投资的总和。在该行以上的两行，企业将被迫进行非意愿的存货投资，并将缩减产量，直至于达到均衡的 GDP。请你解释在该行以下各行趋于均衡 GDP 的扩张趋势。

累积起来。企业将减缩产量，GDP 就会下降。表 24–1 中最下边一行所表示的情况相反，总支出数量为 3 万亿美元，而产出数量为 2.7 万亿美元。于是存货会逐渐耗尽，企业会扩大生产从而增加总产出。

我们还可以看见，一旦其生产量大于它们能够以有利的价格销售的数量时，作为一个整体的厂商就会减缩作业量，从而 GDP 趋于下降。当销售的数量大于目前产量时，它们就会增加产量，GDP 就会上升。

> 只有当第（5）栏的产出水平正好等于第（6）栏的计划支出量（*TE*）时，经济才会处于均衡状态。只有在均衡状态时，它们的销售量正好继续维持总产出的现有水平。GDP 既不扩大也不缩小。

## 乘 数

乘数究竟在哪里呢？为回答这一问题，我们需要考查外生的投资变化如何影响 GDP。投资的增加会提高产出和就业水平，这在逻辑上是必然的。但是会提高多少呢？乘数模型说明，投资的增加将会引起更大的乃至数倍的 GDP 的增加，也即投资所引起的 GDP 的增加量会大于投资本身的增加量。

> **乘数**（multiplier）是指外生支出变化 1 美元对于总产出的影响。在简单的 $C+I$ 模型中，乘数是投资变化率和总产出变化率的比率。

请注意，乘数的定义是指每单位外生支出的变动所导致的总产出的变动。这表明支出的某些组成部分是在模型外给定的。在上面提到的例子中，外生的变量是投资。稍后我们会看到同样的方法也可被用于讨论政府支出、出口以及其他总产出项目等变量对于总产出的效应。

例如，假设投资增加 1 000 亿美元，如果这个增加导致产出增加 3 000 亿美元，则乘数就是 3。而若所引起的产出增量为 4 000 亿美元，则乘数就为 4。

***木屋和木匠*** 乘数为什么大于 1？假设我利用闲置资源建造了一幢价值 1 000 美元的木屋。我的木匠和木材生产者会因此增加 1 000 美元的收入。但事情并未到此为止。如果他们的边际消费倾向（*MPC*）均为 2/3，则他们会支出 666.67 美元购买新的消费品。因而这些商品的生产者又会增加 666.67 美元。如果他们的 *MPC* 也是 2/3，则他们又会支出 444.44 美元，或者说是 666.67 美元的 2/3（或是 1 000 美元的 2/3 的 2/3）。这个过程会一直继续下去，每一轮新支出都是上一轮收入的 2/3。

这样，我最初的 1 000 美元的投资就导致了一系列次一轮的再消费支出。尽管这一系列的再支出永无止境，但其数值却是一次比一次减少。最终的总和是一个有限的量。

应用简单算术，我们可计算出总的支出增量：

$$
\left.\begin{array}{c}
1\,000.00 \text{美元} \\ + \\ 666.67 \text{美元} \\ + \\ 444.44 \text{美元} \\ + \\ 296.30 \text{美元} \\ + \\ 197.53 \text{美元} \\ + \\ \vdots \\ \hline 3\,000.00 \text{美元}
\end{array}\right\} = \left\{\begin{array}{c}
1 \times 1\,000 \text{美元} \\ + \\ {}^{2}\!/_{3} \times 1\,000 \text{美元} \\ + \\ ({}^{2}\!/_{3})^2 \times 1\,000 \text{美元} \\ + \\ ({}^{2}\!/_{3})^3 \times 1\,000 \text{美元} \\ + \\ ({}^{2}\!/_{3})^4 \times 1\,000 \text{美元} \\ + \\ \vdots \\ \hline \dfrac{1}{1-\dfrac{2}{3}} \times 1\,000 \text{美元，或} 3 \times 1\,000 \text{美元}
\end{array}\right.
$$

这就说明，如果 *MPC* 等于 2/3，则乘数为 3；它包括最初的投资（倍数）1 和所引发的一系列次轮消费（倍数）2。

如果 *MPC* 是 3/4，相同的演算会得出乘数是 4，因为，$1 + 3/4 + (3/4)^2 + (3/4)^3 + \cdots$的总和为 4。如果一个说是 1/2 的 *MPC* 的话，则乘数为 2。[2]

因此，乘数的大小取决于 *MPC* 的大小。或者，我们也可以用 *MPC* 的相关概念，即边际储蓄倾向（*MPS*）。如果 *MPS* 等于 1/4，则 *MPC* 为 3/4，而乘数为 4。如果 *MPS* 为 1/3，则乘数为 3。如果 *MPS* 为 $1/x$，则乘数为 $x$。

现在可以明确地看到，简单的乘数总是边际储蓄倾向的“倒数”，因此，等于 1/(1−*MPC*)。简单的乘数公式是：

$$
\begin{aligned}
\text{产出的变动} &= 1/MPS \times \text{投资的变动} \\
&= 1/(1-MPC) \times \text{投资的变动}
\end{aligned}
$$

## 乘数的图形

迄今为止，我们的乘数讨论很大程度上还依赖于常识和数学计算。能否通过分析储蓄和投资的图形而得出相同结果呢？答案是肯定的。

假设，如表 24–1 中，*MPS* 为 1/3，并假设因发明涌现而增加了 1 000 亿美元的投资。那么新的均衡 GDP 水平应该是多少呢？如果乘数定为 3，则 GDP 应该增到 39 000 亿美元。

图 24–4 可证实这一结果。我们原有的投资曲线 *II* 向上移动了 1 000 亿美元，达到了新的水平 *I′I′*。新的交点为 *E′*；收入的增加正好是投资增加的 3 倍。正如图中箭头所示，横轴上代表产量增加的距离是投资曲线向上移动距离的 3 倍。我们知道，意愿的储蓄数量必然会上升到与新的更高的投资水平相等为止。储蓄增长的惟一途径是国民收入增加。如果 *MPS* 为 1/3，投资增加额为 1 000 亿美元，那么收入必然增加 3 000 亿美元，才能拿出 1 000 亿美元的储蓄来满足新的投资需要。这样，在均衡水平上，1 000 亿美元的投资增量才能引致 3 000 亿美元的收入增量，从而证实了我们关于乘数的算术推导。[3]

[2] 无穷几何级数的公式是：

$$1 + r + r^2 + r^3 + \cdots + r^n + \cdots = 1/(1-r)$$

其中 *MPC*（$r$）的绝对值小于 1。

[3] 通过改动表 24–1 中的数字也可以说明这个答案。在第（4）栏中我们现在填入 3 000 亿美元，而不是原有的 2 000 亿。结果表明新的均衡产出水平由原来的均衡水平又向上移动了一行。你能否说明当投资数量减少时乘数如何发生作用？

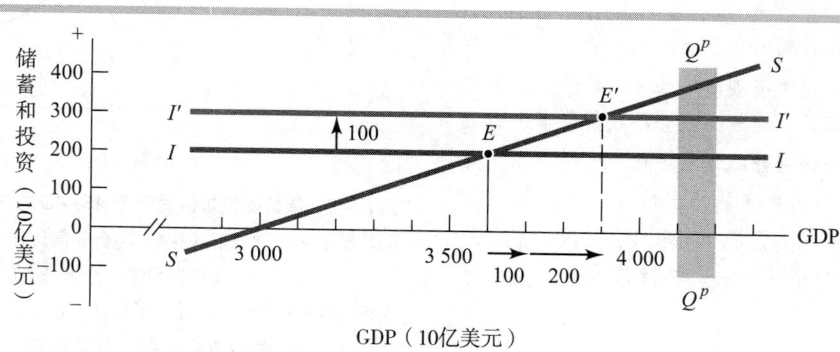


**图 24–4　每投资 1 美元能“倍”增 3 美元的产出**

新投资把 *II* 向上移到 *I′I′*。*E′* 给出了新的均衡产出，其中投资每增加 1，产出就会增加 3。（注意：分为两段的水平箭头是投资移动的垂直箭头长度的 3 倍。之所以将水平的箭头分为两段，是表示每 1 美元的最初投资具有 2 美元的一系列次轮再消费支出。）

## 展望乘数模型

在过去的半个世纪中，最简单的乘数模型一直对于商业周期理论产生着巨大的影响。但是它给出的却是一个过于简单的经济图景。它所忽略的一个最重要的问题是金融市场和货币政策对经济的影响。产出的改变会影响利率，而利率又反过来影响经济。此外，最简单的乘数模型也忽略了国内经济和世界其他经济体的相互影响。最后，该模型还忽略了经济的供给方，经由与总供给相联系的支出与价格的相互作用而表示出来。所有这些缺点我们都会在以后的章节中予以补充，但我们一定要记住，这个人类发展出来的第一个宏观经济学模型，绝对是我们探索和理解经济社会那神奇的复杂性的一块不可或缺的基石。

不妨将以上所论综合起来讨论乘数模型如何更普遍地被应用于宏观经济分析。这种讨论将会很有助益。我们试着理解是什么因素在决定一国的国民产出水平。从长期看，一国的产出水平和生活标准是由它的潜在生产能力来决定的。但在短期内，商业环境使得经济高于或低于其长期趋势。而产出和就业对于各自趋势的偏离可以由简单的乘数模型或者是与其相似但却更为复杂和全面的模型来解释。

尽管这里所展示的种种关系都是被简化了的，但其主旨还是有效的，甚至在扩展到包括政府财政政策、货币政策和对外贸易等情况的时候，其原则也依然适用。需要提请注意的一点是：乘数分析只适用于有闲置资源存在的情况。只有在存在过剩的生产能力的条件下总需求的增长才可能引起产出的增长。相反，如果一种经济正处于其潜在的产出水平，那么就没有产出随着总需求扩张而扩张的空间。在充分就业条件下，需求的增长不会引致的产出增加而只会引致价格的上升。

> 当经济中存在过剩的生产能力和失业人口时，增加投资或其他支出，所增加的这些支出最终会更多地导致实际产出的增长，而较少地会导致价格水平的上涨。然而，当经济达到并超过其潜在产出时，在现有价格水平上要想引出更多的产出就是不可能的。因此，在充分就业情况下，增加支出只会导致价格水平上升，而很少或完全不会引起实际产出或就业的增加。

### 乘数模型与 AS–AD 模型的比较

了解了乘数模型，你也许会自问，是否能用我们在第20章中所学到的 AS–AD（总需求—总供给）模型来解释乘数模型呢？事实上，这不是两个不同的方法。乘数模型就是总需求—总供给模型的一个特例。它解释了在特定的

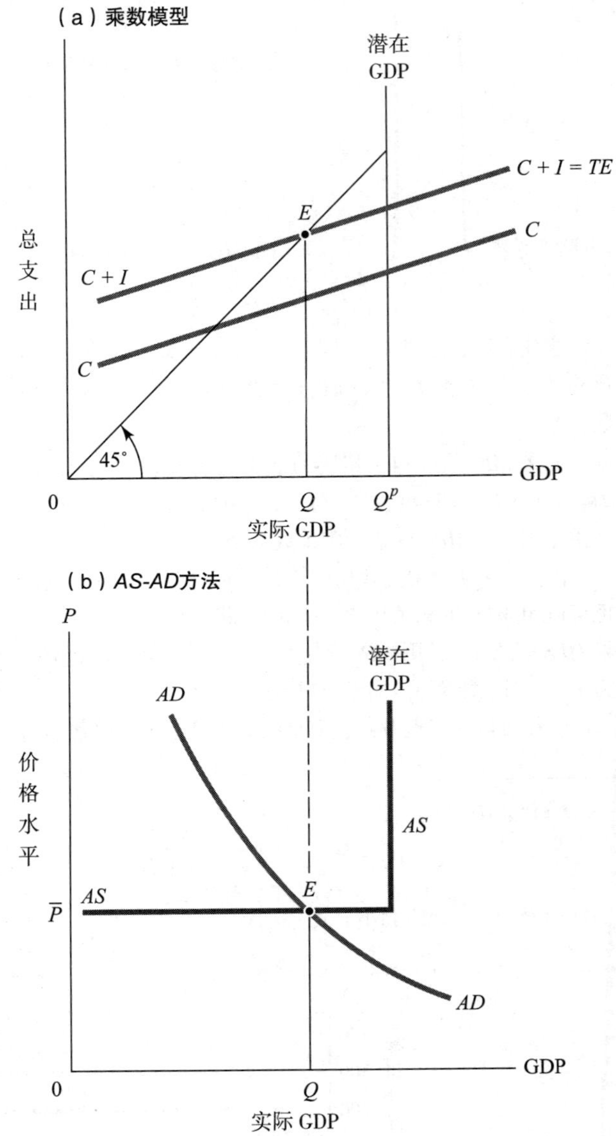


**图 24–5 乘数模型如何适用于 AS–AD 方法**

乘数模型是一种理解 AS–AD 均衡如何运作的方法。

(a) 上图表示乘数模型中的产出—支出均衡。在 E 点，支出线正好与 45°线相交，导致了均衡产出 Q。

(b) 这一均衡也可以在下图中看到，这时 AD 曲线与 AS 曲线相交于 E 点。在简单乘数模型中，假设工资和价格固定，所以 AS 曲线是水平的，直到达到充分就业为止。两种方法都引出了完全相同的均衡产出，即 Q。

精确假设下，$AD$ 是如何受消费和投资支出影响的。

乘数模型的核心假设是：在短期内价格和工资都是固定不变的。这个假设过于简单，因为在现实生活中价格是迅速变化的。但是该假设却捕捉到一个要点，即，如果某些工资和价格具有粘性——这是不争的事实，那么一些使得 $AD$ 发生移动的变化就会导致产出的变化。在以后的章节中我们还会回到这一重要的命题上来。

图 24–5 说明了乘数分析与 $AS$–$AD$ 方法之间的关系。(b) 图展现了一条完全竖直的 $AS$ 曲线。当产出等于潜在产出时，$AS$ 曲线就会变成垂线。

而在潜在产出线的左侧，由于存在着闲置资源，产出主要由总需求大小决定。当投资增加时，会引起 $AD$ 增加，从而使均衡产出上升。

同样的经济过程也可以用图 24–5 上面的乘数图形来描述。乘数图形中的均衡给出了与 $AS$–$AD$ 均衡相同的产出水平，二者都得到了实际 GDP 的数量 $Q$。它们只不过是强调了产出决定的不同侧面。

这一讨论还指出了乘数模型的一个非常重要的特点。对于描述萧条甚至衰退来说，它也许是个十分有用的方法。然而它却不能应用于充分就业时期。一旦当工厂正以其最大生产能力运作，同时所有的劳工都已经被雇佣时，那么，对于这样一种经济来说，就不可能再增加产出了。

对于简单乘数模型的说明我们不妨到此结束，接下去将会进一步拓展关于总需求的讨论，分析图形中将会增加政府财政政策等变量。

## B. 乘数模型中的财政政策

几个世纪以来，经济学家们已经认识到财政政策（政府的税收和支出计划）的分配作用。人们也早已知道，财政计划有助于决定国民产出应当如何在集体消费和私人消费之间分配，以及如何在人口中分担公共支出的负担。

随着现代宏观经济学理论的进一步发展，一个十分令人惊奇的事实已经被揭示出来：政府财政对产出、就业和价格的短期变动也有着重要的宏观的影响。财政政策对经济活动有重大影响，这一点促使了凯恩斯主义的宏观经济政策理论的出台。该理论认为：为缓和商业周期，政府行为具有积极的作用。这一点被著名的宏观经济学家诺贝尔经济学得主詹姆斯·托宾阐述如下：

> 凯恩斯主义的政策，首先体现为宏观经济政策对实际经济目标所做出的显著贡献，尤其对实现充分就业和国民收入实际增长这样的目标；其次，凯恩斯主义者要求积极主动的管理；第三，凯恩斯主义者希望将财政政策和货币政策紧密结合起来，共同促进宏观经济目标的实现。

在这一部分，我们将用乘数模型说明政府采购如何影响产出。

### 财政政策怎样影响产出

为了理解政府在经济活动中的作用，我们需要考查政府的支出和税收，以及这些活动对私人部门支出所产生的影响。现在我们通过在 $C + I$ 中加入 $G$ 来修改前面的分析，从而可以得到一条新的总支出曲线 $TE = C + I + G$。当政府及其支出和税收被考虑进来时，我们就可以在图形中用这条曲线来描绘宏观经济的均衡状态。

为了使问题简化，我们在分析政府采购的影响之前，先假设税收总量是固定不变的（这种不随着收入和其他经济变量变动的税收称为一次性总付税收）。但是，即使假定税收的货币价值不变，我们也不能再忽视可支配收入与国内生产总值的差别。在简化（不考虑外贸、转移支付或折旧）条件下，第 21 章曾告诉我们，GDP 等于可支配收入加税收。进而，在假定税收保持不变时，GDP 和可支配收入 $DI$ 之间永远相差一个相同的数量；这样，将税收考虑进来以后，我们仍能用 $CC$ 曲线来对应 GDP 而不是 $DI$。

图 24–6 显示的是：存在税收时消费函数是如何改变的。我们用黑色的 $CC$ 线画出初始无税收的消费函数。此时，GDP 等于可支配收入。我们使用和表 24–1 中一样的消费函数，所以，当 GDP（和 $DI$）为 3 000 时，消费量也是 3 000，等等。

现在引入为数 300 的税收。在 $DI$ 为 3 000 时，GDP 必须等于 3 300 = 3 000 + 300。当 GDP 为 3 300 时，消费仍为 3 000，因为 $DI$ 为 3 000。由此，可将消费曲线向右移到 $C'C'$，就能将消费写成 GDP 的函数；向右移动的数量正好等于税收的数量，即 300。

同样，我们还可以将新的消费曲线画成向下移动了 200 的一条平行线。如图 24–6 所示，200 是将收入的下降量 300 乘以边际消费倾向的数值 2/3 的结果。

现在再看总需求的构成，第 21 章曾告诉我们，GDP 由 4 个部分组成：

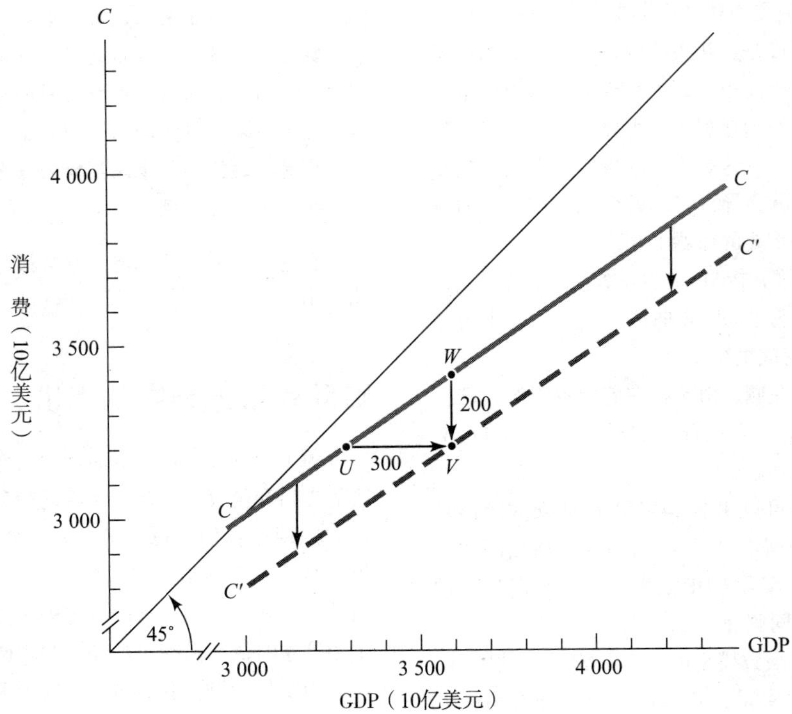


**图 24–6 税收减少可支配收入，使 *CC* 曲线向右下方移动**

每 1 美元税收会使 *CC* 曲线向右移动 1 美元。*CC* 曲线的右移也意味着 *CC* 曲线的下降，但向下移动的幅度小于向右移动的幅度。这是为什么呢？因为向下的移动幅度等于向右的移动幅度乘以 *MPC*。因此，如果 *MPC* 为 2/3，向下移动的幅度就是 2/3 × 3 000 亿美元 = 2 000 亿美元。请你证明 *WV* = 2/3 *UV*。

GDP = 消费支出
　　+ 国内私人总投资
　　+ 政府对产品和服务的采购
　　+ 净出口
　　= $C + I + G + X$

现在假定经济是封闭的、不存在对外贸易，则 GDP 由前 3 项组成，即等于 $C + I + G$。（等我们讨论开放条件下的宏观经济学时再将最后一项净出口加上。）

图 24–7 可显示政府采购的影响。这个图与本章前一部分中所用的图（见图 24–3）几乎完全相同。在这里，我们在消费和投资量上加入了新的支出流 *G*。如图所示，我们在消费曲线和固定投资量之上，又加入了一个新变量 *G*（政府在商品和服务上的支出）。也就是说，曲线 *C*+*I* 与新曲线 $TE = C + I + G$ 之间的垂直距离就是 *G* 的数额。

为什么我们简单地将 *G* 加在消费和投资之上呢？因为政府建筑一座房子的支出（*G*）与私人建筑一座房子的支出（*I*）对宏观经济具有相同的影响；同样，包括购买政府办公用车的公共消费开支（*G*）与私人购买轿车的消费开支（*C*）对就业也具有相同的作用。

我们最后得到由三者叠加在一起的 $TE = C + I + G$，可计算出，在每一 GDP 水平上将会出现的总支出量。现在，我们必须根据它与 45°线的交点来找出 GDP 的均衡水平。在 GDP 的这个均衡水平，如图 24–7 中的 *E* 点，总的计划支出量正好等于总的计划产出量。因此，将政府采购加入了乘数模型后，*E* 点就是产出量的均衡水平。

## 征税对总需求的影响

为什么政府征税会降低总需求和 GDP 的水平？增加税收会减少我们的可支配收入，而可支配收入的降低又会使我们减少消费。很明显，如果投资和政府支出保持不变，那么消费支出的减少将会降低 GDP 和就业水平。因此，在乘数模型中，增加税收而不增加政府支出，将会降低实际 GDP。[4]

[4] 严格地说，本章提到的税收指的是净税额，即税收额减去转移支付。

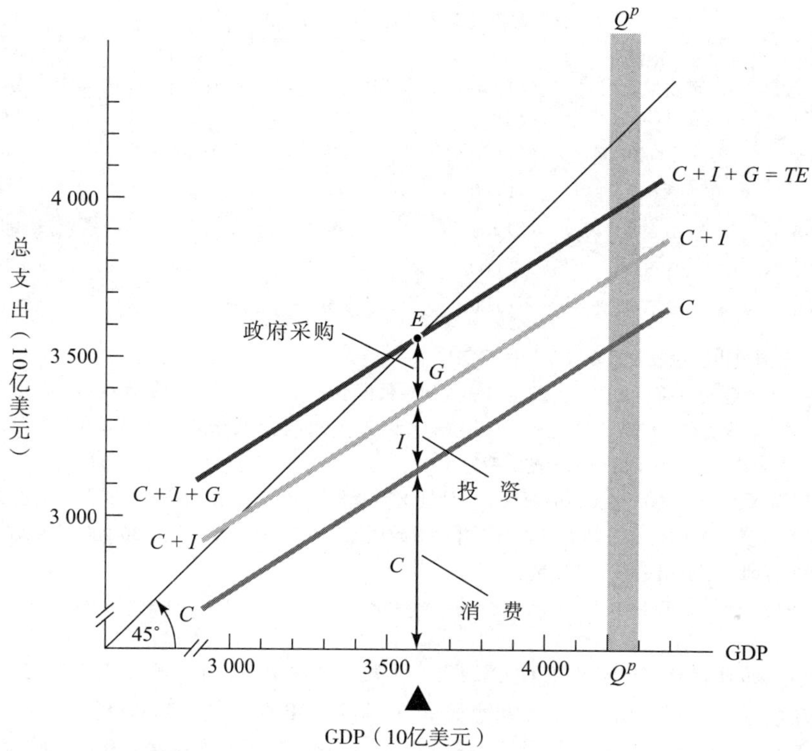


**图 24–7　把政府采购像投资那样加上去以决定均衡 GDP**

现在在消费支出与投资支出之上，我们加上政府在商品和服务上的支出。这使我们得到新的总计划支出曲线，$TE = C + I + G$。在该曲线与 45°线的交点 $E$ 上，我们得到了 GDP 的均衡水平。

回过去看看图 24–6 就能知道这其中的原因。该图中，上方的 $CC$ 曲线代表不存在税收时消费函数的水平。但这一曲线还不是消费函数，因为消费者的收入必须纳税。假定不论在何种收入水平上，消费者所交纳的税收都是 3 000 亿美元；这样，在每个产出水平，$DI$ 都正好比 GDP 少 3 000 亿美元。如图 24–6 所示，这一税收数量可以用消费曲线向右移动 3 000 亿美元来表示。这一向右的移动还可以表现为向下的移动；如果 $MPC$ 为 2/3，那么向右移动 3 000 亿美元就可以视为向下移动 2 000 亿美元。

在我们的乘数模型中，税收无疑会降低产出。图 24–7 说明了这一点。当税收增加时，$I + G$ 保持不变，但税收的增加将会降低可支配收入，从而使消费曲线 $CC$ 向下移动。因此，$C + I + G$ 曲线也会向下移动。你可以用铅笔在图24–7 中画一条新的较低的 $C' + I + G$ 线。证实该线与 45°线的新交点，必然是一个较低的 GDP 均衡水平。

请注意，$G$ 是政府在商品和服务上的支出。它不包括转移支付，如失业保险或社会保障等项。这些转移支付被视为负税收。因此，最好将这里所考虑的税收（$T$）看成是税收减去转移支付。这样，如果直接税和间接税总额为 4 000 亿美元，而所有的转移支付为 1 000 亿美元，那么净税收 $T$ 就等于 4 000 亿美元 – 1 000 亿美元 = 3 000 亿美元。（你能否看出：为什么社会保障增加会降低 $T$ 而增加 $DI$，从而使 $C + I + G$ 曲线向上移动并且使 GDP 的均衡水平增加吗？）

## 数值例子

以上论点在表 24–2 中都能得到说明。该表非常类似于说明在最简单乘数模型中的产出决定的表 24–1。表 24–2 的第（1）栏表示 GDP 初始水平，第（2）栏表示固定税收 3 000 亿美元；第（3）栏的可支配收入等于 GDP 减去税收；第（4）栏为计划消费量，它是 $DI$ 的函数；第（5）栏是固定计划投资数量；第（6）栏为政府支出水平；第（7）栏为计划支出总量，$TE$，等于第（4）栏至第（6）栏之和，即 $C + I + G$。

最后，我们对比第（7）栏的总意愿支出量 $TE$ 与第

| 含有政府的产出决定（10 亿美元） | | | | | | | |
|---|---|---|---|---|---|---|---|
| (1)<br>GDP 的<br>初始水平 | (2)<br>税 收<br>(*T*) | (3)<br>可支配收入<br>(*DI*) | (4)<br>计划消费<br>(*C*) | (5)<br>计划投资<br>(*I*) | (6)<br>政府支出<br>(*G*) | (7)<br>总的计划支出<br>(*C+I+G*) | (8)<br>导致的<br>经济变动趋势 |
| 4 200 | 300 | 3 900 | 3 600 | 200 | 200 | 4 000 | 收 缩 |
| 3 900 | 300 | 3 600 | 3 400 | 200 | 200 | 3 800 | 收 缩 |
| **3 600** | **300** | **3 300** | **3 200** | **200** | **200** | **3 600** | 均 衡 |
| 3 300 | 300 | 3 000 | 3 000 | 200 | 200 | 3 400 | 扩 张 |
| 3 000 | 300 | 2 700 | 2 800 | 200 | 200 | 3 200 | 扩 张 |

**表 24–2 政府支出、税收及投资决定均衡 GDP**

由表可见，当把政府在商品和服务上的支出加入到乘数模型中的时候，产出将如何决定。在这个例子中，税收是"一次总付"的或不受收入水平影响的。因此可支配收入等于 GDP 减 3 000 亿美元。总支出等于 $I + G + C$（由消费函数所决定的消费）。

在产出水平小于 36 000 亿美元的两行中，计划支出量大于产出量，因而产出会扩张。而产出水平大于 36 000 亿美元的两行也是难以持久的，并会导致收缩。只有在产出水平为 36 000 亿美元时才达到均衡产量，即计划支出量等于产出量。

(1) 栏的 GDP 初始水平。如果意愿支出量高于 GDP，厂商为适应支出水平将增加产量，于是产出增长；如果意愿支出量低于 GDP，则产出下降。这种趋势，如最后一栏所示，会使我们确信，产出一定会在 36 000 亿美元的水平上达到均衡。

## 财政政策乘数

乘数分析说明：政府财政政策是一种作用与投资十分相似的高能支出。投资与财政政策之间的相似性说明，财政政策对于产出量也应具有乘数效应。这一点无疑非常正确。

**政府支出乘数**（government expenditure multiplier）是指政府在产品和服务上每增加 1 美元开支所能引起的 GDP 的更多增长的程度。政府在商品或服务上的一项采购，会引致一系列的再支出：如果政府修一条公路，修路工将会用其收入的一部分购买消费品；这又会接着引起出售消费品的人收入的增加，而增加的收入的一部分又会被花掉。在所考查的简单模型中，$G$ 每增加 1 美元对 GDP 的最终效果与 $I$ 每增加 1 美元的效果是一样的：即乘数为 $1/(1-MPC)$。图 24–8 说明 $G$ 的变动如何导致 GDP 的更高水平，而且 GDP 增长额会数倍于政府购买量的增加额。

为说明政府每多花 1 000 亿美元所产生的影响，图 24–8 中的 $C + I + G$ 曲线向上移动了 1 000 亿美元。GDP 的最终增加量则等于最初支出的 1 000 亿美元乘以支出乘数。在这个例子中，由于 $MPC$ 为 2/3，乘数是 3，所以均衡的 GDP 水平增加 3 000 亿美元。

这个例子及常识告诉我们，政府支出乘数和投资乘数是完全相同的，它们被统称为**支出乘数**（expenditure multiplier）。

请注意，乘数具有双向作用。如果政府开支下降，而税收和其他因素保持不变，GDP 的下降幅度将等于 $G$ 的变化量乘以乘数。

$G$ 对产出的影响也可以从表 24–2 中的数据例子说明，你可以用铅笔填入一个不同的 $G$，比如说 3 000 亿美元，并找出 GDP 的均衡水平。它会给出与图 24–8 相同的答案。

小结：

> 政府在产品和服务上的支出（$G$）是决定产出和就业的一个重要因素。在乘数模型中，如果 $G$ 增加，那么产出的增加幅度就是 $G$ 的增加量乘以支出乘数。因此，政府开支就具有了一种通过抑制或刺激产出而影响商业周期波动的潜能。

**战争对于充分就业是必需的吗**

历史上，经济的扩张始终伴随着战争。从表 24–3 中可以看出，过去主要的战争通常都伴随着军事开支的大量增长。例如，在二战期间，在 1941 年 12 月日本轰炸珍珠港之前，国防支出费用占 GDP

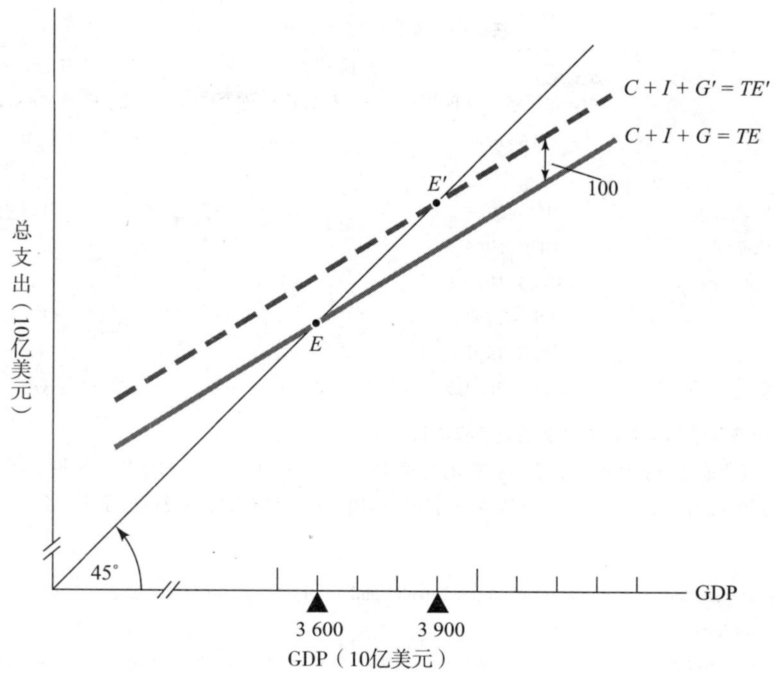


**图 24–8　增加 G 对产出的影响**

假设政府增加了 1 000 亿美元的国防开支，以对付中东油田所面临的威胁。这使得 $C + I + G$ 曲线向上移动了 1 000 亿美元，成为 $C + I + G'$。

这时新的均衡 GDP 水平处于 45°线上的 $E'$点，而不是 $E$ 点。由于 $MPC$ 为 2/3，新的产出水平增加了 3 000 亿美元。这就是说，政府支出乘数为：

$$3 = \frac{1}{1 - {}^2/_3}$$

（如果 $MPC$ 为 3/4 或 9/10，那么政府支出乘数将会是多少呢？）

的比重增加近 10%。实际上，很多学者都认为，美国经济从大萧条中崛起主要是因为二战所带来的军备扩张。同样的但规模较小的朝鲜战争和越南战争中，类似的经济扩张也存在着。

不过，上世纪 90 年代初的海湾战争却曾经导致了一场经济衰退。出现这种反常的原因在于当时的军事开支的增加非常有限，而战争所导致的心理因素的负作用远远超过了政府支出增长的作用。

这些心理因素是什么呢？1990 年 8 月伊拉克入侵科威特之后，消费者和投资者变得恐慌起来，进而减少了他们的支出。此外，国际油价飚升也降低了人们的实际收入。直到 1991 年 2 月美国迅速取胜之后，这些心理因素才得以矫正。

那么 2003 年初伊拉克战争的影响又是怎样的呢？这场战争不像历史上的大多数大战，而是更类似于海湾战争。战争时期美国在国防上的开支几乎没有什么增长，而同期消费者和企业投资者的谨小慎微，连同高涨的国际原油价格，共同刮起了一场阻挡经济前进的顶头风。

战时支出对经济扩张的作用是关于乘数模型功能的最为直接和最有说服力的案例之一。确保你已经理解了这个潜在的机制，即为什么经济扩张的规模如表 24–3 所示的那样有所不同。

## 税收的影响

税收也会影响 GDP 均衡水平，尽管与支出乘数相比税收乘数要小一些。考虑这样一个例子：假设经济正处于其潜在 GDP 水平，这时国家增加了 2 000 亿美元的国防开支。这种突然增加国防开支的情况在美国历史上可谓屡

| 来自国防支出的经济刺激 | | | |
|---|---|---|---|
| 战 争 | 战争或军备扩张时期 | 国防支出占 GDP 百分比的增量 | 在军备扩张期间实际 GDP 增加的百分比 |
| 一 战 | 1916~1918 | 10.2 | 13.0 |
| 二 战 | | | |
| 珍珠港战争之前 | 1939~1941 | 9.7 | 26.7 |
| 整个二战期间 | 1939~1944 | 41.4 | 69.1 |
| 朝鲜战争 | 1950.3~1951.3 | 8.0 | 10.5 |
| 越南战争 | 1965.3~1967.1 | 1.9 | 9.7 |
| 海湾战争 | 1990.3~1991.1 | 0.3 | –1.3 |
| 伊拉克战争 | 2003.1~2003.2 | 0.1 | 0.5 |

**表 24–3 经济繁荣伴随着军事开支的大规模增长**

由表可见，战争或军备扩张时期，军备扩张的规模及由此产生的实际 GDP 的增长。那些主要的战争都曾产生了持续的经济繁荣，但是由于其他部门的反作用，近 20 年来的小规模战争都导致了经济增长的减速。

资料来源：Department of Commerce, National Income and Product Accounts, available at www.bea.gov, and estimates by authors.

见不鲜：20 世纪 40 年代早期是因为第二次世界大战，1951 年是因为朝鲜战争，60 年代中期是因为越南战争，而 80 年代早期里根执政期间是由于美苏军备竞赛。再假设经济规划者希望通过增加税收，来抵消增加 2 000 亿美元的政府开支（$G$）对 GDP 所产生的影响。那么税收应该增加多少呢？

我们肯定要大吃一惊。为了抵消 $G$ 增加 2 000 亿美元的影响，我们需要增加的税收将大于 2 000 亿美元。在以下数字例子中，我们可以从图 24–6 中找出税收（或 $T$）增加的准确数量。该图说明 $T$ 增加 3 000 亿美元会使可支配收入减少，并且在 $MPC$ 为 2/3 时导致消费量正好下降 2 000 亿美元。换句话说，增加 3 000 亿美元税收将会使 $CC$ 曲线向下移动 2 000 亿美元。这就是说，虽然国防开支增加 10 亿美元可以使 $C + I + G$ 线向上移动 10 亿美元，但税收增加 10 亿美元却只能使 $C + I + G$ 曲线向下移动 10 亿美元的 2/3（当 $MPC$ 为 2/3 时）。因此，要抵消国防开支增加所产生的影响，就需要 $T$ 比 $G$ 有更大幅度的增加。

> 在影响产出方面，变动税收是个有力的工具。但是税收乘数小于支出乘数，小的幅度为一个 $MPC$ 因子，即：
>
> $$税收乘数 = MPC \times 支出乘数$$

税收乘数之所以小于支出乘数，原因显而易见。当政府在 $G$ 上支出 1 美元时，这 1 美元会直接花费在 GDP 上。而另一方面，当政府减少 1 美元税收时，这 1 美元只有一部分花费在 $C$ 上，另一部分则会被储蓄起来。这种对 1 美元的 $G$ 和 1 美元的 T 所做出的不同反应，就足以使税收乘数低于支出乘数。[5]

## 实践中的财政政策

肯尼迪总统在 1961 年采用了凯恩斯主义经济学的观点，使财政政策成为美国对付衰退和通货膨胀的一个主要

[5] 为了简化，我们取税收乘数的绝对值（由于该乘数实际为负值）。我们可以通过前面所列出的“支出的系列轮数”方法来说明不同的乘数。假设 $MPC$ 为 $r$，那么如果 $G$ 上升一个单位，支出的总增加额就是各轮再支出的总和：

$$1 + r + r^2 + r^3 + \cdots = \frac{1}{1-r}$$

现在，如果税收减少 1 美元，那么消费者新增加的可支配收入的（1–$r$）倍会用于储蓄，并在第一次支出中花掉 $r$ 美元，在以后各次中，总支出便是：

$$r + r^2 + r^3 + \cdots = \frac{r}{1-r}$$

因此，税收乘数是 $r$ 倍的支出乘数，而这里的 $r$ 是 $MPC$。

的武器。肯尼迪总统提出大幅度削减税收来帮助经济走出低谷。这些措施实施后，美国经济开始迅速增长。但是，减税再加上 1965~1966 年越战中财政扩张的影响，又使得产出增长过快，超过了潜在的 GDP 水平，于是通货膨胀开始升温。为了对付不断上升的通货膨胀，并抵消越战所增开支的影响，1968 年国会批准了开征一项临时性的收入附加税。

20 世纪 80 年代的美国是另一个反映财政政策如何运行的戏剧化的例子。1981 年国会通过了里根总统提出的"供应方减税"（supply-side tax cuts）等经济复兴计划，其中也包括大量增长国防开支。这些措施将美国经济从 1981~1982 年的严重衰退中拯救出来。

20 世纪 80 年代中期的新财政政策开启了一个崭新的纪元。里根的财政政策导致政府预算赤字（财政的收入和支出之差）急剧增大，在整个 80 年代政府赤字和债务都在以极快的速度攀升。在这个预算赤字的时期，由于国会挣扎于削减赤字的斗争中，致使新的政府措施迟迟不能出台。

克林顿总统 1993 年一上台，就面临着一个痛苦的财政两难困境：一方面高赤字依然顽固地存在着；另一方面经济不景气且失业率高得令人难以接受。总统是应该先处理赤字，通过增加税收、降低支出来增加公共储蓄，进而靠储蓄水平提高来带动国民储蓄和投资的增长呢？还是应该关注财政紧缩会减少 $C + I + G$ 并"挤出"投资，而税收增加和 $G$ 的减少又会降低产出？

在两难困境中争斗之后，克林顿总统还是决定优先考虑削减财政赤字。1993 年预算法案决定，在今后 5 年中减少联邦赤字 1 500 亿美元（或 GDP 的 2%）。这些举措使得开支收缩，税收增加，一个空前繁荣的经济和高水平的股票价格同时出现，随之而来的是始自 1998 年的预算盈余，着实令所有的专家都深感惊讶。

然而，财政盈余所维持年份是很有限的。不尽人意的股市下跌、经济衰退、战争和恐怖主义等一系列冲击，共同导致了美国政府财政状况迅速恶化。在这种情况下，乔治·W·布什总统在 2001 年劝说国会通过大规模全面减税的法案，并废除了遗产税（尽管只是临时而非永久性的）。另一项关于减税的规定于 2003 年制定，即降低对股息的征税，以减轻美国人的资本税负担。

伴随着布什政府的减税计划，美国经济经历了一个比较完整的周期。财政政策不再作为主要的反经济周期的手段。相反，经济学家认识到，税收的变动应当主要集中于影响国民储蓄、投资和创新等经济活动。

### 稳定政策的另一手段

到目前为止，我们的乘数分析的着重点，还只是将它作为一种稳定经济的财政政策的工具。但凯恩斯主义经济学家强调的财政政策，却仅仅是对付商业周期的可行性的方法之一。政府还有另外一个具有同样威力的武器：货币政策。尽管货币政策的作用方式与财政政策大不相同，但如同我们在下面两章中将要看到的那样，它作为一种政策在解决失业和通货膨胀方面的确同样具有许多优点。

> 正如火车的两个车头（有时朝这个方向开，有时又朝另一个方向开），在短期内，货币政策和财政政策都是带动产出、就业和价格的强有力的引擎。

## 现实中的乘数

现实地把握乘数的数值是诊断经济和制定对策的关键。医生用止痛药必须知道不同剂量的效果，同理，经济学家也必须知道支出乘数和税收乘数的数值的大小。当经济增长过快而必须开出财政政策的猛药时，经济的诊治者在决定使用多大剂量的"增加税收"或"减少开支"时，需知道实际的乘数究竟有多大。

教科书上的模型所给出的是关于宏观经济结构的高度简化的图形。为获得更符合现实的、反映产出随政府开支的变动而变动的模型，经济学家需要建立大型的经济计量模型（见第 23 章有关讨论），并通过计算政府开支变动对经济的影响在模型中进行数值检验。这样，模型就可以作为提出政策建议的理论根据。这些大型模型不但包括我们已经介绍的显而易见的因素，而且还应包括我们此后将会考虑到的因素，诸如，一种更现实的税收处理方法，一个健全的货币政策部门，还有工资和价格的变动，等等。这些因素的加入会减小乘数的数值。

美国最近有一项综合性的经济计量研究，提供了一个有代表性的乘数估算方法。该模型包含了一套预测所有各主要部门经济行为（包括货币金融部门以及投资需求函数和消费函数）的方程式，并与其他涉外部门形成一套完整的体系。在一系列的参数中，假定政府的商品和服务采购的实际水平的增加额始终为 10 亿美元。模型就会据此计算政府支出这个增加量对实际 GDP 的影响。由政府支出增加所引起的实际 GDP 的变动，可以提供一个政府支出乘数的估计值。

图 24-9 显示了这一研究结果。最粗的线代表由 8 个模型所估算出的政府支出乘数的平均数，而其余的细线则

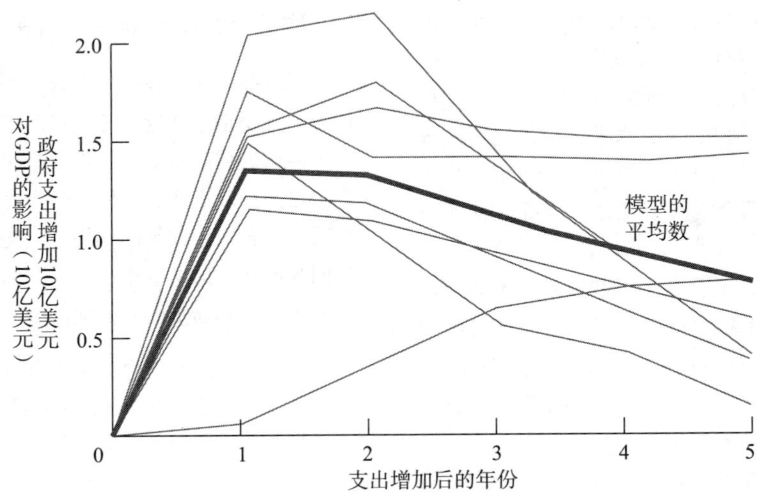


**图 24-9 宏观经济模型中的支出乘数**

一项详细的研究显示了运用不同的宏观经济模型所估算的政府支出乘数。这些实验说明：政府用于购买商品和服务的实际支出增加 10 亿美元，可能会给不同时期的实际 GDP 造成多大的影响。这就是说，所说明的是：$G$ 的 10 亿美元的变动对 $Q$ 产生的影响。粗线表示不同模型的平均乘数，而细线则表示每一个模型的乘数。

*资料来源*：Ralph C. Bryant，Gerald Holtham，and Peter Hooper，"Consensus and Diversity in Model Simulations，" in *Empirical Macroeconomics for Interdependent Economies*（Brookings Institution，Washington，D.C.，1988）.

表示每个模型的估算结果。第一、第二年乘数的平均值约为1.4；但此后，随着货币因素和国际因素开始起作用，乘数趋向于缓慢下降。（货币因素是指 GDP 的增加对利率所产生的影响，正如我们在以后将要说明的，这种影响会对投资产生挤出效应。）

这些估算的一个有趣之处是，不同的模型（图 24-9 中的 8 条细线表示）所估算出的乘数具有相当大的差异。为什么估计值会不同呢？首先，经济关系本身存在着固有的不确定性。当然，自然或社会结构的不确定性恰恰是科学引人入胜和令人激动的源泉；如果每一件事都确凿无疑，那么科学家们就要失业了。但由于经济学家不可能在实验室中进行那种可以控制的实验，因此，对经济体系的研究就更加地具有挑战性。更令人迷惑的问题是，经济本身会随着时间的推移而发生变化。因此，对 1965 年来说是"正确"的模型，对 2005 年来说就可能与"正确"相去甚远。

此外，经济学家对宏观经济的基本属性的认识也存在着完全不同的观点。一些经济学家相信凯恩斯主义的方法最适合于解释宏观经济行为，而另一些经济学家则认为古典理论或真实商业周期理论更具有洞察力。由于所有这些不确定性和不同观点的存在，经济学家们对于乘数有不同的估计也就不足为奇了。

## 乘数模型的背后

我们已经研究了凯恩斯主义乘数模型的最基本的应用。对于理解商业周期、政府财政政策与国民产出之间的联系，这种分析提供了必不可少的帮助。

但是不要错误地认为，只要简单地教会鹦鹉学会说"$C+I+G$"或者"某某乘数"鹦鹉就会变为一个宏观经济学家，那样可就大错特错了。理解宏观经济要求不仅要理解各种模型，而且要理解各模型的优势和劣势。现将最简单乘数模型小结如下：

- 乘数模型忽略了货币和信用对消费和投资的影响。
- 最简单的乘数模型忽略了对外贸易对国内国外产出的影响。
- 总供给也未在考虑之列，所以我们无法分析支出的扩大如何分布在价格和产量之上。

这些问题并非无关紧要，相反，它们是理解现代宏观经济学的关键之所在。在接下来的几章中，我们将引入更加现实的要素。一旦将货币和利率的影响、工资和价格变动纳入分析，我们就会看到财政政策对经济的影响可能会与最简单的乘数模型的表现大不相同。

我们接下来要转向分析经济学中最有趣的内容之一：对货币的研究。一旦理解了中央银行如何决定货币供给，那么，我们就会更完整地看到，政府怎样才能驯服那些在资本主义大部分历史时期中一直是狂暴不羁的商业周期。

## 总结提要

### A. 基本乘数模型

1. 乘数模型提供了一种理解总需求对产出影响的简明的方法。在这个最简单的方法中，居民户消费是可支配收入的一个函数，而投资则是一个固定不变的量。人们的消费愿望和企业的投资意愿通过产出的变动而得到平衡。国民产出的均衡水平必然处于储蓄曲线 *SS* 和投资曲线 *II* 的交点。用投入—产出的分析方法我们也可以得到这一结论，均衡产量出现于总支出（*TE*），即消费加投资曲线（$TE = C + I$）与 45°线的交点处。
2. 如果产出暂时地高于均衡水平，则企业将会发现其产出量大于销售量，而产品存货将会非自愿地堆积起来，利润也会骤减。因此，厂商势必要削减生产、解雇工人，使产量回到均衡水平。惟一能够维持的产量水平，是当买方自愿的购买量正好等于企业所愿意生产的数量时才能达到。
3. 因此，在简化了的凯恩斯乘数模型中，乐曲的基调是由投资来决定，而消费则按这个音乐起舞。投资决定产出，而储蓄则被动地对收入的变化做出反应。产出会上升或下降，直至计划储蓄已经调整到与计划投资相等的水平为止。
4. 投资对产出有乘数效应。当投资增加时，产量将首先增长相同的数量。但是，当资本品产业的收入获得者得到更多的收入时，他们便会启动一系列由此引致的一系列次轮消费支出和就业。

   如果人们总是把所增加的每 1 美元收入中的 r 用来购买消费品的话，那么乘数链条的总和将是：

   $$1 + r + r^2 + \cdots = 1/(1-r) = 1/(1-MPC) = 1/MPS$$

   从数字上看，最简单的乘数等于 *MPS* 的倒数，或者：$1/(1-MPC)$。乘数可以向任一方向起作用，它既可以成倍地增加投资，也可以成倍地减少投资。之所以会有这样的结论，是因为要想使储蓄增加 1 美元，收入的增加必须总是大于 1 美元。
5. 需要着重记住的几点是：（a）基本的乘数模型强调总需求变动对产出和收入影响的重要性。（b）它一般适用于有闲置资源存在的情况。

### B. 乘数模型中的财政政策

6. 对财政政策所做的分析，详细讲解了凯恩斯乘数模型。它说明了政府开支增加并在税收和投资不变的条件下就其本身而论就像投资增加一样对国民产出有扩张效应。总支出 $TE = C + I + G$ 曲线会向上移动，与 45°线相交于更高的均衡点。
7. 在投资和政府开支不变的条件下，税收的减少就其本身而论，会提高国家产出的均衡水平。对照 GDP 而作出的 *CC* 消费曲线，因税收的削减而向上和向左移动。但是，由于新增可支配收入中有一部分被用于储蓄，因此用于消费的新增货币，将没有新增的可支配收入那么多。所以，税收乘数要小于政府支出乘数。
8. 运用统计技术和宏观经济学理论，经济学家们发展了估算支出乘数的现实模型。用主流的方法估计，所测定的 4 年内的乘数值是在 1~1.5 之间。

## 概念复习

**基本乘数模型**
TE = C + I 曲线
TE = C + I + G 曲线
决定 GDP 的两种方法：
计划储蓄=计划投资
计划 C + 计划 I = 计划 GDP
投资等于储蓄：计划水平与实际水平
投资的乘数效应
乘 数
$= 1 + MPC + (MPC)^2 + \cdots$
$= 1/(1-MPC) = 1/MPS$

**政府采购和税收**
财政政策：
G 对均衡 GDP 的影响
T 对 CC 和 GDP 的影响
政府采购（G）和税收（T）的乘数效应
C + I + G 曲线
现实中乘数估计

## 补充读物和互联网站

**补充读物**

The multiplier model was developed by John Maynard Keynes in *The General Theory of Employment, Interest and Money* (Harcourt, New York, first published in 1935). Advanced treatments can be found in the intermediate textbooks listed in the Further Reading section in Chapter 20.

**互联网站**

Brad DeLong of the University of California at Berkeley has a Web page with many references to Keynes. See www.j-bradford-delong.net/Index.html. One of Keynes's most influential books, *The Economic Consequences of the Peace* (1919), predicted with uncanny accuracy that the Treaty of Versailles would lead to disastrous consequences for Europe—it is available at www.socsci.mcmaster.ca/~econ/ugcm/3113/keynes/peace. Writings on Keynesian economics and many other current subjects can be found on Paul Krugman's website at www.wws.princeton.edu/~pkrugman/.

## 问题讨论

1. 简单的乘数模型中，假设投资总是等于零。说明在这种特殊情况下均衡产出将出现于消费函数的收支相抵点。为什么当投资量为正时，均衡产出将高于该消费函数的盈亏平衡点？
2. 仔细定义什么是乘数模型中的均衡？在下列情形中分别解释为什么该情况不是一种均衡？同时描绘在每一种情况下，整个经济会如何反应以重新达到均衡？
   a. 在表 24–1 中，GDP 为 33 000 亿美元。
   b. 在图 24–2 中，实际投资为零。
   c. 汽车销售商发现他们的存货远远大于他们的计划。
   d. 在 A 部分最简单的模型中，消费者计划储蓄 600 美元，同时商人们计划投资 700 美元。
3. 重新设制表 24–1，假设计划投资等于（a）3 000 亿美元，（b）4 000 亿美元；则 GDP 的最终差额是多少？这个差额比 I 的变动大还是比它小？为什么？当 I 从 2 000 亿美元下降到 1 000 亿美元时，GDP 必然会下降多少？
4. 请给出乘数的（a）一般定义，（b）算式，（c）几何图形。当 MPC 分别等于 0.9，0.8，0.5 时，或 MPS 分别等于 0.1 或 0.8 时，算出乘数的数值。
5. 我们已经知道，投资会经由加速数原理（见第 23 章）、随着产出的变化而变化。我们可以定义边际投资倾向（MPI），表示每一单位产出变化所引起的投资的变化。假设投资为：$I = I + 1.2Q$（MPI=1.2），当 MPC 为 0.8

时，边际支出倾向为什么等于 $MPC + MPI$？算出当边际支出倾向等于 2 时，支出和再支出的数列。试解释发散的无穷几何级数的经济意义。

6. 运用支出的系列“轮”数或曰级数方法，用文字说明为什么税收乘数小于支出乘数。
7. 解释为什么政府有可能运用财政政策来稳定经济。为什么财政政策在“凯恩斯区域”对于提高产出是有效的，而在总供给为垂直线的经济中则是无效的？
8. “即使政府花费数十亿美元用于浪费性的军备，这一行为在衰退时期也能够创造就业。”请对这句话加以讨论。
9. 储蓄和投资图以及 45°线和曲线 $C + I$ 是用来解释在乘数模型中国家产出是如何被决定的两种方法。请描述这两种方法，并解释为什么它们的效果是一样的。
10. **有难度的问题**：国民产出的增长主要依靠储蓄和投资，并且我们从小就受到教育并笃信勤俭节约重要，“省下来的一分钱就是赚到的一分钱”储蓄得越多对经济就越有利吗？在一次饶有兴趣的争论（称为节约悖论）中，凯恩斯指出：当人们想储蓄得更多时，其结果并不意味着整个国家能够储蓄得更多。

    根据这个观点，假设人们决定储蓄得更多时的情况。用图 24-4 中的乘数模型说明它是怎样使 $SS$ 曲线向上移动的。解释它为什么会降低产出而不是增加了储蓄。直觉上，假如在一个给定的商业环境中，人们试图增加储蓄，降低消费，销售量就会下降，厂商就会减少生产。请解释产量会下降多少。这就是节约的悖论：当集体决定储蓄得更多时，其结果却会导致产出和收入的减少，而储蓄并不增加。

    请解释：为什么说这是人们的成见中存有谬误的好例子。进一步解释：为什么悖论只在经济中存在着闲置资源时才能成立，而在典型的完全就业的经济中，储蓄的增长又确实能够带来投资的增加而不是产出的下降。

第 25 章

# 金融市场和货币的特殊形态

历史上，货币一直这样地困扰着人们：要么很多却不可靠，要么可靠但又稀缺，二者必居其一。

——加尔布雷思，《不确定的年代》(1977 年)

金融系统是现代经济中最为重要和最富创新性的部门。一系列的制度安排和业务工具组成了一个重要的循环体系，将一些国家和个人的储蓄转换为另一些国家和企业的投资。鉴于论题的重要性，本章开头将先就现代金融系统的运作机制作若干评介。

最有资格作为金融资产的货币在现代经济中扮演着特殊的角色。它是促进经济中不同参与者进行交易的润滑剂。本章第二部分拟考查货币的本质和人们持有货币的原因，然后分析银行的特殊功能，也即经由银行准备金去创造货币。本章最后一部分将讨论股票价格的魔术般的作用。

所有这些将为下一章分析货币政策如何在管理商业周期中起核心作用做铺垫。

## A. 现代金融系统

### 金融系统的作用

现代经济中日益重要的组成部分是金融和金融系统。**金融** (finance) 是指经济代理人以消费或投资的目的从其他代理人那里借入或者贷出资金的过程。人们可能会借入或者贷出资金，因为他们的现金收入时常与他们的意愿支出不匹配。例如，学生一般都会有超出他们现阶段收入的学费和生活开支的消费需求。他们通常通过学生贷款筹集超额开支。同样，双职工家庭可能通过购买股票或债券，将部分收入储蓄起来以备日后退休时所需。可见他们实际上是在为退休金而融资。

与金融相关的活动发生在**金融系统** (financial system) 中。它包括市场、厂商和其他机构，承担和执行着居民户、企业和政府在国内和国外的各种金融决策。金融系统的重要组成部分包括货币市场（将在本章后面讨论），固定利率的债券或抵押贷款等资本市场，能取得公司所有权的股票市场，还有交易不同国家货币的外汇市场。美国绝大多数的金融系统由旨在盈利的经济实体组成，但是非营利性的政府机构，如联邦储备系统和其他常设机构等，在保证金融系统的有效性和稳定性方面也起着特别重要的作用。

借贷行为经由各种金融中介发生在金融市场上。**金融市场** (financial market) 同其他市场一样，只不过它的产品和服务包括股票和债券等金融工具。重要的金融市场包括股票市场、债券市场和外汇市场。

提供金融服务和产品的机构叫做**金融中介** (financial intermediaries)。金融机构和其他企业有所不同，它们的资产更多是金融资产而非厂房和设备那样的实物资产。很多零售金融交易（如银行业务或购买保险）更多通过金融中介而不是直接在金融市场交易。

最重要的金融中介是商业银行，它从居民户或其他组织那里吸收存款资金然后将它们贷给需要资金的企业和其他居民户；银行也“创造”货币这种特定产品。另一大重要的金融中介包括保险公司和养老基金，它们提供专业化的产品、保险政策和保证居民退休生活的投资。而第三类金融中介“集中”并“细分”各种债券，包括共同基金（代表持有企业债券和公司股票）和抵押品再销售者（从银行购买抵押品并将他们重新包装上市销售给其他的投资者）。

美国的金融中介大约拥有 40 万亿美元的负债，或者说美国的每个居民户大约 40 万美元。显然，考查人们在这个部门的投资，并就有关数据进行认真的研究，不仅有益于制定政策，而且也有助于居民户明智地做出金融决策。

## 金融系统的功能

由于金融系统是现代经济中非常重要的部门，让我们探讨一下它的主要功能：

- 金融系统在不同时间、部门和地区间*转移资源*。这一功能使投资被更有效地利用而不是浪费在不需要的地方。以上我们已经涉及学生贷款和退休储蓄的例子。下面是一个发生在国际金融领域的例子。日本是储蓄率极高的国家，现在正通过贷款和国外直接投资等方式将资源转移到投资机会激增的国家——中国。
- 金融系统*控制风险*的作用。从某种意义上说，风险管理类似于资源转移：它将风险从那些最需要降低风险的人或部门中转移出来，并转移或分散给那些风险承受力和适应性更强的人或部门。例如，房屋火灾保险可为你承担高达 20 万美元的损失，让风险分摊到成千上万的保险公司股东们的头上。
- 金融系统根据单个储蓄者或投资者的需求*吸收和发放资金*。作为一个投资者，你可能只想在普通股票的多样化组合中投资 1 万美元，但有效地选购一个 100 种股票的组合也许需要投资 1 000 万美元。在这种情况下，共同基金便应运而生：基金可以拥有 1 000 个投资人，可以选购上述股票投资组合，然后再接受你的 1 万美元的认购并管理你的投资。作为回报，这个运作良好的共同基金可能需要你每年为你 1 万美元基金投资承担 30 美元的管理费。此外，现代经济要求大型公司拥有上千万美元的土地和设备的投资，个人很难负担得起。就算有人非常有钱、能够独立进行投资，他恐怕也不会愿意将自己所有的鸡蛋都放在同一个篮子里。因此，现代公司制度便应运而生：公司有能力吸引许多投资人买自己的股票，从而可以将分散的投资集中起来，从事规模巨大且更具风险性的投资。
- 金融系统发挥着重要的*票据交换所的功能*，从而促进付款人（买者）和收款人（卖者）之间的交易。例如，当你经由支票账户出具一张支票购买新电脑时，票据交换所就会在你的银行账户借方上记一笔，同时也在那家电脑公司的银行账户的贷方上记一笔。正是这一功能能够让资金在全世界快捷地进行交易。

## 资金的流动

我们可以通过一幅**资金流动**（flow of funds）图显示金融市场简化的账户，如图 25–1 所示。这幅图显示了两组经济当事人（储蓄者和投资者），通过金融中介和金融市场进行储蓄和投资的典型的范例。图 25–1 是高度简化的，现实中却有许多不同种类的金融资产或金融工具，我们在下文中将会看到。

## 金融资产的类别

**金融资产**（financial assets）是经济中一个参与者对另一个参与者的货币要求权，主要包括以*美元计价的资产*（支付货币固定为美元）和*有价证券*（其价值代表的是所占有的实体资产的价值）。

以下是主要的金融工具或资产：

- *货币*作为一种特殊资产，将在这一章后面详细地给出定义。
- *储蓄账户*，指在银行的存款，通常由政府担保，有固定的本金价值，其利率由短期市场利率决定。
- *政府证券*，包括国库券和联邦、州和地方政府发行的债券。它们承诺到期支付本金，分期支付利息。联邦政府债券被认为是最安全的投资。
- *股权*是指对企业的所有权。它们从公司的净利润中获取红利。公开交易的股权（或称普通股）由股票市场定价，也就是依据市场对未来红利的估计而决定其价格。非公司股权体现的是合伙制企业、农场和小企业的价值。

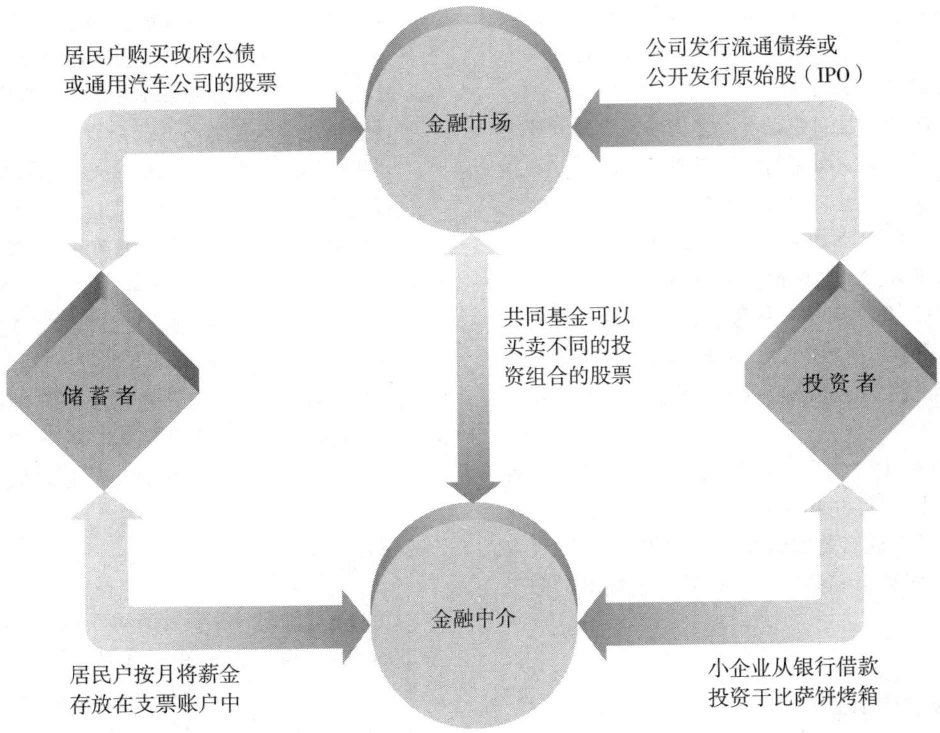


**图 25-1 经济中资金流的流通渠道**

储蓄者和投资者通过金融市场和金融中介跨时间、跨空间和跨部门地转移资金。一些资金流动（如购买 XYZ 公司 100 股股份）直接通过金融市场，而其他（如购买共同基金份额或将资金存入你的支票账户）则经由金融中介。

- 金融衍生产品是一些新的金融工具，它们的价值依附或衍生于其他资产的价值。一个重要的例子是股票期权，它是一种工具，其价值依附于它的基准股票。
- 养老金是指人们对公司或养老金计划所持资产的所有权。在工作期间由员工和公司共同建立这笔基金，在员工退休后以养老金的形式发给员工。

请注意这些金融资产中并未包括大多数人都拥有的一项最重要的资产——住宅。住宅是有形的，因此不属于金融资产。除此之外，人们在其未来的社会保障和由政府提供的医疗保健中也都拥有潜在的资产，只是这些资产目前还没有明确的市场价值。

表 25-1 显示了居民户主要的金融资产。

## 利率和金融资产的回报率

当你借入资金或者投资于不同的金融资产，你很自然想知道你要为借入资金支付什么或在投资上你能赚得什么。这些所得叫做投资收益；在固定利率债券收益的特殊情形中，他们被称为利率。从经济学的观点上看，利率或者其他收益是借贷行为的价格。让我们集中讨论利率的重要性。

**利率**（interest rate）是借入资金所支付的价格。我们通常以每年所支付的利息数量占所借本金的百分比来计算利率。有很多种利率取决于期限、风险、税收负担和借入资金者的其他特质。

举几个例子来说明利息是如何被计算出来的：

- 当你大学毕业时你名下有 500 美元，你决定以现金形式加以保存。如果你分文未花，那么年终时你仍然有 500 美元，因为通货的利率是零。
- 随后，你将 2 000 美元存入一家地方银行的储蓄账户，储蓄存款的年利率为 4%。那么在年终时，银行会将 80 美元利息记入你的账户，这样该账户的金额就增加到 2 080 美元。

| 居民户的金融资产 | | | | |
|---|---|---|---|---|
| | 占总资产的百分比 | | | |
| | 1992 年 | 1995 年 | 1998 年 | 2001 年 |
| 美元面值： | | | | |
| 支票和储蓄账户 | 17.5 | 13.9 | 11.4 | 11.5 |
| 债券和其他证券 | 17.5 | 13.2 | 9.3 | 8.4 |
| 股权（股票和共同基金） | 24.1 | 28.3 | 35.1 | 33.8 |
| 退休账户和人寿保险： | 31.6 | 35.3 | 34.0 | 33.7 |
| 其　他： | 9.2 | 9.2 | 10.3 | 12.5 |
| 总　计： | 100.0 | 100.0 | 100.0 | 100.0 |

**表 25–1　1992~2001 年，美国居民户的金融资产**

居民户拥有从货币到养老金的范围很广的金融资产。

资料来源：Federal Reserve Board at www.federalreserve.gov/pubs/oss/oss2/2001/scf2001home.html.

- 你开始工作并决定购买一套价值 10 万美元的房子。你去当地银行申请了 30 年期固定利率为每年 5%的抵押贷款。每个月你的抵押贷款还款额为 790.79 美元。注意这个还款额略高于所签订的每月百分之 5/12 的利息率。这是为什么呢？因为它不仅包括利息，而且还包括本金的分期摊还。当你支付了 360 个月之后，你就付清了全部的贷款。

从这些例子中我们可以看到，利率用每年的百分比来表示。利息是为借钱所支付的成本，它使得借款人在借款期内能够获得实际资源。

**较高的利率意味着较低的资产价格**

金融市场的一个重要事实是利率和资产价格之间的反向关系。我们可以通过现值概念来理解这个事实。

设想你拥有一个温泉并打算卖掉它。市场价格不仅依赖于未来收入流，还依赖于利率，将这些款项相加起来就可以得到资产的现值。

一个资产的**现值**（present value）是指未来的收入流在今天的美元值。它可以通过计算在现行的利率下，今天需要投资多少钱才能获得未来的收入流而得到。

下面是一些例子：

- 一年期债券。该债券本金是 1 050 美元，1 年后可得到利息 50 美元。现在进一步假设年利率是 10%。那么你今天应该为这个债券支付多少钱呢？应该是正好 1 000 美元，因为今天的 1 000 美元在 10%的市场年利率之下，将会在 1 年以后收到 1 100 美元。所以债券的现值是 1 000 美元。
- 一个永久性资产永远有固定的收入。假设你的温泉预期会永远得到 $N$ 美元的收入。如果年利率是 $i$%的话，现值（$V$）是多少？很简单，现值 $V = N$ 美元/$i$。
- 假设未来有一系列变化的收入流。计算现值的一般公式是先计算未来收入流的每一部分的现值，然后加总。下面的公式所给出的是现值的计算方法：

$$V = \frac{N_1}{1+i} + \frac{N_2}{(1+i)^2} + \cdots + \frac{N_t}{(1+i)^t} + \cdots$$

在这个等式里，$i$ 是每一期的市场利率，是恒定的。$N_1$ 是第一期的净收入（正或负），$N_2$ 是第二期的净收入，$N_t$ 是第 $t$ 期的净收入。

我们可以看到，资产的价格与利率是反向运动的，因为利率上升的时候现值是下降的。以终身年金为例，$i$ 如果加倍，将会使 $V$ 减半。你可以用计算器计算出高利率对 1 年期债券的影响。一般来说，当利率上升的时候，股票、债券、房地产和其他一些长期资产的价格都会下降。

## 利率类别

教科书经常讲到“某一利率”，而事实上在今天复杂的金融体系中存在着许多种不同的利率。利率主要因贷款的期限或借款人的不同而不同。让我们看看主要的区别。

贷款具有不同的**期限或到期日**，也即偿还贷款必须有时间限制。最短的贷款是隔夜拆借。短期证券的最长期限是1年。公司经常发行10~30年期限的债券，抵押贷款的期限一般可长达30年。长期证券的利率通常要高于短期证券，因为出借人只有在获得较多的收益时，才愿意牺牲能够迅速回收其资金的机会。

贷款也会因风险的不同而不同。有些贷款实际上并没有风险，而另一些贷款则具有很强的投机性。当投资者投资于高风险项目时，他们就要求获得一些额外的收益，即溢价。世界上安全性最高的资产是美国政府证券，因为这类债券或票据是由政府以全部信誉、信贷和征税的权力进行担保的。值得信赖的公司、州和地方政府的借款具有中等风险。高风险投资带有相当大的违约或无力支付的可能性，包括投资于濒临破产的公司、税基萎缩的城市，或像阿根廷那样有巨额外债、政治体系又不稳定的国家。

美国政府支付的利率被称为"无风险"利率，20多年来短期贷款利率为3%~15%不等。风险较大的证券所支付的年利率比无风险利率要高出1%、2%或5%；这个溢价反映了对出借者在出现违约情况下所遭受损失的必要的补偿。

资产的流动性各不相同。如果一种资产能够在几乎没有价值损失的情况下很快转变为现金，那么它就被认为是**流动性资产**。大部分可转让的证券，包括普通股票和公司及政府的债券，都可以按照接近其现值的价格很快变现。非流动性资产包括那些独特的资产，对于这些资产来说，

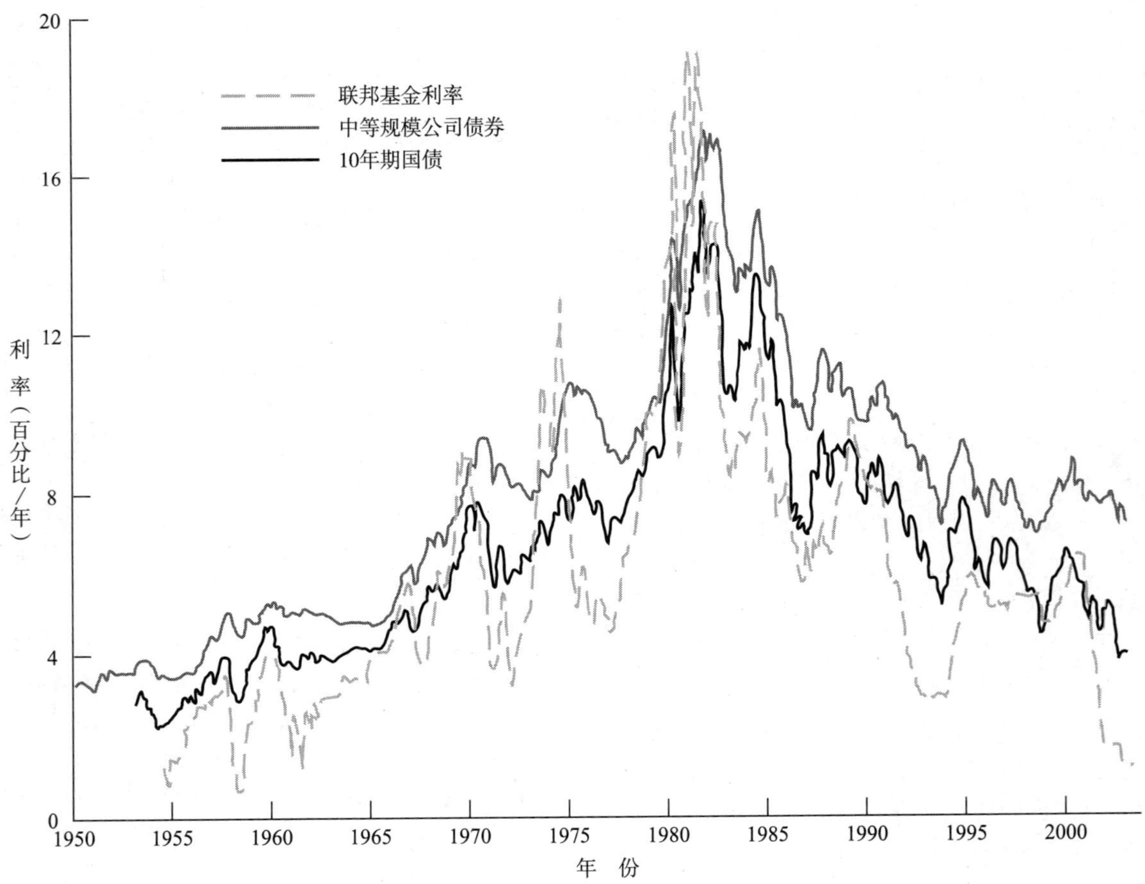


**图 25-2 大多数的利率变动一致**

本图表显示的是美国的主要利率。最低的利率是由联邦储备系统在货币政策中规定的联邦基金利率。长期的、高风险的利率一般高于短期的、安全的利率。

资料来源：Federal Reserve System, available at www.federalreserve.gov/releases/.

| 资产分类 | 时　期 | 名义收益率（年百分比） | 实际收益率（年百分比） |
|---|---|---|---|
| 政府证券： | | | |
| 3 个月 | 1947~2003 年 | 4.8 | 1.3 |
| 10 年 | 1947~2003 年 | 6.6 | 3.0 |
| 公司债券： | | | |
| 安　全（Aaa） | 1947~2003 年 | 6.9 | 3.2 |
| 风　险（<Baa） | 1947~2003 年 | 7.8 | 4.1 |
| 公司权益 | 1947~2003 年 | 10.1 | 6.4 |
| 消费贷款： | | | |
| 抵押贷款（固定利率） | 1972~2003 年 | 9.6 | 5.0 |
| 信用卡 | 1994~2003 年 | 15.2 | 13.1 |
| 新车贷款 | 1972~2003 年 | 10.9 | 6.3 |

**表 25–2　主要金融资产的利率**

安全的政府证券收益最低。注意消费者在信用卡负债（学生小心！）上承担着真实的罚金。在个人消费开支中的实际利率已经扣除了通货膨胀的影响。

*资料来源*：Federal Reserve Board, available at www.federalreserve.gov/releases/, and Department of Commerce.

并不存在一个早已建好的市场。比如，如果你在一个小镇拥有一幢维多利亚式的公寓，那么你就会发现要想很快或者以接近其重置成本的价格将它售出是困难的，这座房子就是“非流动性”资产。由于风险较大，投资者很难在短期内将投资变现，非流动性资产或贷款通常要求得到比流动性的、无风险的资产高得多的利率。

考虑到这三个因素（还有其他因素，如税收负担和管理成本），我们就不会惊讶于金融工具和利率的种类为何如此之多。图 25–2 和表 25–2 显示的是 30 年来几种重要利率的变动趋势。在随后的讨论中，我们提到的“利率”一般都是指短期政府证券的利率，比如 3 个月国库券利率。如图 25–2 所示，大部分其他利率都随着 3 个月国库券利率的变化而变化。

## 实际利率与名义利率

一般而言，利息以货币计量，而不以房屋、汽车或其他物品计量。*名义利率*衡量的是每投资 1 美元每年所获得的货币收益。但货币可能会是一把扭曲的尺子。房屋、汽车或其他物品的价格基本上每年都在变化，最近的价格也常因通货膨胀而上升。换句话说，货币利率并不能衡量出借人实际上所能得到的物品和服务。比如说你在年初以 5% 的年利率借出 100 美元，那么到了年末你将得到 105 美元。但由于这一年当中价格发生了变化，用这 105 美元很可能已经买不到年初 100 美元所能买到的那么多的东西了。

显然，我们需要用另一个概念来理解利息，以便用实际的物品和服务来衡量投资的收益，而不是以货币来衡量。这个替代的概念就是*实际利率*，它衡量的是：今天我们所放弃的物品在明天能为我们带来的物品的数量。通过运用通货膨胀率来矫正名义利率或货币利率，我们就可以得到实际利率。

**名义利率**（nominal interest rate），有时也称为*货币利率*，是用货币表示的货币利率。当你在报刊上看到利率时，或者，当你考查图 25–2 中的利率时，你所看到的就是名义利率，它给出的是每 1 美元投资的货币收益。

与此相反，**实际利率**（real interest rate）能矫正通货膨胀的影响，以名义利率减去通货膨胀率来计算。举例来说，假如名义利率为每年 8%，通货膨胀率为每年 3%，我们就可以算出每年的实际利率为 8%–3%=5%。

举个简单的例子，假定你生活在只有面包一种产品的经济中。进一步假设第一期面包的价格是 1 美元一个，且面包的通货膨胀率是每年 3%。如果你以 8% 的年利率借出 100 美元，你将在年底获得 108 美元。但是，由于通货膨胀，下一年你将仅仅得到 105 个面包（而不是 108）。实际利率是 8%–3%=5%。[1]

[1] 实际利率的确切的代数表达如下：$\pi$ 代表通货膨胀，$i$ 代表名义利率，$r$ 代表实际利率。如果你今天投资 1 美元，一年以后你将得到 $(1+i)$ 美元。然而，价格也会上升，所以一年以后你需要 $(1+\pi)$ 美元来购买今天你只要花费 1 美元就可以买到的东西。相对于今天的 1 单位物品，你在明天可以买到 $(1+r)$ 单位的物品，其中 $(1+r)=(1+i)/(1+\pi)$。对于数量较小的 $i$ 和 $\pi$，$r=i-\pi$。

在通货膨胀时期，我们必须用实际利率，而不是名义或者货币利率，以物品的形式计算投资在物品上的投资收益。实际利率相当于名义利率减去通货膨胀率。

**世界上最安全的投资**

美国国债一般被认为是无风险的投资。它的缺点之一是支付固定美元利率。因而如果通货膨胀加剧，如20世纪70年代后期那样，则实际利率就很容易变为负值。

1997年，美国政府通过引进通胀保值债券（TIPS）解决了这一问题。TIPS将它的利率与基准价值和通货膨胀相联系，所以在债券的整个生命期内所支付的都是固定的实际利率。

下面是其运作机制：每年的基准价值按照消费者价格指数（CPI）的增长而调整。举个具体的例子。在2000年1月，财政部发行了利率为4.25%期限为10年的通胀保值债券。从2000年1月到2003年6月，CPI增长了12%。因此，一个面值1 000美元的国债在2003年6月将价值1 120元。如果财政部在6月做出利息支付，它将是1 120美元的4.25%，而不是标准债券的1 000美元的4.25%。让我们进一步假设通货膨胀率从2000年到2010年为平均每年3%。那么赎回的基准价值将是1 343.92美元［=1 000美元×$(1.03)^{10}$］，而不是普通债券的1 000美元。

只要人们预期在接下来的年份中将有通货膨胀，TIPS的利率就会少于标准国债的利率。例如，在2003年5月，10年期的国债具有3.57%的投资收益，10年期的TIPS只有1.90%的收益。这表明边际投资者期望10年的通货膨胀为平均每年3.57% - 1.90% = 1.67%。

长期债券名义利率和实际利率的不同显示在图25-3中。较高的线显示名义利率，而较低的线则显示计算过的实际利率。另外，那条短的浅灰色线条显示了TIPS的实际利率。该图说明，从1960~1980年，名义利率的大部分上升纯粹是一种幻觉，因为在这些年里，名义利率只是跟随通货膨胀的速度。然而，1980年以后，实际利率却急剧上升，并连续10年保持了较高的水平。TIPS的数据表明实际利率从1997年到2003年急剧下降。

许多年以来，经济学家们对指数债券抱有极大的热情。那些依靠退休金生活的人们为了保证他们的退休收入不被通货膨胀侵蚀，往往需要购买这种债券。同样，父母为孩子的教育所做的储蓄投资，若采用这种债券形式也会不受一般价格水平变动的影响。甚至货币政策的制定者也发现了指数债券的价值，因为指数债券与传统债券不同，指数债券能反映对通货膨胀的预期。令许多经济学家迷惑不解的问题倒是：为什么这么重要的创新需要如此之长的时间。

## B. 货币的各种特殊形态

让我们转向货币的各种特殊形式。只要思量一下，你就会觉得货币实在是一种很奇妙的东西。我们勤勤恳恳地赚生活所需的钱，但每张钞票却都仅仅是一张又一张的纸片，并没有什么内在的价值。货币只有在我们开销它的时候才产生效用。

但是从宏观经济学的角度看，货币的重要性非常之大。在本章和下一章，我们将会看到当今货币政策是政府用来稳定商业周期的最重要的工具。中央银行可以控制货币供给，在经济增长缓慢时刺激经济增长，而当价格升得太快时则又踩住经济的刹车。

如果货币能得到很好的管理，如同20世纪90年代的美国一样，产出就会稳步增长，价格也同时能保持稳定。相反，如果货币体系不可靠，如同过去10年中俄罗斯那样，则会导致通货膨胀或萧条。的确，20世纪世界上大部分危机重重的宏观经济问题都可以追踪到多功能的货币体系上来。

现在让我们认真地讨论货币的定义和对于货币的各种需求。

### 货币的演变

#### 货币的历史

货币是什么？**货币**（money）是能够被普遍接受的充当交易媒介的任何一种东西。鉴于货币有一段久远而引人入胜的历史，我们的学习也不妨从货币的产生和演变开始。

***以物易物*** 在一本早期的关于货币的教科书中，当斯坦利·杰文斯（Stanley Jevons）想要说明社会引入货币时所带来的变革时，他曾引用过下面的例子：

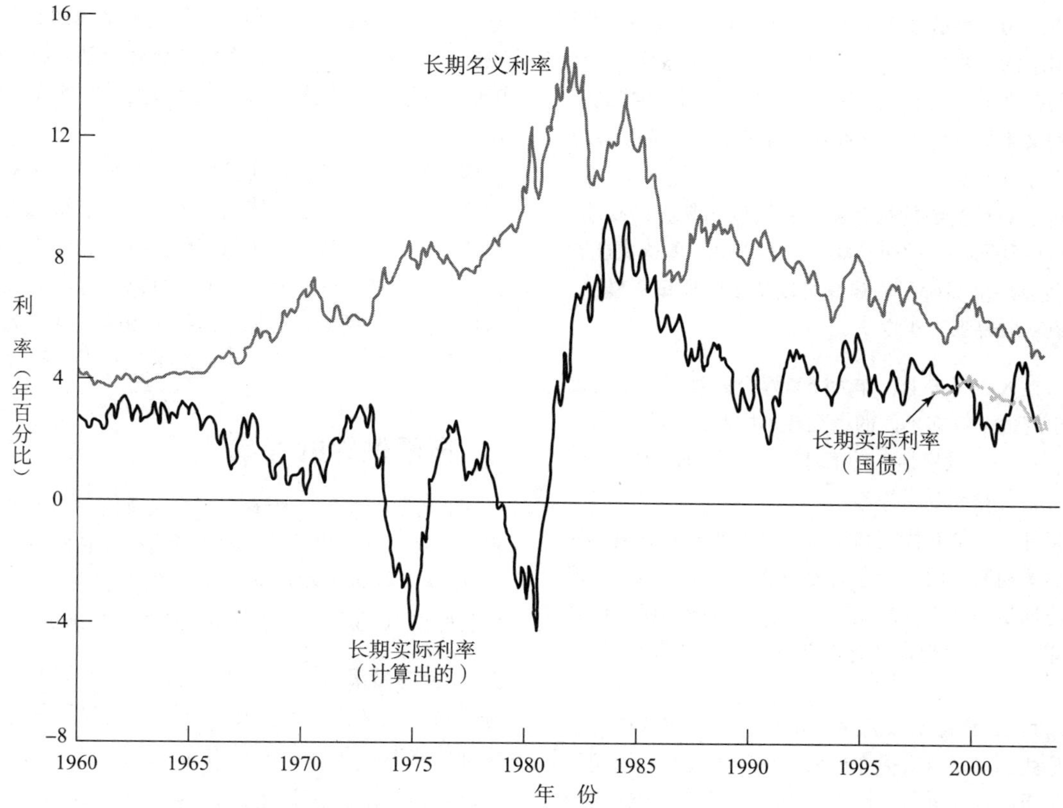


**图 25-3 实际利率和名义利率**

图中上面的曲线表示安全的长期国债的名义利率。下面的曲线表示计算出的实际利率，它等于名义或货币利率减去当年的实际通货膨胀率。注意，实际利率在 1980 年以前趋于下降；而 1980 年以后，实际利率才急剧上升。较短的浅灰色线条说明了 1997 年以后长期通胀指数型证券的实际利率。

*资料来源*：Federal Reserve Bank of St. Louis, Federal Reserve Board，U.S. Department of Labor.

若干年前，巴黎拉利克剧院的歌手塞利小姐……曾在社会群岛举办过一次演唱会。作为演唱歌剧“Norma”中的一首咏叹调和其他几首歌的报酬，她得到门票收入的 1/3。

经清点，她的报酬包括 3 头猪、23 只火鸡、44 只鸡、5 000 个椰子，还有很多香蕉、柠檬和桔子……在巴黎……这些家畜、家禽和水果可能值 4 000 法郎。这就是唱 5 首歌的优厚报酬。然而在社会群岛，货币是稀缺的。由于塞利小姐自己无法消费掉这些收入中的大部分，她最后只好用水果去喂猪和家禽。

这个例子说明了什么是**以物易物**（barter）：用一种物品(服务也是一种物品——译者注）交换其他物品。与以物易物相对应的是通过使用货币进行交换，因为猪、火鸡、柠檬都不是可以普遍被我们或是塞利小姐接受的能够用来买东西的货币。尽管以物易物比起没有贸易来说实在是一大进步，然而它操作起来还是极不方便。如果不采用货币这一重大的社会发明，则复杂的劳动分工将会变得不可思议。

随着经济发展，人们不再直接用一种物品与另一种物品相交换。相反，他们通过出售商品获得货币，然后再用货币购买他们所需要的物品。初看起来，用两次交易代替一次交易，似乎使事情变得更复杂了。如果你手里有苹果而心里却想要胡桃，那么直接用苹果交换胡桃，不是要比拿苹果卖钱，再用钱买胡桃更简单一些吗？

然而，事实的回答却恰恰相反：两笔货币交易要比一笔以物易物来得简单。例如，一些人可能想购买苹果，而另一些人则可能想卖出胡桃。但是，要找到一个愿望刚好与自己相反，即愿意卖胡桃而又想买苹果的人，却是件很不容易的事。用典型的经济学语言来讲，经常出现的情况并不是“需求的双重巧合”，而是“缺乏巧合”。因此，在以物易物的条件下，除非一个饿着肚子的裁缝恰巧找到一个既有食物又想买条裤子的没有衣服穿的农民，否则双方都不可能直接进行交易。

广泛进行简单交易的社会无法克服以物易物的缺陷。只有使用可以共同接受的交易媒介，即货币，才能保证农民可以从裁缝那里买裤子，裁缝可以从皮匠那里买鞋子，而皮匠可以从农民那里买皮革。

***商品货币*** 在人类历史上，作为交易媒介的货币最初是以商品形式出现的。许多不同的商品在不同时期都曾被当作货币使用，如牛、橄榄油、啤酒或葡萄酒、铜、铁、金、银、戒指、钻石和烟草，等等。

上述每种东西都有优点和缺点。牛不能被分成很小的单位。虽然葡萄酒会由于储存而提高品质，但啤酒就不能如此。橄榄油是一种良好的流质货币，可以随心所欲地被分为很小单位，但用起来却有点粘手（不好携带），如此等等。

到19世纪，商品货币几乎全部局限于金银这样的金属。这些形式的货币具有内在价值，也即本身具有使用价值。由于货币有内在价值，政府就没有必要再去保证它的价值；货币的数量也可以通过市场对金银的供求来确定。不过金属货币也有缺点，一是需要动用稀缺资源来从地下开采它，二是会仅仅由于偶然发现矿藏而突然变得丰富起来。

自从中央银行开始控制货币，通货体系就比从前要稳定得多。现在，货币的内在价值已经成了它最不重要的方面。

***现代货币*** 商品货币时代已经让位于纸币时代。货币的本质现在已经很清楚了。人们需要货币并不是因为货币本身，而是因为它可以买到的东西。我们并不想直接消费货币，而是要把它花出去。即使我们决定把货币储存起来，它的价值也仅仅在于我们以后能够花掉它。

纸币的普遍使用是因为它是一种方便的交易媒介。纸币容易携带和储存。依靠精心雕凿的底版，能够防止伪造纸币，从而保证了它的价值。私人不能合法地制造货币，因而纸币是稀缺的东西。供给上的这种限制条件使得纸币具有价值。它可以购买商品。只要人们能够使用纸币支付他们的账单，只要它被接受为一种支付手段，它就起到了货币的功能。

现在大多数货币是银行货币，储存在银行或其他金融机构中。许多用现金支付的商品与服务都可以使用支票。事实上，如果我们计算一下当前交易的总金额，那么其中90%的交易已经变成了用银行货币支付的形式，其余才是用现金支付的。

今天，货币形式正在发生迅速的变革。例如，一些金融机构现在将支票账户同储蓄账户、甚至同某一证券账户相联系，允许消费者按照他们所拥有的股票的价值开出支票。随着互联网的兴起，人们也可以进行电子支付，并且可以通过互联网进行交易。即将应用的是电子货币，它通过一张带有嵌入式计算机芯片的卡片实现了购买力量。

## 货币供给的构成

现在让我们进一步看看美国人所使用的各种货币。主要的货币总量是货币供给的数量指标。它们在今天被称为 $M_1$ 和 $M_2$，你可以在报纸上读到它们每周的变动。这里我们将给出2003年的关于货币供应量的精确定义。

***狭义/交易货币*** 一个重要且为人们所密切关注的货币指标是狭义或交易货币，或称为 $M_1$，它包括各种实际用于交易的货币。以下是 $M_1$ 的组成部分：

- 硬币。$M_1$ 包括所有未被银行持有的硬币。
- 纸币。纸币是更重要的货币。对于1美元或5美元钞票，大部分人只知道它上面印着一位美国政治家的画像，带有一位政府官员的签名，以及每一张都有一个数字标明它的面值。观察一张10美元或其他面值的钞票。你或许会看到上面印着“联邦储备券”的字样。但是纸币用什么东西做“担保”呢？许多年以前，纸币是由黄金或白银担保。现在已经不再这样需要担保了。今天，美国所有的硬币和纸币都是法定货币。这就是说，政府规定了某物为货币，即使该物品本身并没有价值。

硬币和纸币是法定清偿手段，所有公共的或私人的债务都必须接受它作为偿还手段。硬币和纸币（它们之和称为通货）加起来约占 $M_1$ 即交易货币总额的1/2。

- 支票账户。交易货币的第三个组成部分是支票存款或银行货币。这是指存于银行或其他金融机构的能够开支票的款项。用专业术语来说，它们被称为“活期存款及其他支票存款”。如果我在阿尔伯克基国民银行有1 000美元的支票账户，那么这笔存款就可以看成货币。为什么？道理很简单，我能够据此开出支票来

| 货币种类 | 10 亿美元 | | |
|---|---|---|---|
| | 1959 年 | 1973 年 | 2003 年 |
| 通货（金融机构之外的） | 28.8 | 61.7 | 640.0 |
| 活期存款（政府存款和某些国外存款除外） | 110.8 | 209.3 | 305.7 |
| 其他的支票存款 | 0.0 | 0.4 | 289.0 |
| **狭义货币（交易货币）$M_1$ 总计** | **140.0** | **271.4** | **1 234.7** |
| 储蓄账户存款、小额定期存款和其他 | 158.8 | 300.2 | 3 448.3 |
| **广义货币（$M_2$）总计** | **298.8** | **571.6** | **4 683.0** |

**表 25–3　美国货币供给的构成**

两大普遍采用的货币定义是狭义货币 $M_1$ 和广义货币 $M_2$。$M_1$ 由现金通货和支票存款构成；$M_2$ 则还要加上各种准货币，如储蓄账户存款和定期存款。

*资料来源*：Federal Reserve Board, available at www.federalreserve.gov /releases/.

购买商品。这种存款与别的任何一种交易媒介的作用并无差别。[2] 由于银行支票账户存款具备货币的基本特性，因此它也被算做交易货币即 $M_1$ 的一部分。

由表 25–3 可见构成狭义货币（$M_1$）各组成部分的情况。

***广义货币***　严格地讲，就支付手段而言，$M_1$ 是衡量货币的最佳指标。其次的一个受关注的指标是广义货币，或称 $M_2$。有时被称为*准货币*（near-money）。$M_2$ 中包括 $M_1$，还包括银行储蓄存款和其他类似的可以替代交易货币的资产。$M_2$ 主要包括：

- $M_1$
- 储蓄账户存款和小额定期存款
- 货币市场共同基金

这些是准货币因为它们是安全的（一些由政府担保），并可以迅速转化为 $M_1$。

这些为什么不是狭义货币呢？因为它们不能在所有的购买行为中充当交易媒介，你不能走进商店用你储蓄账户中的钱来付账。

货币还有许多其他的技术性定义，供研究货币经济学的专家们使用。对我们来说，也许只需了解这两个主要的货币定义就足够了。

[2] 学生对于信用卡不是货币这一点常感到惊讶，理由是事实上用信用卡借钱很容易（但并不便宜!）。当你用信用卡进行支付的时候，你实际上是在做一种承诺，即日后要向信用卡的发放机构——用货币——清偿款项。

*货币是任何可以普遍接受的作为交易媒介的东西。最重要的货币概念是***狭义（交易）货币***［narrow (transaction) money］，即 $M_1$，它是在银行体系以外流通的硬币和纸币之和，再加上支票账户存款。另一个重要的货币总量是***广义货币***（broad money）（$M_2$），等同于 $M_1$ 加上如储蓄存款、小额定期存款和货币市场共同基金等准货币。*

## 货币需求

对货币的需求不同于对冰淇淋或电影的需求。人们需要货币，并非因为它本身；你不会去吃硬币，也很少因其雕版艺术价值而将 100 美元的钞票贴在墙上。相反，我们需要货币是因为它作为贸易和交换的一种滑润剂能够间接地为我们服务。

### 货币的职能

在分析货币需求之前，让我们明确一下货币的职能。

- 货币最主要的职能是*交易媒介*。没有货币，我们就要不断四处奔波，以寻找能与我们进行易货交易的人。当货币体系不能正常地发挥作用时，货币的价值就体现出来了。例如，在 20 世纪 90 年代初的俄罗斯，由于卢布不能再充当一种可以被广泛接受的交易媒介，所以人们需要花费几个小时排队抢购商品，并竭力多换取美元或其他外汇。
- 货币也可以作为*核算单位*，用来衡量物品的价值。正如用公斤表示重量一样，我们用货币衡量价值的大小。采用这种通用的核算单位可以极大地简化我们的经济生活。

- 货币有时还被当作*价值贮藏手段*，使得价值能够在一段时间内被保持。与股票、房地产或黄金等有风险的资产相比，货币相对来讲没有风险。早期，人们将持有现金视为保持财富的一种安全的形式。今天，他们却认为支票存款（$M_1$）和货币市场共同基金（$M_2$）才是保存财富的更安全的手段。当然，绝大部分财富还是以其他资产形式来保存的，如储蓄账户、股票、债券和房地产。

## 持有货币的成本

货币的这三种职能极其重要，以至于人们宁愿付出代价也要保留现金或收益不高的支票账户。那么，持有货币的机会成本又是什么呢？它是因持有货币而放弃的持有风险较大、流动性较低的资产或投资的利息。

比如说，2000年初，你将1 000美元存入储蓄账户；2000年末你获得大约5%的利息，最终得到1 050美元。这说明货币的或名义的利率为5%。如果你将这1 000美元以现金形式留在手中而没有存入银行，你最终也只有1 000美元，因为现金是没有利息的。在这种情况下，货币的持有成本就是50美元。

> 持有货币的成本是相应所放弃持有的其他资产的利息收入。

## 货币需求的两个原因

***货币的交易需求*** 人们需要货币最主要的原因是人们的收入和支出并不发生在同一时期。比如，我也许在每月的最后一天领薪水，但是我需要在一个月30天里都可以买食品、报纸、汽油和服装。如果在领到薪水的当日购买了所有的东西，则我就没有必要在剩下的时间里持有货币。需要货币来支付购买或交易商品、服务和其他东西，这种需求构成了对货币的*交易需求*。

例如，假定一个家庭每月有3 000美元的收入，以现金形式持有，并且在当月内都会把它们花完。计算结果将会表明该家庭所持有的货币余额平均为1 500美元。

这个例子能帮助我们了解货币需求对不同的经济情况如何进行反应。如果所有价格和收入都增加一倍，对货币的名义需求量显然也就增加一倍。因此，如果名义GDP增加一倍，而实际GDP或其他实际变量保持不变，那么对于货币的交易需求也会增加一倍。

货币需求又是怎样随着利率的变动而变动的呢？当利率上升时，该家庭可能会说："让我们在月初将一半货币存入支票账户，而将另一半存入每年获利8%的储蓄账户。然后，到15日，再从储蓄账户中取出1 500美元存入支票账户以便清偿后两个星期的账单。"

这意味着当利率上升且家庭决定将其一半收入存入储蓄账户时，该家庭的平均货币持有量从1 500美元减少到750美元。这表明货币持有量（或对于货币的需求量）对利率可能十分敏感：*如果其他条件不变，利率上升，对货币的需求量会下降。*

***资产需求*** 除了能够满足交易需求之外，货币时常具有价值储存职能。这是**金融经济学**（financial economics）讨论的重要的问题，金融经济学分析理性投资者如何通过最佳方式达到目的。

一般说来，一个精心构造的投资组合（或资产组合）将同时包括低风险投资和高风险投资。但是，一般不把$M_1$（现金或支票存款）当作这些资产的一种形式。因为有其他一些利率更高的资产（如政府证券）和$M_1$一样地安全。用金融术语来说，狭义（交易）货币是一种"劣势"资产，因为其他资产同样安全且收益更高。但是，以$M_2$（如储蓄账户）形式保有资产也许是明智的，因为它们是高收益的安全资产。

下面总结一下我们对货币需求的认识：

> 我们拥有狭义货币（$M_1$）的主要原因是我们有交易需求。我们持有现金和支票存款的目的是购买商品和支付账单。如果收入增加，我们所需购买的商品价值也就会增加，那么就需要有更多的货币用于交易，所以对货币的需求就增加了。
>
> 对货币的交易需求容易受到持有货币的机会成本的影响。如果其他资产利率相对于货币利率提高了，那么居民户和企业都愿意降低他们的货币持有量。
>
> 另外，人们有时候持有货币是把它当作一种资产或价值储存的手段。不过，现代金融理论表明精心设计的投资组合中一般并不包括交易货币（$M_1$）。

# C. 银行和货币供给

我们之前描述了金融中介的功能。在这些金融中介

| 2003 年所有商业银行综合的资产负债表（10 亿美元） | | | |
|---|---|---|---|
| 资 产 | | 负 债 | |
| **准备金** | **41** | **支票存款** | **614** |
| 贷 款 | 4 206 | 储蓄和定期存款 | 3 964 |
| 投资和证券 | 1 742 | | |
| 其他资产 | 1 082 | 其他负债和净值 | 2 493 |
| 总 计 | 7 071 | 总 计 | 7 071 |

**表 25–4 准备金和支票存款是商业银行资产负债表中的主要项目**

准备金和支票存款是银行货币创造过程中两个关键项目。支票账户是见票即付的，因此客户开了支票随即便可取款。持有准备金的主要原因是出于法律要求，而不是防止意外提款。

资料来源：Federal Reserve Board, available at www.federalreserve.gov/releases/.

中，最重要的是商业银行，他们为公众提供支票账户。银行和其他一般企业一样，成立的目的是为了给它们的所有者赚取利润。一个商业银行就是一个相对简单的企业，为顾客提供特定服务并从顾客那里获取报酬。

表 25–4 显示的是美国所有商业银行的综合的资产负债表。资产负债表反映的是一个企业在某一时点上的财务状况，按资产（企业所拥有的各项目）和负债（企业所欠的各项目）分别入账列示。资产与负债的差额称为净值（或译为"净资产"——译者注）。资产负债表中每一项目的价值，都是按其实际市场价值或其历史成本*计入的。

除了个别调整，一份银行的资产负债表与任何一个企业的资产负债表都非常相似。银行资产负债表的独特之处在于：资产方出现了被称为"准备金"的项目。**准备金**（reserves）是银行以现金或存于中央银行的基金的形式而持有的资产。准备金的一部分是为满足日常业务的需要，但大部分是为遵循法定准备金的规定。

## 金匠铺如何发展成银行

商业银行最初产生于英国，发端于金匠们承接保管黄金和贵重物品的业务。起初，这种店铺很像物品寄存处或仓库。寄存人留下他们想保存的黄金，得到一张收据，以后再根据收据，并支付一小笔保管费用，来取回他们的黄金。

一个典型的金匠铺的资产负债表是什么样子呢？也许像表 25–5 那样。我们假设第一金匠银行不再打制金块，而专职从事于为人们保管货币。保险箱里已经存入了 100 万美元的货币，而且所有这些钱都是现金资产（这就是资产负债表中的"准备金"项目）。与这笔资产相平衡，存在着一笔数量相同的活期存款。这时，存款的 100%都是现金准备金。

假如金匠银行存在于今天，它的活期存款将是货币供给的一部分，即"银行货币"。但是银行货币恰好抵消了从实际流通中退出来并置于银行保险柜中的普通货币（黄金或通货）的数量，并没有创造货币。这个过程并不比公众决定将 5 分硬币换成 1 角硬币更有意义。*具有 100%准备金的银行体系对货币和宏观经济的影响是中性的，因为它对货币供给没有影响。*

## 现代部分准备金银行

今天的银行绝对不会将 100%的存款作为准备金。相

* 净产负债表、资产和负债在第 7 章已展开讨论。

| 金匠的资产负债表 | | | |
|---|---|---|---|
| 资 产（美元） | | 负 债（美元） | |
| 准备金 | +1 000 000 | 活期存款 | +1 000 000 |
| 总 计 | +1 000 000 | 总 计 | +1 000 000 |

**表 25–5 第一金匠银行对于活期存款持有 100%的现金准备**

在原始的银行体系下，存款有 100%的准备金，不可能创造货币（供给）。

反，在美国，法律和联邦储备条例要求所有的金融机构将部分支票存款或银行货币保持为一定的准备金（现在为10%）。我们将在下一章讨论这些规定的细节。这一章最重要的是考查部分准备金银行如何创造货币。

## 存款的创造过程

在关于金匠银行的简化讨论中，我们曾提到银行可以将准备金转变为银行货币。这个过程实际上有两个步骤：

- 中央银行决定整个银行体系的准备金数量。中央银行从事这项工作的详细过程将在下一章讨论。
- 银行系统将这些准备金当作一种投入品，并将它们转变成更大数量的银行货币。通货加上这些银行货币就是货币供应量 $M_1$，这个过程称为**银行存款的成倍扩张**。

### 存款是怎样创造出来的：第一级银行

让我们考虑一下新的准备金被注入银行体系时会发生什么情况。假定联邦储备系统从持有债券的某女士（简称为B女士）那里购买了1 000美元的政府债券，并且B女士将所得到的1 000美元存入她在银行1的支票账户之中。

加入新的活期存款后，银行1资产负债表的变化如表25-6 (a) 所示。[3] 当B女士将钱存入银行时，1 000美元的银行货币或支票存款就被创造出来。现在，如果银行打算对存款保持100%的准备金，就像旧时的金匠那样，那么从新存入的1 000美元的存款中就不能创造出任何更多的货币。储户的1 000美元支票存款将正好等于1 000美元的准备金。但是现代银行并不需要对存款保持100%的准备金。如果假定准备金比率为10%，则银行1只需从1 000美元中留下100美元作为准备金。

银行1现在除满足准备金需要之外还有多出的900美元。由于准备金不生利息，所以以盈利为目的的银行就会把多余的900美元贷放出去或者进行投资，或者是贷款用

[3] 为简化起见，各表仅仅表明资产负债表项目的变化，且我们使用10%的准备金率。请注意，当银行家说到他们的贷款和投资时，“投资”是指他们所持有的债券或其他金融资产，不同于经济学家所说的那种“投资”的含义，即资本形成。

| 资　产（美元） | | 负　债（美元） | |
|---|---|---|---|
| 准备金 | +1 000 | 存　款 | +1 000 |
| 总　计 | +1 000 | 总　计 | +1 000 |

**表25-6 (a)　初始状态的银行1**

多级银行存款创造是一个有着许多连续阶段的过程。开始时，新创造的1 000美元准备金将被存入最初的第一级银行。

| 资　产（美元） | | 负　债（美元） | |
|---|---|---|---|
| 准备金 | + 100 | 存　款 | +1 000 |
| 贷款和投资 | + 900 | | |
| 总　计 | +1 000 | 总　计 | +1 000 |

**表25-6 (b)　最终状态的银行1**

以利润最大化为目标的银行会将所有的多余的准备金贷放出去或进行投资。因此银行1一直保持现有现金存款中的100美元（作为法定准备金），而将其余900美元贷出或进行投资。

| 资　产（美元） | | 负　债（美元） | |
|---|---|---|---|
| 准备金 | +900 | 存　款 | +900 |
| 总　计 | +900 | 总　计 | +900 |

**表25-6 (c)　初始状态的第二级银行**

| 资　产（美元） | | 负　债（美元） | |
|---|---|---|---|
| 准备金 | + 90 | 存　款 | +900 |
| 贷款和投资 | +810 | | |
| 总　计 | +900 | 总　计 | +900 |

**表 25-6（d）　最终状态的第二级银行**

然后，由银行 1 借出的货币很快就进入了新的若干家银行，而新银行也会将其 90%的资金贷出。

于购买一辆小汽车或者是投资于国库券。假设银行 1 发放了这一笔贷款。借款人得到 900 美元（现金或支票），并把它存入另一家银行的账户。则这 900 美元将很快从银行 1 中支付出去了。

当贷放或投资了 900 美元之后，银行 1 的法定准备金数量正好满足法定准备金比率的要求。银行 1 在完成了所有可行的贷款或者投资之后（不过仍然符合准备金规定）的资产负债表如表 25-6（b）所示。

但是，假如我们计算一下货币的数额，就会觉得非常惊讶。除了表 25-6（b）右方所列示的 1 000 美元存款以外，在另一个账户中（即在得到这 900 美元的人的支票账户中）又出现了 900 美元的活期存款。因此，现在货币供给的总量是 1 900 美元。*银行 1 的活动已经创造了900美元的新货币*。

## 其他银行的连锁反应

当银行 1 创造的 900 美元离开了该银行之后，很快被存入另一家银行，从这时候起，一个扩张的连锁反应便开始启动，更多的银行货币将会被创造出来。

为了观察围绕 900 美元所发生的情况，我们将所有得到这 900 美元的银行称为*第二级银行*（也可以当成银行 2）。它们的综合资产负债表此刻就像表 25-6（c）所显示的那样。对于这些银行来说，900 美元存款的作用与最初的 1 000 美元存款完全一样。这些银行并不关心它们是存款链条上的第二个环节。它们惟一关心的是，手中持有的无收益的现金或准备金是否过多。对于 900 美元存款来说，只有 10%即 90 美元是法律所要求的准备金数量。银行 2 将用其余的 9/10 即 810 美元去进行贷款和投资，其资产负债表不久将会达到表 25-6（d）所显示的平衡状态。

至此，从手对手的流通中抽出来的最初的 1 000 美元，创造出了 2 710 美元（=1 900 美元+810）的货币。*M* 增加了，而且这个过程还在继续。

第二级银行为贷款和投资支付出去的 810 美元将会进入可称为*第三级银行*的若干家银行。现在你可以亲自为第三级银行制作一份资产负债表（最初的和最终的）。显然第三级银行必定也会贷出其多余的准备金，从而创造出 729 美元的新货币。第四级银行最后必然能得到 729 美元，即 810 美元的 90%的存款，如此等等。

## 整个银行系统的最终均衡

现在我们将所有这些货币创造加总起来：1 000 美元+900 美元 + 810 美元 + 729 美元 + …最后的总数是多少呢？表 25-7 显示货币创造链条的全部结果是 10 000 美元。我们可以通过算术运算，也可以根据常识和初等代数得到答案。

常识告诉我们，只有当系统内各银行的准备金比率都等于 10%的时候，创造存款的过程才能告一段落。在我们所有的例子中，没有出现现金准备金漏到银行体系之外的情况；货币只是从一级银行转到另一级银行。只有当 1 000 美元的新准备金全部用做新存款时，也就是当新存款（*D*）的 10%等于 1 000 美元的时候，银行系统才达到最终的均衡状态。符合这个条件的 *D* 是多少呢？答案是：*D* = 10 000 美元。

我们也可以通过观察所有各级银行的综合资产负债表来直观地得到答案。表 25-8 就说明了这一点。假如新存款的总数少于 10 000 美元，则表明准备金率还没有达到 10%，所以还未达到最终的均衡。[4]

图 25-4 说明了这个过程，即左上方的 1 美元新存款或准备金是怎样变成右边的 10 美元的总存款或银行货币的。在代表银行系统整体的四边形内部，银行 1 接受了最初的新存款。连接图形各方框的左边的箭头说明准备金如

[4] 这可以用代数方式列出，如下（单位：美元）：

$$
\begin{aligned}
&1\,000 + 900 + 810 + 729 + \cdots \\
&= 1\,000 \times \left[1 + {}^{9}/_{10} + ({}^{9}/_{10})^{2} + ({}^{9}/_{10})^{3} + \cdots\right] \\
&= 1\,000\left(\frac{1}{1-{}^{9}/_{10}}\right) = 1\,000\left(\frac{1}{0.1}\right) \\
&= 10\,000
\end{aligned}
$$

| 不同级别的银行 | 新存款（美元） | 新贷款和投资（美元） | 新准备金（美元） |
|---|---|---|---|
| 初始银行 | 1 000.00 | 900.00 | 100.00 |
| 第 2 级银行 | 900.00 | 810.00 | 90.00 |
| 第 3 级银行 | 810.00 | 729.00 | 81.00 |
| 第 4 级银行 | 729.00 | 656.10 | 72.90 |
| 第 5 级银行 | 656.10 | 590.49 | 65.61 |
| 第 6 级银行 | 590.49 | 531.44 | 59.05 |
| 第 7 级银行 | 531.44 | 478.30 | 53.14 |
| 第 8 级银行 | 478.30 | 430.47 | 47.83 |
| 第 9 级银行 | 430.47 | 387.42 | 43.05 |
| 第 10 级银行 | 387.42 | 348.68 | 38.74 |
| 前 10 级银行总和 | 6 513.22 | 5 861.90 | 651.32 |
| … | … | … | … |
| 其他级银行总和 | 3 486.78 | 3 138.10 | 348.68 |
| **整个银行体系总和** | **10 000.00** | **9 000.00** | **1 000.00** |

**表 25–7 最后，通过这个长链条，全部银行创造了 10 倍于新准备金的新存款**

全部银行一起完成单个小银行无法完成的事情：将准备金多倍扩大为货币。当最初的新准备金的每 1 美元都支持着 10 美元活期存款的时候，就达到了均衡。请注意：每一级的各个银行都在下述意义上"创造"了新的货币：最终，银行的存款为 10 倍于它们最终保留的准备金（确定你已理解了为什么所扩大的倍数是 10）。

| 资　产（美元） | | 负　债（美元） | |
|---|---|---|---|
| 准备金 | + 1 000 | 存　款 | +10 000 |
| 贷款和投资 | + 9 000 | | |
| 总　计 | +10 000 | 总　计 | +10 000 |

**表 25–8 表明全部银行最终情况的综合资产负债表**

全部银行在一起，通过多倍扩大最初注入的准备金，最终增加了存款和货币。

何再分配。右边的箭头表示新存款。虽然链条有许多环节，但每个环节的增量都不断缩小，而且各环节发生效应的结果加起来正好是原来数量的 10 倍。

***货币供给乘数*** 我们看到一种新乘数在对准备金起作用。对于向银行系统提供的每 1 美元的新的准备金，银行最后都创造了 10 美元的存款或银行货币。

我们曾经指出：支出乘数是产出的变动与新的投资与其他支出的比值。这里，货币乘数是所创造的新货币与准备金的比率。请注意：计算货币的扩张与计算"支出乘数"相似，但不可将二者混淆，因为它们放大的是不同的事物。此处的放大是将准备金存量放大为总的货币存量，与投资或货币所诱发的产出增量并没有关系。

新支票存款与准备金增量之比叫做货币供给乘数。在这里所分析的简单情况中，**货币供给乘数**（money-supply multiplier）定义如下：

$$\text{货币供给乘数} = \frac{\text{货币的变化量}}{\text{准备金的变化量}}$$

$$= 10 = \frac{1}{0.1} = \frac{1}{\text{法定准备金率}}$$

货币供给乘数总结了银行创造货币的逻辑。整个银行系统能够将最初增加的准备金变成多倍的新存款或者银行货币。

当准备金的流失使银行货币减少时，存款的创造过程也可以按相反的方向进行。比如联邦储备系统将一笔价值

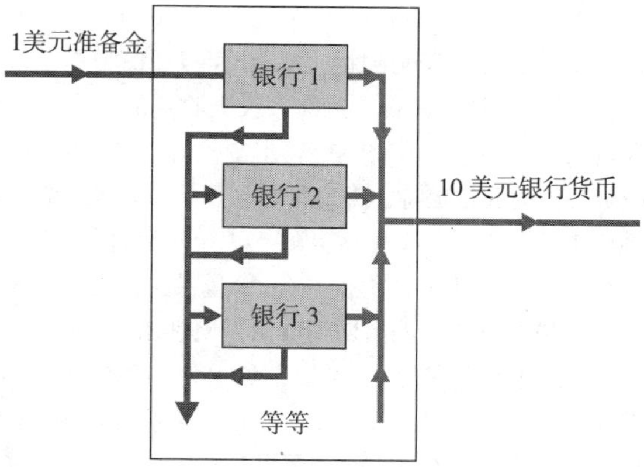


**图 25–4 货币的多重银行扩张**

对于存入银行的每 1 美元，银行系统作为一个整体能够创造出大约 10 美元银行货币。图中左边的箭头表明银行 1 单独做不到这一点。随着准备金分散于整个银行系统，货币供给量就会增加。

2 000 美元的公债卖给某人，买者从支票账户提取现金支付，联邦储备系统用这种方法就可以彻底地消灭 2 000 美元的准备金。结果，从银行系统提走的 2 000 美元的准备金最终会在整个银行系统内消灭价值 20 000 美元的存款。

**银行恐慌的蔓延**

部分准备金银行有很大的优点，同时也有巨大的风险。银行只保留存款的一部分，这个事实为“银行恐慌”和“挤兑”提供了可能性。回想一下，在部分准备金银行系统中，银行手中只保留储蓄存款的一小部分。一般来说这是没有问题的，因为在任何一个时间都往往只有一小部分人想要取出他们的存款。

但是，如果太多的人都同时想要提取他们的存款呢？这时就会出现喂款恐慌（feeding frenzy），即我们所说的银行挤兑（bank run）。一旦一个存款人不能马上提到钱，其他存款人就会害怕他们的钱也没有了。在这种恐惧心理的驱动下，存款人会像一大群饥饿的动物一样蜂拥进入银行，立即提走他们所有的钱。在这种情况下，即使是健康的银行也无法顶住这种疯狂的提款要求。在 1857 年、1895 年和 1907 年，美国都曾受到过银行恐慌的冲击。20 世纪 30 年代大萧条中的银行恐慌曾迫使 9 000 多家银行倒闭。

在现代金融体制下，银行挤兑已经很少发生，且危害也减小了。这是由于两个方面的原因。一个原因是联邦政府保证：无论银行发生什么情况，除最大的存款者之外，所有存款人都可以取回他们的钱。因此存款者在意识到有麻烦的时候不必再急着冲向银行。另外，联邦储备系统积极承担起“最后的清偿者”的责任，确保为健康的银行提供资金以解决临时流动性问题，并保证有问题的银行也可以通过一定的程序来克服其流动性困难。

## 存款创造的两个条件

现实的金融系统比例子中的简单银行经营当然要复杂得多。我们已经说明，1 000 美元新准备金存入一家银行最终会导致增加 10 000 美元银行存款。在这个例子中，我们假设全部的新货币都存留在整个银行系统的活期存款账户中，并且没有银行持有多余的准备金。现在让我们来看一下，假如一些货币漏入流通之中，或一些银行持有多余的准备金，那么又将会发生什么情况。

***漏到手对手的流通中*** 在存款扩张链条的某一环节，收到支票的某个人有可能不将该款项存入银行支票账户。他可能将一些现金放在饼干筒里，或者将 1 000 美元中的一部分寄给在阿根廷的堂弟，这一部分钱就会在墨西哥而不是在美国被消费掉。

这种漏出对我们分析的影响是容易理解的。当 1 000 美元留在银行系统之内时，10 000 美元的新存款就将被创造出来。假若 100 美元漏进了银行之外的流通之中，只有 900 美元的新准备金留在银行系统之内，那么所创造的新的活期存款就是 9 000 美元（=900 美元 × 10）。因此，只有在没有准备金漏出银行系统的时候，才会出现放大 10 倍的结果。

***准备金可能超量*** 我们的分析所假设的前提是：商业银行严格遵守法定准备金规定。如果银行决定在留足新准备金后并不将多余的钱贷放出去，则情况又会怎样呢？答案是：整个的多倍存款创造过程就会就此结束，存款将不会接着扩大。

不过，这样的决定对一家银行来说是荒谬的。因为银行准备金不赚利息，它会因此损失 900 美元所能产生的利息收入。所以只要投资的利率高于准备金的利率（设为零），银行就会具有极大的动力避免持有任何超额的准备金。

在特殊的情况下，多保留准备金是合理的。在 20 世纪 30 年代大萧条时期，年利率降至 0.1%。因此，该时期银行通常持有相当数量的多余准备金。1999 年，日本的短期利率几乎为零，银行有大量的多余准备金。在2003年后期，随着美国短期利率降到了自从大萧条以来的最低点，超额准备金开始增长。在这种情况下，中央银行对货币供给的控制就变得很困难。

## D. 股票市场

不妨让我们以一次股票市场漫游来结束本章的讨论。股票市场是资本世界中最富魅力的天地。**股票市场**（stock market）是买卖公众所拥有的公司的股票和商业公司所有权的场所。2003年，美国的这些所有权凭证的价值据估计在12万亿美元。一年的销售额超过10万亿美元。股票是我们公司经济的核心。

纽约股票交易所是美国主要的股票市场，它买卖1 000多种证券。另一个重要的市场是纳斯达克，在2000年后股票价格有瞬间的增长并随后突然崩溃。每一个大的金融中心都有股票交易所，其中最主要的位于东京、伦敦、法兰克福、中国香港、多伦多、苏黎世等，当然还有纽约。

### 各种资产的风险和收益

在我们讨论股票市场问题之前，我们需要介绍一些金融经济学的基本概念。在本章前面我们已经说明资产具有不同的特征。其中最重要的两个特征是收益率和风险。

*收益率*是指从一项有价证券中获得的全部货币收入(以占该时期最初价格的百分比来衡量)。对于储蓄账户和短期债券来说，收益率就是利率。对大多数其他资产来说，收益还包括由*资本损益*所带来的收入（如红利等），资本的损益即该项资产价值的增加或减少。

我们可以通过有关的股票数据来说明股票的收益率(这里忽略税收和佣金)。假定你在1997年12月购买了美国上市公司的价值10 000美元的股票组合。在1998年，你的投资获得了256美元的红利。另外，由于1998年是一个不寻常的牛市之年，到该年的年底，你的投资基金升值为13 500美元，资本利得为35%。所以1998年你的收益率总计为（256 + 3500）/10 000 = 37.6%。

但是，在你为这些不可思议的收入而激动之前，你必须明白，在2000年之后这段时期，那些股市投资者遭受了巨大的损失。例如，如果你决定在2001年10月投资更多类别的股票，你可能在接下来的一年中遭受27%的损失。

事实上，有一些资产的收益率是可以预测的，而另一些资产却有很大的不确定性。这引出了投资的另一个重要特征：风险。**风险**（risk）意味着投资收益的可变性。如果我购买了收益率为6%的1年期国债，这将是个无风险的投资，因为我肯定将会得到我的收益。而如果购买的是10 000美元的股票，我就不能确定它们到年底时的价值。

经济学家们用收益的标准差来衡量风险，这是一种离散测度（描述收益率偏离期望值的倾向性），它大约可以将2/3的变化包含在内。[5]例如，从1926~1999年，普通股票年收益率的标准差是22%，年平均收益率为11%。这通常表明收益率在2/3的时间里是在-10%~33%之间变动的。收益的最高记录是1933年的54%，最大的损失是1931年的-43%。

考虑到收益和风险，个人投资者一般更偏好高收益率，但他们同时偏好低风险，因为他们也是*风险规避型*的。这意味着必须有更高的收益率才能吸引他们投资于那些风险更大的项目。因此，从长期看，债券类的安全投资的收益率低于股票类的风险投资，也就毫不奇怪了。

表25-2给出一些重要投资项目的历史收益或利率。图25-5又列出几项最重要资产的*风险—收益图*。该图纵轴表示的是平均实际（或是扣除通货膨胀影响的）收益，横轴表示的是历史风险记录（以标准差衡量）。注意风险和收益之间有很强的正相关关系。

### 泡沫和崩盘

金融史是经济学中最令人激动、也最令人清醒的一个部分。时常，当市场热衷于狂乱的投机时，理性的判断被抛诸脑后，随之而来的则是价格的下跌和悲观的情绪。

投资者有时可以分为两种：根据公司实际情况进行投资的投资者和竭力想要透析市场心理的投资者。根据公司情况投资的理论认为资产应该依据它们的内在价值来估价。例如对于普通股票而言，内在价值就是股息现值的期望值。如果一种股票固定的年红利是2美元，而相应的贴现率是5%，则其内在价值为每股2美元/0.05=40美元。根据公司状况进行投资的方法是缓慢但安全的致富之路。

但是那些缺乏耐心的躁动者却不幸为凯恩斯所言中，凯恩斯认为投资者更容易担心市场上的心理变化，更倾向

[5] 标准差是用来衡量不确定性的一种方法，在任何一本基础的统计学教材中都可以见到。例如，如果一个变量值为1，3，1，3，则平均值或期望值为2，标准差为1。

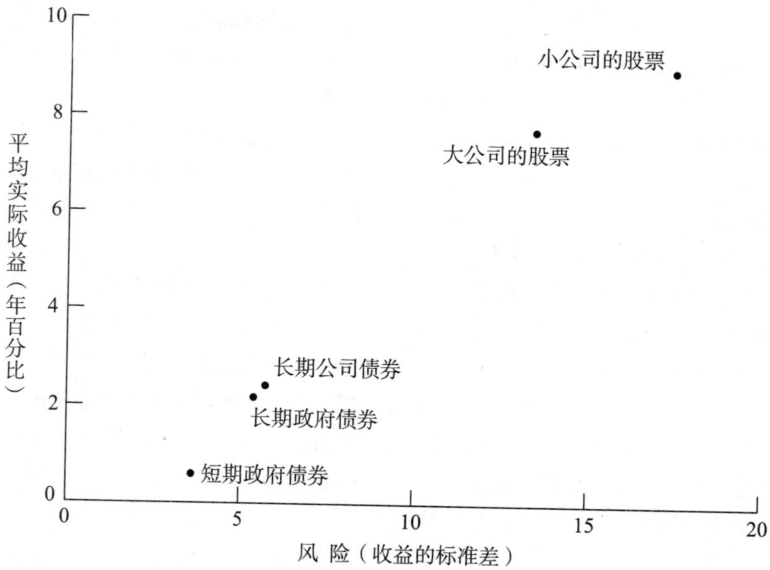


**图 25-5　重要投资的风险和收益，1926~1998 年**

投资的平均收益和风险各不相同。债券是比较安全的，而股票有着更高的收益率同时也要面对更大的风险。本图显示的是不同金融资产的历史风险和收益。因为市场的原因，预期的风险和收益也许会显著地异于历史数据。

资料来源：Ibbotson Associates, *Stocks, Bonds, Bills, and Inflation: 1999 Yearbook* (Ibbotson Associates, Chicago, 1999)．

投机于资产的未来价值，而不是耐心等待股票表现出它们的内在价值。他写道："为一项价值 30 美元的投资付出 25 美元是不理智的，如果你也认为 3 个月后它的市价将是 20 美元的话。"市场心理学家竭力想知道一般的投资者在想些什么，而这又需要考虑到一般投资者如何看待这种投资者的问题，此外还需要考虑其他一系列的因素。

如果一种狂乱的情绪充斥市场，则可能导致投机泡沫和市场崩溃。当价格的上升仅仅是因为人们断定它们将会升高的时候，投机泡沫也就产生了。这情况与我们曾经引用的凯恩斯的名言正好相反。一块地也许只值 1 000 美元，但如果你注意到一股房地产热潮使该地价格每年上升 50%，你也许会以 2 000 美元的价格买下它，并且期待着在来年能以 3 000 美元的价格再卖给别人。

投机泡沫中往往充满着这样的自我承诺。如果人们是因为相信股票会升值而去购买股票，那么他们的购买行为本身就会抬高股票价格。这将导致人们购买得越多，就会使这个泡沫涨得越大。但是，与那些玩纸牌或赌博的人不同，股票交易中并不明确知道谁输谁赢。当然，这些赚头都是账面上的，而且如果每个人都试着变现的话，它就会消失。但是为什么有人要卖出利润丰厚的证券呢？价格抬升缘于希望和梦想，而非缘于公司利润和股息分红的迅速升高。

历史上这种投机价格曾被抬升到远高于它们内在价值的泡沫现象可谓比比皆是。在 17 世纪的荷兰，一场郁金香热将郁金香的价格抬高到甚至超过房屋的价格。18 世纪，一个虚幻的关于公司将会使它的股票持有者致富的承诺，使南海公司的股票上涨到不可思议的水平。在更近的一个时期，类似的泡沫曾经发生在生物技术、日本地产、"新兴市场"，以及一家叫做 ZZZZ Best 的真空吸尘器公司的证券交易中。后来这些交易被证明是因为黑手党洗钱所致。

所有这些泡沫经济中最著名的事件，是发生在 20 世纪 20 年代的美国股票市场。在那个"沸腾的 20 年代"，出现了令人难以置信的股市繁荣，所有的人都在买进和卖出股票。这个疯狂的牛市中购买者所依靠的大多数都是保证金。这意味着购买者只需支付部分现金就可以买到价格 10 000 美元的股票，差额部分以新买的股票作为抵押来进行支付。当 Auburn 汽车公司或 Bethlehem 钢铁企业的股票一夜之间就可以飞涨 10%的时候，向股票经纪人支付的每年 6%、10%或 15%的利息又算得了什么呢？

投机泡沫总是要破灭的，有时还会导致经济恐慌。一件令人痛苦的事件，1929 年的恐慌和崩盘，往往会给股票市场投下几十年的阴影。该事件同时也拉开了痛苦而漫长的 20 世纪 30 年代大萧条的序幕。经过 1933 年大萧条的洗礼后，市场跌落了 85%。

股票市场的变动趋势可以用**股票价格指数**进行跟踪记录；股票价格指数是一揽子公司股票价格的加权平均数。通常使用的有包括 30 家大公司的道—琼斯工业股票指数（DJIA）以及标准普尔 500 指数（S&P 500），后者是美国最大的 500 家公司股票价格的加权平均数。

由图 25–6 可见，自上世纪以来标准普尔 500 指数的历史变动趋势。下边的曲线表示平均的名义股票价格，它记录了某一年当中的实际平均价格。上边的曲线表示的是股票的实际价格，它等于名义价格除以消费价格指数。消费价格指数在 2003 年等于 100。那条直线（以对数形式）说明了从 1900~2003 年股票的平均增长率。股票的平均增长率按照美元计算为每年 5%，但扣除通货膨胀影响后仅为 1.8%。

20 世纪 90 年代是另一个泡沫经济和股市繁荣的时期。主要的股票价格指数在这一时期上升了 350%。互联网的股票成为投资者的至爱，它的市盈率达到了100 倍以上，而传统股票的市盈率只有 20 倍或 30 倍。美联储主席格林斯潘警告人们要警惕“非理性的繁荣”；有经验的人们开始注意到互联网的膨胀和早先投资郁金香和佛罗里达地产有相似之处；耶鲁经济学家罗伯特·希勒出版了一本畅销书，以警示由不现实的非理智行为所推动的估计过高的市场。但是人们并不曾理会这些金融预言，而是争先恐后地继续向前。

但是 20%的年增长率不可能永远持续下去。互联网泡沫在 2000 年早期开始崩溃。含有更多投机的新经济公司

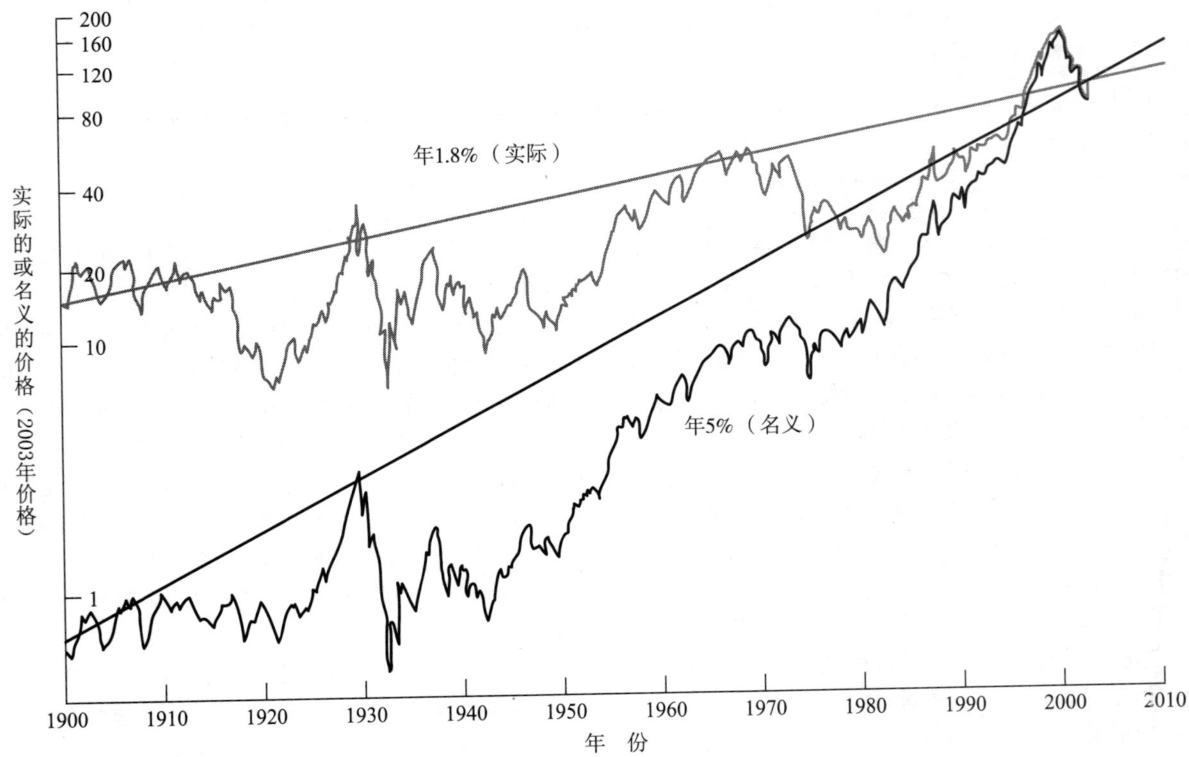


**图 25–6 关于股票价格，惟一可以肯定的是它们会波动**

图中标准普尔指数（S&P 500）勾画出美国最大 500 家公司股票价格的加权平均数的变动轨迹。下方曲线显示的是名义股票价格：从 1900~2003 年平均每年增长 5%。

上方曲线显示的是“实际的 S&P 500”，它是通过用消费者价格指数对 S&P 500 进行矫正而得到的。它平均每年仅增长 1.8%。

资料来源：Standard and Poor, Bureau of Labor Statistics.

的纳斯达克指数，在不到两年的时间里损失了 75%的价值。1999 年的抢手之物在两年后便成了凋零黄花。股票市值在很短时间内便下跌了 7 万亿美元。对那些损失财富的人来说，他们为没有能够在投机大潮开始之时就分享到财富而感到遗憾。

这一切到什么时候才会结束呢？是否存在一个占卜的水晶球，可以用来预见股票价格的变动呢？这就是现代金融理论所要研究的课题。

## 有效市场与随机游走

经济学家和金融专家们对于投机性市场（比如股票市场和外汇市场）的价格进行了长期研究。一个重要的假设是投机性市场是倾向于“有效率”的。此发现在经济学家和金融分析家中引发了极大的争议。

**有效市场理论**（efficient-market theory）的本质是什么？简言之：

> 证券市场在吸收个别股票和整个股票市场的新信息方面是极其有效的。只要新消息一传来，它就会非常快速灵敏地反应在股票价格的变动之上。依据过去数据或基本理论预测股票价格而产生的投资收益，不可能高于随机地持有风险相当的个股投资组合的投资收益。[6]

有一则幽默故事可以说明上述思想。有位金融学教授和他的学生在校园中漫步时，突然发现地上好像有一张 100 万美元的支票！教授对学生说：“不要费心去捡它。若真是 100 万美元，绝不会掉在这里！”换言之，大庭广众之下，你想只要弯一下腰就能发大财，怎么可能？

50 年来，关于有效市场的悖论已经得到数以百计的案例研究的普遍证实。这并不是说你绝对不可能通过遵循某个经济学法则或公式而致富，而是说，就一般而言，这些规则不可能比随机选择的并且多样化的投资组合具有更好的结果。

***有效市场观的理论依据*** 金融学家花费了许多年时间分析股票和债券市场并试图弄明白一点：为什么正常运行的金融市场不允许超额利润的持续存在？对此，有效市场理论可以做出说明。

**有效金融市场**（efficient financial market）是指这样一种市场，该市场所有信息都会很快被市场参与者领悟并立刻反映到市场价格之中。例如，拉齐–T 石油公司刚刚在阿拉斯加海湾发现石油。这是在星期二上午 11 点 30 分宣布的。拉齐–T 公司股票的价格将会在什么时间上涨呢？有效市场理论认为这个消息会立刻反映到价格上去。市场参与者将立即做出反应，并将拉齐–T 公司股票的价格抬高到应有的高度。简而言之，在每一个时点上，市场都已经消化了可以得到的全部最新消息，并且将它包含在股票价格或谷物价格或其他投机价格之中。

> 有效市场理论认为，市场价格已经包含了所有可以得到的信息。依靠查看过去的信息或以往价格变化的模式来赚钱是不可能的。股票的收益主要由它对于市场的相对风险来决定。

***随机游走*** 有效市场论为分析有组织市场中的价格变动提供了一种重要的分析方法。根据这种方法，把股票价格在一段时间内的变化标在图上，它看上去应该是非常不规则的，就像随机游走一样。

当某种价格的随时变动完全无法预见时，它就呈现出**随机游走**（random walk）的模式。例如，掷一枚硬币，看其落地时是正面朝上还是背面朝上。正面朝上记为“加 1”，背面朝上记为“减 1”。然后连续投掷 100 次，记下得分，并把它画在图纸上。这条曲线就是一条随机行走线。现在，为了比较，再画出微软公司股票价格或标准普尔 500 指数在 100 天里的变动。注意这三种图形看起来是多么地相似。

为什么投机价格类似于一种随机游走呢？经济学家经过仔细思考逐渐认识到下面的道理：在一个有效市场中，所有能够预见到的事情都已经被计算在价格之中了。影响股票或商品价格的正是新消息的出现，再者，新闻必然是随机的和无法预见的（如果能够预见的话，就不称为真正的新闻了）。

小结：

> 有效市场理论说明了为什么股票价格的变动看起来如此没有规律。价格会对新闻和意料之外的事情做出反应。但是，人们无法预见那些意想不到的事情，因为它们有可能向任何一个方向变动，就像投掷硬币的结果或下个月的暴风雨。由于股票价格会随着无规则事件的发生而变动，因此股票价格本身的变动也是无规则的，就像随机游走一样。

[6] 这一定义取自 Malkiel2003 年的论文；请参考补充读物。注意“效率”在金融学中不同于在其他的领域的定义。经济学中的“效率”指的是：信息能够被及时地吸收，而不是资源的产出能最大化。

*有效市场观的限制条件* 尽管有效市场观成为经济和商业的金融标准，也有人认为它过于简单，并有误导之嫌。以下是对有效市场观的一些反对意见：

1. 研究者已经在可预测的股票价格运动中找到了许多的“背反”。例如，相对于价格而言，红利和收益越高的股票在后市的表现反而越好。同样，急剧的上升或下降之后，股票价格通常都伴有回调或反向的运动。在有些人看来，这些背反现象应当是市场无效率的有力例证；而在其他一些人看来，这些背反只能反映分析家们倾向于挖掘数据来寻找其实并不存在任何关系的范式。
2. 观察历史数据的经济学家会问，股票价格的剧烈波动事实上所反映的是，新信息这种说法是否真有道理？历史上，1987 年 10 月 15 日到 19 日股票市场价格是急剧下降的。有效市场论会认为这种下降是由那些使公司预期收益减少的经济事件引起的。这些事件是什么呢？对有效市场的批评观点认为不存在任何明显的能够使股票的价值（这4 天里的价格）发生 30%变动的因素。有效市场论者在这个批评面前沉默了。
3. 最后，有效市场论适用于单个股票但不必然适用于整个市场。有些经济学家已经发现了长期股票市场价格存在着自我回旋摆动的证据。可能这些摆动反映了金融领域总体情绪的变化。这些长期摆动在 20 世纪 20 年代和 90 年代可能是由于繁荣心理，而在 20 世纪 30 年代，70 年代和新千年早期，则可能是因为萧条意识造成的。现在如果假设整个股票市场出现了“非理性繁荣”并且价值被高估的话，我们又能做些什么呢？在价值被高估的股票市场，短期销售行为代价很大并很难实现。我们个人对股票的买卖不足以抵消整个国家的情绪。因此，从宏观经济学角度看，如果没有强有力的经济力量介入并纠正情绪的波动，投机市场将表现出悲观情绪或乐观情绪的波动。

## 个人理财策略

研究经济学可能并不会使你致富。但是，认真研究现代金融学却无疑可以帮助你明智地投资，避免犯最糟糕的金融错误。经济学在个人理财决策中扮演什么样的角色？我们从那些智者的建议中选择五个以供参考：

*经验 1：了解你的投资。*进行一项好的投资的最重要的一点就是在决策时要谨慎并且实事求是。对于重要的投资要认真分析有关资料并听取专家的意见。从有关金融市场的众多研究和金融顾问那里我们能得到哪些经验教训呢？那些宣称已经找到快速致富之路的言论是值得怀疑的。你不可能依靠观察星象而变得富有（尽管有的投资顾问不可思议地向客户兜售占星术）。从长期看，直觉不会起作用。而且，华尔街上最好的头脑也不见得能胜过平均指数（道—琼斯指数，标准普尔指数等），这本来不足为奇。

*经验 2：分散，分散，这是金融预言家的法则。*关于金融的一条重要经验是：分散你的投资。“不要把所有的鸡蛋放在一个篮子里”就是对这个规则的一种表述。分散投资的依据在于通过将资金投资到各个不同项目的办法，你能够在降低风险的同时继续获得高收益。计算结果表明通过将财富在一个广泛的投资领域中分散，例如购买不同的普通股票、一般债券和附加通货膨胀指数的债券，房地产以及国内外的证券，人们可以在获得好收益的同时将投资风险降至最低。

*经验 3：考虑普通股指数基金。*证券市场上的投资者可以通过持有由多种普通股股票组成的投资组合来获得较高的收益并最小化投资风险。指数基金是一个使投资具有多样化的好工具，它是许多公司股票的投资组合，根据公司的市值来衡量它在资产组合当中的比重，常常跟踪类似于标普 500 这样的主要股指。指数基金的一个主要优势在于费用低和避免了因频繁换手而产生的税费。

*经验 4：最小化不必要的费用和税收。*人们经常会发现他们投资收益的相当一部分都用来支付了税收或其他费用。比如，一些共同基金在收取了很高的初始费用以外，每年还可能收取资产 1%甚至 2%的管理费用。而且，那些特别管理的基金因为有着高换手率而不得不为资本利得交纳更高的税款。日交易商也许会在每次进出市场时得到乐趣，也许他们还觉得是在赚钱，但实际上他们却要支付庞大的佣金和投资费用。如果仔细选择你的投资，就会避免这些不必要的投资收入的流失。

*经验 5：使你的投资与你的风险偏好相一致。*你可以投资于风险更高的项目从而提高预期收益（见图 25–6），但必须仔细考虑你可以承受多大的风险，包括经济和心理两个方面。正如一个投资顾问所言：投资总是“吃得好”与“睡得香”之间的矛盾。假如你由于担心市场的涨跌而失眠，你就应该减少风险，而去购买美国财政部的按通货膨胀指数调整的国债来保值。但从长期来看，你可能就要一直在陋室中安睡。假如你想吃得好并能忍受痛苦，你可以更多地投资于股票，包括那些外国市场和新兴市场上的

股票，并在你的投资组合中加上小公司的股票，但最好少买短期债券或将钱存入银行。

这些都是历史和经济的教训。读了所有这些，如果你仍然想要试一下你在股票市场上的手气，那么你要记住切不可灰心丧气，并请牢记美国最伟大的金融家之一伯纳德·巴鲁克（Bernard Baruch）的告诫：

如果你打算放弃其他一切事情——像医学院学生学习解剖学那样，仔细研究整个市场的历史和背景以及所有主要上市公司的股票——如果你能做到所有这一切，而且除此之外，你还有大赌徒那样的冷静头脑，有超乎常人的第六感觉，以及有雄狮般的勇气，那么，你就会有一线希望。

## 总 结 提 要

### A. 现代金融系统

1. 现代经济中金融系统跨时间、跨空间和跨部门地对资源进行转移。资金在金融系统内的流动通过金融市场和金融中介。一个有效率的金融系统的目的是保证储蓄被最有效率地用于投资。金融系统的主要功能是转移资源、控制风险，吸收和发放资金以及出清交易。
2. 利率是为借入资金而支付的价格，用每借 1 美元每年需支付的利息数量占本金的百分比来衡量。人们之所以愿意支付利息，是因为借来的钱使他们能够购买商品或服务以满足当前消费需要，或者用于盈利性的投资。
3. 我们可以看到有各种不同的利率。这些利率之所以不同，是受多种因素的影响：如贷款期限、投资风险和流动性以及对利息的税收政策。
4. 一般来讲，在通货膨胀时期名义利率或货币利率会上升，这反映了货币购买力随价格上升而下降的事实。为了计算用实际的商品和服务来表示的利息，我们使用实际利率指标，它等于名义利率或货币利率减去通货膨胀率。

### B. 货币的各种特殊形态

5. 货币是可以被普遍接受的作为交易媒介或支付手段的任何物品。货币还具有价值尺度和价值贮藏的职能。货币与其他经济物品不同的是：其价值来自于社会约定。我们衡量货币的价值并非根据货币的直接效用，而是间接地根据它的购买力。
6. 现在人们一般使用两种货币定义。第一种定义是狭义（交易）货币（$M_1$）——由通货和支票存款组成。另一个重要的定义是广义货币（$M_2$），它等于 $M_1$ 再加上像储蓄存款那样有较高流动性的准货币。
7. 对货币的需求不同于对其他商品的需求。持有货币是因为其间接价值而不是直接价值。但是货币的持有是受限制的，因为以货币而非其他形式保存资产是有机会成本的：持有货币时牺牲了利息收入。
8. 人们持有货币最重要的原因是需要偿付账单或购买商品。这种交易需求由 $M_1$ 来满足，并且主要与交易的价值或名义 GDP 有关。经济理论和经验研究都证实：货币需求对利率变动很敏感；利率升高将导致对货币的需求减少。

### C. 银行与货币供给

9. 银行是商业化的企业，经营的目的在于为它的所有者赚取利润。银行的一个主要职能是为顾客开设支票账户。银行被要求为其支票存款保持法定准备金。准备金可以是手头现金或在联邦储备系统的无息存款。为了说明问题，我们考查法定准备金率为 10%的情况：这时银行系统作为一个整体，再加上公众的或私人的借款者以及进行存款的公众，能够对联邦储备机构注入银行系统的每 1 美元的新准备金按 10:1 的比例创造银行货币。
10. 每一家小型银行扩大贷款与投资的能力都是有限的。它的贷款或投资数量不能超过从存款者那里得到的数量；它只能够贷出存款的 90%。虽然没有哪一家银行能够单独将准备金扩大 10 倍，但是整个银行系统却能够做到这一点。每一个收到 1 000 美元新存款的银行都会把它刚得到的现金的 90%用于贷款和投资。如果我们沿着这个越来越小但却没有穷尽的链条，推算业务顺次承接的每一轮银行的情况，那么，就会发现整个银行系统的新存款（单位：美元）是：

$$
\begin{aligned}
&1\,000 + 900 + 810 + 729 + \cdots \\
&\quad = 1\,000 \times [1 + 9/10 + (9/10)^2 + (9/10)^3 + \cdots] \\
&\quad = 1\,000\left(\frac{1}{1-9/10}\right) = 1\,000\left(\frac{1}{0.1}\right) \\
&\quad = 10\,000
\end{aligned}
$$

更一般地：

$$货币供给乘数 = \frac{货币的变化量}{准备金的变化量} = \frac{1}{法定准备金率}$$

11. 可能会有一些银行系统的新的现金准备金会漏到银行以外的流通领域，以及流入到非支票账户的资产中。当一些新准备金漏入非支票存款资产中时，货币创造与新准备金的关系就会脱离由货币供给乘数所给出的10:1 的比例关系。

D. 股票市场

12. 资产具有不同的特性。最重要的是收益率（或利率）和风险。收益是从一种证券中得到的货币收入。风险是指一种投资收益的不确定性。因为人们总是回避风险的，所以只有更高的收益才能诱使他们去购买更具有风险的资产。
13. 股票市场（其中纽约股票交易所最为重要），是买卖大公司股票的地方。股票价格在历史上充满了剧烈的波动，比如 1929 年的大崩盘。人们使用股票价格指数，如“标准普尔 500”以及人们所熟悉的“道—琼斯工业股票平均数”来记载股票价格的变动趋势。
14. 股票价格的现代经济理论通常重点研究有效市场的作用。所谓有效市场，是指在该市场上全部信息都被投机者迅速吸收并立刻被计算在市场价格之中。在有效市场中没有轻易可得的利润；观察昨日的新闻或价格过去的变动形式、选举结果、商业周期，都无助于预测未来的价格变动。因此，在有效市场上，价格由于意外事件而变动。由于意外事件本身是随机性的，所以股票价格和其他投机价格的变动也是无规则的，就像随机游走一样。
15. 请将以下五条个人金融准则牢记在心里：（a）了解你的投资；（b）分散，分散，这是金融预言家的法则；（c）考虑普通股指数基金；（d）最小化不必要的费用和税收；（e）使你的投资与你的风险偏好相一致。

## 概念复习

**现代金融系统**

金融系统，金融市场，金融中介
金融系统的功能
主要金融资产或工具
利率，名义利率和实际利率
利率的溢价是由于：
　期　限
　风　险
　非流动性
利息：持有货币的机会成本
按通货膨胀指数调整的债券

**货币的各种特殊形态**

货币，狭义货币（$M_1$），广义货币（$M_2$）
商品货币，纸币，银行货币
货币需求的动机：
　交易需求
　资产需求

**银行和货币供给**

银行准备金（库存现金和
　在美联储的存款）
部分准备金银行
货币供给乘数

**股票市场**

普通股票（公司股权）
有效市场，股票价格的随机游走
指数基金
个人投资的五个原则

## 补充读物和互联网站

**补充读物**

There are many entertaining histories of money. A good one is John Kenneth Galbraith, *Money, Whence It Came, Where It Went* (Houghton, Boston, 1975). You can pursue advanced topics in monetary theory in an intermediate textbook, such as Lawrence S. Ritter, William L. Silber, and Gregory F. Udell, *Principles of Money, Banking, and Financial Markets*, 10th ed. (Addison Wesley Longman, New

York, 1999) . The standard reference on U.S. monetary history is Milton Friedman and Anna Jacobson Schwartz, *Monetary History of the United States 1867－1960* (Princeton University Press, Princeton, N.J., 1963) .

Modern capital and finance theory are very popular subjects, often covered in the macroeconomics part of an introductory course or in special courses. Good books on the subject are Burton Malkiel, *A Random Walk down Wall Street* (Norton, New York, 2000). A recent book surveying financial history and theory and arguing that the stock market was extraordinarily overvalued in the bull market of 1981~2000 is Robert Shiller, *Irrational Exuberance* (Princeton University Press, Princeton, N.J., 2000). A recent summary of evidence on the efficient-market theory by Burton Malkiel and Robert Shiller is found in *Journal of Economic Perspectives*, Winter 2003.

**互联网站**

Basic data on money, interest rates, and monetary policy can be found at the website of the Federal Reserve, www.federalreserve.gov. Interesting articles on monetary policy can be found in the *Federal Reserve Bulletin* at www.federalreserve.gov/publications.htm. The Federal Reserve also collects survey data on wealth, available in the January 2000 issue of *Federal Reserve Bulletin* at the same site.

A good source for data on financial markets is finance.yahoo.com. If you are interested in the latest buzz on Internet stocks and hot topics in technology, go to www.techstocks.com or the Motley Fool at www.fool.com.

## 问 题 讨 论

1. 给出 $M_1$ 和 $M_2$ 的定义。$M_1$ 包括什么？$M_2$ 包括哪些$M_1$ 所不包括的成分？说明 $M_2$ 的每一个组成部分与货币需求背后因素的关系。
2. 假设所有的银行都保持 100%的准备金。改写表 25-6（a）和表 25-7，以反映将 1 000 美元准备金加入到一个保持 100%准备金的银行系统之中后将会发生的情况。在这种情况下，准备金的增加对货币供应量有什么影响？银行“创造”货币了吗？
3. 假设银行对其存款持有 20%的准备金，并且假设从银行系统中减去 200 美元的准备金。重新制作表 25-6（a）至表 25-8。在这种情况下货币供给乘数是多少？
4. 下列各项对货币（$M_1$）需求会产生什么影响（假设其他因素不变）？
   a. 实际 GDP 增加
   b. 价格水平上升
   c. 储蓄存款和国库券的利率上升
   d. 所有价格、工资和收入都增加一倍（你能准确计算出对货币需求的影响吗？）
5. 持有货币的机会成本等于安全的短期资产（比如国库券）的收益减去货币的利率。下列各项对以支票账户形式持有货币的机会成本会产生什么影响？
   a. 1980 年以前（当时支票存款没有收益），市场利率从 8%上升到 9%。
   b. 1984 年（当时支票账户的收益率达到了 5%的最高水平），利率（1）从 3%增加到 4%；（2）从 8%增加到 9%。
   c. 1991 年（当时取消了对可转让提款账户利率的管制），市场利率（1）从 3%增加到 4%；（2）从 8%增加到 9%。
   d. 如果货币需求对货币机会成本的弹性是 0.2，那么在上述各种情况下，请预计货币需求对市场利率的变化做何种反应？
6. 利率问题（解答这些问题可能需要一个计算器）：
   a. 你按 13.5%的年利率投资 2 000 美元，6 个月后你的资金总额是多少？
   b. “复利”就是可用已获得的利息再赚取利息；如今的大部分利率都是复利。假如你按每年 10%的复利利率投资10 000 美元，为期 3 年，那么在每一年结束时你的投资总额是多少？
   c. 考虑下列数据：消费价格指数在 1977 年为 60.6，在 1981 年为 90.9。从 1978~1981 年，政府债券每年的利率分别为 7.2%、10.0%、11.5%、14.0%。计算从 1978~1981 年这 4 年期间平均的名义利率和实际利率。

d. 国库券通常以贴现的方式出售；这就是说，一张面值为 1 万美元、期限为 90 天的国库券今天出售的价格，将正好使到期时收回 1 万美元所得到的收益符合市场利率。如果市场利率为每年 6.6%，那么一张面值 1 万美元、期限为 90 天的国库券的售价应该是多少？

7. 有关价值的问题：
   a. 考虑一年期债券的现值。计算当利率分别是 1%，5%和 20%的时候债券的现值。
   b. 计算当利率分别是 1%，5%，10%和 20%时每年的收益是 16 美元的永久性债券的现值。
   c. 比较 a 和 b 的答案，哪个资产对利率变化更加敏感？将差异量化。
8. 你是否认为下列各项应该算入美国的狭义货币供给（$M_1$），请说明理由：储蓄账户、地铁专用辅币、邮票、信用卡和俄罗斯人在莫斯科支付的 20 美元账单。
9. 根据有效市场论，下列事件对于通用汽车公司股票的价格有什么影响？
   a. 出乎意料地宣布政府打算在下一年 7 月 1 日提高公司税。
   b. 国会通过授权法案 6 个月后的 7 月 1 日提高税率。
   c. 出乎专家们预料的一则通告：美国要对下一年日本小汽车的进口限制配额。
   d. 12 月 31 日颁布法规来贯彻问题 c 中的通告。
10. 假设法定准备金规定被取消，银行系统的准备金水平将由什么因素来决定？在这种情况下，货币供给乘数将会发生什么变化？
11. 假设有一个巨型银行，比如说叫做美国巨人银行，它持有所有人的所有支票存款，并受 10%法定准备金规定的约束。如果向美国经济中注入一笔准备金，那么在知道新存款必定还会回到银行的情况下，巨人银行的贷款数量能否超过存款增量的 90%？这能否改变最终的货币供给乘数？
12. **有难度的问题**：期权是指在一个既定日或之前，以一个既定的价格来买进或卖出一种股票或者其他证券的权利。看涨期权是买权，而看跌期权则是卖权。假设你有一个看涨期权可以买 100 股高波动率的股票，Fantasia.com 执行价格是每股 10 美元，可以在接下来的 3 周里的任意时候行使。Fantasia 目前的价格是每股 9 美元。
    a. 你知道为什么期权的价格大于每股 1 美元吗？
    b. 假设期权明天就到期，到时候股票上涨 5 美元和下跌 5 美元的概率都是 50%，那么期权的价格是多少？
13. 掷硬币 100 次。一次正面算做“加 1”，而一次反面算做“减 1”。记录该结果。把它标在一张作图纸上。这便是一种随机游走。（那些有计算机的人，可以通过一个计算机程序，随机数字发生器和绘图器来做这件事。）

    然后，记录若干个星期内你特别喜爱的公司股票的收盘价格（或取自以前发行的报纸）。把价格同时间标出来。你能发现上述两种变动方式上的差别吗？两者是不是看起来都好像随机游走一样？

# 第 26 章

# 中央银行与货币政策

人类有史以来已经有三项伟大的发明：火、车轮和中央银行。

——威尔·罗杰斯

今天，我们应该到哪里去寻找最有影响力的宏观经济政策的制定者呢？去白宫、国会，还是去联合国或者世界银行？或许，你会很惊讶，他们就在华盛顿特区的联邦储备总部一座灰暗的大理石建筑里。联邦储备（Fed）就是在这里确定短期利率水平，从而全面地影响金融市场、财富总额、产出、就业和价格。事实上，联邦储备的影响力不仅仅限于美国的 50 个州，它甚至还通过金融与贸易等渠道，影响到全球的每一个角落。

联储的中心目标是将通货膨胀稳定在较低的水平。同时，它还致力于保持总产量的稳步增长、失业率的较低水平，以及保证金融市场的规范有序。如果供给过旺且价格被抬高了的话，联邦储备委员会有可能会提高利率。这等于给经济增长踩了刹车，同时也减轻了价格压力。如果经济疲软，市场不景气，联储就会考虑降低利率，从而提高总需求，增加总产出并降低失业水平。世界各国基本上都设有中央银行来管理货币事务。本章拟帮助我们理解联储在美国经济中的核心作用。

图 26-1 说明的是联储在美国经济中发挥着中央银行的作用，并说明了它与银行、金融市场和利率之间的关系。A 部分分析联储如何运用它的工具（银行准备金规定、贴现率和其他工具）来决定货币供给和影响利率，而 B 部分则分析货币政策对宏观经济的影响。

## A. 中央银行和联邦储备系统

### 联邦储备系统

#### 联邦储备系统的组织结构

***历史和宗旨*** 19 世纪，美国曾遭受银行恐慌的困扰。当人们突然想要将他们的银行存款变为现金的时候（见上一章的银行恐慌问题），恐慌便会出现。因为现金供应量是固定的，并且小于银行的存款数量，所以当人们来到银行并发现银行的现金供应量不足时，银行倒闭和经济下滑就会随之发生。在 1907 年的大恐慌后，人们开始认真地研讨对策，随之产生了 1913 年的《联邦储备法案》，以“帮助建立联邦储备银行以提供有弹性的通货”。

**联邦储备系统**（Federal Reserve System）现在由 12 个地区的联邦储备银行组成，分别设在纽约、芝加哥、里士满、达拉斯、旧金山以及其他主要城市。这些区域性机构最初是在平民党时代设立的，其主旨在于保证不同的地区在银行界都同样享有发言权，并防止中央银行权力过分集中在华盛顿或东部银行家手中。今天，每个联邦储备银行都参与全国范围支付体系的运作，发行硬币和其他（纸币）通货，管理和监督本地区其他银行的运作。

联储有以下几个主要宗旨：

> 今天联储的任务划分为四个主要部分：（1）制定并执行国家货币政策；（2）管理和监督银行体系；（3）保持金融系统的稳定性；以及（4）为政府和公众提供特定的金融服务。

***由谁掌控*** 联邦储备系统的核心是联邦储备委员会。其7名成员由总统提名并由参议院批准，任期可长达14年。理事一般由专职的银行家或经济学家组成。

联邦储备系统的主要决策机构是联邦公开市场委员会（FOMC）。它的12名有表决权的成员包括7名联邦储备委员会理事，再加上5名地区联邦储备银行的行长组成。这是个十分重要的班子，因为它控制着现代货币政策最重要和最常用的工具：银行准备金比率。

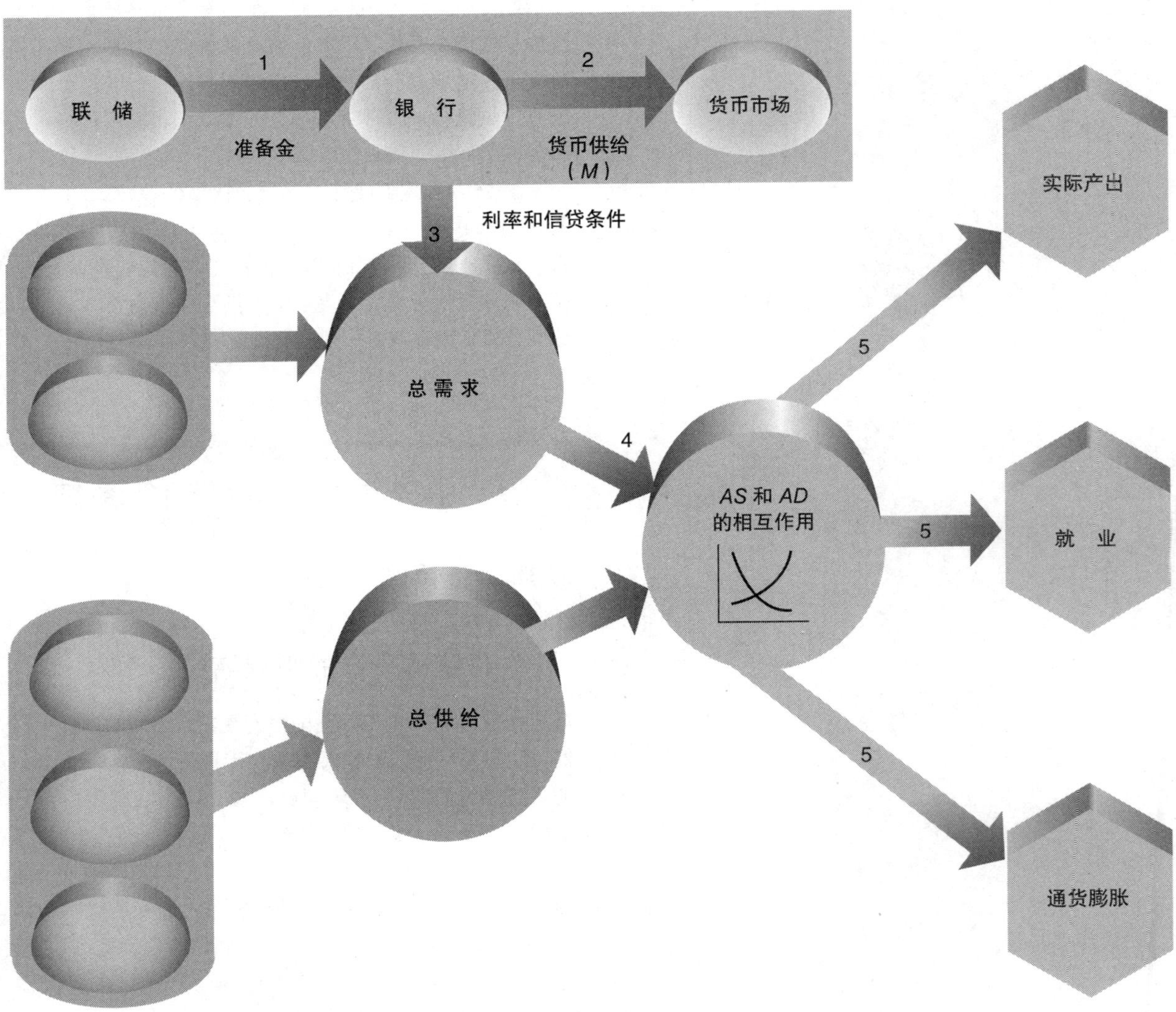


**图 26-1 货币政策对产出水平和通货膨胀的影响机制**

这幅图说明了联邦储备系统的政策影响经济活动的步骤：（1）改变准备金；引起（2）货币的变化；引起（3）利率和信贷条件的变化。在（4）中，投资或其他对利率敏感的支出发生的变化使 *AD* 变化。（5）显示的是随之发生的产出、就业和通货膨胀的变动。

请记住，财政政策也应加入到总需求的圆圈中来。

联邦储备委员会的主席，同时也任联邦公开市场委员会（FMOC）的主席，是联储的公开发言人，在决定货币政策方面具有非常大的权限。同时，他也掌握着整个联邦储备系统的最高权力。联储的上任主席经济学家艾伦·格林斯潘，由于他的任期很长（1987 年首次被任命为美联储主席），且经济管理很成功所以他通过对货币政策的影响而影响了整个美国经济。此外，在许多其他的经济问题上，他也享有很高的威望。

联邦储备系统表面上结构松散，然而细心的观察者仍然可以看出其权力是相当集中的。联邦储备委员会举行会议时，12 个地区联储银行的行长都参加，在联储主席的领导下制定和贯彻货币政策。联邦储备系统的结构如图 26–2 所示。

**联储是否过于独立**

在考查联邦储备系统组织机构时，有人可能会问：联储属于立法、司法、行政三大政府部门中的哪一方？”回答是：“不属于任何一方。从法律上讲，12 大地区储备银行都是私有的。而作为一个整体的联储则又实际上是作为一个独立的政府机构来进行活动的。”

联邦储备系统在名义上是一家公司，为所有作为其成员的商业银行所共有。但在实际上，它却是一个公共机构。它直接对国会负责并细心听取总统的建议，一旦它以赢利为目标并与公共利益发生冲突时，它就会毫不犹豫地选择服从公共利益。

然而首要的是，联储是个独立的机构。尽管联储细心地听取国会和总统的意见，甚至服从选举和任命的结果，但联邦储备委员会和公开市场委员会的成员最终还是要根据它自己对国家经济利益的看法来决定货币政策。所以，联储有时会与行政部门发生冲突，几乎每一位总统都曾对联储的政策提出过建议。若联储政策与行政当局的目标发生冲突，则总统有时也会有严厉的措辞，然而联储通常总会很有礼貌地听取意见，但仍然会选择他们自己所认为的对国家最为有利的做法。联储的决定不受其他任何人的左右。

经常有人批评联储过于自主：由一小部分未经选举的人控制国家的金融市场是不民主的。这种观点有一定的基础，因为未经选举的团体有时会失去和社会及经济现实之间的联系。而主张联储自主的人士则认为，独立的中央银行是国家通货的监管人和恶性通货膨胀的最好的防护者。此外，独立性还能保证货币政策不会因为党派的政治目标而遭到破坏，就像有些国家发生的那样——由行政部门控制中央银行。历史研究表明：在降低通货膨胀方面，那些有独立中央银行的国家，往往比那些将中央银行置于选举出来的政府官员制约之下的国家要成功得多。

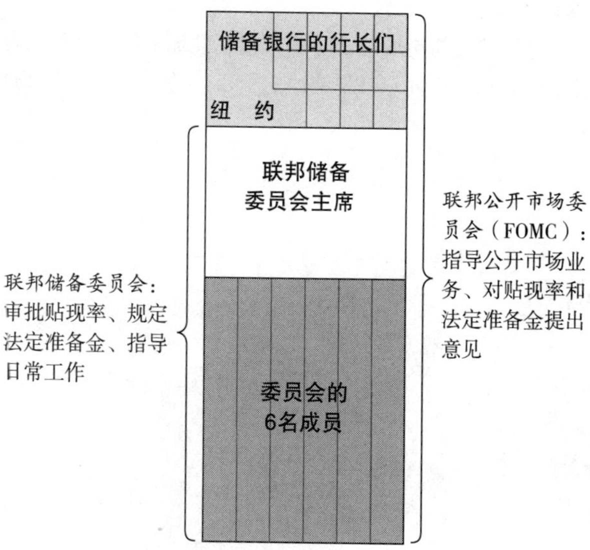


**图 26–2　货币政策的主要决策者**

两大重要的委员会是货币政策制定的中心。拥有 7 个成员的联邦储备委员会审批贴现率变动并规定法定准备金，而联邦公开市场委员会指导并规定银行储备金。联储主席同时领导这两个机构。每个方格的大小代表对应个人或团体的相对权力；请注意主席那一格的大小。

***政策目标***　联邦储备系统的目标是什么？以下是联储对自身功能的看法：

> （联储的）目标包括：使经济增长能实现其潜在的扩张能力；使就业率维持在较高水平；使物价稳定（即货币的购买力保持稳定）；以及使长期利率保持在合理状态。[1]

要想确切了解到底是哪些因素导致某项货币政策出台，并不总是一件容易的事情。但历史学家在详细分析了各种决策之后常会发现，联储的最终目的是为了维护我们

[1] 见《联邦储备系统：宗旨和功能》，第 2 页。本章“补充读物和互联网站”中有相应网址。

金融制度的完整性、控制通货膨胀、保持美元汇率以及防止过多失业，等等。

小结：

> 设于华盛顿的联邦储备委员会，再加上 12 个联邦储备银行，就构成了美国的中央银行。每一个现代国家都有一个中央银行。它的主要使命是控制全国的货币供给和信贷条件。

## 联邦储备业务概览

图 26–3 显示的是联邦储备系统运作的各大环节。联储有若干可供使用的政策工具以影响某些中间目标（如准备金、货币供给量和利率）。这些政策工具有助于实现经济健康发展的最终目标——低通货膨胀、产出的高增长和低失业率。在我们的分析中，明确区分这三者（政策工具、中间目标和最终目标）是十分重要的。

货币政策的三个主要工具是：

- **公开市场业务**：在公开市场上买卖美国政府债券，以影响准备金水平。
- **贴现率政策**：联储决定的利率称为贴现率，根据这个利率，商业银行和其他存款机构可以向该地区联储银行借取准备金。
- **法定准备金政策**：确定并有权变动银行及其他金融机构存款的法定准备金比率。

进行货币管理时，联储必须将其注意力集中在一组被称为中间目标的经济变量上。这些变量是中间变量，是联储政策工具与最终政策目标之间的传导机制。当联储想要影响它的最终目标时，它首先需要变动某个政策工具，如贴现率。这一变动进而影响某一中间变量，如利率、贷款条件或货币供给量。正如最终关心病人健康的医生会观测其脉搏和血压一样，联储密切关注的是它的中间目标。

## 联邦储备银行的资产负债表

在分析中央银行业务时，我们需要讨论一下联邦储备系统的资产负债表，如表 26–1 所示。联储的资产绝大部分是美国政府证券（如公债）。一些小的项目如贷款和票据承兑，主要是对商业银行的贷款和预支款。联储向银行收取这类贷款（“贴现”）的利率，称为贴现率，它是联储的另一大工具。

看一下负债方，有两个独特的项目：通货和准备金。联邦储备通货是联储的主要负债，它包括我们每天使用的硬币和纸币。另一个重要的负债项目是银行准备金，它也可以列在联储负债方作为商业银行在联邦储备银行的存款余额。这个数量再加上少量的银行库存现金，就是我们一直在谈论的准备金。它为国家银行系统成倍地派生存款提供条件。

通过改变持有政府证券的数量，联储能够改变银行准备金的总量，进而牵动最终决定货币供给总量的一系列环节。

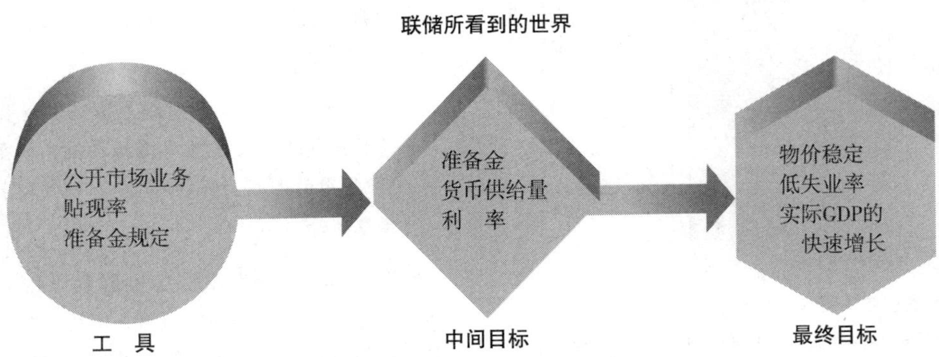


**图 26–3 联储最终追求的是诸如物价稳定等目标，而它的短期业务则致力于中间目标**

在决定货币政策时，联储直接操纵它所控制的工具或政策变量：公开市场业务、贴现率和法定准备金。它们有助于确定银行准备金、货币供给量以及利率这些货币政策的中间目标。最终，货币政策和财政政策相配合，追求高增长、低失业和稳定物价等主要目标。

| 12 家联邦储备银行的资产负债表<br>2003 年 2 月（10 亿美元） | | | |
|---|---|---|---|
| 资 产 | | 负债和净值 | |
| 美国政府证券 | 674.00 | 联邦储备通货 | 714.00 |
| 贷款及票据承兑 | 0.05 | 存款： | |
| 各种其他资产 | 112.55 | 准备金余额 | **14.70** |
| | | 美国国库券 | 5.20 |
| | | 其他各种负债 | 52.70 |
| 总 计 | 786.60 | 总 计 | 786.60 |

**表 26–1 联邦储备券和存款是我们货币供给的基础**

通过控制它的有效收益资产（政府证券和贷款），联储可以控制它的负债（存款和联邦储备券）。银行在联储的存款加上银行库存现金，称为总准备金，可用以满足法定存款准备金的要求。通过变动这些准备金，联储就可以决定国民经济中的货币供应量（通货、活期存款、$M_1$），进而影响 GDP、失业率和通货膨胀。

资料来源：联邦储备委员会；www.federalreserve.gov/releases/h41.

## 货币政策的基本要点

### 公开市场业务

联储最得力的工具是“公开市场业务”。

> 通过在公开市场上买卖政府证券，联储便能降低或提高银行的准备金数量。**公开市场业务**（open-market operations）是中央银行最重要的货币政策工具。

在制定政策时，由联邦公开市场委员会决定是否买进政府公债，以便向银行系统注入更多的准备金；或者，是否通过卖出政府证券来实行紧缩的货币政策。

为了解公开市场业务如何改变准备金水平，我们假设联储认为经济活动中正在出现轻微的通货膨胀。公开市场委员会在华盛顿召开会议，听取其资深经济学家的意见，最后决定是否通过出售债券以紧缩通货和信贷。债券卖给谁呢？卖给公开市场。这其中包括那些政府债券的经纪人（组织），他们再将债券转卖给商业银行、大公司以及其他的金融机构和个人。

债券购买者一般都会开出支票让联储从他们存款的某一家商业银行提取款项。例如，联储将价值 1 万美元的债券出售给 XYZ 投资公司，后者开具了一张拉斯维加斯凯奥特银行的支票。联储到凯奥特银行兑现支票。当凯奥特银行付清支票时，它在联储的存款余额便减少 1 万美元。最后，当所有的交易都完成时，整个商业银行系统在联邦储备系统的准备金便会减少 10 亿美元。

表 26–2（a）表明了一次 10 亿美元公开市场业务对联储资产负债表的影响。黑体字栏是公开市场业务前的资产负债表，灰体字栏目显示的是该项业务对联储资产负债表的影响。这笔公开市场业务使联储资产负债表中的资产和负债均减少 10 亿美元，即联储卖出了 10 亿美元政府债券，而它的负债也下降了相同的数额，即减少了 10 亿美元的银行准备金。

现在我们看看这项公开市场业务对于商业银行的影响，表 26–2（b）为商业银行的资产负债表。假定商业银行在中央银行保留的准备金为其存款总额的 10%。该笔公开市场业务进行之后，由于准备金和存款同时减少了 10 亿美元，商业银行会发现他们的准备金出现了短缺。于是商业银行会出售若干投资票据以收回一部分短期贷款。这会导致相应银行的存款出现成倍的收缩。到这一连锁反应最终结束时，各商业银行的存款总共会减少 100 亿美元。与此相应，银行资产负债表的资产方也发生了变化［请仔细阅读表 26–2（b）中的深灰色数字］。最终，联储的公开市场业务导致了货币供应量收缩 100 亿美元。

本章稍后，我们还会详细讨论完整的货币传导机制，即货币政策是如何影响利率、总需求和总产出的。现在，我们不妨首先看图 26–6（a）。该图说明的是在货币市场上联储公开市场业务的影响。货币紧缩使货币供给曲线往左移，从而引起利率上升和货币总需求下降。实际上，正是这个利率上升才导致表 26–2（b）中所示的存款收缩。

当银行收回贷款和投资时，利率随即会持续地上升，直到公众把 100 亿美元的零利率活期存款全部转换成其他更高收益的资产。

## 操作程序

联邦公开市场委员会每年召开 8 次会议以决定货币政策，并向它的操作机构，即纽约的联邦储备银行下达指示。纽约联邦储备银行每天进行公开市场操作，而操作程序随时间变动。有时他们下达一些含糊的指示，如“对信贷条件稍加放松。”

20 世纪 70 年代，联储改变了它的操作程序，对货币供给的变动加以更密切的关注。最典型的政策变革发生在 1979 年。联储推行“货币主义者的实验”以减缓迅速上升的通货膨胀。这些实验包括：用一种货币主义者推荐的方式来规定准备金和货币供给目标。（本章下文和第 33 章的货币主义，都会讨论货币主义者的实验。）

今天，联储主要通过对**联邦基金利率**（federal funds rate）即银行准备金的同业拆借利率设定短期目标来进行操作。图 26–4 显示的是联邦基金利率。它和短期利率，还有一个重要的长期利率，即 10 年期国债的利率一样，全都由联储进行控制。尽管决定利率的总体水平和变动趋势的机构是联储，但显然还是有许多其他的因素也同时在影响和制约着利率水平和金融条件。

今天联储的政策目标是什么呢？正如世界上许多中央银行那样，联储的主要任务是在稳定较低通货膨胀率的同时，缓和产出与失业的波动。然而，并不存在一个单独的变量使得货币紧缩或放松。更确切地说，联储倾向于关注包括经济预测在内的各种指示器。它跟踪工资、零售和批发价格，还有财政政策、汇率和众多经济指标的实际变动轨迹。

## 贴现率政策：第二种工具

准备金不足时，商业银行也可以向联邦储备银行借款。这些贷款在表 26–1 的联储资产负债表上被计入“贷款与票据承兑”的资产项目中。我们将这些贷款称为借入准备金。借入准备金增加意味着银行正在向联储借款，从而增加银行的准备金总量（借入准备金加非借入准备金）。相反，借入准备金的减少意味着银行准备金总量的收缩。

早些年，联储主要通过购买（或“贴现”）银行或企业的商业票据来控制货币供给，由于联储处于被动的一方，只能坐等别人来贴现窗口，因此该工具的效果不尽人意。随着货币政策的作用逐渐被人们理解，联储开始将公开市场业务作为调整准备金总量的首要工具。今天，贴现窗口的主要作用是缓冲成员银行准备金的日常波动，（如表 26–1 所示的）都是实际数量通常都非常小的借款融资。

有时联储会提高或降低**贴现率**（discount rate）。贴现率也即商业银行向 12 个地区性联邦储备银行借款时的利息率。许多年来，货币政策的推行总是以贴现率的变动作为信号的。例如在 1965 年，当联储想要向市场表明越南战争造成的经济高涨带来通货膨胀威胁时，就曾提高贴现率。这个信号如此强烈，以至于联储主席马丁被召到约翰

| 联储的资产负债表（10 亿美元） | | | |
|---|---|---|---|
| 资产 | | 负债 | |
| 证券 | 500–1 | 公众持有的通货 | 410 |
| 贷款 | 10 | 银行准备金 | 100–1 |
| **总资产** | **510–1** | **总负债** | **510–1** |

**表 26–2（a）联储的公开市场销售减少了银行准备金**

| 商业银行的资产负债表（10 亿美元） | | | |
|---|---|---|---|
| 资产 | | 负债 | |
| 准备金 | 100 –1 | 活期存款 | 1 000–10 |
| 贷款和投资 | 900 –9 | | |
| 总资产 | **1 000–10** | 总负债 | **1 000–10** |

**表 26–2（b）准备金的减少导致银行减少贷款和投资，直至以 10:1 的法定准备金率减少货币供给**

中央银行决定通过减少银行系统中准备金的数量来紧缩货币。

在（a）中，联储卖出 10 亿美元证券。当银行用其在联储的存款来偿付这些证券的资金时，银行准备金减少 10 亿美元。也就是说该笔公开市场业务造成了银行准备金 10 亿美元的下降。深灰色数字说明了公开市场业务对联储资产负债表的影响。

而在（b）中，我们看到的是公开市场业务对银行的资产负债表的影响。在存款的法定准备金比率为 10%的条件下，银行减少贷款和投资。由于准备金的收缩效应在银行系统中相继发生，银行系统若要恢复平衡，活期存款就必须减少 100 亿美元。灰色数字表示的是公开市场业务对银行系统和货币供给的影响。

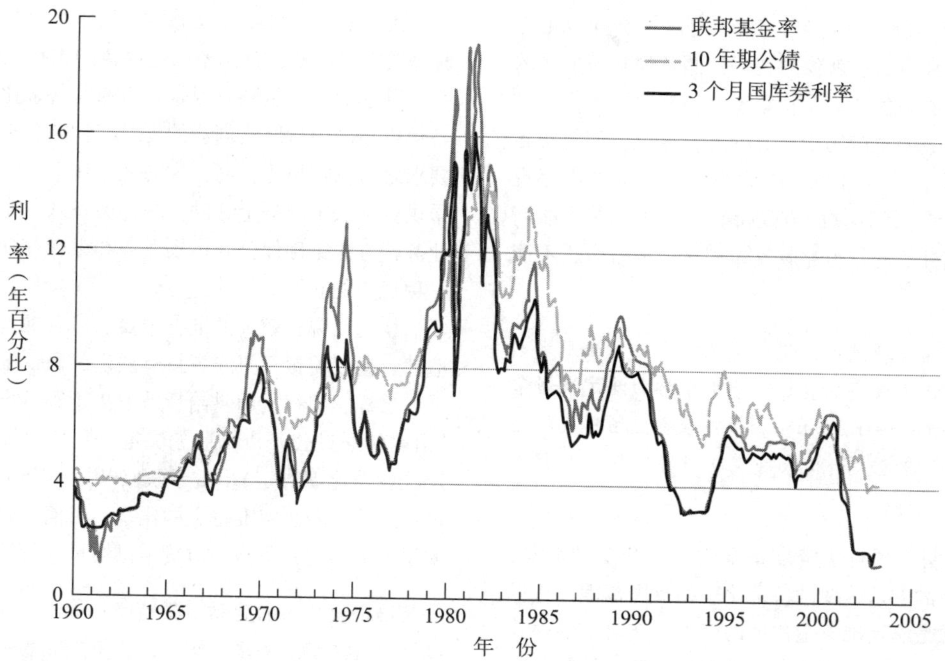


**图 26-4　联邦准备金决定联邦基金率**

联储制定联邦基金率的目标，这一利率是银行同业隔夜贷款的利率，将影响所有其他利率。尽管其间的相关性是变化的，并受到远期利率预期及全球金融条件的影响。注意在 1979~1982 年期间，当时联储曾在其实验中采取了紧缩性的货币政策。结果，利率的波动变得更加频繁和激烈。

*资料来源*：Federal Reserve Board.

逊总统的 LBJ 农场并受到训斥，总统担心贴现率升高会减慢经济的发展速度。

今天，贴现率已经成为货币政策的一个相对次要的工具。有时贴现率的改变也被当作主要经济政策改变的市场信号。但是，在更多的情况下，贴现率仅仅跟随市场利率的变动，以防止银行用较低的贴现率借入款项而以较高的利率在公开市场上借出款项，从而谋取额外利润。

## 法定准备金的作用

***准备金的性质***　上一章我们已经说明，当准备金增加而法定准备金比率不变的时候，银行是如何创造出货币的。这里不妨让我们再稍稍考虑一下：银行为何要持有准备金？

在一个自由市场的银行系统中，谨慎的银行家总会在手头保留一些准备金。他们需要以现金及其等价物的形式保留存款的一小部分，来支付那些提取存款或者开具支票的存款者。

许多年前银行就已经意识到，尽管存款是一经提取就必须立即支付的，但还是很少会出现所有存款都在同一时间内被提取的情况。如果存款者在同一时点提取存款，那么就必须保持着与存款总额完全相等的准备金。然而这样的情况却并不曾发生。就某一天而言，一些人存款之际，往往是另一些人取款之时，这两种交易的数量通常都可以保持平衡。

可见银行并不需要将 100%的存款都用于没有创造功能的准备金，因为存在库中的准备金显然不会产生利息。因此，在银行业发展的早期阶段，银行就曾运用存款进行投资。通过将大部分存款投放于盈利性资产，而只保留很小一部分存款作为现金储备，商业银行就能最大化地获取其经营利润。

银行保留一部分存款作为准备金，即持有存款的一部分而不是 100%，具有革命性意义。正是这一点，才使得现代银行能够创造出货币。换言之，银行能将一个美元的准备金化作几个美元的存款。

***法定准备金比率***　19 世纪时，银行有时并不能保留足够

的准备金以支付存款者的提款，从而有时便会导致银行危机。因此，从那时起，就像现在联邦储备规则下形成的制度一样，银行必须保留一个特定比率的支票存款作为准备金。这种准备金要求应用于所有的支票存款，而与实际的现金需求无关。银行准备金以手头现金，即“库存现金”，或者在联邦储备存款的方式持有。由于现金不能产生收益，而联储并不对银行存款支付利息，准备金也不能产生收益。

> 在联邦储备规则下，银行必须持有一个固定比例的支票存款作为准备金。这个比例被称为**法定准备金比率**（required reserve ratio）。银行准备金由库存现金（即银行持有的通货）和银行在联邦储备系统的存款组成。

表 26-3 说明了现行法定准备金的比率和变动情况，以及联储所具有的酌情改变准备金比率的权力范围。这里的一个关键概念是法定准备金比率的水平。它对支票存款的要求是 10%，对个人储蓄存款的要求则为零，等等。在我们的例子中，为简便起见，使用的是 10%的准备金比率。但我们应该了解，实际的法定准备金比率可以随时变动，而且并非正好是整数 10%。

法定准备金所规定的水平通常都高于银行所自愿持有的水平。今天，即使是一个谨慎的银行家，如果仅仅是为了向顾客保证自己的银行一定会有足够的现金来从容地应对日常的交易，那么他也许只需要持有 5%的银行支票存款作为准备金即可。

那么联储为什么又要确定和要求一个如此高的准备金比率呢？银行准备金比率高于谨慎的银行经营所需要的水平，其中的一个重要原因是：高的准备金比率能使联邦储备得以控制银行所能创造的支票存款的总额。法定准备金要求之所以定得比较高，为的就是让中央银行能够控制货币供应。法定准备金有助于联邦储备系统完成其公开市场业务，方法是确保公开市场业务和银行存款二者之间存有一种稳定的联系。

换句话说，较高的准备金要求以及准备金本身的零收益性，会使得银行只愿意持有法定的最低限度的准备金水平。这样，银行货币供给量就取决于银行准备金的保有量（由联储通过公开市场业务决定）和货币供给乘数（由法定准备金比率决定）。由于联储既控制着法定准备金的数量，又控制着法定准备金的比率，因而它就能够（在较小的误差范围内）严格地对货币供给量进行控制。

***法定准备金比率的变动*** 联储控制货币供应的最后一种工具是改变法定准备金。例如，如果联储想在一夜之间就紧缩货币，那么它就可以上调支票账户的法定准备金比率，甚至还可以上调定期存款的准备金比率。

提高法定准备金比率为什么能使信用紧缩呢？假设法定准备金比率为 10%，并且银行都按规定持有准备金。再假定，联储现在将法定准备金比率提高到 20%。（这个大得不可能出现的数字在这里只是为了演算上的便利。当今联储不可能采取这种严厉的措施。）

即使联储不用公开市场业务或贴现政策来改变银行的

| 存款类型 | 准备金比率（%） | 联储可变动的范围（%） |
|---|---|---|
| **支票（交易）账户** | | |
| 第一个 4 100 万美元 | 3 | 不允许有变动 |
| 在 4 100 万美元之上 | 10 | 8~14 |
| **定期和储蓄存款：** | | |
| 个　人 | 0 | |
| 非个人： | | |
| 偿还期在 1.5 年以内的 | 0 | 0~9 |
| 偿还期在 1.5 年之上的 | 0 | 0~9 |

**表 26-3 对金融机构的法定准备金比率的要求**

准备金要求所依据的是法律和相关规定。准备金比率一栏所表示的是每一类存款必须以联储不生息存款和手头现金形式所持有的百分比。大银行的支票类账户需要有 10%的准备金，而其他主要存款则没有准备金要求。联储有权在一定范围内改变法定准备金的比率，但是只有当经济形势的发展要求必须对货币政策做出重大改变时，它才可以行使这一权力。

资料来源：*Federal Reserve Bulletin*, February 2003.

准备金数量，银行现在也必须大幅度缩小它们的贷款、投资以及存款规模。因为根据上一章的分析，银行存款现在只能是其准备金的 5 倍，而不是 10 倍，因此总的存款会减少一半！

这种痛苦的紧缩很快就会出现。一旦联邦储备将法定准备金比率增至 20%的新规定生效，银行就会发现它们的准备金数量不足。于是它们就必须卖出一些债券或收回一些贷款，而购买债券的人和贷款被收回的借款人就会从他们的支票账户提出存款。只有当银行存款降至准备金的 5 倍而不再是 10 倍时，这个过程才会结束。

在如此短的时间内发生这么大的变动将会导致利率迅速升高，信贷实行配额，投资大量缩减以及 GDP 和就业的大幅度下降。因此，这个极端的例子告诫人们，使用变动法定准备金比率这个强有力的工具必须十分谨慎。由于改变法定准备金比率会引起政策上过大和过分突然的变化，因此极少被采用。而公开市场业务则能以破坏性较小的方式获得同样的效果。

**金融管制的趋势**

历史上，金融部门往往是经济扰动和经济危机的根源，致使 20 世纪前半叶普遍地对它们采取了监督管制措施。20 世纪 30 年代大萧条时期广泛的银行危机导致了政府对兼并和利率进行控制。到 80 年代为止，商业银行支付的利息率是受严格控制的。联储不允许银行对支票账户支付利息，对储蓄存款账户和定期存款也规定了利率上限。然而，由于金融市场竞争加剧，受管制的利率是不大可能持久的。于是金融机构发明了一系列新型金融产品，将资金从低收益存款那里吸引过来。70 年代后期和 80 年代初期，高利率进一步向这种利率管制办法施加了压力。最终，大萧条时期建立起来的监控管理体系开始崩溃。

1980 年和 1982 年国会颁布的银行法案大大放松了对银行利率的管制。而这一新方案的理论基础是将交易账户与非交易账户分开。**交易账户**如支票账户，主要用作支付手段；而**非交易账户**则用于投资，不用于支付账单（例如储蓄账户就属于非交易账户）。

一旦做了这种区别，1980 年和 1982 年的银行法案便有效地放松了对非交易账户的管制。今天，非交易账户按市场利率获取利息，并有效地脱离了联储的管制范围。像支票账户那样的交易资产也被放松了管制，不过仍有一些重要的管制没有取消：我们在表 26-3 中所看到的那些账户依然需要遵从实际准备金规定。

尽管大多数利率管制已被废除，但政府继续扮演着银行管制"受托人"的角色。为了培养对银行系统的信心并防止"银行自由化"，政府审查银行账目并接管破产的银行。此外，政府向联邦存款保险公司（FDIC）的成员银行的每一笔存款提供高达 10 万美元的保险。联储和其他管制机构还经常检查银行的经营活动，以确保不再出现 80 年代的储蓄贷款丑闻及类似事件。

最近一个大的举措是，1999 年国会废止了 1933 年的格拉斯—斯蒂高尔法（Glass-Steagall Act）。该法曾禁止银行提供诸如经纪人和保险等方面的服务，以降低银行的金融风险。该法的废止拆除了不同金融机构之间的"隔墙"。现在，银行、保险公司和投资机构都可以相互竞争并合作提供"一条龙"的金融服务。一些经济学家担心，在遭遇金融动荡的时候，享有政府存款保险的高度一体化管理的银行，甚至竞争激烈的金融产业的整体的金融风险很可能会增大。

## 开放经济中的货币政策

中央银行在开放经济中尤其重要，因为它们管理着准备金流和汇率，并监测国际金融的发展。

***准备金流*** 当今美元在世界贸易中被广泛使用，一方面作为价值的储存手段，另一方面又作为从事国际贸易和金融活动者的国际交换中介。外国人持有数千亿美元的资产。因为狭义的货币（即美元现金）的利率是零或者极低，因此外国人一般都更愿意持有各种生息的资产（债券、股票等）。然而，外国人也的确在美元支票账户中持有少量的狭义货币，以便买卖商品和资产。此外，在金融不稳定或存在通货膨胀趋势的国家，许多人也都愿意持有一定数量的美元现金。

我们为什么要在这里谈到外国人持有美元的问题呢？因为外国人在银行系统中的存款也与美国国内的居民存款一样，会使银行准备金的总额增加。因此，外国人所持有的美元货币的变动也能够引起美国货币供给量的扩大或收缩的连锁反应。

例如，假定日本人决定将 1 000 美元的现金存入美国银行。会发生什么情况呢？正如上一章表 25-5（a）所示的那样，国内银行系统中的准备金增加了 1 000 美元。结果，银行系统便可以使存款扩张 10 倍，达到 1 万美元。

因此，联储对国内货币的控制会由于国际上对银行准备金的干扰因素而改变。但是，联储有能力消除任何来自境外的对准备金变动的影响。它可以通过使用一种被称为分流的方法来实现这一点。分流（sterilization）是指，中央银行将国际性的准备金流同国内货币供给隔离开。当中央银行通过公开市场业务抵消国际性准备金流动的影响时，分流工作也因此得以完成。事实上，排除国际因素对准备金的各种干扰是联储的一项日常工作。

小结：

> 中央银行对银行准备金的控制会受到来自国外因素的干扰。然而，如果中央银行采取措施，则这些干扰并非不能够被排除。

***汇率制度的作用***[2] 在一国金融市场中，汇率制度是一个重要的组成部分。在后面章节我们将会看到，国际贸易和国际金融都包含了对不同国家通货的使用，这些通货通过被称为外汇汇率的相对价格体系相互联系。

一个主要的汇率体系是浮动汇率制，即一国的汇率由市场供求力量来决定。今天，美国、欧洲和日本都实行浮动汇率制度。这些地区可以独立于其他国家实施自己的货币政策。本章的分析主要针对浮动汇率制度下货币政策的操作。

一些经济体，例如阿根廷（事实上几乎早期的所有国家），采用的都是固定汇率制，让它们本国的货币“钉住”一种或多种外国的货币。我们很快就可以看到，当一个国家实行固定汇率制时，它必须使本国的货币政策与其货币所钉住的国家保持一致。例如，假如阿根廷拥有开放的资本市场，且它的货币与美元保持着固定汇率，则阿根廷就必须和美国保持同样的利率水平，等等，而通常阿根廷也是这么做的。

后面我们还会讨论这些属于开放经济的问题。这些讨论对于理解美国之外其他国家的货币政策十分重要。

***对外窗口*** 联储在国际金融体系中起到美国政府政策主要执行机构的作用。联储代表财政部在外汇市场上买卖各国货币。虽然一般说来这是一件日常工作，但外汇市场有时也会出现混乱，这时联储就需要与财政部合作，采取某些对策性措施。有时候，财政部也认为对外汇汇率进行干预是必需的，因为美元汇率总是明显地偏高或偏低于原则上所应当保持的水平。而在这些干预活动中，联储实际上是财政部的代理人。

此外，当发生国际金融危机时，联储经常率先与其他国家和国际机构合作开展救援工作。1994~1995 年墨西哥发生债务危机时，联储就曾发挥了重要的作用；1997 年和 1998 年发生东南亚金融危机和全球流动性危机时，联储也曾联合其他国家合力稳定了金融市场；此外，联储在 2001~2002 年阿根廷债务危机中也发挥了稳定市场的重要作用。

现在我们已完成对货币供给的分析，不妨小结如下：

> 货币供给最终由联储的政策决定。通过法定准备金比率、贴现率，特别是通过公开市场业务，联储可以决定准备金的比率、货币供给量和短期利率。在这个过程中，银行和公众是合作伙伴。银行依靠准备金的多倍扩大而创造货币；公众则愿意将货币保存于各种存款机构。

# B. 货币对产出和价格的影响

## 货币传导机制

考查了货币理论的主要组成部分之后，我们现在来讨论一下**货币传导机制**（monetary transmission mechanism），即从货币供给量变动传导到产出、就业、价格以及通货膨胀变动的途径。为使问题具体化，我们不妨假定联邦储备系统担心通货膨胀，决定减慢经济增长速度。整个传导过程包括 5 个步骤：

1. 首先，联储采取措施减少银行准备金。正如我们在本章A 部分里所看到的，联储主要通过在公开市场上出售政府证券来达到减少银行准备金的目的。这一公开市场业务通过减少银行准备金总量，改变了整个银行系统的资产负债表。
2. 银行准备金每减少 1 美元会导致多倍的支票存款收缩，从而减少货币供给。第 25 章描述了这一步骤，说明了准备金的变动会引起存款的多倍变化。由于货币供给等于通货加支票存款，所以支票存款的减少会导致货币供给的减少。
3. 货币供给的减少将会提高利率并紧缩信贷。在货币需求量保持不变的情况下，货币供给的减少将使利率升

[2] 这一部分所包含的内容在第 29 章和第 30 章将有更详尽的论述，在学过那些章节后应再回读这一部分。

高。而且，人们可以获得的信贷（贷款和借款）的数量将下降。不论是对抵押贷款的借款人还是对想要建设工厂、购买新机器或者增加存货的企业来说，利率都将上升。利率的上升还将降低资产价格（例如股票、债券和房屋的价格），从而使人们的已有资产贬值。[3]

4. 在利率上升和财产减少的情况下，对利率敏感的支出，特别是投资将呈现下降的趋势。较高的利率水平、较紧的信贷条件以及财产价值的减少这三个因素相结合，将会制约投资和消费支出。企业将缩减它们的投资计划，州和地方政府也会这样做。例如，高利率将会使得航空公司延期购买新的飞机。同样，当抵押贷款利率的上升使购买新住房每月所需的支付额相对于月收入变得过高时，消费者就会决定购买较小的房子，或者翻修现有住房。而在一个国际贸易开放程度不断加深的经济中，利率的上升可能会使美元汇率提高，从而抑制净出口。因此，紧缩货币将提高利率并使总需求中那些对利率敏感部门的支出需求减少。

5. 最后，货币紧缩的压力将使总需求减少从而减少收入、产出、就业和通货膨胀。总供给与总需求（也可以说，乘数的）分析说明了这种投资和其他自主性支出的下降将怎样大幅度压低产出和就业水平。此外，随着产出和就业水平下降到原本会有的水平之下，价格上升就会趋缓甚至出现下降，于是通货膨胀的压力就会得以减轻。如果联储对通货膨胀的诊断是正确的，那么产出的下降和失业的上升就将有助于减轻通货膨胀的压力。

可以将这些步骤总结如下：

准备金（$R$）下降→货币总量（$M$）下降→利率（$i$）上升→投资、消费、净出口（$I$，$C$，$X$）下降→总需求（$AD$）下降→实际 $GDP$ 下降且通货膨胀下降

从联储改变商业银行的准备金，到货币总量的成倍变化，到利率和信贷条件的改变，再到引起总需求变化的投资支出的改变，最后到产出、就业和通货膨胀做出反应——这个 5 步骤的反应链对于产出和价格的决定是至关重要的。如果你再回过去看一下图 26–1，你就会明白这 5 个步骤与那幅示意图是多么地吻合。我们已经说明了这 5 个步骤中的前两个，本章的剩余部分将用来分析后面的 3 个步骤。

[3] 有关利率与资产价格之间的关系，请参见第 25 章的专栏“高利率倾向于降低资产价格”。

## 货币市场

货币传导机制的第三个步骤是利率和信贷条件对货币供给量变化的反应。由上一章可知，货币需求主要取决于交易需求。家庭、企业和政府持有货币以购买商品、服务和其他项目。此外，对货币的某些需求还来自人们对既十分安全又有高流动性的资产的需要。

货币供给由私人银行系统和中央银行共同决定。中央银行通过公开市场业务和其他工具向银行系统提供准备金。随后，商业银行利用中央银行的准备金创造出其他存款。通过操纵准备金，中央银行就能以较小的误差决定货币供给量。

### 货币的供给与需求

货币的供给和需求共同决定市场利率。图 26–5 中，横轴表示货币总量（$M$），纵轴表示名义利率（$i$）。垂直的货币供给曲线表示这样的假设，即联储使货币供给保持在一个恒定水平，这个恒定水平在图 26–5 中用 $M^*$ 表示。

此外，由于货币持有量会随利率的上升而下降，因此

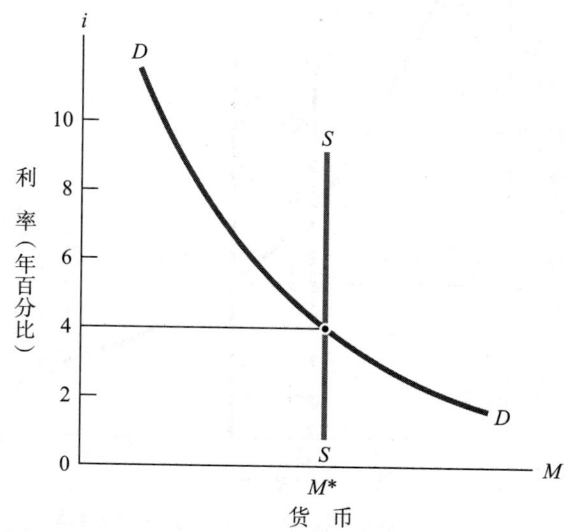


**图 26–5 货币市场**

货币需求和供给的交点决定利率。联储具有一个处于 $M^*$ 的货币总量指标，公众具有一条向下倾斜的货币需求曲线。在这个例子中，当名义利率为每年 4%时，货币市场达到均衡。

我们将货币需求曲线表示为一条向下倾斜的曲线。当利率上升时，个人和企业将会像在上一章所描述的那样，将他们的资金更多地从低收益或无收益的货币转移到高收益的资产上去。

图 26–5 中货币供给曲线和货币需求曲线的交点决定了市场利率。回忆一下，利率是为了获得货币使用权而支付的价格。利率由**货币市场**（money market）决定，而货币市场是指短期资金借贷市场。重要的利率包括以下的短期利率：3 个月国库券利率以及短期商业票据（大公司所发行的票据）利率。如上所述，联邦储备的主要职责是在联邦基金市场上运作并影响联邦基金的利率。而就长期利率而言，则包括 10 年或 20 年期的政府和公司的债券的利率以及房地产抵押贷款的利率。（参见图 25–2 关于利率近期变化趋势的图形。）

在图 26–5 中，均衡利率为每年 4%。也就是说，只有在这个 4%的水平上，联储所制定的货币供给目标才与公众意愿持有的货币量达到一致。当利率高于这个水平时，就会出现过多的货币余额。于是，人们将会通过购买债券和其他金融工具来减少他们所持有的多余货币，从而使市场利率下降到 4%这一均衡利率水平。（那么当利率为 2%时会发生什么情况呢？）

***货币市场变动*** 为理解货币传导机制，我们需要了解货币市场的变化是如何影响利率的。假定联储开始担心通货膨胀，并通过出售证券和减少货币供给来实施紧缩性的货币政策。

货币紧缩所产生的影响如图 26–6（a）所示。货币供给曲线向左移动意味着市场利率必须升高以诱导人们将货币换成债券或者其他非货币资产。$E$ 点与 $N$ 点的距离表示在先前利率水平上存在的过剩的货币需求。因此利率将会上升，直到达到新的均衡，如图 26–6（a）中的 $E'$ 点所示。此时，新的均衡利率水平稳定在每年 6%的较高水平。

货币需求还经常发生波动。例如，假设石油或商品价格的上升提高了整个价格水平。如图 26–6（b）所示，在较高的价格下，对货币的需求量将会增加，从而使货币需求曲线从 $DD$ 向右移向 $D'D'$，并引起均衡利率的上升。（为检验你理解的程度，确保你能解答本章末的问题 1。）

总结一下我们关于货币市场的考查：

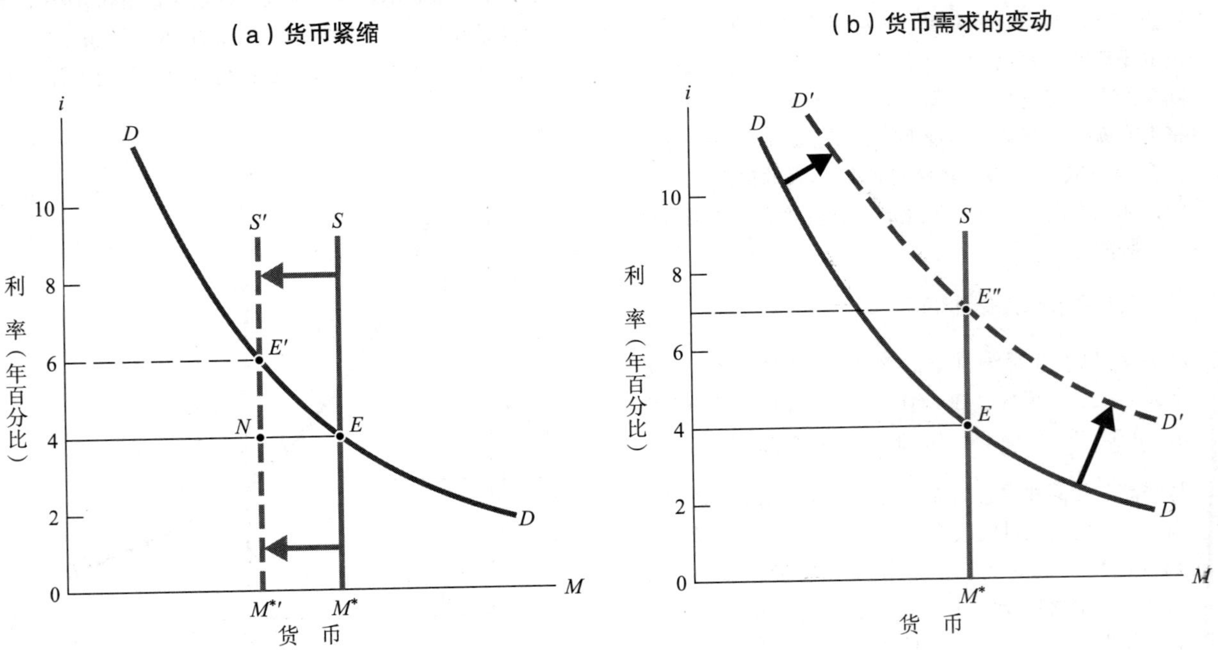


**图 26–6 货币政策或价格的变化影响利率**

在（a）中，由于担心物价上涨，联储会紧缩货币供给。货币供给的减少造成了诸如线段 $NE$ 所示的过剩的货币需求。当公众调整货币持有量以达到最佳，利率将会上升到新的均衡点 $E'$。

在（b）中，其他条件保持不变的情况下，货币需求随价格水平的上升而增加。货币需求的增加会迫使市场利率上升，直到货币需求再次与货币供给相等。

货币市场受以下两个因素共同影响：（1）公众持有货币的愿望（由货币需求曲线 *DD* 表示），和（2）联储的货币政策（它在图中被表示为一个固定不变的货币供给量，*SS* 曲线）。二者的交点决定市场利率 *i*。一项货币紧缩政策会使 *SS* 曲线向左移动，从而使市场利率提高。国民产出或价格水平的提高则使 *DD* 曲线向右移动，从而使利率上升。同理，货币供给扩张或货币需求减少则具有相反的作用。

## 货币传导机制

以上我们已经看到联储的政策是如何改变利率水平的。现在让我们分析一下货币政策是如何影响经济的。

### 货币政策图解

图 26–7 说明了货币扩张对经济活动的影响。左下方

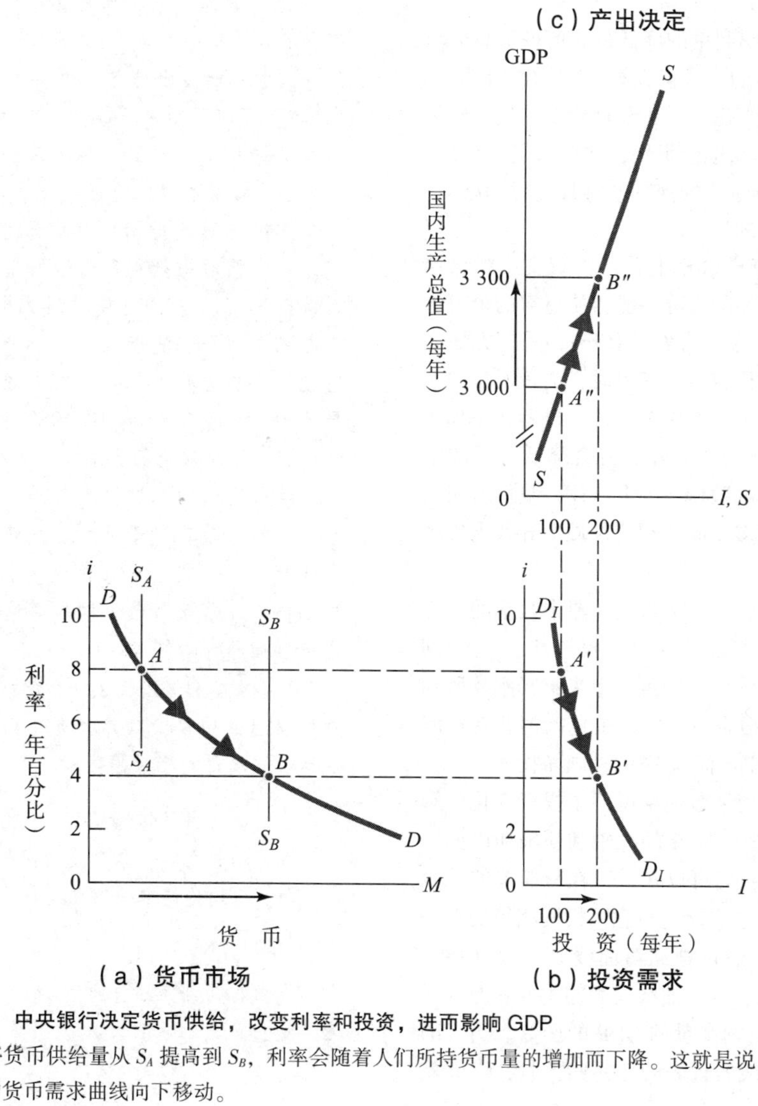


**图 26–7　中央银行决定货币供给，改变利率和投资，进而影响 GDP**

当联储将货币供给量从 $S_A$ 提高到 $S_B$，利率会随着人们所持货币量的增加而下降。这就是说，经济沿着（a）中的货币需求曲线向下移动。

较低的利率使投资成本下降，因此鼓励企业购买厂房和设备，鼓励消费者购买住房。经济沿着（b）中的投资需求曲线从 *A*′下降到 *B*′。

较高的投资通过（c）中的乘数机制使总需求和 GDP 从 *A*″增加到 *B*″。

的图（a）表示货币市场，右下方图（b）说明投资决定，右上方的图（c）表示通过乘数机制而决定的总需求和GDP。我们可以将这个因果链条看作是从货币市场经过投资直到决定总需求和GDP的一个按逆时针方向转动的整体。

让我们从左下方的图26–7（a）说起，这里的货币需求和供给是我们在图26–5和图26–6中所描绘过的。为讨论方便，假设初始状态的货币供给曲线为$S_A$，利率为每年8%。如果担心经济会出现衰退，联储可能会通过公开市场购买来增加货币供给，从而使曲线移到$S_B$。在图26–7(a)中，市场利率随之降到4%。

图26–7（b）接着说明利率的降低是如何增加总需求中利率敏感型投资的支出的。我们在第22章看到，利率的降低将诱使企业增加在厂房、设备和存货上的投资。另外，宽松的货币政策的影响也会很快在住房市场上出现。因为，利率的降低意味着住房抵押贷款每月支付的减少，因而鼓励了居民增加购房的投入。

此外，低利率使得资产价格上升。消费支出将会增加。这一方面是因为，利率的下降一般会使财富的价值增加（因为股票、债券和住房价格趋于上升）；另一方面是因为，当利率较低且贷款比较容易获得时，消费者倾向于在汽车或其他高价耐用品上花费更多的钱。再者，正如我们在稍后要讨论的那样，利率的降低将会降低美元的汇率，因而能够增加净出口的数量。综上所述，我们就明白了利率的下降是怎样在诸多不同的经济领域里导致支出增加的。

上述影响在图26–7（b）中很明显。图中利率的下降（由货币供给的增加所引起的）导致了投资从$A'$上升到$B'$。这里，我们应该在非常广泛的意义上来解释刚才所列举的“投资”：它不仅包括企业投资，也包括消费者对耐用品和住房的投资，以及净出口业务的外国净投资。

最后，图26–7（c）用乘数模型说明了投资变化的影响。这个图形只不过是把图24–2的纵轴和横轴加以调换后的图形。回忆第24章我们可以知道，在最简单的乘数模型中，均衡产出出现于意愿储蓄与意愿投资相等的那一点。在图26–7（c）中，通过把储蓄曲线画为*SS*曲线，我们已经说明了这种关系；这个曲线代表储蓄的意愿水平（用横轴衡量），它是用纵轴衡量的GDP的函数。当（b）图的投资需求等于*SS*曲线所代表的意愿储蓄时，GDP就达到了均衡水平。

从图（b）的$A'$点可以看到，最初的投资水平为100，相应的GDP水平为3 000。当宽松的货币政策将利率从8%降到4%以后，投资增加到$B'$的200。这个较高的投资水平使总支出量提高到图（c）中的新的均衡点$B''$，这时新的均衡GDP水平为3 300。

究竟发生了什么情况呢？货币供给从$S_A$上升到$S_B$，导致利率从$A$降到$B$，这使得投资从$A'$上升到$B'$；接着又（通过乘数）使GDP从$A''$上升到$B''$。

这就是货币政策通过货币供给量和利率等中间目标来影响最终目标的路径。

### 1982年衰退中的经济政策

美国最富戏剧性的经济政策是在1979~1982年期间联储为减轻通货膨胀而制定的。由于低失业率和石油价格的冲击，1979年通货膨胀率达到了13%。因此，联邦储备当局在1979年实施了一项“货币主义实验”，倾向于关注准备金和货币供给的增长，而不是利率的增长。它希望：明确果断地制定货币总量目标的战略，能够有助于降低令人难以接受的通货膨胀。

1979年这次控制货币总量的改革引起了广泛的争议。其直接后果是货币供给增量大幅度减少，以及货币政策的“紧缩”。这使得利率升至美国自南北战争以来的最高水平。随着利率的上升，投资及其他利率敏感型支出显著减少，从而引发了20世纪30年代以来最大的一次经济衰退。到1982年为止，这项政策无疑已经成功地将通货膨胀率降低到4%。

随着衰退的加剧，联邦储备当局开始担心自己的紧缩性货币政策过于严厉。失业率超过10%，国会也开始有意见。我们可以通过这个案例来看联邦储备当局如何操作货币政策，即随着联储决定逐步放松它的货币政策进行调整。

让我们从1982年8月开始。那也是这次战后最深刻的衰退的中期，联邦公开市场委员会举行会议对经济运行状况进行了反思：[4]

> 会上种种信息显示，随着第二季度实际GDP小幅度增长之后，本季度的实际GDP也只有轻微的增长，平均价格水平仍在提高，但远远慢于1981年的提高速度。

联邦储备当局为货币政策确定了什么样的目标呢？它写道：

[4] 联邦公开市场委员会引用的资料来源于《联邦储备公告》，它包括联邦储备当局活动的月度报告，和其他一些重要的关于金融发展的数据等资料。

> 联邦公开市场委员会期望着能培育这样一种货币和金融环境：它有助于降低通货膨胀，在可持续的前提下加快产出增长的恢复，同时支持一种可持续的国际交易模式。

1982 年 8 月，联邦公开市场委员会对纽约联储银行的实际操作提出了如下建议：

> 在短期内，委员会继续采取行动使准备金总量与（1982 年）6 月到 9 月的 $M_1$ 和 $M_2$ 的增长率保持一致，两种货币的年增长率分别是 5%和 9%。

这些话应该如何理解？它们表明，对于 1982 年那次严重的经济衰退，联邦储备当局得出的结论是它的货币政策过于严厉。另外，对于货币总量的定义从那时起开始变得模糊不清，因为一些新的资产形式加入了 $M_1$ 和 $M_2$ 的行列（如付息支票账户），货币含义的模棱两可意味着仅根据货币变动制定政策是不明智的。

于是联邦储备当局于 1982 年秋天放弃了它的严格的货币目标。利率急剧下跌，3 个月国库券利率从 1981 年中的 15%降至 1982 年末的 8%。结果是从 1982~1984 年，房地产方面的实际支出几乎翻番，经济也在 1983 年开始迅速复苏。

尽管这一时期的货币政策在当时引起了激烈的争议，现在回想起来，很多观察家都认为这些货币政策是一项很好的“稳定价格的投资”。

## 开放经济中的货币政策

随着经济日趋开放和汇率制度的变迁，20 多年来美国的货币传导机制已经进一步发展。在小国或那些高度开放的国家，如英国、加拿大，货币政策和对外贸易的关系一直是主要的问题。但自从 1973 年引入浮动汇率制度，以及各国的对外联系日趋紧密，国际贸易和国际金融也开始在美国宏观经济政策中占据了新的主导地位。

让我们利用刚刚分析过的历史过程来简单回顾一下新的传导路线。1979~1982 年间联邦储备当局紧缩货币供给，这项举措使得以美元计账的资产的利率上升。受美元高利率的吸引，投资者纷纷购买美元证券，导致浮动汇率制下的美元升值。美元升值进而鼓励美国的进口，损害美国的出口。美国净出口额下降，降低了总需求量。这不但使实际 GDP 下降，而且也降低了通货膨胀率。

我们将在第 29 章和第 30 章中继续讨论宏观经济中的国际部分。现在需要指出的是，对外贸易打开了货币传导机制中的另一条渠道。如同影响国内投资一样，货币政策对国际贸易也有同样的影响。紧缩货币会减少国外和国内的投资，因而降低产出和价格。货币政策对国际贸易的影响进一步强化了对国内经济的冲击。

## *AD–AS* 框架中的货币政策

图 26–7 中由 3 个部分组成的图形表明了货币供给的增加如何引起总需求的增加。现在我们可以运用总供给和总需求曲线来说明它对于宏观经济总体均衡的影响。

货币供给的增加导致总需求增加，并引起 *AD* 曲线右移，如图 26–8 所示。这种移动说明：在存在闲置资源（这时 *AS* 曲线相对平缓）的情况下货币扩张的作用。这里，货币的扩张使总需求由 *AD* 移动到 *AD′*，总体均衡由 *E* 移动到 *E′*。这说明货币的扩张能增加总需求并对实际产出产生有力影响。

这个作用过程依次如下：

> 货币扩张降低市场利率。这会刺激那些对利率敏感部门的支出，包括企业投资、住房购买和净出口等。总需求通过乘数机制得以增长，从而使产出和价格高于原来就将会有的水平。因此，基本顺序是：
>
> $$M \text{ 上升} \rightarrow i \text{ 下降} \rightarrow I、C、X \text{ 上升} \rightarrow$$
> $$AD \text{ 上升} \rightarrow \text{GDP 上升和 } P \text{ 上升}$$

但是，不要忽略闲置资源的作用。在一个充分就业的经济中，*AD* 变动的效应如图 26–8 所示。在 *AS* 曲线的陡峭部分用铅笔画一条通过 *E″*的 *AD″*线，然后再画出货币扩张中的更高的 *AD‴*线。请注意，这时货币的扩张对于实际产出几乎没有什么影响。在充分就业的经济中，较多的货币存量追逐相同产出的结果，一般都会导致价格水平的上升。

为彻底理解这个十分重要的程序，不妨再考虑一下采取紧缩性货币政策时所呈现的相反的情况。例如，就像联储在 1979~1982 年所做的那样：决定提高利率，以减缓经济增长并降低通货膨胀率。你可以通过在图 26–7 中颠倒货币政策的方向来追踪这个程序，观察当采取紧缩性货币政策时，货币、利率、投资以及总需求将会怎样相互作用。然后，在图 26–8 中，观察当 *AD* 曲线向左移动时将如何使产出和价格下降。

### 货币的长期影响

许多经济学家认为，货币供给的变化在长期中将主要影响价格水平，而对实际产出很少产生或者不会产生影

扩张的货币政策

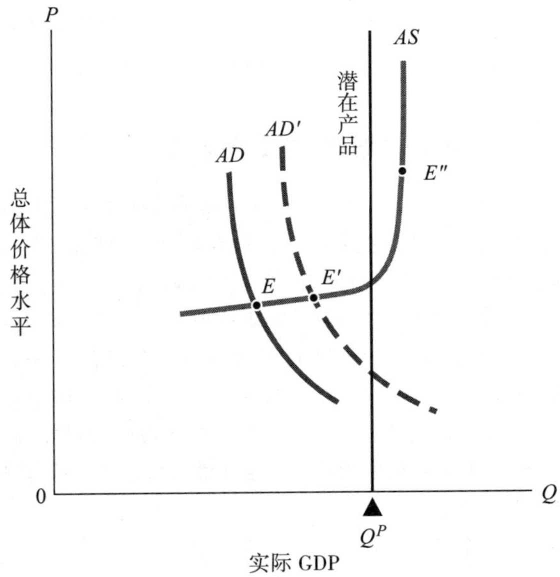


**图 26-8 一项扩张性的货币政策会使 *AD* 曲线向右移动，并提高产出和价格水平**

以前的讨论和图 26-7 表明了货币供给的增加如何导致投资和净出口的增加，从而引起总需求的多倍增加。这会引起 *AD* 曲线向右移动。

在 *AD* 曲线比较平缓的（凯恩斯主义的）区域中，货币的扩张主要影响实际产出，对价格则只有轻微的影响。在充分就业的经济中，*AS* 曲线近乎于垂直（如 *E''* 点所示），货币的扩张将主要提高价格和名义 GDP，而对实际 GDP 则几乎没有影响。你知道为什么在长期中货币对实际产出可能不会产生什么影响吗？

响。我们可以通过分析在不同总供给条件下货币变化的影响来理解这一点。如图 26-8 所示，在短期中，当存在闲置资源从而 *AS* 曲线相对平缓时，货币的变化将影响总需求并会改变实际 GDP。

在后面章节对总供给的分析中，我们将会看到在长期中，随着工资和价格的调整，*AS* 曲线将趋向于垂直或近乎于垂直。由于价格和工资的调整及近乎于垂直的 *AS* 曲线，长期中，*AD* 变动对产出的影响就削弱了，而对价格的影响则变得显著。这意味着在长期中，随着价格和工资变得更具弹性，货币供给的变化对价格水平影响较大，而对实际产出影响较小。

那么，这种短期与长期的区别能够给人一种什么样的直觉呢？我们可以借助一个高度简化的例子对这个区别来加以考查。假设开始时，像图 26-7 所示的那样，名义 GDP 为 3 000，价格保持稳定；然后，如果货币扩张，货币供给增加 10%，将使得名义 GDP 增加 10%，达到 3 300。罗伯特·戈登和其他人的研究表明，在短期中，“名义 GDP 的变动一贯是这样分解的：其中 2/3 是由于产出的变动引起的，其余的 1/3 则是由于价格变动引起的”。因此，在第一年里，货币供给的扩张可能会使实际 GDP 大约增加 7%，而使价格大约上升 3%。（或者，如图 26-8 所示，对应于略有倾斜的 *AS* 曲线，我们可以看到，相应于 *AD* 的变动，*Q* 的反应较大而 *P* 的反应较小。）

然而，随着时间的推移，工资和价格开始得到比较充分的调整以适应更高的价格和产出水平。劳工市场和产品市场上的需求膨胀使得工资和价格上升；工资得到调整以反映更高的生活费用；合同中有关生活费用的条款又使工资和价格进一步上升。第二年之后，价格可能会再上升 1%或 2%，而产出只比初始水平高出 5%或 6%。在第三年，价格可能会进一步上升，而同时产出却会下降。这个过程要到什么时候才会结束呢？它可能会一直持续到价格完全上升 10%，而产出又回到最初的水平为止。因此，货币政策最终将会使价格和工资水平上升约 10%，而实际的产出保持不变。

假如所有的调整最终都能反映到价格上，则所有的名义变量最终都会上升 10%，而所有的实际变量却都会保持不变。换言之，名义变量，如 GDP 紧缩指数、消费者价格指数（CPI）、名义 GDP、名义工资、货币供给量、消费额和以美元表示的进口量以及财富的货币价值等等，都比原来上升了 10%。而实际 GDP、实际消费、实际工资、实际收入以及财富的实际价值等，却都没有因货币政策的变动而发生变化。因此，我们说在长期中货币是中性的，即货币供给的变化对实际变量没有影响。

这里需要注意：关于货币变动将会导致所有名义变量的同比例变动而不会改变实际变量的说法，从直观上看是有道理的，同时也能得到某些经验证据的支持。但这并不是一个普遍规律。所谓长期可能长达几十年；经济也可能会受某些事件的干扰而脱离原先预定的长期轨迹；还有，在这个过程中，利率的变化可能受银行破产、贸易变化或其他因素的干扰而对经济产生不可逆转的影响。因此，货币的长期中性只是一种趋向而不是一条普遍适用的规律。

我们还应注意到，关于货币政策作用的讨论没有涉及财政政策。然而在现实中，不论政府奉行何种政策，每个先进国家都会同时采用财政政策和货币政策。每一种政策都有其长处和不足。在以下各章中，我们将综合考查货币政策和财政政策在应对商业周期和促进经济增长方面的作用。

## 从总需求到总供给

我们已经完成对总需求决定因素的介绍和分析。我们考查了总需求的基础，并且知道 *AD* 是由外部的或自主性的因素（如投资和净出口）与政府政策（如货币政策和财政政策）共同决定的。在短期中，这些因素的变动将会导致支出的变动及产出和价格的变动。

在当今多变的世界中，经济会受到来自国内和国外两个方面的冲击。战争、革命、金融及货币危机、石油冲击、违约以及政府的失误等，不是引发了高通货膨胀，就是引发了高失业；或者，在滞胀时期，两种情况同时出现。由于不存在能消除宏观经济波动的自动的自我纠正机制，因此当今的政府负有减轻商业周期波动的责任。

尽管在 1990 年和 2001 年美国曾经历过轻度的经济衰退，但是我们仍然可以说，在过去四分之一世纪中，美国还是很有幸地避开了严重的长期经济低迷的情况。相比之下，其他国家好像就不曾有这样的幸运。日本、许多欧洲国家、拉丁美洲和东亚诸国，都曾经历过高水平的通货膨胀和失业，也都曾经历过货币危机和生活水平急剧下降的风暴。这些现象说明，不存在一个万能的良方，能够让经济在面临各种冲击时都能消除失业和通货膨胀。

关于短期宏观经济学的讨论到这里应该说已经告一段落。从下一章开始，我们的讨论将转向有关经济增长、开放经济和经济政策等领域。

## 总结提要

**A. 中央银行业务和联邦储备系统**

1. 联邦储备系统是一个中央银行，一个银行家的银行。其目标是保障持续的经济增长，较高的就业水平，有序的金融市场，尤其是合理稳定的价格水平。
2. 1913 年建立的联邦储备系统（或“联储”），控制着全国的通货与信贷，起着“最后的借款人”的作用。它由联邦储备委员会和联邦公开市场委员会掌管。联储作为一个独立的政府机构进行活动，在决定货币政策方面具有很大的自主权。
3. 联储有三个主要的政策工具：（a）公开市场业务；（b）银行借款的贴现率；（c）对存款机构的法定准备金要求。使用这三个工具，联储便能够影响中间性目标，比如银行准备金水平、市场利率和货币供给量。所有这些操作的目的都在于改善经济的运行，以达到货币政策的最终目标：实现低通货膨胀、低失业、高 GDP 增长以及秩序良好的金融市场之间的最佳协调。此外，在危机时期，联储还负责与其他联邦机构一起稳定国内的和国际的金融体系。
4. 货币政策的最重要的工具是联储的公开市场业务。联储在公开市场上出售政府债券会减少联储的资产和负债，从而减少银行的准备金。其后果是整个银行体系作为存款基础的准备金减少了。结果，人们持有较少的货币和较多的政府债券。在公开市场上的购买会造成相反的结果，即最终通过增加银行准备金扩大了货币供给。
5. 如果不依靠在公开市场购买债券进行抵消的话，国际储备的外流就会减少美国银行准备金和货币供给量。同样，如果不加抵消，国际储备的流入就会起相反的作用。抵消国际储备流动的机制被称为分流。近年来，联储经常性地清除国际储备变动的影响。在实行固定汇率制的开放经济中，一国货币政策必须与其他国家的货币政策保持一致。

**B. 货币对产出和价格的影响**

6. 如果联储想要减缓产出的增长，就会出现以下 5 个连续步骤：
   a. 联储通过公开市场业务减少银行准备金。
   b. 银行准备金每减少 1 美元，都会引起银行货币和货币供给的多倍收缩。
   c. 在货币市场上，在货币需求曲线不变时减少货币供给，就会使利率上升，从而会限制贷款的数量和条件，并导致紧缩货币。
   d. 货币紧缩会减少投资及其他对利率敏感的支出项目，比如耐用消费品或净出口。
   e. 投资和其他支出的减少通过大家熟悉的乘数机制降低总需求。较低的总需求水平会降低产出和价格

（或通货膨胀）水平。

这个传导机制可以总结如下：

$R$ 下降 → $M$ 下降 → $i$ 上升 → $I$、$C$、$X$ 下降 → $AD$ 下降 → 实际 GDP 和通货膨胀率下降

7. 尽管货币机制经常被解释为货币影响“投资”，实际上，货币机制是一个极为繁复的过程，利率和资产价格的变化影响着许多不同的支出要素。这些要素包括：住房建筑，受抵押贷款利率和房价变动的影响；企业投资，受利率和股票价格变动的影响；耐用消费品的支出，受利率和贷款条件的影响；州政府和地方政府的投资支出会受到利率的影响；而其净出口，则由受利率影响的汇率来决定。
8. 在一个开放的经济中，国际贸易加强了货币政策对国内经济的影响。在浮动汇率制下，货币政策的变化也能影响汇率和净出口，构成货币传导机制的另一层作用。贸易联系能够加强货币政策的影响，就像作用于国内投资一样，它也同方向地作用于净出口。
9. 货币政策在短期和长期内可能会具有不同的影响。短期内，由于 $AS$ 曲线相对平缓，$AD$ 的绝大部分变化将影响产出，只有很小一部分影响价格。而在长期，随着 $AS$ 曲线变得越来越近乎垂直，货币的变动将主要引起价格水平的变化，而很少会引起产出的变化。在极端的情况下，货币供给的变化将只影响名义变量，而不会影响实际变量，这时我们可以说货币是中性的。不过在现实中，大多数场合货币变动都会对经济产生影响。

## 概念复习

**中央银行业务**

银行准备金

联邦储备资产负债表

公开市场业务：买和卖

贴现率，（通过票据贴现）向联储借款

法定准备金

联邦公开市场委员会（FOMC），联邦储备委员会

政策工具，中间目标，最终目标

**货币传导机制**

货币的供给和需求

货币传导机制的五个步骤：

准备金变动

准备金影响到货币

货币影响到利率

利率影响到投资

投资影响到 GDP

支出中的利率敏感成分

$AS$–$AD$ 框架下的货币政策

$R$ 下降 → $M$ 下降 → $i$ 上升 → $I$ 下降 → $AD$ 下降 → GDP 和 $P$ 下降

短期的和长期的货币政策

货币的“中性”

## 补充读物和互联网站

**补充读物**

The *Federal Reserve Bulletin* contains monthly reports on Federal Reserve activities and other important financial developments. (The *Bulletin* is available on the Internet at www.federalreserve.gov/pubs/bulletin/default.htm.)

**互联网站**

*The Federal Reserve System: Purposes and Functions* (Board of Governors of the Federal Reserve System, Washington, D.C., 1994), available online at www.federalreserve.gov/pf/pf.htm, provides a useful description of the operations of the Fed. Also see the Further Reading and Websites section in Chapter 25 for a more detailed list of sites on monetary policy.

If you want to know which Reserve Bank region you live in, see www.federalreserve.gov/otherfrb.htm. Why are the eastern regions so small?

Biographies of the members of the Board of Governors can be found at www.federalreserve.gov/bios/. Particularly interesting are the transcripts and minutes of Fed meetings, at www.federalreserve.gov/fomc/.

## 问题讨论

1. 用图 26–6 解答以下问题：
   a. 联储认为失业率上升过猛，并想通过增加货币供给来扭转这个趋势。联储必须采取什么措施来增加货币供给？这将会对货币供给曲线产生什么影响？货币市场会有什么反应？
   b. 国外经济迅速扩张导致了美国出口增加和实际 GDP 增长，这时货币需求会发生什么样的情况？对市场利率又会产生什么样的影响？
   c. 由于自动柜员机的普及，人们发现自己出于谨慎动机的现金持有需求在减少。货币需求在每一利率水平和 GDP 水平上都下降了。由于联储还不能确定这一现象的影响，因此保持货币供给不变。这种条件下，资产变动对货币供给和需求的影响是什么？对市场利率的影响又是什么？
2. 假设你是联储委员会主席，现在经济出现过热，你被召到国会听证。请你针对议员的询问写出一份说明，概括性地解释你将采取何种措施以保持价格的稳定。
3. 考虑一下表 26–1 中的联储的资产负债表。假设对支票账户的准备金要求为 10%，而对其他账户的准备金要求为零，请制作一份相应的银行资产负债表（就像上一章中的表 25–3 一样）。
   a. 假设联储通过公开市场业务卖出 10 亿美元的政府证券，以此制作一份新的资产负债表。
   b. 制作一份联储将法定准备金比率提高到 20%时的新的资产负债表，看看会发生什么？
   c. 假设银行从联储借到 10 亿美元的准备金。这将会使资产负债表发生什么变化？
4. 假设商业银行拥有 1 000 亿美元的支票存款和 40 亿美元的库存现金，且准备金要求为支票存款的 10%。假定公众持有 2 000 亿美元总量固定的货币，中央银行的资产全部是政府证券。
   a. 为中央银行和银行系统制作资产负债表。注意，必须包含银行在中央银行的存款。
   b. 现在假定中央银行决定开展公开市场业务，向公众出售 10 亿美元的政府证券。制作新的资产负债表。回答 $M_1$ 发生了什么样的变化？
   c. 最后，运用货币传导机制图，说明该政策对均衡货币供给、利率、投资以及产出的影响。
5. 运用图 26–7，说明 1979 年以后的紧缩性货币政策是如何降低 GDP 的。再用文字说明每一个步骤。
6. “政府赤字的危害在于它造成了货币的快速增长。”解释这一说法的错误。
7. 1998 年和 1999 年，日本的物价每年下降 2%，而短期利率则是每年下降 0. 1%：
   a. 实际利率是多少？
   b. “1998 年和 1999 年，日本陷入流动性陷阱，中央银行无法降低实际利率，因此也无法刺激经济。”解释这一说法。
8. 1990 年两德统一之后，重建东部的开支导致德国总需求扩张迅速扩张。德国中央银行对此做出反应，放慢货币增长并将德国的实际利率迅猛提高。德国货币的紧缩将导致美元的贬值。解释：为什么人们预期的德国的这一货币紧缩能够导致美元的迅速贬值？为什么美元贬值会刺激美国的经济活动？并解释那些本国货币钉住德国马克的欧洲国家为什么会发现，随着德国利率的升高并带动欧洲其他国家利率一起升高，它们的经济势必陷入很深的衰退？

第六编

# 经济发展、经济增长与全球经济

# 第 27 章

# 经济增长的进程

产业革命是一曲既无开头也无结尾的乐章，它仍在奏响。

——霍布斯鲍恩
《革命的时代》
(1962 年)

报纸媒体每天的突出部位通常都是有关商业周期形势的报道。不管这些信息是何等地重要，在经济增长的长河中它们都只不过是一朵又一朵的小小的浪花。而以美国为代表的各发达国经济，正是在这条长河中，日积月累地形成了巨额的资本设备，推动了尖端科技的发展，并使得自身变得更加稳健和更加富有效率。十年又十年、一代又一代，长期看，以人均 GDP 或家庭消费所衡量的一国生活水平，现在已基本上都取决于总供给和生产率。

本章首先研究经济增长的一般理论，然后运用这些理论具体地分析美国等富庶国家的经济活动所具有的历史趋势。下一章我们将研究收入水平的另一个侧面，即那些努力追赶西方富国的发展中国家的困境。这两章都着重于说明国际贸易和金融对宏观经济的影响。图 27–1 用我们所熟悉的流程图，展示了经济增长的概要。

## 经济增长的长期意义

翻看本书封二上的图表，你可以看到 20 世纪以来美国实际（或扣除了通货膨胀的）产出的增长情况。自 1900 年以来，实际 GDP 几乎增长了 30 倍。这也许是 20 世纪最重要的一个经济现象。持续快速的经济增长使得先进工业国能给它的居民提供更多的福利、更好的食物、更大的住房、更多的医疗，以及对污染的控制，对孩子的普及教育，更多的军事装备，以及为退休者提供更广泛的补贴。

最近的伊拉克战争就很好地展现了美国的经济实力如何转化为军事实力。随着经济的快速增长，美国的产出已经占到世界总产出的 1/4。尽管美国的军费开支还只是占其 GDP 的 4%，但是这已经相当于世界上其他所有国家的全部军费开支的总和。不过在伊拉克，产出的一半都被用于军事开支，军费投入在 GDP 中的比重超过了美国的 50 倍，甚至还要多。

由于经济发展对于提高人民生活水平如此重要，它已经成为一项核心的经济政策目标。经济增长竞赛中速度最快的国家，例如 19 世纪的英国和 20 世纪的美国，已经成为其他国家寻求富裕之路的典范。相反，一些经济滑坡的国家却常常遭受政治与社会的动荡。1989~1991 年发生在东欧和前苏联的转变，也是由于经济停滞和经济增长率低而引发的。经济增长无疑已成为各国长期经济成就的一个最重要的标志。

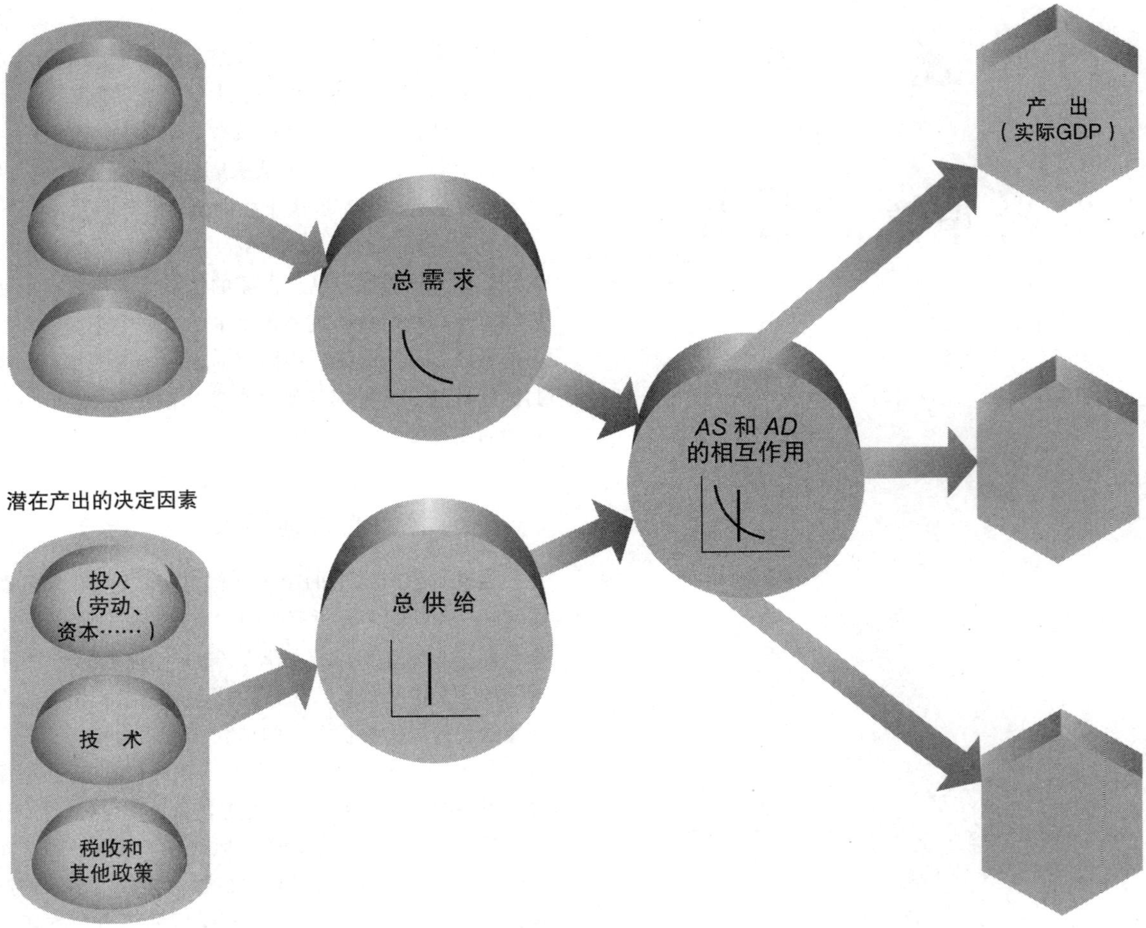


**图 27-1 经济增长是决定长期生活水平的关键因素**

在长期中，一国经济财富取决于其潜在的产出增长。本章考查长期的经济增长趋势，同时介绍一些关于基本经济趋势的理论成果。

## A. 经济增长理论

我们不妨先对“经济增长”给出一个准确的定义。**经济增长**（economic growth）代表的是一国潜在的 GDP 或国民产出的增加。也可以说，当一国生产可能性边界（*PPF*）向外移动时，就是实现了经济增长。

与此密切相关的一个概念是人均产出增长率。它决定一国生活水平提高的速度。国家主要关注的是人均产出的增长，因为它将带来平均收入的提高。

在一个高收入国家，经济增长的长期模式是怎样的呢？由表 27-1 可见，包括北美、西欧主要国家，还有日本、澳大利亚在内的 16 个高收入国家自 1870 年以来的经济增长史。我们看到在这段历史时期，产出是稳定增长的。此外，对生活水平更有影响力的因素是每小时产出的增长，它的变动与生活水准的提高密切相关。在整个时期中，人均产出量平均每年增长 2.3%，130 多年的累计增长率高达将近 20 倍。

这种增长背后的力量是什么呢？一国应该怎样做才能提高它的经济增长率呢？还有，如果考虑到近 30 年生产率增长的放慢、未来环保限制可能会更加严格，那么，21 世纪增长前景又会怎样呢？所有这些都是在分析经济增长过程中必须面临的问题。

> 经济增长涉及到长期潜在产出的增长。人均产出的增长是政府的重要目标，因为它关系到平均实际收入和生活水平的提高。

## 经济增长的四个轮子

经济增长的良方是什么呢？首先需要说明的一点是，条条道路通罗马。有许多成功的策略可以实现经济的自我增长。例如，英国最早开始进行工业革命，包括发明蒸汽机和铁路、强调自由贸易等，并在 19 世纪成为世界经济的领导者。日本则相反，它加入经济增长竞赛的时间较晚。日本最初是通过模仿外国技术，限制进口、保护国内工业，然后大力发展自己的制造业和电子业，最终成功地发展了本国经济。

虽然发展途径各不相同，但所有曾经快速发展的国家都有一些共同点。经济增长和经济发展的基本机制都是一样的，当初它们成就了英国和日本，如今也开始适用于中国和印度这样的发展中国家。事实上，研究经济增长的经济学家已经发现：经济增长的发动机必定安装在相同的四个轮子上，无论是穷国还是富国。这四个轮子，或者说经济增长的要素就是：

- 人力资源（劳动供给、教育、纪律、激励）
- 自然资源（土地、矿产、燃料、环境质量）
- 资本（机器、工厂、道路）
- 技术（科学、工程、管理、企业家才能）

通常，经济学家用*总生产函数*（*APF*）来表明这些因素之间的关系。总生产函数将国民总产出、总投入和技术联系在一起。它的数学表达式是：

$$Q = AF(K, L, R)$$

其中$Q$=产出，$K$=资本对产出的贡献，$L$=投入的劳动，$R$=投入的自然资源，$A$ 代表经济中的技术水平，$F$ 是生产函数。随着资本、劳动、资源等投入要素的增加，我们可以预计产出也会增加，尽管随着生产要素投入的不断增加，这种产出增加会发生收益递减现象。现在，考虑一下技术对于提高投入要素劳动生产率的作用。**生产率**（productivity）是指产出与投入的加权平均值的比例。由于新发明的出现或者对国外先进技术的引进，技术水平（$A$）得到提高，因此技术的进步可以使一国在相同投入水平条件下生产出更多的产品。

现在让我们来分析这四个因素对经济增长所分别做出的贡献。

### 人力资源

劳动投入包括劳动力数量和劳动大军的技能。很多经济学家认为，所投入的劳动力的质量，如劳工的技能、知识和纪律性，是一国经济增长的最重要的因素。一个国家可以购买最先进的通信设备、计算机、发电装置和超音速战斗机。但是，这些资本品只有那些有技术的、经过培训的劳工才能使用并使它们充分发挥效用。提高劳工的知识水平、健康程度和纪律意识，以及短时期内提高劳工的电脑操作技能，都将极大地提高劳动生产率。

### 自然资源

产出的第二大传统要素是自然资源。这里所指的主要的资源包括耕地、石油和天然气、森林、水资源和矿产资源等。一些高收入国家，如加拿大和挪威，就是凭借其丰富的资源，在农业、渔业和林业等方面获得高产而发展起来的。与它们类似，美国由于拥有广袤的良田，所以才成

| 时　期 | 平均年增长率 | | | |
|---|---|---|---|---|
| | GDP | 每个工作时间的 GDP | 总工作时间 | 劳动力 |
| 1870~1913 年 | 2.5 | 1.6 | 0.9 | 1.2 |
| 1913~1950 年 | 1.9 | 1.8 | 0.1 | 0.8 |
| 1950~1973 年 | 4.8 | 4.5 | 0.3 | 1.0 |
| 1973~2000 年 | 2.7 | 2.2 | 0.5 | 1.1 |
| **总计时期** | **2.8** | **2.3** | **0.5** | **1.0** |

**表 27–1　16 个工业化国家的增长模式**

在整个 20 世纪，主要高收入国家，如美国、德国、法国以及日本增长迅速。产出的增长快于投入的劳动的增长，反映了资本和技术进步的增加。

*资料来源*：Angus Maddison,*Phases of Capitalist Development* (Oxford,1982) ,updated by authors from data from Maddison, the World Bank, and other publications.

为当今世界最大的谷物的生产国和出口国。

但在当今世界上，自然资源的拥有量并不是经济发展取得成功的必要条件。纽约市的繁荣主要源于它密集程度很高的服务业。许多几乎没有自然资源可言的国家，如日本，通过大力发展劳动密集型和资本密集型的产业而变得繁荣昌盛。

## 资本形成

前文已述，有形的资本包括公路、电厂等基础设施和卡车、电脑等设备以及存货等。经济学史中最典型的故事常涉及资本积累。19 世纪，横跨北美大陆的铁路将工商业引至美国的心脏地带。而在此之前，那里还处在与世隔绝的状态。20 世纪以来，对汽车、公路和电厂的投资浪潮大幅度地提高了劳动生产率，也为创建全新的工业体系提供了雄厚的基础设施。现在，许多人士都看到，计算机和信息高速公路的兴起对于整个 21 世纪的作用，会如同早年的铁路和公路一样。

我们已经知道，积累资本意味着需要牺牲许多的当前消费。凡是经济快速增长的国家，一般都曾在新的资本品上进行过大量的投资；在大多数经济高速发展的国家，用于净资本的形成的资金都占到产出的 10%~20%。但是今天的美国则是一个典型的反面例子。2003 年，美国的国民净储蓄率从二战以来 7%的平均水平骤减到 0，这主要由低水平的私人储蓄以及庞大的政府财政赤字造成的。低储蓄率可以从大量的对外（贸易）赤字得到验证。经济学家担心低储蓄率将会阻碍投资以及未来 10 年的经济增长，庞大的外债规模也可能会对汇率和真实的工资水平造成较大的负面影响。

说到资本，我们不应该只是局限于计算机和工厂。还有许多投资是由政府部门所承担的，目的是为私人产业的发展提供基础设施。这些投资被称做**社会间接资本**（social overhead capital），包括旨在促进商业和贸易的大规模的前期工程投资。其中重要的项目包括公路、灌溉和引水工程、公众医疗保健事业等。这类大型投资一般都是整体性的、不可分割的，有时这些项目还具有规模效应。这些工程通常都具有外部经济或溢出效应，私人公司无法投资经营，所以政府才必须介入，以保证这些社会基础投资或曰基础设施投资能够有效率地进行。还有一些投资，如运输和通信系统等，会涉及到“网络外部性”问题，其生产率取决于使用人数的密度。

## 技术变革和创新

除上面讨论的三个传统因素之外，生活水平的快速提高还依赖于第四个重要的因素：技术进步。历史上，增长过程本来就不是像单纯的增加钢厂或电厂数量那样一种简单的复制。事实上，欧洲、北美和日本的生产潜力增长的巨大源泉是那些永无止境的发明和技术创新的涓涓细流。

今天我们正目睹新技术爆炸式发展的时代，特别是在计算技术、通信（例如互联网）和生命科学领域。尽管如此，就美国社会而言，它已经不是首次受到基础性的技术创新的猛烈推动。电力、无线电、汽车和电视等新技术，在早先美国经济发展中已经迅速地扩散。图 27–2 显示了 20 世纪最主要的发明的传播状况。这条 *S* 形的曲线反映的是新技术扩张的一般情况。

**技术变革**（technological change）是指生产过程的变革，或是新产品、新服务的引进。蒸汽机、发电机、抗生素、内燃机、宽体喷气式飞机、微处理机和传真机等工艺流程方面的发明极大地提高了劳动生产率。这类基础性的生产发明还包括电话、收音机、飞机、照相机、电视、微处理器和录像机等。

当今社会最活跃的技术变革发生在信息网络产业。如今一台小巧的笔记本电脑的性能已远胜过 20 世纪 60 年代速度最快的大型计算机，一条光缆可以保证上万个对话在同一时间进行，而在早先一些时候这恐怕需要上万个双绞铜线才有可能做到。这些发明都是技术变革中最伟大的事件。实际上，技术变革由一系列或小或大的技术进步所组成。以美国为例，政府每年颁发 10 万余个专利许可证，在经济日常运行中也有数百万的细微之处的革新。

由于技术进步对于提高生活水平十分重要，长期以来经济学家们一直都在考虑如何促进技术进步。人们日益明确地认识到，技术变革并不只是简单机械地找到一个更好的产品和工艺流程。相反，快速创新通常都需要培育出一种新的企业家精神。不妨让我们以当今的美国网络产业为例，它正在改变着商业和零售业的面貌。问题是，为什么企业家精神在美国能够发扬光大？关键的原因在于：追求开放精神，管制束缚较少和对自由市场利润的追逐。

表 27–2 总结了经济增长的四个轮子。

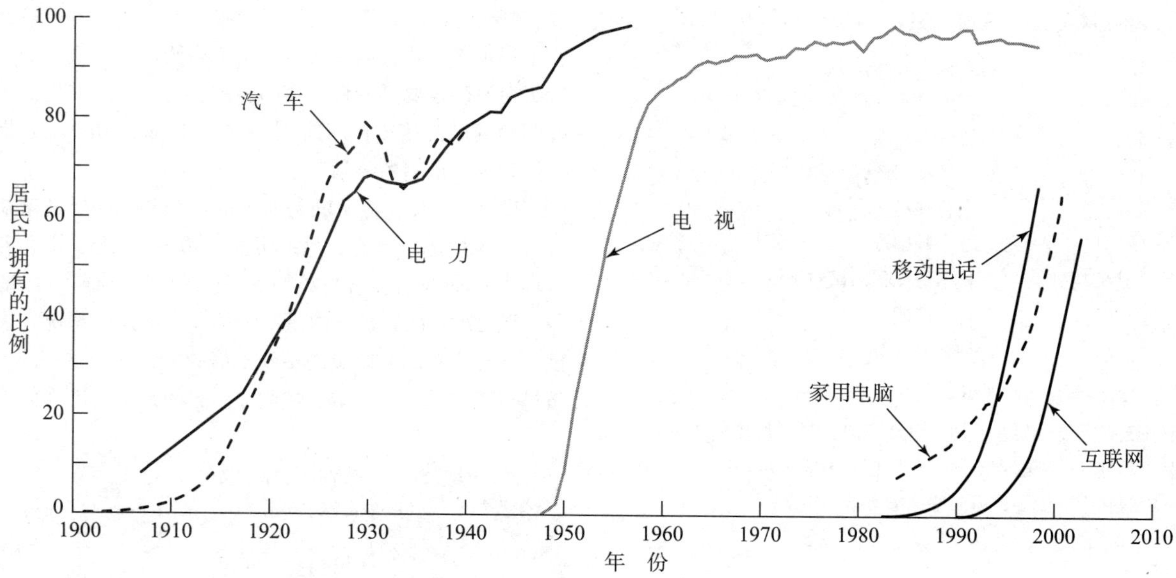


**图 27–2 主要技术的传播**

今天的信息技术，如移动电话、电脑和互联网，在美国社会得到了快速的传播。类似的传播方式在过去其他基础发明中也可以看到。

资料来源：*Economic Report of the President*, 2000, updated by authors.

> **制度、激励与创新**
>
> 在很长时期内，全球的产出和财富的增长主要取决于知识水平的提高。而在人类历史上，制度因素在新技术创新、新知识传播以及激励人们投身于工作等方面的起步却比较晚：直到近 500 年以来，鼓励创新的制度才在西欧缓慢发展。威廉·鲍莫尔曾经深刻地指明了这个问题：
>
> 亚历山德里亚博物馆陈列了罗马帝国的技术发明。在公元后的第一个世纪，那里的人们事实上已经了解了今天我们所使用的各种机械装置。但它们看起来仅仅像是精巧的玩具而已。蒸汽机也只是被用于开启或关闭神庙的大门。[1]
>
> 鲍莫尔和经济史学家琼·莫科尔都认为，激励机制的发展对于技术创新具有至关重要的作用。他们还特别指出，私人所有制、专利制度以及实施仲裁的法律体系等，都是激励技术创新的重要的动力。

[1] 参见本章后面“补充读物”中鲍莫尔的著作。

## 经济增长理论

毋庸置疑，谁都希望经济增长。但是，用什么方式去实现经济增长，人们却有很多的看法。一些经济学家和政策制定者强调务必需要增加投资；另一些人士则主张用政策鼓励研发活动和技术变革；还有一些人看重培训对劳工队伍的作用；最后，一些人甚至认为推行经济保护主义是很有效的。

长期以来经济学家们一直致力于研究经济增长中各种决定因素的相对的重要性。在接下来的讨论中，我们将看到有关经济增长的各种理论。这些理论为我们找出增长背后的推动力提供了一些线索。最后，在本章的结尾，我们将讨论，从 19 个世纪的增长模式中我们能够学到哪些东西。

### 斯密和马尔萨斯的古典动态模型

早期的经济学家，如亚当·斯密和马尔萨斯，强调土地在经济增长中的重要作用。在《国富论》（1776 年）中，亚当·斯密提出了关于经济发展的指导性意见。他首先假设是处在一种田园时代：“一切事物都处于它的原始

| 经济增长的因素 | 例 子 |
|---|---|
| 人力资源 | 劳动力的规模 |
| | 工人素质（教育、技能和纪律） |
| 自然资源 | 石油和天然气 |
| | 土壤和气候 |
| 资本形成 | 设备和厂房 |
| | 社会基础资本 |
| 技术和企业家精神 | 科学与工程知识的质量 |
| | 管理技能 |
| | 创新的收益 |

**表 27–2 经济增长的四个轮子**

经济增长无疑需要构架在劳动、自然资源、资本和技术这四个车轮之上。不过，由于国家不同，车轮也有可能大不相同，一些国家对车轮的利用可能要比另一些国家有效率得多。

状态，没有土地的占有和资本的积累。"在那个时代，土地可供所有人自由地免费使用，资本积累也还没有凸显其重要性。

在这样一个黄金时代，什么东西才是经济增长的动力呢？由于土地可以自由使用，于是随着人口的增加，人们只能不断地开垦土地和扩大耕地面积，就像历史上美国西进运动中的垦荒者们所经历的那样。因为没有资本，所以人口翻一番，国民产出也正好随之翻一番。实际工资的情况又会如何呢？因为没有土地租金，当然也没有资本利息，所以工资就是全部的国民收入。由于产出的扩张与人口的增加是同步进行，因此人均实际工资会长期不变。

但是，这样一个黄金时代势必不可能永远地维持下去。随着人口继续增加，所有的土地都将被占用和开垦。一旦再无多余的土地可以耕作，则土地、劳动和产出的平衡增长也将不复存在。于是，新增加的劳动开始拥挤在已开发的土地上。土地变得稀缺，租金开始提升，以便社会能就不同的用途对土地进行分配。

人口继续增长，国民产出也一样。但产出的增长一定会远慢于人口的增加。这是为什么呢？随着新增劳动力不断地被投入到面积既定的土地上，每个劳动力可以使用的耕地面积势必减少，边际收益递减规律势必开始发挥作用。劳动力与土地的比率的不断提高，导致劳动的边际产品下降，实际工资率的下降也会随之而来。[2]

情况最坏能到什么程度呢？冷峻的马尔萨斯牧师认为，人口的压力会使经济状况恶化到劳工们处于仅能维持生存的最低生活水平。马尔萨斯分析道：一旦工资高于最低生存线，人口将会增长；而若工资水平低于最低生存线，则会导致死亡率升高，人口将会减少。只有在最低生存工资水平上才会实现人口的稳定均衡。于是他认为工人阶级命里注定要过一种野蛮的、肮脏的、短命的生活。这幅阴暗的画面使得托马斯·卡莱尔（Thomas Carlyle）指责经济学为"沉闷的科学"。

图 27–3（a）显示的是斯密的黄金时代的经济增长过程。当人口翻一番时，生产可能性边界（*PPF*）则在各个方向上移动两倍，可见该增长并未受到土地或资源的限制。图 27–3（b）显示的是冷峻的马尔萨斯的情况，人口翻一番导致食品和服装的不到 1 倍的增长，当更多的人拥挤进有限的土地上，减少的收益将会使人均产出降低。

### 经济增长有没有极限

每当出现新的社会潮流或科学发现时，寻先的思想就常常为人们旧话重提。最近 20 年中，许多反增长论者和环境保护论者都坚持认为，经济增长要受自然资源和环境容量的限制，于是，马尔萨斯学派的理论就又再次成为热门话题。

经济增长不仅使得对土地和矿产资源的消耗快速增长，而且，（如不加以控制的话）对空气和水资源的污染程度也会不断扩大。例如，1850 年美国共消耗 220 万亿Btu（英制热量单位）的燃料，而到 1900 年已达到 7 600 万亿 Btu，1995 年美国的能源耗用量更进一步达到66 000万亿 Btu。同时，向大气排放的二氧化硫也从 1850 年的 20 万吨左右，上升至 1970 年的 3 100 万吨，达到历史最高水平，到 1997 年又下降为 2 000 万吨。这个重要的实例说明了为什么人们会担忧快速的经济增长将会导致资源的耗尽和环境的恶化。

关于增长潜力的担忧，主要是由 20 世纪 70 年代早期"罗马俱乐部"的一系列研究所引起。由于发展中国家人口快速增长的警报和 1973 年后石油价格的螺旋式上升，以及随之而来的主要的工业国的生产率增长和生活水平的提高都出现了大的滑坡等现象，有关

[2] 本章的理论依据的是微观经济学的一个重要的发现。在包括完全竞争假定的简化了的经济中分析工资的决定时，我们可以看到工人的工资率将等于所雇佣的最后一个工人的额外的或边际的产出。例如，如果最后一个工人对于整个公司产出的贡献是每小时价值 12.5 美元的产品，那么在自由竞争条件下，公司愿意支付每小时 12.5 美元的报酬给那位工人。同理，土地的租金是由最后 1 单位土地的边际产出所决定，而实际利率是由最后 1 单位资本的边际产出所决定。

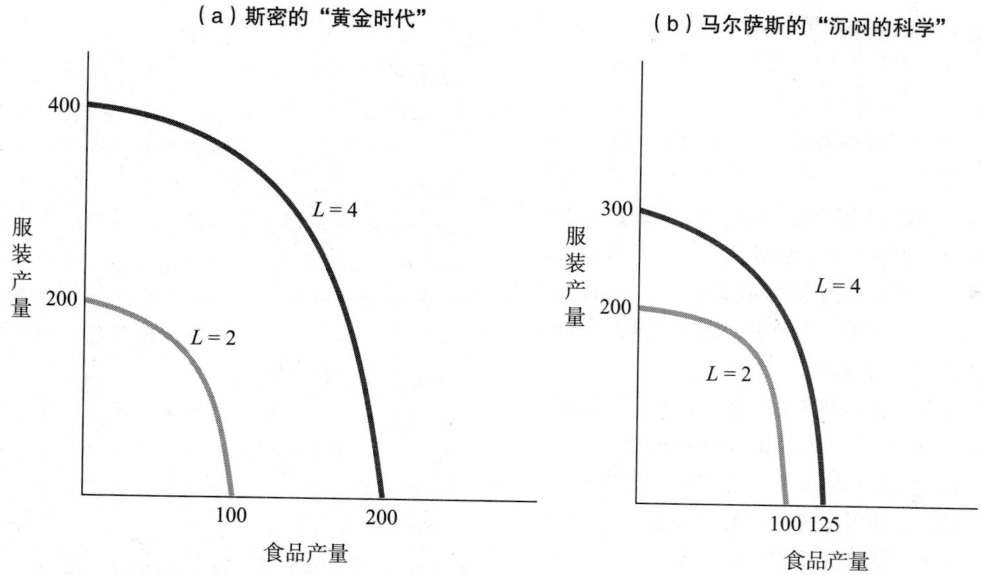


**图 27–3　斯密和马尔萨斯的古典动力学**

在（a）中，无限的土地意味着当人口翻番的时候，劳动也简单地随之疏散，使得所产出的食品和服装变成原来的两倍。在（b）中，有限的土地意味着将人口从 200 万增加到 400 万会导致收益递减。注意：当投入的劳动力翻番的时候，潜在的食品产出仅仅增加了 25%。

增长的批评言论逐渐为人们所接受。随着 1980 年以后自然资源价格的下跌及发展中国家人口增长的放慢，这一轮资源忧虑的风潮才得以逐渐平息。

第二轮的悲观主义浪潮出现在最近的 10 年。它所关心的不仅是矿产资源，诸如石油、天然气的耗竭，而且还包括长期经济增长中的环境约束问题。越来越多的科学证据表明，工业活动正在显著地改变着地球的气候和生态系统，因此全球环境问题影响经济增长的可能性不断增加。人们所担忧的问题主要包括：地球正在变暖，包括由于使用矿物燃料而导致的气候变暖；酸雨的广泛存在；南极洲上空出现了“臭氧层空洞”以及温带地区臭氧的消失；砍伐森林，尤其是毁灭热带雨林，很可能造成全球生态系统的失衡；土壤被侵蚀将威胁农业的长期发展；物种的灭绝对未来的医药和其他技术也构成了威胁；等等。

全球环境约束问题与早期马尔萨斯学派的制约论密切相关。马尔萨斯认为产出受制于有限的土地，今天的增长悲观论者则认为增长受制于自然环境有限的吸收能力。有人主张，我们可以在全球气候发生危变之前，限制使用矿物燃料。不过，减少矿物燃料使用势必会减缓长期的经济增长。

资源消耗和环境限制影响经济增长的证据有哪些呢？一个明显的证据表明：自 19 世纪以来，土地和矿产等资源的质量正在逐渐恶化，我们需要钻更深的井才能获取石油，需要开发和使用更多的土地，不得不更多地接受低品质的矿石，等等。但迄今为止，技术创新的作用还是大大超过了这些趋势的影响。因而，石油、天然气及大多数矿产和土地的价格，相对于劳动力价格来说实际上还是下降的。此外，那些注重环境保护的技术正变得日益重要，许多最恶劣的滥用资源和破坏环境的情况在近 20 年里都已经得到了缓解。不过，环境约束所带来的成本也正在逐渐提高。1999 年，用于控制污染的开支高达 180 亿美元。部分证据表明，在过去的 30 年中，环境监管因素已经造成了生产率增长的小幅下降。

## 存在资本积累的经济增长：新古典增长模型

马尔萨斯的预言明显地落空了，因为他没有认识到技术创新和资本投资可以克服边际收益递减规律的影响。土地已经不再成为生产的制约因素。取而代之的是，第一次工业革命带来了动力机器增加了产量，工厂使工人成群结队地聚集在规模巨大的企业中，铁路和汽船把相隔遥远的世界各地连接在一起，钢铁使制造出更坚固的机器和更快的机车成为可能。当市场经济进入 20 世纪的时候，第二次工业革命开始了，电话、汽车、电力等一些重要的新产业已经成长起来。资本积累和新技术成为影响经济发展的支配性力量。而且，如果将来能够证明今天的增长悲观论是错误的话，那也主要是因为会不断出现新的、能够与环境和平共处的、节约资源的资本技术，去取代那些会造成污染的资源密集型的旧有技术。

为理解资本积累和技术变革对经济的影响，我们必须了解**新古典经济增长模型**（neoclassical model of economic growth）。这一理论由麻省理工学院的罗伯特·索洛（Robert Solow）提出。他因为这一理论和其他对经济增长研究的贡献，于 1987 年获得了诺贝尔经济学奖。新古典增长模型是理解发达国家经济增长的基本工具，并被用于有关经济增长源泉的实证性研究。

**经济增长的倡导者**

罗伯特·索洛出生于布鲁克林，曾在哈佛大学学习，后于 1950 年到麻省理工学院经济系学习。在那以后的几年中，他提出了新古典增长模型，并应用到增长要素分析理论之中。该理论在本章后面将会加以讨论。

索洛最重大的研究成果之一是 1956 年出版的《经济增长理论的拓展》。该书是对本章所介绍的新古典增长模型的一种数理化研讨。索洛的研究成果非常重要，由诺贝尔评奖委员会的评价我们可见一斑：

> 索洛的理论模型对经济分析有着重要的影响。除了作为一个分析增长过程的工具，它还在其他几个不同的领域中都得到了推广。该模型被推广到引入其他多种生产要素的情形，而且也根据随机因素的假设做了修正。一般均衡分析中采用的一些“数理”模型所具备的动态联系的特征，也是以索洛的模型为基础。然而最为重要的一点还是，索洛增长模型构建了现代宏观经济理论赖以形成的基本框架。
>
> 索洛的研究激起了各国政府对于发展教育、加强研究和开发等活动的更多的兴趣。任何一个国家、任何一个长期的经济报告……都无一例外地沿用了索洛式的分析技术。[3]

索洛还致力于经济增长的实证性研究、资源经济学和资本发展理论。此外，索洛还曾担任肯尼迪政府的宏观经济顾问。

索洛不仅因为他对经济学的热情，而且也因为他的幽默而闻名。他担心对社会声誉的渴求会导致某些经济学家夸大自己的知识。他批评经济学家中存在着“一种明显的不可遏制的急切心情，要将他们的科学拔高到超越科学本身的极限的程度，总想将问题回答得更为精巧超越了自己有限的理解复杂问题的能力。而没有人喜欢说‘我不知道’”。

作为一个文笔生动的专栏作家，索洛担心向公众解释经济学是非常困难的。在他获得诺贝尔奖后举行的新闻发布会上，他有一句妙语：“你的读者对你的注意力长度比你的一个句子还要短。”尽管如此，索洛继续在属于他的经济学领域中辛勤劳作。世界也越来越注意倾听麻省理工学院这位经济增长的倡导者的声音。

***基本假定*** 新古典增长模型描述的是这样一种经济，该经济使用两类投入（资本和劳动）生产一种均质产品。与马尔萨斯的分析不同，在这里，劳动的增长是给定的。另外，假定经济是竞争性的，并且总在充分就业的水平上运行。由此，我们就能够分析潜在产出增长。

新古典增长模型中重要的新成分是资本和技术变革。先假定技术保持不变。资本由已经生产出来的、可用于生产其他物品的耐用品所组成。资本品包括建筑物（如厂房、房屋）、设备（如计算机、机床）和存货（如成品与半成品）。

为方便起见，我们假定只有一种资本品（称为 $K$）。然后我们以资本品的总数量来衡量总资本存量。实际计算中，我们估算全部资本品的美元价值（如设备、建筑和存货的固定美元价值）。假如 $L$ 是工人的数量，那么（$K/L$）等于人均资本量，或称为资本—劳动比率。这样我们就可以在假定技术不变的新古典增长模型下，写出我们的总产出方程：$Q = F(K, L)$。

现在回到经济增长过程，经济学家强调**资本深化**（capital deepening）的必要性。资本深化是指人均资本量随时间推移而增长的过程。例如：农业机械和农业灌溉系统的增多；铁路运输和公路运输的增多；银行业务中计算

[3] 引自诺贝尔经济学奖委员会，网址：www.nobel.se/laureates。

机系统的增多，等等。在上述每一产业，社会都投入了大量的资本品，提高了人均资本量。其结果是，农业、运输业、银行业中的人均产出都有了极大的提高。

资本深化过程中资本报酬会发生什么变化呢？在技术水平既定的条件下，用于工厂和设备的大量投资的资本收益率将会降低。[4] 因为最有价值的投资项目总是最先实施，越是靠后的投资，价值就会越小。完整的铁路网或电话系统建立起来之后，新的投资就只能向人口较少的地区发展或重复已有的线路。这些靠后的投资的收益率，会低于人口密集区之间的最初线路投资的收益率。

另外，随着资本的深化，劳工的工资率将会上升。为什么呢？因为每个劳工都有更多的资本可供他在工作中利用，因而他的边际产值也会提高。结果，竞争性的工资率会随着劳动边际产值的提高而相应地提高。

我们可以将新古典增长模型中资本深化的影响概括如下：

> 如果资本存量的增长快于劳动力的增长，那么就会发生资本深化。如果没有技术变革，资本深化将会带来人均产出的增长，带来劳动的边际产品和工资的增长；它还会导致资本收益的递减并降低资本收益率。

## 新古典模型的几何分析

由图 27–4 我们可以分析资本积累的效应。该图显示了总生产函数，纵轴表示人均产出，横轴表示人均资本。其他有关因素，是本章一开始就谈过的各主要变量，诸如土地数量、自然资源贡献以及最重要的变量，即经济所使用的技术等，在此都作为常量而保持不变。

社会积累资本时将会发生什么情况呢？由于每个工人都与越来越多的资本相搭配，整个经济开始上升，到达总生产函数（曲线）的右边。假定资本—劳动比率上升，从 $(K/L)_0$ 增加到 $(K/L)_1$，那么人均的产出量也上升，从 $(Q/L)_0$ 增至 $(Q/L)_1$。

劳动力和资本的价格又会发生什么变化呢？随着资本的深化，资本的边际收益递减规律开始起作用，资本收益率和实际利率下降。（图 27–4 中曲线的斜率是资本的边际产出，当资本深化时，可以看到该斜率是缩小的。）此外，由于每个工人可以利用更多的资本，工人的边际生产

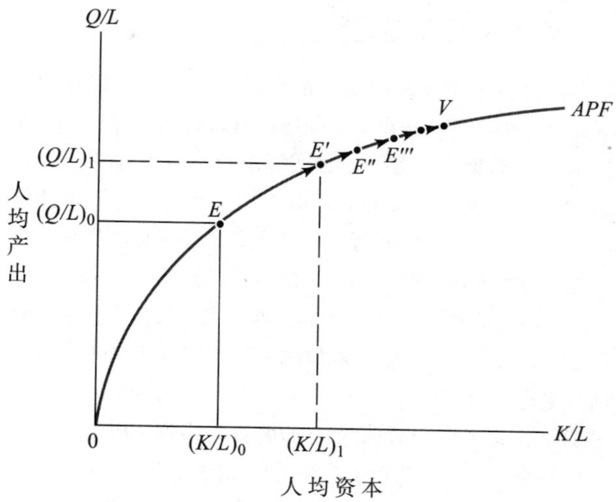


**图 27–4　经由资本深化的经济增长**

当人均资本数量增加时，人均产出也会增加。这个图形表现了“资本深化”的重要性，或者说增加人均资本的必要性。但是请记住，要保持其他因素不变，如技术、劳动力的质量和自然资源等。

率提高，实际工资率也随之上升。如果每个工人的资本使用量由于某种原因而下降了，则相反的情形就会出现。例如，战争会消耗一国很大一部分资本，降低资本—劳动比率；因此战后会出现资本稀缺及资本收益率升高的现象。这样，我们先前对资本深化作用的文字总结就由图 27–4 的分析而得到了验证。

***长期稳定状态*** 无技术变革的新古典增长模型中的长期均衡是怎样的呢？最终，资本—劳动比率会停止升高。长期看，经济会进入一种稳定的状态：资本深化终止，实际工资停止增长，资本收益率和实际利息率也保持稳定。

我们可以用图 27–4 说明经济是怎样向着稳定状态移动的。随着资本继续积累，资本—劳动比率会沿着图中箭头从 $E'$ 上升到 $E''$，再到 $E'''$，直到资本—劳动比率不再增长的 $V$ 点。在该点上，人均产出（$Q/L$）不再变动，实际工资也停止了增长。

> 没有技术变革，人均产出和工资的增长就会停滞。这个结果，比起马尔萨斯所预言的那个“维持生存工资”的世界来，显然要好得多。但是，新古典增长模型的长期均衡已经表明：假如经济增长仅仅是靠资本积累，而这种资本积累又只不过是靠用现存的生产技术来增加工厂数目的话，那么生活水平的提高最终还是会停滞。

[4] 如果市场是完全竞争的，同时也不存在风险、税收或通货膨胀，那么，资本回报率将等于债券和其他金融资产的真实利率。

## 技术变革的重要性

尽管资本积累模型是理解经济增长的一个很好的开端，但它仍然有一些重要的问题没有解答。首先，模型在技术水平不变的前提下预言实际工资将逐渐停滞。但在20世纪中，实际工资并非停滞不动。此外，它既不能解释为什么经过一段时间劳动生产率又会有巨大的提高，也不能解释不同国家间人均收入的巨大差异。

它所忽略掉的东西是技术变革。我们可以将技术创新表示为图27–5中总生产函数的上移。在这个图中，我们同时给出了1950年和2000年的总生产函数曲线。由于技术变革，总生产函数曲线从 $APF_{1950}$ 上移到 $APF_{2000}$。这个上移表明：由于众多新工艺和新产品的引进，诸如电子技术、计算机、冶金技术的改进和服务技巧的提高等，生产率提高了。

因此，除了前文讨论的资本深化之外，我们还必须考虑技术进步的作用。资本深化和技术变革的总和用图27–5中的箭头来表示，它使人均产出从 $(Q/L)_{1950}$ 增长到 $(Q/L)_{2000}$。经济生活没有停滞不前，而是人均产出增加、工资上升和生活水准提高。

不断变革的技术对于利润率和实际利率的影响，也特别引起人们的兴趣。作为技术进步的结果，实际利率无需下降。发明创造提高了资本生产率，抵消了利润率下降的趋势。

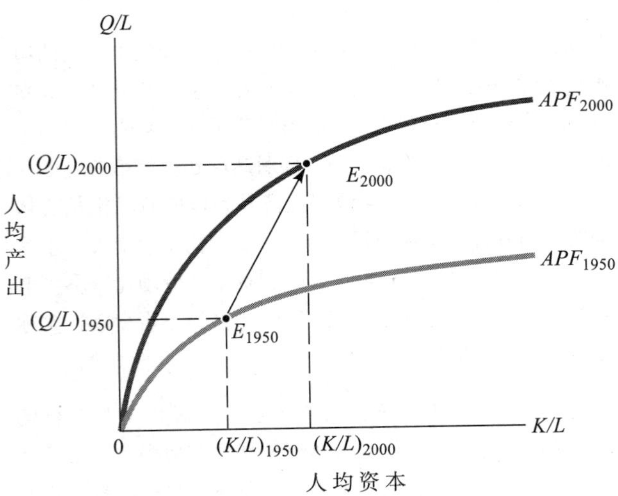


**图27–5 技术进步使生产函数曲线向上移动**

作为技术提高的结果，总生产函数曲线随着时间推移向上移动。因此，技术进步加上资本深化就导致了单位工人产出和实际工资的提高。

## 技术变革作为一种经济产出

到现在为止，我们一直将技术变革视为科学家和发明家所赐予的神秘的东西，就像是天赐甘露一样。近期对经济增长的研究开始关注技术变革的源泉。这项研究，有时被称做新增长理论，或称"内生技术变革理论"，其目的在于探讨私人市场力量、公共政策决定以及不同的机构如何导致技术变革的不同模式。

一个重要的观点是：技术变革是经济体系的一种产出。爱迪生的灯泡是基于在那以前许多年中人们对探索和设计各种灯泡的结果；晶体管的发明脱胎于贝尔实验室的科学家们试图改进电话信号转换装置的努力；新药剂的问世离不开制药公司曾花费上亿美元用于研制和测试。聪明而又幸运的人可以取得巨额回报，甚至像微软的比尔·盖茨一样，成为拥有几十亿美元的富翁；但也有很多失败的发明者或公司，最终以囊中空空如也而告终。

技术的另一个与众不同的特点在于：它们都是公共品，或用一句术语来说，是一种具有"非相克性"的物品(nonrival goods)。这意味着，它可以同时被很多人使用而不怕被某些人损耗。就一套新软件、一种神奇的新药、一个新的炼钢流程设计而言，我在这里的使用绝不会减少它在你那里的效用，或在英国人、日本人以及其他任何人那里的使用。除此之外的一个特征是，产生这种发明的代价很昂贵，但复制它的成本却很低廉。技术变革的这些特性导致了严重的市场不灵，它意味着由于其他人可以很容易地复制这些发明，而使得发明者有时很难从其发明中获取合理的回报。而且，越是基础性的研究，市场不灵的程度也会越高。所以，政府必须给予更多的关注，以确保那些发明者能有足够的动力来从事研究开发工作。政府开始越来越关注知识产权，如专利权和版权，为那些创造性的活动提供足够的市场回报。

新增长理论的主要贡献是什么？它改变了我们关于增长途径和公共政策的思维方式。如果技术水平不同是导致各国生活水平差异的主要原因，且假定技术是一个可以生产出来的要素，那么关于经济增长的政策就应该着重研究：国家怎样才能提高技术水平。这正是新经济增长理论的代表人之一，斯坦福大学的保罗·罗默（Paul Romer）所总结出的经验：

> 在全面理解长期经济成功的决定因素方面，经济学家可以再一次取得进展。最终，我们可以向政策制定者提供一些比标准的新古典学派更具洞察力的观点，更节省也更学院化。我们能够再次加入当前的政

策辩论。这些辩论涉及到对私人研究提供税收减免、给从事研究开发的合资企业以反垄断豁免权、跨国公司的活动、政府特许权的作用、贸易政策与创新之间的相互关系、对知识产权的保护范围、私人企业和大学之间的合作、挑选接受公共资助的研究项目的机制，还有明确的政府引导型技术政策的成本和收益，等等。[5]

小结：

在投入既定的条件下，技术变革能够使产出增加，因而是国民经济增长的关键因素。新增长理论试图揭示产生技术变革的进程。这种理论强调技术变革是一种容易引起严重的市场失灵的产出。因为技术是一种公共品，它的研制成本昂贵但复制成本却很低廉。政府正在不断地加大力度来保护那些研究新技术的人的知识产权。

## B. 美国经济增长的模式

### 经济增长的事实

本章 A 部分讲述的是经济增长的基本理论。但经济学家不会满足于理论探讨。从世界各国看，主要的研究课题包括：应用经济增长这个重大的理论工具去分析经济增长过程中的各种要素的作用。对于各种经济增长模式的理解和把握，将有助于我们揭示和回答：为什么一些国家繁荣，而另一些国家却停滞和衰退？

图 27–6 描述了 20 世纪以来美国经济发展的主要趋势。大多数主要的工业化国家的模式也类似。

图 27–6（a）显示的是实际 GDP、资本存量和人口的变动趋势。人口和就业量从 1900 年以来增长了 3 倍以上。同时，实物资本存量增长了 14 倍。这样，人均资本量（$K/L$ 比率）就增长了近 4 倍。显而易见，资本深化是 20 世纪美国资本主义的一个重要特征。

产出的增长又是怎样的呢？在一个不存在技术进步的经济中，产出的增长率是否介于劳动增长率和资本增长率之间？事实上，图 27–6（a）中的产出曲线并非处在两条要素曲线之间，而是在两条曲线的上方。这就说明了技术进步一定提高了资本和劳动的生产率。

大多数人根据收入来判断经济情况，这在图 27–6(c) 中表现为实际平均小时工资（扣除了通货膨胀因素的货币工资）的增长态势。本世纪大部分时间里，小时工资都呈明显增长的趋势。这与我们从资本—劳动比率的增长和稳定的技术进步中所预期到的结果是一致的。

实际利率（名义利率减通货膨胀率）显示在图 27–6（d）中。利率和利润率的波动在商业周期中和战时都很剧烈，但就整个时期而言，没有呈现出明显的上升或下跌趋势。或是出于偶然，或是由于某种经济机制的内在作用，技术变革大体上刚好抵消资本报酬递减的那一部分。

图 27–6（c）中：黑色实线表示每小时的产出，与人们从资本深化和技术进步那里可以得到的预期一样，人均产出一直在稳步上升。

**经济增长的七个基本趋势**

经济学家的研究表明发达国家的经济发展史可以大致概括出以下几个趋势：

1. 资本存量增加的速度远比人口和就业量的增长速度快，并导致资本深化。
2. 20 世纪绝大部分时间里实际工资水平呈现强劲的上升趋势。
3. 20 世纪工资与薪金在国民收入中所占的份额相当稳定。
4. 实际利率和利润率有较大波动，特别是在商业周期中。但在 20 世纪后期它们没有表现出明显的上升或下降的趋势。
5. 按照边际收益递减规律，在技术条件不变的情况下，资本—产出比率应稳步上升。但自 1900 年以来，这一比率实际上是下降的。
6. 20 世纪绝大部分时间里，国民储蓄占 GDP 的比率和投资占 GDP 的比率一直是稳定的。但是，自 1980 年以后，美国的国民储蓄率急剧地下降了。
7. 不考虑商业周期的影响，国民产值年平均增长率约为 3%。产出增长大大高于加权平均后的资本、劳动和资源投入的增长，表明技术创新在经济增长中起着十分关键的作用。

虽然工资与人均产出的上升速度相同，却并不意味着劳动这一要素获取了生产率提高的全部果实。应该说，这意味着在整个时期中劳动在总产出中保持了大致相同的份额，资本也同样获得了相应的份额。实际上，再仔细观察

[5] 参见本章“补充读物”部分关于保罗·罗默的介绍。

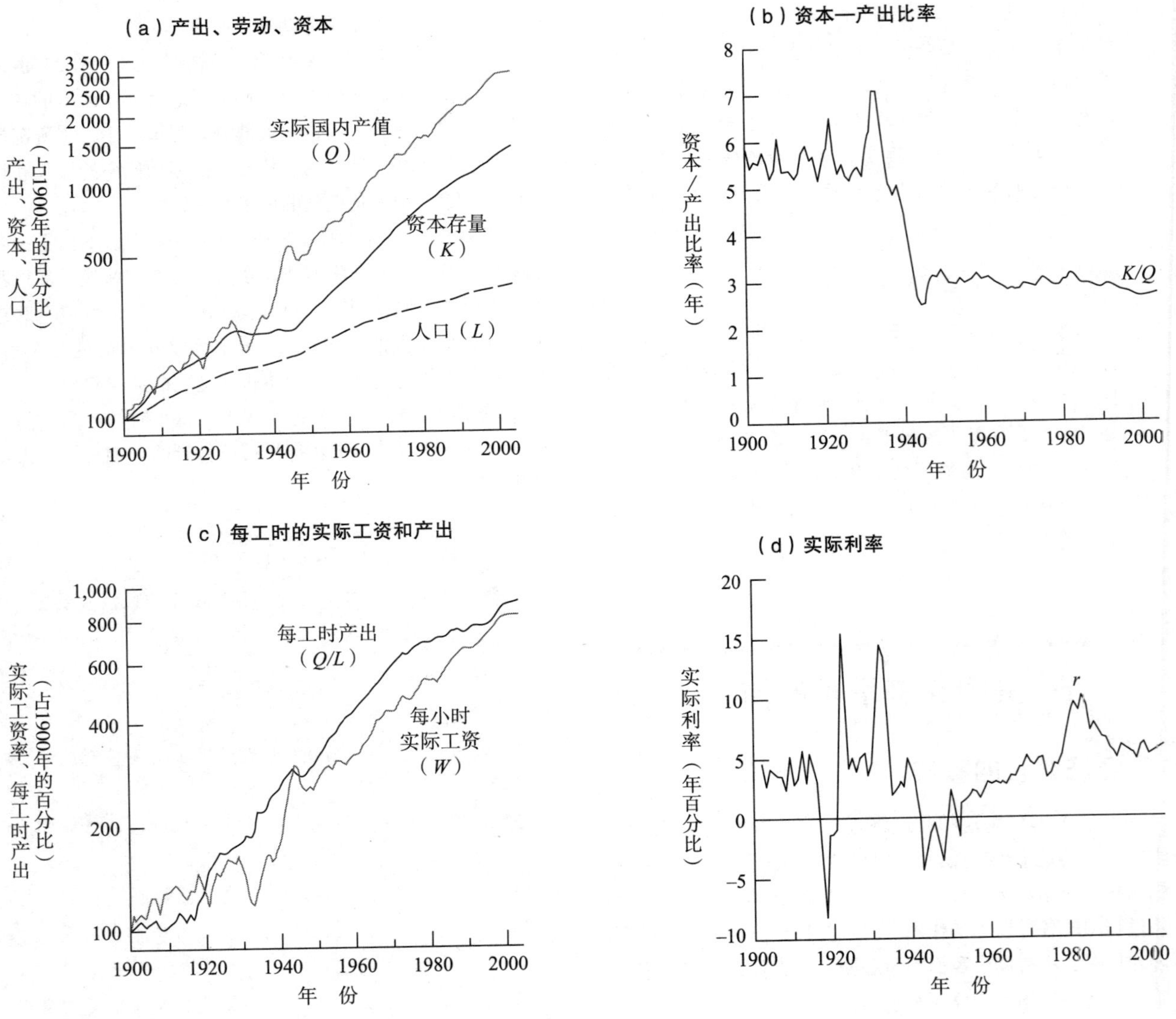


**图 27–6 经济增长有着惊人的规律性**

(a) 资本存量的增长快于人口和劳动力供给。然而，总产出的增长更快于资本的增长。(b) 在 20 世纪前半叶，资本—产出比率大幅下降，但在后 50 年，它保持了稳定。(c) 实际平均小时工资平稳增长，其增长率和整个世纪每工时平均产出的增长率相同。(d) 实际利率在 20 世纪波动较大，意味着技术变革抵消了资本积累所造成的收益递减。

资料来源：U.S. Departments of Commerce and Labor, Federal Reserve Board, U.S. Bureau of the Census, and historical studies by John Kendrick.

图 27–6（c）就会发现，1900 年以来，实际工资保持与人均产出相同的增长速度。更精确地说，实际工资年均增长率为 2.1%，而人均产出的年增长率为 2.2%。这些数字说明，劳动在国民收入中的份额在过去 100 年的时间内几乎没有发生变动。

## 经济增长理论的七个趋势之间的联系

虽然经济史上的这 7 个趋势不同于物理学中的那些永恒不变的定理，但它们的确勾画出了新时期经济增长的基本事实。这些趋势如何与我们的经济增长理论相吻合呢？

趋势 2 和趋势 1（发生资本深化时工资率升高）与图27–4 新古典学派的增长模型十分吻合。趋势 3（工资份额增加缓慢）是一个有趣的巧合，因为多种表示 $Q$ 与 $L$、$K$ 之间关系的生产函数都与这一趋势相一致。

趋势 4 和趋势 5 则提醒我们，技术变革一定在此起到重要的作用。所以，图 27–5 中表明技术不断提高的那个图，要比图 27–4 所描述的稳定状态更贴近现实。在技术不变的条件下，如果 $K/L$ 比率上升，稳定的利润率和下降或稳定的资本—产出比率就不可能保持。总的说来，这些都与资本深化条件下边际收益递减规律相矛盾。因而，我们必须认清技术进步在解释现代经济增长的 7 个趋势时所起的关键作用。我们的模型已经肯定了我们最初的设想。

## 经济增长的源泉

我们已经知道：发达的市场经济的增长依赖于劳动、资本的增长和技术革新。但是劳动力、资本和技术的相对贡献又是怎样的呢？为回答这个问题，我们需要分析一下增长的数量和增长的核算理论。对任何一个国家来说，这个理论都是经济增长数量分析的第一步。

***增长核算理论*** 对经济增长的详细研究依赖于**增长核算**（growth accounting）。这种核算技术不同于我们前面所见的资产负债表或国民产值核算。它可以区分不同因素对增长趋势所起的不同作用。

增长核算一般开始于前面提到过的总生产函数，$Q=AF(K, L, R)$。因为土地的数量是常数，所以常忽略不计。运用初等微分知识和简化假设，我们可以用投入的增加和技术革新的贡献来表示产出的增长。产出（$Q$）的增长可以分解为三个部分：劳动（$L$）的增长乘以它的权数、资本（$K$）的增长乘以权数和技术变革（T.C.）本身。

我们暂不考虑技术变革，并假设规模收益不变，这意味着劳动（$L$）和资本（$K$）同时增长 1%，会导致产出增长 1%。如果 $L$ 增长 1%，$K$ 增长 5%，那么人们可能错误地推测 $Q$ 将增长 3%，即 1%和 5%的简单平均。为什么错了呢？因为两种要素对产出的贡献并非一定相等。事实上，国民收入的 3/4 应归功于劳动，只有 1/4 归于资本，也就是说增加劳动比增加资本对产出增长的贡献更大。

如果劳动对增长的贡献是资本的 3 倍，那么上述问题的答案可以这样计算：$Q$ 将每年增长 2%（= 1% × 3/4 + 5% × 1/4）。投入品的增加，再加上技术变革，就是增长的所有源泉。

因而，每年的产出增长率可以从*增长核算的基本方程*得出：

$$Q\text{ 增长的\%} = \frac{3}{4}\ (L\text{ 增长的\%}) + \frac{1}{4}\ (K\text{ 增长的\%}) + \text{T.C.} \qquad (1)$$

（1）式中，“T.C.”代表技术变革（或全要素生产率），它提高了生产率，这里的 1/4 和 3/4 是每一种投入对经济增长的相对贡献。在完全竞争条件下，这些比例等于两种要素在国民收入中所占的份额。所以，如果生产要素相对份额变了，或者有其他要素加入，那么这些比例也会变化。

为解释人均产出增长，我们不将 $L$ 当作独立增长的来源。因为资本占产出的 1/4，我们从方程（1）可以得出：

$$\frac{Q}{L}\text{ 增长的\%} = Q\text{ 增长的\%} - L\text{ 增长的\%} = \frac{1}{4}\ \left(\frac{K}{L}\text{ 增长的\%}\right) + \text{T.C.} \qquad (2)$$

上述关系式清楚地表明：在没有技术创新时资本深化对人均产出的影响。人均产出的增长只是人均资本增长速度的 1/4，这正好反映了边际收益递减规律。

最后还有一个重要的问题是：我们能够衡量 $Q$ 的增长、$K$ 的增长、$L$ 的增长以及 $K$ 和 $L$ 的份额，但怎样去衡量技术变革 T.C.呢？我们没有办法衡量出，而只能推算 T.C.，即计算了投入产出的其他部分后的剩余。这样，再来看上面的方程，T.C.就可以通过方程（1）的变形计算出来：

$$\text{T.C.} = Q\text{ 增长的\%} - \frac{3}{4}\ (L\text{ 增长的\%}) - \frac{1}{4}\ (K\text{ 增长的\%}) \qquad (3)$$

这一方程可以帮助我们回答许多关于经济增长的重要问题：如人均产出的增长中有多少由资本深化带来？有多少由技术变革带来？社会进步主要依靠节俭和放弃当前消费吗？或者，我们生活水平的不断提高，是不是对发明家的独创性和创新者—企业家的敢作敢为的奖赏呢？

***数值例子*** 为确定劳动、资本和其他要素对产出增长的贡献，我们在方程（2）中代入1900~1999年期间$Q/L$增长的数据。从1900年以来，工作时间每年增加1.3%，$K$每年增长2.5%，$Q$每年增长3.1%。经由数学运算，我们可以发现：

$$\frac{Q}{L}\text{增长的\%} = \frac{1}{4}\left(\frac{K}{L}\text{增长的\%}\right) + \text{T.C.}$$

即

$$2.0=\frac{1}{4}(1.2) + \text{T.C.} = 0.3 + 1.7$$

所以，在人均产出每年1.8%的增长中，大约0.3%是由资本深化带来的，而最大的部分1.7%则来源于技术变革（T.C.)。

***详细的研究*** 更深入的研究使得简单的计算更加精确了，但结果还是与简单的计算条件下十分近似。表27-3是美国劳工部分析1948~2001年间增长来源的结论。这一时期中，产出（以私人企业部门的总产出衡量）以平均每年3.6%的速度增长。投入要素的增长（资本、劳动和土地的增长）每年所做的贡献为2. 2%，因此**全要素生产率**（total factor productivity)，即产出增长减去所有投入要素加权平均后的总和的增长，或者称做技术进步，平均每年是1.3%。

在美国，劳动和资本的增长在产出增长中的贡献比例略低于2/3，其他的部分归功于教育、研究和开发、创新、规模经济、知识进步以及其他因素。

其他国家经济的增长模式则与此不同。例如，学者们用增长核算方法研究前苏联，该国经济从20世纪30~60年代中期这一期间迅速增长。然而，那种高增长率主要来自于资本和劳动投入量的强行增加。前苏联解体之前的几年中，由于严重腐败和激励机制的恶化导致中央计划体制越来越失去功效，生产率实际上是下降的。总体来说，估计前苏联在解体之前的半个世纪中的全要素生产率的增长速度会低于美国和其他主要市场经济国家。只有通过中央政府的强制力将产出转移到投资（消费之外）上，才能抵消其制度的低效率。

## 当前生产率变动趋势

仔细研究生产率的走势可以发现，无论是短期（年度）还是中长期，它都在发生剧烈的变动。图27-7显示的是劳动生产率的增长。从二战以后到60年代末，生产率一直保持较快的增长。

1973年左右乃至随后的几年中的生产率增长乏力，甚至有所下降。经研究发现，这个时期生产率的增长停滞主要源于国际油价飚升，管制变严，工资物价控制，能源产业全面控制，以及研发经费遭到削减。

经济学家之所以关注生产率问题，是因为它对于实际工资和生活水平的提高关系重大。图27-6（c）可表明

| 1948~2001年不同因素对美国实际GDP增长的贡献 | | |
|---|---|---|
| | 每年增长（百分比） | 累计增长（百分比） |
| 实际GDP的增长（私人企业部门） | **3.56** | **100** |
| 投入品的贡献 | **2.22** | **63** |
| 资　本 | 1.13 | 32 |
| 劳　动 | 1.09 | 31 |
| 全要素生产率增长（研发、教育、知识进步及其他来源） | **1.34** | **37** |

**表27-3 知识进步胜过资本积累对经济增长的贡献**

使用增长核算技术研究，把私人企业部门GDP的增长分解到对其有贡献的各种要素中。最近的研究发现，资本增长占产出增长的32%，教育、研发以及其他知识上的进步对总产出增长的影响则占到了37%，对人均产出增长的影响则约为50%。

资料来源：U.S. Department of Labor, at www.bls.gov/bls/productivity.htm.

1900 年以来，实际工资水平是如何遵循人均生产率的变动轨迹而增长的。而表 27–4 就是对于这一点的统计计量说明。也许小学算术知识也都可以表明：如果劳动收入在国民收入中的比重保持不变，那么这就意味着实际工资的增长就会与劳动生产率的增长保持同等的速率。[6]

## 生产率的复苏反弹

经济学家们期待着生产率增长情况的好转，希望信息技术的革命能带来经济的快速增长。的确，信息技术的进步（计算机硬件、软件和通信）给经济领域的每一个角落都带来了惊人的变化。计算机的价格在近 30 年里下降了近千倍。电子邮件和互联网改变着零售业的面貌。计算机成为商业的神经系统，它们被用来控制机票价格和订票系统，浏览各商场的商品的价格和数量，发送电子邮件、兑付支票、催缴赋税，以及向学生们提供学费账单。一些经济学家认为，计算机是生产力的新的第四大要素。

直到最近一个时期，专家们对此仍感到困惑。用罗伯特·索洛的话来说："除了生产率统计，任何地方都有计算机的影响。"尽管计算机侵入了经济生活的每个领域，但是在劳动生产率增长中的反映却很弱。不过，这种状况在 1995 年之后已经得到改观，生产率又开始快速增长。1948~1973 年增长率为 3.1%，而 1973~1995 年间，生产率增速降低到 0.8%；1995~2002 年，年均增长率又重新回到 2.6%的较高水平。实际工资水平也从 1973~1995 年期间年均 1.2%的低速增长重新恢复到 1995~2002 年期间年均 2.5%的较快增长。

有鉴于此，热衷人士甚至提出了"新时代"和"美国资本主义的全新世界"的说法。甚至连以谨慎著称的前联储主席艾伦·格林斯潘，也都成为了技术变革的热衷者："新技术被应用于实践的速度显著加快这一事实证明了这样的一个论断，近期劳动生产率的加速，不仅是一个周期性的现象，或者只是统计上的失常，而且是至少部分地反映出更加深化且不断发展的技术，的确改变了世界经济的面貌。"

[6] 为了考查这一关系，将劳动的份额写作 $W \times L = s \times P \times Q$，$s$ 是劳动份额，$W$ 是名义工资率，$L$ 是工作时间，$P$ 是价格指数，$Q$ 是产出。两边同时除以 $L$ 和 $P$，得到 $(W/P) = s \times (Q/L)$，表明实际工资等于劳动的份额乘以劳动生产率。因此，只要劳动在国民收入中的份额是一定的，实际的报酬就会与劳动生产率以相同的速度增长。

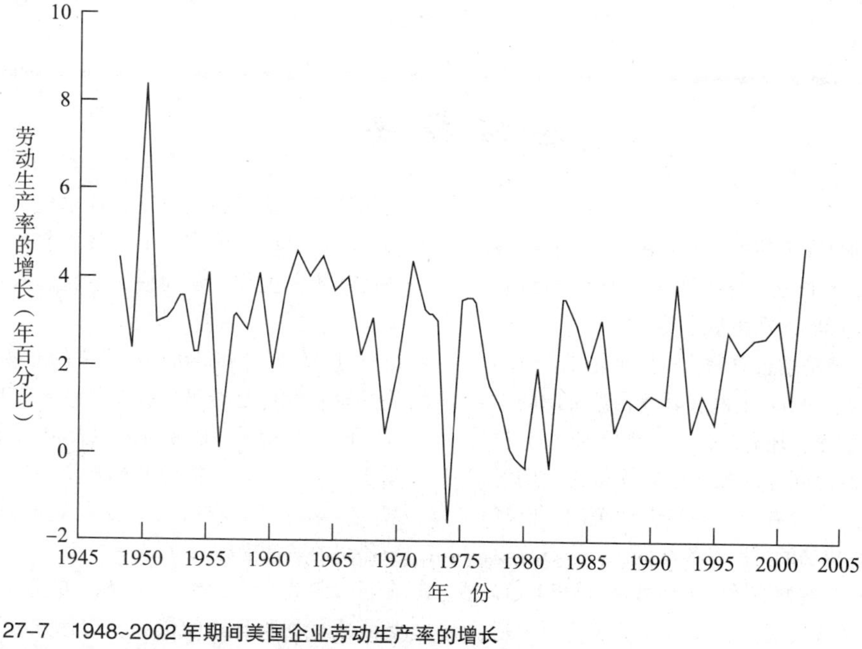


**图 27–7　1948~2002 年期间美国企业劳动生产率的增长**

劳动生产率逐步下降，到 20 世纪 70 年代末和 80 年代处于一个较低的水平。从 90 年代末开始，信息技术，尤其是计算机产生的巨大利益，带来了生产率增长的好转。

资料来源：Bureau of Labor Statistics, at www.bls.gov/lpc/home.htm.

| 生产率和实际工资 | | |
|---|---|---|
| | 年均增长率 | |
| 时 期 | 劳动生产率 | 实际工资 |
| 1948~1973 | 3.1 | 2.9 |
| 1973~2000 | 1.0 | 1.5 |

**表 27–4 实际工资与生产率增长的镜像关系**
就长期而言，实际工资水平将与劳动生产率的变动保持同步。随着 1973 年生产率的下滑，实际工资水平的增长也大幅下降。

资料来源：U.S. Department of Labor。生产率按美国不同企业部门计算而得，名义工资按照消费者价格指数做了调整。

对数据进行了仔细研究的经济学家们发现了 20 世纪 90 年代后期有关生产率的一些有趣的事实。以下是生产率加速中的一些重要事实：

- *计算机领域的生产率爆炸式增长*。计算机领域的生产率爆炸（及相应的价格下降）格外显著。1972~1995 年，计算机的相对价格每年下降 18%。1995~2002 年期间，则每年下降 30%。
- *资本深化*。1995 年以来，投资保持了高速增长。公司大量地投资计算机和软件，以充分利用计算机不断降低的价格和新软件效能提高带来的好处。
- *未被统计的产出*。新经济的许多进步是不能通过生产率的统计进行反映的。互联网、电子邮件和手机的显著发展，大部分都被生产率的统计所遗漏。一些经济学家发现，软件和通信设备（参见第 21 章中关于价格统计的讨论）的生产率都被大为低估。换个角度说，我们可以认为，消费者通过网上购物节省了时间，因为电子邮件和移动电话的便利而节省了时间和邮资，这些都没有能够反映到生产率的统计上。还有一些人认为计算机所带来的真实收益，要在未来很长一段时期才能充分体现出来。斯坦福大学的经济史学家保罗·戴维（Paul David）对以前像电动马达之类的创新进行研究后发现，经济生活要充分享受基础创新的好处，需要几十年的时间。

无论生产率是否获得了永久性的提高，计算机都非常明显地以惊人的速度改变着我们的经济和生活。

本章关于经济增长原理的讨论不妨到此告一段落。下一章拟将这些原理应用到那些正在努力提高生活水平的贫穷的国家。而在本编所余的两章中，我们将讨论国际金融和国际贸易。

## 总 结 提 要

### A. 经济增长理论

1. 经济增长分析考查的是在长期中导致潜在产出增长的各个因素。人均产出的增长是政府关注的一个重要目标，因为它将提高平均实际收入和生活水平。
2. 回顾各国实际情况，经济增长总是依靠四个轮子：（a）劳动力的数量和质量；（b）土地和其他自然资源的丰富程度；（c）资本积累；还有或许是最重要的（d）技术变革和创新，它们使同样的投入可以获得更大的产出。但是，这四者之间没有唯一的组合，美国、欧洲和亚洲国家追寻经济成功的道路各不相同。
3. 斯密和马尔萨斯的古典模型描述了土地数量有限和人口不断增长情况下的经济发展。在没有技术变革时，增长的人口最终占据了所有的空地。人口密度的增加触发了边际收益递减规律。所以土地租金上涨而竞争性的工资下降。当工资降到生存水平线时，经济就处于马尔萨斯均衡状态。当工资低于生存水平线，人们就不能养活自己。但实际上，技术变革可以使劳动生产率曲线不断上移，从而使工业化国家不断保持其经济发展。
4. 出于对自然资源和经济活动带来的环境问题的担忧，人们怀疑：经济是否可以长期持续地按照现在的速度增长。随着不断涌现的新发明以及资源节约型技术变革，基于有限的土地、能源和矿物资源供给的担忧有所缓解。全球环境的制约可能会导致环境遭到破坏或者需要昂贵的防治措施。
5. 在新古典增长模型中，包含相应的劳动投入的资本积累成了现代增长理论的核心。这种方法以总产出方程为工具，将投入、技术和潜在 GDP 总量联系起来。在没有技术变革和创新的情况下，由于资本收益递减，人均资本的增长（资本深化）将不同步于人均产出的增长。因此，资本深化将降低资本收益率（等于无风险竞争条件下的实际利息率），同时提高实际工资。

6. 技术变革使同等投入获得更多的产出，使总生产函数曲线向上移动，在同样的劳动和资本投入下，获得更多的产出。最近关于"新增长理论"的研究就致力于揭示技术变革发生的内在机制。这种理论强调：(a) 技术变革是经济体系的一种产出；(b) 技术是一种公共的或非竞争性的物品，可以同时为许多人使用；(c) 产生新的创造发明代价昂贵，但复制却很便宜。这些特点意味着，政府在有效地保护知识产权、保证发明人有足够的动力完成研究和开发方面，必须给予足够的重视。

B. 美国经济增长的模式

7. 从资料中可以看到 20 世纪以及 21 世纪早期经济增长的几个趋势。其中最重要的有：实际工资和每小时平均产出稳定上升；实际利率无明显变动趋势；资本—产出比率下降。这些主要趋势能够与加进了技术进步因素的新古典增长模型相一致。这样，经济理论证实了经济发展史告诉我们的道理：是技术进步提高了投入品的生产率，并且提高了工资和生活水平。
8. 最后一个趋势，即 1900 年以来潜在产出的持续增长，引发了关于什么是经济增长的源泉这一重要课题。借助数理分析技术，经济学家通过增长核算证实，"经济剩余"的源泉（例如技术创新和教育）对 GDP 的增长或劳动生产率的作用超过了资本深化。
9. 1970 年以后，由于能源价格提高、环境限制的增加和其他结构变化的抑制作用，生产率增长减慢。然而，在 20 世纪 90 年代后期，计算机领域生产力爆炸和投资增加以及统计技术的进步，又导致可统计的劳动生产率增长速度的急剧上升。

## 概念复习

增长的四个轮子：
- 劳动力
- 自然资源
- 资　本
- 技　术

总生产函数
斯密的黄金时代
资本—劳动比率
马尔萨斯的有限土地
现代马尔萨斯主义
　有限的资源和环境制约
新古典增长模型
资本深化中 $K/L$ 的上升
新增长理论
技术作为一种可以被生产出来的产品
经济增长的 7 个趋势

增长核算：

$$Q\text{ 增长的\%} = \frac{3}{4}\,(L\text{ 增长的\%}) + \frac{1}{4}\,(K\text{ 增长的\%}) + \text{T.C.}$$

$$\frac{Q}{L}\text{ 增长的\%} = \frac{1}{4}\,(\frac{K}{L}\text{ 增长的\%}) + \text{T.C.}$$

## 补充读物和互联网站

### 补充读物

One of the best surveys of economic growth is Robert Solow, *Economic Growth* (Oxford University Press, Oxford, U.K., 1970). See his pathbreaking article, "A Contribution to the Theory of Economic Growth," *Quarterly Journal of Economics*, 1956. The text reference is William Baumol, "Entreprenueurship: Productive, Unproductive, and Destructive," *Journal of Political Economy*, October 1990, pp. 893–921.

Two excellent recent books on growth economics are Charles Jones, *Introduction to Economic Growth*, 2d ed. (Norton, New York, 2001), and the more technical monograph by Robert Barro and Xavier Sala-i-Martin, *Economic Growth* (McGraw-Hill, New York, 1995). A good survey of the role of technological change in growth theory is Paul Romer, "The Origins of Endogenous Growth," *Journal of Economic Perspectives*, Winter 1994, pp. 3–22.

**互联网站**

A website devoted to economic growth is maintained by Jonathan Temple of Oxford www.bris.ac.uk/Depts/Economics/Growth/ and contains many references and links. The articles by Solow and Baumol are available at www.jstor.org. One of the most entertaining Web pages among economists is maintained by growth theorist Xavier Sala-i-Martin at www.columbia.edu/~xs23.

Data sets on economic growth can be found at www.nuff.ox.ac.uk/Economics/Growth/datasets.htm. Technological change is often associated with particular inventions. The lives and patents of great inventors can be found at www.invent.org/hall_of_fame/1_0_0_hall_of_fame.asp.

For those who wish to pursue the issue of productivity in the new economy, see *Economic Report of the President*, 2000 at w3.access.gpo.gov/eop, chap. 3.

# 问题讨论

1. 根据经济资料，某家庭 2003 年的生活水平相当于它在 1900 年生活水平的 9 倍。就实际消费方式而言，这意味着什么呢？不妨同你自己的父母和长辈一起讨论一下，比较你们今天的生活水平与父母那一代人的生活水平，分析两者的不同之处。
2. “如果政府强调知识产权，资助基础科学，控制商业周期，经济增长的速度将会令古典经济学家吃惊。”解释上述说法的含义。
3. “如果没有人口增长也没有技术变革，持续的资本积累最终将毁灭资本家阶层。”请解释为什么那种状况会使利息率为零，并使利润消失？
4. 回忆本章的增长核算方程（1）。如果劳动每年增长 1%，资本每年增长 4%，技术变革每年为 1. 5%，计算产出的增长率。

   如果发生下列变化，则答案又将如何：

   a. 劳动增长率降低为每年 0%。

   b. 资本增长率升高为每年 5%。

   c. 劳动和资本在 GDP 中占有相同的份额。

   请计算上述各种变化单独发生时人均产出增长率的变化。
5. 利用生产可能性曲线解释为什么马尔萨斯的预言是错误的。坐标系中，用一轴表示人均食物量，另一轴表示人均工业品量。假定食品行业存在劳动边际收益递减，但工业品行业中劳动边际收益不变。
6. 增长论的批判者指出有些因素将会制约下个世纪生活水平的提高。考虑以下几种可能的情况（可能是现实的也可能是不现实的）

   a. 全球变暖导致世界产粮区的过暖和干旱，从而降低重要谷物的产量。

   b. 恐怖主义升温迫使政府、企业和家庭投资于防御措施以消除威胁，例如增加安防支出，提高保障投资。

   c. 研发费用越来越多地投资于军事和空间技术。

   d. 由于劳动人口所受的教育和培训落后于不断增加的电脑工作对技术的要求，技术变革会带来更多的结构性失业问题。

   讨论以上每种情况对人均消费水平增长的影响。既要考查市场消费，也要考查非市场消费。运用增长核算方法解释你的论断的合理之处。
7. **有难度的问题**：许多人担心，计算机带给人类的命运将会与拖拉机和汽车带给马的命运一样：由于技术变革使得骡马成为过时的东西，所以 20 世纪初马的数量已经急剧下降。如果我们把计算机看作是一种特殊的生产性资本 $K$，那么将它们引入图 27-4 后，对资本—劳动比率会产生什么影响？如果劳动力数量不变，总产量是否会下降？在什么样的条件下实际工资会下降？你知道为什么关于马的类比在这里并不适用吗？

# 第 28 章

# 经济发展的挑战

我相信物质主义。我相信健康的物质主义所带来的一切：可口的食物、干爽的房屋、舒适的鞋袜、方便的缝纫机、排水排污管道、24 小时热水、沐浴卫生间、电灯、轿车、宽阔的道路、明亮的街区、远离乡土的长假、新颖的念头、快马良驹、投机的交谈、影院、歌剧、交响乐、流行乐队，等等。我认为，这一切东西每一个人都应当享有。那些还未曾享用过这些东西便离开了尘世的人们，也许很有可能犹如圣人一般地高雅，或如诗人一般地丰富，然而那却是因为他们本来就高雅、就丰富，而绝对不是因为他们被剥夺了这些物质享受。

——弗朗西斯·哈克特

今天地球上的人们生活水平差距悬殊，两极分化。一极是富裕的北美和西欧，占世界总人口 1%的人，却享受着世界 20%的收入和消费；另一极是贫穷的非洲和亚洲，大约 10 亿人口处于绝对贫困的境地，温饱问题尚且不能解决，生活就更是毫无舒适可言。

是什么原因造成各国贫富差异如此悬殊？世界能否在贫富悬殊状态下和平共处呢？美国奢侈的消费和大量农产品剩余能否永远地与非洲的饥荒与环境恶化和谐共存？穷国可以采取哪些步骤来提高本国人民的生活水平？富国又应当承担起什么样的责任？

发展中国家所面临的这些发展进程中的问题，是现代经济学所面临的最大挑战之一。正是在这个领域，经济学分析工具不仅能够导致人们的日常生活水平天上地下；也正是在这个领域，经济学还可以从学术上关系到人类的生死存亡。本章首先讨论发展中国家的特点，分析经济发展进程中的若干关键问题。然后考查发展中国家不同的经济发展道路，特别是成功的亚洲模式和失败了的前苏联的实验。

## A. 贫穷国家的经济增长

### 发展中国家的一般状况

**发展中国家**（developing country）的含义是什么？发展中国家最重要的特征是人均收入低，另外，人们的健康水平普遍较差，文化水平低，营养普遍不良，并且缺乏资本。

表 28-1 所给的一些基本数据，可以帮助我们了解世界经济各主要成员的基本状况，以及关于经济不发达的主要指标。该表将这些国家分为 6 个区域。

由该表可见许多值得注意的特征。很明显，低收入国家要比像美国这样的发达工业国贫穷得多。他们的人均收入大约只相当于高收入国家的 1/20。表中的数据使用购买力平价（purchasing-power-parity，PPP）来衡量相对收入。这是因为市场汇率倾向于低估低工资国家的收入。（使用购买力平价汇率估算生活水平的情况将在第 29 章讨论。）

另外，还有许多社会指标和健康指标能体现贫穷在低收入国家所造成的影响，如人们的预期寿命短，教育普及率低，文化水平低。在发展中国家之间也存在很大的差别。它们当中一些极端贫困的国家，如刚果、埃塞俄比亚、利比里亚，至今仍处在饥饿的边缘；另一些原先的贫困国家或地区，则已于二三十年前开始好转，并已经上升

| 地 区 | 人 口 | | 出生时寿命预期（年） | 人均 GDP* | | 教 育 | 技 术 |
|---|---|---|---|---|---|---|---|
| | 数 量（2001 年，百万） | 增长率（1980~2001 年，%） | | 美 元 | 增长率（1980~2000 年，%） | 文盲率（百分比，15~24 岁的人） | 个人电脑（每千人拥有数） |
| 东亚和太平洋（中国、印度尼西亚等） | 1 823 | 1.4 | 69 | 3 790 | 6.2 | 3 | 19 |
| 东欧和中亚（俄罗斯、波兰等） | 475 | 0.5 | 69 | 6 320 | –0.8 | 1 | 52 |
| 拉美和加勒比海（巴西、墨西哥等） | 524 | 1.8 | 71 | 6 900 | 0.7 | 5 | 59 |
| 中东和北非（埃及、伊朗等） | 301 | 2.6 | 68 | 5 430 | –0.1 | 20 | 32 |
| 南 亚（印度、巴基斯坦等） | 1 378 | 2.0 | 63 | 2 570 | 3.6 | 33 | 5 |
| 撒哈拉以南非洲（尼日利亚、埃塞俄比亚等） | 674 | 2.7 | 46 | 1 750 | –0.7 | 23 | 10 |

* 用购买力平价计算出来的人均收入反映了各国收入的实际购买力。

**表 28–1 不同发展中国家的重要指标**

世界银行将发展中国家分为 6 个区域。每个区域都有如表中所列的反映其经济发展的几大重要指标。注意，低收入国家有更高的文盲率和较少的计算机。有些低收入国家的人均预期寿命接近于富裕国家。

资料来源：World Bank, *World Development Report*, and data at www.worldbank.org.

到中等收入国家或地区的行列之中。其中比较成功的如新加坡和韩国，它们已经脱离了发展中国家或地区的行列，其中最成功地区的人均收入已经达到了高收入国家或地区的水平。昨天获得成功的发展中国家，明天将会成为发达经济国家。

### 低收入国的生活

为更好地说明发达国家和发展中国家的巨大差异，不妨设想你自己是某一低收入国的公民，如马里、印度或孟加拉国的一名普通的 21 岁青年人。你很贫穷，甚至在你为所生产和消费的商品满打满算之后，你的年收入也很难达到 1 000 美元。而一名生活在北美洲的条件相当者很可能每年平均要挣到 3 万美元。不过，当想到世界上平均每 4 个人中只有 1 个人的年收入可能超过 3 000 美元时，你或许会感到一丝安慰。

在你的同胞中，每两个人中就有一个像你这样一字不识。你的预期寿命只相当于发达国家人均预期寿命的 4/5，你已有两个兄弟姐妹夭折在成年之前。出生率很高，在妇女未受教育的家庭尤其如此，同时死亡率也比有良好医疗保健体系的国家要高得多。

在你生活的国度，大部分人都靠农业为生，只有很少的人可以不从事粮食生产而在工厂里工作。你在工作中所使用的马力数只相当于富裕的北美工人所使用的 1/60。你几乎不懂科学，所了解的知识大多仅限于本村的传统习俗。

你和你的同胞生活在占世界人口 55% 的 40 个最穷的国家里，但是这些国家只能分享世界收入的 4%。你经常挨饿，所吃到的食物基本上都是粗粮。也许你在自己的国家受到过一点基础教育，但却像你的大多数朋友一样未上过中学，而只有极少数最富裕的人才能升入大学。你在庄稼地里劳动时间很长，根本享受不到机械的好处。到了夜里，你睡的只是一块草席。房间里几乎没有什么家具，可能只有一张桌子和一台收音机。你惟一的交通工具可能只是一双旧靴子。

## 人力资源开发

对世界上最贫穷国家人们生活的描述可以说明两个问题：适当的可以满足基本生活需求的收入水平是重要的；

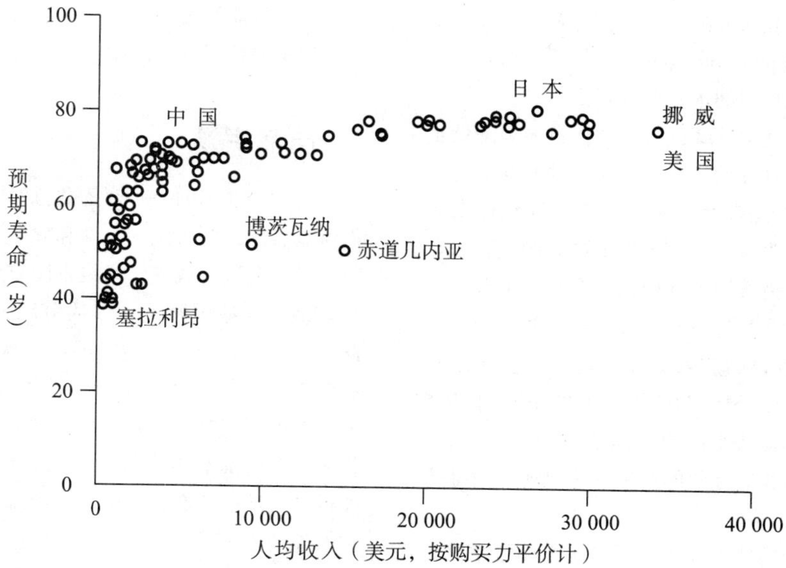


**图 28–1　预期寿命和收入，2000 年**

预期寿命与人均收入高度正相关。高收入保证了对医疗保健的更多投资，反过来，健康的人口也更具有生产力。注意，一些中等收入的非洲国家已经被艾滋病严重困扰，这威胁着他们的健康和经济发展。

资料来源：Human Development Report, 2002.

生活水平的标志不仅仅只是市场收入。富有创新意识的经济学家阿马特亚·森恩（Amartya Sen）和古斯特伍·兰尼斯（Gustav Ranis）强调：评价一个国家的发展时，还应考虑其他因素，如健康、预期寿命、入学率、成人识字率和妇女独立性，而不仅仅是考虑人均消费的增长。

图 28–1 是预期寿命和人均产出的散点图。可以看出，预期寿命和人均产出二者之间存在着很强的正相关关系。当然也有例外，有些国家，例如博茨瓦纳、赤道几内亚、和南非，预期寿命相对人均收入水平较低，这是因为他们受到艾滋病的威胁。贫穷国家都没有较高的预期寿命，但是，像希腊、哥斯达黎加这样的国家却有着与美国同样甚至更高的预期寿命，这其中主要的原因在于美国的医疗体系的设计存在缺陷。

## 经济发展的四大要素

我们已经知道什么是发展中国家，现在就来分析一下低收入国家提高生活水准的进程。上一章分析经济增长问题时，我们曾探讨过美国提高潜在生产水平的具体过程，它所依靠的四个车轮是：（1）人力资源；（2）自然资源；（3）资本形成；（4）技术。其他国家经济增长的支撑因素也不例外，无论是穷国还是富国，都必须凭借同样的四大因素来促进经济发展，只是还要与本国的国情相结合。下面让我们来看看这四个车轮分别是如何在发展中国家运转的，以及公共政策怎样指引经济增长沿着令人满意的方向前进。

### 人力资源

***人口爆炸：马尔萨斯的遗产***　许多穷国举步维艰，似乎永远都在原地踏步。甚至当一个穷国的 GDP 上升时，它的人口也同时在上升。请回忆上一章我们对马尔萨斯人口陷阱的讨论：人口的增长如此之快，以致收入停留在维持生计的水平。虽然高收入国很久以前就已经将马尔萨斯远远地抛在身后，但非洲却是高出生率和低收入率并存，仍旧在马尔萨斯的陷阱中不能自拔。人口爆炸远未停止，人口学家预测：未来 25 年贫困国家还会增加 10 亿人口。

穷国难以在高出生率下摆脱贫困，但并非没有路径可以缓解人口过多的压力。一个办法是采取各种积极的举措控制人口增长，其中有些措施甚至会违背当地盛行的宗教信条。很多国家为控制人口增长而引入教育计划，颁发计划生育津贴。中国政府在其超过 10 亿人口的领土上采取了坚决控制人口增长的一系列计划生育措施。

对致力于提高人均收入的国家来说，有希望完成一个人口统计转型（demographic transition）的任务，即人口将逐步在低出生率和低死亡率的水平上达到稳定。一旦国家足够富裕，婴儿死亡率就会下降，人们就会自愿地降低生育率。当妇女受过教育且开始有所作为时，她们就会将生命中较少的部分用于生儿育女。家庭也会放弃数量求质量——将资源集中起来为较少的孩子提供更好的教育。在墨西哥、韩国、中国台湾等国家和地区，在收入上升、国民所受教育增加的时候，生育率都出现了急剧的下降。

发展经济和控制生育的成效会缓慢地为人们所感觉到。一些穷国的出生率已经从1965年的4.2%下降到1995年的2.8%，但仍然明显高于高收入国1.2%的水平。因此，反对因人口过度增长而导致的贫困的斗争还将会继续下去。

但是人口统计转型的任务并非在所有地方都已经提上了议事日程。尽管艾滋病在非洲人群中蔓延及其所造成的预期寿命缩短问题，要比早几个世纪中的大型瘟疫更加严峻，但是热带非洲的大多数地区人口仍然继续保持着快速的增长。马尔萨斯的预言仿佛幽灵一样仍然在威胁着广大的中非地区。

**人力资本** 除了人口增长过度，很多发展中国家还必须关注人力资源的质量问题。一般说来，发展中国家的政府在制定经济发展计划时，总要强调下列一些特殊项目：

1. *控制疾病，提高健康和营养水平*。其目的不仅在于使人们生活得更幸福，而且要使他们能成为生产能力更高的劳动力。卫生保健机构和安全饮用水的提供都是极其有用的社会资本。
2. *提高教育水平，减少文盲并加强劳工培训*。受过教育的人会成为具有更高生产能力的劳动力。因为他们不仅能更有效地利用资本，适应新技术的发展，而且更善于从错误中汲取教训。为获得先进的科学、工程、医药以及管理等方面的知识，发展中国家向外国派出最优秀的人才，并让他们把最先进的东西带回来，这将有利于该国的发展。但是，这些国家必须注意人才外流问题，即大部分有才能的人都流到高工资的国家去了。
3. *最重要的一点是，不可低估人力资本的重要性*。大多数其他的资源可以从国际市场上购买到，但大多数劳动力都是在本国生成的，尽管有时可以通过移民增加劳动力。在发展中国家，精良的采掘机、武器和其他的机器设备，往往因为劳工缺乏必要的操作和维修技能而不能利用和修理。在陷入这种困境时，熟练劳工的重要性就不言而喻了。

## 自然资源

亚洲和非洲的一些穷国的自然资源十分贫乏，而且它们所具有的这些有限的土地和矿产还必须在分布稠密的人口中进行分配。或许，发展中国家最有价值的自然资源就是耕地。这些国家绝大多数劳动力都从事农业生产。因此，充分利用土地（适宜的水土保持、肥料和耕作方法）有助于提高穷国的产出。

土地所有制模式是十分关键的因素，它可以鼓励农民投入更多的资本和技术力量以提高土地的产量。如果农民能得到土地的所有权，他们就会乐于改善土地状况，如改进土地的灌溉系统，采取适当的办法保持水土。

经济学家认为，石油或矿藏所带来的自然财富并非是绝对的天赐之福。美国、加拿大、挪威这样的国家曾经用它们的自然财富构造了坚实的工业扩张基础。而在某些国家，这些财富只是腐败的政府官员或军阀们掠夺、寻租（rent seeking）的目标。尼日利亚和刚果（扎伊尔）矿产资源非常丰富，但其地下资源却没有转化为生产力和资本，这是因为，其统治者将财富敛入自己的银行账户，并挥霍于奢侈的消费。

## 资本形成

现代经济要求一系列多样化的资本品。国家必须抑制现期消费以形成富有成效的迂回的生产能力。但是，对于一个接近最低生活水平的最贫困国家而言，这一点无异于抢劫。当你在非常贫困之际，要求你降低现期消费以提供未来消费，显然是不大可能的。

发达国家可以用不少于20%的收入来形成资本；与此相比，一些最穷的农业国却常常只能用国民收入的5%形成储蓄。而且这种低水平储蓄中的很大一部分，还要用来为不断增长的人口提供住房和简单的劳动工具，因此几乎剩不下什么钱来用于发展。

不妨讨论一个储蓄率已经成功提高的国家。即便真的高到了一定的水平，该国还是需要花费数十年的时间积累资本，以修建高速公路、电信系统、计算机、发电厂和其他能构建有效经济结构的资本品。

在获得最先进的计算机系统之前，发展中国家必须首先建设其*基础设施*，或*社会间接资本*，这包括一个市场经济发展所必须依托的许多大型项目。例如：地方农业顾问帮助农民了解新谷物和良种；连接不同市场之间的公路网；伤寒或白喉的预防接种等公共保健医疗计划，该计划不仅可以预防已接种者患上该类疾病，而且由于控制了疾病的蔓延，没有接种疫苗者也会因此得到防护。以上这几种情况，任何一个企业都不可能从中回收全部的社会收益。因为任何私人企业都无法向成千上万、甚至上百万得益者收取费用。由于这类投资项目的规模不可分割，也由于它具有外部效应，所以政府必须介入以发起这类基础性项目，并保证这些项目必要的资金投入。

> 在许多发展中国家，一个最迫切的问题是储蓄少得可怜。特别是在最贫困的地区，刻不容缓的现期消费需求同稀缺资源的项目投资一直在争夺资金。其结果，经济快速增长所必不可少的生产性投资就会过少。

**国外贷款与新兴市场危机**

既然依靠国内储蓄形成资本困难重重，那么为什么不从国外贷款呢？经济理论告诉我们，一个富国在投资开发好的项目的时候，不仅可以使自己获利，而且也能使投资项目的所在地或所在国获利。

资金向发展中国家流动的趋势见图 28–2。该图说明，近年来发展中国家的证券投资和直接投资都有所增长，这是金融市场全球化的一个主要指标。

但是外国借款在取得收益的同时，也必然伴随着风险。富国贷款给穷国的历史显示出某种循环：机会、贷款、利润、投资过热、投机、危机、资金枯竭。随后出现的是新一轮的借贷循环，只是主角常被换成了另一群“见钱眼开”的乐天的投资商。可谓：一场危机可能还没有忘却，另一轮投资便又热浪再起。

回顾一下新兴市场的传奇是很有启发意义的。**新兴市场**指的是迅速成长的中低收入国家，他们对外资有着极大的吸引力。20 世纪 90 年代，富国的投资者将其资金转向国外，以追求比在国内更高的投资回报率；而穷国迫切需要得到这些投资以利于开展各种开发项目，因而也十分欢迎这些外国资金流入本国。90 年代，从泰国到南非，各种贷款和资产性投资都增长得很快。

随着新兴市场的不断成长，一切看上去都似乎平安无事，回报率也很稳定。但是，随着投资增速减缓和一系列银行危机事件，巨额短期资金从泰国、印度尼西亚和韩国纷纷外流。数额巨大的银行贷款都需要按时偿还，这导致这几个国家的货币供应量急剧上升。由于这几个国家中大多数都实行固定汇率制度，因而只能依靠抛售外汇储备进行干预，直到几乎耗尽。最后，东亚各国一个接一个地发现自己的货币大幅度贬值。于是许多国家向 IMF 求援，以期获取所急需的短期资金。而 IMF 则要求它们必须采取紧缩性的货币政策和财政政策，这些因素导致东亚各国的商业和经济出现急剧的衰退。

3 年内，大多数国家经过减缓产出增长、降低实际工资、重新安排债务以及贸易顺差等调整措施，终于从危机中恢复过来，重新开始了经济增长。世界又度过了一次金融危机。但是，国际金融的病毒只不过是处于一种休眠状态，它们在静静地等待着下一轮投机热潮的出现。

## 技术变革与创新

经济发展所依赖的最后一个也是最重要的因素是科学技术进步。这方面，发展中国家具有一个潜在的有利条件：可望在分享发达国家技术进步的过程中受益。

***技术模仿*** 现在的穷国绝对不需要培养出一个现代的牛顿来发现万有引力定律，因为它可以从任何一本物理书中读到。穷国也不必在漫长而曲折的工业革命道路上，像现今工业化国家所经历过的那样，一步一步地向上攀登。他们如今可以买到各种大企业家们过去做梦也不曾想到的拖拉机、计算机和纺织机械设备。

日本和美国的发展史清楚地表明了这一点。美国的发展向世界其他国家提供了一个鼓舞人心的例证。与汽车有关的各种突破性技术发明虽然几乎无一例外地都来源于国外，但是，福特公司和通用汽车公司却将这些外国发明物应用到经济实践当中，并迅速地成为世界汽车业的领袖。

日本很晚才加入世界工业国竞赛行列。直到 19 世纪末，它才开始派遣留学生去西方学习先进技术。在加快本国经济发展步伐的过程中，日本政府发挥了积极主导的作用。它修建铁路，兴办各种公用事业。由于引进国外的生产性技术，日本今天已经成为世界上第二号工业大国。日本和美国的情况说明：一个国家怎样才能通过引进国外科技，并使之适用于本国市场条件而兴旺发达起来。

***企业家精神和创新*** 从日本和美国的历史看，引进并采纳外国技术似乎是经济发展的简单诀窍。你可能会说：“只要出一趟国，照抄一些高效率的方法，并将它们用在国内

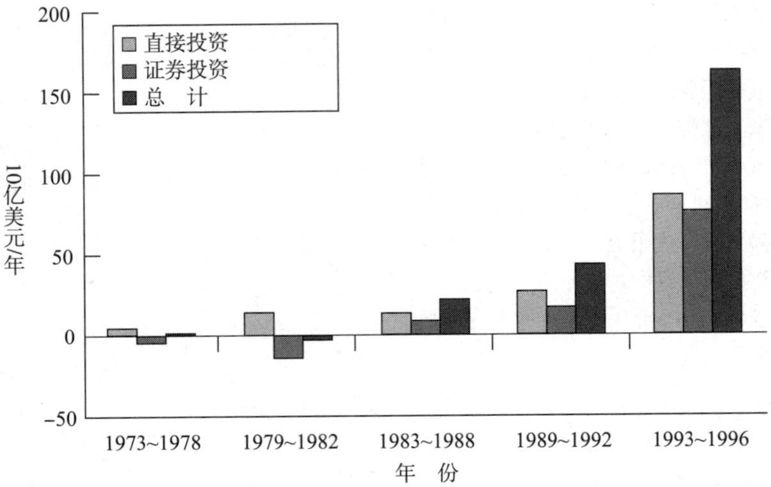


**图 28–2 发展中国家的投资**

发展中国家的投资增长迅速。它包括直接投资（购买有形资产）和证券投资（购买股票、债券及其他金融工具）。这一趋势成为"全球化"的最显著的指示器。

资料来源：Council of Economic Advisers.

生产的实践当中，便可以坐等产量一个劲儿地增长了。"

事实上，技术变革的实施过程并非如此简单。你当然可以送一本有关化学工程的教科书给某一穷国，但是，如果缺少掌握这门工程技术的科学家、工程师以及企业家，如果不具备足够的资本，那么，我们就很难设想这个穷国可以建立起一座运转良好的化学工厂。请记住，先进的技术是为了满足先进国家的具体条件而发展起来的。这些具体条件包括：大批掌握先进技能的工程技术人员和劳动力、可靠的电力供应、及时的备件供应以及维修服务。而一些较穷的国家不可能全面具备这些条件。

促进经济发展的关键任务之一，是培养起一种企业家精神。一个国家如果不具备一批乐于承担风险、勇于开办新工厂、采纳新技术并敢于引进新式经营理念的企业家或管理者，就不可能走上繁荣丰裕之路。从根本上说，当产权明晰完整、税率较低且可以预测，而其他有可能扭曲盈利（例如腐败）的行为又比较少的时候，创新和企业家精神才有可能蓬勃发展。政府的某些投资，诸如扩大对农民的服务、为劳动者提供教育和培训机会、创办各种管理类学校，也可以帮助培育这种企业家精神。

## 从恶性循环到良性循环

我们已经强调过，穷国所面临的巨大障碍，是如何将经济进步所必不可少的四大要素结合起来。这四大要素，即劳动力、资本、资源和创新。而且，这些穷国还发现，妨碍自己发展的种种困难在贫困的恶性循环中互相作用，越来越难以自拔。

由图 28–3 可见，发展中国家的一个障碍如何引发和影响其他障碍的恶性循环的过程。低收入导致低储蓄率；低储蓄率妨碍资本增长；资本不足妨碍了在生产中使用机

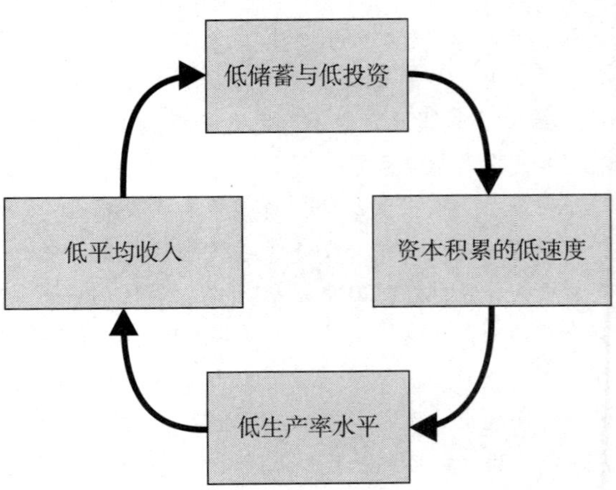


**图 28–3 贫困的恶性循环**

许多妨碍发展的因素在此得以自我强化。低收入水平妨碍储蓄，阻碍资本增长，抑制生产率提高，从而低收入水平仍在延续。若要成功地获得发展，则需要采取一系列举措在很多环节上去打破这一循环。

械，从而阻碍生产率的迅速提高；而生产率水平低下又造成收入水平低下。另外一些与贫穷有关的因素也在这个过程中得到了自我加强。伴随着贫穷而来的是教育、文化和技术水平低下，这反过来必然会使人们无法适应新的和不断改进的工艺和技术，并导致人口的快速增长，而人口的迅速增长将消耗掉所增加的产出，包括粮食。

要消除这些造成贫困的障碍，经常需要采取一系列的行动，从许多方面和环节进行突破。有些发展经济学家建议用一种“大推进”来打破上述的恶性循环。若一国能够同时采取一系列步骤来增加投资、提高健康和教育水平、发展技术并且控制人口增长，则该国就可以打破这种贫困的恶性循环，并促使经济按照一种良性循环的轨迹迅速发展。

## 经济发展战略

我们知道，各国为使经济迅速增长，必须将劳动力、资源、资本和各种技术结合在一起。但是这还不是一个现实可行的发展模式。因为这只不过等于在说，一个参加奥林匹克运动会的短跑选手必须跑得像风一样地快。那么，究竟是什么原因使一些国家在经济发展的竞赛中比另一些国家跑得更快呢？穷国又怎样才能开始走上经济发展的阳关大道呢？

长期以来，历史学家和其他社会学家们一直对不同国家经济增长速度的差异问题很感兴趣。早期的一些理论强调气候差异，指出所有发达国家都位于地球上的温带这一事实。另外一些学者却认为，民俗习惯和文化背景更为重要，或认为宗教也是一个关键因素。马克斯·韦伯就曾强调：“新教的伦理道德”是推动资本主义发展的重要力量。较近时期的曼克尔·奥尔森则论证说，当一个国家的决策组织结构变得脆弱，各利益集团或垄断寡头势力已经阻碍社会和经济的变革的时候，该国就会开始衰落。

毫无疑问，这些理论在某个特定时期和某个特定地点都有一定的道理。但是，它们并不适用于对整个经济发展进行一般性的解释。韦伯的理论并不能说明，为什么世界文明的发源地出现在近东和希腊，而后来在世界上领先的欧洲人当时却还在住洞穴、穿兽皮。还有，如何解释像日本这样一个具有严谨的社会组织结构和强大的院外活动集团的国家，是怎样成为了当今世界上生产率最高的经济大国之一呢？

甚至在现代，人们仍然习惯性地用简单的整体理论来解释经济增长。20 年前，人们认为进口替代政策（用国货代替进口品）是最安全的发展战略。20 世纪 70 年代，对劳动密集型技术的依赖曾经被认为是先进的。而今天，正如我们所看到的那样，经济学家已经倾向于强调对外向型市场力量的依赖。对于使用过于简单的方法解释复杂过程的人们，这段历史应该是一个警示。

然而，从对不同的经济发展问题的研究中，历史学家和发展经济学家们学到了许多东西。到底学到了些什么呢？下面所概述的就是近年来有关这个问题的重要思想。这里所提到的理论都试图阐明各国怎样冲出贫困的恶性循环，怎样启动经济发展的四个车轮向前奔驰。

### 落后假说

这种见解强调经济发展的国际衔接关系。如前所述，与那些沿着工业化道路率先发展起来的国家相比，现在的穷国具备某些它们所不曾有过的重要优势。如今的发展中国家，可以汲取发达国家的资本、技能和技术。该假说由哈佛大学的亚历山大·格申克龙（Alexander Gerschenkron）提出。它认为*相对落后*本身，很可能会有助于经济发展。相对落后的国家可以购买先进的织机、高效率的水泵、神奇的种子、各种化肥以及现代医药用品。由于可以依靠发达国家的工艺技术，发展中国家今天的发展速度明显要快于 1780~1850 年的英国或西欧国家。正是由于低收入国家能够从领先者那里学到更高效率的生产技术，我们才能看到：在前沿技术问题上各国之间存在着某种*趋同*（convergence）现象。一般低收入的国家或地区比高收入的国家或地区的经济增长都更加迅速，此时，趋同现象产生。

### 工业化和农业

在大多数国家，城市的收入几乎是乡村收入的两倍。一些富裕国家的主要经济支柱是工业和服务业。因此，许多国家便匆忙得出结论说，工业化是富裕的原因，而不是富裕的结果。

对于这类推论，我们必须持谨慎的态度，因为它们常混淆了两种性质之间的联系。有时候你会听人家这样说：“富人开的是宝马车，但开宝马车却不会使你成为富翁。”同理，经济学也无法确定，一个穷国是否应坚持拥有自己的民航公司和大钢铁厂。这些并不是经济增长所必需的基础设施。

近几十年来，一些国家试图以牺牲农业为代价来加速工业化步伐。它们的教训已经使很多分析家开始重新考虑农业的作用。工业化会导致资本密集，它吸引大批工人涌入城市，并经常造成大量失业；而提高农业劳动生产率需要的资本或许要少一些，同时又能为剩余劳动力提供就业岗位。的确，假如孟加拉国能将自己的农业劳动生产率提高 20%，而不是全力发展用以取代进口钢铁制品的本国钢铁业，那么，它就可以让渡出更多的资源来生产生活用品。

## 国家和市场

很多发展中国家的文化传统都同市场机制格格不入。市场上的企业竞争或追求利润的行为，往往与这些国家的传统做法、宗教信仰和既得利益相悖。然而，近几十年来的经验还是证明，广泛地借助市场，能够提供管理经济和加速经济增长的最有效的途径。

市场导向政策的主要内容是什么？它主要包括：确立私人财产和所有权的优势，外向型的贸易政策，低水平的关税和尽可能少的贸易配额限制，以及鼓励小企业发展并促进竞争，等等。此外，运转良好的市场应处于一种稳定的宏观经济环境之中。这种稳定的宏观经济环境要求税收事先确定和较低的通货膨胀率。

## 增长和开放

经济发展的一个基本问题是一国的对外贸易战略。发展中国家应当自给自足，用国产货代替进口品（即*进口替代战略*）吗？或者，应该努力于增进效率，提高竞争力，并拓展国际市场和降低贸易壁垒，以便能够买得起自己所需要的进口品（即*开放型经济或外向型经济战略*）吗？

直到 20 世纪 80 年代，进口替代政策在拉丁美洲一直都很盛行。该政策通常体现为，为制造业设立高关税壁垒，以保护本地厂商生产和销售那些本可以进口的商品。

开放政策中的一项政策是尽可能降低贸易壁垒，并主要使用关税而非配额或其他非关税壁垒的手段。这种政策对资本流动的干扰较小，允许让供给和需求去引导资本市场的运作。它避免了国家对进出口的垄断，并将政府管制控制在有序的市场经济所必需的最低限度内。最重要的是，它应该主要依靠有利有弊的私有化市场机制去组织生产，而不是推行公有制的控制或政府的计划指令。

外向扩张政策的最成功范例是东亚的新兴工业化国家和地区。在我们父辈生活的时代，韩国、新加坡这样的国家的人均收入曾经只是最富足的拉丁美洲国家的 1/4 或 1/3。但是，通过将国民收入的很大一部分储蓄起来，并将这些资金导入高回报的出口产业，在 20 世纪 80 年代末，东亚的新兴工业国和地区超过了每一个拉美国家。成功的秘密并非在于教条式的自由放任政策，因为政府在事实上介入了某些计划并进行了干预。开放和外向型政策使得这些国家和地区获得了规模经济和国际专业化分工的好处，从而增加了就业，有效地利用了内部资源，使得劳动生产率快速增长，生活水准也有了很大的提高。

尽管对外开放带来了许多收益，但若开放过度，特别是对于短期资本流动不加限制这一点，很有可能会遭致投机者的攻击。所有被投入进来的东西，投资人随时都有可能收回和撤出。这就有可能酿成金融危机和银行危机，正如我们在本章前面所讨论过的东亚经济危机一样。

最近，杰福里·萨克斯（Jeffrey Sachs）和安德鲁·华纳（Andrew Warner）研究了一些国家实行开放政策的成就。[1] 他们检验了开放与经济增长的关系。一个*开放经济*的定义是：拥有低的贸易壁垒，开放的金融环境和私有化的市场；而封闭经济则相反。

他们发现，开放程度与增长速度之间具有强烈的相关关系。基本关系如图 28–4。图 28–4（a）是封闭经济的表现，在 1970~1989 年，封闭经济下的人均收入年增长率只有 0.9%。这些国家和地区中很多是低收入国及地区，没有呈现向高收入国家和地区趋同的迹象。图 28–4（b）是开放经济的情况，同期它们的年增长率是 4.5%；而且，开放经济中，低收入国家和地区有强烈地向高收入国家和地区趋同的态势。经济开放的重要性在这些趋势中已经表现得再清楚不过。

## 总结评价

发展经济学家根据几十个国家在几十年中的经验数据，就政府如何推动经济迅速发展问题得出了如下结论：

> 要建立和维持一个健康的经济环境，政府的作用至关重要。政府必须推崇法治，强调合同的有效性，并使其管制有利于竞争和创新。通过对教育、医疗、

[1] 参见本章“补充读物”部分。

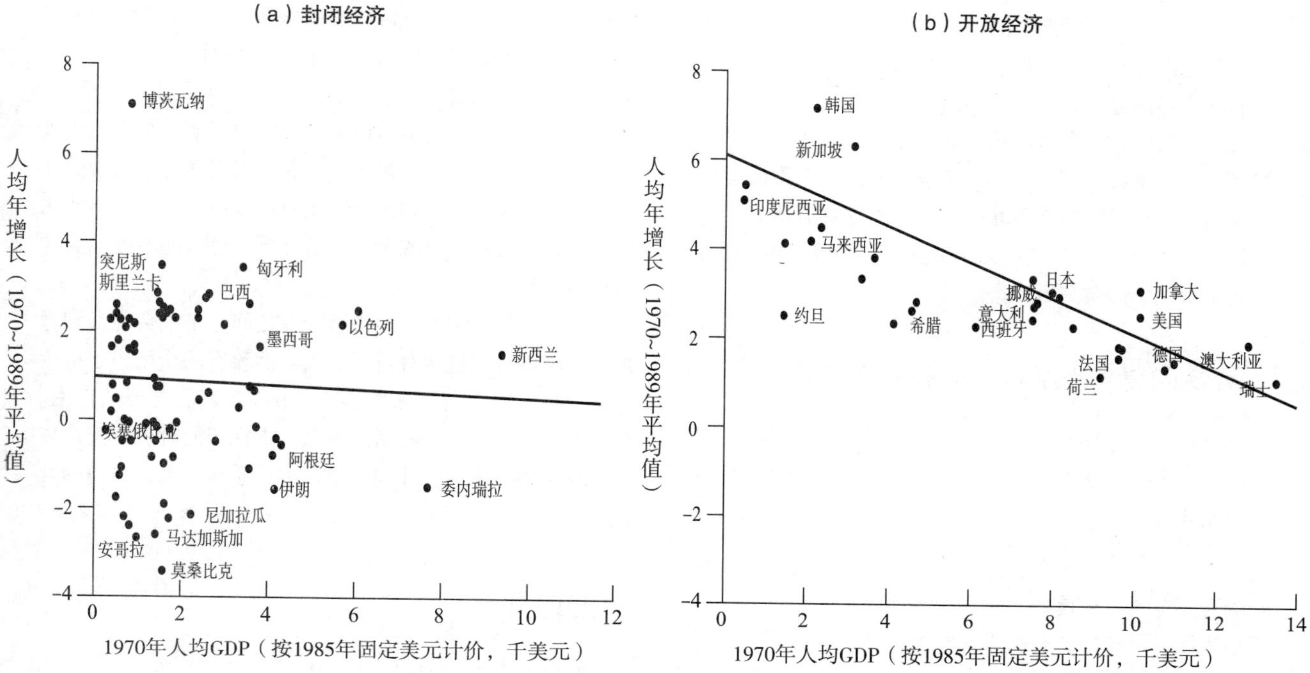


**图 28-4　开放与经济增长，1970~1989 年**

开放对经济增长的影响是什么？图（a）表示的是封闭经济的缓慢增长，没有向发达经济趋同。图（b）表明的是开放经济——贸易壁垒低，资本流动限制少。它们的经济迅速增长，且向最高收入地区趋同。

资料来源：Jeffrey Sachs and Andrew Warner, "Economic Reform and the Process of Global Integration," *Brookings Papers on Economic Activity*, no.1, 1995, pp.42–43.

交通设施的投资，政府在对人力资本的投资中可以起到重要的作用，但它应该转向没有比较优势的私人部门。对那些市场失灵现象明显的领域，政府应当集中精力加以管理；而对那些具有相对劣势的领域，政府则应当放松管制和解除干预，让私人部门发挥作用。

## B. 经济发展模式选择

人们总在不断寻找新办法来提高自己的生活水平。经济学的要义之一，是驱动贫困国家为自己探寻一条道路，并沿着这条路切实地赶超富国的经济水平。本书深入调查过美国的混合市场经济。该经济以自由市场为基础，一定程度上混合了政府的干预。除此之外，还有没有其他的可行之路呢？

## 各种“主义”的盛宴

纯粹的自由市场经济是一个极端，那里最好的政府是最小的政府。另一个极端是彻底的共产主义，在那里政府执行的是体现集体意志的经济指令，个人主义是行不通的。在这两个极端之间，是混合的资本主义、管理的市场经济、社会主义和若干（各种成分的不同的）混合模式。这里，我们简要地介绍其他一些有影响的增长和发展战略。

1. 亚洲管理市场模式。这是韩国、新加坡和其他一些东亚国家和地区为其经济设计的战略，特征是将强有力的政府监控同强大的市场力量相结合。
2. 社会主义。社会主义包含一系列的模式。二战后的西欧，建立在民主框架上的社会主义政府扩大了福利国家的范围，对工业进行了国有化，对经济实行了计划管理。然而近年来，这些国家大力放松管制和实行私有化，又回到了自由市场的框架之下。

3. 苏式共产主义。多年来，对市场经济的最典型的替代是前苏联模式。在前苏联模式下，国家拥有所有的土地和几乎全部的资本，决定工资和绝大部分的物价，还指导经济的微观运作。

## 两难困境的核心：市场还是指令

考查各种经济模式，结论似乎是许多令人迷茫的各种"主义"的罗列。的确，各国经济组织方式的选择具有非常广泛的多样性。

> 但是，在关于各种经济体制的讨论中，都始终贯穿着下列核心的问题：一国经济的决策，是应该主要依靠私有市场，还是主要依靠政府指令？指导经济应该主要依靠私人所有权和私人决策，还是应该依靠政府指令行为？

模式的一端是市场经济。在市场体系中，人们的行动是自愿的，其行为的主要目的是获取金钱或个人的其他满足。企业购买生产要素并生产产品，都是按照一种能使利润达到最大化的原则来决定投入和产出的。消费者提供生产要素并购买消费品，也以获得最大程度的满足为目的。生产和消费的协议都是应用货币手段，根据自由市场确定的价格，在买者和卖者之间自愿形成。尽管个人与个人之间的经济权力有很大差别，但个人与企业的关系在本质上是平等的，从根本上说都是自愿的而非等级强制的。

模式的另一端是指令经济。在这里，决策是由政府官员们做出的。在这种体制中，人与人的关系是纵向从属的，并由多层权力机构来实现对经济的控制。负责计划的官员决定生产什么、如何生产和为谁生产。金字塔的最高一级进行重大决策并提出经济计划的主要内容。计划被分解并沿着官僚阶梯逐级向下传达，基层负责计划的执行，并且越往下走，越要更多地注意计划的细节。个人的积极性是依靠强制和法规制裁来推动的；组织强迫个人接受来自上级的命令。交易和命令可能使用货币，也可能不使用货币；贸易可能按照既定的价格进行，也可能不按照这样的价格进行。

在市场经济和指令经济这两者之间，是社会主义和管理市场经济。在这两种情况下，虽然政府的作用小于指令经济，但政府在引导和指导经济方面仍起着重要的作用。市场与指令之间的这种紧张关系，贯穿于所有关于经济体制的讨论中。下面，让我们更仔细地看一下混合经济的几种可选择模式。

## 亚洲模式

### "龙"与"虫"

在近几年里，东亚经济危机成了重大新闻话题，但是该地区更加引人注目的是经济发展的奇迹。半个世纪以来，韩国、新加坡、中国香港和中国台湾等，都取得了惊人的经济增长。表 28–2 对比了亚洲各条"龙"与拉美的落后者、还有经济停滞的撒哈拉以南非洲地区的经济发展状况。即使经历了 20 世纪 90 年代后期的经济危机，东亚国家和地区也仍然保持了惊人的增长记录。

世界银行最近一份调查分析了不同地区的经济政策，以确定是否出现了新的经济模式。[2] 调研结果证实了一些流行的观点，同时也发现了一些令人惊讶的事实。主要结论如下：

[2] 参见本章"补充读物"中关于世界银行对东亚奇迹的研究。

| 地　区 | 人均 GDP 的平均增长率 1965~1998 年 | 投资占 GDP 的百分比，1990 年 |
|---|---|---|
| 东亚和太平洋地区 | 5.7 | 35 |
| 南　亚 | 2.7 | 19 |
| 拉美和加勒比海地区 | 1.3 | 17 |
| 撒哈拉以南非洲地区 | −0.3 | 9 |

**表 28–2　驱动亚洲龙增长的基础因素分析**

资料来源：World Bank, *The East Asia Miracle: Economic Growth and Government Policies* (1993) and *World Development Indicators* (2000).

- 投资率。亚洲龙都奉行高投资率这个古典秘诀，以确保经济能从最新的技术中获利，并能建成必要的基础设施。如表 28–2 所示，亚洲龙的投资率比其他地区几乎要高 20 个百分点。
- 宏观经济的基础。成功的国家或地区都在宏观经济政策上力求稳定，保持低通货膨胀和高储蓄率。它们重视人力资本和物质资本的投资，在教育方面的投资也比其他发展中国家和地区要高得多。而其金融系统则致力于确保币值的稳定和坚挺的通货。
- 出口导向。亚洲龙大都是出口导向型的，往往是通过低汇率促进出口，通过财政政策刺激出口，并引进那些在高收入国家最具有实用性的技术。

20 世纪 90 年代后期的经济危机暴露出了这些国家和地区的发展战略中存在着的若干弊端，令人回想起加尔布雷思的评论：衰退可以揭示出经济审计师们所忽略的问题。“有管理的”资本主义的战略，包括实行补贴和直接贷款等，有很大的滋生腐败的潜在性，有时被称为“亲情资本主义”（crony capitalism，也译为“裙带资本主义”——译者注）。这就导致了对特权部门的过度投资和资本的低回报等问题。这类问题在印尼和韩国尤为突出。不过新加坡等其他国家和地区，则成功地避免了由腐败猖獗而导致的资源配置失衡。

腐败危机

什么是腐败？它为什么能窒息经济活力和具有如此大的破坏力？经济发展学家罗伯特·克里歌德（Robert Klitgaard）就腐败对经济的影响曾有如下观点：

> 从广义上讲，腐败是为了非官方的目的而滥用职权。腐败包括受贿、巧取豪夺、滥施影响、包庇、欺骗、敛财、挪用公款等。尽管我们认为腐败是一种政府过失，但它显然也存在于私人部门。事实上，私人部门与绝大多数的政府腐败都紧密相关。
>
> 不同类型的腐败危害也不同。破坏游戏规则的腐败行为，如破坏司法系统、财产权、银行和信贷，势必阻碍经济和政治的健康发展。而允许污染者污染河流或默许医院勒索病人等腐败行为，则会造成对环境和社会风气的腐蚀。相对说来，利用公共服务项目敛财寻租，以及金融领域中某些情节较轻的腐败，其影响和危害通常应该说还比较小。当然，腐败本身无疑有程度问题。大多数组织系统也许还可以容忍一定程度的腐败，而且规制本身也可能会因腐败而做出某种程度的矫正和改进。但若腐败成了常态，则其影响就会削弱经济。可见，尽管每个国家都存在一定的腐败现象，但其类型和程度却都有所不同。体制本身的腐败往往是最致命的杀手，它可以破坏游戏的规则。这也是大多数不发达地区陷入困境的主要原因。[3]

应对腐败挑战的主要困难就在于：用于维护公正性的国家机构，自身通常就存在腐败。

## 中国巨人：市场列宁主义

上一个十年的经济发展中，最令人吃惊的是高速增长的中国经济。1949 年建国后，中国采行了苏式中央集权的计划经济体制。1966~1976 年文化大革命带来了高度空前的权力集中，经济大幅度下滑。20 世纪 70 年代末，新一代领导人得出了一个结论：中国要摆脱贫穷、走向富强就必须进行改革。在邓小平的领导下，中国下放了很多经济权力，并允许和鼓励竞争。

为促进经济增长，中国的领导人大刀阔斧地进行了改革，建立了经济特区，允许多种所有制并存，等等。中国经济增长最快的地区是沿海开放地区，如南部靠近中国香港的省份。这一地区与国外经济联系比较紧密，吸引了相当可观的外国投资。中国政府还允许集体、个人和外国公司不受中央计划体制的约束，与国有企业共同发展。这些富有创造力的所有制形式在中国迅速发展，到 20 世纪 90 年代中期，其产值已经占到了中国 GDP 的一半以上。

中国经济的强劲增长实在令观察家们叹为观止，这一点同前苏联经济崩溃形成鲜明对照。据世界银行统计，1977~2001 年间，中国实际 GDP 年平均增长速度为 9%，同期中国的年出口增长率超过了 16%。农业劳动力的比重从 1977 年的 30%下降到 2000 年的 18%。到 2003 年，中国出口高达 5 500 亿美元，并积累了 3 000 亿美元的外汇储备。

# 社会主义

社会主义作为一种学说，是基于马克思和其他 19 世纪激进思想家而发展起来的。社会主义处于一个中间地

[3] 参见本章“补充读物”中的“互联网”部分。

带，它位于自由放任的资本主义同接下来我们将要讨论的中央计划模式之间。社会主义（请注意这里“社会主义”概念——译者注）的共同特征如下：

- 生产资源政府所有制。社会主义者普遍认为应该降低私人财产的作用。对铁路和银行等关键产业应该实行国有化（即由国家拥有和经营）。近年来，由于许多国有企业绩效较差，许多发达民主国家对国有化的热情已经减退。
- 计划经济。社会主义者对于“秩序混乱”的市场心存疑虑，怀疑“看不见的手”配置资源的效率。他们坚持认为需要有一个计划机制来协调不同的部门。近年来，计划者强调用补贴的形式来促进高新技术产业，如微电子、飞机制造和生物技术产业的发展。这种计划有时被称为“产业政策”。
- 收入再分配。严格行使政府征税权力，以减少继承的财富和过高的收入；在西欧有些国家，边际税率高达98%。累进税收入用于提供社会保障补贴、免费医疗保健以及“从摇篮到坟墓”的（全程）社会福利事业，以扩大贫困阶层福利并保障最低生活标准。
- 和平和民主的进程。社会主义者往往主张用和平和渐进的方式扩大政府的所有权——通过选举投票，而不是通过枪弹革命。

## 苏联模式的失败

很多年来，发展中国家都关注前苏联和其他东欧国家实现工业化的模式。共产主义既从理论上批判了西方的资本主义，又提出了看似行之有效的经济发展战略。我们先看一看其理论基础，再检验一下苏式指令经济在实践中的应用。最后，我们将讨论那些东欧国家在向市场经济转轨的过程中所存在的一些问题。

### 卡尔·马克思：革命的经济学家

表面上看，卡尔·马克思（1818~1883）过着平静的生活——他钻研大不列颠博物馆的藏书，为报纸写文章，对资本主义进行学术探讨。尽管最初就读于德国的大学，但他的无神论、宪政观和激进的思想，使他投身于新闻工作。最终他流亡到巴黎和伦敦，完成了他批判资本主义的巨著——《资本论》（1867，1885，1894 年）。

马克思著作的核心内容是剖析资本主义的优势和缺陷。马克思认为所有商品的价值都是由劳动决定的，劳动包括直接劳动，也包括先前投入的内含在资本设备中的间接劳动。举例来说，一件衬衫是由纺织工人的劳动加上制造织布机的工人的劳动所共同构成的。通过计算所有的劳动在所产出的产品中的价值，马克思致力于证明利润（由工人劳动创造而被资本家所占有的那部分产出）是一种“剩余价值”。

根据马克思的观点，工人只有通过从资本家手中夺取工厂和其他生产资料，才能打破资本家对剩余价值的无偿占有。他在 1848 年的《共产党宣言》中写道：“让统治阶级在共产主义的革命中发抖吧，无产阶级在这场斗争中所失去的只是他们的锁链。”统治阶级确实在马克思主义的影响下颤抖了一个多世纪！

像许多伟大的经济学家一样，马克思为劳动人民的斗争所感动，并致力于改变他们的生活。在这方面他比大多数经济学家都要更加地激情澎湃。在马克思的墓碑上有一段他自己的话：“迄今为止，哲学家们都仅仅从不同的角度去解释世界，而关键的问题却在于改造世界！”我们这篇纪念马克思的短文，将以一位十分著名的历史学家艾赛亚·伯林爵士（Sir Isaiah Berlin）的评语来作结：“19 世纪没有一位思想家能够像卡尔·马克思那样，对于全人类有着如此坦率、准确和强有力的影响。”

## 马克思的预言

马克思认为资本主义不可避免地要被社会主义所代替。在马克思的学说中，技术进步使资本家通过用机器代替工人以获得更多利润。不断扩大的资本积累带来了不可克服的矛盾：一方面，随着资本供给增长，利润率会下降；另一方面，由于工作岗位减少，失业率升高，工资下降。用马克思的话说，失业后备大军会不断增加，工人阶级的状况恶化，工人们会组织起来夺取对生产资料的所有权。

当利润下降、国内投资机会越来越少时，统治资产阶级会走向帝国主义。资产阶级试图到国外寻求更高的利润。根据这个理论（尤其是后来被列宁所发展的理论），帝国主义国家会占有更多的殖民地，并不遗余力地压榨他国的剩余价值。

马克思认为，资本主义制度不能在这种不平衡的状态下持续运行并保持增长。马克思预言，资本主义发展不平衡会不断加剧，无产阶级中的一部分人会首先觉醒。因为大量的贫困导致了宏观经济的消费不足，因此商业周期变得更加剧烈。最后，大萧条将会敲响资本主义的丧钟。正如以前的封建主义一样，资本主义也已经埋下了自我毁灭的种子。

对历史的经济学解释是马克思对西方学术界的不朽贡献之一。马克思强调，经济利益才是处在观念背后并决定着人们价值观的东西。为什么工商业的经理阶层会为保守的势力投赞成票，而工人领袖则会支持那些带头要求提高最低工资和增加失业补贴的人？马克思认为，原因就在于：人们的信念和意识形态所体现的是他们所处的社会经济阶层的物质利益状况。事实上，马克思的方法对于主流经济学来说并不陌生。他所归纳和演绎的是亚当·斯密（经济学之父——译注）关于自我利益的睿智的分析；所不同的是，马克思将市场上的美元选票发展成了选举中的政治选票，甚至是街头堡垒战中的子弹选票。

## 从书本到行动：苏式指令经济

马克思大量地描述了资本主义的缺陷，但他并没有为光明的社会主义留下具体的行动方案。他认为，共产主义将在发展程度最高的工业化国家出现。事实上，封建主义的俄国接受了马克思主义的观点。让我们来看看经济史上这个既令人神往而又令人震惊的篇章。

***历史根源***　前苏联几乎是各种指令经济理论的实验室，所有对俄国革命和它以后的发展道路的分析，对于经济学家来说都特别重要。一些经济学家曾简单地宣称社会主义不可能实施，但前苏联的经验却证明这一点是错的；倡导者们还认为共产主义终将取代资本主义，但前苏联的历史并未证实这一点。

尽管 1880~1914 年期间，沙皇俄国的经济迅速增长，但与美英等工业化国家相比仍然是相当落后的。第一次世界大战给俄国带来了很多的困难，也使共产主义者执掌了政权。从 1917~1933 年，在制定中央计划体制之前，前苏联曾尝试过几种社会主义模式。但由于不满于缓慢的工业化步伐，斯大林在 1928 年前后决定进行一项新的激进主义的冒险——实行农业集体化，强制推行工业化，对经济实施中央集中计划。[4]

在 1929~1935 年间的苏联农业集体化的过程中，94% 的苏联农民被迫加入集体农场。在这个过程中，许多富裕的农民被流放，情况不断恶化，导致数百万人死亡。前苏联大跃进的另一部分，是通过引入计划经济来加快工业化的步伐。1928~1933 年的第一个五年计划还确定了苏联计划经济的优先发展部门：重工业优先于轻工业，消费品工业只有在其他优先发展部门都实现目标后才能加以考虑。尽管曾经出现过许多的改革和变动，前苏联经济所采取的一直都是指令经济的斯大林模式，东欧各国在第二次世界大战之后所效法并沿用的也是这种模式，直到 20 世纪 80 年代末这种模式在前苏联失败为止。

***指令经济如何运作***　在苏式的指令经济中，大规模的产出清单都由政策制定者决定。前苏联的军备支出总是占产出和科研资源的一个相当重要的部分。另一个优先项目是投资。消费要在其他应当优先保证的部门得到满足之后才能够加以考虑。

在很大程度上，如何生产也是由计划当局决定。计划人员首先决定最终产出的数量，然后从产出出发，回过头来决定如何投入以及如何组织厂商生产。甚至连投资决策的细节都是由计划人员来制定的。厂商的灵活性只限于决定劳动投入组合。

很明显，没有一个计划体系可以规划所有厂商的所有行为——这需要每年下达数以千万计的命令。于是，许多具体的决策必须留给工厂的负责人。由此产生了一系列所谓的“委托代理问题”。

委托代理问题使得指令性经济深陷困境，顶层的委托人（或“一把手”）想要通过适当的激励机制让下级（或称“代理人”）人员按照上级的意图来行事。在市场经济中，利润和价格充当着消费者和生产者之间的协调机制。但在这个执行人驱动的模式中，指令经济无法找到像利润和价格那样有效的替代机制。

一个失败的解决委托代理问题的显著例子是前苏联的图书出版业。在市场经济中，书籍出版与否主要取决于盈利与亏损分析。而在前苏联，由于利润是不能提及的禁语，计划者是用数量指标来进行决策的。最初的管理激励是按照出版社生产书籍的数量来进行奖励，因此出版社印出了成千上万本没有人读的小薄书。面对这种激励带来的后果，计划者转而要求页数，相应地，出版社转而用洋葱皮那么厚的纸张和大号字体来印制出厚厚的书籍。计划者再转而以字数为标准，出版社的反应是用小号字体来印刷大部头的书籍。在所有这些过程中，书籍的最终受益人——读者，却始终都不曾在激励机制所考虑的范围之内。

在所有国家的组织中都存在委托—代理问题。但在苏联模式中，对于各种浪费几乎没有实质性的制约机制（如

[4] 参见本章“补充读物”中研究前苏联经济史的文献。

市场上的破产行为和公共品的选择机制等）。

***经济绩效比较*** 从第二次世界大战结束后直到20世纪80年代中期，美国和前苏联这两个超级大国在舆论导向、军事优势和经济支配权等方面展开了竞争。那么，这个指令经济在经济增长竞赛中的表现究竟如何呢？任何回答这个问题的尝试都会遇到一个问题：缺乏可信赖的统计资料。直到最近，大多数经济学家仍相信从1928年到60年代中期，前苏联经济的增长速度甚至要快于北美和西欧。60年代中期以后，前苏联经济的增长受到阻碍，产出开始下降。虽然对生活水准的估计不太可靠，但是在90年代初，俄罗斯的人均收入甚至不及美国人的1/4。

对东西德国历史的比较也可以作为比较市场经济和指令经济运行绩效的例子。这两个国家在二战结束后几乎是从同样的生产率水平和工业结构上开始发展的。经过资本主义在西德发展40年而社会主义在东德发展40年之后，东德的生产率降到了西德生产率的1/4~1/3的水平。而且，东德经济增长所倚重的是中间产品，还有那些对消费者来说没有多大价值的商品。在东德，数量而不是质量，是整个经济的生产目标。

最后，前苏联是否存在资本主义的灾星——失业和通货膨胀？在苏联模式的经济中，失业率长期以来相对较低。原因是雄心勃勃的经济计划使得劳动力供给一般都处于短缺的状态。而且，受到管制的价格往往相当稳定，所以，能够衡量得到的通货膨胀是不存在的。然而，在20世纪80年代后期和90年代初期，通货膨胀终于爆发。另外，由于苏联的价格远低于市场均衡价格水平，严重的商品短缺所引发的是所谓的“*抑制型通货膨胀*”。

***利弊权衡*** 权衡利弊之后，前苏联中央计划的经验说明了什么呢？前苏联模式已经证明，指令经济有能力动员和组织资本和劳动力，对大炮和黄油进行生产。但是，由于前苏联经济与世（西方）隔绝，技术、贸易和人力资源的有效配置长期受到限制，因而随着时间的推移，该模式势必日益陈旧和过时。糟糕的激励机制堵塞了创新的源泉。在同那些市场开放的经济体的激烈竞争中，特别是在世界各国对商品和服务的质量要求日益提高的同时，前苏联却往往只能够出口原材料。

推行中央计划的晚期，经济增长率已经放慢，单位资本的收益率也已经下降。正如大家所看到的，前苏联的领导者们最终不得不放弃集中的中央计划体制。前苏联体制无论是在精神上、政治上，还是在经济上都已经宣告破产。

## 从马克思到市场

从1989年开始，前苏联和东欧国家纷纷放弃了指令经济实验，并开始大力引入市场经济。在决定回归市场经济道路之后，指令经济就得开始经历一番又一番的艰难和坎坷。在经济改革过程中所出现的主要障碍包括：

- *价格改革和自由市场定价*。投入品和产出品的价格都远远低于市场所决定的价格水平。食品、住房、能源受到高额补贴，而汽车和耐用消费品的价格则远远高出世界市场价格水平。大多数国家改革的第一步都是放开价格，让供给和需求去决定。
- *严格预算约束*。指令经济下企业是在“软预算约束”下运行的。“软预算约束”意味着经营亏损由政府补贴来弥补，因而不会导致破产。但在市场经济中，厂商必须对盈亏负责。企业必须明白，赚不到钱最终意味着企业经济上的破产和管理人员个人前途的断送。
- *私有化*。在市场经济中，产品主要由私人企业生产；比如在美国，只有3%的国内生产总值是由联邦政府拥有的企业所生产的。与此相反，在前东欧国家，国有企业生产的比重占产出总量的80%~90%。转向市场经济则要求由私人机构做出关于购买、销售、定价、生产、借贷等决策。
- *其他改革*。向市场经济转轨的其他重要工作包括：健全市场法律框架，建立现代银行体系，打破普遍的垄断现象，紧缩货币政策和财政政策以防止通货膨胀失控，开放国内经济迎接国际竞争。
- *转轨顺序*。向市场经济转轨的最困难的问题是知道从哪里开始。目前关于改革的争论分成两大派：一派是激进的改革方法，或称为“休克疗法”；另一派是渐进的改革方法，或称为逐步改革法。哈佛大学的杰福里·萨克斯是一位很有影响力的经济学家，这个聪明的年轻人使许多病态的国家恢复了健康。在他的劝说下，1990年1月波兰试行了休克疗法。叶利钦总统及其经济学家盖达尔领导下的政府，在1991~1992年也采用了这种改革模式。激进的俄罗斯改革者则废除了价格控制，放开了对外贸易，拆除了计划体系，并试图保持货币紧缩。在接下来的几年中，在改革者、旧体制的官僚们，以及渴望共产主义美好生活的怀旧的浪漫主义者之间引发了争论。“进两步，退一步”，这或许是俄罗斯和某些前社会主义国家改革运动的真实写照。

一些曾经涉足过中央计划经济之路的国家也进行了上述改革，现在它们都在向往着更加市场化导向的经济。

**改革进程**

中央计划国家的改革经历了 10 年，最初的回报是清楚的。首先，几乎所有国家在破坏其社会主义结构时都经历了严重的衰退。产出下降的原因多种多样，其中一个重要原因无疑是买者与卖者之间微妙的关系网已经为转轨进程所冲破。其次，许多国家都出现了快速的通货膨胀，许多国家（如乌克兰）甚至经历了恶性通货膨胀。主要原因在于，放开了的价格和工资引发了最初的通货膨胀，随之而来的是价格和工资的相互攀升。另外一个原因是某些国家的政府比较弱小，无力承受预算赤字，所以政府必然依赖于印发钞票来进行支付。

图 28-5 显示的是 20 世纪 90 年代以来主要转型国的经济增长轨迹。其中转型最成功的国家的特征是什么呢？这些国家中央计划历史最短，拥有更深刻的文明社会的传统和更多的“社会资本”，向市场经济的转型较快，更接近于西欧主要的富裕国家，并已迅速地将自己整合到世界经济之中。波兰和斯洛文尼亚就是成功转型的例子。许多东欧前社会主义国家将其希望寄托于西欧的共同市场。2003 年，这些国家中的 8 个申请加入了欧盟。前苏联解体后，原先的各加盟共和国的转轨最为困难，尤其是乌克兰和俄罗斯，转轨进程缓慢而且很勉强。20 世纪 90 年代的大部分时间里，俄罗斯饱受腐败、贫富差别、预算赤字、通货膨胀、内战和政治不稳定的困扰。1999 年，叶利钦总统辞职、普京上台，俄罗斯在向市场民主转型的艰难历程中又跨进一个新的阶段。普京开始致力于西化，并将秩序引入了混乱的市场。俄罗斯的局势显现出转机，国民经济也呈现出勃勃的增长态势。2003 年，俄罗斯最富裕的商人被捕，传统的独裁与新市场寡头之间的斗争由此再度激化，并重新引燃了国家在市场改革和民主自由等政治问题上究竟应该走多远的大反思。

## 结束警语

本章阐述了贫困国家在努力提高其人口的生存条件

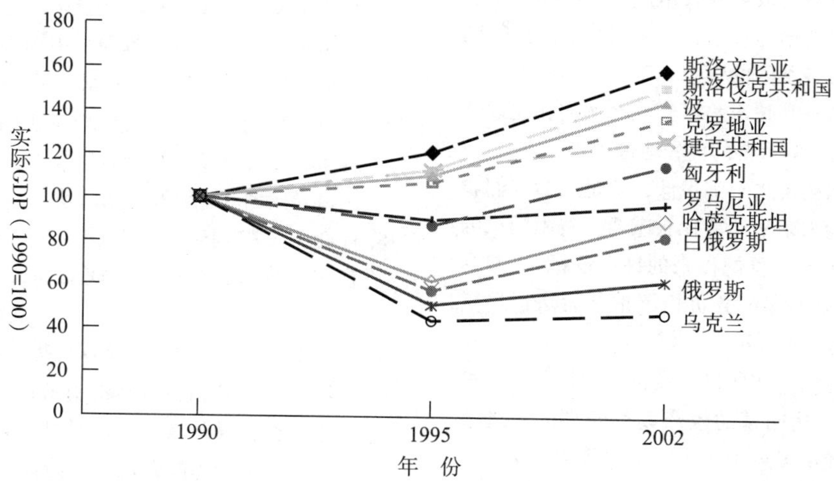


**图 28–5 在向市场转轨中喜忧参半**

大多数转轨国家在剥离中央计划体制的时候都经历过和伴随着产出的急剧下降。像波兰和斯洛文尼亚等国家，有着较强的市场传统和果断的改革举措，同西欧国家的联系也比较密切，其国民经济的恢复速度就相对较快。这些国家在 20 世纪 90 年代的经济转轨过程中经济增长速度比较迅速。而像俄罗斯和乌克兰等国，改革就比较勉强，市场经济传统也比较弱，宏观经济政策不协调，通货膨胀率比较高，因此在转型期这些国家都经历了严重的经济衰退，至今仍未回复到 1990 年的 GDP 水平。

资料来源：International Monetary Fund, World Economic Outlook (WEO) Database, available at www.imf.org/external/pubs/ft/weo/2003/01/index.htm.

(本章开头提到过的干净的住房、教育、电灯、良驹、汽车以及休假等）时所面对的问题及前景。达到这些目标的可能性有多大？我们不妨以萨克斯和华纳的一段既充满热望而又不乏冷静的警语来作为结束。

> 世界经济在20世纪末与19世纪末很相似。一个全球化的资本主义体系正在形成，大多数地区都在开放国际贸易和协调经济制度。正如在19世纪一样，新一轮的全球化浪潮将会使加入这一体系的国家经济趋同化。
>
> 然而风险也同时存在：俄罗斯、中国和非洲的市场化改革能否巩固，领先国家之间的国际协议能否维持……过去了的25年，市场资本主义的扩张是一个充满希望和意义深远的历史性大事，再过25年，一个自由民主的、基于市场经济的世界体系能否确立，我们能否为她庆功摆好，恐怕还要取决于大家的洞察判断和远见卓识。[5]

[5] 参见本章“补充读物”中所列的参考文献。

## 总结提要

### A. 贫穷国家的经济增长

1. 世界上的大多数人口生活在发展中国家，那里的人均收入水平相对较低。这类国家经常表现出的特点是：人口增长迅速，文化水平低下，健康状况较差，农业人口比例高。
2. 经济发展的关键是依靠这样四个基本因素，即人力资源、自然资源、资本构成以及技术。正如马尔萨斯所预言的那样，人口的爆炸性增长带来的收益递减等问题一直困扰着那些最贫困的国家。于是，提高人口的健康水平、教育水平和技术水平，就必然会在建设性的议事日程上占据极其重要的优先地位。
3. 穷国的投资水平和储蓄水平都很低，这是因为人们收入太低，几乎不能为未来储蓄什么东西。贫困国家的国际融资目睹了近两个世纪以来的许多危机。1997~1998年，许多东亚国家债务负担沉重，无法偿还贷款，导致了最近的一次危机。
4. 技术的变革通常与投资和新机械设备密切相关。发展中国家可以吸收发达国家的生产效率较高的先进技术，这给它们的经济发展带来了巨大的希望。这需要一种企业家精神。因此，发展的基本任务之一是促进国内稀缺的企业家精神的成长。
5. 为数众多的经济发展理论有助于解释在某一时期，上述关于经济增长的四大要素或存或缺的原因。地理和气候条件、风俗习惯、宗教、对工商业活动的态度、阶级矛盾和政治体制，都会对经济发展产生影响。但是，在这些因素当中，无一能以一种简单且恒久不变的方式来影响经济发展。今天，发展经济学家强调：相对落后的经济具有后发增长优势，应当重视农业的作用，注意划分好市场与国家的界限，等等。最新形成的一个共识是：开放经济具有优势。

### B. 经济发展模式选择

6. 其他经济体制作为发展模式与混合市场经济进行了长期的竞争。可以选择的战略包括东亚的管理市场模式、社会主义模式和苏式指令经济。
7. 日本和亚洲四小龙（韩国、中国香港、中国台湾、新加坡）的管理经济模式在最近的25年中已经被证明是十分成功的。其中关键的因素包括：稳定的宏观经济环境、高投资率、健全的金融体系、教育的快速改善、出口导向型的外贸和技术政策。
8. 社会主义强调生产资料的政府所有权、国家的计划管理、收入再分配以及向更加公平的社会的和平过渡。
9. 从历史上看，马克思主义深深地扎根于半封建的俄国。一项关于苏式指令经济的资源配置问题的研究表明，这是一种包罗万象的、高度中央集中计划的、特别强调重工业的资源配置模式。前苏联经济在最初的几个十年中曾经迅速增长，但是近年的经济停滞和政治瘫痪导致了俄罗斯(以及某些其他前东欧国家）的收入水平远远落后于北美、日本和西欧。
10. 面对缓慢的经济增长，怀着进行经济改革的愿望，俄罗斯和其他东欧国家正在艰难地向市场经济转轨。转轨进程面临着许多的障碍，如软预算约束、冻结和扭曲的价格、法律框架不完整等。两种主要的转轨战略是：多项措施同时出台的“休克疗法”；为避免出现混乱，各项改革措施按顺序出台的“渐进方法”。对那些希望从政府控制型经济转变为市场导向型经济的国家而言，转轨的教训具有广泛的应用价值。

## 概念复习

**经济发展**

发展中国家
发展指标
发展的四大要素
恶性循环，良性循环
落后假说
开放和趋同

**经济发展模式选择**

两难选择的核心：市场与指令
社会主义，共产主义
委托代理问题
苏式指令经济
向市场经济转轨

## 补充读物和互联网站

**补充读物**

The influential study on the East Asian miracle is contained in World Bank, *The East Asia Miracle: Economic Growth and Government Policies* (World Bank, Washington, D.C., 1993). The data in Figure 28–4 are from the fascinating paper by Jeffrey Sachs and Andrew Warner, "Economic Reform and the Process of Global Integration," *Brookings Papers on Economic Activity*, no. 1, 1995, pp. 42 - 43, while the quote at the end of the chapter is on pp. 63 - 64.

A highly readable account of developments in Soviet economic history is contained in Alec Nove, *An Economic History of the U.S.S.R.*, 3d ed. (Penguin, Baltimore, 1990). A careful study of the Soviet economic system is provided by Paul R. Gregory and Robert C. Stuart, *Russian and Soviet Economic Performance and Structure*, 6th ed. (Harper & Row, New York, 1997).

**互联网站**

The World Bank has information on its programs and publications at its site, www.worldbank.org; the International Monetary Fund (IMF) provides similar information at www.imf.org. The United Nations website has links to most international institutions and their databases at www.unsystem.org. A good source of information about highincome countries is the Organisation for Economic Cooperation and Development (OECD) website, www.oecd.org.U.S. trade data are available at www.census.gov. You can find information on many countries through their statistical offices. A compendium of national agencies is available at www.census.gov/main/.

One of the best sources for studies of developing countries is the World Bank, especially the annual *World Development Review* at www.worldbank.org.

The quote from Klitgaard was published in *Finance and Development*, March 1998, and can be found at www.gwdg.de/~uwvw/icr.htm.

## 问题讨论

1. 你是否认为人人都会赞同本章开头所引用的那段崇拜物质利益的话？在经济发展带来的福利清单中，你认为还应该增加什么？
2. 请描述一下促进经济发展的四个主要因素。结合这些因素，谈谈高收入的石油出口国是怎样致富的？像马里这种人均资本、土地及技术水平都很低的国家，有什么样的发展希望？
3. 有些人很惧怕“不发达经济的恶性循环”。在贫困国家，迅速增长的人口会侵蚀掉任何由技术进步带来的成果，并降低人们的生活水平。低人均收入使国家致力于解决温饱问题，而无法留出储蓄和投资。大部分人口都依靠农业生存，几乎没有希望改善教育水平、降低人口出生率或者实现工业化。假如你是这个国家的顾问，你将提出什么样的建议来打破这种恶性循环呢？
4. 请将某发展中国家今天的境况与其200年前可能会面对的境况相比较（这两个时期的人均收入水平相等），结合推动经济发展的四个车轮，说明今天的发展中国家可能遇到的有利条件和不利条件。
5. 今天的一些经济学家质疑：完全开放经常账户和金融账户是否明智。他们认为对短期资本自由流动不加控制，会更容易受到投机者的攻击。限制短期资本流动各有利弊。你认为应该对短期资本流动采用税收控制，还是数量限制？
6. 剖析苏式指令经济下，生产什么、如何生产和为谁生产三大问题。将你的分析与市场经济解决这三大问题的方案进行比较。
7. **有难度的问题**（供那些也学习了第27章经济增长理论的学生们讨论时选用）：我们可以把计算增长情况的方程式扩展到包括三个因素，并写出下面的方程式：

$$g_Q = s_L g_L + s_K g_K + s_R g_R + \text{T.C.}$$

$g_Q$ = 产出的增长率，$g_i$ = 投入的增长率（$i$ = 生产的投入：$L$ 劳力，$K$ 资本，$R$ 土地和其他自然资源），$s_i$ = 每一项投入对产出增长的贡献，由它在国民收入中的份额衡量（$0 \leqslant s_i \leqslant 1$ 和 $s_L + s_K + s_R = 1$）。T.C.代表技术变化。

   a. 在一些最穷的发展中国家，资本所占份额几乎等于零，其主要的资源就是农业用地（农田数量是固定不变的），也几乎不存在什么技术变革。你能根据这一模式来阐明马尔萨斯的假说中，人均产出很可能停滞不前甚至不断下降的原因吗（即 $g_Q < g_L$）？
   b. 在发达的工业化国家里，土地资源所占份额实际上降为零。在这种情况下，为什么会导致上一章中我们学过的增长方程？ 你能用这个等式来阐明一些国家是如何逃出马尔萨斯的收入停滞陷阱的吗？
   c. 根据对未来发展持悲观看法的经济学家（其中包括罗马俱乐部中的“新马尔萨斯主义者”，其观点在上一章曾提到）的观点，T.C.将接近于零，可获得的自然资源供给也在逐渐减少，而资源所占份额却很大并且在日益上升。这种论点是否能解释工业化社会的未来前景可能会很暗淡？你会质疑新马尔萨斯主义者的哪些假设条件？

# 第 29 章

# 汇率与国际金融体系

国际贸易的效益在于：
生产要素能在全世界范围内被
更加有效地利用。

——约翰·斯图亚特·穆勒

## 国际联系

20 世纪分为两个阶段。1914~1945 年这一时期的特点是：破坏性竞争，国际贸易锐减，金融封闭严重，热战、冷战和贸易战，专制和衰退。二战以后，大多数国家参与了日益增强的国际经济合作，拓宽了贸易渠道，加强了金融市场的整合，扩大了民主，并加快了经济增长。

20 世纪前半叶和后半叶之间的鲜明对比表明：能否明智地管理本国和全球经济的意义是何其重大。从经济上讲，可以说没有哪个国家是完全与世隔绝的。当经济衰退或金融危机的警钟敲响的时候，其令人惊恐的声浪显然会波及全世界的各个角落。

国家之间的经济纽带是什么？从经济学看最重要的无疑是国际贸易和国际金融。国际之间的商品贸易和服务贸易，使得各国能够通过比较优势下的专业分工，出口那些本国生产相对有效率的商品和服务，进口那些本国生产缺乏效率的商品和服务，可以提高本国人民的生活水平。在现代经济中，国际贸易总是需要采用许多种货币才能得以进行，而国际金融体系作为一种润滑剂，在其中发挥着重要的作用。它能够促成那些需要美元、欧元和其他货币的商品贸易和货币兑换。

国际贸易粗看上去好似达尔文所描述的那种得失争斗——各国为争夺市场份额、利润和重要资源而经常地发生冲突。但仔细地看，20 世纪后半叶，许多国家的确已经在血腥的贸易战中迅速地进化，纷纷参与并建成了旨在加速增长和增进公平的国际经济规制体系。

当然，各国经济体制的整合显然也存在风险。90 年代的世界经济曾爆发了一系列金融危机，包括 1991~1992 年欧洲汇率体制的信心危机，1994~1995 年墨西哥货币崩溃危机，1997 年东亚银行和货币危机，俄罗斯债务危机，1998 年全球资本的流动性危机，以及拉丁美洲的一系列金融危机，2002 年初发展到顶点的阿根廷的货币危机和经济崩溃等。每一场危机都曾经迫使遭受危机国以及其他国的政策制定者反思政府干预和政策调整的必要性。但最终，这些危机都没有导致普遍的经济崩溃。

以下两章将探讨国际宏观经济学。所讨论的问题包括国际货币体系的管理原则（这也是本章主要内容），以及对外贸易对产出、就业和价格的影响（将在下一章讲述）。

今天，国际宏观经济学领域中还存在着许多有争议的问题：对外贸易究竟是增加还是减少了我们的产出和就业？国内储蓄、国内投资和贸易平衡之间究竟存在着什么关系？为什么金融危机不断爆发并从一国蔓延到另一国？欧洲货币联盟的建立对欧洲的宏观经济有何影响？为什么美国在 20 世纪最后 10 年中成了世界上最大的债务（贸易逆差和资本流入——译者注）国？探讨这些问题的真谛具有极高的经济价值。

## 对外贸易的趋势

所谓的**开放经济**（open economy）指的是那些投身于国际贸易的经济。一个很有用的衡量开放程度的指标是一国的出口或进口占其 GDP 的比重。图 29–1 显示的是美国在过去半个世纪进口和出口份额的变化趋势。二战后的头几年，因支持欧洲重建，美国每年都有大量的贸易顺差。但是，进口和出口的份额在 20 世纪 50 年代和 60 年代都比较低。随着海外经济的增长和国际贸易壁垒的降低，美国的国际贸易份额稳定增长。到 2003 年，美国的国际贸易额已经平均占到了 GDP 的 12%。

也许你会感到惊讶，美国竟然是一种相对自给自足的经济。在图 29–2 中，有关各国的对外贸易比重可以表明，一些小国和那些高度一体化的地区（如西欧）都要比美国更加开放。此外，就美国而言，某些产业的开放度要明显高于整个国民经济的开放度，特别是钢铁、纺织、家用电器和汽车等制造产业；而教育、医疗保健等产业在很大程度上都与国际贸易无缘。

# A. 国际收支平衡表

## 国际收支账户

这里我们不妨先回顾一下一国是如何进行国际核算的。经济学家通过利润盈亏表和资产负债表来记录经济运

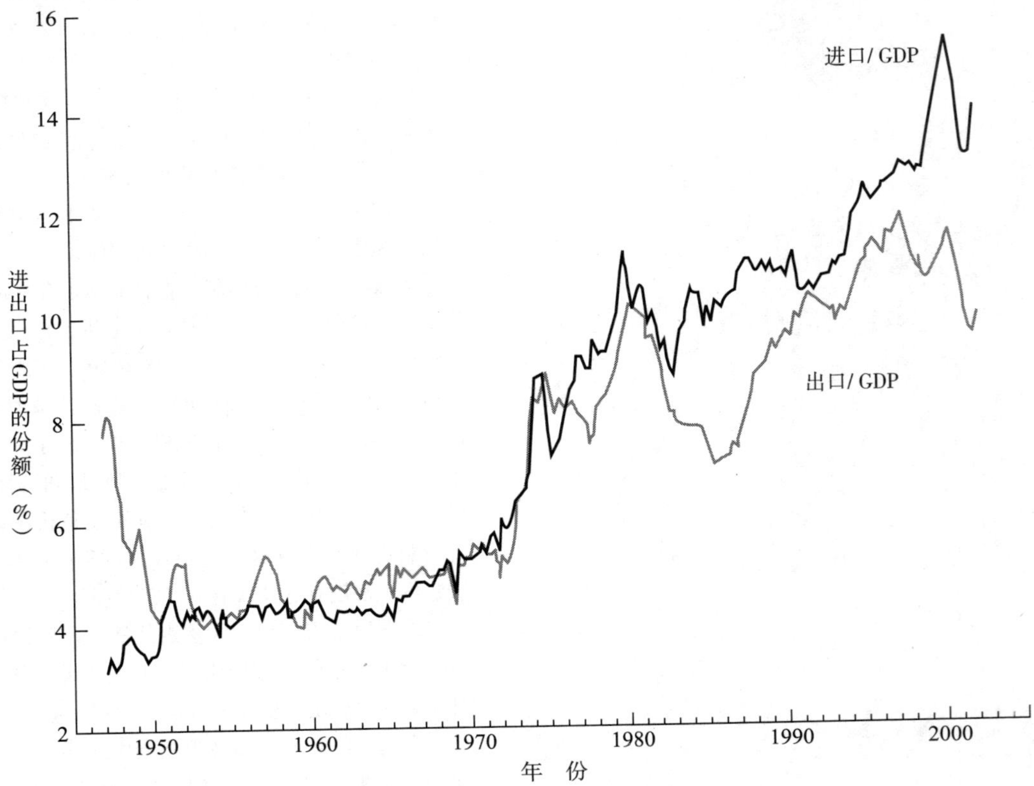


**图 29–1 美国对外开放程度的上升**

像所有主要的市场经济国家一样，在过去的半个世纪中，美国的对外开放度不断上升，结果是与国际贸易相关的产出和消费所占的份额上升。自 20 世纪 80 年代以来，美国的进口远远超过出口，从而使美国成为世界上最大的债务国。

资料来源：U.S. Department of Commerce.

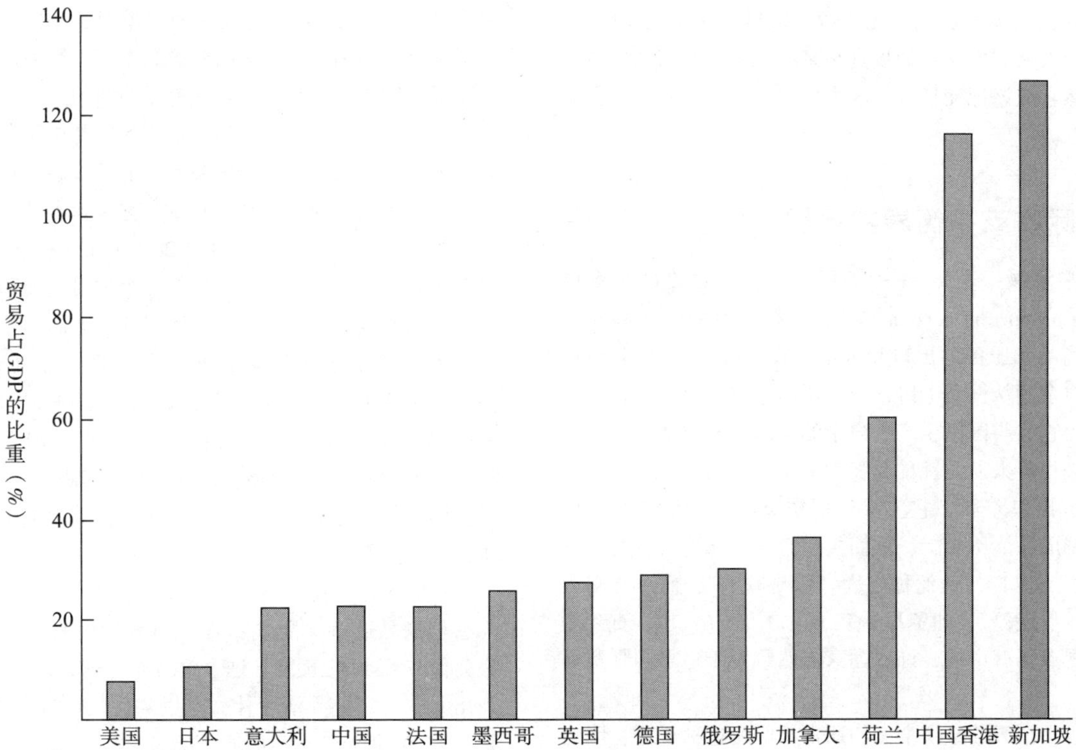


**图 29–2　各类经济的开放程度**

大国，如美国等，贸易份额比较小，而城市型国家和地区（city-states），如新加坡等，其贸易额要超过它们的净产出。

资料来源：World Trade Organization. 贸易占 GDP 的比重是商品进出口值除以 GDP。

行的绩效，而在国际经济学领域，主要的手段则是国际收支平衡表。一国的**国际收支平衡表**（balance of international payments）是对该国与世界其他各国经济交往的系统的记录，其主要内容包括经常账户和金融账户。该表的基本结构见表 29–1，以下我们逐一讨论表中的各项。

| I. 经常账户 |
|---|
| 　商品（或“贸易余额”） |
| 　服　务 |
| 　投资收益 |
| 　单方转移支付 |
| II. 金融账户 |
| 　私　人 |
| 　政　府 |
| 　　官方储备变动 |
| 　　其　他 |

**表 29–1　国际收支平衡表的基本要素**

国际收支平衡表分两大部分。经常账户代表商品和服务的收支和转移支付；金融账户包括金融资产和负债的购入与售出。一个重要的原则是两者之和必须为零，即：

$$经常账户 + 金融账户 = \text{I} + \text{II} = 0$$

## 借方和贷方

像其他账户一样，国际收支平衡表将每笔交易记作“+”或“–”，其基本会计原则是：

> 如果一笔交易能为该国赚取外汇，就记为贷方项目，是正值。如果一笔交易要花费外汇，就是一个借方项目，记作负值。总的来讲，出口为贷方，进口为借方。

出口能赚取外汇，所以是贷方项目；进口需要花费外汇，所以是借方项目。美国从日本进口照相机，如何记录呢？因为我们最终要用日元支付，很显然它要记在借方。至于美国人从国外赚得的投资利息和红利则又应如何对待呢？显然它应该记在贷方。因为像出口一样，它为我们赚取了外汇。

## 国际收支平衡表的项目

***经常账户余额*** 表 29-1 中的第一部分是**经常账户余额**(balance on current account)。它包括所有的收入和支出项目：商品和服务的出口和进口、投资收益、转移支付。经常账户余额从性质上讲，与一国的净收入相类似；而在概念上，它又与国民生产账户中的净出口相类似。

过去很多人所关注的是**贸易余额**（trade balance），即商品的进出口差额。它主要包括初级产品（如食物和燃料）和制成品。历史上，重商主义者曾一味追求贸易盈余(出口大于进口)，他们称之为“贸易顺差”，而总是竭力避免“贸易逆差”，即贸易赤字（进口大于出口）。直到今天这一观点仍有市场，许多国家仍然致力于追求国际贸易盈余。

不过，今天的经济学家们通常都回避这种说法，因为国际贸易赤字不一定有害于一国的经济。正如我们将看到的，国际贸易赤字实际上是国内投资和国内储蓄之间的不平衡性的一种反映。常见的一种情况是，一国之所以出现贸易赤字，是因为该国的投资盈利率高，因而从国外借款对于促进国内投资和国民收入都是有利的。

除了商品之外，服务项目在国际贸易中正在日益变得重要。服务包括航运、金融服务、境外旅游等项目。经常账户下的第三个项目是*投资收益*，它包括国外投资（如美国在国外的资产）收益。过去 20 年来的一个重大发展就是服务和投资收益的增长。最后一个项目是转移支付，它代表不需要以商品和服务作为回报的单方面的转移支付。

表 29-2 简要地说明了 2002 年美国国际收支的情况。注意它有两个主要部分，经常账户和金融账户，每个项目的名称列在（a）栏，贷方记在（b）栏，借方记在（c）栏，（d）栏列的是净借贷。在表中，如果某个项目能增加美国的外汇储备，就记为贷；如果会减少美国的外汇储备，就记为借。

2002 年，美国的商品出口（贷方）额为 6 830 亿美元，但商品进口（借方）额为 11 670 亿美元，净借贷总额为借方 4840 亿美元。这个贸易赤字在（d）栏的第二行列出。（一定要弄清为什么这里的代数符号是“–”而不是“+”。）我们还可以看到，服务一项产生了盈余，而净投资收入项则略为负数，于是经常账户赤字在 2002 年是 5 030 亿美元。

| 美国国际收支平衡表，2002年（10亿美元） | | | |
|---|---|---|---|
| (a) 项　目 | (b) 贷方<br>(+) | (c) 借方<br>(–) | (d) 净贷 (+) 或<br>净借 (–) |
| **Ⅰ. 经常账户** | | | **–503** |
| a. 商品贸易余额 | 683 | –1 167 | –484 |
| b. 服　务 | 289 | –240 | 49 |
| c. 投资收益 | 245 | –257 | –12 |
| d. 单方转移支付 | | | –56 |
| **Ⅱ. 金融账户［贷出 (–) 或借入 (+)］** | | | **503** |
| a. 私人借贷 | 534 | –152 | 381 |
| b. 政府 | | | |
| 美国官方储备变动 | | | –4 |
| 其他国家官方资产在美国的变动 | | | 97 |
| c. 统计误差 | | | 29 |
| **Ⅲ. 经常账户和金融账户总计** | | | **0** |

表 29-2 国际收支平衡表的基本内容，2002 年

*资料来源*：U.S. Department of Commerce, website, April 2003.

***金融账户***[1] 现在我们已经完成了经常账户的分析，但美国如何为其 2002 年 5 030 亿美元的经常账户赤字进行融资呢？答案是，它必须借款或缩减其外国的资产。因为，要么你为自己所买的东西付款，要么你就得欠别人的钱。这意味着从整体上看国际收支的最终差额必须为零。

金融账户的交易是美国公民与外国公民之间的资产交易。当日本的养老基金购买美国的政府债券或美国公民买了德国企业的股票时，就发生了这种交易。

借和贷的问题在金融账户中要比经常账户略微复杂一些。总体规则来自复式计账法，即：增加一国资产和减少其债务都记入借方；相反，减少一国资产和增加其债务则记入贷方。借方用负号（–）表示，而贷方则用正号（+）表示。

如果你用下面这个规则，则可以很容易地确定在金融账户中哪些项目为贷，哪些项目为借。你可以设想一下，美国总是在进口和出口股票、债券或其他证券，或者简单地讲，总是在进口和出口以外汇作为回报的借据（IOU），于是你就可以把这些进口和出口像其他进出口一样对待。当我们以国外借款弥补经常账户的赤字时，我们向其他国家发出借据（以国库券的形式），获得的外汇应记在贷方，还是记在借方呢？很显然应记贷方，因为它把外汇带入了美国。

同样，如果美国银行向国外提供贷款，以资助在墨西哥建立一个计算机组装厂，那么美国银行是在从墨西哥进口借据从而使美国外汇流失。很显然，这在美国的国际收支账户上是一个借方项目。

由表第 II 行可见，美国在 2002 年是一个净借入国。美国从国外借的比借给国外的要多，从而是一个“借据”的净出口国（净借入国），其总净额为 5 030 亿美元。[2]

[1] 1999 年，美国修订了其国际账户以符合新的口径。原来的“资本账户”被更名为“金融账户”。新定义的资本账户包括资本转移以及对非生产性的非金融资产的提取和处理。这一新的术语有助于强调该账户中金融资产和负债的流动性，而不是只关注飞机和工厂等固定资产。新定义的资本账户的实际影响还很有限，故本章讨论从略。

[2] 如同在所有的经济统计中一样，国际收支统计也存在错误和遗漏（称“统计误差”）的问题。它所反映的是若干商品金融交易（从小的外汇兑换到毒品交易）没有能够被记录这一事实。我们将这些统计误差包括在表 29–2 中的Ⅱ（c）行。

### 国际收支的生命周期

回顾工业国的经济史，我们会发现它们在从年轻的债务国发展到成熟的债权国的过程中，其国际收支都经历了类似的周期。北美、欧洲和东南亚的发达经济也都经历过这个过程。当然，由于历史背景不同，各国情况会有所差异。考查美国的国际收支的发展史，可以帮助我们说明这个生命周期。

1. **年轻的和正在成长的债务国**。从独立战争到南北战争期间，美国的进口一直高于出口，其差额部分靠向欧洲借款来进行抵补。这导致美国开始建立起自己的资本储备。当时的美国是一个典型的年轻的成长中的债务国。
2. **成熟的债务国**。大约从 1873~1914 年，美国的贸易逆差转向贸易盈余。但是，由于过去向国外借款的股息和利息的增长，其经常账户只是或多或少地基本上保持了平衡；由于向外提供贷款恰好可以抵消从外国的借款，美国资本的流出流入大体上保持着平衡。
3. **新兴债权国**。第一次世界大战期间，美国极大地扩大了出口。美国借钱给英法盟国，以支付武器装备和战后重建所需。经由这场战争，美国变成了一个债权国。
4. **成熟的债权国**。在第四阶段，对外投资提供了大量的利润回报，而在国际商品贸易方面却是赤字。这种情况一直持续到 20 世纪 80 年代初期。当前，像日本这样的国家也扮演着成熟的债权国的角色，因为它们的经常账户拥有大量的盈余，而这些盈余又转而被投资到海外各国。

最近 20 年中，美国又进入了一个有意味的新阶段。**尽管是世界富国和经济超级大国，美国仍然大量地从国外借款来为国内投资融资**。这一方面是因为美国国内储蓄无法满足投资所需；此外，政治稳定、通货膨胀率低、股票市场繁荣、创新能力强等，也是吸引资本流入的重要因素。与美国人不爱储蓄的习惯形成鲜明对照的是，一些国家，特别是日本，储蓄大于投资，因而出现了经常账户的盈余。

美国国际收支的新态势只是一个短暂的现象，还是标志着一个长期的“结构性”的经常账户赤字阶段的到来？许多经济学家担忧，巨额的债务是否会造成美元的大幅度贬值。即使美国的经常账户可以回归到平衡状态，但仍然也有沉重的外债需要清偿。而当平衡重新出现的时候，美国将有可能再次成为一个成熟的债务国，即回到上面所讨论的第二阶段。

## B. 汇率的决定

### 外汇汇率

我们都很熟悉国内贸易。当我购买佛罗里达的桔子或加利福尼亚的计算机时，很自然地会想到用美元支付；所幸的是，种桔子的人和生产计算机的厂商也希望得到以美元支付的账款。所以，这些贸易就都很自然地可以用美元进行。国内贸易相对比较简单。

而现在，如果我的职业是销售日本的自行车，那么交易就会变得复杂起来。对于自行车制造商来说，它们需要得到的货币是日元而不是美元。于是，为进口日本自行车，我就必须先用美元购买日元，然后再用日元付款给日本的制造商。同理，如果日本人想购买美国的商品，则他们也必须先获得美元。可见，这里新增的一个环节所涉及的就是外汇问题。

> 对外贸易涉及不同国家货币的使用。**外汇汇率**（foreign exchange rate）是以另一国货币来表示的本国货币的价格，其高低最终由外汇市场决定。外汇市场是不同国家货币进行交易的场所。

以上一小段话包含着本部分将要讨论的大部分内容。让我们先观察一下，主要的国家都有自己的货币，美国的货币是美元，日本是日元，墨西哥是比索，等等。（欧洲国家是个例外，它们使用共同的货币，即欧元。）我们习惯上以 1 单位本币能购买多少外国货币这一标价法来衡量外汇汇率。举例讲，美元的汇率可以是 1 美元兑换 100 日元（¥100/$）。

当我们想把一国货币兑换成另一国货币时，需要按照汇率进行计算。举例来讲，如果在 2004 年到加拿大旅游，你用 1 美元可以兑换到约 1.3 加元。美元和其他任何一种货币之间都有一个汇率。在 2000 年秋天，1 美元相当于 0.80 欧元、0.55 英镑、106 日元和 11 墨西哥比索。

通过外汇兑换，我就有可能购买一辆日本自行车了。假设它的报价是 2 万日元，并且我可以在报纸上查到日元兑美元的汇率。假设汇率为 100 日元/1 美元，我便可以到银行将我的 200 美元兑换为 2 万日元，这样，我就能以厂家想要的货币来购买自行车了。

你或许应该了解一个日本进口商如果想从美国进口卡车时，他需要做些什么。例如，日本进口商想从美国出口商那里购买价值 3.6 万美元的卡车，那么，日元必须兑换成美元。当汇率为 1 美元兑 100 日元时，你会看到，这些货物需要花掉 360 万日元。[3]

就商务人员和旅游者进行进出口交易而言，也许只要懂得这一点也就差不多了。但是，只有懂得外汇供求和外汇市场运行的决定因素，我们才能掌握好有关外汇汇率的经济学。

### 外汇市场

外汇汇率在大多数时期都是不固定的，与其他商品的价格一样，汇率每周、每个月都会由于供求力量对比的变化而发生波动。**外汇市场**（foreign exchange market）是交易不同国家的货币并决定外汇汇率的场所。外汇在许多银行和涉及有关外贸业务的厂商那里进行零售环节的交易。在纽约、东京、伦敦和苏黎世这些有组织的市场上，每天都要进行数以千亿美元计的外汇交易。

我们可以利用熟悉的供求曲线来说明市场如何决定外汇的价格。由图 29-3 可见美国和日本的交易中美元的供给和需求情况。[4] 美元的供给来自美国那些需要日元来购买日本商品、服务或金融工具的人们；对美元的需求来自于日本那些打算购买美国商品、服务或金融工具，因而需要以美元进行支付的人们。外汇的价格，即外汇汇率，就是供给和需求达到平衡时的那个价格。

让我们首先考虑供给方面。当美国人需要日本的汽车、照相机和其他商品，以及去东京度假的时候，外汇市场上就产生了对美元的供给。另外，如果美国人想要购买日本的资产，比如购买日本公司的股票，也会需要外汇。总之，当美国人购买外国商品、服务和资产时，他们就会提供美元。

---

[3] 这些例子忽略了交易成本以及买价与卖价之间的差额。特别对于小笔交易来说，这些成本可以是固定的。在区域内使用统一货币进行贸易的一个好处是，它减少了交易成本，从而提高了效率。

[4] 这是个简化的例子，仅考虑日本和美国之间的双边贸易。

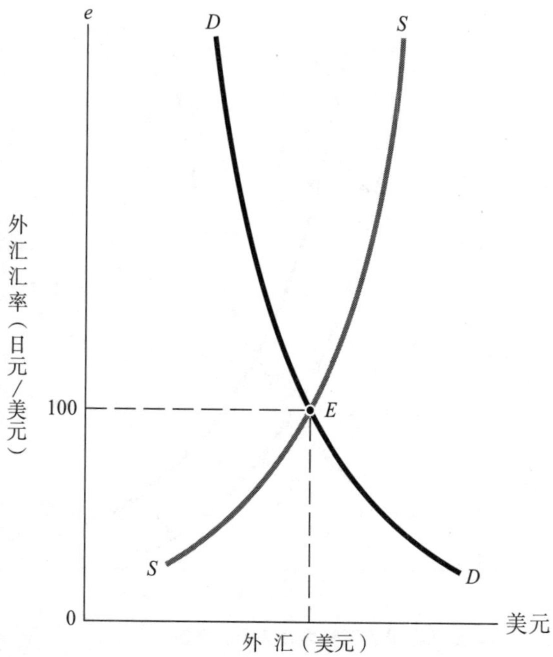


**图 29-3　外汇汇率的决定**

外汇的供给和需求背后，是商品和服务的交易以及金融资产的流动。对美元需求的背后，是日本购买美国商品和对美国进行投资的需求；美元的供给则来自那些想得到日本的商品和资产的美国人。均衡点出现在 *E* 点，如果外汇汇率高于 *E*，就会出现对美元的超额供给。除非政府购买这些超额供给作为官方储备，否则市场就会把汇率压低到供求均衡的 *E* 点。

在图 29-3 中，纵轴表示给定货币美元的汇率 *e*，以每单位本币合多少单位外币来衡量，也即，每单位美元值多少日元或墨西哥比索，等等，你一定要注意理解这里所用的单位。横轴表示外汇市场上美元的交易数量。

美元的供给由向上倾斜的 *SS* 曲线表示。向上倾斜表明，当外汇汇率上升时，每单位美元所能购买的日元数将会增加。这意味着，在其他情况不变的条件下，日本商品的价格相对美国商品的价格会下跌，因此，美国人会倾向于购买更多的日本商品，美元的供给也因此而上升，从而解释了为什么供给曲线会向上倾斜。让我们以自行车为例。如果汇率从 100 日元/1 美元升至 200 日元/1 美元，价值 2 万日元的自行车的价格将会从 200 美元降至 100 美元，在其他条件不变的情况下，日本的自行车将会变得更有吸引力，而美国人将需要更多的外汇购买更多的日本自行车。因此，在汇率水平更高的价位上，美元的供给也会更多。

是什么因素导致了对美元的需求（图 29-3 中 *DD* 表示对美元的需求曲线）？当外国人购买美国的商品、服务和资产时，就会需要美元。比如，一位日本学生要买一本美国的经济学教科书或去美国旅游，她就会需要美元；或者，当日本航空公司购买一架波音 767 时，就会增加对美元的需求。如果日本的养老基金会在美国投资股票，那么它也需要购买美元。*总而言之，当外国人购买美国商品、服务和资产时，他们就会需要美元。*

图 29-3 中的需求曲线向下倾斜，表明随着美元的贬值（日元因而变得更贵），日本居民将购买更多的外国商品、服务和投资，因而在外汇市场上他们就需要更多的美元。考虑一下当美元汇率从 100 日元/1 美元降至 50 日元/1 美元时会发生什么样的情况。以前卖（2 000 美元×100 日元/美元）20 万日元的美国计算机，现在只卖（2 000 美元×50 日元/美元）10 万日元了，日本购买者因而会倾向于购买更多的美国计算机，从而对美元的需求量就会更大。

市场力量促使汇率升降以实现供求平衡，价格将会稳定在均衡汇率上，在此汇率水平上，人们意愿的买入量恰好等于意愿的卖出量。

> *外汇的供求平衡决定了一种货币的汇率。图 29-3 中 E 点所示的 100 日元/1 美元的市场汇率是均衡汇率，它既没有上升也没有下跌的趋势。*

我们已从美元的供给和需求两个方面讨论了外汇市场。由于这个市场所涉及的是两种货币，因此我们也可以用同样的方法很容易地讨论日元的供求。为掌握这一点，你不妨画一张供求图：横轴是日元，纵轴是其汇率（美元/日元）。如果从美元角度看，100 日元/美元是均衡汇率，那么 0.01 美元/日元则应当是*对应的日元汇率*。作为练习，不妨对相应的市场做同样的分析。你会看到在这两者中，日元与美元的情形恰恰形成一种对照：美元的供给是日元的需求，而美元的需求则是日元的供给。

要真正理解外汇市场，还需要进一步地拓展我们的分析。现实中有许多种不同的货币，因此我们有必要理解每种货币的供求情况。在拥有众多国家的世界中，多边的交换和贸易（代表着来自全球各地的需求和供给）决定着各种外汇的汇率。

**汇率变动术语**

外汇市场有一套特定的术语。当以一种或所有其他货币表示的某种货币的价格下降时，称为贬值；而以另一种货币表示的一种货币的价格的上升称为升值。在上面的例子中，当美元价格由100日元/1美元上升到200日元/1美元时，就是美元升值，同时可知日元发生了贬值。

在对美元的供求图中，汇率 $e$ 的下降表示美元的贬值，$e$ 的上升表示美元的升值。

人们经常把“降值”这一术语与“贬值”相混淆。降值只限于一国官方固定汇率或将其汇率与一国或多国货币钉住时的情况。在这种情况下，当降低了本币的价格，所钉住的汇率（the pegged rate）或固定汇率被改变，于是就出现**降值**；而当官方价格被提高时，就会出现**增值**。

例如1994年墨西哥在保护比索时，将官方汇率由1美元兑3.5比索降到1美元兑3.8比索，就是对货币进行降值。但很快墨西哥就发现自己没有能力维护这种新平价，只好又让汇率“浮动”，结果，比索的下跌或贬值得更多。

> 当一国货币相对于其他国家的货币价值下跌时，我们说该国货币经历了一次**贬值**（depreciation），而外国货币经历了一次**升值**（appreciation）。
>
> 当一国由官方确定的外汇汇率被调低时，我们说该国货币经历了一次**降值**（devaluation），而当官方外汇汇率被调高时，则说该国货币经历了一次**增值**（revaluation）。

## 贸易行情变动对汇率的影响

如果外汇需求变动，则会发生什么情况呢？例如，日本出现了经济衰退，进口需求下降，结果对美元的需求减少。详见图29-4，对美国的商品和服务购买以及投资的下降减少了市场上对美元的需求。这种变化在图中表现为需求曲线的左移。结果是汇率下降，即美元贬值、日元升值。在较低的汇率下，美国人向市场供给的美元数量会降低，因为现在日本商品更贵了；而且，日本人对美元的需求量会由于经济衰退而下降。汇率会变动多少呢？只要供给和需求再次达到平衡即可。在图29-4所示的例子中，美元汇率由100日元/1美元跌到了75日元/1美元。

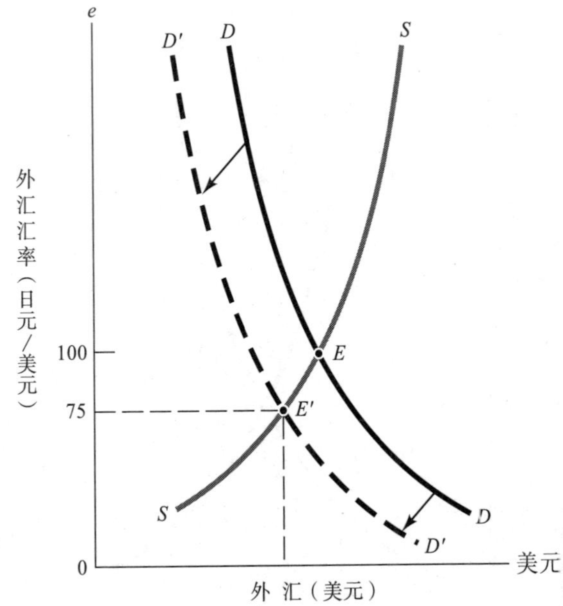


**图 29-4 对美元需求的下降导致美元的贬值**

假设日本发生了衰退或通货紧缩，减少了日本人对美元的需求。这会使美元需求曲线由 $DD$ 向左移到 $D'D'$，从而美元贬值、日元升值。想一想，为什么新的汇率会减少美国人对日本商品的购买？

让我们来看一个有关金融账户的例子。假设由于通货膨胀的压力上升，2000年联储实行了紧缩美国货币的政策。这将导致美元资产比外国资产更具吸引力，因为相对于日本或欧洲证券的利率而言，美元的利率升高。结果对美元的需求上升，美元升值。这一过程如图29-5所示。

## 汇率和国际收支账户

汇率与国际收支账户调整之间有什么联系？在最简单的情况下，我们假设汇率由私人部门的供给和需求决定，而不受政府的干预。不妨考虑一下1990年德国统一后所发生的情况，当时德国的中央银行决定提高利率以抑制通货膨胀。货币紧缩后，外国人将他们的一些资产转为德国马克，以便从德国的高利率中获益。于是，在旧的汇率水平上产生了对德国马克的额外需求。换言之，按旧的汇率，人们愿意买进德国马克并相应卖出其他货币。（你可以再画一次图29-5以说明这个情况。）

这里你会看到汇率是如何起到一个均衡器的作用的。对德国马克的需求增加时，德国马克就会升值，而其他货币例如美元就会贬值。汇率的变化将一直持续，直至金融和经常账户恢复平衡。经常账户的平衡很容易理解。在这

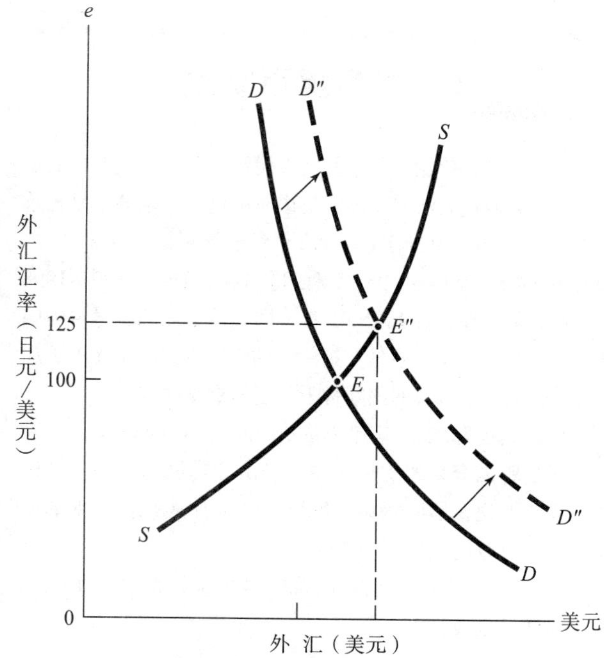


**图 29–5　货币紧缩增加了对美元的需求，导致美元升值**

货币政策可以通过金融账户影响汇率。如果中央银行提高美元的利率，则会刺激投资人购买美元证券，从而增加对美元的需求，结果导致美元升值。（解释为什么这又会导致日元或欧元的贬值。）

里，马克的升值使得德国商品变得更加昂贵，因此德国出口会减少，而进口会增加。这些因素势必减少德国的经常账户上的盈余。

> 汇率变化可以作为一个平衡器，消除国际收支账户中的不平衡现象。

## 购买力平价和汇率

在短期中，市场汇率会对货币政策、政治事件和预期变化做出反应，而表现得很不稳定。但在长期中，汇率基本上还是由各国商品的相对价格来决定的。一个重要的理论是汇率的购买力平价理论。该理论认为，一国的汇率将倾向于使在国内购买贸易品的成本等于在国外购买这些商品的成本。

购买力平价（PPP）理论可由一个简单的例子来说明。假定一揽子商品（汽车、珠宝、石油、食品等等）在美国值 1 000 美元，而在墨西哥值 1 万比索。若汇率为 100 比索兑换 1 美元，则这批商品价值在墨西哥就是 100 美元。给定这些相对价格，并假定两国间实行自由贸易，我们就可以预计到，美国的公司和消费者将会越过边界以较低的墨西哥价格购买商品。结果是对墨西哥的进口上升，对墨西哥比索的需求也会增加，而这将导致墨西哥比索对美元升值，因此需要您用更多的美元才能购买同样数量的比索。其结果便是，即使墨西哥商品的比索价格没有变动，其美元价格也会上升。

此过程要到何时才会终止呢？在两国商品价格不变的条件下，比索对美元的价格将上升到 10 比索兑换 1 美元。只有在此汇率下，这一揽子商品的价格才会在两国间相等。即只有 10 比索兑换 1 美元，两种货币对所交易的商品才具有同样的购买力。（计算比索升值前后，一揽子商品的比索和美元价格，你可以加深对上述讨论的理解。）

PPP 理论还认为，通货膨胀率高的国家将倾向于使其货币贬值。举个例子，假定 A 国的通货膨胀率为 10%，而 B 国的通货膨胀率为 2%，两国通货膨胀率的差异将使 A 国货币相对于 B 国货币每年贬值 8%。我们也可以假定，急剧的通货膨胀使俄罗斯的物价在一年之中翻了 100 倍，而美国物价保持不变。根据 PPP 理论，卢布应贬值 99% 才能恢复美俄两国物价的均衡。

值得注意的一点是，PPP 理论只是一个近似的、并不能准确预测汇率变动的理论。PPP 理论的误差从过去 10 年美元与日元的关系中可见一斑。在这段时间中，美元汇率曾高达 168 日元兑 1 美元，也曾低至 85 日元兑 1 美元，尽管大多数经济学家按照 PPP 理论进行计算的结果大约是 120 日元兑 1 美元。贸易壁垒、运输成本以及非贸易服务的出现，也使得各国货币的价格和购买力之间出现明显背离。另外，短期内金融资产的流动也可以大大压倒贸易商品的流动。因此，尽管 PPP 理论在长期中是把握汇率波动的有用工具，但汇率仍然能够在许多年里背离 PPP 水平。

**购买力平价和国家经济规模**

无论用哪个标准衡量，美国的经济实力都是世界上最强的。但哪个国家是第二呢？日本、德国、俄罗斯，还是其他国家？你可能认为这个问题像测量身高和体重一样容易回答。但问题是，日本是以日元计算其国民产出，俄罗斯用卢布计算其国民产出，而美国则是用美元。为了比较，它们必须转换成同一种货币。

通常的做法是依照市场汇率将所有的货币都转换成美元，以此标准计算，日本是第二大经济强国。然而，在使用市场汇率时有两个困难。首先，因为市场汇率上下波动剧烈，国家的经济规模可以很容易地在一夜之间变化10%或20%。而且，在应用市场汇率时，许多穷国看起来只有非常少的国民产出。

现在，经济学家一般都偏向于使用购买力平价这个汇率来比较不同国家的生活水平，这同按市场汇率计算的结果相比，差别可能非常之大。如图29-6所示，在使用市场汇率时，低收入国家（如印度）的产出就很有可能被低估。这种低估是由于他们产出的很大一部分是来自于劳动密集型服务，这种服务在低收入国家（或地区）通常非常便宜。因而，当我们用包括了非贸易品价格的购买力平价进行计算时，低收入国家（或地区）的国内生产总值相对于高收入国家就会上升。例如，用购买力平价计算时，一些国家的国内生产总值是市场汇率计算结果的几倍。

## C. 国际货币制度

尽管简单的供给—需求图可以说明外汇市场主要的决定因素，但它们还无法揭示国际货币制度这个因素的举足轻重的作用。20世纪90年代国际金融危机接踵而至——1991~1992年欧洲、1994~1995年墨西哥和拉丁美洲，1997~1998年东亚和俄罗斯，1998~2002年又回到拉丁美洲。尽管美国基本上没有被殃及，但是在这段时期中，有识之士无不更加注意并强调一个有效的国际货币制度的重要性。

什么是**国际货币制度**（international monetary system）？它指的是跨国交易的支付活动所经由和遵循的那种规制体系。具体地说，国际货币制度所涉及的任务是：汇率如何确定，以及政府如何影响汇率。

经济学家罗伯特·所罗门曾经这样很好地说明了国际货币制度的重要性：

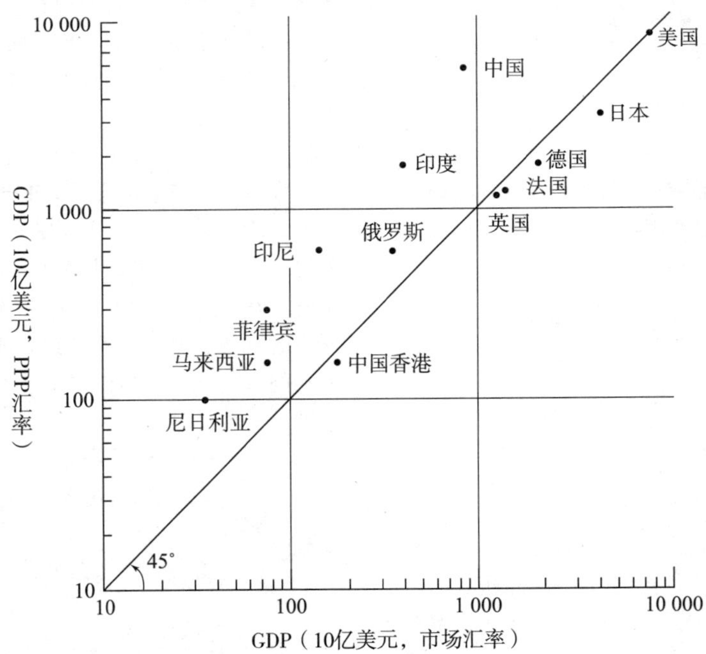


**图29-6 采用PPP统计可以改变各国或地区的相对规模，1998年**

使用PPP汇率进行计算，改变了各国或地区的经济实力排名。请注意，45°线上的国家使用两种汇率的GDP是一样的。而在该线上部的点，例如中国，使用PPP汇率对GDP所进行评估的结果，高于用市场汇率计算的结果。日本在45°线的下部，这是由于较高的租金和贸易壁垒导致日本的相对价格比较高。

资料来源：World Bank. 请注意产出是按比率尺度标出的。

> 就像一个城市里的红绿灯一样，国际货币制度的存在往往被认为是理所当然的，直到有一天其功能出现了问题并开始扰乱人们的生活……一个运行良好的货币制度能促进国际贸易和国际投资，并能够减缓经济变动带来的影响。而运行很糟的货币制度，则不仅会阻碍国际贸易和国际投资的发展，而且还由于不能对各种变化做出必要调整，从而导致经济遭受到破坏性的打击。[5]

国际货币制度的核心在于如何设计和安排确定汇率的机制。近年来，世界各国所采用的汇率制度主要有以下三种：

- 固定汇率制；
- 灵活的或浮动的汇率制，在这种制度下汇率完全由市场力量决定；
- “管理”汇率制，国家借助汇率干预政策熨平汇率的波动，或保证将汇率（的浮动）维持在目标范围之内。

## 固定汇率制：古典金本位制

汇率制度的一个极端是**固定汇率制**（fixed exchange rates)，即由政府决定美元兑换成比索、日元和其他货币的各个比率。历史上，最重要的固定汇率制是**金本位制**(gold standard)。在 1717~1933 年间，这种制度曾时断时续地被各国采用。在这种制度下，每个国家都将自己的货币的价值确定为固定数量的黄金，再以黄金为基础，建立起各国货币之间的固定汇率。[6]

我们可以通过一个简单的例子来看看金本位制是如何运作的。假设世界各地的人都要求别人用纯金作为支付手段，那么，在英国买一辆自行车就需要按以多少盎司黄金表示的价格用黄金去支付。按照定义，这不会出现汇率的问题，因为黄金是世界通用的货币。

这个例子抓住了金本位制的实质。一旦黄金成为交易的媒介或货币，对外贸易与国内贸易就不再有什么区别：每样东西都可以用黄金支付，国家之间的惟一区别就是它们可以为其金币选择不同的名称和含金量。于是，维多利亚女王选择将英国货币铸造为 1/4 盎司黄金（英镑），而威廉·麦金莱总统则将美国的单位货币（美元）确定为 1/20 盎司黄金。于是，英镑的重量就是美元的 5 倍，汇率为 5 美元/1 英镑。

这就是金本位制的本质。在现实中，各国都倾向于使用自己的货币。同时，每个人都可以随意将铸币熔化，并按当时市场的黄金价格将其卖出。所以，在金本位制条件下，不同国家的货币的交换比率（又称“票面价值”或“平价”）得以固定，即由其货币单位的含金量决定。

### 休谟的调整机制

汇率制度的目的在于促进国际贸易和金融，同时便于汇率在受到冲击和处于不均衡状态时能够进行调整。那么，国际调整机制到底是如何运行的呢？如果一国的工资和价格急剧上升，它的商品在国际市场上就不再具有竞争力，那么将会发生什么情况呢？在浮动汇率制下，该国汇率会下降以抵消国内的通货膨胀；而在固定汇率制下，则必须通过国内的通货紧缩或国外的通货膨胀才能回到均衡点。

让我们来考查一下固定汇率制下美、英两个国家的国际调整机制。假定美国的通货膨胀使得美国的商品不再具有竞争力，则美国的进口上升、出口下降，于是它在与英国的贸易中开始出现赤字。为支付这个赤字，美国不得不向英国运送黄金，如果美国和英国都没有调整的话，那么美国的黄金就会运送到耗尽为止。

但在现实中，正如英国哲学家大卫·休谟 1752 年所指出的那样，确实存在着一种自动调节机制。他指出，黄金的外流是国际收支平衡机制的一个组成部分。休谟的论断尽管已有近 250 年的历史，但仍然能够帮助我们理解现代经济中贸易流动如何达到平衡的问题。

休谟的解释部分是基于价格的数量论，这是宏观经济学中分析整体价格水平的理论。这一理论认为，一个经济中的整体价格水平与货币供应量是成比例的。在金本位下，无论是以金币这种直接的形式，还是政府以黄金为基础发行货币这种间接的形式，黄金都构成货币供给的一个重要部分。

一国黄金流失会产生哪些影响呢？首先，该国的货币供给会下降。这可能是由于金币被出口，或者是由于一些作为货币发行基础的黄金从该国流失，两种结果加在一起，就使得黄金的流失导致货币供给的下降。根据数量理

---

[5] 引文参见本章“补充读物”中所列的文献。

[6] 为什么用黄金而不是其他商品作交易媒介和支付手段呢？当然，也可以用其他物品，但黄金具有供给有限、不易损坏以及工业用途少等优点。你能明白为什么酒、小麦或者牛不能成为有效的国家之间的支付手段吗？

论，下一步就是价格和成本会随货币供给的变动而成比例地发生变动。如果美国因为支付贸易赤字而流失了其黄金量的10%，数量论就预计美国的价格、成本和收入也会下降10%。换句话说，经济中会出现通货紧缩。而如果加州发现新的金矿，增加了美国的黄金供应，那么美国的价格水平就会有明显的上升。

***四重机制*** 现在我们考查休谟的国际收支均衡论。假设美国有巨额贸易赤字，黄金开始流失。根据价格数量论，这种流失减少了美国的货币供应，使美国的价格和成本下降，结果是：（1）美国减少了对英国和其他国家商品的进口，因为这些商品变得相对昂贵了；（2）因为美国国内生产的商品在世界市场上变得相对便宜，美国的出口开始增加。

在英国和其他国家，情况正好相反。由于英国的出口迅速增长，它得到了黄金，进而英国的货币供应量增加，根据数量论，这会抬高价格和成本。在这一点上，休谟机制中的另外两重机制开始加入进来：（3）英国和其他国家的出口品变得更加昂贵，所以出口到美国和其他地方的商品数额下降；（4）英国公民由于面临一个更高的国内价格水平，开始更多地进口美国的低价商品。

由图29-7可见休谟机制的逻辑。请务必弄清其逻辑链条：在初始阶段，图的顶部有国际收支赤字，经过调整，才达到底部的均衡。

> 休谟的四重黄金流通机制的结果是，流失黄金的国家收支状况日益改善，得到黄金的国家收支状况日益恶化。最终，国际贸易和国际金融在新的相对价格上重新达到均衡。此时贸易和国际借贷处于平衡状态，没有净黄金流动。这一均衡是稳定的，不需要关税或其他的政府干预。

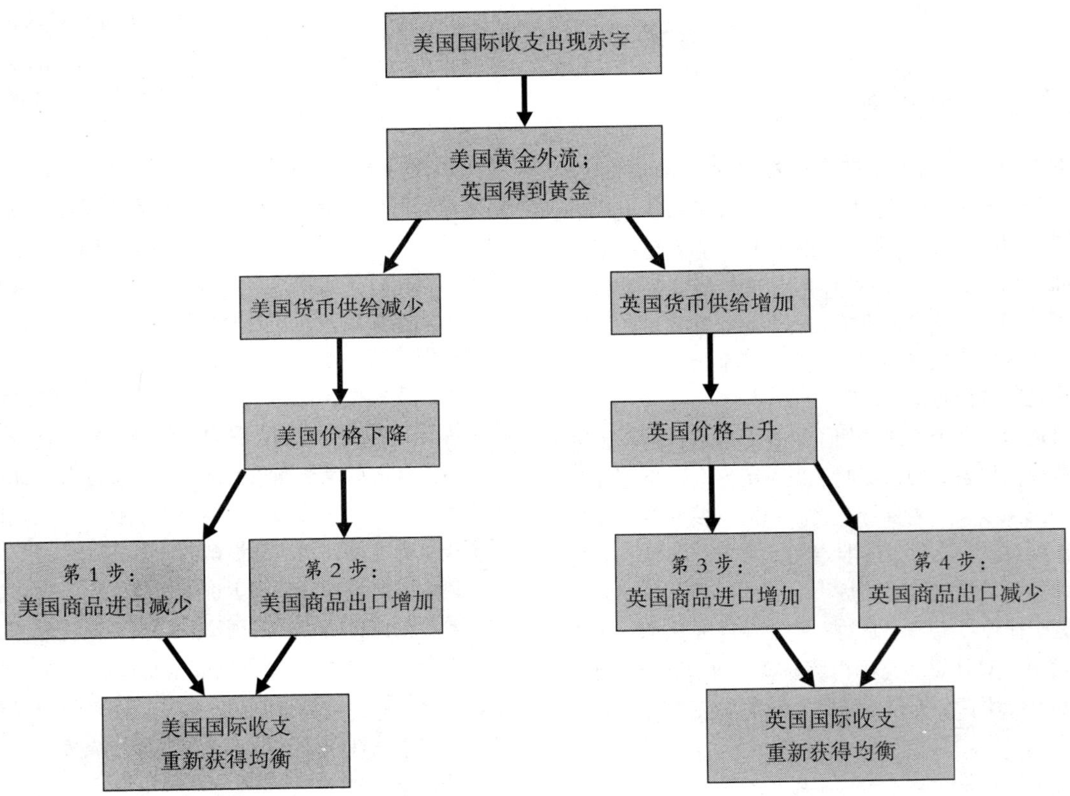


**图29-7 休谟的四重国际调整机制**

休谟解释了金本位制下收支不平衡如何自动恢复均衡的调整机制。如图，从顶端最初的不均衡开始，经过价格变化，到达底部的重新均衡。这种机制在任何固定汇率制度下都会以某种更加适应现实的方式运作。现代经济学已经对其进行扩充，将第四行改成了“美国价格、产出和就业的下降”和“英国价格、产出和就业的上升”。

***固定汇率制的调整***　理解金本位制十分重要。这不仅是因为它的历史地位，还由于它是固定汇率制的一种纯粹的状态，相同的分析适用于所有固定汇率制度。当国家间的价格和收入变化过大，而汇率又不能自由波动时，国内价格和收入就必须进行调整以重新达到均衡。既然欧洲采用了统一的货币，欧洲国家之间一旦出现产出或就业的失衡，就只能是调整国内价格水平而不是汇率。

在休谟机制中，黄金流动使价格和工资发生变化，从而保证了均衡的实现。现代宏观经济学则认为，产出和就业也可以调节价格或工资。

> 当一国实行的是固定汇率制的时候，它就将无可避免地面对着一个事实：必须不断地调整实际产出和就业，以确保本国的相对价格水平同那些参与该固定汇率体系的缔约国相一致。

## 二战后的国际货币体系

20 世纪早期，即使是那些声称爱好和平的国家，也参加到破坏性的贸易战和竞争性的货币贬值之中。二战后，国际社会建立了一些国际机构以促进国际经济合作。借助这些机构各国可以调整其经济政策，并寻求解决共同面临的问题。

二战后，美国经济脱颖而出，它有能力也愿意帮助友好的和（曾经）敌对的国家进行重建。战后的国际政治体系为满足遭到战争破坏的国家的需要，建立了一些有利于国际经济迅速恢复的永久性机构。战前主要的国际经济机构包括：关税与贸易总协定（GATT，1995 年改为世界贸易组织 WTO）、布雷顿森林体系、国际货币基金组织和世界银行。这四个机构在二战以后帮助工业国进行重建，并实现了快速增长。直到今天，它们仍是重要的国际组织。

### 国际货币基金组织

布雷顿森林体系的一个组成部分是*国际货币基金组织*（IMF）的建立，它现在仍管理着国际货币体系，并作为各成员国中央银行的中央银行。成员国通过将货币借给国际货币基金组织来认购股份，国际货币基金组织则将这些基金重新借出，以帮助那些出现国际收支困难的国家。国际货币基金组织的主要职能是向国际收支出现问题或在金融市场上遭到投机者攻击的国家提供临时贷款。

### 世界银行

二战后建立的另一个国际金融机构是*世界银行*。世界银行依靠高收入国家提供资金支持，这些国家会费比例的确定，依据的是其国内生产总值及其他各种因素，以便能够与其经济重要性相匹配。基于这笔基金，世界银行向有关国家提供长期低息贷款，主要是那些在经济上可行但却无法从私人部门获得资金的项目。作为这种长期贷款的结果，商品和服务会从发达国家流向发展中国家。

### 布雷顿森林体系

20 世纪 30~40 年代的经济学家，尤其是凯恩斯，深感二战前经济危机的严重冲击。他们都决心避免在 30 年代大萧条时期所出现的经济混乱和竞争性贬值等问题的重演。他们还认为金本位制过于缺乏灵活性，因此会加深和加长商业周期。

为替代金本位制，**布雷顿森林体系**（Bretton Woods system）用美元和黄金为各国货币建立了一种平价。布雷顿森林体系的革命性创新是：使汇率变得*既固定而又可以调整*。当一国货币与其适当的或“基本”的潜在价值偏离得太远时，平价就可以被加以调整。在出现基本不均衡时调整汇率的能力的不同，是布雷顿森林体系和金本位制二者的主要区别。

布雷顿森林体系在二战后的四分之一个世纪里有效地发挥了作用。但是，当美元被高估、美国拒绝采用必要的紧缩手段以恢复国际竞争时，这个体系最终瓦解了。1971~1973 年，美国宣布放弃布雷顿森林体系，世界从那时起进入了一个新时代。

**如何通过“大修”来确保可靠的固定汇率**

尽管布雷顿森林体系的崩溃结束了固定汇率制的统治地位，但仍有许多国家继续采用固定汇率制度。对于固定汇率制来说，一个反复出现的问题是，当一国外汇储备底气不足的时候，它们往往会遭遇投机攻击的困扰。（我们将在下一章讨论这一问题。）各国如何提高固定汇率体系的可信度呢？“硬”的固定汇率体系是否能够更好地防止各种投机者的攻击呢？

从事这类问题研究的经济学家强调建立信用机制的重要性。建立一个体系，使得国家不能轻易改变其汇率，就能够提高信用程度。这和军队在过桥后便炸毁桥以断绝后路从而背水一战的道理是一样的。事实上，阿根廷的领导人为了建立其货币体系的信用，就曾说过，他“宁肯死亡也不会让货币降值”。

另一个解决办法是建立**货币委员会**（currency board）。货币委员会是只发行一种货币的金融机构，这种货币完全由一种是关键货币（通常为美元）的外国资产来衡量。货币委员会维持的是依靠法律而不是政策决定的汇率，它通常是独立的，有时甚至是私人的。在货币委员会的管理下，赤字常会触发休谟的自动调整机制。也就是说，国际收支赤字将会减少货币供给，引起经济紧缩，并最终降低一国的国内价格，从而恢复调整。今天，货币委员会有效运作的一个实例在中国香港，而阿根廷的货币委员会已经在2002年瓦解，因为它不能应对经济和政治的混乱。

当各国通过建立货币联盟使用**统一货币**（common currency）时，固定汇率将更加固定。美国自1776年起就有了统一货币。近期最重要的货币联盟的例子来自欧洲11国，它们在1999年开始采用统一的货币“欧元”。这是最严格的固定汇率制，因为所有国家的货币都是相同的（我们将在下一章对欧元作进一步讨论）。当一国采用一种基准货币来替代本国货币的时候，统一货币的一种新的形式便会应运而生。2000年厄瓜多尔采用美元替代其通货时，这一点就曾经得到应验。

20世纪90年代，金融恐慌曾经肆虐那些实行“软”固定汇率的国家。以上的新方法能够有助于避免金融恐慌吗？这是当代宏观经济政策还未解决的一个关键问题之一。

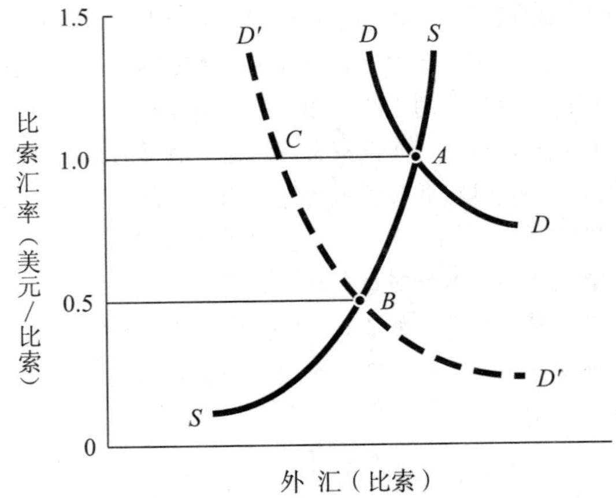


**图 29–8 政府出面干预以维持固定汇率**

假设阿根廷建立了一个货币委员会，宣布了一个固定汇率为1美元/1比索，初始均衡点为*A*。恶化的经济条件（可能是通货膨胀或对巴西经济衰退的担心）导致对比索的需求下降。如在浮动汇率下，新的均衡点将是*B*，汇率为0.5美元/1比索（或2比索/1美元）。阿根廷可以通过购买*CA*数量的比索恢复官方平价，从而将需求推回到初始需求曲线*D*；或者通过提高利率，诱导私人投资者对比索的需求增加*CA*数量。

## 政府干预

当政府想要固定并维持其汇率时，它就必须对外汇市场进行“干预”。政府买卖外汇以影响汇率的行为，就是政府对汇率的**干预**（intervention）。例如，日本政府在某日用美元购买了价值10亿美元的日元，并由此导致了日元的升值。

由图29–8可见固定汇率制的一种运行情况。1991年，阿根廷建立了货币委员会，决定将其汇率钉在1美元/1比索的价位上，初始均衡点为图29–8中的*A*点。在这个汇率水平上，比索的供给和需求的数量相等。

假设对比索的需求下降，可能由于阿根廷的通货膨胀率比美国高，或其重要贸易伙伴巴西发生了衰退或货币贬值，从而使得对比索的需求由*D*下降到*D*′。在浮动汇率制下，比索将贬值，进而在图29–8中的B点达到一个新的均衡。

这里就出现了一个问题：我们记得阿根廷是要维持其1美元/1比索的平价，现在它会做些什么呢？

- 一种做法是买进贬值的货币（比索），卖出升值的货币（美元）。在这个例子中，如果阿根廷中央银行买进图中*CA*数量的比索，就增加了对比索的需求，从而可以继续维持官方平价。
- 另一种做法是利用货币政策。阿根廷可以通过提高利率，引导私人部门增加对比索的需求。假设阿根廷的利率相对于美国利率上升了，那么就会使投资者将资金投向比索，从而增加对比索的私人需求，将私人需求曲线移回到初始状态。

这两种操作的区别并不像听起来那么大，实质上，它们都涉及到阿根廷货币政策的运用。实际上，管理开放经济最复杂的问题之一，如我们马上就会看到的那样，是运用货币政策管理汇率的需要，有时会与稳定国内商业周期的需要发生冲突。

## 浮动汇率制

固定汇率制是当今国际货币体系的基石之一，另一个重要的基石是**弹性汇率制**（flexible exchange rates）。弹性汇率完全由供给和需求的变化去决定。在这种汇率制下，政府既不规定汇率，也不采取任何措施去影响汇率。另一种说法是**浮动汇率制**（floating exchange rates），指的是同样的一种制度。

今天，浮动汇率在三个主要的经济区被普遍采用：美国、欧洲国家和日本。对于这三个地区来说，汇率变动最终都要由私人对商品、服务和投资的供给和需求来决定。

许多中等规模的国家也采用浮动汇率制。让我们来看看浮动汇率制下汇率是如何决定的。1994 年在外汇市场上，比索受到了攻击，墨西哥开始允许比索自由浮动。最初的比率大约是 4 比索兑 1 美元，此时，比索供过于求，这意味着在这个汇率水平上，欲购买美国和其他国家的商品和资产的墨西哥人对比索的供给，超过了欲购买墨西哥的商品和资产的美国人和其他国家人对比索的需求。

那么结果会怎样呢？由于比索供过于求，比索相对于美元贬值。贬值比率有多大？一直降到 6 比索兑换 1 美元，此时供求才达到均衡。

那么供求平衡背后的决定因素又是什么呢？主要的两点在于：（1）因为美元变贵，墨西哥人购买美国的商品、服务以及投资就要花更多的钱，一般情况下这会使比索的供给下降；（2）随着比索贬值，墨西哥的商品和资产对外国人来说就变得比以前便宜，从而就增加了市场对比索的需求。（注意这个简化的例子所假设的是：所有的交易只在两国之间进行，更完整的讨论则涉及到所有国家的货币的供给和需求。）

那么政府的作用又是什么呢？在一个自由浮动的汇率制度下，政府只是一个旁观者，它听任外汇市场来决定美元的价值，就像它让市场决定莴苣、机械、通用汽车公司的股票或铜的价格一样。所以在浮动汇率制下，汇率在相对短的时期内可能有非常大的波动。

## 管理汇率制

在严格的固定和完全的浮动之间，是**管理汇率制**（managed exchange rates），即汇率基本上由市场力量决定，但政府会通过买卖货币、改变货币供给等来影响汇率。有时，政府顺着私人市场风向而进行引导；其他时候，政府则确定一定的“目标区间”以引导其政策行为。由于各国纷纷向固定的或浮动的汇率制靠拢，这种汇率制的重要性已经日趋减弱。

## 当今的混合体系

不同于过去的金本位制或布雷顿森林体系等国际统一的制度，现在的汇率制度不存在一种整齐划一的模式。在没有任何人为设计的情况下，世界已经进入了一种混合汇率制的状态，其主要特征如下：

- 一些国家允许其货币*自由浮动*。这样，一国将允许市场决定其货币价值而很少进行干预。美国在过去 20 年里的大部分时间就是这样做的。尽管欧洲在采用统一货币方面还是一个幼儿，但表现出了向自由灵活的汇率体制靠拢的迹象。
- 一些主要的国家实行*管理的但是有弹性的汇率制*，这些国家包括加拿大、日本以及许多发展中国家。在这种制度下，一国政府会买卖本币以降低其日常波动的多变性。此外，这些国家有时会进行系统的干预，以使其货币向着它所认为的比较合适的水平浮动。
- 许多国家，尤其是小国，采用*固定汇率*，将其货币钉住一种基准货币或一揽子货币。有时，这种钉住制度允许货币在一定的范围内上下平稳波动，被称为滑动或爬行的钉住。还有一小部分国家经由货币委员会实行严格的管理。
- 此外，当市场变得混乱无序，或汇率偏离适于现有市价和贸易流动的“基准”水平很远的时候，则几乎所有的国家将都会出面对汇率进行干预。

小结：

自由浮动汇率仅由供给和需求决定，而不受任何政府干预。固定汇率体系则由政府公布官方汇率，并通过干预和货币政策手段得到保护。管理汇率制是固定和浮动汇率制的混合体，在该体制下，政府试图直接通过购买或出售外国货币，或间接地使用货币政策（提高或降低利率）来影响汇率。

## 总结提要

### A. 国际收支平衡表

1. 国际收支平衡表是一套衡量一国与世界其他国家所有经济交易的账户，包括商品、服务和金融票据的进出口。出口是贷方项目，进口是借方项目。更一般地讲，一国的贷方项目是那些能为该国增加外汇的交易；而借方项目则是减少该国外汇的交易。
2. 国际收支平衡表的主要内容：
   Ⅰ. 经常账户（商品贸易、服务、投资收益、转移支付）
   Ⅱ. 金融账户（私人、政府和官方储备变动）
   国际收支账户的基本会计原则是它的所有项目的总和必须为零：Ⅰ+Ⅱ=0。
3. 从历史上看，一国的国际收支账户的基本状况一般需要经历以下几个阶段：从以借款发展经济的年轻的债务国，到成熟的债务国和年轻的债权国，然后再到成熟的债权国。成熟的债权国依靠其过去投资的收益过活。在20世纪80年代，美国进入了一个新的阶段，国内的低储蓄率和诱人的投资机会使其又从国外借入大量债务而重新变成了一个债务国。

### B. 汇率的决定

4. 国际贸易涉及不同国家货币这一新的因素。各国货币经由称为外汇汇率的相对价格而相互联系。美国人进口日本商品时，他们最终需要用日元支付。在外汇市场上，日元可能按100日元/1美元的价格买卖（或者，1日元可兑换0.01美元），这个价格叫做外汇汇率。
5. 在只有两个国家的外汇市场上，美元的供给来自于那些想从日本购买商品、服务和投资的美国人；对美元的需求来自于那些想从美国进口商品和金融资产的日本人。这些供给和需求的相互作用决定了汇率。一般来讲，汇率是由许多国家间货币买卖的复杂行为决定的。当贸易或资本流动变化时，供给和需求发生变动，从而汇率的均衡也发生变化。
6. 一种货币的市场价格下跌叫做贬值，而其上扬则称为升值。在一个由政府公布官方汇率的制度下，官方汇率的调低称为“降值”，调高称为“增值”。
7. 根据汇率的购买力平价理论，汇率随不同国家相对价格水平的变化而波动。购买力平价在长期内比在短期内要更加有效。当这一理论被用来衡量不同国家收入的购买力时，它会提高低收入国家的人均产出。

### C. 国际货币制度

8. 运作良好的国际经济需要有一个平稳运行的汇率制度，这意味着需要有必要的制度来对国家间的金融交易进行管理。三种重要的汇率制度是：（a）纯粹的浮动汇率制，即一国的汇率完全由市场供求力量决定；（b）固定汇率制（如金本位制或布雷顿森林体系），即由国家设定并维持一种给定的汇率结构；（c）管理汇率制，即政府干预和市场力量相互作用，共同决定汇率的水平。
9. 古典经济学家，如休谟，用黄金流动机制解释贸易不平衡的国际调整。在这一过程中，黄金流动改变货币的供给和价格水平。例如，贸易赤字会带来黄金外流和国内价格的下降，从而（a）增加黄金流出国的出口；（b）抑制其进口；（c）减少黄金流入国的出口；（d）增加其进口。这种机制说明，在固定汇率制下，国际收支发生问题的国家必须通过国内价格和产出水平的变化进行调整。
10. 二战后，多国共同创建了一系列国际经济机构，以管理国际贸易和国际金融。在布雷顿森林体系下，各国将货币“钉住”美元和黄金，这就带来了一种固定但又可以调整的汇率制度。1973年布雷顿森林体系崩溃之后，今天的混合体系已经取而代之。一些大的经济区域（美国、欧洲及日本）允许其货币独立浮动；大多数小国将其货币与美元或其他货币挂钩。

## 概念复习

**国际收支平衡表**

国际收支平衡表

Ⅰ. 经常账户

Ⅱ. 金融账户

国际收支平衡表恒等式：

Ⅰ + Ⅱ = 0

官方储备变动

借方和贷方

国际收支的发展阶段

**外汇汇率**

外汇汇率，外汇市场

外汇的供给和需求

汇率术语：

升值和贬值

增值和降值

**国际货币制度**

汇率制度：

浮动汇率制

固定汇率制（金本位，布雷顿森林体系，货币委员会）

管理汇率制

统一货币

国际调节机制

休谟的四重黄金流动机制

## 补充读物和互联网站

**补充读物**

A fascinating collection of essays on international macroeconomics is Paul Krugman, *Pop International* (MIT Press, Cambridge, Mass., 1997). The quotation on the international monetary system is from Robert Solomon, *The International Monetary System, 1945–1981: An Insider's View* (Harper & Row, New York, 1982), pp. 1, 7.

**互联网站**

Data on trade and finance for different countries can be found in the websites listed for Chapter 28. An extensive page on the Euro is maintained by Giancarlo Corsetti at www.econ.yale.edu/~corsetti/euro/. Data on exchange rates can be found at finance.yahoo.com/m3?u.

Some of the best popular writing on international economics is found in *The Economist*, which is also available at www.economist.com. One of the best sources for policy writing on international economics is www.iie.com/homepage.htm, the website of the Institute for International Economics. One of the leading scholar-journalists of today is Paul Krugman of Princeton. His Web page at www.wws.princeton.edu/~pkrugman/ contains many interesting readings on international economics.

## 问题讨论

1. 表 29–3 所示为 2004 年年初的一些汇率（以 1 美元等于多少外汇表示）。在最后一列填上各国单位外汇的美元价格，注意，在括号中填写相对单位时要特别小心。
2. 图 29–3 所示为美日两国只与对方交易时美元的供给和需求。
   a. 描述并画出对日元相应的供给和需求。解释为什么对日元的供给等于对美元的需求。解释并画出与美元的供给相对应的图表。在这个新图中找出日元的均衡价格，并将它与图 29–3 中的均衡点相对照。
   b. 假设美国人对日本商品有了一种偏好，这对日元的供求会有什么影响？日元相对于美元是升值还是贬值？解释其原因。
3. 列出一些在国际收支平衡表上属于贷方的项目，再列出一些属于借方的项目。贸易盈余指的是什么？经常

| | 价 格 | |
|---|---|---|
| 价 格 | 每 1 美元兑换的外币数量 | 每 1 单位外币兑换的美元数 |
| 兹罗提（波兰） | 3.76 | ______ （美元/兹罗提） |
| 雷亚尔（巴西） | 2.91 | ______ （______） |
| 元（中国） | 8.28 | ______ （______） |
| 比索（墨西哥） | 10.98 | ______ （______） |
| 卢布（俄罗斯） | 28.49 | ______ （______） |
| 欧 元 | 0.80 | ______ （______） |

表 29-3

账户余额指的又是什么？

4. 为一个年轻的债务国、一个成熟的债务国、一个新兴债权国和一个成熟债权国各建一个假想的国际收支平衡表。
5. 就本章所谈的德国的情况，借用图 29-3 说明冲击前后对德国马克的供求情况。在马克升值之前，根据你的图形确定对马克的超额需求，然后说明马克的升值如何消除超额需求。
6. 某一中东国家忽然发现了大量的石油资源。说明其贸易和经常账户余额会怎样突然地转为盈余；说明该国如何能在纽约购买资产作为金融账户的一个冲销项目；然后，当它将这些资产用于国内发展时，说明它的经常项目和金融项目如何发生逆反作用。
7. 思考下面 1984 年《总统经济报告》中的一段引文：

   “长期中，汇率会随国内和国外价格水平的差异而变动。如果一国价格水平与其他国家相差太远，那么，对其商品的需求便会下降，而这会导致其货币的真实贬值”。

   解释第一句话是如何与汇率的购买力平价理论相联系的。解释购买力平价理论背后的逻辑。此外，用图 29-3 中的供求图，解释引文中第二句话描述的事件的顺序，即一国价格水平相对过高时，它将会发现其汇率势必贬值。
8. 一国 2000 年记录了以下数据：汽车出口 100 美元，玉米出口 150 美元；石油进口 150 美元，钢铁进口 75 美元；游客海外支出 25 美元；私人向外国贷款 50 美元；私人从外国借款 40 美元；官方储备变动（中央银行购买）了 30 美元的外汇。计算其中的统计误差，并将其归入私人对外国的贷款。设制一个类似表 29-2 的国际收支平衡表。
9. 考虑下面三种汇率制度：古典的金本位制，自由浮动汇率和布雷顿森林体系，从以下几个角度对照比较这三种制度：
   a. 政府和市场在决定汇率中的作用。
   b. 汇率不稳定的程度。
   c. 国家间相对价格的调整方式。
   d. 在决定汇率时对国际合作和咨询的需要。
   e. 建立和维持极端不合适的汇率联盟的潜在可能性。
10. 考虑欧洲货币联盟。列举支持和反对的理由。你认为应该对货币联盟提出哪些建议？如果这个问题是关于美国的，你的答案会改变吗？

# 第 30 章

# 开放经济的宏观经济学

砌一堵墙之前，我该问清楚，
围在里面的和留在外边的
都是些什么……

——罗伯特·弗洛斯特

国际性的商业周期对世界上每一个国家都会产生巨大的影响：美国的货币政策可能会导致南美的萧条、贫困和革命；中东的政治动荡可能会引起石油价格的飞涨，从而使整个世界经济进入衰退；革命、战争或债务拖欠等问题都可能对股票市场产生冲击，使全球商业信心动摇。无疑，忽视国际贸易就意味着在经济竞赛中已经输掉了一半。

上一章我们介绍了国际宏观经济学的基本概念：收支平衡、汇率决定以及国际货币体系等。本章我们将继续讨论一国的宏观经济动荡如何影响其他国家的产出和就业，以及国内储蓄、投资和贸易平衡之间的联系。本章还将回顾当今的一些重大国际事件。

## A. 对外贸易与经济活动

### 开放经济中的净出口和产出

开放经济的宏观经济学所研究的是：在国家之间存在着贸易和金融联系的条件下，各经济体的行为逻辑。前一章我们讨论了国际收支平衡表等基本概念，本章我们将从国民收入和产品账户的角度来加深对这些概念的理解。

对外贸易包括进口和出口。尽管美国可以制造自己所需的绝大多数商品，但**进口**（import）数量仍然十分巨大，这些商品和服务由国外提供而在美国国内消费。**出口**（export）是指在国内生产而被别国购买的商品和服务。

**净出口**（net export）定义为出口的商品和服务减去进口的商品和服务的净值。2002 年美国的净出口为负的 4 240 亿美元，即 10 150 亿美元的出口减去 14 390 亿美元进口的余额。当一个国家的净出口额为正数时，它等于是在积累自己在国外的资产。与净出口相对应的一个概念是**对外净投资**（net foreign investment），它表示一国在国外的净储蓄，并且大致等于净出口的价值。由于美国的净出口为负，净对外投资也为负，这就意味着美国的外债在增加。

2000 年，美国的净出口为负，这意味着美国从国外借款，因此净对外投资为负。换言之，外国人对美国投资做了重大贡献。于是，为什么富庶的美国竟然会欠如此多的外债呢？这种令人困惑的现象可以用美国的低储蓄率和国内高投资率来解释，而这又是以美国经济长期繁荣和技术革新的不断进步为动力的。

在一个开放的经济中，一国的支出可能会不同于其产出。国内支出（有时称国内需求）等于消费加国内投资再加政府采购。它与国内总产出（或国内生产总值 GDP）有两点不同。第一，国内支出的一部分用于购买外国生产的产品，这些项目称为进口（用 *Im* 表示），如购买墨西哥的石油和日本的汽车。第二，美国国内产出的一部分将以出口形式（以 *Ex* 表示）销往国外，如向国外出售小麦和波音飞机。国内产出与国内支出之间的差额就等于出口减去进口，即净出口，$Ex - Im = X$。

为计算美国的商品和服务的总产出，我们不仅需要考虑国内需求，而且也需要考虑贸易因素。这就是说，我们既要知道美国为本国居民所提供的总产出量，也要知道国外的净购买量。因此，总产出必须包括国内支出（$C + I + G$）加上销售到国外的数量（*Ex*），再减去国内从国外的购买量（*Im*）。从而，总产出数量或 GDP，等于消费、国内投资、政府购买和净出口之和。

$$国内总产出 = GDP = C + I + G + X$$

### 贸易和净出口的决定因素

是什么因素决定出口和进口的水平，从而决定净出口的数量呢？我们不妨将影响净出口的进口因素和出口因素分开来加以考查。

先从进口开始。美国的进口量与美国的收入、产出呈正相关关系。当美国的 GDP 上升时，进口将随之上升，这是因为（1）$C+I+G$ 的增量中有一部分是外国产品（如汽车和鞋子），（2）美国使用了外国制造的投入品（如石油和钢铁）来生产自己的产品。此外，进口需求取决于外国产品和本国产品的相对价格。比如说，由于美元升值，美国生产的小汽车的价格相对于日本生产的小汽车价格升高了，那么美国人将会更多地购买日本的小汽车，而较少购买美国的小汽车。因此，**进口的数量和价值将受到本国产业以及本国和别国产品相对价格的影响。**

出口好比进口的镜像：美国的出口就是其他国家的进口。因此，美国的出口主要取决于其贸易伙伴的产出，以及美国的出口品相对于竞争对手的产品的价格。当其他国家的产出上升时，或者，当美元的汇率下降时，美国的出口量和出口额就趋于增长。

图 30–1 显示的是净出口在 GDP 中所占的比率。二战以后，由于美国根据马歇尔计划支持欧洲重建，所以出现了巨额贸易顺差。在二战后的很长一段时期内，美国的对外账户是平衡甚至是盈余的。20 世纪 80 年代早期，美国的国内储蓄锐减，再加上联邦预算赤字增加等因素，曾导致美元出现了大幅度的升值；同期国外经济增长慢于美国国内经济的增长；这些都曾抑制了美国的出口。其结果是美国出现了巨额的贸易赤字，美国的外债也同时急剧增长。贸易赤字到底是一件好事还是一件坏事呢？2000 年，总统经济顾问委员会在一篇经济文献中对美国的贸易赤字问题进行了如下分析：

> 对外贸易和经常账户赤字自身并不存在一定好或一定坏的问题。关键在于造成赤字的原因。今天，美国赤字产生的主要原因似乎来自于美国经济的扩张，而同时，其他国家的经济增长则又出现了缓慢甚至负增长的现象……这些赤字从根本上说，是一种宏观经济的现象，所反映的问题是国内的投资率高于国内的储蓄率。赤字的增长……更多地是反映了投资的增长而不是储蓄的下降。[1]

## 贸易对 GDP 的短期影响

一国贸易流量的变动如何影响其 GDP 和就业？我们将这个问题先放入短期产出决定模型的框架内，即第 25 章的乘数模型中进行分析。乘数模型显示，短期内，当存在闲置资源时，贸易的变化将影响总需求、总产出和就业。

考虑到国际贸易的存在，有关上述分析的新因素主要有两个：首先，支出有了第四个组成部分——净出口，它被添加到了总需求之中。第二，由于有一部分支出会漏出到世界上的其他地方去，因而在开放经济中，私人投资和政府国内支出的乘数就会不同。

表 30–1 显示的是引入净出口对产出决定的影响。该表从那些与封闭经济相同的成分开始（见表 25–2，复习总支出的构成）。第（2）栏的国内总需求由我们以前分析过的消费、投资以及政府采购构成。第（3）栏加入商品和服务的出口额。如上所述，这些都依赖于国外的收入和产出水平，以及价格和汇率水平，所有这些都被视作由模型以外的因素决定。出口额假定不变，为 2 500 亿美元，它是外国对本国商品和服务的购买支出。

有趣的新数据是进口额，见第（4）栏。像出口一样，进口取决于价格和汇率这类外生变量。此外，进口还取决于本国的收入和产出，而它们在表 30–1 的不同行列中的数额明显不同。为简便起见，我们假定进口量始终占本国总产出的 10%。因此，第（4）栏的进口量就是第（1）栏

[1] 参见本章“补充读物”中的《2000 年总统经济报告》，第 231~235 页。

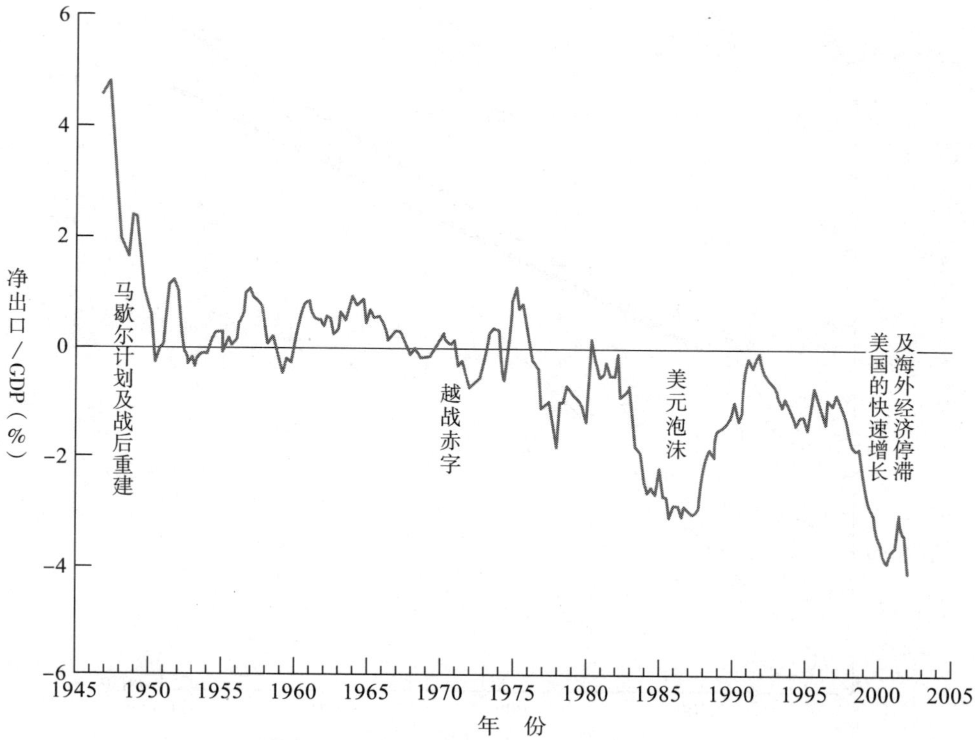


**图 30–1 20 世纪 80 年代美国净出口的迅速下降**

二战后，美国帮助欧洲重建时其国际贸易存在大量的盈余。注意：在 20 世纪 80 年代初，随着国内储蓄急剧下降和美元的升值，美国的净出口是怎样快速地下降成负数的。而到了 20 世纪 90 年代后期，在国内经济增长强劲，外国经济出现衰退的情况下，美国的净出口又再一次出现下降。

| 存在对外贸易的产出决定（10 亿美元） | | | | | | |
|---|---|---|---|---|---|---|
| (1)<br>GDP 的初始水平 | (2)<br>国内需求<br>($C+I+G$) | (3)<br>出口<br>($Ex$) | (4)<br>进口<br>($Im$) | (5)<br>净出口<br>($X=Ex-Im$) | (6)<br>总支出<br>($C+I+G+X$) | (7)<br>导致的经济趋势 |
| 4 100 | 4 000 | 250 | 410 | −160 | 3 840 | 收缩 |
| 3 800 | 3 800 | 250 | 380 | −130 | 3 670 | 收缩 |
| **3 500** | **3 600** | **250** | **350** | **−100** | **3 500** | 均衡 |
| 3 200 | 3 400 | 250 | 320 | −70 | 3 330 | 扩张 |
| 2 900 | 3 200 | 250 | 290 | −40 | 3 160 | 扩张 |

**表 30–1 净出口加到经济的总需求中**

对于国内需求 $C+I+G$，必须加入净出口 $X=Ex-Im$，以求得与该国产出相应的总需求。注意净出口额增加具有与投资和政府购买一样的乘数作用。

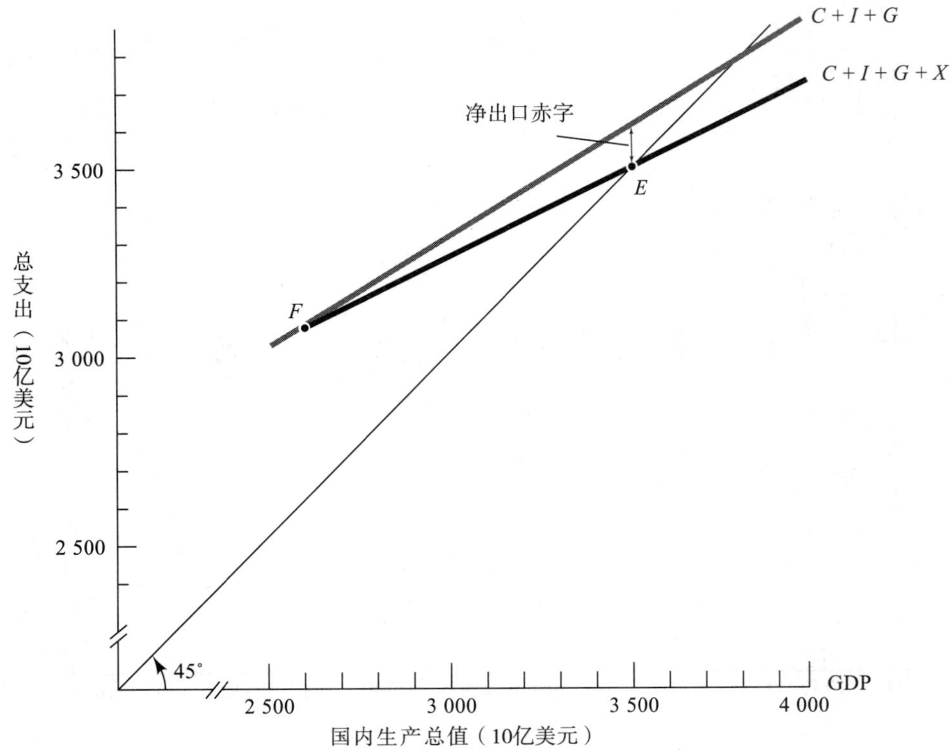


**图 30–2 在开放经济条件下，净出口加国内需求得到均衡的 GDP**

$C+I+G$ 代表国内需求，由本国的消费者、企业和政府采购决定，在这条线上必须加进对外净支出。净出口加上国内需求就得到了总支出线，在 $E$ 点达到均衡，此时 GDP 等于对美国商品和服务的总支出。注意，总需求曲线 $C+I+G+X$ 的斜率小于国内需求曲线 $C+I+G$ 的斜率，这反映了支出向进口的漏出。

的 10%。

用第（3）栏减去第（4）栏，就得到第（5）栏的净出口额。当进口额超过出口额时，它是一个负值；而当出口额大于进口额时，它是一个正值。第（5）栏的净出口额是对外贸易带来的支出流量的净增加额。第（6）栏的基于国内产出的总支出正好等于第（2）栏的国内需求加上第（5）栏的净出口。在一个开放的经济中，均衡产出将位于这样一个水平：第（6）栏的国内外净支出总额正好等于第（1）栏的国内总产出。在这个例子中，当净出口额正好为–100 时，即该国进口大于出口时，经济才处于均衡状态。还应该注意到，在这种均衡状态下，国内需求大于国内产出。（确信自己能够解释：为什么当支出量不等于产出量时，经济就不会处于均衡状态。）

图 30–2 说明了开放经济的均衡。向上倾斜的黑线 $C+I+G$ 在前文曾出现过。我们必须在这条线上加入对应于每一 GDP 水平的净出口量。将表 30–1 中第（5）栏的净出口额加入后，我们就得到全部的总需求或总支出线 $C+I+G+X$。图中，$C+I+G+X$ 线处于 $C+I+G$ 线的下方时，进口大于出口，净出口值为负。当 $C+I+G+X$ 线处于 $C+I+G$ 线上方时，该国有净出口或贸易盈余，国内产出量大于需求量。

均衡 GDP 出现于总支出线 $C+I+G+X$ 与 45°线的交点。与表 30–1 所显示的均衡 GDP 正好处于同样的水平，即 35 000 亿美元。只有在 35 000 亿美元这一水平上，GDP 才正好等于消费者、企业、政府以及外国人想要消费的美国商品和服务的数量。

## 边际进口倾向与支出线

注意在图 30–2 中，总需求曲线 $C+I+G+X$ 的斜率略小于国内需求曲线 $C+I+G$ 的斜率。对此的解释是，存在着一个由于增加进口而增加支出的漏出量。这个新的漏出量是由于我们假设每1美元收入中有10美分要用于购买进口品而产生的。为说明这一点，需要引入一个新概念，即边际进口倾向。**边际进口倾向**（marginal propensity to import）用 *MPm* 表示，指 GDP 每增加1美元时进口品增加的数额（用美元计值）。

边际进口倾向与边际储蓄倾向（*MPS*）密切相关。回忆一下 *MPS*，它是指收入所增加的 *1* 美元中，有多大一部分未被消费而是漏进了储蓄。同理，边际进口倾向告诉我们，所增加的总产出和总收入中有多少花在了进口之上。举例来说，*MPm* 是 0.10，则意味着每增加 3 000 亿美元的收入，进口就相应增加 300 亿美元。（不考虑对外贸易时，经济中的边际进口倾向是多少？答案为 0。）

再回到图 30-2，让我们考查一下总支出线（即表示为 $C+I+G+X$ 的总支出量）的斜率。注意总支出曲线的斜率小于国内需求曲线 $C+I+G$ 线的斜率。当 GDP 和总收入增加 3 000 亿美元时，消费支出的增加量等于收入的增加量乘以 *MPC*（假设为 2/3），也就是等于 2 000 亿美元。与此同时，对进口品或者说对外国产品的支出量也增加 300 亿美元。因此，对本国产品支出的增加量仅为 1 700（=2 000−300）亿美元，因而总支出曲线的斜率就由封闭经济中的 0.667 下降到开放经济中的 1 700 亿美元/3 000 亿美元 = 0.567。

## 开放经济的乘数

令人惊讶的一点是，一国开放其经济会降低其乘数。

理解开放经济支出乘数的一个方法是：累计政府开支、投资或净出口每增加1美元所引起的一轮接一轮的支出和再支出。例如，假设德国需要购买美国的计算机，以更新原东德地区过时的设备。用在购买美国计算机上的支出每增加1美元，将使美国的收入增加1美元，而这1美元的收入中有 2/3 美元（或 0.667 美元）将被美国人用于消费。然而，由于边际进口倾向为 0.10，因此增加的每1美元收入中的 1/10，或者说 0.10 美元将要花费在外国的商品或服务上，从而使花费在本国产品上的消费支出只有 0.567 美元。这 0.567 美元的对本国产品的支出将使美国的收入增加 0. 567 美元，增加的 0.567 美元的收入中，又有 0.567×0.567 美元=0.321 美元会用于下一轮在本国商品和服务上的支出。这样，总产出的增加，或者说开放经济的乘数将是：

$$\begin{aligned}\text{开放经济乘数} &= 1+0.567+(0.567)^2+\cdots\\ &= 1+(2/3-1/10)+(2/3-1/10)^2+\cdots\\ &= 1/(1-2/3+1/10)=1/(13/30)=2.3\end{aligned}$$

这与封闭经济中的乘数 $1/(1-0.667)=3$ 的差别显然比较大。

还有一种计算乘数的方法：在我们最简单的模型中，乘数为 1/*MPS*，这里的 *MPS* 为边际储蓄倾向，或者说是支出向非消费项目（储蓄）的“漏出”。前面曾经提到，进口是另一种形式的漏出。每1美元额外收入的总漏出量是漏向储蓄的数量（*MPS*）与漏向进口品的数量（*MPm*）之和。这样，开放经济中的乘数就应该是：$1/(MPS+MPm)=1/(0.333+0.1)=1/0.433=2.3$。注意，用漏出量分析和用轮数分析所得到的结果完全相同。

小结：

> 在开放经济中，由于收入的任一增加中都会有一部分向进口品漏出，因此，**开放经济的乘数**（open-economy multiplier）势必略小于封闭经济的乘数。其精确关系为：
>
> $$\text{开放经济的乘数}=\frac{1}{(MPS+MPm)}$$
>
> 其中 *MPS*=边际储蓄倾向，*MPm*=边际进口倾向。

# 宏观经济政策和汇率制度

此前，我们对经济周期和经济增长的分析，主要集中在封闭经济方面。我们分析过货币政策和财政政策如何稳定经济周期，以消除通货膨胀的“波峰”和摆脱产出的“低谷”。现在，在一个开放的经济中，宏观经济政策又是如何变动的呢？令人惊奇的是，这个问题的答案，竟然取决于一国所实行的汇率制度是固定的还是浮动的。

讨论中我们将关注那些高收入国家，这些国家——包括美国、加拿大、英国和德国等——的金融市场之间存在密切的联系。如果金融投资可以自由地出入于这些国家，且对金融投资的管制又很少，则我们就说，这些国家拥有高度的金融资本流动性。

***固定汇率制*** 那些实行固定汇率制且拥有高度资本流动性的国家有个十分重要的特征，即它们彼此间的利率必须保持密切的联系。这样的两个国家间的任何利率差异都会吸引投机者卖出一种货币并买入另一种货币，直至利率达到同一水平。

考虑一个小国将其汇率钉住某一大国货币时的情况。因为小国的利率将由大国的货币政策决定，所以小国将不能再实行独立的货币政策。小国的货币政策必须保证该国利率与其钉住伙伴的利率水平相一致。

因此，在这种情况下，宏观经济政策才会出现此前乘数模型中所讨论过的情况。从小国的角度看，投资是外生变量，因为它取决于世界利率。而此时财政政策将非常有效，因为货币市场将不会对 $G$ 或 $T$ 的变动做出反应。

***浮动汇率制*** 在这里要注意的一点是，浮动汇率制下，宏观经济政策的运作方式与固定汇率下截然不同。在浮动汇率制下，货币政策变得行之有效起来。

让我们以美国为例，近 20 年来，随着经济的日益开放和汇率机制的变化，美国的货币传导机制也在不断地演变。目前，国际贸易和国际金融开始在美国的宏观经济政策中起着重要的作用。

说明浮动汇率制下宏观经济政策运行的一个最好的例子，是 1979~1982 年间联邦储备当局紧缩通货的情况。货币紧缩导致美国的利率上升，这使得更多的资金投入到美元证券上。美元需求的增加推动美元的汇率上升（回顾图29-5）。此时，乘数机制开始发生作用。美元的高汇率减少了净出口，并经由前文讨论过的途径导致 1981~1983 年的美国经济大衰退，其净效果是降低了实际 GDP。

当一国实行浮动汇率制的时候，对外贸易确实为货币传导机制铺垫了另一条道路。货币政策通过利率影响到汇率、净出口和国内投资。紧缩型货币政策会使汇率升值并引起净出口的下降（扩张型的货币政策正好起到相反的作用）。利率对净出口的影响强化了它对国内投资的作用，即紧缩银根会降低产出和价格水平。

## 1980~2003 年间的贸易与经济活动

当今世界，各国间的贸易金融联系日益紧密，对外贸易对国内的产出和就业有着很大的影响。由图 30-3 可见，美国净出口的低谷主要分为两个时期：20 世纪 80 年代早期和 1995~2001 年。每个时期都有助于我们理解国际贸易

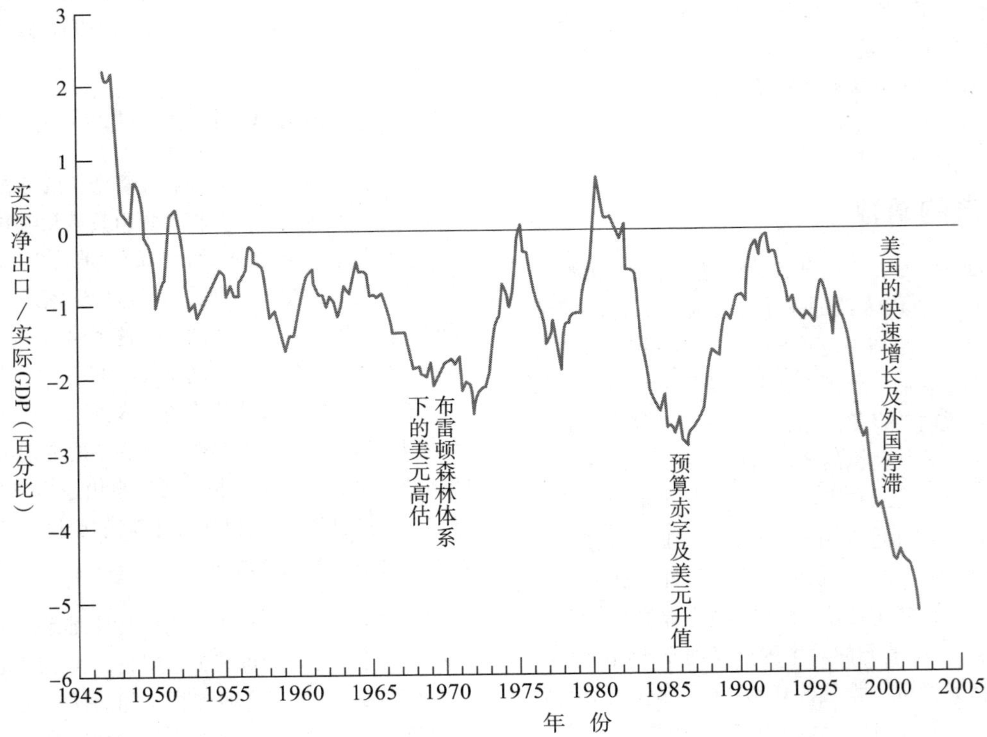


**图 30-3 净出口是否损害经济取决于国内需求**

随着美元的强劲升值以及外国经济增长的变缓，美国的实际净出口在 20 世纪 80 年代初出现了迅速下降。这一逆转造成了总支出 $C + I + G + X$ 的大幅度下降，并参与引发了一场半个世纪以来最深刻的经济衰退。1995 年后，贸易赤字的增大适应了国内需求的大幅度增长，缓和了国内的产出增长和价格膨胀。

资料来源：U.S. Department of Commerce.

对于国内经济运行的作用。

***20 世纪 80 年代高估了的美元***　在整个 80 年代，美元经历一场戏剧性的升值和贬值。1980 年美国采取了紧缩的货币政策和宽松的财政政策，导致了美元利率急剧上升，美元随后开始升值。国内的高利率和国外经济的不稳定吸引着各国更多地持有美元。由图 30–4 可见，从 1979~1985 年初这段时期中，美元的汇率竟升高了 80%。到 1985 年，许多经济学家都深信美元的确已经被高估。货币高估指的是：一种货币的价值高于其长期的或可持续的水平。

随着美元的升值，美国的出口品价格上涨而进口品价格则下跌。从 1980~1985 年，进口商品和服务的价格下跌了 6%，而以外币表示的出口品的价格则上升了 80%还多。因此，进口数量上升了 51%，而出口数量仅上升 2%。

由图 30–5 可见美元升值对贸易流所产生的影响。从 1980 年的高峰到 1986 年的低谷，实际净出口下降了 1 580 亿美元，这相当于 1983 年 GDP 的 3%。

净出口急剧下降本身就是收缩性的。雪上加霜，这个贸易冲击又加剧了因紧缩性货币政策所导致的需求不足，结果导致了一场 50 年来最为深刻的衰退。

***1995~2001 年的反周期贸易***　20 世纪 90 年代后期，美国经济所展现的是一种同早期相反的令人欢欣的态势。1995 年之后，较低的实际利率和繁荣的股票市场带来了美国国内需求，特别是私人投资的快速增长，失业率急剧下降。外国对美国资产需求的快速增加导致了美元急剧升值。

在这个时期，美元升值对宏观经济的影响是积极的。由于美国经济实现了充分就业，此时进口品价格下降、净出口减少，外贸部门的紧缩对经济过热起到适当的抑制作用。如果当时美元是贬值而不是升值，外贸部门必定会扩张，美国经济就会出现通货膨胀，联储就有必要采取紧缩的货币政策来控制经济过热。因此，20 世纪 90 年代末美元升值和净出口的减少对于宏观经济调控当局来说，真可谓是一件求之不得的事情。

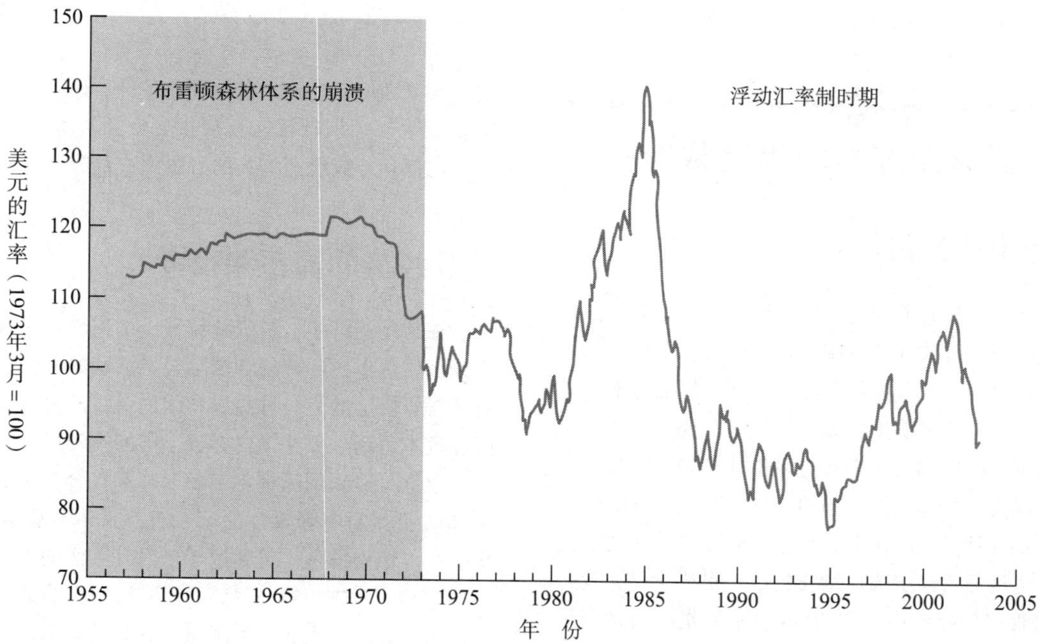


**图 30–4　美元的汇价**

在固定汇率（布雷顿森林体系）时期，外汇市场上美元的价值是稳定的。而后，在 1973 年美元改为浮动汇率制，美元的价值不再稳定。20 世纪 80 年代早期，由于美国实行紧缩性的货币政策，利率提高，推高了美元的汇价。到 20 世纪 90 年代后期和 21 世纪早期，美国利率的提高以及日本经济和欧洲经济的停滞，导致了美元的升值和 2003 年出现的小规范的经济泡沫。

*资料来源*：Federal Reserve System, at www.federalreserve.gov/releases/h10/summary/.

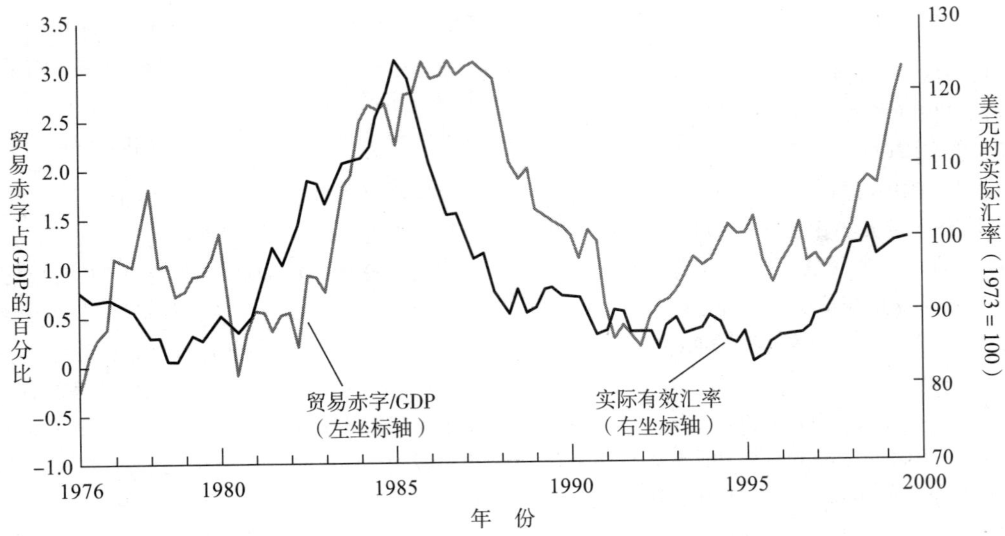


**图 30–5 贸易与汇率**

汇率变动会对贸易产生影响，但存在一个时滞问题。20 世纪 80 年代，美元实际汇率的上升提高了美国的出口品价格，降低了进口品价格，结果贸易赤字大幅度上升。1985 年美元贬值后，贸易赤字才开始下降。近期，美国的经常账户赤字上升，原因是美元的升值和其他国家经济增长减速。

资料来源：Council of Economic Advisers，*Economic Report of the President*，*2000*.

## B. 全球经济中的相互依存

### 开放经济中的经济增长

前面已经分析过开放经济中国际贸易和政策变动的短期影响，这些对于开放经济克服失业和通货膨胀都极为重要。但各国还需要关注其政策对经济长期发展的影响。尤其对小国来说，关注经济增长政策肯定是首要的问题。有时，也可以将美国内部的一个独立单位（例如一个州或一个大都市）视为实行固定汇率制的小型的开放经济实体。

正如我们在第 27 章中所见到的，经济增长其实包括很多方面。也许促进经济快速增长的惟一重要途径，就是确保高的储蓄率和投资率。图 30–6 显示的是国内投资率与人均 GDP 增长率之间的联系。下面，我们先考查开放经济中储蓄和投资的决定。

但是，经济增长所牵涉到的不仅是资本，它还要求采取最好的工艺技术，从而尽可能逼近技术可能性边界；为培育投资和培养企业家精神创造条件；还有一些因素，如贸易政策、知识产权、直接投资政策以及宏观经济气候等，也都是开放经济增长的必要组成部分。

### 开放经济的储蓄和投资

在封闭经济中，投资总额等于国内储蓄总额。而当一个经济体从事国际贸易和国际金融活动的时候，它也就拥有了投资资金的另一种源泉和国内储蓄的另一个出口——国际资本市场。那些国内有着丰富的投资机会但缺乏资金的国家，可以到国际资本市场上筹集资金。历史上，拉丁美洲或亚洲的中等收入国家一直都从国外借款以融通资金。令人惊讶的是，美国近年也因其巨额的投资和较低的国内储蓄，而成为对外国储蓄很有吸引力的地方。

另一方面，也有一些国家拥有高储蓄率但却缺乏高回报的国内投资机会。19 世纪的英国和近年来的日本都曾向资本缺乏的国家提供过大量的资金。不妨先回顾储蓄—投资的关系，然后讨论储蓄在各国之间的分配机制。

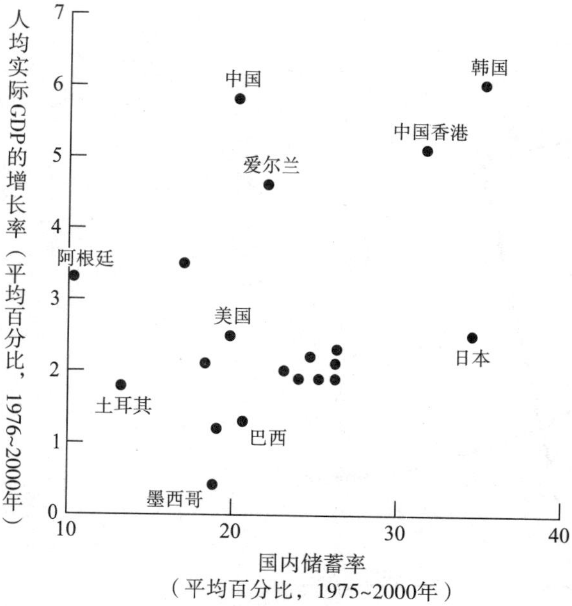


**图 30–6　国内投资和经济增长**

拥有高储蓄率和高投资率的国家也有着高于平均水平的人均经济增长率，从长远看，提高储蓄和投资是经济不断增长的最为安全有效的途径。

资料来源：World-Penn tables.

### 开放经济中的储蓄—投资关系

回顾我们在第 21 章中所讲过的储蓄—投资公式：

$$I_T = I + X = S + (T-G)$$

公式表明，一国的总投资 ($I_T$) 包括国内投资 ($I$) 加上国外净投资或净出口 ($X$)。总投资必须等于所有居民和企业的私人储蓄 ($S$) 与体现为政府盈余的公共储蓄 ($T-G$) 之和。

将公式进行整理，以突出净出口因素：

$$X = S + (T - G) - I$$

或：

净出口 = 私人储蓄 + 政府储蓄 − 国内投资

这个重要的公式表明，净出口是国内储蓄和国内投资的差额。近几十年来美国国内投资总额及构成情况见表 30–2。

| NNP 的储蓄与投资百分比 | 1959~1981 年 | 1982~1997 年 | 1998~2002 年 |
|---|---|---|---|
| **净国民储蓄** | **10.7** | **5.6** | **5.3** |
| 净私人储蓄 | 10.7 | 9.2 | 4.6 |
| 净政府储蓄 | 0.0 | −3.5 | 0.6 |
| **净国民投资** | **10.0** | **5.1** | **6.3** |
| 净私人投资 | 8.9 | 6.4 | 7.1 |
| 净政府投资 | 2.1 | 1.4 | 1.3 |
| 净外国投资 | 0.4 | −1.7 | −4.1 |
| 统计误差 | 0.7 | 0.5 | −1.0 |

**表 30–2　贸易余额与净外国投资是国内储蓄和投资的一部分**

1982 年开始出现巨额预算赤字后，国内储蓄和投资被挤压。大约一半的挤压效应是由较低的国内投资引起的，剩下的则来自贸易和净出口赤字。1997 年之后政府预算状况有所好转，但私人储蓄急剧下降，因而国内净投资变化不大。

资料来源：Bureau of Economic Analysis.

## 充分就业条件下储蓄和投资的决定

我们需要进一步探讨上述等式，以了解开放经济中导致储蓄和投资相一致的机制。短期中储蓄和投资相等，是对图 30–2 所显示的乘数机制的一种反映。

此外，我们还希望知道在充分就业和价格灵活可变的古典经济条件下，储蓄和投资在长期中是如何决定的。为此，我们假设一个最简单的情况，即没有通货膨胀问题或不确定的因素。我们先考虑封闭经济，然后再拓展到对开放经济的分析。

***封闭经济***　在一个封闭经济中，我们知道投资必须等于私人储蓄加上政府盈余。我们假设税收、政府支出以及私人储蓄都是与利率相独立的因素。因此，在充分就业条件下，国内总储蓄（公共的和私人的）是一定的。

相反，正如我们在第 22 章中所讨论过的，投资对于利率十分敏感。利率升高将会减少对房地产和其他基础设施的投资。因此我们将投资写成 $I(r)$，以表明投资取决于实际利率 $r$。

图 30–7 说明在一个充分就业的封闭经济中，国民储蓄和投资如何达到均衡。储蓄和投资状况决定了一个具有健康的储蓄和投资水平的利率 $r^*$。

假定政府增加购买，增加财政赤字或减少财政盈余，则储蓄曲线左移至 $S + T - G'$。结果实际利率上升，使储蓄和投资再次达到均衡，投资水平下降。这就告诉我们，

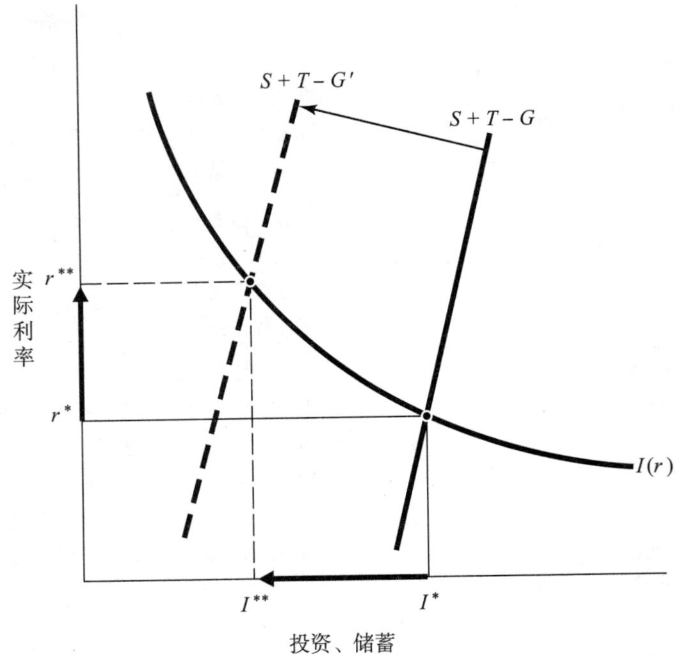


**图 30–7 封闭经济中的储蓄和投资**

投资与实际利率呈负相关关系，而私人储蓄和公共储蓄对利率却反应迟钝。均衡的储蓄和投资出现在 $r^*$ 点。假设政府购买增加，从而政府赤字增加，公共储蓄减少。其结果是使国内储蓄曲线向左移至 $S+T-G'$，把市场利率提高到 $r^{**}$，并使国内储蓄和投资减少到 $I^{**}$。

在一个充分就业的封闭经济中，政府财政赤字的增加如何降低了投资水平。

*开放经济的储蓄* 一个开放的经济拥有投资的其他来源和储蓄的其他用途。我们将以图 30–8 中拥有高度金融资本流动性的小国的开放经济为例做进一步说明。一个小的开放经济必须使其国内利率与国际利率 $r^W$ 相一致。这是因为该国利率规模太小以至于无法影响国际利率，而且由于资本的高流动性，金融资本的流动将会很快拉平国内外的利率。

图 30–8 有助于解释开放经济中的储蓄、投资和净出口的决定。在现行国际利率水平下，国内投资水平在 $A$ 点，即投资曲线和利率的交点。国民总储蓄在总储蓄曲线 $S+T-G$ 上的 $B$ 点。投资储蓄二者的差额用线段 $AB$ 表示，根据储蓄—投资等式，该差额就是净出口。

> 因此，净出口是由国民储蓄和投资之间的余额决定的，也是由国内因素和国际利率水平共同决定的。

下面的讨论进一步深入到一国贸易、储蓄、投资的调节机制。我们发现，汇率在其中起到了至关重要的平衡作用。汇率的变动是调节储蓄和投资的机制。也就是说，汇率变动确保了净出口与国内储蓄和投资差额之间的均衡。[2]

这一分析有助于解释近几年来一些重要国家的储蓄、投资和贸易方式的变化趋势。图 30–8 很好地描述了日本在世界经济中的角色。日本传统上就是一个国内储蓄率很高的国家。然而在最近若干年中，由于国内生产成本升高和相邻的新兴工业化国家的竞争，日本国内的资本收益率开始下降。因此，日本的国内储蓄开始在国外寻找新的出路，结果日本的贸易顺差和净出口额都变得十分巨大。1990 年德国统一之前，类似的趋势也曾经在高储蓄、低投资的西德出现过。

表 30–2 显示的是美国的储蓄和投资的有趣变动。直

[2] 更一般地，当国内和国外商品的相对价格发生变化时，调整就会出现。国内商品相对于国外商品的价格由外汇汇率以及国内外的价格水平共同决定。在浮动汇率制下，调整将通过汇率自身的变化而很快得以进行。在固定汇率制下，两个国家的价格水平将进行调整。相对价格的变动所导致的最终结果和前者一样。

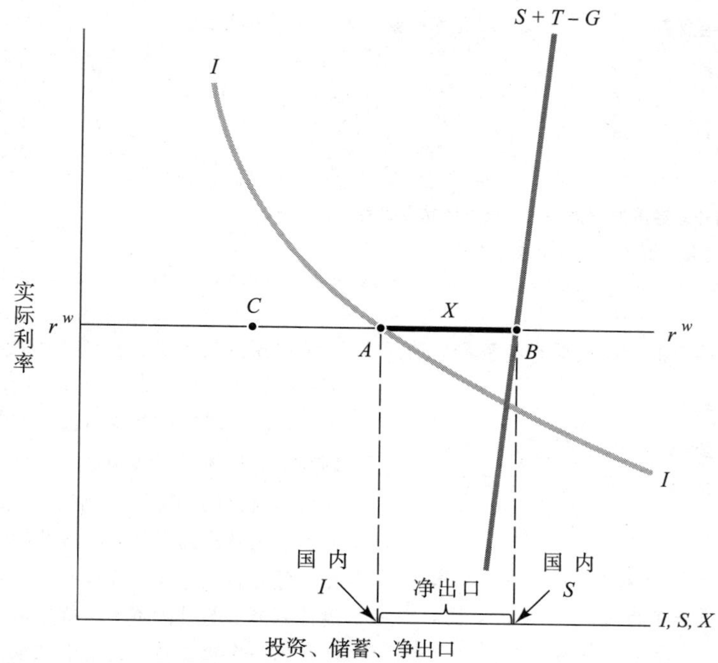


**图 30–8 小国开放经济中的储蓄和投资**

如图 30–7 所示，国内储蓄和投资是由收入、利率和政府财政政策等决定的。但是，具有金融资本流动性的小国开放经济的实际利率则由世界资本市场决定。在相对高的利率水平 $r^W$ 上，国内储蓄超过国内投资，多余的储蓄流向国外更具吸引力的投资市场。不同之处在于净出口或净外国投资 $X$，即现行利率下国民储蓄与国内投资的差额。在过去 20 多年的绝大部分时间里，日本和德国出现的贸易盈余就是由国内的高储蓄与相对匮乏的国内投资机会的相互作用所造成的。

至 1980 年，美国一直有着适度的正的净出口，但是到了 80 年代上半期，美国政府的财政状况迅速向着赤字的方向滑去。你可以在图 30–8 中画一条新的 $S + T' - G'$曲线，交实际利率线于 $C$ 点。这时你可以看到，当政府出现巨额财政赤字时国民储蓄将下降，而国内投资却保持不变，如线段 $CA$ 所示，净出口变成负值。

我们也可以用这种分析来解释，当政府发生财政赤字时，净出口发生变化以提供必要投资这一调节机制。假定一国最初拥有图 30–8 中的净出口盈余，然后政府突然出现了巨额预算赤字。这个变化将会导致储蓄—投资市场失衡，国内利率相对于国际利率上升。而国内利率的上升则会吸引国外资金，并导致该国货币的升值。货币的升值又将引起出口下降和进口增加，或是净出口的降低。这一趋势将持续下去，直至净出口减少足以消除储蓄—投资的差额。

关于小国开放经济的储蓄—投资理论，还有以下一些重要的情况：

- 一国私人储蓄的增加或政府支出的减少将增加国民储蓄，导致图 30–8 中国民储蓄曲线的右移。这将导致汇率的下降，直至净出口的增加足以平衡国内储蓄的增加。
- 如果由于商业条件改进或是一系列的创新推动引致国内投资增加，则会导致投资曲线的移动，并进一步导致汇率的上升，直至净出口的减少足以平衡储蓄和投资。在这种情况下，国内的投资将会挤出外国的投资。
- 国际利率的升高将会降低投资水平，进而导致国内净储蓄增加、汇率降低、净出口增加和对外投资上升。(这种情况将会是一种沿着投资曲线的移动。)

表 30–3 总结的是关于小国开放经济的几个主要结论，并设法确保你能够分析政府财政赤字、私人储蓄、投资和

| 政策变化或外生变量 | 汇率改变 | 投资改变 | 净出口改变 |
|---|---|---|---|
| $G$ 增加或 $T$ 减少 | $e\uparrow$ | 0 | $X\downarrow$ |
| 私人 $S$ 增加 | $e\downarrow$ | 0 | $X\uparrow$ |
| 投资需求增加 | $e\uparrow$ | $I\uparrow$ | $X\downarrow$ |
| 世界利率增加 | $e\downarrow$ | $I\downarrow$ | $X\uparrow$ |

**表 30–3 小国开放经济的储蓄—投资模型的重要结论**

你要确信自己能够理解每一个环节发生的机制。

国际利率下降的情况。这张简单的表以及对它的解释，值得你仔细领悟。[3]

> 每当一国加入世界金融体系时，其经济运行和经济政策领域都会新添一系列的重要因素。主要包括以下几个方面：
>
> - 国外部门会为国内投资多提供一个来源，同时也会为国内储蓄多提供一个出路。
> - 国内储蓄的提高，无论是私人储蓄增加还是公共储蓄增加，都将导致国内投资和净出口的增加。
> - 一国贸易余额更主要的是反映国民储蓄和投资，而不是该国的生产率和财富。
> - 一国对贸易账户的调节，要求国内储蓄或投资做相应变动。
> - 在长期中，贸易账户的调节大致由一国的相对价格变动决定，一国相对价格的变动通常是通过汇率的变化来完成的。

## 促进开放经济的增长

在开放经济中提高产出增长率，远比挥舞魔杖吸引投资者或储蓄者要复杂得多。储蓄和投资环境包含一系列政策，包括稳定的宏观经济环境、对产权的保护，以及最重要的，要有一个可预测的且有吸引力的投资氛围。在这里，我们探讨开放经济如何有效地利用全球市场以促进经济增长的途径。

长期看，提高人均产出和生活水准的一个最重要途径，是确保该国在生产工艺中*采用最实用的技术*。如果对一项错误的技术进行投资，即使投资率很高也没有助益。那里的投资率相当高，但很多投资缺乏考虑，往往无法完工或是投到了生产效率很低的部门。这一点在前苏联的计划经济时代体现得很明显。而且，单个的小国也没有必要从设计自己的涡轮机、机械、电脑和管理系统等研发活动开始。为获得前沿技术，这些国家通常需要与外国公司合作，建立合资企业，而那些外国公司也要求这些国家的制度体系能够与外国资本友好地进行合作。

另一个重要政策是*贸易政策*。有证据表明，一个开放的贸易体系会提高竞争力和促进最实用技术的应用。通过维持较低的关税和其他贸易壁垒，一国可以确保本国企业受到竞争的激励。当本国厂商制定非效率的高价格或倾向于在某一部门形成垄断的时候，该国可以允许外国厂商进入本国的市场。

一国考虑其储蓄和投资的时候，不应该只着眼于有形资本，*无形资本*也同样重要。有研究表明，一个以教育方式进行人力资本投资的国家，经济往往有较好的表现，而且在冲击面前有更强的适应能力。许多国家拥有宝贵的自然资源，如森林、矿产、石油和天然气、渔业和耕地等，必须很好地加以利用，以确保它们能做出最大的贡献。

一国经济增长中最复杂的因素之一是*移民*（移入和移出）。美国历史上曾经吸引了大量的移民，不仅壮大了劳工队伍，而且加强了文化底蕴和科研力量。但是，近年来移民队伍的受教育程度和技术熟练程度已经低于国内劳工的水平。结果，据某项研究表明，移民降低了美国低工资劳工的相对工资。而那些“出口”劳动力的国家，如墨西哥，则经常有稳定的境外劳工收入寄回本国。这也是对他们的国家出口收入的一种补充。

*市场机制*也会产生重大而微妙的影响。最为成功的开放经济，诸如欧洲的荷兰、卢森堡或亚洲的中国台湾和中国香港等，都为投资者和企业家提供了一个安全的环境。这包括建立一整套由法律监督的产权政策。日益重要的是知识产权的发展，发明者和创新者可以由此确知自己将会

[3] 该讨论所涉及的是不能对世界利率产生影响的小国开放经济。而对于像美国这样的大国开放经济而言，其影响将介于小规模经济和封闭经济之间。这一更为复杂的情况在中级教科书中可以查到（参见第 20 章的“补充读物”部分）。

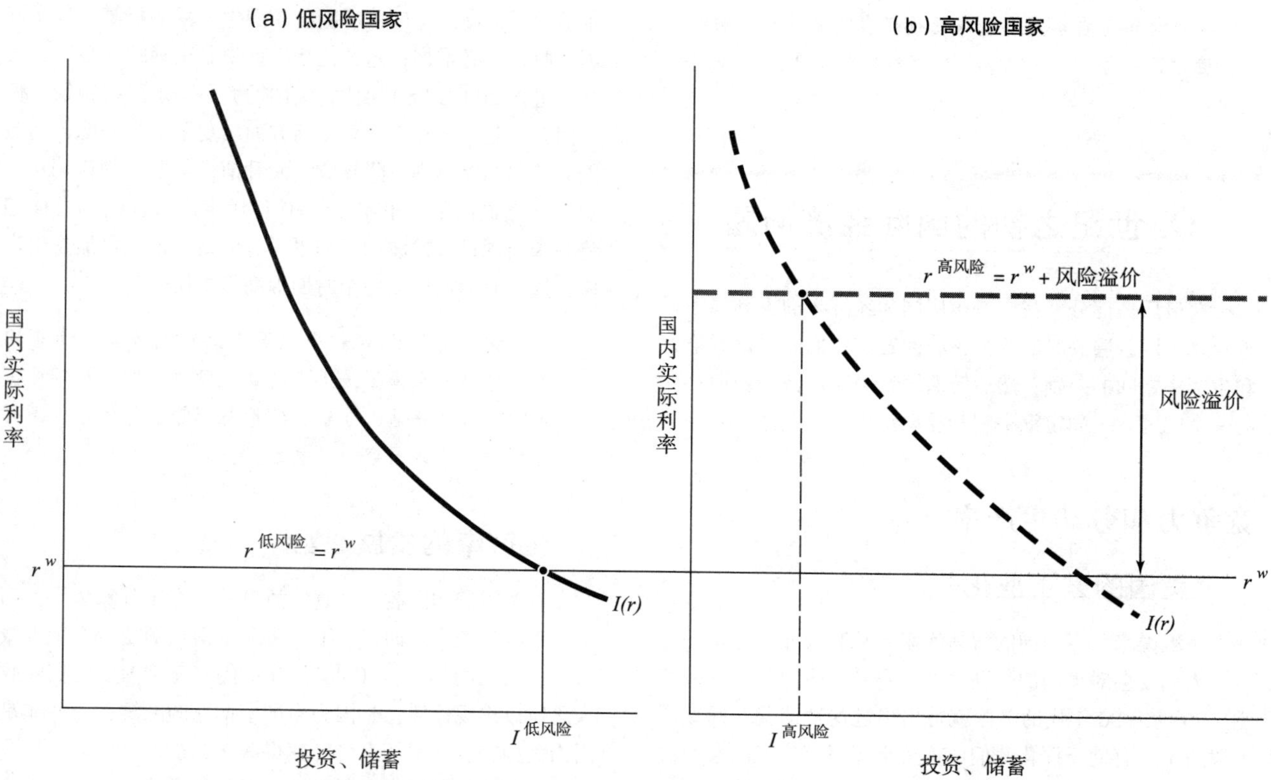


**图 30–9　商业气候影响利率和投资水平**

在（a）中的低风险国家，稳定的经济气候导致较低的国内利率 $r^w$ 和较高的投资水平 $I^{低风险}$。而在高风险的国家，受政治动荡、腐败和经济不确定性的影响，投资者要求其投资有较高的风险溢价，所以该国的国内利率会远远高于国际利率水平。由于外国投资者寻找更安全的投资环境，结果该国的投资水平很低。

从发明创造活动中如何获利。政府还必须不懈地与腐败作斗争。腐败是强加于最有利可图的企业头上的私人税收体系，它带来的是产权的不确定性，并增加成本和抑制投资。

一个稳定的宏观经济气候意味着：税收合理且可以预测；通货膨胀率很低，从而贷款者无需担心通货膨胀会侵蚀他们的投资收益；汇率相对稳定，同时具有可兑换性，以保证资金能够方便且廉价地进入和撤出一国的货币体系。那些提供有利的制度体系的国家可以吸引大量的外资流入。而那些制度不稳定的国家，如俄罗斯或苏丹，可能几乎无法吸引到外资。不仅如此，有时它们还会饱尝资本外逃之苦，即当地的居民将他们的资金转移到国外，以避免税收、征用和贬值。

由图 30–9 可见投资环境对国内投资的影响。（a）图表明一国拥有良好的投资环境，国内利率与国际利率相一致；整体的投资水平很高，且能够吸引到外国资金为本国投资融资。（b）图显示的是一个高风险国家，遭受着革命、高通货膨胀率、不可预测的税收、国有化、腐败以及汇率不稳定等问题的影响。在这个高风险的国家中，较之国际利率，国内利率有很高的“风险溢价”。因而相对于低风险国家 5%的利率水平，这里的实际资本成本将达到每年 10%、20%甚至 30%。高风险国家在吸引国内的和国外的投资方面将会遇到麻烦，其结果是投资水平很低。

在一个开放的经济中，促进经济增长应确保其商业对国内外投资者具有吸引力，因为这些投资者在整个世界经济中拥有广泛的投资机会。政策的最终目的，是在生产性强的各部门和各环节上保持高储蓄率和高投资率，并确保企业能采用最先进的实用技术。达到这些目标需要做到：建立一个稳定的宏观经济环境；确保有形投资和知识产权得到可靠的产权保障；

实现货币可自由兑换，以便投资者能将其利润顺利汇回本国；保持对该国政治经济稳定的信心。

# C. 世纪之初的国际经济问题

在最后一部分，我们将应用国际经济学的工具来考查近年来各国普遍关心的两个核心问题。我们先讨论竞争力和生产率之间的差别；然后转而讨论国际经济中长期存在的一个问题——固定汇率制和浮动汇率制的选择。

## 竞争力和劳动生产率

### “美国的去工业化”

一般说来，当一国的贸易赤字导致其失业率急剧上升时，人们就会对该国的劳动生产率及其竞争力产生一种警觉。20世纪80年代的美国就曾出现过这种情况。回顾那一段历史，有助于深化我们此前关于贸易流决定因素的讨论。

20世纪80年代，美元的高估给美国的涉外经贸部门带来了严重的经济困难，包括汽车、钢铁、纺织和农业在内的产业，由于汇率上升导致其产品价格相对于国外竞争品的价格急剧上升，国际社会对它们产品的需求迅速缩减。随着工厂的倒闭，制造业中心地区的失业率急剧上升，美国的中西部竟成了众人皆知的“铁锈地带”。

许多非经济学专业人士认为，美国的国际贸易问题所体现的实质是“美国正在衰落”。他们还忧心忡忡地认为，由于过度管制、缺乏革新以及管理散漫等，美国的技术领导地位正在逐渐丧失。他们中的一些人还支持美国采取针对日本和西欧的贸易保护主义政策；另一些人则要求对那些受到国际竞争对手围攻的产业实行“产业政策”，以阻止“美国的去工业化”。他们还争辩说，美国人生产薯片，而别人则在制造我们的计算机芯片，这势必会导致美国处于一种非常不利的国际竞争地位。

尽管如此，经济学家们从现实中所看到的却是另外一种表现，即典型的汇率高估症。为理解这种病症的基本原理，我们需要将一国的生产率和竞争力加以区分。竞争力指的是一国商品参与市场竞争的能力，主要取决于国内外产品的相对价格；竞争力明显不同于一国的生产率，后者是以每单位投入的产出量去衡量的。生产率的提高是一国生活水平提高的基础——随着一国生产率的提高，其实际国民收入势必增加，这种说法应该说是正确的。

进入20世纪80年代，美国的竞争力下降得很快，但原因并不是美国在生产率提高方面出现了下降问题，而是因为美国的储蓄率下降导致美元升值，美国的物价相对于贸易伙伴提高了。事实上，80年代生产率提高的总体趋势并未出现过大的波动，如果说有的话，那也可能是生产率在这一时期比以前一个时期提高得更快。

**竞争力的根本来源**：正如比较优势理论所证明的，每个国家都不是生来就缺乏竞争力的。当某些国家的本币被高估、导致其物价与贸易伙伴的物价不再协调时，这些国家的竞争力就会降低。

## 生产率的发展趋势

有关美国实际收入的真实故事并非在于其竞争力，而是在于其生产率。回忆一下，生产率衡量的是每个工人或每单位投入的产出。20世纪90年代之前美国人的实际收入之所以出现停滞，是因为生产率增速的减缓，而并非是因为美国在世界市场上已经变得缺乏竞争力。

竞争力对贸易来说很重要，但与实际收入水平及其增长并无内在联系。20世纪90年代，中国拥有大量的贸易盈余，而美国却背负大量的贸易赤字。但可以肯定地说，这并不意味着美国人将自己的生活水平拱手让给了中国人。在国际市场上，竞争力的缺乏源自一国价格与其贸易伙伴的价格不协调，而与一国生产率相对于其他国家生产率的状况并无必然联系。

麦肯锡全球问题研究所所做的一项富有启迪的研究表明，1990年日本的制造业生产率比美国低17%，德国比美国低21%。[4] 不仅如此，研究所涉及的九个制造业部门中，美国有四个保持生产率领先的地位，它们是：计算机、肥皂和洗涤剂、啤酒以及食品。日本工人在汽车及其零部件、金属制造、钢铁和家用电器生产方面比美国工人的生产率高。在所调查的产业中，德国工人未在任何一个产业中拥有最高的生产率。实际上，在20世纪80年代德国的生产率相对于美国来说是下降的。

该所还根据它们所调查的九个产业部门的情况，分析了主要国家的生产率出现差异的根源。其结果是令人感到惊奇的：

---

[4] 参见本章结尾处“补充读物”部分。

- 规模经济和制造技术在一些产业中作用并不大。
- 奇怪的是，劳工的技术和受教育水平也并不重要。这在三个国家基本上都一样。
- 在相同的产业部门中，不同公司之间存有巨大的生产率差异，经理们可以通过采用最实用的技术，在所有的产业中大大提高生产率。

麦肯锡有关国家之间生产率差别的研究所强调的是竞争和外部导向的重要性。国家所采取的政策中的一个很重要的方面就是促进国内企业同该产业部门世界领先企业展开竞争。那些由生产率最高的国家所进行的对外直接投资（比如日本的汽车生产转移到美国），通过引进先进技术和刺激竞争，有助于生产率的戏剧性提高。

> 通向高生产率进而高生活水平的必由之路是：向国际市场开放国内产业，并允许同那些已经使用最先进技术的公司展开强有力的竞争。

## 欧洲货币体系的演进

理想的汇率体系应该使得相对价格具有高度的可预测性，同时保证经济在面临冲击时能够平稳地进行调整。在一个运行良好的体系下，人们可以在他国进行贸易活动或投资，而不用担心汇率会发生突然性的变动，从而使他们立即变得无利可图。在布雷顿森林体系时代，这种理想状态似乎曾经一度得以实现。在该体系下，汇率没有频繁变化，且产出和贸易都曾出现了迅速的增长。

然而，从 20 世纪 90 年代初至今，固定汇率体系所带来的更多的是不稳定性，而不是稳定性。固定汇率体系一次又一次遭到了国际投机的猛烈攻击，并辐射和殃及到全球的经济，如：1991~1992 年欧洲危机、1994~1995 年墨西哥危机、1997~1998 年东亚金融风暴，以及 1998~2002 年拉丁美洲的金融危机。

对西欧来说，对弹性汇率制度的批判比其他国家更为持久更深刻。最终欧盟国家选择了固定汇率体系，并大胆迈出了一步，即通过欧洲货币联盟将欧盟各国经济命运联系起来，创造了共同的货币——欧元。

### 欧洲货币体系：欧洲布雷顿森林体系

1973 年布雷顿森林体系崩溃之后，西欧几个国家共同创立了一个固定汇率体系，即欧洲货币体系（EMS）。固定汇率和开放国界意味着参加国必须放弃对本国利率的控制权。如果法国的汇率钉住的是德国，则在国内自由市场上，法国法郎的利率就不能和德国马克的利率相差太大。

固定汇率货币区内的国家对货币政策控制权的丧失，在正常情况下不会是致命的。但在遭遇危机的时候，共同的利率就可能会导致不同国家的通货膨胀率和失业率出现差距，那些经济面临衰退的国家就有可能产生让本国汇率贬值的动机。这也是 1989~1993 年欧洲所发生的事情。其结果，整个的欧洲货币体系几乎陷于瘫痪，并由此最终促成了欧洲货币联盟的诞生。

欧洲货币体系危机的第一个关键因素是 1990 年的两德统一。随之而来的是，德国因补贴原东德工业而导致其财政政策急剧扩张，西德的支出扩张进一步造成了通货膨胀率的升高。德国中央银行为抑制国内需求而不得不提高利率，从而货币政策被用于干预和管理国内的宏观经济。与国内的经济问题相比，这些举措对贸易伙伴的国际影响在德国当局看来，显然是处在次要地位的。

面对上升着的德国利率，欧洲货币体系中的其他国家也不得不跟随着提高利率，以阻止其货币对德国马克的贬值，并防止汇率波幅超出所规定的范围。于是，许多国家都发现自己的汇率出现了高估。利率的上升，加上世界性的衰退，还有原计划经济国在转型过程中产出急剧下降等问题，都共同地将德国以外的欧洲推进了一场愈益深重的经济衰退之中。

**固定汇率制的内在根本冲突**

“你无法拥有全部”，这是经济学的一个核心原则。20 世纪 90 年代所发生的几次宏观经济事件都说明了这一点。实行固定汇率制度的国家开放了它们的资本市场，从而遭遇到固定汇率体系的基本矛盾的困扰，即一国不可能同时拥有（a）可调整的固定汇率；（b）自由的资本和金融流动；（c）独立的国内货币政策。

保罗·克鲁格曼阐释了上述三个目标的冲突：

> 你无法拥有全部：一国必须在三个目标中选择两个。一国可以固定其汇率，也不削弱其中央银行，但其手段必须是控制资本流动（像今天中国的情况）；一国也可以让资本自由流动，并维持本币的自治能力，但手段必须是让汇率自由波动（像英国或加拿大的情况）；或者，一国还可以选择让资本自由流动，并能稳定本币的汇率，但手

段必须是放弃调控本币利率以防止通货膨胀和经济衰退的权力（像今天的阿根廷，或欧洲大多数国家类似的情况）。[5]

***货币投机攻击！*** 20世纪90年代早期，当欧洲国家的汇率受到投机者的攻击时，它们遇到了上述目标冲突的困扰。投机者认为，这些国家不会无限期地维持过高的汇率和利率，于是包括芬兰马克、瑞典克朗、意大利里拉、英国英镑以及西班牙比赛塔等在内的货币一个接一个地受到了攻击。最终，只有法国和德国经受住了投机者的攻击。

国际经济的这一幕展示了基本冲突的一个逻辑推论：只要金融资本可以自由地在各国之间流动，则固定汇率体系将更容易导致投机攻击。理由如下：无论投机者是否认为汇率将要变化，可调整的固定汇率都很容易受到攻击。如果一种货币可能降值，则投机者将会很快抛售这种货币，于是该货币的供给增加而需求却减少。

这时候，中央银行将介入进来维持币值（回顾图29-8）。但是，考虑到投机者会迅速拥有巨额的私人资源（仅数小时之内就可以聚集数百亿美元），因而弱势货币当局势必很快会耗尽本国的外汇储备。除非有一个"硬货币"国能够志愿地只向受攻击国提供无限度的信贷支持，否则受攻击国的中央银行迟早会放弃继续维持币值的目标，而任由本国货币贬值或浮动。

## 迈向统一货币：欧元

二战以后，西欧的民主国家经受了两次毁灭性的挑战，因而立志实行更加紧密的经济一体化，主要目的是加强政治上的稳定性。许多政治学家都认为，和平与贸易之间的联系日益紧密。自从1957年签订自由贸易协定建立欧洲共同体以来，西欧国家逐步消除了商品、服务和金融贸易领域的各种壁垒。经济一体化的最后一步就是采用统一货币。采用统一货币不仅可以使这些国家保持更为紧密的经济联系，而且可以解决货币不稳定的问题，早期实行固定汇率制时的货币不稳定问题一直困扰着许多的国家。

许多欧洲专家认为，各国在加入货币联盟之前，有必要考查这些国家是否满足最低限度的准入条件。这些条件包括通货膨胀率和利率都接近最低国的水平，还包括对政府赤字和政府债务所采取的严格限制。1999年1月1日，欧洲已经有11个国家达到了准入标准，参加了欧洲货币联盟（EMU）。这些国家（有时被称为"欧元国"Euroland）开始使用"欧元"作为西欧国家的新货币。

欧洲货币联盟的货币结构与美国相类似。货币政策由欧洲中央银行（ECB）来制定，并执行欧盟各国的货币政策。ECB进行公开市场业务，从而决定欧洲的利率。

货币政策的一个主要问题是中央银行如何选择目标。根据欧洲中央银行的章程，它的首要目标是致力于"价格稳定"。当然，在不影响这个目标时，它也可以追随其他各种目标。欧洲中央银行将"价格稳定"定义为：中期内的消费价格增长低于2%。正如我们将在第34章中对货币政策展开的讨论，除美国之外的其他中央银行所强调的目标都是应对通货膨胀问题的。

## 货币联盟的代价和收益

欧洲货币联盟的代价和收益如何？货币联盟的倡导者们也许更重视收益。在统一的货币下，欧洲内部的汇率变动将会降低到零，因此贸易和金融将不再会面临汇率变动所引发的价格不确定。其主要成果是降低了各国的交易成本。统一货币还减低了各国金融市场的分割程度，使得资本可以在国家间更加有效地流动和配置。一些人认为，明确的宏观经济调控权必须加以保留，手段是建立一个独立的欧洲中央银行，负责实施反通货膨胀的目标。也许，欧洲货币联盟最重要的收益可能还是：政治一体化和西欧的稳定。第二次世界大战结束以来，欧洲大陆已经保持了半个多世纪的和平。

很多经济学家对欧洲货币联盟提出质疑，并指出其代价巨大。最显著的担忧是，每个国家将无法使用货币政策和汇率工具来调整自己的宏观经济。这个问题涉及到理想货币区问题。该概念由1999年诺贝尔奖得主，哥伦比亚的罗伯特·曼德尔（Robert Mundell）所提出。在**理想货币区**（optimal currency area）内，劳动力的流动性很高，或者，总供给和总需求所面临的冲击是共同的或同步的。因此，确保宏观经济得到快速调整将无需对汇率做大的变动。

大多数经济学家相信，美国就是一个理想货币区。当美国面临的冲击对不同的区域构成不同程度的影响时，各地区劳动力的转移将会使经济重新达到平衡。例如，在20世纪70年代石油冲击之后，美国劳工纷纷离开受到严重冲击的北方各州，而迁徙到石油资源丰富的西南部地区。

许多经济学家担忧，西欧并不是一个理想货币区，因

[5] 参见本章"补充读物和互联网站"的"互联网站"部分。

为各国的工资结构具有刚性，劳动力在不同国家间的流动性比较弱。当冲击发生时，例如 20 世纪 90 年代的德国统一，刚性的工资和价格势必在需求上升的国家导致通货膨胀，而在衰退的国家导致失业率上升。于是，货币联盟很可能对那些增长率低失业率高的不幸的国家进行指责。

尽管存在这些保留意见，但欧洲人仍然决心推进货币联盟。第一步是尝试用欧元进行交易。而所迈出的最关键的一步还是在 2002 年 1 月 1 日，当时欧洲许多国家都将本国货币兑换成欧元的硬币和钞票。欧元终于顺利发行，目前已成了世界上一种主要的货币。

欧洲货币联盟成立之初的平衡状况如何呢？欧元的创立消除了欧洲经济中一个主要的不稳定因素，即欧洲国家内部的汇率变动因素。另外，欧元的创立还使得不同国家之间的利率和通货膨胀率趋于一致。同时我们也看到，在欧元引入之后，欧洲国家一直处于高失业率状态。而且欧洲国家恐怕还得经历一次较大的经济危机，这将是对改革后新制度的一次最严峻的考验。

> 欧洲货币联盟是历史上伟大的经济学实验之一。从未有过这么一大群强有力的国家将它们的经济命脉交给欧洲中央银行这样一个多国联合体，从未有一家中央银行有权控制这么多国家（拥有 3 亿人口、创造 7 万亿美元的商品和服务产值）的宏观经济命运。尽管乐观人士认为，更大的市场规模和更低的交易成本将会给微观经济带来收益，但是悲观人士却担忧，由于价格和工资缺乏弹性，以及国家之间劳动力的流动性不足等原因，这一货币联盟很可能会引起经济停滞和失业。到目前为止，欧洲和欧洲中央银行的运行状况还是令人满意的。

## 最后评价

本章关于国际经济学的考查向我们展示了一幅混合图景：既有成功，也有失败。但如果我们撇开个人意见，历史学家们将来所做的客观判断肯定是：对北美和西欧的国家来说，过去的 50 年它们取得了空前伟大的成功。而其论据将肯定会包括以下几点：

- *健康强劲的经济运行*。这一时期出现了有史以来最快速最持久的经济增长，这是自产业革命以来仅有的不曾发生过严重经济衰退的半个世纪，而且没有一个主要的工业国患上了极度通货膨胀的癌症。
- *新兴的货币体系*。国际货币制度继续成为世界经济动荡的根源，各国经常遭遇国际收支失衡和货币危机的困扰。尽管如此，我们看到在美国、欧洲及日本等主要的经济区，新兴的货币体系在灵活的汇率制度下仍然在独立地制定货币政策。而那些小国则采取自由浮动的汇率制度，或者，严格地钉住某一主要货币。未来几年中，“欧元国”所面临的主要考验是能否承受国际宏观经济的重大震荡。
- *自由市场的重新出现*。你可能经常听到，模仿是一种最诚恳的奉承。在经济学中，当一国采用另一国的经济结构并希望这能带来增长和稳定时，模仿便发生了。在过去的 15 年，一个接一个的计划经济国家进行了改革，这并不是出于教科书的建议，而是它们亲眼看到了西方市场经济的繁荣，亲眼看到了东方（前苏联）指令型经济的崩溃。*人类第一次目睹了这样一件大事：一个帝国，仅仅因为它生产大炮时不能同时生产足够的黄油，便导致了自身的崩溃。*

# 总结提要

### A. 对外贸易与经济活动

1. 开放经济是这样一种经济，它参与商品、服务和投资的国际交换。出口是指向国外购买者出售的商品和服务；而进口是指从国外购买的商品和服务。商品和服务的出口额与进口额之间的差额即为净出口。
2. 引入对外贸易后，国内需求就有可能与国民产出不一致。国内需求包括消费、投资和政府采购（$C+I+G$）。这里的 GDP 还必须加上出口（$Ex$）并减去进口（$Im$），这就是说：

$$\mathrm{GDP}=C+I+G+X$$

其中 $X$ = 净出口 = $Ex-Im$。进口由国内的收入、产出以及本国产品与外国产品的相对价格决定；出口是进口的镜像，由外国的收入、产出及相对价格决定。GDP 每增加 1 美元所引起的进口的美元增加量，称做边际进口倾向（$MPm$）。

3. 对外贸易具有与投资或政府支出相类似的对 GDP 的作用。当净出口上升时，对本国产品的总需求就会增加，所以，净出口对产出也具有乘数效应。但是，在开放经济中，由于存在着从支出向进口的漏出，这里的支出乘数将小于封闭经济中的支出乘数。这时的乘数为：

$$\text{开放经济的乘数} = \frac{1}{MPS+MPm}$$

很明显，在其他因素不变的情况下，开放经济的乘数小于封闭经济（其 $MPm = 0$）的乘数。

4. 在开放经济中，货币政策的操作更为复杂。一个重要的例子是，在一个小的、具有高度资本流动性的开放经济中，货币政策将如何操作。这样的国家必须使本国利率与其汇率钉住目标国的利率保持一致。这就意味着，那些主要实行固定汇率制的国家，其货币政策将不再是独立的宏观经济政策工具。相比之下，财政政策才会成为有力的政策工具，因为财政措施的激励作用不会被利率的变动所抵消。
5. 采用浮动汇率制的开放经济可以用货币政策来稳定宏观经济，其货币政策的操作可以独立于其他国家。在这种情况下，国际间的联系为国内货币机制增加了一条重要的通道。货币紧缩会导致利率上升，吸引外国金融资本并导致汇率升高（或升值）。汇率升值会抑制净出口，所以又加强了高利率对国内投资的紧缩效应。
6. 20 世纪 80 年代，美国投资形势改变，其中国际货币机制是一个重要因素。宽松的财政政策和紧缩的货币政策减少了净出口，并使 GDP 的构成由可贸易品转向了非贸易品。

## B. 全球经济中的相互依存

7. 长期中，在全球市场上的操作为各国促进经济增长提供了新的制约和机会。也许最重要的还是要考虑到储蓄和投资这些具有高度流动性的因素，它们会对不同国家的激励手段和投资环境做出反应。
8. 国际经济部门提供了储蓄的另一来源和投资的另一出路。较高的国内储蓄，无论是私人储蓄还是政府盈余，都将增加国内投资和净出口的数额。回顾下面的公式：

$$X = S + (T-G) - I$$

或：

$$\text{净出口} = \text{私人储蓄} + \text{政府储蓄} - \text{国内投资}$$

长期中，一国的贸易状况主要反映的是其国民储蓄率和投资率。减少贸易赤字需要改变国内的储蓄和投资水平。在引导贸易流动配合国内储蓄和投资方面，汇率是条重要的渠道。

9. 除了提高储蓄和投资，各国也可以通过一系列的政策和制度来促进经济增长。值得重视的问题包括：稳定的宏观经济环境、有形投资和知识产权方面强有力的产权保障、拥有极少的资本流动限制的可兑换货币以及政治和经济的稳定。

## C. 世纪之初的国际经济问题

10. 流行的分析注意巨额贸易赤字并提出“去工业化”的问题。这种分析忽视了生产率和竞争力之间的重要区别。竞争力指的是一国产品在全球市场上的竞争情况，它主要由相对价格决定。生产率指的是单位投入的产出水平。实际收入和生活水平主要取决于生产率，而贸易和经常账户项目则取决于竞争力。竞争力和生产率之间没有密切关系。
11. 在全球资本高度流动的条件下，固定汇率制是不稳定的根源。回顾固定汇率制的基本冲突：一国不可能同时实现可调整的固定汇率，自由的资本和金融流动，以及独立的国内货币政策。
12. 欧洲国家通过使用统一货币和建立统一的中央银行，实现了“超硬性”的固定汇率制。在“理想货币区”中，统一货币是可行的。倡导者认为，欧洲货币联盟将会提高经济的可预测性，降低交易成本，并能更好地分配资本资源。反对者则担忧，统一货币（相当于一个完全的固定汇率制）势必要求灵活的工资和价格，以便于调控和平息宏观经济的震荡。

## 概念复习

开放经济中的 $C + I + G + X$ 曲线
净出口 $= X = Ex - Im$
国内需求与相应于 GDP 的支出
边际进口倾向（$MPm$）

乘数：
封闭经济中=1/$MPS$
开放经济中=1/($MPS$+$MPm$)
贸易流量和汇率对 GDP 的影响

开放经济的储蓄—投资公式：
$X = S + (T - G) - I$
封闭经济和开放经济中的储蓄—投资市场的均衡
开放经济中的增长政策
竞争力与生产率

## 补充读物和互联网站

**补充读物**

The quotation from the *Economic Report of the President, 2000* (Government Printing Office, Washington, D.C., 2000), can also be found at w3.access.gpo.gov/eop. The McKinsey study is from McKinsey Global Institute, *Manufacturing Productivity* (Washington, D.C., 1993).

**互联网站**

Data on trade and finance for different countries can be found in the websites for Chapter 28.

Robert Mundell won the Nobel Prize in 1999 for his contribution to international macroeconomics. Visit www.nobel.se/laureates to read about his contribution. The quotation from Krugman is from his article in *Slate*, at slate.msn.com/Dismal/99-10-18/Dismal.asp, describing Mundell's accomplishments.

The website of the European Central Bank at www.ecb.int explains some of the issues involved in the management of the Euro. Also see the sites listed for Chapter 28.

## 问题讨论

1. 假设短期内存在闲置资源，一个扩张性的货币政策导致了美元相对于贸易伙伴国的货币贬值。解释这种情况将会导致美国经济出现扩张的机制，解释贸易的影响怎样加重了货币政策对国内投资的影响。
2. 在乘数模型中解释下列各项对净出口和 GDP 的短期影响，如需要可使用表 30–1：
   a. 投资（$I$）增加 1 000 亿美元。
   b. 政府采购（$G$）减少 500 亿美元。
   c. 外国产出水平的增加使出口增加 100 亿美元。
   d. 汇率的下降使得 GDP 每一水平上的出口额均增加 300 亿美元，而进口额均下降 200 亿美元。
3. 在一个不存在政府支出和税收的经济体中，当 $MPC$=0.80，$MPm$=0 时，支出乘数将是多少？当 $MPm$=0.1，或当 $MPm$=0.9 时呢？解释为什么乘数甚至可能会小于1。
4. 以表 30–3 为对象：
   a. 解释表中各项。
   b. 在表上增加一栏“利率变动”，参照图 30–7，在封闭经济条件下填写该表。
5. 一位著名的宏观经济学家最近写道：“通过采用统一的货币而实现货币联盟，实际上并不是货币问题。最重要的因素是，联盟中的国家必须同意在整个区域内实行单一货币政策。”解释这一说法。为什么采用单一的货币政策会带来一些问题？

6. 假设纽黑文市是一个非常开放的经济地区。该市出口骨灰盒，且没有其他的投资和税收。城市居民可支配收入中的 50%用于消费，且所购买的商品和服务中 90%来自美国其他地区。市长凯恩提议征收 1 亿美元的税收用于一个公共项目的支出。他认为该市的产出和收入由此会因为某种被称为“乘数”的东西而获得显著的增长。估计一下该公共项目对纽黑文市的收入和产出的影响。你同意市长的意见吗？
7. 复习表 30–3 所讨论的有关变量对储蓄、投资和贸易三者的影响，作一个类似图 30–8 的图，讨论每一次变动对三者的影响。确信你也能够解释相反的情况，这一点请注意该表后所附的一句话。
8. 政治家们往往谴责美国的巨额贸易赤字。而经济学家的反应则是，如果贸易赤字变小的话，美国的国内投资将会进一步地减少，或者税收将增加。用图 30–8 中的储蓄—投资平衡分析来解释经济学家的观点。并解释“贸易和净出口的决定因素”一节中，《2000 年总统经济报告》中的一段引文。
9. 考虑像俄罗斯这样的想要完成向市场经济过渡的国家：其国内通货膨胀率高，对外国投资者的税收政策经常变动，政局也不稳定（包括在 20 世纪 90 年代发生的两次内战），产权频繁易手且得不到可靠的保障。解释：为什么上述每一个因素都会降低在俄罗斯投资的吸引力，并用你的说法解释图 30–9 中的投资风险溢价问题。
10. 考查像比利时和荷兰这样的小国开放经济的例子。它们都有着高度可流动的资本、固定汇率和高额的政府预算赤字。假定这些国家发现自己处于衰退期，产出水平低而失业率高。解释它们为什么不能用货币政策来刺激经济？假如它们可以忍受高额预算赤字，为什么财政扩张将是有效的政策？为什么汇率的贬值将会同时导致产出增加和政府赤字的降低？
11. **有难度的问题**：德国统一后，为重建东德，引发了德国总需求的大规模扩张。德国中央银行对此做出反应，降低了货币增长速度并提高了德国的实际利率。这些做法是在欧洲货币体系下实施的，在该体系下，大多数国家采用的是固定汇率体系，而且德国中央银行的货币政策有着重要的影响。
    a. 解释为什么欧洲国家采用固定汇率制，并且它们的利率为什么会随着德国中央银行对利率的调整而提高自己的利率？解释为什么其他欧洲国家会因此而陷入严重的衰退。
    b. 解释为什么各国更倾向于欧洲货币联盟，而不是原先的货币体系？
    c. 德国货币的紧缩为什么会导致关于美元贬值的预期。解释为什么贬值将刺激美国的经济活动？
12. **有难度的问题**：复习基本目标冲突的定义和保罗·克鲁格曼的观点。解释为什么这三大目标无法统一起来。并用这一结论分析 1989~1993 年欧洲货币危机。为什么在“加利福尼亚美元”和“得克萨斯美元”之间不存在固定汇率体系中的那种基本目标冲突。给出赞成和反对克鲁格曼所谈的三种“可能的”选择的理由。

第七编

# 失业、通货膨胀与经济政策

# 第 31 章

# 失业与总供给的基础

进城的途中务必与人为善，
因为回家的路上你
可能会遇上他们。

——威尔逊·米茨纳

市场经济持续的特征之一就是周期性的衰退和扩张。在衰退期，失业会急剧上升；在扩张期，失业会随着经济的快速增长而下降。在整个 20 世纪 90 年代，美国经历了一个高经济增长、低失业的辉煌时期。从 1992 年经历的上一次经济衰退的低谷到 2001 年年中，美国增加了 3 500 万个就业机会。而接下来的两年之内，经济增长放缓，就业也相应的下降。

这种情况在不同的地区和不同的国家都有所不同。欧洲、日本没有也都不曾像美国这样幸运，在 20 世纪 90 年代它们都遭遇了持续高失业的问题。较好地理解宏观经济学能使许多国家避免最严重的萧条，尽管如此，偶尔出现的高失业问题仍然在困扰着许多的市场经济国家。

在本章中，我们首先回顾一下总供给的基础，看一下总供给和总需求的相互作用是如何决定失业的，然后我们讨论针对失业的各项主要政策问题。

## A. 总供给的基础

前面章节主要阐述的是总需求和经济增长问题。这一部分主要讨论总供给的决定因素，它对于理解经济的演进十分重要。短期内，通货膨胀的性质和政府反周期政策的有效性都依赖于总需求；而在 10 年或更长的时期内，经济增长和生活水准的提高却都与总供给的增长紧密相关。

区分短期总供给与长期总供给，对于现代宏观经济学十分重要。在短期，总需求与总供给的相互作用决定商业周期的波动、通货膨胀、失业、衰退和繁荣。但在长期，潜在产出的增长则决定着总供给的变动，这里的总供给解释的是产出及生活水平的变动趋势。

不妨先复习一下几个概念。**总供给**（aggregate supply）描述的是经济的生产方的行为。其他条件不变时，我们可以通过每一价格水平及其所对应的国民产出来确立一条**总供给曲线**（aggregate supply curve），也即 *AS* **曲线**。

在分析总供给时，按照不同时段来区分 *AS* 曲线是十分重要的。在短期内（一两年），我们考查的是**短期总供给表**（short-run aggregate supply schedule）。这种关系被描绘成一条向上倾斜的 *AS* 曲线，即随着商品与服务产出量的增加，价格也相应升高。

在长期内（几年甚或 10 年以上），我们考查的是**长期总供给表**（long-run aggregate supply schedule）。这种关系被描绘成一条垂直的 *AS* 线，表示价格的上升不会导致供给数量的增加。

本部分就将讨论这几个基本问题。

## 总供给的决定因素

总供给基本取决于两组截然不同的因素：潜在产出和投入成本。让我们对它们的影响分别加以考查。

### 潜在产出

理解总供给的一个关键概念是潜在产出，或叫潜在GDP。**潜在产出**（potential output）是在不会引致或增大通货膨胀压力的条件下一个经济所能够持续生产的最大产量。

从长期看，总供给主要取决于潜在产出。因此，长期*AS*曲线是由影响经济长期增长的因素决定的，包括可获得的劳动力的数量和质量，由工人使用的机器数量和资本品的数量，技术水平，等等。对长期增长趋势的分析主要涉及到潜在产出的增长和总供给的决定。

为便于计量，宏观经济学家通常使用下列潜在产出定义：

> 潜在GDP是可持续的最大的国民产出水平。在失业率处于**非加速通货膨胀的失业率**（nonaccelerating inflation rate of unemployment，NAIRU）的基准水平时，一国经济的生产能力就是潜在GDP。目前，美国的非加速通货膨胀的失业率约为劳动力的5%~6%。

潜在产出是一个不断增长着的目标。当经济增长时，潜在产出随之上升，总供给曲线向右移动。如表31–1，将总供给的主要决定因素分为影响潜在产出的因素和影响生产成本的因素。通过对经济增长的分析，我们可以知道，潜在产出增长的基本决定因素是投入的增加和技术的进步。

**潜在产出并不是最大产出**

关于潜在产出，我们必须强调一点：潜在产出是可持续的最大产出，而未必就是经济所能生产的最大产出。在短期内，实际产出水平很可能会高于潜在产出水平，20世纪90年代末长期经济扩张就是例证。工厂和工人可能在一段时期内加班，但在潜在产出水平之上的生产并不是持续的生产。如果实际产出持续高于潜在产出，则失业率会随之下降，通货膨胀会升温，工厂会在高强度下运转，工人和企业都急于获取更高的工资和利润。

这就像一个运动员在参加马拉松比赛。潜在产出好比最高速度。在这一速度下，运动员不会因过度劳累而退出比赛。显然，短期内运动员的跑步速度可以高于可持续的速度，正如20世纪90年代美国经济的增长就曾高于其潜在的增长水平一样。但是在整个过程中，实际产出只能以最快的可持续速度增长，这种可持续产出的速度就是我们所说的潜在产出。

### 投入成本

总供给曲线不仅受潜在产出的影响，而且也受生产成本变动的影响。生产成本上升时，只有在较高的价格水平上，企业才愿意提供一定数量的产出。例如，如果投入成本的上升使得生产成本正好增加一倍，则企业愿意提供同量产品的价格水平也将会提高一倍。这时*AS*曲线将会向上移动，从而*AS*曲线上的每一点（*P*，*Q*）都将被相应的（2*P*，*Q*）点所代替。

表31–1显示的是影响总供给的一些成本因素。到目前为止，其中最重要的是劳动所得。对于像美国这样的国家来说，劳动所得在全部生产成本中约占3/4。而在像荷兰或中国香港这样的小型开放经济中，与工资相比，进口品成本在决定总供给上起着更大的作用。

如何用图形来表示潜在产出、成本和总供给之间的关系呢？图31–1说明了潜在产出和成本的变化对总供给所产生的影响。（a）图说明，当潜在产出增加而生产成本保持不变时，总供给曲线向外移动，由*AS*移到*AS′*。如果生产成本增加而潜在产出不变，那么曲线*AS*将垂直上移到*AS″*。如图31–1（b）所示。

图31–2显示的是现实中*AS*曲线的移动。这两条曲线是根据两个不同年份（即1982年和2000年）的经验数据估计值绘制的。$Q^p$和$Q^{p'}$两条垂直线，分别表示这两年的潜在产出水平。研究结果表明，实际潜在产出在这段时期内增长了大约67%。

由图可见，在20世纪八九十年代*AS*曲线向外向上移动。向外移动是因为潜在产出的增加，而潜在产出的增加是由于劳动力和资本的增加以及技术的进步。向上移动是因为生产成本的增加，比如工资、进口品价格以及其他生产成本的上升。当成本上升与潜在产出增加一起发挥作用时，总供给曲线就发生如图31–2所示的移动。

## 短期总供给和长期总供给

总需求的变动如何影响产出和就业呢？这个问题引出

| 变 量 | 对总供给的影响 |
|---|---|
| **潜在产出** | |
| 投 入 | 资本、劳动、土地的供给是重要的投入品。潜在产出出现在劳动和其他资源的利用处于非加速通货膨胀的水平之时。投入的增长会带来潜在产出和总供给的上升。 |
| 技术和效率 | 创新、技术进步和效率的提高都会增加潜在产出水平和总供给。 |
| **生产成本** | |
| 工 资 | 工资降低带来生产成本的降低；成本降低意味着在每一价格水平上，某一潜在产出的供给数量会增加。 |
| 进口品价格 | 国外价格的降低或汇率的上升会引起进口品价格的降低，这会导致生产成本的下降和总供给的增加。 |
| 其他投入成本 | 较低的石油价格或不太严厉的环境管制会降低生产成本，从而提高总供给。 |

**表 31–1 总供给取决于潜在产出和生产成本**

总供给将供给的总产出与价格水平联系起来。在 *AS* 曲线的背后，存在着以潜在产出和生产成本为代表的生产率的基本因素。表中所列的因素都会使总供给增加，从而使 *AS* 曲线向右或向下移动。

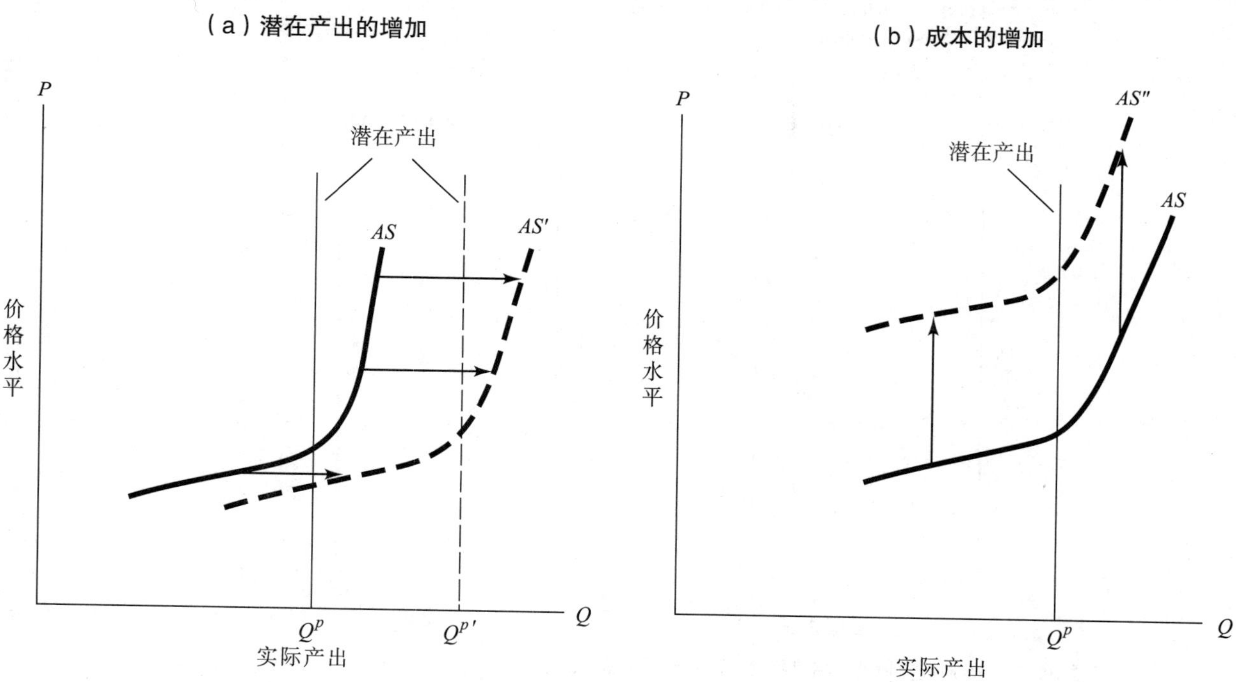


**图 31–1 潜在产出和成本的增加对总供给的影响**

在（a）中，当潜在产出增加而生产成本不变时，总供给曲线由 *AS* 右移到 *AS'*。当生产成本增加（比如工资提高或进口成本上升）而潜在产出不变时，总供给曲线垂直上移，如（b）图中由 *AS* 上移到 *AS''*。

了近代宏观经济学的主要争论之一：总供给的决定。

争论的焦点是：总供给如何随需求的变化而变化。许多**凯恩斯学派**（Keynesian school）的经济学家都认为，总需求的变化对于产出具有重大且持久的影响。因此，如果由于货币紧缩或消费者支出下降引起总需求下降，凯恩斯学派的经济学家认为，在短期内会引起产出下降和就业减少。在曲线上表现为：*AS* 曲线在短期内是相对平坦的；*AD* 曲线的下降会引起价格的小幅度下降和产出的大幅度下降。

宏观经济学**古典理论**（classical approach）的经济学

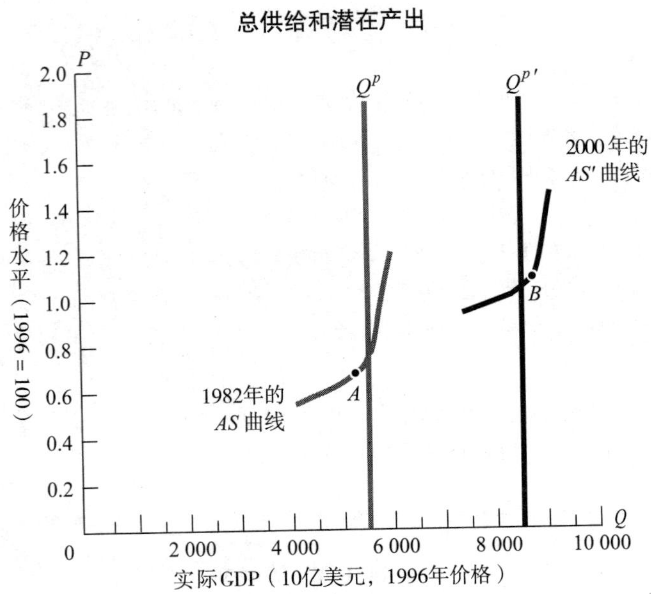


**图 31–2 事实上，总供给的变化包括成本和潜在产出的增加**

从 1982~2000 年，由于资本和劳动投入的增加以及技术的进步，潜在产出在增加。同时，工资的上升以及其他成本的增加，意味着厂商生产潜在产出所面临的价格水平上升。

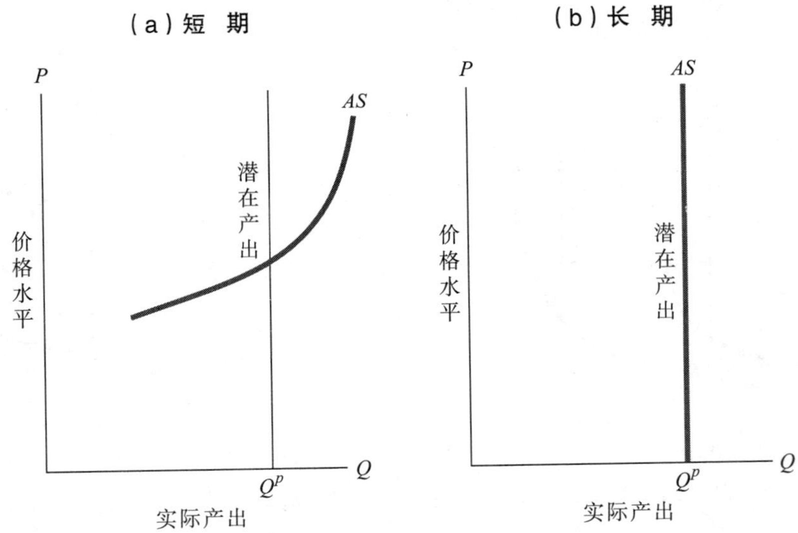


**图 31–3 *AS* 曲线在短期内相对平坦，而在长期是垂直的**

（a）图中的短期 *AS* 曲线之所以向上倾斜，是因为短期内许多成本是缺乏弹性的。但是价格和工资的刚性随着时间而减弱，所以长期 *AS* 曲线在（b）图中是垂直的，且产出是由潜在产出决定。凯恩斯学派经济学家在（a）图中想要通过需求管理政策来稳定经济，而古典经济学家在（b）图中将注意力集中在增加潜在产出，你知道这是为什么？

家持相反的观点。该学派强调价格机制是一种强有力的平衡器，能够保持经济增长接近充分就业的水平，而无需政府进行干预。结果，非自愿失业将会变得微乎其微。就 *AS* 函数而言，他们认为 *AS* 曲线是非常陡峭甚至是垂直的；总需求的变化对于产出并没有影响。

哪种观点是正确的呢？实际上，在不同的情况下，两种观点各有所长，如图 31–3 所示。关键区别在于分析的时间段不同。（a）中的短期 *AS* 曲线是向上倾斜的或凯恩斯主义的。它表明当总需求变化时，厂商情愿增加它们的产出，尤其是在经济萧条时期。但请注意：产出不可能无限度地扩张。随着产出的增加，会出现劳动力短缺，工厂的运转接近其生产能力极限，工资和价格开始以更快的速度上涨。大部分对需求增加所做出的反应都是以提高价格的形式出现，只有一小部分是以增加产出的形式出现。

由图 31–3（b）可见，在长期中，也即在工资和价格有足够时间做了相应的变动之后，总供给所发生的情况。当所有的调整完成之后，长期的 *AS* 曲线将会变成垂直的，或者说是古典的。在长期的古典情况下，产出的供给水平并不取决于总需求。

## 为什么短期 AS 曲线和长期 AS 曲线不同

为什么短期总供给曲线和长期总供给曲线会不同呢？为什么在短期内当总需求增加时，厂商既提高价格又增加产出？为什么长期内需求的增加只会导致价格变化而不是产出的变化？

这些问题的答案关键在于现代市场经济中工资和价格的决定方式。在短期内，企业成本的某些要素是*缺乏弹性的或粘性的*。由于这种粘性的存在，厂商在较高的总需求水平下增加产出是有利可图的。

假设为了加强防务，国防支出突然增加。厂商知道，在短期内以货币形式所表示的许多生产成本都是固定不变的，诸如工人每小时工资为 15 美元，租金为每月 1 500 美元，等等。在需求增加时，企业通常都会既提高产品价格又增加产量。这种价格与产出之间的正相关关系可以从图 31–3（a）中向上倾斜的 *AS* 曲线看到。

我们一再提到成本是“粘性的”或“缺乏弹性的”。有没有例子呢？最典型的例子是工资。由于种种原因，当经济情况发生变化时，工资的调整很迟缓。以参加工会的工人为例，他们的工资通常都是依据长期劳资合同支付，而该合同早已规定了按美元计价的工资率。在劳动协议有效期内，企业所面对的以货币数量表示的工资率在很大程度上是固定的。甚至对非工会成员的工人来说，一年之内工资上升多于一次的情况也非常罕见。而货币工资或薪水实际上被削减的情况就更不寻常，除非此时这家企业确实面临着破产的威胁。[1]

其他的价格和成本在短期内也具有类似的粘性。当企业租借一座房子时，租借合同通常要持续 1 年或 1 年以上，租金通常也是以货币形式确定下来。此外，企业通常还会与它们的供应商签订合同，以确定所要支付的原料和零部件的价格。有些价格，特别是水、电和地方电话服务之类的公用产品和服务的价格，则是由政府确定的。

将所有这些情况放在一起，你就会看到在现代市场经济中，短期内工资和价格的粘性是怎样形成的。

在长期内，又会发生什么样的情况呢？缺乏弹性的或粘性的成本要素（工资合同、租赁协议、受管制的价格等），最终都会变为无粘性的或可协商的。厂商不可能永远因为劳资协议中固定的工资率而获得好处；工人也很快就会发现价格已经上升，并坚持要求增加补偿性工资。最终，所有的成本都将随着较高的产出价格而调高。在价格总水平因需求增加而上升 x%之后，货币工资、租金、受管制的价格以及其他成本最终也会做出上浮约 x%的反应。

一旦成本上调幅度赶上了价格上涨幅度，厂商就不再能够因总需求的上升而获利。长期中，当所有成本要素都做了充分的调整之后，厂商所面对的价格成本比率与需求变化之前是相同的。这时，将不存在任何刺激厂商增加产出的因素。因此，我们说 *AS* 曲线是垂直的，这意味着供给的产出并不取决于价格和成本水平。

> 在短期内，经济的总供给之所以会偏离潜在产出，是因为缺乏弹性的成本要素所致。在短期内，厂商对需求上升所做出的反应是既增加产出又提高价格。在长期内，由于成本会对价格水平的上升做出反应，因而企业对需求增加所做出的大部分或全部反应，都是以价格上涨的形式出现，而很少或根本不会以产出增加的形式出现。短期 *AS* 曲线是向上倾斜的，而长期 *AS* 曲线是垂直的。这是因为，只要时间充足，所有的成本都会做出调整。

# B. 失　业

进入 21 世纪，伴随着股票市场不景气、恐怖袭击、会计丑闻和反恐战争，美国的非就业人口也增加了 250 万。其中大部分是失业者（非自愿失业）。而在此之前，如 20 世纪 30 年代的大萧条或 20 世纪 80 年代初期，失业率上升得更多，1933 年更是创纪录地达到了 25%。

市场经济之中非自愿失业的出现带来了很多的问题：在存在大量工作需要完成的时候，为什么还会有成百万的人失业呢？现代混合经济有何种缺陷，致使这么多渴望工

[1] 讨论工资为什么具有粘性这一问题的有关资料，可参加本章末“补充读物”部分。

作的人闲在家中？高失业率在多大程度来源于不适当的失业保险和其他那些事实上会降低工作激励的政府计划？粘性工资和动态价格是导致失业的原因吗？本部分将界定失业的含义并回答上述重要问题。

## 失业统计

失业率的变动是每月的头条新闻。可以回头看一下图20-3所介绍的长期趋势，也可以预览一下图32-10，比较一下失业率和非加速通货膨胀的失业率。这些数字后面隐藏着什么呢？[2] 失业和劳动力的统计数据是由国家收集的综合经济资料，这些统计都经过了精心的设计。有关机构采用的是一种所谓的人口调查随机抽样法来收集每月数据。[3] 他们每月走访6万个家庭，了解这些被访者最近的就业情况。

调查将16岁和16岁以上的人口分为以下四个组群：[4]

- **就业的**。这些人正从事有报酬的工作，因病、因假或因罢工而缺勤者也算就业。
- **失业的**。包括那些未被雇佣而又正在主动寻找工作，或正在等待重返工作岗位的人。一个人要被算做失业，不能只是想着要得到工作，他还必须比这做得更多一些。他要报告自己为了寻找工作而做的具体努力(诸如递交个人简历或接受面试之类)。
- **非劳动力**。成年人口的34%属于这一类。这部分人有的在操持家务，有的已经退休，有的身体不佳不能工作，还有的没有去寻找工作。
- **劳动力**。就业的和失业的人口都包括在劳动力中。

图31-4按上述原则，将美国的男性人口和女性人口进行了分类（本章最后的问题6可用于检测学生对此问题的理解程度）。

官方正式定义如下：

> 有工作的人是就业的；没有工作而在寻找工作的人则是失业的；没有工作但不找工作的人，不属于劳动力。**失业率**（unemployment rate）是失业人口占总劳动力人口的比率。

## 失业的影响

高失业率不仅是个经济问题而且是个社会问题。之所以是经济问题，是因为它意味着要浪费有价值的资源。之所以又成为重要的社会问题，是因为它会使失业人员面对收入减少的困境而痛苦挣扎。在高失业率时期，经济上的贫困令人无法承受，影响着人们的情绪和家庭生活。

### 经济影响

当失业率上升时，经济实际上是在扔掉那些本可由失业工人生产的商品和服务。在衰退期间，这种情形就好像是将无数的汽车、房屋、服装和其他商品倒进了大海。

高失业到底会造成多少浪费呢？经济衰退的机会成本有多大？表31-2计算了在最近半个世纪中的高失业时期，实际产出相对潜在GDP的减少量。最大的经济损失发生在大萧条时期，而20世纪70年代和80年代的石油危机与通货膨胀也使产出的损失超过1万亿美元。自1992年以来，美国经济一直在迅速地增长，其间只经历了一次温和的下降，股票市场缩水，恐怖分子袭击，安全也成了头号问题。

高失业时期的经济损失是现代经济中有据可查的最大损失。它们比微观经济中由于垄断而引起的效率损失或关税和配额所引起的效率损失都要大许多倍。

### 社会影响

失业的经济成本显然相当之大，但长时间持续非自愿失业给人们所造成的精神损失，却无法用一个确定的美元数额来充分地加以表达。事实一再证明，失业会给人们酿成种种悲剧。下面一段文字描述了大萧条时期一个在旧金山寻找工作的人的困境：

---

[2] 估计就业、失业的有关资料可参阅章末“补充读物和互联网站”中所提供的网址。

[3] 随机抽样是估计全体人口行为和特征的一种基本方法。它包括随机的（例如，通过计算机产生的随机数列选取电话号码的随机数字）选取人口的一个样本群体，然后对这个样本群进行调查。

[4] 劳工统计局为美国劳动力的划分提供了一个完整的定义：就业人口是指：在既定工作周中从事过任何有报酬工作的人；从事自己的职业，在他们自己的企业或家庭农场中1周至少工作15个小时且不领工资的人。如果因为疾病、恶劣天气、假期、劳动纠纷及某些个人原因暂时脱离工作岗位，这些人也被算作就业人口。

满足下列各项条件的人是失业人口：在既定的工作周中未曾被雇佣的人；在既定的时期本可以工作但却没有岗位的人；既定工作周中未找工作做过4周努力但却未能成功的人；已被解雇并正在期待重返岗位或再就业的人，也被算作失业人口。

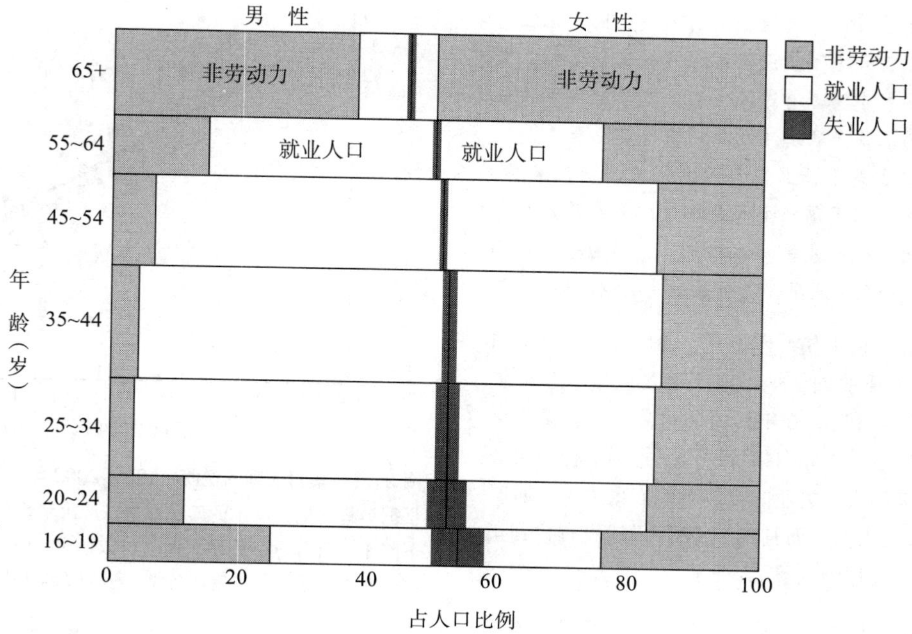


**图 31–4　美国人口的劳动力状况，2003 年**

美国人如何使用他们的时间？这个图显示的是不同年龄的男性和女性如何被划分成就业人口、失业人口和非劳动力人口。每一格的大小代表所占的人口比例。注意：男性和女性在就业行为上的持续性差异。

资料来源：U.S. Department of Labor, *Employment and Earning.*

| | 平均失业率（%） | 产出损失：GDP 损失（10 亿美元，2003 年价格） | 产出损失：占该时期 GDP 的百分比 |
|---|---|---|---|
| 大萧条时期（1930~1939 年） | 18.2 | 2 560 | 27.6 |
| 石油危机和通货膨胀时期（1975~1984 年） | 7.7 | 1 570 | 3.0 |
| 新经济后的萧条时期（2001~2003 年） | 5.5 | 220 | 0.2 |

**表 31–2　高失业时期的经济代价**

1929 年以来发生高失业的两个主要时期，是大萧条时期和 1975~1984 年的石油危机和高通货膨胀时期。表中所显示产出损失额是根据潜在 GDP 和实际 GDP 之间的累计差额而计算的。注意：大萧条时期 GDP 的损失是 70 年代和 80 年代损失的 10 倍还多。21 世纪初的经济减速与之前的衰退相比是相对温和的。

资料来源：作者根据官方 GDP 和失业数据而测算。

早上 5 点我从床上爬起来，赶到港口区。在炼糖厂的大门外面，上千人正在等待。可你很清楚，一共只有三四份工作。一个家伙带着两个小警察走了出来："我需要两个看牛群的，两个能钻洞的。"于是，一千多人就像一群阿拉斯加野狗一样拼命地冲进去，可仅仅只有 4 个人可以抢到工作。[5]

我们还可以看看下面一位失业的建筑工人的回忆录：

[5] Studs Terkel, *Hard Times: An Oral History of the Great Depression in America* (Pantheon, New York, 1970).

> 我申请去盖屋顶，可他们不需要我。因为已经有人为他们工作五六年了，没有那么多的工作岗位。大部分工作都要求受聘者有过高等教育背景。我寻找任何可以找到的工作，从清洗汽车到任何其他事情。
>
> 可是，你成天干什么呢？回到家里，坐在家里，变得垂头丧气。家里每一个人也都变得有些紧张和不安。他们开始为一些蠢事而互相争吵，因为每个人都成天被囚禁在那个空间里，整个家庭气氛被破坏了。[6]

这样的经历若不留下伤痕岂不是一件怪事。心理学研究指出，解雇所造成的创伤绝不亚于亲友去世或学业失败。在20世纪80年代和90年代的公司裁员中，像许多高工资的经理、专业人士和白领阶层所了解的那样，失业不仅限于缺乏技能的人。失业的打击对他们太大了。听听一个在1988年失去工作，而且到1992年仍然没有找到正式工作的中年公司经理的故事吧：

> 我是一个失败者，不能在现代经济的竞争中保持领先……我决定去寻找工作，但是日复一日、年复一年，衰退似乎就没有尽头。被拒绝过那么多次，以至于你不得不开始怀疑起你自身的价值。[7]

## 奥肯法则

衰退恶果中最令人沮丧的是失业率上升。产出下降时，厂商需要的劳动投入减少，于是一部分有工作的人被解雇，而新来的人更难找到工作。失业的影响是巨大的：1981~1982年衰退期之末，大约十分之一的美国劳动力处于失业状态。经验表明，在商业周期之中，失业与产出之间存在着反向变动的关系。这种变动关系最早为阿瑟·奥肯所发现，这就是著名的奥肯法则。

> **奥肯法则**（Okun's law）指出，相对于潜在GDP，GDP每下降2个百分点，失业率就大约会上升1个百分点。

这意味着，如果初期GDP是潜在GDP的100%，然后下降到潜在GDP的98%，失业率就会上升1个百分点，即由初期的6%上升到7%。图31-5显示了一段时期内，产出和失业是如何相互关联的。

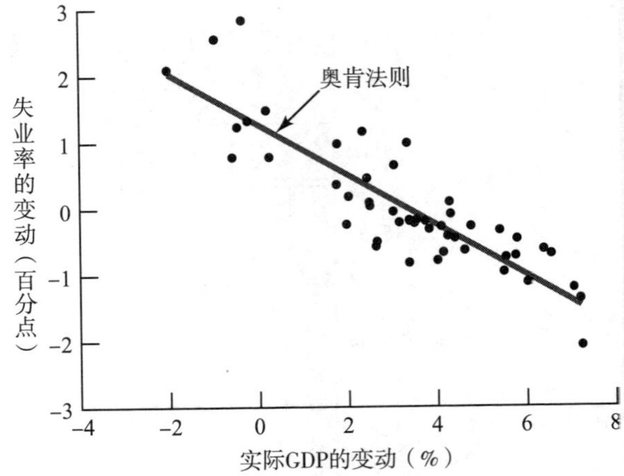


**图31-5 奥肯法则的说明，1955~2002年**

根据奥肯法则，产出的增长比潜在产出增长快2%时，失业率会下降1个百分点。此图表明，可以通过GDP的增长率准确地预测失业率的变动。根据这条线，什么样的产出增长不会影响失业率？

资料来源：U.S. Department of Commerce and Labor.

我们选择20世纪90年代这样一个历史时期来解释奥肯法则。在1991年经济衰退期间，失业率上升到6.9%，而实际GDP估计低于潜在产出2.5个百分点。在接下来的9年时间中，实际产出增长比潜在产出增长高5.8个百分点，因此在1999年，实际GDP估计高于潜在产出3.3个百分点。根据奥肯法则，失业率应该下降2.9个百分点（5.8/2），即下降到4.0%（6.9–2.9）。事实上，1999年的失业率为4.2%——一个非常准确的预测。这个例子说明，奥肯法则可以用来说明失业率变化与实际产出增长之间的关系。

奥肯法则的一个重要结论是：实际GDP必须保持与潜在GDP同样快的增长，以防止失业率的上升。也即，GDP必须不断增长才能保证失业率停留在原地。如果你想让失业率下降，实际GDP的增长必须快于潜在GDP的增长。

> 奥肯法则揭示了产出市场和劳动市场之间极为重要的联系。它描述了实际GDP的短期变动与失业率变动的联系。

**失业与政治**

失业情况是投票人考虑的重要因素之一。任期内失业率居高不下的总统，往往都要受到投票人的惩罚。在1932、1960、1980、1992年这样的衰退时

[6] Harry Maurer, *Not Working: An Oral History of the Unemployed* (Holt, New York, 1979).

[7] *Business Week*, Mar. 23. 1992.

期，执政党都曾失去总统的宝座。相反，在 1964、1972、1984、1996 年这样的低失业率的繁荣年份，执政党都曾得以连任。

假设你当选为新总统玛丽·詹姆斯的经济顾问，下面为你们的对话：

**詹姆斯总统**：失业率太高了。我想采取财政政策和货币政策使失业率在连任选举之前从 7%下降到 5%。要达到这个目标，在接下来的 4 年里，经济要以多快的速度增长？

**首席经济学家**：根据奥肯法则，潜在 GDP 增长率（现在美国是每年 3%）再加上一个足够大的数值，足以使失业率平均每年能下降 0.5 个百分点。这样，GDP 的平均年增长率必须是 3%加上 1%以减少失业，在未来 4 年中实际 GDP 每年必须增长 4%。

确信你能解释首席经济学家的这段推理。

## 失业在经济学上的解释

现在，我们转而对失业进行经济分析。我们的重要问题是：失业的原因是什么？自愿失业与非自愿失业的区别是什么？失业的不同类型与商业周期的关系是什么？

### 失业的三种类型

对应于当今劳动市场的结构，经济学家将失业归为三类：摩擦性失业、结构性失业和周期性失业。

**摩擦性失业**（frictional unemployment）的原因在于：人们在各地区之间、各种工作职位之间不停地变动，或者正在跨越生命周期中的某个阶段。即使经济处在充分就业水平，也总会发生一些职业调整。例如，学生刚从学校毕业时，就需要寻找工作。父母在生育孩子以后，可能又要求重归劳动力队伍。由于摩擦性失业的劳动力经常是在变换工作岗位，或者是正在寻找更好的工作，所以人们经常认为这是一种自愿失业。

**结构性失业**（structural unemployment）的原因是劳动力的供给和需求不匹配。如果对一种劳动的需求上升，对另一种劳动的需求下降，而劳动的供给又未能及时地做出调整，则这种不匹配的情况就有可能发生。常见的情况是，产业的兴衰所引起的职业间或地区间的结构性失衡。举例来说，在 20 世纪 80 年代中期，由于老年人口增加和其他因素，美国对护士的需求急剧上升，但同期护士数量的增长却相对缓慢，于是导致这一时期护士严重短缺。等到护士的薪金上升、供给调整完成之后，这一结构性短缺才能得到缓解。与此相反，由于劳动和资本缺乏跨地区的流动性，对煤矿工人的需求连续几十年低迷，煤矿产业的失业率至今仍然高居不下。在过去的 10 年中，欧洲国家的高实际工资、社会福利和税收都导致欧洲出现了较高水平的结构性失业。

**周期性失业**（cyclical unemployment）出现在对劳动整体需求比较低的时候。当总支出和总产出下降时，失业在所有领域都明显上升。在 1982 年衰退时期，50 个州中有 48 个州的失业率都曾上升。这种多个市场的失业率同时上升是一个信号，体现了失业率上升具有明显的周期性。同理，从经济衰退低谷的 1991 年到经济繁荣的 2000 年，美国每个州的失业率都在下降。

区分周期性失业、摩擦性失业和结构性失业，可以帮助经济学家诊断劳动市场的健康状况。较高水平的摩擦性失业和结构性失业，甚至可能在劳动市场总体均衡时发生，例如，在劳动力数量变动大，或“最低工资”定得偏高，从而使某些群体退出劳动市场的时候。周期性失业却往往发生在经济衰退时期，这时就业率的下降是总供给和总需求不平衡的结果。

### 微观经济的基础

失业原因从表面上看很清楚：过多的劳动力角逐过少的工作岗位，但这个简单的现象令经济学家们困惑了 60 年。经验表明，价格的上升或下降将会出清竞争市场。在市场出清的价格水平上，卖者所愿意卖的正是买者所愿意买的。但是，当许多医院招不到护士时，当成千上万的煤矿工人虽愿接受现行工资却找不到一个工作时，劳动市场的运行就受阻了。劳动市场不灵的类似征兆，在所有的市场经济中都能发现。

经济学家用微观经济学分析劳动市场，希望以此帮助理解失业问题。在这方面，虽然还未出现能被普遍接受的理论，但许多研究结果都认为：失业的出现是因为工资的弹性不足以出清市场。下面我们分析为什么工资缺乏弹性，为什么缺乏弹性的工资导致非自愿失业。

### 自愿失业与非自愿失业

先探讨典型的劳动市场上自愿失业的原因。图 31-6 中 $SS$ 线表现了一组工人的劳动供给曲线。该曲线在劳动

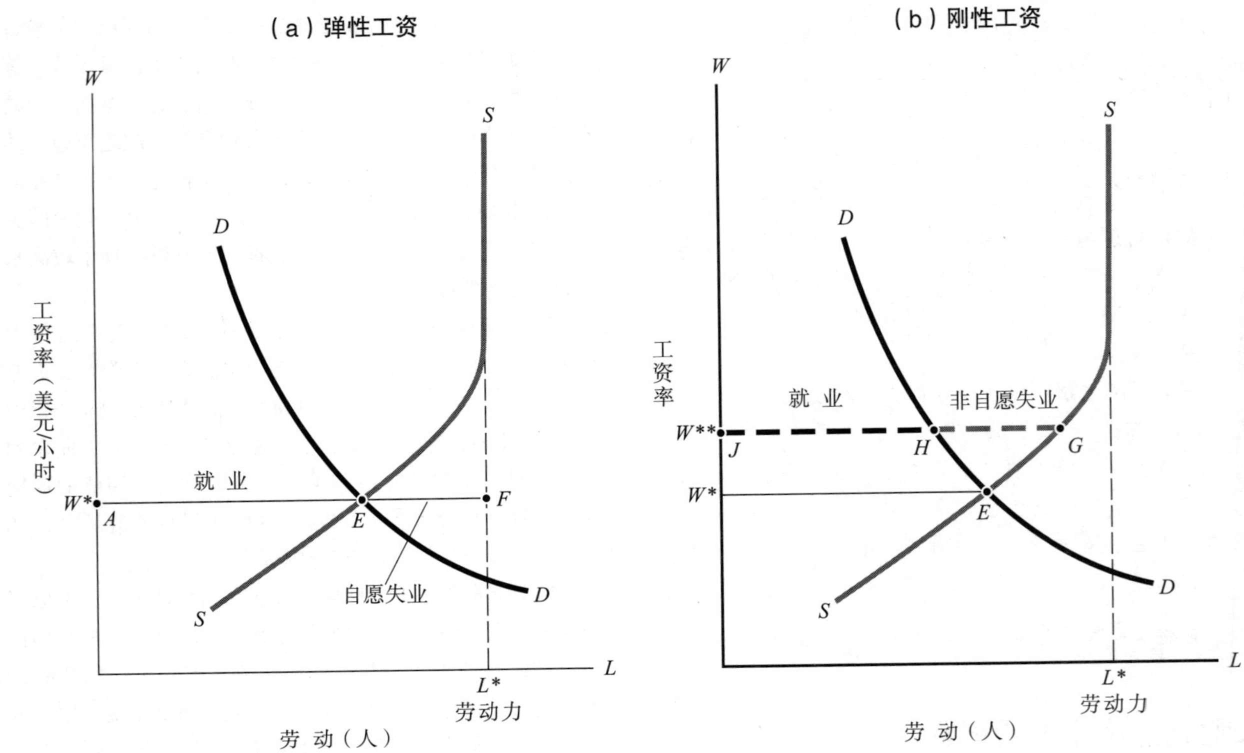


**图 31-6 刚性工资会引起自愿失业**

使用微观经济学的供给—需求分析，我们可以对失业的不同类型加以描述。在（a）图中，工资移到 $W^*$ 出清劳动市场，所有失业都是自愿的。图（b）显示的是当工资不能调节易出清市场时的情况。在 $W^{**}$ 的过高工资水平上，*JH* 的劳动被雇佣，但 *HG* 数量的劳工是非自愿失业的。许多人认为（a）图是美国的弹性劳动市场；而（b）图反映的是较高的劳动所得税、综合性最低工资以及慷慨的社会福利法规对欧洲劳动市场的影响。

力为 $L^*$ 时，工资水平很高，曲线变得完全无弹性。$L^*$ 称为劳动力的数量。

图 31-6（a）描述的是竞争性的供给和需求的一般情况，市场均衡点在 *E* 点，工资水平为 $W^*$。在竞争性的、市场出清的均衡水平，厂商愿意雇佣接受市场工资水平的合格工人，雇佣的数量等于 *AE* 线。另有数量上与 *EF* 线相当的工人，他们虽愿意工作，但却要求有较高的工资。线段 *EF* 表示的这部分工人不愿在现行的市场工资率下工作，所以他们是自愿失业的。

自愿失业的存在意味着很容易令人产生一种误解：人们在寻找工作或尝试各种不同的工作时，失业是他们在那种情况下的一种有效率的（选择）结果。在现行工资率下，自愿失业者可能更偏好闲暇或其他活动，而不是工作。他们可能属于摩擦性失业，也可能正在寻找第一份工作。他们可能是生产率较低的劳动力，相对于较低收入的工作，他们更愿意退休或享受失业保险。人们有无数的理由在现行工资率下选择不工作，但这些人中的一部分仍有可能被官方统计为失业者。

但是，在我们重温前面所引用过的失业工人的经历以后，有谁还能一本正经地去辨别他们是不是自愿失业的呢？他们肯定不是那种想在工作价值和闲暇价值之间慎重权衡和喜欢挑剔的人，也不像是为了能够找一份更好的工作而想要选择失业的人。我们不能简单地将这些失业都归入传统的自愿失业的理论范畴中。凯恩斯理论的伟大突破之一，是他用事实推翻了这种似是而非的理论。他解释了为什么会不时地出现非自愿失业，以及为什么会出现合格的劳动力在现行工资率下找不到工作这样的时期。

这种分析和解释的关键是：工资未能调整以实现劳动力市场的出清，相反，工资对于经济冲击的反应通常是迟缓的。如果工资没有调整至市场出清的价位，寻找工作者与空缺职位之间就会出现不协调。这种不协调就可能导致我们今天所看到的失业。

由图 31–6（b）可见非出清的劳动市场分析，由此我们可以理解缺乏弹性的工资怎样导致非自愿失业。一次经济波动使劳动市场的工资率过高，劳动的价格是 $W^{**}$，而不是均衡工资或市场出清的工资 $W^{*}$。

在过高的工资率下，寻找工作的合格工人的数量大于可提供的工作职位。愿意在工资 $W^{**}$ 下工作的工人数量是供给曲线上的 $G$ 点，而企业需要雇佣的数量则是需求曲线上的 $H$ 点。由于工资高出市场出清水平，于是出现劳动供给过剩。虚线 $HG$ 表示的是这部分**非自愿失业**（involuntarily unemployed）的失业者，代表着那些愿意接受现行工资但却找不到工作的合格工人。在劳动力过剩的情况下，企业雇佣劳动力时将会提出更严格的技能要求，雇佣最有资格、最有经验的劳动力。

相反的情况是工资低于市场出清的工资水平。在这个劳动力短缺的经济里，雇主找不到足够的劳动力来填补现有的岗位空缺，于是，企业的窗口贴满了招工告示，报纸上登着许多招工广告，企业甚至到其他的城镇去招募工人。

## 工资缺乏弹性的根源

非自愿失业理论假定工资是缺乏弹性的，由此引出进一步的问题：为什么工资不能上下浮动以便实现市场的出清？为什么劳动市场不同于谷物、玉米、普通股票那样的拍卖市场？

这些问题属于现代经济学中最深奥难解的谜团。今天，几乎没有经济学家还会说，工资变动足够快捷，它可以消除劳动的短缺或过剩。同样，也没有谁能够完全解释清楚工资、薪金反应迟滞的原因。因此，对于工资刚性，我们最多只能提供一个尝试性的解释。

在这里区分拍卖型市场和管理型市场可能会有所帮助。*拍卖市场*是一个有组织的竞争市场，这里的价格上下浮动以平衡供给和需求。例如，在芝加哥交易市场上，“堪萨斯城发货的第 2 号硬红麦”或“纽约发货的‘A’型烤焙鸡”的价格每分钟都在发生变化，以反映当时的市场情况。这些市场情况可以从农场主、磨坊主、货运商、经销商以及投机者狂热的买卖指令中看出。

大部分商品和所有的劳动都是通过管理型市场而不是竞争拍卖型市场来买卖的。无人能对劳工进行评级：这是“二等网页设计员”，那是 AAA 级经济学助教。也没有专家会夜以继日地工作，以核实程序设计员或教授的工资是否被确定在市场出清的价格水平上。在该水平，所有合格的工人都被安置了工作。

不仅如此，绝大多数企业确实在管理其工资与薪金，它们规定付酬标准并按新手水平的工资薪金率来雇佣劳动力。这些工资标准通常在一年左右是固定的。调整它们的时候，几乎所有其他种类的付酬标准都会相应地变动。例如，一个银行可能有 15 个工作岗位：3 个等级的秘书、2 个等级的出纳员，等等。每年，银行经理都要决定将工资和薪金增加多少（比如说 2003 年平均增长 3%）。有时，所有岗位的报酬都以同样的比率上升；有时，银行可能会决定某些岗位的报酬多上升一些，另一些则少上升一些。选定这种决定工资和薪金的办法之后，企业很少能有充分调整的余地，即使在发现某个领域出现短缺或过剩的时候。除极端情况之外，当劳动市场处于不均衡状态时，企业往往不是调整工资水平，而是去重新规定职位的最低资格要求。[8]

在工会化的劳动市场，工资模式就更为僵化。劳资合同通常以 3 年为期，工资水平在合同中事先确定。在合同有效期内，工资不会因特定领域的超额供给或超额需求而进行调整。而且，工会工人很少会接受工资削减，即使在许多工会工人已经失业的条件下。

小结：

> 美国和其他市场经济中的工资都受到厂商或合同的管理。工资和薪金一旦确定，就不会频繁调整，只有在时间足够长时，才可能调整工资以适应劳动供给的短缺或过剩。

再进一步的问题是：工资和薪金迟滞的经济原因是什么？很多经济学家都认为，刚性是由工资管理费用引起的，这又叫“菜单成本”。以工会工资为例，谈判一个合同是个漫长的过程，它不会带来产出，却需要投入许多的人员和管理时间。正因为集体谈判成本惊人，所以通常每隔 3 年才进行一次。

确定非工会工人报酬的成本比较少，但它仍要求投入

[8] 大学入学的例子可以说明当短缺或过剩出现时所发生的那种调整。许多院校发现，过去的几年里入学申请人数增加了。学校是怎样应对的呢？是提高学费标准来遏制超额需求吗？不是的。它们的做法是提高入学标准，要求更高的中学成绩和统考（SAT）分数。提高要求和标准而不是提高工资和价格，恰恰是短期内企业在劳动供给过剩所做出的反应。

宝贵的管理时间，而且对职工士气也会产生重要的影响。每次调整工资或薪金，甚至是附加福利发生变化时，先前的报酬协定也会随之变动。一些人员会感到这种变动不公正，另一些则会抱怨方法不合理，从而引发不满情绪。

因此，人事经理往往喜欢采用这样的体制：工资不频繁变动，绝大多数工人以相同的幅度提升工资，而不管不同技能或工种的市场条件如何。对经济学家来说，这种体制也许是无效率的，因为它不允许充分调整工资以反映市场的供求。但这种方法却节约了宝贵的管理时间，有助于在企业内形成一种公正平等的意识。最后，更积极地招募雇员或调整招工条件，可能会比仅仅为雇佣几个新雇员而打乱企业现存工资结构要更加合算。

> 粘性工资和非自愿失业理论认为，工资的缓慢调整会给个别劳动市场带来过剩或短缺，因此劳动市场在短期内是非出清的。但劳动市场最终会与市场条件相适应：相对于需求小的职业，需求大的职业的工资会上升。在长期内，工资和就业会随市场条件调整，大范围失业或职位空缺会倾向于消失。但长期意味着许多年，因此失业的时间可能也会持续许多年。

## 劳动市场问题

分析了失业原因后，我们转而研究今天的劳动市场所面临的主要问题。哪些群体最有可能失业？他们的失业会持续多久？为什么近 10 年来欧洲的失业率会回升？

### 失业的是哪些人

通过比较产出高于潜在产出的年份（如 1999~2000 年）和严重衰退年份（如 1982 年），我们可以诊断劳动市场的情况。两者的差别可以表明商业周期如何影响失业的数量、原因、持续时间和分布状况。

由表 31–3 可见经济扩张年份和衰退年份的失业统计数据。前两列数字表示按年龄、种族、性别划分的失业率。这些数据表示，在衰退期间，每一群体的失业率都倾向于上升。后两列数字表示失业者总数如何分布于不同群体；应当注意在商业周期各阶段，各群体的失业分布变动相对较小。

请注意，不管是在经济扩张期还是在经济衰退期，非白人劳动力的失业率都是白人劳动力失业率的两倍以上。在 20 世纪 80 年代以前，女性失业率高于男性。但近 20 年来，性别造成的失业率差异已经微乎其微。由于面临更多的摩擦性失业，青少年失业率一般都高于成年人。

### 失业持续时间

另一个关键问题是失业的持续时间。失业中有多少是

| 劳动市场群体 | 不同群体的失业率（占劳动力的百分比） | | 总失业人口在不同群体中的分布（占失业总人数的百分比） | |
|---|---|---|---|---|
| | 衰退（1982 年） | 扩张（2000 年 3 月） | 衰退（1982 年） | 扩张（2000 年 3 月） |
| 按年龄划分： | | | | |
| 16~19 岁 | 23.2 | 13.3 | 18.5 | 20.2 |
| 20 岁及以上 | 8.6 | 3.3 | 81.5 | 80.0 |
| 按种族划分： | | | | |
| 白 人 | 8.6 | 3.6 | 77.2 | 77.6 |
| 黑人及其他 | 17.3 | 7.3 | 22.8 | 22.4 |
| 按性别划分（只记成年人）： | | | | |
| 男 性 | 8.8 | 3.8 | 58.5 | 50.5 |
| 女 性 | 8.3 | 4.3 | 41.5 | 49.5 |
| **所有工人** | **9.7** | **4.1** | **100.0** | **100.0** |

**表 31–3 不同人口统计群体的失业情况**

由表可见，在经济扩张年份和衰退年份中不同群体的失业变动情况。前两列数字表示的是 1982 年和 2000 年每一群体的失业率。后两列数字表示的是总失业中属于各群体的百分比。

资料来源：U.S. Department of Labor, *Employment and Earnings*.

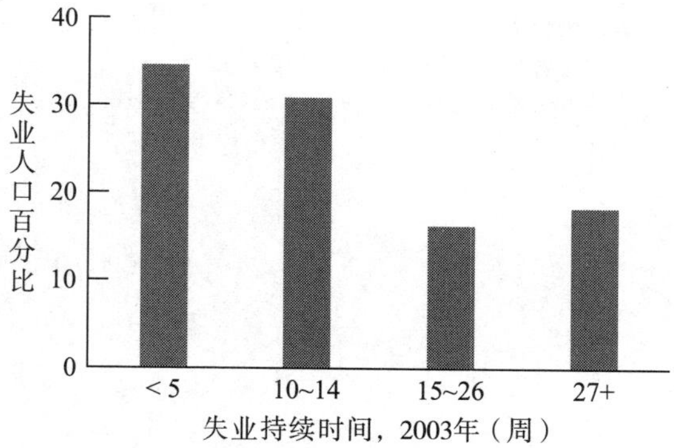


**图 31–7 在美国大多数失业是短期的**

工人失业了多长时间？2003 年初，在经历了短时间的衰退和经济缓慢增长之后，只有 18%的失业者的失业时间超过 26 周，35%的失业者的失业时间少于 5 周。在衰退时期，失业的持续时间会延长。在劳动市场停滞不前的欧洲国家，一半以上的失业人口的失业时间超过 1 年。

资料来源：Bureau of Labor Statistics, *Employment Situation, Smmary*, February 2003, at www.bls.gov/cps/home.htm#news.

社会所关注的长期性失业？有多少只是由于变换工作而形成的短期性失业呢？

由图 31–7 可见在充分就业的 2003 年中失业所持续的时间。美国劳动市场有个令人吃惊的特征：很大一部分失业的持续期非常短。在 2003 年，大约 1/3 的失业的持续期少于 5 周，长期失业情况几乎不存在。

由于较低的流动性和经济变动的法律限制较多，20 世纪 90 年代中期，欧洲长期失业人数占到了总失业人数的 50%。长期失业成了一个突出的社会问题，这是因为失业数月以后，家庭可支配资源（储蓄、失业保险和家庭成员之间的亲情等）将会被消耗殆尽。

## 没有工作的根源

人们为什么失业？图 31–8 说明的是在衰退的 1982 年和高就业率的 2000 年失业者对其失业原因所做的回答。

有些人失业是因为居住地发生了变化，或进入了不同的生活阶段——迁居、首次跨入劳动力行列等，从而引发了摩擦性失业。在商业周期中，失业率的变动主要源于失去工作的人数的增加。这一根源在衰退时期变得极为重要，其原因有二：首先是丧失工作的人数的增加，其次是找到新工作需要更长的时间。

## 由年龄造成的失业

失业在生命周期内是如何变化的？青少年在任何人口统计的群体中通常都有最高的失业率，而非白人青少年的失业率近年来竟高达 30%~50%。这种失业是摩擦性的、结构性的，还是周期性的呢？

最新证据表明，青少年，特别是白人青少年的失业中有很大一部分是摩擦性失业。青少年在劳动力范畴的边缘频繁地进出。他们能很快得到工作，但又经常变换工作。他们的平均失业持续期仅仅是成年人的一半。与之形成对照的是，成年人一般的平均工作长度是青少年的 12 倍。在绝大多数年份里，一半的青少年失业者是以前从未参加过有偿工作的“新手”。所有这些因素都提示我们，青少年失业在很大程度上是摩擦性的。它说明，对于青少年发现自己的技能特长和了解工作到底是怎么回事，他们寻找和变更工作这一点都是必要的。

但青少年最终能学会有经验劳动者的工作技能和工作方法。表 31–4 显示了 2001 年不同年龄的黑人和白人的失业率。中年人的失业率比青少年要低得多，其原因是他们有经验和受过训练，并且对全日制工作有更强烈的愿望和需求。

| | 失业率（占劳动力的百分比） | |
|---|---|---|
| 年 龄 | 白 人 | 黑 人 |
| 16~17 岁 | 15.2 | 31.1 |
| 18~19 岁 | 11.1 | 27.8 |
| 20~24 岁 | 6.9 | 16.2 |
| 25~34 岁 | 4.1 | 8.1 |
| 35~44 岁 | 3.2 | 6.4 |
| 45~54 岁 | 2.8 | 4.8 |
| 55~64 岁 | 2.9 | 3.9 |
| 65~69 岁 | 2.9 | 4.8 |
| 70~74 岁 | 2.8 | 3.1 |
| 75 岁以上 | 2.8 | 3.3 |

**表 31–4 不同年龄群体的失业率，2001 年**

因为工人要寻找工作和接受训练，然后在某一职位上安定下来；他们一般都会留在劳动力中，并且寻找一个合意的雇主。结果，年长者的失业率下降，只是青少年失业率的一小部分。

资料来源：U.S. Department of Labor, *Employment and Earnings*, January 2003.

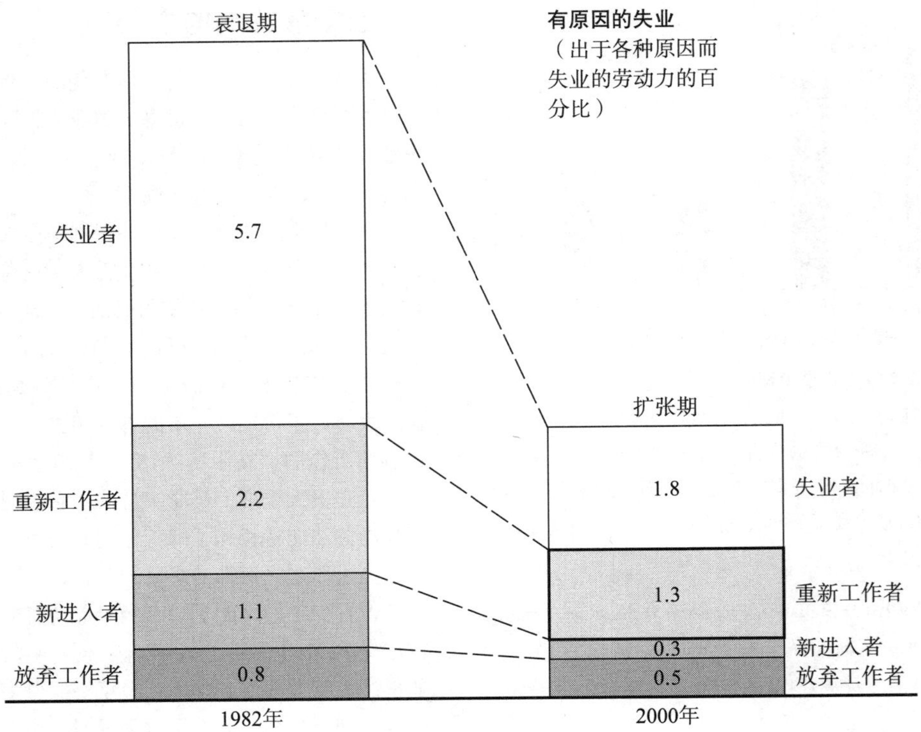


**图 31–8 各种原因失业的分布，1982 年和 2000 年**

人们为什么失业？2000 年，自己离开工作而失业的人非常少，且仅有近 2%的新进入者（比如刚毕业的大学生）或重新进入者（早先离开就业行列，现在又回来寻找工作的人）进入劳动力市场。从衰退期到扩张期，失业的主要变化是失业者的数量。从 1982~2000 年，失业者所占比例从 5.7%下降到 1.8%。

*资料来源*：Bureau of Labor Statistics, at www.bls.gov/data.

***少数民族青少年的失业*** 大量证据表明白人青少年失业主要是摩擦性的，但美国黑人青少年的劳动市场境况却大为不同。二次大战结束后 10 年内，黑人青少年劳动市场的有关统计数据与白人青少年的大致相同，失业率与劳动力参与率都相同。但此后，黑人青少年相对于其他种族青少年的失业率在上升，而劳动力参与率则下降。到 2001 年，黑人青少年（16~19 岁）的就业率为 25%，而白人青少年的就业率为 42%。图 31–9 比较了黑人青少年、白人青少年和所有白人工人的失业率。

是什么原因造成青少年少数民族与其他群体有这样大的差别呢？一种解释认为可能是市场因素（如岗位构成和工作场所）的作用，市场一般对黑人劳工较为不利，但这并不能说明全部的问题。尽管成年黑人劳动力一直承受着比成年白人劳动力更高的失业率（因为教育水平较低，与能提供工作机会的人接触少，在职培训机会较少，以及种族歧视等原因），但黑人成年人相对于白人成年人的失业率自二次大战以来一直没有增长。

经济学家针对黑人青少年失业率上升的根源做过大量的研究，但都未能对这一趋势做出过清楚的解释。一个可能的根源是种族歧视，不过，黑人与白人失业差距的扩大必须由种族歧视的加剧来解释，包括在对少数民族工人的法律保护已经得到加强的条件下。

另一种理论认为，伴随着附加福利的不断升高，过高的“最低工资”往往将劳动生产率低的黑人青少年抛入失业队伍。可以通过考查最低工资与平均工资之间关系的变化来检验这一假设。1981~1989 年，在非农业部门中，最低工资与平均工资的比率从 46%下降到 34%，可黑人青少年的失业状况仍然没有获得相对的改善。这就使得人们怀疑最低工资是否是首要的原因。还有一些对现代福利国家持批评态度的保守派人士，他们认为黑人的高失业率是

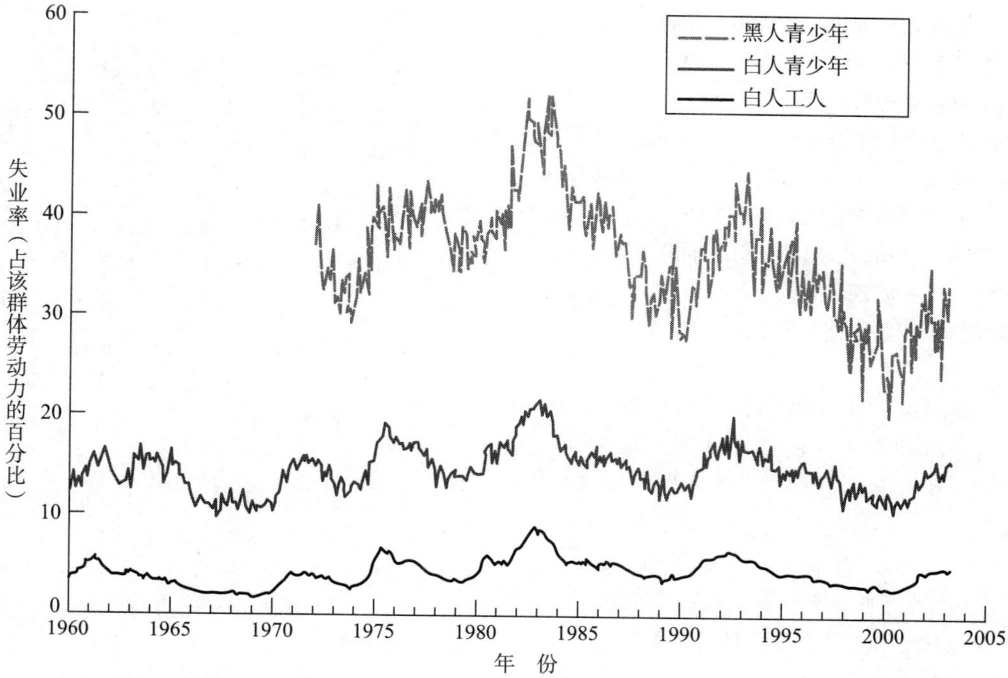


**图 31–9　不同群体的失业率**

青少年失业率，尤其是黑人青少年的失业率高于成年人的失业率。虽然 20 世纪 90 年代经济的持续扩张降低了黑人青少年的失业率，但是 21 世纪初的经济衰退和增长放缓，导致失业增多。

资料来源：U.S. Department of Labor, at www.bls.gov/cps/cpsatabs.htm.

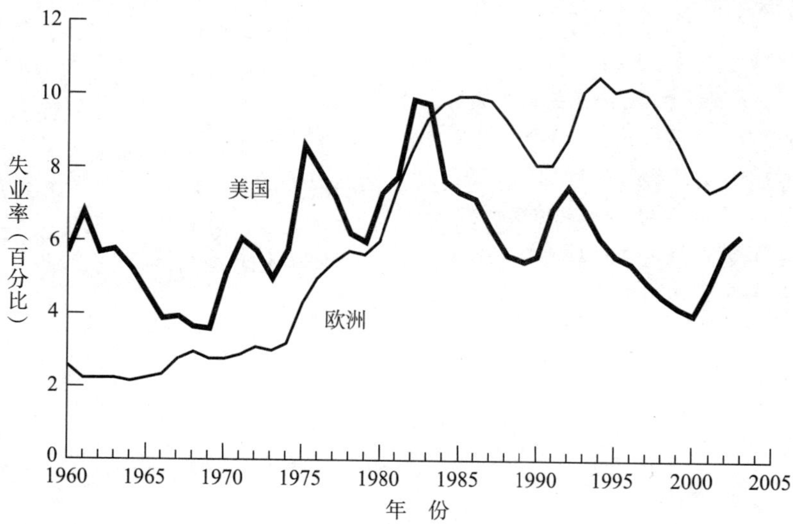


**图 31–10　美国与欧洲的失业**

美国的失业是一种没有明显趋势的周期运动；欧洲近 30 年来的失业则呈现急剧上升的趋势。欧洲失业率上升的一部分原因来自劳动的需求方，但是这一整体趋势是源于欧洲劳动市场的刚性和社会福利法规问题。

资料来源：U.S. Department of Labor and OECD.

由于政府对穷人的救济滋养出一种依赖心理的结果，但是这一论点缺乏翔实数据的支持。

青少年高失业率是否会对劳动市场造成长期损害，即伴有永久性的低技能和低工资率呢？这是需要进一步研究的课题。初步的答案是肯定的，特别对少数民族青少年更是如此。看来，如果青少年未能具备适当的工作技能和工作态度，那么随着年龄增长，只能获得较低的工资并且会有更高的失业率。这一发现表明，公共政策的一个重要任务，就是提出能降低少数民族青少年失业率的计划。

### 欧洲的高失业率和美国的低失业率

20 世纪 90 年代末，美国的失业率一直保持在罕见的低水平，而欧洲的失业率却在过去 30 年急剧上升。在过去的 10 年里，像德国和法国那样的欧洲经济强国都无法将失业率降到 8%以下。图 31–10 显示了美国和欧洲这两个地区失业的历史概况。

如何解释两地劳动力市场的差别呢？部分原因可能在于两地宏观经济政策不同。美国只有一个中央银行，即联邦储备系统，它严格监控着美国经济。当失业率像在1982 年和 1991 年那样升高的时候，美联储就会放松银根，刺激总需求和提高产出，并防止失业率上升。

欧洲的中央银行在历史上就很脆弱。直到 1999 年，欧洲还是各国的“邦联”，这些国家的货币政策主要由德国的中央银行，即德意志联邦银行所主导。德国联邦银行是完全独立的，其目标是维持德国的物价稳定。如果情况像 1990 年德国重新统一时那样，欧洲其他地区失业率高涨，德国的通货膨胀率上升，则德意志联邦银行就会提高利率。这势必就会抑制产出，同时使那些与德国货币政策保持一致的国家的失业率也随之上升。你能从图上看出 1990 年后欧洲失业率的上升情况。

欧洲失业的第二个特征是结构性失业明显上升。欧洲是福利国家的诞生地，德国、法国、瑞典等国都有慷慨的法定福利计划、失业保险、最低工资以及对工人工作的保护政策。这些政策使工人有更强的讨价还价能力，而且更容易倾向于将时间用在非工作方面，因而会导致实际工资上升。那些享受各种福利或失业津贴的个人，很可能成为自愿失业者，但在实际统计中却被当作失业者。美国没有如此慷慨的失业补贴和福利计划，且近年来美国福利法的改革已经使得在未来的若干年中，福利相对于工作的吸引力变得越来越小。

我们用图 31–6 的劳动市场供求关系来理解二者的经济差别。美国劳动市场是图 (a) 所显示的富有弹性的工资的经济。劳动需求的下降会导致 *E* 点的均衡状态。相反，欧洲相对刚性的劳动市场更接近图 31–6 (b) 的情况。在欧洲，实际工资没有美国下降得多，就业人数缓慢增长，而失业率急剧上升。

有无医治欧洲失业的灵丹妙药呢？一些经济学家相信：统一后的欧洲中央银行能在整个地区更好地保持总供给与总需求之间的平衡（回忆第 30 章中讨论的欧洲货币联盟）。目前管理总需求的政策对于欧洲的结构性失业几乎是无能为力。许多专家还相信，要改进欧洲的劳动市场结构，必须做到以下几点：减少慷慨的福利计划和失业保险，取消工厂对雇佣与解雇程序的限制。

这些改革措施已经逐渐被许多国家采纳，但改革进程是缓慢且痛苦的。这些改革措施，以及放松银根、欧元贬值、美国经济的火车头带动作用等，都开始有助于降低欧洲经济的高失业率。

# 总结提要

## A. 总供给的基础

1. 总供给描述的是在其他条件不变的情况下，所有企业愿意提供的产出总量与整体价格水平之间的关系。构成总供给基础的因素是：（a）潜在产出，它取决于一国经济中的可利用的劳动、资本和自然资源等投入的数量，以及使用这些投入的技术和效率水平；（b）投入成本，比如工资、能源价格，以及进口品价格等，这些基础性因素的变化将会使 *AS* 曲线发生移动。
2. 研究产出决定因素的两种主要方法是古典主义和凯恩斯主义的方法。古典学派认为价格和工资是有弹性的；任何过剩的供给或需求都能被很快清除，并且，在总供给或总需求受到冲击之后，仍然能够重新回到充分就业水平。古典学派的观点可以被描绘为一条垂直的 *AS* 曲线。凯恩斯主义者则认为，在短期内，由于存在像劳资协议这类刚性合同，因此价格和工资都是粘性的。在这种经济中，由于 *AS* 曲线相对平坦，当总需求水平上升时，产出也会随着上升，特别是当产出处于较低的水平时更是如此。在凯恩斯主义者的经济中，由于价格和工资的调整速度慢于冲击的要求，恢复充分就业均衡的速度也相对缓慢，因此经济才会长期经历持续的失业。
3. 古典学派和凯恩斯学派的综合理论将长期与短期区别开来。在短期内，由于工资和价格还来不及做完全的调整，因此 *AS* 曲线是向上倾斜的，表示企业愿意就更高的价格提供更多的产出；而在长期内，工资和价格则有充分的时间来对市场的冲击进行相应的调整，因此 *AS* 曲线被认为是垂直的或者是古典的。因此，长期产出是由国家的潜在产出决定，总需求的变化更多影响的是价格而不是产出。

## B. 失 业

4. 政府每月通过对人口样本的调查来统计失业、就业和劳动力状况。有工作的人被归入就业一类；没有工作而正在寻找工作的人即为失业；没有工作也没有寻找工作的人则不属于劳动力范围。近 10 年来，66%的 16 岁以上人口是劳动力，其中 6%是处于失业状态。
5. 在商业周期中，产出和失业率的运动有着明确的联系。根据奥肯法则，实际 GDP 相对潜在 GDP 每下降 2%，则失业率上升 1%。这一法则在把 GDP 的周期运动换算为它们对失业的影响时十分有用。
6. 对经济而言，衰退和随之而来的失业是代价昂贵的。像 20 世纪 70 年代和 80 年代早期那样的萧条时期，国家耗费了成千亿美元，并且还付出了巨大的社会成本。从工业革命以来，失业就一直毒害着资本主义，只是当现代宏观经济学的理论发展以后，我们对它的原因和代价才有所了解。
7. 经济学家把失业分成三种类型：（a）摩擦性失业，工作者处在不同工作的变动阶段或者正处在进出劳动力的范畴；（b）结构性失业，工作者处在持续衰退的地区或产业中，而这种持续衰退是劳动市场失衡或实际工资率较高等因素所造成的；（c）周期性失业，工作者因整个经济形势的下滑而遭到解雇。
8. 对失业根源的研究已经成为现代宏观经济学中一个主要的挑战。在弹性工资和完全竞争条件下，当合格工人在现行工资率下选择不工作的时候，就会出现自愿失业。这种自愿失业可能是竞争市场的一个有效率的结果。
9. 粘性工资理论和非自愿失业理论认为，工资的缓慢调整造成了单个劳动市场的过剩或不足。该理论认为：由于工资具有刚性，对劳动的过剩或短缺不能进行及时的调整，因此就会出现周期性失业。如果工资高于市场出清水平，则一部分劳动力会就业，而其他一些合格的人却找不到工作。适当的货币政策和财政政策可以减少这种失业，从而工人和企业两方面都可以从中获益，从这个角度看，这样的失业不仅是非自愿的，而且是无效率的。
10. 报酬体系的管理费用是造成劳动市场不能出清的部分原因。对应于市场条件的报酬水平的频繁调整需要占用过多的管理时间，扰乱工人的公平感，逐渐损害工人的士气和生产率。长期内，工资势必会进行调整，从而矫正非正常的失业水平，或填补工作岗位的数量。但是工资调整步伐缓慢所意味的是，社会需要忍受较长时期的失业。
11. 仔细考查失业资料可以揭示其中的一些规律性：
    a. 衰退对各劳动力群体的打击大致是成比例的，也就是说，各劳动力群体的失业率都与总失业率成比例地上升或下降。

b. 美国的失业中有很大一部分是短期性的。在低失业年份（如 1999 年），85%的失业者的失业时间都短于 26 周。但在长期而严重的经济衰退之中，平均的失业持续期会急剧地上升。

c. 在大多数年份中，失业的很大一部分与简单的人事调整或摩擦性原因有关，如人们首次进入或重新进入劳动力行列。仅仅在衰退时期，失业群体才主要是由失去工作者构成。

d. 欧洲的持续失业似乎是由于总需求不足和劳动市场的刚性共同作用而产生的。

## 概念复习

**总供给的基础**

总供给，*AS* 曲线
构成和影响 *AS* 曲线移动的因素
总供给：潜在产出和生产成本的作用
短期 *AS* 曲线与长期 *AS* 曲线
总供给的古典观点和凯恩斯观点
弹性工资与价格、粘性工资与价格

**失业**

人口状况：
  失业的
  就业的
  劳动力
  非劳动力
失业率
摩擦性失业、结构性失业和周期性失业
奥肯法则
弹性工资（市场出清）下的失业与刚性工资（非市场出清）下的失业
自愿失业与非自愿失业

## 补充读物和互联网站

**补充读物**

A recent study surveying many businesses about their employment practices to help understand cyclical wage behavior is Truman F. Bewley, *Why Wages Don't Fall during a Recession* ( Harvard University Press, Cambridge, Mass., 2000).

**互联网站**

Analysis of employment and unemployment for the United States comes from the Bureau of Labor Statistics, at www.bls.gov. Statistics on unemployment in Europe and other OECD countries can be found at www.oecd.org. The BLS site also has an online version of *The Monthly Labor Review* at www.bls.gov/opub/mlr/mlrhome.htm, which is an excellent source for studies about employment, labor issues, and compensation. It contains articles on everything from " Baseball negotiations" ( www.bls.gov/opub/mlr/2002/12/contents.htm) to an economic analysis of women entering the legal profession ( www.bls.gov/opub/mlr/2002/08/contents.htm) .

## 问题讨论

1. 详细说明总供给曲线的含义。区分沿着曲线的变动和曲线本身的移动。什么因素有可能通过沿着 *AS* 曲线的变动而增加产出？什么因素能够通过移动 *AS* 曲线而增加产出？
2. 绘制一个类似于表 31-1 的表，列举将会引起总供给下降的事件。（运用你的想像力，不要简单地使用原表中的例子。）
3. 假设其他条件不变，下列各项在长期内和短期内会对

*AS* 曲线产生什么样的影响？

a. 潜在产出增长 25%。

b. 战争威胁带来政府防务支出的增长，中央银行通过紧缩银根来中和这种扩张性影响。

c. 石油输出国组织的成功合谋导致世界石油价格上升两倍。

d. 环境论者要求政府对所有的新投资和能源的使用实施代价高昂的管制，以遏制对自然资源的使用。

4. 假定失业率为 7%，GDP 为 4 万亿美元。如果非加速通货膨胀的失业率为 5%，粗略估计一下潜在 GDP 是多少？假设潜在 GDP 每年增长 3%，两年后潜在 GDP 将是多少？要跟上潜在 GDP 的增长，未来两年 GDP 的增长速度应是多少？

5. 下列各种人的劳动力状态是什么？

a. 一位在寻找自己第一份工作的青少年。

b. 一位被解雇的汽车工人，他愿意工作，但对能找到工作或重返工作岗位已不抱希望。

c. 一位退休者迁往佛罗里达，他阅读招聘广告，希望找一份非全日制的工作。

d. 一位有非全日制工作的家长，他想找一份全日制的工作，但没有时间去寻找。

e. 一位教师有工作，但病情太重不能去上班。

6. 劳工部为了解释其程序，给出了以下的例子：

a. "琼告诉采访者，她已经填好 3 家公司的暑期工作申请表格，然而现在还是 4 月，她不想在 6 月 15 日以前开始工作，因为她还要上课。虽然琼采取了具体行动去找工作，但由于她目前不能上班，她仍不属于劳动力范围。"

b. "詹姆斯和爱丽斯在杰非逊中学上学，詹姆斯课余时间在北极星咖啡馆打工，爱丽斯也在同样的机构寻求课余打工的机会。詹姆斯的工作优先于他的非劳动力行为——上学，而那时爱丽斯在找工作，于是詹姆斯被算做就业而爱丽斯则是失业。"

对你的同学进行调查，使用上面的例子，将人们的劳动力状况归为就业、失业以及非劳动力范围。

7. 假设国会正在考虑最低工资法，要让最低工资高于使青少年劳动市场出清的水平，但低于使成年人劳动市场出清的水平。请用供给—需求图表明这一最低工资对两组工人的就业、失业和收入的影响。失业是自愿的还是非自愿的？如果要你对这一措施表明看法，你会有什么建议？

8. 一个青少年夏季失业 1 个月，一个户主失业 1 年，你认为哪个经济损失或个人压力较大？你认为这意味着应对这两个群体采取不同的公共政策吗？

9. 列出造成美国和欧洲的失业看上去如此不同的原因。使用图 31–6 的框架，表明劳动需求的降低是如何导致（a）图中实行弹性工资的美国出现低工资及不变的失业，而在（b）图中实行刚性工资的欧洲又是如何导致低就业、高失业以及不变的工资的。

# 第 32 章

# 保持价格稳定

据说列宁曾断言，摧毁
资本主义制度的最有效办法
就是破坏它的货币。不断地
借助通货膨胀，政府就可以
秘而不宣地没收其公民的
大部分财富。

——凯恩斯

美国近期经历的低通货膨胀和低失业率并存的局面，在美国经济史上是没有先例的，在其他高收入国家也是罕见的。其出现原因在于货币政策成功地将产出控制在通货膨胀所导致的产出过剩和通货紧缩所导致的经济衰退之间。面对严格的成本控制，工会成员减少，灰色就业增加，职业道德强化，这些因素都有效地抑制了工资的增长，为保持低水平的通货膨胀做出了巨大的贡献。

此外，计算机和其他新经济产品价格的明显下降、石油市场和商品市场相对沉寂，也是通货膨胀得到控制的原因。

在通货膨胀方程式中，现在应该新增加一项，即不断增长的生产的"全球化"。美国越来越密切地融入到了世界市场中。美国的国内企业发现，它们在制定价格时要受国际市场上竞争对手价格的限制。即使当国内汽车销售正旺，汽车制造商也不敢贸然提高价格，惟恐被日本和其他国外生产商乘机抢占市场，使自己失去先前的市场份额。

这些因素导致美国在过去 20 年里得以保持了低水平的通货膨胀率。然而其他国家就不像美国这样幸运。本章拟探讨通货膨胀的意义及其决定因素，并分析与此有关的重要的公共政策问题。由图 32–1 可见本章的主要内容。

## A. 通货膨胀的定义及影响

### 什么是通货膨胀

在第 21 章我们介绍了一些重要的价格指数并定义了通货膨胀。尽管如此，我们在这里还是有必要重复一下基本定义。

> 通货膨胀意味着一般价格水平的上涨。今天，我们用价格指数，即成千上万种产品的加权平均价格来计算通货膨胀。消费者价格指数（CPI）是以某年的价格水平为基准来衡量市场上各种消费品和服务的成本。GDP 紧缩指数就是 GDP 的价格。
>
> 通货膨胀率即价格水平变动的百分比：

通货膨胀（$t$ 年）

$$= \frac{t\text{年的价格水平}-(t-1)\text{年的价格水平}}{(t-1)\text{年的价格水平}} \times 100\%$$

如果你还不清楚，请复习第 21 章的内容。

### 通货膨胀的历史

通货膨胀与市场经济一样的古老，图 32–2 描绘的是

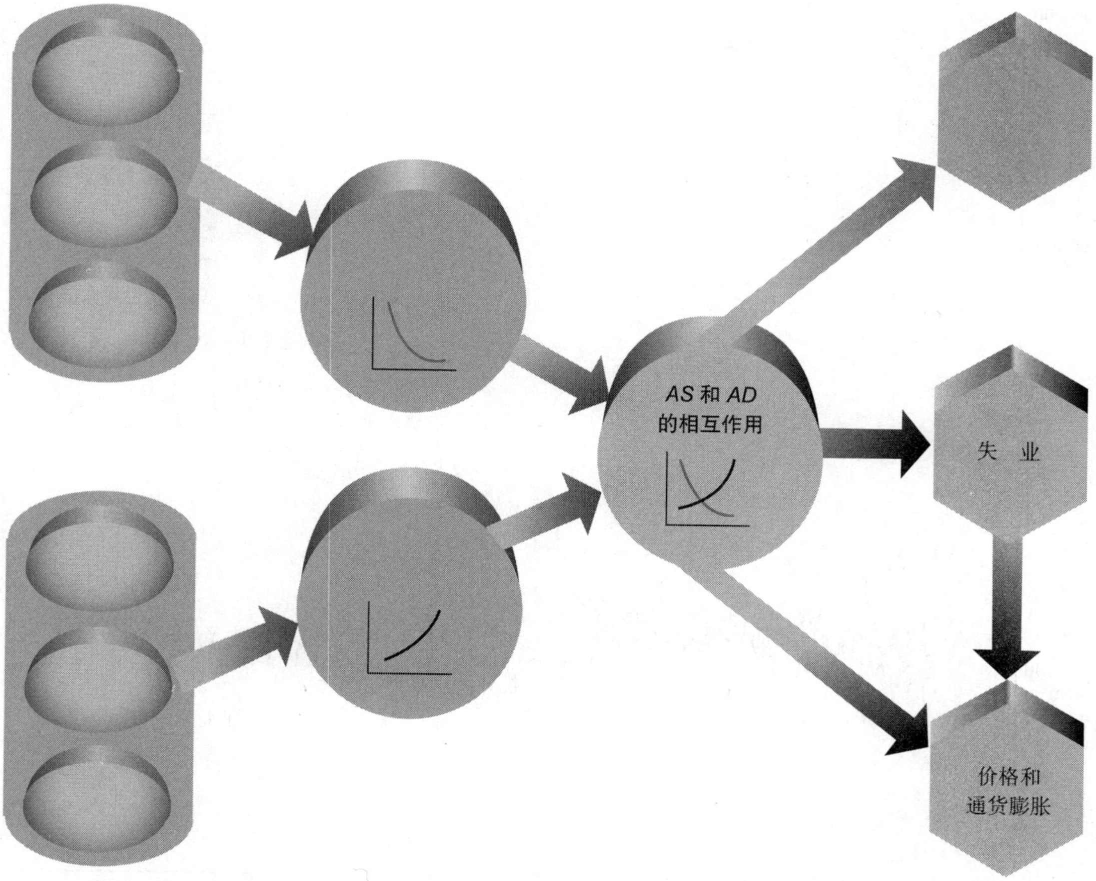


**图 32-1　通货膨胀是对经济政策的基本制约**

通货膨胀的经济影响是什么？是什么力量导致了持续的通货膨胀？政府怎样才能缓解通货膨胀？这些问题是今天的宏观经济理论和政策的中心所在。

13 世纪以来英国价格变动的历史。图中上面一条曲线表示价格水平在这么长的时期内一直呈现持续上升的趋势，下面一条曲线表示实际工资（工资率除以消费价格指数）的变动情况。到工业革命之前，实际工资曲线总是忽上忽下的。比较这两条曲线可以看出，通货膨胀不一定伴有实际收入的下降。该图还说明：大约自 1800 年以来，实际工资一直在稳步上升，到现在已增长了 10 倍以上。

图 32-3 着重描述了自南北战争以来美国消费价格的变动情况。直到第二次世界大战，美国一直使用金本位和银本位的结合，消费价格的变动都很有规律：各种价格在战时上涨，在战后经济萧条时回落。但是，第二次世界大战之后，美国消费价格的变动态势发生了明显的变化。价格和工资之车仿佛驶入同一条单行道，呈现出只升不降的趋势。在经济增长时期它们迅速上升，而在经济衰退时它们却只是上升得稍慢一些。

图 32-4 表示 20 世纪后半叶用消费者价格指数计量的通货膨胀。你可以看到在 90 年代这个特殊时期中出现的稳定的低通货膨胀。

## 通货膨胀的三种类型

通货膨胀像疾病一样也会表现出不同的严重程度。因此，有必要将其分成三种类型，即低通货膨胀、急剧通货膨胀和恶性通货膨胀。

***低通货膨胀***　低通货膨胀的特点是，价格上涨缓慢且可以预测。我们也许可以将其定义为年通货膨胀率为一位数的通货膨胀。此时物价相对来讲比较稳定，人们对货币比较信任，因为这些钱的价值在一个月或一年当中不会有很大变化。人们会很愿意签订以货币形式表示的长期合同，因

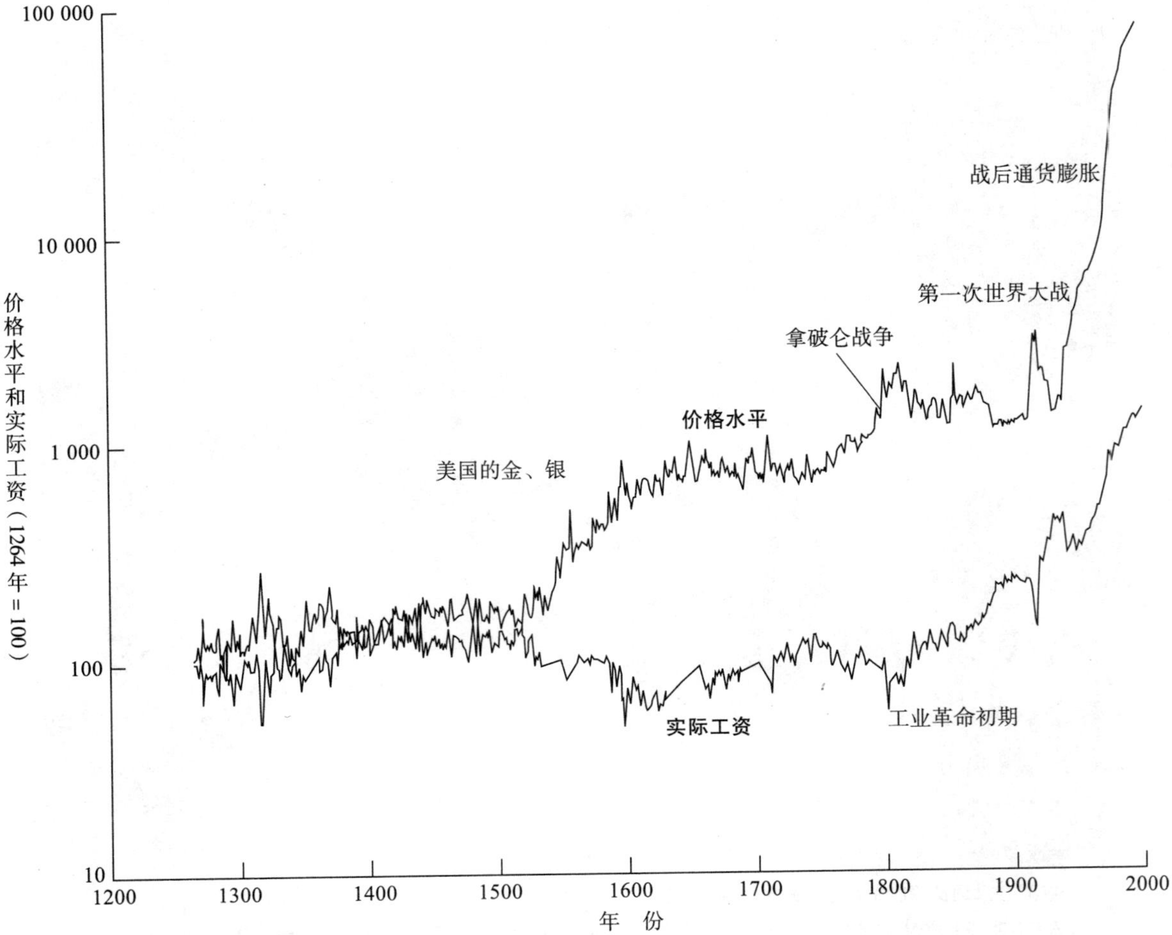


**图 32-2 1264~2002 年英国的价格水平和实际工资**

由图可见自中世纪以来英国的价格和实际工资水平变动的历史。在早期，价格的上涨与货币供给的增长，诸如新大陆财富的发现与拿破仑战争时期货币的印制密切地联系在一起。注意，实际工资曲线在工业革命前是弯弯曲曲的。自工业革命之后，实际工资一直呈迅速、稳定的上升趋势。

资料来源：E. H. Phelps Brown and S.V. Hopkins, *Economica*, 1956.

为他们有把握肯定自己买卖的商品的相对价格变动不会太离谱。大多数工业国在过去的 10 年里都经历过温和的通货膨胀。

***急剧通货膨胀*** 当总价格水平以每年 20%、100%甚至 200%的 2 位数或 3 位数的速率上涨时，这种通货膨胀便称为**急剧通货膨胀**（galloping inflation）。我们可以看到，像意大利或日本这样的发达工业国家，会不时地遭到这类通货膨胀的困扰。许多拉丁美洲国家，例如阿根廷和巴西，在 20 世纪 70 年代和 80 年代，年通货膨胀率就曾高达 50%~700%。

这种急剧通货膨胀局面一旦形成并稳固下来，便会出现严重的经济扭曲。一般地说，大多数经济合同都会用某种价格指数或某种外币（如美元）来加以指数化。在这种情势下，货币贬值非常迅速，人们仅在手中保留最低限度的货币以应付日常交易所需。金融市场逐渐消亡，资本逃向国外。人们囤积商品，购置房产，而且绝对不会按照很低的名义利率出借货币。

***恶性通货膨胀*** 存在急剧通货膨胀的经济似乎还可以生存下去，但是，当**恶性通货膨胀**（hyperinflation）像癌症一样袭来的时候，这致命的第三种通货膨胀便会使整个经

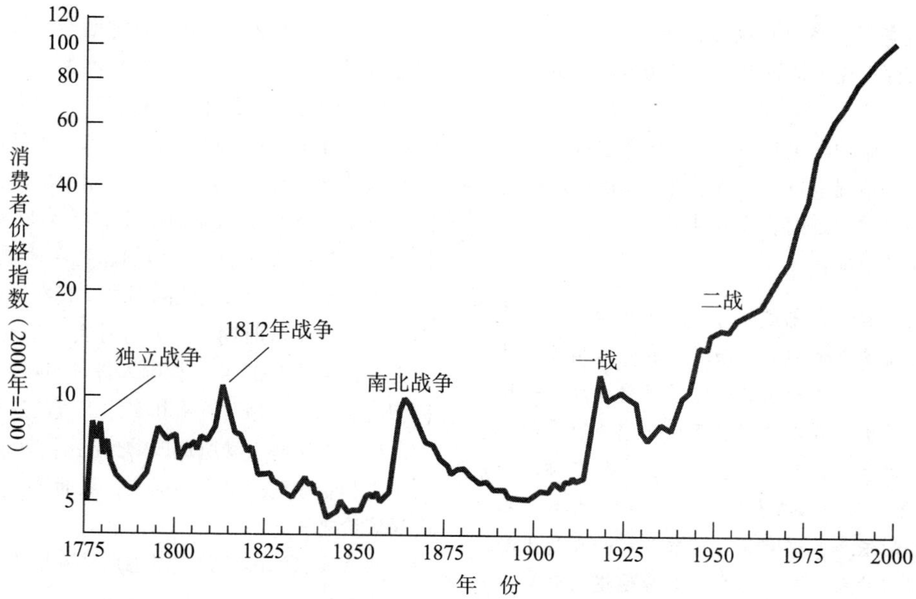


**图 32-3 美国的消费者价格，1776~2003 年**

在第二次世界大战之前，价格在每次发生战争时上涨，随后又逐渐下降。但自此以后，无论是国内还是国外，价格上涨的趋势一直持续不变。

资料来源：U.S. Department of Labor. 美国劳动统计局 1919 年以来的数据。

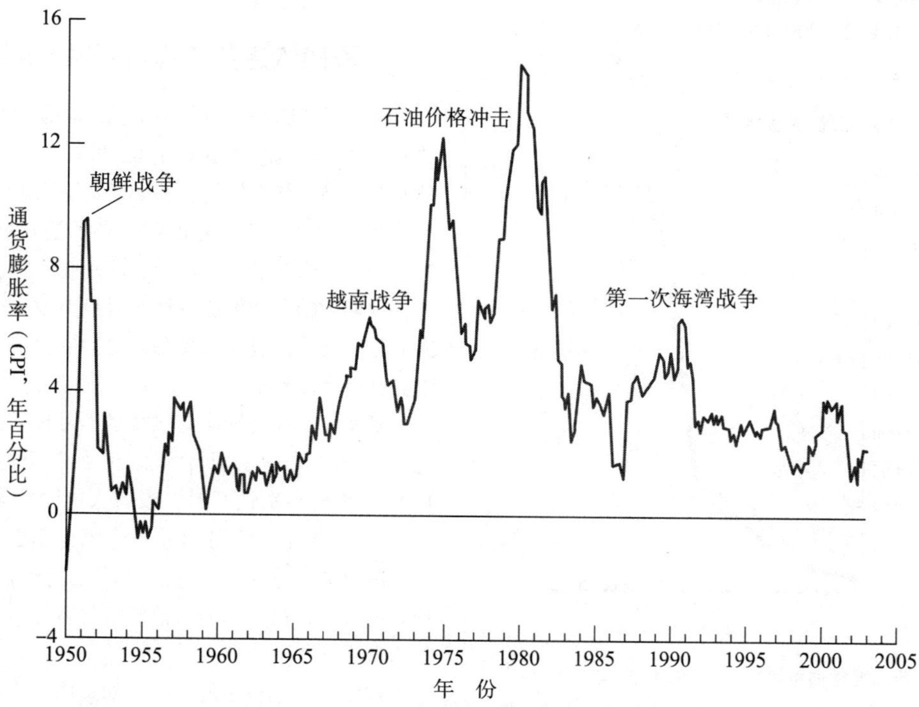


**图 32-4 通货膨胀在 20 世纪 90 年代一直保持着稳定的低水平**

在历史上，美国的通货膨胀率一直很不稳定，20 世纪 80 年代初的通货膨胀率曾达到令人难以接受的高水平，而 90 年代由于美联储的有效控制和较小的供给冲击，通货膨胀一直稳定地保持在低水平。

资料来源：Bureau of Labor Statistics, www.bls.gov. 该图显示的是消费者价格指数。

济窒息。在这种局势下，各种价格以每年百分之一百万，甚至百分之万亿的惊人速率持续上涨，市场经济势必变得一无是处。

正在学习通货膨胀的学生对恶性通货膨胀也许会特别有兴趣，因为在这种情况下更能看清通货膨胀的灾难性的影响。下面一段话描述的是南北战争时期，南方邦联所发生的恶性通货膨胀的情况：

> 过去我们一般都在兜里装着钱去商店购物，将买到的食物装在篮子里带回来。而现在我们是用篮子装钱，再用衣兜装回所买的食品。除了纸票以外，一切都十分缺乏！物价一片混乱，生产也一塌糊涂。以前一次餐费的价钱和一张歌剧票差不多，可现在却几乎是原来的 20 倍。每个人都在囤积“东西”，并尽力抛掉“不值钱”的纸币，这就将“值钱”的金属货币赶出了流通领域。结果，人们的生活部分地退回到极不方便的物物交换时代。

记载最全面的恶性通货膨胀发生在 20 世纪 20 年代的德意志魏玛共和国。图 32–5 所示的是当时该国政府如何开动印钞机，从而将纸币发行数量和物价都推到了天文数字的水平。从 1922 年 1 月到 1923 年 11 月，魏玛共和国的价格指数从 1 上升到 10 000 000 000。假如某人在 1922 年初拥有一张价值 3 亿元的德国债券，那么两年之后，他用这么多钱就会连一小块糖都买不到。

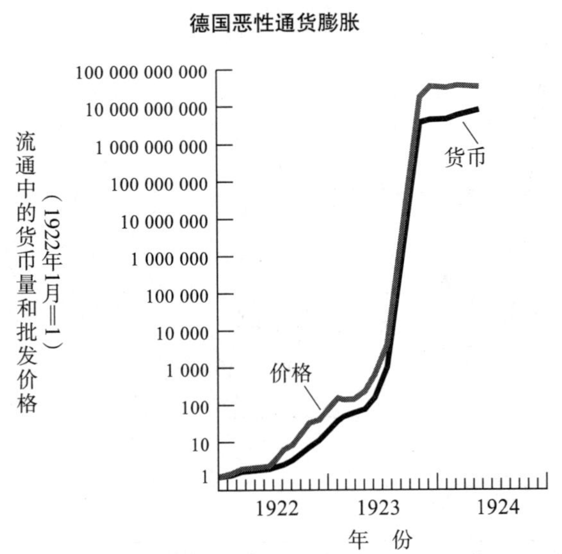


**图 32–5 德国的货币和恶性通货膨胀，1922~1924 年**

在 20 世纪 20 年代初，德国无法征集到足够的税款以偿还政府债务，于是政府便印刷纸币。从 1922 年初到 1923 年 12 月，货币发行量以惊人的速度增长。当国民在贬值前发疯似地抛出纸币时，价格也就不断地盘旋飞涨。

仔细研究一下恶性通货膨胀，我们会发现它有几个普遍特征。首先，对货币的实际需求（用货币存量除以价格水平来计算）急剧下降。在上述德国恶性通货膨胀末期，实际货币需求只是两年前的 1/30。人们实际上是在忙着抢购，像扔掉烫手的土豆似的急匆匆地抛出自己的货币，以免进一步遭受货币贬值的损失。其次，相对价格变得极不稳定。在正常时期，个人每月实际工资的变动仅为 1% 或更小；但在 1923 年，德国人每月实际工资平均变动 1/3（上升或下降）。相对价格和实际工资的这种变动是非常大的，加之由这些波动所造成的分配不公和经济扭曲，势必给工人和企业造成巨大的损失，从而也体现出通货膨胀的高昂代价之一。

通货膨胀的影响曾被凯恩斯精确地表述为：

> 当通货膨胀来临时，货币实际价值每月都产生巨大的波动，所有构成资本主义坚实基础的、存在于债权人和债务人之间的永恒关系，都变得混乱不堪甚至几乎完全失去意义，获得财富的途径退化到依靠赌博和运气的境地。

## 可预期的通货膨胀和不可预期的通货膨胀

分析通货膨胀时，价格增长可否预期是区分通货膨胀的一个显著标志。假定所有价格每年上涨 3%，且每个人都预期这种趋势会持续，那么通货膨胀还会令人感到措手不及吗？假如每年实际的和预期的通货膨胀率都是 1%、3% 或 5%，那么情况又有什么区别呢？经济学家们通常认为，预期到的温和的通货膨胀对经济效率或是对收入和财富的分配几乎没有什么影响，变动的价格仅仅成为人们调整自己行为的标准。

事实上，通货膨胀却往往是不可预期的。举个例子来说，俄国人在过去几十年间都习惯于稳定的价格，当 1992 年物价突然放开时，没有人能预测未来 5 年内价格会上升 1 000 倍，甚至经济学专家也无法做到这一点。那些仍旧以传统方式保存财富（无论是持有现金还是储蓄账户）的人都是最不幸的，他们眼看着自己的积蓄一夜之间化为乌有。

在物价平稳得多的国家，如美国，不可预期的通货膨胀的影响就没有那么严重，虽然本质是一样的。价格不可预期地上升会使某些人变穷，也会使另一些人变富。这种再分配的代价如何呢？或许已不能用“成本”来反映了。

因为它对社会的影响可能远大于对经济的影响。一系列的盗窃案可能不会使 GDP 水平降低，但却会带来很大的混乱。同样，由于通货膨胀随机地重新分配财富，就好比强迫人们去玩他们本想竭力避免的彩票赌博一样。

**通货紧缩的困境**

若通货膨胀是如此之坏，则社会是否应该努力去追求通货紧缩，即价格实际上在下降而不是在上升？历史经验和宏观经济学分析表明，通货紧缩和低利率也会导致整体经济运行困难重重。

普通的通货紧缩自身并不特别有害。通货紧缩之所以会引发经济问题，是因为它会导致货币政策变得无效。

如果价格水平因为衰退而开始下跌，则中央银行可以通过增加银行储备金和降低利率来刺激经济发展。但是，如果价格水平下降得很快，那么真实利率会变得相对较高。举例说，如果名义利率是 0.25%，价格水平每年下降 3.75%，那么真实利率是每年 4%。面对如此之高的真实利率，投资就会减少，从而会导致经济衰退。

中央银行有可能决定降低利率来刺激经济。**但是名义利率的下限只能是零**。为什么是这样呢？因为当利率为零时，债券实际上就是钱，这时人们几乎不愿意持有负利率的债券。如果中央银行把利率降低到零，则真实利率仍将是每年 3.75%，这个利率水平还是很高，仍然不能刺激经济发展。于是中央银行便陷入了一个被称作“**流动性陷阱**”的泥沼中，它不可以再降低短期利率。此时，中央银行调节经济的武器库已近乎弹尽粮绝。

通货紧缩在 19 世纪和 20 世纪早期经常发生，但是到了 20 世纪晚期就已大幅度减少了。不过，在 20 世纪 90 年代晚期，日本曾进入持续性的通货紧缩时期。部分原因在于资产价格尤其是土地和股票的价格的急剧下跌和长期的经济衰退。日本的短期利率在 2000 年之后实际上为零。例如，在 2003 年中期，1 年期银行存款的收益率是每年 0.032%。日本银行在通货紧缩和零利率面前显得束手无策。

美国在 2002 年晚期和 2003 年早期也曾经历过短暂的通货紧缩和流动性陷阱，主要是因为短期利率曾一度跌至半个世纪来的最低水平。

有没有对通货紧缩和流动性陷阱的防护措施？一个清楚的解决方法就是利用财政政策。财政刺激会提高总需求，并且不会产生提高利率水平所带来的危害。一些货币政策专家认为中央银行可以购买长期债券，利率保护型债券，或者是股票，因为它们不存在流动性陷阱的问题。但是大部分经济学家都相信最好的防卫措施是有力的进攻：可以通过保持高就业水平和逐渐上升的价格水平来确保经济远离通货紧缩。

## 通货膨胀的经济影响

各国中央银行反对通货膨胀的决心是一致的。在高通货膨胀时期，民意测验常发现，人们普遍认为通货膨胀是头号经济敌人。通货膨胀为什么如此危险且如此代价高昂呢？我们在上文曾谈到，发生通货膨胀时，所有的价格和工资并不按照同样的比率变动；这就是说，*相对价格*会发生变化。由于相对价格的不断游移，通货膨胀会明确带来如下两种影响：

- 收入和财富在不同阶层之间的*再分配*。
- 不同商品的相对价格和产出的*扭曲*，或者有时是整个经济的产出和就业的*扭曲*。

### 对收入与财富分配的影响

通货膨胀对收入和财富分配的影响主要是由于人们所持有的资产与负债的种类有差别而造成的。[1] 如果欠别人的钱，那么价格急剧上升对他们来讲就是一种意外收益。假定你为买一所房屋借款 10 万美元，每年偿还的固定利率的抵押贷款额是 1 万美元；倘若大幅度的通货膨胀突然将所有的工资和收入都翻了一番，虽然你需要偿还的贷款名义上还是每年 1 万美元，但是你的贷款的实际成本却只有原来的一半了。你只需要付出过去一半的劳动来支付这 1 万美元。这种大幅度的通货膨胀使你的抵押贷款的实际价值减少了一半，从而增加了你的财产。

假使你是个债权人，且持有固定利率的抵押贷款或长期债券作为资产，那么你的处境就会完全相反。价格突然上涨会使你变得比以前更穷一些，因为别人还给你的美元的实际价值比你原先借出时要小。

如果通货膨胀持续了很长时间，使人们最终有可能预见其发展趋势，并且市场也开始与之相适应，那么市场利率中就会逐渐地包含着一种对通货膨胀的补偿部分。譬如

[1] 资产负债表中的重要元素曾在第 7 和第 25 章中讨论过。

在某一经济中，起始状态时价格稳定，利率为3%。那么一旦人们预期价格将以每年9%的速率上涨，各种债券和抵押贷款的利率就要按12%而不是3%支付。12%的名义利率反映的是3%的实际利率再加上9%的通货膨胀溢价。一旦在利率上进行了这样的调整，收入和财富就不会再发生较大规模的再分配了。这种针对长期通货膨胀所进行的利率调整，在每一个经历过长期价格上涨的国家都曾经出现过。[2]

由于制度变迁，一些古老的说法已经不再适用。人们以往习惯性地认为，普通股票是抵御通货膨胀的好盾牌。但近年来实际情况表明，普通股票的价值与通货膨胀的变动方向是相反的。过去人们曾经以为通货膨胀会损害寡妇和孤儿的利益，但今天，她们所得到的社会保障抚恤金已经根据消费价格被指数化了，所以不再与通货膨胀有多少瓜葛，因为所领的金额会随着CPI的提高而自动增加。而且，有许多债务（如“浮动利率”抵押借款）的利率也按照规定随着市场利率而上下变动，因而对债务人和债权人的影响也不像以前那样明显了。

> 通货膨胀的再分配作用主要通过影响人们手中财富的实际价值来实现。一般说来，不可预期的通货膨胀会将财富从债权人手中再分配给债务人，也就是说，通货膨胀往往有利于债务人而有害于债权人。如果通货膨胀率出现不可预期的下降，那么所产生的效应就正好相反。但在更多时候，通货膨胀只是将收入和资产搅合在一起，随机地在全体居民中进行重新分配，而不会只冲击某些单个群体。

## 对经济效率的影响

除了收入再分配，通货膨胀还在两个领域影响实际经济：经济效率和总产出。首先我们来看看通货膨胀对经济效率的影响。

通货膨胀之所以损害经济效率，是因为它会扭曲价格和价格信号。在一个低通货膨胀的经济中，如果一种商品的市场价格上升，则买方和卖方都很清楚：这种商品的供给和（或）需求的两个方面都发生了实际的变化，他们就可以对此做出正确的反应。例如，如果附近的超市都将牛肉价格提高50%，消费者就知道应该是多吃鸡肉的时候了。与此类似，如果新型电脑的价格下跌90%，你也许就会决定换掉那台旧型号的电脑了。

相反，在一个高通货膨胀的经济中，人们就很难区分相对的价格变化与整体的价格变化。如果通货膨胀率高达每月20%或30%，商店就会频繁地变动价格，以至于相对价格变得混乱无序，令人无所适从。

通货膨胀同样会*扭曲货币的使用*。流通中的现金是名义利率为零的货币。如果年通货膨胀率从0上升至10%，则现金的实际利率就从每年的零降为-10%。现在还没有办法消除这种扭曲。

由于货币的实际利率为负，在通货膨胀时期，人们当然更愿意持有实际资源而减少货币持有量。他们频繁地进出银行——磨光了鞋底（shoe leather，即*皮鞋成本*），浪费了时间。企业精心设计现金管理计划。实际资源仅仅被用来适应不断变化的货币尺度，而不是被用来进行生产投资。

许多经济学家还提出了*通货膨胀对税收的扭曲*。有一部分税收法规是以所写明的美元计价。当价格上升时，这部分税收的实际价值就呈现下降趋势。例如，在计算应税收入时，你可以扣除一个以美元价值固定的免税额；而出现通货膨胀时，那份标准免税额的实际价值会减少，你所缴纳的税收的实际价值却上升。通货膨胀这种“非法定税收”，使得许多国家在制定税法时尽量避免通货膨胀诱导型的税收增加。在20世纪80年代，美国部分税收法案已经实行了指数化。

仅仅将税率档次指数化还不能在税收体系中消除通货膨胀的影响。因为通货膨胀扭曲了收入的衡量标准。例如，假定2003年你从基金投资上收入了6%，3%的通货膨胀率将使你收入的一半用来补偿这些收入的购买力减少。但税收法案并不区分实际收益和仅用来补偿通货膨胀的收益。现在税收法案中还有许多类似的收入与税收的扭曲。

但这些还不是通货膨胀的全部代价。一些经济学家还提出了通货膨胀的*菜单成本*（menu costs）。即：当价格发生变化时，公司必须消耗实际资源以调整价格。譬如说，饭店需要重新印刷它们的菜单，邮购公司需要重新印制它们的目录，出租汽车公司必须重新制定计价表，市区需要重新调整停车里程，商店需要更改商品价格标签。这些成本有时还是无形的，比如召集人员重新定价等。

## 宏观经济影响

通货膨胀对宏观经济有什么影响？这个问题是我们下一章的内容，这里不妨先提及几点。在20世纪70年代以

---

[2] 图25-3显示的是美国近年来名义利率和实际利率的变动情况。

| 通货膨胀率（年百分比） | 人均 GDP 的增长（年百分比） |
|---|---|
| -20~0 | 0.7 |
| 0~10 | 2.4 |
| 10~20 | 1.8 |
| 20~40 | 0.4 |
| 100~200 | -1.7 |
| 1 000+ | -6.5 |

**表 32–1　通货膨胀和经济增长**

从 127 个国家综合得出的经验显示：最快的增长与低通货膨胀率相联系。通货紧缩和温和的通货膨胀伴随着缓慢的经济增长。而恶性通货膨胀则与经济大幅下滑并行。

资料来源：Michael Bruno and William Easterly, "Inflation Crises and Long-Run Growth," World Bank Policy Research Working Paper 1517, September 1995.

前，较高的通货膨胀率一直伴随着较高的就业和产出水平。在美国，当投资形势良好、工作机会很多的时候，通货膨胀就趋于上升。在通货紧缩或通货膨胀水平趋于降低的时期，如 19 世纪 90 年代、20 世纪 30 年代和50 年代的一些时期，资本和劳动则都呈高度失业状态。

如果进一步对历史资料做详细分析，则会发现一个有趣的事实：产出和通货膨胀之间的正相关关系似乎只是暂时的。长期来说，通货膨胀与产出的增长之间存在着一种类似倒"U"形的关系。表 32–1 显示了最近的一项涉及许多国家的研究，它表明了各国的产出增长与通货膨胀之间的关系。研究结果说明：低通货膨胀的国家的经济增长最为强劲，而高通货膨胀或通货紧缩国家的增长趋势则较为缓慢。（但这里不包括后此谬误问题，这一点在本章"问题讨论"的第 7 题中有探讨。）

## 理想的通货膨胀率是多少

大多数国家都希望经济高速增长、就业充分和价格稳定。但何谓"价格稳定"？是通货膨胀率为零吗？如果是的话，又是在多长的区间里呢？抑或，低通货膨胀率才是价格稳定？ 有一派学者认为政府的政策必须致力于保持稳定的价格或者通货膨胀率为零。如果我们确信未来 20 年的价格水平和今天的价格水平基本一致，那么我们就可以更好地做出长期投资决策和储蓄计划。

许多宏观经济学家对此表示异议。他们认为，尽管零通货膨胀率的目标在一个理想的经济体系中是明智的，但我们并不是生活在一个没有摩擦、没有矛盾的社会中。也许其中最重要的矛盾就是劳工对降低货币工资的抵制。如果平均工资水平保持稳定，则势必意味着工资有升有降。但工人和厂商都极不愿意接受货币工资的下降。在政府关于 1958~1978 年制造业工资变化的综合调查中，可以找到这种工资下降刚性的证据。在那段时间，即使是在通货膨胀率相当低的年份里，平均说来也只有不到 0.1%的工人工资有所下降。

从宏观经济学的观点来看，这意味着：相对于 2%~4%的通货膨胀率而言，零通货膨胀率可能会伴随着一种较高的可持续的失业水平和一种比较低的产出水平。据最近一项研究估计，为达成 3%左右的目标通货膨胀率，也是稳定价格体系的目标，美国将会永久地以产出和就业率都降低 1%~3%为代价。研究报告的结论是：

> （工资）下降的刚性影响一些公司调整实际工资的能力，进而导致就业人数的无效降低。这种减少是无效率的……对政策制定者的最主要的启示是：以零通货膨胀率为目标会导致资源配置的无效率，例如失业率其实没有必要那么高。[3]

现在对以上讨论做如下小结：

> 尽管经济学家也许反对为通货膨胀率设定精确的目标，但多数人还是认为，一个可以预期的缓慢上升的价格水平看来还是能为经济的健康成长提供最好的环境。一个几经反复才认定的证据表明，类似近年美国出现的温和的通货膨胀对于生产率或实际产出几乎没有什么影响。相反，急剧的或恶性的通货膨胀会严重地损害生产率，并会通过收入和财富的再分配而殃及到个人。

# B. 现代通货膨胀理论

市场经济能否同时享受充分就业和物价稳定的好处？除了提高失业率以放慢经济速度之外，就没有其他办法能控制通货膨胀吗？假如以经济衰退为代价来控制通货膨胀是得不偿失的话，是否需要一种"收入政策"，可以在降低通货膨胀率的同时并不提高失业率？

问题，问题，全都是问题。能否加以回答，是我们现

[3] 参看本章末"补充读物"中 Akerlof Dickens 和 Perry 的有关著述。

代混合型经济健康发展的关键。在本章后半部分，我们将探讨现代通货膨胀理论，并分析降低通货膨胀的成本。

## AS–AD 框架中的价格

通货膨胀的根源并非只有一个，它像许多疾病一样由诸多因素造成。有些通货膨胀是由于需求方面的原因引起的，另一些则由供给方面的原因造成。但是，现代的通货膨胀都有一个重要特征：累积一种内在能量，一旦爆发便很难平息下去。

### 惯性通货膨胀

在现代工业经济社会中，如美国，通货膨胀具有极大的惯性。这就是说，在能够改变通货膨胀率的重大经济事件发生之前，它将一直会保持同样的速率。我们可以用一条又懒又老的狗来比喻惯性通货膨胀。如果这条狗不被人踹一脚或被一只猫吸引过去，它就会一直呆在原地不动。一旦受到搅扰，这条狗可能会跳起追猫，而随后又会在另一个地方躺下，并在那里一直躺到下一次受到冲击为止。

20 世纪 90 年代，美国物价一直以每年 3%左右的速度稳步上升，大部分人逐渐对这一通货膨胀率有所预期，于是将它考虑到有关的经济机制之中。劳资双方在签订工资协议时要将大约 3%的通货膨胀率考虑在内；政府的货币计划、财政计划要假定存在 3%的物价上涨因素。在此期间，*惯性通货膨胀率*是每年 3%。有时，人们也将惯性通货膨胀率称为*核心*通货膨胀率、*基础*通货膨胀率或者*预期*通货膨胀率。

尽管通货膨胀率在一段时间内保持不变，但历史经验表明，经济冲击会拉高或拉低通货膨胀率。总需求变动、石油价格和商品价格的剧烈动荡、农业生产歉收、汇率波动、生产率变化以及无数其他的经济事件，都会对通货膨胀不断造成冲击，使其高于或低于惯性通货膨胀率。

> 某一既定时期，经济中持续存在的通货膨胀率与人们的期望相适应。这种纳入经济当中的**惯性通货膨胀率**（inertial rate of inflation）一般持续不变，直至某种冲击使其提高或下降为止。

### 需求拉动型通货膨胀

影响通货膨胀的主要因素之一是总需求的变动。前几章我们已经看到，投资、政府支出或净出口的变化，都可以使总需求发生变动，并推动产出增长，使其超出潜在生产能力。我们还知道一国中央银行如何影响经济活动。无论出于什么原因，只要总需求的增长速度超出经济潜在生产能力，就会发生**需求拉动型通货膨胀**（demand-pull inflation），使物价上升以平衡总供给与总需求。这就是说，由于需求方的货币竞相追逐有限的商品供给，从而将价格提拉起来。由于失业率下降，劳动力变得稀缺，工资也被抬高，所以通货膨胀会加速到来。

需求通货膨胀背后的一个重要因素是*货币供给的快速增加*。货币供给的快速增加使总需求增长，而后者又使价格水平升高。德国中央银行在 1922~1923 年间曾印制出数万亿马克的纸币，这些纸币涌入市场寻求面包和住房，因此德国当时的物价水平成十亿倍地上涨也就不足为奇了。这是一种猛烈的需求拉动型通货膨胀。20 世纪 90 年代初，前苏联政府大量印刷卢布来填补其预算赤字，同样的情况便再度出现。结果*每月*平均通货膨胀率达到 25%，或每年 $100 \times (1.25^{12}-1) = 1\ 355\%$。[4]

图 32–6 用总供给和总需求来说明需求拉动型通货膨胀的过程。让我们从初始的均衡状态 $E$ 点开始分析，假定支出的扩大将 $AD$ 曲线向右上方推移，该经济的均衡点就要从 $E$ 点移至 $E'$ 点。在这个更高的需求水平上，价格就要从 $P$ 点上升到 $P'$ 点。于是，需求拉动型通货膨胀便会发生。

[4] 见本章末“补充读物”中的 Akerlof、Dickens 和 Perry 的有关材料。

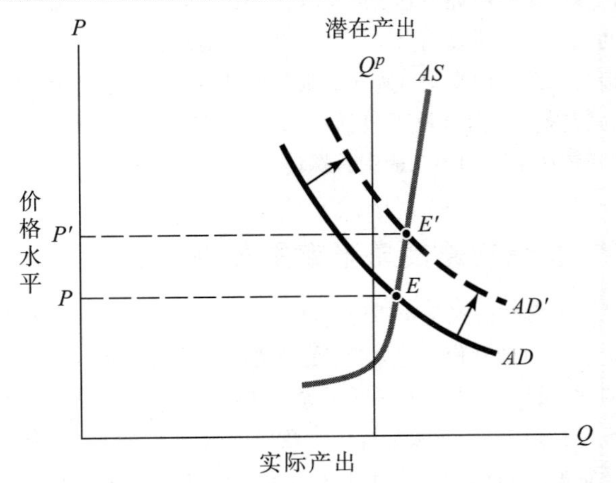


**图 32–6 当太多的支出追逐太少的商品时，便会发生需求拉动型通货膨胀**

在较高的产出水平，总需求的增长会使不断上升的支出竞购有限的商品，价格从 $P$ 升高到 $P'$，这就是需求拉动型通货膨胀。按照这样的框架，我们如何分析成本推动型通货膨胀？

## 成本推动型通货膨胀

古典经济学家不仅研究需求拉动型通货膨胀的原理，而且常用此来解释经济史上的价格变动趋势。在过去的半个世纪中，通货膨胀的发展过程已经发生变化。前面在阐述价格变动的历史时曾指出：现在的价格变动只是沿着一个方向，经济衰退时是上升，经济繁荣时是更快地上升。现代通货膨胀与简单的需求拉动型通货膨胀的区别在于：价格和工资在实现充分就业之前就开始上升。甚至在 30% 的生产能力闲置，10%的劳动力处于失业状态的情况下，价格和工资也在上升。这种现象称为成本推动型通货膨胀，或称为供给冲击的通货膨胀。

> 在失业率很高且资源利用不足时，由于成本上升所造成的通货膨胀，叫做**成本推动型通货膨胀**（cost-push inflation）。

为了将成本推动型通货膨胀解释清楚，很多经济学家常以工资为出发点。在 1982 年，当失业率几乎达到 10% 的时候，工资上升了 5%。工资在衰退时期仍趋增长，这是因为价格受到管制且削减工资遭到强烈反对。

有时，成本推动的冲击会拉上通货膨胀。在 1973 年、1978 年以及 1999 年末和 2000 年初，当世界石油市场发生严重短缺时，各个国家都密切关注自己的宏观经济运行情况。一方面是石油价格急剧上升，另一方面是生产经营成本的增加和随后成本推动型通货膨胀的猛烈爆发。有时成本冲击并不严重。例如，在 20 世纪 90 年代，由于生产率的极大提高，能源价格、进口品价格和消费品价格的下降，以及医疗支出上升缓慢，美国的总供给压力是下降的。

## 预期和惯性通货膨胀

你也许会问，通货膨胀是否真的会有如此大的惯性或动力呢？答案是：大多数价格和工资的确是着眼于未来的经济形势。当价格和工资正迅速上升，且可望继续上升的时候，厂商和工人就倾向于在自己的价格和工资决策中考虑到急剧上升的通货膨胀率。或低或高的通货膨胀预期，似乎真的是一种能够自我兑现的预言。

可以设想一个例子来说明预期在惯性通货膨胀中的作用。布拉斯米尔斯公司（Brass Mills Inc.）是一个没有工会组织的照明设备制造商，2004 年它正在慎重制定 2005 年的工资和薪金制度。该公司销售额增长得很快，且未曾受过较大的供给或需求的冲击。布拉斯米尔斯公司的首席经济学家报告说，没有预见到会有通货膨胀或通货紧缩的冲击；而一些主要的预测机构当时预期，2005 年全国的工资增长率约 4%。该公司通过对各地方公司进行普查后发现，大部分雇员都计划在下一年得到 3%~5%的工资报酬增长率。这样，所有的信息都表明，2005 年的工资应比 2004 年大约增长 4%。

考查“内部劳动市场”之后，布拉斯米尔斯公司决定使自己的员工工资与地区劳动市场保持一致。由于该公司管理人员确实不想使本公司员工的工资水平低于当地的工资水平，所以他们决定要尽力跟上当地工资的增长速度，于是决定按预期的市场增长率，即 2005 年以 4%的平均工资增长率来增加本公司员工的工资。

这种通过预期未来经济形势确立工资和薪金政策的过程，实际上可以扩展到所有的雇主。这种推理办法也适于确定很多产品的价格，如高等院校学费、汽车价格以及长途电话费等等。这些价格一旦确定之后，就不容易再发生变动。由于修正通货膨胀预期和调整大多数工资和价格都需要较长时间，所以只有在较大的冲击或经济政策变动的情况下，惯性通货膨胀率才会发生变动。

由图 32–7 可见惯性通货膨胀的形成过程。假定潜在产出保持不变，且不存在供给或需求的冲击。如果人人都预期平均成本和价格按照每年 3%的比率上涨，则 *AS* 曲线将按每年 3%的比率上移。如果不存在需求的冲击，*AD* 曲线也将按照这一比率上移。于是 *AD* 和 *AS* 的交叉点就会每年提高 3%。这样，宏观的经济均衡就会从 *E* 移到 *E′*，再移到 *E″*。物价每年上涨 3%，也就是说，惯性通货膨胀率固定在 3%。

> 当 *AS* 和 *AD* 曲线以相同的比率不断稳步地向上移动时，就会发生所谓的惯性通货膨胀。

## 价格水平与通货膨胀

利用图 32–7，我们可以将价格水平的运动和通货膨胀的运动有效地区分开来。一般说来，在其他条件保持不变时，总需求的增长会使价格上涨。同样，在其他条件保持不变时，由工资和其他成本的增长所造成的 *AS* 曲线的向上移动，也会使价格上涨。

然而，其他条件并非总是一成不变的；尤其是 *AD* 和 *AS* 曲线，几乎从未保持过静止状态。例如，图 32–7 就表明了 *AS* 和 *AD* 曲线一直在同时向上移动。

假使在第三个时期 *AS* 或 *AD* 曲线发生了一次预料之外的移动，则会出现什么情况呢？价格和通货膨胀将会受

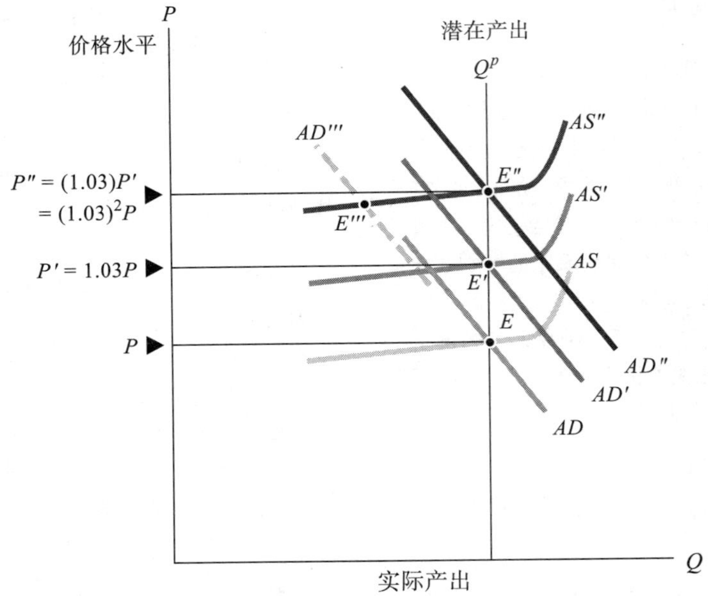


**图 32–7 当总供给和总需求一起向上移动时，价格和工资会发生螺旋式上升**

假定生产成本每年都上升 3%，*AD* 曲线将比上一年提高 3%。这样，*AS* 和 *AD* 曲线每年将会以同样的幅度上移 3%。均衡点从 *E* 上移到 *E'* 再上移到 *E''*，由于惯性通货膨胀，价格也会以同样的速度向上攀升。

到怎样的影响？举例来说，如果第三个时期的 *AD''* 曲线将会由于货币的紧缩而向左移动到 *AD'''*，这就很可能会引起一次经济衰退，新的均衡位于 *AS''* 曲线上的 *E'''* 点。在这个均衡点，产出将会下降到低于潜在生产能力的水平；价格和通货膨胀率也会比在均衡点 *E''* 时低。但此时经济生活中将仍会存在通货膨胀，因为 *E'''* 处的价格水平仍高于前一时期，即均衡点 *E'* 处的价格水平 *P'*。

以上分析告诉我们：供给或需求的冲击可以降低价格水平，使其低于原本能够达到的水平。但是，由于通货膨胀的内在能量，该经济可能会继续存在通货膨胀问题。

## 菲利普斯曲线

一种很有用的来理解通货膨胀的方法是**菲利普斯曲线**（Phillips curve）。菲利普斯曲线显示了失业率和通货膨胀之间的关系。有关菲利普斯曲线最基本的思想是当产出高、失业率低的时候，货币工资和价格就趋于快速上升。这种情况之所以会发生是因为：当工作机会很多的时候，工人和工会就会强烈要求涨工资；而当产品销售很火爆的时候，企业也更容易提高销售价格。反之亦然，高失业率会降低通货膨胀率。

### 短期的菲利普斯曲线

宏观经济学家把短期的菲利普斯曲线和长期的菲利普斯曲线加以区分。图 32–8 所表示的是典型的短期菲利普斯曲线。图中的横轴代表失业率，左边刻度代表每年的通货膨胀率，右边刻度代表货币工资增长率。当我们沿着这条菲利普斯曲线向左移动以降低失业时，曲线上的价格和工资的增长率就会上升。

这条曲线的背后，存在着一道重要的通货膨胀算术。让我们假定劳动生产率（即人均产出）每年以 1%的速率上升，再进一步假定各企业都依据平均劳动成本来确定自己的产品价格，因而价格的变动总是恰好等于每单位产出的平均劳动成本。如果工资以 4%的比率增长，而劳动生产率以 1%的比率增长，那么平均劳动成本的增长就将是 3%。结果，价格的上涨也将是 3%。

运用这种方法，我们可以从图 32–8 中看出工资增长和价格增长之间的关系。两者之间的差额即为劳动生产率的增长（如果劳动生产率以每年 1%的速度增长，而且价格的变动总是恰好等于每单位产出的平均劳动成本，则价格每年上涨 4%所对应的是工资每年增长 5%）。

### 工资—价格的算术逻辑

价格、工资和生产率的关系可以表述如下：价格由每单位产出的平均劳动成本决定。这意味着：价格 $P$ 总是与 $WL/Q$ 成比例。这里 $P$ 表示价格水平，$W$ 表示工资，$L$ 代表劳动时间，$Q$ 是产出。进一步假设平均劳动生产率（$Q/L$）以每年都以1%的比率增长。那么，假如工资每年上涨4%，价格就会每年上升3%（=4%的工资增长率−1%的生产率增长率）。更一般的情况是：

通货膨胀率 = 工资增长率 − 生产率增长率

这就是价格通货膨胀和工资通货膨胀（即工资水平增长率）之间的关系。

我们可以用低通货膨胀时期和高通货膨胀时期的具体例子来证明价格通货膨胀和工资通货膨胀之间的密切关系。下面的表说明，通货膨胀在长期内的主要决定因素是工资增长率和生产率增长率。从图表中的第一个时期到第二个时期，通货膨胀率急剧上升是因为工资增长率虽然缓慢但生产率下降幅度却比较大。在最后两年，通货膨胀率非常低，原因是：工资增长率得到控制的同时生产率增长率又有所反弹。

| | 用CPI计算的通货膨胀率（%） | 工资增长率（%） | 生产率增长率（%） |
|---|---|---|---|
| 1959~1973年 | 3.1 | 5.8 | 3.2 |
| 1974~1997年 | 6.0 | 6.3 | 1.5 |
| 1998~1999年 | 2.4 | 3.9 | 2.5 |

资料来源：Bureau of Labor Statistics data on the business sector, at www.bls.gov.

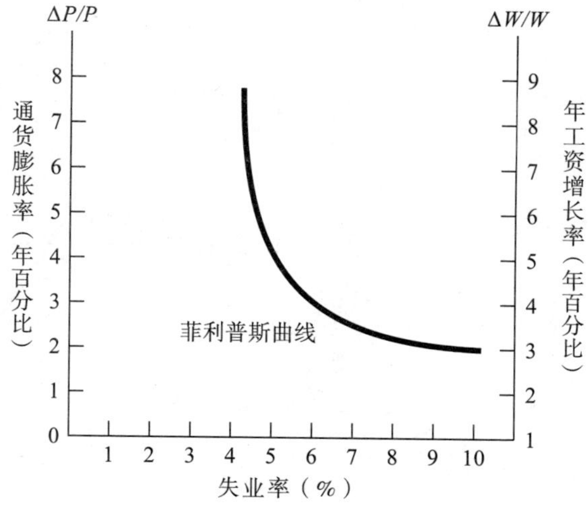


**图32–8 短期菲利普斯曲线所描述的通货膨胀和失业的替代**

短期菲利普斯曲线显示出通货膨胀和失业之间的反向关系。在假定劳动生产率平均增长1%的情况下，右边刻度上的工资变动标度会比左边刻度上的通货膨胀标度要高。

## 非加速通货膨胀的失业率

经济学家在仔细观察研究了不同的通货膨胀时期后，注意到图32–8中的“菲利普斯曲线”非常不稳定。因此，基于埃德蒙·菲尔普斯和米尔顿·弗里德曼的理论基础和历史数据的统计检验，宏观经济学家发展了有关通货膨胀的现代理论，将长期菲利普斯曲线和短期菲利普斯曲线区分开来。根据这种理论，图32–8中那种向下倾斜的菲利普斯曲线只适用于短期情况。从长期看，存在一种与稳定的通货膨胀相一致的最低失业率，称为*非加速通货膨胀的失业率*，或NAIRU（读作“nay-rew”）。[5]

[5] 有时也有另外的叫法。NAIRU最初的名字是“自然失业率”。这个词并不能令人满意，因为与NAIRU相关的东西并非是自然的。

**非加速通货膨胀的失业率**（nonaccelerating inflation rate of unemployment，NAIRU）是指与稳定的通货膨胀率相一致的失业率。当经济处于非加速通货膨胀的失业率时，那些作用于价格和工资通货膨胀的向上或向下的力量得以平衡，从而通货膨胀不存在改变的趋势。非加速通货膨胀的失业率是指在没有向上的通货膨胀压力的情况下，能够长期维持的最低失业率。

非加速通货膨胀的失业率意味着经济的运行状况可以被分成三种情况：

- *超额需求*。当市场上商品极度紧缺时，失业率低，产能被高度利用，价格和工资会上涨，会出现需求推动型通货膨胀，通货膨胀率会不断上升。
- *超额供给*。在经济衰退时，失业率高，工厂闲置，企业打折出售商品，工人不再要求涨工资。这种情况下，工资和价格会趋于适度上涨。
- *中性压力*。有时经济运行会表现得比较“中性”，其含义是职位空缺所起的工资上涨的压力和失业所引起的工资下降的压力会相互抵消。如果没有来自供给方面的冲击，如来自石油价格或其他外在资源价格的急剧变化，此时，经济处于非加速通货膨胀的失业率状态，通货膨胀维持不变。

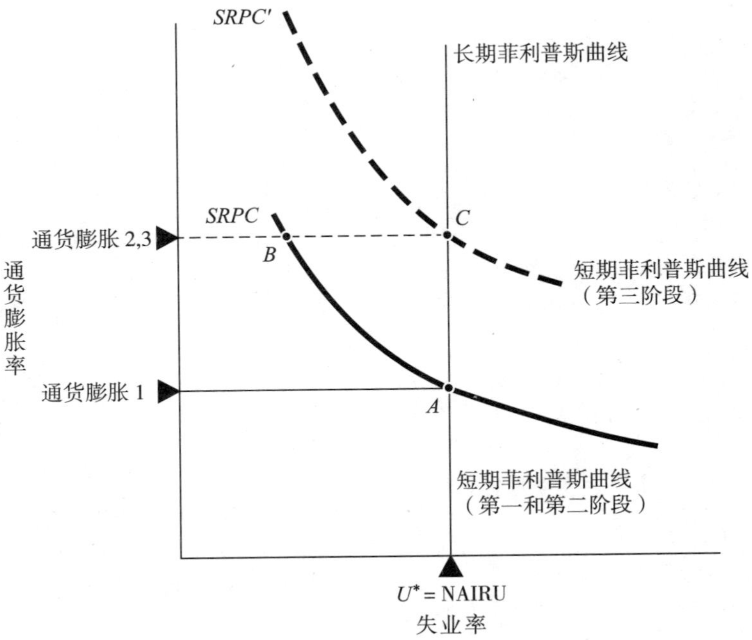


**图 32-9 菲利普斯曲线的移动**

这张图显示的是经济扩张导致了突然的通货膨胀和短期菲利普斯曲线向上移动。正文中的要点解释了菲利普斯曲线移动的步骤。如果将点 *A*、*B*、*C* 连接起来，曲线就会形成沿顺时针方向转动的环状轨迹。

## 从短期菲利普斯曲线到长期菲利普斯曲线

经济怎样从短期的菲利普斯曲线发展到长期的菲利普斯曲线？基本的思想是当价格变化没有被预期到的时候，短期的菲利普斯曲线趋向上移或者下移。这一点可以用“繁荣周期”和图 32-9 中的一系列步骤来说明。

- 第一阶段。在第一阶段，失业处于非加速通货膨胀的失业率水平，不存在供给或需求的意外冲击，经济运行位于图 32-9 中较低的短期菲利普斯曲线 *SRPC* 的 *A* 点上。
- 第二阶段。假设经济扩张降低了失业率。随着失业率的下降，各企业倾向于积极地招收新劳工和大幅度地提高工资。由于产出超过潜在水平，生产能力利用程度会提高，并且商品价格也会升高，工资和物价开始加速上升。用菲利普斯曲线来说，经济向上运行并向左达到短期菲利普斯曲线上的 *B* 点（沿图 32-9 中的 *SRPC* 线移动）。像图中所示，对通货膨胀的预期尚未发生变化，因此经济运行停留在原有的菲利普斯曲线 *SRPC* 上。但在这个阶段，较低的失业率却使通货膨胀率上升了。
- 第三阶段。由于通货膨胀率上升，企业及工人们都开始预期将会出现更高的通货膨胀率。这种预期的高通货膨胀率随即会体现在工资和价格的制定当中，从而使短期菲利普斯曲线发生移动。新的短期菲利普斯曲线（图32-10 中标示着 *SRPC'* 的曲线）位于原来曲线的上方，它反映了更高的预期通货膨胀率。新的短期菲利普斯曲线表示的三阶段的新的预期通货膨胀率等于第二阶段的实际通货膨胀率。如果经济发展放慢，失业率也回复到第三阶段的非加速通货膨胀的失业率，经济运行到 *C* 点。即使失业率和第一阶段的失业率保持一致，实际通货膨胀率也会上升，短期菲利普斯曲线向上移动。

请注意这一出人意料的结果：由于预期的通货膨胀率升高，即使失业率保持不变，第三阶段的通货膨胀率也要比第一阶段高。第三阶段的经济生活将经历与第一阶段相同的实际 GDP 和失业率水平，尽管在这个时候，各种名义变量（价格和名义 GDP）的增长速度，比起它们在经济扩张提升预期通货膨胀率之前要来得更快一些。

当失业率上升且实际通货膨胀率降低至惯性通货膨胀

率以下时，我们有时可以看到经济中会出现一种“衰退周期”（recession cycle）的现象。在衰退期间，惯性通货膨胀率会有所下降，而且当经济运行回复到非加速通货膨胀的失业率水平时，就会享有较低的通货膨胀率。1979~1984 年间，在卡特–沃尔克–里根向通货膨胀开战的那段岁月中，就曾出现过痛苦的紧缩周期现象。

## 垂直的长期菲利普斯曲线

我们已经看到，当失业率偏离非加速通货膨胀的失业率水平时，通货膨胀率就可能发生变化。但若实际失业率和非加速通货膨胀的失业率之间一直存在差距，则将会发生什么情况呢？例如，让我们假定非加速通货膨胀的失业率为 5%，而实际失业率为 3%。由于二者之间存在差距，通货膨胀率将会年复一年地上升。第一年，通货膨胀率可能是 3%，第二年可能是 4%，第三年是 5%，并且此后很可能会逐年上升。那么，这种螺旋式上升的势头将在何时停止呢？根据非加速通货膨胀的失业率的理论，只有当失业回复到非加速通货膨胀的失业率水平时，通货膨胀率的上升趋势才会停止。换言之，只要失业率低于非加速通货膨胀的失业率，通货膨胀率就会有上升的趋势。

在高失业率情况下，我们将会看到与上述运动相反的现象。也就是说，只要失业率高于非加速通货膨胀的失业率，通货膨胀率就会趋于下降。

只有当失业率等于非加速通货膨胀的失业率水平时，通货膨胀才会保持稳定；不同劳动市场上的供需力量的变动才会平衡；通货膨胀，无论其原有惯性多大，这时既不会上升也不会下降。

现代有关通货膨胀的理论对于制定经济政策具有非常重要的启迪作用。依据这些理论，存在着一个长期内可以保持经济发展的最低水平的失业率。而如果经济达到了很高的产出水平和就业水平，则会引起工资和物价的螺旋式上升。以上理论还提供了一个抑止通货膨胀率的处方。即，当通货膨胀率非常高的时候，国家可以紧缩银根，让经济衰退，把失业率提高到非加速通货膨胀的失业率之上，从而降低通货膨胀率。

> 非加速通货膨胀的失业率定义了“过度紧缺/通货膨胀率上升”和“高失业率/通货膨胀率下降”二者间的一个中性地带。在短期内，通货膨胀可以通过把失业率提高到非加速通货膨胀的失业率之上来降低通货膨胀率。但从长期看，非加速通货膨胀的失业率就是经济可以保持的一个最低的失业率。

## 数量估计

虽然非加速通货膨胀的失业率是一个很重要的宏观经济学概念，但我们却很难确切地估算出它的具体数值。许多宏观经济学家都分别运用先进的工具来估计非加速通货膨胀的失业率。在这本书里，我们采用的是国会预算办公室（CBO）提供的公共估计值。根据 CBO 的数据，非加速通货膨胀的失业率在 20 世纪 50 年代开始逐步增长，到 1980 年左右，达到占劳动力 6.3%的最高值，然后逐渐滑落到 2002 年的 5.2%。图 32–10 说明了 CBO 的估计值，以及截止到 2002 年末的实际失业率。

### 20 世纪 90 年代的通货膨胀之谜

美国在 20 世纪 90 年代末经历了一个宏观经济繁荣、稳定的特殊历史时期。在这一时期，美国产出迅速增加，失业率急剧下降，通货膨胀率保持了 30 年以来的低水平。

大多数美国人对经济的强劲增长表示乐观，而宏观经济学家对工资和价格的不寻常表现却感到迷惑不解。早期经济学研究表明，当失业率低于非加速通货膨胀的失业率时，工资和价格将会上升，就会发生通货膨胀。一般认为，非加速通货膨胀的失业率为 5.5%。然而从 1997 年开始，虽然失业率连续 3 年低于 5%，通货膨胀率在此期间却在下降。

这个通货膨胀之谜可以从图 32–11 中看出。标有“实际”的曲线表示从 1995~1999 年的实际通货膨胀率。标有“预期”的曲线表示预期的通货膨胀率，即根据历史经验。假定非加速通货膨胀的失业率为 5.5%，由通货膨胀与失业的相互关系得出的预期值。根据标准菲利普斯曲线预测，1999 年的通货膨胀率应为 4%以上，而实际通货膨胀率只接近 2%。

许多古典学派和供给学派的经济学家都认为，20 世纪 90 年代出现的情况是菲利普斯曲线棺木上的又一根铁钉。另外一些经济学家则认为，这是由某些特殊因素而造成的。究竟是什么原因导致 20 世纪 90 年代美国的通货膨胀率保持如此之低的水平呢？下面是美联储主席艾伦·格林斯潘的观点：

> 由于订交货期间缩短、价格水平下降、可置换劳动的设备和软件日益容易获得，我们可以说，在最近一些年（美国）企业的定价权已经基本上丧失殆尽。当然还有其他一些因素也在促成通货膨胀的下降。许多前苏联集团成员国的市场逐步

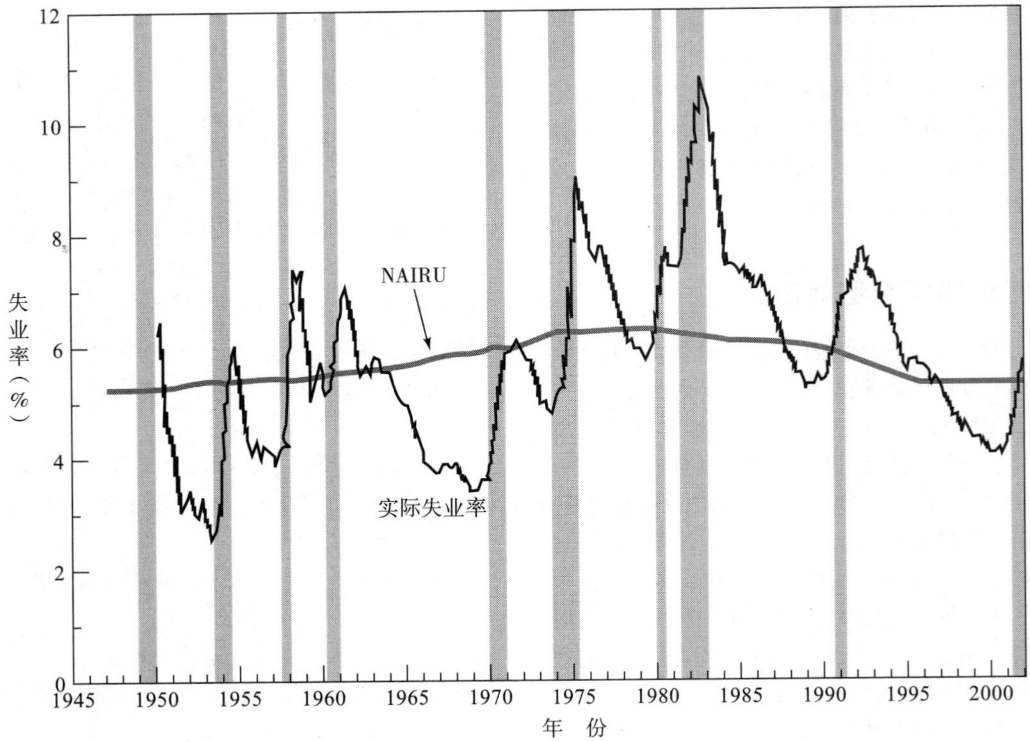


**图 32–10 实际失业率和非加速通货膨胀的失业率**

当作用于通货膨胀上的各种力量达到平衡时，就得到了非加速通货膨胀的失业率。

资料来源：从美国劳动统计局得到的实际失业率；非加速通货膨胀的失业率来自国会预算办公室的估计。

向西方开放，实行市场经济的国家不断增加等，所有这些都极大地释放了全球经济的能量。美国用于冷战的财政支出削减，全球资源更多地投向了私人生产部门。另外，在许多国家，尤其是美国，放松了管制，解除了经济瓶颈问题，从而使供给更加灵活，这些也极大地制约了价格的上升。最后，1997 年和 1998 年的全球经济危机，也降低了能源价格和其他生产和消费主要投入品的价格，从而使通货膨胀几年来一直保持着较低的水平。[6]

[6] 见本章末“补充读物”中有关格林斯潘讲话的材料，以及 Lawrence Katz、Alan Krueger 和 Robert Gordon 所讨论的关于 20 世纪 90 年代通货膨胀之谜的有关论述。

## 对非加速通货膨胀的失业率的质疑

非加速通货膨胀的失业率概念，还有与产出相关的概念，即潜在 GDP，对于我们理解通货膨胀和宏观经济学中长期与短期之间的关系非常关键。但是，这里提及的主流观点并未得到宏观经济学家的一致认可。

其中一个问题是，非加速通货膨胀的失业率的数值是否为一个稳定的可靠的量。美国的通货膨胀的统计数据已经能够表明 NAIRU 对他们是可信的。另一个问题是，一段持续时期较长的高失业率将会导致职业技能的退化，使人们失去在职培训与获得工作经验的机会，因而会造成非加速通货膨胀的失业率的上升。实际 GDP 的缓慢增长是否能做到不降低投资水平，并且不使一国的资本存量逐渐减少呢？即使在失业率高于非加速通货膨胀的失业率水平的情况下，生产能力短缺是否也能避免通货膨胀的不断加剧呢？

过去 20 多年来，欧洲的经验已经证实这些担忧并非

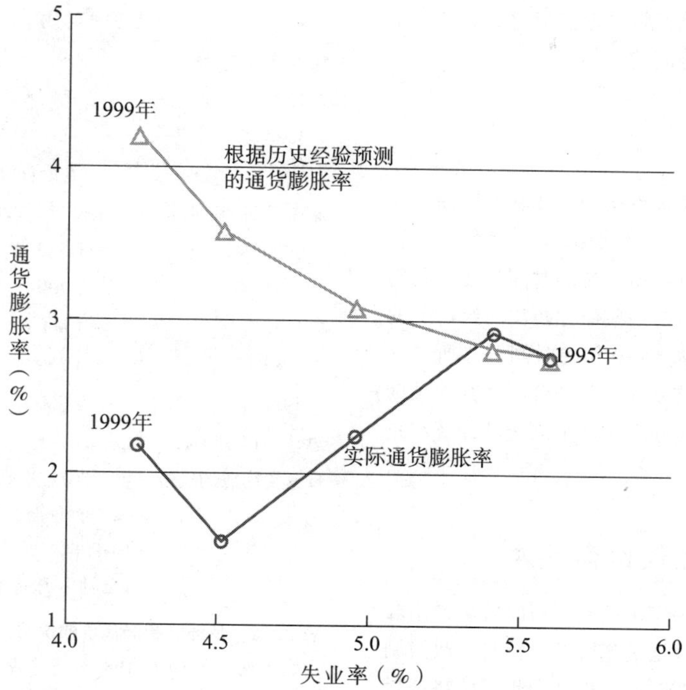


**图 32–11　实际通货膨胀与预测的通货膨胀，1995~1999 年**

20 世纪 90 年代末与高增长和低失业率相伴随的是不寻常的低通货膨胀率。图中表示的是 20 世纪 90 年代末的实际通货膨胀率和用标准方程计算的预测的通货膨胀率。这表明，美国已经进入了一个“新纪元”，或者，不过是低价格和工资的相互关系的一种偶然的巧合？

*资料来源*：实际的 CPI 和失业率数据来自于劳工统计局，预测的通货膨胀假设了 5.5%的 NAIRU。

毫无根据（回忆上一章末我们关于欧洲失业困境的讨论）。20 世纪 60 年代初，德国、法国与英国劳动市场的均衡失业率水平似乎都介于 1%~2%之间。到 20 世纪 90 年代初期，在经过 10 年的停滞和就业机会的缓慢增长之后，劳动市场的均衡似乎已经处在 6%~12%失业率的范围之内。许多宏观经济学家正在根据近年来欧洲国家的经验，探索能够解释非加速通货膨胀的失业率不稳定的办法，以及它与实际失业率和劳动市场体制相互依存的关系。

## 复　习

现在我们复习一下本部分所讨论的重点内容：

- 短期内，总需求的增长会将失业率降低到非加速通货膨胀的失业率水平之下，但总需求增长率又会推高通货膨胀率。而衰退和高失业则趋向于降低通货膨胀。可见在短期内，通货膨胀与失业之间存在着一种替代权衡的关系。
- 当通货膨胀率高于或者低于人们关于通货膨胀率的预期时，预期会自我调整。关于通货膨胀率预期的改变一般会推动短期菲利普斯曲线上升或者下降。
- 长期菲利普斯曲线是一条位于非加速通货膨胀的失业率处的垂线；只要失业率低于（高于）非加速通货膨胀的失业率水平，通货膨胀就会保持不断上升（下降）的势头。
- 菲利普斯曲线在不同的国家之间、不同的时期是不稳定的。

# C. 反通货膨胀政策的两难困境

经济总是在不断地适应政治力量和技术变革的过程中向前演进的。我们这里所讨论的旨在解释通货膨胀和失业等问题的经济理论，同样也必须适应这种变化。在关于通货膨胀问题的最后一部分，我们将讨论在与通货膨胀作斗争的过程中所迫切需要解决的问题。

## 长期究竟有多长

非加速通货膨胀的失业率理论认为，菲利普斯曲线在长期中呈垂直状态。那么，这里所谓的长期究竟是多长呢？对于经济完全适应一次冲击所需要的时间长度，我们现在还不能确切地得知。最近的一些研究指出，经济上的这种充分调整至少需要5年甚至10年的时间。之所以存在这样长的时滞，是因为调整预期、劳动合同及其他长期合同的重新谈判，还有所有这些因素逐步渗透到经济体系当中，都需要数年的时间。

## 降低通货膨胀率的代价有多大

我们的分析表明：一个国家可以利用暂时减少产出和提高失业率的办法来降低惯性通货膨胀率。但是，政策制定者在权衡反通货膨胀政策的时候，也许很想了解将通货膨胀排除到经济生活之外要付出多大的代价？实施旨在降低通货膨胀水平的反通货膨胀政策要付出多大的代价？

有关研究表明，降低通货膨胀率的代价会因为国家、初始通货膨胀率和所用政策的不同而不同。有些人曾对美国的反通货膨胀代价进行过研究，并已经获得了一致的答案。这些研究表明，使惯性通货膨胀率每降低1个百分点，就会使年GDP减少4%。而就美国目前的GDP水平来说，使通货膨胀率降低1个百分点的代价大约为4 000亿美元的产出损失（按2003年美元价格计算）。

我们可以用菲利普斯曲线来解释这种估算。如果菲利普斯曲线相对比较平坦，则降低通货膨胀率就要以较高的失业率和产出损失为代价；而如果菲利普斯曲线比较陡峭，则失业率的小幅上升就会带来通货膨胀率的快速下降，因而相对来说，降低通货膨胀率的代价就比较小。统计分析表明，当失业率在一年当中高于非加速通货膨胀的失业率1个百分点，而后又回复到原来的非加速通货膨胀的失业率的时候，通货膨胀率将会下降大约0.5个百分点。因此，若要使通货膨胀率降低整整1个百分点，失业率就须在一年内持续地高于非加速通货膨胀的失业率2个百分点。

我们应当记得在第31章讨论过的奥肯法则。它表明：当失业率高于非加速通货膨胀的失业率2个百分点时，实际GDP就将比潜在的GDP水平下降4%。就2003年的情况来看，潜在GDP为10万亿美元（按1999年美元价格），要让通货膨胀率降低1个百分点，就必须使当年的失业率（U）大约提高2个百分点。于是，如果用美元来衡量，则降低1个百分点的通货膨胀率所要付出的代价将是：2%（2个百分点的失业率）× 2%（失业率高于NAIRU时GDP下降的百分比）× 10万亿美元GDP=4 000亿美元。用另外一些方法估算，这一代价大约在2 000亿~5 500亿美元之间。

| 反通货膨胀的成本，1980~1984年 | |
|---|---|
| **惯性通货膨胀率：** | |
| 1979年 | 9% |
| 1984年 | 4% |
| 变化： | –5个百分点 |
| **潜在GDP和实际GDP的差异（2003年，价格美元）：** | |
| 1980年 | 1 500亿 |
| 1981年 | 1 700 |
| 1982年 | 4 400 |
| 1983年 | 4 250 |
| 1984年 | 1 900 |
| **总计：13 750亿** | |
| **反通货膨胀的代价** | = 13 750亿美元/5个百分点 |
| | = 每个百分点2 750亿美元 |
| | = GDP的24% |
| | = 反通货膨胀每个百分点的代价是GDP的4.8% |

**表32–2 反通货膨胀代价的说明，1980~1984年**

由表可见，在1980~1984年这个期间要降低通货膨胀率需要付出的代价是多大？在这个期间，紧缩性货币政策导致经济的极大衰退，产出比潜在GDP减少了13 750亿美元。结果，惯性通货膨胀率降低了5%。将这两个数字相除可以得出，通货膨胀率每下降1个百分点需付出大约2 750亿美元的产出损失代价。

资料来源：作者的估计是基于对NAIRU的CBO估计。

我们可以将美国在20世纪80年代初所经历的严重衰退，与这种降低通货膨胀率所需代价的统计估算进行比较和验证。表32–2所示的是这次衰退所造成的产出损失的估算（与潜在产出进行比较）和惯性通货膨胀率下降的估算值。据估计，1980~1984年间的反通货膨胀使美国付出的代价是，每降低1个百分点的通货膨胀率，就大约损失掉2 750亿美元的产出（按2003年价格）。这个结果进一步证实了以上对反通货膨胀的代价所进行的估算是可信的。

## 信用和通货膨胀

反通货膨胀政策中最重要的问题之一是政策信用的作

用。很多经济学家都认为，按菲利普斯曲线来分析问题会过于悲观。这些持不同观点的人认为，信用的和公共宣布的政策，如保持货币规则稳定或制定名义 GDP 目标等，在产出和失业方面都可以用比较小的代价来达到抑制通货膨胀的目的。

这种想法基于如下事实：通货膨胀是一种取决于人们对未来通货膨胀进行预期的惯性的过程。一项信用货币政策，如预先强制确定一个固定的低通货膨胀率目标，会使人们预期未来的通货膨胀将会更低，而这种信念在某种程度上往往可以成为人们自我实现的预言。强调信贷的经济学家引用“制度变迁”理论来支持其论点。例如，货币政策和财政政策改革曾以比较小的失业或 GDP 的代价，结束了奥地利和玻利维亚所发生的恶性通货膨胀。

许多经济学家对于信用会显著降低反通货膨胀成本这一论断表示怀疑。他们的理由是：尽管严厉的反通货膨胀政策可能会在遭遇恶性通货膨胀和战争或革命破坏的国家发挥效用，但这类政策在美国却不能令人信服。当采用大规模裁员的办法去反通货膨胀的时候，当农民和建筑工人在首都示威并包围白宫的时候，国会和总统往往都只会心慌意乱。

1980~1984 年的大胆实验，为评论信用理论提供了良好的论据。在那个时期，政府以一种明确且强有力的姿态采取了紧缩性的货币政策，但所付出的代价却非常之大，正如表 32–2 所示。可见，使用硬性的和预先宣布的政策来增强信用，在美国似乎并不能有效地降低反通货膨胀的代价。

因为美国的政治制度和经济制度非常稳定，上述的实验在美国历史上并不常见。经济学家考查了别国抑制通货膨胀的政策经验之后，所得出的结论是抑制通货膨胀的政策有时候是扩张性的。近期斯坦利·费希尔、拉特纳·撒哈和柯劳斯·维赫的一项研究得出以下的结论：

> 在高通货膨胀的时期，宏观经济一般表现不佳。特别地，高通货膨胀对于经济增长总是不好的。这个结论是依据由 18 个经历过高通货膨胀的国家组成的样本数据而得出的。在通货膨胀的时期，人均真实 GDP 平均每年降低 1.6%（在低通货膨胀时期，人均真实 GDP 平均每年增长1.4%）。汇率的稳定会使真实 GDP 和真实个人消费量有一个初始的扩张。[7]

[7] 参见本章“补充读物”Fischer 等人的著述。

## 我们如何降低非加速通货膨胀的失业率

如果确知高失业的成本，我们可能会问：非加速通货膨胀的失业率是否是失业率的理想水平呢？如果不是，则我们能采取什么措施来降低它，使它达到一个更合理的水平呢？坚持古典理论的经济学家们一般认为，非加速通货膨胀的失业率（或他们所谓的自然失业率）代表着经济生活中有效率的失业水平。他们坚持认为这是由于供给和需求的摩擦产生了有效的工作方式、工作空缺和工作寻找活动的结果。所以，降低非加速通货膨胀的失业率不比降低公寓的空房率和取下备用轮胎更有意义。

另外一些经济学家则强烈反对，他们认为非加速通货膨胀的失业率可能高于理想的失业率水平，或者高于能使经济净福利最大化的失业率水平。他们强调在劳动市场上存在着溢出效应或外部性。例如，被解雇的工人会遭受一系列社会上和经济上的艰辛。但雇主并不分担失业的成本，大多数成本（失业保险、医疗保健费用、家庭贫困等）作为外部成本溢出，并由工人或政府承担。在某种程度上说，失业具有“外部的”成本，因此非加速通货膨胀的失业率可能要高于理想的失业率。降低这种失业率会增加一国的净经济福利。

倘若一个社会能找到降低非加速通货膨胀的失业率的有效方法，便可以获得巨大的社会利益。哪些措施可能使非加速通货膨胀的失业率下降呢？

- *改进劳动市场的服务*。有些失业是由于职业空缺与失业工人不匹配才发生的，因此我们可以通过提供较完善的信息，诸如利用计算机提供职业介绍一览表等，来减少摩擦性失业和结构性失业。
- *支持培训计划*。如果你仔细地阅读一下《星期日报》上的“招聘广告”栏目，便会发现大部分空缺职位所需要的技能只有极少数人才已经掌握。大多数失业者都是没有技术或只有一点儿技术的人，或者是那些发现自己选错了职业或所在产业不大景气的人。很多人都认为，政府或私人的培训计划能帮助失业者获得在新兴产业谋取较好职位的技术能力。假如这类培训计划取得成功，就能获得双重利益：不但能使人们过上自食其力的生活，而且还能减轻政府转移支付项目的负担。
- *消除政府障碍*。我们在前面曾经提到，政府所采取的一些旨在保护人们免受失业和贫困之苦的措施，在消除失业痛苦的同时，也降低了失业者寻找工作的积极性。一些经济学家呼吁对失业保险制度进行改革，主张削减目前在健康、残疾人和社会保障等福利项目中不利于调动人们工作积极性的因素。在过去的20年里，美国大力削减了其慷慨的收入保障计划，包括1996年的一项极端的福利紧缩政策。尽管这些改革可能会提高低收入家庭的劳动力参与率，但是它对非加速通货膨胀的失业率的影响却并不明显。如果削减福利真的可以将那些造成失业率升高、既无技能又无经验的劳工投入劳动市场的话，那么它也许能够有效地导致非加速通货膨胀的失业率的改善。

考查通货膨胀的历史和关于失业率和通货膨胀的理论之后，我们可以谨慎地得出如下结论：

> 经济评论家认为，在北美和欧洲经常出现的高失业率现象，是现代资本主义社会的一个主要的缺陷。事实上，失业率有时候必须高于该国社会性最优水平以保证价格稳定。价格稳定和低失业率两者不可兼得是现代社会最痛苦的困境之一。虽然美国在过去的10年里没有出现高失业率和高通货膨胀率，但别的国家却显然没有这么幸运。

## 总结提要

### A. 通货膨胀的定义及影响

1. 回忆前文所述，当一般价格水平上升时，通货膨胀就会发生。通货膨胀率是指从一个时期到另一个时期价格指数变动的百分比。重要的价格指数包括消费价格指数（CPI）和GDP紧缩指数。
2. 通货膨胀就像疾病一样有不同的临床表现。在美国我们经常可以看到温和的通货膨胀（每年几个百分点）。有时，急剧的通货膨胀可以使价格每年上升50%、100%或者200%。而当印刷厂大量印制货币，并且价格在每个月都会上升多次的时候，恶性通货膨胀就会发生。历史上，恶性通货膨胀几乎总是同战争和革命相伴。
3. 通货膨胀会重新分配收入和财富，会损害效率，从而会对经济产生重大的影响。没有预期到的通货膨胀通常会对那些债务人、追求利润者和冒险的投机家有利；但同时会损害债权人、收入固定的阶层和胆小的投资者的利益。通货膨胀会扭曲相对价格、税率和实际利率。人们将不停地进出银行，税收可能会急剧升高，而可衡量的收入也变的扭曲和失真。并且，当中央银行采取措施来降低通货膨胀的时候，这些以降低产出和就业为手段的措施所产生的代价将是令人沉痛的。

### B. 现代通货膨胀理论

4. 一个经济体中随时都会有一种惯性的或者预期的通货膨胀率。这一通货膨胀率是人们事先已经预见到的，并且已构成劳动合同和其他合约的一部分。这种惯性通货膨胀率是短期的均衡状态，它可以一直持续到经济运行受到冲击为止。
5. 在现实生活中，经济运行会受到价格的不断冲击。需求拉上和成本推动是迫使通货膨胀率偏离其惯性的两种主要冲击。需求拉动型通货膨胀是由于过多的支出追逐过少的商品所造成的，它使总需求曲线向右上方移动，工资和物价也由此在市场上攀升。成本推动型通货膨胀是现代工业经济中的一种新现象，当生产成本即使在高失业和生产能力闲置时期也上涨时，便会发生成本推动的通货膨胀。
6. 菲利普斯曲线显示的是通货膨胀和失业之间的关系。在短期内，其中一个比率的降低即意味着另一个的提高。但是，随着时间的推移，若预期的通货膨胀和其他一些因素发生了变化，这种短期菲利普斯曲线也会发生变动。倘若政策制定者试图使失业率长期低于非加速通货膨胀的失业率，则通货膨胀就会有螺旋式上升的趋向。
7. 现代通货膨胀理论的依据是非加速通货膨胀的失业率（NAIRU）的概念，也就是一个国家能够忍受的、可以维持经济运行而不会发生通货膨胀螺旋式上升危险的最低失业水平。它代表着一定的资源闲置水平，此时劳动市场与产品市场处于通货膨胀的平衡状态。根据非加速通货膨胀的失业率理论，在失业和通货膨胀之间并不存在永久的此消彼长的替代关系，且长期菲利普斯曲线是一条垂线。

### C. 反通货膨胀政策的两难困境

8. 政策制定者所关心的一个主要问题是降低惯性通货膨胀率的代价。目前的估测表明，要想使惯性通货膨胀率下降，就不得不以经济大幅衰退为代价。
9. 经济学家提出了很多降低非加速通货膨胀的失业率的建议，其中较为重要的有：改善劳动市场的信息服务，改进教育和培训计划，重新制定政府的福利、保障计划等，以便更好地激励人们去工作。

## 概念复习

**通货膨胀的历史和理论**

通货膨胀（$t$）$= \frac{P(t)-P(t-1)}{P(t-1)} \times 100\%$

通货膨胀的类型：

低通货膨胀

急剧通货膨胀

恶性通货膨胀

通货膨胀的影响（再分配，对产出和就业的影响）

可预期的和不可预期的通货膨胀

通货膨胀的成本：

"皮鞋成本"

菜单成本

收入和税收的扭曲

信息损失

惯性、需求拉动型和成本推动型通货膨胀

短期和长期菲利普斯曲线

非加速通货膨胀的失业率（NAIRU）和长期菲利普斯曲线

**反通货膨胀政策**

反通货膨胀的代价

降低 NAIRU 的方法

## 补充读物和互联网站

**补充读物**

The source of the quote on low inflation is George A. Akerlof, William T. Dickens, and George L. Perry, "The Macroeconomics of Low Inflation," *Brookings Papers on Economic Activity*, no. 1, 1996, pp. 1–59. The quotation from Stanley Fischer, Ratna Sahay, and Carlos A. Végh is from their article, "Modern Hyper-and High Inflations," *Journal of Economic Literature*, September 2002, pp. 837–880.

Interesting analyses of the inflation puzzle of the 1990s can be found in Lawrence F. Katz and Alan B. Krueger, "The High-Pressure U.S. Labor Market of the 1990s," *Brookings Papers on Economic Activity*, no. 1, 1999, and Robert J. Gordon, "Foundations of the Goldilocks Economy," *Brookings Papers on Economic Activity*, no. 2, 1998.

A discussion of factors influencing the NAIRU can be found in Congressional Budget Office, *The Effect of Changes in Labor Markets on the Natural Rate of Unemployment*, April 2002, available at www.cbo.gov or www.cbo.gov/byclasscat.cfm?cat=32.

**互联网站**

The quotes from Alan Greenspan are from a speech before the Economic Club of New York, January 13, 2000, which is available at the Federal Reserve Web page at www.bog.frb.fed.us/boarddocs/speeches/2000.

Analysis of the consumer price data for the United States comes from the Bureau of Labor Statistics, at www.bls.gov.

## 问题讨论

1. 请考虑以下通货膨胀所造成的影响：税收的扭曲、收入和财富的再分配、皮鞋成本、菜单成本等。请给出每种代价的定义，并各举一例说明。
2. "在通货膨胀时期，人们使用实际资源以减少他们所持有的法定货币。这类行动能使个人受益，但不会产生相应的社会收益，从而可以说明社会为通货膨胀所付出的代价。"请解释这段话，并举例说明。
3. 未预期到的通货紧缩也会带来巨大的社会成本。描述下面各种情况中的通货紧缩状况，并分析相应的代价：
   a. 在经济大萧条时期，主要粮食作物的价格随着其他商品价格一同下跌，对于有大量抵押贷款的农民来说，将会产生什么影响？

b. 日本在 20 世纪 90 年代经历了一次温和的通货紧缩。假定每个日本学生为支付学费贷款 200 万日元（2 万美元），他们希望通货膨胀能够使自己用贬值的日元数偿还这些贷款。那么，如果工资和价格开始以每年 5%的速率下跌，对这些学生来讲，情况又会怎样？

4. 表 32-3 中的数据表明了美国从 1979~1987 年间的通货膨胀和失业的状况。请注意，经济的运行从 1979 年接近非加速通货膨胀的失业率时开始，在 1987 年接近非加速通货膨胀的失业率时结束。你能否阐明这些年当中通货膨胀率下降的原因？请画出 1979~1987 年期间各年短期和长期的菲利普斯曲线，并按所画图形阐明上述问题。

5. 许多经济学家都这样说："由于在失业和通货膨胀之间不存在长期的替代关系，所以，试图熨平商业周期的高峰和低谷是毫无意义的。"这一观点表明，只要平均失业水平相同，我们便不必在意经济的运行是稳定还是剧烈波动。请评论这种观点。

6. 一位著名的经济学家曾经写道："如果你回顾一下我们有关通货膨胀社会代价的讨论，至少是对温和的通货膨胀代价的讨论，那么，你就很难避免产生这样一种印象：这种代价与失业和生产衰退的代价相比，是次要的。"请写一短文来叙述你对此问题的看法。

7. 考查表 32-1 中记载的每年的通货膨胀率和人均 GDP 的增长。你能否明白较低的通货膨胀与最高的增长率之间的联系？出于什么经济原因，通货紧缩和恶性通货膨胀会降低产出的增长？解释为什么后此谬误（见第 1 章的讨论）可以应用在这里。

8. 下面列出了一些过去 20 年间影响劳动市场的政策和现象。请说明每一种政策和现象可能会对非加速通货膨胀的失业率产生的影响：

a. 失业保险受到税收制度的制约。

b. 联邦政府大幅度削减了培训失业工人的项目资金。

c. 由工会控制的那部分劳工人数大为减少。

d. 1996 年的福利改革法案极大减少了对低收入家庭的援助，如果想接受政府的援助，他们必须去工作。

| 年 份 | 失业率（%） | 通货膨胀率，CPI（年百分比） |
|---|---|---|
| 1979 | 5.8 | 11.3 |
| 1980 | 7.1 | 13.5 |
| 1981 | 7.6 | 10.3 |
| 1982 | 9.7 | 6.2 |
| 1983 | 9.6 | 3.2 |
| 1984 | 7.5 | 4.4 |
| 1985 | 7.2 | 3.6 |
| 1986 | 7.0 | 1.9 |
| 1987 | 6.2 | 3.6 |

**表 32-3 美国的失业率和通货膨胀率，1979~1987 年**

资料来源：《美国总统经济报告》，2000 年。

# 第 33 章

# 宏观经济学流派及其论战

即使你将所有的经济学家
首足相抵地连成一条长龙，
他们也绝对不会达成
一致的意见。
——萧伯纳

如果注意观察宏观经济学有关联邦预算、税收政策或社会保障等关键问题的争论，你就会发现，除了国内生产总值的定义之外，几乎每一个问题都存有争议。一些经济学家建议减少政府债务，而另一些经济学家则主张降低税收以刺激长期经济增长。一些经济学家希望政府更积极地管理经济，而另一些则坚信政府规模越小和干预越少越好。难怪在本章开头萧伯纳曾经那样地打趣我们的经济学家们。

然而，透过这些争论，你会发现一些反复出现的问题，据此我们可以将经济学家分成不同的学派。一个问题是关于总需求如何决定；另一个问题涉及价格弹性的作用；还有一个问题则是围绕着人类如何形成预期和如何做出决策的问题而展开。

本书原则上综合考虑所有重要的流派。我们重视作为现代主流的凯恩斯主义学说，因为它能最好地解释市场经济的商业周期。但在理解长期经济增长的动力时，我们认为最好还是采用新古典模型。为丰富这些基本分析工具，我们曾在第 29 章和第 30 章中用以讨论过开放经济条件下的一系列问题。

尽管我们的主要任务是展示宏观经济学的各主要学派，但经验告诉我们，兼听则明和博采众长十分重要。在科学发展史上，一个时代流行的正统思想被新的发现所推翻的例子可谓屡见不鲜。经济学派像人一样容易患动脉硬化症。学生们从老师或经典课本那里学到了经过“防腐”处理的真理，正统信条中的不完美之处往往被忽视掉了。例如，约翰·斯图亚特·穆勒，有史以来最著名的经济学家和哲学家之一，曾在其 1848 年的经典著作《政治经济学原理》中写道：“值得欣慰的是，价值规律已臻完美，今天和未来的学者们无需再做探索。”而当他在写这段文字的时候，供给和需求的分析还根本没有被发现！

科学史学家观察到科学的发展进程是不连续的。新的思潮学派出现、传播并影响于世，进而折服那些曾报有怀疑态度的人。也许本章所要讨论的宏观经济学派中，已经播下了新理论的火种，有可能在未来解决混合市场经济中许多令人头痛的两难问题。

## A. 古典学派兴起与凯恩斯革命

### 古典学派的传统

自从两个世纪前经济学诞生以来，经济学家们就在争论：市场经济能否在不引入政府干预的前提下，自动实现长期的充分就业均衡。用现代经济学语言来讲，我们将那种强调经济中自我矫正力量的学说称为**古典**（classical）理论；古典学派学说认为，价格和工资是有弹性的，经济是稳定的，因而经济能够自动且迅速地实现充分就业均衡。下文的讨论中，我们将从总供给和总需求的角度分析和说明古典宏观经济学的科学原理和政策含义。

## 萨伊的市场定律

在凯恩斯提出其宏观经济理论之前，主要的经济思想家所追随的，至少在经济繁荣时期，都是古典的经济学观点。早期的经济学家沉湎于工业革命中的劳动分工、资本积累以及不断增长的国际贸易。尽管这些学者已经意识到商业周期的存在，但是他们将这种周期看作是一种可以自我矫正的暂时的偏离。

他们的分析都是围绕**萨伊的市场定律**（Say's Law of Markets）展开的。这一定律由法国经济学家萨伊（J.B. Say）于 1803 年提出。他宣称，从本质上说，不可能出现生产过剩。这种观点有时被表述为："供给自动创造对其自身的需求"。那么萨伊定律的理论基础是什么呢？它建立在这样一种观点之上：货币经济与物物交换经济（在这种经济中，工人有能力购买工厂所能生产的任何产品）之间不存在本质区别。

许多杰出的经济学家，包括大卫·李嘉图（1817 年）、约翰·斯图亚特·穆勒（1848 年）、阿尔弗雷德·马歇尔（1890 年）等，都赞成古典学派的这种宏观经济观点，认为生产过剩是不可能的。甚至在大萧条期间，英国著名经济学家庇古还曾这样清晰地阐释过古典理论的主要观点：

> 通过完全自由的竞争，充分就业的强大趋势将始终存在。现在的失业，与任何时候所存在的失业一样，完全是由于摩擦性阻力妨碍了工资和价格能迅速做出适当调整这一点所致。[1]

正如庇古这段话所暗示的，古典观点背后的基本原理是工资和价格足够灵活，因而市场会很快"出清"，或回到均衡状态。古典宏观经济学家据此得出这样的结论：经济总是在充分就业的水平上运行。

图 33–1 显示的是萨伊定律和古典主义持久而正确的内核。图中所示的是这样一种经济，在该经济中工资和价格由竞争性市场决定，并可以灵活地上下浮动，以消除任何额外的需求或供给。在 $AS$–$AD$ 分析框架中，它可以用一条标准的向下倾斜的总需求曲线和一条垂直的总供给曲线来描述。

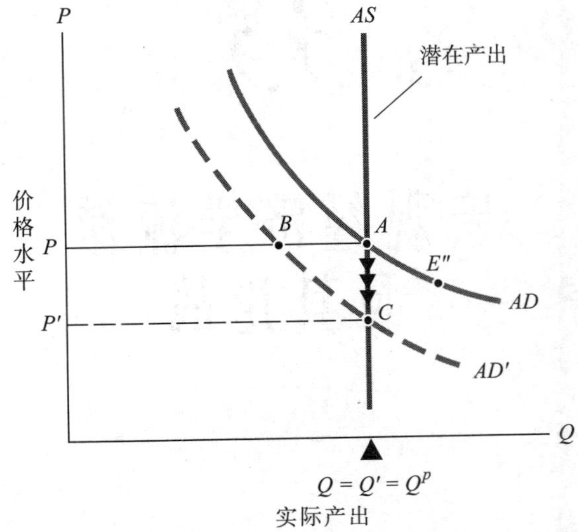


**图 33–1 根据萨伊定律，随着价格变动来平衡总供给与总需求，供给自动创造对其自身的需求**

古典经济学家认为，持久的生产过剩是不可能出现的。如果 $AS$ 或 $AD$ 曲线移动，价格就会灵活地做出反应，从而确保充分就业的产出量能够销售出去。这里我们看到，总需求下降之后，灵活的价格如何下降到某一水平，足以使实际总支出量与充分就业的产出水平相匹配。

假设由于货币紧缩、出口下降或其他外部力量使得总需求下降。结果，如图 33–1 所示，$AD$ 曲线向左移动到 $AD'$。在初始价格水平 $P$ 上，总支出下降到 $B$ 点。结果出现供给过剩，从而使总体价格水平从 $P$ 降到 $P'$。随着价格水平的下降，在 $C$ 点上又重新实现了充分就业。

> 根据古典学派的观点，货币供给、财政政策或者其他支出的变化不会对产出和就业产生持久的影响。价格和工资的灵活变动能够维持充分就业。

## 政策结论

古典学派观点的下面两个结论对于经济政策至关重要。首先，古典学派认为，经济仅仅会在短期内暂时地偏离充分就业和生产能力的充分利用，而不可能存在长期而持久的衰退或萧条，合格的劳工在现行的市场工资条件下能够迅速地找到工作。

上述观点并不意味着古典经济是无摩擦的完全竞争的

[1] 见本章末"补充读物"中有关庇古的内容。

天堂。在他们的分析中，我们能够看到由于人们正在不同的工作之间进行转换而造成的摩擦性失业，也能够看到由于工会工人要求高于均衡水平的工资所造成的结构性失业。市场力量会产生微观经济中的浪费、扭曲与无效率现象。但是，根据古典学派观点，经济不会出现普遍而持久的宏观经济的浪费现象，即由于总需求不足而造成资源未被充分利用的情况。

古典学派第二个令人吃惊的结论是：总需求政策不能影响失业和实际产出水平。进一步讲，货币政策和财政政策所能影响的只是经济中的价格水平，以及实际 GDP 的构成。这一古典命题也可以很容易地从图 33–1 中看出。以一个处于均衡点 $A$ 的经济为例。假设中央银行决定紧缩货币供给以抑制通货膨胀。在初始价格水平 $P$ 上，会出现短暂的超额供给。然而，随着价格和工资在供给过剩的压力下迅速下降，经济就会移向新的均衡点 $C$。紧缩性经济政策降低了总体价格水平。但是，由于价格和工资的弹性确保了经济由原均衡点向新均衡点顺利移动，产出与就业的水平在本质上并未发生变动。

古典学派论点的核心是这样一种信念，即价格和工资是具有弹性的，而工资—价格的这种弹性提供了一种自我矫正的机制，从而能够迅速恢复充分就业。正如我们在本章后一部分将会看到的，这种古典观点在今天的新古典学派著作中仍然是很有活力的。新古典经济学家超越了最简单的古典学说，考查了不完全信息、技术冲击的存在以及由于资源在产业之间进行转移所引起的摩擦等问题。但是，尽管披上了现代的外衣，他们的政策结论仍与早期的古典经济学家紧密相联。

## 凯恩斯革命

尽管古典经济学家不断宣称持久的失业不可能出现，然而 20 世纪 30 年代的经济学家们却很难忽视当时庞大的失业大军，那些在街角乞求工作或推销铅笔的人。经济学将如何解释这种大规模且持久的资源闲置现象呢？

凯恩斯的《就业、利息与货币通论》（1936 年）提供了一种迥然不同的宏观经济理论，即一套观察经济政策和外部冲击影响的全新的理论分析框架。实际上，凯恩斯革命将两种不同的因素结合在一起。首先，凯恩斯提出了我们在前几章已经深入探讨过的总需求概念。其次，另一革命性的内容是凯恩斯主义关于总供给的理论。古典学说假定价格和工资是具有弹性的，从而总供给曲线（$AS$）是垂直的。相反，凯恩斯主义坚决主张价格和工资缺乏弹性，总供给曲线的形状接近于水平或向上倾斜。根据凯恩斯学说，供给绝对不可能创造对其自身的需求；需求具有相对的独立性。

### 惊人的后果

通过将两个新因素结合在一起，凯恩斯给宏观经济学带来了一场真正的革命。图 33–2 展示的是凯恩斯观点的精髓，这幅图现在已为人们所熟悉。它将一条总需求曲线与一条凯恩斯主义的向上倾斜的总供给曲线结合在一起。

首先可以看到的是，现代市场经济可能会陷入一种非充分就业的均衡，即总供给与总需求达到均衡，但产出水平却远远低于潜在产出水平，且相当大的一部分劳动力处于非自愿失业状态。例如，如果总需求不足（如图 33–2 中 $A$ 点所示），那么经济就会长期（10 年）在高失业率水平上处于均衡状态。由于并不存在引导经济回复到充分就业的自我矫正机制或“看不见的手”，因而一国经济有可能会在一个较长的时期内停留在低产出、高失业的痛苦状态之中。

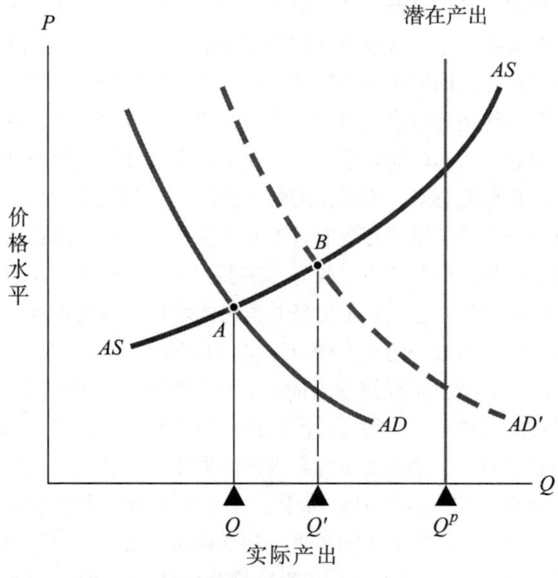


**图 33–2　根据凯恩斯的观点，总需求决定产出**

根据凯恩斯主义经济学，总供给曲线向上倾斜，这意味着只要存在未被利用的资源，总需求的上升就会使产量增加。当总需求不足时，产出将处于均衡点 $A$ 处，这时会出现大量的失业。

如果总需求由 $AD$ 增加到 $AD'$，实际产出水平就会从 $Q$ 增加到 $Q'$，同时价格也会上升。根据凯恩斯主义的学说，增加总需求的经济政策能够成功地增加产出，并提高就业水平。

凯恩斯的第二个观察源于第一个观察。通过货币政策和财政政策，政府能够刺激经济，并有助于保持一个较高的产出和就业水平。例如，如果政府增加其购买量，总需求就会增加，即从 $AD$ 增加到 $AD'$，如图 33–2 所示。其结果将是产出从 $Q$ 增加到 $Q'$，从而缩小了实际 GDP 与潜在 GDP 之间的差距。

凯恩斯的分析发起了宏观经济学的革命，特别是那些经历过 20 世纪 30 年代的大萧条、并意识到古典学派模型存在某种严重错误的年轻经济学家们对此更有深刻体会。当然，古典综合理论的缺陷并非直到大萧条发生时才首次暴露。任何有常识的人都能看到，经济萧条阶段存在着大规模的非自愿失业。然而直到大萧条时期，古典学派才第一次遇到这种具有挑战性的分析。凯恩斯主义提出了一套全新的理论，它席卷了整个经济学界，并从根本上改变了经济学家和政府关于商业周期和经济政策的思维方式。

## 理论与政策

在经济学中，人们对政策的看法往往取决于他们所持的理论观点。一位总统、议员或宏观经济学家是倾向于古典学派还是凯恩斯主义？对这一问题的回答，往往能表明这个人对当今经济政策领域的主要论战所持的基本态度。

这方面的例子不胜枚举。倾向于古典学派的经济学家常常会怀疑政府稳定商业周期的必要性。他们认为，旨在增加总需求的政府政策会导致通货膨胀的升级。更糟糕的是，在他们看来，凯恩斯的药方会减缓长期经济增长。古典学派经济学家担心政府行为对投资和经济增长的长期影响。例如，他们认为，政府赤字会挤出私人投资；花费在医疗保健和社会福利上的公共支出的增加，会使资源由对工厂、机器方面的私人投资转向公共部门。

凯恩斯主义经济学家的观点则恰好相反。他们认为，宏观经济在运行中很容易出现商业周期问题，投机和通货膨胀之后，会紧随着出现高水平的失业，二者上下反复不断交替。如果说古典经济学家将经济视为一个有节制的人，每天只饮用必需的矿泉水和维他命；那么，凯恩斯主义者则将经济描述为一个躁狂抑郁病患者，他会周期性地、无节制地狂饮作乐，然后很快陷入抑郁的昏醉中。事实上，一位联邦储备委员会主席曾说过，联储所要做的就是在大家酒兴正酣之际将餐桌上的鸡尾酒杯统统撤掉。

凯恩斯主义者坚信，政府能够通过货币政策和财政政策改变总需求，进而影响实际经济活动。现代的凯恩斯主义者赞成：在存在通货膨胀压力时应采取措施抑制总需求，而在经济衰退时应采取措施刺激总需求。在美国，这些经济学家逐渐倾向于用货币政策稳定商业周期。但他们同时坚持财政政策作为自动稳定器的重要性，认为它可以削弱意外冲击所产生的乘数效应。他们还强烈反对要求平衡预算的宪法修正案等政策，因为这将使财政政策加剧商业周期波动。

> 凯恩斯主义者与古典经济学家争论的核心，是经济是否具有强大的自我矫正机制，即能否通过富有弹性的价格和工资来维持充分就业水平。古典主义学说一般强调长期经济增长，主张放弃稳定商业周期的政策。凯恩斯主义经济学家则主张通过适当的货币政策和财政政策去调控商业周期，以稳定经济增长。

## B. 货 币 主 义

> 通货膨胀是而且也只能是由于货币数量的增长速度快于产出的增长速度而造成的。正是在这个意义上，通货膨胀在任何地方都永远只是一种货币现象。
>
> ——米尔顿·弗里德曼
>
> 《新帕尔格雷夫经济学辞典》（1987 年）

金融与货币体系不能管理自己。包括中央银行在内的政府机构必须制定货币标准，决定货币供给量，设定汇率规则，控制国际资本流量，决定货币和信贷的紧缩程度。关于管理货币的最佳途径问题，目前还存在着许多不同的看法。有些人主张“反其道而行之”的积极政策，即一旦存在通货膨胀的威胁，就减缓货币增长的速度；反之亦然。另一些人则怀疑政策制定者是否有足够的能力运用货币政策对通货膨胀和失业进行“微调”，他们主张将货币政策局限在控制通货膨胀这样一个职能上。最极端的货币主义者则早就主张，相机抉择的货币政策应该由固定的货币规则取而代之。

如若首先考查关于货币和价格关系的古老的数量论(通常称为货币数量论)，并追溯货币主义学派的历史，我们就能更准确地理解货币主义，从而也能够发现它与古典学派和凯恩斯学派之间都有着密切的联系。

## 货币主义的根源

**货币主义**（monetarism）主张，货币供给是决定名义 GDP 短期变动和价格长期变动的主要因素。当然，凯恩斯主义宏观经济学也承认货币在决定总需求时所起的关键作用。货币主义与凯恩斯主义的主要区别在于对总需求的决定这一点所持的观点不同。凯恩斯主义的理论认为，除货币之外，还有许多其他因素也影响总需求；而货币主义者则强调说，只有货币供给的变动才是决定产出和价格变动的首要因素。

为理解货币主义学说，我们需要引入一个新的方程式（*交易方程式*），一个新的概念（*货币周转率*），并评述一种新的关系（*货币数量论*）。

### 交易方程式和货币周转率

货币的周转有时非常缓慢，在两次交易之间，它会在储蓄罐里或银行账户上滞留很长的时间。而在另一些时候，特别是在急剧的通货膨胀期间，人们会迅速地抛出货币，因而它会在人们的手上迅速地流转。货币周转的速度通常用*货币周转率*这一概念加以表述，它是在 20 世纪初由剑桥大学的阿尔弗雷德·马歇尔和耶鲁大学的欧文·费雪首次提出来的。货币周转率用于衡量货币供应中平均意义上的每 1 美元在一年当中被用于购买商品和服务的次数。相对于支出流量而言，当货币数量很大的时候，其流通速度就会很低；而当货币转手十分迅速时，其周转率就会很高。

货币流通速度的概念是在**交易方程式**（equation of exchange）中正式提出的。其表达式为：

$$MV \equiv PQ \equiv (p_1q_1 + p_2q_2 + \cdots)$$

其中，$M$ 代表货币供给量，$V$ 代表货币流通速度，$P$ 代表价格水平，$Q$ 代表实际产出水平。两边除以 $M$ 后，它可被重新表述为*货币流通速度的定义*：

$$V \equiv \frac{PQ}{M}$$

我们通常将 $PQ$ 定义为总收入或总产出（GDP），相关的周转率概念为：*货币收入周转率*。

> *周转率是货币在经济中周转的速度。***货币收入周转率**（income velocity of money）*是指名义 GDP 与货币存量的比率。*[2]

从直觉上讲，我们可以将货币的收入周转率理解为货币在经济中转手的速率。举一个简单的例子，假设经济中只生产面包，并且 GDP 由 4 800 万块面包构成，每个售价为 1 美元，因此 GDP = $PQ$ = 4 800 万美元/年。如果货币供给量为 400 万美元，那么根据定义，$V$=4 800 万美元/400 万美元=12 次/年。这就意味着随着人们每个月用其收入购买面包，货币每个月周转 1 次。[3]

图 33-3 显示的是交易货币（$M_1$）和广义货币（$M_2$）的收入周转率的历史情况。在过去的一个半世纪中，$M_2$ 的周转率惊人地保持着稳定，而 $M_1$ 的周转率却在最近 50 年内迅速上升。货币周转率的稳定性与可预测性问题是宏观经济政策关注的核心。

### 价格数量论

定义了周转率这一有趣的新变量之后，我们现在要描述一下，早期的货币主义专家如何运用周转率的概念来解释总体价格水平的变动。关键性的假设是：*货币周转率相对稳定，并且可以预测*。根据这些经济学家的理论，货币周转率之所以稳定，是因为它主要反映的是人们何时收入何时支出的节奏和规律。如果人们每月得到一笔收入，并倾向于在一个月中平均地花完其全部收入，那么一年的收入周转率就是 12 次。收入可能会翻番，价格也许会上涨 20%，GDP 也许会增加许多倍——但是，只要这种支出方式保持不变，货币的收入周转率就不会改变。只有当个人或企业改变其支出模式或付款方式时，收入周转率才会发生变化。

基于上述关于周转率相对稳定的观点，一些早期的经济学家运用周转率来解释价格水平的变动。这种方法称为**货币和价格的数量论**（quantity theory of money and prices），它将周转率的定义改写如下：

$$P \equiv \frac{MV}{Q} \equiv \left(\frac{V}{Q}\right) M \equiv kM$$

---

[2] 该方程式定义用恒等号书写，而没有用更为普通的等号书写。这是为了强调它们的关系是“恒等”的。这一论断并不能告诉我们任何现实情况，但即使美国经历恶性通货膨胀或严重经济衰退，该方程式根据定义仍会成立。

[3] 货币周转率与货币需求紧密相关。如果我们改写交易方程式，则可以得到 $M/PQ \equiv 1/V$。等式左边表示每单位 GDP 对货币的需求。我们在前面对货币需求所进行的讨论完全适用于周转率分析。

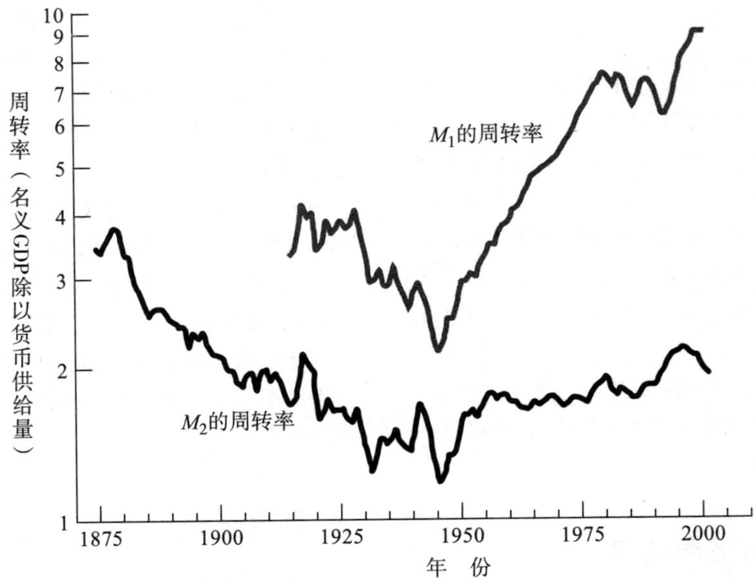


**图 33–3 周转率的变化趋势**

$M_1$ 的收入周转率是名义 GDP 与 $M_1$ 之比，同样，$M_2$ 的收入周转率是名义 GDP 与 $M_2$ 之比。货币主义的信条之一是，$V$ 相对稳定并可以预见。$V$ 看起来有多稳定呢？你能想出 $V$ 随时间推移而提高的原因吗？提示：利率如何影响周转率？

资料来源：$V_1$ 和 $V_2$ 是由作者根据联邦储备委员会、美国商务部、米尔顿·弗里德曼和安娜·施瓦兹及其他学者的数据计算出来的。

这一方程式是由周转率的原始定义得出的，这个表达式是以变量 $k$（更简洁地）替换了原先方程中的 $V/Q$，然后解出 $P$。我们将方程写成这种形式，是因为许多古典经济学家认为，如果交易方式是稳定的，$k$ 就会成为常数，或保持相对稳定。此外，他们往往还假定就业是充分的，即实际产出平稳增长，并且势必与潜在 GDP 相等。将这两个假定条件结合起来，$k$（$=V/Q$）在短期内就接近常数，长期内则会稳定地增长。

数量论的含义是什么呢？我们可以从上述方程式中看出，如果 $k$ 为常数，价格水平的变动就会与货币供给量成比例。稳定的货币供给量将会带来稳定的价格；而当货币供给迅速增长时，价格也会同样地变动。同理，如果货币供给扩大 10 倍或 100 倍，则经济就会发生急剧的或恶性的通货膨胀。事实上，在恶性通货膨胀时期，货币数量论可以得到最生动的体现。回到图 32–5，请注意当德国魏玛共和国的中央银行大量印刷纸币时，其价格如何上涨了数十亿倍。这就是最极端情况下的数量论。

要理解货币数量论，必须记住，货币与面包、汽车等普通商品具有根本的区别。我们需要面包是为了食用，需要汽车是为了行路；但我们需要货币却仅仅是因为用它能够买到面包或汽车。如果俄罗斯现在的物价是几年前的 1 000 倍，那么，人们自然会需要 1 000 倍的货币才能购买到他们以前所能购买到的物品。货币数量论的核心就在于：货币需求量与价格水平成比例上升。

> 货币和价格的数量论认为，价格变动与货币供给变动成比例。尽管这种理论只是一种粗略和近似的判断，但它的确有助于解释货币增长缓慢的国家会出现温和的通货膨胀，而在货币增长迅速的国家中物价水平则会急剧上涨。

## 现代货币主义

现代货币主义经济学是二战后由芝加哥大学的米尔顿·弗里德曼及其众多的同行和追随者们发展起来的。(你可以再读一下第 2 章弗里德曼的传记。）在弗里德曼的领导下，货币主义者向凯恩斯主义的宏观经济学提出了挑战，并强调了货币政策在稳定宏观经济方面的重要性。大约 20 年前，货币主义学派出现了不同的分支。其中一个分支坚持原有的传统，下面我们将会讨论。另一个较年轻的分支成为今天颇具影响的新古典学派，我们将在本章后一部分加以分析。

货币主义学说假设货币的增长在短期内决定名义 GDP，而在长期内决定价格水平。这种分析是在货币价格数量论的框架中进行的，并且依赖于周转率变动趋势的分析。货币主义者认为，货币周转率是稳定的（或曰在极端情况下是恒定不变的）。如果这种观点成立，则其含义将非常深刻。因为货币数量方程式表明，如果 $V$ 是常数，$M$ 的变动就会成比例地影响 $PQ$（或名义 GDP）。

## 货币主义的精髓

同一切严谨的思想学派一样，货币主义有其不同的重点和层次。以下是货币学派思想的核心内容：

1. *货币供给增长是决定名义 GDP 增长的主要的系统性因素*。货币主义认为，名义总需求主要受货币供给量变动的影响。财政政策对总需求没有影响。这种思想可以用如下极端简化的方式表达出来："只有货币是重要的。"

   货币主义者的信念主要建立在两个核心命题上。首先，正如弗里德曼所言，"对于收入周转率等变量来说，任何广泛接触货币数据资料的人都不能不留下这样的印象，即它们具有一种非同一般的可以实证的稳定性和规律性。"其次，许多货币主义者一贯认为，货币需求量对利率是完全不敏感的。[4]

   从交易方程式来看，如果周转率 $V$ 是稳定的，$M$ 将会决定名义 GDP。实际上，如果 $V$ 是稳定的，$M$ 就成为能影响 $PQ$ 的惟一因素，因此财政政策将失效。也就是说，只要 $V$ 恒定不变，税收或政府支出就根本无法发挥作用。

2. *价格和工资是相对灵活的*。请回想一下，凯恩斯经济学的概念之一便是价格和工资具有"粘性"。而货币主义者虽然从总体上接受工资价格的确定具有一定惯性的观点，但他们认为，即使在短期内，菲利普斯曲线也相当陡峭，并且在长期内菲利普斯曲线是垂直的。在 $AS$–$AD$ 分析框架中，货币主义者坚信短期 $AS$ 曲线十分陡峭。

   货币主义将上述两个观点结合起来。由于（1）货币是名义 GDP 的主要决定因素；（2）在潜在产出附近，价格和工资的变动比较灵活，这就意味着货币供给变动只会对实际产出产生微小而短暂的影响，$M$ 主要影响 $P$。

   因此，短期内货币既可以影响产出，也可以影响价格。然而在几年当中，由于经济趋向于充分就业，所以货币主要影响价格水平。无论是在短期内还是在长期内，财政政策对产出和价格的影响都是微不足道的。这就是货币主义学说的本质内容。

3. *私人部门是稳定的*。最后，货币主义者相信，自由放任的私人经济是趋于稳定的。相反，名义 GDP 的波动大多数来源于政府行为，特别是货币供给的变动，后者依赖于中央银行的政策。

## 货币主义与凯恩斯主义的比较

货币主义与现代凯恩斯主义有何区别呢？ 事实上，近 30 年来，这两个学派的观点已经有明显的趋同性。目前的分歧主要在于侧重点不同，而非基本信念存在差别。

图 33–4 描述了货币主义与现代凯恩斯主义的主要区别。该图显示的是双方对总供求行为的不同观点。其中有两点特别突出。

首先，这两个学派对作用于总需求的因素存在不同的看法。货币主义认为，总需求仅（或主要）受货币供给量的影响，并且货币对总需求的影响是稳定而可靠的。他们还认为，如果不与货币变动相配合，则财政政策或支出的自动变化对产出和价格的影响都将显得微不足道。[5]

凯恩斯主义经济学家的观点却与此相反，他们认为现实世界远非如此简单。尽管他们承认货币对总需求、产出和价格有着十分重要的作用，但他们认为除此之外，其他要素也很重要。而且，他们还指出一个定论性的事实，即 $V$ 随利率的上升而上升。因此保持 $M$ 恒定不足以维持名义 GDP 或真实 GDP 的稳定。有关货币主义与凯恩斯主义观点趋同的最显著的例子之一是，目前，货币主义和凯恩

---

[4] 若周转率为常数，则它是不随利率而变化的。而若周转率能对利率做出反应，则财政政策及其他非货币因素就可以通过改变周转率而影响产出。货币需求对利率不敏感的论断已经受到了广泛的怀疑，近年来已经越来越难以让人接受。

[5] 还应当注意的是：根据货币学派的假设，$AD$ 曲线被描绘成一支"等轴双曲线"。请回想一下，方程 $xy$=常数描述的是 $x$ 和 $y$ 平面中的等轴双曲线。对于给定的 $M$ 和 $V$，总需求曲线是由 $PQ$=常数来表述的，所以该 $AD$ 曲线是一支等轴双曲线。

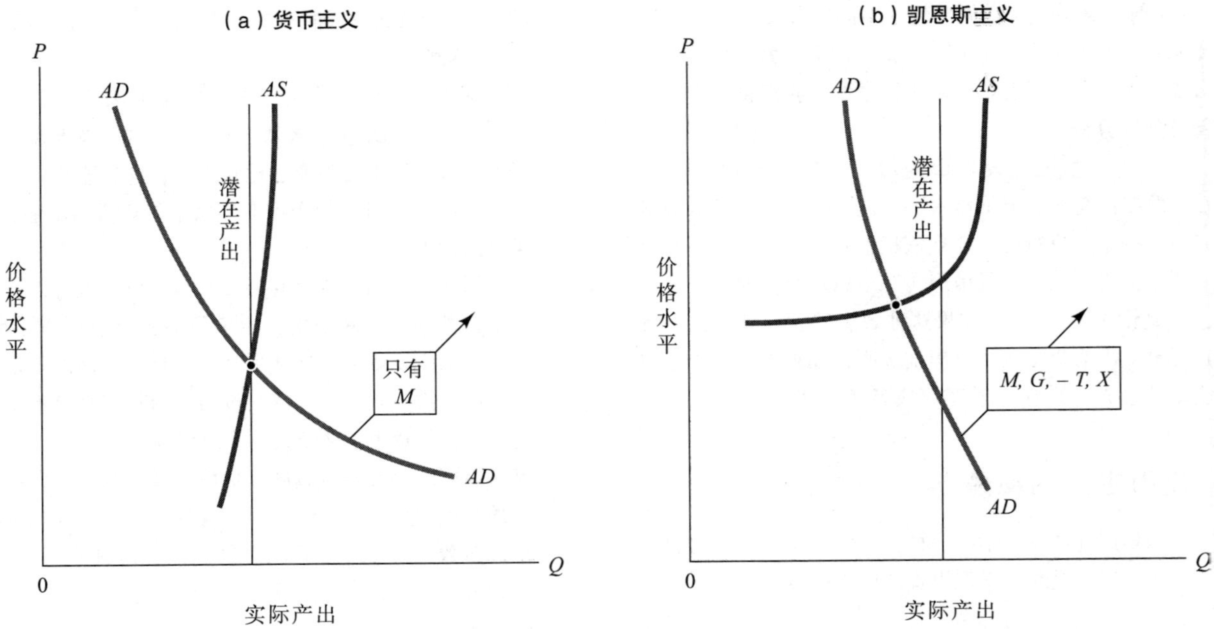


**图 33–4 货币主义与凯恩斯主义的比较**

从本质上看，货币主义的观点是：“只有货币对总需求才是重要的。”主流宏观经济学家则回答说：“货币是重要的，但财政政策也同样重要。”二者的第二个差别涉及到总供给：凯恩斯主义者强调 AS 曲线相对平缓；而货币主义者认为，如果价格和工资相对灵活，则产出基本接近潜在产出水平。

斯主义都趋向于相信，美国的稳定政策应该主要通过货币政策来实施。

货币主义与凯恩斯主义的第二个主要差别涉及总供给行为。凯恩斯主义经济学家强调价格和工资的惯性。而货币主义者则认为他们夸大了经济活动中工资—价格的粘性，并且认为短期 AS 曲线十分陡峭——也许并不垂直，但却比凯恩斯主义者设想的要陡峭得多。

由于二者对 AS 曲线的斜率持不同观点，因此他们在总需求变化的短期影响方面也存在分歧。凯恩斯主义经济学家相信，在短期内（名义）需求的变化会对产出产生重大影响，而对价格影响则微乎其微。货币主义则认为，需求的变动最终将主要改变价格，而非产量。

在宏观经济思想领域内，货币主义的核心在于货币在总需求决定中的重要性，以及工资和价格的相对灵活性。

## 货币主义者的政策纲领：固定的货币增长

在过去 40 年中，货币主义在制定经济政策方面扮演了重要的角色。货币主义经济学家常拥护自由市场和自由放任的微观经济政策。但是，他们对于宏观经济政策最重要的贡献，还在于他们更主张固定的货币规则，而非相机抉择的财政政策和货币政策。

原则上，货币主义者也许会建议利用货币政策对经济进行微调。但在事实上，他们采取的方针却完全不同，他们认为私人经济部门是稳定的，而政府却倾向于使经济不稳定。此外，货币主义者相信，货币影响产出需要一个长而多变的时滞，因此设计一套有效的稳定政策是十分艰巨的任务。

由此可见，货币主义经济哲学的主要内容就是**货币规则**（monetary rule）：最佳的货币政策应使货币供给以固定的速率增长，并且在任何经济形势下都维持这一速率。

这一观点的原理是什么呢？货币主义者相信，固定的货币增长率（每年 3%~5%）能够消除现代经济中造成不稳定的主要因素，即货币政策反复无常的不可靠的变动。如果我们用一种永远可以获得固定的货币增长率的计算机程序取代联邦储备系统，那么货币的增长就不会出现突然急剧的上升。在货币周转率稳定的情况下，名义 GDP 将以稳定的速度增长。并且，如果货币（M）大体上按照潜在 GDP 增长率增长的话，则经济很快就可以实现物价稳定。

## 货币主义者的实验

20 世纪 70 年代后期，货币主义者的观点产生了广泛的影响。在美国，许多人认为凯恩斯主义的稳定政策已经无法控制通货膨胀。当通货膨胀于 1979 年上升到两位数时，许多经济学家和政策制定者都相信，货币政策是有效对抗通货膨胀的惟一希望。

1979 年 10 月，联邦储备委员会的新任主席，保罗·沃尔克（Paul Volcker），曾向通货膨胀发起了一轮猛烈的反攻，被称为*货币主义者的实验*。在这项实验中，联储的操作程序发生了很大改变。它决定不再以利率为中心，而是全力以赴使银行储备和货币供给遵循事先确定的增长路径。[6]

联储希望严格定量的货币管理能达到两个目标。一是允许利率急剧上升，以充分抑制总需求，并通过菲利普斯曲线的机制提高失业率，减缓工资和价格的增长。此外，一些人还相信，强硬而可信的货币政策可以抑制通货膨胀预期，特别是体现在劳动合同中的那些东西，从而向公众表明高通货膨胀时期已经结束。一旦人们的预期受到抑制，经济便可以在潜在的通货膨胀率下痛苦较少地进行收缩。

货币主义者的实验在减缓名义 GDP 增长以及降低通货膨胀率方面取得了成功。通过紧缩货币提高利率，名义 GDP 增长率从 1978 年的 13%减缓到 1982 年的 4%，同期失业率由 6%上涨到 10%，而通货膨胀率迅速下降。任何对货币政策有效性的怀疑论调至此全都平息了下来。货币确实发挥了作用，货币确实是重要的。紧缩货币确实挤出了经济中的通货膨胀。

## 货币主义的衰落

看似悖论的是，正当货币主义的实验成功地根除了美国经济中的通货膨胀之时（也许正是基于这种成功），金融市场的变化已经导致了某些行为方式的转变，而后者动摇了货币学派的现实经济基础。货币主义实验前后，周转率发生了很大变化。请回忆一下，货币主义者认为周转率是相对稳定的，并且是可预测的。在周转率稳定的条件下，货币供给的变化就能平稳地转化为名义 GDP 的变化。

然而，正当政府采纳了货币主义的主张之时，货币的周转率却变得极不稳定。图 33-5 说明了 1960~1999 年货币周转率的变化率。在 1960~1980 年间，货币主义正盛行，$M_1$ 周转率相对稳定。然而 1979~1982 年间，高利率激发了金融创新，并推动了“支付利息的支票账户”的广泛使用，因此，1980 年以后，周转率变得日益不稳定起来。一些人甚至认为，周转率的不稳定性实际上正是由于这一时期过分重视货币总量目标而造成的。

由于货币周转率越来越不稳定，美联储渐渐不再以它作为货币政策的风向标。在 20 世纪 90 年代早期，美联储转而倾向于使用产出、通货膨胀、就业和失业作为衡量经济状态的关键指标。事实上，1999 年，在联邦公开市场委员会的记录中，描述经济状态或解释委员会的短期政策行为时就没有再提过“周转率”。

所有这些发展变化并没有降低宏观经济政策中货币的重要性。事实上，货币政策目前已成为美国和欧洲管理商业周期的主要宏观经济政策工具。

> 今天，尽管货币主义已不再流行，但是货币政策仍是大型市场经济体实现稳定目标的主要工具。

# C. 新古典宏观经济学

> 现在的凯恩斯主义宏观经济模型，不能为货币政策、财政政策及其他类型的政策的正确制定提供可靠的依据……无论是对这些模型进行细节的修正，或者是做出实质的改动，都不大可能增进它们的可靠性。
>
> **——罗伯特·卢卡斯和托马斯·萨金特**
> **“凯恩斯主义宏观经济学之后”**

尽管大多数宏观经济学家都认为，货币主义政策至少在短期内可以影响失业和产出，但是古典学派的一个新分支却对这一正规论点提出了挑战。这种被称为**新古典宏观经济学**（new classical macroeconomics）的理论，是由芝加哥大学的罗伯特·卢卡斯（Robert E.Lucas Jr.）、斯坦福大学的托马斯·萨金特（Thomas J.Sargent）和哈佛大学的罗伯特·巴罗（Robert Barro）共同提出的。这一理论在强调弹性工资和价格的作用方面，与前面讨论的古典学派一脉相承，但增加了一个新特点，即*理性预期*，用于解释菲利普斯曲线等问题。正是由于卢卡斯对于新古典宏观经济学的发展，特别是对理性预期的现代观点方面所做的贡献，1996 年他获得了诺贝尔经济学奖。

[6] 请回忆一下第 26 章中有关货币主义者的实验的讨论。

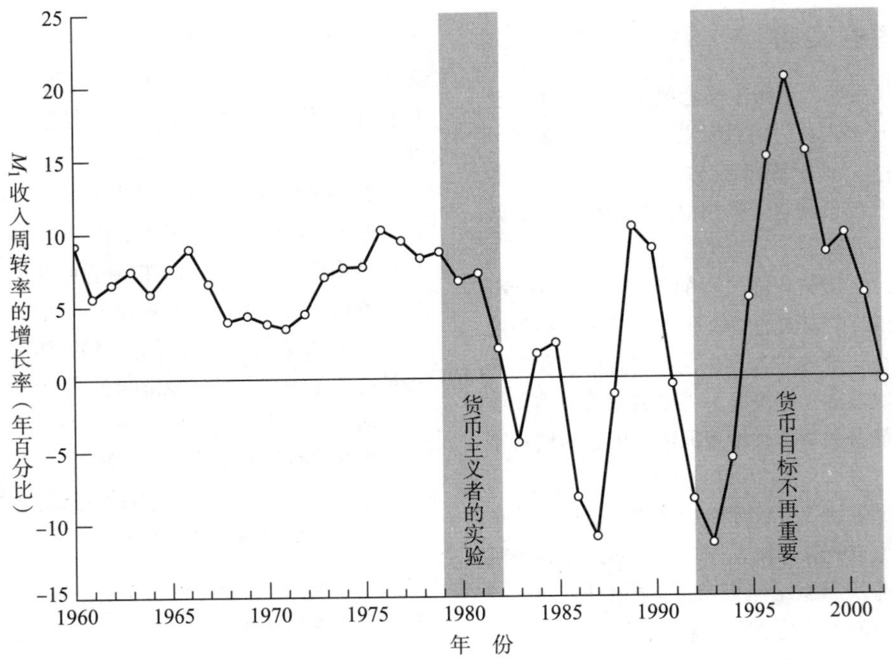


**图 33–5 $M_1$ 收入周转率的变化率**

货币主义者依据稳定的货币周转率，认为货币供给量的增长率应该是稳定的。直到 20 世纪 80 年代早期，货币周转率都是相对稳定的。在这以后，由于积极的货币政策的实施、不断波动的利率以及金融创新，使货币周转率变得极不稳定起来。

*资料来源*：货币周转率被定义成 GDP 与 $M_1$ 的比率，货币供给的数据来源于联邦储备委员会，GDP 数据来源于商务部。

## 新古典宏观经济学的基础

新古典宏观经济学认为：(1) 价格和工资是灵活的；(2) 人们充分利用所有可以获得的信息做决策。这两个假设是新古典宏观经济学的精髓所在。

第一个假设来自于价格和工资具有灵活性的古典假设。正如我们所熟知的，它意味着价格和工资可以迅速调整，以达到供求的平衡。

第二个假设建立在统计学、不确定条件下的行为等现代新兴领域的研究基础之上。这一假说认为，人们的预期建立在所有可以获得的信息的基础上。根据这一假设，政府无法“愚弄”人民。因为人们具有充分的信息，并且也能得到政府所能得到的信息。

本章前面已经讨论了价格—工资灵活性对于宏观经济学的重要性。现在我们转向理性预期假说。

### 理性预期

在经济生活中，预期十分重要。它影响着投资者的投资额，以及消费者的支出或（为未来）储蓄的决策。但是在经济学中，应该如何有效地处理预期呢？新古典宏观经济学家用**理性预期假说**（rational-expectations hypothesis）做出了回答。根据理性预期假说，预期是无偏的，并建立在所有可获得信息的基础之上。[7]

所有这些究竟意味着什么呢？首先，理性预期假说认为，人们做出的是无偏预测。[8] 另一个更具争议的假设是，人们利用所有可能获得的信息和经济理论进行决策。这就意味着，人们能够理解经济如何运行，以及了解政府正在

---

[7] 理性预期与第 25 章中所讨论的有关股票和其他资产价格的有效市场假设密切相关。

[8] 如果一项预测没有系统性的预测错误，则称该预测是“无偏”的。显然预测不可能总是完全正确——如果只抛一次硬币，你无法准确预测哪一面会朝上。但是，如果你这样预测，抛掷一枚完好的硬币时，背面朝上的次数为 10%或 90%，这就犯了统计学中“有偏”的错误。如果你预测硬币背面朝上的次数占总数的 50%，或骰子任何一个点数朝上的平均可能性为 1/6，那么你的预测就是无偏的。

做些什么。因此，假设政府通常在大选之年扩大支出，理性预期理论则认为人们能够预期到这一行为，并据此做出反应。

> 新古典宏观经济学的关键性假设在于，由于理性预期的存在，政府不能通过系统的经济政策来愚弄人民。

## 新古典宏观经济学的含义

新古典宏观经济学及其相关理论具有敏锐的洞察力，这体现在它们的一系列重要应用之中。

### 错觉商业周期

我们在第 31 章的讨论中，曾将非自愿失业定义为：合格的工人不能在现行工资水平下找到工作的情形。新古典经济学家认为绝大多数的失业是自愿的。在他们看来，由于工资变动可以迅速实现供求平衡，因此劳动市场在受到冲击之后会很快得到调整。失业增加主要是由于人们辞职去寻找更好的工作，而不是因为他们找不到工作。

有鉴于此，早期卢卡斯提出了一种观点，认为错觉是解释商业周期的关键。根据这一观点，失业率之所以升高，是因为工人搞不清经济形势——在衰退期，他们自愿地辞了职，希望获得更好的工作。但却吃惊地发现根本没有空缺的职位。而在商业周期的扩张阶段，由于人们高估了实际工资，因而更加努力地工作，这就导致产出增加而失业减少。

由于不需作出价格和工资具有粘性这种不切实际的假设就能解释经济周期，错觉理论一度引起了极大的反响。然而，现在它已经过时了，这是因为它在解释许多周期性的现象时遇到了麻烦。比如，为何扩张阶段辞职的工人更多（而不是更少）？为何衰退期间人们往往被迫失去工作(而不是主动辞职)？

### 真实商业周期

一种与新古典宏观经济学密切相关的学说，**真实商业周期理论**（real-business-cycle theory），也称 RBC 理论，正日益受到古典宏观经济学家的青睐。这一理论也同样基于理性预期和竞争市场，但它所强调的机制却有所不同。该理论认为，商业周期仅仅取决于技术的变化，丝毫没有引入货币或其他需求方面的因素。

根据真实商业周期理论，对技术、投资或劳动供给的冲击使经济的潜在产出发生变化，也就是说，使垂直的 *AS* 曲线发生移动。这些供给冲击通过总供给的波动转化为实际产出，完全不受总需求（*AD*）的影响。同理，受税收、管制政策和部门受冲击力度等微观因素的影响，非加速通货膨胀的失业率（NAIRU）发生变动，从而导致失业率的变动。

### 财政政策的李嘉图法则

在对凯恩斯主义宏观经济学的批评中，影响最大的是一种关于财政政策作用的新观点。这种观点是由哈佛大学的罗伯特·巴罗提出的，称为**财政政策的李嘉图法则**（Ricardian view of fiscal policy），认为税率变动对消费支出没有影响。

这种观点是对第 22 章所介绍的消费的生命周期模型的逻辑扩展。根据李嘉图的观点，个人在进行消费决策时，不仅会考虑当代人的消费，而且会考虑得更远；也即，仅仅将自身作为其家族链中的一环，就像历史中的一个王朝一样。父母不仅关心他们自己的消费，而且关心他们孩子的福利；同样，他们的孩子也会关心其下一代的福利。这种结构称为“王朝家族偏好”（dynastic preferences），其含义是：如果每一代都考虑子孙后代的福利，则当代人的决策视野势必要延伸到无尽的未来。

然而，由此推导出的结论却令人惊讶：如果政府在减少税收的同时保持政府支出不变，则必然要增加借款。但是要保证政府支出不变，在未来某个时点上，政府将不得不增加税收以偿还新增借款的利息。根据李嘉图财政法则，消费者对未来政府将会采取的政策具有理性预期。因此，当税收削减时，他们就知道要为未来税收增加做好准备。这样，他们就会增加与所减少的税收额相等的储蓄，并保持消费支出不变。另外，即使税收增加不是发生在他们的有生之年，他们也会考虑到下一代人的福利；他们会因此减少现期消费以增加遗产，帮他们的孩子偿还额外的税收支出。

从最终净效果来看：*按照李嘉图法则，税收变化对消费支出不会产生影响*。另外，从家庭角度来看，政府债务并非是净债务，因为在他们自己的计算中，会考虑到为这笔债务所必须支付的税收的现值，而这会抵减他们所持有的这些资产的价值。

李嘉图关于债务和赤字的观点在宏观经济学家当中引起了许多争论。批评者指出，李嘉图法则的这个观点要求家庭必须很有远见，计划留下遗产给下一代，并能不断地权衡他们自己和子孙后代的利益。若家庭没有孩子，没有遗产，不为子孙考虑或者没有远见，则这根链条就会断裂。最新的经验证据并不是很支持李嘉图法则，但是这项研究在揭示财政政策的逻辑局限性等方面却很有价值。

### 效率工资

近年来另一个重要的进展是将古典经济学和凯恩斯经济学的成分融合在一起，称为**效率工资理论**（efficiency-wage theory）。这一理论的代表人物包括哥伦比亚大学的埃德蒙·菲尔普斯（Edmund Phelps），1995~1997年克林顿总统经济顾问委员会主席约瑟夫·斯蒂格里茨（Joseph Stiglitz），联邦储备委员会委员、1997~1999年克林顿总统经济顾问委员会主席詹妮特·耶林（Janet Yellen）。该理论认为企业存有将工资水平保持在市场出清水平之上以提高生产率的动机，并用这个动机来解释真实工资的刚性和非自愿失业的存在。根据该理论，高工资之所以导致高生产率，是因为工人更加健康（特别是在贫穷的国家中）、士气更加旺盛或把事情办糟的可能性更小，还因为优秀的工人不大可能辞职去寻找新工作，或者是因为高工资可以吸引更出色的工人。

随着公司增加工资以提高生产率，寻找工作的人可能愿意排队等候这些高收入工作，从而产生了非自愿的等待性失业。*这一理论的惊人之处在于，它认为非自愿失业是一种均衡的特征，不会随时间的推移而消失。*

### 供给学派经济学

20世纪80年代早期，又有一个群体加入了这场讨论。这个学派被称为**供给学派经济学**（supply-side economics），它强调激励，建议大幅度削减税收，以此来促进经济增长。供给学派经济学曾得到美国总统里根（1981~1989年）和英国首相撒切尔夫人（1979~1990年）的热烈拥护。

供给学派的核心论点之一是强调激励（尤其是对工作、储蓄和企业家才能给予足够的报酬）所起的关键作用。供给学派经济学家强调不受约束的自由市场所创造出的奇迹，并力求避免由于高税率而产生的负面激励；此外，他们还认为，凯恩斯主义过分强调需求管理，而忽视了税率和激励对总供给的影响。

供给学派政策主张的另一大核心命题是提倡大幅度削减税收。在乘数模型分析中，我们已经看到税收如何影响总需求和产出。供给学派经济学家认为，税收对总需求的影响被夸大了。在他们看来，高税收使得人们减少劳动和资本的供给。事实上，一些供给学派经济学家，特别是阿瑟·拉弗（Arthur Laffer）甚至认为，高税率实际上可能会减少税收收入。“*拉弗曲线*”假说认为，高税率抑制了经济活动，从而缩减了税基。整个政界的主流经济学家，甚至一些供给学派经济学家，都对降低税率会增加税收收入的拉弗假说加以嘲讽。

为了改进在他们眼中存在缺陷的税收体系，供给学派经济学家提出了一项重建税收体系的激进建议，有时被称做“供给学派减税”。其背后的理论基础是，改革应通过降低最后一美元收入的税率（即边际税率）来增加激励；税收体系应降低累进性（即降低高收入者的税收负担）；税收体系的设计应旨在鼓励生产率和产出的增加，而不应当在于控制总需求。

在20世纪90年代占据中心舞台的供给学派经济学随着罗纳德·里根的离任而慢慢退去。在对那一时期的研究中，经济学家普遍发现，供给学派的许多观点都未得到经济现实的支持。该学派遗留了高额预算赤字、不断增长的政府债务问题，降低税率都无济于事，当局只能采取紧缩开支和增加税收来消除这些赤字。

2001年，当布什总统所提出的新一轮所得税削减计划得以顺利通过时，供给学派的许多政策建议又一次走到前台。然而，这一轮减税的战略意图却并非是为了增加收入（而按照供给学派的理论却应该是），而是为了提高税收体制的运作效率，并促进长期的经济增长。

## 政策含义

### 政策无效性

新古典经济学具有许多重要的宏观经济政策含义。其中最重要的来自新古典理论的一个观点是：*旨在对付失业的系统性的财政政策和货币政策具有无效性。*其基本思想是，若一项刺激经济的政策是可预测的，人们就会事先知晓，因此它不具任何功效。

例如，假设政府每逢大选临近之时，就倾向于刺激经济。经历了一系列出于政治目的的财政政策之后，人们将会理性地预期到这种行为。他们会自言自语地说道：

> “选举来了，从过去的经验看，政府通常会在大选前给经济打强心针。选举年我能享受税收削减，可紧接着下一年他们又会偷偷地提高税率。他们骗不过

我，也别指望我会增加消费或者更加努力的工作。”

这就是古典宏观经济学的**政策无效性定理**（policy ineffectiveness theorem）。存在理性预期且工资与价格具有弹性的条件下，被人们预期到的政府的政策无法影响实际的产出或失业。

## 固定规则的可取性

在此之前，我们曾讨论过货币主义者对于固定规则的看法。新古典宏观经济学将这一论点建立在更加坚实的基础之上。一项经济政策可以分为两个部分，一个是可预见的部分（即“固定规则”），另一个是不可预见的部分（即“相机抉择”）。

新古典宏观经济学家认为，相机抉择是一个陷阱和骗局。他们争辩说，在经济预测方面，政策制定者并不比私人部门更具优势。因此，当政策制定者对新闻做出即时反应时，在信息充分的买主和卖主聚集的市场上，灵活变动的价格已经对此做出变动并加以适应，实现了其有效的供求均衡。在这种情况下，政府已经没有什么相机抉择的措施可以改善市场的结果，或防止由暂时的错觉或真实商业周期冲击所引致的失业。

尽管政府政策无法使情况变好，但却绝对可以使情况变得更糟。它们可以通过不可预见的相机抉择政策发出误导性的经济信号，使人们产生困惑，扭曲其经济行为，并造成浪费。根据新古典宏观经济学家的观点，政府应该完全避免任何相机抉择的宏观经济政策，不要去冒险制造这种令人困惑的“噪音”。

## 货币主义规则和卢卡斯批评

虽然新古典学派指出了政策制定所面临的危险，但它同时也对货币主义的一个关键性假设发起了一场毁灭性的攻击。货币主义者认为，货币周转率表现出显著的稳定性。因此，他们得出结论说，可以通过实施固定的货币规则来稳定 $MV \equiv PQ \equiv$ 名义 GDP。

但是，以芝加哥大学的罗伯特·卢卡斯命名的卢卡斯批评却认为，当政策发生变动时人们可能会改变其行为。正如当凯恩斯主义政府试图操纵短期菲利普斯曲线时，曲线本身就会发生移动一样，倘若中央银行采取固定货币增长的规则，看似稳定的周转率也就会发生变动。

卢卡斯的这一见解产生于 1979~1982 年期间，当时美国正在进行前一部分所谈的货币主义者的实验。周转率变得极为不稳定，最终美联储不得不放弃利用货币总量来管理货币政策的做法。（回顾一下图 33–5 以及不稳定的周转率的有关讨论。）

卢卡斯批评是一个严正的警告。它提醒我们，如果政策制定者过分倚重过去的规则，则经济行为就可能走形。

## 争议的现状

新古典宏观经济学仍然是宏观经济学争论的焦点。从某种意义上说，这一争论是早期凯恩斯主义与古典主义的经济学家之间的争论的重演。在早期的争论中，关键性问题之一是围绕价格和工资的灵活性展开的。凯恩斯主义经济学家曾指出，许多证据表明价格，特别是工资在对各种冲击做出反应时，其行动往往是缓慢的；并且很少有经济学家相信，劳动市场供求的均衡能够是一种常态。一旦工资和价格具有完全弹性的假设被抛弃之后，政策就能重新获得在短期内影响真实经济的功效。

再者，批评家们还指出新古典宏观经济学中存在着一系列与事实不符的见解。该理论认为，商业周期波动是：当企业和工人被价格波动和货币冲击所迷惑时经济能够达到的一种“均衡”的状态。但是，有关工资和价格的错觉真的能够解释严重的衰退和持久性的大规模失业吗？难道人们真的需要整整 10 年才能够理解大萧条所能带来的困难吗？再说，对于 1990 年就开始出现的就业市场的疲软，欧洲人又怎么可能一直毫无察觉呢？

最后，我们如何能协调理论预测与现实经济的差异？理论预测说，当工人辞职寻找更好的工作时会产生周期性失业，而现实表明衰退期间失业工人的比重大大增加（参见图 31–8）。由于绝大多数古典理论都存在着类似的不尽合理的成分，许多主流经济学家对新古典学派的商业周期理论及其对产出、就业和物价的解释的有效性表示怀疑。

## 一种新的综合？

经过 20 年对新古典宏观经济学的消化和吸收，新旧理论的综合已经初见端倪。经济学家现在已经意识到，他们必须对预期给予足够的重视。区分适应性预期（或“后顾型预期”）与理性预期（或“前瞻型预期”）这两个范畴十分有用。适应性预期认为，人们仅仅机械性地根据过去的信息形成自己的预期；前瞻型预期或理性预期的观点已在上文阐述过。前瞻型预期的重要性对于理解人的行为十分关键，特别是在金融部门等竞争性拍卖市场中更是如此。

一些宏观经济学家开始将新古典的预期理论与凯恩斯

主义关于产品市场和劳动市场的理论结合在一起。这种综合体现在做出如下假定的宏观经济模型中：（1）劳动市场和产品市场表现出工资和价格的刚性；（2）金融拍卖市场的价格和数量可迅速调整以适应经济的冲击和预期；（3）拍卖市场的预期是前瞻型的。

新研究方法的一项重要预期是，当重大新闻事件发生时，前瞻性模型中的利率、股票价格、汇率或油价容易产生大的“跳跃”或不连续变动。这种强烈的反应常见于大选过后或战争爆发之时。例如，当 2003 年 3 月美国入侵伊拉克时，仅一周内油价就下降 35%，同时股价飙升 10%。关于跳跃价格的新古典预期折射出了拍卖市场的一个现实特征。这表明，在现实世界中，前瞻型预期可能在这些领域中十分重要。

图 33–6 比较了另一种差异，即将 4 个前瞻型模型与 7 个适应性预期模型的支出乘数做了比较。请注意，前瞻型模型的乘数远远小于适应性预期模型的乘数。

前瞻型模型的乘数之所以较小，是因为金融市场的反应更快。原因之一在于，发生财政扩张之后，前瞻型模型中的利率通常会上升得更快。因为前瞻型市场的参与人预计，政府支出增加之后会带来未来产出的扩张。这种较高的预期产出将导致当前的利率上升，因此在前瞻型模型中，投资趋向于迅速下降。此外，前瞻型模型中，随着利率对财政刺激做出反应而迅速上升，灵活的、前瞻型的美元汇率也趋于向上跳升。而美元汇率的上升会导致净出口的减少和财政刺激规模的缩小。

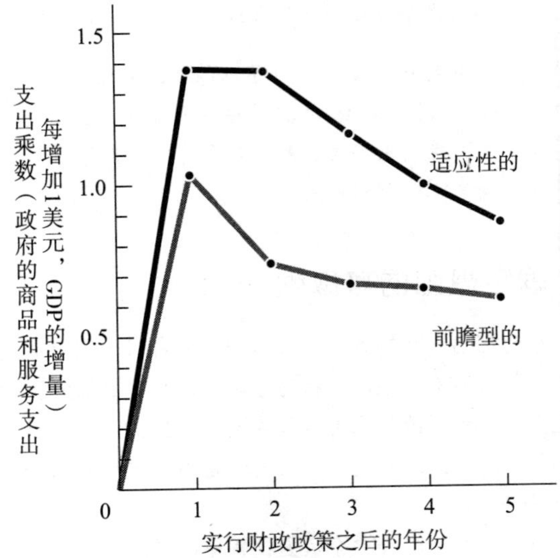


**图 33–6 前瞻型模型和适应性模型中支出乘数的比较**

适应性（或后顾型）预期模型和前瞻型（或理性）预期模型的支出乘数有何差别呢？由于利率挤出了国内投资，并且汇率影响了净出口，因此前瞻型模型的调整更加迅速。其支出乘数比适应性模型要小得多。

资料来源：Ralph C. Bryant, Gerald Holtham, and Peter Hooper, "Consensus and Diversity in the Model Simulations," in Ralph C. Bryant et al.,eds., *Empirical Macroeconomics for Interdependent Economics* (Brookings Institution Washington, D.C., 1998)，Fig.3–33.

> 新古典宏观经济学提出了许多颇有成效的见解。最重要的是，它提醒我们注意，经济中充满了聪明的信息加工者。他们对政策做出反应，有时甚至能预期到政策。而这种作用和反作用实际上能够改变经济行为的方式。

## 且作评价

本章回顾了近几十年来宏观经济学家之间的争论。一个由公正的经济学家组成的陪审团，在听过这些事实陈述之后，可能会做出如下结论：

1. 长期经济增长。生活水平、实际工资和实际收入的增长趋势主要决定于人均潜在产出的增长。进一步说，潜在产出取决于劳动、资本等投入的数量和质量，以及技术、企业家才能和经济中的管理技能。为了提高长期经济增长率，经济政策必须促进投入的增长，或能够提高效率和技术。
2. 短期产出和就业。短期内，存在的争议颇多。短期内的产出和就业取决于总供给和总需求的相互作用。至少在几年内，总需求的变动（无论是受财政政策影响，还是受货币政策影响，或是由于外部因素）必定会影响产出和就业。货币政策和财政政策拥有稳定商业周期的潜能。而制定稳定性政策时，各国中央银行一马当先，责任重大。
3. 失业和通货膨胀。通货膨胀极具惯性。然而，当经济运行处在资本和劳动被充分利用的阶段，通货膨胀有上升趋势；相反，衰退和高失业则会使通货膨胀下降。在 NAIRU（非加速通货膨胀的失业率）上，通货膨胀率是稳定的，失业率处于无关紧要的区域。但是随着时间和空间的变化，通货膨胀与失业此消彼长的替代关系却并不稳定。因此，治理通货膨胀肯定是一个很复杂的过程。另外，各国不能指望，只要以高通货膨胀为代价，就一定能够换取持久的低失业率。

## 总结提要

### A. 古典学派兴起与凯恩斯革命

1. 古典经济学家的依据是萨伊的市场定律，即“供给自动创造对其自身的需求”。用现代的语言来说，古典学派意味着弹性工资和价格能迅速消除任何超额的供给或需求，并迅速恢复充分就业和生产能力的充分利用。在古典体系中，宏观经济政策对稳定真实经济没有任何作用，尽管它能够决定价格变动的路径。
2. 凯恩斯革命假定价格和工资是不灵活的，因此产出和失业由供求力量的相互作用来决定。凯恩斯主义的 *AS* 曲线是向上倾斜的，而不像古典学派那样是一条垂线，因此货币政策和财政政策既影响价格，也影响实际产出。经济中不存在自动矫正的价格机制，因而可能会经历长期的衰退或通货膨胀。
3. 从现代凯恩斯主义的观点来看，货币政策和财政政策可以取代弹性工资和价格，在衰退时期刺激经济，在繁荣时期则抑制总需求，从而阻止通货膨胀趋势。

### B. 货币主义

4. 货币主义认为，货币供给是短期内真实 GDP 和名义 GDP 变动的决定因素，同时也是长期内名义 GDP 变动的决定因素。
5. 货币主义通过对货币周转率趋势的分析，来理解货币对经济的影响。货币的收入周转率（$V$）定义为名义 GDP 流量与 $M$ 存量的比值：

$$V \equiv \frac{PQ}{M} \equiv \frac{\text{GDP}}{M}$$

　　$V$ 显然不是一个常数（如果仅是因为它随利率上升而上升），货币主义者认为，$V$ 的变动是有规律且可以预见的。

6. 由周转率的定义可以得到价格的数量论：

$$P \equiv kM \text{（这里，} k \equiv \frac{V}{Q}\text{）}$$

　　价格的数量论认为 P 几乎与 M 严格成比例。这一观点对于理解恶性通货膨胀及某种长期趋势十分有用，但不应从字面上解释它。

7. 货币主义学派的三大观点是：（a）货币供给的增长是名义 GDP 增长的主要的系统性决定因素；（b）价格和工资相对灵活；（c）私有经济是稳定的。这些观点表明，宏观经济波动主要是由于货币供给的无规律变动而造成的。
8. 货币主义者常常建议货币供给以每年 3%~5%的固定比率增长。一些货币主义者相信，这样能实现长期内经济平稳增长，而价格保持稳定。
9. 从 1979~1982 年期间，美联储进行了一项全面的货币主义实验。这一时期的经验向怀疑论者证明，货币的确是总需求的重要决定因素；并且货币变动的大部分短期影响能够作用于产出而不是价格。然而，正如“卢卡斯批评”所指出的那样，当货币主义的主张得以实践时，周转率却可能会变得极不稳定。

### C. 新古典宏观经济学

10. 新古典宏观经济学坚信：人们的预期是理性的、价格和工资具有灵活性以及大多数的失业是自愿的。政策无效性定理认为，可预见到的政府政策无法影响实际产出和失业。如果经济政策制定者试图系统性地增加产出、减少失业，人们很快会理解并预期到这一政策。固定的政策规则会产生较好的经济效果。真实商业周期理论指出，供给方面的技术干扰和劳动市场的变动可能是解释商业周期波动的线索。
11. 就当前宏观经济学论战中的主流综合理论姑且作一评价。

## 概念复习

**古典经济学家与凯恩斯**

弹性的与粘性的工资和价格

萨伊的市场定律

总供给的不同观点

**周转率与货币主义**

交易方程式：

$MV \equiv PQ$

货币流通速度：

$V \equiv PQ/M$

货币和价格的数量论：

$P \equiv kM$

1979~1982年货币主义者的实验

**新古典宏观经济学**

理性预期（前瞻型预期）与适应性预期（后顾型预期）

政策无效性定理

真实商业周期，效率工资

供给学派经济学的信条

关键性假设：理性预期和弹性价格与工资

卢卡斯批评

财政政策的李嘉图法则

## 补充读物和互联网站

### 补充读物

The quote from Alfred Pigou is from The *Theory of Unemployment* (Macmillan, London, 1933). The classic monetary history of the United States by Milton Friedman and Anna Jacobson Schwartz describes a monetarist interpretation of history. See their *Monetary History of the United States 1867–1960* (Princeton University Press, Princeton, N.J., 1963).

Many of the foundations of new classical economics were developed by Robert Lucas and republished in *Studies in Business-Cycle Theory* (MIT Press, Cambridge, Mass., 1990). Modern efficiency-wage theory is presented in Edmund Phelps, *Structural Slumps: The Modern Equilibrium Theory of Unemployment, Interest, and Assets* (Harvard University Press, Cambridge, Mass., 1994).

A nontechnical review of the troops of the warring schools is given by Paul Krugman, *Peddling Prosperity: Economic Sense and Nonsense in the Age of Diminished Expectations* (Norton, New York, 1994).

### 互联网站

Real-business-cycle theory has its own website at ideas.uqam.ca/QMRBC/index.html.

The Nobel Prize citations of Milton Friedman and Robert Lucas (one of the major pioneers of the new classical macroeconomics) can be found at www.nobel.se/laureates.

## 问题讨论

1. 货币主义者说："只有货币是重要的。"凯恩斯主义者答曰："货币是重要的，但其他因素，如财政政策，也是重要的。"解释并评价这两个论断。你是否能够在反对货币主义者的同时，坚持货币政策可以用于对付衰退？试解释之。
2. 假设在0期，名义GDP为1万亿美元，且GDP紧缩指数为1。进一步假设0、1、2、3、4期的货币供给分别为500亿美元、520亿美元、550亿美元、580亿美元和600亿美元。
   a. 根据严格的货币数量论计算出1、2、3、4各期的名义产出水平。
   b. 如果潜在产出水平没有增加，并且货币供给水平遵循事先设定的路径，那么根据新古典宏观经济学，实际GDP的水平将是多少？

3. 如果在繁荣时期，我们印刷并使用100万亿新美钞，则价格会发生何种变化？货币数量论符合现实么？衰退期间，如果*M*增加1%，价格会如何变化？试比较上述两种情况。
4. 凯恩斯主义经济学家也许会建议大幅度减税以促使经济复苏。这一措施会对*AD*曲线产生何种影响？对最终的价格及实际产出水平呢？试用货币主义的理论加以解释。（提示：周转率将会如何变化？）
5. 给出收入周转率（*V*）的定义。根据表33-1的数据，计算货币供给的年增长率、周转率及其变动率。并在计算机上绘制这些变量的图表。
6. 货币主义者、凯恩斯主义者和新古典宏观经济学家会如何预测下述各因素对价格、产出、就业变动过程的影响？（在每一种情况下，除非特别提到，均保持税率和货币供给不变）：
   a. 大幅度削减税收。
   b. 大幅度增加货币供给。
   c. 一系列创新活动使潜在产出增加10%。
   d. 出口突然增加。
7. 在讨论货币需求时，图26-4的货币需求曲线表明，货币需求对利率十分敏感。假设名义GDP水平既定，较高的利率会对周转率有何影响？根据货币主义关于货币周转率恒定不变的论点，货币需求对利率的敏感性意味着什么？
8. 叙述并解释萨伊的市场定律。从宏观经济的某一均衡点出发，假设潜在产出增加，而总需求不变。扩展图33-1，以此说明供给如何创造对其自身的需求。用语言叙述整个过程。
9. **有难度的问题**（关于理性预期）：请考虑一下理性预期对消费行为的影响。
   a. 假设政府提出临时削减200亿美元税收，持续期为1年。采取适应性预期方式的消费者可能会认为，可支配收入每年会增加200亿美元。根据第24章的简单乘数模型，这会对消费支出和GDP产生何种影响？
   b. 接下来，假设消费者的预期是理性的，他们理智地预见到税收削减只持续1年。考虑到“生命周期”，他们会认识到自己终生的平均收入每年只会增加，比如说20亿美元，而非200亿美元。那么，这类消费者会做出什么反应呢？接下来，请分析一下理性预期对临时性税收削减政策的有效性的影响。
   c. 最后，假定消费者行为符合李嘉图法则，则税收削减对储蓄和消费有何影响？试解释各种不同模型的区别。

| 年　份 | 名义 GDP（10 亿美元） | 货币供给，$M_1$（10 亿美元，时滞 12 个月） |
|---|---|---|
| 1981 | 3 131.4 | 408.9 |
| 1982 | 3 259.2 | 436.5 |
| 1983 | 3 535.0 | 474.5 |
| 1984 | 3 932.8 | 521.2 |
| 1985 | 4 213.0 | 522.1 |
| 1986 | 4 452.9 | 620.1 |
| 1987 | 4 742.5 | 724.7 |
| 1988 | 5 108.3 | 750.4 |
| 1989 | 5 498.1 | 787.5 |
| 1990 | 5 803.3 | 794.8 |

表33-1

# 第 34 章

# 经济增长与经济稳定的政策

稳定经济的任务，要求我们能够控制住经济，使之不至于偏离持续高就业之路太远。就业率过高将导致通货膨胀，而过低则又意味着衰退。灵活审慎的财政政策和货币政策，能够帮助我们在这两条路中间穿行出一条“狭窄的通道”。

——约翰·肯尼迪总统（1962 年）

生产率不等于一切，但在长期内，它几乎意味着一切。

——保罗·克鲁格曼（1990 年）

在过去 50 年中，美国经济经历了巨大的变化。农民在总人口中所占的比例异常之小；在工厂中工作的劳工比例远远低于从前，更多的人是在办公桌前或在商店和医院里就业；庞大的政府、更高的税赋成了经济生活画卷中不可或缺的组成部分；技术为我们的日常生活带来了翻天覆地的变化：先进的电信系统使企业得以将其经营活动扩展到全国乃至全世界，功能日益强大的计算机淘汰了过去曰雇员承担的大量的重复性劳动；商品和货币的国际流动更加便捷。

然而，在经历了半个世纪的变化之后，宏观经济政策的中心目标仍未改变：为劳工提供良好的就业机会，维持低失业率，确保生产率和实际收入持续增长，以及将通货膨胀率稳定在较低的水平上。当前，我们所面临的挑战是：如何制定一套政策以便我们在新世纪之初能够实现这些目标。

本章使用前面所讨论过的宏观经济学工具来考查当今主要的现实政策问题。我们首先评估政府财政赤字和债务对经济活动的影响，分析美国财政由赤字转为盈余这一令人惊喜的转变。

然后，我们分析有关短期经济稳定方面的争议，包括当前对货币政策和财政政策有效性的质疑。政府是否应该停止熨平商业周期波动的努力，以及是否应采取固定的经济规则而非相机抉择。最后我们将分析过去 20 年中由于生产率和实际工资增长速度放慢而引起的一系列令人困扰的问题，并深入研究各国可用于提高生产率和促进绩效增长的对策。

## A. 政府债务的经济后果

当美国进入 21 世纪时，联邦政府所执行的财政政策是稳定的，曾长期持有着巨额的预算盈余。但接着，预算赤字就像一头从深海之底突兀浮起的怪兽，大有吞噬整个国家财政收入之势，这一情景无疑会使人惊恐万状。由于经济衰退、恐怖主义、税收削减以及伊拉克战争的影响，政府财政收支由 2000 年 2 400 亿美元的预算盈余转变成 2003 年 4 600 亿美元的预算赤字。更有甚者，在可以预计的未来，美国政府财政赤字将会继续存在。

预算赤字为何变得如此之高？政府应如何应对？本章将会讨论这些问题。下面我们将会看到，赤字受到普遍关注确有其坚实的现实基础。充分就业时期的高赤字和政府债务势必带来严重的后果，包括国民储蓄和投资的下降，以及长期经济增长速度的放慢等。

政府通过预算来计划并控制其财政事务。**预算**（budget）确定在既定年度内，政府项目的预计支出和来自税收体系的预期收益。预算一般包括一系列具体的项目（教育、福利、国防等），以及税收来源（个人所得税、社会保险税等）。

在一个财政年度中，如果税收和其他政府收入超过政府支出，就会形成**预算盈余**（budget surplus）；而当支出超过收入时，则会形成**预算赤字**（budget deficit）；如果收入与支出相等（这在联邦政府极为罕见），就称政府实现了**预算平衡**（balanced budget）。

当政府出现财政赤字时，它就必须向公众举债来支付其款项。为了借债，政府需要发行债券，即用以承诺将来偿还的一种借据（IOUs）。**政府债务**（government debt，有时称作公债）指政府借款总额或累积额，即公众所持有的政府债券的美元价值。

区分总债务和净债务是很有用的。*净债务*，也称为*公众持有的债务*，不包括政府自身持有的债券。净债务是指由居民、银行、商业企业、外籍人员以及其他非联邦机构持有的债务。*总债务*等于净债务加政府所持有的债券，主要是社会保障信托基金。社会保障信托基金的盈余已经变得较多，因此，现在总债务和净债务这两个概念之间的差别正在扩大。

> **债务与赤字**
>
> 人们往往将债务与赤字混淆。你不妨记住以下的区别：债务是存量，而赤字是流量。政府债务是政府负债的存量，赤字是当政府支出大于所征税收时所产生的新增债务。例如，当 2003 年政府赤字为 4 600 亿美元时，政府债务存量中就会增加 4 600 亿美元。同理，当 2000 年政府盈余为 2 400 亿美元时，政府债务就会减少 2 400 亿美元。

## 财政史

就像古希腊神话中的科林斯王一样，联邦政策制定者们费尽了九牛二虎之力，才把预算平衡的巨石推上了山顶。但其后果却只能是，这块巨石势必滚落下来并碾压他们自己。从 20 世纪 80 年代到 90 年代，政府不断通过法律以求制止财政赤字的上升。然而，刚刚被（克林顿当局——译者注）解决了的赤字问题，到 2001 年（布什当局——译者注）以后便又以更快的速度增长起来。美国经济的代表性的或者说新的特征究竟是什么？

财政赤字对于美国经济而言并不是新事物，但在和平时期赤字规模如此巨大这一点，在美国经济史上却没有先例。独立战争后最初的两个世纪内，美国联邦政府一直尽力保持财政预算的总体平衡。战争时期，巨额的军费开支通常都经由借款融资等手段去加以解决。因此，政府债务（政府所负债务的总和）在战争期间一般都迅猛增长。而在和平时期，政府则一般都会清偿一部分债务，从而使得债务负担有所减轻。

1940 年政府财政部的基本态度开始发生了比较大的变化。由表 34–1 不难看到美国联邦预算发生变动的主要趋势。该表列出了联邦预算的主要项目及其从 1940 年到 2004 年在 GDP 中所占的比重。其主要特征如下：

- 从 1940~1960 年，联邦的预算支出和税收收入所占的比重都大幅度增加，这主要是由于军费开支激增而造成的。这部分支出主要来源于个人和企业税收的显著增加。
- 从 1960~1980 年，税收所占比重比较稳定。这一时期，医疗保险、收入保障和扩大的社会保障等“新社会”计划特别地引人注目。结果，联邦支出所占比重剧增。这段时期，联邦收入在 GDP 中所占的份额比较稳定。
- 从 1980~2000 年，美国两大党都开始反对“大政府”。在 20 世纪 80 年代早期，供给学派削减税收的政策主张导致了一系列巨额赤字。公众对高赤字的关注，最终导致了一系列存在争议的降低赤字措施的出台，其中最重要的是在布什和克林顿执政期间推出的 1990 年和 1993 年的预算法案。这些措施降低了支出增长，提高了税收，尤其是对高收入家庭的税收。结果，尽管医疗保险支出仍在大幅度增加，但大多数其他支出项目在 GDP 中的份额却在下降。
- 21 世纪初美国财政状况遭遇了自二战以来最剧烈的恶化。股市的衰退减少了税收收入，经济不景气和复苏缓慢增加了赤字。同时税收削减进一步减少了收入，国内社会保障的支出却在增加，而军队和伊拉克战争则使得支出进一步扩大。这一时期的遭遇正好印证了一句老话：麻烦要么不来，要么接二连三。

## 政府预算政策

政府预算有两项主要的经济功能。首先，它是政府确定国民经济优先发展项目的工具，使得政府可以将国民产

| 联邦预算组成 | 占 GDP 百分比 | | | | |
|---|---|---|---|---|---|
| | 1940 年 | 1960 年 | 1980 年 | 2000 年 | 2004 年 |
| **收 入** | **6.4** | **17.6** | **18.5** | **20.6** | **16.3** |
| 个人所得税 | 0.9 | 7.7 | 8.8 | 10.2 | 7.2 |
| 公司所得税 | 1.2 | 4.1 | 2.3 | 2.1 | 1.4 |
| 社会保险和退休金账户 | 1.8 | 2.8 | 5.7 | 6.7 | 6.5 |
| 其 他 | 2.7 | 3.0 | 1.8 | 1.6 | 1.2 |
| **支 出** | | | | | |
| **总 计** | **9.4** | **17.5** | **21.2** | **18.2** | **18.9** |
| 国防和国际事务 | 1.8 | 9.7 | 5.3 | 3.2 | 3.5 |
| 医 疗 | 0.1 | 0.2 | 2.0 | 3.6 | 4.3 |
| 收入保障 | 1.5 | 1.4 | 3.1 | 2.6 | 2.8 |
| 社会保障 | 0.0 | 2.2 | 4.2 | 4.2 | 4.2 |
| 净利息 | 0.9 | 1.3 | 1.9 | 2.3 | 1.5 |
| 其 他 | 5.2 | 2.7 | 4.7 | 2.4 | 2.6 |
| **盈余（+）或赤字（-）** | **−2.9** | **0.1** | **−2.6** | **2.4** | **−2.6** |

**表 34–1 联邦预算趋势，1940~2004 年**

从 1940~1960 年，在冷战和热战期间，由于美国在国际军事事务中扮演了积极的角色，因此联邦支出在经济中所占比重急剧上升。1960 年以后，联邦支出比重比较稳定，但支出结构发生了变化，军事开支更多转向医疗和其他社会开支。21 世纪初，随着预算收入的显著下降，联邦政府的预算赤字也急剧上升。

资料来源：Data are for fiscal years and come from the Department of the Treasury，Office of Management and Budget，and Department of Commerce.

出在私人消费、公共消费以及投资之间进行配置，从而刺激或抑制某些部门的产出。从宏观角度看，预算经由财政政策来促进完成宏观经济的核心目标。更确切地说，**财政政策**（fiscal policy）是指对税收和公共支出进行规划，以帮助抑制商业周期的波动，保持经济的持续增长和高就业率，避免过高的或剧烈的通货膨胀。

凯恩斯学派的一些早期信徒们认为，财政政策就像一个旋钮，可以用来控制或“微调”经济发展的步伐。较高的预算赤字意味着对总需求的更大刺激，从而可以减少失业和摆脱衰退。而较低的预算赤字乃至预算盈余都可以缓解过热的经济，并消除通货膨胀的威胁。

今天，很少有人还会相信可以如此轻而易举地消除商业周期。凯恩斯之后大约又过了 70 年，衰退和通货膨胀依然伴随着我们。财政政策从理论上讲应该很好，但在实践中却不尽然。同时，货币政策已经成为更受青睐的调节商业周期波动的政策工具。然而，无论何时，只要失业率上升，政府仍会因受到强烈的公众压力而扩大支出。在本部分中，我们将研究政府运用财政政策的主要方式，并考查它在实践中的一些公认的缺陷。

## 实际预算、结构性预算和周期性预算

现代公共财政学将结构性赤字和周期性赤字进行了区分。思路很简单，预算的结构性部分是主动的——取决于相机抉择的政策，例如确定税率、公共工程支出、教育支出或国防支出的规模。与此相反，预算的周期性部分则需要被动地取决于商业周期的状况，即国民收入和产出的高低程度。以下是精确的定义：

**实际预算**（actual budget）是指既定时期内，实际支出、收入和赤字的货币数额。

**结构性预算**（structural budget）是指，如果经济在潜在产出水平上运行，政府收入、支出和赤字应该是多少。

**周期性预算**（cyclical budget）是实际预算与结构性预算的差额。用于衡量商业周期对预算的影响，包括商业周期对收入、支出和赤字的影响。

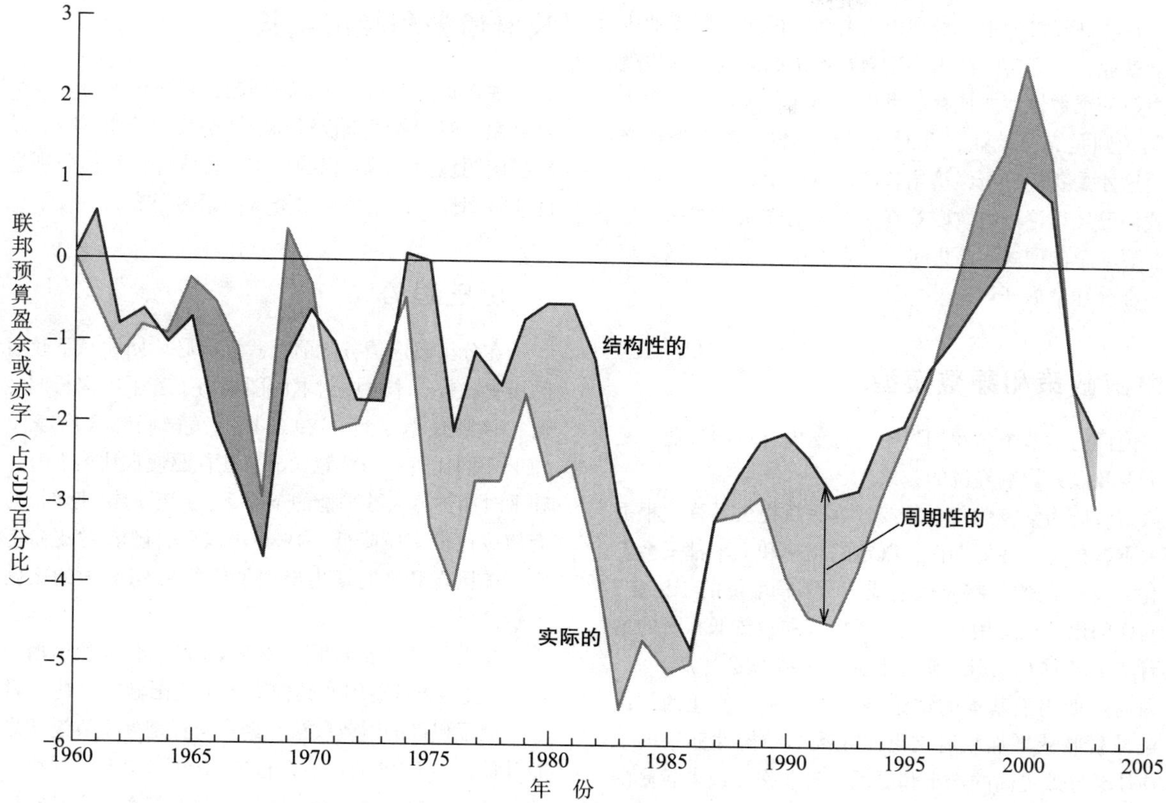


**图 34–1 实际预算赤字、结构性预算赤字及周期性预算赤字**

如图，灰色曲线代表实际预算赤字或盈余（以潜在 GDP 的百分比表示）。黑色曲线代表结构性预算赤字或盈余。二者之间的差额代表周期性预算赤字或盈余。

资料来源：Congressional Budget Office, at www.cbo.gov.

图 34–1 显示了实际预算赤字、结构性预算赤字和周期性预算赤字占 GDP 的比重。对于政策制定者而言，区别实际预算与结构性预算十分重要，因为他们试图区分长期的或趋势性的预算变化与主要由商业周期推动的短期变化。结构性支出和收入包括国会制定的相机抉择的项目；而根据经济状况自动调整的税收和支出则构成了周期性的支出和赤字。

国民储蓄和投资的平衡主要受结构性预算的影响。改变政府储蓄的努力应集中于结构性预算之上，因为，只靠从经济增长中增加税收是不会带来持久的改观的。

## 债务与赤字的经济学

当今宏观经济学中，可以说没有任何一个问题能比巨额财政赤字的经济影响更富争议。一种人认为，巨额赤字会加重后代人的负担；另一种人则反驳，没有什么证据能够表明赤字对利率或投资已经造成了（负面）影响。第三种人则认为，赤字有助于经济的发展，尤其是在发生经济衰退的时期。

如何看待这些分歧？一方面，我们必须避免一个成见：因为私人欠债要受惩罚，所以政府出现赤字肯定是坏事；另一方面，我们也必须认识到，过度的政府赤字确实会带来一些问题，而较小的政府赤字却可能带来一些好处。

## 政府赤字的短期影响

### 短期与长期

区分财政政策的短期影响和长期影响是有必要和有意

义的。在宏观经济学中，短期内需要考虑的是实际就业少于充分就业，也即实际产出小于潜在产出的问题。这也就是凯恩斯的乘数模型所依存的世界。而在长期内，需要考虑的问题则是充分就业，此时实际产出将会等于潜在产出。而这才是我们分析经济增长的基本框架。

我们已经讨论过财政政策在短期内的作用，在这一部分只需要简单的回顾一下即可。长期影响是新的论题，将在下一部分详细展开讨论。

### 财政政策和乘数模型

在前面的章节中，我们讨论过短期内，也即就业不足条件下财政政策影响经济的方式。

假定政府为学校购买电脑或者为军队提供导弹。根据我们的乘数模型，在短期内，既定的利率和汇率都不会发生变化，GDP 的增长将是政府支出（$G$）增量的 1.5 或 2 倍。同样的论证也适用于税收的减少（乘数较低）时的情况。若 $T$ 下降时 $G$ 上升，则政府赤字 $T–G$ 就会增加。

因而短期内最基本的结论是：在未充分就业的情况下，削减税收或增加政府支出而导致的结构性赤字的上升，往往会导致更高的产出和更低的失业率，或者较高的通货膨胀率。

然而这一分析未免过于简单化，因为我们必须考虑到金融市场的反应。产出的增长和通货膨胀的加剧可能会导致通货紧缩，从而会提高利率；而如果该国实行浮动汇率制，则还会导致本币的升值。利率的提高和本币的升值都趋向于抑制或“挤出”本国投资和外国投资。[1]

挤出效应是否可能抵消财政政策的刺激效应？这取决于很多因素，比如经济体的大小和中央银行的政策。宏观经济学家普遍认为，财政刺激的净效应（考虑挤出效应以后）至少在一到两年内都是正的。

> 在短期内，也就是在未充分就业的情形下，财政政策往往会导致经济的扩张。较高的支出和较低的税收会增加总需求、扩大总产出、提高就业水平和加剧通货膨胀。鉴于金融市场利率和汇率的各种反应，短期财政政策的扩张效应很有可能会被削弱，乃至最终消失。

[1] 请注意：挤出效应仅适用于结构性赤字。如果经济衰退导致周期性赤字有所上升，那么挤出效应的逻辑就不能简单地被加以应用。衰退会引起货币需求的下降，并导致较低的利率；衰退时期货币当局趋向于放松货币政策。挤出效应不适用于衰退的事实提醒我们，赤字与投资之间并没有自动对应的联系。

## 政府债务和经济增长

现在我们不妨离开短期问题，转而讨论财政政策尤其是巨额政府债务对于投资和经济增长的长期影响。需要分析的问题包括巨额外债的成本，税收课征和债务利息支付的非效率性，以及债务对资本积累的影响。

### 历史趋势

在分析政府债务之前，我们有必要回顾一下政府债务的历史趋势。本书内封上的图给出了若干美国长期经济数据，该图显示了自 1789 年以来美国联邦政府净债务在 GDP 中的比重。请注意，战争往往驱使该比值上升；而在和平时期预算大致平衡的条件下，产出的快速增长通常又会使该比值有所降低。1980 年以后，随着财政赤字的上升，美国在和平时期也出现了债务在 GDP 中的比重上升的新情况。

今天，大多数工业国都陷入了政府债务快速增长的困境。表 34–2 对美国和其他七大工业国做了对比。日本由于采取了积极的财政政策，经济又长期处于衰退状态，因而其债务与 GDP 的比值在过去 10 年中上升得很快。日本的债务比率的恶化，令许多经济学家都在担心日本已经陷入了一种怪圈：高债务导致一种高债务服务，而高债务服务反过来又会促使债务水平的进一步地拉高。

| | 政府债务占 GDP 百分比* | | | |
|---|---|---|---|---|
| | 1980 年 | 1990 年 | 2000 年 | 2003 年 |
| 日本 | 52 | 65 | 124 | 158 |
| 意大利 | 58 | 97 | 111 | 106 |
| 法国 | 30 | 40 | 65 | 67 |
| 美国 | 33 | 56 | 58 | 64 |
| 德国 | 30 | 42 | 61 | 63 |
| 英国 | 60 | 44 | 52 | 51 |
| 俄罗斯 | 无 | 无 | 59 | 39 |
| 墨西哥 | 无 | 48 | 21 | 25 |

* 这些数字都是总债务，包括政府所持有的信托基金。

**表 34–2 主要工业国的政府债务**

在刚刚过去的 20 年内，主要工业国都面临经济增长缓慢和支出项目不断增加的问题，从而导致赤字增加、政府债务高涨。尽管日本是世界上第二大经济强国，但是其债务—GDP 比值的迅速上升仍导致了债务比率的恶化。

资料来源：Economist Intelligence Unit.

## 外债与内债

我们首先应区分内债与外债。内债是指一国政府欠本国公民的钱。许多人认为内债不构成负担，因为这全是“我们自己欠自己的钱”。尽管这种看法过分简单化了，但它却意味着一种真实的洞察力。如果每位公民都持有 10 万美元政府债券，并且为付这笔债务的本息提供税收，那么，将这些债务看作每位公民必须承受的沉重负担就是毫无意义的了。因为人们只不过是欠了自己的钱。

外债则不同，外债指外国人持有一部分本国的资产。例如，截至 2003 年底，由于现金账户巨额赤字，美国所欠外债达 3 万亿美元。这意味着，美国居民需要出口更多的产品和服务或者卖掉更多的本国资产才能还清债务。假定年债务的真实利息为 5%，那么，美国居民需要对外支付的外债利息将高达每年 1 500 亿美元（平均每人 500 美元）。

> 可见外债确实意味着债务国公民的可支配资源的净减少。这一教训一次又一次为发展中国家的痛苦经历所验证，特别是在债权国加紧催索债款的时候。

## 税收造成的效率损失

内债要求政府向债券持有人支付利息，为此，政府必须征收税款。但是，即便是向同样的人征收同样的利息税，也仍然会造成激励机制的扭曲，这是任何税收都不可避免会带来的影响。对鲍拉的利息收入或工资收入征税，以支付鲍拉应得的债券利息，会引起微观经济意义上的扭曲。鲍拉可能会因此减少工作和储蓄。而无论是减少工作还是减少储蓄，都应被视为对效率和福利的一种扭曲。

## 资本的替代

巨额公债最严重的后果或许是它取代了该国私人财富存量中的资本，从而使经济增长的步伐放慢，未来的生活水平降低。

债务影响资本的机制是什么呢？请回想一下，我们曾讨论过，人们积累财富是出于一系列不同的目的，诸如退休、教育、住房等。我们可以将人们持有的资产区分成两大类：（1）政府债务；（2）住房等资产及公司股票等金融资产，其中公司股票代表对私人资本存量的所有权。

> 政府债务的后果是：人们将会积累政府债券而非私人资本，从而使得一国私人资本存量被公债取代。

为具体说明这一点，我们假定人们恰好愿意持有 1 000 单位的财富，以备退休养老及其他目的所需。随着政府债务的增加，人们对其他资产的持有额就会以 1 美元对 1 美元的比例减少。这是因为，当政府出售债券时，由于所希望的财富持有量总额既定，其他资产必然会减少。而这些“其他资产”最终代表的是私人资本存量：股票、债券和抵押契据是工厂、设备和住房在金融资产上的相应物。在本例中，如果政府债务增长了 100 个单位，我们就会发现人们所持有的资本和其他私人资产将减少 100 个单位。这种情况就是百分之百的替代（与长期内百分之百的挤出效应相类似）。

现实中不可能发生完全的替代。较高的政府债务可能会提高利率，并刺激国内储蓄。此外，一国可能举借外债，而不是减少其国内资本存量（如 20 世纪 80 年代美国所为）。资本被政府债务替代的确切数额取决于生产条件及本国居民和外国人的储蓄行为。

***几何分析***　图 34–2 说明了长期内资本存量被替代的过程。(a) 图中，资本的供给和需求表示为实际利率或资本收益的函数。当利率上升时，厂商对资本的需求减少，而个人愿意提供的资本供给增加。图中所示的均衡水平是资本存量为 4 000 单位，实际利率为 4%。

现在让我们假定，由于战争、衰退、供给学派财政政策，或是其他一些原因，使政府债务由 0 上升到 1 000。从图 34–2 的（b）图中可以看出债务增长所造成的影响。该图将政府债务增长 1 000 单位表示为资本供给曲线向左移动 1 000 单位，到达 $S'S'$ 处。

我们用居民户资本供给曲线的左移表示政府债务的增加。请注意，由于 $SS$ 曲线代表每一给定利率水平下，人们愿意持有的私人资本量，因此该资本量等于财富持有总量减去政府债务持有量。当政府债务总量（或非资本的资产量）增长 1 000 单位时，人们在持有 1 000 单位政府债务之后所能购买的私人资本量，就会等于每一利率水平上的财富总量减去 1 000。所以，如果 $SS$ 代表人们持有的财富总量，$S'S'$（相当于 $SS$ 减去 1 000）就代表人们持有的资本总量。简言之，在售出 1 000 单位政府债券之后，新的资本供给曲线就是 $S'S'$。

当资本供给逐渐耗竭（国民储蓄转向政府债券，而不是住房、公司股票和债券），市场均衡点会沿着资本需求曲线向左上方移动。结果是利率升高了，厂商对新的厂房、卡车和计算机的购买有所减少。

在图中所示的新的长期均衡状态中，资本存量由4 000

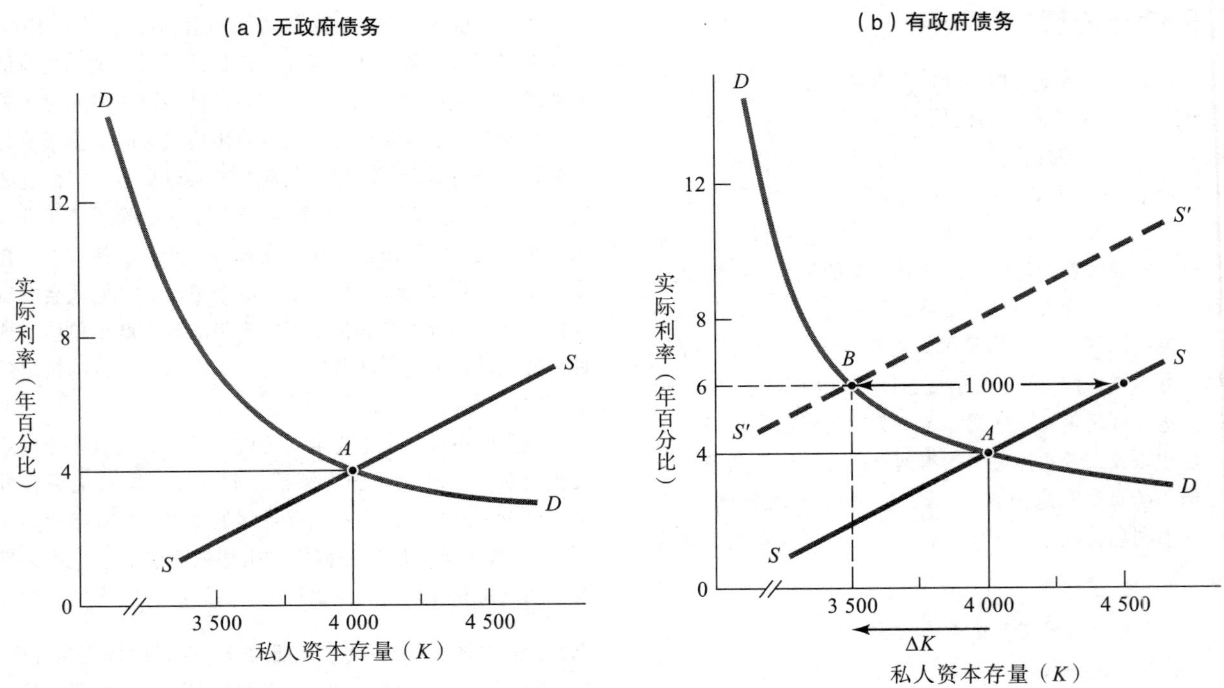


**图 34-2 政府债务取代了私人资本**

公司需要资本，而居民经由私人资产和公共资产方面的储蓄提供资本。需求曲线是向下倾斜的企业资本需求曲线，而供给曲线是向上倾斜的居民资本供给曲线。

(a) 所示的是没有政府债务的均衡情况：$K$ 为 4 000，而实际利率为 4%。

(b) 所示的是政府举借 1 000 单位债务的状况。债务将 $K$ 的净供给向左移动 1 000 单位。新均衡点沿 $K$ 的需求曲线向左上移动，由点 $A$ 移到点 $B$。利率提高了，企业不愿意持有 $K$，于是资本存量减少了。

单位下降至 3 500 单位。因此，在这个例子中，1 000 单位的政府债务取代了 500 单位的私人资本。私人资本存量的这一下降当然会产生重要的经济后果。资本的减少会使潜在产出、工资及国民收入有所降低。

图 34-2 的曲线仅仅是示意性的。经济学家并不能精确地估算出替代效应的大小。从历史趋势来看，能够找到的最好证据表明：国内资本部分地被政府债务所取代，但这种替代效应中有一部分是由于外债的增加。

## 债务和增长

考虑政府债务对经济的综合影响，我们会发现，巨额公债可能会有损于长期经济增长。图 34-3 说明了这种关系。假设某一经济一直在没有政府债务的情况下运行。那么，根据第 27 章所阐述的有关经济增长的原则，其资本存量和潜在产出便会沿着图 34-3 的实线所表示的假设路径运动。

接下来考虑政府债务不断增长的情况。随着时间的推移，政府债务逐渐累积，越来越多的资本被它取代，如图 34-3 下面的虚线所代表的资本存量曲线所示。为支付债务利息而征税，由此带来的低效率进一步降低了产出。同时，外债的增长使国民收入下降，并且用于支付外债本息的国民产出比重上升。综合考虑以上这些影响，产出和消费水平的增长速度会比没有巨额的政府债务和巨额赤字时缓慢，这一点可以从图 34-3 中上面两条线的比较中看出。

政府预算盈余和不断减少的债务所产生的影响是什么？这里的回答是从另一个角度：低的国家债务意味着更多的国家资源投到了资本领域，而不是政府债券。高资本存量会促进产出增长，并增加工资和每个人的消费。

关于巨额政府债务对经济增长所产生的长期影响的主要观点是：巨额政府债务往往会降低潜在产出的

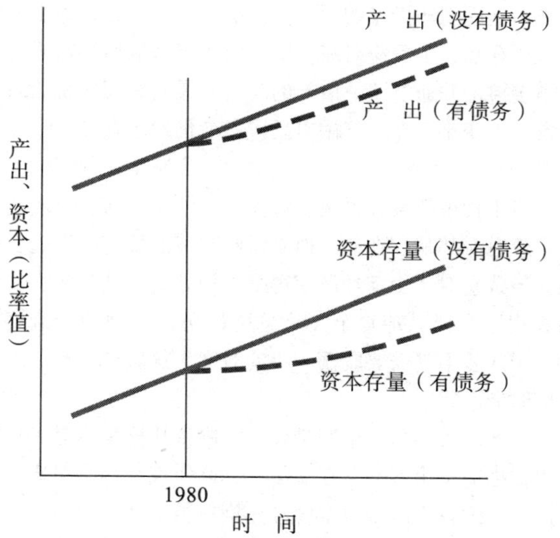


**图 34–3　政府债务对经济增长的影响**

实线代表政府预算平衡、没有债务时资本和产出的状况。当政府举借债务时，私人资本将会削减。虚线代表较高的政府债务对资本和产出的影响。

增长。这是因为：政府债务会替代私人资本，增加由于税收产生的非效率，强迫一国减少消费以偿还外国借款。

**财政赤字争论不休的注脚**

讨论了赤字和债务的经济影响之后，我们不妨再就本领域内的主要争论来作一点梳理和澄清的工作，并以此概括出若干关键的论点。财政政策对于经济的影响是宏观经济学中最容易产生误解和分歧的一个领域。而之所以如此，则是缘于财政政策在不同的时间段其效果也不相同。

- **短期看，高支出和低税率会增加总需求，进而提高产出水平和减少失业**。这就是财政政策的凯恩斯效应，它通过提高相对于潜在产出的实际产出水平而发挥作用。我们预期，财政政策的扩张效应（增加资本利用能力）它最多能够持续很有限的几年。它很有可能会被货币政策的紧缩效应所抵消，尤其是当中央银行认为经济处于 NAIRU（非加速通货膨胀的失业率）安全带的边缘的时候。如果货币效应很显著，则部分投资就很有可能被挤出。
- **长期看，高支出和低税率趋向于减缓经济增长率**。这是财政政策的增长效应。增长效应关注的是，在充分就业条件下，政府赤字对一国储蓄和投资平衡的影响。如果税收减少，那么公共储蓄就会减少，而由于私人储蓄上升幅度不大可能刚好等于公共储蓄的下降幅度，所以一国总储蓄和总投资都会下降。投资减少将会导致资本增长率下降，从而降低潜在产出的增长率。

财政政策这两方面的影响很容易让人们疑惑不解，因而导致了很多有关财政政策的争论。不妨请听听下列参议员豪克和多夫之间的争论：

**参议员豪克**：经济正处于衰退时期，当成千上万的人失业时，我们不能无所事事。现在应该是一个减税的紧要关头。减税的重点应是中产阶级，他们会将多拿回家的钱很快地用于消费。因为衰退已经今非昔比，过去的那些关于赤字的教条已经不再时兴。

**参议员多夫**：现在减税意味着我们在财政上高度的不负责。税收减少之后，赤字就会进一步的扩大，利率会上升，企业会减少对厂房、设备和信息技术的支出。就经济真正的需要而言，我们所提供的减税将是一个错误的选择，以至于今后长达十年的经济增长都将会因此而降低速度。

确信你已经读懂了两位令人尊敬的参议员的这番对话的理论内涵。他们俩都是对的……但也都是错的。

## B. 稳 定 经 济

在保持经济增长的同时，美国还能够享有很低的失业率和通货膨胀率。这样一个特殊的繁荣时期，委实让世界各国羡慕不已。其他国家的确从未如此地幸运过。欧洲和日本都陷入了长达 10 年之久的高失业的困境。东亚经济则由于金融市场的混乱而暂时转入低迷状态。现时的通货膨胀问题仍然困扰着许多的国家。也许很少有人会忘记 20 世纪 70 年代和 80 年代早期所出现的价格失控并大幅度上涨的情形。恐怕没有人能够预见，在何时何地，无情的商业周期还会再度向我们发起攻击。

这些都意味着，寻求各种政策以实现高的失业率和不能接受的通货膨胀率之间的适度平衡的问题，仍然是至关重要的。我们已经看到，产出与价格变动的轨迹取决于总供给与总需求的相互作用，但稳定经济周期的政策主要是通过影响总需求而发挥作用的。换言之，政府克服衰退或抑制通货膨胀的主要方法是：通过货币杠杆和财政杠杆来影响总需求的增长。

这些观点导致了两个关键问题的出现：要稳定经济，货币政策与财政政策两者的最佳分工是什么？货币政策和财政政策的制定者在积极尽力地稳定经济，但结果是否会得不偿失？

## 货币政策与财政政策的相互作用

对于像美国和欧元国这样庞大的经济体而言，货币政策与财政政策的最佳组合取决于两个因素：需求管理的必要性和财政政策与货币政策的理想组合。

### 需求管理

商业周期管理首先要考虑的问题是经济的总体状况和调整总需求的必要性。当经济停滞时，财政政策和货币政策可以用于刺激经济，促使经济复苏。当面临通货膨胀的威胁时，货币政策和财政政策又有助于减缓经济增长速度，控制“通货膨胀之火”。这些都是需求管理的例子。需求管理指的是，主动地运用货币政策和财政政策来积极地影响总需求的水平。

举例来说，假定经济正陷于严重的衰退之中。相对于潜在产出水平，实际产出较低。在这种情况下，政府能够采取何种措施以振兴停滞的经济呢？它可以通过提高货币增长率，或增加政府支出，抑或二者兼用来扩大总需求。当经济对货币刺激和财政刺激做出反应之后，产出和就业率就会增加，而失业率则会下降。（在通货膨胀时期，政府应采取何种措施？）

让我们回顾一下货币政策和财政政策的相对优势和劣势。

*财政政策有效吗* 在过去30年中，财政政策作为稳定经济的工具，失去了大多数政策制定者和宏观经济学家的青睐。在凯恩斯革命的早期，宏观经济学家强调财政政策是最强有力的、也是最综合的需求管理手段。然而在随后的发展过程中，财政政策的缺陷日益明显。这些缺陷源于时滞、政治因素、宏观经济理论等。

一种观点认为，周期性冲击和有效反应之间的时滞很长，并且会越来越长。首先，经济学家需要花费一定的时间来识别周期转折点的到来。其次，除了这种认识上的时滞，还存在一个反应时滞，即总统决定采取何种措施，以及国会讨论并通过这一措施的时滞。最后，即使税收或支出发生了变化，在经济做出反应之前仍然会存在一个生效时滞。

对于货币政策和财政政策而言，认识时滞、反应时滞和生效时滞都是存在的，但是财政政策的反应时滞之长可能会导致它对于稳定经济变得毫无用处。近几年来，国会预算程序变得更加复杂，从总统最初提出到国会最终审议，中间差不多需要耽搁一年的时间，这就进一步延长了反应时滞。

财政政策的另一个困难在于，减税比增税容易，增加支出比缩减支出容易。在20世纪60年代，国会对于通过肯尼迪—约翰逊减税方案曾经充满热情。两年以后，越南战争的升级诱发了通货膨胀的压力，要求出台紧缩性政策。但约翰逊总统和国会直到通货膨胀发生之后才采取行动。

1981~2001年的税收史再一次表明，增税和减税并非是对称的。里根总统提议减税后，法律在6个月内就制定颁布。而随后当财政赤字出现的时候，联邦政府却在竭力地增加收入和抑制支出。然而，到最终财政盈余得以实现之时，美国却已经花费了长达17年的时间。总统们都热衷于上台演讲推行减税的言辞，但却没有人真心实意地去落实“增税以减少赤字”的计划。1984年的沃尔特·蒙代尔（Walter Mondale），可谓是最后一位公然主张增税（pro-tax-increase）的总统竞选人，不过在那场他本占有绝对优势的竞选中蒙代尔还是败下了阵来。

此外，即便能够迅速地付诸实施，财政政策可能也不会像宏观经济学家一度所认为的那样，能够有效地运作。例如，许多经济学家过去常常主张在经济衰退时期实行临时性的减税政策；而在经济过热、并受到通货膨胀威胁之际暂时增加税收。然而研究表明，消费者意识到了税收变化的临时性，而这种临时性的税收变化对于他们持久的或终生的收入影响甚微，因此他们的消费模式并不会因此发生太大的变化。

*货币政策的有效性* 与财政政策相比，货币政策对经济的作用更为间接。扩张性财政政策实际上是要购买产品与劳务，或将收入转移到消费者或企业的手中；而货币政策则通过改变利率、信贷条件、汇率和资产价格来影响支出。凯恩斯革命早期，一些宏观经济学家对于货币政策的有效性充满了疑虑，有些人曾这样说：“货币政策就像在走钢丝。”但是最近20年来，联邦储备系统发挥了十分积极的

| 货币、产出和价格 | | | | | |
|---|---|---|---|---|---|
| | 货币供给变动 4%时各相关变量的反应（各受影响变量与基准水平相比的变动百分比） | | | | |
| 受到影响的变量 | 第 1 年 | 第 2 年 | 第 3 年 | 第 4 年 | 第 5 年 |
| 真实 GDP | 0.9 | 1.1 | 1.2 | 1.1 | 0.8 |
| 消费者价格 | 0.2 | 0.7 | 1.1 | 1.5 | 1.8 |
| 名义 GDP | 1.1 | 1.8 | 2.3 | 2.5 | 2.7 |

**表 34–3 货币政策对产出和价格的影响的估计**

一项课题研究了货币政策在 8 种不同的计量经济模型中的影响。在每一种情况下，在基准水平上运行的模型都受到了同样的冲击，即第 1 年货币供给增加了 4%，而且在以后的年度中货币供给一直高于基准水平 4%。表中的估算值是各种模型中的平均反应水平。

注意，真实产出对于货币政策变动的初始反应是很强烈的，反应的高峰期出现在第 3 年。因为价格和工资具有惯性，因此货币政策的变动对价格水平的影响逐年增强。注意对名义 GDP 的影响甚至在 5 年之后仍然小于货币增长比率的变动幅度。

资料来源：Ralph C. Bryant，Peter Hooper，and Gerald Holtham，"Consensus and Diversity in the Model Simulations，" in Ralph Bryant et al.，eds.，*Empirical Macroeconomics for Interdependent Economies* (Brookings Institution，Washington，D.C.，1988）.

作用，并显示出自己有能力减缓或加速经济的增长；人们的疑虑也因此而打消。

联邦储备系统比财政政策制定者更能胜任稳定经济的职责，其专业经济学家比其他任何人更能够识别出经济周期的变动。而且当需要产生时他们能够迅速采取行动。例如，1994 年 1 月 28 日，商务部就曾宣称，1993 年末的经济突然加速增长。仅仅一周之后，联邦储备系统就采取了行动，5 年来首次提高利率，以抑制经济过热。这个例子，与越战期间紧缩性财政政策延迟了两年才出台的情况形成了鲜明的对照。

联储政策的关键点在于联储的独立性。它用行动证明，在有必要采用政治上不受欢迎的政策以抑制通货膨胀时，它可以承受做出这种决策的压力。更重要的一点是，正如我们在前面所提到的那样，从需求管理的角度看，财政政策所能做到的或所能够阻止的，货币政策也都无所不能。

当然，为了稳定经济，中央银行必须实施适度的货币刺激或货币紧缩。表 34–3 列出了不同宏观经济模型中货币政策对经济影响的数量估计。当货币供给比基准水平增加 4%，并在不确定的未来能维持这一水平时，这项研究估计了货币政策会对美国经济产生何种程度的影响。

研究结果表明，实际 GDP 对货币供给的增加有一个明显的初始反应，而价格水平的增长却随着时间的推移缓慢上升。第 1 年内，名义 GDP 的增长中仅有不到 1/5 反映在价格上。5 年之后，根据模型模拟的结果，名义 GDP 的增长大部分反映在价格上，而不在真实 GDP 上。这些模型证实了凯恩斯主义的预言：工资和价格对货币供给的反应是滞后的；但同时也表明，长期内经济行为将逐渐接近古典模型。

货币当局如何利用这些统计结果呢？假设联邦储备系统预测下一年的真实 GDP 会增长 4%；再假设联邦储备系统认为，为避免发生不可接受的通货膨胀，经济最多只能承受 3%的增长率。货币供给需要进行何种变化，才能使真实 GDP 的增长率减缓 1%呢？答案是：货币供给的增长率大约要减缓 4%以上，才能使真实 GDP 减缓 1%。

当然，这种计算是否有效取决于：过去的统计数据之间的关系在将来是否还能继续成立。货币主义经济学家强调，货币政策的影响是不确定的，并且随着时间的推移，可能因经济的发展而变化。例如，当经济日益对外开放时，货币政策对净出口的影响会变得越来越重要。同时，由于放松金融管制，住房和其他国内部门所受到的货币的影响会有所减弱。

下面，我们将总结一下财政政策和货币政策的现状：

> 由于行政上独立，决策上迅速，中央银行当仁不让地被置于经济调控的第一线，以缓解商业周期的冲击和实现国民经济的稳定。而相机抉择的财政政策虽然有时也会被采用，但是经济学家们都质疑其反周期

的有效性。因为在财政政策中，税收变动的影响是不对称的，而且在迅速贯彻落实的进程中往往会有政治阻碍。

## 财政政策与货币政策的组合

影响财政政策和货币政策作用的第二个因素是所选择的**财政—货币政策组合**（fiscal-monetary mix），即财政政策、货币政策的相对优势和它们对不同经济部门的作用。财政—货币政策组合的变化可以提供这样一种方法：在紧缩其中一项政策时，放松其他政策，保持总需求不变，从而总产出不变。基本的思路是：财政政策和货币政策在需求管理中可以相互替代。尽管可以采用不同的财政—货币政策组合来稳定经济，但它们对于产出的结构却会产生不同的影响。通过改变税收、政府支出和货币政策的搭配，政府可以改变企业投资、消费、净出口和政府对商品和服务的采购等各个组成部分占 GDP 的比重。

***财政—货币政策组合变动的效果*** 为了理解财政—货币政策组合发生变动时的影响，让我们考查一组特定的政策。假设联邦政府减少了 1 000 亿美元预算赤字，并以较高的货币增长恰好抵消了财政政策的紧缩作用。这一政策组合与 1993 年削减赤字的一揽子措施相类似。在实施赤字削减措施的同时，采取了辅助性的货币政策，以冲销高税收、低政府支出政策的紧缩作用。

我们可以用量化的经济模型来估计这一政策组合的影响。例如可以采用复杂的 DRI 美国长期模型来估计。表 34–4 列出了实验的结果。该表显示了两个有趣的特征：第一，模拟结果表明，财政—货币政策组合的变化确实会改变真实 GDP 的结构。当赤字下降 1 000 亿美元时，企业投资增加 300 亿美元，房地产投资也随利率的下降而有所上升。与此同时，个人消费减少了，从而释放出更多的资源以供投资。模拟结果表明了财政—货币政策组合的变化如何改变了产出的构成。

该模拟另一个特别有趣的结果是：净出口的增长幅度远远大于住房或企业固定投资的增长幅度。这是由于利率的降低导致美元币值暴跌。这一结果显然对金融市场和汇率对“削减赤字政策组合”的反应十分敏感。尽管如此，它还是表明，一些普遍流行的对削减赤字政策组合的作用的分析可能是误导的。许多分析家这样认为，削减赤字政策组合会对国内企业的投资和生产率产生重大影响。然而，从某种程度上来说，较低的赤字主要是有助于净出口和住房，而对生产率提高的作用可能比较小。根据 DRI 模型，预算赤字削减 1 000 亿美元，会使十年内潜在产出增长率由每年的 2.3%上升到 2.6%。也许正因为回报如此之小，当政者才难以下定决心削减赤字。

| 部　门 | 产出的变化（10 亿美元，2003 年价格） | | |
|---|---|---|---|
| **投资部门** | | | **132** |
| 私人国内总投资 | | 48 | |
| 住　房 | 18 | | |
| 商业固定投资 | 30 | | |
| 净出口 | | 83 | |
| **消费部门** | | | **–106** |
| 政府商品和服务采购 | | –68 | |
| 个人消费支出 | | –38 | |
| **备注：** | | | |
| **真实 GDP 的变化** | | | **26** |
| **联邦赤字的变化** | | | **–100** |

**表 34–4 改变财政—货币政策组合**

美国改变其财政—货币政策组合的影响是什么？这个模拟模型假定通过提高个人所得税、降低联邦非国防支出，使联邦赤字减少 1 000 亿美元，同时联储运用货币政策使失业率保持不变。该模拟采用的是 2000~2009 年间变化的平均值。

资料来源：使用美国经济的 DRI 模型模拟的。

**实践中的财政—货币政策组合方案**

财政—货币政策组合在美国经济政策中引起了激烈的争论。下面是两种主要的方案。

- **宽松的财政政策—紧缩的货币政策**。假定初始经济在低通货膨胀和潜在产出水平上运行，新上任的总统准备在不增加税收的情况下，大幅度增加国防支出。这样就会导致政府赤字的增加和总需求的上升。在这种情况下，联储就要紧缩货币政策，阻止经济过热。结果就会出现实际利率上升和美元升值。高利率将挤出国内投资，美元升值会减少净出口。净效应为：国防开支的增加挤出了国内投资和净出口。这项政策就是美国 20 世纪 80 年代早期出现的情况，并在 21 世纪初期又一次出现。
- **紧缩性的财政政策—宽松的货币政策**。假定经济开始时国民储蓄率比较低，政府希望通过增加投资来进一步推动资本存量，提高潜在产出的增长率。在实际操作当中，政府可以提高消费税，压缩转移支付，从而减少可支配收入，降低消费水平（紧缩性的财政政策）。这将会伴随着扩张性的货币政策，从而导致低利率和投资增加，以及美元贬值和净出口的增加。整个过程通过增加政府储蓄来刺激私人投资。这就是克林顿总统的经济哲学。它在 1993 年的预算法案中得以体现，导致了 20 世纪 90 年代末的预算盈余。

## 固定规则与相机抉择

我们已经看到，原则上，财政政策和货币政策可以起到稳定经济的作用。许多经济学家认为，各国应该在实践上采取措施熨平商业周期的波峰和波谷。另外一些经济学家则怀疑我们是否有能力预测周期，并在合适的时机根据适当的理由采取正确的措施。后者得出结论说：不能相信政府能制定出正确的经济政策，政府自由干预的权限应受到严格限制。

例如，财政政策方面的保守主义者担心，国会增加支出并削减税收比相反的政策更容易执行。这就意味着，在衰退时期很容易增加预算赤字，而在繁荣时期却很难反其道而行之，即根据反周期财政政策的要求削减赤字。因此，保守主义者几次力图限制国会批准设立新基金或扩大赤字的能力。

与此同时，货币主义保守派则努力与中央银行保持密切的联系，并试图迫使中央银行将政策目标放在货币增长率和通货膨胀的问题上。这将有利于消除政策的不确定性，并提高中央银行作为反通货膨胀斗士的信誉。

在最一般的水平上，关于“固定规则与相机抉择”的争论可以归结为：灵活决策的优势是否会被由自由决策带来的不确定性和滥用权力的潜在可能性所抵消并超越。一些认为经济具有内在的不稳定性和复杂性且政府一般可以做出明智决策的人，乐于给政策制定者广泛的相机抉择的权力，使其能够积极地采取措施稳定经济。另一些人则认为政府是经济中最不稳定的因素，政策制定者易于判断失误，他们主张应当约束财政和货币当局的权限。

### 立法机构的预算约束？

随着 20 世纪 80 年代预算赤字的增加，许多人认为国会缺乏自我控制能力，不能抑制超额支出及膨胀的政府债务。保守主义者提议实行*要求平衡预算的宪法修正案*。然而经济学家却对此提出批评，认为这将增加运用财政政策降低经济衰退的难度。到目前为止，没有一项提议的宪法修正案被国会通过。

相反，国会立法通过了一系列*限制支出和税收减少的预算原则*。第一项尝试是国会在 1985 年通过的《格拉姆—拉德曼法》（Gramm-Rudman Act），该法案要求每年削减一定数量的赤字，以期至 1991 年实现预算平衡。如果国会不能达到《格拉姆—拉德曼法》规定的指标，则政府支出就会自动地全面削减。

结果还是远未达到国会的规定。《格拉姆—拉德曼法》于 1985 年后期开始实施，但是雄心勃勃的削减赤字的目标却未能实现。1987 年该法案得到修正，但对赤字的控制却被证明是不可行且无效的。1990 年又出台了一系列的支出限制以取代上述目标。这些限制被纳入 1993 年预算案，并对相机抉择项目的增加施加了严格的控制（其中包括国防以及教育、科学和一般政府支出等非专款的民用项目）。1993 年和 1997 年预算案要求相机抉择项目的实际数额在 1993~1998 年期间削减近 1/4。

1990 年修正案中引入并被纳入 1993 年和 1997 年预算案的另一个重要变化，是所谓的“*量入为出预算原则*”。该原则要求国会应为新设的支出项目寻找相应的收入来源。量入为出预算原则的规定对国会施加了一项预算约束，明确要求新设项目的成本必须通过高税收或其他方面的低支出等办法来弥补。

对国会的预算约束会造成什么影响呢？财政方面的专家认为，预算原则产生了显著的财政约束，帮助降低了20世纪90年代的政府赤字，最终产生了1998年以后的预算盈余。但是当赤字转为盈余时，降低赤字的迫切要求就不存在了，政策制定者就会用各种借口来逃避以前制定的预算约束，例如，借人口普查等可预测项目作为“紧急支出”之类。到了2002年，政府预算约束原则被终止。在未来几年，随着赤字重新出现，这些预算原则能否再次生效依然悬而未决。

## 货币规则为的是联邦？

在第33章讨论货币主义时，我们曾设计过固定政策规则的例子。通常支持固定规则的论点是，私人经济相对稳定，积极的政策干预可能会导致经济不稳定，而非促使经济稳定。而且在某种程度上，中央银行可能在政府的支配下，在大选之前刺激经济，以便制造出一种政治性的商业周期。而固定规则却可以约束央行的种种行为。此外，现代宏观经济学家曾指出过事先承诺的价值。如果中央银行能够承诺遵循非通货膨胀规则，则人们的预期将会与之相适应，从而减弱对通货膨胀的预期。

直到最近，固定货币规则的倡导者（特别是货币主义者）仍主张，货币供给量应以一个固定的名义增长率，如按照每年4%的增长率增长。货币周转率不变，而产出以每年3%的速度增长，这将导致每年的通货膨胀率稳定在1%。但是货币周转率的数据资料表明（参阅上一章图33-3），周转率从未十分稳定过，并且在最近20年来变得更加不稳定。既然货币周转率明显不稳定，也就很难说固定的货币规则在这段时期中真的起到了稳定产出的作用。

***设定通货膨胀目标*** 近几十年来，中央银行采纳了许多不同的方法来制定货币政策。从高度相机抉择的方法到高度机械化的方法，可谓应有尽有。前者在政府的指导下配套地使用货币政策和财政政策；后者规定了货币供给或银行准备金的固定目标。

近10年来一个最重要的新动向是：许多国家都有设定通货膨胀目标的趋势。设定**通货膨胀目标**（inflation targeting）是指宣布通货膨胀率变动范围的官方目标，并明确表示较低且稳定的通货膨胀率是货币政策的首要目标。近年来，许多工业国家，包括加拿大、英国、澳大利亚、新西兰等都采取了或温和或强硬的通货膨胀目标政策。另外，条约授权新成立的欧洲中央银行将稳定价格作为欧洲中央银行的首要目标[2]。许多经济学家和立法者提议美国也实行该项措施。

设定通货膨胀目标的具体内容包括：

- 政府或中央银行宣布，货币政策将努力使通货膨胀率接近在某一数量目标上。
- 该目标通常是一个范围，例如每年从1%~3%，而非绝对的价格稳定。一般地说，政府规定一个惯性的或基准的通货膨胀率，例如剔除多变的食品价格和能源价格，并剔除造成价格上升的税收因素的消费者价格指数（CPI）。
- 通货膨胀是中期和长期内首要的或压倒一切的政策目标。但是各国通常会为短期稳定目标留有余地，特别是有关产出、失业率、金融稳定及汇率的短期目标。这些短期目标承认供给冲击会影响产出和失业率，因此为避免过度的失业损失和产出损失而暂时地偏离通货膨胀目标，也被认为是可取的。

支持设定通货膨胀目标的人指出，这一措施有许多优点。如果我们承认长期内失业与通货膨胀之间不存在此消彼长的替代关系，那么设立一个通货膨胀目标以实现价格体系的效率最大化就是切合实际的。第32章对通货膨胀的分析表明，一个较低且稳定（但需是正值）的通货膨胀率可以提高效率，并使得不必要的收入与财富再分配达到最小化。此外，一些经济学家相信，有力且可信的降低和稳定通货膨胀的承诺，可以改善短期内通货膨胀与失业之间的此消彼长的关系。最后，一个明确的通货膨胀目标会增加货币政策的透明度。

设定通货膨胀目标是个折中的办法，介于固定规则和纯粹的相机抉择政策之间。其主要的缺陷在于，如果中央银行过分严格地倚重通货膨胀规则，就会在严重的供给冲击时期允许过度失业的存在。批评家们没有忘记1979~1982年间，货币主义实施严格规则所造成的极不稳定的利率和严重的衰退。怀疑论者担心，经济太复杂了，难以靠固定的规则来管理。作为类比，他们提出：是否应该倡导在任何天气状况和紧急情况下，都规定汽车以固定的速度行驶，或给飞机安装一个自动驾驶仪。

美联储还没有承受过如此严格的目标和规则。幸运的是，在沃尔克（Paul Volcker，1979~1987年任美联储主席）和格林斯潘（1987年以来美联储主席，近年已换届卸任——译者注）的领导下，尽管处于美国经济结构发生

[2] 有关欧洲货币联盟的讨论见第30章。

变动和经济增长波动比较剧烈的时期，但是美国的货币政策的制定却一直是不寻常地精当和及时。这段时期货币政策的成就表明，在目标明确的条件下，谨慎客观的相机抉择是明智之举。

> 有关固定规则和相机抉择的争论，是政治经济学中最古老的争论之一。没有一个适用于任何时间任何地点的惟一的最佳方案。事实上，这一两难问题也反映出民主社会的一大困境：如何在旨在吸引政治支持的短期政策与旨在提高一般福利的长期政策之间进行权衡。

## C. 新世纪经济前景

### 高度不确定的经济增长

21 世纪伊始，让我们回忆一下美国麻省理工学院的保罗·克鲁格曼的一段话，也许不无裨益。

> 生产率不等于一切，但在长期内，它却几乎意味着一切。一个国家提高其生活水平的能力几乎完全取决于该国提高人均产出的能力[3]。

保持较高并不断增长的国内居民的生活水平，是宏观经济政策的基本目标之一。由于当前的实际收入水平反映了生产率增长的历史，我们可以通过考查不同国家的人均 GDP 来衡量其过去生产率增长的相对成功性。表 34–5 列出一个简表，该表用购买力平价汇率来比较各国的收入，购买力平价汇率衡量的是不同国家货币的购买力（或可购买的商品和服务的数量）。显然，美国在其过去的发展中已经取得了成功。但在近年，也许最令人担忧的问题是生活水平提高的收益还未能得到普遍的分享。

在讨论增长率时，所涉及的数据常显得很小，一项成功的政策可能仅会使该国的增长率每年提高 1 个百分点（回忆 B 部分中对削减赤字政策组合影响的估计）。但经过较长的时期之后，情况就大不相同了。表 34–6 说明的是，随着增长率差异的累积，小小的橡木是如何长成参天大树的。年均 4%的增长率差异在一个世纪之后，会导致收入差距增加 50 倍。

公共政策如何促进经济增长呢？如我们关于经济增长的分析所强调的，人均产出的增长和生活水平的提高主要取决于一个国家的储蓄率和技术进步。包括储蓄在内的这些问题在本章已经讨论过了。技术变革不仅包括新产品和新的工艺流程，而且包括管理的改善以及企业家精神。现在我们将以此结束关于本部分主题的讨论。

| 国　家 | 人均 GDP，2003 年* |
|---|---|
| 美　国 | 37 470 |
| 日　本 | 27 840 |
| 意大利 | 27 670 |
| 德　国 | 27 660 |
| 法　国 | 27 370 |
| 英　国 | 27 010 |
| 墨西哥 | 9 290 |
| 俄罗斯 | 6 250 |
| 中　国 | 5 070 |
| 印　度 | 2 770 |
| 伊拉克 | 2 720 |
| 尼日利亚 | 987 |

* 用购买力平价汇率调整数据。

**表 34–5　当前收入反映了过去增长的影响**

那些在过去的时间里增长得最快的国家，其人均 GDP 达到了最高水平。

资料来源：World Bank and Economist Intelligence Unit.

| 增长率（年百分比） | 真实人均收入（固定价格，美元） | | |
|---|---|---|---|
| | 2000 年 | 2050 年 | 2100 年 |
| 0 | 24 000 | 24 000 | 24 000 |
| 1 | 24 000 | 39 471 | 64 916 |
| 2 | 24 000 | 64 598 | 173 872 |
| 4 | 24 000 | 170 560 | 1 212 118 |

**表 34–6　增长率的微小差异在几十年后积聚为收入的巨大差异**

### 企业的精神

虽然投资是经济增长的主要因素，但技术进步也许更加重要。拿 1900 年的农场工人来说，即使他们在骡子、鞍具、牛车道和单沟犁具等方面的投资增加一倍或两倍，其生产率仍然无法与今天使用着巨型拖拉机、高速公路和超级计算机的人们相比。

[3] 参看本章末“补充读物”中的有关文献。

## 促进技术进步

尽管人们很容易看到技术进步如何促进生产率及生活水平的提高，但各国政府并不能简单地强迫人们多思考或变得更聪明。实行中央计划的前社会主义国家曾使用“大棒”来促进科学发展、技术进步和创新，但它们的努力最终还是难免失败。这是因为不管是制度“大棒”还是“胡萝卜”，都不鼓励技术创新和引进新技术。而只有当政府设计出一个健全的经济法治框架，有力地保护知识产权，并允许在此框架内拥有广泛的经济自由之时，才有可能最大限度地促进技术水平的迅速提高。劳动力、资本、产品和思想的自由市场，被证明是创新和技术变革的最肥沃的土壤。

在自由市场的框架内，政府可以通过鼓励新思想和确保技术的有效利用，来扶植快速的技术进步。政策可以同时对供给和需求两方面都施加影响。

***刺激对更高技术的需求*** 市场上充满了未被利用的先进技术，否则我们如何解释表 34–5 所反映的生产率的巨大差异呢？因此，在考虑如何提供新技术之前，政府必须努力确保企业和产业位于技术可能性边界上，该边界上任何一点都代表实践中最好的技术。

这里，最主要的经验是“需要是发明之母”。换句话说，企业间和行业间的激烈竞争是确保创新的最基本的动力。正如运动员在试图超过其竞争对手时往往能取得更好的成绩一样，当竞争优胜者获得名誉和财富，而落后者则可能破产时，公司就会受到刺激去改进它们的产品和工艺流程。

激烈的竞争既涉及国内也包括国外的竞争对手。对技术已经领先的大国而言，要鼓励技术创新，国内的竞争机制是必要的。在过去 20 年解除管制的进程中，航空、能源、电信和金融等领域引入了竞争，明显地促进了技术创新。就小国或技术落后的国家而言，引入竞争对于采用先进技术、确保产品市场的竞争活力也是十分关键的。

***促进新技术的供给*** 经济快速增长不仅要求确保对现有先进技术的需求，而且要求推动技术可能性边界的外移，后者可通过增加发明的供给来实现。政府可以采用三种方式鼓励新技术的供给。

首先，政府可以确保基础科学、工程学和技术得到适度的支持。在这方面，最近 50 年内美国一直走在世界前列，它将公司对应用科学的支持与政府对高等学府基础研究的支持结合起来，后者主要由政府资金资助。其中最突出的是生物医学技术的改善，新的药物和医疗设备直接使消费者在日常生活中普遍受益。政府对纯粹利润性研究的支持主要通过以下措施实现：强大的专利系统、预测能力、成本—收益管制，还有财政激励等措施。例如，现今对研究开发活动的税收就实行优惠。

第二，政府可以通过鼓励外国企业投资来促进本国技术的进步。随着各国赶上并超过美国的前沿技术，它们也会有助于促进美国技术的提高，这主要是通过外国企业在美国开办业务来加以实现的。最近 10 年来，许多日本汽车制造商进入了美国，其采用的新技术和管理经验既有利于提高日本股东的利润，也有利于提高美国劳工的生产率。

第三，政府可以通过良好的宏观经济政策来促进新技术。其中包括对资本收入征收较低且稳定的税收，以及降低企业的资本成本。谈到资本成本的重要性，的确又会使我们兜回到低的储蓄率和高的实际利率的圈子里去。人们常说美国企业缺乏远见，不愿意进行长期的投资。这种缺乏远见至少有一部分原因是由于实际利率太高：美国的高实际利率迫使理性的美国企业追求投资的短期收益。因此，降低实际利率的经济政策，会摘掉美国企业在考虑其技术政策时所戴的“经济眼镜”。如果实际利率降低了，企业将更倾向于考虑诸如技术投资这类长期的高风险项目，而所增加的知识投资也将会导致技术和生产率更快地提高。

### 经济增长结束语

伴随着凯恩斯革命的发生，资本主义民主国家相信：它们能够繁荣昌盛、实现快速增长，同时消除过度失业和通货膨胀、贫富分化，以及特权者与被剥夺者之间利益的对立。鉴于市场经济经历了一段前所未有的产出扩张、就业增长的繁荣时期，且近 15 年来，美国又进入了增长空前稳定和低通货膨胀的新时期，应该说上述的许多目标都正在变成现实。而就在这半个多世纪中，一些马克思主义者曾经断言：资本主义将会在大萧条中走向自我毁灭；生态学家们常担心市场经济将窒息于其自身产生的毒气和废物；自由主义者们则担心政府计划正在引导人们逐步走向奴役之路。然而，所有这些悲观主义者们都忽视了由开放社会和自由市场所带来的一种企业精神，而这种精神正是技术创新永不枯竭的源泉。

凯恩斯早期的一句名言在今天仍然没有过时，可以为我们宏观经济政策的学习提供一个中肯的结束语：

是企业创造并增加了世界的财富。当企业顺利运作时，无论人们是否节俭，社会财富都会随之积聚起来；而当企业停滞不前时，无论人们如何节俭，社会财富也都会逐渐枯竭。

## 经济发展与政治自由

20 世纪和 21 世纪初期最显著的特征之一是经济发展与政治自由的紧密结合。早期哲学家认为，拥有巨额财富是贵族和君主的标志。但是，看一下今天的情形，我们就会发现这样一个令人吃惊的事实：并不是每一个实行市场经济的国家都是民主的，但每一个拥有民主政治制度的国家所实行的却都是市场经济。而且，事实上，每一个高收入国家都是既实行市场经济又拥有政治上的民主。市场自由与政治自由紧密相连。例如，自由公平的选举，重大的抗议可以公之于众，少数群体的自治，这些都与公民自由紧密相连，后者包括表达和集会的自由，新闻出版自由，法治，对人权的尊重等。

为什么民主的政治制度可以带来经济的发展呢？耶鲁大学的政治学家罗伯特·达尔（Robert Dahl）阐述了两者之间的关系：

> 民主的政治制度支持教育的发展；接受过教育的工人有利于促进创新和经济增长。另外，民主国家通常都会更加严格地实行法治；法庭更加独立；财产权

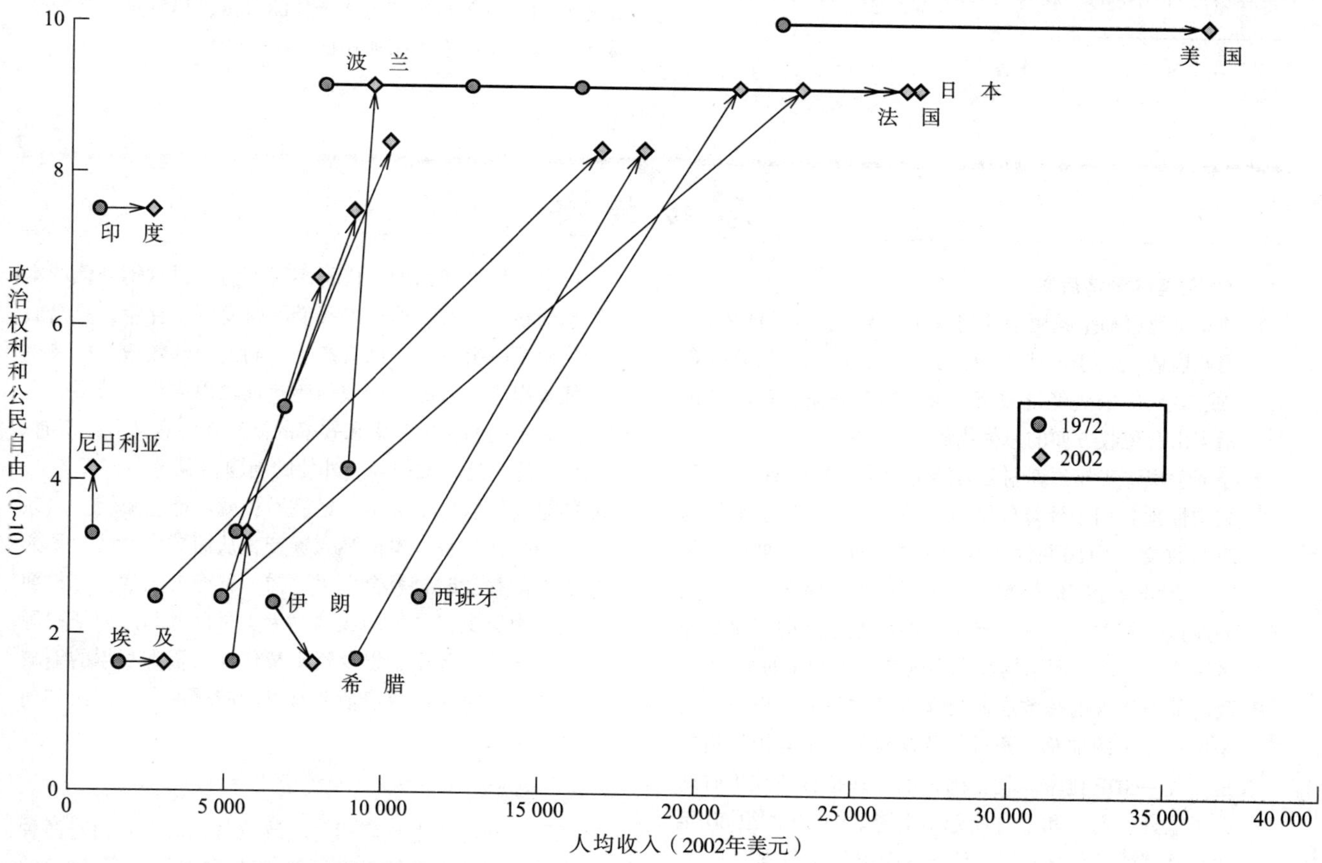


**图 34–4 经济发展和政治自由，1972~2002 年**

高收入国家通常拥有极大的政治自由和公民自由。当一个国家成功地提高了收入水平时，未必能同时获得政治上的自由。你可以看到在过去 30 多年中，自由通常是如何提高的。

资料来源：Freedom House for data on political rights and civil liberties. The index takes 0 to be the lowest and 10 to be the highest. Per capita income for 2002 come from the World Bank and the Economist Intelligence Unit and correct for purchasing-power parities.

得到更大程度的保障；合同条款可以更有效地实施；很少有政府和政客随意干预经济的情况。最后，现代经济的发展依赖于交流与传播，在民主国家，交流与传播的障碍更少[4]。

图 34–4 表明了自由进程与平均收入增长之间紧密的联系。自由进程与平均收入增长之间的关系很清楚，富裕的国家享有高度的自由，而许多贫穷的国家的自由却受到极大的束缚，处于压制以及言论、集会和新闻的不自由状态。但是也有很重要的例外情况，对于一个市场经济来说，民主既不是必要的也不是充分的。一些国家和地区正从传统社会向发达的资本主义过渡，正在经历一个专制权威主义的阶段。这一点我们可以在 20 世纪的韩国和拉丁美洲的许多国家中看到。这些国家在经济困难时期，有时会经历一种民主的“疲软”，即允许强有力的领导者一度颠覆民主制度。

此外，我们不能曲解（政治经济）硬币的经济的一面。现代市场经济绝不只是一个添加了警察的无政府的自由放任的社会而已。自由市场制度中的企业组织还必须缴纳税款，符合健康、安全、环境保护等方面的标准，并遵循社会前进的方向和步伐。

在行将结束经济学的考查之际，我们也许应当放松一下，随便聊聊那些永远不能得到科学证明的话题。关于历史，我们有理由做如下谨慎而乐观的解读：现代民主制度，在吸纳人类智慧的过程中稳步地向前推进，势必能够将两种世界的精华熔铸于一身。它既可以修复市场经济制度最深处的裂痕，也可以提高效率和公平而不必为之付出过多的代价。

但同时，市场经济当然也可以保留许多珍贵的东西：言论自由、变革自由和生活选择的自由，尽管这些东西从来就未曾被包容在本书所说的 GDP 之中。

[4] 参看本章末“补充读物”中有关达尔的文献。

## 总结提要

### A. 政府债务的经济后果

1. 预算是政府和组织用于计划并控制支出及收益的体系。当政府收入大于（或小于）支出时，就出现预算盈余（或赤字）。宏观经济政策依赖于财政政策，该政策包括支出及税收方面的总体措施。
2. 经济学家将实际预算划分为结构性预算与周期性预算。结构性预算用于计算经济运行处于潜在产出水平时的政府收支。而周期性预算衡量的是商业周期对于税收、支出及赤字的影响。为了正确评估财政政策，我们应该密切关注结构性赤字。周期性赤字的变化是经济变化的结果，而结构性赤字则是经济变化的原因。
3. 政府债务体现的是政府向公众所借款项的累积额，它是以往赤字的加总。衡量债务规模的一个有用的指标是债务—GDP 比率。就美国来说，该指标在战争时期趋于上升，而在和平时期趋于下降。但 20 世纪 80 年代却是例外，在此期间，债务—GDP 比率急剧上升。
4. 在理解政府赤字和债务的影响时，区分短期和长期是很关键的。回顾文中的专栏，并确信你已经理解，为什么大规模的赤字短期内增加产出，而长期来看却会减少产出。
5. 如果我们举借外债进行消费，并承诺由子孙后代还本付息，那么我们的后代将不得不为支付这笔外债的本息而牺牲消费。但如果我们不改变资本存量，只给后代留下一笔内债，则会产生不同的内部效应。向彼得征税以支付给鲍拉，或向鲍拉征税以支付给彼得，会导致不同的对生产率和效率的微观经济意义上的扭曲，但不应将这种效应与欠外债的问题相混淆。
6. 如果公债取代了资本，经济增长就可能会减缓。当人们用公债代替资本或私人资产，从而减少经济中私人资本的存量时，就会发生这样一种综合病症：在长期内，由于支付外债的成本、为支付债务利息而征税等所带来的无效率，以及资本替代导致资本积累的缩减等原因，巨额的政府债务有可能减缓潜在的产出和消费的增长。

### B. 稳定经济

7. 各国在制定货币政策和财政政策时，通常要面对两种考虑：即总需求的适当水平，以及货币政策与财政政策的最佳组合。财政政策和货币政策的结合使用，有助于决定 GDP 的构成，高投资战略要求预算盈余及低实际利率。
8. 凯恩斯革命之后，许多经济学家对于反周期的经济稳定政策抱有很高的期望，而实践证明，财政政策事实上只是一种笨拙的政策。特别是在通货膨胀时期，政府很难提高税收和削减支出。因此，目前美国几乎完全依靠货币政策来稳定经济。

9. 政府应该采取固定规则还是相机抉择？答案既涉及实证经济学领域，也涉及规范经济学领域。保守主义者常常拥护固定规则，而自由主义者往往提倡通过积极的货币政策进行微调，以实现经济目标。积极的相机抉择到底是稳定经济还是使经济更加不稳定，这是一个更为基本的问题。经济学家都日益强调信用政策的必要性，无论信用来自于固定的规则还是明智的领导。各国近来的趋势是设定通货膨胀目标，它是一种以规则为基础的灵活的机制，即制定一个中期通货膨胀目标。而当经济冲击使得严格的通货膨胀目标的实现需要付出高昂的代价时，又允许短期灵活性的存在。

**C. 新世纪经济前景**

10. 请记住这句至理名言：“生产率不等于一切，但在长期内它几乎意味着一切。”一国提高生活水平的能力，几乎完全取决于其改进劳工所使用的技术和资本的能力。
11. 促进经济增长需要发展技术。政府的主要职责是：确保市场自由，保护强大的知识产权，促进强有力的竞争，支持基础科学和技术开发。

## 概 念 复 习

**经济学中的债务和赤字**

政府预算
预算赤字，预算盈余，平衡预算
  实际预算
  结构性预算
  周期性预算
*G* 和 *T* 对产出的短期效应

对经济增长的长期影响：
  内债与外债
  税收扭曲
  资本替代

**稳 定**

需求管理

财政政策—货币政策组合
固定规则与相机抉择
设定通货膨胀目标

**长期增长与生产率**

到达技术可能性边界并推动其向外移动
企业的精神

## 补充读物和互联网站

**补充读物**

The Krugman quotation is from Paul Krugman, *The Age of Diminished Expectations* ( MIT Press, Cambridge, Mass., 1990) , p. 9. The source for Table 34–3 is Ralph C. Bryant, Peter Hooper, and Gerald Holtham, “Consensus and Diversity in the Model Simulations,” in Ralph Bryant et al., eds., *Empirical Macroeconomics for Interdependent Economics* (Brookings Institution, Washington, D.C., 1988) . The quote from Robert Dahl is from *On Democracy* (Yale University Press, New Haven, Conn., 1998) , p. 59.

**互联网站**

Economic issues and data on fiscal policy, budgets, and the debt are regularly provided by the nonpartisan Congressional Budget Office, which is staffed by professional economists. Recent documents are available at www.cbo.gov. The data on freedoms come from Freedom House’s website at www.freedomhouse.org.

A survey of monetary discipline can be found in a January 2000 speech, “ Inflation Targeting,” by Federal Reserve governor Edward Gramlich at www.federalreserve.gov/boarddocs/speeches/2000.

## 问题讨论

1. 债务和赤字普遍容易混淆，请解释以下问题：
   a. 预算赤字导致政府债务增加；
   b. 削减赤字并未减少政府债务；
   c. 削减政府债务要求预算出现盈余；
   d. 在 1993~1998 年，尽管政府赤字降低到零，但政府债务依然显著上升。
2. 政府承诺是否可能像政府债务一样产生替代效应？也就是说，如果政府承诺在未来给予工人更多的社会保障福利，工人是否会觉得自己更富有了？他们是否会因此减少储蓄？资本存量最终是否会变得更少？运用图34–2 说明这一问题。
3. 假设政府举借外债，并将这笔资金花费在如下项目上，考查这些政府计划对政府债务、该国资本存量以及实际产出的影响：
   a. 钻探用于出口的石油的资本（如 20 世纪 70 年代墨西哥所为）；
   b. 养活本国人的谷物（如 20 世纪 80 年代前苏联所为）。
4. 仿照图 34–3，绘图说明：
   a. 在存在巨额政府债务及没有巨额政府债务两种情况下，消费和净出口的路径。
   b. 在平衡预算和政府财政盈余两种情况下的消费路径。
5. 回顾文中参议员的争论，分别解释在下列三种情况下，哪一个参议员是对的？
   a. 大萧条时期政府扩大军事开支。
   b. 20 世纪 60 年代早期充分就业情形下，政府降低税率。
   c. 越南战争时期充分就业情形下，政府拒绝增加税收。
6. 所谓严格的通货膨胀目标政策，是指设定每年的通货膨胀目标。关于这一政策有哪些支持性和反对性的不同观点？特别值得注意的是，当受到显著性的供给冲击，导致菲利普斯曲线上移时，实行严格的通货膨胀目标所面临的困难。灵活的通货膨胀目标政策平均要求该目标在五年的期间内实现。试比较严格的通货膨胀目标与灵活的通货膨胀目标。
7. 政治候选人曾提出以下政策，以加速近年的经济增长。试定量解释每一政策对潜在产出增长及人均潜在产出增长的影响。如果可能的话，请给出未来十年内，潜在产出增长及人均潜在产出增长的估计值。
   a. 削减联邦预算赤字（或增加盈余），削减（增加）额为 GDP 的 2%，同时以相同百分比提高投资与 GDP 的比率。
   b. 增加联邦政府对研究开发费用的补贴，增加额为 GDP 的 0.25%，并假设这笔补贴将会使私人研究开发经费等额增加，且研究开发的社会收益率 4 倍于私人投资的社会收益率。
   c. 削减国防支出，削减额为 GDP 的 1%，设乘数为 2。
   d. 减少移民的数量，从而劳动力降低 5%。
   e. 增加对人力资本（包括教育和在职培训）的投资，数额为 GDP 的 1%。
8. 凯恩斯写道，“如果财政部用钞票塞满旧瓶子，并将其埋入废弃的煤矿，然后留待私人企业将这些钞票再次挖掘出来，则社会的实际收入可能会在不造成更多失业的情况下大为提高。”（英文版《就业、利息与货币通论》第 129 页）试解释在萧条期间，凯恩斯关于相机抉择的公共项目的效用分析为什么可能是正确的？精心设计的财政政策或货币政策，怎样才能在生产出大量有用物品和劳务的同时，获得与上述情况类似的效果？

# 专业术语表[1]

## A

**Ability-to-pay principle** (of taxation)
(税收的)**支付能力原则**
按照纳税人支付能力确定纳税负担的原则。纳税人支付能力依据其收入或财富来衡量。这一原则并不说明某经济状况较好的人到底该比别人多负担多少。

**Absolute advantage** (in international trade)
(国际贸易中的)**绝对优势**
A 国所具有的比 B 国能更加有效地(即单位投入的产出水平比较高等)生产某种商品的能力。这种优势并不意味着 A 国必然能将该商品成功地出口到 B 国,因为 B 国还可能有一种我们所说的比较优势。

**Actual, cyclical, and structural budget**
**实际预算、周期性预算和结构性预算**
实际预算的赤字或盈余指的是某年份实际记录的赤字或盈余。实际预算可划分成结构性预算和周期性预算。结构性预算假定经济在潜在产出水平上运行,并据此测算该经济条件下的政府税入支出和赤字等指标。周期性预算基于所预测的商业周期(及其经济波动)对预算的影响。

**Adaptive expectations**
**适应性预期**
见**预期**(expectations)。

**Adverse selection**
**逆向选择**
一种市场不灵。指的是这样一种情况,即那些遭遇风险机会最多的人,最容易决定购买保险。推而广之,逆向选择指的是这样一种情况:就某产品而言,买方和卖方所掌握的信息不同,比如旧车市场。

**Aggregate demand**
**总需求**
某一时期一个经济所计划或所需要开支的总数。它取决于总的价格水平,并受到国内投资净出口政府开支消费水平和货币供应等因素的影响。

**Aggregate demand (*AD*) curve**
**总需求曲线(*AD*)**
在其他条件不变的情况下,体现一个经济中人们所愿意购买的商品和服务的总量与该经济的价格总水平之间的关系的曲线。同其他需求曲线一样,总需求曲线背后也存在着一系列重要的经济变量,如政府开支出口和货币供应等。

**Aggregate supply**
**总供给**
某一时期一个经济中各企业所愿意生产的商品与服务的价值的总和。总供给是可供利用的资源、技术和价格水平的函数。

**Aggregate supply (*AS*) curve**
**总供给曲线(*AS*)**
在其他条件不变的情况下,体现各企业所愿意提供的总产出与价格总水平之间的关系的曲线。总供给曲线在很长时期内,在潜在产出水平上,倾向于相对地陡峭和垂直;而从短期看,则显得比较平缓。

**Allocative efficiency**
**配置效率**
一种经济境况。一个经济到达该境况时,已经不可能通过重组或贸易等手段,既提高某一人的效用或满足程度,而又不降低其他人的效用或满足程度。从某种意义上讲,完全竞争可以导致配置效率。配置效率又称为帕累托效率。

**Appreciation** (of a currency)
(通货)**升值**
见(通货)**贬值** [depreciation (of a currency)]。

**Appropriable**
**可分拨的**
对某些资源属性的一种描述。有此属性资源的所有者可以获得该资源的全部经济价值。在运行良好的市场竞争中,可分拨资源往往能得到合理的定价和有效的配置。见**"不可分拨的"**(inappropriable)。

---

[1] 在解释术语时用到的术语,用黑体字标出,在本表中有独立词条。就某些专业术语而言,本书正文部分有更详细的背景、解释和注脚。更加全面完整的解释可参阅:Douglas Greenwald,ed., *The McGraw-Hill Encyclopedia of Economics* (McGraw-Hill, New York, 1994); David W. Pearce, *Macmillan Dictionary of Modern Economics*, rev.ed. (Macmillan, London, 1992); and John Eatwell, Murray Milgate, and Peter Newman, *The New Palgrave: A Dictionary of Economics*, 4 vols. (Macmillan, London, 1987).

**Arbitrage**
**套 利**
在一个市场上即期买进某种商品或资产，而在另一市场卖出该商品或资产，以期在价差中赚取利润的经济行为。套利是消除价差的重要力量，它可使市场功能更有效地发挥。

**Asset**
**资 产**
实物财产或具有经济价值的非实物性的权利。例如工厂、设备、土地、专利、版权，以及货币、债券等金融票据。

**Automatic** (or **built-in**) **stabilizers**
**自动（或内在）稳定器**
政府税收和支出体系所具有的一种性质，可以缓冲私人部门收入变动的作用。例如失业津贴和累进所得税等都有助于稳定经济。

**Average cost**
**平均成本**
见**平均成本**（cost，average）。

**Average cost curve，long-run**（*LRAC* or *LAC*）
**长期平均成本曲线**（*LRAC* 或 *LAC*）
表示在技术、投入品的价格不变，但生产者可自由选择企业最优规模的条件下，某一产品的各种产量水平所对应的最低平均成本的几何图形。

**Average cost curve，short-run**（*SRAC* or *SAC*）
**短期平均成本曲线**（*SRAC* 或 *SAC*）
表示在技术投入品的价格不变，且企业规模为既定的条件下，某一产品的各种产量水平所对应的最低平均成本的几何图形。

**Average fixed cost**
**平均固定成本**
见**平均固定成本**（cost，average fixed）。

**Average product**
**平均产量**
总产量或总产出除以一种投入品的数量所得的值。由此，劳动的平均产量定义为总产量除以劳动的投入量。其他投入品的平均产量以此类推。

**Average revenue**
**平均收益**
总收益除以总销售量，即单位收益。平均收益一般与价格相等。

**Average tax rate**
**平均税率**
总税收除以总收入，也称有*效税率*。

**Average variable cost**
**平均可变成本**
见**平均可变成本**（cost，average variable）。

## B

**Balance of international payment**
**国际收支平衡表**
某时期一国同外部世界的交易状况的报表，包括商品和服务的买卖、馈赠、政府交易和资本流动。

**Balance of trade**
**贸易余额**
国际收支中有关商品（或有形物品）进出口的部分，包括食品资本品和汽车。如果包括服务和其他经常项目，则称为*经常项目余额*。在收支项目余额中，经常项目由*财政项目*负担经费。

**Balance on current account**
**经常项目余额**
见**贸易余额**（balance of trade）。

**Balance sheet**
**资产负债表**
某时点一个企业的财务状况报表。其中**资产**列为一栏，**负债**加**净值**在另一栏。每一项都以其实际的或估计的货币价值列出。由于净资产由资产减负债来定义，因此两栏的合计必须平衡。

**Balanced budget**
**平衡预算**
见**平衡预算**（budget，balanced）。

**Bank，commercial**
**商业银行**
一种金融中介。到目前为止，其突出的特点是接受支票存款。所有接受储蓄和支票存款的金融机构统称为储蓄机构。

**Bank money**
**银行货币**
由银行创造的货币，特别是指银行依据其准备金而成倍地扩大其支票账户（$M_1$ 的组成部分）。

**Band reserves**
**银行准备金**
见**银行准备金**（reserves，bank）。

**Barriers to entry**
**进入壁垒**
能够阻碍进入市场、导致竞争减弱或者行业内厂商数量减少的那些因素。例如法律规定、管制和产品差异等。

**Barter**
**以物易物**
商品直接交换，而不需要使用任何物品充当货币或交易媒介。

**Benefit principle**（of taxation）
（税收的）**受益原则**
认为税收与人们从政府活动中的受益应当成比例的原则。

**Bond**
**债 券**
由政府或企业发行的有息证券，保证在未来特定日期还本付息。

**Break-even point**（in macroeconomics）
（宏观经济学中的）**盈亏平衡点**
个人家庭或社会团体的一种收入境况或收入水平。在该境况，所有的收入正好被用来消费（既没有正储蓄也没有负储蓄）。只有在更高的收入水平上才会有正储蓄。

**Broad money**（$M_2$）
**广义货币**（$M_2$）
**货币供给**的一种形式或口径（也称 $M_2$），包括交易货币（$M_1$）、银行储蓄账户，还有其他类似交易货币的替代性资产。

**Budget**
**预 算**
计划支出与预期收入的账户，通常以一年

为期。对政府而言，其收入应为税收。

**Budget，balanced**
**预算平衡**
总支出和总收入（不包括借款收入）正好持平的预算。

**Budget constraint**
**预算约束**
见**预算线**（budget line）。

**Budget deficit**
**预算赤字**
政府总支出超出总收入（不包括借款收入）的部分。这一差额（赤字）通常靠借款弥补。

**Budget line**
**预算线**
在既定价格水平下，消费者用给定的收入可能购买的各种商品组合点的轨迹。有时称*预算约束*。

**Budget surplus**
**预算盈余**
政府收入超过支出的部分；与*预算赤字*相对应。

**Business cycles**
**商业周期**
国民总产出、总收入和总就业的波动。这种波动以经济中的许多部门普遍而同期地扩张和收缩为特征，持续时间通常为2~10年。

## C

**$C+I$，$C+I+G$，or $C+I+G+X$ schedule**
**$C+I$，$C+I+G$，或 $C+I+G+X$ 表**
说明对应GDP水平的每一计划的或合意的总需求水平的表，或由该表所生成的图形。表中包括消费（$C$）、投资（$I$）、政府商品劳务支出（$G$）以及净出口（$X$）。

**Capital**（**capital goods，capital equipment**）
**资本（资本品，资本设备）**
（1）在经济理论中，指的是生产投入三要素（土地劳动资本）中的任意一种资本由用于生产过程中的耐用品构成。（2）在财务会计方面，“资本”代表公司股东已经认购的资金总量，股东因此相应地获得了该公司的股份。

**Capital consumption allowance**
**资本消耗补偿**
见**折旧**（depreciation）。

**Capital deepening**
**资本深化**
在经济增长理论中，指的是资本与劳动的比率的上升。与**资本广化**对应。

**Capital gains**
**资本利得**
资本资产（例如土地和普通股）价值的上升，是资产购买价格和出售价格之间的差额。

**Capital markets**
**资本市场**
金融资产（货币、债券、股票）进行交易的场所。经济中的储蓄经由它和**金融中介**而得以转化成投资。

**Capital-output ratio**
**资本—产出比率**
在经济增长理论中，资本—产出比率代表资本总量和年度GDP的比率。

**Capital widening**
**资本广化**
实际资本的增长率与劳动力（或人口）的增长率相等，从而总资本和总劳动的比率得以保持不变。它与**资本深化**相对应。

**Capitalism**
**资本主义**
一种经济系统，其中大部分财产（土地和资本）属于私人所有。在这种经济中，私人市场是配置资源和创造收入的主要手段。

**Cardinal utility**
**基数效用**
见**序数效用**（ordinal utility）。

**Cartel**
**卡特尔**
由一系列生产类似产品的独立企业所构成的组织，目的是提高该类产品价格和控制其产量。根据美国反托拉斯法，卡特尔属于非法。

**Central bank**
**中央银行**
一个由政府组建的机构（在美国是联邦储备体系），负责控制国家货币供给、信贷条件，监管金融体系，特别是商业银行和其他储蓄机构。

**Change in demand vs. change in quantity demanded**
**需求变化与需求量的变化**
“需求变化”指由商品价格以外的其他因素（例如收入上升和偏好改变等）所导致的商品*需求变化*。在图形上表现为整个需求曲线的移动。相反，由于价格变动引起的需求量变动称为“*需求量的变化*”。在图形上表现为需求量沿着无变动的需求曲线移动。

**Change in supply vs. supply in quantity supplied**
**供给变化与供给量的变化**
二者的区别同上述“**需求变化与需求量变化**”的区别。

**Checking account**（or **bank money**）
**支票账户（或银行货币）**
在商业银行或其他金融机构中的存款，允许以支票方式提款，故属交易货币（或称 $M_1$）。也称*支票存款*，它是 $M_1$ 的最大组成部分。

**Chicago School of Economics**
（经济学）**芝加哥学派**
以亨利·西蒙哈耶克和米尔顿·弗里德曼等为主要代表的一群经济学家。他们相信没有政府干预的竞争市场能使经济最有效地运行。

**Classical approach**
**古典理论**
见**古典经济学**（classical economics）。

**Classical economics**
**古典经济学**
凯恩斯理论出现以前的经济思想主流学

派，由亚当·斯密在1776年开创。主要追随者包括大卫·李嘉图托马斯·马尔萨斯和约翰·穆勒。一般说来，该学派相信经济规律（特别如个人利益、竞争）决定着价格和要素报酬，并且相信价格体系是最好的资源配置办法。

**Classical theories（in macroeconomics）**
**（宏观经济学中的）古典理论**
强调经济体系具有自我矫正能力的理论。在古典理论和方法中，经济一般处在充分就业状态，各种刺激总需求的政策对产出没有影响。

**Clearing market**
**市场出清**
商品价格具有充分的灵活性，能使需求和供给迅速达到均衡的市场。在出清的市场上，没有定量配给、资源闲置，也没有超额供给或超额需求。在实际中，这一理论适用于许多商品市场和金融市场，但不适用于劳动市场或许多产品市场。

**Closed economy**
**封闭经济**
见**开放经济**（open economy）。

**Collective bargaining**
**集体协议**
一组工人（通常是一个工会）与其雇主间的谈判过程。目的是达成关于工资、附加福利和工作条件等方面的协议。

**Collusion**
**相互勾结**
企业之间为抬高价格、瓜分市场或限制竞争等而达成的共谋协议。

**Collusive oligopoly**
**勾结寡头**
一种市场结构在该市场结构条件下，一小批企业（即少数寡头）勾结起来共谋决策。当所企及的共同利润达到最大化时，市场上的价格和交易量与垄断条件下的价格和交易量将非常接近。

**Command economy**
**指令经济**
一种经济组织方式按照这种方式，关键的经济职能，诸如生产什么、如何生产、为谁生产等，都主要由政府直接决定。有时也称为“中央计划经济”。

**Commodity money**
**商品货币**
有**内在价值**的货币；也指作为货币使用的商品（如家畜、珍珠等）。

**Common currency**
**共同货币**
一种由几个国家组成货币联盟，拥有单一货币和联盟中央银行的情况。例如欧洲货币联盟及1999年欧元的出现。

**Common stock**
**普通股票**
表明在一公司中拥有所有权和投票权的金融证券所持有的份额体现相应的投票权和对公司资产、净收益的所有权。

**Communism**
**共产主义**
共产主义经济体制（也称苏式中央计划型经济），国家拥有并控制着生产资料，特别是工业资本。这种经济都普遍带有中央计划性，国家规定许多产品的价格、产量和其他重要经济指标。

**Comparative advantage（in international trade）**
（国际贸易中的）**比较优势**
比较优势法则指出：一国应专门生产和出口那些该国能以相对低的成本生产的商品，并进口那些自己生产成本相对高的商品。由此可见，是比较优势而不是绝对优势在影响贸易格局。

**Compensating differentials**
**补偿性（工资）差异**
用于抵消或补偿工作的非货币性差异的工资水平的差别。例如，同样的工作，在阿拉斯加环境恶劣，因而其工资要比在发达地区支付得高得多。

**Competition，imperfect**
**不完全竞争**
指这样一些市场：完全竞争不能保持，因为至少有一个大到足以影响市场价格的买者（或卖者），并因此面对向下倾斜的需求（或供给）曲线。包括各种不完全因素，诸如完全**垄断**、**寡头**或**垄断竞争**等。

**Competition，perfect**
**完全竞争**
指那些不存在足以影响价格的企业或消费者的市场这种情况在下述条件下发生：（1）买者和卖者的数目都非常大；（2）生产者提供的产品是同质的（无区别的）。在这样的条件下，所有企业面对的是一条水平的或完全弹性的需求曲线。

**Competitive equilibrium**
**竞争均衡**
以**完全竞争**为特征的市场或经济中供给和需求的平衡。由于完全竞争中单独的买者和卖者都没有力量（支配性地）影响市场，价格将趋向等于边际成本和边际效用的水平。

**Competitive market**
**竞争性市场**
见**完全竞争**（competition，perfect）。

**Complements**
**互补品**
在消费者眼里是“搭配”的两种商品（如左脚的鞋和右脚的鞋）。相互竞争的商品则属于替代品（如五指分开的手套和连指手套）。

**Compound interest**
**复　利**
根据上一期所有的利息和本金来计算利息的方法。例如，年复利利率为10%，存入100美元本金。在第一年底，得到10美元利息而在第二年底，得到的利息是11美元，其中10美元是来自原始本金，另外1美元则来自第一年的10美元的利息。以后以此类推。

**Concentration ratio**
**集中率，集中度**
在一个行业中，若干最大企业的产出占该行业总产出的百分比。一种典型的衡量方法是四企业集中率，即最大的四家企业的产出占总产出的百分比。

**Conglomerate**
**混合联合企业**
一种生产多种多样的甚至是互不相干产品的大型公司（例如，某些烟草公司扩展到饮料、出租车、电影制片等互不相关的业务领域）。

**Constant returns to scale**
**规模报酬不变**
见**规模报酬**（returns to scale）。

**Consumer price index**
**消费者价格指数（CPI）**
衡量所选定的一篮子消费品购买价格的指数。计算指数时，每种商品的权数依据1982~1984年间该商品在城市消费者生活开支中所占的份额来确定。

**Consumer surplus**
**消费者剩余**
消费者为取得一种商品所愿意支付的价格与他取得该商品而支付的实际价格之间的差额。产生差额的原因在于：除最后1单位外，该商品用货币表示的边际效用（以美元表示）都大于其价格。在一定条件下（利用需求曲线图），消费者剩余的货币价值可以用需求曲线以下、价格线以上的面积来衡量。

**Consumption**
**消　费**
宏观经济学中，指某时期一人或一国用于消费品的总支出。严格地说，"消费"应仅指这一时期中那些完全用掉了的（分享过的或"吃掉了的"）消费品。但在实际上，消费支出包括所有已购买的商品，而这其中许多商品的使用时间要远远超出考察时期，如家具、衣物和汽车等。

**Consumption function**
**消费函数**
总消费与**个人可支配收入**（*DI*）的数值对应关系。总财富和其他变量也常被认为会对消费产生影响。

**Consumption-possibility line**
**消费可能线**
见**预算线**（budget line）。

**Cooperative equilibrium**
**合作性均衡**
在博弈论中，指各方协调行动，以求共同的支付最优化的策略而达到的结果。

**Corporate income tax**
**公司所得税**
对公司年净收入课征的税收。

**Corporation**
**公　司**
现代经济中企业组织的主要形式它是由个人或其他公司所拥有的企业，具有与个人一样的购买销售和签定合同的权利。公司和对公司负"**有限责任**"的所有人二者，在法律上是不同的概念。

**Correlation**
**相　关**
两种变量系统地相互联系在一起的程度。

**Cost, average**
**平均成本**
等于总成本［参见**总成本**（cost, total）］除以产出的单位数。

**Cost, average fixed**
**平均固定成本**
等于**固定成本**除以产出的单位数。

**Cost, average variable**
**平均可变成本**
等于可变成本［参见**可变成本**（cost, variable）］除以产出的单位数。

**Cost, fixed**
**固定成本**
一企业在某时段即使在产量为零时也会发生的成本。总固定成本由诸如利息支出、抵押支出、管理者费用等契约性开支所组成。

**Cost, marginal**
**边际成本**
多生产1单位产品所增加的成本（或总成本的增加额），或少生产1单位产品总成本的减少额。

**Cost, minimum**
**最低成本**
单位产出可以达到的最低代价（无论平均成本可变成本或边际成本）。就平均成本上的每一点所代表的产出水平而言，该点是该公司所能做到的最好情况。就此而言，平均成本曲线上的每一点都是最低平均成本点。

**Cost, total**
**总成本**
在某技术水平和要素价格条件下可以得到的最低成本的总额。现有工厂和其他不变成本既定的条件下所发生的成本为*短期总成本*。而厂商在投入和决策方面一直有完全弹性的条件下所发生的成本则为*长期总成本*。

**Cost, variable**
**可变成本**
随产出水平变化而变化的成本，如原料劳动燃料成本。可变成本等于总成本减固定成本。

**Cost-push inflation**
**成本推动型通货膨胀**
由市场供给方因生产成本急剧上升而引发的通货膨胀。在总供求分析的图解中，成本推动表现为*AS*曲线的上移。它也称为**供给冲击**的通货膨胀。

**Credit**
**信　贷**
（1）在货币理论中，以承诺在未来某时期偿还（通常带有利息）为条件，使用他人资金的情况。主要包括：银行短期贷款卖方信贷或商业票据。（2）国际收支账户中能获得外国货币的项目，如出口等。

**Cross elasticity of demand**
**需求的交叉弹性**
衡量一种商品价格变动对另一种商品需求产生的影响的概念。更精确地说：在其他变量保持不变时，需求的交叉弹性等于商品B价格变动1%时商品A需求量所变动的百分比。

**Currency**
**通　货**
铸币和纸币。

**Currency appreciation** (or **depreciation**)
**通货升值（或贬值）**
见（通货）**贬值**［depreciation (of a currency)］。

**Currency board**
**货币委员会**
类似于国家中央银行的货币机构，只负责发行货币，以主要外国货币命名的资产为支撑，经常是美元。

**Current account**
**经常账户**
见**贸易余额**（balance of trade）。

**Cyclical budget**
**周期性预算**
见**实际、周期性和结构性预算**（actual, cyclical and structural budget）。

**Cyclical unemployment**
**周期性失业**
见**摩擦性失业**（frictional unemployment）。

## D

**Deadweight loss**
**净损失**
由于垄断、关税、配额、税收或其他扭曲所引起的实际收入的损失，或消费者剩余和生产者剩余的损失。例如，当垄断企业抬高价格时，消费者满足方面的损失大于垄断企业收益方面的收获，其差额即垄断引起的社会净损失。

**Debit**
**借　方**
(1) 一种会计科目，显示资产方的增加或负债方的减少；(2) 在国际收支账户中，借方指减少外汇存量的项目，例如进口。

**Decreasing returns to scale**
**规模报酬递减**
见**规模报酬**（returns to scale）。

**Deficit spending**
**赤字性支出**
政府的商品服务支出和转移支付等超出它的税收和其他收入。收支差额必须通过向公众借款来筹措。

**Deflating** (of economic data)
(经济数据) **紧缩**
将“名义”的或现值的美元变量等换算成“实际”变量的过程，用现值美元变量除以**价格指数**即可。

**Deflation**
**通货紧缩**
总体价格水平的下降。

**Demand curve** (or **demand schedule**)
**需求曲线（或需求表）**
其他条件相同时，在每一价格水平上买主愿意购买的商品量的表或曲线需求曲线通常以价格为纵轴（$Y$ 轴），以需求量为横轴（$X$ 轴）。见**需求变化与需求量变化**（change in demand vs. change in quantity demanded）。

**Demand for money**
**货币需求**
经济学家使用的简明术语，用以解释个人和企业为什么要持有货币余额持有货币的主要动机是：(1) 交易需求，表示人们需要用货币去购买物品；以及 (2) 资产需求，即人们需要持有一种流动性强、无风险的资产。

**Demand-pull inflation**
**需求拉动型通货膨胀**
由过度的商品需求引起的价格膨胀，如总需求大幅度增加时的情况。相应的概念是**成本推动型通货膨胀**。

**Demography**
**人口统计学**
研究人口规律的科学。

**Depreciation** (of an asset)
(资产) **折旧**
资产价值的下降。无论在企业核算还是在国民经济核算中折旧都指：在所考察的时期中，资本所消耗掉的价值的货币估计值。在国民收入账户中也称为资本消耗补偿。

**Depreciation** (of a currency)
(通货) **贬值**
当一国货币相对外币价格下降时，称该货币发生贬值。例如，当美元汇率从 1 美元兑换 6 法郎下降到 1 美元兑换 4 法郎时，美元就发生了贬值。与贬值相对的是升值，它在一种货币汇率上升时出现。

**Depression**
**萧　条**
长时期的高失业率低产出低投资企业信心降低价格下跌和企业普遍破产。工商业低落的一个温和的形式是**衰退**，它同萧条有许多共同点，但在程度上较弱。今天，衰退的精确定义是实际 GNP 至少连续两个季度下降。

**Derived demand**
**派生需求**
对一种生产要素的需求来自（派生自）对另一种产品的需求。其中该生产要素对这一最终产品会作贡献，如对轮胎的需求派生自对汽车运输的需求。

**Devaluation**
**货币降值**
一国货币官方价格下降，这里的价格是用外币或黄金表示的。例如，1971 年当美元相对黄金的官方价格下降时，可以说美元被降值。相对的概念是**货币增值**，它发生在一国宣布该国货币相对于黄金或其他货币的官方汇率提高的时候。

**Developing country**
**发展中国家**
见**欠发达国家**（less-developed country）。

**Differentiated products**
**差异化产品**
相互竞争且具有强可替代性但又不完全相同的产品，其不同之处可能表现在产品的性能、外观、位置、质量或是其他方面。

**Diminishing marginal utility, law of**
**边际效用递减规律**
当一种商品的消费越来越多的时候，其边

际效用下降的规律。

**Diminishing returns, law of**
**收益递减规律**
其他投入固定不变时，连续地增加某一种投入，所新增的产出最终会减少的规律。该规律另一种等价的说法是：超过某一水平之后边际投入的边际产出下降。

**Direct taxes**
**直接税**
直接向个人或企业开征的税，包括对所得劳动报酬和利润的征税。直接税与间接税相对应：间接税是对商品和服务征收的，从而只是间接地以公众为征税对象。间接税包括销售税，还有对财产、酒类、进口品和汽油等所征的税。

**Discount rate**
**贴现率**
(1) 联邦储备银行（中央银行）向商业银行提供贷款时所收取的利率。(2) 计算某些资产的现值时所使用的利率。

**Discounting** (of future income)
(未来收入) **折现**
将未来收入折算成等价的现值该过程将一个未来值以一个折现率加以缩减，折现率应恰当地体现利率。例如，如果某人许诺2年后给你121美元。当时，正常的利率或贴现率是年率10%据此我们可以计算这121美元的现值。所用的折扣因子是$(1.10)^2$。用以折现未来收入的折扣因子或曰比率称为**贴现率**。

**Discrimination**
**歧　视**
与工作表现无关的由个人特征造成的劳动报酬差别，特别是由于性别种族宗教等有关特征。

**Disequilibrium**
**非均衡**
经济处于不**均衡**的状态。可能是因为（对收入或价格的）冲击使需求表（曲线）或供给表（曲线）发生移动，而市场价格（或交易量）又没有做出充分的调整。在宏观经济学中，失业常被认为是根源于市场的非均衡状态。

**Disinflation**
**反通货膨胀**
降低高通货膨胀率的过程。例如，1980~1983年的大衰退就导致了该时期通货膨胀率的急剧下降。

**Disposable income** (*DI*)
**可支配收入** (*DI*)
通俗地说，指可以拿回家里的收入，也就是国民收入中可以由家庭用做消费或储蓄的部分。精确地说，它等于GNP减去所有税收、企业储蓄和折旧，加上支出和其他的转移支付，还有政府利息支付。

**Disposable personal income**
**个人可支配收入**
等同于**可支配收入**。

**Dissaving**
**负储蓄**
负的储蓄，某时期消费支出超过该时期可支配收入的部分（差额要通过借款或使用存款来弥补）。

**Distribution**
**分　配**
在经济学中，指总产出和总收入在个人或要素中进行分配的方法（如收入在劳动和资本之间的分配）。

**Distribution theory**
**分配理论**
见**收入分配理论**（theory of income distribution）。

**Division of labor**
**劳动分工**
组织生产的一种方法，让每个劳动力专门从事生产过程的某一部分。劳动专业化能导致更高的总产出，因为劳动者可以更熟练地完成某些加工任务，而且还能引入更专业化的机器设备来完成精度更高的工作。

**Dominant equilibrium**
**占优均衡**
见**占优策略**（dominant strategy）。

**Dominant strategy**
**占优策略**
在博弈论中指，不论其他博弈者采取什么策略，某博弈者都有一个最佳策略。当所有博弈者都有一个占优策略时，其结果将是占优均衡。

**Downward-sloping demand, law of**
**需求向下倾斜规律**
其他条件保持不变时，某种商品价格的下降会导致消费者多购买该种商品的规律。

**Duopoly**
**双头垄断的市场**
一种市场结构。在该市场结构中只有两个卖者［参见**寡头**（oligopoly）］。

**Duopoly price game**
**双头垄断的价格博弈**
市场上的供给仅由两个厂商提供，二者竞相压低价格、展开经济战的情形。

## E

**Econometrics**
**经济计量学**
经济学的一个分支。利用统计方法衡量和估计经济中的数量关系。

**Economic good**
**经济品**
就总需求量而言总是稀缺的那些商品。通常必须通过收取一个正的价格来进行配给。

**Economic growth**
**经济增长**
一国一定时期内总产出的增长经济增长。通常用一国实际GDP（或潜在GDP）的年增长率进行衡量。

**Economic regulation**
**经济管制**
见**管制**（regulation）。

**Economic rent**
**经济租金**
见**经济租金**（rent, economic）。

**Economic surplus**

**经济剩余**

一种术语，指产出的总体的令人满意程度或效用水平超过其生产成本的部分。等于消费者剩余（消费者满意度超过总购买价值的部分）和生产者剩余（生产者收入超过成本的部分）之和。

**Economics**

**经济学**

研究社会如何利用稀缺资源生产出有价值的商品，并将其在不同人之间进行分配的学科。

**Economics of information**

**信息经济学**

将信息也视为一种商品的经济形势分析。因为信息的生产成本较高而复制却很便宜，因此存在信息的商品和服务（如发明、出版、软件等）的市场，经常会出现市场不灵。

**Economies of scale**

**规模经济**

劳动生产率的提高或平均生产成本的降低，都源于全部生产要素投入的同比例的增加。

**Economies of scope**

**范围经济**

多样化生产经营商品或服务的经济。当同时生产商品 X 和商品 Y 的成本低于单独生产两种商品时，就存在范围经济。

**Effective tax rate**

**有效税率**

所征税收占总收入或其他税基的一个百分比，也可作平均税率。

**Efficiency**

**效　率**

给定投入和技术的条件下，经济资源没有浪费，或对经济资源作了能带来最大可能的满足程度的利用。也是**配置效率**的一个简化表达。

**Efficiency-wage theory**

**有效工资理论**

根据这一理论，较高的工资会带来较高的生产率。这是因为较高的工资会使工人更健康、士气更高，且可以维持较低的人事变动率。

**Efficient financial market**

**有效的金融市场**

体现有效市场所有特征的**金融市场**。

**Efficient market** (also **efficient-market theory**)

**有效市场（有效市场理论）**

在一个市场上，所有的新信息都能迅速地被市场中的参与者所知晓，并能够立即融入到市场价格之中。在经济学中，效率市场理论指当前所有可以得到的信息都已被考虑在普通股（或其他资产）的价格里。

**Elasticity**

**弹　性**

经济学广泛采用的一个术语，表示一个变量对另一个变量的变化所作出的反应商品 X 对于商品 Y 的弹性表示：Y 每变化百分之一时 X 变动的百分比。**需求的价格弹性**和**供给的价格弹性**，是两个特别重要的范畴。

**Employed**

**就业的**

根据美国官方定义人们从事任何支付报酬的工作，或有工作但因生病罢工或休假而缺勤的，都属于就业。

**Equal-cost line**

**等成本线**

图形中表示给定资金所能购买到的投入要素各种可能组合的点的轨迹。

**Equal-product curve** (or **isoquant**)

**等产量曲线**

图形中表示生产既定产量而需要投入的要素的各种可能组合的点的轨迹。

**Equation of exchange**

**交易方程式**

以 $MV \equiv PQ$ 定义的等式，即货币存量乘以货币周转速度等于价格水平乘以产出。该等式是**货币主义**的核心。

**Equilibrium**

**均　衡**

一种经济状态，其中经济实体处于静止状态，或者说，作用于经济实体的各种力量处于均势或平衡，没有发生变动的倾向。

**Equilibrium** (for a business firm)

（厂商）**均衡**

指一个厂商在其所面临的各种约束下，利润达到最大化时的产出的水平或状态。此时厂商没有改变其产出或价格水平的动机。在规范的厂商理论中，这意味着厂商选择了一个边际收益恰好等于边际成本的产出水平。

**Equilibrium** (for the individual consumer)

（单个消费者的）**均衡**

消费者效用达到最大化时的状态。在给定的收入和价格水平下，消费者选择了能够最大程度地满足其需要的商品组合。

**Equilibrium, competitive**

**竞争均衡**

见**竞争均衡**（competitive equilibrium）。

**Equilibrium, general**

**一般均衡**

见**一般均衡分析**（general-equilibrium analysis）。

**Equilibrium, macroeconomic**

**宏观经济均衡**

意愿总需求等于意愿总供给的 GDP 水平。在均衡时，意愿的消费（$C$），政府支出（$G$），投资（$I$）和净出口（$X$）的总量正好等于在当前价格水平下企业所愿意出售的总量。

**Equimarginal principle**

**等边际法则**

决定收入在不同消费品之间分配的法则。消费者可按此法则选择消费组合，使花费在所有商品和服务上的每 1 美元的边际效用都相等，就能保证消费者所获得的效用最大化。

**Exchange rate**

**汇　率**

见**外汇汇率**（foreign exchange rate）。

**Exchange-rate system**
**汇率制度**
国家之间进行支付时所依据的一组规则安排和制度。历史上最重要的汇率制度是金本位制布雷顿森林体系和现在的浮动汇率制。

**Excise tax vs. sales tax**
**消费税和销售税**
消费税是对某种或某组商品，如酒和烟草的购买所课征的税。销售税是对除少数特定商品（如食品）以外的所有商品所课征的税。

**Exclusion principle**
**排他原则**
私人品区别于公共品的一种性质。当生产者将一种商品卖给A后，若能很容易地将B、C、D等人排除在该商品益处享用过程之外，则排他原则就在发生作用，该商品也因此是一项私人品若不能轻易地把其他人排除在分享过程之外，如公共卫生或国防，则我们称该商品具有公共品的特征。

**Exogenous vs. induced variables**
**外生变量和引致变量**
外生变量是那些由经济体系以外的因素来决定的变量。与外生变量相对应的是引致变量，后者是由经济体系的内在运行所决定的。例如，天气变化是外生变量，而消费的变化则常常由收入变动所引致。

**Expectations**
**预　期**
对于不确定因素（如未来利率、价格或税率）的看法或意见。如果预期没有系统性错误（或偏差），并应用了所有可能获得的信息，则称为理性的预期。如果人们根据过去的行为来形成他们的预期，则这种预期称为是适应性的。

**Expenditure multiplier**
**支出乘数**
参见**乘数**（multiplier）。

**Exports**
**出　口**
在本国生产而卖给别国的商品或服务。包括商品（如汽车）、服务（如运输）和贷款及投资的利息。进口正好是一种反方向的流动——商品和服务从别国流入本国。

**External diseconomies**
**外部不经济**
指生产或消费给其他人造成损失而其他人却不能得到补偿的情况。例如，钢铁厂排放的烟雾及含硫气体损害当地人的财产和健康，但受害者并不能得到补偿。污染是一种外部不经济。

**External economies**
**外部经济**
指生产和消费能给其他人带来收益而其他人却不必进行支付的情况。一个企业雇用了安全保卫，使得小偷不敢在附近社区活动，这就为居民提供了外部的安全服务。外部经济与外部不经济通常被统称为外部性。

**External variables**
**外部变量**
同**外生变量**（exogenous variables）。

**Externalities**
**外部性**
对他人产生有利的或不利的影响，但不需要他人对此支付报酬或进行补偿的活动。当私人成本或收益不等于社会成本或收益时，就会产生外部性。外部性的两种主要的类型是**外部经济**和**外部不经济**。

## F

**Factors of production**
**生产要素**
生产性投入，如劳动、土地和资本。生产商品和服务所需的资源，也称投入。

**Fallacy of composition**
**合成谬误**
一种认识错误，认为对个体成立的情形，对于群组或整个系统也同样成立。

**Federal funds rate**
**联邦基金利率**
指银行互相支付的用于银行储备隔夜用途的利率。

**Federal Reserve System**
**联邦储备系统**
是美国的**中央银行**。由联邦储备委员会和12个联邦储备区银行构成。

**Fiat money**
**法定货币**
没有**内在价值**，但被政府法定为有效的货币，如当今的纸币。只有在公众相信它会被接受时，法定货币才会生效。

**Final goods**
**最终产品**
旨在最终使用而非转卖或进一步加工的商品［参见**中间产品**（intermediate goods）］。

**Finance**
**融　资**
指为了进行储蓄或开支，经济代理人从其他代理人处借进或贷出资金的过程。

**Financial account**
**资本账户**
见**贸易余额**（balance of trade）。

**Financial assets**
**金融资产**
一个团体对另一个团体的货币权利和义务。比如说债券，抵押，银行信贷和普通股。

**Financial economics**
**金融经济学**
经济学的一个分支。分析理性投资者如何通过最有效的方式使用资金和进行投资以期达到目标。

**Financial intermediaries**
**金融中介**
接受储蓄存款并将其出借给借款者的机构。包括存款机构（如商业银行和储蓄银行）和非存款机构（如货币市场共同基金、经纪人商行、保险公司或养老基金）。

**Financial markets**
**金融市场**
该市场中的产品和服务主要是股票、债券等金融工具。

**Financial system**
**金融体系**
保证居民户、企业、政府等的金融决策顺利执行的一系列市场、企业和机构。其重要的组成部分包括货币市场，固定利息产品（如债券、抵押品等）的交易市场，企业所有权交易的股票市场以及供各国货币进行交易的外汇市场。

**Firm**（business firm）
**厂商**（企业）
经济体系中基本的私人生产单位。它雇用劳动，购买其他投入品，以制造和销售商品。

**Fiscal-monetary mix**
**财政—货币政策组合**
用以干预宏观经济活动的财政政策和货币政策的组合。紧缩的货币政策和宽松的财政政策，倾向于鼓励消费和抑制投资。而宽松的货币政策和紧缩的财政政策，则具有相反的功效。

**Fiscal policy**
**财政政策**
一种政府计划。内容包括：（1）商品和服务的购买及转移支付等支出；（2）税收的数量和种类。

**Fixed cost**
**固定成本**
见**固定成本**（cost, fixed）。

**Fixed exchange rate**
**固定汇率**
见**外汇汇率**（foreign exchange rate）。

**Flexible exchange rates**
**弹性汇率制**
一种国际汇率制度。在该制度条件下，汇率主要由市场力量（即供给和需求）决定，政府不设定及维持某种特定的汇率。有时也称为*浮动汇率制*。当政府对外汇市场不加干预时，该制度称为纯粹的浮动汇率制。

**Floating exchange rates**
**浮动汇率制**
见**弹性汇率制**（flexible exchange rates）。

**Flow of funds**
**资金流量**
追踪货币和其他金融票据如何在经济体中流动的账户。

**Flow vs. stock**
**流量与存量**
*流量*是指，带有时间跨度或曰在一个时段上所累积变动的量（好比通过一个河段的水流）。*存量*则指，在某一个时点上某一变量的量值（如同湖中所盛的水）。收入代表每一年的美元流入数，因此是一个流量。而到2005年12月为止某人的财富则是一个存量。

**Foreign exchange**
**外　汇**
各国用以偿付对他国所欠债务的通货（或其他金融票据）。

**Foreign exchange market**
**外汇市场**
不同国家的通货进行交易的市场。

**Foreign exchange rate**
**外汇汇率**
一国通货与他国通货的交换比率或曰价格。例如，如果你可以用1美元购买1.9德国马克，德国马克的汇率就是1.9。如果一国通货钉住某一汇率水平，并准备随时捍卫这一汇率，则称该国实行的是*固定汇率制*。而由市场供求力量来决定的汇率称为**弹性汇率制**。

**Four-firm concentration ratio**
**四企业集中率，四企业集中度**
见**集中率**（concentration ratio）。

**Fractional-reserve banking**
**部分准备金银行制度**
现代银行体系的一种管制形式。依法要求有关金融机构将其所吸收的存款的一定比例，以中央银行存款（或库存现金）的形式留作准备金。

**Free goods**
**免费品**
不属于**经济品**的物品。如空气或海水，它们大量存在于全世界，无需在需求者中间进行配给。因此，这些物品的市场价格为零。

**Free trade**
**自由贸易**
政府不采用关税、配额或其他形式来干预国际贸易的政策。

**Frictional unemployment**
**摩擦性失业**
由个别市场变化所引起的暂时性失业。例如，无经验的工人需要花费时间比较和选择不同的工作机会；甚至有经验的工人往往也需花费少量时间进行工作转换。摩擦性失业有别于*周期性失业*，后者是在工资和价格呈粘性的条件下，由于总需求水平的低下而造成的。

**Full employment**
**充分就业**
一个有多重含义的术语历史上曾被用于描述不存在（或仅存在最少量）非自愿失业情况下的就业水平。今天，经济学家用*非加速通货膨胀的失业率*（NAIRU）概念来描述可以长期持续的最高的就业水平。

## G

**Gains from trade**
**贸易利得**
自愿贸易所增加的福利总额。等于消费者剩余与生产者剩余之和。

**Galloping inflation**
**急剧的通货膨胀**
见**通货膨胀**（inflation）。

**Game theory**
**博弈论**
关于至少存在部分利益冲突的两个或多个决策者所处情况的分析。除用于罢工等讨价还价的情况，以及比赛和战争等冲突的情况之外，还可以用于寡头垄断市场互动的分析。

**GDP deflator**
**GDP紧缩指数**
GDP的“价格”。该价格指数用于衡量

GDP各组成部分相对于基年的平均价格。

**General-equilibrium analysis**
**一般均衡分析**
经济整体均衡状态的分析，此时所有的商品和服务市场都同时处于均衡。相应的**局部均衡分析**，仅研究单个市场的均衡。

**GNP**
**国民生产总值**
见**国民生产总值**（gross national product）。

**Gold standard**
**金本位制**
指这样一种制度：一国（1）宣布其货币单位与一定重量的黄金等价；（2）持有黄金储备，并根据所宣布的价格自由买卖黄金；（3）对黄金的进出口不加任何限制。

**Government debt**
**政府债务**
以债券和短期借款形式存在的政府债务总额。除由准政府机构（如中央银行）持有的债券以外，政府债务一般由公众持有。

**Government expenditure multiplier**
**政府支出乘数**
政府采购支出每增加1美元所引起的GDP的增量。

**Gross domestic product，nominal (or nominal GDP)**
**名义国内生产总值（或名义GDP）**
按当前市场价格计算的一国一年内所生产的全部最终产出的价值。

**Gross domestic product，real**
**实际国内生产总值（或实际GDP）**
考虑通货膨胀因素并加以扣除的GDP，也即，实际GDP=名义GDP除以GDP紧缩指数。

**Gross national product，real (or eeal GNP)**
**实际国民生产总值（或实际GNP）**
考虑到通货膨胀因素并加以扣除的GNP，也即，实际GNP=名义GNP除以GNP紧缩指数。

**Growth accounting**
**增长核算**
估计不同要素对经济增长的贡献程度的分析技术。借助边际生产率理论，增长核算将产出增长的源泉分解为劳动、土地、资本、教育、技术知识和其他多种因素。

## H

**Hedging**
**套期保值**
借助对冲交易回避风险的投资技术。例如，若某农场所种的小麦在秋季收获，则农场主可以在春季或夏季先行出售与产出等量的小麦，从而抵消价格波动的风险。或曰，实现套期保值。

**Herfindahl-Hirschman Index（HHI）**
**赫芬达尔—赫希曼指数**
经常通过市场结构分析来进行市场能力测量的标准。其通过市场参与者占有百分比的平方的加总来计算。完全竞争市场条件下HHI接近0，完全垄断市场HHI为10 000。

**High-powered money**
**高能货币**
见**货币基础**（monetary base）。

**Horizontal equity vs. vertical equity**
**横向公平与纵向公平**
横向公平指的是：对境况类似的人给予平等或公平的待遇，强调的是基本情况相同的人应得到相同的待遇。纵向公平指的是：对境况不同的人应给予平等的待遇。

**Horizontal integration**
**横向整合**
见**纵向整合与横向整合**（integration，vertical vs. horizontal）。

**Horizontal mergers**
**横向兼并**
见**兼并**（merger）。

**Human capital**
**人力资本**
一国由劳动力体现的技术知识和技能的存量，源于正式教育和在职培训等方面的投资。

**Hyperinflation**
**恶性通货膨胀**
见**通货膨胀**（inflation）。

## I

**Imperfect competition**
**不完全竞争**
见**不完全竞争**（competition，imperfect）。

**Imperfect competitor**
**不完全竞争者**
购买量或销售量足以影响所在市场的价格水平的厂商。

**Implicit-cost elements**
**隐性成本要素**
虽然不是显性货币成本，但却应像对待显性货币成本那样来加以核算的成本（如小商店店主的劳动成本）。隐性成本有时称**机会成本**，但后者含义更广。

**Imports**
**进　口**
见**出口**（exports）。

**Inappropriability**
**不可分拨性**
见**不可分拨的**（inappropriable）。

**Inappropriable**
**不可分拨的**
用以描述个人使用成本为零，或个人成本低于社会总成本的资源。这些资源的特征是具有外部性。因此，从社会的角度看，市场配置该资源是非效率的。

**Incidence（or tax incidence）**
**归宿（或税收归宿）**
一项税收最终的经济负担者（相应于法定纳税人）。例如，销售税表面上由零售商缴纳，但实际上该税赋极有可能转嫁在消费者身上。税收归宿说到底是取决于供给和需求的价格弹性。

**Income**

**收入，收益**

个人或国家一段时期内（通常为一年）所新增的工资、利息、红利和其他进账的流量。

**Income effect**（of a price change）

（价格变动的）**收入效应**

商品价格变动会引起消费者实际收入变动，进而会导致对该商品的需求量的变动。价格变动的收入效应是价格变动的替代效应的一种补充。

**Income elasticity of demand**

**需求的收入弹性**

任何给定物品的需求不仅受该物品价格的影响，而且受购买者收入的影响。收入弹性用于衡量物品需求量对于收入的敏感程度。其精确定义是：需求量变动的百分比除以收入变动的百分比［参见**需求的价格弹性**（price elasticity of demand）］。

**Income statement**

**收益表，利润表，损益表**

公司的一种报表，报告某时期（通常为一年）的销售收入或所获收益，所售商品的合理的成本，还有剔除成本后所剩的利润（净收入）又称*损益表*。

**Income tax，personal**

**个人所得税**

对个人收入课征的税。收入包括工资、薪金，或租金、红利、利息等资产收入。在美国，个人所得税采取**累进制**，即高收入者的平均税率要高于低收入者。

**Income velocity of money**

**货币的收入周转率**

见**货币周转率**（velocity of money）。

**Incomes policy**

**收入政策**

旨在直接限制工资和价格变动以减缓通货膨胀的政策。包括多种形式：从自愿工资-价格指导，到对工资、薪金和价格直接进行法律控制，等等。

**Increasing returns to scale**

**规模报酬递增**

见**规模报酬**（returns to scale）。

**Independent goods**

**独立品**

需求相互独立的物品。更精确地说，其他条件相同时，如果物品A的价格变化对物品B的需求没有影响，则称A、B是独立品。

**Indexing**（or **indexation**）

**指数化**

一种机制：工资、价格和合同随一般物价水平变动而进行的部分的或完全的调整，以抵消总体价格水平的变动的影响。

**Indifference curve**

**无差异曲线**

两轴分别表示不同物品消费量的平面坐标内的一条曲线。该线上每一点（表示两种物品的不同组合）能为所给定的消费者带来完全等同的效用满足程度。

**Indifference map**

**无差异曲线图**

绘有某消费者一族无差异曲线的图形。这族曲线通常处于原点的右上方，离原点越远的，满足程度或水平越高。

**Indirect taxes**

**间接税**

见**直接税**（direct taxes）。

**Induced variables**

**引致变量**

见**外生变量与引致变量**（external vs. induced variables）。

**Industry**

**产　业**

生产相似的或相同的产品的一系列企业。

**Inertial rate of inflation**

**惯性通货膨胀率**

一种持续的通货膨胀过程。当人们预期通货膨胀会持续下去，并且当前的通货膨胀率体现于人们所订立的合同及所形成的预期之中的时候，惯性通货膨胀就会发生。

**Infant industry**

**幼稚产业**

在对外贸易理论中，指尚未拥有实现规模经济所需的经验或专业技术的产业。要成功地同外国生产同样商品的成熟产业相竞争，这种经验或专业技术是必需的。幼稚产业在其发展过程中，通常认为需要给予关税或配额的保护。

**Inferior goods**

**低档品或劣等品**

消费量随收入的上升而下降的物品。

**Inflation**（or **inflation rate**）

**通货膨胀（或通货膨胀率）**

通货膨胀率指一般物价水平的年增长百分比。*恶性通货膨胀*指通货膨胀率极高的情况（例如，每年百分之一千，百分之一百万甚至百分之十亿）。*急剧的通货膨胀*指每年百分之五十、一百或二百的情况。*温和的通货膨胀*则指并不严重扭曲相对价格或收入的物价上涨。

**Inflation targeting**

**设定通货膨胀目标**

一种治理通货膨胀的政府政策：官方确定通货膨胀的目标宣布通货膨胀率波动的范围，并明确表示货币政策的首要目标是低且稳的通货膨胀。近年许多工业国都采用了强硬或灵活的通货膨胀目标政策。

**Innovation**

**创　新**

一个与约瑟夫·熊彼特（Joseph Schumpeter）有密切关系的术语。熊彼特赋予它三种含义：（1）向市场引入一种全新的、明显不同的产品；（2）引进一种新的生产技术；或者（3）开发一个新市场［参见**发明**(invention)］。

**Inputs**

**投　入**

投入或*生产要素*指企业用于生产过程的商品或劳务。

**Insurance**

**保　险**

一种机制：通过将风险分散于众多人身上的方式来降低个体所面对的风险、弥补个体可能遭受的巨额损失。

**Integration，vertical vs. horizontal**
**纵向整合和横向整合**
生产过程由许多生产阶段所组成，如铁矿石加工成钢锭、钢锭加工成钢板、钢板再加工成汽车车体。纵向整合是指将生产过程的两个或更多的阶段结合在单个企业当中（如，铁矿石和钢锭）。横向整合是指将处于同一生产阶段的不同单位结合在单个企业当中。

**Intellectual property rights**
**知识产权**
管理专利、版权、商业秘密、电子媒介和其他以信息为主要内容的商品的法律。这些法律通常给予发明者在再生产过程中的控制权和受补偿权。

**Interest**
**利　息**
向他人贷款的人所获得的收益。

**Interest rate**
**利　率**
一定时期内为所借款项所支付的价格，通常以每年的占本金的百分比来表示。这样，如果利息率是每年10%，则借期一年的1 000美元贷款，需要支付100美元的利息。

**Intermediate goods**
**中间产品**
经过一些制造或加工过程，但还没有达到最终产品阶段的产品。例如，钢铁和棉纱就是中间产品。

**International monetary system**
(also **international financial system**)
**国际货币制度（国际金融体系）**
跨国交易据以进行支付的制度。中心政策问题是安排汇率如何决定、政策如何影响汇率等问题。

**Intervention**
**干　预**
政府为影响本币汇率而在外汇市场上买卖本国货币等活动。

**Intrinsic value** (of money)
(货币的) **内在价值**
作为物品的货币商品价值（如，铜币中所含铜的市场价值）。

**Invention**
**发　明**
一种新产品或一项新生产技术的创造性发现。注意与**创新**有别。

**Investment**
**投　资**
(1) 一种为增加未来产出而放弃当前消费的经济活动。包括有形投资，如房屋，和无形投资，如教育。净投资是总投资扣除折旧后的价值。总投资是没有扣除折旧的投资 (2) 在金融术语中，投资的含义完全不同，它指的是对于股票或债券等证券的购买。

**Investment demand**
(or **investment demand curve**)
**投资需求（或投资需求曲线）**
反映投资水平同资本成本（更具体地说是实际利率）之间的对应关系的图表。

**Invisible hand**
**看不见的手**
亚当·斯密于1776年提出的概念，揭示自由放任的市场经济中所存在的一个悖论，认为在每个参与者追求他或她的私利的过程中，市场体系会给所有参与者带来利益，就好像有一只与人为善的“看不见的手”，在指导着整个经济的运作过程。

**Involuntarily unemployed**
**非自愿失业**
见**失业**（unemployment）。

**Isoquant**
**等产量**
见**等产量曲线**（equal product curve）。

## K

**Keynesian economics**
**凯恩斯经济学**
由约翰·梅纳德·凯恩斯开创的一套经济理论。认为资本主义体系不能自动地趋向充分就业的均衡。根据凯恩斯的观点，运用财政政策或货币政策能够提高总需求，可以医治非充分就业的均衡。

**Keynesian school**
**凯恩斯学派**
见**凯恩斯经济学**（Keynesian economics）。

## L

**Labor force**
**劳动力**
美国官方统计中，16岁和16岁以上的失业或就业的人口群体。

**Labor-force participation rate**
**劳动力参与率**
属于劳动力范围的人口占16岁及16岁以上的全体人口的比率。

**Labor productivity**
**劳动生产率**
见**生产率**（productivity）。

**Labor supply**
**劳动供给**
一个经济可供使用的工人的数量（或更一般地说：劳动的小时数）。劳动供给的主要决定因素是人口、实际工资和社会传统。

**Labor theory of value**
**劳动价值论**
常与卡尔·马克思联系在一起的学说，认为每种商品价值的惟一衡量标准都应是生产它所需要的劳动量。

**Laissez-faire** (“leave us alone”)
**自由放任（“别来管我”）**
一种观点，认为政府应尽可能少地干预经济活动，而让市场去做决策。按照亚当·斯密等古典经济学家的表述，这一观点明确认为政府的作用应限于下述范围：(1) 法律和秩序维持；(2) 国防；(3) 提供私人企业不愿提供的某些公共品（如公共保健和环境卫生）。

**Land**
**土　地**
古典和新古典经济学中三种基本生产要素的一种（其他为劳动和资本）。更一般地说，土地不仅包括农业和工业等方面的用地，而且还包括从地上和地下所取得的其他自然资源。

**Law of diminishing marginal utility**
**边际效用递减规律**
见**边际效用递减规律**（diminishing marginal utility，law of）。

**Law of diminishing returns**
**边际收益递减规律**
见**边际收益递减规律**（diminishing returns，law of）。

**Law of downward-sloping demand**
**需求向下倾斜规律**
经过普遍的观察可知，在其他条件不变的条件下，当商品的价格上涨，购买者将减少对它的购买。同样的，其他条件不变，当其价格下降，需求数量上升。

**Least-cost rule**（of production）
（生产的）**最低成本法则**
指这样一种法则：当每一种投入要素的边际收益产品对于该种投入要素的价格的比率都相等的时候，生产某一水平产量的成本就达到最小。

**Legal tender**
**法定清偿物**
按照法律规定，在进行债务清偿时必须被接受的货币。美国所有的硬币和通货都是法定清偿物，但支票不是。

**Less-developed country**（**LDC**）
**欠发达国家**（**LDC**）
人均收入远低于"发达"国（通常指北美和西欧的大部分国家）的国家。

**Liabilities**
**负　债**
会计学中，指对其他企业或个人的欠款或金融债务。

**Libertarianism**
**自由放任主义**
一种在经济和政治事务中强调个人自由重要的哲学；有时也称为自由主义。自由放任主义者（包括早期的亚当·斯密，今天的米尔顿·弗里德曼和詹姆士·布坎南）认为，人民应该能够实现他们的利益和意愿，而政府活动应限于保证合同履行、提供警察和国防服务的范围内，这样才能最大限度地为个人提供自由。

**Limited Liability**
**有限责任**
关于所有者对企业损失应付责任的限制这种损失仅限于该所有者为该企业所提供的资本的范围内。有限责任是大公司兴起的重要因素。而合伙制和个人业主制的所有者一般情况下却需要对债务负有无限的责任。

**Long run**
**长　期**
用来表示一段时间的术语在这段时间中，可以针对有关的变化做出充分的调整在微观经济学中，它表示这样一段时间：企业可以进入或退出某一行业，且资本存量可以变化。在宏观经济学中，它经常用来指这样一段时间：所有的价格、工资合同、税率以及预期都能够做出充分的调整。

**Long-run aggregate supply schedule**
**长期总供给表**
供给表，反映所有价格和工资进行调整以后的产出与价格水平之间的关系。在此，总供给曲线是垂直的。

**Lorenz curve**
**洛伦茨曲线**
一个用来显示收入或财富不平等的程度的几何图形。

## M

$M_1$，$M_2$
参见**货币供给**（money supply）。

**Macroeconomic equilibrium**
**宏观经济均衡**
见**宏观经济均衡**（equilibrium，Macroeconomic）。

**Macroeconomics**
**宏观经济学**
对经济总体行为的分析，主要研究产出、收入、价格水平、对外贸易、失业和其他总体经济变量（相对于**微观经济学**）。

**Malthusian theory of population growth**
**马尔萨斯人口增长理论**
马尔萨斯首次提出的一种假设：认为人口增长的"自然"倾向快于食品供给的增长因此，随着时间推移，人均食品生产增长率趋于下降，从而给人口增长设置了一种障碍。一般地说，这种观点认为：随着人口的收入水平和生活标准的提高，人口倾向于更快地增长。

**Managed exchange rate**
**管理汇率制**
当今最流行的一种汇率体制。在这种体制中，国家会不时地采取一些干预措施以稳定货币，但没有固定的或官方公布的平价。

**Marginal cost**
**边际成本**
参见**边际成本**（cost，marginal）。

**Marginal principle**
**边际原则**
一个基本概念：当人们活动的边际成本等于边际收益的时候，他们就实现了自己的收入或利润的最大化。

**Marginal product**（*MP*）
**边际产品**（*MP*）
当所有其他投入不变时，追加1单位投入所得到的额外的产出。有时称为边际物质产品。

**Marginal product theory of distribution**
**分配的边际产品理论**
由约翰·克拉克（John B. Clark）提出的一种收入分配理论。根据该理论，每一生产性投入依据其**边际产品**获得相应的报酬。

**Marginal propensity of consume**（*MPC*）
**边际消费倾向**（*MPC*）
可支配收入增加1美元时人们消费的增加量。注意，它与平均消费倾向不同，后者是总消费与可支配总收入的比率。

**Marginal propensity to import** (*MPm*)
**边际进口倾向** (*MPm*)
在宏观经济学中，由于 GDP 每增加 1 美元而使得进口增加的美元数额。

**Marginal propensity to save** (*MPS*)
**边际储蓄倾向** (*MPS*)
所追加的 1 美元可支配收入中用于储蓄的部分。注意，根据定义，$MPC + MPS = 1$。

**Marginal revenue** (*MR*)
**边际收益** (*MR*)
企业出售额外 1 单位产品所能得到的收益的增量。在完全竞争条件下，边际收益等于价格。在不完全竞争条件下，边际收益低于价格。原因是：为销售所追加的这 1 单位产品，所有在此单位以前出售的产品的价格都必须有所降低。

**Marginal revenue product** (of an input), (*MRP*)
(一种投入的) **边际收益产品** (*MRP*)
等于边际收益乘以边际产品。如果厂商追加 1 单位投入进行生产并出售产品而得到一个额外收入，那么这个额外收入就是边际收益产品。

**Marginal tax rate**
**边际税率**
就所得税而言，收入的最后 1 美元中用作税收的百分比。在累进税制中，边际税率高于平均税率。

**Marginal utility** (*MU*)
**边际效用** (*MU*)
在假定其他商品的消费量保持不变的条件下，消费额外 1 单位追加商品时所带来的追加的或额外的满足。

**Market**
**市　场**
卖者和买者相互作用以决定商品价格和交易数量的一种安排。有些市场（如股票市场和跳蚤市场）有实在的空间场所；而另一些市场则是由电话或计算机连接起来的。现在，还有一种市场是在互联网络上展开的。

**Market-clearing price**
**市场出清价格**
供需平衡时的一种价格，在此价格下，所有供给和需求的订单都已完成，账簿上已经出清。

**Market economy**
**市场经济**
在这种经济中，"生产**什么**、**如何**生产和**为谁**生产"等有关资源配置的问题，主要通过市场的供给和需求来决定。在市场这种经济组织形式中，企业受利润最大化意愿的驱动，购买原材料进行生产并销售产品；而居民户则拥有要素收入，他们在市场中决定对商品的需求。最后，企业的供给和居民户的需求二者相互作用，共同决定商品的价格和数量。

**Market equilibrium**
**市场均衡**
等同于**竞争均衡**（competitive equilibrium）。

**Market failure**
**市场不灵**
指价格体系的不完备性，它阻碍资源的有效配置。主要表现为**外部性**和**不完全竞争**。

**Market power**
**市场力量**
一个或一组企业对某一行业价格和生产决策的控制程度。在垄断情形下，企业有高度的市场力量而在完全竞争行业中的企业则没有市场力量。**集中率**是使用得最广泛的市场力量的衡量标准。

**Market share**
**市场份额**
一个或一组企业在该行业产出量中所占的比例。

**Markup pricing**
**加成定价法**
许多企业在不完全竞争条件下所用的定价方法。根据这一定价方法，他们先估计平均成本，然后在成本上再加一个固定的百分比，以体现他们所要索取的价格。

**Marxism**
**马克思主义**
由卡尔·马克思在 19 世纪提出的一系列社会政治及经济学说。作为经济理论，马克思预言，由于资本主义的内在矛盾，特别是由于其剥削工人阶级的倾向，资本主义制度势必发生崩溃。马克思主义确信：资本主义制度下，工人必不可免地遭受压迫的依据是**工资铁律**，该定律认为工资一直会下降到只能维持劳动力生存的水平。

**Mean**
**均　值**
统计学术语，与平均意义相同。例如：1、3、6、10、20 这 5 个数字的均值是 8。

**Median**
**中位数**
统计学术语，特指在一列由低到高依次排列或分级的数字中那个恰好处在中间的数字（例如在收入和考分的序列中）。例如，在 1、3、6、10、20 这 5 个数字的中位数是 6。

**Mercantilism**
**重商主义**
一种政治学说，强调保持国际收支盈余以积累黄金的重要性，并由此提倡政府严密控制经济政策，认为自由放任的政策可能会导致黄金的流失。

**Merchandise trade balance**
**商品贸易余额**
参见**贸易余额**（trade balance）。

**Merger**
**兼　并**
一个公司收购另一个公司的行为，通常以一个企业收购另一企业股票的形式发生。主要形式包括：（1）纵向兼并，发生在两个企业处在生产过程的不同阶段的时候（如铁矿和钢锭）；（2）横向兼并，发生在两个企业处在同一个市场中的情况下（如两个汽车制造商）；（3）混合兼并，发生在两个企业在两个没有关联的市场中各自经营的场合（如鞋带制造业和炼油业）。

**Microeconomics**
**微观经济学**
对经济中各单个因素行为的分析：如研究某单个的商品的价格或单个消费者或单个企业的行为。（对照**宏观经济学**。）

**Minimum cost**
**最低成本**
参见**最低成本**（cost，minimum）。

**Mixed economy**
**混合经济**
非共产主义国家中经济组织的主要形式。混合经济主要依靠其经济组织中的价格体系，同时也采用多种形式的政府干预（如税收、支出和管制）来应付宏观经济的不稳定和市场不灵等情况。

**Model**
**模　型**
一种正式的分析框架，通过少数关键性变量的关系来揭示一个复杂系统的基本特征。模型可采取几何图形、数学方程组和计算机程序等多种形式。

**Momentary run**
**瞬　期**
非常短的一段时间，在这段时间里，生产是固定不变的。

**Monetarism**
**货币主义**
一个经济学流派，认为货币供应的变化是宏观经济波动的主要原因。就短期来说，货币主义认为，货币供应变动是决定实际产出和价格水平变动的主要因素。就长期来说，它认为价格倾向于与货币供应成比例地运动。货币主义者经常认定，最好的宏观经济政策是保持货币供应稳定增长的政策。

**Monetary base**
**货币基础**
由公众持有的政府的净货币性负债。在美国，货币基础等于通货加上银行准备金有时称高能货币。

**Monetary economy**
**货币经济**
一种经济，其贸易经由一种能被共同接受的交易媒介而进行。

**Monetary policy**
**货币政策**
中央银行实施控制货币、利率、信贷条件的目标和手段。货币政策的主要工具包括：公开市场业务、准备金比率和贴现率。

**Monetary rule**
**货币规则**
货币规则是货币主义经济学最重要的教条。它宣称最好的货币政策是将货币供应的增长率固定在一个水平上，不论经济景气与否，都应维持不变。

**Monetary transmission mechanism**
**货币传导机制**
在宏观经济学中，货币供应变动转化为产出、就业、价格和通货膨胀的变动的途径。

**Monetary union**
**货币联盟**
若干国家采用同一种通用货币作为会计单位和交换媒介的一种制度安排。欧洲货币联盟计划1999年采用欧元作为通用货币。

**Money**
**货　币**
支付手段或交换媒介。关于货币的构成，请参见**货币供给**。

**Money demand schedule**
**货币需求表**
体现的是货币持有需求和利率水平之间的对应关系。当利率上升时，债券和其他有价证券的吸引力增大，货币的需求量会降低。见**货币需求**（demand for money）。

**Money funds**
**货币资金**
灵活性很强的短期金融工具的简称，其利率是不固定的。主要形式包括货币市场互助基金和商业银行货币市场活期存款账户。

**Money market**
**货币市场**
金融术语，指一套处理短期信贷工具（如国库券和商业票据）买卖活动的制度安排。

**Money supply**
**货币供给**
狭义的货币供给（$M_1$）包括铸币纸币所有的活期存款或支票存款，称为狭义货币或交易货币。广义的货币供给（$M_2$）包括$M_1$的所有项目，再加上某些灵活性资产或若干准货币，如储蓄存款、货币市场基金和其他类似项目。

**Money-supply effect**
**货币供给效应**
名义货币供应量不变时，价格上升与相应的货币紧缩、总支出下降这二者之间的关系。

**Money-supply multiplier**
**货币供给乘数**
货币供给（或存款）增长与银行准备金增长的比率。一般说来，货币供给乘数等于法定准备金比率的倒数。例如，法定准备金比率是0.125，那么货币供给乘数就是8。

**Money，velocity of**
**货币周转率**
见**货币周转率**（velocity of money）。

**Monopolistic competition**
**垄断竞争**
一种市场结构，其中有许多卖者，他们所提供的产品接近、但不可以完全替代。在这样的市场上，每一厂商对其产品的价格都能施加一定的影响。

**Monopoly**
**垄　断**
一种市场结构，在其中，某种商品由单独一家厂商提供。见**自然垄断**。

**Monopsony**
**买方垄断**
垄断的镜像：只有一个买者的市场；一个"买方"的垄断。

**Moral hazard**
**道德风险**
市场失灵的一种形式。由于针对某种投保风险的保险机制的存在，使得风险事故发生的可能性增加。例如，一个对其汽车投保了失窃险的车主，可能会在锁车这件事上变得粗心。这是因为保险的存在降低了对防盗的激励。

***MPC***
见**边际消费倾向**（marginal propensity to consume）。

***MPS***
见**边际储蓄倾向**（marginal propensity to save）。

**Multiplier**
**乘　数**
宏观经济学的一个术语，指每单位外生变量（如政府支出或银行储备）的变化所带来的引致变量的变动情况（如 GDP 或货币供给）。支出乘数指支出（如投资）增长 1 美元所引起的 GDP 的增长。

**Multiplier model**
**乘数模型**
在宏观经济学中由凯恩斯所提出的一种理论。它强调自主开支（特别是投资、政府支出和净出口）的变化在决定产出和就业变化中的重要作用。见**乘数**（multiplier）。

## N

**NAIRU**
**非加速通货膨胀的失业率**
见**非加速通货膨胀的失业率**（nonaccelerating inflation rate of unemployment）。

**Narrow money（$M_1$）**
**狭义货币（$M_1$）**
见**货币供给**（money supply）。

**Nash equilibrium**
**纳什均衡**
博弈论中当事人的一组策略。其他参与人的策略既定时，没有任何一个参与人还能改善他或她的支付。也就是说，给定参与人 A 的策略，参与人 B 无法做得更好；而给定参与人 B 的策略，A 也不能做得更好。纳什均衡有时也称为非合作均衡。

**National debt**
**国家债务**
与政府债务同义。

**National income and product accounts（NIPA）**
**国民收入和生产账户（NIPA）**
一套衡量整个国家一个季度中或一年中的支出、收入和产出的情况的账户。

**National saving rate**
**国民储蓄率**
全部储蓄（私人储蓄和公共储蓄）除以国内净产值。

**Natural monopoly**
**自然垄断**
一个厂商或一个行业的产品的平均成本，在其规模扩大的整个过程中都明显下降，例如地方电力传输。在这种场合，该行业若由一个厂商、或由一个垄断厂商来经营，就会比多个企业能更有效率地提供全部产出。

**"Near-money"**
**"准货币"**
一种金融资产。它没有风险，非常易于转换成货币，以至它们接近于或实际上就等于是货币。例如货币基金或国库券。

**Neoclassical model of growth**
**新古典增长模型**
一种用来解释工业化国家经济长期增长趋势的理论或模型。这一模型强调资本深化（即资本–劳动比率的增长）和技术变革这一因素在解释潜在实际 GDP 增长中的重要作用。

**Net domestic product（NDP）**
**国内生产净值（NDP）**
等于 GDP 减去资本品的折旧补贴。

**Net economic welfare（NEW）**
**净经济福利（NEW）**
一种关于国民产出的指标，用于修正 GDP 指标的若干局限性。

**Net exports**
**净出口**
国民产出账户中的一项，等于商品和服务的出口减去商品和服务的进口。

**Net foreign investment**
**净国外投资**
一国的国外净储蓄，数值上约等于净出口。

**Net investment**
**净投资**
等于总投资减去资本品折旧。

**Net worth**
**净值，净资产**
会计学里，等于总资产减去总负债。

**New classical macroeconomics**
**新古典宏观经济学**
这种经济理论认为：（1）价格和工资是灵活的；（2）人们的预期遵循理性预期假说新古典宏观经济学的主要理论是政策无效性定理。见**理性预期假说**（rational ex-pectation hypothesis）和**政策无效性定理**（policy ineffectiveness theorem）。

**Nominal GDP**
**名义 GDP**
见**名义国内生产总值**（gross domestic product，nominal）。

**Nominal GNP**
**名义 GNP**
见**名义国民生产总值**（gross national product，nominal）。

**Nominal（or money）interest rate**
**名义（或货币）利率**
**利率**是对各种资产所作的支付名义利率代表每 1 美元投资每年所带来的美元收益。

而实际利率代表的每1单位实物投资所带来的实物报酬。

**Nonaccelerating inflation rate of unemployment（NAIRU）**

**非加速通货膨胀的失业率（NAIRU）**

失业率与稳定的通货膨胀率相联系。此时，价格和工资上涨和下跌的力量均等，所以通货膨胀率没有变化的趋向。非加速通货膨胀的失业率是对通胀没有向上压力的情况下能维持的最低失业率，此时长期菲利普斯曲线是垂直的。

**Noncooperative equilibrium**

**非合作性均衡**

见纳什均衡（Nash equilibrium）。

**Nonrenewable resources**

**不可再生资源**

指那些供给基本固定，再生速度达不到经济发展要求的自然资源，如石油和天然气。

**Normative vs. positive economics**

**规范经济学与实证经济学**

规范经济学考虑"应该怎样"，诸如公共政策价值判断，或公共政策目标之类的问题。而实证经济学则是关于经济事实和行为的分析，讨论"实际怎样"之类的问题。

**Not in the labor force**

**非劳动力**

特指成年人中不工作也不找工作的那部分人。

## O

**Okun's law**

**奥肯法则**

由奥肯发现的周期波动中的GDP和失业之间的经验关系。这一法则指出，当实际GDP相对于潜在GDP下降2%时，失业率上升大约1%（较早估计的比率是3:1）。

**Oligopoly**

**寡　头**

不完全竞争的一种在这种情形中，一个行业为少数几个供给者所支配。

**Open economy**

**开放经济**

一种经济体系，它与其他国家进行商品和资本的国际贸易活动（即进口和出口）。而一个封闭经济则是没有进出口的经济。

**Open-economy multiplier**

**开放经济乘数**

在一个开放经济中，漏出的收入既流向储蓄也流向进口。因此，投资或政府支出的开放经济乘数由下式可求：开放经济乘数$=\frac{1}{(MPS+MPm)}$式中$MPS$=边际储蓄倾向，$MPm$=边际进口倾向。

**Open-market operations**

**公开市场业务**

为影响银行准备金货币供给和利率，中央银行所进行的买卖政府债券的活动。买入证券时，中央银行所支付出去的货币，会增加商业银行的准备金，从而导致货币供给扩大；而卖出证券时，货币供给就被减缩。

**Opportunity cost**

**机会成本**

经济品的次优使用（或机会）价值，或曰所牺牲掉的可供选择的其他用途的价值。比如说，用来开采一吨煤的投入，其可供选择的最佳使用是生产10蒲式耳的小麦。那么一吨煤的机会成本就是10蒲式耳的小麦这些小麦能被生产出来但实际上却没有生产。机会成本对于评价非市场性商品诸如环境卫生和安全等十分有用。

**Optimal currency area**

**理想货币区**

一些有高劳动流动性和共同的集中供给和需求的国家和地区的联合。在这种情况下，汇率的明显变动也不一定需要对宏观经济的迅速调整，因为这些国家可以将汇率和共同的货币固定起来。

**Ordinal utility**

**序数效用**

需求理论所用的一种无标度的效用衡量方法。序数效用可以表明个人在A与B中更偏好A，但不能表明他究竟偏好多少。也即，任何两组商品都可以相对排序，但绝对差异无法衡量这与基数效用（有标度的效用）概念不同，基数效用有时用于风险行为分析。基数效用的一个例子是：我们说某物质在100开氏度时比它在50开氏度时热两倍。

**Other things constant**

**其他条件保持不变**

一个短语，有时写为"*ceteris paribus*"。表示：被观察的那个因素发生变化，而其他因素依旧或固定不变。例如，一个向下倾斜的需求曲线表示，在其他条件（如收入）保持不变的情况下，随着价格的上升，需求量会下降。

**Outputs**

**产　出**

用于消费或进一步加工生产的各种有用的物品和服务。

## P

**Paradox of thrift**

**节约悖论**

一个最早由约翰·梅纳德·凯恩斯提出的原则。即一个社会增加其储蓄的企图，可能导致其实际储蓄数量的减少。

**Paradox of value**

**价值悖论**

这样一种悖论：许多生活必需品（如水）的"市场"价值很低，而许多奢侈品（如钻石）"使用"价值很小，但市场价格很高。这一悖论由以下事实解释：价格不反映一件商品的总效用，而是反映它的边际效用。

**Pareto efficiency**（or **Pareto optimality**）

**帕累托效率（或帕累托最优）**

见配置效率（allocative efficiency）。

**Partial-equilibrium analysis**

**局部均衡分析**

一种分析方法。在其他条件不变（如忽略收入变化）的前提条件下，分析各种变量对单个市场的影响。

**Partnership**
**合伙制**
两人或多人共同经营的非公司形式的企业，不像公司那样只承担有限的责任。

**Patent**
**专　利**
一种赋予发明者的排他性权利，可以在一定时期内（如美国为20年）控制其发明的使用权。专利造成暂时垄断，作为对发明活动的报酬。像其他知识产权一样，专利是促进个人或小企业进行发明的一种手段。

**Payoff table**
**支付矩阵**
博弈论中，用来描述两个人或多个参与人的策略和支付的矩阵。不同参与人的利润或效用就是*支付*。

**Payoffs**
**支　付**
见**支付矩阵**（payoff table）。

**Perfect competition**
**完全竞争**
参见**完全竞争**（competition，perfect）。

**Personal income**
**个人收入**
衡量税收抵扣前收入的一个指标，确切地说，等于可支配个人收入加上净税收。

**Personal saving**
**个人储蓄**
收入中没有被消费的部分，换言之，是个人可支配收入与消费之间的差额。

**Personal saving rate**
**个人储蓄率**
以百分比形式表示的个人储蓄与个人可支配收入的比率。

**Phillips curve**
**菲利普斯曲线**
由菲利普斯首先提出的一种几何图形，显示的是失业与通货膨胀的替代关系。在现代主流宏观经济学中，向下倾斜的"替代性"的菲利普斯曲线一般只在短期中成立。在长期中，通常认为菲利普斯曲线是垂直的，而且对应于*非加速通货膨胀的失业率*（NAIRU）。

**Policy ineffectiveness theorem**
**政策无效性定理**
一个定理，认为在理性预期、价格工资灵活的情况下，被预期到的政府货币或财政政策实际上不能影响实际产出或失业。

**Portfolio theory**
**投资组合理论**
一种经济投资理论，讨论理性投资者如何将自己的资本分配在不同的金融资产中——也就是说，他们怎样将其资本"组合"成一种最佳搭配状态。

**Positive economics**
**实证经济学**
参见**规范经济学与实证经济学**（normative vs. positive economics）。

**Post hoc fallacy**
**后此谬误**
来自拉丁语"*post hoc*，*ergo propter hoc*"，意为"在这个之后发生，所以是因为这个"。如果这样推理："因为A先于B，所以A引起B"，那么，就会发生这种谬误。

**Potential GDP**
**潜在GDP**
高就业的GDP，或更精确地说，在既定的技术状况和人口规模条件下可以达到的且不致加速通货膨胀的最高水平的GDP。现今一般认为：它是那个与**非加速通货膨胀的失业率**（NAIRU）相应的产出水平的等价物。潜在产出不一定是最大产出。

**Potential output**
**潜在产出**
与**潜在GDP**同义。

**Poverty**
**贫　困**
今天，美国政府将"贫困线"定义为可维持最低限度生活的收入水平。

***PPF***
见**生产可能性边界**（production-possibility frontier）。

**Present value** (of an asset)
（资产的）**现值**
在一段时间内能带来一系列收入的资产的当前价值。估价这一系列的收入需要将每一部分收入折现。折现是用折现率（也即一种利率）对未来的收入加以折算。

**Price**
**价　格**
商品、服务或资产的货币花费。价格是把每单位的商品用货币单位来衡量。比如说每个汉堡包是3美元。

**Price discrimination**
**价格歧视**
一种将同样的产品以不同的价格出售给不同的消费者的情况。

**Price-elastic demand** (or **elastic demand**)
**富有价格弹性的需求（或有弹性的需求）**
需求价格弹性的绝对值超过1的情况。这时，需求量变化的百分比大于价格变化的百分比。另外，有弹性的需求意味着：当价格下降时，由于需求量增加得非常之大，以至于总收益（价格×数量）会上升[参见**缺乏价格弹性的需求**（price-inelastic demand）]。

**Price-elasticity of demand**
**需求的价格弹性**
表示需求量对价格变动反应程度的指标弹性系数（需求的价格弹性系数=$E_p$）等于需求量变动百分比除以价格变动的百分比。具体计算百分比时，分子取新老需求量的平均数，分母取新老价格的平均数，不计负号。参见**富有需求价格弹性**（price-elastic demand）、**缺乏价格弹性的需求**（price-inelastic demand）和**单位弹性的需求**（unit-elastic demand）。

**Price elasticity of supply**
**供给的价格弹性**
在概念上与**需求的价格弹性**相似，只不过它衡量的是供给对价格变动的反应，更精确地说，供给的价格弹性是供给量变化的百分比除以价格变动的百分比。供给弹性在完全竞争条件下最为有用。

**Price flexibility**
**价格灵活性**
“拍卖”市场上（如许多原料商品和股票市场）的价格行为。在这些场合，价格对供给或需求的变动立即做出反应。

**Price index**
**价格指数**
表示在给定的时段里，一组商品的平均价格如何变化的一种指数。在计算平均数时，不同商品的价格一般要根据其经济重要性作加权处理（例如在计算**消费者价格指数**时，加权的依据就是每种商品在总消费支出中所占的份额）。

**Price-inelastic demand (or inelastic demand)**
**缺乏价格弹性的需求（或缺乏弹性的需求）**
需求价格弹性绝对值小于1的情况。在这种情况下，当价格下降时，总收益下降；当价格上升时总收益上升。缺乏价格弹性的需求的一个极端是完全无价格弹性的需求，这意味着当价格上升或下降时，需求量完全没有变化［参见**富有价格弹性的需求**（price-elastic demand）和**单位弹性的需求**（unit-elastic demand）］。

**Price of GDP**
**GDP的价格**
见**GDP紧缩指数**（GDP deflator）。

**Prisoner's dilemma**
**囚徒困境**
一个著名的博弈，此种情况下的不合作性均衡是无效率的。

**Private goods**
**私人品**
见**公共品**（public goods）。

**Producer price index**
**生产者价格指数**
大量批发销售的商品（如钢小麦以及石油）的价格指数。

**Producer surplus**
**生产者剩余**
生产者销售收益和生产成本之间的差。生产者剩余可以用供给曲线以上、价格线以下的面积来衡量。

**Product, average**
**平均产量**
见**平均产量**（average product）。

**Product, marginal**
**边际产品**
见**边际产品**（Marginal product）。

**Product differentiation**
**产品差异化**
类似商品之间存在着的使它们不至于成为完全替代品的因素。如，因位置差别使得在不同地点出售的同型号的汽油成为不完全的替代品。具有产品差别的企业面对的是向下倾斜的需求曲线，而不是完全竞争情况下的那种水平的需求曲线。

**Production function**
**生产函数**
在技术水平既定条件下确定某一组要素投入所能带来的最大产出的关系式（或数学函数）。它用于某个企业，或作为总生产函数用于整体经济。

**Production-possibility frontier (*PPF*)**
**生产可能性边界（*PPF*）**
一种几何图形，显示一个经济所能生产的商品的各种组合。通常简化地选择两种商品：大炮和黄油。*PPF*外部的点（其右上部）的产品组合不可能得到，而*PPF*内部的点则缺乏效率，因为资源没有得到充分利用。这或者是因为资源使用不当，或者是所用的生产技术已经过时。

**Productive efficiency**
**有效率的生产**
一种经济如果不减少一种产品的生产就不能再生产更多的另一种产品的情况。这表明此时经济处于生产可能性边界上。

**Productivity**
**生产率**
用来表示产出与投入比率的术语（总产出除以劳动投入是*劳动生产率*）。如果相同数量的投入生产了更多的产出，则生产率就增长了。劳动生产率的增长是由于技术进步、劳动技能的改善和资本深化。

**Productivity growth**
**生产率增长**
从一个时期到另一个时期生产率增长的速率。例如，如果劳动生产率指数2004年为100，而2005年为101.7，则2004～2005年生产率增长为每年1.7%。

**Productivity of capital, net**
**净资本生产率**
参见**收益率**（rate of return）。

**Profit**
**利　润**
(1)在会计学中，是指所售商品的总收入减去合理确定的成本（参见**收益表**）。
(2)在经济理论中，是指总收入与生产这些商品所用资源的全部机会成本之间的差额。

**Profit-and-loss statement**
**损益表**
参见**收益表**（income statement）。

**Progressive, proportional, and regressive taxes**
**累进税、比例税和累退税**
累进税对富人征税较重，累退税正好相反。更精确地说，一种税，如果对高收入者的平均税率（即税收除以收入）较高，它就是*累进税*。如果收入越高的人平均税率越低，就是累退税如果对各种收入水平的平均税率都相同，就是*比例税*。

**Property rights**
**产　权**
产权定义为个人或企业在市场经济中占有、买卖、使用资本品和其他财产的能力。

**Proportional tax**
**比例税**
参见累进税、比例税和累退税。

**Proprietorship, individual**
**个人业主制企业**
由私人所有并经营的企业。

**Protectionism**
**保护主义**
一国所采用的目的在于保护国内产业，防止进口品竞争的各种政策（最普通的是对进口征收关税和实行配额管理）。

**Public choice**（also **public-choice theory**）
**公共选择（公共选择理论）**
研究政府做出选择和指导经济的方式的经济学和政治学的结合部。这一理论有不同于市场理论之处，它强调政治家的“选票最大化”行为这个因素，而这与企业的“利润最大化”形成对比。

**Public debt**
**公共债务**
见**政府债务**（government debt）。

**Public goods**
**公共品**
指这样一种商品，其效用不可分割地影响整个公众，而不管其中任何个人是否愿意消费。例如，一项根除天花的保健措施对所有人都起了保护作用，而决不只是那些付钱接种疫苗的人。相比之下，*私人品*，如面包，如果被一个人消费，就不可能被另外的人消费。

**Pure economic rent**
**纯经济租金**
见**经济租金**（rent，economic）。

## Q

**Quantity demanded**
**需求量**
见**需求变化**（change in demand）与**需求量的变化**（change in quantity demanded）。

**Quantity equation of exchange**
**交易数量方程**
一个专业术语：$MV \equiv PQ$，式中 $M$ 是货币供给，$V$ 是货币的收入周转率，$PQ$（价格乘以数量）是总产出（名义 GDP）的货币价值。这一方程永远成立，因为 $V$ 被定义为 $PQ/M$。

**Quantity supplied**
**供给量**
见**供给变化**（change in supply）和**供给量的变化**（change in quantity supplied）。

**Quantity theory of money and prices**
**货币价格数量理论**
价格与货币供给同比例变动时，关于产出和总价格水平决定的理论。由货币主义者提出的一种更为明确的理论认为，货币供给是名义 GDP 变动的最重要的决定因素［见**货币主义**（monetarism）］。

**Quota**
**配　额**
进口保护主义的一种形式。在这种形式中，对某种商品（如糖或汽车）在一定时期中的总进口量做了限制。

## R

**Random-walk theory**（of stock market prices）
（股市价格的）**随机游走理论**
见**有效市场理论**（efficient-market theory）。

**Rate of inflation**
**通货膨胀率**
见**通货膨胀**（inflation）。

**Rate of return**（or **return**）**on capital**
**资本收益率（或资本收益）**
在一项投资或一件资本品上的收益。比如，一项耗费 100 美元的投资每年带来 12 美元的收益，那么这项投资的收益率就是每年 12%。

**Rational expectations**
**理性预期**
见**预期**（expectations）。

**Rational-expectations hypothesis**
**理性预期假说**
这一假说认为人们可以对未来做出无偏估计，并且人们是利用了所有可利用的信息和经济理论做出这些估计和预测的。

**Rational-expectations macroeconomics**
**理性预期宏观经济学**
以罗伯特·卢卡斯罗伯特·巴罗和托马斯·萨金特为领导的一个经济学派，认为市场能够快速地出清且预期是理性的。在这些和其他一些条件下，可预测到的宏观经济政策对实际产出或失业没有影响。有时被称为**新古典宏观经济学**。

**Real-business-cycle theory**
**真实商业周期理论**
认为商业周期纯粹是总供给的变动（主要由技术扰动造成），与货币或其他需求方面的因素无关。

**Real GDP**
**实际 GDP**
见**实际国内总产值**（gross domestic product，real）。

**Real interest rate**
**实际利率**
以商品而不是以货币衡量的利率，所以它等于货币（或名义）利率减去通货膨胀率。

**Real wages**
**实际工资**
以商品或劳务计算的工人工资的购买力。它以货币工资率与消费物价指数的比率来衡量。

**Recession**
**衰　退**
实际 GDP 在连续两个或两个以上季度里下降。参见**萧条**（depression）。

**Regressive tax**
**累退税**
参见**累进税比例税和累退税**（progressive，proportional，and regressive taxes）。

**Regulation**
**管　制**
政府用来控制企业行为的法律或规定。主要种类有经济管制（它影响价格、市场准入、单个行业的服务，如电话服务业）和社会管制（它试图矫正影响到许多行业的外部性，如空气或水源污染）。

**Renewable resources**
**可再生资源**
能够周期性地提供服务的自然资源（如农业用地）；并且，如果管理适度，可以无限期使用。

**Rent，economic**（or **pure economic rent**）
**经济租**（或**纯经济租金**）
这一概念用于从土地得到的收入。土地的总供给是固定的（对此需略做修正），而给土地所有者的报酬就是地租。这一概念经常推广到付给各种供给不变的生产要素的报酬，即任何具有完全无弹性或垂直的供给曲线的投入。

**Required reserve ratio**
**法定准备金比率**
见**银行准备金**（reserves，bank）。

**Reserves，bank**
**银行准备金**
银行以库存现金的形式，或在联邦储备银行中以无息存款的形式而保留的一部分存款。在美国，要求银行持有支票存款（或交易账户）10%的准备金。

**Reserves，international**
**国际储备**
每一个国家都以黄金他国通货和特别提款权的形式持有一定数量的准备金国际储备作为"国际货币"用于一国发生国际收支困难的时侯如果一国准备允许它的汇率自由浮动，则只需要准备最低限度的准备金。

**Resource allocation**
**资源配置**
将资源（生产要素）在各种潜在用途上进行分配，以生产出一组特定的最终产品的经济方式。

**Returns to scale**
**规模报酬**
所有投入成比例增加时产出的增长率。例如，如果所有投入增加1倍而产出恰好也增加1倍，则说这一生产过程呈现的是规模报酬不变；而如果所有投入增加1倍而产出增加却不到100%，则这种生产过程呈现的就是规模报酬递减；如果产出增加了1倍以上，那么，该生产过程呈现的就是规模报酬递增。

**Revaluation**
**货币增值**
一国通货的官方外汇汇率的提高，见**货币降值**（devaluation）。

**Ricardian view of fiscal policy**
**财政政策的李嘉图法则**
由哈佛大学的罗伯特·巴罗发展的理论，其认为税率的变化对消费支出没有影响。这是因为，居民户能够预见到，政府为满足财政需要，现在的减税必然伴随着未来的增税。

**Risk**
**风　险**
在金融经济学中，风险是指投资收益的不确定性。

**Risk averse**
**风险规避**
面对不确定因素时，如果一个人认为，损失一定量收入的不愉快，大于获得同一数量收入的愉快，那么他就是风险规避的。

**Risk spreading**
**风险分摊**
承担大的风险并将这些风险分散开去的过程，目的是使这些大的风险变成由一大批人承担的小风险。风险分散的主要形式是**保险**，它是赌博的一种对立面。

**Rule of 70**
**70 法则**
一种估计复利的捷径。一个每年以r%的速度增长的量大约在第70/r年时翻番。

## S

**Sales tax**
**销售税**
见**消费税和销售税**（excise tax vs. sales tax）。

**Savings function**
**储蓄函数**
显示居民户或国家每一收入水平上相应的储蓄量的函数关系图表。

**Say's law of markets**
**萨伊的市场定律**
"供给会创造自己的需求"的理论。萨伊在1803年提出，因为总的购买力恰好等于总收入和总产出，超额需求或超额供给是不可能的。凯恩斯对萨伊定律提出了批评。他指出，追加的1美元收入并不必然全部花掉（即边际消费倾向并不必然为1）。

**Scarcity**
**稀　缺**
稀缺是经济物品的显著特征之一经济物品的稀缺并不意味着它是稀少的，而是指它不可以免费得到。要得到这样一种物品，必须自己生产或用其他经济品来加以交换。

**Scarcity，law of**
**稀缺规律**
大部分人所需要的东西只能得到有限的供应（**免费品**除外）的原理。因此，商品一般是稀缺的，必须通过价格或者其他形式进行某种程度的配给。

**Schedule**（demand，supply，aggregate demand，aggregate supply）
（总）**需求表，**（总）**供给表**
一个可以和曲线互换使用的概念，比如需求曲线，供给曲线及其他。

**Securities**
**证　券**
用来表示各种各样金融资产的术语，如股票、债券、期权、票据等；更确切地说，是用来确立对这些资产的所有权的单据。

**Short run**
**短　期**
不能让所有的要素都做出充分调整的一段时间。在微观经济学中，资本存量和其他"固定"要素短期中不能做出调整，进入也不是自由的。在宏观经济学中，价格工资合同、税率和预期等，在短期中也不可能做出充分的调整。

**Short-run aggregate supply schedule**
**短期总供给表**
表示短期内产出与价格的关系的图表。在这样的短期中，总需求的变化能影响产出。它可以由一条向上倾斜的或水平的总供给曲线来代表。

**Shutdown price** (or **point**, or **rule**)
**停业价格（或停业点、停业原则）**
在厂商理论中，市场价格恰恰可以弥补平均可变成本且无多余的点就是停业点。这时，企业每期的损失恰好等于它的固定成本，与停业关门的后果一样。

**Single-tax movement**
**单一税运动**
19世纪由亨利·乔治发起的一场运动，认为在经济不断进步的条件下，贫困仍持续存在的原因在于：土地的稀缺和大量的地租流向土地所有者。“单一税”旨在对土地所有者的地租征税。

**Slope**
**斜　率**
几何图形中与横轴上变量的单位变化相对应的纵轴上变量的变化。向右上倾斜的曲线斜率为正，向右下倾斜的曲线斜率为负（如需求曲线），水平线的斜率为零。

**Social insurance**
**社会保险**
政府提供的强制性保险。预防道德危害或逆向选择等市场不灵问题，以增进社会福利。

**Social overhead capital**
**社会基础资本**
经济发展所依赖的基础性投资。特别指对卫生、饮用水、交通、通信等方面的投资。有时称“基础设施”。

**Social regulation**
**社会管制**
见**管制**（regulation）。

**Socialism**
**社会主义**
认为除劳动以外的所有的（或几乎所有的）生产资料都应为社会所有的政治理论。社会主义所允许资本收益的分享情况比资本主义平等。

**Speculator**
**投机者**
指从事投机的人。也即，那些为了将来能以更高（低）的价格卖出（买入），而于现在就买入（或卖出）商品或金融资产的人。

**Spillovers**
**外　溢**
与**外部性**（externalities）同义。

**Stagflation**
**滞　胀**
20世纪70年代早期造出的一个词，描述高失业或停滞，与持续的通货膨胀相并存的现象。这一现象主要通过通货膨胀过程的惯性性质来加以解释。

**Statistical discrimination**
**统计性歧视**
指对待个人的方式以该人所属群体的一般行为或特征为基础。统计歧视可以通过降低个人突破其所属群体特征的积极性而实现自我永存。

**Stock, common**
**普通股票**
参见**普通股票**（common stock）。

**Stock market**
**股票市场**
进行普通股票交易的有组织的市场。在美国，最大的股票市场是*纽约股票交易所*，美国大公司的股票交易都在那里进行。

**Stock vs. flow**
**存量与流量**
见**流量与存量**（flow vs. stock）。

**Strategic interaction**
**策略互动**
寡头市场上的一种情况。其中，每一企业的经济策略依赖于其竞争对手的计划而制定或修改。**博弈论**中给出了对策略互动的较正式的分析。

**Structural budget**
**结构性预算**
见**实际预算、周期性预算和结构性预算**（actual, cyclical, and structural budget）。

**Structural unemployment**
**结构性失业**
因工作空缺的地区分布或工作类型与工人的类型不一致而产生的失业。可能有工作机会存在，但失业工人却可能不具备这些工作机会所要求的技能；或者有工作机会的地区与失业者所生活的地区不一致。

**Subsidy**
**补　贴**
政府对提供或消费某种商品的企业或居民户所做的支付。例如，政府经常以支付部分食品开支的形式向低收入家庭发放食品补贴。

**Substitutes**
**替代品**
互相竞争的商品（如五指分开和不分开的手套）。相反，按消费者的理解，一起出现、互相配合的商品则是*互补品*（如左脚穿的鞋和右脚穿的鞋）。

**Substitution effect** (of a price change)
（价格变动的）**替代效应**
指这样一种倾向：当一商品的相对价格下降时，消费者增加对该种商品的消费（以该种商品作为”替代”）；而当一商品的相对价格上升时，消费者减少对该种商品的消费（该种商品被”替代”）。价格变动的这种替代效应导致向下倾斜的需求曲线[参见**收入效应**（income effect）]。

**Substitution rule**
**替代法则**
如果一种要素价格下降而其他要素价格不变时，那么用这一相对便宜的要素替代所有其他要素，会使企业从中获利。这一原则是*最低成本法则*的推论。

**Supply curve**（or **supply schedule**）
**供给曲线（或供给表）**
假定其他条件保持不变，表示对应每一价格，一给定市场上的供给者愿意出售的商品数量的图表。

**Supply shock**
**供给冲击**
在宏观经济学中，对总供给产生意外重大影响的生产成本或生产率的突然变动作为供给冲击的结果，实际 GDP 和价格水平会发生预料不到的变动。

**Supply-side economics**
**供给学派经济学**
强调各种影响总供给或潜在产出的政策措施的观点.这一理论认为，对劳动和资本收入的高边际税率会降低工作和储蓄的积极性。

## T

**Tangible assets**
**有形资产**
类似于土地或资本品（像计算机、建筑物、汽车），被用来生产未来的产品或服务的资产。

**Tariff**
**关　税**
一国对进口商品根据其数量单位所征收的税。

**Tax incidence**
**税收归宿**
见**归宿**（incidence）。

**Technological change**
**技术变革**
生产过程的改变或新产品的引入，使得同样的一批投入能得到更多的或更进步的产出。它导致生产可能性曲线的外移。通常也叫**技术进步**。

**Technological progress**
**技术进步**
见**技术变革**（technological change）。

**Terms of trade**（in international trade）
（国际贸易中的）**贸易条件**
一国出售其出口品、购买其进口品的“实际”条件，它等于出口价格指数与进口价格指数的比率。

**Theory of income distribution**
**收入分配理论**
该理论用于解释一个社会中个人的收入和财富的分配方式。

**Time deposit**
**定期存款**
存于银行的有最低“提取期”的资金它包括在广义货币（$M_2$）中，但不包括在 $M_1$ 中，因为它们不作为支付手段来使用。

**Token money**
**符号货币**
很少有或没有内在价值的货币。

**Total cost**
**总成本**
参见**总成本**（cost，total）。

**Total factor producicitivity**
**全要素生产率**
也叫*多要素生产率*，是衡量单位总投入的总产出的生产率指标。分子是总产出（即 GDP），分母是资本、劳动和资源的加权平均数。全要素生产率的增长率常常被视为科技进步的指标。

**Total product**（or **output**）
**总产品（或总产量）**
所生产的商品劳务的数量。物理单位对小麦是蒲式耳，对钢铁是吨，而对理发则是次数。

**Total revenue**
**总收益，总收入**
价格与产量的乘积，或称总销售额。

**Trade balance** or **merchandise trade balance**
**贸易余额或商品贸易余额**
参见**贸易余额**（balance of trade）。

**Trade barrier**
**贸易壁垒**
任何一种用以阻碍进口的保护主义措施。关税和配额是最明显的壁垒，但近年来，非关税壁垒（或 NTBs），如费用高昂的管制性程序，代替了传统的措施。

**Transactions demand for money**
**货币的交易需求**
见**货币需求**（demand for money）。

**Transactions money**
**交易货币**
货币供给的一种衡量方法（通常称作 $M_1$），它由实际用于交易的项目，即现金和支票账户构成。也作*狭义货币*。

**Transfer payments，government**
**政府转移支付**
政府向个人所做的无需个人以当前的服务回报的支付，如社会保障支付和失业保险等。

**Treasury bills**（**T-bills**）
**短期国库券**
联邦政府所发行的短期债券或证券。

## U

**Underground economy**
**地下经济**
未报告的经济活动。地下经济包括本属合法但未向税收机关报告的活动（如现场旧货出售或亲朋间提供的服务），和非法活动（如贩毒赌博和卖淫）。

**Unemployed**
**失业者**
未被雇佣但积极寻找工作或等待重返工作的人。

**Unemployment**
**失　业**
（1）在经济术语中，*非自愿失业*是指愿意在现行的工资水平下工作的工人找不到工作。（2）在官方（美国劳动统计局）定义中，说一个工人是失业的，指他或她：

（a）眼下没有工作；（b）正在等待重新被雇佣，或在最近4周里主动寻找工作未果。

**Unemployment rate**
**失业率**
失业者在劳动力中所占的百分比。

**Unit-elastic demand**
**单位需求价格弹性**
介于**有价格弹性的需求**和**缺乏价格弹性的需求**之间的一种情况价格弹性的绝对值恰好等于1。也见**需求的价格弹性**。

**Unlimited liability**
**无限责任**
见**有限责任**（limited liability）。

**Usury**
**高利贷**
对所借货币索取高于法定最高水平利率的行为。

**Utility**(also **total utility**)
**效用（或总效用）**
从商品和劳务的消费中获得的所有满足；而边际效用指多消费1单位商品而得到的新增加的效用。

## V

**Value, paradox of**
**价值悖论**
见**价值悖论**（paradox of value）。

**Value added**
**附加价值**
所生产的商品的价值与生产它们所使用的材料和供给的成本之间的差额。在一块1美元的面包中，可能包含了0.6美元的小麦和其他材料的价值，这时其附加值为0.4美元。附加价值由一个企业或一个行业加于其产出中的工资、利息和利润构成。

**Value-added tax（VAT）**
**增值税（VAT）**
按其附加价值的一定百分比对企业所征的税。

**Variable**
**变　量**
一个可定义和可衡量的经济量。经济学中重要的变量包括价格、数量、利率、汇率、财富的价值等等。

**Variable cost**
**可变成本**
参见**可变成本**（cost，variable）。

**Velocity of money**
**货币周转率**
货币执行交易媒介职能时，从买者流向卖者，再到新的买者，如此不断进行。它的“周转率”指的是这种运动的速度。货币的收入周转率定义为名义GDP除以货币总供给，或 $V \equiv P \times Q/M \equiv \mathrm{GDP}/M$。

**Vertical equity**
**纵向公平**
见**横向公平与纵向公平**（horizontal equity vs. vertical equity）。

**Vertical integration**
**纵向整合**
参见**整合、纵向整合与横向整合**（integration，vertical vs.horizontal）。

**Vertical mergers**
**纵向兼并**
见**兼并**（merger）。

**Voluntarily unemployed**
**自愿失业**
指这样一类人，他们的失业是出于自我感觉到现行工资的价值小于将同样的时间别作他用（如闲暇）的价值。

## W

**Wealth**
**财　富**
给定时点上一国或一个人所有实物和金融产品的净价值。它等于所有资产减去所有负债。

**Welfare economics**
**福利经济学**
对经济体系的规范性分析，即经济运行中什么是“对”、什么是“错”等问题的研究。

**Welfare state**
**福利国家**
19世纪末在欧洲渐有影响的一种混合经济的概念。20世纪30年代被引入美国。在现代福利国家概念里，市场具体指导日常经济活动，而政府则规范社会环境、提供养老金、医疗保健和社会安全体系等。

**What, how and for whom**
**生产什么、如何生产以及为谁生产**
经济组织的三个基本问题。*生产什么*涉及以社会有限的资源或投入的存量，对每种可能的商品和劳务生产多少的问题。*如何生产*是对应将生产的各种产品，所用特定技术的选择；*为谁生产*指消费品在该社会成员中的分配。

**Winner-take-all game**
**胜者全得博弈，赢家通吃博弈**
支付策略取决于对于其他竞争者或参与人而言的相对价值。而非绝对价值这类博弈的一般特征是：回报主要或完全集中于那些最优的竞争者。

## Y

**Yield**
**收　益**
与**利率资本收益率**同义。

## Z

**Zero-profit point**
**零利润点**
对一个厂商而言，收支相抵时的价格水平，即全部成本得到弥补但利润为零的价格水平。

# 索 引

## A


Abbey, Edward
爱德华·艾比，314
Abilities
能力，334
Ability-to-pay principle
(税收的) 支付能力原则，284
Absolute advantage
(国际贸易中的) 绝对优势，257
Absolute inequality
绝对不公平，333
Accelerator principle
加速数原理，409
Accounting
  balance sheet
  收益表，117
  business accounts
  企业账户，369
  historical costs
  历史成本，119
  income statement
  损益表，118
Accounting conventions
会计准则，119
Accounting scandals
会计丑闻，303
Acid rain
酸雨，489
Actual budget
实际预算，618
Actual GDP
实际GDP，353
Adaptive expectations
适应性预期，612
Addiction, economics of
上隐物品经济学，81
Adjusted gross income
调整后的总收入，287
Adjustment mechanism
调整机制，529
Administered market
管理型市场，569
Adoption externality
使用外部性，101
Adverse selection
逆向选择，184
  social insurance
  社会保险，185
  advertising
  广告，150
  regulation
  管制，174
Affirmative action
平权措施，226
AFL-CIO
劳联—产联，221
After-tax income
税后收入，290
Aggregate demand
总需求，359，360，413
  demand management policies
  需求管理政策，562
  exogenous variables
  外生变量，411
  policy variables
  政策变量，411
  fiscal stimulus
  财政刺激，612
  impact of taxes
  税收影响，289
  monetarism *vs.* Keynesians
  货币主义与凯恩斯主义，603
  monetary policy
  货币政策，604
Aggregate demand curve
总需求曲线，411~413
Aggregate production function
总生产函数，102
  economies of scale
  规模经济，257
  neoclassical growth model
  新古典增长模型，490
  productivity
  生产率，485
  technological change
  技术变革，486
Aggregate supply
总供给，559
  potential output
  潜在产出，560
  long and short run
  长期和短期，98
Aggregate supply curve
总供给曲线，360，559
Aggregate supply schedule
总供给表，559
Agriculture
农业，64
  crop restrictions
  种植限制，164
  diminishing returns
  收益递减，195
  industrialization
  工业化，507
AIDS
艾滋病，81，502
Airbus Industrie
空中客车公司，145，257
Airline industry
航空业，302
  cost cutting
  降低成本，133
  deregulation of
  解除管制，296，302
  price discrimination
  价格歧视，305
Akerlof, George A.
乔治·阿克尔洛夫，77
Allocative efficiency
配置效率，138，246

general equilibrium
一般均衡，246~249
American Airlines
美国航空，161
American Federation of Labor
美国工人联合会，221
American Tobacco Company
美国烟草公司，306
Anheuser-Busch
安赫舍—布士，162
Anticipated inflation
可预期的通货膨胀，582
Antidumping tariffs
反倾销关税，269
Anti-inflation policies
反通货膨胀政策，593
Antipoverty policies
反贫困政策，339
costs of redistribution
再分配代价，339
federal programs
联邦项目，342
impact of welfare reform
福利改革影响，343
incentive problem
激励问题，342
income security programs
收入保障计划，342
rise of welfare state
福利国家的兴起，339
Antitrust law
反托拉斯法，309
Microsoft case
微软案件，307
Antitrust policy
反托拉斯政策，304
AT&T case
美国电报电话公司案例，307
mergers
合并（兼并），309
IBM case
IBM公司案例，307
Appreciation
(通货）升值，526
Appropriable resources
可分拨资源，316
Arbitrage
套利，179
Arrow, Kenneth J.
肯尼斯·阿罗，143，281
Asset prices
资产价格，397
Assets
资产，118
implicit
潜在的，437
liquidity of
流动性，440
present value
现值，439
risk and return
风险和收益，452
Asymmetric information
信息不对称，184
Auction market
拍卖型市场，569
Augmented national accounts
扩充的国民收入账户，380
Austrian School
奥地利学派，169
Automobile industry
汽车业，146
Automobile market
汽车市场，23
Average cost
平均成本，111~114
Average cost pricing
平均成本定价，300
Average fixed cost
平均固定成本，113
Average income
平均收入，338
Average product
平均产量，95
Average revenue
平均收益，152
Average tax rate
平均税率，286
Average variable cost
平均可变成本，112~113
Average wage
平均工资，216


## B


Backward-bending supply curve
向后弯曲的供给曲线，137
Backwardness hypothesis
落后假说，507
Balanced budget
预算平衡，617
Balance of international payments
国际收支平衡表，521
capital account
金融账户，521
creditor nations
债权国，523
current account
经常账户，521
debtor nations
债务国，523
exchange rates
汇率，524
with gold standard
金本位制，529
statistical discrepancy
统计性歧视，224
Balance on current account
经常账户，522
Balance sheet
资产负债表，118
Banking
银行，437
deposit creation
存款创造，451
final system equilibrium
最终系统均衡，449
first-generation banks
初级银行，450
money-supply multiplier
货币供给乘数，450
deposit insurance
存款保险，469
fractional-reserve
部分准备金，451
nontransactions accounts
非交易账户，469
saving accounts
储蓄账户，445
second-generation banks
第二级银行，449
third-generation banks
第三级银行，449
transactions accounts
交易账户，469
Bank money
银行货币，447
Bank panics
银行恐慌，451
Bank reserves
银行准备金，451
Bank runs
银行挤兑，451
Barriers to entry
进入壁垒，149

advertising
广告，150
brand value
品牌价值，151
costs
成本，150
product differentiation
产品差异化，159
Barro, Robert
罗伯特·巴罗，409
Barter
以物易物，443
Baruch, Bernard
伯纳德·巴鲁克，457
Bastiat, Frederic
弗雷德里克·巴斯夏，253
Behavioral economics
行为经济学，77
Bell doctrine
贝尔法则，393
Bell Laboratories
贝尔实验室，492
Benefit principle
(税收的) 受益原则，294
Bentham, Jeremy
吉尔·边沁，75
Bilateral monopoly
双边垄断，222
Bilateral trade
双边贸易，262
Birth rates
出生率，504
Bismarck, Otto von
奥托·冯·俾斯麦，339
Board of Governors of the Federal
联邦货币委员会，462
reserve
准备金，462
Boeing Company
波音公司，183
Bonds
债券，441
Boskin, Michael
迈克尔·波斯金，382
Bottom line
利润底线，117
Bounded rationality
有限理性，169
Brand value
品牌价值，151
Break-even point
盈亏平衡点，390
Bretton Woods system
布雷顿森林体系，531
Broad-money
广义货币，445
Buchanan, James
詹姆斯·布坎南，281
Budget, federal
联邦预算，618
Budget Act of 1993
1993年预算法案，431
Budget Act of 1997
1997年预算法案，627
Budgetary expenditures/patterns
预算支出/模式，283
Budgetary rules
预算规则，627
Budget constraints
预算约束，90
Budget deficit
预算赤字，617
crowding-out effect
挤出效应，432
macroeconomic data
宏观经济数据，366
net exports
净出口，474
short-run *vs.* long-run
短期和长期，98
structural *vs.* cyclical
结构性和周期性，618
Budget line
预算线，89
point of tangency
切点，90
Budget surplus
预算盈余，617
Bumper harvests
丰收，164
crop restrictions
种植限制，164
paradox
悖论，62
Bundesbank
德意志联邦银行，574
Bureau of Economic Analysis
经济分析局，3
Bureau of Labor Statistics
劳工统计局，3
Business accounting
企业会计，117
Business accounts
企业账户，369
Business cycles
商业周期，619
Business cycle theories
商业周期理论，407
equilibrium theories
均衡理论，409
multiplier-accelerator model
乘数加速数模型，409
multiplier model
乘数模型，620
real-business-cycle theory
真实商业周期理论，409
speculative boom and bust
投机泡沫和破灭，408
supply-shock theory
供给冲击理论，410
Business profits
企业利润，117
Business unionism
经济工会主义，221


## C


Capital
资本，29，232
Capital account
资本账户，523
Capital accumulation
资本积累，238，489
Capital allocation
资本配置，233
Capital deepening
资本深化，490
Capital formation
资本形成，486
economic development
经济发展，505
economic growth
经济增长，484
Capital gain or loss
资本利得，497
Capital goods
资本品，323
present value analysis
现值分析，235~236
Capitalism
资本主义，405
business fluctuations
经济波动，409
Capital-labor ratio
资本—劳动比率，490

Capital markets
资本市场，512
Capital-output ratio
资本—产出比率，494~495
Capital stock
资本存量，621
Carbon dioxide emissions
二氧化碳的排放，327
Carbon tax
碳税，327
Carlyle, Thomas
托马斯·卡莱克，278
Cartels
卡特尔，163
cooperative equilibrium
合作性均衡，188
OPEC
石油输出国组织，164
Cash
现金，119
Cash assistance programs
现金援助计划，343
Causality, post hoc fallacy
后此谬误，5
Central banks
中央银行，461
control of money
货币控制，444
deposit creation process
存款创造过程，448
European Union
欧盟，551
liquidity trap
流动性陷阱，583
open economies
开放经济，469
Centrally planned economies
中央计划经济，140
Cheap foreign labor
国外廉价劳动力，269
Checking accounts
支票账户，444
Chicago Board of Trade
芝加哥期货交易所，23
Chicago School
芝加哥学派，310
Choice
选择，73
utility theory
效用理论，73
Cigarette taxes
香烟税，285
Circular flow
循环流动，247
Circular flow diagram
循环流动图，248
Civil Aeronautics Board
民航管理局，302
Classical economics
古典理论，561，599，602
comparative advantage
比较优势，257
economic growth
经济增长，487
income distribution
收入分配，262，332
Say's law of markets
萨伊市场定律，600
Classical theory of capital
古典资本理论，240
Classical unemployment
古典失业，223
Clayton Antitrust Act
克莱顿反托拉斯法，305
Clean Air Act of 1990
1990年《空气洁净法》，297
Closed economy
封闭经济，545
saving and investment
储蓄和投资，545
employment
就业，545
Coase, Ronald
罗纳德·科斯，32，105
Coefficient of price elasticity
价格弹性系数，58
Coins
硬币，444
Collective bargaining
集体协议，221
contracts
合同，221
game theory
博弈论，185
menu costs
菜单成本，569
Collusion
相互勾结，163
Collusive oligopoly
勾结寡头，163
Command economy
指令经济，7
Commercial banks
商业银行，436
Commodities
商品，261
Commodity money
商品货币，444
Common currency
统一货币，532
cost-benefit analysis
成本—收益分析，84
European Union
欧盟，551
Common stock
普通股，104
Common-stock index funds
普通股指数基金，456
Communism
共产主义，509
Comparative advantage
比较优势，257
triangular/multilateral trade
三角/多边贸易，262
gains from trade
贸易利得，258
graphical analysis
图解，259
and production possibilities frontier
生产可能性边界，259
classical assumptions
古典假定，262
income distribution
收入分配，262，332
supply and demand analysis
供求分析，263
Compensating differentials
补偿性（工资）差异，217
Competition
竞争，24
perfect competition
完全竞争，129
infant industry argument
幼稚产业论点，270
laissez-faire
自由放任，22，278
market power
市场力量，162，297
productivity
生产率，550
promote innovation
促进创新，631
Competitive capitalism
竞争资本主义，22
Competitive equilibrium
竞争性均衡，138

Competitive firms
竞争企业，128
Competitive-market demand curve
竞争性市场需求曲线，204
Competitiveness
竞争力，550
Complements
互补品，80
Compound interest
复利，314
Computer industry
计算机产业，270
Concentrated industries
竞争行业，132
Concentration ratios
集中率，162
Conglomerate mergers
混合兼并，309
Congressional budget constraints
国会预算约束，627
Congressional Budget Office
国会预算办公室，591
Constant cost
成本不变，136，259
Consumer behavior
消费者行为，77
Consumer choice
消费者选择，77
Consumer confidence
消费者信心，387
Consumer demand
消费者需求，125
Consumer preferences
消费者偏好，39
Consumer price index
消费者价格指数，355
Consumers
消费者，101
Consumer surplus
消费者剩余，183
Consumer tastes
消费者偏好，25
Consumption
消费，386
Consumption function
消费函数，390
Consumption goods
消费品，368
Consumption-possibility curve
消费可能性曲线，260
Consumption taxes
消费税，288
Contingent valuation
或发价值，323
Contractionary monetary policy
扩张性货币政策，474
Convergence
趋同，507
Cool heads, warm hearts
冷静的头脑，热切的心灵，6
Cooperative behavior
合作行为，163
Cooperative equilibrium
合作性均衡，188
Copyright
版权，170
Cornucopians
富足论者，313
Corporate bonds
公司债券，441
Corporate income tax
公司所得税，288
Corporations
公司，104
Cost-benefit analysis
成本—收益分析，84
Cost curves
成本曲线，115
U-shaped,
U型曲线，115
Cost-minimization assumption
成本最小化假设，116
Cost of capital
资本成本，398
Cost of living
生活成本，337
Cost-plus markup price
成本加成定价，169
Cost-push inflation
成本推动型通货膨胀，587
Costs
成本，120，136
average cost
平均成本，111
fixed costs
固定成本，113
marginal cost
边际成本，110
substitution rule
替代法则，117
total cost
总成本，109
variable costs
可变成本，110
Costs of production
生产成本，377
Countercyclical trade
反周期贸易，543
Countervailing duties
抵消关税，269
Coupon rationing
票证配给，70
Craft unions
行会，221
Credibility
信誉，192
Credit cards
信用卡，396
Creditor nations
债权国，523
Currencies
货币，437
Currency boards
货币委员会，532
Current assets
流动资产，119
Current consumption, sacrifice of
牺牲当前消费，129
Current-consumption goods
当前消费品，11
Current disposable income
当前可支配收入，394
Curves
曲线，61
Cutthroat competition
残酷竞争，147
Cyclical budget
周期性预算，618
Cyclical unemployment
周期性失业，567

## D

Deadweight loss
净损失，172
Death taxes
死亡税，334
Debits
借方，521~522
Debtor nations
债务国，523
Decision rule
决策原则，169
Declining marginal product
边际产品递减，202

Decreasing returns to scale
规模报酬递减，98，102
Defense spending
国防支出，362，429~430
Deflation
通货紧缩，356，380
Degrading products
次级品，168
Deindustrialization
去工业化，550
Demand
需求，82
price elasticity of demand
需求的价格弹性，82
effect of consumer preferences
消费者偏好的影响，39
equimarginal principle
等边际法则，76，77
independent goods
独立品，80，81
indifference curves
无差异曲线，88~92
Demand curve
需求曲线，40
income effect
收入效应，41，78
paradox of value
价值悖论，83~84
substitution effect
替代效应，78
utility theory
效用理论，74~77
Demand elasticity
需求弹性，60
Demand management
需求管理，624
Demand-pull inflation
需求拉动型通货膨胀，586
Demand rule
需求原则，135
Demand schedule
需求表，40
Demerit goods
害品，81
Democratic evolution
民主进程，512
Democratic systems
民主制度，631
Demographics of unemployment
失业的人口统计，570
Demographic transition
人口统计转型，504
Department of Agriculture
农业部，64~65
Department of Commerce
商务部，625
Department of Defense
军方，268
Deposit creation
存款创造，469~470
Deposit insurance
存款保险，470
Depreciation
（资产）折旧，117，374
Depreciation (of currencies)
通货（贬值），526
Depression
萧条，406
Deregulation
解除管制，302
Bell doctrine
贝尔法则，302~303
Derived demand
派生需求，200
Devaluation
降值，526
Developing countries
发展中国家，501
Differentiated products
差异化产品，147
Diminishing marginal utility
边际效用递减，84，182~183
Diminishing returns
报酬递减，124~125
U-shaped cost curves
U型成本曲线，115~116
Direct pollution controls
控污，324
Direct production
直接生产，28~29
Direct taxes
直接税，285
Discount policy
贴现政策，464
Discount rate
贴现率，466
Discrimination
歧视，224
Disequilibrium
非均衡，419
Disinflation
反通货膨胀，593
Disposable income
可支配收入，331，378
Distribution theory
分配理论，199
Division of labor
劳动分工，27~28
Dollar-denominated assets
以美元衡量的资产，437
Domestic demand
国内需求，537
Domestic product
国内产品，537
Dominant equilibrium
占优均衡，187
Dominant strategy
占优策略，187
Dominated asset
占优资产，446
Double taxation
双重课税，104
Downward-sloping aggregate demand curve
向下倾斜的总需求曲线，394~395
Downward-sloping demand curve
向下倾斜的需求曲线，76~77
Dumping
倾销，168
Dumping duty
倾销税，269
Duopoly
双头垄断，166，186
Duopoly price game
双寡头垄断的价格博弈，186

## E

Earned-income tax credit
所得税抵免，343
Earnings
收入，198
Earnings-cost approach to GDP
统计GDP的收入流量法，369
Earnings differentials
收入差异，223~226
Earnings flow
收入流，368~369
Econometric models
经济计量模型，410
Econometrics
经济计量学，5
Economic approach to antitrust
反托拉斯的经济方法，304
Economic costs
经济成本，117~120

Economic development
经济发展，501~514
Economic discrimination
经济歧视，223~226
Economic goods
经济品，4
Economic growth
经济增长，484
  Adam Smith
  亚当·斯密，126
  four wheels
  四个轮子，485
  displacement of capital
  资本替代，621
  historical trends
  历史趋势，620
Economic integration
经济一体化，28~29
Economic opportunity
经济机会，339~340
Economic organization
经济组织，6
Economic outcomes
经济成果，340
Economic package
一揽子经济协议，221
Economic problem
经济问题，24~25
Economic profits
经济利润，130~131
  zero-economic profit condition
  零经济利润条件，130
Economic regulation
经济管制，297
Economic rent
经济租金，136
  unique individuals
  独特个人，219
Economics
经济学，3
  Austrian School
  奥地利学派，169
  behavioral
  行为，77
  concept of equilibrium
  均衡概念，49，50
  sunk cost principle
  沉没成本原则，143
Economics of information
信息经济学，169
Economics of mass production
大批量生产经济学，103
Economics of risk
风险经济学，182~183
Economics of uncertainty
不确定性经济学，182~183
Economic stability
经济稳定，34
Economic stimulus
经济刺激，137~139
Economic surplus
经济剩余，139
Economic systems
经济系统，230
  command economy
  指令经济，7
  laissez-faire economy
  自由放任经济，7，22
  market economy
  市场经济，7，23~27
  mixed economy
  混合经济，7，22
  technological possibilities
  技术可能性，7~12
Economies of scale
规模经济，97~98
Economies of scope
范围经济，297~298
Economy
经济，24，25
  business fluctuations
  商业周期波动，405
  centrally-planned
  中央计划，166
  circular flow diagram
  循环流动图，24~25
  equilibrium
  均衡，360~361
  factors of production
  生产要素，8
  government control
  政府控制，276~280
  government role
  政府作用，345
Ecosystems
生态系统，323
Effective tax rate
有效税率，286
Efficiency
效率，138
Efficiency-wage theory
效率工资理论，610
Efficient financial market
有效金融市场，455
Efficient market
有效市场，455
Efficient market theory
有效市场理论，455
Efficient tax theory
有效税收理论，232
Eight-firm concentration ratio
八企业集中率，161
Elastic demand
富有弹性的需求，58
Elasticity
弹性，58
Elasticity coefficient
弹性系数，58
Elastic supply
供给弹性，204~205
Embedded network technology
已被使用的网络技术，101
Emergency spending
紧急支出，627
Emerging markets
新兴市场，505
Emission fees
排放费，324
Emission permits
排放许可证，325
Employed persons
就业人员，564
Employment
就业，564
Employment act of 1946
1946年就业法案，352
Energy-market crisis
资源市场危机，505
Energy price controls
能源价格管制，69
Energy prices
能源价格，69
Engel's law
恩格尔定律，387
Entitlement programs
福利计划，282
Entrepreneurship
企业家精神，236
Entry
进入，132
Entry restrictions
进入限制，149
Environment
环境，325
  climate change
  气候变化，325

Kyoto Protocol
《京都议定书》，327
Environmental accounts
环境账户，379
Environmental damage
环境破坏，380
Environmental economics
环境经济学，320~327
Coase theorem
科斯定理，326
contingent valuation
或发价值，323
externalities
外部性，324
Environmentalism
环境保护主义，313
Equal-cost lines
等成本线，125
Equal-product curves
等产量曲线，125
Equation of exchange
交易方程式，603
Equilibrium
均衡，419
Equilibrium business cycle theories
均衡商业周期理论，409
Equilibrium foreign exchange rate
均衡汇率，524
Equilibrium GDP
均衡GDP，540
Equilibrium interest rate
均衡利率，472
Equilibrium output
均衡产出，540
Equilibrium price
均衡价格，47
Equilibrium price ratio
均衡价格比率，259
Equilibrium quantity
均衡产量，50
Equilibrium wage
均衡工资，208
Equimarginal principle
等边际法则，76
Equity premium
股权溢价，237
Essential natural resources
必需的自然资源，317
Euro
欧元，552
European Central Bank
欧洲中央银行，552~553
European Monetary System/Union
欧洲货币体系，551
common currency
统一货币，552
convergence criteria
趋于一致，552
European Union
欧盟，150
elimination of trade barriers
贸易壁垒消除，273
exchange-rate crisis
汇率危机，519
monetary union
货币工会，531
Excess demand
过度需求，589
Excess reserves
多余准备金，451
Excess supply
超额供给，589
Exchange
交换，442
Excise taxes
货物税，288
Exclusion, discrimination by
排斥性歧视，224
Exclusive dealing
独家经销，305
Exit
退出，132
Exogenous business cycle theory
外生商业周期理论，407
Exogenous expenditure
外生支出，422
Exogenous variables
外生变量，475~477
Expansionary anti-inflation policies
扩张的反通货膨胀政策，594~595
Expansionary monetary policy
扩张的货币政策，474
Expansions
扩张，406
Expectations
预期，241
inertial inflation
惯性通货膨胀，587
Expenditure multiplier
支出乘数，428
Expenditures
支出，428
Exponential growth
指数增长，314
Exports
出口，537
Externalities
外部性，31

## F

Factor demand
要素需求，199~201
derived demand
派生需求，199
marginal revenue product
边际收益产品，202
Factor income
要素收入，198
Factor-income distribution theory
要素收入分配理论，207~208
Factor market
要素市场，24，195
Factor prices
要素价格，24
Factors of production
生产要素，8，204
Fairness in taxation
税收公平，289~290
Fallacy of composition
合成谬误，5
Family net worth
家庭净值，200
Farming, long-run decline
农业长期衰落，64
Farm prices
农产品价格，64~65
Fast-food workers
快餐工人，205
Federal excise tax
联邦货物税，288
Federal expenditures
联邦支出，283
Federal funds rate
联邦基金利率，466
Federal Open Market Committee
联邦公开市场委员会，461
Federal Reserve Act of 1913
1913年联邦准备法，461
Federal Reserve Banks
联邦储备银行，464
Federal Reserve currency
联邦储备货币，464
Federal Reserve System
联邦储备系统，461

Fed funds rate
联邦基金利率，466
Federal taxation
联邦税，285
Fiat money
法定货币，443
Fiduciary regulation
管制受托人，469
Final goods
最终产品，368~369
Financial account
金融账户，523
Financial assets
金融资产，233，437
Financial finagling
财务欺诈，119
Financial instruments
金融工具，436~438
Financial intermediaries
金融中介，436
Financial investment
金融投资，374
Financial market integration
金融市场一体化，27
Financial markets
金融市场，436
Financial regulation
金融管制，469
Financial speculation
金融投机，180
Financial statements
财务报表，118~119
Financial strategies
金融策略，456
Financial system
金融系统，436
Firms
企业，569
  choice of inputs
  投入选择，116
  investing in technology
  技术投资，630
  individual proprietorship
  个人业主制，103
  partnership
  合伙制，104
  portfolio management
  投资组合管理，436
First-generation banks
第一级银行，448
Fiscal federalism
财政联邦制，281
Fiscal incidence
财政归宿，291
Fiscal-monetary mix
财政—货币政策组合，626
Fiscal policy
财政政策，357，430，618
Fiscal-policy multiplier
财政政策乘数，428
Fisher, Irving
欧文·费雪，238
Fitzgerald, F. Scott
斯克特·菲茨杰拉尔德，197
Fixed assets
固定资产，119
Fixed cost
固定成本，109
Fixed exchange rates
固定汇率，529
Fixed factors of production
生产的固定要素，98~99
Fixed rules
固定规则，611
Fixed supply
固定供给，136
Flat tax proposal
统一税建议，288
Flexible exchange rates
弹性汇率制，533
Floating exchange rates
浮动汇率制，533
Flow of funds
资金的流动，437
Flow of income
收入流，199
Flow-of-products approach to GDP
GDP的产品流量法，368
Flows
流量，118
  goods
  产品，368
Food, spending on
食品支出，386
Forecasting
预测，410
Foreign aid
外国援助，280
Foreign borrowing
国外贷款，504~505
Foreign desk
对外窗口，470
Foreign direct investment
外国直接投资，551
Foreign exchange markets
外汇市场，524
Foreign exchange rates
外汇汇率，524
For whom to produce
为谁生产，24
Four-firm concentration ratio
四企业集中率，161
Fractional-reserve banking
部分准备金银行，447
Franchise monopolies
特许垄断权，150
Frank, Robert H.
罗伯特·法兰克，191
Freely flexible exchange rate
自由浮动汇率，533
Free-market pricing
自由市场定价，514
Free markets
自由市场，514
Free trade
自由贸易，263，272
Free trade areas
自由贸易区，150
Frictional unemployment
摩擦性失业，567
Friedman, Milton
米尔顿·弗里德曼，602
Fringe benefits
额外福利，221
Frost, Robert
罗伯特·弗洛斯特，537
Full employment
充分就业，600
Fully distributed average cost
分摊平均成本，299
Fundamental equation of growth accounting
增长核算的基本方程，495
Fundamental identity of balance sheet
资产负债表的基本恒等式，118
Future-consumption goods
未来消费品，111

## G

Gains from trade
贸易利得，27
Galloping inflation
急剧通货膨胀，580
Gambling
赌博，182~183

Game theory
博弈论，185
collective bargaining
集体协议，221，222
Gasoline market
汽油市场，146~147
Gasoline prices
汽油价格，39
Gasoline tax
汽油税，66
GDP deflator
GDP紧缩指数，371
GDP price index
GDP价格指数，381
Gender gap
性别差距，225
General equilibrium
一般均衡，246~250
General equilibrium analysis
一般均衡分析，249
General sales tax
一般销售税，289
General wage level
一般工资水平，212
Gerschenkron, Alexander
亚历山大·格申克龙，507
Gini coefficient
基尼系数，333
Global environment
全球环境，280，489
Globalization
全球化，358
international linkages
国际联系，358
Global liquidity crisis
全球流动性危机，469~470
Global Positioning System
全球定位系统，33
Global public goods
全球公共品，321
Global warming
全球变暖，326~327
Gold standard
金本位制，529
Goods and services
商品和服务（或物品和劳务），368，538
Goods flow
产品流，368
Government debt
政府负债，617
Government expenditure multiplier
政府支出乘数，428
Government expenditures
政府支出，627
Government failures
政府不灵，35
Government ownership
政府所有制，173
Government purchases
政府购买，356
Government securities
政府证券，437
Great Depression
大萧条，262~263
Green accounts
绿色账户，380
Greenhouse effect
温室效应，326~327
Greenspan, Alan
艾伦·格林斯潘，461
Gross debt
总债务，617
Gross Domestic Product
国内生产总值，353，367
Gross investment
总投资，374
Gross national product
国民生产总值，376
Gross private domestic investment
国内私人总投资，379
Growth accounting
增长核算，495

## H

Hamilton, Alexander
亚历山大·汉密尔顿，270
Hard fixed exchange rate
“硬”的固定汇率，531
Health, and economic development
卫生和经济发展，504
Health care spending
医疗保健支出，388
Hedging
套期保值，180
Hemingway, Ernest
厄内斯特·海明威，197
Herfindahl-Hirschman Index
赫芬达尔—赫希曼指数，161
High employment
高就业，355
High-income nations
高收入国家，6
High-risk nations
高风险国家，549
Historical costs
历史成本，119
Holdup problem
敲竹杠问题，105
Horizontal axis
横轴，16
Horizontal equity
横向公平，284
Horizontal mergers
横向兼并，309
Human capital
人力资本，218
Hyperinflation
恶性通货膨胀，356

## I

Illegal conduct
非法行为，305
Illegal drugs
非法毒品，82
Illiquid assets
非流动性资产，440
Imitating technology
技术模仿，505
Immigration
移民，50
Imperfect competition
不完全竞争，31，146
Imperfect information
不完全信息，279
Implicit assets
潜在资产，438
Implicit returns
隐含收益，236
Import competition
进口竞争，309
Import relief
进口援助，269
Import restrictions
进口限制，150
Imports
进口，537
Import substitution
进口替代，508
Inappropriability
不可划拨性，170
Inappropriable resources
不可分拨资源，170，316

Incidence of a tax
税收归宿，66
Income
收入，198
Income change
收入变化，91
Income classes
收入等级，332
Income distribution
收入分布，332
Income distribution theory
收入分配理论，199
Income effect
收入效应，41，78
Income elasticity
收入弹性，78
Income inequality
收入不公平，332~334
Income-possibility curve
收入可能性曲线，340
Income redistribution
收入再分配，339
Income security programs
收入保障计划，342
Incomes policies
收入政策，358
Income statement
收益表，117
Income support systems
收入支持计划，395
Income tax
所得税，288
Income velocity of money
货币收入周转率，603
Increasing returns to scale
规模报酬递增，98
Independent goods
独立品，80
Indexed bonds
指数型债券，442
Index number problem
指数数值问题，382
Index of leading indicators
领先指标的指数，410
Indifference curves
无差异曲线，88
Indifference map
无差异图，88
Indirect taxes
间接税，285
Individual commodities
单个商品，39
Individual demand
个人需求，78~80
Individual income tax
个人所得税，286
Individual proprietorship
个人所有制，103
Industrialization *versus* agriculture
工业化和农业，507，508
Industrial organization
产业组织，163
Industrial policies
工业政策，548
Industrial Revolution
工业革命，26，485
Industrial unions
工业工会，221
Industry supply, long run
产业的长期供给，134
Inefficiency loss from monopoly
垄断的无效率损失，172
Inelastic demand
缺乏弹性的需求，58
Inelastic supply
缺乏弹性的供给，63
Inertial rate of inflation
惯性通货膨胀率，586
Inferior goods
劣品，79
Inflation
通货膨胀，380
Inflation-protected securities
通胀保值债务，442
Inflation rate
通货膨胀率，380
Inflation targeting
设定通货膨胀目标，628
Inflation-unemployment tradeoff
通货膨胀—失业的权衡，592
Inflexible costs
可变成本，110
Information economy
信息经济，169
Information failures
信息不完全，298
Information technology
信息技术，169
Inheritance
继承，337
Inheritance taxes
遗产税，334
Innovation
创新，237
Innovational profits
创新利润，237
Innovator
创新者，237
Input costs, and aggregate supply
投入成本和总供给，485
Inputs
投入，8
Insurable risk
可投保风险，236
Insurance
保险，183
  adverse selection
  逆向选择，184
  moral hazard
  道德风险，184
  social insurance
  社会保险，185
Insurance companies
保险公司，437
Intangible capital
无形资本，548
Intellectual property rights
知识产权，170
Interest
利息，314
  classical theory
  古典理论，239~241
  compound
  复利，314
Interest-group theories of regulation
管制的利益集团理论，298
Interest rate (s)
利率，234
Interest-rate targeting
利率目标设定，607
Intermediate goods
中间产品，369
Intermediate targets
中间目标，464
Internal business cycle theory
商业周期内因论，407
International adjustment mechanism
国际调整机制，529
International competition
国际竞争，595
International economic policy
国际经济政策，280
International financial management
国际金融管理，358
International financial system
国际金融体系，519

International linkages
国际联系，358
International Monetary Fund
国际货币基金，531
International monetary system
国际货币制度，528
Bretton Woods system
布雷顿森林体系，531
International money holdings
国际货币持有量，469
International payments equilibrium
国际收支均衡，530
International public goods
全球性公共品，281
International trade
国际贸易，255~256
Interstate Commerce Commission
州际商务委员会，296~297
Intervention
干预，532
Intrinsic value
内在价值，444
Inverse relationships
反向关系，18
Investment (s)
投资，374
Investment demand curve
投资需求曲线，399
Investment income
投资收益，522
Investment multiplier
投资乘数，428
Investment opportunities
投资机会，239
Involuntary unemployment
非自愿失业，569
Irrational behavior
非理性行为，77
Irrational exuberance
非理性繁荣，454
Isoquant
等产量，125

## J

Job creation
创造就业机会，271
Jobs
工作
differences
差异，217
new immigrants
新移民，220

## K

Kelvin, Lord
开尔文，367
Keynes, John Maynard
约翰·梅纳德·凯恩斯，599
Keynesian economics
凯恩斯经济学，599
Keynesian multiplier model
凯恩斯乘数模型，418
Keynesian revolution
凯恩斯革命，34
Keynesian unemployment
凯恩斯非就业，222~223
King, Stephen
斯蒂芬·金，190
Klein, Lawrence
劳伦斯·克莱因，410
Klitgaard, Robert
罗伯特·克里歌德，510
Knight, Frank
弗兰克·奈特，109
Krugman, Paul
保罗·克鲁格曼，616

## L

Labor
劳动，490
capital-labor ratio
资本—劳动比率，490
Labor demand curve
劳动需求曲线，203~204
Labor force
劳动力，564
Labor-force participation
劳动力参与程度，215
Labor-force participation rate
劳动力参与率，215
Labor income
劳动收入，198
Labor income inequality
劳动收入不公平，334
Labor legislation
劳动法，221
Labor market
劳动市场，212~226
Labor market segmentation
劳动市场细分，220
Labor measurements
劳动衡量，94~95
Labor productivity
劳动生产率，102
Labor quality
劳动质量，218
Labor-shortage economy
劳动缺乏经济，569
Labor submarket
劳动次级市场，220
Labor supply
劳动供给，215
Labor supply curve
劳动供给曲线，137
Laffer, Arthur
阿瑟·拉弗，610
Laffer curve
拉弗曲线，610
Lags, in government policies
政府政策滞后，624
Land
土地，208
marginal product
边际产品，208
market equilibrium
市场均衡，231
rent income
租金收入，208
rent
租金，230
single-tax movement
单一税运动，232
Large-scale production
规模生产，97
Law, and market economy
市场经济定律，28
Law of diminishing marginal product
边际收益递减规律，95
Law of diminishing marginal utility
边际效用递减规律，74
Law of downward-sloping demand
需求向下倾斜规律，40
Law of substitution
替代规律，88
Least-cost conditions
最低成本的条件，203
Least-cost factor combination
最低成本要素组合，125

Least-cost rule
最小成本法则，116
Least-cost tangency
最低成本切点，126
Legal reserve requirements
法定准备金要求，448
Legal restrictions
法律限制，149
Leisure
闲暇，77
Lemons, market for
柠檬市场，77
Liabilities
负债，118
Life-cycle hypothesis of consumption
生命周期消费假说，394
Life-cycle saving
生命周期储蓄，336
Life expectancy
预期寿命，501
Lifetime income and taxes
终生收入和税收，291
Limited liability
有限责任，104
Local government expenditures
地方政府支出，283
Local public goods
地方公共品，281
Local taxes
地方税收，289
Long run
长期，98
Long-run aggregate supply
长期总供给，559
Long-run aggregate supply schedule
长期总供给表，559
Long-run economic growth
长期经济增长，612，617
Long-run equilibrium
长期均衡，132
Long-run industry supply
产业的长期供给，134
Long-run Phillips curve
长期菲利浦斯曲线，605
Long-run price, and zero-profit point
长期价格和零利润点，132，133
Long-run steady state growth
长期稳定状态增长，491
Long-run supply curve
长期供给曲线，132
Long-term bonds
长期债券，442
Long-term interest rate
长期利率，466
Lorenz curve
洛伦茨曲线，332，333，345
Loss minimization
亏损最小化，131
Low inflation
低通货膨胀，578
Low-skilled workers
非熟练劳工，216
Low-wage workers, and minimum wage
低工资劳工，和最低工资，69
Lucas, Robert E., Jr.
罗伯特·卢卡斯，416
Lucas critique
卢卡斯批评，611
Lump-sum taxes
一次性总付税收，425
Luxuries
奢侈品，10，11，58

M

Macroeconomic data
宏观经济数据，366
Macroeconomic demand
宏观经济学的需求，412
Macroeconomic equilibrium
宏观经济均衡，361
Macroeconomic policies
宏观经济政策，29，34
Macroeconomics
宏观经济学，4，351
Macroeconomic schools
宏观经济学派，600
Macroeconomic waste
宏观经济的浪费，601
Malkiel, Burton
伯顿·麦考尔，459
Malthus, Thomas R.
马尔萨斯，314，315
Managed capitalism
有管理的资本主义，511
Managed exchange rates
管理汇率制，533
Management
管理，45，106
production process
生产流程，45
stockholders
股东，106
Manufacturing
制造，550
deindustrialization
去工业化，550
Marginal cost
边际成本，110~112
Marginal cost = price rule
边际成本等于价格，129
Marginal-cost pricing
边际成本定价，140，299
Marginal principle
边际原则，156
Marginal private benefit
私人边际收益，322
Marginal product
边际产量，95
Marginal product curve
边际产品曲线，208
Marginal productivity
边际生产率，213
Marginal productivity theory
边际生产率理论，213
Marginal product of capital
资本的边际产品，239
Marginal product of labor
劳动的边际产品，202，203
Marginal product of land
土地的边际产品，202，203
Marginal propensity to consume
边际消费倾向，391
Marginal propensity to import
边际进口倾向，541
Marginal propensity to save
边际储蓄倾向，393
Marginal rate of substitution
边际替代率，88
Marginal revenue
边际收益，152
Marginal revenue curve
边际收益曲线，153，323
Marginal revenue product
边际收益产品，202
Marginal tax rate
边际税率，286
Marginal utility
边际效用，74
Marginal utility of income
收入的边际效用，76
Maritz, Paul
保罗·马里茨，308
Market (s)
市场，23

addictive substances
上隐物品，82
auction *vs.* administered
拍卖型与管理型，569
black market
黑市，70
partial equilibrium analysis
局部均衡分析，246
perfectly competitive firms
完全竞争企业，128，129，304
perfectly competitive industries
完全竞争产业，155，174，302
random movements
随机运动，39
winner-take-all
胜者全得，赢家通吃，101，190，191
world of imperfect competition
不完全竞争世界，145
Market basket of goods
一揽子市场商品，381
Market-clearing price
市场出清价格，47
Market-clearing wage
市场出清工资，223
Market-clearing wage level
市场出清工资水平，223
Market demand
市场需求，41，204
Market demand curve
市场需求曲线，41
Market economy
市场经济，7
Market equilibrium
市场均衡，46，47
Market equilibrium of supply and demand
供给和需求的市场均衡，24
Market failure
市场不灵，141
Market incentives
市场激励，191
Market income
市场收入，199
Market interest rate
市场利率，239
Market mechanism
市场机制，22，23
Market power
市场力量，162，297
Market price
市场价格，25，30
Market psychology
市场心理，452
Market share
市场份额，101，146
Market size
市场规模，42
Market structure
市场结构，45
Market supply
市场供给，132
Market value
市场价值，29，151
Market wage structure
市场工资结构，220
Markup pricing
成本加成定价法，168，169
Marshall, Alfred
艾尔弗雷德·马歇尔，132
Mass production
大规模生产，102
Maximum ceilings
最高上限，67
Maximum output
最大产出，560
McKinsey Global Institute
麦肯锡全球问题研究所，550
Measure of dispersion
离散测量，452
Medical insurance, adverse selection
医疗保险，逆向选择，184
Medicare
医疗保健，283
Medicaid
医疗补助，283
Medium of exchange
交易媒介，442，443
Mellon, Andrew
安德鲁·梅隆，157
Menu costs
菜单成本，569
Mercantilism
重商主义，268
Merchandise trade
商品交易，23
Mergers
合并，兼并，305~309
Merit goods
益品，81
Microeconomic curve
微观经济学曲线，18
Microeconomic demand
微观经济学的需求，412
Microeconomics
微观经济学，4，351
Microeconomic waste
微观经济的浪费，601
Mill, John Stuart
约翰·斯图亚特·穆勒，270，628
Minimum attainable costs
可以达到的最小成本，110
Minimum average cost
最低平均成本，113，183
Minimum floors
最低下限，67
Minimum wage
最低工资，67
Minorities
少数民族，224，225
Missing market
市场的缺失，184
Mixed economy
混合经济，7，34，35
Monetarism
货币主义，602，603
Monetarist experiment
货币主义的实验，607
Monetarist revolution
货币主义的革命，35
Monetary aggregates
货币总量，470，471
Monetary contractions
货币紧缩，362，412
Monetary expansion
货币扩张，474
Monetary policy
货币政策，357，473，474
Monetary rules
货币规则，606
Monetary transmission mechanism
货币传导机制，470
Monetary union
货币联盟，532，536
Money
货币，358，442
Money creation
货币创造，447，450
Money demand
货币需求，471
Money interest rate
货币利率，441，442
Money-leisure metric
货币—闲暇制，248
Money market
货币市场，471，472
Money market shifts
货币市场变动，472

Money supply
货币供给，471
Money-supply growth
货币供给增加，475，530
Money-supply multiplier
货币供给乘数，450
Monopolistic competition
垄断竞争，147，164
Monopoly
垄断，145~157
Monopoly equilibrium
垄断均衡，154
Monopoly profits
垄断利润，173
Monopoly structure
垄断结构，307
Moral hazard
道德风险，184
Mortgage resellers
抵押品再销售者，437
Most-favored-nation status
“最惠国”待遇，272
Movement along aggregate demand curve
沿着总需求曲线的移动，413
Movement along demand curve
沿着需求曲线的移动，44
Movements along curves
沿着曲线的移动，43
Multicurve diagrams
多曲线图，20
Multilateral trade
多边贸易，262
Multilateral trade agreements
多边贸易协议，262
Multiplier (s)
乘数，422
Multiplier model
乘数模型，419
Mundell, Robert
罗伯特·曼德尔，552
Mutual funds
共同基金，120，437

## N

NAIRU
非加速通货膨胀的失业率，560，589
Naive forecasts
天真预测，410~411
Narrow money
狭义货币，445
NASDAQ index
纳斯达克指数，455
Nash equilibrium
纳什均衡，188
National accounts
国民账户，379，382
National consumption
国民消费，394
National consumption function
国民消费函数，395
National income
国民收入，198，378
National income accounts
国民收入账户，367，375
National investment
国民投资，379
National product
国民产值，368，495
National public goods
全国性公共品，281
National saving
政府储蓄，379，395
National saving rate
国民储蓄率，374，379
National security
国家安全，268，373
Natural capital
自然资本，318
Natural monopoly
自然垄断，149
Natural resource industries
自然资源产业，320，317
Natural resources
自然资源，8，256
Near-market goods
准市场性的产品，380
Near-money
“准货币”，445
Necessities
必需品，10，13
Negative externalities
负外部性，31
Negative marginal revenue
负边际收益，152
Negative-sum game
负和博弈，182
Neoclassical model of economic growth
新古典经济增长模型，490
Net debt
净债务，617，620
Net domestic product
国内生产净值，376
Net exports
净出口，358，375，537
Net foreign investment
对外净投资，537
Net income
净收入，118，235
Net investment
净投资，240，374
Net national investment
净国民投资，545
Net national saving
净国民储蓄，545
Net operating income
净营业收入，118
Network markets
网络市场，101
Network products
网络产品，161
Networks
网络，7
Network technology
网络技术，161
Net worth
净值，净资产，118
New classical macroeconomics
新古典宏观经济学，607
New Deal
新政，339
New Economics
新经济学，361
New economy
新经济，171，241
New growth theory
新增长理论，492
New product development
新产品开发，362
New York Stock Exchange
纽约股票交易所，104，452
Nixon administration
尼克松政府，358
Nominal GDP
名义GDP，371
Nominal interest rate
名义利率，234，441
Nonaccelerating inflation rate of unemployment
非加速通货膨胀的失业率，560，589
Nonclearing labor market
非出清的劳动市场，569
Noncompeting groups
非竞争团体，227
Noncooperative behavior
非合作性行为，189
Noncooperative equilibrium
非合作性均衡，188

Nondiscrimination
非歧视，224
Nonexcludability
非相斥性，32
Nonmarket activities
非市场活动，383
Nonmarket tradeoffs
非市场的权衡，11
Nonprohibitive tariff
非禁止性关税，264
Nonrenewable resources
不可再生资源，317
Nonrivalry
非相克性，32，492
Nonrival goods
“非相克性”物品，492
Nontariff barriers
非关税壁垒，271
Nontransactions accounts
非交易账户，469
Normative economics
规范经济学，7
No-trade equilibrium
无贸易均衡，263
Numerical production function
数值化的生产函数，124~125

## O

Oil industry
石油产业，66，157
OPEC
石油输出国组织，164
Oil prices
石油价格，45，46
Okun, Arthur M.
阿瑟·奥肯，566
Okun's law
奥肯法则，566
Oligopoly
寡头，147
Olson, Mancur
曼克尔·奥尔森，507
Open economy
开放经济，520
Open economy equilibrium
开放经济的均衡，540
Open-economy macroeconomics
开放经济的宏观经济学，537
Open-economy multiplier
开放经济的乘数，541
Open market operations
公开市场业务，465
Operating expenses
营业成本，118
Opportunity cost
机会成本，12，120
Optimal currency area
理想货币区，552
Optimal production schedule
最优产量水平，130
Ordinal utility
序数效用，76
Original factors of production
生产的初始要素，232
Output
产出，8
Output condition
产出条件，249
Output determination
产出决定因素，575
Output per person
人均产出，492~493，588
Output uncertainty
产出不确定性，179
Outsourcing
外包，105
Outward orientation
外向型，507~509
Overpopulation
人口过剩，314
Overvalued currency
货币高估，543

## P

Paper currency
纸币，444，445
Paper wealth
账面价值，397
Paradox of thrift
节约悖论，435
Paradox of value
价值悖论，83
Pareto, Vilfredo
维尔弗雷多·帕累托，88
Pareto efficiency
帕累托效率，138，246
Pareto optimality
帕累托最优，8，138
Parities
平价，526，529
Partial equilibrium analysis
局部均衡分析，246
Partnerships
合伙制，104
Par value
票面价值，529
Patents
专利，170
Payoffs
回报，186
Payoff table
支付矩阵，186
Penetration pricing
促销价，101
Pension funds
养老金，221，282，438
Per capita GDP
人均GDP，502
Percentage change in price
价格变动的百分比，58
Perfect competition
完全竞争，25，31，129
Perfectly competitive equilibrium
完全竞争均衡，30，31，189
Perfectly competitive firms
完全竞争企业，128，129，304
Perfectly competitive industries
完全竞争产业，155，174，302
Perfectly competitive markets
完全竞争市场，162，165，166，173
Perfect price discrimination
完全价格歧视，176
Performance-based regulation
基于绩效的管制，300
Permanent income theory
永久性收入理论，395
Perpetuity
永久性资产，235
Per se illegal conduct
本质上违法的行为，306
Personal computer industry
个人电脑行业，165
Personal financial strategies
个人金融策略，456
Personal income
个人收入，331，198
Personal saving
个人储蓄，388
Personal saving rate
个人储蓄率，388

Phelps, Edmund
埃德蒙·菲尔普斯，610
Phillips curve
菲利普斯曲线，588~591
Physical capital
有形资本，183
Pigou, Alfred C.
阿尔弗雷德·庇古，600
Piracy
掠夺性，111，306
Policy ineffectiveness theorem
政策无效性定理，611，613
Policy instrument
政策工具，34，276，353，356~358
Policymakers
政策制定者，28，66
Policy variables
政策变量，360，411~414，464
Political disturbances
政治动荡，537
Political freedom
政治自由，631~632
Political rights
政治权力，309，345，346
Political risk
政治风险，178
Politics
政治学，169，281
Poll tax
过桥费，23，38
Pollution
污染，30，324，327
Pollution game
污染博弈，189，190
Pollution permits
排污许可证，325
Pollution tax
污染税，101
Pooling of funds
吸收资金，437
Population explosion
人口爆炸，503
Portfolio
投资组合，359，446
Portfolio diversification
投资组合多样化，455，456
Positional arms control
位置角逐控制，191
Positive economics
实证经济学，7
Positive externalities
正外部性，31
Post hoc fallacy
后此谬误，5
Potential GDP
潜在GDP，354
Potential output
潜在产出，560
Poverty
贫穷，501
Poverty line
贫困线，198，337
Predatory pricing
掠夺性定价，306
Preferences
偏好，25，73，256
Present value
现值，235
Price (s)
价格，23
Price ceilings
价格上限，69
Price changes
价格变动，44，57，58
Price competition
价格竞争，24，164，191
Price controls
价格控制，298，303
Price cuts
价格削减，185
Price discrimination
价格歧视，62，166
Price-elastic demand
富有需求价格弹性，58
Price elasticity
价格弹性，58
Price elasticity of demand
需求的价格弹性，58
Price elasticity of supply
供给的价格弹性，63
Price equals marginal cost
价格等于边际成本，130，131，135，140
Price fixing
价格联合，163，164
Price floor
价格下限，70
Price indexes
价格指数，355，380
Price-inelastic demand
缺乏需求价格弹性，58
Price level
价格水平，4，24，135~140
Price mechanism
价格机制，250，251，279
Price of GDP
GDP的价格，371
Price reform
价格改革，514
Price regulation
价格管制，38，67，69，70~72，358
Price signals
价格信号，37，51，584
Price stability
价格稳定，355，383，396，628
Price takers
价格接受者，128
Price theory
价格理论，199
Price uncertainty
价格不确定，552
Price wars
价格战，164，166，178，186~188
Pricing
定价，23，35，140
Primary factors of production
基本生产要素，29
Principal-agent problem
委托代理问题，513
Principle of comparative advantage
比较优势原则，257
Principle of unility
效用原则，75
Prisoner's dilemma
囚徒困境，189
Private goods
私人品，321
Private saving
私人储蓄，379
Privatization
私有化，22，173，303，514
Process innovation
工艺创新，99
Producer equilibrium
生产者均衡，249
Producer price index
生产者价格指数，381
Producer surplus
生产者剩余，139
Product differentiation
产品差异化，147，149~150，165
Product innovation
产品创新，99
Production costs
生产成本，45
Production function
生产函数，95

Production possibilities frontier
生产可能性边界，9~10，13，16
Production quotas
生产配额，164
Production taxes
生产税，372，376
Production theory
生产理论，94，201
Productive activities
生产活动，94，258
Productive capacity
生产能力，95
Productive efficiency
有效率的生产，12，14，15
Productivity
生产率，102，485
Productivity growth
生产率增长，489
Product market
产品市场，26，612
Product quality
产品质量，148
Products
产品，148
Profit maximization
利润最大化，154~155
Profit-maximizing equilibrium
利润最大化均衡，164
Profits
利润，24，236
Progressive tax
累进税，285
Prohibitive tariff
禁止性关税，177，264，265
Property income
财产收入，198，199
Property rights
产权，324，326
Property tax
财产税，67，118，285
Proportional tax
比例税，285
Protectionism
保护主义，28，487，550
Public choice theory
公共选择理论，280，281
Public debt
公债，375
Public goods
公共品，32，321
Public interest
公共利益，246
Public policy
公共政策，81，98，503
Public saving
公共储蓄，431，545，546，548
Purchasing power parity
购买力平价，501，527
Purchasing power parity theory of exchange rates
汇率的购买力平价理论，534，536
Pure economic rent
纯经济租金，136，230

## Q

Quantity demanded
需求的数量，137
Quantity theory of money
货币的数量理论，603
Quantity theory of price
价格的数量理论，603
Quotas
配额，264

## R

Ramsey, Frank
弗兰克·拉姆塞，232
Ramsey tax rule
拉姆塞税收原则，290
Random sampling
随机抽样，564
Random walk
随机游走，455
Rate of inflation
通货膨胀率，355
Rate of return
收益率，回报率，583，102
Rate of return on capital
资本收益率，233
Rational expectations hypothesis
理性预期假说，608
Rationing by the purse
用钱包来进行配给，51
Real business cycles
真实商业周期，409，417，609
Real-business-cycle theory
真实商业周期理论，409，417，609
Real consumption
实际消费，390，477
Real GDP
实际GDP，371
Real income
实际收入，477，484
Real interest rate
实际利率，234，441
Real investment
实际投资，374，397
Real wage
实际工资，213
Recession
衰退，406
Recession cycle
衰退周期，591
Regional trade agreements
区域性贸易协定，273
Regressive tax
累退税，285
Regulation
管制，297
Related goods
相关物品，42~45
Relative-income status
相对收入状况，337
Renewable resources
可再生资源，317
Rent
租金，136，230
Rent control
租金管制，72
Rent income
租金收入，208，227，233
Rent seeking
寻租，504
Repressed inflation
抑制型通货膨胀，514
Required reserve ratio
法定准备金比率，468
Research and development
研究开发（研发），283，490
Reserves
准备金，447
Reserve flows
准备金流，469
Reserve-requirements policy
法定准备金政策，464
Resource allocation
资源配置，35，139
Resources
资源，437
Resource transfers
资源转移，437
Resource wager
资源之赌，319

Restraint of trade
贸易限制，194
Retained earnings
留存收益，118，237
Retaliatory tariffs
报复性关税，269
Returns to scale
规模报酬，97~98
Revaluation
增值，526
Revenue
收入，收益，61~62
Reverse discrimination
反歧视，226，227
Ricardian view of fiscal policy
财政政策的李嘉图法则，609
Ricardo, David
大卫·李嘉图，257，609
Risk
风险，452
Risk-averse
风险规避，182
Riskless interest rate
“无风险”利率，440
Risk management
风险管理，437
Risk of default
违约风险，236
Risk preference
风险偏好，456
Risk premium
风险溢价，236，549，556
Risk-return diagram
风险—收益图，452
Risk sharing
风险分担，182
Risk-spreading
风险分摊，183
Rivalry game
对抗博弈，187
Rogers, Will
威尔·罗杰斯，230
Romer, Paul
保罗·罗默，169
Roundabout production
迂回的生产，29，237，241
Rule-of-reason doctrine
合理准则，306
Rule of 70
70法则，314
Rule of thumb
(拍脑袋）简单决策原则，169
Rules *vs.* discretion
固定规则与相机抉择，611，627

## S

Sachs, Jeffrey
杰福里·萨克斯，508
Safety net
安全网，33，198
Sales tax
销售税，285，288~289
Samuelson, Paul A.
保罗·萨缪尔森，409
Saving
储蓄，419
Saving accounts
储蓄账户，437
Saving function
储蓄函数，391
Saving-investment identity
储蓄—投资恒等式，379
Say's law of markets
萨伊的市场定律，600
Scarcity
稀缺，4
Scatter diagram
散点图，19，503
Schiller, Claudia
克劳迪亚·希弗，190
Schumpeter, Joseph A.
约瑟夫·熊彼特，169，276
Schumpeterian economics
熊彼特经济学，171
Schumpeterian hypothesis
熊彼特假说，171
Schumpeterian profits
熊彼特利润，237，336
Scientific approach
科学方法，5
Second-generation banks
第二级银行，448，449
Securities
证券，238，437
Government securities
政府证券，437
Seinfeld, Jerry
杰里·塞恩费尔德，191
Semiconductor industry
半导体产业，269
Sherman Antitrust Act
《谢尔曼反托拉斯法》，278
Shortages
短缺，24，47
Short run
短期，98
Short-run aggregate supply
短期总供给，563
Short-run aggregate supply schedule
短期总供给表，559
Short-run equilibrium
短期均衡，133
Short-run Phillips curve
短期菲利浦斯曲线，588
Short-run supply curve
短期供给曲线，133
Shutdown condition
停业条件，131
Shutdown point
停业点，131
Shutdown rule
停业原则，131
Simon, Herbert
赫伯特·西蒙，168
Simon, Julian
朱利安·西蒙，319
Single-parent families
单亲家庭，337
Single-tax movement
单一税运动，231~232
Size of market
市场规模，42，553
Slope
斜率，17
Smith, Adam
亚当·斯密，4，23，25~26，83
Smooth curve
平滑的曲线，7
Smoot-Hawlay tariff
斯穆特—霍利关税法，271
Social capital
社会资本，317，374
Social insurance
社会保险，185
Social insurance taxes
社会保险税，396，617
Social overhead capital
社会基础资本，486
Social regulation
社会管制，297
Social Security
社会保障，617
Solomon, Robert
罗伯特·所罗门，528

Solow, Robert M.
罗伯特·索洛，490
Solow model
索洛模型，490
Sovereign nations
主权国家，255
Sovereign risk
政权风险，237
Specialization
专业化，26~27，273
Specialized entities
专业化的经济体，30
Speculation
投机，179
Speculative bubble
投机泡沫，452~454
Spending line
支出线，540
Spillover effects
挤出效应，620
Spirit of enterprise
企业家精神，486
Stabilization policies
稳定政策，606，607
Stable macroeconomic climate
稳定的宏观经济气候，549
Stagflation
滞胀，271，351
Standard and Poor's 500 index
标准普尔500指数，454
Standard deviation
标准差，456
Statement of profit and loss
损益表，117
State *versus* market
国家和市场，508
Statistical discrepancy
统计误差，377
Statistical discrimination
统计性歧视，224
Steel, Danielle
丹尼尔·斯蒂尔，191
Sterilization
分流，470
Sticky wages
粘性工资，564，570
Stock
存量，118
Stock market
股票市场，452~457
Stock of value
股票价值，611
Stock options
股票期权，105
Stock-price indexes
股票价格指数，454
Stock prices
股票价格，458，611
Stocks (and flows)
股票（和流动），452~457
Strategic interaction
策略互动，163
Strategic thinking
策略性思考，178
Strikes
罢工，178，221
Structural budget
结构性预算，618
Structural unemployment
结构性失业，567
Subsidies
补贴，67，269
Substitutes
替代品，80
Substitution effect
替代效应，41，78~80
Substitution ratio
替代比率，126
Substitution rule
替代法则，117
Sunk cost principle
沉没成本原则，143
Sunk costs
沉没成本，144
Supernormal profits
超额利润，144，163，169
Supply
供给，29，44~52
Supply and demand
供给和需求，29，44~52
Supply and demand diagram
供给和需求图，52
Supply curve
供给曲线，44
Supply decisions
供给决策，109
Supply elastic
供给富有弹性，63
Supply inelastic
供给缺乏弹性，63
Supply of money
货币供给，358，442
Supply rule
供给原则，135
Supply schedule
供给表，44
Supply shocks
供给冲击，410
Supply-side economics
供给学派经济学，289，610
Supply-side tax cuts
供给方减税，431
Surplus
剩余，376，380
Systematic risk
系统风险，236

## T

Tangible assets
有形资产，233
Tangible capital
有形资本，374，549
Tariffs
关税，264
Taxation uithout representation
不民主不纳税，285
Tax burden
税收负担，70，278
Tax cuts
税收削减，609，611
Tax incidence
税收归宿，291
Tax multiplier
税收乘数，429~431
Tax preferences
税收偏好，288
Tax rates
税率，287
Tax shifting
税收转嫁，67，291
Technological change
技术变革，99，486
Technological possibilities
技术可能性，7
Technological regress
技术退步，101
Teenage unemployment
青少年失业者，571，572
Terms of trade
贸易条件，259
Theory of income distribution
收入分配理论，199
Third-generation banks
第三级银行，449

Tight money
紧缩货币，362
Time discounting
时间贴现，238
Time-series graphs
时间序列图，19
Tipping
冒尖优势，101
Total assets
总资产，118，119
Total cost
总成本，109~119
Total cost schedule
总成本表，112
Total factor productivity
全要素生产率，102，496
Total product
总产量，95
Total production function
总生产函数，485
Total revenue
总收益，61，151
Total utility
总效用，74
Trade balance
贸易余额，522
Trade barriers
贸易壁垒，264，270
Trade deficit
贸易赤字，271，522
Tradeoffs
权衡，629
Trade policies
贸易政策，268
Trade surplus
贸易盈余，268，271
Trade war
贸易战，271，519
Training programs
培训计划，595
Transactions accounts
交易账户，469
Transactions demand for money
货币的交易需求，446
Transactions money
交易货币，445，446
Transfer payments
转移支付，198，375
Transportation costs
运输成本，265
Treasury bonds
国债，国库债，437
Treasury inflation-protected securities
通债保值债券，442
Triangular trade
三边贸易，262

## U

Unanticipated inflation
不可预期的通货膨胀，582，583
Unbiased forecasts
无偏预测，608
Uncertainty
不确定性，611
Underemployment equilibrium
非充分就业的均衡，601
Underground economy
地下经济，379
Unemployed persons
失业者，563
Unemployed resources
未利用资源，12
Unemployment
失业，563~574
Unemployment insurance
失业保险，185
Unemployment rate
失业率，355，564
Unit cost
单位成本，111
Unit-elastic demand
单位弹性价格需求，58
Unlimited liability
有限责任，104
Upward-sloping aggregate supply curve
总供给曲线向上倾斜，601
Upward-sloping supply curve
供给曲线向上倾斜，44
User fees
使用费，285
U-shaped cost curves
U型成本曲线，115
Usury laws
高利贷法，67
Utilitarianism
功利主义，74，75
Utility
效用，73，74
Utility maximization
效用最大化，76，116
Utility-possibility frontier
效用可能性边界，250
Utility theory
效用理论，73~77
Utils
尤特尔，74

## V

Value
价值，83
Value added
附加值，370
Value-added tax
附加税，606
Variable cost
可变成本，110
Variable factors of production
可变生产要素，136
Variables
变量，5，16~17
Vault cash
库存现金，458，464~465，468
Velocity of money
货币周转率，603~605
Vertical axis
纵轴，9，16~17
Vertical equity
纵向公平，284
Vertical long-run Phillips curve
垂直的长期菲利浦斯曲线，591
Vertical mergers
纵向兼并，309
Vicious cycle of poverty
贫困的恶性循环，506~507
Volcker, Paul
保罗·沃尔克，362
Voluntary export quotas
自动出口配额制，271
Voluntary unemployment
自愿失业，567
Voting paradox
选举悖论，281

## W

Wage differentials
工资差异，216，217，336
Wages
工资，3，24
Wagner Act
《瓦格纳法》，221
Warner, Andrew
安德鲁·华纳，508

Wartime boom
战时繁荣，359，361
Watering the stock
灌肠术，157
Water the stock
掺水股，157
Wealth
财富，199，331
  concentration
  集中化，309，311
  family assets
  家庭资产，209
  inherited
  继承，333，336
Wealth distribution
财富分配，583
Wealth effect
财富效应，395~397
*Wealth of Nations* (Smith)
《国富论》，4，25，26
Weber, Max
马克斯·韦伯，507
Welfare programs
福利计划，281~283
Welfare state
福利国家，22，339
What to produce
生产什么，6
Wickseel, Knut
克纳特·维克塞尔，237
Winner-take-all games
胜者全得博弈，赢家通吃博弈，101，190
Winner-take-all markets
胜者全得市场，191
Work intensities
工作强度，335
Work rules
工作规则，228

**Y**

Y axis
Y轴，9，16~17

**Z**

Zero-economic profit condition
零经济利润条件，135
Zero-profit long-run equilibrium
长期的零利润均衡，135
Zero-profit point
零利润点，130

# 译后记

《经济学》第18版问世之后，新曲线出版公司总裁刘力先生和副总裁陆瑜女士，在第一时间就亲送英文原著来到北大与我商谈翻译问题。美国麦格劳—希尔出版公司北京办事处的姜峰先生，本书第16、17版的外方策划人之一，也多次来电话表示关切。

印制精雅的原著之所以在我的书架上搁置了很久，是因为国内外基础教科书激励模式相去甚远。半个多世纪以来，萨缪尔森的《经济学》教科书，基本上每隔3年就是1版，且数百所大学的师生一直参与提供修改建议和新鲜素材。而在国内大学中，基础教材各大学都强调自编自著，翻译一般都不算"有效成果"。十年前我接手之前，萨缪尔森《经济学》教科书在国内至多是隔版（也即6年）才译1次。事实上由于各种原因，该书在国内仅有3次被全文翻译和出版，尽管在那以前她已经有过15个版本！与此相关的另一个原因是本书作者和中译本策划人从第17版开始就一直力主由我一个人翻译。这当然会让我犯难。其实由于TA和RA制度，国外教授的许多工作也都是由自己的研究生大力协助而完成的。

近十年来的3个版本，我们是每版都译且每次都成套推出，这对于译者显然是一个重负。身处藏龙卧虎的"一流大学"，且不说需要奋力"教书育人"和"著述立说"，单是各种硬性的"需要用心的工作"就委实林林总总：教学迎评、项目跟踪、成果报选、外事出行、岗位述职、会计财务，等等。外国教授（如诺德豪斯夫妇）曾睁大眼睛认为这简直不可思议！更有甚者，这次第18版的翻译本和注释本还需要同期进行且首推后者。这种"有点倒作业的模式"对于译者的注意力分配、质量把关乃至"更上一层楼"的报负等，显然都是一种加了码的新挑战。

参与会战的主力基本上是我在北大指导或授课的世界经济专业的研究生，他们天资聪慧、基础厚实、素养良好、精度较高。初稿收齐后，我不得不深感青春年华之弥足珍贵。英文中bachelor一词，不仅是指一种学位，而且还有unattached和unmarried的含义。可见，主选正在兴旺时期的年轻人，的确可谓一种明智，尤其是在"新经济"时代。而这一点说到底还真得感谢搜狐的CEO张朝阳先生。上世纪90年代初期他"海归"创业的时候，曾邀请我担任他的网络经济顾问。而那时其团队乃至骨干分子的年轻程度，就着实让我吃惊不小。

经典教科书文字翻译工作的责任和艰辛，我在过去两版的后记中都曾提及。单是一个"in owls"（大意：陷身于猫头鹰的团团包围之中），就曾经让我辗转反侧过多个夜晚。如果说上两版的翻译曾经花白了我的头发和损伤了我的腰椎，那么这次翻译本和注释本的同时操作则让我创下了一个小小的记录：2007年春节前后的3个月内，我1个人就曾用坏过3只鼠标！

一个君子不齿的花絮是，本书翻译正好平行地赶上中国百年不遇的“大牛市”。“外面阳光明媚，人们享受着生活的无穷乐趣。而你却在这里默默地死去!”没有办法，一心不能二用。要想得到“提款机”的好处，就得付出“绞肉机”的代价！而一个需要潜心笔耕的人哪里还能有多少肉可绞？更何况，长期中规中矩的思维习惯也会令恪守价值的学者难以放马一搏。于是乎，马克思“穷”，凯恩斯“富”，而译者只能落得“家人冷嘲热讽”。

诚然，翻译萨缪尔森也给我带来过好运。被相中担任“创了若干纪录的”《诺贝尔经济学奖得主北京论坛》的电视实况转播的首场点评专家，也许就可谓突出的一例。萨缪尔森是第一个获得诺奖的美国经济学家！“中国经济奇迹”是毋庸置疑的，但中国经济学家要想拿诺贝尔经济学奖恐怕还很有点困难，至少我本人是绝无指望。因而，在“知天命”多年之后，且在最庄重的场合，能为蒙代尔、纳什和福格尔这等国际顶级学者在千百万电视观众眼前那么“比划”一阵，当然是译者一生难逢的荣耀。这也许是译者竭尽愚钝、甘之如饴、继续革命的注脚之一。当然，多年来读者关爱、朋友欣赏、同行认可和其他情结也显然是一种难以闪避的鞭策：“我们都是跟随萨缪尔森学习经济学的一代人!”。

连续3版的翻译，肯定有不少需要交代的地方。其一是“goods”的翻译。“物品”、“产品”、“财货”，译法很多。我们一直采用“品”。私人品、公共品；益品、害品、劣品、良品、基芬品。其二是“inefficiency”的处理。我们认为这个词比较活，有时是“非效率”，有时是“无效率”和“低效率”，前者包括后两者，抽象层次也稍高一点。其三是“market failures”和“government failures”。读者通常见到的多是“市场失灵”和“政府失灵”，而我们的翻法是“市场不灵”和“政府不灵”。多年这样坚持的理由是，“失灵”的前提是“应灵”，而这显然违背原意。“不灵”看似全盘否定，但细究起来则不然。因为“不灵”有单复数，具“可数性”，加之上下文和常识都在强调市场功能强大，因而很难有较大的误导。当然这也只是我们的一种理解和处理，翻译本没有标准答案。我们再次声明会始终尊重与认可其他的译法。

困惑与遗憾之处肯定不少，一个典型的问题是“payoff table”的翻译。这个术语本应该理解和翻译成“回报矩阵”，才不至于让读者黑白反向和明显别扭。但该词长期以来一直被译成“支付矩阵”，约定俗成、根深蒂固，致使我们至今仍然未敢擅动。其他未能尽心尽意或错误疏漏之处，译者也就便在此恳请读者一并留意和不吝赐教。在前两版的后记中，译者都曾有这样的感叹：“在经济转型的岁月里，在自由骑士难免的集体行动中，精品总是需要千呼万唤的。”限于时间和能力，译者再次恳请各位切勿过于寄予厚望。

第18版经济学中译本的具体分工如下：张娴（前言，经济学与互联网，第17章、第32章），萧剑犁（第1章、第16章），黄宏兴（第2章、第31章），胡翠(第3章、第18章)，张宁（第4章、第19章、第34章），崔婧（第5章，第24章），陈敏杰（第6章、第25章），陈志杰（第7章、第26章），张薇（第8章、第21章、第33章，专业术语表），乔乐（第9章、第23章），黄丽真（第10章、第20章），李淑萍（第11章、第27章），韩京艳（第12章、第28章），潘醒东（第13章、第29章），杨丽花（第14章、第30章），朱至瑜（第15章、第22章）。全书翻译的指导、审校和润色由萧琛教授承担。而在团队的沟通和协调等方面，黄宏兴则出色地发挥了作用。

本书前面较大的照片是今年5月底译者团队在北大未名湖畔的合影。其中西班牙的阿伯特和刚果的蒙得利分别是我的高访进修学者和博士生。他们也尽力参与了团队大量的教研活动。已经毕业的蒋景媛同学在"注释版"和"教学指南"中均有重任。还有两幅较小的照片分别是第16版和第17版译者团队的照片。后来者永远有幸地站在先行者的肩上，附上这两版译者的照片不仅应该而且必要。翻译萨缪尔森经济学教科书以来，时光不觉已经逝去了十年，"当年燕园桃李杏，今日华夏竹梅松!"

不妨允许我在此提请各位默哀片刻：中国最早翻译萨缪尔森经济学的学者，中国人民大学经济学院著名教授高鸿业先生，已于今年晚春时分离开了我们。十年前他曾在北京翠宫饭店出席过我们的萨缪尔森《经济学》第16版中译本的首发式。他那刚健有力的发言和炯炯有神的目光，至今仍然、并将永远深深地映刻在与会者的脑海中。

本书能如期出版，除了新曲线公司的刘力先生和陆瑜女士之外，责任编辑高雁和周敏芳两位女士的劳动也需要特别地致谢。她们高效率的劳动和忘我奉献的精神，应当得到广大读者的认可和敬重。北大今年九十高寿的胡代光教授、已过八十五寿辰的范家骧先生，经济学院吴树青教授（前北京大学校长）、前院长晏智杰教授、现院长刘伟教授、主管科研工作的副院长黄桂田教授，社会科学学部部长程郁缀教授，校党委常务副书记（原法学院院长）吴志攀教授，还有国内外著名经济学家厉以宁教授，长期以来一直关心这部经典教科书的翻译工作。范先生近年还老当益壮地出版了一部研究萨缪尔森《经济学》的专著。校外的经济学教授，如复旦的洪文达先生、华民教授，人大的杜厚文先生，南开的薛敬孝先生，浙大的张小蒂教授等等，也都曾对本书有过特别的指点与关注。

清华、人大、北师大、外经贸大、中财大、北工大、中政法大、首经贸大、首师大，复旦、南开、武大、中大、吉大、辽大，南大、浙大、厦大、川大、山大、云大、兰大、黑大、藏大，上海财大、南京财大、西南财大、河南财大、安徽财大、贵州财大，广东外语外贸大学、上海对外贸易学院、暨南大学、华侨大学、河北大学、海南大学、山东理工大学、华中理工大学、嘉兴学院、毕节学院、延边科技大学等众多高等学府的同仁好友和莘莘学子，多年来海纳百川慷慨错爱，常有难得的高见和友善的鼓励。这些学校的一些锐意创新的教师还让学生用中英文对照的方法来使用这本教科书。中华外国经济学研究会、中国世界经济学会曾多次为本书举行过相应的学术活动。CCTV、CETV、BTV、《人民日报》、《中华工商时报》、《世界经济》、《经济学动态》、《中国大学生》杂志等，都曾有正面的报道或中肯的评论。

在新一版萨缪尔森《经济学》教科书中译本问世的今天，请允许我代表翻译团队全体成员，向以上所提到的学府、传媒及其学者专家，乃至其他关心过此书的朋友和广大读者，一并表示最诚挚的谢意!

萧琛

2007年10月14日于北京大学

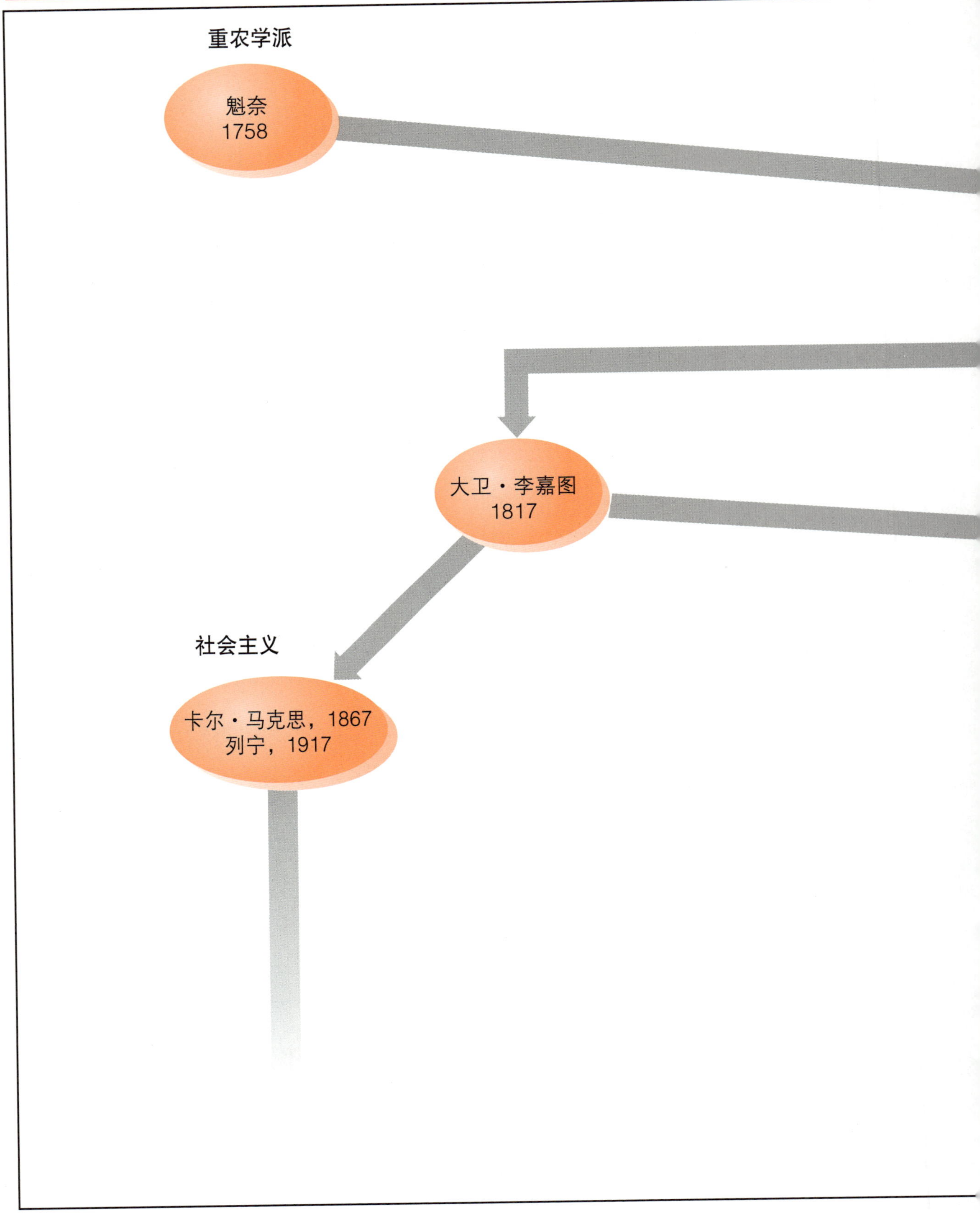
重农学派
魁奈
1758
大卫·李嘉图
1817
社会主义
卡尔·马克思，1867
列宁，1917

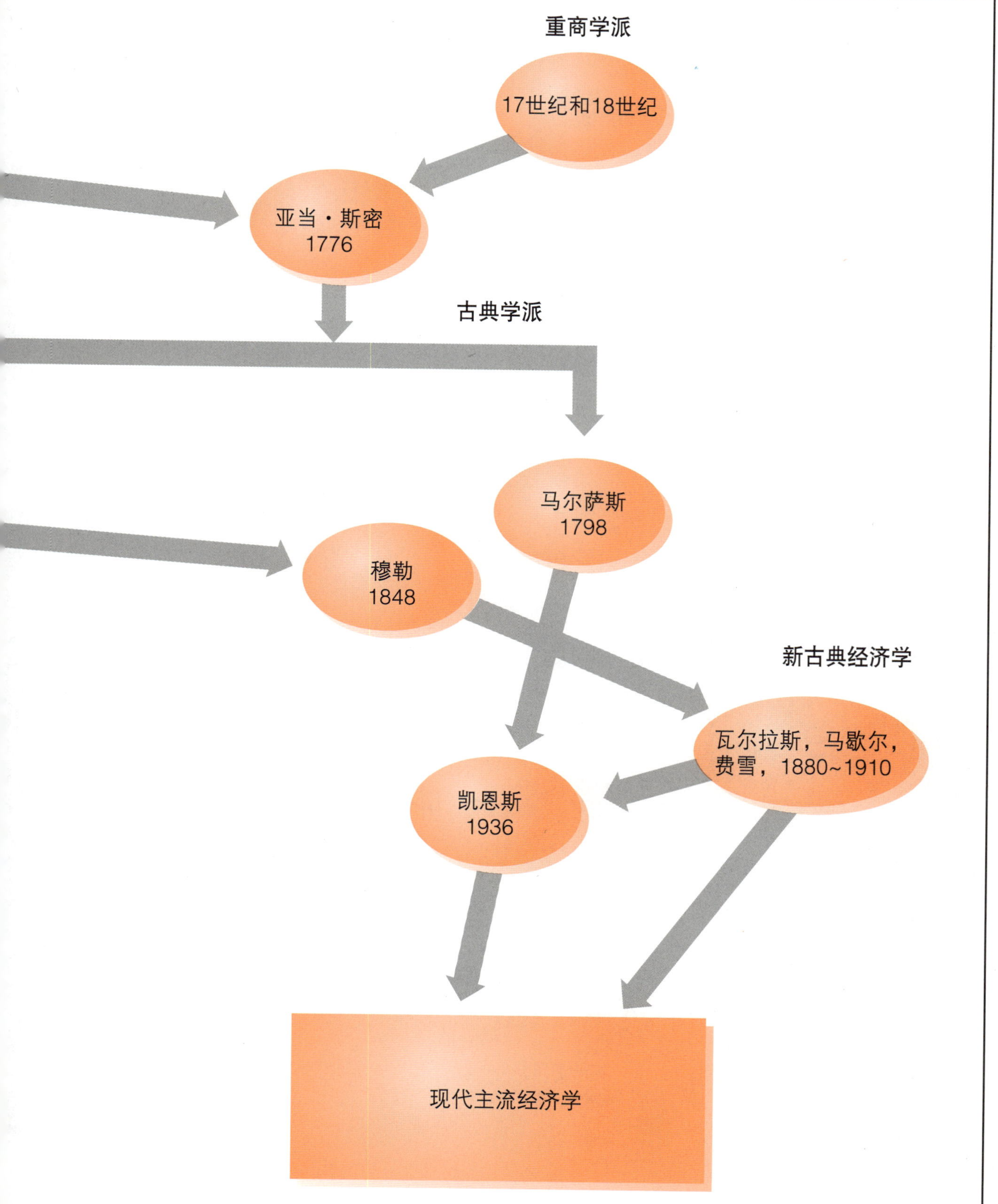
重商学派
17世纪和18世纪
亚当·斯密
1776
古典学派
马尔萨斯
1798
穆勒
1848
新古典经济学
瓦尔拉斯，马歇尔，
费雪，1880~1910
凯恩斯
1936
现代主流经济学